Jürgen Oelkers
Pädagogik, Elite, Missbrauch

Jürgen Oelkers

Pädagogik, Elite, Missbrauch
Die „Karriere" des Gerold Becker

Der Autor

Jürgen Oelkers, Dr. phil., ist seit 2012 Professor Emeritus für Allgemeine Pädagogik an der Universität Zürich. Er ist Mitherausgeber der „Zeitschrift für Pädagogik" sowie Autor zahlreicher Bücher und Aufsätze zur Reformpädagogik und Schulreform. Er ist Mitglied des Fachhochschulrates des Kantons Zürich und hat verschiedene Expertisen zur Bildungspolitik vorgelegt.

Es wird die Schweizer Rechtschreibung verwendet.

Bibliografische Information der Deutschen Nationalbibliothek

Die Deutsche Nationalbibliothek verzeichnet diese Publikation in der Deutschen Nationalbibliografie; detaillierte bibliografische Daten sind im Internet über http://dnb.d-nb.de abrufbar.

Das Werk einschließlich aller seiner Teile ist urheberrechtlich geschützt. Jede Verwertung außerhalb der engen Grenzen des Urheberrechtsgesetzes ist ohne Zustimmung des Verlags unzulässig und strafbar. Das gilt insbesondere für Vervielfältigungen, Übersetzungen, Mikroverfilmungen und die Einspeicherung und Verarbeitung in elektronischen Systemen.

© 2016 Beltz Juventa · Weinheim und Basel
Werderstr. 10, 69469 Weinheim
www.beltz.de · www.juventa.de
Satz: Marion Gräf-Jordan, Heusenstamm
Druck und Bindung: Beltz Bad Langensalza GmbH, Bad Langensalza
Printed in Germany

ISBN 978-3-7799-3345-8

Inhalt

Vorwort	9
Kapitel 1 Einleitung	13
Kapitel 2 Der unbekannte Gerold Becker	21
2.1 Eltern, Geschwister und Herkunft	22
2.2 Schüler, Student und Jugendführer	52
2.3 Der Theologe und sein Vikariat	74
Kapitel 3 Die Geburt des Pädagogen	92
3.1 Das Pädagogische Seminar der Universität Göttingen	93
3.2 Architekt und Sozialpädagoge	117
3.3 Zwei gescheiterte Doktoranden	136
Kapitel 4 Lehrer und Schulleiter	152
4.1 Der schnelle Weg zum „Zauberberg"	152
4.2 Ein Aufstand und seine Folgen	175
4.3 Die Inszenierung der „Musterschule"	192
Kapitel 5 Der rätselhafte Abgang	217
5.1 Das Jahr 1985	217
5.2 Ein Abgang „ohne Netz"	238
5.3 „Chefideologe" der Landerziehungsheime	257
Kapitel 6 Eine Gruppe von „Pädokriminellen"	280
6.1 Der Täter Gerold Becker	281
6.2 Eine bündische Verbindung	307
6.3 Der Musiklehrer und sein Freund	325

Kapitel 7
Opferbiografien   348

7.1 Notlagen und Übergriffe   349
7.2 Zwei Schicksale   368
7.3 Lebenslange Folgen und früher Tod   402

Kapitel 8
Eine zweite und eine dritte Karriere   425

8.1 Der Schulentwickler aus Wiesbaden   426
8.2 Erste Entlarvung und Neustart   452
8.3 Reibungsloser Wiedereinstieg   484

Kapitel 9
Das Ende   515

9.1 „Erklärung" und Apologien   516
9.2 Der grosse Pädagoge als Opfer   546
9.3 Versuche des Gedenkens   573

Quellen und Literatur   589
   Archive, Gespräche und Dokumentationen   589
   Schriften von Gerold Becker   590
   Weitere Quellen   595
   Darstellungen   605

„Du sprichst so, wie Du es verstehst,
und das ist nicht viel".

„Es war alles anders, als es schien".

„Ein Heldenleben –
Mit Kindertotenliedern".

Vorwort

Am 3. Juli 2014 hatte im Münchner Rio Kino Christoph Röhls Spielfilm *Die Auserwählten* Premiere, die im Rahmen des Münchner Filmfestes stattfand. 2011 hatte Röhl den Dokumentarfilm *Und wir sind nicht die Einzigen* veröffentlicht, in dem erstmalig Opfer der Odenwaldschule zu Wort kamen und eine öffentliche Stimme erhielten. Wenige Monate später sendete der Südwestfunk den Dokumentarfilm *Geschlossene Gesellschaft* (2011), der den Weg zur Entlarvung der Täter und die Reaktionen der Schule zeigt. Zwischen 2012 und 2015 ist dieses Buch entstanden, mit dem versucht wird, die Karriere und das Umfeld von Gerold Becker nachzuzeichnen.

Am 14. Dezember 2011 hielt Andreas Huckele, der unter dem Pseudonym „Jürgen Dehmers" bekannt wurde, in der Universität Zürich auf meine Einladung hin einen Vortrag über sein gerade erschienenes Buch *Wie laut soll ich denn noch schreien? Die Odenwaldschule und der Missbrauch*. Der Vortrag löste im Hörsaal und darüber hinaus grösste Betroffenheit aus, die zu heftigen Diskussionen führte, wie so etwas passieren konnte und warum niemand etwas gesehen haben will. Beim anschliessenden Abendessen stellte Andreas Huckele die Frage, warum Gerold Becker die Odenwaldschule 1985 verlassen hat. Das war der Auslöser für dieses Buch.

Es gab auf die Frage nämlich keine Antwort und generell wusste niemand etwas Näheres über den Mann, der ein berühmter deutscher Pädagoge war und im März 2010 gestehen musste, als Lehrer und Schulleiter Kinder und Jugendliche sexuell missbraucht zu haben. Mit Huckeles Buch erhielt man eine erschreckende Vorstellung von seinen Taten, erzählt von einem mutigen Mann, der lange vergeblich darauf warten musste, gehört zu werden. Doch die Person des Täters und ihre Geschichte waren rätselhaft, was zuvor niemandem aufgefallen ist.

Wer ist Gerold Becker wirklich? fragte die Journalistin Heike Schmoll am 14. März 2010 in der Frankfurter Allgemeinen Zeitung und stellte fest, dass seine Herkunft „seltsam dunkel" bleibt (Schmoll 2010). Zu diesem Zeitpunkt lebte Becker noch, aber weder er noch seine Freunde haben die Frage beantwortet. Das blieb so und sollte wohl auch so bleiben, der Täter erhielt keine plausible Biografie, niemand, der ihn näher kannte, erzählte etwas über ihn, er starb, wie er gelebt hatte, als Unbekannter mit einem Namen.

Das hat mich herausgefordert, auch weil ich mir nicht vorstellen konnte, wie jemand in der Pädagogik Karriere machen konnte, der in Wahrheit sein erwachsenes Leben lang ein Pädokrimineller gewesen ist. Sehr schnell wurde klar, dass selbst Eckdaten dieses Lebens nicht stimmten und Gerold Becker in der Öffentlichkeit ohne erkennbare Geschichte auskommen wollte. Klar wurde auch, dass dieser Mann, der seine Vergangenheit nie preisgegeben hat, geschützt wurde und mächtige Freunde hatte, die sich ja irgendwie auf die

Person bezogen haben müssen. Aber die war nicht fassbar, weil Becker sich und sein Leben erfolgreich verbergen konnte.

Das erklärt, warum das vorliegende Buch eine lange Zeit der Recherche benötigt hat. Über Gerold Becker, seine Person, die Herkunft und den Verlauf seines Lebens war praktisch nichts bekannt, auch weil niemand danach gesucht hat. Vorarbeiten gab es nicht und die Spuren mussten gefunden werden. Entsprechend mühsam und langwierig war der Weg zur Erschliessung dieses Lebens, was umso mehr gilt, als die Analyse nicht auf die Zeit an der Odenwaldschule beschränkt werden darf. Becker war sein ganzes erwachsenes Leben lang ein Sexualstraftäter.

Meine Bemühungen waren unterschiedlich erfolgreich, je nachdem, wie mein Anliegen wahrgenommen und wie darauf eingegangen wurde. In bestimmten Fällen spielte meine Kritik an der deutschen Reformpädagogik eine Rolle, denn damit stand ich von vornherein auf der falschen Seite. Anfragen im Umkreis von Personen, die mit Becker bis zuletzt eng kooperiert haben oder ihm nahestanden, blieben praktisch alle unbeantwortet. Das bedaure ich, denn damit fehlt der Darstellung eine wichtige Seite.

Um welche Spannungen es geht, zeigen Äusserungen von Personen, die mit mir gesprochen und sich auch an anderen Stellen geäussert haben. Manchen wird vorgeworfen, sie hätten „kollaboriert" und „die Seiten gewechselt", damit die Odenwaldschule verraten und so einer schlechten Sache gedient. Darüber sind langjährige Freundschaften zerbrochen. Der Grat der Darstellung ist also schmal. Auf der anderen Seite ist es nicht möglich, ohne Zeugen etwas über die Täter in Erfahrung zu bringen.

Das Ziel war, den Lebenslauf von Gerold Becker transparent zu machen und die Stationen seiner erstaunlichen „Karriere" zu entschlüsseln, die man angesichts der Taten nur in Anführungszeichen setzen kann. Ich hoffe, das Ziel ist in Ansätzen erreicht worden. Die Person ist im Nachhinein oft als „Rätsel" bezeichnet worden, aber gerade das muss herausfordern und kann nicht einfach so stehenbleiben. Einige Antworten auf die Frage, wer Gerold Becker war und was ihn sein Leben lang beschäftigt hat, konnte ich finden, aber manches ist immer noch offen und vielleicht habe ich wichtige Probleme auch übersehen.

Die Darstellung basiert wesentlich auf Quellenstudien, der Konsultation von Archiven und vor allem Gesprächen mit Zeitzeugen. Deren Aussagen sind von mir protokolliert und dann gegengelesen worden. Alle Aussagen und Zitate, die in den Text aufgenommen wurden, sind vor Drucklegung zur nochmaligen Prüfung vorgelegt worden. Wo die Zeugen ein Pseudonym wünschten oder nicht genannt werden wollten, bin ich dem nachgekommen und habe lediglich das Gespräch als Quelle angegeben. Einige Namen habe ich anonymisiert und schliesslich habe ich Quellen verwendet, die mir vertraulich überlassen wurden und bei denen eine Namensangabe fehlt. Klarnamen aus Publikationen der Odenwaldschule habe ich weitgehend übernommen.

Die Auswahl der Personen, die ich angefragt habe, erfolgte nach der vermuteten Kompetenz, zu bestimmten Fragen an den verschiedenen Stationen von Beckers Leben Auskunft zu geben. Einzelne Personen haben sich auch an mich gewendet, weil sie von dem Buchprojekt erfahren haben. Nicht alle Befunde, Quellen und Belege der verschiedenen Erhebungen sind in die Druckfassung eingegangen. Der ohnehin schon grosse Umfang sollte nicht noch weiter gesteigert werden und die Lesbarkeit erhalten bleiben. Die Datenaufnahme reicht bis zum 27. November 2015. Hinweise, die mich nachträglich erreicht haben, konnten nicht mehr berücksichtigt werden. Bestimmte Redundanzen haben sich nicht vermeiden lassen.

Im Zentrum meiner Darstellung steht Gerold Becker, aber ohne ein Leben in Netzwerken hätte er seine Karriere nicht machen können. Was ich vorlege, ist keine Biografie im engeren Sinne, sondern die Analyse der Stationen und Wege eines Mannes, der alles getan hat, dass man ihm nicht auf die Schliche kommt, und der immer grosses Verständnis gefunden hat. Die Frage ist, wie das möglich sein konnte und warum niemand einen Verdacht hatte oder ihm nachging. Becker hatte Zugang zur deutschen Elite, war ein gefragter Publizist mit Meinungsmacht und wusste an jedem Ort seiner Karriere, wie er sich zu seinem Vorteil verhalten musste.

Zur Entschlüsselung dieses versteckten Lebens braucht man nicht nur Zeit, man muss auch Glück haben und ist auf die Hilfe sehr vieler Personen angewiesen, denen mein ganzer Dank gilt. Wann immer es möglich war, habe ich die Zeugen aufgesucht und mit ihnen jeweils mehrstündige Gespräche geführt. Hinzu kommen Telefonate sowie ausführliche Mail- und Briefwechsel, die sich manchmal über Jahre hingezogen haben. Ohne diese Unterstützung hätte ich das Buch nie schreiben können. Das Thema selbst ist in jeder Hinsicht „elendig schwierig".[1]

Wolfgang Bittner, Margarita Kaufmann und Volkrat Stampa sowie weiteren Personen verdanke ich wertvolle Hinweise auf die Familie, Kindheit und Jugend von Gerold Becker. Rolf Blumenberg hat mich über den Deichhof informiert. Martin Tetz hat mir Einsichten über Gerold Becker als Theologiestudenten vermittelt. Dietrich Hoffmann, Hans und Renate Thiersch sowie weitere Personen haben mich über die Situation der Mitarbeiter am Pädagogischen Seminar der Universität Göttingen in den sechziger Jahren in Kenntnis gesetzt. Christoph Röhl hat mir grosszügig Filmmaterial zur Verfügung gestellt. Und Eike Seidel hat mir Daten und Einschätzungen über Dietrich Willier vermittelt.

---

1 Mail von Uli Hake vom 8. August 2015.

Gerhard Roese danke ich für die Überlassung seines Manuskripts *Dreissig Jahre im falschen Film* sowie zahlreicher anderer Dokumente, weiterhin für verschiedene klärende Mails und ein Gespräch. Elfe Brandenburger, Jan Kruse, Konrad Taukert, Thomas Mertineit und Peter Lang sowie zahlreichen weiteren Personen danke ich für die Schilderungen der Odenwaldschule in den siebziger Jahren, darin eingeschlossen die Beschreibung von Gerold Becker als Lehrer, Schulleiter und Täter.

Weitere Hinweise auf den Täter Becker, seine Strategien und das Umfeld verdanke ich Boris Avenarius, Uli Hake, Ruth Hanke, Andreas Huckele sowie anderen Personen. Salman Ansari, Michael Voormann und Uwe Lau haben mich über die Seite der Lehrerinnen und Lehrer informiert. Ulrich Lange hat mir seine Erfahrungen im Landschulheim Burg Neudeck mitgeteilt. Volker Imschweiler, Ulrich Steffens und Bernd Frommelt danke ich für Hinweise über Beckers Zeit im Hessischen Bildungsministerium. Marcus Halfen-Kieper hat mir wertvolle Hinweise zu Wolfgang Held zugänglich gemacht.

Nancy Eckert und Carla Aubry danke ich für Hilfe bei der Beschaffung von Archivmaterial. Sonja Geiser hat ein weiteres Mal ein Manuskript von mir betreut und korrigiert. Esther Nellen von der Bibliothek des Instituts für Erziehungswissenschaft der Universität Zürich hat erneut schwer zu beschaffende Literatur besorgt. Nicole Merz und Jasmine Giovanelli haben sich zu Beginn der Recherchen um den Leihverkehr gekümmert. Und mit Damian Miller habe ich im September 2012 an der Pädagogischen Hochschule Kreuzlingen eine Tagung zum Thema „Reformpädagogik nach der Odenwaldschule" organisieren können, die dortigen Vorträge sind im Frühjahr 2014 veröffentlicht worden.

Als Emeritus konnte ich nochmals die ausgezeichnete Infrastruktur des Instituts für Erziehungswissenschaft der Universität Zürich nutzen. *Eros und Herrschaft* (2011) war insofern nicht das letzte Buch am Lehrstuhl für Allgemeine Pädagogik, was auch damit zu tun hat, dass die Institutsleitung meine Anstellung um ein halbes Jahr verlängert hat. Auch dafür habe ich zu danken. Ausserdem hatte ich Gelegenheit, die Thesen dieses Buches an verschiedenen Universitäten und Hochschulen zur Diskussion zu stellen.

Was mich veranlasst hat, ein Buch über Gerold Becker, seine „Karriere" und sein Umfeld zu schreiben, ist nicht die im Zusammenhang mit dem Skandal an der Odenwaldschule oft gehörte Frage: „Was bleibt von der Reformpädagogik?" Diese Frage ist falsch gestellt. Worum es geht, ist etwas anderes, nämlich warum unter dem Deckmantel der Reformpädagogik oder unter Berufung auf den „pädagogischen Eros" geschehen konnte, was in diesem Buch beschrieben wird.

Uesslingen/TG, 29. November 2015 *Jürgen Oelkers*

Kapitel 1
Einleitung

Warum wollen Sie überhaupt noch ein Buch über Gerold Becker schreiben, wurde ich ganz zu Anfang der Recherche gefragt, der Fall sei doch erledigt und Becker als Person gebe absolut nichts her. Er sei nichts als „ein kleiner perverser Schulmann" gewesen, „der im Schatten der 68er und in der verlogenen Odenwald Provinz sein Unwesen treiben konnte". Mehr sei an ihm nicht dran und im Übrigen lassen sich gute Ideen für Erziehung und Bildung „am besten von Nicht-Pädagogen" umsetzen, von Menschen, die ihren Lebensunterhalt selbst verdienen oder in der Produktion stehen und so keine Adelung durch welche Reformpädagogik auch immer nötig haben.[1]

Dies vorausgesetzt lautet die Frage des Buches: Wie konnte Gerold Becker in der deutschen Pädagogik Karriere machen? Genauer: Wie konnte ein Päderast und notorischer Kinderschänder bekannt werden, mehr als vierzig Jahre beruflichen Erfolg haben und bis in das Innerste der Profession gelangen, ohne Verdacht zu erregen und aufzufallen? Es gibt auf diese Fragen keine einfachen Antworten, wohl aber Befunde, die auch die Verfassung der Pädagogik betreffen und mit ihrem Glauben an wohl klingende Konzepte sowie ihrem Impetus zu tun haben, sich ständig moralisch überlegen präsentieren zu müssen.

Die Moral verkörpert sich in Personen, sie ist abhängig von der Darstellung und angewiesen auf Glaubwürdigkeit. Aus diesem Grunde ist sie leicht zu erschüttern, wenn Zweifel an der Darstellung aufkommen und die Glaubwürdigkeit fraglich wird. Umgekehrt sind oft Fassaden nötig, wenn beides erhalten werden soll. Der „perverse kleine Schulmann" ist das Ergebnis einer plötzlichen und radikalen Entwertung, die über Jahrzehnte gar nicht nahegelegen hat, weil nie ein Verdacht aufgekommen ist, der so zwingend war, dass man ihm nicht hätte ausweichen können.

Gerold Becker war ein pädagogischer Publizist und Schulreformer mit hoher Glaubwürdigkeit, die ihm, als er todkrank war, über Nacht entzogen wurde. Aus dem allseits bewunderten Reformpädagogen und Schulentwickler wurde ein Sexualstraftäter, der sich bis zuletzt uneinsichtig zeigte. Sein Name war ruiniert, aber er schaffte es, seine Identität zu bewahren, was nur

---

1   Quelle: Mail an mich vom 10. Juli 2012.

mit starken Abwehrmechanismen möglich gewesen ist. Er konnte auf grosse Erfolge zurückblicken, liess Vorwürfe nicht an sich herankommen und schrieb bis zuletzt Briefe in diesem Sinne.

Als Publizist stand er für die bessere Erziehung, bewegte sich im richtigen Netz und hatte mächtige Freunde. Nicht die Qualität seiner Texte und Aussagen waren ausschlaggebend dafür, wie er wahrgenommen wurde, sondern die kontrollierte Passung im Netz derer, die die gleichen Ansichten vertraten wie er. Becker bestätigte Gesinnungen und gab ihnen einen dazu passenden rhetorischen Ausdruck. Er galt von Anfang an als jemand, der originell war und pädagogisch viel zu bieten hatte. In Frage gestellt wurde das nie, Gerold Becker hatte mit einer Ausnahme keine Kritiker und fand zunehmend öffentliche Anerkennung. Aber erklärt das seinen Aufstieg? Und was genau muss man sich darunter vorstellen?

Kompliziert wird es nicht zuletzt deswegen, weil der Fall Gerold Becker auch ein Fall Hartmut von Hentig ist. Beide waren enge Freunde, doch es wurde und wird heftig spekuliert, ob sie auch „mehr" waren und ob dieses „mehr" je wirklich bezeichnet werden kann. Überprüfbare Aussagen gibt es bislang kaum, aus dem unmittelbaren Freundeskreis redet niemand und Hentig selbst schweigt seit mehreren Jahren. Man muss auch den Anlass sehen: Die Frage nach dem „mehr" ist hochgespielt worden, weil Hentig seinen Freund Becker bis zuletzt nicht aufgeben wollte. Der Grund ist bis heute nicht klar, aber es muss mit einer lebenslangen Abhängigkeit zu tun haben.

Mehr lässt sich aber kaum sagen. Die Beziehung der beiden Männer bleibt ohne Öffnung der persönlichen Archive verschlossen. Von wirklichem Interesse dagegen ist, wie der Päderast Gerold Becker im Schutze dieser Beziehung in der deutschen Schulwelt Karriere machen konnte, obwohl er dafür nicht einschlägig qualifiziert war. Weder war er ausgebildeter Lehrer noch promovierter Erziehungswissenschaftler, er erfüllte also die Bedingungen für eine solche Karriere gar nicht. In seinem Fall war das kein Hindernis, er konnte sich gleichwohl einen Namen machen und allseitige Anerkennung finden. Erklärbar ist das nur durch Protektion, die er gesucht und immer auch gefunden hat.

Hentig und er galten als homosexuell, was beide niemals öffentlich gemacht haben. Über die Beziehung ist nachträglich viel gerätselt worden, während zu Beckers Lebzeiten einfach eine Paarbeziehung sichtbar wurde. Becker aber war pädophil, was offenbar verschwiegen gehandhabt wurde. An der Odenwaldschule jedoch wusste man, dass er auf „Jungen stand" und auch seine „Weckrituale" waren kein Geheimnis. Die damit verbundene Gewalt existierte für Dritte wohl nur in Andeutungen und wer Opfer wurde, hatte keine Stimme oder wurde nicht gehört.

Hartmut von Hentig ist eine öffentliche Person, über die fast alles bekannt zu sein scheint, weil er die Geschichte seines Lebens mehrfach erzählt hat, zuletzt in voluminösen Lebenserinnerungen, die zugleich als Sicherung der Deutungsmacht zu verstehen sind. Über Gerold Becker dagegen weiss man fast nichts. Er konnte sich in der deutschen Pädagogik einen exzellenten Ruf aufbauen und war ständig präsent, aber er trug keinen Namen mit einer erkennbaren Biografie. Genauer: Er hat über seine Herkunft geschwiegen und sein Leben nie erzählt. Die Nachwirkungen der diffusen Existenz sind bis heute spürbar, etwa wenn in der Süddeutschen Zeitung der „Odenwalder Schulleiter *Georg* Becker" zitiert wird.[2]

Heute weiss man, warum Gerold Becker nicht auffallen wollte; aber es ist nicht klar, wie er ein Doppelleben führen konnte, ohne je Anstoss zu erregen und entdeckt zu werden. Er vertrat mit der Pädagogik „vom Kinde aus" höchste moralische Ansprüche und genau das hat ihn über die Jahre geschützt, weil angesichts der Moral und im Lichte der hochgelobten Praxis niemand genauer hinsah und nachfragte. Und wenn doch ein Verdacht aufkam, hat sich Gerold Becker immer rechtzeitig entziehen können, ohne dass seine Karriere dadurch gefährdet gewesen wäre.

Er verfügte stets über ein hilfreiches Netzwerk, das ihn notfalls aufgefangen hat und auf das er sich also verlassen konnte. Becker kannte nahezu das gesamte Personal der neuen Reformpädagogik, die sich seit den siebziger Jahren zwischen der Gesamtschulbewegung, den Freien Schulen sowie der evangelischen Kirche aufgebaut hat, und er schaffte es, den Ideen der „Landerziehungsheime" in diesen Kreisen Respekt zu verschaffen. Das Konzept der alternativen Schule als Erfahrungsraum und „Erziehungsgemeinschaft" verband sich mit einer Person, die hinter einer gut aufgebauten Fassade verschwinden konnte.

Betroffen ist auch die Pädagogik Hentigs. Sie ist methodisch zu verstehen als späte Variante der geisteswissenschaftlichen Pädagogik, die eine erstaunliche Karriere machte. Hentig konnte sich mit dem Konzept der „Schule als Polis" als linksliberaler Reformer profilieren, dem die Volkswagen Stiftung und das Land Nordrhein-Westfalen gleich zwei Schulen finanzierten, ohne dass jemand ernsthaft nach Nutzen und Transfer gefragt hätte. Wichtig für die Geschichte ist auch, dass Hentig diese „Polis" am Ende seiner Publizistik als eine neue Art von Landerziehungsheim verstanden und sich damit in eine sehr deutsche Traditionslinie gestellt hat.

Die Odenwaldschule in Ober-Hambach nahe Heppenheim war für ihn seit Beginn seiner Karriere als Lehrer eine Musterschule, nicht zufällig sprach er von einem „Zauberberg", also den Ort, an dem man sehen konnte, wie die richtige Praxis beschaffen sein muss und deswegen verzaubert war. Becker

---

2 Rezension von Christian Füllers Buch *Die Revolution missbraucht ihre Kinder* (Süddeutsche Zeitung Nr. 84 vom 13. April 2015, S. 12; Hervorhebung J.O.).

und er standen aber auch theoretisch Seite an Seite. Beiden ging es im Kern um die Überwindung der staatlichen „Unterrichtsschule", gegen die sie immer starke Worte gefunden haben, ohne je ernsthaft ihre Verdienste zu würdigen. Sie brauchten ein Feindbild, sonst hätte sich ihre Pädagogik kaum Gehör verschafft, während sie tatsächlich mehr als vierzig Jahre lang den deutschen Reformdiskurs bestimmen konnten.

Hentigs eigener Mentor war Hellmut Becker, ohne den er nie zum Star der deutschen Pädagogik aufgestiegen wäre. Beide kannten sich seit 1948. Der zwölf Jahre ältere Becker zog in dieser Geschichte viele Fäden und knüpfte in den protestantischen Eliten ein weit reichendes Netzwerk, mit dem die Demokratisierung der deutschen Bildung vorangebracht werden sollte, was in den Anfängen eigentlich nur ein geschicktes Ausnutzen der amerikanischen Besatzungsmacht gewesen ist. Der Aristokrat Hentig ist von dem Grossbürger Becker in der Pädagogik auf den Weg gebracht worden, und Becker selbst hat nach dem Krieg die Mission der Erziehung für die Demokratie erfunden, von der er vor 1945 nicht ansatzweise eine Vorstellung hatte.

Aber der Einfluss liegt noch tiefer. Hellmut Becker ist der hauptsächliche Ideengeber für die Privatschulgesetze der Nachkriegszeit, die den nicht-konfessionellen Privatschulen erstmalig gesicherte staatliche Subventionen einbrachten. Becker war ein scharfer Kritiker der Staatsschule und zugleich ein Vertreter der These, dass ein grundlegender Wandel des deutschen Bildungswesens nur von aussen kommen könne, von den Waldorfschulen, den Landerziehungsheimen oder eben von der Schule als „Polis", die Hentig in Bielefeld entwickeln durfte. Damit war die Richtung vorgegeben.

Mit Hellmut Becker und Hartmut von Hentig im Zentrum wurde es möglich, dass eine Gruppe von Pädagoginnen und Pädagogen aus Landerziehungsheimen und später aus der Gesamtschulbewegung die deutsche Pädagogik seit dem Zweiten Weltkrieg nachhaltig beeinflussen konnte. Angeboten wurden Konzepte, die fortschrittlich erschienen, auf die Reformpädagogik zurückgeführt wurden und von dort her legitimiert waren. Für deren Anliegen wurden öffentliche Themen platziert, Anhänger rekrutiert und Posten vergeben, so dass sich Karrieren lohnen konnten.

Seinen Aufstieg machte Gerold Becker in diesem Netzwerk, das er mit aufbaute und stets für sich nutzen konnte. Selbst Brüche in der Karriere behinderten den Aufstieg nicht, wobei zum Teil abenteuerliche Umstände in Rechnung zu stellen sind. Becker schaffte es über Jahrzehnte, Nachfrage zu erzeugen und zu einer Stimme in der Pädagogik zu werden, die sich mit Ideen Gehör verschaffte, die er geschickt als seine eigenen ausgeben konnte oder die mit Verweis auf die Autorität Hentigs und der Reformpädagogik begründet wurden. Das machte ihn unangreifbar. Parallel dazu hat er Kinder missbraucht und nicht wenige für ihr Leben beschädigt.

Hinter dem routinierten Netzwerker und profilierten Redner konnte der Täter gut im Verborgenen bleiben. Sein Habitus als „Pädagoge" schützte ihn und jeglichem Gerücht in seinem Umfeld wusste er sich zu entziehen, auch deswegen, weil das Umfeld von ihm als dem Pädagogen neben Hartmut von Hentig profitierte. Gerold Becker war mehr als vierzig Jahre lang als Päderast unterwegs, musste mehrfach fliehen und fiel dennoch nie auf, weil er einen untadeligen Ruf hatte und sich stets „nützlich machen" konnte. Der Ausdruck stammt von ihm und er beschreibt eine perfekte Tarnung.

Gerold Becker kannte ich persönlich, was auch heisst, dass ich an einem der Ränder in diese Geschichte involviert bin. Zuletzt gesehen habe ich ihn an der Seite Hartmut von Hentigs anlässlich der Verleihung des Deutschen Schulpreises am 10. Dezember 2007 in Berlin, als die Helene-Lange-Schule ausgezeichnet wurde. Mit Becker hatte ich gut zwanzig Jahre zuvor auch beruflich näher zu tun. 1986 wurde ein Projekt begonnen, an der privaten Universität Witten-Herdecke eine Pädagogische Fakultät zu gründen, was sich dann aber nach etwa einem Jahr zerschlagen hat. Daneben habe ich Becker auf verschiedenen Tagungen und Anlässen erlebt, ohne je einen nachhaltigen Eindruck von ihm zu gewinnen.

Er trat immer vor dem Hintergrund seines Netzwerkes auf und war berühmt als der frühere Leiter der Odenwaldschule, was als besondere Qualifikation verstanden wurde, ohne dass darüber Näheres bekannt gewesen wäre. Vor dem Nimbus dieser Schule erstarrte man gleichsam, kritische Nachfragen gab es nie und das Wohlwollen war allein schon durch die Nennung des Namens „Odenwaldschule" gesichert. Becker erhielt eine Bedeutung zugeschrieben, die man auf Tagungen jedoch kaum wahrnehmen konnte. In meinen Augen war er freundlich, geschickt im Umgang, aber irgendwie auch unscheinbar, ein Mann mit gesuchten Eigenschaften und als Pädagoge ohne eigenes Profil.

Im November 1999 habe ich ebenfalls am Rande registriert, dass gegen Gerold Becker Missbrauchsvorwürfe laut geworden waren. Jörg Schindlers Artikel in der Frankfurter Rundschau habe ich damals nicht gelesen. Ich kann mich aber an eine kurze Meldung über einen Verdacht gegen Becker in einer anderen Zeitung erinnern. Von der Tragweite der Vorwürfe habe ich mir keine Vorstellung gemacht, nicht zuletzt deswegen, weil der Fall schnell von der Tagesordnung verschwand und niemand, auch ich nicht, nachfragte oder sich näher damit beschäftigte. Unvorstellbar war, dass es sich um einen Serientäter in einer Schule der Reformpädagogik handeln würde und ein pädophiles Netzwerk schliesslich war vollkommen undenkbar.

Der Verdacht, es könnte ein Zusammenhang mit der Reformpädagogik und ihrer Praxis bestehen, kam gar nicht erst auf, was auch damit zusammenhängt, dass die Kritik an der Reformpädagogik, wenn es sie denn gab,

Ideologiekritik war und die handelnden Personen nur über ihre Texte wahrnahm. Dann konnte es weder Täter noch Opfer geben, sondern nur akademische Einwände und Bedenken. Die Praxis in der Gänze kam nicht in den Blick und vor allem blieben die negativen Seiten oder die „zerstörerischen Vorgänge" (Andresen/Heitmeyer 2012) verborgen. Und genauer: Nach der konkreten Praxis wurde gerade von den Befürwortern gar nicht gefragt, es genügte immer der Hinweis auf das überlegene Konzept.

Gerold Beckers Herkunft ist bis heute ebenso wenig bekannt wie seine Ausbildung und der spätere Lebensweg. Er hat es geschafft, in seinem Leben mit nur ganz spärlichen Daten auszukommen, die an den Stationen seiner Karriere jeweils angepasst worden sind. Er konnte so sehr geschmeidig zunächst Theologe sein, dann Doktorand und Nachwuchswissenschaftler, später Schulleiter, danach Publizist und schliesslich staatlicher Schulentwickler, ohne sein Leben je in eine konsistente Erzählung zu fassen. Deswegen konnte die Frage, *wer* er war, nicht beantwortet werden.

Auch *was* er war, ist schwer zu sagen. Mit dem Image als „Reformpädagoge" hatte er Erfolg, bis zuletzt galt er als begnadeter Lehrer und Erzieher, aber nur deswegen, weil seine tatsächlichen Leistungen nie zum Thema wurden. Seine ständige Bezugnahme auf die reformpädagogische Musterschule war abstrakt, es ging um gute Absichten, Konzepte und Strukturen, selten um Personen oder Geschichten. Wenn er Kritik äusserte, dann war damit nie wirklich ein Selbstbezug verbunden, es ging immer nur um die „Verhältnisse" oder die falschen „Haltungen" Anderer.

Die eigene Pädagogik konnte nie an etwas Schuld sein, weil sie unwidersprochen das Gute und Richtige für sich in Anspruch nehmen durfte. Sie war eine ideologische Verblendung und wirkte wie eine Schutzwand, mit der sich „im Namen des Kindes" alles rechtfertigen liess, auch vor sich selbst. Nicht zuletzt deswegen hat sich Gerold Becker nie zu einer Schuld bekannt, das hätte ein Gewissen frei von Ideologie vorausgesetzt, während er die Pädagogik zur Camouflage brauchte. Becker war intelligent und einfallsreich, man erkennt ihn und seine Geschichte nicht, wenn man nur einen „perversen kleinen Schulmann" vor Augen hat.

Zur Pädagogik und zur Person Hartmut von Hentigs habe ich mich verschiedentlich öffentlich geäussert, 1985 in der Zeitschrift für Pädagogik zu seiner ersten Autobiografie, im gleichen Jahr in einem Artikel der Frankfurter Allgemeinen Zeitung zu seinem 60. Geburtstag, in einem unveröffentlichten Vortrag am 11. Dezember 1985 auf dem 3. Fakultätstag der Fakultät für Pädagogik der Universität Bielefeld über seine Pädagogik und 2007 dann in einem Vortrag in Weimar über deren Herkunft und ihren Bielefelder Kontext. Dieser Vortrag, bei dem Hentig anwesend war, ist zwei Jahre später veröffentlicht worden.

Die dort vertretenen Thesen und Einschätzungen werden mit diesem Buch zum Teil erweitert, zum Teil aber auch revidiert und zurückgenommen. Ich habe die Bedeutung der deutschen Landerziehungsheime für das Konzept der „Polis" unterschätzt, das wohl mit der der amerikanischen Alternativpädagogik in Verbindung gebracht wurde, aber dort nicht seinen Ursprung hat. Weiter habe ich Hentigs zentrale Idee der „entschulten" Schule nur am Rande erwähnt oder jedenfalls nicht in ihrem Kontext verstanden und den Einfluss des Pragmatismus übertrieben. Mein Artikel in der Süddeutschen Zeitung vom 23. Oktober 2015 nimmt einige Ergebnisse dieses Buches vorweg.

Die von Hentig häufig postulierte Nähe zu John Dewey war nur als Zitationsrealität existent und von der Philosophie des Pragmatismus hat er nie näher gesprochen, denn Hentig war Platoniker und mit Becker zusammen letztlich Vertreter einer sehr deutschen Reformpädagogik, die mehr oder weniger direkt an die Landerziehungsheimbewegung anschliesst, was mir so seinerzeit nicht klar war. Hentig war ein Kritiker der deutschen akademischen Pädagogik, aber ich habe ihn amerikanischer gemacht als er war. Und beide müssen zusammen gesehen werden. Hentig war nicht der überlegene Kopf, dem Becker bereitwillig gefolgt wäre.

Die Paarbeziehung selbst ist jedoch rätselhaft. Es waren nicht einfach zwei Freunde, sondern Pädagogen, die gelernt haben, ihre öffentlichen Rollen zu spielen, ohne je etwas über ihre Binnenbeziehung preiszugeben. Sie verkörperten mit ihrer Person mehr als nur sich selbst, nämlich Ansprüche und Erwartungen einer Pädagogik, die viele Anhänger gefunden hat. Die Erwartungen sind ihnen entgegengebracht worden und sie haben sie durch Bekräftigung selbst mit aufgebaut. Dass sie diese Erwartungen enttäuscht haben, spielte für die Beziehung offenbar keine Rolle.

Beide haben so gut wie nie von ihren Irrtümern gesprochen und sich auch nie öffentlich korrigiert. Sie verkündeten Wahrheiten, die niemand prüfen konnte und die gleichwohl geglaubt wurden, auch weil sie sie ständig selbst bestätigt haben. Beide haben nie wirklich Kritik erfahren und bewegten sich in einem sehr selbstgewissen Milieu, das sich ungefragt „progressiv" nennen konnte. Der Fortschritt der Pädagogik war auf ihrer Seite, mit allen Vorteilen für die Selbstsicht. Nicht ohne Grund hat sich Hentig (2009, S. 842) in seinen Lebenserinnerungen „Rechthaber" genannt – „Rechthaber und Realist".

Aber um pädagogischen Realismus ging es gerade nicht. Die Verhältnisse sollten herausgefordert und auf den Kopf gestellt werden, von entschlossenen Moralisten, die sehr bald Zugang zu staatlichen Geldquellen fanden und sich ihre eigenen Spielwiesen schaffen konnten. Und ihr Programm war attraktiv: Die neue Erziehung sollte im Kern der Veränderung der Gesellschaft dienen, was noch einmal einer linken Reformpädagogik Auftrieb verliehen hat. Die

Frage ist, ob sich das mit dieser Geschichte erledigt hat, denn welche Legitimität hat eine solche Pädagogik, wenn sie in der entscheidenden Situation versagt? Sie hat die Täter geschützt und nicht die Opfer.

Kapitel 2
Der unbekannte Gerold Becker

Wer Gerold Becker tatsächlich war, kann vermutlich niemand sagen, auch die nicht, die glaubten, ihm nahezustehen und so ihn zu kennen. Meist wird ihm Charisma attestiert, bei Gelegenheit auch Persönlichkeit, aber beides bleibt seltsam konturlos und ohne jede Tiefenschärfe. Eine Persönlichkeit braucht Profil und Hintergrund, Gerold Becker aber war der Darsteller einer Rolle, die nur wenige Daten benötigte, um überzeugend gespielt zu werden. Ausser einer Rede auf einem Altschülertreffen der Odenwaldschule im Herbst 1971 sind von ihm so gut wie keine öffentlich zugänglichen Dokumente vorhanden, die Aufschluss über seine Person und seine Herkunft geben würden.

In der Rede spricht er von sich und gibt er einige autobiografische Hinweise, auf die er später nie wieder zurückgekommen ist. Gerade im Vergleich mit Hartmut von Hentig ist auffällig, wie zurückhaltend Becker sich selbst gegenüber gewesen ist. Sehr viele Informationen, die abrufbar wären, gibt es über ihn und sein Leben nicht, meistens sind die Angaben vage und bei genauerem Hinsehen nicht selten auch falsch. Auf eine eigene Geschichte hat er über dürre Angaben hinaus offenbar keinen Wert gelegt.

Gerold Becker war Jahrzehnte lang in Deutschland ein prominenter pädagogischer Publizist und Schulberater, über dessen Leben nur bekannt ist, was er preisgeben wollte, also fast nichts. Und das ist erst im Zuge der definitiven Entlarvung Beckers im März 2010 aufgefallen. Vorher hat nie jemand gefragt, obwohl es Anlässe genug gegeben hätte. Es fiel nicht einmal auf, dass er ohne Biografie agieren konnte. Er hat nicht nur wenig über sich offen gelegt, es gibt auch *über* ihn keine Darstellungen, sondern höchstens knappe Bemerkungen im Nachhinein.[1]

Becker hat schmale autobiografische Fährten gelegt, die einer Überprüfung oft nicht standhalten. Die Person verschwindet hinter der angenommenen Rolle des Pädagogen weitgehend und das kann nur gewollt gewesen sein.

---

1 Oskar Negt beschreibt ihn als „charmanten und zu symbiotischen Neigungen tendierenden Menschen", der gewinnend auftreten und „vor allen Dingen auch Kinder und Jugendliche" für sich einnehmen konnte. Er habe seine „professionelle Rolle missbraucht" (Hofmann 2015, S. 20/21).

Dabei sind Brüche evident, die diese Rolle hätten erschüttern können. Seine Zelte bricht Becker nicht nur einmal, sondern mehrfach und durchgehend ab, ohne dass über die Ursachen das Geringste an die Öffentlichkeit gedrungen wäre. Er konnte sich auffallend verhalten und ist doch eine unbekannte Person geblieben.

2.1 Eltern, Geschwister und Herkunft

Gerold Beckers Vorfahren stammen in der männlichen Linie aus niederdeutschen Bauernfamilien. Seine Eltern wohnten am Ende ihres Lebens in Göttingen. Die Mutter, Frieda Elisabeth Strack, die 1901 in Bonn geboren wurde und dann mit ihren Eltern nach Kiel gezogen ist, hat dort am 7. Juni 1930 den Agronomen Heinz Becker geheiratet. Gerold Becker war ihr drittes Kind. Die Familie lebte zur Zeit seiner Geburt in Stettin, der Vater war Privatdozent für landwirtschaftliche Betriebslehre an der Universität Kiel (Christian-Albrechts-Universität 1934, S. 8). Er wurde dort am 28. Februar 1929 habilitiert (Christian-Albrechts-Universität 1935, S. 15) und hat danach geheiratet. Eine Karriere als Universitätsprofessor hat er nie gemacht und wohl auch nicht angestrebt.

In Stettin wohnte die Familie in der Dohrnstrasse 4 (ebd.), bis wann genau, ist nicht klar. Die Strasse liegt am Botanischen Garten der Stadt, etwas abseits vom Zentrum. Der älteste Sohn Konrad Cornelius Becker wurde 1931 noch in Kiel geboren. Danach ist Heinz Becker mit seiner jungen Familie nach Stettin umgezogen, der Grund war eine berufliche Neuorientierung und damit verbunden die Aussicht auf eine Beamtenkarriere ausserhalb der Universität. Die Tochter Johanna Becker wurde 1933 bereits in Stettin geboren, ebenso drei Jahre später Gerold, nicht jedoch der jüngere Bruder Heinrich Max Paul Becker, der 1942 in Verden an der Aller zur Welt kam (Willems 1968, S. 284).

Die späte Geschichte der Familie ist vom Tod gekennzeichnet. Der Vater starb 1966, die Mutter 1973 und die Schwester Ende 1996, alle in Göttingen. Der älteste Sohn heiratete 1957 nach Abschluss seines Jura-Studiums Margrit Ursula Fliessbach in Verden an der Aller. Die Frau stammte aus Stolp in Pommern und war 21 Jahre alt, als sie heiratete (ebd.). Das Paar hatte zwei Söhne und trennte sich nach weniger als zehn Jahren Ehe. Zuerst wohnte Konrad Becker mit seiner Familie in Celle, später war er als Rechtsanwalt in Göttingen tätig, dort unterhielt er eine Zeit lang ein kleines Büro in der Nähe der Universität. Er starb am 7. Juni 1986 an einem Herzinfarkt, also bereits mit 55 Jahren, lange nach der Scheidung, mitten in einer beruflichen Krise und wohl auch aufgrund einer Zurücksetzung in einem Erbstreit.

Enno Becker, Konrads jüngerer Sohn, lebte nach der Trennung der Eltern bei Angehörigen seiner Mutter in Goslar, also weder bei dem Vater noch bei der Mutter. Enno ist am 14. September 1970, mit nicht ganz neun Jahren, in Goslar bei einem Verkehrsunfall ums Leben gekommen. Die Mutter hatte zu dieser Zeit eine gehobene Position bei der Firma Mobiloil inne, nachdem sie dort als Sekretärin angefangen hatte. Gemeint ist vermutlich die Betriebskrankenkasse der Mobiloil in Celle, die 1952 gegründet wurde. Warum der jüngere Sohn nicht bei der Mutter lebte, ist nicht bekannt.

Gerold Becker wurde 1973 als Erwachsener Waise, ein Jahr nachdem er Leiter der Odenwaldschule geworden war. Bis 1996 verlor er zwei seiner Geschwister sowie einen Neffen. Er selbst starb 2010 mit 74 Jahren, von der engeren Familie lebt nur noch sein jüngerer Bruder. Gerold Becker hat sich an einer einzigen Stelle und dies eher notgedrungen zu diesen ständigen Verlusten geäussert. Nachdem sein für ihn schwieriger Vater gestorben war, wohnte er weiterhin bei seiner Familie und hielt auch danach den Kontakt aufrecht.[2] Ein besonderes Verhältnis hatte er zu seiner Schwester Johanna, die wie er nicht verheiratet war und mit ihm durchgehend in Verbindung gestanden hat.

Das Vorlesungsverzeichnis der Universität Kiel vom Wintersemester 1934/35 weist Heinz Becker als „beurlaubt bis 30.6.35" aus (Christian-Albrechts-Universität 1934, S. 8). Im Wintersemester 1935/36 wird er als Privatdozent ohne Beurlaubung, aber immer noch wohnhaft in Stettin, geführt (Christian-Albrechts-Universität 1935, S. 15). Hier hat Gerold Beckers Vater seinen Beruf als landwirtschaftlicher Betriebswirt ausgeübt; er war seit dem 16. Februar 1931 als Referent und vom 1. Januar 1933 an als Abteilungsleiter beim Staatlichen Kommissar für die Osthilfe in Stettin tätig (Volbehr/Weyl 1934, S. 308). Dieses Amt, genannt „Landstelle", hat bis 1945 bestanden, aber Heinz Becker hat dort nicht bis zum Ende des Krieges gearbeitet, sondern ist zweimal versetzt worden.

Mit der Osthilfe wollte das Deutsche Reich heruntergekommene und finanziell angeschlagene Bauernhöfe unterstützen, was vor allem zur Bewahrung des nationalen Siedlungsraumes gedacht und in diesem Sinne völkisch ausgerichtet war. Die oft hochverschuldeten Betriebe sollten entschuldet werden, soweit sie als überlebensfähig eingestuft wurden.[3] Heinz Becker war Spezialist für die Schätzung landwirtschaftlicher Betriebe. Von ihm hing es

---

2 Seine Mutter etwa teilte dem Einwohnermeldeamt Göttingen am 18.8.1971 mit, dass ihr Sohn noch im Hause der Familie am Arnimweg 8 wohne. Erst am 23.12.1974 ist er gemeldet mit der Anschrift „6148 Heppenheim 4, Odenwaldschule".
3 Bis 1938 wurden rund 80.000 Anträge auf Entschuldung eingereicht, von denen die Landstellen nur die grösseren überhaupt bearbeiten konnten. Die anderen wurden vertretungsweise von den unteren Verwaltungsbehörden übernommen (Drescher 1938, S. 24).

ab, ob die Betriebe unterstützt wurden oder nicht. In diesem Rahmen veröffentlichte er einschlägig. So erschien im November 1933 von ihm im Archiv für Innere Kolonisation[4] ein Artikel zu den „Osthilfesiedlungen in Pommern" (Becker 1933). Er zeichnete als Verfasser mit Doktortitel und der Angabe „Privatdozent".

Heinz Becker stammte, wie ein amtlicher Vermerk zeigt, der nicht datiert ist, aus „Deichhof/Kreis Oldenburg".[5] Gemeint ist ein grosses landwirtschaftliches Gut in der Nähe von Stollhamm auf der Halbinsel Butjadingen am Jadebusen. Das oldenburgische Amt Butjadingen existierte von 1879 bis 1933, der Hauptort war die Gemeinde Atens, die 1908 Stadtrechte erhielt und in Nordenham umbenannt wurde. Dort gab es von 1905 an eine Höhere Bürgerschule, die vier Jahre später in eine Realschule für Jungen und Mädchen umgewandelt wurde. Sie war aber noch kein Gymnasium und führte also nicht zur Hochschulreife.

Heinz Becker ist in der Stadt Oldenburg zur Schule gegangen und hat am dortigen Grossherzoglichen Gymnasium sein Abitur abgelegt. Hier wurden die oldenburgischen Eliten ausgebildet. Er hatte eine Schwester, die ein Jahr älter war als er und ebenfalls Johanna hiess. Sie war seit 1920 verheiratet mit dem Oldenburger Regierungsbaumeister Paul Wilhelm Tantzen, der 1956 starb. Heinz Beckers Schwester zog daraufhin nach Gütersloh und ist dort 1970 gestorben. Begraben wurde sie in Oldenburg, vermutlich im Familiengrab. Die beiden Kinder der Familie Tantzen, Annette Johanna und Heinz, waren Gerold Beckers Cousin und Cousine, die zehn Jahre älter waren als er (Tantzen 1997, S. 398).

Hermann Becker, der Grossvater von Gerold Becker, starb am 31. Dezember 1898 mit nur 31 Jahren auf dem Deichhof, zweieinhalb Jahre nach der Geburt seines Sohnes. Heinz Becker und seine Schwester Johanna wuchsen also ohne Vater auf, ob wirklich auf dem Deichhof und wie lange, ist nicht bekannt. Belegt sind nur das Abitur von Heinz Becker in Oldenburg und die Heirat der Schwester. Henriette Elise Tantzen, die Mutter von Heinz Becker, stammte aus Hiddingen bei Visselhövede in der Nähe von Verden. Sie starb 1956 in Oldenburg. Vermutlich ist sie mit ihren beiden Kindern dorthin gezogen, wann ist unbekannt. Sie hatte am 24. April 1894 in Rodenkirchen in der Wesermarsch geheiratet und lebte nach dem Tod ihres Mannes als Witwe.

---

4 Die Zeitschrift wurde 1908 gegründet und bestand bis 1933. Sie wurde ersetzt durch das Neue Bauerntum (1934–1944).
5 Daten zu Heinz Beckers Wohnsitzen hier wie nachfolgend: Einwohnermeldekartei der Stadt Verden.

Ihr Mann, Hermann Becker, war Landwirt. Er stammte aus dem Dorf Schmalenflether-Wurp in der Wesermarsch (The Hayssen Family Tree o.J.). Der Deichhof gehörte zum Kirchspiel Stollhamm, über seine Geschichte ist ebenfalls kaum etwas bekannt, nur dass der Hof seit der Reformation durchgehend landwirtschaftlich genutzt worden ist. Offenbar war es im 19. Jahrhundert ein Gut, das Land verkaufte oder auch verkaufen musste. So erwarb der deutsch-amerikanische Kaufmann Johann (John) Thomssen 1883 vom Gut Fettweiden, die er auf eigene Rechnung bewirtschaften liess (Niedersächsisches Geschlechterbuch 1957, S. 405).

1811 umfasste der Grundbesitz des Hofes noch 151 Hektar, 1893 waren es lediglich 51 Hektar, der Verkauf machte sich also deutlich bemerkbar.[6] 1893 übernahm Johann Hinrich Becker den Hof, der Vater von Hermann Becker, der also Erbe des Hofes gewesen wäre und deswegen auch heiraten konnte. Johann Hinrich Becker hatte im September 1859 Johanne Henriette Catharine Lübben geheiratet, die den Hof von ihren Eltern erbte. 1908 wechselte der Besitz erneut, nachdem Johann Hinrich Becker gestorben war. Gustav Diedrich Tantzen führte den Hof, er war mit der Schwester von Hermann Becker verheiratet. Wahrscheinlich durften die beiden Kinder von Hermann deshalb auch zunächst auf dem Hof bleiben (Tantzen 1997, S. 363).

Noch zu der Zeit seiner Doktorarbeit war Heinz Becker in Oldenburg gemeldet. Das Zeugnis der Reife datiert auf den 6. August 1914. Nach dem Ersten Weltkrieg studierte er ein Semester Medizin in Jena und machte dann eine praktische Ausbildung zum Landwirt, was von seiner bäuerlichen Herkunft auch nahelag. Begründet wird das in einem Lebenslauf,[7] der dem Antrag auf Zulassung zur Promotion beigelegt war, mit der „Ueberfüllung des Aerzteberufes". Die Entscheidung war eine Weichenstellung, denn anders wäre Heinz Becker Arzt geworden und sein Leben hätte ebenso wie diese Geschichte einen anderen Verlauf genommen.

Nach der praktischen Ausbildung schrieb sich Heinz Becker für das Fach Agronomie ein, zunächst im Wintersemester 1921/1922 an der Technischen Hochschule in München, dann im Sommersemester 1922 an der Landwirtschaftlichen Hochschule in Berlin und schliesslich für zwei Semester an der Universität Göttingen. Nach nur vier Semestern Fachstudium reichte er seine Doktorarbeit ein, meldete sich am 6. November 1923 zum Rigorosum an und bestand die mündliche Prüfung am 18. Dezember 1923 mit der Note sehr gut.

---

6 Die Angaben über Grösse und Besitzer des Deichhofs stammen von dem Heimatforscher Hans-Hermann Francksen. Den Hinweis verdanke ich dem Bürgermeister von Butjadingen, Rolf Blumenberg (Mail vom 2. Juli 2013).

7 Angaben zum Folgenden: Promotionsakte Heinz Becker (Universitätsarchiv Göttingen Math Nat Prom 0002).

Auch die Dissertation erhielt die Note sehr gut. Er verliess die Universität mit dem Doktortitel am 7. März 1924.[8]

Sein Doktorvater Jonas Schmidt[9] ist 1921 an die Universität Göttingen berufen worden und leitete bis 1935 das dortige Institut für Tierzucht und Milchwirtschaft. Er teilte dem Doktoranden Becker am 15. März 1922 schriftlich mit, dass er mit dem Thema der Dissertation[10] einverstanden sei. Heinz Becker wusste also schon in seinem zweiten Semester, bei wem und über was er promovieren wollte. Der Lebenslauf wird mit dem Satz beschlossen: „Ich habe die Absicht die Landwirtschaft selbst zu betreiben." Aber daraus wurde nichts, vielmehr machte der junge Doktor eine erste Karriere als Funktionär in der staatlichen Organisation der Landwirtschaft.

Heinz Becker wurde am 15. Dezember 1925 wissenschaftlicher Hilfsarbeiter bei der Preussischen Hauptlandwirtschaftskammer in Berlin und wechselte zum 1. Oktober 1926 in gleicher Stellung zum Deutschen Landwirtschaftsrat, ebenfalls in Berlin. In dieser Tätigkeit blieb er ein Jahr und ging dann als Assistent an das Institut für landwirtschaftliche Betriebslehre der Universität Kiel. Nur ein halbes Jahr später hat er sich dort bei dem Agronomen Berthold Sagawe[11] habilitiert (Volbehr/Weyl 1956, IVF13, S. 21).[12]

Sagawe ist am 18. August 1927 – mit Dienstbeginn 1. Oktober – an die Universität Kiel berufen worden und leitete das dortige Institut für landwirtschaftliche Betriebslehre, wo Heinz Becker bereits am 1. September 1927 als Assistent anfing. Er hatte nach der sofortigen Habilitation eine akademische

---

8 An Heinz Beckers dreiteiliger Doktorprüfung nahmen neben Jonas Schmidt für das Fach Landwirtschaft der Zoologe und Genetiker Alfred Kühn (1885–1968) sowie der Veterinärmediziner Siegmund Schermer (1886–1974) teil.
9 Jonas Friedrich Wilhelm Schmidt (1885–1958) habilitierte sich 1913 an der Landwirtschaftlichen Hochschule in Bonn und wurde 1919 als Ordinarius an die Universität Jena berufen. Im April 1936 wechselte er von Göttingen an die Universität Berlin und wurde im März 1945 Direktor des Kaiser-Wilhelm-Instituts für Züchtungsforschung in Dummerstorf bei Rostock. 1946 ging er an die Landwirtschaftliche Hochschule in Stuttgart-Hohenheim. Der Tierzüchter Schmidt war Spezialist für Milchwirtschaft.
10 *Ueber den Einfluss der Kalbszeit auf die Milch- und Fettproduktion und die Entwicklung der Nachzucht.* Die maschinenschriftlich vorliegende Arbeit ist in der Staats- und Universitätsbibliothek Göttingen zugänglich (Signatur: MM 99-001).
11 Berthold Sagawe (1883–1945) studierte Landwirtschaft an der Universität Breslau, nachdem er zuvor als Landwirt tätig gewesen war. Er promovierte 1910 und wurde 1913 Assistent in Rostock. Von 1914 bis 1918 nahm er am Krieg teil, 1916 habilitierte er sich in Göttingen. Von Ostern 1919 bis zum 1. Oktober 1927 war Sagawe Hauptgeschäftsführer der Betriebsabteilung der Deutschen Landwirtschafts-Gesellschaft in Kiel. Sagawe wurde 1935 von Kiel aus nach Berlin berufen und kehrte anschliessend nach Breslau zurück.
12 *Ein Beitrag zur Frage der Bewertung landwirtschaftlicher Liegenschaften*, Habilitationsschrift Kiel 1929; veröffentlicht auszugweise 1929 in den „Landwirtschaftlichen Jahrbüchern". Der Beitrag ist überschrieben mit dem Hinweis „Aus dem Institut für landwirtschaftliche Betriebslehre an der Universität Kiel. Leiter: Prof. Dr. Sagawe" (Becker 1929).

Laufbahn vor sich, die aber nicht zustande kam. Ein Grund ist wohl, dass das Agrarstudium in Kiel und somit auch das Institut 1934 wegen zu geringer Studentenzahlen aufgelöst wurden (Historische Entwicklung o.J.). Das Institut ist 1946 neu eröffnet worden.[13]

In den Vorlesungsverzeichnissen der Universität Kiel ist Heinz Becker zwischen 1936 und 1941 nicht mehr als Privatdozent geführt worden. Er hat in Kiel also in dieser Zeit nicht gelehrt. Im Wintersemester 1930/1931 hatte er noch „privatim" Lehrveranstaltungen zum landwirtschaftlichen Rechnungswesen angeboten (Christian-Albrechts-Universität 1930, S. 65), einige Semester später ist er in Richtung Stettin beurlaubt worden, wo er in seiner neuen Stellung offenbar erfolgreich angefangen hat, ohne dass es darüber sehr viele Daten und Hinweise geben würde.

Heinz Becker blieb nur wenige Jahre in Stettin. Seit dem 11. April 1939 war er in Verden an der Aller gemeldet, wo er zunächst in der Grossen Strasse 52 im Zentrum der Stadt wohnte. Zugezogen war er aus der Kreisstadt Simmern im Hunsrück, dort hatte er in der Lieselottestrasse 11, etwas abseits der Innenstadt, gewohnt. Er ist also mit seiner jungen Familie von Stettin aus in einen abgelegenen Ort der Pfalz gezogen, der Grund war eine berufliche Veränderung, die befristet war. Die Einwohnermeldekartei der Stadt Verden verzeichnet keinen Eintrag der Kinder und auch nicht der Ehefrau, wie es eigentlich üblich gewesen wäre.

Dennoch ist anzunehmen, dass er nicht allein, sondern zusammen mit seiner Familie nach Verden gezogen ist. Der älteste Sohn Konrad, der am 15. August 1931 geboren wurde, ist noch in Simmern eingeschult worden.[14] Das kann nur Ostern 1938 gewesen sein, als Konrad Becker sechs Jahre alt gewesen ist und so das Einschulungsalter erreicht hatte. Die Familie ist vermutlich im Jahr zuvor nach Simmern gezogen, das dritte Kind, Gerold, war gerade einmal ein Jahr alt. Auch der nächste Umzug erfolgte aus beruflichen Gründen. Die Kriegszeit hat die Familie dann weitgehend ohne den Vater in Verden zugebracht.

Gerold Becker (1971a, S. 229) gibt an, dass sein Vater im Krieg „Soldat in Russland" gewesen sei und er als Kind den Krieg unmittelbar erlebt habe. Heinz Becker war Reserveoffizier und hat vermutlich aufgrund seines Alters und seiner Stellung als höherer Beamter nicht am gesamten Krieg teilgenommen.[15] Er hat den Wehrdienst am 14. August 1941 begonnen, tätig war er im

---

13 Akten zu Heinz Becker sind im Universitätsarchiv der Christian-Albrecht-Universität Kiel nicht erhalten (Mail von Dr. Dagmar Bickelmann vom 26.1.2012).
14 Mail von Wolfgang Bittner vom 6. Mai 2012. Die Schule, die Konrad Becker in Simmern besuchte, war die 1907 gebaute Brühlschule. Es war eine evangelische Volksschule.
15 Daten zum Folgenden: Deutsche Dienststelle der nächsten Angehörigen von Gefallenen der ehemaligen deutschen Wehrmacht (Schreiben Az II C 677/54-120404113 v. 1. 10. 2012).

Stab der Heeres-Küsten-Artillerie-Abteilung 708. Am 27. Juli 1945 wurde er bei einer britischen Entlassungsstelle registriert und kann also nur kurz in Gefangenschaft gewesen sein. Seine Entlassungsanschrift zu diesem Zeitpunkt war die Hans-Thoma-Strasse 1 in Bremen.

Heinz Beckers Einheit ist am 15. August 1941 im Zuge des „Unternehmens Barbarossa" für den Einsatz in Nord-Russland aufgestellt worden. Im September 1943 wurde sie in Heeres-Artillerie-Abteilung 708 umbenannt. Ausgerüstet war sie mit 14,5cm französischen Beutekanonen, die bei der Belagerung Leningrads durch die deutsche Heeresgruppe Nord zum Einsatz kamen. Hier war Heinz Becker drei Jahre lang stationiert, an einer lange weitgehend stabilen Front, die am Ende dann überstürzt und unter grossen Verlusten für die deutsche Wehrmacht preisgegegen werden musste. In Leningrad sind von September 1941 bis Januar 1944 unter menschenunwürdigen Umständen mehr als eine Million Einwohner gestorben (Ganzenmüller 2007, S. 254).

Als der Angriff der Armeen Hitlers gegen die Sowjetunion begann, war Gerold Becker fünf Jahre alt und als die Armeen Hitlers kapitulierten, ist er neun Jahre alt gewesen. Er wuchs also in entscheidenden Jahren seiner Kindheit ohne Vater auf, ähnlich wie sein eigener Vater. In dem einzigen längeren autobiografischen Zeugnis, das von ihm zugänglich ist, also in der Altschülerrede, gibt er den Ort dieser Kindheit nicht genau an, die Schilderungen des Krieges sind spärlich und lassen aber den Schluss zu, dass sich damit nachhaltige Erlebnisse verbunden haben müssen. Die Kriegskindheit ohne Vater hat Spuren hinterlassen, die Becker in der Quelle auch andeutet.

Er beschreibt, was ihm von der Zeit des Krieges im Gedächtnis geblieben ist, so:

> „Es gibt Erinnerungen an SA und HJ-Aufmärsche, Hakenkreuzfahnen am 1. Mai, Flaggenehrung bei Schuljahresbeginn und -ende, später Luftalarm, nächtliche Bombenangriffe, Sondermeldungen vom siegreichen Rückzug, Luftschutzkellerromantik, kriegsgefangene Russen und Polen, dann rückflutende deutsche Soldaten, Verlierer, verdreckt und müde, gesprengte Brücken, Plünderung, englische Panzer, Kapitulation und Finale" (ebd., S. 230).

Die Angaben sind glaubwürdig und zum Teil auch recht präzise. In der Stadt Verden an der Aller hat es kurz vor dem Ende des Krieges tatsächlich heftige Artillerie- und Luftangriffe gegeben. Erhebliche Schäden entstanden auch in der Münchmeyer Strasse, wo die Familie Becker wohnte (Saft 1996, S. 293). Englische Panzer kann Gerold Becker als Kind gesehen haben. Die deutschen Truppen räumten die Stadt überstürzt bis zum Morgen des 16. April 1945, unmittelbar danach rückten die Engländer ein. Nach dem Krieg wurde Verden Garnisonstadt der Britischen Rheinarmee, die Erinnerungen können sich natürlich auch darauf beziehen.

Mit „kriegsgefangene Russen und Polen" sind die Zwangsarbeiterinnen und Zwangsarbeiter gemeint, die in der Stadt und im Landkreis Verden verdingt wurden. Im Landkreis war ein unterirdischer Rüstungsbetrieb untergebracht, nämlich in Döverden eine Anlage der Pulverfabrik „Eibia", in der rund 1.400 Zwangsarbeiter und Kriegsgefangene ausgebeutet wurden. Hier, südlich der Stadt Verden, gab es verschiedene Angriffe der englischen Luftwaffe. Zudem unterhielt das Konzentrationslager Neuengamme in den letzten Kriegsmonaten in Verden ein Aussenlager.

Verden gehörte im Frühjahr 1945 für kurze Zeit zur deutschen Verteidigungslinie und wurde am 13. April von englischen Truppen erreicht. Die Brücken über die Aller waren gesprengt, eine deutsche Einheit war im Dorf Hohenaverbergen mit hohen Verlusten geschlagen worden und der nachfolgende englische Vorstoss führte östlich an Verden vorbei (ebd., S. 283–298). „Rückflutende" deutsche Soldaten kann der neunjährige Gerold Becker gesehen haben, als das Marine-Grenadier-Regiment 7 die Stadt räumte und ein „stark abgekämpftes" anderes Artillerieregiment die Stellungen nicht halten konnte (ebd., S. 294/295).

Der Fluss Aller bestimmte im Frühjahr 1945 den Frontverlauf. Fünf Brücken sind zwischen Celle und Verden von deutschen Truppen gesprengt worden, darunter auch die beiden Brücken in Verden (ebd., S. 292/293). Die 2. Marine-Infanterie-Division kämpfte seit Anfang April 1945 im Grossraum Bremen und war vom 7. April an im Abschnitt Verden-Walsrode im Einsatz. Der vollständige Rückzug begann am 15. April, zwei Tage später war die Einnahme Verdens durch die britischen Truppen abgeschlossen, zu Kämpfen in der Stadt kam es nicht. Das Einrücken der Besatzung ist von Erwachsenen und Kindern beobachtet worden, Plünderungen im Sinne von Selbstversorgung hat es vermutlich nur an einem Ort gegeben.

Becker erwähnt an anderer Stelle ein Erlebnis aus diesen „letzten Kriegstagen". Im Heeresverpflegungsamt Verden habe er zusammen mit anderen Kindern Packungen mit Knäckebrot „erbeutet". Bei seinem ersten Besuch in der Odenwaldschule im Herbst 1964 sass er bei einer Mahlzeit am so genannten Emmerich-Tisch und bekam mit, dass die Kinder und Jugendlichen mit „Kamerad" angesprochen wurden. Das Wort war für ihn „vorbelastet", er erinnert sich daran, dass auf den erbeuteten Packungen „in steiler Sütterlin-Schrift" zu lesen war: „Kamerad, kennst du Knäckebrot?"

„Kamerad" verband sich für ihn so „mit Militär, Marschieren und Zackigkeit", nicht mit der „lockeren und liberalen" Odenwaldschule (Becker 1978/1979, S. 72). Offenbar war es eine tief sitzende Erinnerung, die unmittelbar mit dem Krieg zu tun hatte. Das schwedische Knäckebrot wurde seit 1927 auch in Deutschland hergestellt. Die Faltbeutel aus Pergament für die

Kriegsvorräte, die die Beschriftung „Kamerad, kennst du Knäckebrot?" trugen, stellte die Firma N.F.A. Netzler/Flensburg mit Sitz in Altona her. Der Betrieb arbeitete von 1939 bis 1945 für die Deutsche Wehrmacht (Schmidt-Bachem 2011, S. 45/46).

Am 14. April 1945 stand nach einem Bombenangriff das Heeresverpflegungsamt Verden in Flammen. Für die Stadt war das ein Fanal unmittelbar vor dem Ende des Krieges. Im Einsatz starben elf Feuerwehrmänner, englische Jagdflugzeuge hatten ihre Stellungen angegriffen und von der anderen Seite der Aller gerieten sie durch Artilleriefeuer unter Beschuss (Vom Turnerkreis 1994, S. 37–40). Seit 1941 wurde in Verden eine Hitlerjugend-Feuerschar zum Brandschutz eingesetzt. Der neunjährige Gerold Becker wird den Angriff erlebt haben und kann auch an der Ausschlachtung der Ruine des Heeresverpflegungsamtes beteiligt gewesen sein.

Verden hatte zuvor vereinzelt Bombentreffer erlebt, seit Anfang 1943 gab es fast täglich Fliegeralarm, aber vom Krieg ist die Stadt bis zum 14. April 1945 weitgehend verschont geblieben. Sie war daher Zufluchtsort für Kinder aus den zerstörten Grossstädten des Ruhrgebiets, die nach Verden evakuiert, in Familien untergebracht und eingeschult wurden (400 Jahr Feier o.J.). Auch das wird zum Erlebniskreis von Gerold Becker als Kind in den letzten Jahren seiner Grundschulzeit gehört haben, ohne dass er diese Episode erwähnt hätte. Aber er erinnert sich „an Mutter, Geschwister, Pflegegeschwister, Kinderfreunde" (Becker 1971a, S. 230).

Der Vater Heinz Becker wurde am 17. Juni 1896 geboren und hat das Gymnasium in Oldenburg mit dem Zeugnis der Reife im August 1914 verlassen. Mit achtzehn Jahren wurde er Soldat und hat dann als Artillerist an der Westfront am gesamten Ersten Weltkrieg teilgenommen. Entlassen wurde er mit zweiundzwanzig Jahren im November 1918 als Leutnant der Reserve. Zu Beginn des Zweiten Weltkriegs war er 43 Jahre alt, fronttauglich, ohne jedoch sofort eingezogen zu werden. Er musste wie gesagt erst mit Beginn des Feldzuges gegen die Sowjetunion einrücken und war wiederum als Artillerieoffizier für vier Jahre an der Front. Eine längere Kriegsgefangenschaft blieb ihm erspart.

Während des Krieges war er für seinen Sohn Gerold „unsichtbar" und nur „ein Soldat in Russland". Wie in vielen anderen deutschen Familien war die Mutter das Zentrum. „Erst der aus der Gefangenschaft zurückkehrende alte Mann konnte als Vater identifiziert" und „mühsam angenommen werden" (ebd., S. 229). Heinz Becker war am Ende des Krieges noch keine fünfzig Jahre alt, davon ist er acht Jahre lang Soldat gewesen. Nach seiner Entlassung vermutlich aus englischer Gefangenschaft konnte er im zerstörten Deutschland dann endlich zu seiner Familie nach Verden zurückkehren.

Man kann sich vorstellen, wie gezeichnet vom Krieg der Stabsoffizier Heinz Becker gewesen ist und wie schwierig es für den jüngeren Sohn war, ihn nach der Rückkehr aus dem verlorenen Krieg als Vater zu akzeptieren. Mit einiger Wahrscheinlichkeit liegt hier die Wurzel des Konflikts, der sensible Sohn musste mit der Autorität eines Mannes fertig werden, der vermutlich traumatisiert war, wie viele wohl nie über seine Kriegserlebnisse gesprochen hat und seine Söhne für die neue Zeit zu Führungspersonen erziehen wollte. Gerold musste es ihm recht machen, während er Jahre lang ohne Vater ausgekommen war.

Was Heinz Becker im Krieg erlebt hat, lässt sich nicht mehr feststellen. Der Weg seiner Einheit in der nördlichen Sowjetunion aber kann rekonstruiert werden.[16] Die Heeres-Küsten-Abteilung 708 war südlich vor Leningrad stationiert und an der vom 8. September 1941 bis 27. Januar 1944 dauernden Blockade der Stadt beteiligt. Die Einheit wurde im März 1943 der 9. Luftwaffen-Feld-Division unterstellt. Im Verlaufe des Jahres wurde die Division in Stellungskämpfe am Finnischen Meerbusen verwickelt und bezog danach Stellung zwischen Peterhof und Petrowskaja.

Im Januar 1944 war sie an der Verteidigung von Ropscha beteiligt und wurde nach dem Fall des äussersten Rings um Leningrad zerschlagen. Die verbliebenen Einheiten wurden aufgeteilt und für den langwierigen Rückzug eingesetzt. Auf diesem Wege kam der Vater getrieben vom sowjetischen Vormarsch nach Deutschland zurück. Angaben, welche Etappen der Weg hatte und welche Kämpfe damit verbunden waren, liegen nicht vor, das gilt auch für persönliche Zeugnisse aus diesen letzten Monaten am Ende des Krieges.

Ob Heinz Becker, wie viele andere Beamte der Osthilfe, der NSDAP angehört hat, ist nicht bekannt, Daten aus der Zeit in Verden gibt es nicht. Wenn es Zeugnisse von ihm über das Verhältnis zu seinem Sohn Gerold oder zu seiner Familie geben sollte, dann sind sie bislang nicht öffentlich zugänglich. Der Vater wird als sehr streng, autoritär, cholerisch und übergriffig geschildert,[17] auch von Alkoholabhängigkeit ist die Rede,[18] wenn das der Fall gewesen ist, dann vermutlich als Folge der beiden unbewältigten Kriege. Seine Frau überlebte ihn um sieben Jahre. Ihr Sohn Gerold hat sich so gut wie nie näher über seine Stellung in der Familie geäussert und auch von seinem eigenen Nachkriegsschicksal ist kaum die Rede. Für die Öffentlichkeit beginnt seine Geschichte erst als Pädagoge in Göttingen.

Über seinen Vater gibt es allerdings eine persönliche Äusserung in der Rede, die Gerold Becker beim Altschülertreffen der Odenwaldschule am 31. Oktober 1971 gehalten hat. Ein halbes Jahr später sollte er Schulleiter werden. In der Rede heisst es:

---

16 www.lexikon-der-wehrmacht.de/Gliederungen/FelddivisionenL/9FDL.htm
17 Brief von Wolfgang Bittner vom 27. April 2012.
18 Gespräch mit Margarita Kaufmann am 5. Januar 2012.

> „Sohn bürgerlicher Eltern. Der Vater: Beamter, norddeutsch, schwerfällig, fast unfähig, seine Gefühle zu äussern. Preusse aus Überzeugung. Zu klug, um nicht bald das abgrundtief Böse in dem braunen Spuk zu erkennen, zu klug auch, um sich mit der Rede von der Pflicht zu trösten, leistete er dennoch keinen Widerstand, vermass Land, siedelte Bauern um. Darüber mit dem Sohn zu reden, war ihm erst 20 Jahre später, nie ohne Befangenheit, aber mit grosser Schonungslosigkeit gegen sich selbst möglich" (ebd.).

Wenn diese Angaben zutreffen, muss Becker erst 1965 Gespräche mit seinem Vater über dessen Vergangenheit geführt haben, kurz vor seinem Tod, zu einer Zeit, als der Sohn am Pädagogischen Seminar der Universität Göttingen tätig war. Über die politische Ausrichtung seines Vaters nach dem Krieg ist nichts bekannt. Der Sohn merkt an, dass sich „das Preussische" in seinem Charakter, also die Strenge, im Krieg „wohl verstärkt" habe, „amalgamiert mit resignierter Melchancholie" (ebd.).

So wollte er ihn sehen, angeklagt hat Gerold Becker seinen Vater nie, obwohl er am eigenen Leib erfahren haben muss, was die preussische Strenge in der Familienerziehung bedeutete. Doch der Vater erscheint rückblickend in einem erstaunlich milden Licht. Er wollte, so der Sohn, das ihm „Zugemessene nach bestem Wissen und Gewissen tun, damit Recht und Gerechtigkeit eine Chance erhalten, und sei sie noch so klein" (ebd., S. 229/230). Damit wird mehr verdeckt als gesagt, auffällig ist aber, wie genau er auf seinen Vater eingeht und ihn verstehen will, während der Rest der Familie keine Erwähnung findet.

Die Mutter ist in den spärlichen Erinnerungen an seine Kindheit und seine Familie kein Thema, sie ist aber, soweit zugänglich, in Briefen erwähnt worden. Der Vater starb mit siebzig Jahren am 18. August 1966, direkte Reaktionen auf den Tod sind nicht bekannt und auch in der Altschülerrede findet sich davon keine Spur. Es heisst dort nur, im häuslichen Klima der Familie haben „Begriffe, Worte, Bücher, eine zentrale Rolle" gespielt (ebd., S. 231), das Wort „Liebe" fällt nicht.

Gerold Becker ist also in Verden an der Aller gross geworden, wie auch aus einer autobiografischen Andeutung aus dem Jahre 2004 hervorgeht. Er teilt dort allerdings nur mit, dass er „in einer norddeutschen Kleinstadt" aufgewachsen sei,[19] wo er 1942 eingeschult wurde (Becker 2004, S. 387). Weiter berichtet er, dass er 1948 von seinen Eltern zum Konfirmandenunterricht angemeldet worden sei, sagt aber wiederum nicht genau, wo das war. Dass Verden gemeint war, geht aus der Erwähnung des Domes hervor sowie der

---

19 1971 heisst es „niedersächsische Kleinstadt" (Becker 1971a, S. 423).

dortigen katholischen Kirche (ebd.).[20] Der Name „Verden" wird auch in anderen autobiografischen Hinweisen so gut wie nie genannt, der Ort der Kindheit hat keine Bezeichnung.[21]

Die Familie aber wurde in Verden sesshaft, Stettin und Simmern waren nur Durchgangsstationen. Der Vater hat sich 1939 in Verden niedergelassen und war dort beruflich tätig. Auf der Meldekarte der Stadt Verden ist unter der Rubrik „Stand oder Gewerbe" ursprünglich angegeben worden „Kulturamtsvorsteher". Diese Bezeichnung ist durchgestrichen und durch „Ob.Reg.-Rat" ersetzt worden. Wann das der Fall war, ist nicht vermerkt, Heinz Becker war in Simmern nicht Leiter des Kulturamtes, er hat in dieser Stellung seine Tätigkeit in Verden begonnen.[22] Er ist dorthin vergleichsweise schnell befördert worden. In der Genealogie der Prym-Familie, also der seiner Frau, wird er als „Oberregierungs- und Kulturrat in Göttingen" geführt (Willems 1968, S. 284).

Die Osthilfe existierte in ihrer ursprünglichen Form nur bis 1937. In Simmern gab es 1970 noch die „Landbau Aussenstelle Hunsrück"; bei einer Vorläuferorganisation, dem Kulturamt Simmern,[23] wird Heinz Becker gearbeitet haben, bevor er nach Verden ging. Wie vor dem Krieg, so hat er auch danach dort gearbeitet. Er war und blieb Leiter des Niedersächsischen Kulturamtes an der Eitzer Strasse in Verden,[24] ganz in der Nähe des Domgymnasiums. An welchem Tag genau der Vater aus dem Krieg zu seiner Familie zurückkehrte und ob von Bremen aus direkt, ist bislang nicht bekannt.

Der Sohn Gerold besuchte von November 1942 an die Pestalozzischule in Verden. Der Schuljahresbeginn im Deutschen Reich lag seit 1941 im September, erst nach dem Krieg wurde zum Ostertermin zurückgekehrt. Das Schulgesetz sah eine Einschulung für alle Kinder vor, die im Laufe des Kalenderjahres 1942 das sechste Lebensjahr vollenden. Gerold hätte also erst im nächsten Schuljahr mit der Grundschule beginnen können. Doch für ihn wurde eine Übergangsregelung benutzt, die eine nachträgliche Einschulung zum 1. November 1942 erlaubte.[25]

---

20 Becker (2004, S. 387) spricht von einem „harmlosen, eher billigen Backsteinbau vom Beginn des 20. Jahrhunderts". Gemeint ist die katholische Propstei St. Josef, die am 5. August 1894 eingeweiht wurde.
21 Nur in einem undatierten, nicht-öffentlichen Lebenslauf wird knapp angegeben „Schulbesuch in Verden/Aller".
22 Akten über Heinz Becker gibt es im Amt für Agrarstruktur der Stadt Verden nicht.
23 Leiter des Kulturamtes Simmern war von 1929 bis 1933 und von 1936 bis 1947 der Oberregierungs- und Kulturrat Dr. Leidinger (80 Jahre Kulturamt Simmern 1978, S. 95).
24 Heute Landesamt für Geoinformation und Landentwicklung, Niedersachsen, Regionaldirektion Verden.
25 Für das Schuljahr 1942/43 wurde der Stichtag auf den 31. Oktober 1942 vorverlegt (Reichsschulpflichtgesetz in der Fassung vom 16. Mai 1941, §2).

Nach der Grundschule wechselte er an das Domgymnasium in Verden, das auch sein älterer Bruder Konrad besuchte. Eingeschult wurde Gerold Ostern 1947 mit nicht ganz elf Jahren. Er kam als Quintaner in die sechste Klasse,[26] hat also die erste Gymnasialklasse (Sexta) übersprungen, vermutlich wegen seiner besonderen Leistungen und weil er kein Jahr verlieren sollte. Er war damit deutlich jünger als seine Mitschüler. Beide Brüder galten als besonders begabt und leistungsstark, also fielen auf und mussten mit den Erwartungen an sie fertig werden.

Die Schwester Johanna wird das Städtische Lyzeum, eine Oberschule für Mädchen, heute das Gymnasium am Wall, besucht haben, das seit 1946 Abiturprüfungen abnehmen konnte. Johanna Becker, Jahrgang 1933, dürfte als eine der ersten Abiturientinnen ihre Schulzeit mit der Reifeprüfung abgeschlossen haben. Das Lyzeum war eine reine Mädchenschule, erst 1961 wurde dort die Koedukation eingeführt; wie ihre beiden älteren Brüder hatte auch Johanna Becker keine Erfahrungen mit gemischten Klassen.

Während des Krieges und danach wohnte die Familie Becker in Verden in der Bürgermeister-Münchmeyer-Strasse 16 in einem Miethaus gegenüber dem Rosengarten ganz in der Nähe des Doms,[27] mithin ähnlich zentral wie zuvor in Stettin. Das Kulturamt befand sich in unmittelbarer Nachbarschaft und konnte ebenso wie das Domgymnasium zu Fuss erreicht werden. Doch der Aufenthalt in Verden war begrenzt, weil der Vater an das Kulturamt nach Göttingen wechselte. Dorthin wurde auch der Wohnsitz der Familie verlegt. Wann das genau war, ist nicht klar, wohl zu Beginn der fünfziger Jahre und vermutlich nach dem Abitur der Schwester Johanna.

Gerold Becker zog nicht mit nach Göttingen, er blieb allein in Verden, um dort ohne einen Schulwechsel Abitur machen zu können. Er wurde von einer Kriegerwitwe und Lehrerin betreut, die in die Wohnung Bürgermeister-Münchmeyer-Strasse eingezogen war und über Jahrzehnte dort gelebt hat. Zuletzt wohnte sie im benachbarten Altersheim, wo sie Februar 2015 gestorben ist. Gerold dürfte in der Wohnung sein Zimmer behalten haben und hat sich nicht neu orientieren müssen. Damit ist auch gesagt, dass er jahrelang ohne elterliche Nähe gelebt hat und für sich selbst sorgen konnte.[28]

Solche Lösungen waren nicht unüblich, auch der Vater wird während seiner Schulzeit in Oldenburg bei Verwandten oder in Pension gelebt haben. Vielleicht wollte man die Konflikte mit dem Vater entschärfen, jedenfalls hat Gerold Becker über Jahre ohne seine Familie allein gelebt, was später zu seiner Lebensform werden sollte. Es waren die Jahre, in denen sich seine sexu-

---

26 Brief von Volkrat Stampa vom 15. Dezember 2014.
27 Diese Adresse war Heinz Beckers Heimatanschrift, als er 1941 eingezogen wurde.
28 Brief von Volkrat Stampa vom 15. Dezember 2014. Zusätzlich Mail vom 17. Februar 2015.

elle Identität ausgebildet und gefestigt haben muss, als Führer von Jungengruppen.

Gemäss Eintrag im Melderegister der Stadt Göttingen war Verden der Hauptwohnsitz von Gerold Becker auch noch nach dem Abitur.[29] Er ist dann im Herbst nach München gezogen, wo er vom 1. November 1955 an gemeldet war. Seit dem 30. November lebte er in einem evangelischen Studentenheim in der Arcisstrasse 31, nachdem er zunächst einen Monat lang woanders zur Untermiete gewohnt hat.[30] Die Arcisstrasse liegt in der Nähe der Universität.

Ein halbes Jahr später, rechtzeitig zum Sommersemester, kehrte er nach Göttingen zurück und zog in das Fridtjof-Nansen-Haus in der Merkelstrasse 4, das damals als Studentenheim und Veranstaltungszentrum geführt wurde. Eingetragen beim Göttinger Einwohnermeldeamt wurde er am 3. Mai 1956. Vom 1. Dezember 1956 an wohnte er am Arnimweg 8[31] in einem grösseren Haus. Das vom Vater in Auftrag gegebene Eigenheim war das neue Zuhause der Familie, mit der Gerold nun wieder zusammenleben sollte.

Dorthin hat sich Heinz Becker am 30.10.1956 angemeldet, nachdem er zuvor in Göttingen zur Miete gewohnt haben muss. Er war jetzt sechzig Jahre alt und hat bis zu seiner Pensionierung beim Niedersächsischen Kulturamt – das ist das heutige Amt für Agrarstruktur – in Göttingen gearbeitet. Das Kulturamt ist 1946 gegründet worden und ging aus dem früheren Preussischen Kulturamt hervor. Hier gab es eine leitende Stellung für den Oberregierungs- und Kulturrat.

Als Gerold Becker von München nach Göttingen zurückgekehrt war, wohnte die Familie aber nicht für länger gemeinsam unter einem Dach. Der älteste Sohn Konrad zog mit seiner Frau nach Celle, wo die Familie der Frau lebte, Paul Becker studierte in Kiel und Johanna Becker blieb nur bis zum Beginn der sechziger Jahre im Elternhaus. Gerold Becker wohnte dort noch während seines Studiums in Göttingen,[32] er ist erst im Frühjahr 1969 ausgezogen, als er mit 32 Jahren an die Odenwaldschule ging und dort eine eigene Wohnung bezogen hat.

Es existiert von ihm keine andere Anschrift in Göttingen, unter der er gemeldet gewesen wäre. Über Wohngemeinschaften während des Studiums ist nichts bekannt. In seinem weiteren Leben gab es auch keine feste Beziehung,

---

29 Stadtarchiv der Stadt Göttingen, Brief vom 19.01.2012.
30 Meldekarte der Stadt München (Signatur: EWK 65/B 213) (Stadtarchiv München, Brief vom 14.11. 2012).
31 Vermerk auf der Göttinger Meldekarte von Gerold Becker. Die Bezeichnung „Arnimweg" nach Achim von Arnim ist vom Göttinger Stadtrat am 2.9.1955 beschlossen worden (Tamke/Driever 2012, S. 46).
32 Das bestätigt Martin Tetz mit Brief vom 14. Juli 2012.

weder eine männliche noch eine weibliche, mit der er eine gemeinsame Wohnung geteilt hätte. Seit den letzten Jahren in Verden lebte er weitgehend allein und hielt sich, was Bindungen betraf, auf Distanz. Die einzige Ausnahme waren seine Familien an der Odenwaldschule, die fast nur aus Jungen bestanden und die er dominieren konnte.

Zu den Auffälligkeiten dieser Geschichte gehört ein Roman, der 1992 zuerst veröffentlicht wurde und der in der Diskussion über Gerold Becker bislang nie erwähnt worden ist. Der Verfasser, der Schriftsteller Wolfgang Bittner, hat von 1966 an in Göttingen Jura studiert und dort 1970 das erste juristische Staatsexamen abgelegt. Bittner stammte aus Gleiwitz in Oberschlesien und ist als Kind einer Flüchtlingsfamilie in Ostfriesland aufgewachsen. Er ist immer noch in Göttingen wohnhaft und hat sich offenbar von seinen Erfahrungen während der Studentenbewegung literarisch inspirieren lassen.

In seinem Roman *Niemandsland* tritt eine Figur mit Namen „Gerold" auf, die offenkundig dem älteren Bruder Konrad nachempfunden wurde. Gesagt wird, dass dieser Gerold 1950 am Domgymnasium in Verden Abitur gemacht und anschliessend in Kiel sowie in Göttingen Jura studiert habe. Das trifft auf Konrad Becker zu. Weiter heisst es, er sei mit dreizehn Jahren Hordenführer beim nationalsozialistischen Jungvolk gewesen und habe nach dem Krieg der Deutschen Jungenschaft („dj 1.11.")[33] angehört. 1946 wurde in Verden eine Deutsche Jungenschaft gegründet und Hordenführer zu sein, entsprach dem Erziehungsideal des Vaters.

Auch der Vater wird so beschrieben, wie Heinz Becker tatsächlich gewesen ist: „Diplomlandwirt", „auf einem grossen Hof im Oldenburgischen aufgewachsen", „Dr. habil.", „ein humanistisch gebildeter Mann mit einer umfangreichen Bibliothek", seit 1930 „Mitarbeiter der Deutschen Osthilfe". Von der Mutter wird gesagt, sie stamme „aus einer hessischen Kaufmanns- und Gelehrtenfamilie" und sei eine „ruhige" und „ausgleichende Frau" gewesen, die sich „ihr Leben lang um Haushalt und Kinder gekümmert habe". Der Sohn habe der APO-Bewegung nahegestanden und sei Präsident des örtlichen Republikanischen Clubs gewesen (Bittner 2000, S. 73ff.).

Die Figur „Gerold" ist ein literarisches Amalgam. Konrad Becker ist im Sommer 1986 gestorben und hat zwanzig Jahre vor der APO-Bewegung studiert, war aber Mitbegründer des linken Republikanischen Clubs in Göttingen und hatte dadurch offenbar berufliche Probleme als Anwalt, der RAF-Sympathisanten vor Gericht vertreten hat. Der echte Gerold Becker wird in dem Roman nicht erwähnt, er gibt nur den Vornamen für eine andere Figur

---

33 Die Bezeichnung steht für „Deutsche Jungenschaft vom 1. November 1929". Diese Gruppierung wurde von Eberhard Kroebel (Fahrtenname „tusk") (1907–1955) gegründet.

her. Der Autor Wolfgang Bittner war mit Konrad Becker gut befreundet[34] und hatte Einblicke in die Familiengeschichte. Für seine Angaben im Roman hat es Anfang der neunziger Jahre keinerlei Quellen gegeben, sie können nur auf Erzählungen vor Ort basieren.[35]

Gemäss Wolfgang Bittner stand Gerold Becker als Kind deutlich im Schatten seines älteren Bruders, der von dem Vater sichtbar und schmerzhaft für den Jüngeren vorgezogen wurde. Konrad ist von seinem Vater als Kind geprägt worden, bevor der Soldat wurde. Der Älteste ist auf dem Gymnasium ein Musterschüler gewesen, der alle Leistungserwartungen leicht erfüllte. Er war auch körperlich vielversprechender als der Gerold, der als Kind eher schwächlich war. Konrad Becker entsprach vom Typ her seinem Vater, während Gerold das Leptosome seiner Mutter geerbt hat.[36]

Ein Klassenfoto zeigt Gerold Becker zu Beginn des Schuljahres 1949/1950. Die Klasse 7g1 hatte zu diesem Zeitpunkt 38 Schüler und eine Schülerin, der Klassenlehrer Georg Janssen[37] sitzt mit verschränkten Armen in der Mitte des Bildes. In der zweiten Reihe am Rande ganz links aus Betrachtersicht steht Gerold Becker, ein schmaler blonder Junge, der kleiner ist als die meisten seiner Mitschüler (Stampa 2014, S.104). Gerold war dreizehn Jahre alt und machte in der Schule mit besonderen Leistungen auf sich aufmerksam, die sein Vater offenbar für selbstverständlich hielt.

Erst als Gerold Gruppenführer und später Obmann bei der Evangelischen Jugend in der Domgemeinde Verden wurde, stieg sein Ansehen beim Vater. Jetzt billigte er ihm zu, wie der ältere Sohn „Führerqualitäten" zu haben, was ein enormer Ansporn gewesen sein muss, ohne dass er je seinen Bruder erreichen konnte. Die Kränkung blieb lebenslang erhalten und man kann nur vermuten, was das für die Identitätsbildung bedeutet hat. Bereits in Verden und so als Jugendführer soll es zu homoerotischen Kontakten mit jüngeren Kindern gekommen sein.[38]

An seine beiden ältesten Söhne hatte der Vater bei scharfen Sanktionen höchste Leistungserwartungen, mit denen sie, jeder für sich, nicht fertig wurden. Es gibt Aussagen über den „altmodischen Erziehungsstil" des Vaters, der sich an seiner eigenen Erziehung vor dem Ersten Weltkrieg orientiert ha-

---

34 Anruf von Wolfgang Bittner am 26. April 2012.
35 Angaben zum Folgenden aus einem Brief von Wolfgang Bittner vom 27. April 2012.
36 Gespräch mit Christoph Landwehr vom 11. Juni 2013. Der Name ist ein Pseudonym, das mit der realen Person abgestimmt worden ist.
37 Georg Janssen (1909–1965) unterrichtete Deutsch, Erdkunde und Religion (Stampa 2014, S. 97).
38 Brief von Wolfgang Bittner vom 27. April 2012.

ben dürfte. Mit seinen beiden älteren Söhnen habe er heftig und häufig gestritten, es wird also dramatische Auseinandersetzungen gegeben haben.[39] Dabei ging es auch um die Zukunft des elterlichen Besitzes.

Es gibt noch eine andere Aussage über den Vater. Ein Zeitzeuge, der in den sechziger Jahren Zugang zu der Familie hatte, sagt: Es muss mit den beiden älteren Söhnen „etwas Schreckliches" gelaufen sein, das sei bei Besuchen im Haus der Familie deutlich zu spüren gewesen. Der Zeuge erinnert sich an ein Bild des Vaters in Uniform, das im Familienwohnzimmer des Hauses Arnimweg 8 hing; dieses Zimmer wurde fast nie betreten, es war wie leblos mit Möbeln und Bildern ausstaffiert.[40] Ein Altschüler vermutet, dass Gerold Becker als Kind selbst Gewalt erfahren haben muss, Missbrauchstäter sind häufig ihrerseits Opfer gewesen.[41]

Gerold Becker (1971a, S. 230) beschreibt das Verhalten seines Vaters in der Altschülerrede so: Es ging ihm nach Rückkehr aus dem Krieg darum, „im anvertrauten Bereich für Ordnung" zu sorgen, „sie mühselig immer wieder" herzustellen, „weil das Chaos zu leicht das Böse im Menschen freisetzt, weil Unrecht und Leid entsteht, dem niemand wehrt". Das kann auch verstanden werden als Zufügen von Unrecht und Leid durch den, der die Ordnung repräsentiert und gegen den man sich als Kind nicht wehren kann. Mehr aber sollte und konnte wohl nicht angedeutet werden.

Becker fragt sich an gleicher Stelle, was ihn bis zum Verlassen der Schule geprägt hat und erwähnt dabei als Möglichkeit auch die „Auseinandersetzung mit dem Vater" (ebd., S. 231), lässt die Frage aber unbeantwortet. Tatsächlich muss ihn diese Auseinandersetzung tief geprägt haben, er hat den zeittypischen Autoritätskonflikt erlebt, wie er vielfach beschrieben worden ist, aber er hat nicht rebelliert, sondern alles getan, um den Erwartungen gerecht zu werden. Dabei musste er seit der Pubertät mit seiner Sexualität zurechtkommen, die niemals thematisiert werden konnte, schon gar nicht dem Vater gegenüber.

Die Mutter Frieda Elisabeth Becker hatte einen begüterten Hintergrund, sie stammte aus der verzweigten Prym-Dynastie, also nicht aus einer hessischen, sondern aus einer rheinischen Kaufmanns- und Gelehrtenfamilie. Die William Prym GmbH&Co. KG in Stolberg in der Nähe von Aachen ist bis heute ein Familienunternehmen, das auf Kurzwaren, insbesondere auf den selbst entwickelten Federdruckknopf, spezialisiert ist und damit ein Vermögen gemacht hat. Der Grossvater der Mutter von Gerold Becker war der in

---

39 Aussagen in einem Gespräch mit mir.
40 Gespräch mit Christoph Landwehr am 11. Juni 2013, auf das auch im Folgenden Bezug genommen wird.
41 Gespräch mit Konrad Taukert vom 15. Oktober 2013.

Bonn lehrende Orientalist Eugen Prym. Er lebte mit seiner Familie in einer vornehmen Villa am Rheinufer. Seine Frau war Anna Prym, geborene Krabler; ihr Mann und sie hatten sechs Söhne und zwei Töchter (Willems 1968, S. 277ff.).

Die eine Tochter, Agnes Eleonore (Lore) Prym, heiratete 1898 mit 21 Jahren in Bonn den zehn Jahre älteren Althistoriker Max Leberecht Strack, der sich an der Universität Bonn habilitiert hat, 1904 einen Ruf nach Giessen erhielt und 1912 nach Kiel wechselte. Er meldete sich mit 47 Jahren freiwillig zum Kriegsdienst und starb am 10. November 1914 als Hauptmann d. R. in der ersten Flandernschlacht bei Ypern (ebd., S. 282). Seine Frau, die Grossmutter von Gerold Becker, blieb in Kiel. Ihr jüngster Sohn, Paul Richard Leberecht Strack, der 1904 in Giessen geboren wurde, war ebenfalls Althistoriker und hatte von 1935 bis 1938 in Kiel eine Professur inne. Er war seit 1939 im Kriegsdienst und starb im August 1941 als Leutnant bei Cholm in der Oblast Nowgorod (ebd., S. 284).

Die Familiengeschichte ist auch in dieser Hinsicht auf Verlust angelegt: Beide Grossväter von Gerold Becker waren tot, lange bevor er geboren wurde, der eine starb als junger Ehemann und Vater, der andere als Offizier im Ersten Weltkrieg, auch der eine Onkel starb während Gerolds Kindheit im Krieg. Die Familie zahlte also in beiden Weltkriegen Blutzoll; wie damit umgegangen wurde, ist nicht bekannt. Nicht nur der Vater, Heinz Becker, dürfte schwer traumatisiert gewesen sein, und auch in dieser Hinsicht wird Gerold Becker eine deutsche Kindheit erlebt haben, die begleitet war von Gewalt und Schweigen sowie dem Bemühen um Normalität.

Die Mutter wurde „Freda" genannt (ebd., S. 284). Zu ihr hatte der Sohn Gerold, im Gegensatz zum Vater, „eine extrem enge Bindung". Freda Becker war eher klein und zierlich, reizend und in den sechziger Jahren schon grauhaarig. Sie sah Katja Mann ähnlich, worauf die Familie sehr stolz war.[42] Auffällig war, dass sie permanent Zigaretten rauchte, mit Vorliebe die Marke Reval ohne Filter. Die gleiche Marke bevorzugte auch Sohn Gerold. Nach der Arbeit im Haushalt legte die Kettenraucherin gerne und mit Leidenschaft Patiencen. Wie sie die heftigen Konflikte ihrer beiden älteren Söhne mit dem Vater erlebt und darauf reagiert hat, ist nicht bekannt.

Gerold Becker hat nie gesagt, was es mit diesen Auseinandersetzungen auf sich hatte, wie er generell über sich und seine Beziehungen geschwiegen hat. In der Altschülerrede erwähnt er beiläufig „ein paar Begegnungen, Freundschaften, deren Bedeutung für ihn in keinem Verhältnis zu ihrem erzählbaren Gehalt stand" (Becker 1971a, S. 231). Gleichzeitig sagt er von sich, während seiner Kindheit und Jugend haben sich in ihm „eine fast allergische

---

42 Zum Folgenden: Telefongespräch mit Wolfgang Bittner am 12. August 2013.

Empfindlichkeit für spannungsgeladene Situationen" gebildet und damit verbunden „ein Bedürfnis, in Konflikten einander zu interpretieren" (ebd., S. 232).

Es gab Schulfreunde und sogar einen Freundeskreis, der in der Schule auch wahrgenommen wurde. Gerold Beckers bester Freund kam 1950 an das Domgymnasium, er besuchte die 9. Klasse und hat ein Jahr nach Becker Abitur gemacht. Auch ein Mitschüler aus dem gleichen Jahrgang gehörte zum engeren Kreis von Beckers Freunden, die oft gemeinsam mit ihm auf dem Domfriedhof neben dem Rosengarten an der Bürgermeister-Münchmeyer-Strasse spazieren gingen. Das passt nicht zu dem, was er zwanzig Jahre später in der Altschülerrede formuliert hat, als er mit seiner Vergangenheit in Verden nicht mehr viel zu tun haben wollte.

Der junge Gerold Becker war gesellig und fiel positiv auf. Als Schüler war er Leistungsträger und galt in seiner Schule doch nicht als Streber. Ein Mitschüler erinnert sich, dass Gerold sich zu Beginn der fünfziger Jahre ein Miele-Motorfahrrad zulegte und Klassenkameraden zum Spass mitfahren liess. Engagiert war er nicht nur in der Kirche, sondern etwa auch bei der Verteilung der täglichen Schulspeisung, die in der unmittelbaren Nachkriegszeit für viele Schüler die einzige warme Mahlzeit darstellte. Nur eines war auffällig, wie der beste Freund Jahrzehnte später zu Protokoll gab: „Mit Mädchen hatte Gerold nichts im Sinn."[43]

Mit seiner Jungengruppe in der evangelischen Jugend hat er häufiger Fahrten unternommen, so 1954 mit dem Fahrrad in den Sommerferien an die Diemeltalsperre in Nordhessen, wo drei Wochen Regen auszuhalten waren, nachdem Gerold das Lager aufgebaut hatte. Mitglied seiner Gruppe war Dieter Kohlschütter, der mit Gerold Becker auch sonst viel erlebt hat. Er berichtet von einer gemeinsamen Fahrt zum Predigerseminar in Hildesheim und einem nächtlichen Singen in der Michaeliskirche, die neben dem Predigerseminar liegt. Als Jugendführer habe er Gerold „sehr gerne gemocht" und sei gut mit ihm ausgekommen.

Kohlschütter berichtet auch über eine mehrtägige Fahrt zu zweit mit einem Faltboot auf der Aller und Weser. Am späten Nachmittag wurde am Ufer ein Zelt aufgebaut, Gerold Becker zog sich nackt aus und sprang ins Wasser, zuvor hatte er seinen Kameraden angehalten, sich ebenfalls auszuziehen und ihm zu folgen, was dieser ablehnte. Man übernachtete dann gemeinsam im Zelt, zu Belästigungen kam es aber nicht. Dieter Kohlschütter wechselte später die Schule und sagt heute über den Jugendführer Gerold Becker: „Es war schön, mit ihm zusammen zu sein."[44]

---

43 Angaben nach Recherchen von Volkrat Stampa.
44 Gespräch mit Volkart Stampa und Dieter Kohlschütter am 15. November 2014.

Eine tiefere Bindung hatte er offenbar nur zu seiner Schwester und seiner Mutter, sie jedenfalls waren die beiden einzigen Frauen, die er in seinem Leben an sich herankommen liess und die ihm etwas bedeutet haben. Ein Mitglied einer der OSO-Familien, die Gerold Becker geleitet hat, sagt aus, dass er seine Mutter, seine Schwester und den jüngeren Bruder geliebt habe.[45] Aus einer späteren OSO-Familie heisst es, dass er nie von seiner Mutter gesprochen habe[46] und nur die Schwester Erwähnung fand. Andere dauerhafte Bindungen sind nicht bekannt, ausgenommen die zu Hartmut von Hentig.

Die besondere Beziehung zwischen Johanna Becker und ihrem Bruder erklärt sich nicht zuletzt damit, dass beide während der Zeit in Göttingen noch gläubig waren.[47] Johanna ging regelmässig in die Kirche und engagierte sich in der Entwicklungshilfe, Gerold soll noch als junger Mann zweimal am Tag gebetet haben, was aus heutiger Sicht kaum vorstellbar erscheint. Von dieser starken religiösen Bindung war in der Odenwaldschule nichts mehr zu spüren, wenngleich Gerold Becker dort Pfarrdienste leistete.

Johanna Becker war ausgebildete Volksschullehrerin, die in der Nähe von Göttingen eine Schule leitete. Sie hat als ledige Frau zwei Jungen adoptiert. Die beiden Jungen waren Heimkinder aus Hildesheim, die aus schwierigen Verhältnissen stammten. Johanna Becker übernahm für beide Kinder erst die Pflege und hat sie dann adoptiert; Manfred war fünf Jahre alt, als sie ihn kennenlernte, Ingo war anderthalb Jahre jünger, er wurde ein Jahr nach Manfred Pflegekind. Die Kinder wuchsen zunächst in Göttingen auf und wohnten zusammen mit der Familie im Haus Arnimweg 8.

Über Gerold Beckers Schwester liegen kaum Aussagen vor. Andreas Huckele erinnert sich an einen Besuch bei Johanna Becker in Göttingen, der 1982 stattgefunden hat. Auf einer Fahrt mit seiner Odenwaldfamilie nach Spiekeroog hat Gerold Becker dort Station gemacht. Seine Schwester wird als introvertiert beschrieben und habe asexuell gewirkt. Auch einer der beiden Adoptivsöhne war zugegen, der als „schräger Vogel" bezeichnet wird. Er sei gedungen und in sich gekehrt gewesen, also sehr anders als die selbstbewussten Jungen von der Odenwaldschule.[48]

Johanna Becker hat die Erziehung der beiden Jungen in der Festschrift für ihren Bruder beschrieben. Der Text ist wohl in der zweiten Hälfte des Jahres 1995 verfasst worden, vielleicht basiert er auf früheren Aufzeichnungen; Johanna Becker starb ein Jahr später, nämlich am 25. Dezember 1996, also zu Weihnachten, an einem Schlaganfall. Die Geschichte selbst spielt mehr als

---

45 Gespräch mit Konrad Taukert vom 15. Oktober 2013.
46 Telefongespräch mit Andreas Huckele am 9. September 2013.
47 Zum Folgenden: Gespräch mit Christoph Landwehr am 11. Juni 2013.
48 Telefongespräch mit Andreas Huckele am 9. September 2013.

zwanzig Jahre zuvor. Ihr Beitrag ist überschrieben mit „Einen Bruder haben", was auch auf ihre besondere Beziehung zu Gerold Becker anspielen mag, sie hatte ja noch zwei andere Brüder (J. Becker 1996). Von Johanna Becker gibt es sonst keine andere Veröffentlichung.

In dem Beitrag geht es um Manfred und Ingo, wobei nicht gesagt wird, an welchem Ort und in welcher Zeit die Geschichte spielt. Johanna Becker erwähnt Konflikte zwischen den Brüdern, hält aber fest, dass die Jungen „füreinander immer die besten Spielgefährten" waren (ebd., S. 66). Am Ende gibt sie an, dass beide inzwischen erwachsen seien und jeder seinen eigenen Lebenskreis habe. Erwähnt wird auch, dass Ingo noch in der Ausbildung sei, während Manfred schon Beruf und Familie habe (ebd., S. 67). Das kann nicht 1995 gewesen sein und muss zeitlich zurückversetzt werden.

Johanna Becker war als junge Frau in Afrika in der Entwicklungshilfe tätig, bevor sie die beiden Jungen kennenlernte und am Ende dann auch adoptierte.[49] 1961 wurde das Mindestalter von Adoptiveltern auf 35 Jahre abgesenkt, Johanna Becker ist 1933 geboren und die Adoption ist 1969 erfolgt, vorher müssen die beiden Kinder in Pflege genommen worden sein. Gerold Becker erhielt so Neffen, mit denen ihn etwas verbunden haben muss. Beide Jungen sind in der Anzeige von seinem Tod namentlich erwähnt, was nicht grundlos geschieht.

Am 5. Dezember 1968 schrieb Gerold Becker an den damaligen Schulleiter Walter Schäfer einen längeren Brief, in dem Daten für einen Besuch an der Odenwaldschule im Vorfeld seines Dienstantritts vorgeschlagen werden. Es geht um ein Vorstellungsgespräch des neuen Lehrers mit der Schulleitung. Becker gibt sich sehr beschäftigt, erweckt den Eindruck, dass er im Dezember eigentlich keine Zeit habe und am liebsten erst Anfang Januar kommen würde. In diesem Zusammenhang geht er auch auf familiäre Verpflichtungen ein und erwähnt besondere Belastungen vor dem „Stichdatum" 1. März 1969; das war der Tag, an dem er als Lehrer anfangen sollte.

Tatsächlich hat er mit seiner Tätigkeit erst einen Monat später begonnen. Er schreibt von „allerlei anstrengenden Veränderungen", die in den letzten Wochen vor dem Beginn an der Odenwaldschule noch in die Wege zu leiten seien. Genauer heisst es: „Meine Schwester will zwei Kinder adoptieren und sich hier in der Stadt oder in dem Dorf, wo sie Schulleiterin ist, einen eigenen Haushalt einrichten." Sein Zimmer wurde frei und die Adoption muss in den nächsten Wochen erfolgt sein. Becker deutet in dem Brief die Möglichkeit an, dass das „elterliche Haus" mit seinem Auszug und dem seiner Schwester nun aufgelöst werden würde, doch das hat nicht stattgefunden.

---

49 Mail von Christoph Landwehr vom 14. Juli 2013.

Auch der im Brief angedeutete Plan, für die Mutter eine eigene Wohnung einzurichten, zerschlug sich. Sie starb wenige Jahre später. Johanna Becker hat das Haus verlassen und ist am 17. November 1972 mit ihren beiden Söhnen nach Reinhausen südöstlich von Göttingen gezogen.[50] Reinhausen ist heute Teil der Gemeinde Gleichen, an der dortigen Schule hat sie unterrichtet, und hier spielt die Geschichte, die in der Festschrift für Gerold Becker erzählt wird, wo nur von einem „Dorf" die Rede ist (ebd., S. 63). 1958 wurde der Neubau der Volksschule Reinhausen eingeweiht und seit 1960 gab es zwei Wohnungen für die Lehrer der Schule.[51]

Der jüngste Bruder Paul Becker lebt heute in Berlin. Er hat nicht wie seine beiden älteren Brüder am Domgymnasium in Verden Abitur gemacht, zwischen 1959 und 1964 ist er in den Listen der Abiturienten nicht verzeichnet (400 Jahr Feier o.J.). Vermutlich ist er mit der Mittleren Reife abgegangen und hat dann seinen eigenen Weg eingeschlagen. Der Jüngste der Geschwister war künstlerisch begabt und das Domgymnasium führte in der Oberstufe nur den altsprachlichen sowie den mathematisch-naturwissenschaftlichen Zweig.

Er hat an der Muthesius-Werkschule für Handwerk und angewandte Kunst in Kiel freie Kunst studiert, nach Kiel gab es alte Verbindungen. Paul Becker wird 1968 in der Genealogie der Prym-Familie als „Kunstmaler" geführt (Willems 1968, S. 284). Später war er als Lehrer tätig und ist inzwischen pensioniert. Zu seiner Geschichte gehört, dass er nach der Entlarvung seines Bruders im Frühjahr 2010 von der Odenwaldschule auf Schadensersatz verklagt worden ist und lange prozessieren musste.

Nach dem Auszug der Schwester und vor dem Tod der Mutter am 26. November 1973 hat Konrad Becker offenbar eine Zeit lang in dem Haus gewohnt, wie aus einer Anzeige deutlich wird. Vermutlich ist Gerold Becker dort nach seinem Weggang von der Odenwaldschule im Sommer 1985 kurzfristig wieder untergekommen, in einer für ihn unsicheren und finanziell heiklen Situation. Er musste seinerzeit froh sein, in Göttingen ein Dach über dem Kopf zu finden. Noch im Juni 1986 merkt er an, dass seine Bücher „zur Zeit noch verpackt seien" (Becker 1986e, S. 4).

Die Anzeige erschien im zweiten Quartal 1973 der Mainzer Zeitschrift „Magazin KUNST".[52] Dort wird „RA Konrad Becker, 3400 Göttingen, Arnimweg 8" mit Telefonnummer erwähnt, der eine Such- und Tauschanzeige aufgegeben hat. Die Anzeige zeigt ihn als Sammler und Kunstkenner, der sein

---

50 Mail von Ulrike Ehbrecht (Stadtarchiv Göttingen) vom 16. Juli 2013.
51 www.unser-reinhausen.de/index.php?seite=geschichte
52 Die Zeitschrift erschien zunächst unter dem Titel „Die Vernissage" zwischen 1964 und 1976 und wurde vom Mainzer Galeristen Hans Alexander Baier herausgegeben.

Bruder Gerold nie gewesen ist. Die Zeitschrift hatte mit Beginn des Jahres 1973 eine Börse ausdrücklich für Privatsammler eingerichtet, die bei reinen Textanzeigen kostenlos war.

Konrad Becker wollte das Bild „Sänger mit Laute" des bekannten deutschen Grafikers HAP Grieshaber abgeben und gegen andere Bilder eintauschen. Grieshabers Bild befand sich offenkundig in seinem Besitz. Vermerkt wird, dass es als eines von zehn Blättern signiert sei und wohl aus dem Jahre 1962 stamme. Von den zehn Blättern seien nur noch vier zugänglich, was auf den Wert hinweisen soll. Gesucht werden im Gegenzug Bilder des französischen Grafikers Victor Vasarely „vor 1960",[53] gegebenenfalls auch solche des deutschen Grafikers Werner Nöfer, von M.C. Escher oder von A. Paul Weber, aber „nur ‚Eulenspiegel'" (Magazin Kunst 1973, S. 111).

Gerold Becker hat 1986 Briefe geschrieben, die mit der Anschrift Arnimweg 8 versehen waren. Erst Jahre später sollte er nach Berlin umziehen und sein Elternhaus damit endgültig hinter sich lassen. Wie er mit Konrad Becker in Göttingen nach seiner Rückkehr und bis zu dessen Tod Anfang Juni 1986 ausgekommen ist, lässt sich kaum mehr feststellen. Der Bruder starb, als beide nicht im Elternhaus zusammenlebten. Und Gerold Becker nahm von ihm auf eine Weise Abschied, die nur denkwürdig genannt werden kann und vor allem etwas über ihn aussagt.

Die Beerdigung des Bruders fand am 12. Juni 1986 in der Friedhofskapelle des Göttinger Stadtteils Geismar statt. Gerold hielt eine der Gedenkreden und ist dabei Wolfgang Bittner durch Arroganz und Eitelkeit aufgefallen. Er hat ihn erst hier persönlich kennengelernt. Auch als Fünfzigjähriger und bei diesem Anlass konnte Gerold Becker die Lebensgeschichte nicht auf sich beruhen lassen und musste den Konflikt mit dem Bruder in den Mittelpunkt stellen. Er war unfähig, mit seiner Rede Trost zu spenden oder Mitgefühl auszudrücken und sprach stattdessen von seinem eigenen Leid.

Der andere Redner war Wolfgang Bittner, der Freund des Bruders. Er erinnert sich, dass Becker frei, aber viel zu lange sprach und aus dem Kopf die Bibel zitierte, zudem Gottfried Benn und Ingeborg Bachmann, womit er sich als überaus belesen hinstellen konnte. Er sparte nicht mit Kritik und redete davon, dass ihm sein Bruder sein Leben lang fremd geblieben sei. Er habe die siebte Klasse besucht, als sein Bruder, der ihm stets voraus war, Abitur machte.[54] In der Rede fiel auch die Bezeichnung „Schulgenie", so bezeichnete der jüngere den älteren Bruder, was offenbar unvergesslich gewesen sein

---

53 Victor Vasarely (1906–1997) hat seit 1955 regelmässig an der Didacta teilgenommen und wurde im gleichen Jahr durch das „Manifest jaune" bekannt.
54 Das kann nicht stimmen. Gerold Becker muss zu diesem Zeitpunkt in der achten Klasse gewesen sein.

muss. Von dem Ruf des Bruders, sagte Gerold Becker in seiner Totenrede, habe er profitiert und zugleich darunter gelitten.

Wolfgang Bittner musste an sich halten, um nach der langen und für ihn peinlichen Rede nicht ausfallend zu werden.[55] Gerold Becker hätte man zurechtweisen müssen, was die Situation aber nicht zuliess. Er habe zeitlebens die überlegene Intelligenz seines Bruders ertragen müssen und wollte sich an seinem Grab mit taktlosen Bemerkungen ins rechte Licht rücken, nachdem sein Bruder ihn nicht mehr überstrahlen konnte. Konrad Becker war umfassend gebildet und ist vermutlich auch deswegen für den jüngeren Bruder eine ständige Provokation gewesen, was Gerold Becker tatsächlich erst in der Totenrede zum Ausdruck bringen konnte.[56]

Die Rede ist in einem vierseitigen Manuskript überliefert,[57] das zeigt, wie wohlvorbereitet er war. Er muss sich jeden Satz, den er gesprochen hat, genau überlegt haben. Gerold Becker sollte, wie er zu Beginn sagt, für die Familie sprechen, tatsächlich sprach er über sich und seinen Konflikt mit dem Bruder. Ausdrücklich wird gesagt, dass er in seiner Rede das „alte Sprichwort" „über die Toten nichts, wenn nichts Gutes" nicht beachten werde, weil er es für „falsch" halte. In Richtung der Trauergemeinde heisst es: „Gerade angesichts des Todes schulden wir einander Ehrlichkeit, die ja nicht verletzend sein muss, und zumindest den Versuch, gerecht zu sein. Diesen Versuch will ich mit ein paar Andeutungen machen" (Becker 1986e, S. 1).

In den entscheidenden Teilen ist die Rede kryptisch und dazu gedacht, dass man sie nicht sofort verstehen, sondern Anstrengungen unternehmen soll, sie zu entziffern. Es gibt von Gerold Becker keinen zweiten Text, der mit dieser Rede vergleichbar wäre. Sie hat verschiedene Schichten und Zugänge, mischt klare Aussagen mit Andeutungen, löst nichts auf und bleibt am Ende rätselhaft, auch weil Becker nicht mit eigenen Worten spricht, sondern zitiert. Er muss Tage an der Rede gearbeitet haben, die abgerundet erscheinen soll und doch Raum gibt für Deutungen hinter den scheinbaren Klarheiten.

Der „grosse Bruder", heisst es, sei ihm lebenslang fremd geblieben, schon als Schüler sei er an seinem „Massstab" gemessen worden und „man interpretierte auch die eine oder andere Harmlosigkeit, die ich von mir gab, wohlwollend als Ausdruck des gleichen Schulgenies, das er gewesen ist". Schliesslich: Der Bruder „hatte Freunde, in deren Kreis ich nichts zu suchen hatte", er lebte „in einer anderen Welt" und war für den Jüngeren nicht erreichbar

---

55 Telefongespräch mit Wolfgang Bittner am 12. August 2013.
56 Die Rivalität unter Brüdern behandelte er schon in der Abiturrede 1984, allerdings mit einem guten Ausgang und ohne jede Erwähnung des eigenen Schicksals (Becker 1984b).
57 Ich danke Susanne Brock für die Überlassung einer Kopie mit Brief vom 20. August 2015.

(ebd.). Die Dramatik versteht man erst, wenn man die Familienkonstellation vor Augen hat, über die aber direkt nichts gesagt wird.

Gerold Becker blieb noch fünf Jahre, nachdem sein Bruder Abitur gemacht hatte, am Domgymnasium in Verden, er hatte dort eigene Erfolge und galt als hochintelligent, kann also nicht einfach, wie er in der Totenrede nahelegt, im Schatten seines Bruders gestanden haben und lediglich mit „Harmlosigkeiten" aufgefallen sein. Damit macht er sich künstlich klein, um den Bruder dann umso grösser erscheinen zu lassen. Als der Bruder das Elternhaus verliess, um in Kiel zu studieren, war Gerold vierzehn Jahre alt. In der Totenrede sagt er, es sei ihm dafür „kein besseres Bild eingefallen als das des strahlenden Ritters, der auf aventuire[58] auszieht" (ebd., S. 2).

Der Begriff „âventiure" bezieht sich in der mittelalterlichen Dichtung auf die Kämpfe und Bewährungsproben, die der Held zu bestehen hat, bevor er sein Ziel erreichen kann. Sollte sich das Bild des strahlenden Ritters auf Parzival beziehen, so könnte man einen versteckten Hinweis auf die Familienkonstellation vermuten, denn damit wäre angedeutet, dass der Vater keine Rolle hätte spielen sollen. Parzival wird in der Einöde von Soltane von der Mutter erzogen, um ihn dort vor den Gefährdungen der Welt zu schützen.[59] Der Sohn wurde zum strahlenden Ritter ohne seinen Vater – soweit würde die Analogie tragen. Aber es wäre eine des Wunsches, denn in der Familie Becker prägte der Vater und nicht die Mutter die Erziehung der beiden älteren Söhne.

Konrad Beckers Erfahrungen mit dem eigenen Vater werden in der Totenrede erwähnt und auch bewertet. Sie seien „gemischt gewesen aus viel zu grossen, fast masslosen, Erwartungen von beiden Seiten und umso schmerzlicherer Enttäuschung" (ebd., S. 2/3). Der Konflikt wird nicht genau bezeichnet, so jedoch, dass der Auszug aus dem Elternhaus auch eine Befreiung gewesen sein muss, aber nur für den älteren Bruder, der für den jüngeren „nun noch weiter weg war als vorher, noch unerreichbarer" (ebd., S. 2).

Der Bruder war der Rivale um die Gunst des Vaters, an keiner Stelle deutet Gerold Becker an, dass der Ältere ihn auch einmal in Schutz genommen hat, wie man vielleicht erwarten könnte. Aber er war einfach „immer der Überlegene" und nicht mehr, kein Bruder, zu dem eine positive emotionale Bindung bestanden hätte. Und die Überlegenheit muss deswegen besonders schmerzhaft gewesen sein, weil sie intellektuell gespürt wurde.

---

58 Im Text falsch geschrieben.
59 Parzival I, 3 – 117/118.

> „Er … hatte gelesen, wovon ich kaum die Titel kannte, ging mit Leuten um, die mir unerreichbar schienen, hatte fundierte Ansichten über Welt und Zeit, über Politik und Gesellschaft, wo ich kaum mehr als dumpfe Ahnungen aufbrachte. Er heiratete, gründete einen eigenen Hausstand, wurde Vater zweier Söhne – und auch das bedeutete, dass er noch weiter ‚weg' war" (ebd.).

Aber der Ritter und grosse Bruder kam „von seiner strahlenden Heerfahrt" zurück „als ein kranker und gebrochener Mann … wie jener Ritter Amfortas, der an einer schrecklichen Wunde leidet, die immer wieder aufbricht". Amfortas ist in Richard Wagners *Parsifal* der Gralskönig, dem der abtrünnige Ritter Klingsor eine niemals heilende Wunde geschlagen hatte. Konrad Becker war „tödlich tief verletzt", wie der Bruder erst langsam verstanden haben will.

Das nicht ganz richtige Zitat ist Schuberts Liederzyklus *Die Winterreise* entnommen, also einer Leidenspassion, die mit einer Todesahnung endet. In dem Lied „Das Wirtshaus" führt der Weg den müden Wanderer auf einen Totenacker, das nahe „kühle Wirtshaus" kann ihn nicht aufnehmen, weil alle Kammern besetzt sind und so bleibt nur übrig weiterzuwandern, in der Seele „tödlich schwer verletzt" von einer zerbrochenen Liebe.[60] Man kann vermuten, dass sich Becker deswegen auf die *Winterreise* bezogen hat, doch auch diese Analogie bleibt offen, die Ursache der Verletzung, so Gerold Becker, habe er „nie verstanden", auch nicht, als er einmal sehr ausführlich mit seinem Bruder geredet habe (ebd.).

Das sei „vor etwa zwanzig Jahren" gewesen, als er – Gerold – Hilfe vermitteln wollte, „dreissigjährig und nun selbst mit einigen Menschen bekannt" (ebd.). Zu der Zeit war Gerold Becker am Pädagogischen Seminar der Universität Göttingen tätig und hatte zum ersten Male in seinem Leben mit einflussreichen Menschen Umgang, die sein Selbstbewusstsein soweit stärkten, dass er dem doch weit entfernten Bruder Hilfe anbieten konnte. Er sagt nicht, wieso der Bruder ausgerechnet von ihm Hilfe annehmen sollte, wenn doch die Ursache des Leidens gar nicht bekannt war.

> „Vielleicht wusste er es selbst nicht", aber er war verletzt „und wohl deshalb verletzte er auch andere. Das viele Trinken kam hinzu. Ich denke nicht, dass es die Ursache war, aber es verschlimmerte das Leiden … Die Ehe war diesen Belastungen nicht gewachsen und zugleich wohl auch kein sicherer Halt, an den er sich hätte klammern können" (ebd.).

Das Leiden wird mit Hugo von Hofmannsthal „Leiden am Leben" genannt (ebd.), eine Bezeichnung, die Hofmannsthal in seinem Essay über Algernon

---

60 Wilhelm Müllers Zyklus beginnt mit dem Versprechen der Liebe und der Erfahrung der Untreue, die zum Verlassen zwingt (Müller/Schubert 2012, S. 38/39).

Charles Swinburne verwendet, den englischen Dichter, der 1879 wegen Alkoholmissbrauch einen seelischen Zusammenbruch erlebte.[61]

Die Totenrede ist voll von solchen Bezügen, die einen Zusammenhang herstellen sollen oder gar wie ein Code gemeint sein könnten, ohne auf die Ursachen des Konflikts einzugehen oder sie auch nur anzudeuten. Im Blick auf seinen Bruder versagt sich Gerold Becker jede Form von Psychoanalyse, auf die er sonst in seinen Reden häufig zu sprechen kam. Er sagt nicht einmal, wie sehr ihn die Überlegenheit des Bruders gekränkt und ihm die Narben zugefügt hat.

> „Es war so vieles widersprüchlich in ihm. Er war belesen; viel belesener als ich. Mir erschien es immer als eine Art ‚elitäre' Belesenheit, die das ‚insider-Wissen' über Bücher gleichsam als Waffe benutzt, um den anderen der Unwissenheit zu überführen" (ebd.).

Eine Waffe kann töten und nicht ohne Grund ist die Totenrede ein einziger Nachweis der eigenen Belesenheit. Sie ist zu verstehen als Kampf um Anerkennnung über den Tod hinaus und soll zugleich den finalen Beweis der Gleichwertigkeit liefern. Dazu gehört auch, dass er am Ende der Rede angibt, die drei Gedichte im Text „aus dem Gedächtnis zitiert" zu haben (ebd., S. 4).

Der Jüngere zog alle Register, weil der Ältere sich nicht mehr wehren konnte und nunmehr ganz seiner Vorstellung zur Verfügung stand. Das verlangte auch den Anschein der Einfühlung. Der intellektuelle Bruder schickte ihm eines Tages ein Gedicht von Brecht mit den Worten, „das sei das schönste Liebesgedicht, das er kenne. So etwas kann man wohl nur schreiben, wenn man wirklich von Poesie angerührt ist" (ebd., S. 2).[62] Aber dann heisst es gleich wieder: „Er wollte gern ein guter Vater sein – und war darin ungeschickt, schwankend zwischen grosser Zuneigung und Abwehr, zwischen Hoffnung und Enttäuschung, zwischen Verwöhnung und sinnloser Versagung. Vielleicht stand ihm die Erfahrung mit dem eigenen Vater im Wege" (ebd.).

Der Bruder wird nicht nur in dieser Hinsicht als lebensuntüchtig hingestellt. Fast alle seine Pläne blieben „in den Anfängen stecken und liessen ihn dann enttäuscht zurück" und als „die Resignation zunahm, waren wohl auch diese vorausgeahnten Enttäuschungen mehr als er verkraften konnte" (ebd., S. 3). Die Möglichkeiten der Geschwister, „ihm wirklich wirksam zu helfen", waren erschöpft, die Bereitschaft „zu wirklichem Gespräch waren durch die

---

61 Vor dem „rasselnden, gellenden, brutalen und formlosen Leben" schützt nur die Kunst. Die „am Leben leiden", sind ihm ausgeliefert (Hofmannsthal 1979, S. 145).
62 „Sieben Rosen hat der Strauch" (Brecht 2002, S. 111). Das Gedicht stammt aus dem Jahre 1950.

Jahre verbraucht" (ebd.). Aber das kann nicht der Grund gewesen sein, dass er es sich versagt, den Bruder verständlich zu machen.

Gerold Becker verliert kein Wort darüber, wie Konrad Becker zu dem werden konnte, was er war, die Kindheit und Jugend des Bruders bleiben unerwähnt, weil das auch ihn betroffen hätte. Aber das Gemeinsame der Vergangenheit darf nicht berührt werden. Das „Schulgenie" und das unerreichbare Vorbild müssen genügen. Wie aus der intellektuellen „Überlegenheit" eine lebenslange Wunde werden konnte, bleibt offen. Eine ehrliche Erklärung, die seinen Anteil mit einbezogen hätte, gibt es nicht, auch nicht, wie er es geschafft hat, sich von seinem Bruder abzugrenzen.

Stattdessen wird Gottfried Benn zitiert:

„ach, vergeblich das Fahren,
Spät erst erfahren Sie sich:
bleiben und stille bewahren
das sich umgrenzende Ich".[63]

Bei Benn geht es um die Vergeblichkeit des Reisens, am Ende jeder Reise, wird der Leser angesprochen, „fällt Sie die Leere an".[64] Am Ende des Lebens steht die Erfahrung, dass man sich für den verbleibenden Rest nur noch bewahren kann. Das Ich selbst öffnet sich nicht mehr. Becker spricht von „Konrads sich mehr und mehr ‚umgrenzenden Ich'", das in seinem letzten Jahrzehnt dann doch noch einen Ort gefunden habe, wo es mit Hilfe der Freunde und „dem ihm möglichen Mass an Frieden und Geborgenheit existieren konnte" (ebd.). Was dieses Leben tatsächlich war, erfährt man nicht.

Die Rede schliesst mit einem Gedicht von Ingeborg Bachmann, „das in der äusseren seiner vielen Schichten nicht vom Tode, sondern vom nächtlichen Phantasiespiel zweier Kinder erzählt. Aber es enthält mehr und fasst einen Teil meiner Gefühle in Worte, die mir fehlen" (ebd.). Auf die gleiche Weise hatte sich Gerold Becker ein Jahr zuvor von der Odenwaldschule verabschiedet, am Schluss seiner Rede mit einem Gedicht von Ingeborg Bachmann und dem Hinweis, das Gedicht fange „vieles von dem ein", was er „in dieser Stunde auch noch gern gesagt hätte" (OSO-Hefte 1985, S. 172).

In der Totenrede zitiert Becker sieben von neun Strophen aus dem Gedicht „Das Spiel ist aus". Mit diesem Gedicht beginnt der Band *Anrufung des grossen Bären*, der 1956 zuerst erschienen ist. Das erste Gedicht dieses Bandes bezieht Gerold Becker auf seinen Bruder, das zweite auf sich. Mit dem einen

---

63 Benn (1998), S. 307. Das Gedicht „Reisen" wurde am 23.12.1950 zuerst veröffentlicht.
64 Benn (1998), S. 307.

nimmt er Abschied von Konrad Becker und mit dem anderen von der Odenwaldschule, beide Ereignisse haben ihn emotional herausgefordert und die Gedichte sind der Versuch der Selbstvergewisserung. Er hat beide Herausforderungen überstanden und muss dafür keine eigenen Worte finden.

„Das Spiel ist aus" ist kein nächtliches Phantasiespiel zweier Kinder, sondern eine „Konstruktion von Bruder und Schwester" (von Jagow 2003, S. 165). Das Mädchen spricht ihren „lieben Bruder" an und träumt davon, im nächtlichen Spiel zusammen mit ihm die Welt zu erfahren, so dass sie eins sind und niemand sie trennen kann. In Gerold Beckers Rede sieht es so aus, als würde er seinen Bruder ansprechen und die Phantasie der seelischen Verbundenheit ihm gelten. Diese Phantasie ist nie erfüllt worden.

Die letzte Strophe von „das Spiel ist aus" lautet:

> „Wir müssen schlafen gehn, Liebster, das Spiel ist aus.
> Auf Zehenspitzen. Die weissen Hemden bauschen.
> Vater und Mutter sagen, es geistert im Haus,
> wenn wir den Atem tauschen."[65]

Die Totenrede beginnt mit einem Zitat aus dem Kohelet, einem, wie Becker sagt, „von mir sehr geliebten alttestamentarischen Buch". Dort wird der Tod beschrieben und dort findet sich die berühmte Stelle, dass alles aus Staub geworden sei und alles zum Staub zurückkehre. Aber Becker zitiert nicht diese Stelle, sondern: „Es geht dem Menschen wie den Tieren, wie diese sterben, so stirbt er auch ... Wer weiss, ob der Lebensatem der Menschen aufwärts fahre, und der Lebensatem der Tiere unterwärts unter die Erde fahre?" (Becker 1986e, S. 1)[66] Was nicht zitiert wird: „Den gleichen Odem haben sie alle, und es gibt für den Menschen keinen Vorteil vor dem Tiere."[67]

Konrad Beckers erster Sohn Christian wurde am 21. Oktober 1957 geboren. Seine Eltern hatten am 23. Februar geheiratet, zehn Jahre später wurde der Junge in der Odenwaldschule untergebracht, die Gründe und näheren Umstände haben wohl primär mit der gescheiterten Ehe zu tun.[68] Der Vater war chronisch alkoholkrank. Ein Zeitzeuge im Umfeld der Familie erinnert sich, dass er Konrad Becker in den sechziger Jahren „nur saufend kennengelernt" habe.[69] Eine beschränkte Entmündigung ist in solchen Fällen möglich, aber ob sie von der Ehefrau, Margrit Fliessbach, auch betrieben wurde, ist

---

65 Bachmann (1993), S. 10.
66 Das Buch Prediger 3, 19–21.
67 Das Buch Prediger 3, 19.
68 Zum Folgenden: Gespräch mit Margarita Kaufmann am 9. April 2013.
69 Gespräch mit Christoph Landwehr am 11. Juni 2013.

nicht bekannt. In der Familie war von einer gesetzlichen Vormundschaft nie die Rede.[70]

Aber es musste offenbar dringend eine Lösung gefunden werden. Gerold Becker wurde erst zwei Jahre später Lehrer an der Odenwaldschule, er kannte die Schule bereits gut, hat seinen Neffen dort untergebracht und für seine schulische Laufbahn gesorgt, was in der Familie mit Dank aufgenommen wurde.[71] Das war im Sommer 1967, der Junge war noch nicht einmal zehn Jahre alt und musste erleben, wie seine Familie zerfiel und eine Schule zum Ersatz wurde. Becker setzte sich mit Schulleiter Walter Schäfer in Verbindung, der auch dafür sorgte, dass Christian an der Odenwaldschule ein Teilstipendium erhielt.

Christian Becker sollte zehn Jahre lang an der Odenwaldschule bleiben und damit sehr viel länger als die meisten anderen Schüler. Die Mutter liess sich scheiden und hat wohl wieder geheiratet. Der Tod ihres zweiten Sohnes Enno bei einem Unfall wird die Mutter wie den Vater tief getroffen haben, der Vater ist danach vermutlich erst richtig abgestürzt. Der Lebensplan war damit gescheitert und das vor allem mag mit der Metapher vom „strahlenden Ritter" und seiner „Heimkehr" gemeint sein. Aber Konrad Becker hatte noch zwanzig Jahre vor sich, über die sein Bruder Gerold kaum etwas erfahren haben dürfte.

Im Schuljahr 1968/1969 wohnte der Neffe zusammen mit drei anderen Jungen im Geheeb-Haus in der Familie des Lehrers Michael Frank. Ostern 1970 lebte Christian Becker dann bereits im Herder-Haus in der Familie seines Onkels. Gerold Becker muss ihn also gleich nach seinem Dienstantritt zu sich geholt haben, sein Bruder und seine Schwägerin werden davon gewusst haben. Christian blieb bis zum Ende des Schuljahres 1970/1971 im Herder-Haus, er hat danach mehrfach die Familie gewechselt und 1977 Abitur gemacht. Er war jetzt neunzehn Jahre alt und hatte mehr Erfahrungen mit der Odenwaldschule als die meisten Anderen seines Jahrgangs.[72]

Die reale Familie von Gerold Becker muss auch vor dem Hintergrund der Herkunft und der Regelung der Erbes betrachtet werden. Der alleinige Besitzer des grossen Bauernhofes in Butjadingen war von 1954 an Kurt Tantzen. Den Deichhof gibt es bis heute, er wird aber seit gut einem Vierteljahrhundert nicht mehr landwirtschaftlich genutzt.[73] Er ist zu Beginn der achtziger Jahre verkauft worden und diese Geschichte führt zurück zu Christian Becker, der dabei ein Vermögen verlor und seinen Vater zutiefst enttäuschte.[74]

---

70 Mail von Susanne Brock vom 10. September 2015.
71 Mail von Susanne Brock vom 10. September 2015.
72 Darüber sprechen will er nicht, eine Mail-Anfrage blieb unbeantwortet.
73 Mail von Rolf Blumenberg vom 2. Juli 2013.
74 Die Darstellung folgt Aufzeichnungen von Ingo Becker vom 12. August 2015.

Heinz Becker könnte über seinen früh verstorbenen Vater und seine Mutter einen Anteil an dem Hof gehalten oder aber den Hof zurückgekauft haben. Genau klar sind die Vermögensverhältnisse nicht. Jedenfalls hat Heinz Becker seinen Enkel Christian zum Erben eingesetzt, das muss vor seinem Tod 1966 geschehen sein, danach kam Christian an die Odenwaldschule. Als Grund, warum er erbte und nicht die Kinder seines Grossvaters, wurde angegeben, dass keines der Kinder Bauer geworden sei und Christian das aber noch werden könne.

Ein Pflichtteil für die Kinder war aber testamentarisch festgelegt und ist auch ausbezahlt worden. Bis zur Volljährigkeit Christians wurden Verwaltung und Verpachtung des Deichhofs nach den alten Verträgen weitergeführt und von Konrad und Gerold Becker kontrolliert. Beide haben hier also noch zusammengearbeitet. Christian Becker hat später jedoch durchgesetzt, dass ein Onkel mütterlicherseits die Geschäfte übernahm. Volljährig wurde der Erbe mit achtzehn Jahren 1975, der Hof ist wenige Jahre später von Christian verkauft worden. Er hat seinem Vater und dessen drei Geschwistern einen Ausgleich zum Verkaufswert gezahlt.

Der Verkauf des Hofes ging in die Familie seiner Mutter, was seinen Vater gegen ihn aufbrachte. Das Geld investierte Christian mit einem Teilhaber in eine Firma, der Teilhaber betrog ihn, liess die Firma bankrott gehen und verschwand mit dem Kapital. Haftbar war Christian, der im April 1986 nach Göttingen kam und gestehen musste, dass er pleite sei. Davon muss unmittelbar auch Gerold erfahren haben, wirklich getroffen aber hat die Nachricht den Vater. Konrad Becker hat diesen erneuten Rückschlag nicht verwunden. In der Totenrede wird Christian als der letzte Halt seines Lebens bezeichnet, „der einzige und das einzige", „was ihm aus seiner Vergangenheit übriggeblieben sei" (Becker 1986e, S. 3).

2.2 Schüler, Student und Jugendführer

Die grosse Familie mit ihrer vielfältigen Verwandtschaft war mehr als dreissig Jahre lang Gerold Beckers Lebenszentrum und Beziehungsnetz, wie konflikthaft er das auch immer erlebt haben mag. Soweit bekannt, hatte er als Jugendlicher und junger Mann nie eine intime persönliche Beziehung, die länger gedauert hätte. Das änderte sich erst, als er Hartmut von Hentig kennenlernte und Zugang zur deutschen Bildungselite fand. Aber auch dann wohnte er nicht selbstständig, sondern lebte mit seiner Familie in einem geräumigen Haus mit zwei Stockwerken sowie einem Garten im Innenhof. Hier hat er einen grossen Teil seines Studiums verbracht.

Der Arnimweg war und ist in Göttingen eine sehr gute Wohnlage, die Kinder von Heinz und Frieda Becker wohnten unterschiedlich lange dort, zogen aus und kehrten später wieder zurück, immer mit dem Haus als Orientierungspunkt. Nur wer den Kindern nahe war, wusste von den starken inneren Konflikten. Nach Aussen waren die Kinder erfolgreich, der Jurist, der Pädagoge und die Lehrerin liessen sich im bürgerlichen Weltbild der Eltern gut unterbringen und konnten sich auch in der Verwandtschaft sehen lassen, selbst wenn Gerold und Johanna nicht verheiratet waren. Der jüngste Sohn wurde am Ende ja dann auch noch Lehrer.

Gerold Beckers Angaben über die Schulzeit und das anschliessende Studium sind insgesamt überaus spärlich, sie enthalten Widersprüche und manchmal stimmen sie auch gar nicht. Er konnte nicht davon ausgehen, dass niemand prüfen würde, was er über sich mitteilte und wird absichtlich falsche Fährten gelegt haben. Auffällig ist zudem, dass es ein soziales Umfeld neben der Familie nicht gegeben zu haben scheint, obwohl er vor und nach dem Abitur ausserhalb des Elternhauses gelebt und soziale Kontakte gepflegt hat. Namen aber werden nie genannt.

Wenn es Beziehungen gegeben haben sollte, dann waren sie temporär, sie haben nicht überdauert oder sie haben in seinem Leben keine solche Bedeutung gehabt, dass er sie irgendwann hätte erwähnen müssen. Die persönlichen Freundschaften aus der Schulzeit hat er mit dem Wegzug von Verden nicht weiter aufrecht erhalten und wenn es solche Freunde während des Studiums gegeben hat, dann muss er sich von ihnen getrennt oder sie ebenfalls aus den Augen verloren haben. Allerdings unterhielt er Beziehungen über seine Jugendgruppen, von denen bislang aber nur wenig bekannt ist.

Selbst wenn man mit ihm über eine bestimmte Zeit persönlichen Umgang hatte – von seiner Vergangenheit erfuhr man nichts, das substantiell gewesen wäre. Einschlägige Themen hat er gemieden, darauf deuten auch andere Aussagen von Zeitzeugen hin. Er wollte ein Mann ohne Geschichte sein und das kann nur mit seiner sexuellen Biografie zu tun haben. Sie zwingt zum Verbergen und nötigt beizeiten zur Flucht, was er früh gelernt und verinnerlicht haben muss. Auffällig wurde er nur als Pädagoge.

Becker hat das halbe Jahr in München und später ein Jahr in Berlin gewohnt, danach noch ein halbes Jahr in Mainz und sicher nach dem Studium ein ganzes Jahr in Linz. Die übrige Zeit war er im Haus seiner Familie gemeldet, viel mehr ist nicht bekannt, persönliche Daten gibt es kaum. Zwischen dem Sommersemester 1956 und dem Sommersemester 1962 verwischen sich die Spuren, die einzige bekannte und konstante Grösse in Göttingen ist die Anschrift „Arnimweg 8". Mitstudenten scheint es nicht gegeben zu haben. Es war auch lange nicht bekannt, bei wem Becker in Göttingen Theologie studiert und wo er Examen gemacht hat.

Seine Schulzeit dagegen ist besser dokumentiert. Gerold Becker hat wie gesagt das geschichtsträchtige Domgymnasium in Verden besucht und dort am 15. Februar 1955 die Reifeprüfung bestanden; mit noch nicht neunzehn

Jahren hat er ein offenbar glänzendes Abitur abgelegt und alle Erwartungen erfüllt, die seiner Lehrer ebenso wie die seiner Eltern und der weiteren Verwandtschaft. Der Schatten seines Bruders war weit weg, warum er sich davon nicht befreien konnte und sich sein Leben lang erdrückt fühlte, wird wohl ein Rätsel bleiben.

Das Domgymnasium war zu diesem Zeitpunkt noch eine reine Jungenschule, erst 1965 wurde die Koedukation eingeführt.[75] Allerdings hatte die Schule bereits 1948 ein Mädchen aufnehmen müssen, nämlich Baldrun Stampa, die im November 1947 mit ihrer Familie aus Kiel zugezogen war. Sie erhielt auf Betreiben ihres Vaters eine Sondergenehmigung, weil sie zuvor ein humanistisches Gymnasium besucht hatte und im Lateinunterricht keine Nachteile erleiden sollte (Stampa 2014, S. 105). Aber sonst gab es keine Mädchen in der schulischen Erfahrungswelt von Gerold Becker.

Das Domgymnasium war seinerzeit in der niedersächsischen Schulwelt hoch angesehen und galt lange als ebenso konservativ wie leistungsstark. Schulleiter von 1952 bis 1959 war der Historiker Hans Bittner, der bis 1943 als Studienrat in Danzig tätig war und dann als Oberschulrat nach Hannover versetzt wurde. Bittner ist von dort aus ins Berliner Reichsministerium für Erziehung, Wissenschaft und Volksbildung abgeordnet worden, hat also unter den Nationalsozialisten seine Karriere begonnen.[76] Bittners Vorgänger war der klassische Philologe Heinrich Oldecop,[77] der die Schule in den ersten Jahren nach dem Krieg geleitet hat.

Das Domgymnasium ist 1937 von den Nationalsozialisten in eine Oberschule verwandelt worden und hiess dann nur noch „Domschule". Sie wurde von dem Historiker und linientreuen Rektor Walter Brandt geleitet, den die Engländer kurz nach der Einnahme der Stadt Verden entlassen haben. Brandt wurde zunächst interniert und im Straflager Fallingbostel dann inhaftiert. Er kann deswegen kein blosser Mitläufer gewesen sein. Nach seiner Entlassung war er in Cuxhaven als Lehrer tätig und wechselte dann an ein Internat im Schweizer Kanton St. Gallen.

Als kommissarischer Leiter wurde Oldecop eingesetzt, der sich erfolgreich dafür stark machte, dass die Schule 1947 durch einen Erlass des niedersächsischen Kultusministers wieder zum humanistischen Domgymnasium wurde. Der Erlass datiert auf den 23. März 1947, Oldecop war seit 1943 als

---

75 Daten zum Folgenden die Darstellungen und Quellensammlungen: 400 Jahr Feier o.J., Borgerding 2002 sowie Dietel 2013 und Stampa 2014.
76 Hans Bittner (1895–1959) wurde Ostern 1952 als Oberstudiendirektor an das Domgymnasium berufen.
77 Heinrich Oldecop (1887–1973) stammte aus Nienburg (Weser) und hat selbst am Domgymasium in Verden Abitur gemacht. Nach seiner Pensionierung hat er noch 15 Jahre lang an der privaten Eichenschule in Scheessel Latein unterrichtet.

Oberstudienrat in Verden tätig. Ausser dem inhaftierten Schulleiter Brandt ist wohl niemand von dem alten Kollegium entlassen worden, die personale Kontinuität konnte also gewahrt werden. Die Schüler haben im Krieg einen erheblichen Blutzoll bezahlt, insgesamt sind zweihundert von ihnen gefallen oder blieben verschollen.

Das Hauptgebäude und die Turnhalle des Domgymnasiums waren durch die Fliegerangriffe am Ende des Krieges schwer beschädigt worden, ein regulärer Schulbetrieb war daher Monate lang gar nicht möglich. Erst Anfang Oktober 1945 konnte nach Beseitigung der grössten Zerstörungen mit drei Doppelklassen der Unterricht wieder aufgenommen werden. Vorher musste improvisiert werden. Die englische Besatzung hatte im Sommer nur die Beschäftigung der Schüler mit Sport, Biologie und Religion erlaubt (Borgerding 2002, S. 204).

Die Turnhalle blieb weiterhin gesperrt, aber die Klassenräume waren notdürftig wieder hergerichtet – statt Unterricht zu geben, hatte das verbliebene Kollegium monatelang Aufräumarbeit geleistet. 1947 mussten in neun Klassenräumen sechzehn Klassen unterrichtet werden, insgesamt 600 Schüler in neun Jahrgängen, für die ein Kollegium von 24 Lehrern zur Verfügung stand. Bis zum Zweiten Weltkrieg hatten nie mehr als 277 Jungen die Schule besucht. Der Zuwachs erklärt sich auch aus der grossen Zahl von Flüchtlingsfamilien, die im Landkreis Verden unterkamen.

Nach den Osterferien 1945 fand kein geordneter Unterricht mehr statt. Konrad Becker konnte also erst ein halbes Jahr nach Ende des Krieges den Schulbesuch fortsetzen, zu einem Zeitpunkt, als sein Vater bereits wieder in Verden war. Die Voraussetzungen waren völlig verändert und er erlebte einen neuen Rektor, der bis zu seiner Pensionierung kommissarischer Leiter blieb und die Schule humanistisch restauriert hat. Als Gerold Becker eingeschult wurde, war Oldecop sechzig Jahre alt, eine Autoritätsfigur und ein Original aus dem Kaiserreich, den die Schüler freundlich „Zopp'n" nannten.[78]

Gerold Becker gehörte zum zweiten Jahrgang des neuen Regimes und machte acht Jahre später im mathematisch-naturwissenschaftlichen Zweig des Domgymnasiums Abitur, fünf Jahre lang konnte er Oldecop als Schulleiter erleben. Konrad Becker hat noch die Domschule abgeschlossen, erst 1951 gab es wieder ein gymnasiales Abitur (400 Jahr Feier o.J.). Für die Studienberechtigung machte das keinen Unterschied, auch die Rivalität der Brüder war davon nicht beeinflusst. Konrad Becker aber hat von 1941 bis 1945 eine nationalsozialistisch geprägte Schule mit arisiertem Lehrplan besucht, deren Rektor als Parteiredner und Propagandist tätig war.

---

78 Nach dem zweiten Teil des Namens „cop" in Anspielung auf den epischen Streit, wie das lateinische „c" ausgesprochen wird.

Schulleiter Bittner war eine Autoritätsperson, die vielen Schülern unvergesslich gewesen sein muss, was mit einem bestimmten Ritual zu tun hat. Jeden Montagmorgen nämlich versammelte sich die gesamte Schule zur Andacht in der Aula. Wenn der Rektor zum Wochenbeginn die Aula betrat, erhoben sich alle Schüler von den Sitzen und der Schulleiter durchquerte dann im Mittelgang das Schülerspalier mit würdevollen Schritten, wie sich Ehemalige erinnern.[79] Während seiner Amtszeit besuchten weiterhin rund 600 Schüler die Schule. Bittner starb mit 64 Jahren nach langer Krankheit im Amt und musste wiederum durch einen kommissarischen Leiter ersetzt werden.

Im Herbst 1953 feierte das Gymnasium sein 375-jähriges Jubiläum, an dem Gerold Becker als begabter Schüler mitgewirkt haben wird. Er war allerdings nicht an der Aufführung der römischen Posse *Miles Gloriosus* beteiligt, die im lateinischen Original aufgeführt wurde und ein Höhepunkt des Festes war. Vor dem städtischen Publikum konnte humanistischer Glanz verbreitet und an die Gelehrtenschule erinnert werden. Gerold Becker war kein „Altsprachler" und war wohl deshalb nicht beteiligt. Oder aber er galt einfach nicht als guter Schauspieler, der er tatsächlich nicht war.

Das Jubiläum war auch Anlass der Trauer und des nationalen Gedenkens. Im Verdener Dom wurde eine Tafel geweiht, die an die zweihundert im Zweiten Weltkrieg gefallenen oder vermissten Schüler erinnern sollte. Viele von ihnen hatten sich freiwillig zum Kriegsdienst gemeldet und kehrten nicht zurück. Die geschnitzte Tafel aus Eichenholz, die der langjährige Kunstlehrer Erich Wessel entworfen hatte,[80] erhielt ihren Platz in der Aula des Gymnasiums neben der Gedenktafel für die Gefallenen des Ersten Weltkriegs (Borgerding 2002, S. 535).

Gerold Becker hat also ein humanistisches Gymnasium erlebt, das sich in die nationale Tradition zu stellen wusste, zu der wie selbstverständlich das Gedenken an die Gefallenen gehörte. Diese Schulen verstanden sich auch nach dem Krieg als Anstalten für die Bildung der bürgerlichen Eliten. Der „Demokratisierung" im Schulwesen nach dem Krieg stand das Domgymnasium lange skeptisch gegenüber (ebd., S. 218f.) und wusste sich dabei im Einklang mit dem Bürgertum der Stadt Verden, das seine Kinder exklusiv gebildet sehen wollte. Die Antike war das Vorbild der Bildung und die nationalsozialistische Vergangenheit war nur ein schlechtes Zwischenspiel.

---

79 http://www.dogabi1961m.de/schola/rectores-scholae/bittner.html
80 Der Kunstmaler Erich Wessel (1886–1961) war von 1923 bis 1952 Lehrer am Domgymnasium. (https://familysearch.org/photos/stories/1173262)

Unter Schulleiter Bittner hat Gerold Becker Abitur gemacht, seine letzte Klasse war die „13m" des Schuljahres 1954/1955; „m" steht für mathematisch-naturwissenschaftlich, zu unterscheiden von „a" für altsprachlich. Der „m"-Zweig hatte wohl noch Latein, dazu Englisch als zweite Fremdsprache, aber konzentrierte sich auf Mathematik und die Naturwissenschaften, während der „a"-Zweig oder die „Altsprachler" Latein und Griechisch als Schwerpunkt hatten. In der Reifeprüfung des Jahres 1972 wurde zum letzten Mal das Fach Griechisch geprüft, bis dahin hielt sich das humanistische Gymnasium.

Gerold Beckers Abschlussklasse bestand zusammen mit ihm aus sechzehn Schülern, die Ostern 1955 entlassen wurden (400 Jahr Feier o.J.). Der Klassenlehrer, der sie zum Abitur führte, war Studienrat Kurt Haselbach.[81] Nach dem bestandenen Abitur versammelte sich die Klasse 13m auf dem vereisten Schulhof für ein Foto in der Mittagssonne. Haselbach wird von fünfzehn jungen Männern eingerahmt, einer der Abiturienten fehlte. Am linken Rand aus Betrachtersicht steht der erwachsene Gerold Becker, ganz in Schwarz gekleidet, beide Hände in der Hosentasche und entschlossen in die Kamera blickend (Stampa 2014, S. 87).

Er galt als „auffällig intelligenter Schüler" (ebd., S. 105). Ein zweites Foto zeigt ihn mit der Abschlussklasse auf der Schulreise ins Sauerland, die Anfang Juni 1954, während der Pfingstferien, stattgefunden hat. Die Schüler tragen sämtlich kurze Hosen und alle benutzen einen Wanderstock, waren also zünftig ausgerüstet. Die Gruppe wird von Kurt Haselbach angeführt und die Aufnahme stammt von einem Mitschüler. Gerold Becker hält sich im Hintergrund, er folgt der Gruppe in der letzten Reihe. Auf dem Bild ist nur sein Kopf zu sehen (ebd., S. 87).

Niemand von seinen Klassenkameraden hat sich je öffentlich zu dem Fall Becker und den Missbrauchsvorwürfen geäussert, was im Kreis der Ehemaligen offenbar auch nicht sofort bekannt wurde.[82] Dass er Schüler des Domgymnasiums gewesen ist, hat Gerold Becker an keiner Stelle je explizit erwähnt, andererseits war er ein hervorragender Schüler, den man eigentlich im Gedächtnis behalten muss. Die Ehemaligen kennen sich alle und wissen genau, wer noch lebt.[83]

Die einzig bekannte Äusserung eines Mitschülers stammt von dem Sohn eines Lehrers, nämlich Gerald Böhnel,[84] der Ostern 1963 als „Altsprachler" Abitur gemacht hat. Er wurde 1943 geboren und muss je nach Geburtsdatum

---

81 Kurt Haselbach (1907–1990) war als Sport- und Englischlehrer tätig.
82 Telefonat mit Volkrat Stampa am 29. Oktober 2014.
83 Mail von Volkrat Stampa vom 7. August 2015.
84 „Gerhard Böhnel" im Abiturientenverzeichnis (Borgerding 2002, S. 489).

zehn oder elf Jahre später am Domgymnasium eingeschult worden sein. Wenn er die neun Jahre Gymnasium ohne Repetition durchlaufen hat, dann muss das im Schuljahr 1954/1955 gewesen sein. In diesem Fall kann er Gerold Becker nur als Sextaner erlebt haben, sonst ein Jahr länger.

Böhnel schrieb auf dem Höhepunkt der Krise um die Odenwaldschule im März 2010 einen Leserbrief an die Frankfurter Allgemeine Zeitung, der auch gedruckt wurde. Gemäss Böhnel war Gerold Becker als älterer Schüler die Zierde oder ein „Star" des Domgymnasiums (F.A.Z. Nr. 66 vom 19.3.2010, S. 9), der von seinen Lehrern hoch gelobt wurde und eine aussichtsreiche Karriere vor sich hatte. Das geht auf Böhnels Vater zurück, der von Gerold Becker eine besonders gute Meinung hatte.[85] Der Sohn kann Gerold Becker aber nur aus der Ferne und als sehr junger Schüler wahrgenommen haben, wobei sich die Charakterisierung als „Zierde" der Schule mit anderen Aussagen deckt.

Attestiert werden ihm „frühzeitiges Charisma" und persönlicher „Glanz". Becker, heisst es, zeigte auch „phänomenale sportliche Leistungen." Er lief „die 100 Meter bei den Bundesjugendspielen unter 11 Sekunden im Verdener Stadion auf der roten Aschenbahn" (ebd.). Wenn diese Angabe stimmt, wäre das 1954 für einen Achtzehnjährigen eine herausragende Leistung gewesen, die Becker für den Spitzensport hätte qualifizieren können. Der Rekord der Odenwaldschule über die gleiche Strecke lag 1955 bei wie es heisst „hervorragenden 11,1 Sek." (OSO-Hefte 1955, S. 55).

Diese Angaben bezweifeln andere Ehemalige, die Gerold Becker besser kannten oder seinem Jahrgang näher waren. Sie gehen davon aus, dass Becker „kein grosser Sportler" gewesen ist und auf der Aschenbahn kaum diese Zeit gelaufen sein kann.[86] Auf dem damaligen Sportplatz des Domgymnasiums war kein richtiges Training möglich, das für eine solche Leistung nötig gewesen wäre. Auf einem Foto zum Sportabitur Anfang 1955 sieht man Gerold Becker in der hinteren Reihe, bekleidet mit einem Trainingsanzug und tatsächlich nicht in der Pose des grossen Sportlers.[87]

In der Altschülerrede gibt er an, „9 Jahre", das wäre von 1946 bis 1955, stets „der Jüngste in der Klasse" gewesen zu sein. Das tatsächliche Einschulungsdatum wird bei der Angabe unterschlagen. Weiterhin hält er fest, er sei „fast die gesamte Schulzeit ein schwächliches Kind gewesen" (Becker 1971a, S. 231). Auch das passt nicht zu den „phänomenalen sportlichen Leistungen",

---

[85] Der Mathematik- und Physiklehrer Erhard Böhnel (1919–1973) war seit dem 16. März 1947 am Domgymnasium Verden tätig. Er blieb dort bis zum 20. November 1973, offenbar ist auch er im Dienst gestorben.

[86] Gespräch mit Volkrat Stampa und Dieter Kohlschütter am 15. November 2014.

[87] Das Foto hat mir Volkrat Stampa zugänglich gemacht.

wenigstens nicht zu einem Hundertmeterläufer mit Bestzeit. Er war ein herausragender Schüler, aber wohl nicht im Sport, auch wenn er sportliches Interesse in der Altschülerrede angedeutet hat. In seinem späteren Leben gibt es dafür aber keinen Hinweis.

Gerold Becker war als Jugendlicher aktives Mitglied im Gymnasialen Turnverein (GTV) am Domgymnasium Verden. Hier war er auffällig, wenngleich in ganz anderer Hinsicht, nicht als Leichtathlet, sondern als Akrobat. Ein Mitschüler erinnert sich: „Die abendlichen Übungen fanden donnerstags statt. Gerold ... war so gelenkig, dass er vor unseren Augen beide Füsse hinter dem Kopf verschränken konnte. Dann bat er uns um Hilfe, dass wir ihn in dieser Haltung an den Barren hängen. Da baumelte er dann mehr oder weniger hilflos ‚ohne Beine'".[88]

Die entsprechende Yoga-Übung ist für das Sitzen gedacht, Gerold Becker steigerte die Schwierigkeit und liess seine Mitschüler staunen. Keiner war so gelenkig wie er, aber vielleicht war der „Gummimann" auch eine Geste, niemand baumelt gerne hilflos am Barren. Doch Gerold Becker musste in der Schule nicht um Achtung kämpfen. Er hielt zum Beispiel in der Aula des Domgymnasiums als Erster eine Rede über das „Englanderlebnis", also die Reise von Domschülern im Austausch nach England, was so kurz nach dem Krieg eine besondere Bedeutung hatte.[89]

Aber er hatte wohl tatsächlich nie eine Freundin. Er hat die damals für einen Gymnasiasten obligatorische Tanzschule besucht, die nach der Konfirmation dem Kennenlernen der Geschlechter diente. Der Abtanzball fand am 1. September 1951 statt, etwas mehr als eine Woche vor dem Ende der Sommerferien. Die Teilnehmer des Balles sind vor Beginn fotografiert worden. Man sieht in der ersten Reihe Gerold Becker, fünfzehn Jahre alt, mit Anzug und Schlips, neben seiner Tanzdame, mit der er den Ball besucht hat. Sie ist wie alle jungen Damen festlich angezogen und trägt einen Strauss Blumen in der Hand (Stampa 2014, S. 323).

Gerold Becker hat wie auch auf den anderen Fotos aus dieser Zeit die Stirn frei und wirkt bereits sehr erwachsen. Innerhalb von zwei Jahren muss er sich stark entwickelt haben. Die Cäsarenfrisur allerdings, die sein Markenzeichen wurde, hat er sich erst später zugelegt. Die Tanzdame hat im März 1953 die damalige städtische Mittelschule in Verden abgeschlossen und ist 1957 nach England ausgewandert.[90] Sie lebt heute noch in London. Es ist das einzige Bild, auf dem Gerold Becker mit einer jungen Frau zu sehen ist. Der Anlass

---

88 Zitat von Volkrat Stampa (siehe auch Stampa 2014, S. 105).
89 Gespräch mit Volkrat Stampa und Dieter Kohlschütter am 15. November 2014.
90 Mail von Volkrat Stampa vom 25. Oktober 2015.

war eine Konvention, der Abtanzball bei Bruers im Hotel Stadt Bremen, wo diese Bälle meistens stattfanden, weil es dort einen grossen Theatersaal gab.

Die acht Schuljahre im Gymnasium durchlief er glatt. Seine schulischen Leistungen und seine offenbar herausragende Stellung in der Schule erwähnt er in der Altschülerrede mit keinem Wort. Becker spricht dort von einem harmlosen „Provinzgymnasium" (Becker 1971a, S. 230) und nicht vom „Domgymnasium", das seinen Platz in der Geschichte gehabt hätte. In der Totenrede auf seinen Bruder ist von „der kleinen Schule in Verden" die Rede (Becker 1986e, S. 1). Und er relativiert stark die Bedeutung der Schule für seine persönliche Entwicklung. Für die Schulerfahrung findet er eine seltsame Bezeichnung, sie sei durchweg „krebsend" gewesen (Becker 1971a, S. 230) und soll ihn also nicht vorangebracht haben. Das glänzende Abitur widerspricht dieser Einschätzung.

Ausserhalb der Schule „gab es Jugendverbände, Sport und die Kirche, die als moralische Instanz glaubwürdig schien, dem Parteihader entrückt, museale Ästhetik und einen geschlossenen Stil repräsentierend" (ebd., S. 230/231). Mehr wird über den Sport nicht gesagt und die Kultur, heisst es weiter, habe „vorwiegend restaurativ-provinzielle Züge" getragen, sie fand in der Volkshochschule und in der alteingesessenen Buchhandlung Johannes König statt, die Grete Siems[91] leitete und die namentlich erwähnt wird (ebd., S. 231). Die Lehrer kommen in der Rede nur als „Personen" vor, keiner von ihnen wird mit Namen genannt (ebd., S. 230).

Seine Kindheit und vor allem die Pubertät waren gleichgeschlechtlich geprägt. Seit dem Wechsel ins Gymnasium hatte er in der Schule ausschliesslich Umgang mit Jungen, Mädchen spielten auch ausserhalb keine Rolle, alle Lehrer, die er im Gymnasium erlebt hat, waren männlich, in der evangelischen Jugend war er allein mit männlichen Kindern und Jugendlichen zusammen und sein näherer Freundeskreis bestand auch nur aus Jungen. In diesem Umfeld muss er irgendwann seine sexuellen Neigungen entdeckt und ausprobiert haben, was nur abgeschirmt möglich war.

In solchen Jungengruppen gehörten während der Pubertät homoerotische Spiele und daran anschliessend sexuelle Kontakte zum Erfahrungsspektrum, für die heimliche Freiräume und klandestine Absprachen geschaffen wurden. Oft hatte das für die sexuelle Identität keine Folgen. Für Gerold Becker jedoch ergaben sich daraus die lebenslangen Fixierungen eines Pädophilen. Im Umgang mit Jüngeren konnte er sich bewundern lassen und über

---

[91] Die Buchhandlung ist im Oktober 1876 gegründet worden. Grete Siems (1893–1965) führte das Geschäft von April 1945 bis Ende September 1954. Die Buchhandlung war zugleich ein literarischer Treffpunkt. Daten nach: http://www.buchundkunst-verden.de/heine-buch-und-kunst/wer-wir-sind.html?start=1.

Gesten der Zuneigung Abhängigkeiten schaffen, was dann zu einer feststehenden Erwartung geworden ist und seine sexuellen Optionen geprägt hat.

Ob dabei zurückgewiesene Annäherungen an das andere Geschlecht eine Rolle gespielt haben, ist nicht bekannt. Später hat er so etwas angedeutet, aber das kann auch nur eine seiner vielen Tarnungen gewesen sein. Eine unglückliche Liebe würde seine Stellung als Junggeselle erklären, aber diese Liebe hat es wohl nie gegeben, zu Beckers verborgener Lebensform wurde die Suche nach Opfern. Das Beuteschema hat sich in seinen Jahren in Verden herausgebildet, in diesem Lichte muss man die wenigen Hinweise lesen, die sich auf ihn und seine Entwicklung beziehen.

Seine Herkunft aus einer „Mittelstandsfamilie" liess wenig Raum für Gefühle und Glückserfahrungen des Kindes, er erwähnt ein „Klima", in dem ständig der „Verzicht auf augenblickliche Wunscherfüllung" trainiert wurde zugunsten von „Anstrengung, um spätere, komplizierte Wünsche zu erfüllen". Was er die „Übung in dauernden Abstraktionsleistungen" nennt, galt der Erfüllung von Leistungserwartungen, die für die Bedürfnisse und Reifungsprozesse des Kindes keinen Platz liessen. In diesem Sinne ist er nie erwachsen geworden (ebd., S. 231), hat aber sexuelle Phantasien und Wünsche ausgebildet, die sich auf Jungen richteten.

Seine kleinstädtischen Bildungserfahrungen werden in der Altschülerrede erwähnt, aber deutlich heruntergespielt und als eher unbedeutend hingestellt. Er wusste, wen er mit den Altschülern vor sich hatte, und stellte sich vor allem als Leser und Nutzer der väterlichen Bibliothek dar (ebd.), der die Schule eigentlich gar nicht gebraucht hätte.[92] Auf das anschliessende Studium kommt er in der Rede ebenfalls zu sprechen, ohne sehr viel mitzuteilen. Alles wirkt wie beiläufig erzählt. Er deutet lediglich an, warum er Theologie studiert hat und man erfährt auch nur sehr oberflächlich, wieso er nicht gleich nach dem Abitur in Göttingen mit dem Studium angefangen hat, sondern erst ein halbes Jahr in München verbringen wollte.

Vielleicht wollte er in der Grossstadt München seine sexuelle Disposition testen, über die er mit niemandem sprechen konnte. Irgendwann wird er gewusst und für sich akzeptiert haben, dass er pädophil ist und eine dazu passende Lebensform finden muss. Und er muss auch gelernt haben, wie er sich am besten tarnen kann und wo die Opfer zu suchen sind. Dabei werden seine bündischen Erfahrungen als Jugendführer eine zentrale Rolle gespielt haben, die ihm unter dem Mantel der Verschwiegenheit Übergriffe mit Abhängigen ermöglichten. Auch der Weg an die Odenwaldschule wird dann verständlich.

---

92 „Es gab die Entdeckungen im väterlichen Bücherschrank, mehrere Bände Freud, viel Max Weber, aber auch einen fast kompletten Dostojewky, Büchner, Dickens, viel Thomas Mann, Leonhard Frank, Upton Sinclair, – Vergessen aus den 20-iger Jahren" (Becker 1971a, S. 231).

Aber war seine Schulzeit die in einem „Provinzgymnasium" und deshalb zweitklassig? (Zum Folgenden die Darstellung in: 400 Jahr Feier o.J.). Dem Lehrerkollegium, das er von 1946 an erlebt hat, gehörten kriegsbedingt einige sehr alte Lehrkräfte an, die seit Jahrzehnten am Domgymnasium tätig waren. Ein Beispiel ist der Musiklehrer Friedrich Lenthe, den Generationen von Schülern „Fidi" genannt haben. Er hat seit dem 1. April 1920 in Verden unterrichtet. Der Lateinlehrer Erich Henning hat sogar noch zwei Jahre früher angefangen. Der Geschichts- und Erdkundelehrer Otto Schellenberg unterrichtete seit 1935 am Domgymnasium.

Das Kollegium ist nach 1946 mit geflohenen Lehrern aus dem Osten aufgefüllt worden. Zu ihnen gehört etwa der Deutschlehrer Franz Kegler aus Ostpreussen, der Ostern 1953 ans Domgymanisium kam, oder auch der Mathematiklehrer Alfred Breitkopf, der zuvor Oberstudiendirektor in Ratibor war und von 1948 an mit einer Stelle als Studienrat zufrieden sein musste. Der Anglist Hugo Krieger stammte aus dem Ermland und kam 1947 nach Verden. Ohne diese Flüchtlinge hätte der Unterricht am überfüllten Domgymnasium nach dem Krieg nicht ordnungsgemäss durchgeführt werden können

1953 gehörten dem Kollegium 26 Personen an, zwölf von ihnen waren im Zweiten Weltkrieg an der Front gewesen, viele sind nach dem Krieg vertrieben worden und mussten in Verden neu anfangen. Fast die Hälfte der Lehrer hat zuvor an Gymnasien im Osten unterrichtet, darunter in Breslau oder auch in Pommern. Das Durchschnittsalter betrug fünfzig Jahre, Gerold Becker hat also überwiegend ältere Männer als Lehrer erlebt, die in fremder Umgebung neu anfangen mussten. In den ersten zehn Jahren nach dem Krieg entwickelte sich ein homogenes Kollegium, das sich nach dem Jubiläum 1953 mit neu ausgebildeten Lehrern dann auch allmählich verjüngen konnte.

Eine ähnliche Zusammensetzung und Altersstruktur gab es nach dem Krieg in vielen deutschen Gymnasien, die sich wie das Kollegium in Verden als „Notgemeinschaft" verstanden haben und das Beste aus der Lage machen wollten. Fachliche Kompetenz war gegeben, auch weil viele Verdener Lehrer promoviert waren. Und von einem Provinzkollegium konnte allein schon wegen der Durchmischung mit den Flüchtlingen keine Rede sein. Gerold Becker dürfte also kaum schlechteren Unterricht erlebt haben, als er ausserhalb der „Provinz" üblich war.

Über Gerold Beckers Tätigkeiten nach Verlassen des Domgymnasiums heisst es in einer biographischen Notiz im ersten Heft des Jahrgangs 1969 der Göttinger Zeitschrift Neue Sammlung, also unmittelbar vor dem Weggang an die Odenwaldschule:

„*Gerold Ummo Becker*, geboren 1936 in Stettin; nach dem Abitur Sozialpraktikum und Arbeit in der Industrie; 1956–1962 Studium der Theologie in München, Göttingen, Mainz und Berlin; dann ein Jahr in einer Gemeinde in Österreich im kirchlichen Dienst und als Religionslehrer; 1964/1965 Assistent am Pädagogischen Seminar der Universität Göttingen; mit einer Forschungsarbeit beauftragt" (Neue Sammlung 1969, S. 99).

Das „Sozialpraktikum" und die „Arbeit in der Industrie" erwähnt Becker auch an anderen Stellen, ohne dabei je konkret zu werden. Gesichert ist, dass er nach dem Abitur für ein halbes Jahr in München gemeldet war. In der Altschülerrede von 1971 hält er fest, dass nach dem Abitur als Studienfach „Architektur … am meisten" gelockt habe und auch Theologie schien „lohnend" zu sein. Als Grund wird genannt, dass einige seiner Freunde „sie in überzeugender Weise" verkörperten, ohne dass man darüber Näheres erfahren würde (Becker 1971a, S. 232).

Wer diese Freunde waren, sagt er nicht, sie werden auch an keiner anderen Stelle erwähnt. Es hat sie aber gegeben, sie lassen sich zuordnen und sie müssen für den jungen Gerold Becker enge Bezugspersonen gewesen sein. Dieter Kohlschütter, der ihn wie gesagt als Jugendführer erlebt hat, erinnert sich, dass Becker die „vage Vorstellung" hatte, Theologie zu studieren.[93] Darüber hat er also schon vor dem Abitur gesprochen und die Wahl lag auch nahe. Die Tätigkeit in der kirchlichen Jugendarbeit, zumal als Obmann und so in einer Vertrauensstellung, wird für die Wahl des Studienfaches prägend gewesen sein.

Der damalige Leiter der Evangelischen Jugend war der bekannte Domorganist und Kirchenmusikdirektor Gerhard von Schwartz, der seit 1936 in Verden tätig war und von 1948 bis 1968 auch als Dozent an der Hochschule für Musik in Hannover gearbeitet hat.[94] Zu den Führungskräften, die Becker erlebt hat, gehörte auch der Diakon Kurt Bielefeld. Justus Oldecop, der Sohn des Schulleiters, war vor ihm Gruppenführer. Er hat 1950 zusammen mit Gerolds Bruder Konrad Abitur gemacht und danach Theologie studiert.[95] Vorbilder im Umkreis der Evangelischen Jugend gab es also genug.[96] Nicht bekannt ist, wer ihn beeinflusst hat, Architektur in die engere Wahl zu ziehen.

Die Alternative Architektur oder Theologie ist für einen jungen Abiturienten ungewöhnlich. In der Nachkriegszeit war Architekt wohl ein Traumberuf, aber das Studium galt als anspruchsvoll und hatte eine hohe Zahl von Studienabbrechern. In Göttingen konnte man nur Kunstgeschichte studieren, nicht jedoch Architektur, das würde erklären, warum er sich in München umschauen wollte. Becker hat dann aber im Sommersemester 1956 an

---

93 Gespräch mit Volkart Stampa und Dieter Kohlschütter am 15. November 2014.
94 Gerhard von Schwartz (1911–1982) hatte in Leipzig Kirchenmusik studiert.
95 Justus Oldecop war von 1965 Pastor im niedersächsischen Burgdorf. Er leitete das dortige Paulus-Kirchenzentrum. Nach Auskunft von Volkrat Stampa hat er Suizid begangen.
96 Die Hinweise auf die Namen verdanke ich Volkrat Stampa.

der Universität Göttingen mit dem Studium der Theologie begonnen. Er hat sich dort am 18. Mai 1956[97] eingeschrieben, wenige Tage, nachdem er aus München zurückgekehrt war.

Warum er die Stadt so schnell wieder verlassen hat, ist wiederum nicht bekannt. Hier gab es im Glockenbachviertel die ersten Schwulenkneipen und rund um den Hauptbahnhof auch eine Stricherszene, aber das entsprach nicht dem, was er suchte, nämlich ihm hörige Jungen, die er ohne Gegenleistung ausbeuten konnte. Abrupte Wechsel gehörten zu seinem Täterprofil, das als stabil oder sich ständig mehr verfestigend angenommen werden muss. Wenn es das erwähnte „Sozialpraktikum" tatsächlich gegeben hat, dann wird er es unmittelbar nach dem Abitur noch in Verden absolviert haben, ohne dass klar wäre, was genau damit gemeint war.

Auch in anderen Dokumenten zeigt sich, wie grosszügig er im Umgang mit der Wahrheit gewesen ist. In einem undatierten Lebenslauf aus den achtziger Jahren gibt er an, dass er 1957 angefangen habe, in Göttingen Theologie zu studieren, mit dem Studium selbst aber in München begonnen habe, und zwar im Fach Architektur. In dem Lebenslauf ist auch die Rede davon, dass er 1955/1956 ein einjähriges Sozialpraktikum bei der Inneren Mission in Bayern absolviert habe. Er will dort in einem Kinderheim, einem Fürsorgeheim und in der Verwaltung tätig gewesen sein. Gemäss dieser Legende, die auch an anderen Stellen auftaucht, müsste er zwei Jahre in München gewesen sein.

Hentig (2009, S. 623) verweist darauf, dass Gerold Becker „Architektur hatte studieren wollen", andere Darstellungen gehen davon aus, dass er tatsächlich Architektur studiert hat (Füller 2011, S. 59). Doch das war nicht der Fall. Ein Student mit dem Namen Gerold Becker wird in keinem Verzeichnis der Studierenden und Hörer der Technischen Universität München zwischen dem Sommersemester 1955 und dem Wintersemester 1956/1957 genannt. Nur dort konnte – und kann – man in München Architektur studieren, was Gerold Becker also definitiv nicht getan hat.

Er hat zehn Jahre später über architektonische Themen publiziert und ist auch von Architekten beachtet worden, für das Fach aber war er nie eingeschrieben und hat Architektur nicht einen Tag studiert. Theologiestudent dagegen ist er gewesen, und zwar in Göttingen sowie an zwei anderen Hochschulen. Das halbe Jahr in München vor dem Studium wird begründet mit dem „Drang" nach „Unabhängigkeit von zuhause" und mit der „Unlust bei dem Gedanken, bruchlos aus der Rolle des Schülers in die des Studenten zu schlüpfen". München versprach „wirkliches Leben", „Urbanität" und „Kultur" (Becker 1971a, S. 232).

---

[97] Angaben zu Beckers und Hentigs Immatrikulationsdaten gemäss Mail von Dr. Jörn Alphei (Leiter Studium Universität Göttingen) vom 30. Juli 2012.

Studiert hat er dort aber nicht und volljährig war er auch nicht. Wie weit er das urbane Leben wirklich kennengelernt hat, von einem evangelischen Studentenheim aus, muss offen bleiben; gemeint wäre neben den Theatern, Museen und Kinos vor allem das Künstlerviertel in Schwabing, das aber teuer war und im Zugang zu den Lokalen offizielle Altersbegrenzungen kannte. Die angestrebte Unabhängigkeit vom Elternhaus hatte schnell ein Ende, wenngleich er wenige Jahre später allein nach Berlin gehen sollte.

Wie er das Leben in München finanziert hat, ist nicht bekannt, er gibt verschiedene Tätigkeiten an, sagt aber nichts über ein damit verbundenes Einkommen. Mit einem Stipendium ist er nicht nach München gekommen, er hat dort einfach ein halbes Jahr verbracht, über das so gut wie keine Angaben vorliegen. Wen er in München kennengelernt hat und mit wem er dort zusammen gewesen ist, lässt sich nicht mehr feststellen, Zeugen scheint es nicht zu geben und Beckers Briefe, sofern noch vorhanden, sind nicht zugänglich.

Er gibt an einer anderen Stelle an, 1959/1960 zwei Semester in Berlin studiert zu haben (Becker 2005, S. 315). Tatsächlich hat er sich am 17. Oktober 1959 in Göttingen exmatrikuliert, und zwar für die Dauer von drei Semestern. Man könnte annehmen, dass er seine Studien wie viele Westdeutsche an der Freien Universität Berlin fortgesetzt hat, allerdings hätte sich Becker vor dem Bau der Mauer auch für Theologie an der Humboldt-Universität einschreiben können. Tatsächlich hat er an der kleinen, aber in der Theologie hoch renommierten Kirchlichen Hochschule Berlin-Zehlendorf[98] studiert, wie aus einer Erklärung vom 3. April 1978 hervorgeht.

Die Evangelische Kirche in Hessen und Nassau hatte mit Schreiben vom 22. Februar 1978 eine Anfrage an die Leitung der Odenwaldschule gerichtet und darauf hingewiesen, dass bei ihr über zwei Lehrer, die an der Schule Religion unterrichten, nämlich Siegfried Helmer und Gerold Becker, keine Unterlagen vorliegen. Die Schule solle angeben, ob sie für den Unterricht berechtigt seien. Der Grund für dieses Schreiben ist nicht bekannt.

In der darauffolgenden Erklärung der Schulleitung findet sich der Hinweis auf das Studium an der Kirchlichen Hochschule. Becker wohnte in der Nähe der Hochschule, seine Adresse war Kaiserstuhlstrasse 26 in Berlin Nikolassee. Er hat also im Wintersemester 1959/1960 sowie im Sommersemester 1960 in Berlin studiert. Danach ist er für ein Semester in Mainz gewesen.

Eingetragen war er in der Göttinger Einwohnermeldekartei als „stud. theol." und später als „Vikar". Neu immatrikuliert hat er sich in Göttingen

---

98 Die Hochschule der evangelischen Kirche in Berlin ist 1946 neu gegründet worden und bestand bis zum Sommersemester 1992. Danach wurde sie mit der theologischen Fakultät der Humboldt-Universität zusammengelegt.

am 5. Mai 1961, vermutlich von Mainz aus, eine entsprechende Angabe fehlt aber. In Göttingen hat er zehn Semester Fachstudium Theologie absolviert, drei weitere Semester sind belegt. Er selbst gibt 1969 in der Neuen Sammlung an, von 1956 bis 1962, also dreizehn Semester und dies durchgehend, Theologie studiert zu haben. In dem undatierten Lebenslauf hat er nur elf Semester Theologie studiert, damit in der Legende Raum bleibt für das begonnene Architekturstudium. Aber in so kurzer Zeit hätte er das aufwändige Studium der Theologie nie abschliessen können.

Über sich und die Zeit vor dem Theologiestudium schreibt Becker in der Altschülerrede:

„Er verliess die Provinz, ging nach München, wurde Sozialpraktikant, Pflegeheim, Altersheim, Bahnhofsmission, Fürsorgeerziehung, dann ein halbes Jahr in der Fabrik, Telefonrelais am Fliessband montieren, zugleich zaghafte Versuche, nebenbei ein Architekturstudium zu beginnen" (Becker 1971a, S. 232).

Was diese „zaghaften Versuche nebenbei" konkret gewesen sind, ist nicht klar, jedenfalls zerschlug sich die Aufnahme eines regulären Studiums und damit der Traum vom Architektenberuf. Schliesslich, so Becker, habe er „doch Theologie" studiert (ebd.), und das wie gesagt in Göttingen, Berlin und Mainz. In München war er nur 1955/1956 gemeldet. Das „halbe Jahr in der Fabrik" kann sich auf München beziehen, dort stellte die Firma Friedrich Merk Telefonbau, die 1922 gegründet worden ist, tatsächlich Telefonrelais her und insofern kann der Hinweis stimmen.

Aber dann können die anderen Angaben über die Arbeit in einem Pflegeheim oder der Bahnhofsmission nicht zutreffen. Schon im Mai 1956 war Gerold Becker ja wieder in Göttingen und hätte neben dem halben Jahr in der Fabrik kaum sehr viel Zeit gehabt, anderen Tätigkeiten nachzugehen. Für seine Legende aber ist die Kombination von Sozialpflege, Fürsorge, Mission und harter Fliessbandarbeit wichtig, mit ihr nämlich kann Beckers menschliches Engagement und die Annahme der Herausforderungen des Lebens schon in jungen Jahren nachgewiesen werden. Die ersten Konturen des späteren Pädagogen sollen sich so gezeigt haben, ohne dass es dafür irgendwelche Belege geben würde. Ein „diffuses soziales Engagement", das Betätigungsfelder sucht, schreibt er sich schon in der Altschülerrede zu (ebd.).

Im Anschluss an die Zeit in München wollte Gerold Becker definitiv Pfarrer werden, nachdem er viel Zeit in kirchlichen Jugendgruppen verbracht hat. Die Entscheidung fiel sicher nicht ohne Hintergedanken. Der Beruf des Pfarrers bot genügend bürgerliche Reputation, um verbergen zu können, was ihn eigentlich umtrieb, und in Göttingen konnte er weiterhin in der Jugendarbeit tätig sein. Vielleicht ist das angestrebte Architekturstudium ja der letzte Versuch gewesen, mit der bisherigen Lebensform zu brechen und sich selbst anders auszurichten, aber nunmehr studierte er mit dem Ziel des ersten theologischen Examens.

Die Semesterferien hat er für etwas anderes genutzt. Er gibt an: „Zwischendurch ein viertel Jahr Arbeit im Ruhrkohlebergbau, als Schlepper auf Sohle 7", das waren „600 Meter unter Tage" (ebd.). Wo und wann das gewesen sein soll, ist nicht bekannt. Schlepper im Bergwerk räumen hinter den Hauern die geschlagene Kohle weg, das ist harte Arbeit, die damals gut bezahlt wurde. Auf diese Weise wird er Geld für sein Studium und den Lebensunterhalt verdient haben. Was sein Vater ihm zahlte, ist nicht bekannt, Gerold Becker war in Gelddingen immer sehr grosszügig.

Das sind Angaben aus der Altschülerrede vom Herbst 1971. In dem undatierten Lebenslauf mehr als zehn Jahre später ist nochmals die Rede davon, dass er „während der Semesterferien Untertagearbeit im Ruhrkohlenbergbau und Fliessbandarbeit in der Elektroindustrie" geleistet habe. Daraus kann man schliessen, dass er regelmässig in den Semesterferien im Untertagebau und als Fliessbandarbeiter tätig gewesen ist, andere Indizien gibt es aber nicht, auch ist nicht bekannt, wo genau er gearbeitet hat und wie lange das war. Das Geld brauchte er auch für seine Reisen als Jugendleiter.

Das Studium selbst erwies sich als „langwieriger, aber sicherer, wenn auch manchmal quälend umständlicher Weg", nicht etwa zum Examen, sondern „zur Aufklärung" und genauer: „zum ‚Ausgang aus selbstverschuldeter Unmündigkeit'" (ebd.). Aber das Studium kannte noch ganz andere Seiten, als das Kant-Zitat ahnen lässt. Becker hat als Student gezielt Kontakte zu Jugendlichen aufgebaut. In der Altschülerrede wird das auch angedeutet. Dort heisst es, er habe „viel Energie und Zeit in Gruppen" investiert, „die Restbestände einer Renaissance jugendbewegter Gesellungsformen repräsentierten" (ebd.).

Gemeint sind die Versuche, nach dem Zweiten Weltkrieg Anschluss zu finden an die bündische Jugendbewegung, die im Nationalsozialismus grösstenteils in der Hitlerjugend aufgegangen war. Was hinter der gewundenen Formulierung mit den „Restbeständen" verschwindet, ist die Praxis des Täters, der sich die „Gesellungsformen" der Jugendbewegung, also enge Beziehungen in männlichen Gruppen, zunutze machte, um seine Opfer zu finden. Die Ausbeutung der Nähe sollte die andere Seite seines sozialen Engagements werden.

Nach seinem Abitur und seiner Zeit in München engagierte er sich in der „autonomen Jungenschaft" der evangelischen Jugend in Göttingen, obwohl er dafür eigentlich schon zu alt war. Die Gruppe traf sich im Turm der Johanniskirche. Dort ist bereits 1946 die Akademische Freischar neu gegründet worden. Im Mittelpunkt stand Walter Scherf, der den Fahrtennamen „tejo" trug und 1948/1949 mit fast dreissig Jahren Bundesführer der Deutschen Jungenschaft wurde. Scherf brach 1949 sein Studium in Göttingen ab und war danach im Verlag für Jugendkultur in Opladen tätig. 1957 wurde er Direktor der Internationalen Jugendbibliothek in München (Gerndt 2013, S. 98). Scherf hat berühmte Fahrtenlieder verfasst und wurde auch bekannt als Übersetzer von Tolkiens *Der kleine Hobbit*.

Ob Gerold Becker ihn persönlich kannte, ist nicht überliefert, der Name wird ihm sicher geläufig gewesen sein.[99] Becker war also nicht nur in Verden in kirchlichen Jugendgruppen tätig, sondern bewegte sich danach weiterhin im Umkreis von bündischen Gruppierungen. In der Göttinger „autonomen Jungenschaft" hatte er über Jahre intime Beziehungen mit einem zwölfjährigen Jungen, der von ihm sexuell ausgebeutet wurde. Der Vater des Jungen konnte Beckers Treiben nur unter Drohungen beenden, eine Anzeige erfolgte aber nicht. Ob der Junge zu dieser Zeit oder auch später im Studium das einzige Opfer Beckers war, ist nicht bekannt, die Strategie aber, wie er sich Jungen gefügig gemacht hat, ist bereits klar erkennbar (Füller 2015, S. 93–95).

Den Zugang fand er hier wie später durch spezielle „Aufmerksamkeit und Fürsorge" (Dehmers 2011, S. 70), also auf eine besonders perfide Weise, weil damit Vertrauen ausgenutzt und jeder Anfangsverdacht des Opfers unterlaufen wurde. Becker zeigte Empathie und hatte Verständnis, half auch in Notlagen und gab sich aus als der grosse Freund. Die Jungen fanden schnell Vertrauen und waren danach, wenn sie sich nicht wehrten, Becker ausgeliefert. Er muss dabei sehr selektiv vorgegangen sein, denn nicht jeder, der glaubte, mit ihm gut Freund zu sein, wurde auch sein Opfer.

Es ist mangels Daten schwer, eine Vorstellung darüber zu erhalten, wie Gerold Becker als Student seinen Alltag gestaltet hat, was ihn intellektuell beeinflusst hat und mit wem er näheren Umgang hatte. Er war literarisch interessiert und hat die zeitgenössische Avantgarde gelesen, eine besondere Beziehung hatte er zur Lyrikerin Ingeborg Bachmann, die er, wie gezeigt, in seinen Reden zitiert hat. Erwähnt werden auch „politische und kirchenpolitische Aktivitäten" in der Zeit der deutschen Wiederbewaffnung und der Diskussion um Atomwaffen (Becker 1971a, S. 232).

Er hat als Student weiterhin Fahrten unternommen, so im Sommer 1959 mit einer Jugendgruppe nach Kreta, bevor Becker nach Berlin ging und noch in Göttingen eingeschrieben war. Darüber berichtet Norbert Zeuner in zwei Leserbriefen nach der Ausstrahlung des Spielfilms *Die Auserwählten*. Zeuner hat wie Becker in Göttingen Theologie studiert und ist dort 1972 mit einer

---

99 Diethart Kerbs (1937–2013), der Assistent von Hartmut von Hentig in Göttingen, kannte Scherf und erwähnt ihn in einem Artikel (Kerbs 1966, S. 157), den wiederum Gerold Becker kannte.

religionspädagogischen Arbeit promoviert worden.[100] Er blieb auch danach mit Becker befreundet, ohne von ihm je belästigt worden zu sein. Ein Dr. Norbert Zeuner lebt heute in Griechenland.

Später wurde ihm bekannt, dass Becker ein „homophiler Päderast" war, aber nicht, dass er Gewalt anwendete. Wann das war, wird nicht gesagt. Bei einem Besuch in der Odenwaldschule 1978 oder 1979 war er überrascht und zugleich unangenehm berührt, dass „verschiedene Schüler ohne anzuklopfen seine Wohnung betraten, sich an seinem Kühlschrank bedienten, etwas mitnahmen oder sich in unser Gespräch einmischten".[101] Das deckt sich mit anderen Berichten von Besuchern, die Gerold Becker näher kannten und über seine Familie ähnlich irritiert waren.

Norbert Zeuner war Schüler in Göttingen und vierzehn Jahre alt, als er mit dem elf Jahre älteren Becker und anderen Jugendlichen nach Kreta reiste.[102] Becker half ihm in der Schule und später dann beim Abitur. Er nennt ihn seinen „Förderer" und eine „wichtige Person" in seinem Leben, der ihm Aristoteles empfahl, Hegel und Marx, und mit dem man „gründlich über die Beschaffenheit der Welt und den Zweck der Religion diskutieren" konnte. Die „traurige Wahrheit" des Sexualtäters wird damit aber weder bestritten noch entschuldigt.[103]

Trotz der Konflikte mit seinem Vater und dem älteren Bruder muss das Elternhaus in Göttingen ein prägendes Erfahrungsfeld gewesen sein, das in den sechziger Jahren auch beeinflusst wurde von den Schatten der deutschen Vergangenheit und zunehmender Radikalisierung der Jugend. Es ist sicher kein Zufall, dass Gerold Becker mit seinem Vater Gespräche über den Nationalsozialismus erst kurz vor dessen Tod geführt hat. Anlässe zu kritischen Fragen und Vergewisserungen gab es auch über die Freunde seines Bruders, die aus ihren politischen Ansichten keinen Hehl machten.

Im Haus am Arnimweg verkehrte etwa der linke Schriftsteller und Journalist Reimar Lenz, Sohn des berüchtigten Rassehygienikers Fritz Lenz, der seit 1933 den Lehrstuhl für Sozialhygiene an der Universität Berlin innehatte und dort an Euthanasieprogrammen arbeitete. Lenz stammte aus einer pommerschen Grossgrundbesitzerfamilie und hat sich 1919 in München habili-

---

100 Was vorliegt, ist eine Magisterschrift ohne persönliche Angaben, wie dies bei Dissertationen üblich ist. Die maschinenschriftliche Arbeit ist unter den Dissertationen der Universität Göttingen geführt und kann im Leihverkehr benutzt werden (SUB Göttingen Diss.77B8246).
101 www.taz-user12086-taz.de
102 Norbert Zeuner ist 1945 geboren. Er spielte 1950 mit fünf Jahren in dem Film *Es kommt ein Tag*, der in Göttingen gedreht wurde.
103 www.faz.net/aktuell/feuilleton/medien/odenwaldschule-ein-spielfilm-ueber-den-missbrauchsskandal-13182362.html

tiert. Er war Mitherausgeber und Hauptautor des zweibändigen Standardwerks *Grundriss der menschlichen Erblichkeitslehre und Rassenhygiene* (1921),[104] das in oft wörtlicher Übernahme die rassenbiologischen Passagen in Hitlers *Mein Kampf* beeinflusst hat. Lenz hat 1931 *Mein Kampf* rezensiert.

Lenz wurde 1946 auf ein Extraordinariat für Menschliche Erblehre nach Göttingen berufen, das 1952 in ein Ordinariat umgewandelt wurde; er konnte so ungestört weiterlehren und publizieren, nachdem der Entnazifizierungs-Hauptausschuss Hildesheim-Süd am 14. Juni 1949 rechtskräftig entschieden hatte, ihn als „entlastet" einzustufen (Lenz 2002, S. 248/249). Lenz, ein grosser Nietzsche-Anhänger, wurde 1955 emeritiert und lebte bis zu seinem Tod 1976 unbeachtet von der Öffentlichkeit in Göttingen. Er wurde nach dem Krieg bekannt für Vaterschaftsgutachten auf erbbiologischer Grundlage. Ursprünglich war er als Arzt Spezialist für Erbkrankheiten.

Reimar Lenz wurde 1931 in München geboren, er wuchs entlang den Karrierestationen des Vaters in Berlin und Göttingen auf. Seine Mutter Kara von Borries war die zweite Frau von Fritz Lenz, die ihren Mann um dreissig Jahre überlebt hat. Der Sohn Reimar hat nach dem Abitur nicht gleich studiert und schrieb sich erst 1955 in Tübingen für Psychologie ein, wo er Vorlesungen bei dem „Rassepsychologen" Gerhard Pfahler und dem Kliniker Wilhelm Witte gehört hat (Roos 1986, S. 113). Später kehrte Lenz zu seinen Eltern nach Göttingen zurück und hat dort Germanistik studiert.

In Tübingen war Reimar Lenz Mitglied und nach kurzer Zeit auch Anführer des Sozialistischen Deutschen Studentenbundes (SDS). Er engagierte sich gegen den französischen Algerienkrieg und für ein unabhängiges Algerien, was seinerzeit grosses Aufsehen erregte. Er war danach Redakteur der Berliner Literaturzeitschrift „alternative".[105] Lenz wurde 1961 bundesweit bekannt, weil er wegen Gotteslästerung angezeigt und nach verschiedenen Instanzen am Ende dann doch nicht verurteilt wurde (Skriver 1961; Der Spiegel Nr. 35 v. 28. 8. 1961, S. 38–40).

Vermutlich kannten sich Konrad Becker und Reimar Lenz aus der linken Szene in Göttingen, beide sind im gleichen Jahr geboren und Konrad Becker hat auch in Göttingen studiert. Reimar Lenz hat sich nie von seinem Vater losgesagt und ihn als Sohn zu entlasten versucht. Zudem hat er nicht seine eigene Lebensform, wie viele seiner Generation, in strikter Abgrenzung von seinem Elternhaus gesucht (Der Tagesspiegel vom 31.3.2013). Gerold Becker hat ebenfalls nie mit seiner Familie gebrochen, musste aber seine sexuelle Lebensform verbergen und lernen, sich unauffällig zu verhalten.

---

104 Lenz hat den zweiten Band *Menschliche Auslese und Rassenhygiene* verfasst.
105 Die Zeitschrift „Alternative. Blätter für Lyrik und Prosa" erschien im Skriver-Verlag von 1958 bis 1982.

Reimar Lenz war Mitglied der Gruppe 47. Er arbeitete als Publizist in Berlin und lebte mehr als vierzig Jahre mit dem Maler Hans Ingebrand zusammen, seit 2001 in eingetragener Lebenspartnerschaft. Lenz ist im August 2014 verstorben. Er veröffentlichte 1967 unter dem Pseudonym „Wolfgang Harthauser" einen Aufsatz, der den Massenmord an Homosexuellen thematisierte und bis heute zitiert wird (Harthauser 1967). Peter Härtling bezeichnete Lenz als „eine Art rigorosen linken Einzelgänger" (Roos 1986, S. 113), der den jungen Gerold Becker beeindruckt haben muss.

Wer auch das Haus Arnimweg 8 besucht hat, war Ulrike Meinhof.[106] Sie recherchierte im Umfeld des Fernsehspiels *Bambule*, für das sie das ursprüngliche Drehbuch geschrieben hat. Entlarvt werden sollten damit die Missstände in einem Mädchenheim. Bereits im November 1969 wurde das einstündige Radio-Feature „Mädchen in Fürsorgeerziehung: Ein Heim in Hessen" von Ulrike Meinhof zum gleichen Thema veröffentlicht. Beschrieben werden Verhältnisse in einem Mädchenheim in Guxhagen nahe der Stadt Kassel, das Feature basierte auf Interviews, die Ulrike Meinhof geführt und auf Tonband aufgenommen hat (Meinhof 2009, S. 112).

Das Fernsehspiel des Südwestfunks versetzte die Handlung nach Berlin, die Dreharbeiten fanden im Februar/März 1970 statt und ausgestrahlt werden sollte der Film am 24. Mai 1970. Doch die ARD nahm die Sendung kurzfristig aus dem Programm, weil Ulrike Meinhof verdächtigt wurde, zehn Tage zuvor an der Befreiung von Andreas Baader mitgewirkt zu haben. Das genügte, um die Sendung abzusetzen. 1971 erschien das Drehbuch im Wagenbach Verlag, der Film, bei dem Eberhard Itzenplitz Regie führte, wurde erst am 24. Mai 1994 gesendet – in den dritten Programmen der ARD.

Meinhof hat sowohl mit Gerold Becker als auch mit seinem Kollegen Martin Bonhoeffer gesprochen und sich von ihnen beraten lassen. Beide waren am Pädagogischen Seminar der Universität Göttingen tätig. Becker (1996, S. 35) erwähnt „einige Gespräche" mit ihr. Sie hatte bereits 1966 einen Essay zur Situation der Heimkinder in der Bundesrepublik veröffentlicht (Meinhof 1966) und muss schon vor diesem Zeitpunkt einschlägig recherchiert haben. Ulrike Meinhof war, was wenig bekannt ist, studierte Pädagogin, für die das Seminar in Göttingen ein Begriff gewesen sein muss. Es ist also kein Zufall, dass sie dort auftauchte und sich kundig machen wollte. Sie war zwei Jahre älter als Gerold Becker und ein Jahr älter als Martin Bonhoeffer.

Ulrike Meinhof war Stipendiatin der Studienstiftung des Deutschen Volkes und hat von 1955 an zunächst in Marburg, weiter für ein Semester in Wuppertal, seit dem Wintersemester 1957 dann in Münster und später in

---

106 Mail von Christoph Landwehr vom 20. Juni 2013.

Hamburg studiert. Sie wollte im Fach Pädagogik promovieren, wurde zuerst in Marburg von Elisabeth Blochmann betreut und später in Münster von Heinrich Döpp-Vorwald. Als sie dann von 1959 an in Hamburg war, immer noch mit dem Stipendium, fand sie zu einem Dissertationsthema, nämlich das Werk des Jenenser Mathematikers und Pädagogen Erhard Weigel (Ditfurth 2009, S. 145). Es hätte also eine Arbeit über die Pädagogik der deutschen Frühaufklärung werden sollen, die nicht zustande kam.

Die abgebrochene Dissertation ist so etwas wie ein Leitmotiv in dieser Geschichte. Ulrike Meinhof beendete ihr Studium erst, als sie 1961 Chefredakteurin der Zeitschrift konkret wurde (ebd., S. 157f.). Sie war Mitglied der verbotenen Kommunistischen Partei Deutschlands und sollte auf Veranlassung der Partei neben der Chefredaktion auch noch für die Deutsche Friedensunion arbeiten, eine Nachfolgeorganisation der KPD, in der Meinhofs früherer Vormund Renate Riemeck führend tätig war. Das Studium konnte dann nicht weitergeführt werden, Ulrike Meinhof schrieb keine Dissertation und blieb in der Pädagogik ohne Abschluss.

Andererseits war sie einschlägig vorgebildet. Ihr Essay von 1966 weist pädagogische Literatur bis 1964 nach, sie hat also noch Fachliteratur gelesen, nachdem sie sich exmatrikuliert hatte. Im Studium selbst hat sie sich intensiv mit Pestalozzi befasst (ebd., S. 135) und es ist bezeugt, dass sie die „repressive, autoritäre Pädagogik" ihrer Zeit hasste (ebd., S. 234). Im Mai 1968 hat sie dann in Westberliner Heimen recherchiert (ebd., S. 236) und anschliessend war sie wohl in Göttingen. Sie kannte sich also im Feld gut aus und wusste, an wen sie sich wenden musste, um im Vorfeld von *Bambule* die neue Pädagogik der Heimerziehung kennenzulernen.

An dem Konzept des Films arbeitete Ulrike Meinhof im Laufe des Jahres 1969, die Dreharbeiten waren nicht einfach und es gab Streit um das Skript sowie um die Dramaturgie. Meinhof wollte einen möglichst agitatorischen Film, der so aber nicht realisiert wurde (Meinhof 2009, S. 113ff.).[107] Becker und Bonhoeffer könnten vorher kontaktiert worden sein, als beide noch in Göttingen waren. Sie galten nicht nur der Journalistin Meinhof als Experten für die Situation der Heimkinder in Deutschland. Ulrike Meinhof wird sich auch für das Reformkonzept der Heimfamilie interessiert haben, nachdem sie in ihrem Essay ausgehend von Pestalozzi die Familie als „Modell der Heimerziehung" hingestellt hatte (Meinhof 1966, S. 619).

Nachdem Bonhoeffer mit seiner Tätigkeit bei der Senatsverwaltung in Berlin begonnen hat, gab es weitere Treffen mit Ulrike Meinhof. 1969 wurde das bereits fertige Skript besprochen, wobei es zu Spannungen kam, weil

---

107 http://elisabethissima.blog.de/2010/11/19/staendig-brennende-flamme-dreharbeiten-ulrike-meinhof-film-bambule-10007046/

Bonhoeffer aus Sicht von Meinhof die politische Seite des Films nicht sehen wollte. Er konnte mit ihrem agitatorischen Vokabular nichts anfangen, sah keine „gesamtgesellschaftliche Verursachung" des Heimelends und wollte auch von einer „sozialistischen Randgruppenstrategie" nichts wissen (Frommann/Becker 1996, S. 163/164).

Der Film wurde im Heim Eichenhof in Berlin-Tegel gedreht, die dortigen Mädchen erklärten Ulrike Meinhof, dass sie eigentlich gerne im Heim seien, weil sich an ihrer Situation so viel verbessert habe (ebd., S. 164). Das hätte die Strategie der Anklage des Elends eigentlich beeinflussen und Bonhoeffer recht geben müssen, aber dann wäre der revolutionäre Impetus entfallen, den sich Ulrike Meinhof nicht ausreden lassen wollte. Anders gesagt: Sie brauchte die Elenden.

Diese Geschichte spielt nach seiner Zeit als Student der Theologie, als Gerold Becker bereits gelernt hatte, wie man als Pädagoge auftreten muss und mit Thesen zur Veränderung der Erziehung auf sich aufmerksam macht. Vorher ist ein solches Interesse bei ihm nicht nachweisbar, wenngleich Becker nach seinem Studium erstmalig als Lehrer und erneut als kirchlicher Jugenderzieher gearbeitet hat. Das geschah während seiner Zeit als Vikar, die verglichen mit den Jahren als Student besser dokumentiert ist. Die Karriere als Täter verläuft auch an dieser Station kontinuierlich, sie musste allerdings einen radikalen Bruch in Kauf nehmen.

Beckers Geschichte in den sechziger Jahren fand vornehmlich in Göttingen statt, wobei eine merkwürdige Konstante auch für die Zeit danach seine Wohnanschrift ist. Er ist 1966 als „Mitarbeiter" der sozialpädagogischen Zeitschrift Unsere Jugend[108] mit „stud. päd." bezeichnet worden, wohnhaft Arnimweg 8 in Göttingen (Unsere Jugend 1966, S. 96), was zutraf. Mehr als zwanzig Jahre später – 1988 – gab er als verantwortlicher Herausgeber der Neuen Sammlung die gleiche Anschrift an (Neue Sammlung 1988, Impressum), während er zu diesem Zeitpunkt nach seinen eigenen Bekundungen in Berlin und in Wiesbaden lebte.

Letztmalig ist er 1997 im Göttinger Adressbuch unter dieser Anschrift verzeichnet,[109] gemeldet war er dort aber längst nicht mehr. Fünfunddreißig Jahre früher wohnte Gerold Becker zwölf Monate lang nicht in seinem Elternhaus, sondern im Ausland. Diese Zeit hat ihn zugleich geprägt und an den Rand der Existenz gebracht. Viele Eigenheiten seines Verhaltens, darunter Anpassung und Flucht, wurden während dieses Jahres sichtbar, auch in

---

108 Die sozialpädagogische Zeitschrift ist 1949 gegründet worden und erscheint seit 1954 im Münchner Ernst Reinhardt Verlag.
109 Stadtarchiv Göttingen (Schreiben vom 19. Januar 2012).

dem Sinne, dass er keine persönlichen Konsequenzen ziehen musste, die für ihn nachteilig gewesen wären.

2.3 Der Theologe und sein Vikariat

Sein Studium der evangelischen Theologie hat Gerold Becker im Laufe des Wintersemesters 1961/1962 abgeschlossen. Wenn das Studium für ihn „langwierig" und „quälend umständlich" gewesen ist, dann auch weil er kein altsprachliches Abitur hatte. Er musste also nicht nur Hebräisch lernen, sondern auch Griechisch nachholen, anders hätte er nicht abschliessen können. Trotz dieser Auflagen hat er sich für Theologie entschieden, während ein Architekturstudium von seinem Schulabschluss her viel näher gelegen hätte. Aber das hat er, wie gezeigt, gar nicht erst versucht.

Becker hat sich am 15. Dezember 1962 exmatrikuliert und die Universität Göttingen verlassen. Danach hat er offenbar damit begonnen, sich auf die erste theologische Prüfung für das evangelische Pfarramt vorzubereiten, die er ein halbes Jahr später abgelegt hat. Die kirchliche Prüfung fand ausserhalb der Universität statt und stellte hohe Anforderungen. Wer sie bestehen wollte, musste sich konzentrieren und seriös lernen. Erst nachdem diese Hürde genommen war, konnte mit dem Vikariat, also dem praktischen Vorbereitungsdienst, begonnen werden.

Vom Ende des Studiums gibt es eine merkwürdige Spur, die zeigt, dass Becker nicht nur mit den Prüfungsvorbereitungen beschäftigt gewesen sein kann. Ein „Herr Gerold Becker, Göttingen" – und das konnte nur er sein – wird im Vorwort eines Buches erwähnt, das 1962 in Basel erschienen ist. Der Verfasser bedankt sich bei Becker „für partielle Hilfen beim Lesen der Korrektur" der Druckfahnen des Buches. Geschrieben hat die Danksagung der damalige Privatdozent an der Universität Bonn, der Theologe Martin Tetz, der später nach Bochum berufen werden sollte (Overbeckiana 1962, S. 3).

Tetz hat den wissenschaftlichen Nachlass des Basler Theologen und Nietzsche-Freundes Franz Overbeck geordnet und zu diesem Zweck 1961 einige Monate in Basel verbracht. Daraus entstand ein Buch, das den Bestand des Nachlasses sortiert und genau auflistet, was für die Overbeck-Forschung eine unverzichtbare Leistung gewesen ist. Das Korrekturlesen muss in den ersten Monaten des Jahres 1962 erfolgt sein, also nach Beckers Exmatrikulation und vor seinem Examen; das Vorwort von Tetz datiert auf den 14. März 1962, danach wird das Buch in Druck gegangen sein.

Wie Gerold Becker dazu kam, ausgerechnet bei einem solchen Unternehmen mitzuwirken, lässt sich entschlüsseln. Er kannte Martin Tetz und hat bei ihm während seines Studiums in Göttingen ein Proseminar besucht. Das

Thema des Seminars lautete: „Kirchengeschichte des Eusebius unter besonderer Berücksichtigung von Franz Overbeck".[110] Demnach hat er sich während des Studiums mit der kritischen Theologie Overbecks auseinandergesetzt, in der sowohl die christliche Dogmatik als auch der Wissensgehalt des Glaubens negiert werden.

Martin Tetz war seinerzeit wissenschaftlicher Assistent bei den Vereinigten Theologischen Seminaren der Göttinger Theologischen Fakultät. Er schildert Gerold Becker rückblickend als „aufgeschlossenen, intelligenten, etwas prätentiösen, aber freundlichen Studenten". Becker machte offenbar Eindruck, denn er erhielt eine Stelle als studentische Hilfskraft an den Vereinigten Seminaren angeboten, die er für einige Monate auch ausgeübt hat. Aber die „Hilfstätigkeit bei der Seminarverwaltung" sagte ihm offenbar nicht sehr zu und so verloren sich Tetz und er, die am Seminar zusammengearbeitet hatten, allmählich aus den Augen.

Geschäftsführender Direktor der Vereinigten Seminare war der Kirchenhistoriker Ernst Wolf, der seit 1957 in Göttingen lehrte. Ihn muss Becker in Vorlesungen gehört haben. Gegen Ende seines Studiums hat er sich bei Martin Tetz nochmals gemeldet und ihm gegenüber geäussert, dass er sich mit dem Gedanken an eine theologische Promotion bei Ernst Wolf trage. Aber vorstellig geworden bei Wolf ist er „mit ziemlicher Sicherheit" nicht. Als Tetz dann 1961 den wissenschaftlichen Nachlass von Overbeck ordnete, zeigte sich Becker interessiert und hat die erwähnten Korrekturarbeiten übernommen. Über das Dissertationsprojekt und Beckers Beziehungen zu Wolf ist nichts bekannt, aber Becker muss sich zugetraut haben, eine theologische Doktorarbeit zu verfassen.

In seinem Nachruf auf Edith Geheeb erwähnt Becker (1982a, S. 3) seinen „theologischen Lehrer Ernst Fuchs". Ihn hat er während seines Studiums an der Kirchlichen Hochschule Berlin gehört, wo Fuchs von 1955 bis 1961 unterrichtet hat, bevor er nach Marburg wechselte. Fuchs war Schüler des Schweizer Theologen Fritz Lieb, bei dem er sich 1932 in Bonn als Neutestamentler habilitiert hat. Fuchs veröffentlichte 1954 ein bis heute beachtetes Grundwerk über theologische Hermeneutik. Warum Gerold Becker bei ihm studieren wollte und ihn seinen „theologischen Lehrer" nannte, ist nicht bekannt.

Nach eigenen Angaben hat Becker also dreizehn Semester studiert und danach ein Auslandsvikariat gemacht, die erste theologische Prüfung bestand er am 19. Juni 1962 vor der Prüfungskommission der Evangelisch-lutherischen Landeskirche Hannover mit der Note „befriedigend". Die Note war keineswegs glänzend, vielleicht kam das ja einer Kränkung gleich und hat ihn

---

110 Angaben hier und zum Folgenden aus einem Brief von Martin Tetz vom 14. Juli 2012.

von einer theologischen Promotion abgehalten, bekannt ist das nicht. Er hat sich dazu nie geäussert, wie er generell über sein Studium und was danach kam weitgehend geschwiegen hat.

Die Note reichte, um für das Vikariat zugelassen zu werden. Während dieser Zeit stand Becker in den Diensten der Hannoverschen Landeskirche und erhielt erstmalig ein regelmässiges Gehalt. Die zweijährige praktische Ausbildung, die bis zum Ende der sechziger Jahre für die Theologenausbildung vorgeschrieben war, hätte eigentlich am Predigerseminar Kloster Loccum erfolgen müssen. Becker entschied sich für ein Auslandsvikariat, kürzer wurde die Ausbildung dadurch aber nicht, das kann also nicht der Grund gewesen sein, ins Ausland zu gehen.

Das von Becker oben erwähnte „Jahr in einer Gemeinde" dauerte von August 1962 bis Juli 1963, also tatsächlich ein Jahr und nicht die für das Vikariat vorgeschriebenen zwei Jahre. Ein Vierteljahrhundert später gibt er in einer biografischen Notiz an, „zwei Jahre im Kirchendienst" tätig gewesen zu sein (Schultz 1986, S. 14), was sicher nicht einfach eine falsche Erinnerung gewesen ist, sondern der Sicherung der Legende dienen sollte. Er muss eine genaue Vorstellung von dieser Zeit gehabt haben, schon weil sie ihn erneut von Göttingen wegführte, erstmals auch mit pädagogischen Erfahrungen verbunden war und ein dramatisches Ende nahm.

Gerold Becker absolvierte sein Auslands-Lehrvikariat in der Stadt Linz in Österreich, warum er ins Ausland gehen wollte, ist nicht bekannt. Ein naheliegender Grund lässt sich allerdings vermuten: Auf diesem Wege konnte er der Kasernierung im Kloster Loccum entgehen und war nicht gezwungen, mit anderen Kandidaten auf engstem Raum zusammenzuleben. Das hat er in seinem Leben immer vermieden. Becker ist vermutlich die ganze Zeit durchgehend in Linz gewesen, jedenfalls ist nicht bekannt, ob er zwischenzeitlich seine Familie in Göttingen besucht hat. Beide Eltern lebten noch und man kann davon ausgehen, dass er sich in Briefen über seine Erfahrungen als Vikar geäussert hat.

Gemäss den Akten des Landeskirchlichen Archivs in Hannover wurde Becker in Linz der Evangelischen Superintendentur A.B. der Diözese für Oberösterreich, Salzburg und Tirol zugewiesen, die in der Bergschlösslgasse 5 untergebracht war. Becker war in der „Gemeindearbeit Linz-Innere Stadt tätig". Er engagierte sich dort in der kirchlichen Jugendarbeit und hatte also ein Täterfeld vor sich. Er ist auch mit verschiedenen Stellvertretungen als Pfarrer in seiner Diözese beauftragt worden. Dafür war eine Ordination erforderlich, die am 10. Februar 1963 erfolgt ist.[111]

---

111 Auskunft Landeskirchliches Archiv Hannover (Mail von Karl-Heinz Grotjohann vom 6. Juni 2012).

In einem Brief des Linzer Superintendenten Wilhelm Mensing-Braun[112] vom 1. Februar 1963 an den Oberkirchenrat in Wien wird darauf verwiesen, dass „das Landeskirchenamt in Hannover die Ordination des Kandidaten der Theologie, Gerold Becker, bewilligt" habe. Sofern der Oberkirchenrat keinen Einspruch erhebe, könne „diese am 10.2.1963 durchgeführt" werden.[113] Die Landeskirche Hannover musste die Genehmigung erteilen, dass er für die Diözese Linz ordiniert werden konnte.

Er war nicht der erste „hannoveranische Vikar" in Linz. Am 28. August 1962 teilt der Oberkirchenrat in Wien der Diözese Linz mit, dass man sich freue, „von der Evang. Luth. Landeskirche Hannover wieder eine junge Kraft zum Dienst und zur Ausbildung" in Linz zugewiesen erhalten zu haben. Gemeint war Gerold Becker. In einem Brief von Superintendent Mensing-Braun an den Oberkirchenrat in Wien vom 8. Februar 1963 geht es um die Frage, ob Vikare mit deutscher Staatsbürgerschaft in Österreich Religionsunterricht erteilen dürfen. Mensing-Braun merkt an, dass der zuständige Landesschulrat Oberösterreich „noch nie irgendwelche Schwierigkeiten in dieser Hinsicht gemacht" habe.

Hinzugefügt wird: „Seit einer Reihe von Jahren erteilen die hannoveranischen Vikare hier Religionsunterricht, Vikar Becker ist im heurigen Schuljahr" vom Wiener Bundesministerium für Unterricht „sogar als Vertragslehrer II L/I1 am Bundesrealgymnasium in Linz bestellt" worden. Ausdrücklich wurde ihm mit einem Erlass des Minsteriums vom 25. September 1962[114] „die Nachsicht vom Erfordernis der österreichischen Staatsbürgerschaft erteilt". Das war offenbar üblich, stellte also keine Ausnahmegenehmigung dar, wenngleich ein Antrag gestellt werden musste. Die Genehmigung war Formsache.

Becker unterrichtete als Vikar und ohne pädagogische Ausbildung evangelische Religionslehre am zweiten Linzer Bundesrealgymnasium, das seinerzeit im ehemaligen Bauernhof „Hummelhof" an der Madersbergerstrasse in

---

112 Wilhelm Mensing-Braun (1899–1967) war von 1941 bis 1966 Superintendent von Oberösterreich. Er war dort von 1928 an Vikar und später auch Pfarrer. Er hat sich besonders für die kirchliche Jugendarbeit interessiert. 1960 hat sich Mensing-Braun in einem Schreiben an das kirchliche Aussenamt der EKD in Frankfurt für Adolf Eichmann eingesetzt. Eichmann ist in Linz aufgewachsen, der jüngste Bruder Otto Eichmann hatte den Superintendenten um die Intervention gebeten. Mensing-Brauns Brief vom 15. Juni1960 ist im Internet zugänglich: www.evang.at/fileadmin/evang.at/doc_reden/110825_Lehner_Mensing_Braun.pdf
113 Zum Folgenden: Mail von Superintendent Dr. Gerold Lehner (Linz) vom 19. August 2013.
114 Aktenzeichen Zl.90120–20a/62. Im Erlass ist die Rede von „Gerhold Ummo Becker" (Brief OKR Wien an Superintendentur Linz vom 8. Oktober 1962).

Linz untergebracht war.[115] Er hat im Schuljahr 1962/1963 als besoldeter Vertragslehrer mit vollem Pensum unterrichtet. Kommentiert wird das von ihm selbst rückblickend so: „26 Wochenstunden, viel Scheitern und trotzdem Spass an der Schule" (Becker 1971a, S. 232). Er war also mit Unterricht ausgelastet und kann nicht sehr viel Zeit für seine eigentlichen Aufgaben als Vikar gehabt haben, ohne dass es über Erfolg oder Misserfolg irgendwelche näheren Hinweise geben würde.

Von Linz aus veröffentlichte er auch seinen ersten Aufsatz. Superintendent Mensing-Braun hatte den „lieben Bruder Becker" am 6. März 1963 brieflich gebeten, anlässlich einer Gemeindevertretersitzung am 27. März ein Referat von 20 bis 30 Minuten „über die neuen liturgischen Bestrebungen der lutherischen Kirche" zu halten. Bei diesem Thema sei es „sehr gut", wenn „ein junger Bruder" sprechen würde, der „eine positive Einstellung zu dieser Frage hat". Mensing-Braun bemerkt auch, es sei nötig, dass sie beide „mehr Fühlung miteinander hätten" und er – der Superintendent – den Vikar Becker „nicht immer nur über dieses Telefon im Speisesaal erreichen kann".

Becker hat das Referat gehalten und das Manuskript dem Superintendenten auch zugänglich gemacht. Das Anschreiben ist am 4.4.1963 abgefasst worden, der Eingangsstempel trägt das Datum des 16.4.1963, vermutlich hat Becker abgewartet und das Schreiben nicht sofort losgeschickt. Superintendent Mensing-Braun sorgte dann aber offenbar persönlich dafür, dass Beckers Referat unter dem Titel „Gottesdienst und liturgische Erneuerung" gleich im Maiheft des Jahres 1963 der Wiener evangelischen Fachzeitschrift Amt und Gemeinde erscheinen konnte (Becker 1963).

Das war nicht ganz uneigennützig, denn Gerold Becker sollte für die Diözese Linz dauerhaft gewonnen werden, also dort nicht nur sein Vikariat absolvieren, sondern als Pfarrer tätig sein. In dem Brief vom 6. März hatte Mensing-Braun geschrieben, dass er den Vikar Becker „gerne wieder einmal gesprochen" hätte, „wegen Ihres weiteres Weges, denn so ganz im Stillen hoffen wir ja, Sie noch länger in Linz halten zu können". Becker hatte sich offenkundig nützlich gemacht, er ist mit seiner Arbeit positiv aufgefallen und war als künftiger Pfarrer vielversprechend. Auch das sollte sich später mehrfach wiederholen.

Am 31. Oktober 1962 hatte Gerold Becker um 8.00 Uhr den Gottesdienst zum Reformationsfest für die evangelischen Schüler der Volks- und Hauptschulen von Linz gehalten. Er kam damit gut an, sein rhetorisches Talent zeigte sich also schon früh. Und er erhielt jede denkbare Unterstützung. Am

---

115 Die Schule war das zweite Bundesgymnasium in Linz und wurde als „realistisches Gymnasium" (Realgymnasium) geführt. Die Eröffnung des umgebauten Gebäudes war im September 1957. Zunächst war die Schule eine Frauenoberschule.

1. November 1962, am Tag nach dem Reformationsfest und seinem geglückten Auftritt vor Schülern, teilte Superintendent Mensing-Braun dem Vikar Becker mit, er möge das Gesuch zur Ordination stellen. Becker war gerade erst ein Vierteljahr in Linz und schien doch bereits unverzichtbar zu sein; anders gesagt, er erfuhr bereits in Linz Protektion – wie danach immer in seinem Leben.

In Beckers Aufsatz gibt es eine Stelle, wo der Gottesdienst mit einer „Familienversammlung" verglichen wird, die „der Vater", also Gott, „einberuft". Dann heisst es fast beschwörend: „Wer ihr fernbleibt, der meidet damit nicht nur das Zusammensein mit seinen Brüdern und Schwestern, sondern er dokumentiert auch, dass er meint, ohne die Gabe des Vaters auskommen zu können" (ebd., S. 33). Geschrieben ist das offenbar aus der Erfahrung mit der eigenen Familie heraus, denn weiter wird gesagt:

> „Ich, als Kind meiner Familie, ermögliche meiner Familie dadurch wirkliche Familie zu sein, dass ich bei den gemeinsamen Mahlzeiten anwesend bin und mitesse, und ich helfe auch durch meine Haltung und mein Handeln mit dazu, dass meine Familie wirkliche Familie wird und bleibt" (ebd., S. 34).

Doch eine „wirkliche Familie", die harmonisch zusammenlebt und sich von der inneren „Haltung" her bestimmt, hat Gerold Becker als Kind und Jugendlicher wohl nie erlebt. Seine Entscheidung, Theologie zu studieren und Pfarrer werden zu wollen, hat damit vermutlich nichts zu tun, aber er muss eine Vorstellung von den Verletzungen seiner Kindheit gehabt haben.

Auffällig ist auch, dass er sich bereits in seinem ersten Aufsatz auf die deutsche Jugendbewegung bezieht, die von ihm als eine wichtige Quelle der liturgischen Erneuerung im 20. Jahrhundert verstanden wird. Auch das zeigt seine tiefe Prägung durch die bündischen Erfahrungen und ihre Ideologie, die deutlich präsent ist. Er schreibt aus Überzeugung, wenn es heisst: „Aus der Jugendbewegung stammte das Wissen, dass alles Geistige nach einem sichtbaren Ausdruck verlangt, wenn es als Lebenswirklichkeit nicht verkümmern soll, allgemeiner, dass Form und Inhalt untrennbar zusammengehören" (ebd., S. 35).

Im Sommer 1963 verliess Gerold Becker die Stadt Linz und seine Diözese offenbar Hals über Kopf. Es gab über ihn Gerüchte und er war in Verdacht geraten, einen Jungen aus seiner Jugendgruppe sexuell missbraucht zu haben (Füller 2011, S. 64). Ob das der Fall war, ist nicht dokumentiert, würde aber zu seinem Profil passen, er hat sich in jedem Umfeld zuerst bewährt, bevor er dann sexuell tätig wurde. Der Verdacht war der Grund für seine Flucht. Auch das Studium in Berlin könnte auf eine Flucht zurückgehen und hätte dann nicht nur theologische Gründe gehabt. Belegt ist aber auch das nicht.

Das Vikariat jedenfalls hat er nicht beendet und daher hat er auch nicht das zweite theologische Examen abgelegt, was er in keiner seiner autobiografischen Legenden auch nur andeutet, weil das Nachfragen provoziert hätte. In dem undatierten Lebenslauf wird das Vikariat so umschrieben: „1962 Erstes theologisches Examen, Eintritt in den kirchlichen Vorbereitungsdienst (Vikariat)." Zusätzlich heisst es: „1963 Ordination", von einem Austritt und so einer Beendigung der kirchlichen Ausbildung ist keine Rede. Es fehlt auch jedes genaue Datum, wie das in einem Lebenslauf eigentlich erforderlich wäre.

Mit dieser vagen Formulierung wird gleichwohl der Eindruck erweckt, als sei das Vikariat erfolgreich abgeschlossen worden. Auch hier fehlt der Hinweis auf Linz und so den Ort der Ausbildung, den er sich nicht selbst gesucht, sondern durch die Verbindung seiner Landeskirche erhalten hat. Nicht viele Theologen haben zu diesem Zeitpunkt ein Auslandsvikariat absolviert, aber in Linz war für ihn ein Platz frei, auf den er nie wieder zurückgekommen ist. Aus dem konkreten Linz mit den Personen, die ihn kannten und bis zu seiner Flucht auch schätzten, wurde „eine Gemeinde in Österreich", die man nicht zurückverfolgen kann.

In einem anderen, kürzeren und ebenfalls undatierten Lebenslauf gibt Becker sogar an, dass er „nach Abschluss des Studiums im kirchlichen Dienst" wissenschaftlicher Mitarbeiter in Göttingen geworden sei. Dieser Dienst aber ist abgebrochen worden und danach war er zunächst einmal arbeitslos. Ein ordnungsgemässer Abschluss des Vikariats in Form einer Urkunde oder eines Zeugnisses liegt nicht vor und auch das passt ins Bild. Gerold Becker verstand es immer wieder gut, die Lücken in seinen Legenden zu schliessen und sich als jemanden hinzustellen, der er nicht war.

In der Prym-Genealogie wurde er 1968 als „Pfarrer" bezeichnet (Willems 1968, S. 284), aber das würde eine abgeschlossene Ausbildung voraussetzen, über die er nicht verfügte. Er selbst hat sich auch nie so genannt, sondern immer nur von sich als dem „Theologen" gesprochen, der in die Pädagogik geraten sei; dennoch hat er in der Folgezeit Kinder getauft und Konfirmationen abgehalten, sogar Ehen geschlossen, was mit dem ersten theologischen Examen und der Linzer Ordination offenbar rechtsgültig möglich war. Nur das Abendmahl durfte er offiziell nicht abhalten. In dieser Hinsicht spielte er die Rolle des Pfarrers, ohne den Beruf ausüben zu können.

Der Evangelischen Kirche in Hessen und Nassau schrieb er am 5. April 1978, dass seine „Ordination durch OKR Wien in Linz/Donau am 10.2.1963" erfolgt sei. Im Archiv der Evangelischen Kirche in Wien existiert keine entsprechende Akte.[116] Der für die Odenwaldschule zuständige hessische Kirchenrat Günter Göbler antwortete am 30. Mai 1978, dass sich die Erklärung über den Religionsunterricht auch für Gerold Becker erübrige, da er ja – wie Siegfried Helmer – „ordinierter Pfarrer" sei. Göbler wusste sicher nichts davon, wie die Linzer Ordination zustandegekommen ist und mit welchen Berechtigungen sie verbunden war. Dokumente hat Becker auch hier nicht vorgelegt, die Selbstdeklaration genügte.

Für den jungen, noch gläubigen Gerold Becker muss der Abbruch der Ausbildung ein weitreichender Schritt gewesen sein. Er konnte nun nicht mehr Pfarrer werden, obwohl er auf den Beruf eingestellt war. Das zeigt sein kurz vorher veröffentlichter Aufsatz zur Liturgie, der mit dem Aufruf „Mut zum Experiment!" endet (Becker 1963, S. 36). Daraus lässt sich schliessen, dass Becker als Vikar hinter den Kräften stand, die zu Beginn der sechziger Jahre in der Evangelischen Kirche für Reformen eintraten und gar einen Aufbruch wagen wollten. 1962 hatte sich eine Göttinger Arbeitsgemeinschaft konstituiert,[117] die für eine Öffnung der Kirche hin zu den Laien und so für eine Reform der Liturgie eintrat (Beckmann 2007, S. 37–41).

Ihren Forderungen dürfte Becker nahegestanden haben und deswegen hat ihn Superintendent Mensing-Braun auch gebeten, den Vortrag in der Gemeindevertretersitzung zu halten, zumal er ja in Göttingen studiert hatte und so als Experte mit unmittelbarer Kenntnis gelten konnte. Der aus dem Vortrag resultierende Aufsatz blieb seine einzige theologische Veröffentlichung im engeren Sinne. Dabei wollte er unbedingt Pfarrer werden und schien für seine Vorgesetzten die beruflichen Anforderungen auch leicht zu erfüllen, bis es dann über ihn Gerüchte gab, was sich an der Odenwaldschule wiederholen sollte. Schon im Studium ist er aufgefallen, dass und wie er sich „an die Jungen ranmacht" (Füller 2015, S. 94).

Wer wie Gerold Becker einen derartigen Karrierebruch riskiert, muss sich in höchster Not befunden haben. Offenbar war er gezwungen, seinen Kopf aus der Schlinge zu ziehen und es dann ganz schnell woanders zu versuchen. Zurück in Deutschland will er ein „Praktikum in einer Volksschule" absolviert haben (Becker 1971a, S. 232), ohne zu sagen, wo und für wie lange. Genauere Belege gibt es dafür nicht. Sollte die Angabe zutreffen, dann muss das

---

116 Mail von Dr. Waltraud Stangl vom 25. Juli 2013.
117 Der Arbeitsgemeinschaft gehörten unter anderem an der baltische Diplomat Harald von Rautenfeld (1893–1975), der seit 1947 die Forschungsstelle der Evangelischen Akademie Hermannsburg leitete und auch Vorsitzender des „Arbeitskreises für Kirchenreform" war, weiter der seit 1954 in Göttingen lehrende Theologie Martin Doerne (1900–1970), der Kirchenkritiker Hans Bolewski (1912–2003) oder auch Hermann Götz Göckeritz (geb. 1928), der von 1962 bis 1966 als Assistent an der Theologischen Fakultät der Universität Göttingen tätig war.

zwischen Anfang August 1963 und Ende März 1964 gewesen sein, nachdem er in das heimische Göttingen zurückgekehrt war und wieder bei seinen Eltern wohnte. Neu immatrikuliert hat er sich erst zum Sommersemester 1964.

Aber man wird nicht einfach ohne Platz in einer Lehrerausbildung für ein Praktikum an einer Schule engagiert; auch diese Angabe ist daher zweifelhaft. Becker soll – ohne Lehrberechtigung – an einer Schule in Gifhorn unterrichtet haben (Füller 2011, S. 63), möglicherweise im Sinne einer Aushilfe, die die Schule selbst anstellen konnte. Seinerzeit herrschte Lehrermangel und vielleicht hat ein Freund die Anstellung vermittelt.[118] „Praktikum" wäre dann keine offizielle Bezeichnung, sondern nur der Begriff für eine befristete Hilfstätigkeit, die keine Zulassung, sondern lediglich eine behördliche Erlaubnis verlangte.

„Praktikum" könnte aber auch eine weitere Chiffre in der Legende des künftigen Pädagogen sein, die Erfahrungen im Schulfeld vorgeben soll und zugleich verbirgt, was er tatsächlich getan hat. Vorrangig war, dass er nach seiner Flucht aus Linz Geld verdienen musste, nachdem er ja als Vikar und Lehrer Gehalt bezogen hat, und er musste nehmen, was sich gerade anbot. Hinterher konnte das Praktikum als wegweisend für die weitere Karriere hingestellt werden, doch tatsächlich musste er dringend einen Ausweg aus einer selbst geschaffenen Notlage finden.

Im Sommersemester 1964 hat er in Göttingen weiterstudiert und dafür die Fakultät gewechselt. Gerold Becker war zu diesem Zeitpunkt gerade 28 Jahre alt geworden. Eine grundständige Fächerkombination Pädagogik und Psychologie, wie manchmal zu lesen ist, gab es nicht. Viel anderes, als ein neues Studium zu beginnen, blieb gar nicht übrig. Becker ist, wie gesagt, in Linz als Pfarrer ordiniert worden, das war in manchen evangelischen Landeskirchen auch schon vor dem zweiten theologischen Examen möglich. Diese Art von Ordination ist aber nicht gleichbedeutend mit der Einführung in die erste eigene Pfarrstelle und die Geltung war auch nur beschränkt auf die Diözese, in der er tätig war, also auf den Kirchenbezirk Linz.[119]

Diese Besonderheit hat er nie angegeben, sondern immer nur von seiner „Ordination" gesprochen, die er später offenbar nie dokumentieren musste. Das Datum hat er wohl der Landeskirche in Hannover brieflich mitgeteilt, eine entsprechende Urkunde oder Bescheinigung findet sich aber nicht in den Akten der Landeskirche. Becker hat die Legende seiner Ordination benutzt, um in privatem Rahmen kirchliche Zeremonien abzuhalten, aber in seine eigene Kirche ist er nicht zurückgekehrt. Er konnte also nicht einfach

---

118 Hentig (2009, S. 625) erwähnt einen namenlosen Freund von Gerold Becker, der 1966 Dorfschullehrer in Niedersachsen gewesen sei.
119 Mail von Karl-Heinz Grotjohann vom 7. Juni 2012.

als ordinierter Pfarrer mit praktischen Erfahrungen nach Deutschland gehen, sondern war gezwungen, sich etwas anderes zu suchen.

Wie er das genau gemacht hat, lässt sich nur vermuten, ebenso was er über seine Flucht aus Linz zuhause erzählt hat. Wenn er den Abbruch der Ausbildung gegenüber den Eltern verschwiegen hat, was nicht bekannt ist, dann muss er sich eine Geschichte ausgedacht haben, mit der er glaubwürdig erscheinen, sein Gesicht wahren und weiterhin im Haus der Eltern wohnen bleiben konnte. Er kam ohne Abschluss zurück und muss Aufwand betrieben haben, nicht als Verlierer zu erscheinen. Ob er einen Sündenbock gesucht hat, dem die Schuld angelastet werden konnte, ist wiederum nicht bekannt. Er könnte auch die Ordination als Abschluss angegeben haben in der Hoffnung, sich damit Fragen zu ersparen.

Gerold Becker war geschickt darin, über sich selbst glaubwürdige Legenden zu bilden, mit denen der Anschein des einsichtigen Tuns aufrecht erhalten werden konnte. Aber er wird seinen akademischen Eltern nicht einfach erzählt haben, dass er keine Lust mehr auf das damals noch sehr angesehene Pfarramt hatte und stattdessen lieber Volksschullehrer werden wollte. Man kann sich auch kaum vorstellen, dass er Hals über Kopf eine religiöse Sinnkrise konstruiert und damit seine Rückkehr nach Göttingen begründet hat, denn das hätte auf einen Schlag acht Jahre Ausbildung entwertet.

Wahrscheinlich hat er laviert und hinhaltende Ausreden erfunden, aber dann stand er wirklich unter Druck, ganz schnell den Neuanfang zu suchen. Der Tatnachweis seinen Eltern gegenüber waren das zweite Studium und die Aussicht auf eine Stelle an der Universität, nur dann war die bisherige Ausbildung etwas wert. Die Universitätskarriere vor Augen, in einem anderen Fach, verschaffte ihm eine Legitimation, gegen die auch sein Vater kaum etwas einwenden konnte, es durfte nur nicht allzu lange dauern und er musste sicher sein, dass die Strategie auch aufgehen würde.

Aus einem Brief Ende der sechziger Jahre wird deutlich, dass er in dem Haus Arnimweg 8 ein offenbar nicht sehr grosses Zimmer bewohnte, das, wie Becker angibt, nicht erlaubte, dort mehr als die Hälfte seiner Bücher unterzubringen (Brief an Walter Schäfer vom 5. Dezember 1968). Auf dieses Zimmer war er angewiesen ebenso wie auf die Zustimmung seiner Eltern, weiterhin mit ihnen zusammenzuleben. Zu der in Aussicht genommenen theologischen Promotion kam es nicht, und wenn er seinen Eltern davon erzählt hat, wird er ihnen das erklärt haben müssen. Daher war er gezwungen, sich etwas auszudenken. Einen Versuch, alleine zu leben und für sich selbst zu sorgen, hat er auch zu diesem Zeitpunkt nicht unternommen.

Sicher ist, dass er von August 1963 bis Ende März 1964, also mehr als ein halbes Jahr, ohne regelmässiges Einkommen war und von Aufträgen oder Aushilfsarbeiten gelebt haben muss. Wenn ihn jemand finanziell unterstützt hat, so könnte man annehmen, dann wird es aufgrund ihrer Herkunft seine

Mutter gewesen sein, aber die hatte „nicht sehr viel" eigenes Vermögen.[120] Ob er dennoch Zuwendungen von seinen Eltern erhielt, ist nicht bekannt. Einen Beruf jedenfalls konnte er nicht ausüben und für ein neues Studium hat er sich nicht sofort eingeschrieben. Sein Lebenszentrum aber war jetzt wieder Göttingen.

In dieser unsicheren Zeit muss er den Zugang zum Pädagogischen Seminar der Universität Göttingen gefunden haben. Sein Aufstieg danach ist derart rasant, dass kein Zufall der Grund gewesen sein kann, er wird seine Chance gesucht und sie dann auch strategisch wahrgenommen haben. Becker hat später, in vergleichbaren Situationen, immer ähnlich gehandelt. Er liess sich fallen und fand doch immer einen Anschluss, der zu seinen Ambitionen passte. So gesehen war seine Karriere nicht geplant, aber intelligent vollzogen, was sich allein daran zeigt, dass er nie belangt wurde.

Noch etwas ist auffällig: Als Becker am Ende der Zeit in Linz seine Laufbahn als Pfarrer jäh abbrach, gab er dafür gegenüber seiner Kirche keinerlei Gründe an. Er verliess einfach den kirchlichen Dienst und das – ein Verschwinden ohne jede Auskunft – sollte sich später wiederholen. Er hat mehrfach in seinem Leben einen Neuanfang riskieren müssen und darüber immer schweigen können. Statt die Gründe zu nennen, bildete er Legenden über sich und sein Leben, die er je nach Gelegenheit auch glaubwürdig einzusetzen verstand. Nachfragen erübrigten sich dann.

Zunächst einmal wurde er im Frühjahr 1964 wieder Student, in einer anderen Fakultät, aber in der gleichen Stadt Göttingen, wo er bereits als Kinderschänder tätig gewesen war. Es ist nicht bekannt, ob irgendjemand in seinem neuen Wirkungskreis etwas davon wusste und ihm gefährlich werden konnte. Wahrscheinlich ist das nicht, auch die Geschichte aus Linz dürfte kaum bis nach Göttingen gedrungen sein. Hier konnte er die potentielle Opfergruppe erweitern, nämlich von der evangelischen Jugend hin zur sozialpädagogischen offenen Jugendarbeit. Unklar ist, wie lange er mit bündischen Gruppen noch Kontakt hatte.

In der Altschülerrede findet sich zur Dauer seines Vikariats nochmals eine andere Angabe. Becker gibt dort an, er sei nach dem ersten theologischen Examen „14 Monate Vikar in Österreich" gewesen, erneut ohne Linz und die näheren Umstände seines Weggangs oder gar den Abbruch der Ausbildung zu erwähnen. Nach der Beendigung des Vikariats und nach dem „Praktikum" will er einer „Eingebung" gefolgt sein, „die spontan schien" und ihn veranlasst habe, ein weiteres Studium in Göttingen aufzunehmen. Näher

---

120 Telefongespräch mit Wolfgang Bittner vom 12. August 2013.

erklärt wird das nicht. Ein halbes Jahr später habe er eine „Assistententätigkeit mit einem selbständigen Forschungsauftrag" begonnen (Becker 1971a, S. 232).

Die Angabe ist identisch mit dem, was Becker bei der Einstellung als Lehrer an der Odenwaldschule auf dem offiziellen Personalblatt A des Landes Hessen angegeben hat. Hier steht, dass er von Juli 1962 bis September 1963, also vierzehn Monate lang, Vikar in Linz/Österreich gewesen sei. Damit wurde die interne Lesart gewahrt, nämlich das, was er nicht nur selbst gesagt hat, sondern was sich bei einer Nachfrage auch der Personalakte Beckers in der Odenwaldschule entnehmen liess. Offenbar hat er sehr genau darauf geachtet, in welchem Kontext er was sagte. Warum er plötzlich vierzehn Monate in Linz gewesen sein will, ist nicht klar.

Das Vikariat wurde erwähnt, weil das Personalblatt verlangte, dass „etwaige vor der pädagogischen Ausbildung ausgeübte Tätigkeiten" anzugeben seien. Eine pädagogische Ausbildung hat Gerold Becker nie absolviert und so auch nicht dokumentieren können. Bei der nachfolgenden Rubrik „ausserplanmässige Dienstzeit" gibt er an, von April 1966 bis März 1969 Assistent am Pädagogischen Seminar der Universität Göttingen gewesen zu sein.[121] Diese Daten sind ungenau oder falsch, doch angestellt wurde er gleichwohl, was darauf schliessen lässt, dass auch hier niemand die Angaben geprüft hat. Welche Dokumente er bei der Anstellung vorgelegt hat, ist wiederum nicht bekannt.

Neu eingeschrieben in Göttingen hat er sich am 29. April 1964, und zwar für eine Promotion in den Fächern Pädagogik/Soziologie. Auffällig ist, dass Becker „Assistent" in einem Fach geworden sein will, das er gerade erst zu studieren begonnen hatte. Kommentiert wird das lakonisch mit: „Die deutsche Universität machts möglich" (ebd.), aber das erklärt nichts und ist nur die nächste Chiffre für die Legende, mit der er sich etwas zuschreibt, das er unmöglich geleistet haben kann.

Tatsächlich stand dahinter, wie seit Linz immer in der Karriere Beckers, also für weit mehr als vierzig Jahre, handfeste Protektion und nicht einfach nur eine günstige Situation oder ein glücklicher Umstand. Beckers Sprung von der Theologie in die Pädagogik verlangte keine Phase der Qualifizierung, sondern lediglich Beziehungen, die er nach seiner Flucht aus Linz sehr schnell aufgebaut haben muss. Er wird es ebenso schnell verstanden haben, davon zu profitieren, was ohne Gegenleistungen aber kaum möglich gewesen sein dürfte. Es wäre naiv, einfach nur an Freundschaftsdienste zu glauben.

Sicher an Beckers eigenen Angaben zu seiner beruflichen Qualifikation ist nur, dass er sein Theologiestudium in Göttingen abgeschlossen und mit

---

121 Mail von Margarita Kaufmann vom 22. April 2013.

der Ausbildung zum Pfarrer begonnen hat. In einem grundständigen Sinne konnte er Pädagogik nicht studieren, weil noch kein Diplomabschluss existierte, der erst danach eingeführt wurde. Das Fach Pädagogik gab es in Göttingen nur für das Begleitstudium der Gymnasiallehrer und als Promotionsfach. Becker selbst erklärt, ein „Zweitstudium" in „Pädagogik, Psychologie, Soziologie" begonnen zu haben (ebd.).

Psychologie hat er jedoch nie studiert, hier hätte er erst ein Diplom machen müssen und nicht sofort ein Doktorat beginnen können. Eingeschrieben war er als Doktorand der Philosophischen Fakultät mit der Angabe zweier Fächer, eines davon war Pädagogik. Anderes war gemäss der damaligen Studienordnung gar nicht möglich. Soziologie hat er vielleicht im Nebenfach studiert, Spuren davon gibt es nicht, aber es kann auch nur Bluff gewesen sein, denn seinerzeit machte es immer Eindruck, wenn man ein Soziologiestudium in seiner Legende aufführen konnte.

Gerold Becker war 1966 dreissig Jahre alt und begann mit seiner pädagogischen Publizistik. Im gleichen Jahr starb sein Vater. Über seine psychische Verfassung nach dem Tode des Vaters und seine Pläne zu diesem Zeitpunkt liegen keine öffentlich zugänglichen Aussagen vor. Dazu müssten Beckers Herkunft und seine Familiengeschichte betrachtet werden, die bislang nur sehr fragmentarisch zugänglich sind. Doch auch von diesen Bruchstücken her erkennt man die Konfliktlinien im Leben des jungen Becker, mit denen er umgehen musste und die ihn geformt haben.

Im Zentrum des Konflikts steht die höchst ambivalente Beziehung zum autoritären Vater, die aus Sicht des Sohnes gekennzeichnet war vom Buhlen um Anerkennung und Scheu vor einem Bruch, wobei die Erfahrung häuslicher Gewalt nicht ausgeschlossen werden kann. Die weiteren Linien sind die enge Beziehung zur Mutter, die scharfe Rivalität mit dem älteren Bruder, das Verhältnis zur frommen Schwester, die Isolation vom anderen Geschlecht, zu der auch körperliche Abhärtung gehört haben mag, die sexuellen Machtphantasien als Älterer in Jungengruppen und schliesslich die Zuflucht in die Theologie, nachdem der Ausweg Architektur sich zerschlagen hatte.

Niemand in der Familie seines Vaters wollte je Pfarrer werden und ihm misslang das gründlich. Aber das Scheitern behinderte seine Karriere nicht, nur dass sie nicht auf der zunächst gewählten Spur verlief. Eine neue zu finden, stellte ihn vor Probleme, die sich offenbar aber leicht bewältigen liessen. Er fand die Kontakte, die er benötigte. Parallel dazu wird sich die klandestine Lebensform als pädophiler Mann verfestigt haben. Er hat dann auch gelernt, wie man dieses zweite Leben agiert und verborgen hält.

Deswegen hat er seine Biografie nur höchst rudimentär und verblüffend profillos dargestellt. Es sind dürre Daten und abstrakte Hinweise, also nichts, was einer Lebensbeschreibung gleich käme. Niemand konnte sich darauf näher beziehen und sich so eine eigene Meinung über den Menschen bilden.

Gerold Becker wollte und konnte auf andere Personen wirken, ohne jedoch etwas von sich einzubringen. Das Drama seines Lebens sollte offenkundig mit extremer Zurückhaltung verschleiert werden, aus diesem Grund sind nur wenige Spuren vorhanden, die auch noch mühsam erschlossen werden müssen.

Wie gesagt: Texte von ihm haben kaum einen autobiografischen Bezug. Es gibt keine grösseren Erinnerungen an seine Kindheit und Jugend, Studienerfahrungen werden so gut wie nicht thematisiert und schliesslich äussert sich Becker mit einer Ausnahme auch nicht über seine Zeit am Pädagogischen Seminar in Göttingen, wo er gemäss Hentig (2009, S. 620) mit Gymnasiasten wie etwa dem späteren Journalisten Reinhard Kahl näheren Umgang gehabt hat, was von Kahl (2007, S. 72) auch bestätigt wird. Hier zeigte sich bereits, dass nicht jeder Jugendliche, der zu seinem Kontaktkreis gehörte, Opfer wurde.

Eine wichtige Frage ist, wie Gerold Becker nach dem Abbruch seiner Theologenausbildung in den Zirkel um Hartmut von Hentig hineingekommen ist und ob er von sich aus Anschluss gesucht hat. Die Gruppe um den charismatischen Hentig ist zunächst wohl zufällig entstanden, dann aber strategisch aufgebaut worden, vor allem als absehbar war, dass Hentig von Göttingen nach Bielefeld gehen würde. Das war der Fall, nachdem Helmut Schelsky ihn 1966 gewinnen konnte, in den Wissenschaftlichen Beirat für die Gründung der Universität Bielefeld einzutreten (Hentig 2009, S. 683f.).[122] Parallel dazu entstand die Idee der beiden Schulgründungen, also der Laborschule und des Oberstufen-Kollegs, die Hentig berühmt machen sollten.

Der Weg zu Hartmut von Hentig, schreibt Kahl (2007, S. 72), „führte über Gerold Becker", der im Pädagogischen Seminar „wissenschaftlicher Assistent und mit Hentig befreundet war". Kahl besuchte das Felix-Klein-Gymnasium in Göttingen und machte dort 1967 Abitur. Er wird Hentig und Becker in den Jahren zuvor kennengelernt haben. Rückblickend schreibt Kahl, auch ihm sei der Mensch und Täter Becker „ein Rätsel",[123] was darauf hindeutet, dass seinerzeit ein Gerold Becker in anderer Gestalt den Weg zu Hartmut von Hentig geöffnet haben muss.

Ein Zeitzeuge aus dem Göttinger Seminar, der nicht namentlich genannt werden will,[124] beschreibt die Anfänge des Verhältnisses zu Hentig so: Beckers empathische Fähigkeiten und seine emotionale Leichtigkeit werden ihn angesprochen haben. Als Becker ihn kennenlernte, traf er auf den „emotional

---

122 Helmut Schelsky (1912–1984) war von 1965 an Beauftragter für eine Hochschulgründung in Ostwestfalen, deren Konzept auf ihn zurückgeht.
123 Mail von Reinhard Kahl vom 3. Mai 2013.
124 Quelle: Gespräch mit mir.

verpanzerten Hentig". Becker hatte etwas, was Hentig nicht hatte, er war im privaten Umgang nicht verschlossen und hölzern, sondern offen und locker. Das muss Hentig fasziniert haben. Beide waren homosexuell, das war im Seminar kein Geheimnis, nicht jedoch die pädophile Disposition von Gerold Becker.[125]

Später muss aber auch die bekannt geworden sein, wie sich etwa Norbert Zeuner erinnert hat. Hentig wie Becker waren stark vaterfixiert und haben die Gunst der Väter gesucht, ohne sich je von ihnen lösen zu können. Sie haben in ihrer Kindheit keine intakte Familie erlebt, sind aber in einem grossen familiären Netzwerk aufgewachsen. Ihre eigene Erziehung kannte übermächtige Konflikte, die Becker nie thematisierte oder gar offen legte, während Hentig seinen Vater zum unbedingten Vorbild erkoren hat. Und beide haben stets die „Nähe" der Erziehung betont, die sie selbst nie erfahren haben.

Über die Zeit in Göttingen gibt es eine ausführliche persönliche Schilderung Beckers, die sein Verhältnis zu dem Mitdoktoranden und Freund Martin Bonhoeffer betrifft. Becker will Bonhoeffer, der „MB" genannt wurde, im Januar 1964 zum ersten Mal getroffen haben. Das war vor Beginn seines zweiten Studiums, mithin auch bevor er das begonnen hat, was er seine „Assistententätigkeit" nannte. Er war in Göttingen noch nicht eingeschrieben, wohnte zuhause und schlug sich offenbar mit Gelegenheitsarbeiten durch. Beide hätten aber schon „fast ein Jahr" voneinander gewusst, kannten sich also indirekt seit dem Frühjahr 1963, als Becker in Linz war.

Der „Hintergrund" der Zusammenarbeit seit Januar 1964 wird so beschrieben:

> „MB kümmerte sich um N., gab ihm Nachhilfestunden und sorgte sich um seine Zukunft. N. war Schüler einer Göttinger Realschule und mit seinem Klassenkameraden D. befreundet. Um D. kümmerte ich mich ein wenig" (Becker 1996, S. 27).

Im Frühjahr 1963 muss Becker von Martin Bonhoeffer gehört haben oder er von ihm. Vermutlich spielten dabei Beziehungen zur kirchlichen Jugendarbeit in Göttingen eine Rolle. An Bonhoeffer gewandt hat er sich aber erst, nachdem er Linz verlassen hatte und Anschluss suchen musste. Er brauchte dringend Unterstützung, war frei und hat sich nützlich machen können.

Was genau das „sich kümmern um" heissen soll, ist nicht klar, „Nachhilfe" kann auch nur eine Chiffre für den Zugang sein, auffällig jedenfalls ist, dass es in Beckers Leben immer wieder Kontakte zu Jugendlichen gegeben

---

125 Hentig hat sich in seinem gesamten Werk nur einmal zur Homosexualität geäussert (Hentig 1969) und ein persönliches Outing stets abgelehnt.

hat, die in irgendeiner Notlage waren und denen gegenüber er sich fürsorglich zeigte. Damit machte er die Jugendlichen emotional abhängig und schuf für sich den Raum als Täter. Dafür brauchte er die Macht der Fürsorge. Äusserungen von ihm wie die eben zitierte, die auf eine konkrete Beziehung hindeuten, sind aber ausgesprochen selten.

Persönlich wird Becker nicht, er „kümmerte" sich um „D.", nicht um eine Person mit Namen. Man kann diese Angabe also nicht weiterverfolgen. Noch mehr als dreissig Jahre später und ohne erkennbaren Grund sagt Becker nicht, wer der Realschüler gewesen ist. Bezogen auf das Täterprofil lässt sich vermuten, dass es sich um sexuelle Ausbeutung gehandelt hat, die aufgrund der Verschleierung des Namens nicht nachgewiesen werden kann. 1996 stand Gerold Becker öffentlich noch nicht unter Verdacht, aber dann ist umso erstaunlicher, dass „D." keinen Namen hat, der nur dann nicht preisgegeben werden durfte, wenn es etwas zu verbergen galt.

Für Hartmut von Hentig existiert diese Seite in dem Leben seines Freundes nicht. Wenigstens gibt er an, dass Gerold Becker, gerade im Unterschied zu Martin Bonhoeffer, sich nicht um die Unterprivilegierten gekümmert habe. Wen er – Becker – „anzog", war die *„jeunesse dorée* der Gymnasien". Die brauchte „keinen Anführer", zu dem Becker nach Hentigs Dafürhalten auch gar „nicht taugte", sondern „einen gescheiten und wohlwollenden Beobachter, der ihnen ihre Wirkungen spiegelte". Er sei ihr „Mentor" geworden; Reinhard Kahl etwa soll bei Becker gelernt haben, dass Protest auch Sachverstand benötigt und Matthias Duderstadt soll Zugang zu der Literatur gefunden haben, „mit der Gerold Becker lebte" (Hentig 2009, S. 620).[126]

Der Sozialpädagoge Becker, obwohl er deutlich sichtbar gewesen sein muss, kommt in Hentigs Erinnerungen nicht vor. Er schreibt etwas von den „wilden" „*kids*", die Martin Bonhoeffer betreut habe (ebd.), während Becker in einer gänzlich anderen Sphäre gesehen wird, nämlich der der literarischen Bildung. Becker eignete sich zwar nicht als Anführer einer politisierten Jugend, aber sei als freundschaftlicher Beobachter gesucht worden. Doch in Tat und Wahrheit hatten in Göttingen beide, angeführt von Bonhoeffer, Umgang mit männlichen Jugendlichen, die als schwierig galten oder sich deviant verhielten, eine Seite, von der Hentig auch Jahrzehnte später offenbar nichts wissen wollte.

Auch angesichts dieser Befunde muss man davon ausgehen, dass Gerold Becker immer genau darauf achtete, nur solche Spuren zu hinterlassen, die

---

126 Das dürfte so nicht stimmen. Duderstadt und Kahl waren Mitglieder des Unabhängigen und sozialistischen Schülerbundes (USSB) in Göttingen. Dort hatte man einen Lektürekreis gebildet, in dem Texte der fortschrittlichen Pädagogik von Rousseau bis Hentig gelesen wurden. Daneben wurden auch Flugschriften verfasst und Schulstreiks organisiert.

er sorgfältig kontrolliert hatte. Er ist in allen seinen Angaben über sich sehr zurückhaltend und vorsichtig. Andererseits kann man heute Aussagen wie die des „Kümmerns" nur mit einem Verdacht lesen, der zuvor gar nicht nahelag. Becker konnte mit der Arglosigkeit der Jugendlichen rechnen, während er, so viel ist klar, jede Chance nutzte, um sich Opfer zu verschaffen. Und er tat das stets unter Vortäuschung von Empfindsamkeit und Fürsorge gegenüber den Schwachen.

Deswegen lag es auch immer wieder nahe, ihn als „fabelhaften Pädagogen" (Jens 2011, S. 43) zu bezeichnen; diesen Eindruck zu erwecken, war Teil der Strategie des Täters. Gerade *weil* er vielen geholfen hat (ebd., S. 43/44), schaute niemand hin, was er anderswo machte, denn ein Mann mit einem solchen Ruf als Pädagoge konnte in seinem Umfeld keinen Anstoss erregen. Und immer dann, wenn doch ein Verdacht aufkam und zugleich massiver Kontrollverlust drohte, hat Becker den Ort seiner Tätigkeit verlassen. Dieses Muster lässt sich durchgehend an allen Stationen seines Lebens feststellen und auch das passt genau zum Täterprofil.

Parallel dazu wurde er zum „Pädagogen". Er war wie immer geschickt und lernte schnell, sich in einem neuen Wirkungskreis zurechtzufinden, was für Beckers gesamte anschliessende Karriere massgeblich werden sollte. Das Umfeld war wiederum ein Universitätsinstitut, nur diesmal mit ganz anderen Personen und mit einem unmittelbaren Zugang zum linken Zeitgeist, der stark pädagogisch geprägt war und nicht zuletzt deswegen erhielt eine neue Generation ungeahnte Karrierechancen, die es weder zuvor noch danach in diesem Masse gegeben hat.

Das Heil wurde in der „neuen Erziehung" gesehen, mit der die Gesellschaft verändert werden sollte. Der Göttinger Germanist Walther Killy warnte im März 1961 noch vor den „pädagogischen Ideologen" (Killy 1961), danach hatten sie das Wort und ein Zentrum war das Pädagogische Seminar der Universität Göttingen. Die Erfahrung dort nannte Becker (1971a, S. 233) ein einziges „geistiges Abenteuer", das ihn gefordert und geformt habe, gerade im Vergleich mit dem, was er zuvor erlebt hatte: „Die Härte und Konsequenz der sachlichen Auseinandersetzung übertraf das, was man bei Theologens erlebt hatte, bei weitem."

Genau das, in Auseinandersetzungen Härte und Konsequenz zeigen, konnte Gerold Becker nicht. Nur Hartmut von Hentig hat ihn so sehen wollen, Zeitzeugen berichten eher, dass er Konflikten aus dem Weg ging und klare Positionen vermied. Wie viele Theologiestudenten der fünfziger Jahre ist Gerold Becker für kirchliche Reformen eingetreten und hat sich für politische Fragen interessiert, ohne ein erkennbares Profil zu zeigen. Als Pädagoge in Göttingen und vor dem Hintergrund des Zeitgeistes konnte er sich nur nach links orientieren, wenn er Erfolg haben wollte.

Allerdings gehörte Becker nie einer politischen Gruppierung an und hielt sich gegenüber Radikalisierungen zurück. Er erwähnt, dass Martin Bonhoeffer und er 1968 von Ulrike Meinhof als „politisch ziemlich naiv" eingeschätzt wurden, weil beide die pädagogischen Institutionen für aufklärbar hielten und so weder für bösartig noch für verbrecherisch (Becker 1996, S. 35). Sein Zugang lag woanders und er hatte nichts zu tun mit der gewaltsamen *action directe* der „Rote Armee Fraktion", deren erste Generation nur wenige Monate später in den Untergrund gehen sollte.

Gerold Becker wählte einen ganz anderen Weg, nämlich den der linken Pädagogik, die die Gesellschaft von innen heraus verändern wollte. Das war für viele seiner Generation eine Grundüberzeugung, die in eine staatlich finanzierte Schule der Emanzipation einmünden sollte. Aber nichts deutet darauf hin, dass Becker aus diesem Grunde Pädagoge werden wollte. Er musste einfach einen Ausweg aus einer Notlage suchen und hat dann die Chance ergriffen, die sich ihm bot, vermittelt durch Martin Bonhoeffer und Hartmut von Hentig, auf den er grossen Eindruck gemacht haben muss.

In Göttingen machte er sich innerhalb kürzester Zeit mit den Möglichkeiten und Gewissheiten der linken pädagogischen Rhetorik vertraut, die es erlaubte, zum Ankläger des Systems zu werden, ohne einen überprüfbaren Tatbeweis antreten zu müssen. Nötig waren lediglich die aus der Reformpädagogik bekannten Protestformeln und ein dafür aufgeschlossenes Publikum, das Gerold Becker, der ja als Prediger geschult war, glänzend bedienen konnte. Er fand, was er für seine Talente brauchen konnte.

Kapitel 3
Die Geburt des Pädagogen

Gerold Becker brauchte keine lange Lehrzeit, um herauszufinden, wie er sich als pädagogischer Publizist und Redner hervortun und Eindruck erwecken konnte. Es ist erstaunlich, wie schnell er sich einen Namen gemacht hat, in Gebieten, die er vorher gar nicht kannte, nämlich Heimerziehung und Schularchitektur. Ihm gelang es, sich innerhalb weniger Jahre als eloquenten Kritiker aufzubauen, der die Not der Heimkinder ebenso anprangerte wie die Normierung der Schulbauten. Beide Themen lagen seinerzeit nicht unbedingt auf der Strasse und brauchten Geschick, um moralisch wirkungsvoll inszeniert werden zu können.

Gestützt und gefördert wurde Becker seit 1964 von einem der kommenden Pädagogen in der Bundesrepublik, mit dem er früh Kontakt hatte und der ihm zeitlebens eng verbunden war, am Ende bis zur Selbstaufgabe. Gerold Becker wurde von Hartmut von Hentig, berichten Zeitzeugen, von Anfang an hoch gehandelt, und beide wurden ein Paar, ohne dass je klar wurde, in welchem Sinne das verstanden werden muss. Homosexuelle Beziehungen waren in den sechziger Jahren riskant und wurden oft getarnt, doch selbst das bleibt im Falle von Becker und Hentig Spekulation.

Aber sie waren von jetzt an sichtbar als Pädagogen unterwegs, mit einer besonderen Mission und wachsendem Einfluss. Beide traten gemeinsam auf, der Meister bildete ein Paar mit seinem besten Schüler. Aus dem Kreis um Hentig erhielt nur er diese besondere Gunst, die Becker erneut sehr geschickt für sich nutzen konnte, nicht zuletzt deswegen, weil er nie seinen Eigenwert verleugnete. Hentig und Becker waren auch Teil eines stabilen und belastbaren Netzwerks, das über die verschiedenen Stationen der Karriere bis zu Beckers Tod halten sollte.

Der erste Ort dieser eigentümlichen Beziehung war das Pädagogische Seminar der Universität Göttingen, damals ein intellektuelles Zentrum der noch jungen akademischen Pädagogik in Deutschland, die in den siebziger Jahren ein rasches Wachstum erleben sollte. Hier suchte und fand der gescheiterte Theologe Gerold Becker Anschluss und erlebte eine Karriere, die niemandem sonst offen gestanden hätte. Aber am Ende suchte er auch hier das Weite.

3.1 Das Pädagogische Seminar der Universität Göttingen

In Gerold Beckers diversen Legenden seines Lebens finden sich unterschiedliche Angaben über seine Zeit und Tätigkeit am Pädagogischen Seminar der Universität Göttingen, die er als einen Höhepunkt in seinem Leben verstanden hat. 1986 wird in einer biografischen Notiz festgehalten, er sei „von 1964 bis 1969 Assistent von Heinrich Roth" gewesen (Schultz 1986, S.14). Diese Version steht so auch an anderen Stellen in seinen Schriften sowie in der Sekundärliteratur. Heinrich Roth lehrte Pädagogische Psychologie und war neben Hartmut von Hentig der zweite Professor am Pädagogischen Seminar.

Tatsächlich ist Becker vom Beginn des Sommersemesters 1964 bis zum Ende des Wintersemesters 1968/1969 als Mitarbeiter am Pädagogischen Seminar der Universität Göttingen beschäftigt worden, mithin fünf Jahre lang, in drei verschiedenen Stellungen und nicht durchgehend als Assistent. Er hat zunächst vom 1. April 1964 bis zum 28. Februar 1965 als wissenschaftliche Hilfskraft am Seminar gearbeitet. Nach diesen beiden Semestern wurde er vom 1. März 1965 an für zwei Jahre als wissenschaftlicher Mitarbeiter in einem pädagogischen Forschungsprojekt angestellt. Becker hatte als Theologe bis dahin mit der akademischen Pädagogik noch nie etwas zu tun gehabt.

Die Deutsche Forschungsgemeinschaft hatte Heinrich Roth im Rahmen seiner empirischen Jugendforschung eine zweijährige Sachbeihilfe zum Thema „Das Verhältnis von Kindern und Jugendlichen verschiedener Altersstufen zur Technik" bewilligt. Gerold Becker, der über keine einschlägigen Forschungserfahrungen verfügte, sollte dieses sehr vage gefasste Thema bearbeiten und seine Anstellung wurde mit der Beihilfe bezahlt. In zwei Jahren lässt sich ein solches Thema kaum bearbeiten, also hätte eine Fortsetzung des Projekts nahegelegen, doch die gab es nicht, ein entsprechender Antrag wurde nie gestellt, warum nicht, ist unbekannt, lässt sich aber vermuten. Becker ist in dieser Position nur bis zum 28. Februar 1967 beschäftigt worden.[1]

Aber er ist noch zwei Jahre länger, nämlich bis zum 15. März 1969, in bezahlter Stellung am Pädagogischen Seminar tätig gewesen. Er hat während dieser Zeit sogar vermögenswirksame Leistungen angespart. In einem Brief an den Kurator der Universität Göttingen vom 13. Januar 1971 gibt er an, „in den Jahren 1967/68 und 1968/69 ... mit der Verwaltung einer Assistentenstelle beauftragt" gewesen zu sein, die das Seminar für ihn beschafft haben muss. Offenbar hat er am gleichen Thema weitergearbeitet, nur nicht noch mals mit einer Beihilfe der DFG. Ende 1968 hat er dann von sich aus gekün-

---

[1] Mail von Walter Pietrusziak (DFG-Archiv) vom 31. Juli 2012.

digt und ist fristgemäss ausgeschieden.² Er hatte die Stelle als Lehrer an der Odenwaldschule in Aussicht und verliess die Universität.

Becker ist also nicht durchgehend als „Assistent" im Sinne der universitären Stellenbezeichnung an Heinrich Roths Lehrstuhl beschäftigt gewesen. Er war aber als persönlicher Mitarbeiter von Roth in dessen Eigenschaft als Vorsitzender des Ausschusses „Begabung und Lernen" im Deutschen Bildungsrat tätig. Im Vorwort des Herausgebers zu dem berühmten Sammelband *Begabung und Lernen* bedankt sich Heinrich Roth unter anderem bei Gerold Becker „für die anregenden Protokolle über die Ausschusssitzungen" (Roth 1968, S. 6). Immatrikuliert als Doktorand war er bis zum 15. Juni 1969.

Für was genau er als wissenschaftliche Hilfskraft in seinem ersten Jahr am Pädagogischen Seminar zuständig war, ist nicht bekannt. Zugeordnet war er in allen Anstellungen dem Lehrstuhl von Heinrich Roth. Von dort aus, aber nicht unterstützt von Roth, formierte sich allmählich sein Netzwerk. Ein wichtiger Name neben Martin Bonhoeffer ist der von Wolfgang Harder, der im Sommer 1985 sein Nachfolger als Schulleiter der Odenwaldschule werden sollte; Harder arbeitete ebenfalls seit 1964 am Pädagogischen Seminar, und zwar zunächst als studentische Hilfskraft am Lehrstuhl Hartmut von Hentigs (Harder 1999a, S. 6). Mit Hentig blieb Harder bis zuletzt eng verbunden und konnte wie Becker stets auf ihn zählen.

Hentig sprach rückblickend davon, dass sein „engerer Kreis", also seine Assistenten und er, bei Beginn seiner Tätigkeit in Bielefeld „zunächst einmal fünf Leute" umfasste und erst danach ständig erweitert wurde (Alpha Forum 2002). In Göttingen gehörten zu dem Kreis anfänglich Wolfgang Harder und Johanna Wellmer, seine beiden Assistenten Diethart Kerbs und Dieter Baacke sowie Gerold Becker. Andere wichtige Namen kamen hinzu wie Hartmut Alphei oder Otto Herz, die je länger, je mehr ein Netzwerk bildeten, das Hartmut von Hentig als Mittelpunkt hatte. Von seinem Aufstieg an die Spitze der deutschen Pädagogik profitierten alle anderen.

Dass Gerold Becker schon in seinem allerersten Semester als eingeschriebener Doktorand wissenschaftliche Hilfskraft in einem ihm fremden Fach werden konnte, kann nur als sehr ungewöhnlich bezeichnet werden. Noch ungewöhnlicher ist es, dass er nach einem Jahr ohne einschlägige Ausbildung und so ohne nachgewiesene Kompetenz Mitarbeiter in einem wissenschaftlichen Forschungsprojekt wurde. Niemand erreicht in der Medizin eine solche Position, ohne zuvor zum Arzt ausgebildet worden zu sein. Auch als Jurist muss man erst das Fach studiert haben, bevor man wissenschaftlich tätig sein kann. Gerold Becker dagegen konnte in der Pädagogik sofort forschen.

---

2 Auskunft von Frau Dr. Anja Tobinsky Universität Göttingen (Leitung der Abteilung Personalentwicklung und Personaladministration).

Das ist durchaus aufgefallen, denn einer der Gutachter für Roths DFG-Projekt,[3] nämlich der Ingenieur Wilhelm Hofmann von der TU Braunschweig,[4] befürwortete wohl das Thema und grundsätzlich auch das Projekt, wandte sich aber gegen die Anstellung von Becker, der Theologe sei, über keine nennenswerten Erfahrungen als Lehrer verfüge und schon deswegen nicht beschäftigt werden dürfe. Becker sei nicht vom Fach und ihm solle daher geraten werden, sich bei der Volkswagen Stiftung für ein Stipendium zu bewerben, das ihm ein Zweitstudium ermöglichen würde. Erst danach könne er als Mitarbeiter in einem Forschungsprojekt beschäftigt werden.

Das würde normalerweise für eine Ablehnung ausreichen. Aber offenbar wollte Heinrich Roth den fachfremden Becker unbedingt und liess sich, ohne dass er die Gutachten kannte, auf nichts ein. Im internen Bericht der DFG über seinen Antrag wird zusammengefasst, was Roth über die Person und Qualifikation Beckers angegeben hatte:

> „Der vorgesehene wissenschaftliche Mitarbeiter Gerold Becker (28, unverheiratet) hat im Juni 1962 sein Theologiestudium mit der 1. Theologischen Prüfung abgeschlossen. Nach einem Jahr Schuldienst hat er sich der Erziehungswissenschaft zugewandt und ist für das Sommersemester 1964 im Pädagogischen Seminar der Universität Göttingen angestellt gewesen. Ob er seine wissenschaftlichen Arbeiten im Bereich der Pädagogik mit der Promotion abschliessen wird, ist nach Aussagen des Antragstellers noch ungewiss. Aber auch dann würde es sich um ein Zweitstudium handeln."

In seiner Begründung für die Wahl des Mitarbeiters hatte Roth darauf verwiesen, dass Beckers Mitarbeit in Frage gestellt sei, wenn er sich um ein Stipendium für ein Zweitstudium oder für ein Lehramt bewerben müsste und erst nach Ende dieses Studiums in einem Projekt angestellt werden könnte. Roth wollte ihn aber sofort und ohne Abschluss im eigenen Fach. Becker war als Doktorand eingeschrieben und konnte formal so angesehen werden, als ob er sich in einem Zweitstudium befand. Theologie hatte er ja abgeschlossen und er kam gemäss den Erinnerungen von Wolfgang Harder als „ordinierter Theologe" ans Pädagogische Seminar (OSO-Hefte 1985, S. 157).

Damit war der Weg frei, Gerold Becker wurde in Göttingen Projektmitarbeiter. Der Antrag bezog sich auf ein Forschungsprojekt, aus dem eine Dissertation entstehen sollte. Becker hätte in der Kürze der Zeit unmöglich ein eigenes Projekt vorlegen können, wer den Antrag tatsächlich geschrieben hat, ob Heinrich Roth selbst, ist nicht bekannt. Wahrscheinlich hat Roth das

---

3   Daten zum Folgenden gemäss Mail von Walter Pietrusziak (DFG-Archiv) vom 7. August 2012.
4   Wilhelm Hofmann (1903–1965) war von 1948 bis 1965 Leiter des Braunschweiger Instituts für Schweisstechnik und Werkstofftechnologie.

Thema vergeben und Becker dann bei der Abfassung angeleitet. Vermutlich hat er aber auch noch andere Unterstützung erfahren.

DFG-Anträge waren seinerzeit mehr oder weniger elaborierte Skizzen, die nicht formalisiert eingereicht werden mussten und keine monatelangen Vorarbeiten verlangten. Für die Genehmigung war die Gutachterlage entscheidend und bei nur mehrheitlicher Zustimmung zum Antrag wohl die fachliche Ausrichtung der Gutachter, also ihre Nähe zum Antragsteller, in diesem Falle Heinrich Roth.

Auch die Eile ist auffällig. Der DFG-Antrag ist am 23. Januar 1965 bewilligt worden, ein halbes Jahr, nachdem er gestellt worden war. Das war Mitte 1964, nur wenige Monate zuvor ist Becker Hilfskraft geworden, er muss mit der Aussicht auf ein Projekt angefangen und sich deswegen für Pädagogik eingeschrieben haben. Die Protektion ist deutlich erkennbar, Heinrich Roth hat ihn nicht ausgesucht, damit ein wissenschaftlich vordringliches Thema bearbeitet werden kann, das Thema wurde erfunden, damit Becker angestellt werden konnte.

Er profitierte tatsächlich von der Gutachterlage. Die beiden anderen Gutachter waren der Hamburger Pädagoge Hans Wenke[5] und der Kölner Philosoph Ludwig Landgrebe.[6] Beide teilten Hofmanns Vorbehalt nicht und bestätigten Gerold Becker als wissenschaftlichen Mitarbeiter der Besoldungsgruppe BAT III. Bewilligt wurde eine Sachbeihilfe in der Höhe von 41.000 DM für zwei Jahre. Becker legte im April 1966 einen Zwischenbericht[7] vor, den Wenke guthiess, nicht ohne die „weitschweifigen methodologischen Erörterungen" des Verfassers aufzuspiessen. Auch der zweite Gutachter des Berichts, der Tübinger Philosoph Walter Schulz,[8] mahnte, dass man Becker darauf hinweisen sollte, „sich nicht im Allgemeinen zu verlieren".

Verlängert um ein Jahr wurde die Anstellung gleichwohl. Die Bemerkungen der Gutachter lassen darauf schliessen, dass nach einem Jahr ausser Vorüberlegungen nichts vorangetrieben war. Vermutlich war die Datenerhebung in Aussicht gestellt, die dann auch durchgeführt wurde, aber mit einem fristgemässen Abschluss des Projekts konnte nicht gerechnet werden. Ein Antrag auf eine weitere Verlängerung hätte nur gestellt werden können, wenn substantielle Resultate abzusehen gewesen wären, was offenkundig

---

5   Hans Wenke (1903–1971) war seit 1947 und dann wieder von 1954 an Professor für Pädagogik an der Universität Hamburg. 1953 übernahm er den Vorsitz des Deutschen Ausschusses für das Bildungswesen. Er war auch Gründungsrektor der Universität Bochum.
6   Ludwig Landgrebe (1902–1991) war seit 1954 Professor für Philosophie an der Universität zu Köln.
7   Der Bericht findet sich nicht in den Akten (Mail von Walter Pietrusziak vom 9. August 2012).
8   Walter Schulz (1912–2000) war seit 1955 Professor für Philosophie an der Universität Tübingen.

nicht der Fall gewesen ist. Dann verwundert es nicht, dass für Beckers „Forschungsarbeit" eine andere Finanzierung gefunden werden musste.

Im Frühjahr 1964 konnte Gerold Becker seine Karriere als Pädagoge beginnen, was nur mit der Hilfe von Freunden möglich war. Im DFG-Antrag wurde das Vikariat in Linz verschwiegen, er hat sich zur Erhöhung seiner Chancen eine weitere Legende zugelegt, nämlich dass er ein Jahr „im Schuldienst" gewesen sei, wofür er gar keine Zugangsberechtigung hatte. Auch dass er sehr schnell wissenschaftlicher Mitarbeiter wurde, ist eigenartig, könnte aber mit der Zunahme an Projekten und dem Mangel an geeigneten Nachwuchskräften erklärt werden. So gesehen wäre Becker einfach nur zur richtigen Zeit am richtigen Ort gewesen.

Aber er war keine beliebige „Nachwuchskraft", sondern wurde auffällig protegiert, wobei Heinrich Roth die Tür zur Deutschen Forschungsgemeinschaft öffnete. Martin Bonhoeffer war bereits Doktorand bei Roth, er dürfte Becker empfohlen haben. Hartmut von Hentig spricht in seinen Lebenserinnerungen davon, dass Gerold Becker bei ihm ein Seminar besucht habe und bezeichnet ihn eigenwillig als einen „temporären Überläufer aus Heinrich Roths Trabantenschar" (Hentig 2009, S. 619). Doch Becker war nie Roths „Trabant", sondern aus Roths Sicht nur ein weiterer Doktorand, der sich ohne Aussicht auf eine Stelle vermutlich nie für ein Doktorat in Pädagogik eingeschrieben hätte.

Für die Mitarbeiter am Institut war die Frage immer: „Wie kommt ein Gerold Becker zu Roth?" Von Beckers Themen her, die man kannte, war diese Zuordnung alles andere als einleuchtend. Becker war mit Hentig befreundet und trotzdem Assistent am zweiten Lehrstuhl, also dem von Heinrich Roth. Man habe sich schon gewundert, sagt ein damaliger Doktorand, wie Gerold Becker „vor Architekten grosse Geschichten erzählen" konnte und plötzlich Experte für Schularchitektur war, obwohl er doch Theologie studiert hatte. Aber im Pädagogischen Seminar wurde auch erzählt, dass er in München Architektur studiert hatte und deswegen einen Expertenstatus einnehmen konnte.[9]

Hentigs Seminar fand im Sommersemester 1964 statt, als Becker bereits angestellt war. Er wird ihm schon vorher aufgefallen sein. Roth tat seinem Kollegen Hentig mit dem DFG-Antrag vermutlich einfach nur einen Gefallen. Hentig muss sich zusammen mit Martin Bonhoeffer massiv für Becker eingesetzt haben, anders sind weder das Tempo noch die Wahl Beckers verständlich. Hat es sich so verhalten, dann ist Gerold Becker in das Pädagogische Seminar förmlich hineingedrückt worden, passenderweise nicht über Hentigs eigenen Lehrstuhl, sondern über den von Heinrich Roth. Auf die

---

9 Quelle: Gespräch mit mir.

Frage, wie Gerold Becker an das Pädagogische Seminar der Universität Göttingen gekommen ist, antwortet sein damaliger Kollege Hans Thiersch: „Er war eines Tages einfach da."[10]

Martin Bonhoeffer konnte nur als studentische Hilfskraft beschäftigt werden, weil er noch über keinen Studienabschluss verfügte. Er war zuständig für die Verwaltung der umfangreichen Bibliothek des Pädagogischen Seminars (Becker 1996, S. 37). Becker, der einen Abschluss hatte, wenngleich in Theologie, wurde erst wissenschaftliche Hilfskraft und dann sofort Mitarbeiter. Er „sass", wie er selbst schrieb, zusammen mit Bonhoeffer „an einer empirischen Arbeit", die aber nie fertig wurde (ebd., S. 39). Beide Doktoranden arbeiteten an Themen in zwei ähnlich gelagerten Projekten. Gemeinsam war ihnen das Interesse an praktischer Sozialarbeit und Jugendfürsorge.

Zur Wahl Beckers merkt Hentig (2009, S. 595) lediglich an, dass „man noch nach einem Assistenten für Roth" suchte als er – Hentig – dort eintraf. Der, heisst es weiter, „fand sich in Gerold Becker". Hentig begann seine Tätigkeit in Göttingen im April 1963 (ebd., S. 589), mithin zum Sommersemester, zu einem Zeitpunkt, als Becker in Linz war und die beiden sich noch nicht kannten. Nachdem Becker wieder in Göttingen war, muss er die Beziehung zu Bonhoeffer genutzt haben, um sehr schnell Kontakt mit dem Pädagogischen Seminar aufzubauen. Der Weg zu Hentig führte über Bonhoeffer, mit dem sich Becker angefreundet hatte.

Es mutet seltsam an, dass „man" für einen Kollegen nach einem Assistenten suchen musste, als könnte der das nicht selbst besorgen, zumal er ein Jahr früher in Göttingen angefangen hatte. Diese Suche hat es nicht gegeben, vermutlich war am Lehrstuhl Roth einfach eine Stelle als wissenschaftliche Hilfskraft frei und die erhielt Becker für ein Jahr mit der Option des anschliessenden DFG-Projekts. Roth beschäftigte seinen neuen Mitarbeiter mit einem Thema, das den kaum interessiert haben dürfte. Das Thema „Verhältnis von Kindern und Jugendlichen zur Technik" hat Becker in keinem einzigen seiner Aufsätze je berührt, weder im Sinne einer These noch in der Erwähnung eigener Daten. Das erlaubt einen einfachen Schluss: Becker musste einfach irgendwie untergebracht werden.

Allerdings findet sich ein Hinweis auf einen unveröffentlichten Vortrag, den Gerold Becker im März 1968 auf Einladung des Münchner Goethe-Instituts in Indien gehalten hat und der den Titel trug: „Basic Concepts for an Education in Technology as Part of a General Education" (Jahrbuch 1969, S. 117). Hentig (2009, S. 650/651) erwähnt eine gemeinsame Reise nach Indien, auch das Goethe-Institut, aber die Reise soll 1969 stattgefunden haben und beide hätten keine pädagogischen Vorträge gehalten. Ein Manuskript

---

10 Gespräch mit Hans und Renate Thiersch am 1. Juli 2013.

von Beckers Vortrag ist nicht zugänglich, aber der Titel deutet darauf hin, dass Becker die „methodologischen Vorbemerkungen", die der Gutachter Landgrebe monierte, ins Englische übersetzt und im Vortrag dargestellt hat.

Hartmut von Hentig war bis 1962 in Tübingen selbst mit einem DFG-Projekt befasst. Davor arbeitete er vom 24. April 1957 an für zwei Jahre als Studienassessor am dortigen Uhland-Gymnasium. Er erhielt die Stelle unter denkbar günstigen Voraussetzungen. Seine Referendarausbildung wurde unter Anrechnung seiner zweijährigen Lehrtätigkeit an der Schule Birklehof um ein Jahr gekürzt, das Uhland-Gymnasium wandelte eigens für ihn eine Oberstudienrats- in eine Assessorenstelle um, er konnte während der Zeit als Studienassessor sein drittes Unterrichtsfach nachholen, er erhielt Verpflichtungen gegenüber anderen pädagogischen Institutionen anerkannt und er wurde angestellt ohne die obligatorischen Lehrproben. Die schriftliche Arbeit für die Zulassung zum zweiten Staatsexamen genügte (ebd., S. 501).

Gerold Becker hat er erst als Professor in Göttingen kennengelernt, der Ort aber war ihm vertraut. Hentig hat sein eigenes Studium im Wintersemester 1945/1946 in Göttingen begonnen und dort sechs Semsester ohne Abschluss Klassische Philologie studiert. Im Sommersemester 1955 hat er wiederum in Göttingen studiert, eingeschrieben war er für das Staatsexamen in Latein und Griechisch[11] und Pädagogik studiert hat er bei Erich Weniger, was – erneut sehr grosszügig – als Äquivalent für das erziehungswissenschaftliche Begleitstudium anerkannt wurde und die Voraussetzung war, dass er im Februar 1956 mit dreissig Jahren das erste Staatsexamen ablegen konnte. Ein Jahr später, nach dem zweiten Examen, war er Assessor im Schuldienst.

Im Sommer 1955 war Becker noch in Verden und erst im Winter in München, aber beide dürften sich in Göttingen nicht begegnet sein. Wie er Hentig dann kennenlernte, lässt sich rekonstruieren, bislang aber nicht, wie sich die Beziehung vom fachfremden Doktoranden zum engsten Freund entwickelt hat. Das muss aber bereits sehr früh begonnen haben, vielleicht schon vor der Einschreibung, sonst hätte Hentig sich nicht so für ihn eingesetzt. Becker erfuhr eine ausserordentliche Förderung, die energisch vorangetrieben wurde. Dass „man" nach einem „Assistenten" für Roth suchte, ist nicht mehr als eine rückblickende Verschleierung der Protektion, die nur persönliche Gründe gehabt haben kann.

Heinrich Roth hat zum Wintersemester 1961/1962 seine Professur in Göttingen angetreten. Er hat danach genug eigene Assistenten und Mitarbeiter gefunden und hätte nicht auf einen Theologen zurückgreifen müssen, der

---

11 Die Immatrikulation erfolgte am 6. Mai 1955, die Exmatrikulation am 30. November des Jahres.

zudem seiner eigenen empirischen Ausrichtung weitgehend fernstand. Dennoch hat Roth ihn akzeptiert und Gerold Becker hat sich das Thema auch selbst zugetraut, er war selbstbewusst genug, sich auf eine Doktorarbeit in einem Gebiet einzulassen, von dem er inhaltlich wie methodisch keine Vorstellung hatte. Über die Arbeit ist wohl das allgemeine Thema bekannt, aber kaum etwas bezogen auf die genaue Methode oder den tatsächlich erreichten Stand der Forschung.

Erich Weniger, der seit 1949 als Nachfolger von Herman Nohl an der Universität Göttingen tätig war, starb überraschend am 2. Mai 1961 im Alter von 66 Jahren. Nohl war ein halbes Jahr zuvor gestorben. Weniger hatte zahlreiche Doktoranden, darunter viele Volksschullehrer, von denen sich nicht wenige nach dem Tod von Weniger woanders hin orientierten; der Grund war, dass sie bei einer längeren Vakanz des Göttinger Lehrstuhls ihre Bewerbungschancen in Richtung Pädagogische Hochschulen und Lehrerbildung nicht gefährden wollten.[12] Erich Weniger hat Heinrich Roth nach Göttingen geholt, um die Angebote der von Weniger und Nohl vertretenen geisteswissenschaftlichen Pädagogik mit empirischen Themen zu ergänzen.

Roth fand kaum Doktoranden der Erziehungswissenschaft vor, als er nach Göttingen kam, und er brachte auch keine Doktoranden und Mitarbeiter mit, weil die Hochschule für Internationale Pädagogische Forschung (HIPF) in Frankfurt, wo er zuvor tätig gewesen ist, über kein Promotionsrecht verfügte. Daher wurden zunächst Personen mit fachaffinen Abschlüssen wie Hans Thiersch oder Karl-Heinz Flechsig angestellt; Thiersch war dabei, in Germanistik zu promovieren und hatte im Nebenfach Pädagogik studiert, Flechsig war ausgebildeter Gymnasiallehrer.

Bevor Heinrich Roth berufen wurde, war das Pädagogische Seminar im Vergleich mit anderen Instituten dürftig ausgestattet. 1958 verfügte das Seminar nur über eine Assistentenstelle, an die auch noch die Mitwirkung in der Geschäftsführung gekoppelt war. Es gab daneben Mittel für Hilfsassistenten, darunter auch solche aus dem Bundesinnenministerium, für das Weniger tätig gewesen ist. Hentig wurden in der Berufungszusage zwei Assistentenstellen zugesprochen. Die alte Assistentenstelle hatte Hans Thiersch inne, der also da bereits da war, als Roth und Hentig kamen.

Erich Weniger wollte Thiersch als Hilfskraft anstellen, als der an seiner Dissertation bei Walther Killy über Jean Paul[13] arbeitete; er sollte die neue

---

12 Angaben hierzu und zum Folgenden aus einem Brief von Dietrich Hoffmann vom 15. Mai 2012.
13 *Die kosmischen Visionen Jean Paul und die kosmischen Vorstellungen in der deutschen Literatur des 18. Jahrhunderts.* Diss. phil. Universität Göttingen. Maschinenschriftliches Ms. Göttingen 1963.

Ausgabe von Wenigers immer wieder aufgelegter Schrift *Didaktik als Bildungslehre* vorbereiten.[14] Unmittelbar vor der Unterzeichnung des Vertrages starb Weniger. Die Marburger Pädagogin Elisabeth Blochmann vertrat den Lehrstuhl nach Wenigers Tod. Sie hat Thiersch dann auch angestellt, als Assistent und nicht als Hilfskraft, eine neue Auflage der *Didaktik als Bildungslehre* erschien aber nicht.[15] Hans Thiersch sollte mit Roths Kommen an seinem Lehrstuhl tätig sein, Hentig besetzte seine beiden Assistentenstellen, aber nicht mit Gerold Becker, für den eine andere Lösung gefunden werden musste.

Dietrich Hoffmann vermutet, dass das plötzliche Auftreten Beckers, mit dem man vorgab, Roth helfen zu wollen, „lanciert" gewesen sein könnte. Roth jedenfalls habe mit Becker „nichts anfangen" können. Auch gemäss Hoffmanns Erinnerungen war im Seminar bekannt, dass Becker eine „enge Beziehung" zu Hentig unterhielt und sehr bald zu der „Gruppe um Hentig" gezählt wurde.[16] Becker hat abgesehen von dem DFG-Projekt auch nie inhaltlich für Roth gearbeitet, so war er nicht an der komplexen Redaktion von Roths Hauptwerk, der *Pädagogischen Anthropologie*, beteiligt, deren erster Band 1966 erschien. Im Vorwort zur ersten Auflage wird Roths Sekretärin erwähnt, aber nicht Gerold Becker.

Mit einem als gleichwertig anerkannten theologischen Examen hätte er als Assistent angestellt werden können. Die Seminarleitung, also Roth, hätte ihn mit der „Verwaltung" einer Assistentenstelle beauftragen können, was aber nur dann möglich war, wenn gegenüber dem Prokurator der Universität verbindlich erklärt wurde, die Promotion würde so bald wie möglich abgeschlossen werden. Das ist aus naheliegenden Gründen nicht versucht worden. Zum einen gab es noch gar kein Dissertationsthema und zum anderen stand keine freie Stelle zur Verfügung.

Gewählt wurde deshalb zunächst ein dritter Weg, nämlich das DFG-Projekt, das 1964 auch gleich beantragt wurde. Die Bewilligung sicherte die Anstellung und die Promotion musste nicht so schnell es ging abgeschlossen werden. Erst nach dem Ende des DFG-Projekts ist Becker mit der Verwaltung einer Assistentenstelle beauftragt worden, wobei vermutlich die Begründung gewählt wurde, dass er nunmehr genügend Vorarbeit geleistet habe, um die Dissertation zügig abschliessen zu können. Kontrolliert hat das niemand, man verliess sich einfach auf Beckers Schilderungen über den Stand der Arbeit.

---

14 Ursprünglich war es ein Handbuchartikel. Der erste Teil „Theorie der Bildungsinhalte" wurde 1952 als Buch veröffentlicht, davon erschien 1971 die neunte Auflage. 1960 stand das Buch in der dritten Auflage und die sollte neu bearbeitet werden.
15 Gespräch mit Renate und Hans Thiersch am 1. Juli 2013.
16 Brief von Dietrich Hoffmann vom 15. Mai 2012.

Nachdem der DFG-Antrag bewilligt wurde, konnte Becker von einem eigenen „Forschungsprojekt" sprechen, das ihn im Institut aufwertete, aber auch seinem persönlichen Renommee diente und sicher auch auf seine Familie, speziell auf seinen Vater, Eindruck machte. Vielleicht hat sich deswegen auch das Verhältnis entspannt. Er war nun doch nicht der verlorene Sohn und konnte überraschend eine zweite Chance nutzen. Genauer: Er erhielt eine Perspektive, ohne für die Aufgabe qualifiziert zu sein. Das sollte sich in seinem Leben mehrfach wiederholen.

Becker hat sich von Anfang an auf Hentig hin ausgerichtet. Assistent werden bei ihm konnte er aber nicht, weil Hentig Diethard Kerbs aus Tübingen mitgebracht hatte und Dieter Baacke, ebenfalls Schüler von Walther Killy, erfolgreich aus dem Germanistischen Seminar in Göttingen abgeworben werden konnte. Das war, bevor Becker und Hentig sich kennenlernten. Baacke hatte 1962 promoviert und wurde nun gleichfalls zum Pädagogen. Killy kam 1961 als Nachfolger von Wolfgang Kayser an die Universität Göttingen und er war Mitglied in der Berufungskommission, die Hentig nach Göttingen geholt hatte. Ende 1963 oder spätestens im Januar 1964 muss dann Gerold Becker aufgetaucht sein.

Hentig beschreibt die Geselligkeitsformen in seinem Kreis, erwähnt Theaterbesuche in Berlin und auch die Lesung von Theaterstücken mit verteilten Rollen in seiner Göttinger Wohnung, die oft im Streit endeten, für den er – Hentig – verantwortlich gewesen sei. Nach den Lesungen wurde auf einer Brache hinter dem Haus „ein grosses Feuer gemacht", das der Beruhigung der Gemüter diente. Im Streit in seiner „Junggesellenmenage" verteidigte sich Gerold Becker „am zähesten", „Hiebe", die er bei ihm „nicht loswerden konnte", bekamen andere ab, etwa Will Lütgert, sein „tapferster Doktorand", bei dem er sich nach eigenen Angaben später entschuldigen musste (ebd., S. 629/630).

Am Pädagogischen Seminar, berichtet der Augenzeuge Günter Schreiner,[17] bestand seinerzeit eine „Roth-Fraktion und eine von Hentig-Fraktion". Die Professoren hatten entschiedene „Parteigänger", die sich „auf beiden Seiten redlich bemühten, einander die Wissenschaftlichkeit ihrer Arbeit abzusprechen" (Kraul/Schlömerkemper 2007, S. 92). Zwischen den Mitarbeitern der beiden Lehrstühle gab es durchgehend „antagonistische Spannungen" (ebd.) und man musste sich offenbar entscheiden, auf welcher Seite man stehen wollte. Becker gehörte zu Hentig und war doch bei Roth tätig, beides zusammen war eigentlich kaum verträglich. Hentig, so Dietrich Hoffmann ergänzend, fühlte sich generell unter Philologen und Theologen sicherer als unter Erziehungswissenschaftlern.

---

17 Günter Schreiner (1942–2007) hat von 1968 an für Heinrich Roth gearbeitet.

Ob Gerold Becker das Pädagogische Seminar in Göttingen bereits aus seinem Theologiestudium kannte, ist nicht bekannt. Aber er schaffte es, innerhalb kürzester Zeit bei einem ihm völlig fachfremden Professor wissenschaftlicher Mitarbeiter zu werden, mit welchen Aufgaben neben dem DFG-Projekt er auch immer beauftragt gewesen sein mag. Er spricht vage von einem „selbstständigen Forschungsauftrag" in einem Fach, das er nicht studiert hat. Daneben galt es, „Seminare zu halten" und „Heinrich Roth zu assistieren" (Becker 1971a, S. 232/233), ohne zu sagen, was das genau gewesen ist.

Zu dem „Forschungsauftrag" äusserte sich Becker nie inhaltlich, aber er passte eben gut zu seiner neuen Legende als der an der Universität tätige Pädagoge. Der Sprung hätte nicht grösser sein können. Aus Linz kommend hatte er keine Perspektive, nunmehr präsentierte er sich als Forscher in einem angesehenen Institut, das unter Hentig und Roth auch die deutsche Bildungspolitik nachhaltig beeinflusste. Plötzlich öffneten sich Türen, die bislang verschlossen waren und Gerold Becker erhielt einen Namen. Gewinn hatte nicht die Forschung, sondern nur er selbst.

„Selbstständig" war dieser Forschungsauftrag aber ganz sicher nicht. Der Antrag wurde nur bewilligt, weil das Thema zu Heinrich Roths Forschungsgebiet passte und er aus Sicht der Deutschen Forschungsgemeinschaft die fachliche Gewähr für die Durchführung bot. Es kann durchaus sein, dass Heinrich Roth seinen Doktoranden einfach nicht kontrolliert hat und er in diesem Sinne „selbstständig" war. Mitglied in seinem Oberseminar und so referatspflichtig aber war Gerold Becker, der solche Auftritte auch locker bewältigen konnte, ohne sich inhaltlich wirklich an Roth zu orientieren. Auf der anderen Seite war Hentig für ihn nicht verantwortlich.

Die Volkswagen Stiftung finanzierte Heinrich Roth eine eigene „Arbeitsstelle für Unterrichtsforschung" (Hentig 2009, S. 615), die er leitete und die sich vornehmlich mit programmiertem Lernen beschäftigen sollte, ein Thema, das in der Bildungspolitik grosse Erwartungen geweckt hatte. Seit Oktober 1964 waren in der Arbeitsstelle mehrere Mitarbeiter tätig,[18] die Roth ausgesucht hatte. Für Becker stand im März 1965 das DFG-Projekt zur Verfügung, aber er war nicht Mitglied der Arbeitsstelle und so auch nicht Teil der von dort aufgebauten Forschungskommunikation. Sie setzte eine methodische Kompetenz voraus, die ihm völlig abging.

Heinrich Roths wissenschaftlicher Mitarbeiter hätte eigentlich gar nicht beschäftigt werden dürfen, weil er über keinerlei empirische Forschungser-

---

18 Die ersten drei Stellen als Akademische Räte wurden besetzt mit Karl-Heinz Flechsig, Ernst-August Kröpelin und Klaus Heipcke (Kraul/Schlömerkemper 2007, S. 90).

fahrung verfügte und sich während der Projektzeit mit Fragen der Schularchitektur und Problemen der Sozialpädagogik befasst hat, die ihn in Anspruch genommen haben. Was er in dem DFG-Projekt tatsächlich geleistet hat, ist nicht bekannt. Auf der anderen Seite sollte er unbedingt eine Stelle oder ein Projekt erhalten, um in die akademische Pädagogik Eingang zu finden. Und er hat sich tatsächlich früh einen Namen gemacht, wenngleich anders als im Sinne der DFG-Fördergelder.

Gerold Becker hat als Doktorand Spuren in der Erziehungswissenschaft hinterlassen, was er tat, war also nicht einfach nur Bluff. Vom 7. bis 10. April 1968 tagte in Göttingen die Deutsche Gesellschaft für Erziehungswissenschaft zum Thema „Sprache und Erziehung". Den Eröffnungsvortrag hielt Wilhelm Flitner, einen der Plenumsvorträge übernahm Hartmut von Hentig, der über „Didaktik und Linguistik" sprach. Die Vorträge wurden einzeln und gesamthaft diskutiert, von den Diskussionen wurden jeweils Protokolle verfasst, eines davon schrieb Gerold Ummo Becker zusammen mit Diethart Kerbs. Es ging um einen Vortrag von Werner Loch, die Diskussion leitete Hans Scheuerl (Bollnow 1968, S. 79/80).

Mehr als zwanzig Jahre nach Beginn seiner Zeit am Pädagogischen Seminar in Göttingen spricht Gerold Becker (1986, S. 45) lobend von „seinem Lehrer" Heinrich Roth, aber was genau er ihm zu verdanken hat, bleibt unerwähnt. Roth ist 1983 gestorben, ohne sich je auf Beckers schon damals zahlreichen Aufsätze bezogen zu haben, umgekehrt hat sich Becker nur sehr oberflächlich und thesenhaft mit den Arbeiten von Roth auseinandergesetzt. Er folgte „seinem Lehrer" aber in bildungspolitischer und pädagogischer Hinsicht, soweit ihm das nützlich erschien und er als Schüler Roths Eindruck machen konnte.

Roth (1976, S. 149) erwähnt in einem langen Interview beiläufig seinen „ehemaligen Mitarbeiter Gerold Becker in der Odenwaldschule" und nennt ihn als „Leiter eines grossen Landerziehungsheims" einen „Praktiker" der Pädagogik. In einem Landerziehungsheim, so Roth, wäre er selbst auch gerne tätig geworden, wenn es ihn nicht nach Jahren als Volksschullehrer in die Wissenschaft gezogen hätte.[19] Das Landerziehungsheim aber blieb für ihn stets ein erstrebenswertes Ideal. „Solche Wünsche stammen noch aus der Jugendbewegung", der Roth lebensgeschichtlich eng verbunden war und die den Abschluss seines eigenen Studiums bestimmen sollte.

---

19 Heinrich Roth (1906–1983) wurde im evangelischen Lehrerseminar Künzelsau ausgebildet und arbeitete zunächst als Hauslehrer, bevor er eine Lehrerstelle in Ulm übernahm. Dort war er drei Jahre als Volksschullehrer tätig.

Gerold Becker ist in der evangelischen Jugendbewegung gross geworden und für die Jugendbewegung hatte auch Hartmut von Hentig grosse Sympathien. Vielleicht war es auch deswegen leicht, Zugang zu Hentig zu gewinnen, der vom Ideal einer pädagogischen Gemeinschaft ausging, die er an der Schule Birklehof selbst erlebte hatte. Heinrich Roth hatte über dieses Thema gar eine Doktorarbeit geschrieben, wenngleich unter Umständen, die in Göttingen nicht mehr opportun waren. Im Blick darauf hätte Gerold Becker eigentlich nicht von „seinem Lehrer" sprechen können.

Heinrich Roth hatte im Juli 1933 bei dem Psychologen Oswald Kroh in Tübingen über das Thema *Psychologie der Jugendgruppe: Aufbau, Sinn und Wert jugendlichen Gemeinschaftslebens* promoviert. Nach dem Krieg wurde diese Dissertation zu einem Problem, ob auch für seinen Mitarbeiter Gerold Becker, ist nicht bekannt. In der *Psychologie der Jugendgruppe* wird zu Beginn eingehend beschrieben, wie die Gruppierungen der bündischen Jugend willentlich und zu ihrem Wohl durch die Hitlerjugend vereinnahmt wurden. Die Ausrichtung auf einen neuen Staat war in Roths Augen ebenso freiwillig wie zwangsläufig.

> „Der Nationalsozialismus besass seine Jugend schon, bevor er Staatsmacht wurde. Ihre Bewegung war Teil der Gesamtbewegung, ihr Aufbruch Glied des Gesamtaufbruchs. Hier war Volk und Jugend, Mann und Junge, Staat und junge Generation von Anfang an schon eins" (Roth 1938, S. 19).[20]

Die Dissertation ist 1932/1933 geschrieben worden (Roth 1976, S. 57). Die gedruckte Fassung erschien sechs Jahre später als erster Band in der Reihe „praktische Charakterologie", die von der Hauptstelle der Wehrmacht für Psychologie und Rassenkunde herausgegeben wurde. Dort war Roth durch Vermittlung von Oswald Kroh als Psychologe tätig, bevor er 1943 eingezogen wurde.

Diese Vergangenheit interessierte im Göttinger Pädagogischen Seminar kaum jemanden. Hentig (2009, S. 601) erwähnt „Roths Schweigen" und gibt an, dass er nie mit ihm über seine „Vergangenheitsprobleme" habe sprechen können. Dagegen hat nach Roths eigenen Angaben der Oberassistent Hans Thiersch die Dissertation gelesen und sie als „faschistoid" bezeichnet (Roth 1976, S. 57). Offenbar war es Roth ein Anliegen, seine Dissertation durch einen jungen Nachwuchswissenschaftler beurteilt zu sehen. Thiersch hat die

---

20 „Was die deutsche Jugendbewegung und die deutschen Jugendbünde, einschliesslich der Hitler-Jugend, während eines Vierteljahrhunderts an echtem Jugendleben geschaffen und erprobt hatten (Fahrt, Lager, Heimabend usw.), wurde die Grundlage der Lebens- und Gemeinschaftsformen in der Staatsjugend (Hitler-Jugend)" (Roth 1938, S. 19/20).

Arbeit tatsächlich mit dem Wort „faschistoid" verurteilt und das habe Roth ihm gegenüber auch „hingenommen".[21]

Das blieb intern und wurde erst nachträglich bekannt. Tatsächlich hat sich Roth in seinen biografischen Erinnerungen zehn Jahre später mit dem Hinweis verteidigt, das Buch sei „geradezu eine Herausforderung der Hitlerjugend" gewesen, die in seiner Dissertation „eine Rechtfertigung der Bündischen Jugend vor der HJ sah und das Buch in jeder Form verwarf" (ebd.). „Wäre ich nicht Angehöriger der Wehrmacht gewesen und hätte ich nicht unter ihrem Schutz gestanden, wäre ich wahrscheinlich gefährdet gewesen" (ebd.).

Belege für diese Behauptung gibt es nicht. Das Urteil von Thiersch aber hat er nach dem Hinweis auf die Schwierigkeit, die damalige historische Situation im Nachhinein zu beurteilen, stehenlassen: „Möglicherweise ist, von heute aus gesehen, die Beurteilung ‚faschistoid' sogar richtig" (ebd., S. 58).

Zum 60. Geburtstag von Heinrich Roth im Jahre 1966 widmete die Neue Sammlung ihm ein ganzes Heft, in dem auch eine Bibliographie der Schriften Roths erschien. Hier sind die Dissertation und lediglich drei Aufsätze aus der Zeit des Nationalsozialismus dokumentiert, ohne auf deren Brisanz zu verweisen (Kaiser/Stratmann 1966, S. 238/239). Roth hat von 1934 an bis 1942 regelmässig veröffentlicht, was in der Geburtstagsschrift nur rudimentär dokumentiert worden ist. Von dem völkischen Jugendbewegten und Wehrmachtspsychologen, der etwa die Offizierstauglichkeit von SS-Männern ohne Abitur untersucht hat, war ebenfalls keine Rede. Auch Roths devote Rezensionen blieben unerwähnt.[22]

Heinrich Roth hat sich bereits zum Sommersemester 1971 emeritieren lassen, er war also ganze neun Jahre in Göttingen und hat doch erstaunliche Spuren hinterlassen. Die völkische Dissertation war dabei kein Hindernis, er galt schnell als Begründer der empirischen Bildungsforschung in Deutschland, der er so nie gewesen ist. Ob Gerold Becker von Roths Vergangenheit wusste und wenn ja, wie er sie gesehen hat, ist nicht bekannt. Von seinem „Lehrer" Roth spricht er verschiedentlich, Äußerungen über dessen Vergangenheit gibt es aber nicht.

Auf jeden Fall waren die völkische Dissertation und seine anderen Veröffentlichungen im Nationalsozialismus für Roths Karriere nach 1945 nicht wirklich ein Hindernis. Lediglich eine Berufung auf ein Ordinariat an der Universität Frankfurt im Jahre 1960 zerschlug sich („Realistisch denken..." 2006, S. 12), wohingegen Roth problemlos nach Göttingen berufen werden

---

21 Gespräch mit Renate und Hans Thiersch am 1. Juli 2013.
22 Roths Schrifttum aus der Zeit des Nationalsozialismus ist dokumentiert in: Heinrich Roths Schriften und Artikel in der NS-Zeit (2015).

konnte und dort offenbar auch willkommen war. Das ist gut vorbereitet worden: Roth hatte gleich nach dem Krieg die Nähe zu dem berühmten Herman Nohl und die von ihm herausgegebene Zeitschrift Die Sammlung gesucht, wo er auch mehrere Aufsätze veröffentlichen konnte.

Diese Nähe zahlte sich jetzt aus, auch weil er selbst nur sehr begrenzt quantitativ geforscht hat und so zur geisteswissenschaftlichen Pädagogik in Göttingen durchaus passte. Dieser Meinung jedenfalls war sein Doktorvater. Oswald Kroh, ungleich belasteter mit seiner nationalsozialistischen Vergangenheit als Roth, schrieb 1955 in einem Gutachten, dass Roth nicht „empirisch-statistisch" arbeite, sondern „geisteswissenschaftlich-psychologisch", wie es „im Umkreis von Herman Nohl und seinen Schülern gepflegt werde" (ebd., S. 10). In diesem akademischen Milieu war dann auch Gerold Becker willkommen.

Hartmut von Hentig (2009, S. 595) bezeichnet Gerold Becker zu Beginn seiner Zeit am Pädagogischen Seminar in Göttingen als „Theologen mit Erfahrung in der Jugendarbeit", ohne auf seine Aufgaben und Tätigkeiten bei Roth näher einzugehen. Becker hat in Linz gemäss eigenen Angaben primär als Lehrer gearbeitet und ist in der kirchlichen Jugendarbeit wohl nur sehr randhaft tätig gewesen. Darauf kann sich Hentig also nicht bezogen haben. Aber Becker war als Schüler und Student bündisch organisiert, er wird darüber berichtet und damit sicher auch Eindruck gemacht haben.

Becker gehörte sehr bald zum engsten Kreis um Hentig, der sich zur konkreten Beziehung zu dem elf Jahre jüngeren Mitarbeiter am Nachbarlehrstuhl nie öffentlich geäussert hat. Er wird später einfach „Freund" genannt. Und Hentig selbst hat sich aus Anlass seines 60. Geburtstages als „Junggesellen" bezeichnet (Die Zeit Nr. 39 v. 20. 9. 1985, S. 49). Mehr drang nicht nach aussen. Aber jeder am Pädagogischen Seminar in Göttingen wusste von der besonderen Beziehung. Wolfgang Harder (1999, S. 1) teilte später mit, dass er „Mitte der 60er-Jahre von Herrn Beckers Homosexualität erfahren" habe.

Hartmut von Hentig hielt seine Antrittsvorlesung in Göttingen am 30. November 1963, also in seinem zweiten Semester. Es ist nicht bekannt, ob Gerold Becker in der voll besetzten Aula der Universität Göttingen anwesend war und sie gehört hat. Die öffentliche Vorlesung nach Antritt des neuen Amtes war in der Universitätsstadt Göttingen ein gesellschaftliches Ereignis, vielleicht hat Martin Bonhoeffer ihn mitgenommen und anschliessend Hentig vorgestellt, aber dann würde seine Angabe nicht stimmen, dass er Bonhoeffer erst im Januar 1964 getroffen habe. Auf jeden Fall kann nicht sein, dass er irgendwann ohne Vorgeschichte „einfach da" gewesen ist.

Hentigs Vorlesung zum Thema „Philosophie und Wissenschaft in der Pädagogik" (Hentig 1969b) zeigt ihn auf der Höhe der Zeit. Er verteidigt die „realistische Wendung" hin zur empirischen Forschung, die sein Kollege Heinrich Roth in seiner eigenen Antrittsvorlesung ein Jahr zuvor postuliert hatte.[23] Gleichzeitig hielt Hentig es für unumgänglich, die Empirie in ihrem „Totalitätsanspruch" „abzufangen" (ebd., S. 240), wozu die Philosophie dienen soll. Nicht alles, was die Pädagogik „berührt", kann der Wissenschaftlichkeit „unterworfen" und so dem Denken entzogen werden (ebd., S. 242).

Am 22. April 1962 hatte er einen Brief an Heinrich Roth[24] geschrieben und angekündigt, dass er, falls „die Berufung" an ihn ergehen sollte, sie auch annehmen werde. Roth (1976, S. 68) seinerseits hat angemerkt, es sei ein „Höhepunkt" seiner akademischen Laufbahn gewesen, Hartmut von Hentig nach Göttingen zu holen und ihn so „für die Pädagogik" zu gewinnen. Hentig galt schon zu diesem Zeitpunkt als grosse Hoffnung der akademischen Pädagogik. Er war auch geistig ein Aristokrat, dem der schwäbische Volksschullehrer Heinrich Roth seinen Tribut zollte, der Empiriker dem Denker.

In dem erwähnten Brief hat Hentig seinen künftigen Kollegen davon in Kenntnis gesetzt, welche Schwierigkeiten er mit dem Fach habe, das er nicht studiert hatte und nun in Göttingen als ordentlicher Professor vertreten sollte. Die ersten beiden Einwände gegen sich selbst in der neuen Rolle lauten so:

> „a) Paedagogik ist zwar notwendig, aber kein Gegenstand, sondern ein Mittel. Die alten Sprachen sind mir gerade als Gegenstand so heilsam gewesen.
> b) Ebenso sind mir die Kinder heilsam gewesen. Die Hochstapelei, zu der ich im Gespraech mit Erwachsenen aus Unsicherheit mehr denn aus Anlage neige, ist mir dort verwehrt gewesen".

Dann heisst es über das Fach, das er akademisch vor angehenden Lehrkräften des Gymnasiums lehren sollte:

> „c) Ich habe dabei das gelernt, was mir Paedagogik im Grunde zu sein scheint: ein kaum methodisches, dafuer umso phantasievolleres Durchfragen der Dinge bis auf den verstaendlichen d.h. gemeinsamen, mitteilbaren Kern. Werde ich das auf der ‚Ebene der Wissenschaft' – die ich bisher so wenig beschritten habe, – leisten koennen?
> d) Mein Verhaeltnis zu Paedagogik ist ja bisher nur negativ gewesen: wenn ich mich ueber Einrichtungen und Irrtuemer geaergert habe. Die dabei entwickelte Kritik hat sich nur langsam in formulierte und respektable Einsicht umgesetzt – in eigne Paedagogik. Wo wird mir jetzt die Substanz herkommen?"

---

23 Roth sprach am 21. Juli 1962 in der Aula der Universität Göttingen zum Thema „Die realistische Wendung in der pädagogischen Forschung".
24 Nachlass Heinrich Roth.

Hentigs Vorgänger war der bereits erwähnte Erich Weniger, ein Schüler von Herman Nohl und wie er ein Vertreter der „geisteswissenschaftlichen Pädagogik". Auf die Nachfolge von Weniger berief die Universität Göttingen im Jahre 1962 als neuen Professor für Pädagogik einen Altphilologen, der im August 1953 an der Universität von Chicago mit einer unveröffentlichten Arbeit über den Historiker und Militärstrategen Thukydides promoviert hatte,[25] über zwei Staatsexamen für das Höhere Lehramt verfügte und sich in der akademischen Pädagogik bis 1962 lediglich als Essayist hervorgetan hat.[26]

In diesem Jahr konnte er an prominenter Stelle, nämlich in einem von dem Schriftsteller Hans-Werner Richter[27] herausgegebenen Sammelband zur Bilanz der Bundesrepublik siebzehn Jahre nach dem Ende des Nationalsozialismus,[28] einen längeren Aufsatz über „die deutsche Pädagogik" veröffentlichen (Hentig 1962), der schul- und bildungspolitisch ausgerichtet war und nichts von den Skrupeln zeigte, die er Heinrich Roth meinte mitteilen zu müssen. Hentig zeigt sich hier angriffig und überaus selbstbewusst, wie ein künftiger Ordinarius, der genau weiss, wie er vorgehen muss. Er hält fest, mit diesem Beitrag sei er „im grossen deutschen Geistesleben angekommen", nicht etwa in der Pädagogik (Hentig 2009, S. 490).

Vom 1. April 1959 an hat Hartmut von Hentig mit einem von der Deutschen Forschungsgemeinschaft zugesprochenen Forschungsstipendium über „theoretische und praktische Probleme des humanistischen Unterrichts" gearbeitet.[29] Er war wie gesagt seit 1957 als Studienassessor am Uhland-Gymnasium in Tübingen tätig und ist dann von 1959 an für zwei Jahre als Stipendiat der DFG finanziert worden. Während dieser Zeit war er von seiner Unterrichtsverpflichtung als Studienassessor freigestellt. Danach war er wieder im Schuldienst tätig und hat aber vom 1. September 1961 bis 31. März 1962 von seiner Unterrichtsbehörde unbezahlten Urlaub erhalten, um seine Forschungsarbeit fertigzustellen.

---

25 Die Arbeit ist als gefilmte Kopie zugänglich (Hentig 1953). Der Titel lautet: *Thukydides sophos*. Betreuer der Arbeit war der Gräzist und Plutarch-Übersetzer Benedict Seneca Einarson (1906–1978), der von 1940 bis 1978 an der Universität von Chicago gelehrt hat.
26 Mitglieder der Berufungskommission waren neben Heinrich Roth und Walther Killy (1901–1995) die beiden Historiker Percy Ernst Schramm (1894–1970) und Hermann Heimpel (1901–1988).
27 Hans Werner Richter (1908–1993) war der Organisator und Inspirator der „Gruppe 47", der einflussreichsten Vereinigung von Schriftstellerinnen und Schriftstellern im Nachkriegsdeutschland.
28 Beiträger waren unter anderem Golo Mann, Ralf Dahrendorf, Alexander Mitscherlich, Peter Rühmkorf, Heinrich Böll, Hans Magnus Enzensberger, Wolfgang Abendroth, Fritz J. Raddatz, Walter Jens, Robert Jungk und Erich Kuby. Schon zu diesem Zeitpunkt war Hentig Teil der westdeutschen publizistischen Elite, den man anfragte, wenn es um Pädagogik ging.
29 Quelle DFG-Archiv.

Das Projekt ist dreimal verlängert worden, bewilligt wurden Sachbeihilfen in der Höhe von insgesamt 24.610 DM. Für das erste Jahr wurde ein Forschungsstipendium von 6.000 DM gesprochen sowie ein Sachkostenzuschuss von 1.200 DM. Das Stipendium wurde in Monatsraten gezahlt, die Höhe entsprach nicht dem Nettogehalt als Studienassessor, das zu diesem Zeitpunkt 622 DM betrug. Hentig war allerdings noch Lehrbeauftragter an der Universität Tübingen und erhielt dafür eine Semesterentschädigung von 900 DM. Das Stipendium verschlechterte gleichwohl seine Einkommenssituation, was er in Kauf genommen hat.

Mit dieser Unterstützung konnte Hartmut von Hentig in der Pädagogik Theoriearbeit leisten, neue Unterrichtsmodelle entwickeln und erhielt auch einen dreimonatigen Forschungsaufenthalt an einer englischen Schule finanziert. Im Lebenslauf für die Universität Göttingen heisst es, dass dieses DFG-Projekt Ende September 1962 abgeschlossen sein werde. Die dabei entstandene Schrift sei „recht umfangreich" und umfasse „ca. 700 Schreibmaschinenseiten". Es sei vorgesehen, diese Schrift zur „Habilitierung" bei Andreas Flitner in Tübingen einzureichen. Flitner hatte ihm den Lehrauftrag besorgt. Doch zu einer Habilitation kam es wegen der Berufung nach Göttingen nicht mehr.

Aus dem Manuskript entstand das Buch *Platonisches Lehren*, genauer der erste Band einer Didaktik des altsprachlichen Unterrichts für die Unter- und Mittelstufe des Gymnasiums. Ein zweiter Band zur Oberstufe ist nie erschienen. Das Buch wurde 1966 veröffentlicht und zeigt, dass sich Hartmut von Hentig sehr wohl in der Pädagogik und Didaktik auskannte und dies keineswegs nur negativ (Hentig 1966). Anders hätte man ihn kaum berufen können, seine Essays in deutschen Feuilletons und Publikumszeitschriften hätten dafür nicht ausgereicht.

Platonisches Lehren ist mehr als eine Didaktik, das Buch ist ein prägendes Manifest. Bereits hier ist vom „Leben in der Polis" die Rede, in der sich alle Lebensbereiche zu einer „Einheit" zusammenschliessen. Dieses Leben der Griechen „hatte eine Totalität, wie sie keine Lebensform seitdem mehr gewährt oder auch nur gefordert hat" (ebd., S. 199). Das Vorbild der Griechen ist in der deutschen Bildungstheorie immer wieder gesucht worden, einen Beweis für die Überlegenheit gab es nie. Hentigs Behauptung blieb unwidersprochen und die Übertragung dieser „Lebensform" auf die Schule wurde der Kern von Hentigs Pädagogik. Die historische Wirklichkeit spielte dabei keine Rolle.

Hentig sieht die „Polis" der platonischen Philosophie vor sich, die reale griechische Stadtkultur und die Organisation der antiken Kindererziehung sind damit nicht erfasst und haben ihn auch nie interessiert. Aber die Schule als „Polis" wurde zum Schlagwort und zu seinem Markenzeichen während seiner gesamten Karriere. Dabei sind die Landerziehungsheime von zentraler

Bedeutung, sie sind von Hentig als eine pädagogische Spielart der antiken Polis wahrgenommen worden und waren das historische Beispiel für die „totale" Lebensform, was der Wahrheit ungewollt sehr nahe kommt.

Gleich nach Beginn seiner Tätigkeit als wissenschaftliche Hilfskraft besuchte Gerold Becker bei dem gerade berufenen Professor Hartmut von Hentig das Seminar „Das Spiel als Lernform". Zu dem Seminar gehörten auch Aufenthalte im Haus Lippoldsberg, die mindestens zweimal im Semester an Wochenenden stattfanden (Hentig 2009, S. 618/619). Mit „Haus Lippoldsberg" wurde eine Klosteranlage bezeichnet, die der völkische Dichter Hans Grimm gekauft und für sich in den dreissiger Jahren ausgebaut hatte. Das ehemalige Pförtnerhaus rechter Hand bei Betreten der Anlage ist 1929 von Herman Nohl erworben worden und war als „Haus des Freundeskreises" dem Pädagogischen Seminar der Universität Göttingen angegliedert. Dieses Haus wurde vor allem für Wochenendseminare genutzt.

Hentig kannte Herman Nohl bereits aus seinem Studium unmittelbar nach dem Krieg. Er erwähnt in dem zitierten Lebenslauf, dass er als Altphilologe ein Seminar bei Nohl besucht hätte, das für ihn „besonders einflussreich" gewesen sei, ohne das genauer zu begründen. Thema des Seminars, heisst es in Hentigs Lebenserinnerungen, war „Platons Staat" (ebd., S. 274), also die erste grosse Bildungstheorie im abendländischen Kanon. An anderer Stelle wird gesagt, dass Nohl ihm gezeigt habe, „eine wie grosse und wichtige Wissenschaft" die Pädagogik sei (ebd., S. 589), die er nun in Göttingen auf dem Lehrstuhl Nohls vertreten sollte.

Tatsächlich ist Hentig nicht zuletzt in methodischer Hinsicht Nohl gefolgt; massgebend für die Pädagogik sind die Schriften von grossen Pädagogen, reflexionsleitend war also die Tradition. In der Antrittsvorlesung hatte er noch postuliert, dass es in der Pädagogik nicht darum gehe, „die heiligen Texte der pädagogischen Inspiration zu bewahren und zu deuten" (Hentig 1969b, S. 241), doch genau das tat er. Bestimmte Texte wie die von Platon oder Rousseau waren einfach „heilig", weil von ihnen aus die eigene Pädagogik begründet werden sollte.

Hentig folgte Nohl aber noch sehr viel weitergehend. Er war wie Nohl Platoniker. Grundlage der Erziehung sollte der „pädagogische Bezug" oder die unmittelbare Nähe zwischen „Erzieher" und „Zögling" sein. Letztlich erzieht so die Gemeinschaft. Hentig (1982) beschreibt denn auch rückblickend das „Wir"-Gefühl, das 1953 an der Schule Birklehof im Schwarzwald geherrscht habe, als er dort Lateinlehrer wurde. Diese Erfahrung sollte ihn massgeblich prägen. Die Idee der Landerziehungsheime hat er nie in Frage gestellt, was zugleich auch heisst, dass er nie einen kritischen Blick auf die Praxis geworfen hat, anders hätte sie kaum sehr ideal erscheinen können (so auch schon Hentig 1954).

Wie eng sich Hentig mit Herman Nohl verbunden fühlte, zeigt der Tatbestand, dass er 1998 das Geleitwort zur 9. Auflage von Nohls *Einführung in die Philosophie* verfasst hat, die 1935 zum ersten Mal erschienen ist. Das Geleitwort ist pathetisch gehalten. Nohls Schrift, so Hentig, ragt heraus unter den zahlreichen „Einführungen" in die Philosophie. Wie kein zweites Werk „leitet es zu dem Wichtigsten an, was Menschen tun und nur sie tun können, zum Bedenken ihrer eigenen Existenz" (Hentig 1998, S. 7). Genau das hat Hentig immer auch für sich in Anspruch genommen. Und er schliesst mit Blick auf Nohls Einführung: „Welch Unrecht geschähe heutigen Oberstufenschülern und Studenten, wenn ihnen dieses Buch vorenthalten würde!" (ebd.)

Als Gerold Becker im Sommersemester 1964 an Hentigs Seminar teilnahm, war er frisch immatrikulierter Doktorand, der sofort zu Hentig ging, also mindestens von ihm gehört haben muss und ihn wahrscheinlich auch schon vorher kannte. Anders wäre er kaum wissenschaftliche Hilfskraft geworden. Am Wochenende in Lippoldsberg arbeiteten die Studenten mit der Methode des Rollenspiels, die Hentig von seinen amerikanischen Studienerfahrungen her kannte. In der sehr konventionellen deutschen Universitätsausbildung zu Beginn der sechziger Jahre dagegen waren Rollenspiele noch weitgehend unbekannt (Hentig 2009, S. 619).

Hentig war schon ein Jahr zuvor, in seinem ersten Semester, mit Göttinger Studenten in Lippoldsberg (Die Zeit Nr. 29 v. 19.7.1963, S. 9).[30] Hier wurden neue Formen des Umgangs und der Geselligkeit ausprobiert, die in dem Seminar- und Vorlesungsbetrieb einer Universität sonst nicht möglich waren und die den Abstand zwischen den akademischen Rollen verringerten. Hentig unterschied sich als Professor in Göttingen von vielen seiner Kollegen durch seine Themen, seine amerikanische Sozialisation und die gesuchte Nähe zu den Studenten. Allein das machte ihn für die Studenten in der Lehre attraktiv.

In der Erinnerung von Renate und Hans Thiersch war Heinrich Roth als Professor „autoritär und schroff". Hartmut von Hentig war das Gegenteil. Roth war für alle Mitarbeitenden unnahbar, doch nachdem Hartmut von Hentig an die Universität gekommen war, gab es plötzlich Einladungen und gemeinsame Reisen, etwa zu politischen Veranstaltungen oder Theateraufführungen. Und es gab dann auch eine Art Seminarleben, über die offiziellen

---

30 Der Journalist und Kritiker Uwe Nettelbeck (1940–2007), ein ehemaliger Schüler von Hentig in der Schule Birklehof, beschreibt in dem Artikel, wie Professor Hartmut von Hentig, der „Göttinger Ordinarius für Pädagogik", mit seinen Studenten auf Besucher des völkischen „Lippoldsberger Dichtertreffens" traf. Diese Treffen hatte der verstorbene Schriftsteller Hans Grimm (1875–1959) seit 1934 organisiert.

Anlässe hinaus. Hentig war grosszügig, in seiner Abteilung ging es „unkonventionell" zu, aber – „über Privates wurde nicht geredet".[31]

Gerold Becker wurde sein besonderer Schützling, mit dem er schon früh auch öffentlich aufgetreten ist. Hentig war für seine Anhänger tatsächlich der „grosse Meister", er wurde auch so genannt und wirkte durch Charisma, Becker dagegen war im Seminar eher zurückhaltend und blieb vom Auftreten her blass, Zeitzeugen haben kaum noch Erinnerungen an ihn. Sie bestätigen auch nicht, dass sich Becker „am zähesten" von allen verteidigt habe. Persönlich konnte Gerold Becker sehr gewinnend und überzeugend sein und er konnte sehr gut auch schwierige Situationen bewältigen, ohne je die Ruhe zu verlieren.

Bereits im Sommer 1969 spricht Hentig anlässlich eines gemeinsamen Auftritts davon, dass sie beide „Pädagogen" seien und legte damit auf Dauer die Wahrnehmung fest (Deutscher Evangelischer Kirchentag 1970, S. 369).[32] Becker und er wollten dezidert so gesehen werden, als Pädagogen, die „mit reformpädagogischen Gedanken" die „Welt verbessern" wollten, wie es in einem späten Text heisst, der die gemeinsame Absicht gut wiedergibt (Hentig 2003, S. 257/258). Beide hatten das Fach nicht grundständig studiert, hielten zur akademischen Disziplin stets Abstand und beriefen sich nur dort auf sie, wo es ihnen nutzen konnte.

Auch Wolfgang Harder wurde nach seiner Zeit als Hilfskraft Mitarbeiter am Pädagogischen Seminar in Göttingen. Er erhielt im Herbst 1966 die Gelegenheit, zusammen mit Johanna Wellmer, die ebenfalls Assistentin in Göttingen war, die Vereinigten Staaten zu bereisen, finanziert durch das Studienbüro für politische Bildung (Koinzer 2011, S. 64). Beide gehörten damit zur künftigen pädagogischen Elite und auch sie wurden von Hellmut Becker auf den Weg gebracht, verpflichtet auf die sich entwickelnde Pädagogik Hartmut von Hentigs und vor Augen die beiden neuen Schulen in Bielefeld. Auch Gerold Becker nutzte diese Chance.

Über die 11. US-Studienreise, die vom 12.10. bis 3.12.1966 dauerte, liegt von beiden ein kurzer Bericht vor.[33] Harder besuchte Colleges und Universitäten, Wellmer Primarschulen. In beiden Fällen wird auch Kritik an der amerikanischen Bildung geäussert, der Grundton aber ist positiv. Harder hebt etwa die „Kritikbereitschaft, Experimentierfreudigkeit und den Glauben an den Erfolg eines Pluralismus der Lösungen" hervor, der „vielen Einrich-

---

31 Gespräch mit Renate und Hans Thiersch am 1. Juli 2013.
32 Hentig bezeichnet Gerold Becker, Hellmut Becker und sich als „Pädagogen", was von der Ausbildung her allenfalls er gewesen ist.
33 Landesarchiv Nordrhein-Westfalen, Abteilung Rheinland (Kopien mit Brief vom 27.03.2012).

tungen des amerikanischen Erziehungswesens" eigen sei. Und Wellmer konstatiert die „Variationsbreite" der Primarschulen in New York, die allein bezogen auf den Stil des Unterrichts „grösser sei als in der gesamten Bundesrepublik".

Die Auswertungskonferenz der Studienreise fand am 23. Januar 1967 in Frankfurt statt. Eingeladen hatte im Namen des Vorstandes des Studienbüros Friedrich Minssen,[34] der das Büro seit 1961 leitete. Das Hauptreferat hielt der Lüneburger Pädagoge Wolfgang Mitter, der ebenfalls an der Studienreise teilgenommen hatte und 1972 an das DIPF berufen wurde. Ob Harder und Wellmer die Konferenz besucht haben, ist nicht bekannt. Johanna Wellmer war die Tochter des bekannten Pädagogen und niedersächsischen Lehrerbildners Hans Bohnenkamp.[35] Sie hat zeitweise die Neue Sammlung mit herausgegeben und gehörte zum engsten Kreis um Hartmut von Hentig.

Anders als Becker war Harder ausgebildeter Gymnasiallehrer. Auch er stammte aus dem unmittelbaren Umfeld Hartmut von Hentigs und war ein guter Bekannter Beckers. Allerdings war er noch 1985 mit ihm „per Sie" und begrüsste ihn nur mit Vornamen (OSO-Hefte 1985, S. 157). Harder hatte in Göttingen Germanistik studiert und gibt an, dass er Gerold Becker im Rahmen seines erziehungswissenschaftlichen Begleitstudiums am Pädagogischen Seminar der Universität Göttingen kennengelernt und seitdem beruflich wie privat mit ihm in Verbindung gestanden habe (Harder (1999, S. 1). Er kam 1983 als Lehrer an die Odenwaldschule.

Harder leitete von 1970 an die Aufbaukommission der Laborschule und des Oberstufenkollegs, wo er danach als Lehrer arbeitete und bis 1978 geblieben ist. Im Anschluss daran war er an der reformierten Oberstufe eines nordrhein-westfälischen Gymnasiums tätig, wo er zuvor schon nebenamtlich gearbeitet hatte (Harder 1983, S. 1). Es handelt sich um ein Gymnasium in Krefeld, wohin Harder abgeordnet war. Daneben war er im Kultusministerium in Düsseldorf beschäftigt, wo er Lehrplanarbeit leisten sollte (Südhessische Post vom 26. November 1984). Für die Tätigkeit an der Odenwaldschule ist er zunächst von seinem Dienst beurlaubt worden.

Im Dezember 1982 promovierte er an der Universität Bielefeld bei Hartmut von Hentig mit einer kumulativen Dissertation über das Thema *Curriculare Reformen an Versuchsschulen und im Regelschulsystem*. Hauptsächlich

---

34 Friedrich Minssen (1909–1988), promovierter Romanist, war von 1962 an Oberschulrat und Leiter des Referats Gymnasien im Hessischen Kultusministerium.
35 Johanna Bohnenkamp (1928–1990) war das zweite Kind von Hans Bohnenkamp (1893–1977) und seiner Frau, der Gymnastiklehrerin Lieselotte Bohnenkamp, geborene Fischer (1901–1973). Hans Bohnenkamp, Oberst der Artillerie und Ritterkreuzträger im Zweiten Weltkrieg, war von 1946 Leiter der neu gegründeten Pädagogischen Hochschule Celle, die 1953 nach Osnabrück verlegt wurde.

verarbeitet wurden Planungspapiere aus den siebziger Jahren, was als Forschungsarbeit angesehen wurde. Ein halbes Jahr später ging Harder an die Odenwaldschule und wurde Lehrer für Deutsch und Geschichte. Er fing dort im August 1983 an, also nach den Sommerferien. Der Zeitpunkt war kein Zufall, er sollte gezielt zu Beckers Nachfolger aufgebaut werden.

1983, bevor Harder mit seiner Tätigkeit begonnen hatte, kündigte Becker intern an, die Schule in absehbarer Zeit verlassen zu wollen. Harder wurde sein Nachfolger und hat zwei Jahre später das Amt des Schulleiters übernommen. Becker hat dann die Odenwaldschule verlassen. Die Konferenz der Lehrerinnen und Lehrer hatte bei der Bestellung des neuen Schulleiters kein Mitspracherecht und ist vor vollendete Tatsachen gestellt worden (Füller 2011, S. 235). Andere Bewerbungen, darunter die von Wolfgang Edelstein, wurden nicht berücksichtigt (ebd., S. 235/236). Edelstein war der wohl einzige Kritiker, den Becker zu diesem Zeitpunkt hatte, und er wusste von seiner sexuellen Disposition. Ich komme darauf zurück.

Johanna Wellmer heiratete Wolfgang Harder und nahm seinen Namen an. Sie wurde im März 1971 als ausgebildete Lehrerin wissenschaftliche Mitarbeiterin in der zunächst von der Volkswagen-Stiftung finanzierten Aufbaukommission für die Laborschule und war dort zuständig für die Gestaltung der Eingangsstufe (Harder 1973, S. 226). Beide gehörten zu den engsten Vertrauten von Hartmut von Hentig, der in Bielefeld eine völlig neue Idee von Schule realisieren wollte und dazu viel Geld benötigte. Gerold Becker war zu diesem Zeitpunkt schon nicht mehr dabei. Er hatte Hentigs Kreis verlassen, ohne den Meister und so das Netzwerk zu verlieren.

Die Volkswagenstiftung zahlte zwei Jahre lang für beide Aufbaukommissionen, die der Laborschule und die des Oberstufen-Kollegs, zweieinhalb Millionen Deutsche Mark. Die Zusage der Stiftung für zwei Jahre Förderung erfolgte im März 1970. Als diese Anschubfinanzierung ausgelaufen war, übernahm das Land Nordrhein-Westfalen die Kosten, nach einigem Hin und Her und wegen der Sonderstellung zweier staatlicher Schulen unter erheblichem Widerstand seitens der Kultusverwaltung. Nunmehr ging es um mehr als dreissig Stellen (ebd., S. 5ff.), die in den Haushalt des Landes aufgenommen und auf Dauer finanziert wurden.

Vergleichbares, auch im Blick auf die Geldbeschaffung, hat es in der deutschen Schulgeschichte noch nicht gegeben. Waldemar Krönig, der damalige Geschäftsführer der Volkswagenstiftung, teilte Hartmut von Hentig 1969 mit, dass die Stiftung die Kosten für die Schulversuche tragen könne und er möglichst bald einen Antrag stellen solle (Hentig 2009, S. 693). Wie weit das begutachtet wurde, ist nicht bekannt, aber vermutlich genügten der Antrag und Hentigs Reputation.³⁶ Zwei Jahre später musste das Land Nordrhein-Westfalen einspringen, denn inzwischen handelte es sich um ein Prestigeprojekt, das politisch hochgehandelt wurde und nicht scheitern durfte.

Johanna Harder machte sich als Grundschulpädagogin und Lehrerin an der Laborschule einen Namen. Sie ist Wolfgang Harder zunächst nicht an die Odenwaldschule gefolgt und blieb in Bielefeld. Erst seit dem 1. August 1985, als ihr Mann Schulleiter wurde, war sie Mitarbeiterin der Odenwaldschule (OSO-Nachrichten 1984, S. 71).³⁷ Als Nachfolgerin von Rosemarie Stein hat sie Grundschüler im Pestalozzi-Haus unterrichtet. Johanna Harder wird als „eine beeindruckende Frau" geschildert. Ihr pädagogisches Lebenswerk sei die Arbeit mit den Kleinen gewesen, doch sie habe darunter gelitten, dass diese Arbeit in ihrem Umfeld nie wirklich anerkannt wurde.³⁸

Johanna Harder war kinderlos und starb im Mai 1990 qualvoll an einer Krebserkrankung. Den Nachruf für die Neue Sammlung verfasste Gerold Becker (1990a). Der Text ist ein Ausschnitt aus einer Predigt, die Becker bei der Trauerfeier am 25. Mai 1990 in der Kapelle des Heger Friedhofs in Osnabrück gehalten hat (ebd., S. 506/Anm.). Sie habe, hielt Gerold Becker fest, sich und ihre Arbeit nicht verteidigt. „Verteidigen habe ich sie eigentlich nur Kinder gehört" (ebd., S. 506). Dann zitiert er das alte Testament: „Tu deinen Mund auf für die Stummen und für die Sache aller, die verlasssen sind!" (ebd.)³⁹

Diese Begebenheit zeigt erneut die enge Beziehung aus Göttinger Zeiten. Das hier entstandene Netzwerk hat Becker seinem professionellen Leben stets nutzen und ausbauen können. Es war eine der wenigen Sicherheiten, die er hatte. Er bedankte sich auf eigene Weise, nämlich oft mit Trauerreden, zu denen er prädestiniert schien. Zum grösseren Netzwerk gehörten auch zahlreiche Professoren, mit denen er bei verschiedenen Gelegenheiten zusammenarbeitete und die er für seine eigene Reputation gut gebrauchen konnte.

---

36 Am 23. Oktober 2002 sagte Hentig in einem Interview mit dem Bayerischen Rundfunk, dass er sich „drei Jahre Planungszeit" von der „Stiftung Volkswagenwerk" habe „schenken lassen". In dieser Zeit sollten die Lehrkräfte der beiden Schulen „gestaffelt aufgenommen werden" (Alpha Forum 2002).
37 In der Festschrift 1985 wird sie noch nicht als Mitglied des Lehrkörpers genannt. Im Schuljahr 1985/1986 ist sie als Lehrerin der altersdurchmischten Grundschule, die 13 Schülerinnen und Schüler umfasste, aufgeführt (OSO-Nachrichten 1986, S. 104). Gerold Becker (1990a, S. 506) erwähnt, dass sie in Celle, an der Laborschule und der Odenwaldschule unterrichtet hat. Johanna und Wolfgang Harder wohnten bis 1990 in Ober Hambach (Who is Who in Germany 1990).
38 Gespräch mit Christoph Landwehr am 11. Juni 2013.
39 Das Zitat folgt der Luther-Übersetzung (Spr. 31, 8). Entnommen ist der Vers nicht, wie Becker (1990a, S. 506) schreibt, dem Buch der Sprüche Salomons, sondern den Worten Lemuels.

Den Zugang verschaffte ihm häufig sein Freund Hartmut von Hentig und er profitierte mehr als vierzig Jahre lang von dessen herausragender Stellung in der deutschen Pädagogik und Bildungspolitik. Beckers frühe Publizistik zeigt ihn aber durchaus eigenständig, er hat nicht einfach Hentigs Themen übernommen, sondern wollte sich selbst profilieren. Es dürfte keinen Pädagogen seiner Generation geben, der gleichzeitig in der Architektur und in der Sozialpädagogik veröffentlicht hat, eine Mischung, die mehr als ungewöhnlich ist, zumal er in beiden Bereichen kompetent zu sein schien.

Becker verstand es, griffig Thesen zu formulieren und fand damit auch unmittelbar Anklang, während er im Pädagogischen Seminar eher unscheinbar wirkte. Aber er galt im Hentig-Kreis und auch bald darüber hinaus als grosse Hoffnung der akademischen Pädagogik und musste für die Karriere nur seine Dissertation fertig stellen, deren Thema aber weder der Schularchitektur noch der Sozialpädagogik zuzuordnen war. Genau damit stand er unter Druck: Was den aufstrebenden jungen Mann interessierte, war nicht das, was er liefern musste.

3.2 Architekt und Sozialpädagoge

Hartmut von Hentig war im Kreis von Hellmut Becker und in seinem eigenen aristokratischen Umfeld bereits gut vernetzt, als er mit siebenunddreissig Jahren seine Göttinger Professur antrat. Für den Freund oder Gefährten Gerold Becker eröffneten sich damit ungeahnte Möglichkeiten, die ihm der frühere Volksschullehrer Heinrich Roth nie hätte bieten können. Roth war für ihn aber auch nur in formaler Hinsicht zuständig, die Rolle des Mentors übernahm Hentig, der ihn gezielt und ausdauernd an seinem eigenen Aufstieg in der deutschen Pädagogik teilhaben liess, allerdings nicht in einem akademischen Sinne. Gerold Beckers wundersame Karriere war eine von Fügungen, nicht von Abschlüssen.

Erstaunlich ist, dass der junge Pädagoge Gerold Becker, der über kein einschlägiges Studium verfügte, im professionell geschlossenen Bereich der Architektur veröffentlichen konnte, so etwa 1967 in der renommierten Deutschen Bauzeitung, wo er als „wissenschaftlicher Mitarbeiter am Pädagogischen Seminar der Universität Göttingen" vorgestellt wurde (Deutsche Bauzeitung 1967, S. 95). Ein Jahr zuvor ist er mit dem Artikel „Pädagogik in Beton", der in der Neuen Sammlung in dem Heft erschien, das Heinrich Roth gewidmet war, als Kritiker der Schularchitektur bekannt geworden, der offenbar auch in Architektenkreisen gelesen und wahrgenommen wurde (Becker 1966).

Die Deutsche Bauzeitung veröffentlichte einen Vortrag, den Becker am 20. November 1966 anlässlich von Werkstattgesprächen zwischen Pädagogen und Architekten in der Evangelischen Akademie in Berlin gehalten hat. Gedruckt wurde die Mitschrift des Vortrages, wie die Redaktion vermerkt. Das ist wiederum aussergewöhnlich, Becker hat offenbar frei gesprochen und plädiert auch hier für Experimente. Die vorherrschende Schularchitektur ist für ihn eine Art falscher Liturgie und er erhebt in dem Vortrag gegenüber den Architekten die Stimme der Pädagogik. Das muss er sehr schnell gelernt haben, bedenkt man, was er noch vier Jahre zuvor gewesen war.

Becker sieht sich als dreifachen pädagogischen „Anwalt", nämlich der Lehrer, die in Schulen arbeiten müssen, deren Bau sie nicht beeinflusst haben, der Kinder, die dort lernen sollen, und der Gesellschaft, die mit raumprägenden Schulbauten auf unabsehbare Zeit ästhetisch wie materiell normiert wird (Becker 1967, S. 96). Die Bauten dürften also nicht den Architekten allein überlassen werden. Er selbst sei „nicht Architekt", sondern eben „Pädagoge" und es sei „Sache der Pädagogik, die Aufgabe ‚Schulbau' nach dem Stande ihrer Erkenntnisse deutlich und auch für Architekten verstehbar zu formulieren" (ebd.). Kronzeuge ist Hartmut von Hentig, der auch zitiert wird (ebd., S. 102).

Ebenfalls 1967 hat Gerold Becker in der internationalen Zeitschrift Bauen und Wohnen gar einen Leitartikel veröffentlicht, der ihn mit dem Zitieren von deutschen Architekten und amerikanischer Forschungsliteratur als internationalen Experten für Fragen des Schulbaus ausweisen sollte (Becker 1967a). Zur gleichen Zeit sollte er eigentlich eine pädagogische Dissertation zu einem völlig anderen Thema verfassen. In dem Artikel findet sich bereits eine Frage, die später immer wieder auftauchen sollte: „Sind unsere Schulen so gebaut, dass man in ihnen das Erfinden und Improvisieren lernen muss oder ist alles perfekt vorgeordnet, getüftelt, geregelt?" (ebd., S. 371)

Die Schweizer Architektenzeitschrift „werk" berichtete 1966 in ihrem 53. Jahrgang über die Jahrestagung des Deutschen Werkbundes, die vom 16. bis 18. September 1966 in Hannover-Herrenhausen stattgefunden hat. Das Thema der Tagung war „Bilden in der Schule". Das Eingangsreferat hielt Hartmut von Hentig, der als „Lehrmeister" von Gerold Becker bezeichnet wird, zwei Jahre nachdem der im Pädagogischen Seminar angefangen hatte. Becker nahm ebenfalls an der Tagung teil, beide traten also schon hier zusammen und als Paar auf.

Gemäss dem Berichterstatter von „werk" las Becker den anwesenden Architekten kräftig die Leviten.

> „Es klang wie ein verstärktes Echo des Philosophenrufs nach legaler Revolution, als der junge Göttinger Pädagoge Gerold Becker die Teilnehmer des Deutschen Werkbundtages

1966 aufforderte, mit ihm in eine Partisanentätigkeit zum Zwecke der Veränderung öffentlicher Bewusstseinslagen einzutreten" (Werk-Chronik Nr. 11/ 1966, S. 268).

„Mut zum Experiment", allerdings mit Blick auf die evangelische Liturgie, hatte er wie gezeigt schon drei Jahre zuvor gefordert. Nunmehr spielte er die Rolle des Architekturkritikers, auch hier – wie in der Pädagogik – schadete es ihm nicht, dass er kein Studium und keinen Titel vorweisen konnte.

Gerold Becker hielt zusammen mit dem Hamburger Architekten und Schulbauexperten Lothar Juckel das Schlussreferat der Tagung. Beide erklärten den Schulbau zum „geheimen Miterzieher", der entscheidend dazu beitrage, über die Wissensvermittlung hinaus Verhaltensweisen, Tugenden und soziale Fähigkeiten zu vermitteln. Die Schule müsse zu einem „clearing-house" werden, also zu einer öffentlichen Einrichtung der Gesellschaft, in dem nicht einfach Kinder unterrichtet werden, sondern wo sich die Generationen begegnen können.

Das kann nur dann gelingen, wenn die Richtung des Schulbaus grundlegend und irreversibel verändert wird. Die festen und unveränderlichen Raumprogramme müssten den wirklichen Veränderungen der Gesellschaft folgen und auf die Lernbedürfnisse der Kinder und Jugendlichen eingestellt sein, statt umgekehrt die Lernumwelten zu standardisieren (ebd.). Die staatlichen Normen für den Schulhausbau und so die Grundlage der Finanzierung wären damit moralisch in Frage gestellt, ohne dass Becker je etwas über die Kosten seiner Vorschläge gesagt hätte.

Wie weit Beckers frühes Engagement in der Architektur ging, zeigt der Tatbestand, dass „Gerold Ummo Becker" 1967 als Korreferent bei einer Schülerarbeit der Hochschule für Gestaltung Ulm aufgeboten wurde. Vermittelt hat das wahrscheinlich Hellmut Becker, dem die Hochschule verpflichtet war.[40] Der studierte Theologe Gerold Becker sollte den theoretischen Teil einer Arbeit beurteilen, die sich mit dem Thema „Tageslicht in Klassenräumen" von Schulen befasst hatte (Curdes 2001, S. 56). Verfasser der Arbeit war der Schweizer Niklaus Hufenus, der von 1963 bis 1967 in Ulm studiert hat und später auch als Schularchitekt bekannt wurde.[41]

Im Januar 1989 galt Gerold Becker der katholischen Zeitschrift Publik-Forum weiterhin als kritischer Experte für Architekturfragen. Vorgestellt als

---

40 Die Hochschule für Gestaltung (HFG) ist im Frühjahr 1950 von Inge Scholl in Auftrag geben worden. Das Projekt betreute Hellmut Becker. Bezahlt wurde die Gründung neben Landesmitteln durch die Stadt Ulm mehrheitlich vom McCloy-Fund, der eine Million Deutsche Mark zusicherte (Spitz 1997, S. 81ff.).
41 Der St. Galler Architekt Niklaus Hufenus entwarf zum Beispiel das Gebäude der örtlichen Rudolf-Steiner-Schule.

der „frühere Leiter der reformpädagogisch orientierten Odenwaldschule", wurde er in einem Artikel zur „ganzheitlichen" Bildung mit dem Satz zitiert:

> „Architekten, die darauf gedrillt werden, technische oder ästhetische Probleme mehr oder weniger perfekt zu lösen und nicht gleichzeitig lernen, welche sozialen und psychologischen Auswirkungen die Form des Bauens, die Form des Städtebaus, die Form des Wohnens, die Form der Verkehrsorganisation auf die darin lebenden Menschen haben, sind gefährliche Architekten" (Publik-Forum Nr. 1 v. 13. Januar 1989, S. 6).

Thesen zu der Idee, Schulraum sei „gebaute Pädagogik", trug Becker im Sommer 1990 anlässlich eines Kongresses zur „Ökologie des Schulbaus" in Berlin vor. Um diese Thesen herum gab er 1997 zusammen mit dem Düsseldorfer Kunstpädagogen Johannes Bilstein und dem Erlanger Pädagogen Eckart Liebau einen Sammelband heraus, in dem „Studien zur pädagogischen Topologie und Topographie" veröffentlicht wurden, wiederum unterstützt von Architekten (Becker/Bilstein/Liebau 1997). Er blieb also Experte für Schulbau, der immer wieder zitiert worden ist.

Noch im Juni 2009 ist Becker von in der österreichischen Tageszeitung Die Presse als visionärer Kritiker der Schularchitektur hervorgehoben worden, der schon 1967 in einem viel beachteten Aufsatz Wege aufgezeigt habe, wie der funktionale Perfektionismus der Schulhausbauten überwunden werden kann. Mehr als vierzig Jahre später ist Gerold Becker immer noch Architektur-Experte, auf den man sich berufen kann, ohne dass sein Name beschädigt wäre. Er wird als herausragender Pädagoge mit dem Satz zitiert, Schulen sollten so gebaut werden, dass man in ihnen „das Improvisieren und Erfinden lernen muss" (Kühn/Spiel 2009).

Vierzig Jahre lang ist nicht gefragt worden, woher Becker seine Expertise bezogen hat, verschiedentlich wurde auf sein Architekturstudium verwiesen, das nie stattgefunden hat. Becker hat sich in der Rolle des Kritikers offenbar wohlgefühlt und nichts getan, sich bescheiden als professionellen Laien hinzustellen, er verstand es aber, sich sehr effektiv als Anwalt des Kindes und der besseren Erziehung hinzustellen, für die der richtige Lernraum erst noch gefunden werden musste. Und nicht nur Pädagogen hören es gerne, wenn von „Improvisieren und Erfinden" die Rede ist.

Neben der Arbeit an der Dissertation und den Publikationen in der Architektur hatte Becker während seiner Zeit in Göttingen noch eine dritte Seite. Im Februar 1966, also knapp zwei Jahre nach seiner Anstellung, publizierte Gerold Becker in der Zeitschrift Unsere Jugend zusammen mit Martin Bonhoeffer einen Aufsatz, der den Titel trug „Das Haus auf der Hufe" (Becker/Bonhoeffer 1966). Der Beitrag berichtet über ein sozialpädagogisches Experiment in Göttingen, an dem Becker beteiligt war. Er hat seit Beginn seiner Tätigkeit im Pädagogischen Seminar mit Bonhoeffer eng zusammengearbeitet, woraus Beckers wohl einzige Freundschaft neben der zu Hartmut von Hentig entstanden ist.

Das „Haus auf der Hufe" sollte zu einem Modellprojekt der „offenen Jugendarbeit" entwickelt werden, an den entsprechenden Tätigkeiten war das Pädagogische Seminar der Universität Göttingen beteiligt. Bonhoeffer hat 1965 im ersten Heft der Neuen Sammlung einen Aufsatz über den „Göttinger Versuch" veröffentlicht und angemerkt (Bonhoeffer 1965, S. 64/Fn.), dass sein Bericht „in Zusammenarbeit mit Gerold Becker" geschrieben worden sei. Becker muss also gleich nach seiner Anstellung als wissenschaftliche Hilfskraft oder vielleicht auch schon vorher dort tätig gewesen sein.

Das Engagement im Haus-auf-der-Hufe gehörte zu den unausgesprochenen Pflichten von Assistenten und Mitarbeitern im Pädagogischen Seminar der Universität Göttingen. Man erwartete nicht nur Forschung und akademische Lehre, sondern auch praktisches Engagement, was dann auch für Gerold Becker gegolten hat. Hans Thiersch war der Kopf des Unternehmens und Becker war an der ersten Publikation beteiligt, aber die treibende Kraft in Sachen Engagement für auffällige Jugendliche war sein Freund Bonhoeffer, der zum Aktivisten der Heimreform werden sollte.

Die Beziehung zu ihm fasst Gerold Becker (1996, S. 29/30) mit einer seltsamen Wendung so: „Schon sehr bald, nachdem wir uns kennengelernt hatten, war er für mich einer der wenigen, bei dem mein Gefühl ganz sicher war, dass ich mich auf ihn vollkommen verlassen, ihn jederzeit auch um sehr aufwendige und riskante Hilfsdienste bitten könne, wenn das einmal nötig sein sollte". Er habe diese Verlässlichkeit gegenüber einem ungenannt Dritten einmal so gefasst: „Kämen die Nazis wieder und ich wäre Jude und müsste mich für Jahre verstecken, es fielen mir nur zwei oder drei Menschen ein, denen ich zutrauen würde, dass sie mich unter keinen Umständen verrieten" und Bonhoeffer „sei vermutlich der, der mir zuerst einfiele" (ebd., S. 30) – Bonhoeffer und nicht Hartmut von Hentig.

Martin Bonhoeffer war ein umtriebiger junger Mann, den Hentig (2009, S. 595) als die „Seele" des Hauses bezeichnet hat. Das „Haus" war die Villa Wagnerstrasse 1 in Göttingen, in der das Pädagogische Seminar seit den Zeiten von Herman Nohl untergebracht war. Tatsächlich war Bonhoeffer im Seminarleben viel auffälliger als Becker, der sich zurückhielt und mit seiner Publizistik beschäftigt war. Bonhoeffer war der Gegentyp zu ihm, ein Jahr älter als er und mit einer Begeisterungsfähigkeit ausgestattet, die Gerold Becker gänzlich fremd war. Aber beide hatten eine Gemeinsamkeit, sie suchten den Umgang mit Jugendlichen, die in Notlagen geraten waren.

Jeder, der ihn näher kannte und mit ihm zu tun hatte, nannte Martin Bonhoeffer nur „MB". Hentig (1996a, S. 285) bezeichnete ihn als „Pädagogen" und „vielleicht den einzig wirklichen", dem er je „begegnet" sei. Er sei ein "ernster" und "strenger Mann" gewesen, zudem ein "rastlos tätiger" und "verlässlicher Mann" sowie einer, der "für Schönheit empfänglich", "zart" und "verletzlich" gewesen sei (ebd., S. 284). Das sind ungewöhnliche Attribute und noch weitergehender heisst es: "Er, der selbst nicht schön war, wurde von Schönheit bewegt, beglückt, auch gequält. Vor allem die Schönheit junger Menschen und die Schönheit der Musik trieben ihn um" (ebd., S. 286/287).

Man fragt sich, woher Hentig das wissen will und wie er zu einer solchen Einschätzung gekommen ist. Aber die Wortwahl lässt Schlüsse zu: Schönheit soll der Antrieb für den begnadeten Pädagogen gewesen sein. Aber wer von der Schönheit junger Menschen beglückt wird, hat den platonischen Eros vor Augen, und wen diese Schönheit „quält" oder wer ihr gar schutzlos „ausgesetzt" ist (ebd., S. 287), der befindet sich in einer heiklen Verführungssituation. Eine Qual erlebt man nur, wenn man den Reiz der Schönheit junger Menschen spürt, aber ihm nicht nachgeben darf. Ähnlich sollte Hentig im März 2010 über Gerold Becker urteilen.

In Göttingen wohnte Martin Bonhoeffer in der Schlözerstrasse, unweit vom Arnimweg und, wie Becker (1996, S. 28) anmerkt, „kaum fünf Minuten Fussweg voneinander entfernt". Bonhoeffer lebte mit seiner Mutter zusammen. Sein Vater, der Göttinger Chemieprofessor Karl-Friedrich Bonhoeffer, war bereits 1957 gestorben. Einer der Brüder seines Vaters war der Theologe und Widerstandskämpfer Dietrich Bonhoeffer. Seine Mutter, Margarete von Dohnanyi, war die Schwester des Widerstandskämpfers Hans von Dohnanyi. Der Vater wurde 1947 an das neu gegründete Max-Planck-Institut für physikalische Chemie in Göttingen berufen und war zuvor nicht Mitglied der NSDAP, also vollkommen unbelastet.

Gerold Becker gibt an, dass er mit „MB" nie über dessen Vater gesprochen habe, jedenfalls nicht über „das eigene Verhältnis" zu ihm (ebd., S. 29). Das dürfte auch umgekehrt gelten, also bezogen auf das Verhältnis Beckers zu seinem Vater. Von Freunden würde man erwarten, dass genau das irgendwann zum Thema wird, weil damit das Vertrauensverhältnis bestätigt wird. Aber Becker hat mit niemandem näher über seinen Vater gesprochen, dann hätte er mehr über sich preisgeben müssen, als ihm lieb sein konnte.

Martin Bonhoeffer war 22 Jahre alt, als sein Vater starb und er hat ihm zuliebe zunächst Jura studiert,[42] nachdem er am Max-Planck-Gymnasium in Göttingen Abitur gemacht hatte. Auch über seine beiden älteren Brüder und seine Schwester hat MB nie etwas Näheres gesagt. Von Gerold Becker gibt es

---

42 Aussage der Münchner Heimerzieherin Betty Böhler, die ihn vor dem Studium kannte (Frommann/Becker 1996, S. 67).

ebenfalls kaum Äusserungen über seine Geschwister, beide waren also verschwiegen im Blick auf ihre Herkunft und die Geschichten ihrer Familien. Die Beziehung der vier Geschwister Bonhoeffer wird von Becker fast so beschrieben, als handele es sich um seine eigenen.

Die beiden älteren Brüder waren längst erfolgreich, der eine als Physiker und der andere als Mediziner. Die bruchlose Karriere der Brüder wirkte auf den Jüngeren wohl „insgeheim wie ein Vorwurf" (ebd.). „Am vertrauensvollsten" sei vermutlich die Beziehung zur der Schwester gewesen, die die Jüngste in der Geschwisterreihe war. Auf gemeinsamen Reisen habe man einen der Brüder und die Schwester besucht. Der Eindruck sei gewesen, man habe Martin „freundlich-nachsichtig wie eine Art verlorenen Sohn behandelt, der aber noch nicht zurückgekehrt, sondern noch in der Fremde sei" (ebd.). Als Metapher trifft das auch für ihn zu.

Martin Bonhoeffer kam 1976 nach Tübingen.[43] Es gab dort damals eine „gescheiterte Jugendeinrichtung", die der Kinder- und Jugendpsychiater Reinhard Lempp betreut hatte. Bonhoeffer sollte ein neues Konzept verwirklichen, zu diesem Zweck hat ihn Hans Thiersch nach Tübingen geholt, der seit 1970 an der dortigen Universität tätig war. Die Robert-Bosch-Stiftung bezahlte den Kauf eines Anwesens in der Gartenstrasse. Verwirklicht werden sollten sozialtherapeutische Wohngruppen, in denen „schwierige Kinder" betreut wurden. Unter der Leitung von Martin Bonhoeffer wurde das Heimkonzept berühmt.

Er lebte auch in seiner Tübinger Zeit noch mit seiner Mutter zusammen. Der Sohn war wiederum „hoch engagiert" in der Arbeit mit devianten Kindern und Jugendlichen, die ihn bis zur Selbstaufgabe treiben konnten. Seine Mutter wird bezeichnet als „vornehm kultivierte, distinguierte Dame". Renate und Hans Thiersch erinnern sich an ein festes Nachmittagsritual im Tübinger Haus. Bonhoeffer betreute in dem Heim zwei Jungen und kam mit ihnen immer zur Teestunde bei seiner Mutter. Die Jungen sollten, so die Mutter, Kultur erfahren, dazu gehörten Teestunden und gepflegte Gespräche.

Margarete (Grete) von Dohnanyi stammte aus dem Grunewalder Bildungsbürgertum. Sie war die Tochter des weltbekannten Komponisten und Musikprofessors Ernst von Dohnanyi, der bis 1915 an der Berliner Musikhochschule gelehrt hatte und später Direktor der Musikakademie in Budapest wurde. Seine beiden Kinder wuchsen in Berlin bei der Mutter auf, der Pianistin Elisabeth Kunwald (Grabner/Röder 2005, S. 65). Die Eltern hatten sich 1913 getrennt und der Vater heiratete 1919 in Budapest erneut. Grete

---

43 Zum Folgenden Gespräch mit Renate und Hans Thiersch am 1. Juli 2013.

Bonhoeffer, geb. von von Dohnanyi starb 1992, mit fast neunzig Jahren und nach ihrem Sohn Martin.

Die Wohngruppen in der Gartenstrasse in Tübingen bestanden zunächst aus zwei Häusern. Das Büro von Martin Bonhoeffer und die Wohnung seiner Mutter lagen unter dem Dach des einen Hauses. Die Mutter wird als streng und fordernd beschrieben. Bonhoeffer selbst war „ungeheuer bescheiden", oft sah man ihn in strumpflosen Sandalen laufen, er legte keinen Wert auf Äusserlichkeiten. Im Umgang mit den Kindern und Jugendlichen war er leidenschaftlich und zeigte in der pädagogischen Arbeit „grosse Intensität". Fachlich lautete das Urteil über ihn: „Er kannte sein Metier". Seine Mitarbeiterinnen und Mitarbeiter waren von seinem pädagogischen Ernst und seinem Engagement fasziniert; seine Fallberichte waren überzeugende Dokumente.

Aber er hatte auch autoritäre Züge und man konnte ihn „kratzbürstig" erleben. Seine „herrische Art" musste bei Gelegenheit durch Dritte ausgeglichen werden. Hans Thiersch etwa war Moderator der wöchentlichen Mitarbeiterbesprechungen und sah sich gelegentlich genötigt, Konflikte zu vermitteln. Bonhoeffer zog Bewunderung auf sich und konnte Menschen prägen, aber auch vor den Kopf stossen. Bisweilen pflegte er eine ganz bewusste Form der Selbstdarstellung. Häufig erwähnte er Gottfried Hausmanns Studie *Didaktik als Dramaturgie des Unterrichts,* die 1959 erschienen war und die von der „Universalität des Dramatischen und Dramaturgischen" ausgeht. Pädagogische Situationen wären so Schauspiele, die von regelrechten Dramaturgen inszeniert werden müssen (Hausmann 1959, S. 65 u. pass.).

Wenn er die Theorie tatsächlich auf sich angewandt hat, dann konnte die Person hinter der Darstellung verschwinden, ähnlich wie das bei Gerold Becker der Fall war. Bonhoeffer war bekannt für seinen „unkonventionellen, oft auch dramatischen Erziehungsstil", der für manche gewöhnungsbedürftig war. Es war vermutlich immer eine Inszenierung, mit der sich die eigenen Schwächen verbergen liessen. Bonhoeffer war wohl akademisch angebunden und hatte einen ständigen Lehrauftrag am Institut für Erziehungswissenschaft der Universität Tübingen, aber erfüllte nicht die Erwartungen seiner Eltern. Und von der Mutter hat er sich nie lösen können.

Gerold Becker (1996, S. 28) beschreibt, dass Bonhoeffer ihn bei Besuchen in der Göttinger Schlözerstrasse zuerst immer in das Zimmer seiner Mutter geführt habe, die es zu begrüssen galt. Bonhoeffer habe, heisst es weiter, seine Mutter „mit einer Mischung aus umsichtiger Fürsorglichkeit, grossem Respekt und zugleich nachsichtig behandelt". Auf der anderen Seite konnte er „fast kleinlich" auf etwas beharren, was vorher zwischen seiner Mutter und ihm vereinbart worden sei, etwa die Stunde des gemeinsamen Spazierganges. Die Mutter war zu diesem Zeitpunkt etwas über sechzig Jahre alt, sie wird als

„oft leidend" beschrieben (Frommann/Becker 1996, S. 15) und war wohl auf den Sohn angewiesen.

Das „Haus auf der Hufe" ist vom gemeinnützigen „Göttinger Verein für Jugendfragen" unterstützt worden, der am 28. Januar 1965 gegründet wurde. Geschäftsführer des Vereins war Gerold Becker, der noch im Juni 1968 zur fälligen Mitgliederversammlung eingeladen hat.[44] Wenige Monate danach entschied er sich, als Lehrer und späterer Leiter an die Odenwaldschule zu gehen. Einen Studienabschluss hatte er dabei nicht vor Augen, er ging einfach, machte in seinem Leben erneut einen harten Schnitt und brach das Dissertationsprojekt ab. Ob er vor dem Weggang das Amt als Geschäftsführer förmlich niedergelegt hat, ist nicht klar.

Träger des „Hauses auf der Hufe" war die Stadt Göttingen, die am Rande eines Problemviertels mit vielen devianten Jugendlichen in der Nähe des Hauptbahnhofs „einen 30 m langen Flachbau" für sozialpädagogische Aufgaben zur Verfügung stellte. Die Stadt kam für die Betriebskosten auf und sorgte dafür, dass das Haus „eine Planstelle für einen Fürsorger, einen Jahrespraktikanten und eine halbtags beschäftigte Putzfrau" nutzen konnte. Zudem waren dort Ehrenamtliche tätig und „aus dem Studentischen Jugendarbeitsprogramm bezahlte Studenten der Universität" sowie „Sozialpraktikanten der Pädagogischen Hochschule Göttingen" (Bonhoeffer 1965, S. 68).

An dem Haus und seiner Einrichtung ist seit Herbst 1961 gearbeitet worden, als Gerold Becker noch Theologie studierte. Hermann Layer, der erste Jugendfürsorger der Stadt Göttingen, kümmerte sich zusammen mit den Jungen des Hauses sowie mit einigen Studenten um den langwierigen Aus- und Umbau. Das „Haus auf der Hufe" wurde im Februar 1963 eröffnet (Trede 2003, S. 26ff.). Die Göttinger Chronik gibt noch für die Woche vom 13. bis 21. Juli 1963 an, dass sechs Studentinnen und Studenten aus Frankreich, Holland und den Vereinigten Staaten „im Auftrage des Internationalen Zivilen Hilfsdienstes" mit „der Herrichtung der Anlagen um den Jugendsonderhort ‚Haus auf der Hufe'" beschäftigt gewesen seien.[45] In seiner ursprünglichen sozialpädagogischen Ausrichtung bestand das Haus bis Januar 1978.

Martin Bonhoeffer hat Ostern 1954 in Göttingen das Abitur abgelegt und studierte danach Jura an der Universität Göttingen, ohne einen Abschluss zu machen. Nach einigen Semestern wechselte er als Doktorand zur Pädagogik, nachdem er noch als Jurastudent bei Erich Weniger ein Referat geschrieben hatte (Frommann/Becker 1996, S. 45). Auch das Pädagogikstudium hat er nie

---

44 Brief des Geschäftsführers vom 19. Juni 1968. Die Versammlung fand am 27. Juni vor den Sommerferien statt (Stadtarchiv Göttingen).
45 http://www.stadtarchiv.goettingen.de/chronik/1963_07.htm

abgeschlossen. Das verbindet ihn mit Gerold Becker, ihre Freundschaft ist gekennzeichnet von hochfliegenden Plänen, wenig wirklich konzentrierter Arbeit an der Dissertation und immer neuen Gelegenheiten zur Ablenkung.

Im März 1955 war Bonhoeffer einen Monat lang Praktikant am Rodney Youth Center in Liverpool und anschliessend in München. Er liess deswegen das Sommersemester ausfallen. Der Neunzehnjährige führte über die intensiven Erfahrungen in England Tagebuch, das in Auszügen zugänglich ist (ebd., S. 21–26). Das Jugendzentrum in Liverpool bot vor allem Freizeitangebote und Mahlzeiten für arme Kinder und Jugendliche an, also war kein Heim im deutschen Sinne. Eingeladen hatte ihn Stella Baker, die seit 1945 die Leiterin des Zentrums war, das sechs Jahre zuvor eingerichtet worden war und mit offener Jugendarbeit bekannt wurde.

Über die prägenden Erfahrungen in den Slums von Liverpool schrieb Bonhoeffer seinen ersten Aufsatz, der im Mai 1956 in Unsere Jugend veröffentlicht wurde (Bonhoeffer 1956).[46] In den Tagebuchaufzeichnungen wird sichtbar, dass er Konflikte mit der resoluten Leiterin hatte und sich an ihren ständigen Zurechtweisungen störte. Ausserdem kritisierte er die Unverbindlichkeit der von Laien getragenen, oft unbezahlten Erziehungsarbeit. Ausser der Leiterin wechselten nahezu alle Helfer regelmässig, innere Bindungen zu einem „führenden Menschen" konnten so nicht entstehen (Frommann/Becker 1996, S. 25).[47]

Im Sommer 1955 war Bonhoeffer dann in München und arbeitete ein Jahr lang in einer Einrichtung des dortigen Waisenhauses. Hier lernte er das Gegenteil der offenen Jugendarbeit in Liverpool kennen, nämlich das organisierte und dauerhafte Zusammenleben in Jugendgruppen, die wie in der Odenwaldschule Familiencharakter haben sollten (ebd.). Das pädagogische Prinzip der „Familie", also einer engen persönlichen Beziehung in einem Heim, hatte Andreas Mehringer eingeführt, auf den sich Bonhoeffer auch immer bezogen hat.

Mehringer, der 1936 über Pestalozzi und die Wohnstubenerziehung, also das historische Konzept der pädagogischen Nähe, promoviert hatte, wurde 1945 Leiter des Münchner Waisenhauses und blieb in diesem Amt bis 1969. Er leitete von 1949 an über Jahrzehnte auch die Redaktion der Zeitschrift Unsere Jugend und beeinflusste so massgeblich die westdeutsche Diskussion über Heimerziehung. Mehringer ist durch seine Publizistik im Nationalsozi-

---

46 In der Liste der Mitarbeiter des Heftes wird er geführt als „Martin Bonhoeffer, Student" mit Anschrift in Göttingen (Unsere Jugend 1956, S. 240).
47 Das Fehlen einer „wirklich festen und ganz persönlichen Bindung" wird auch im Aufsatz beklagt (Bonhoeffer 1956, S. 230).

alismus und sein Eintreten für Eugenik belastet,[48] ohne sich darüber je öffentlich erklärt zu haben.

Im Winter des Jahres 1955/1956 lebte auch Gerold Becker in München, was aber vermutlich nur eine zufällige Koinzidenz ist, denn gemäss Becker hat er Bonhoeffer erst rund zehn Jahre später in Göttingen kennengelernt. Andererseits ist nicht bekannt, wo in München Becker tätig gewesen ist und was er dort genau gemacht hat. Spuren, die darauf verweisen, dass sich die beiden schon in München kennengelernt haben könnten, gibt es bislang jedoch nicht. Becker (1971a, S. 232) erwähnt aber in der Altschülerrede eine Tätigkeit in der „Fürsorgeerziehung" in München, ohne darauf näher einzugehen.

Es gibt noch eine andere Spur. Aus seiner Schulzeit kannte Martin Bonhoeffer Reimar Lenz. Zusammen mit Friedrich Wilhelm Hossbach, der mit Bonhoeffer Jura studiert hat, organisierten sie in den frühen fünfziger Jahren eine „Päckchenhilfe" in die DDR. Viele freiwillige Helfer kamen aus den Göttinger Professorenfamilien, die das Anliegen unterstützt haben. Das Evangelische Hilfswerk wurde zum Träger dieser Aktion. Das Göttinger Hauptbüro befand sich im Turm der Johannis-Kirche, wo bei Reimar Lenz auch eine Sekretärin angestellt war.

Dort residierte wie erwähnt die Akademische Freischar, in der sich die jugendbewegten Studenten der Universität Göttingen trafen und auch zusammen Feste feierten (Frommann/Becker 1996, S. 44/45). Es ist möglich, dass Gerold Becker hier Zugang hatte und auch Martin Bonhoeffer schon kannte oder zumindest wusste, wer der Jurastudent war. Hinweise darauf gibt es nicht, aber träfe die Vermutung zu, dann würde auch diese Legende in sich zusammenfallen. Die Freischar ist 1907 von dem Medizinstudenten Knud Ahlborn gegründet worden und war legendär. Es ist kaum denkbar, dass sie für Becker kein Begriff war.

Martin Bonhoeffer wurde von Göttingen aus zu einem der führenden Reformer der westdeutschen Heimerziehung, gegen den im Dezember 2010 schwere Vorwürfe wegen sexuellen Missbrauchs erhoben wurden (Der Stern vom 15. Dezember 2010). Das Opfer, das ihn bezichtigt hat, war ein ehemaliger Odenwaldschüler, der Übergriff soll im Sommer 1976 auf einer Frankreichfahrt stattgefunden haben. Von dieser Reise mit Kindern und Freunden gibt es ein Foto, das Bonhoeffer unter einem riesigen Baum mit einem Jungen zeigt. Der Junge reicht ihm aus einem Kanister Wasser, damit er seinen Kopf

---

48 Am Ende seiner Dissertation wird die „Förderung einer gesunden Jugend" durch „Verhütung erbkranken Nachwuchses" gefordert, ebenso wie die „Förderung der auf rassisch günstigen Grundlagen aufgebauten Eheschliessungen". Gedeutet wird das „im Sinne Pestalozzis" (Mehringer o.J. (1936), S. 165).

kühlen kann.⁴⁹ Der Fall ist nicht weiter verfolgt worden, es gibt aber eine weitere Aussage, in der Bonhoeffer als „pädophil" bezeichnet wird.⁵⁰

Martin Bonhoeffer ist am 5. April 1989 gestorben, er hatte am 12. Dezember 1982 einen Herzinfarkt und am gleichen Tag auf dem Weg ins Krankenhaus einen Herzstillstand erlitten, in der Folge lag er über Jahre in einem sich stets verschlimmernden Wachkoma. Lange nach seinem Tod erschien eine Gedenkschrift, die von der Robert-Bosch-Stiftung finanziert wurde und die sein Freund Gerold Becker zusammen mit der Tübinger Sozialpädagogin Anne Frommann⁵¹ herausgegeben hat (Frommann/Becker 1996). Hier sind Auszüge aus Kliniktagebüchern abgedruckt, die sein Siechtum zum Ausdruck bringen (ebd., S. 257–275).

Martin Bonhoeffer war ein Getriebener. Gerold Becker (1996, S. 32) merkt dazu an: „Sein Einsatz bei fast allem, was er tat, hatte etwas Bodenloses, manchmal auch Erschreckendes. Er war darin ohne jede Rücksicht auf sich selbst." Niemand aus seinem Umfeld scheint sich dafür interessiert zu haben, warum er sich ständig an den Rand der Existenz brachte. Becker berichtet, dass Bonhoeffer oft unter „krampfartigen Leibschmerzen" litt, die er mit Medikamenten bekämpfte, nicht mit der Veränderung seiner ruinösen Lebensform, zu der zu wenig Schlaf und zu viele Zigaretten gehörten (ebd., S. 32/33). Auch seine Mutter, die dieses Leben „missbilligte" (ebd., S. 28), hat ihn nicht davon abbringen können.

Die Beziehung Gerold Beckers zu Martin Bonhoeffer war im Umkreis des Pädagogischen Seminars in Göttingen ebenso bekannt wie das sozialpädagogische Engagement der beiden. Ein Zeitzeuge erinnert sich an einen Jugendlichen mit Namen Nils Schmerling, der am Maschmühlenweg in Göttingen in der Nähe des Hauptbahnhofs wohnte.⁵² In den sechziger Jahren befand sich dort ein Armenviertel, in der Nähe lag das „Haus auf der Hufe". Nils könnte der Realschüler „N." sein, den Becker 1996 erwähnte, der Junge gehörte zu denen, die Bonhoeffer „betreut" hat.

Nils Schmerling hat später am Neuen Gymnasium in Göttingen (heute: Theodor-Heuss-Gymnasium) Abitur gemacht, vermutlich 1969. Das Gymnasium ist 1957 gegründet worden und Schmerling gehörte zu den ersten eigenen Abiturjahrgängen der Schule. Er ging anschliessend nach Berlin, um der Einberufung zur Bundeswehr zu entgehen. Schmerling studierte unter anderem Soziologie und Ethnologie, hat das Studium aber nicht abgeschlossen, weil er Probleme mit der Diplomarbeit nicht bewältigen konnte. Er hatte

---

49 Frommann/Becker 1996, Fototeil.
50 sonntaz vom 30.7.2014 (http://www.taz.de/!5036624/)
51 Anne Frommann (geb. 1927) war Akademische Rätin am Institut für Erziehungswissenschaft der Universität Tübingen.
52 Gespräch mit Christoph Landwehr am 11. Juni 2013.

einen Sohn, war finanziell in einer Notlage und musste nach dem abgebrochenen Studium Geld verdienen. Nils Schmerling hat sich ohne Angabe von Gründen im Berliner Grunewald das Leben genommen, das war entweder 1982 oder 1983. Der Sohn war fünf oder sechs Jahre alt.[53]

Hentig (1996a, S. 286) kannte Niels Schmerling und erwähnt auch den Nachhilfeunterricht, allerdings bei Bonhoeffer und in Latein, also schon auf dem Gymnasium. Zudem hat er sich bei Schmerling für „Kritik und Korrektur" an seiner Aufsatzsammlung *Spielraum und Ernstfall* bedankt (Hentig 1969a, S. 14). Das Buch ist in Göttingen entstanden und im Klett-Verlag erschienen. Neben Schmerling werden im Vorwort noch andere Namen erwähnt, die bei den Korrekturen mitgearbeitet haben, nämlich Hartmut Alphei, Ilse Botzenhardt, Horst Hülsmann und Klaus-Uwe Kuchler. 1974 bedankte sich Martin Bonhoeffer bei Schmerling für „Kritik und Mitarbeit" an dem Sammelband *Kinder in Ersatzfamilien*, der ebenfalls im Klett-Verlag erschienen ist (Bonhoeffer/Widemann 1974, S. 20). Er muss also in Berlin weiterhin mit Schmerling Kontakt gehabt haben.

Ein früherer Odenwaldschüler mit dem Pseudonym Georg berichtet, wie er und einige ältere Schüler eines Tages mit Gerold Becker „zum Bonhoeffer" fuhren. Der Name wurde als besonders bedeutsam hingestellt. Georg blieb alleine im VW-Bus zurück, die anderen gingen zusammen mit Gerold Becker in ein kleines Haus und blieben etwa eine oder zwei Stunden dort. Der Ort im süddeutschen Raum hiess Seebronn, etwa zwei Autostunden von der Odenwaldschule entfernt. Becker, so Georg, besuchte „Bonhoeffer" öfter mit Jungen. Nach Lage der Dinge kann es sich nur um Martin Bonhoeffer handeln, Becker kannte keinen anderen „Bonhoeffer".[54]

Bonhoeffer ging 1969 nach Berlin, in dem Jahr, als Gerold Becker an die Odenwaldschule wechselte. Beide verliessen die Universität fast zum gleichen Zeitpunkt und beide kamen ohne Abschluss sofort in Leitungspositionen.[55] Das ist vermutlich mehr als nur eine zufällige Koinzidenz. Sie ergriffen die Gelegenheiten, die sich ihnen boten und die es ihnen erlaubten, im Umfeld von Jugendarbeit weiterzumachen. Das war wichtiger als die Doktorarbeiten, die beide als mehr oder weniger lästige Pflicht verstanden haben, der sie nun entkommen konnten.

Bonhoeffer wurde Leiter des Referats Heimplanung beim Senator für Familie, Jugend und Sport und sollte die Berliner Heimerziehung im Sinne des Göttinger Versuchs und des Münchner Familienprinzips reformieren. Bei

---

53 Mail von Christoph Landwehr vom 20. Juni 2013.
54 Gespräch mit Georg am 14. September 2012.
55 Gerold Becker wurde zuerst Oberstufenleiter und dann Schulleiter.

den Einstellungsverhandlungen, heisst es in einem Vermerk der Senatsverwaltung, der in der Berliner Personalakte Bonhoeffers zugänglich ist, sei nicht schriftlich vereinbart worden, dass er „seine Qualifikation durch den Nachweis eines erfolgreichen Studiums bis zu einem bestimmten Zeitpunkt nachzuweisen habe" (Frommann/Becker 1995, S. 155).

Aber damit war auch gesagt, dass er nicht als einschlägig qualifiziert angesehen wurde. 1972 musste er die Referatsleitung aufgeben und wechselte auf einen Posten als Fachreferent. Ein Versetzungsgesuch auf die Stelle als Heimleiter im Jugendhof Schlachtensee wurde nicht bewilligt, ebenso wenig der Antrag, das eigene Referat neu zu strukturieren. Bonhoeffer wurde von der zuständigen Senatorin[56] beauftragt, „langfristige Konzeptionen" zu entwickeln und stand selbst unter heftiger politischer Kritik (ebd., S. 156/157). Ein „Zwischenzeugnis" zu Beginn des Jahres 1975 bescheinigt ihm eine „etwas eigenwillige, unorthodoxe Arbeitsweise" und einen „freimütigen, aber verbindlichen" Umgang mit Vorgesetzten (ebd., S. 160). Bonhoeffer blieb bis 1976 in Berlin und ging dann als Leiter des Vereins für Sozialtherapie nach Tübingen.

Von Berlin aus kamen die ersten Jugendlichen an die Odenwaldschule, deren Internatsplatz von verschiedenen Jugendämtern bezahlt wurde und die später wesentlich zum Unterhalt der Schule beitragen sollten. 1982 machte diese Gruppe rund zehn Prozent der Schülerschaft aus, sie wurden von den Jugend- und Sozialämtern vor allem aus Kostengründen überwiesen (Becker 1982, S. 24). Es war billiger, einen Internatsplatz an der Odenwaldschule zu bezahlen als einen Platz in einem Kinder- oder Jugendheim. Gerold Becker hat öffentlich wiederholt gesagt, dass seine Schule gerade für diese Kinder der ideale Ort des Aufwachsens sei.

Die „Anzahl der Kinder, die durch öffentliche Kostenträger finanziert werden", stieg von zehn pro Schuljahr zu Beginn von Beckers Tätigkeit als Schulleiter im Jahre 1972 auf sechzig, als er die Schule dreizehn Jahre später verlassen sollte (OSO-Hefte 1985, S. 131). Dabei handelte es sich um eine zunehmend wichtigere Einnahmequelle, zudem um eine sichere Finanzierung, die nicht mit den Eltern verhandelt werden musste. Auch zahlte der Staat ohne jeden Kontrollvorbehalt, die Verwendung der Gelder ist nie überprüft worden, vermutlich hat die Schule nur Berichte vorgelegt, aus denen aber nichts folgte. Niemand hat die Praxis kontrolliert.

---

56 Senatorin für Familie, Jugend und Sport im zweiten Senat des Regierenden Bürgermeisters Klaus Schütz war Ilse Reichel-Koss (1925–1993), die bis 1981 im Amt war. Der Spiegel sprach in einem Artikel von „Ilse Reichels Heimplaner Bonhoeffer" (Der Spiegel Nr. 20 v. 15.5.1973, S. 80).

Welche genaue Rolle Martin Bonhoeffer bei den ersten Zuweisungen gespielt hat, ist nicht klar, insbesondere nicht, ob er sie selbst angeordnet und mit Becker abgesprochen hat. Aber alles andere wäre sehr verwunderlich, hat man vor Augen, wie Becker und Bonhoeffer in Göttingen zusammen gewirkt haben. Im Februar 1972, als Gerold Becker noch kein Leiter der Odenwaldschule war, wird in den Akten des Berliner Senats eine vierzehnjährige Schülerin mit Namen „Prisca" erwähnt, um die sich Martin Bonhoeffer als Referatsleiter im Blick auf eine umstrittene Heimeinweisung persönlich gekümmert und für sie eine Unterkunft für eine Nacht erreicht hat (Frommann/Becker 1996, S. 137–140).

Prisca könnte ein Mädchen mit Namen Patricia sein, die seit dem Sommer 1972 Schülerin der Odenwaldschule war. Sie ist in den Familienlisten verzeichnet, wenn sie also doch noch in ein Berliner Heim eingewiesen wurde, dann nur für kurze Zeit. Aber die Identität ist nicht nachgewiesen, Patricia hat an der Odenwaldschule Abitur gemacht, ob das auch für Prisca gilt, ist nicht klar. Weitere Spuren gibt es bislang nicht, nur dass Gerold Becker sie später einmal erwähnt hat.

In der Odenwaldschule wusste man, dass Martin Bonhoeffer und Gerold Becker befreundet waren. Die Jugendlichen, die von Berlin aus an die Odenwaldschule geschickt wurden, waren reifer als die Gleichaltrigen. Sie waren, wie sich ein Altschüler ausdrückt, „ausgesucht clever". Er berichtet auch, dass ein Freund ihm erzählt habe, Martin Bonhoeffer sei alleine mit einem Jungen zu einem vierwöchigen Sommerurlaub in Schweden gewesen. Die Eltern des Jungen fanden das komisch, hatten aber offenbar keinen wirklichen Verdacht und unternahmen jedenfalls nichts.[57]

Spuren ausserhalb dieser Erzählung gibt es bislang nicht, aber die verschiedenen Fälle zeigen, dass Martin Bonhoeffer enge Beziehungen mit Jugendlichen unterhalten hat, die gezielt aufgebaut wurden und die immer mit „extremen Schicksalen" zu tun hatten (ebd., S. 249). Sein Leben war ausgefüllt „mit Gewalterfahrungen, Suchtproblemen, Gesetzesüberschreitungen und Unfällen", die seine Schützlinge verursachten (ebd.). Über ihn aber als Person ist kaum etwas bekannt. Wie Gerold Becker lebte er ohne festen Partner und hatte nur eine Bezugsperson, nämlich seine Mutter.

Die Altschülerin Elfe Brandenburger berichtet ebenfalls über die „wilden Kinder von Berlin", wie sie in der Odenwaldschule bezeichnet wurden. Man wusste auch, dass die so genannten Fürsorgezöglinge von Martin Bonhoeffer vermittelt und vom Berliner Senat bezahlt wurden. Bonhoeffer kam öfter mal zu Besuch, die Beziehung zwischen ihm und Becker war also sichtbar. Aber, so Elfe Brandenburger, zu ihrer Zeit hörte das mit dem Berliner Jugendamt

---

57 Quelle: Gespräch mit mir.

„bald wieder auf." Dagegen seien Jugendliche von einem dubiosen „Kleinstkinderheim" wohl in Lüneburg vermittelt worden, das ein Ehepaar unterhalten hatte. Auch hier zahlte das zuständige Jugendamt.[58]

Elfe Brandenburger verliess die Schule 1977, ein Jahr zuvor hatte Martin Bonhoeffer seine Stelle in Berlin aufgegeben. Gerold Becker sorgte dafür, dass die Odenwaldschule auch weiterhin staatliche Einnahmequellen erschliessen konnte, was mit dem Ruf der Schule im Rücken auch hervorragend gelang. Sie schien spezialisiert zu sein für die schwierigen Fälle, also für Jugendliche in Notlagen, um die sich Becker und Bonhoeffer schon in Göttingen „gekümmert" hatten. Die Jugendämter liessen sich darauf ein und glaubten, dass dies die beste Lösung für ihre Fälle sein würde, ob sie je vor Ort tätig waren, ist nicht bekannt.

Über die gemeinsame Zeit in Göttingen hält Gerold Becker (1996, S. 29) fest, dass er und Bonhoeffer „sehr viel Zeit miteinander verbracht" und sich „beinahe täglich gesehen" hätten. Dabei hätten sie „unendlich viel miteinander geredet". In Bonhoeffers Berliner und Tübinger Jahren habe er ihn „nur selten besucht", „viel häufiger" kam Bonhoeffer „in die Odenwaldschule, meist spät in der Nacht auf der Rückreise von irgendeiner Tagung oder Kommissionssitzung". „Er wollte reden … oft bis in die Morgenstunden", worüber, wird nicht gesagt.

> „Dann doch ein paar Stunden Schlaf. Und dann, nach wenigstens einer kurzen frühmorgendlichen Begegnung mit Krümel, Prisca, Minus oder den anderen, für deren Unterbringung in der Odenwaldschule er ,amtlich' gesorgt hatte, wieder ins Auto und zum nächsten Termin" (ebd., S. 29).

Eine Altschülerin hat Martin Bonhoeffer als einen „netten" Menschen erlebt. Die Schülerinnen und Schüler, die aus Berlin an die Odenwaldschule kamen, hat auch sie als seltsam empfunden. Sie erinnert sich an einen Schüler mit dem Spitznamen „Minus" (Peter Frings), auch an „Krümel" (Reiner Haack) sowie an eine Karin Koll.[59] „Minus" hatte einen in Berlin gebliebenen Zwillingsbruder Frank, der „Plus" genannt wurde und der ihn gelegentlich in der Odenwaldschule besucht hat. Uwe und Herta Lau kannten beide Jungen aus ihrer Berliner Zeit.[60]

Die drei Namen finden sich in den Familienlisten. Reiner Haack war im Schuljahr 1973/1974 Mitglied in Gerold Beckers Familie. Schwach erinnern kann sich Jan Kruse an Reiner Haack, „ein kleiner Blonder". Er war aus Berlin

---

58 Gespräch mit Elfe Brandenburger am 25. Juni 2012 und Mail vom 7. Juli 2012.
59 Quelle: Gespräch mit mir.
60 Brief von Peter Lang vom 8. März 2015.

und man wusste an der Odenwaldschule, dass von dort „Trebekinder" kamen.[61] Reiner Haack wird auch im nächsten Schuljahr, als er in der neunten Klasse war, noch als Mitglied der Becker-Familie geführt, hat dann aber wohl die Schule verlassen. Was danach aus dem Jungen geworden ist, der wohl nicht zufällig „Krümel" genannt wurde, lässt sich nicht mehr feststellen. Es ist aber gut möglich, dass er Gerold Becker zum Opfer gefallen ist und dann abgeschoben wurde.

Peter Frings kam im Schuljahr 1971/1972 an die Odenwaldschule, kurzfristig und wohl erst nach Schuljahresbeginn. Gemäss Peter Lang kam der Leiter der Familie mit ihm nicht zurecht. Minus war dann häufiger in der Familie von Hertha und Uwe Lau im Geheeb-Haus, bisweilen kam er einfach nachts in das Dreierzimmer, in dem Peter Lang wohnte. Im nächsten Schuljahr war Peter Frings in einer anderen Familie und hat dann die Schule verlassen müssen. Er war gewälttätig und für die Schule untragbar, was vorher hätte abgesehen werden können. Im Sommer 1972 zertrümmerte er die Kapelle von Ober Hambach, die gegenüber dem Gasthof Hübner stand und nicht wieder hergestellt wurde. Damit erregte er grosses Aufsehen und konnte sich im Ort nicht mehr sehen lassen.[62]

Was er nach der Odenwaldschule gemacht hat, ist im Detail nicht bekannt. Peter Lang berichtet, dass er beide, Minus und Plus, in den neunziger Jahren während seiner Zeit in Berlin bei verschiedenen Gelegenheiten getroffen habe. Die beiden Brüder waren inzwischen vierzig und hatten sich kaum verändert. Frank („Plus"), der auf eine beträchtliche Knastkarriere zurückblicken konnte, war in einer Hinsicht besonders auffällig. Er hatte sich ein Schweigegelübde auferlegt, gab sich stumm und man konnte mit ihm nur mittels Gesten kommunizieren.[63]

Eine ungenannte Klassenkameradin erinnert sich, dass Peter Frings behauptete, er würde ein Stipendium der Schule beziehen, während er tatsächlich vom Berliner Jugendamt bezahlt wurde. Er erzählte allen von seinem Zwillingsbruder, mit dem er angeben wollte. Minus war wie er ein Strassenjunge, er kannte alle Tricks, war grobschlächtig, ziemlich brutal und hat andere oft gequält. Ihm war alles zuzutrauen. Häufig erschien er nicht zum Unterricht und wenn er da war, provozierte er. Er hat die Klasse dann aufgemischt und unter seinem extremen Verhalten haben auch die Lehrer gelitten. Diese Zeugin gibt wiederum an, dass der Zwillingsbruder aus Berlin an der Schule als Besucher gesehen wurde.

---

61 Gespräch mit Jan Kruse vom 28. Februar 2014.
62 Brief von Peter Lang vom 17. Mai 2014 und vom 5. August 2015.
63 Brief von Peter Lang vom 5. August 2015.

Die Schule traute sich zu, diese Jugendlichen aufzufangen, sie zu Verhaltensänderungen zu veranlassen und sie schliesslich auch zu einem schulischen Abschluss zu führen. Das gelang vielfach nicht, auch weil man gar nicht mehr machen konnte, als sie in die Familien der Schule einzugliedern. Therapieformen gab es nicht, wirksame Sanktionen auch nicht, man hoffte einfach auf den Gemeinschaftseffekt, dem sich gewiefte Strassenjungen, die die pädagogische Absicht durchschauten, schnell entziehen konnten.

Den Familienlisten ist zu entnehmen, dass Karin Koll im Schuljahr 1973/1974 einen Platz in einer Familie hatte, noch im nächsten Schuljahr dort war und danach die Familie wechselte. Sie verliess die Schule ein Jahr später, als sie in der elften Klasse war, einen Abschluss hat sie offenbar nicht gemacht, jedenfalls nicht an der Odenwaldschule. Auch ihre Spur verliert sich. Manche Schüler verschwanden einfach und ihre Namen wurden dann in den Familienlisten durchgestrichen, oft – aber nicht immer – mit dem Vermerk des Abgangsdatums.

Ein Mitschüler berichtet von einem Fall in der Familie von Gerold Becker, der 1977 passiert sein muss.[64] Es ging um Atze, so wurde ein Junge genannt, der ebenfalls vom Berliner Jugendamt an die Odenwaldschule vermittelt worden war. Er war im Schuljahr 1976/1977 kurzfristig in die Familie von Gerold Becker gekommen, nachdem er zuvor bei der Lehrerin Jutta Strippel gewohnt hat und dort vermutlich als untragbar eingestuft worden ist. Sie leitete zum ersten Male eine OSO-Familie und der Junge musste mitten im Schuljahr wechseln.

Bei Becker war ein Platz frei geworden und Atze teilte ein Zimmer mit Michael Wirsing. Er besuchte die achte Klasse und blieb nur das eine Jahr. Atze, der vermutlich noch keine vierzehn Jahre alt war, wurde von Becker wegen Alkohol- und Drogenmissbrauch von der Schule verwiesen. Daraufhin gab es gegen Becker eine Art Revolte, die aber nichts bewirkte. Die Lehrerkonferenz hiess Beckers einsamen Beschluss gut, der Junge musste die Schule trotz Fürsprache seiner Kameraden verlassen und starb Jahre später an Leberzirrhose. Geholfen hat ihm niemand.

Ein Freund in einem intimen Sinne, mit dem man auch über Gefühle oder „wirklich Persönliches" reden konnte, ist Martin Bonhoeffer für Gerold Becker nicht gewesen. Er blieb „abwehrend", wenn es zu „nah" wurde. Liebesgeschichten aus Beckers Vergangenheit wollte er nicht hören, auch dann nicht, wenn sie „ein bisschen betrunken waren". Dagegen seien ihre Gespräche in allen „nicht unmittelbar persönlichen Bezirken" immer „ganz offen" gewesen, was genau das auch heissen mag (ebd., S. 30). Beide haben sich nach einiger Zeit mit Vornamen, aber nie anders als mit „Sie" angeredet.

---

64 Quelle: Gespräch mit mir.

Elfe Brandenburger berichtet, dass Becker als Gymnasiast eine unglückliche Liebe gehabt haben will, von der er in betrunkenem Zustand erzählte, allerdings nur den Jungen in seiner Familie.[65] Noch etwas war auffällig: Becker machte so ein seltsames „Gewese" um seinen „Freund Martin Bonhoeffer". Wenn er von ihm sprach, lag darin ein „unüberhörbarer Unterton". Als Schülerin wusste man nicht, was das bedeutete, es fiel nur auf.[66]

Im Blick auf Bonhoeffer wird von Becker ausdrücklich festgehalten: Während ihrer „gemeinsamen Göttinger Jahre" gab es „fast ständig irgendwelche Jugendliche", um die sich beide „kümmerten". Meistens waren es Jungen, zu denen es einen „unmittelbaren Zugang" gab oder die in Schwierigkeiten der Art geraten waren, für die sich Bonhoeffer ebenso wie Becker „zuständig" fühlten (ebd.). Den Jugendlichen in Not sollte geholfen werden, was Nähe voraussetzte.

> „MB hatte weit mehr solcher Schützlinge als ich, seine Hilfsbereitschaft, seine Phantasie, seine Hartnäckigkeit waren sehr viel grösser als meine. Er ‚suchte' diese Schützlinge nicht, sondern sie ‚liefen ihm zu'. Aber das war kein Zufall. Meist wurde ein ‚neuer' von irgendeinem ‚alten' wie selbstverständlich mitgebracht" (ebd.).

In den Göttinger Jahren am Pädagogischen Seminar als Mitarbeiter von Heinrich Roth spielten also Jugendliche, nach eigenen Aussagen, eine wichtige Rolle in Gerold Beckers Leben. Wer das genau war, lässt sich nur im Einzelfall noch sagen, aber offenbar unterhielten beide, Becker wie Bonhoeffer, auf Dauer enge Kontakte zu männlichen Jugendlichen. Von Mädchen ist in den spärlichen Selbstzeugnissen keine Rede.

Von Beckers Sozialisation her wäre auch nichts anderes zu erwarten gewesen, seine Aufmerksamkeit und Fürsorge galten immer potenziellen männlichen Opfern. Daneben musste er eine Dissertation fertigstellen, was ihm zunehmend Schwierigkeiten bereitete. Auf merkwürdige Weise war Martin Bonhoeffer in der gleichen Lage. Beide galten im Pädagogischen Seminar als gegensätzliche Charaktere, aber im Blick auf den Studienabschluss gerieten sie in eine gemeinsame Situation des Scheiterns. Dagegen hat niemand etwas unternommen, auch die mächtigen Freunde nicht.

---

65 Gespräch mit Elfe Brandenburger am 25. Juni 2012 und Mail vom 7. Juli 2012.
66 Mail von Elfe Brandenburger vom 12. August 2015.

3.3 Zwei gescheiterte Doktoranden

Hentig (2009, S. 595/596) verweist in seinen Lebenserinnerungen darauf, dass Martin Bonhoeffer seinerzeit an einer Dissertation über Heimerziehung gearbeitet habe, die aber nie fertig wurde, weil sich Bonhoeffer stets für die sofortige „Rettung" von Heimkindern engagierte und dafür das ganze Seminar einzunehmen versuchte. Das ging so weit, dass er sich, wenn es darauf ankam, an keine Zeiten hielt und unmittelbar bedient werden wollte. „Becker und mich konnte er nachts um drei Uhr aufsuchen, um von einem verstörenden Fall zu berichten, für den er unser jeweiliges Auto oder unseren Rat oder unsere Deckung brauchte" (ebd., S. 596).

Über Gerold Beckers Dissertation verliert Hentig kein Wort und dies nicht, weil Heinrich Roth der Betreuer war. Was Becker in den fünf Jahren in Göttingen gemacht hat, kommt nur ganz am Rande vor und die gescheiterte Dissertation des besten Freundes wird verschwiegen, während Hentig seiner eigenen Doktorarbeit viele Seiten gewidmet hat (ebd., S. 366–375, 407–412). Das Ende des Dissertationsprojekts fällt mit Beckers Weggang an die Odenwaldschule zusammen, aber das dürfte nicht der Grund gewesen sein für die Nichterwähnung. Vermutlich sollte Beckers Bild einfach nicht angekratzt werden und intellektuelles Scheitern durfte es für ihn nicht geben.

Für eine Paarbeziehung ist das mehr als ungewöhnlich. Becker sollte promovieren und wohl auch eine akademische Karriere einschlagen. Er hat früh publiziert, wurde schnell bekannt und war an Hentigs Seite als Pädagoge unterwegs. Dennoch schaffte er es nicht, die Bedingung für die Universitätslaufbahn zu erfüllen. Es gibt keinen Hinweis, dass er das *nicht* wollte und er hätte ja auch einen zweiten Anlauf nehmen, nämlich das Thema wechseln können, aber das unterblieb und er hielt bis zuletzt den Schein aufrecht, dass er die Dissertation abschliessen würde.

In dieser Hinsicht kann es kein Vertrauensverhältnis gewesen sein, Becker hat für sich entschieden und es dann auch noch so aussehen lassen, dass er bestens dastand, als Praktiker nämlich, der nicht länger nur den Elfenbeinturm bedienen wollte. So etwas kommt in der Pädagogik immer gut an und damit konnte er vom eigenen Versagen trefflich ablenken. In Wirklichkeit war es erneut eine Flucht, die nur nicht so genannt wurde. Becker verschwand aus dem Pädagogischen Seminar und der Grund war sicher nicht nur der gescheiterte Versuch einer akademischen Qualifizierung.

Bonhoeffers Dissertation hat Hentig mit einem DFG-Antrag direkt unterstützt. Der Antrag datiert auf den 20. April 1966 und wurde am Ende auch bewilligt. Mitantragsteller war Heinrich Roth. Gutachter waren unter anderem die beiden Pädagogen Hans Wenke und Josef Derbolav.[67] Das Thema lautete vage: „Empirische Untersuchungen auf dem Gebiet der Sozialpädagogik"; es handelte sich um eine Befragung zur Heimerziehung in der Bundesrepublik. Die Auswertung von Bonhoeffers Daten ist vom 1. September 1967 an für ein Jahr mit einer Sachbeihilfe von 4.210 DM gefördert worden. Damit wurden Hilfskräfte beschäftigt, die die Codierung der Daten übernahmen.

Ein drittes Gutachten datiert auf den 4. September 1968 und stammt von dem Pädagogen Hans Scheuerl,[68] der damals in Frankfurt lehrte. Er nimmt Stellung zu dem aus Göttingen vorgelegten Bericht über den Stand des Forschungsprojektes und die sinnvolle Verwendung der Beihilfe. Scheuerl lobt den Bericht, er gebe einen „detaillierten Überblick über den Stand und Gang der Untersuchung, ihre Vorbereitung, Durchführung und begonnene Auswertung im Laufe der letzten beiden Jahre". Der Bericht zeige, „dass die Befragung mit Umsicht, methodischer Absicherung nach vielen Seiten, empirischer Versiertheit und auch mancherlei List angelegt" worden sei.

Erwartet wird am Ende „ein repräsentativer und wirklich ungeschminkter Einblick in Selbstverständnis und Wirklichkeit gegenwärtiger deutscher Heimerziehung". Soweit aus dem Vorliegenden ersichtlich, werde „es sich nach Abschluss der Auswertungen um eine wichtige empirische Erhebung auf einem Gebiet handeln, das erziehungswissenschaftlich bisher noch wenig durchdrungen ist". Auch manche Einzelergebnisse, „die grossen Informationswert versprechen", dürfen „mit Spannung" erwartet werden. Darüber hinaus verspricht die Untersuchung in methodologischer Hinsicht für weitere Erhebungen in ähnlicher Absicht „einen gewissen Pioniercharakter", auf jeden Fall werden „wichtige Erfahrungen" für die Forschung erbracht.

Diese Adelung als Pionierstudie erfolgte durch einen Gutachter, der von empirischer Forschung wenig verstand. Das gilt auch für den Antragsteller „Prof. v. Hentig". Das Projekt hatte bereits eine Laufzeit von mehreren Jahren hinter sich, als „Leiter der Untersuchung" wird angegeben „cand. phil. M. Bonhoeffer", der in Wirklichkeit ausserstande war, seine Auswertungen zu einem Abschluss zu bringen. Die Dissertation wurde nie fertig, wenige Monate nach Scheuerls Gutachten wurde das Projekt abgebrochen, der Doktorand verliess die Universität, während der Gutachter noch vermerkte, dass an der „sinnvollen Verwendung der Beihilfe im Sinne der Statuten der DFG … kein Zweifel bestehen" könne.

---

67 Josef Derbolav (1912–1987) war seit 1955 Professor für Philosophie und Pädagogik an der Universität Bonn.
68 Quelle: DFG-Archiv.

Allen im Pädagogischen Seminar war klar, dass Martin Bonhoeffer nie eine Dissertation schreiben würde. Er war, wie sich ein Zeitzeuge ausdrückt, die „Seele für die Gestrandeten", aber kein Forscher, der sich auf ein Thema konzentrieren und selbst disziplinieren konnte. Trotzdem hat er eine eigene Erhebung durchgeführt, erhielt Fördermittel und wurde ausdauernd unterstützt. Auch er hat stets beteuert, dass er seine ausufernde Dissertation doch noch abschliessen wolle, doch jeder im Institut wusste, dass er das nicht konnte. Auch in seinem Fall hat niemand verhindert, dass er Jahre vergeblich gearbeitet hat und darin auch noch bestärkt worden ist.

Bei Gerold Becker war das anders, er galt, wie immer seit seiner Schulzeit in Verden, als besonderes Talent, was auch wegen der engen Beziehung zu Hentig nahelag. Allerdings wusste man als Kollege über ihn wenig, er war verschwiegen und hat auch in geselligen Runden so gut wie nie etwas über sich selbst preisgegeben. Doch auch Gerold Becker hat sich nicht in einem sozialen Niemandsland bewegt. Ein Indikator, wie Personen wahrgenommen werden, sind Anekdoten, die auf persönliche Züge hinweisen und durch Dritte kolportiert werden. Mit Anekdoten wird versucht, eine Person zu charakterisieren und sie fassbar zu machen.

Über Gerold Becker gibt es einige wenige Anekdoten aus seiner Zeit in Göttingen, die bei Anlass auch erzählt worden sind (etwa: Harder 1999a, S. 84). Eine davon zeigt staunenswerte Geistesgegenwart und wie er sich in einer für ihn schwierigen Situation geschickt aus der Affäre ziehen konnte, was ihn offenbar durchgehend ausgezeichnet hat. Er war, anders gesagt, immer hellwach, wenn es für ihn brenzlig wurde, er hatte einen untrüglichen Sinn für die Situation und wie er sie zu seinen Gunsten auslegen konnte. Becker hat mit diesen Fähigkeiten bis zuletzt immer seinen Kopf retten können und auch das hat ihn geschützt.

Die Anekdote handelt von akademischem Bluff und spielt in einem der beiden Doktorandenseminare von Heinrich Roth.[69] Gerold Becker hatte die Vorstellung und kritische Besprechung eines gerade erschienenen erziehungswissenschaftlichen Buches übernommen. Er erschien wie immer knapp vor dem Beginn der Sitzung, als Heinrich Roth noch nicht da war. Als er sich gesetzt hatte, realisierte er, dass er an der Reihe war und erklärte seinen staunenden Kommilitonen, er habe das fragliche Buch „noch nicht einmal in der Hand gehabt", geschweige denn gelesen. Er war also gänzlich unvorbereitet.

---

[69] Roth bot regelmässig ein Oberseminar an, in dem „neuere pädagogische Forschungsarbeiten und Forschungsergebnisse" thematisiert wurden (Nachlass Heinrich Roth Cod. Ms. H. Roth B 9/10). Gerold Becker wurde auf einem undatierten Dokument als Mitglied von Roths Doktorandenseminar II geführt, das elf Personen umfasste. Martin Bonhoeffer gehörte dem Doktorandenseminar I an (Cod. Ms. H. Roth L3, Bl. 2)

Kurz darauf betrat Roth den Seminarraum, machte zu Sitzungsbeginn organisatorische Vorbemerkungen und gab eine kurze Einführung in das Thema. Währenddessen las Gerold Becker „halb verdeckt unterm Tisch" den Waschzettel des Buches, ging das Inhaltsverzeichnis durch und „blätterte wohl auch im Vorwort herum". Und dann legte er, so erinnert sich Wolfgang Harder, einen glänzenden Auftritt hin. Aufgerufen von Roth gab Becker „eine hinreißende Darstellung über Thema, Untersuchungsmethoden und Ergebnisse der Publikation", woran sich „ein paar scharfsinnig-kritische Anmerkungen" und am Ende „einige weiterführende Fragen" anschlossen (Harder 1985a, S. 157).

Die Kunst des Bluffens, anders gesagt, beherrschte er. Er war für sämtliche Teilnehmer des Seminars beeindruckend, die ja alle wussten, dass er aus dem Stegreif heraus agiert hatte. Harder bemerkt dazu, er wäre an seiner Stelle „ohnmächtig geworden" oder zumindest „gelähmt vor Entsetzen" (ebd.). Becker dagegen verfügte über genügend Abgebrühtheit, um die Situation souverän bewältigen zu können. Heinrich Roth, ergänzt Harder, verlangte von seinen Studenten „permanent hellwache Präsenz und Präzision" (ebd.), nicht ahnend, was Gerold Becker daraus machen konnte.

Eine andere Anekdote passt in gewisser Hinsicht gut dazu.[70] Einer der Gymnasiasten im Umkreis von Becker und Hentig interessierte sich für Pädagogik und besuchte unter anderem Vorlesungen bei Heinrich Roth. Bei dieser Gelegenheit sah er Gerold Becker vor sich sitzen, den er als Assistent von Roth kannte und der oft im Auditorium anzutreffen war, aber nur, weil er anwesend sein musste. Während der Vorlesung schlief Becker häufig ein, ohne dass es auffiel, vielleicht war er übermüdet oder einfach nur gelangweilt. Sehr viel Interesse an dieser Pflichtveranstaltung für Lehramtsstudenten kann Gerold Becker aber nicht gehabt haben. Von der anderen Seite aus gesagt: Heinrich Roth hat acht Semester mit Vorlesungen zu seiner Pädagogischen Anthropologie zugebracht.

Heinrich Roth verlangte von allen seinen Mitarbeitern Anwesenheit in den Lehrveranstaltungen. Hans Thiersch sagt, er habe keine Vorlesung von Roth „nicht gehört" und kein Oberseminar „nicht besucht". Alle Mitarbeiter des Seminars, Assistenten wie Hilfsassistenten, mussten in Dreierreihen hinter dem Professor in die Aula gehen und die Vorlesung besuchen. Auch Renate und Hans Thiersch geben an, dass der offenbar ganz lockere Gerold Becker während der Vorlesung häufiger eingeschlafen sei, was sich kein anderer getraut hätte. Er versuchte erst gar nicht, aufmerksam zu erscheinen.

---

70 Gespräch mit Christoph Landwehr am 11. Juni 2013.

Auf der anderen Seite gab es genügend Gelegenheiten zur Selbstdarstellung. Roth wollte, dass nach der Vorlesung Fragen gestellt wurden und berichtet wird, dass Becker immer die passenden dabei hatte. Es gab also mit den Assistenten und Mitarbeitern eine Art Nachbereitung der Vorlesung, in der Becker sehr präsent war und stets durch kluge Bemerkungen positiv auffiel. Das war ein Grund, ihn zu beneiden. Er verstand es auch, ohne sichtbare Anstrengungen von Oberseminarsitzungen „tadellose Protokolle" anzufertigen,[71] was auf Roth sicherlich Eindruck gemacht hat.

Das Ende seiner Zeit als Mitarbeiter in Göttingen ist wiederum voller Ungereimtheiten. Er gab seine Tätigkeit am Pädagogischen Seminar auf, ohne einen zweiten Studienabschluss gemacht zu haben. Als Grund wurde angegeben, dass er Lehrer an der Odenwaldschule werden wollte, wofür er aber gar nicht ausgebildet war. Das muss in einem Pädagogischen Seminar aufgefallen und Anlass für Gerede gewesen sein. Er war lediglich Doktorand und hat nie für ein gymnasiales Lehramt studiert. Nur ein entsprechendes Examen hätte ihn für das schulische Berufsfeld qualifiziert, und auch das allein für die anschliessende Referendarausbildung. Gerold Becker verliess daher die Universität als professioneller Laie, ohne dass ihm das Nachteile eingebracht hätte.

Die Stelle als Verwalter einer Assistentenstelle freiwillig aufzugeben und von sich aus zu kündigen, war höchst leichtsinnig, wobei nicht bekannt ist, wie befristet die Anstellung war und ob sie nur mit dem baldigem Abschluss der Dissertation hätte verlängert werden können. In diesem Falle hat Gerold Becker sich womöglich für die Odenwaldschule aus einem ähnlichen Grund entschieden wie fünf Jahre zuvor für das Pädagogische Seminar. Er brauchte einen finanziellen Anschluss. Andererseits hatte er eine Karriere in der akademischen Pädagogik vor sich, die vielversprechend begonnen hatte und die man nicht von heute auf morgen einfach aufgibt.

Doch genau das tat er, wie zuvor in Linz und später als Leiter der Odenwaldschule. Sein Lebensweg war gekennzeichnet von harten Brüchen, die in seinem jeweiligen Umfeld nicht vorherzusehen waren. Er ist ganz einfach verschwunden und musste sich dann jeweils neu orientieren, wobei er seit Linz tatsächlich immer aufgefangen wurde. Über die unverblümte Protektion kann man nur staunen. Becker hat selber nie wirklich Schaden erlitten, obwohl er seit seiner verfrühten Ordination für keinen seiner Arbeitsplätze qualifiziert gewesen war. Sein Leben war so gesehen eine ständige und sehr eigensinnige Hochstapelei, die von seinen mächtigen Freunden gedeckt worden ist.

---

71 Gespräch mit Renate und Hans Thiersch am 1. Juli 2013.

Eine erziehungswissenschaftliche Doktorarbeit hat Becker mit dem DFG-Projekt wohl begonnen, jedoch nicht abgeschlossen. Das sollte nach eigenen Angaben in der Odenwaldschule geschehen, aber das dürfte nicht mehr gewesen ein als eine rückblickende Rationalisierung. Die Arbeit war schon in Göttingen längst gescheitert, an den eigenen Ansprüchen und aber auch der fehlenden Forschungserfahrung. Wer die damalige Situation von Doktoranden vor Augen hat: Jeder eingeschriebene Student konnte eine solche Arbeit beginnen und musste die Risiken dann selber tragen, aber Gerold Becker ist vielfältig unterstützt worden und verfügte über ausreichende Ressourcen, die er nicht genutzt hat.

Das geriet ihm nicht zum Nachteil, im Gegenteil. Becker konnte nach seiner Zeit in Göttingen viel zitierter Experte für Reformpädagogik und Schulreform werden, ohne seinen Namen mit einem Makel verbinden zu müssen. Die Episode der Dissertation wurde einfach vergessen und war in der Odenwaldschule nie ein Thema, das kritisch nachgefragt wurde. Auf diese Episode ist Becker erst sehr viel später eingegangen, als es im Blick auf die Karriere nicht mehr darauf ankam. Seine Erklärung liest sich wie der Kommentar zu einem verlorenen Spiel und nicht wie ein Eingeständnis des Scheiterns.

Als nach aussen hin viel beschäftigter Schulleiter fand Becker in den Jahren 1973/1974 wohl die Zeit, Urie Bronfenbrenners Buch *Wie wirksam ist kompensatorische Erziehung?* zu übersetzen (Bronfenbrenner 1974), aber war nicht imstande, seine Dissertation zu beenden. Bronfenbrenner war ein entfernter Verwandter von Gerold Becker[72], Hentig und er haben ihn 1967 an der Cornell University besucht (Hentig 2007, S. 650), wo Bronfenbrenner seit 1947 lehrte. Er hatte 1974 für das Office of Child Development in Washington die Studie „Is Early Intervention Effective?" veröffentlicht,[73] die im Herbst des gleichen Jahres auf Deutsch erschien. Das Vorwort von Hartmut von Hentig datiert auf den 7. August 1974 (Bronfenbrenner 1974, S. 16), in den Monaten davor muss Becker den Text übersetzt haben.[74]

Das Scheitern der Dissertation lag da vermutlich schon lange hinter ihm und war wohl auch kein Thema mehr. Aber ohne Kenntnisse der amerikanischen empirischen Forschung hätte er Bronfenbrenner kaum übersetzen

---

72 Urie Bronfenbrenner (1917–2005) war seit 1942 verheiratet mit Liese Price, die 1920 in Bonn geboren wurde. Sie war die Tochter des Anglisten Hereward Thimbely Price (1880–1964), der an der Universität Bonn promoviert hatte und dort als Englischlektor tätig war. Ihre Mutter Elisabeth Prym (1884–1971) war die Tante von Gerold Beckers Mutter (Willems 1968, S. 292). Die Tochter lebte als Kleinkind eine Zeit lang bei der Tante in Kiel. Sie kam im Alter von zehn Jahren in die Vereinigten Staaten.
73 Die Studie ist zugänglich unter: www.files.eric.ed.gov/fulltext/ED093501.pdf
74 „Die Übersetzung besorgte Gerold Ummo Becker, Odenwaldschule Ober-Hambach (Bergstrasse)" (Bronfenbrenner 1974, S. 4).

können. Er muss also über ausreichend Kompetenz verfügt haben, statistische Daten und Beschreibungen lesen zu können. Ob er sich beraten liess, ist nicht bekannt. Aber die Übersetzung ist auf jeden Fall nicht dilettantisch. Die abgebrochene Doktorarbeit erstaunt dann eher noch mehr.

Über den Fortgang der Arbeit an der Dissertation hat Becker seinerzeit nie etwas durchblicken lassen und die Legende der Fertigstellung der Doktorarbeit hat er lange aufrechterhalten. Erst 1996 hat er zugestanden, dass er gar nicht fähig gewesen sei, die Aufgabe zu bewältigen. Aber das war von Anfang an abzusehen und auch diese Dissertation, gefördert mit Staatsmitteln, hätte nie begonnen werden dürfen. Über welche Kenntnisse er immer verfügt hat, sie haben nicht ausgereicht.

Methoden der empirischen Forschung konnte man bei Heinrich Roth nicht lernen, weil er nie ein entsprechendes Seminar angeboten hat. In seiner Forschungsstelle gab es aber Experten, die das methodische Handwerk beherrschten. Auch in den Vorlesungen von Roth spielte die Empirie nur eine untergeordnete Rolle, er war über die Jahre mit den grossen Linien seiner pädagogischen Anthropologie beschäftigt. Gerold Becker hat also über keine Ausbildung in empirischer Bildungsforschung verfügen können. Ein entsprechendes Angebot gab es nicht. Umso mehr ist dann die Frage, wie er unmittelbar nach Beginn seiner Tätigkeit empirisch geforscht haben will.

Gerold Becker ist 1966 oder 1967 am Max-Planck-Gymnasium in Göttingen, der alten Schule von Martin Bonhoeffer, vorstellig geworden und hat dort nach Helfern für sein Dissertationsprojekt gesucht. Das geschah ein oder zwei Jahre nach Projektbeginn. In einem extra eingerichteten Zimmer im Haus Arnimweg 8 waren verschiedene Gymnasiasten damit beschäftigt, die von Becker erhobenen Daten auszuwerten, was aber zu keinem Ergebnis führen sollte. Becker geriet über den schleppenden Fortgang der Arbeit zeitweise regelrecht in Panik. Zeugen berichten, wie er sagte: „Alles irgendwie zu viel" und er hat die Dissertation dann ja auch nicht abschliessen können.[75]

Das Projekt basierte auf Umfragen, wozu die Beherrschung demoskopischer Methoden erforderlich war. Schon bei der Datenerhebung muss es zu erheblichen Schwierigkeiten gekommen sein. Verbürgt ist, dass sich Becker für den empirischen Teil Hilfe bei Elisabeth Noelle-Neumann in Allensbach hat holen können. Vermittelt hat das wohl Hartmut von Hentig, der Frau Noelle-Neumann aus seinen Tübinger Tagen kannte und Zugang zu ihr hatte (Hentig 2009, S. 516/517, 565/566). Viel gewonnen wurde dadurch aber nicht. Die Auswertung der Daten ist trotz eines offenbar grossen Aufwandes nie abgeschlossen geworden.

---

75 Gespräch mit Christoph Landwehr am 11. Juni 2013.

Martin Bonhoeffer hatte ähnliche Schwierigkeiten, die er in langen Jahren trotz intensiver Förderung nicht bewältigen konnte. Auch bei ihm fehlte neben der Forschungskompetenz die Fähigkeit, das Thema in einem Rahmen zu halten, der bearbeitbar gewesen wäre. Sein Hauptanliegen war praktischer Natur, es ging um Jugendliche in Notlagen, die seine Zeit über Gebühr in Anspruch nahmen. Die Arbeit an der Dissertation musste dann ruhen. Aber es war nicht nur die fehlende Zeit, Bonhoeffer kam nicht voran, weil er überfordert war.

Auch nach seiner Emeritierung kümmerte sich Heinrich Roth noch um seine Doktoranden, nicht zuletzt um Martin Bonhoeffer, der ihm gerade wegen seines pädagogischen Engagements besonders am Herzen lag. In einem Brief an Bonhoeffer vom 3. März 1971 schreibt Heinrich Roth: „Ihre Dissertation nehme ich jederzeit an und werde sie immer und auf alle Fälle durchbringen" (zit. n. Becker 1996, S. 41). Dazu kam es nicht, ohne dass Bonhoeffer sich je erklärt hätte. Er war auch hier der verlorene Sohn, der nicht zurückgekehrt ist.

Dabei war er als Doktorand dem Anschein nach vielversprechend. In der Festschrift für Heinrich Roth hatte Martin Bonhoeffer im Frühjahr 1966 einen Aufsatz zum Thema „Forschungaufgaben in der Heimerziehung" veröffentlicht (Bonhoeffer 1966), der sich wie eine wohl überlegte Skizze für die eigene Dissertation liest. Allerdings wird bereits hier angemerkt, dass er die beschriebenen Forschungsaufgaben nicht in ein Forschungsprogramm haben einmünden lassen. Der Grund klingt wie die Einsicht in seine Lage: „Das kann kein einzelner leisten" (ebd., S. 225).

Dafür waren die moralischen Ansprüche an sich und die Wissenschaft umso höher: In der Heimerziehung müssen die pädagogischen Bemühungen so umfassend sein „wie nirgend sonst". Hier muss „uneingeschränkt" für „alle Bedürfnisse der Kinder gesorgt werden". Und weil die öffentliche Hand diese Aufgabe übernimmt, erhalten die Erziehungswissenschaft und er als Forscher „eine besondere Verantwortung". Diese Verantwortung hat er nie einlösen können. Sie blieb eine rhetorische Formel ohne jene empirische Basis, die Bonhoeffer eigentlich liefern wollte.

Doch das Credo war stark und lautete: „Dass Institutionen diese umfassende Aufgabe übertragen ist, dass Erzieher von Beruf nicht in diesem oder jenem Lebensbereich, sondern ‚total erziehen', macht die Heimerziehung für die Erforschung ausserschulischer Pädagogik zu einem einzigartigen Modell" (ebd., S. 226). Aber damit ist weder eine Forschungsfrage formuliert noch eine Hypothese gebildet, die es erlauben würde, dem Gegenstand näher zu kommen. Gerold Becker hat später an der Odenwaldschule häufiger gesagt, dass er sich in einer „totalen" Erziehungssituation befinde, die dann aber auch keinen wissenschaftlichen Abstand erlaubt.

Das Scheitern hatte auch eine ganz persönliche Seite. Martin Bonhoeffer litt zeitweise unter Schreibstörungen. Er konnte stundenlang vor einem leeren Blatt sitzen und strich dann den einzigen Satz, den er zu Papier gebracht hatte, durch, ohne voranzukommen. Sein Dissertationsvorhaben wurde nicht zuletzt deswegen nie fertig, wobei über den definitiv erreichten Stand nichts bekannt ist, auch nicht, was er nach dem Bericht für die DFG unternommen hat, um das Projekt und so sein Studium doch noch mit einer Dissertation abzuschliessen.

Seine Studie sollte die realen Verhältnisse in der deutschen Heimerziehung erfassen und wäre so im Sinne des Gutachters Scheuerl tatsächlich eine empirische Pionierstudie geworden. Aber das Projekt war viel zu weit gefasst und völlig überdimensioniert, um erfolgreich bearbeitet werden zu können, was von keinem der Gutachter moniert worden ist. Hans Wenke schrieb in seinem Gutachten,[76] aus dem Fragebogen könne geschlossen werden, „dass die Untersuchung auf breiter Basis durchgeführt wird und dass der Leiter der Untersuchung, Herr Bonhoeffer, über die nötige Kenntnis und persönliche Erfahrung verfügt".

Doch das Thema war „uferlos", was im Pädagogischen Seminar auch nicht verborgen geblieben ist. Bonhoeffer, der zuvor nie einschlägig gearbeitet hatte, war sichtbar überfordert und hatte offenbar massive Probleme mit dem damals üblichen Lochkartensystem zur Datenerfassung. Das erklärt denn auch Hentigs DFG-Antrag, durch die damit zur Verfügung stehenden Mittel wurde jedoch nichts anders und Bonhoeffer kam nur zu einer Art Abschlussbericht, der äusserst wohlwollend beurteilt wurde, aber das Projekt auch nicht retten konnte. Die „Pionierstudie" kam nie zu einem Abschluss.

Parallel zu seinem scheiterte auch Gerold Beckers Dissertationsvorhaben, trotz äusserst wohlwollender Unterstützung nicht zuletzt durch Hartmut von Hentig. Über den Verlauf des Projekts ist nur wenig bekannt, besonders die letzten Jahre liegen weitgehend im Dunkeln. Becker hat sich erst mit grossem Abstand dazu geäussert und was er zu sagen hatte, bestätigt die Vermutungen, nämlich dass er und Bonhoeffer mit ihren Doktorarbeiten einfach nicht zurechtkamen, sich das aber nicht eingestehen konnten oder wollten und deswegen solange den Schein gewahrt haben, bis es nicht mehr ging.

In dem Aufsatz über Martin Bonhoeffer hält Becker (1996, S. 39) fest, dass beide von empirischen Forschungsmethoden „kaum etwas" verstanden hätten und das auch sehr wohl wussten, vor Dritten aber nicht zugeben mochten. Manches habe man als Autodidakt wohl gelernt, aber das reichte bei weitem nicht aus, um die Arbeit bewältigen zu können. Wenn man sich bei Experten Rat holte, dann „schienen uns deren methodische Vorschläge …

---

76 Quelle: DFG-Archiv.

auf eine derartige Versimpelung unseres tatsächlichen ‚Forschungs'-Interesses hinauszulaufen, dass wir uns hochnäsig auf unsere selbstgestrickten Pläne zurückgezogen" haben. Kontrolliert hat das offenbar niemand und die Arbeit hat einfach von den eigenen Illusionen gelebt.

Heinrich Roth gegenüber hätten sie „ständig Potemkinsche Dörfer gebaut" und sich geschämt, ihn zu enttäuschen, „da er sich uns beiden gegenüber rührend fürsorglich verhielt" (ebd.). Da blieb dann am Ende nur noch die Flucht und die scheinbar entlastende Vorstellung, die Dissertation am neuen Arbeitsort in der Freizeit doch noch „zu Ende zu bringen" (ebd., S. 41). Damit sollte nur der Schein gewahrt werden, denn beide wussten, dass sie ihre Projekte nie fertigstellen würden. Nur durfte das in ihrem akademischen Milieu nicht eingestanden werden.

Beide hielten den selbst gesteckten hohen Erwartungen nicht stand und scheiterten kläglich. Aber sie standen nicht mit leeren Händen da, das Scheitern wurde geradezu belohnt, denn für sie gab es wie gezeigt schnelle Anschlüsse und schon deswegen mussten sie sich nicht fragen, warum ihre Dissertationsprojekte zu einem Desaster geführt haben. Beide konnten weiterhin mit ungebrochen hohen Ambitionen leben, ohne an ihrem Selbstbild Abstriche machen zu müssen. Dabei half das pädagogische Feld.

In einem Brief vom 26. Februar 1969 an ihn, den „lieben Herrn Becker", erwähnt Walter Schäfer, dass er „recht erstaunt" gewesen sei, als ihn Hellmut Becker[77] aus Berlin angerufen habe, um ihm zu erklären, dass der künftige Pädagogische Mitarbeiter bis „zum völligen Abschluss" seiner Dissertation „noch einige Wochen Zeit brauche". Vereinbart war ein Arbeitsbeginn zum 1. März 1969. Schäfer liess sich auf das Anliegen ein und schrieb: „An sich haben Ihre befreundeten Ratgeber durchaus Recht; bei der Tätigkeit hier bleibt für solche anstrengende Arbeit keine rechte Zeit, und da die Dinge so sind wie sie sind, sind wir einverstanden, obwohl wir Sie sehr gerne gesehen hätten."

Daraus lässt sich schliessen, dass der Abschluss der Dissertation die Bedingung gewesen ist, an die Odenwaldschule zu gehen, anders hätte Hellmut Becker, Mitglied des Vorstandes der Odenwaldschule, nicht direkt interveniert. Schäfer war Ende Februar sogar noch zu einem weiteren Zugeständnis bereit: „Die Anreise der Schüler ist am Donnerstag, den 17. April. Wenn Sie am 16. April hier wären, würde das reichen. Wenn natürlich die 14 Tage bis zum 1. Mai noch unbedingt zu dem Abschluss Ihrer Arbeit gehören sollten, schreiben Sie uns das rechtzeitig." Man kam ihm also weit entgegen, aber der

---

77 Die Rede ist von dem „Namensvetter Helmut", verwendet wird also eine nicht korrekte Namensbezeichnung (Brief von Walter Schäfer an Gerold Becker vom 26.2.1969).

„völlige Abschluss" der Dissertation war eine Finte, die Hellmut Becker und Hartmut von Hentig offenbar lange geglaubt haben.

Nicht fertig gestellte Dissertationen und abgebrochene Projekte waren in Göttingen durchaus nicht selten. In diesem Sinne war es nicht ungewöhnlich, dass Becker und Bonhoeffer die Universität ohne Abschluss verliessen. Der bekannteste Fall einer am Pädagogischen Seminar in Göttingen nicht fertiggestellten Dissertation ist der von Ilse Dahmer, die Doktorandin bei Erich Weniger war und über das Thema „Bildung als Vervollkommnung" im Anschluss an Rousseau promovieren wollte. Sie war mit keinem Stand der Arbeit je zufrieden und hat trotz Vorarbeiten und vielfältiger Unterstützung nie abgeschlossen.[78]

Es gibt weitere solcher Fälle, auch Katharina Rutschky gehört in diese Reihe. Sie hat in Göttingen sowie an der Freien Universität Berlin studiert und dort ein Dissertationsprojekt begonnen. Die Untersuchung sollte dem „bürgerlichen Sozialcharakter bei Jean-Jacques Rousseau" gelten, auch diese Arbeit ist nie fertiggestellt worden. Die Gründe für solche Abbrüche sind vielfältig, aber oft waren die Themen wie die Selbstansprüche übergross, um in der Form einer begrenzten Doktorarbeit realisiert werden zu können. Rigorose Beschränkungen des Themas waren eben ungewohnt wie zeitliche Eingrenzungen, so dass die Untersuchungen ausuferten und nie an ein Ende kamen.

Im Blick auf Gerold Becker wusste man im Seminar, dass er an einer empirischen Dissertation arbeiten würde. Das Thema war nicht bekannt, sondern nur die methodische Ausrichtung. Als Becker im Frühjahr 1969 an die Odenwaldschule ging, hat er für jeden sichtbar die Dissertation abgebrochen. Das sorgte bei einem Mitdoktoranden für erhebliche Irritationen, der gerade selber seine Dissertation zum Abschluss brachte. Er musste sich mit seiner Arbeit „unendlich rumschlagen" und mit sich kämpfen, um überhaupt fertig zu werden, während Becker einfach gehen konnte, ohne Schaden zu nehmen.

Der Mitdoktorand, der nicht namentlich genannt werden will, sagte sich: „Becker ist ein schwacher Mann, der nicht durchhält." Er hat den Abbruch der Dissertation als „Auskneifen" empfunden. Gerold Becker fehlte es an Disziplin und Ausdauer, etwas zustandezubringen. Aber es wurde ihm auch leicht gemacht, wie vielen seiner Generation. Er muss den Weggang an die Odenwaldschule nicht unbedingt als Scheitern empfunden haben, sondern als den nächsten Schritt, der dann eben einfach ohne Abschluss der Dissertation gemacht werden konnte. Daher: „Solche Karrieren waren möglich"; „wir sind gefördert worden", das Geld lag quasi auf der Strasse.[79]

---

78 Persönliche Erinnerung.
79 Quelle: Gespräch mit mir.

Dramatisch wurde der Abbruch einer Doktorarbeit nur, wenn kein anderer Studienabschluss vorlag. Man konnte in der damaligen Universität direkt auf die Promotion hin studieren, Zwischenprüfungen oder gestufte Studiengänge gab es nicht, die Risiken des Scheiterns ohne Rückversicherung waren entsprechend hoch. Aber Gerold Becker und Martin Bonhoeffer erhielten Unterstüzung in jeglicher Form und sie fanden sofort eine zu ihren Ansprüchen passende Beschäftigung, konnten nur keine akademische Laufbahn mehr einschlagen.

Nach ihrem Abgang war die Universität verschlossen, Karrieren machten sie gleichwohl, der eine an der Odenwaldschule, der andere in der Heimerziehung. Und beiden gelang es schnell, sich in der Pädagogik einen Namen zu machen, der für die humane Reform der Erziehung stehen sollte und mit Praxis verbunden war. Der fehlende Abschluss spielte dabei keine Rolle, ausgenommen, dass Martin Bonhoeffer nach einigen Jahren seinen Spitzenposten bei der Berliner Senatsverwaltung aufgeben musste und dann aber umso besser in Tübingen versorgt wurde.

2003 erwähnt Becker in einer Nebenbemerkung, dass er „vier wichtige Jahre" seines Lebens „mit empirischer Forschung" verbracht habe, „einschliesslich der damals anerkannten – und mittlerweile sehr viel solideren – statistischen Verfahren" (Becker 2003b, S. 118). Was das genau gewesen ist, wird nicht gesagt, und das Eingeständnis der Inkompetenz wenige Jahre zuvor ist vergessen. Es gibt von ihm, wie gesagt, keinen einzigen Beitrag, in dem er empirische Daten verwendet und auf ihrer Grundlage argumentiert hätte, auch nicht aus seiner Göttinger Zeit, auf die sich die „vier wichtigen Jahre" nur beziehen können. Er war vier Jahre lang mit einem Thema beschäftigt, ohne seine Forschung zu einem erfolgreichen Abschluss zu bringen. Im Blick darauf waren die vier Jahre also vergeblich.

2003 sollte der Hinweis auf die eigene Kompetenz im Übrigen dazu dienen, die Gleichsetzung von empirischer Forschung mit „Wirklichkeit" zu bestreiten und so die eigene Deutungsmacht zu retten (ebd.). Hartmut von Hentig hatte den Kampf gegen die Vormacht der Empirie und für den deutschen Bildungsbegriff aufgenommen, da kam Beckers angebliche Forschungskompetenz gerade recht. Mit ihr schien sich die Empirie von innen her entzaubern zu lassen, allerdings fehlte jeder Tatbeweis. Irgendeine Leistung in der Forschung hat Gerold Becker nicht erbracht, er hat nie ein Ergebnis vorgelegt und brachte sich auch hier lediglich als Kritiker in Position.

Im Blick auf sich selbst und seine Karriere kam Becker nicht umhin, auf die Parallelität der Entwicklungen hinzuweisen. „Mit wenigen Monaten Abstand" haben Martin Bonhoeffer und er die Universität Göttingen verlassen, Bonhoeffer, „um sich auf die Herausforderungen einer eigentlich unlösbaren Aufgabe in Berlin einzulassen", er, Becker, um an der Odenwaldschule sein „Glück zu versuchen" (Becker 1996, S. 41/42). Das klingt wie zwei Aufgaben, die grösser und lohnender waren als die Dissertationsprojekte. Und die neuen Aufgaben erlaubten eine neue Identität, nämlich die als couragierte Praktiker.

In beiden Fällen war dem Anschluss ein klares Scheitern vorausgegangen, das mit der wichtigeren Arbeit in der Praxis erklärt werden konnte:

> „Beide haben wir bei diesen Umzügen mehrere grosse Kartons mitgenommen, in denen die Ergebnisse von mehreren Jahren Arbeit und bereits fertige Kapitel unserer Dissertationen sorgfältig verpackt waren. Ausgepackt wurden diese Kartons weder in Berlin und Tübingen noch in Ober Hambach. Es gab jeden Tag etwas, was wichtiger war" (ebd., S. 42).

Bonhoeffer und er hatten im pädagogischen Feld beruflichen Erfolg entweder ganz ohne akademischen Abschluss oder ohne einen, der zu der Karriere gepasst hätte. Die gut bezahlten Anstellungen hätten eigentlich strenge Zugangsbedingungen verlangt, die für sie nicht gegolten haben. Dafür haben schützende Hände gesorgt. Was aus den Kartons geworden ist, kann nur vermutet werden.

Wie weit die beiden Dissertationsvorhaben tatsächlich getrieben wurden, ist nicht bekannt, auch nicht, ob sie wirklich kurz vor dem Abschluss standen, was eine Panikreaktion eigentlich ausschliessen würde. Die liegt nur nahe, wenn klar ist, dass unter hohem Zeitdruck der Abschluss deutlich verfehlt wird. Becker spricht von „übergrossen" Ansprüchen, die „realistischerweise" nicht mehr eingelöst werden konnten (ebd., S. 39/40). Aber die Flucht an die Odenwaldschule kann nicht nur mit dem Scheitern der Dissertation erklärt werden. Der Ort war attraktiv, wenngleich aus anderen als den genannten Gründen.

Neben der oben erwähnten „Forschungsarbeit" bei Heinrich Roth, also dem DFG-Projekt, wird von Becker eine zweite Untersuchung genannt, an der er beteiligt gewesen sein will. Im Heft Januar/Februar 1969 der Neuen Sammlung, also unmittelbar vor seinem Weggang an die Odenwaldschule, als bereits klar war, dass er die Dissertation nicht abschliessen würde, hat er dazu auch einen Beitrag veröffentlicht hat, der nichts mit dem Dissertationsthema zu tun hatte. Becker hat also Zeit gefunden, sich anderweitig zu beschäftigen und womöglich leichter zu einem Resultat zu kommen.

Der Artikel war überschrieben mit „Die Gretchenfrage" und widmete sich dem Problem, wie die Generation der „heutigen deutschen Jugendlichen" eingeschätzt werden kann (Becker 1969, S. 24). Es handelt sich um die Skizze einer allgemeinen Fragestellung, die wohl als Beitrag zu einem Sammelband gedacht war und in der Neuen Sammlung vorveröffentlicht wurde. Wann der Text entstanden ist, wird nicht gesagt, auch nicht, wie Becker auf das Thema gekommen ist, das er zuvor nie berührt hatte.

Der Entstehungszusammenhang wird in einer Fussnote zu Beginn des Artikels so gefasst:

„Vorabdruck eines Beitrags zu einer von Ernest Jouhy in Zusammenarbeit mit dem Studienbüro für politische Bildung durchgeführten Untersuchung, die in Kürze unter dem Titel ‚Kulturrevolution? Bildungsvorstellungen und Erwartungen studierender Jugend in den USA, Frankreich und der BRD' erscheinen soll" (ebd., S. 23/Fn.).

Diese Studie ist nie erschienen, die einzig bekannte Spur ist Beckers Aufsatz. Ernest Jouhy war von 1951 an Lehrer an der Odenwaldschule, die er verlassen hat, bevor Gerold Becker dort Lehrer wurde. Aber Becker war häufig vor Ort und wird den jüdischen Intellektuellen Jouhy näher kennengelernt haben, der 23 Jahre älter war als er. Jouhy ist 1968 als Dozent an die Universität Frankfurt berufen worden. Wie die Zusammenarbeit mit Becker beschaffen war, ist nicht bekannt. Im Nachlass von Jouhy findet sich kein Hinweis auf eine Forschungskooperation mit der Odenwaldschule oder mit Gerold Becker.[80]

Das Frankfurter „Studienbüro für politische Bildung" entstand 1962 auf Initiative von Max Horkheimer, der an der Frankfurter Universität Philosophie lehrte. Horkheimer lebte von 1934 bis 1949 in den Vereinigten Staaten und war einer der treibenden Kräfte hinter der politischen Bildung in der Nachkriegszeit. Dazu gehörte auch die Wandlung der deutschen Universität und mit ihr der Lehrerbildung, die als ein Kernstück der Demokratisierung der deutschen Schule angesehen wurde. Horkheimer, der Begründer der Kritischen Theorie, hatte gute Verbindungen zu amerikanischen Geldgebern.

Das Studienbüro hat bis 1971 Studienreisen deutscher Pädagogen in die Vereinigten Staaten organisiert. Diese Aufenthalte gingen auf einen Vorschlag des American Jewish Committee zurück. Die erste Reise fand bereits 1960 statt und wurde mit amerikanischen Stiftungsgeldern finanziert. Danach standen für das Studienbüro grosszügige Mittel der Volkswagen- und der Thyssen-Stiftung zur Verfügung, ausserdem beteiligte sich das Auswärtige Amt an den Kosten. Damit wurden zumeist zweimonatige Reisen quer durch die Vereinigten Staaten finanziert. Für die Vor- und Nachbereitung der Aufenthalte kam zwischen 1964 und 1968 die Ford-Foundation auf (Minssen 1966, S. 148).

Ernest Jouhy nahm 1964 an einer solchen Reise teil und auch Gerold Becker wurde 1967 dafür ausgewählt (Koinzer 2008, S. 19/20). Der Mann im Hintergrund hiess wiederum Hellmut Becker. Er kannte Max Horkheimer seit 1952 und war als Syndikus für das von Horkheimer geleitete Institut für

---

80 Mail von Benjamin Ortmeyer vom 8. Mai 2012.

Sozialforschung der Universität Frankfurt tätig, wo er zeitweise auch ein Büro unterhielt. Vor allem Becker machte die Kritische Theorie in der deutschen Pädagogik hoffähig, das massgebende Stichwort hiess „Erziehung zur Mündigkeit", hinter das sich auch die beiden Reformpädagogen Gerold Becker und Hartmut von Hentig stellen konnten.

Mit solchen Kontakten empfahl Hellmut Becker für die Studienreisen regelmässig geeignete Personen, die ein Netzwerk bilden und in Deutschland die amerikanische Gesamtschule als Vorbild einer demokratischen Schulorganisation propagieren sollten. Zu den Stipendiaten zählen Namen wie Wolfgang Edelstein, Rolf Schörken, Kurt Sontheimer, Martin Greiffenhagen oder Wolfgang Zapf. Sie alle machten im Nachkriegsdeutschland als Professoren Karriere, was für Gerold Becker nicht gelten sollte. Es ist auffällig, wie oft er die Ausnahme von der Regel war, ohne dadurch einen Nachteil zu erleiden.

Gerold Becker war im Pädagogischen Seminar immer „irgendwie da", ohne im sich schnell vergrössernden Mitarbeiterkreis besonders aufzufallen. Die Erinnerung an ihn als Person ist daher eher blass.[81] Das persönliche Verhältnis von Heinrich Roth zu Gerold Becker ist so gut wie nicht dokumentiert. Klar ist nur, dass Becker im Frühjahr 1969 das universitäre Milieu der Erziehungswissenschaft definitiv verlassen und nie wieder einen Versuch unternommen hat, dorthin zurückzukehren. Er hat allerdings nach seinem Weggang von der Odenwaldschule Lehraufträge an Hochschulen übernommen und pflegte auch gute Kontakte zu Pädagogikprofessoren, die ihm ideologisch nahestanden. Auch das war seiner Karriere nützlich.

Becker hat offenbar schnell begriffen, wie man auch anders als Pädagoge vorankommen kann, ohne Titel und ohne Forschungsleistung, aber mit einem verlässlichen Netzwerk hinter sich, das sich neuen Situationen anpassen liess. Seine Karriere war die eines pädagogischen Rhetorikers, der zu vielen Themen etwas zu sagen wusste und immer mit der richtigen Moral Eindruck zu machen verstand. Wirkliche Expertise und ertragreiche praktische Problemlösungen waren von ihm als Autor kaum zu erwarten, obwohl er geschickt genug war, immer genau diesen Anschein zu erwecken.

Er trat auf als „Pädagoge", doch von sich sagte er immer wieder, er sei ja „eigentlich" Theologe oder komme „von der Theologie her".[82] Er konnte, wie auch Hentig, damit kokettieren, dass er nie Pädagogik studiert habe, ohne zu erwähnen, dass das zu seiner Zeit grundständig gar nicht möglich gewesen ist und er als Doktorand für eben dieses Fach eingeschrieben war. Seine Anfänge in der Pädagogik liefen deutlich auf eine Professur hinaus, die mit der Dissertation hätte erreicht werden können. Er war vielfältig interessiert und

---

81 Gespräch mit Renate und Hans Thiersch am 1. Juli 2013.
82 Persönliche Erinnerung.

entwickelte in Göttingen ein ganz eigenes Profil, das jedenfalls nicht auf die Odenwaldschule ausgerichtet war.

Warum er ohne einschlägige Ausbildung einen solchen Einfluss gewinnen konnte, ist eine der Ungereimtheiten dieser mehr als vierzigjährigen Geschichte, die sich vermutlich nie ganz erzählen lässt. Sie beschreibt, wie lückenhaft auch immer, die Karriere von jemandem, der nie eine solche Karriere hätte machen dürfen. Bezeichnenderweise war das in der Pädagogik möglich, wo letztlich immer der Verweis auf „Praxis" zählt. Becker lernte nach der Episode in Göttingen schnell, wie man die Rolle des „Praktikers" perfekt zu spielen hat.

Es gelang ihm, sich zu einem besonderen Pädagogen zu stilisieren und sein Umfeld liess das zu. Auch im Blick auf diese Selbstdarstellung wurde nie nachgefragt, was man bei Anderen mit so ungewöhnlichen Lebens- und Karrieredaten sofort getan hätte. Gerade wegen der spärlichen Angaben hätte Becker auffallen müssen, weil er genauere Fragen nach seinem professionellen und persönlichen Werdegang nicht anders als ausweichend beantworten konnte. Aber offenbar blieben diese Fragen aus und man gab sich zufrieden mit dem, was er über sich mitteilte. Becker schaffte es, seine eigene Legende zu kontrollieren, indem er sich bedeckt hielt und sich doch einen Namen machen konnte.

In der Legende, die sich Becker zurechtlegte, spielte die Odenwaldschule die entscheidende Rolle. Zum Reformpädagogen und Rhetoriker der alternativen Schule wurde er erst dort, sehr geschickt die sich ihm bietenden Möglichkeiten nutzend. Er hat verstanden, welches Kapital sich aus den Mythen der Reformpädagogik für sich schlagen liess. Die Sprache der Kindorientierung und der Glaube an die bessere Erziehung an einem geschützten Ort abseits der Gesellschaft sorgten für ein Faszinosum, das keinen Kontakt mit der Wirklichkeit brauchte.

Zur Seite stand ihm der andere besondere Pädagoge, Hartmut von Hentig, der über beste Verbindungen verfügte und alle wichtigen Türen öffnen konnte, zu den bedeutsamen Institutionen der deutschen Forschungsförderung ebenso wie zu den grossen Stiftungen oder zu den Leitmedien, in denen die Odenwaldschule unter Gerold Becker zum Bannerträger der Reformpädagogik wurde. Hier hat niemand nach Abschlüssen oder gescheiterten Doktorarbeiten gefragt. Aber auch die Praxis, die Realität der Schule, spielte keine Rolle. Das Besondere war einfach mit den Namen gegeben.

Kapitel 4
Lehrer und Schulleiter

Von Göttingen aus ist das Netzwerk aufgebaut worden, in dem sich Gerold Becker lebenslang bewegt hat. Davon zu unterscheiden ist das Kollegium der Odenwaldschule, das Gerold Becker nach 1969 gezielt beeinflusst und, wann immer dies möglich war, in seinem Sinne auch besetzt hat. Becker beschäftigte als Schulleiter bevorzugt und je länger je mehr Lehrerinnen und Lehrer, die in irgendeiner Hinsicht von ihm abhängig waren oder sich ihm gegenüber kenntlich zeigen mussten. Im Netzwerk auf der anderen Seite brauchte er den Glanz der Odenwaldschule. Aus diesem Grunde musste er sein Kollegium unter Kontrolle haben; anders gesagt, von dem, was tatsächlich geschah, durfte nichts an die Öffentlichkeit dringen.

Rückblickend ist erstaunlich, wie gut ihm das gelungen ist. Angesichts der Tatsache, dass er keine berufliche Ausbildung vorweisen konnte, hätte man kritische Äusserungen über ihn, seine pädagogischen Ansprüche und seinen Erziehungsstil erwarten können, die bei einer so bekannten Schule auch nach Aussen hätte dringen müssen. Doch das geschah nicht. Becker beherrschte die Kunst des Blendens und er hatte immer wieder das Glück, schadlos davonzukommen. Aber das heisst nicht, dass er als Schulleiter keine Opposition erleben musste, die ihn im Gegenteil fast gestürzt hätte.

Die Erwartungen waren hoch: Er sollte aus der Odenwaldschule die Musteranstalt der neuen Reformpädagogik machen, in der das Kind und die Erfahrung der Gemeinschaft im Mittelpunkt stehen. Es sollte um „Menschenbildung" und nicht um formale Schulung gehen, und die Schule sollte die deutschen Eliten ansprechen, ohne nach Aussen als „Reichenschule" zu erscheinen. Das zu bewältigen, traute man Gerold Becker zu, der vom Schulehalten nichts verstand und aber ein vielversprechender Kommunikator zu sein schien. Er wirkte gebildet, war souverän im Auftritt und konnte gleichermassen mit den Eltern wie mit den Medien umgehen. Das genügte als Qualifikation.

4.1 Der schnelle Weg zum „Zauberberg"

Gerold Becker ist schnell Lehrer geworden und fast noch schneller Schulleiter, bedenkt man, wie lange eine Regelkarriere dauert und was abverlangt wird, beides zu erreichen. Im Falle Beckers genügte ein Entschluss oder genauer: Er wurde ausgewählt und konnte dann nur noch zustimmen. Mit geringen Erfahrungen, die Jahre zurücklagen, wurde ihm die Leitung einer Schule anvertraut, die sich für etwas Besonderes hielt, bei der Auswahl des eigenen Personals aber auf Qualität nicht achtete. Im Falle Beckers schienen Charisma und Beredsamkeit zu genügen.

Aus welchen Gründen Gerold Becker im Frühjahr 1969 tatsächlich an die Odenwaldschule gegangen ist, wurde nie öffentlich. Offiziell ist er berufen worden. An einer staatlichen Schule hätte er nie eine Anstellung gefunden, die fehlende pädagogische Ausbildung war an der Odenwaldschule kein Hindernis. Er war willkommen, auch wenn er über keine beruflichen Abschlüsse verfügte und keine Kompetenzen nachweisen konnte. Bis auf die Zeit als Religionslehrer in Linz und eventuell als Aushilfslehrer an einer Volksschule in Niedersachsen kam er ohne praktische Erfahrung aus.

Aber das war nicht ausschlaggebend, denn es sollte die Person Gerold Becker gewonnen werden. Er ist angestellt worden, obwohl die Dissertation nicht abgeschlossen wurde und so auch keine einschlägige akademische Qualifikation zur Verfügung stand. Er hat auch nicht etwa eine Probezeit absolviert, in der er sich als Berufsanfänger vor einer Festanstellung hätte bewähren können. Der Entschluss, Lehrer zu werden, soll gemäss Hentig (1996, S. 181) schon im Sommer 1968 festgestanden haben, „ein halbes Jahr später", heisst es, würde Becker an der Odenwaldschule tätig sein.

Deutsche Landerziehungsheime haben eine langjährige Praxis mit der Einstellung von nicht professionell qualifiziertem Personal und Privatschulen können jeden beschäftigen, den sie für geeignet halten. Beckers Berufung kam plötzlich, er zeigte zuvor keine erkennbare Neigung, sich für ein Lehramt zu qualifizieren, und er ging gegen den Wunsch und vermutlich auch gegen den Willen seines Mentors. Die näheren Umstände wurden nie offen kommuniziert, auch nicht, warum er ohne jede Leitungserfahrung Nachfolger des Schulleiters Walter Schäfer werden sollte.

Hartmut von Hentig hätte ihn halten und Becker hätte ihm als Doktorand mit einem neuen Thema nach Bielefeld folgen können. Es wäre vermutlich auch möglich gewesen, als Assistent oder Mitarbeiter in der neuen Fakultät für Pädagogik tätig zu werden. Doch er entschied sich für die Odenwaldschule. Walter Schäfer schrieb am 5. Dezember 1968, dass er die „ungeduldige Freude" habe, „endlich wieder von den Theorien zu den wirklichen Aufgaben zurückzukehren". Doch mit diesen „Aufgaben" ist er in seinem bisherigen Leben nur sehr begrenzt befasst gewesen, er wusste einfach, was Schäfer lesen wollte und wie er einen guten Eindruck machen konnte.

Tatsächlich ging er im Konflikt und der wird auch deutlich benannt, jedoch nur von einer Seite. In seinen Lebenserinnerungen nennt Hentig Beckers Weggang eine „tödliche Niederlage" für ihn und sein Bielefelder „Projekt". Becker sei der ihm „verwandteste Geist" und die ihm „am nächsten stehende Person" in der „Hentig-Gruppe" gewesen, die sich daran machte, in Bielefeld die Laborschule und das Oberstufenkolleg aufzubauen (Hentig 2009, S. 704). Das waren Traumprojekte für linke Bildungsreformer und Reformpädagogen, an denen Gerold Becker, scheinbar einer von ihnen, nicht teilnehmen wollte.

Aber warum spricht Hentig von einer „tödlichen Niederlage"? Wenn Gerold Becker gewollt hätte, so ein Zeitzeuge, hätte er ohne weiteres und sofort mit nach Bielefeld gehen können. Stellen gab es genug und Becker galt ja als grosse Hoffnung der Pädagogik. Für die beiden Aufbaukommissionen (Laborschule und Oberstufenkolleg) waren anfänglich je zehn Stellen vorhanden, die alle dem Lehrstuhl Hentig zugeordnet waren. Der Dienstvorgesetzte war nicht der Dekan, sondern der Rektor, die Kommissionen waren mithin unmittelbar der Universitätsleitung zugeordnet und Hentig konnte zu Beginn die Stellen besetzen, mit wem und wie er wollte. An sich galt und hätte weiter gelten müssen, so der Zeitzeuge: „Wo Hentig hin ging, ging auch Becker hin."[1]

Aber das war 1969 nicht der Fall, Becker folgte den anderen Mitgliedern des Hentigkreises nicht nach Bielefeld, sondern ging seinen eigenen Weg. Hentig hatte im Oktober 1968 den Ruf an die Universität Bielefeld erhalten und begann dort mit seiner Tätigkeit im Wintersemester 1968/1969.[2] Lehrveranstaltungen hat er aber noch nicht gehalten. Er blieb zunächst in Göttingen und leitete die eigens für ihn eingerichtete „Aussenstelle der Universität Bielefeld", deren Aufgabe es war, die beiden Schulen zu planen und die Arbeit der Aufbaukommissionen vorzubereiten.

Das geschah ohne Gerold Becker, ausgerechnet er folgte dem neuen Stern der deutschen Pädagogik nicht nach Bielefeld und begann stattdessen seine Tätigkeit an der scheinbar idyllischen Odenwaldschule oberhalb von Heppenheim. Er verliess die Universitätsstadt Göttingen, ohne damit auch die Beziehung zu beenden. Becker und Hentig traten noch im gleichen Jahr öffentlich auf und es gab offiziell keinerlei Anzeichen von Spannung. Die Odenwaldschule war schliesslich nach allen Seiten hin eine erstklassige Wahl. Niemand wird deswegen Becker bedauert haben.

---

1 Quelle: Gespräch mit mir.
2 Die Ernennungsurkunde datiert auf den 9. Oktober 1968. Einen Tag zuvor war Niklas Luhmann als erster Professor der neuen Universität Bielefeld ernannt worden (Hentig 2009, S. 701).

Die Frage ist nur, ob es wirklich eine Wahl war und wenn ja, aus welchen Gründen sie erfolgt ist. Warum wechselt ein aussichtsreicher junger Pädagoge, der bis dahin an der Seite von Hartmut von Hentig jede denkbare Unterstützung erhalten hat und dem eine akademische Karriere offen zu stehen schien, ohne Staatsexamen und so ohne Aussicht auf Verbeamtung an eine wie immer berühmte Privatschule? Und wieso traute er sich zu, der neuen Aufgabe gewachsen zu sein, obwohl er doch kaum Erfahrungen hatte? Eine naheliegende Antwort lautet, dass er ein ideales Feld als Sexualtäter vor Augen hatte und deswegen alles andere aufgab.

Becker ist in Göttingen, wie gezeigt, sozialpädagogisch tätig gewesen.[3] Das gilt in praktischer Hinsicht im „Haus auf der Hufe", gleichzeitig war die Sozialpädagogik auch in der akademischen Lehre präsent, wie es der Tradition des Göttinger Seminars entsprach. Hans Thiersch (2009, S. 236) berichtet über ein „grösseres, mehrsemestriges Entwicklungs- und Unterrichtsprojekt zur Einführung in die Sozialpädagogik", das er zusammen mit Gerold Becker und Martin Bonhoeffer durchgeführt hat. In dem Seminar sollte die Theorie für eine neue Praxis, etwa der Heimerziehung, entwickelt werden.

Hans Thiersch hat keine Erinnerung an sachliche Auseinandersetzungen mit Gerold Becker und hat sich mit ihm nie intensiver unterhalten. Becker konnte wohl kluge Fragen stellen, aber es war unmöglich, mit ihm zu streiten. Er entzog sich der Auseinandersetzung und wirkte „sehr ungreifbar". Seine „fast allergische Empfindlichkeit" gegenüber Spannungen hat er in der Altschülerrede ja selbst festgehalten. Ähnlich wie Thiersch äussern sich auch andere Zeitzeugen, aber wie konnte er dann für die Odenwaldschule als geeignet angesehen werden? Hartmut von Hentig und Hellmut Becker müssen ihn völlig anders gesehen haben als seine damaligen Kollegen.

Hans Thiersch war ehrenamtlich für die sozialpädagogische Einrichtung Haus auf der Hufe tätig. Renate Thiersch war zu diesem Zeitpunkt studentische Mitarbeiterin im Pädagogischen Seminar. Neben dem fest angestellten Hermann Layer waren im Haus auf der Hufe studentische Hilfskräfte tätig, die die Stadt Göttingen finanzierte. Layer, der aus Schwaben kam, war wie Martin Bonhoeffer immer für die Jugendlichen da. Es gab ständig Besprechungen und mehrere Sitzungen auch mit Vertretern des Pädagogischen Seminars, das die Einrichtung unterstützte. Martin Bonhoeffer war derjenige, der das Unternehmen antrieb und entsprechend Präsenz zeigte. Becker „war dabei", er spielte jedoch keine sichtbare Rolle.

Im Mittelpunkt der damaligen Sozialpädagogik standen die beiden Ideen der selbstverwalteten *Heime* und des Zusammenlebens in *Familien*, mit denen Gerold Becker also vertraut war, bevor er an die Odenwaldschule ging.

---

3   Zum Folgenden: Gespräch mit Renate und Hans Thiersch am 1. Juli 2013.

Aber er ist sicher nicht deswegen ausgewählt worden, das Thema seiner Dissertation kann ebenfalls keine Rolle gespielt haben und schliesslich auch nicht sein Engagement in der Schularchitektur. Er ist aber wohl als vielversprechender Doktorand empfohlen und dann auch im Vorstand der Odenwaldschule durchgesetzt worden, was keine Ausnahme war.

Hartmut von Hentig hat verschiedene seiner Schüler oder Assistenten als Leiter von Landerziehungsheimen untergebracht, neben Gerold Becker (Odenwaldschule) waren dies Cord Rathert (Landschulheim am Solling bei Holzminden) und Bernhard Bueb (Schule Schloss Salem). Auch Otto Herz gehört in diese Reihe, der die Leitung der Lietzschen Landerziehungsheime übernommen hat. Er war von 1981 bis 1984 der letzte „Oberleiter" der Heime. Keiner in dieser Reihe war ausgebildeter Lehrer und das war vermutlich Programm. Hentig wollte und konnte damit seine Pädagogik verbreiten. Ausgesucht wurde, wer damit vertraut war und als loyal gelten konnte.

Becker kannte die Odenwaldschule bereits lange, bevor er dort anfing und auch Hentig hatte zu dieser Schule ein besonderes Verhältnis. Belegt ist, dass Gerold Becker zusammen mit seinem Göttinger Kollegen Wolfgang Harder im Oktober 1964 erstmals vor Ort war. Becker hat die Odenwaldschule also schon im zweiten Semester seiner Zeit am Pädagogischen Seminar in Göttingen kennengelernt (Harder 1999a, S. 6/7). Anlass war eine bildungspolitische Tagung in Verbindung mit einem Altschülertreffen, zu dem beide offenbar willkommen waren, obwohl mindestens Becker bis dahin nie etwas mit der Schule zu tun hatte.

Den Ruf der Schule begründeten damals vor allem curriculare Reformen, die Becker nie sonderlich interessiert haben. Die Landerziehungsheime und ihre soziale Lebensform dagegen waren eine reformpädagogische Legende, sie werden Becker an seine bündische Vergangenheit und das enge Zusammenleben in Gruppen erinnert haben. Unterricht war für ihn zweitrangig, was zählte, war die Gemeinschaft und das Aufbrechen der schulischen Rollen, die wie in seinen Jugendgruppen ersetzt wurden durch Nähe und Kameradschaft. Aus Lehrern konnten so Jugendführer werden, die Familien vorstanden und damit unmittelbare Macht ausüben konnten.

In dem Nachruf auf seinen Vorgänger Walter Schäfer schrieb Gerold Becker (1984c, S. 4), dass er die Schule „zwar aus Veröffentlichungen" kannte, aber sie im Herbst 1964 „zum ersten Male gesehen" habe. Er sei „beeindruckt" gewesen, von dem, was er in Augenschein nehmen konnte, und bei dem einen Besuch blieb es nicht. Er kam immer wieder und dann scheint es auch konsequent gewesen zu sein, dass er mit Aussicht auf die Schulleitung „Mitarbeiter" wurde (ebd.). Lehrer in einem konventionellen Sinne sollte es an der Odenwaldschule nicht geben.

Noch 1996 spricht er von den „vielbewunderten Landerziehungsheimen" (Becker 1996, S. 35) und das war wohl das Bild, das er in Göttingen aufgebaut hat, schliesslich waren auch Heinrich Roth und Hartmut von Hentig Bewunderer dieser Schulform. Ihre Gründer waren legendär und einen von ihnen, Gustav Wyneken, seines Zeichens bekennender Päderast, hat Gerold Becker noch kurz vor seinem Tod in Göttingen persönlich kennengelernt (Füller 2015, S. 92). Wyneken starb am 8. Dezember 1964, wann genau Becker ihn besucht hat, ist nicht bekannt, aber danach hat er sich für die Odenwaldschule interessiert.

Fragt man, was genau ihn bei seinem ersten Besuch denn so beeindruckt hat, dann muss man den Pädophilen vor Augen haben. Becker wird die Odenwaldschule sehr schnell als Täterfeld ausgemacht haben, auch weil er gesehen hat, dass es in den Familien keinerlei Kontrollen gab und man nur noch die dazu passende Pädagogik finden musste, die von Nähe und Vertrautheit handelt, davon, dass das Kind im Mittelpunkt stehe und die ganze Sorge ihm gelte. Die äusserliche wie die innerliche Idylle der Schule wurde damit in suggestive Worte gefasst, die an nichts anderes denken liess. Doch was ihn anzog, war nicht die Schule, sondern männliche Schüler in einem bestimmten Alter, die er in seinem Sinne beeinflussen und gefügig machen konnte.

Die Odenwaldschule bot dafür weit bessere Möglichkeiten als die offene Jugendarbeit in Göttingen, zumal er dort ja nie für sich gewohnt hat. Die regelmässigen Besuche in Ober-Hambach deuten in verschiedener Hinsicht auf steigendes Interesse hin, an dem abgeschlossen gelegenen Standort der Schule, der klandestinen Schulgemeinschaft, die nichts nach Aussen durchdringen liess und schliesslich den Familien, in denen die Lehrer mit ihren Schülern auf engstem Raum und in gewollter Abhängigkeit zusammenlebten. Genau das war, was er und die anderen Täter suchten.

Beckers sexuelle Disposition wird so beschrieben: „Sein Interesse als erwachsener Mann war vornehmlich auf Kinder gerichtet, die noch nicht geschlechtsreif waren." Nach der Pubertät, berichten Opfer, sei das sexuelle Interesse an ihnen „fast regelmässig" erloschen. Die Opfer sprechen von „Staffelweitergabe" oder „Fallenlassen", was eintrat, „sobald eine Behaarung der primären Geschlechtsteile sichtbar war" (Burgsmüller/Tilmann 2010, S. 24). Der Täter konnte für seine Interessen ein ideales Feld voraussetzen.

> „In dem geschlossenen System der Odenwaldschule konnte Becker unter dem Deckmantel des pädagogischen Eros und eines hohen alternativen Erziehungsanspruchs, der die Nähe zum Kind geradezu herausforderte, Grenzen zwischen sich und den Kindern nivellieren und eine Fülle von parallel existierenden Abhängigkeitsverhältnissen aufbauen" (ebd., S. 25).

Die Jahre am Pädagogischen Seminar in Göttingen müssen Beckers sexuelle Erfahrungen ebenso beeinflusst haben wie seine Studienzeit, wofür es inzwischen deutliche Hinweise gibt. Von sexuellen Übergriffen im „Haus auf der Hufe" oder in Beckers universitärem Umfeld ist bislang nichts bekannt. Aber zwei Dinge sind unmittelbar auffällig, einmal das sozialpädagogische Engagement in der Jugendarbeit und zum anderen das sofortige Interesse für die Odenwaldschule und ihr System der pädagogischen Familien. Beiden gemeinsam war die Nähe zu älteren Kindern und Jugendlichen, mit denen er sich umgeben konnte.

Am Ende verliess er Göttingen. Für Hentig war der Verlust, den Beckers Weggang an die Odenwaldschule hinterlassen hat, offenbar dramatisch, wie er zumindest in seinen Lebenserinnerungen festhält. Dabei findet er seltsame Formulierungen. Eine Rolle spielte nicht nur die räumliche Trennung von seinem Meisterschüler und Freund. „Tödlich" sei für ihn vor allem die, wie es heisst, „geheime Wahrnehmung" gewesen, dass Becker mit der Wahl der Odenwaldschule „den glücklicheren, natürlicheren, von mir eigentlich gewollten Weg ging" und er, Hentig, den, wie es heisst, „falschen, ehrgeizigen, ausgedachten" (Hentig 2009, S. 704).

Von Becker gibt es über Hentigs Reaktion auf seinen Weggang keine Äusserungen und auch keine versteckten Hinweise. Was Hentig mit der „geheimen Wahrnehmung" und dem „eigentlich gewollten Weg" genau meint, ist unklar. War die Wahl auch nur für einen Augenblick, entweder alleine nach Bielefeld oder mit Becker zusammen an die Odenwaldschule zu gehen? Als Leiter der Schule? Ohne irgendetwas näher anzudeuten, heisst es in Hentigs Lebenserinnerungen: Dem „Ausscheiden" Beckers habe er „nichts als Trauer" entgegenzusetzen gehabt, sein eigener „Gang" – des Lebens – würde nun vor allem eins sein, nämlich „einsam" (ebd.).

Das klingt, als ob Hentig eine Zweisamkeit gewünscht hätte, der sich Becker bei der ersten Gelegenheit entzogen hat. Dann wäre der Weggang eine Art Flucht vor den Beziehungsansprüchen des Freundes gewesen. Einsam werden kann man nur, wenn zuvor ein Verlust erlebt wurde, auch Trauer empfindet man nicht ohne Grund, der Schritt Beckers muss Hentig tief getroffen haben, anders kann man die Passagen in den Lebenserinnerungen kaum lesen. Becker ist nie eine längere Beziehung eingegangen und er hat sich durchgesetzt, mit dem Täterfeld vor Augen. Ob Hentig zu diesem Zeitpunkt gewusst hat, dass er pädophil war, ist nicht bekannt.

Beide haben die Odenwaldschule von Göttingen aus bei Gelegenheit auch zusammen besucht. Der Anlass war eine Podiumsdiskussion, die Hentig mit Hellmut Becker über das Thema „Chancen und Gefahren des Internatslebens" geführt hat. Es ging um das Verbot von Drogen und nach eigenen Angaben verärgerte Hentig die anwesende Lehrerschaft, weil er spontan dafür plädierte, „dass jeder Lehrer einmal Drogen nehmen" sollte, „damit er wisse, was er da verbiete" (ebd.). Der Besuch hatte Folgen, die er nicht mehr auffangen konnte: „Gerold verliebte sich derweil in diesen pädagogischen Zauberberg, was ich mir nicht mehr erlauben konnte" (ebd.).

Die Wortwahl ist auffällig. Als Hartmut von Hentig im Sommer 1953 zum ersten Male die Schule Birklehof im Schwarzwald besuchte, konnte er sich „dem augenblicklichen Zauber nicht entziehen". Wie später Becker hielt er fest: „Ich war dem Ort verfallen." Schon nach dem ersten Augenschein sei die Entscheidung für sein Bleiben getroffen gewesen (ebd., S. 423). Mit Gerold Becker und der Odenwaldschule soll sich das wiederholt haben, auch hier sei von dem pädagogischen Ort ein unwiderstehlicher Zauber ausgegangen. Der Birklehof jedenfalls, als sei er der Geliebte, schien ihn damals „nicht wieder aus seiner Umarmung entlassen zu wollen" (ebd.).

Aus dieser Zeit kannte Hentig auch die Odenwaldschule und ihr Umfeld. In dem unveröffentlichten Lebenslauf für die Universität Göttingen aus dem Jahre 1962 gibt Hartmut von Hentig an, schon während seiner Zeit als „Lehrer und Erzieher an dem privaten Landschulheim Birklehof", also zwischen 1953 und 1955, intensiven Kontakt zu dem pädagogischen Zauberberg gehabt zu haben. Erwähnt werden „haeufige mehrwoechige Besuche an der Odenwaldschule", mit der Hentig also bereits damals vertraut war.[4] Er konnte so auch, im Blick auf die Göttinger Professur, sein Interesse an Reformschulen bekunden.

In seiner Tübinger Zeit, also zwischen 1956 und 1963, hat er ebenfalls die Schule besucht, so als Referendar im Oktober 1956. Genauer und mit einer fehlerhaften Namensangabe heisst es in der Schulzeitung unter der Rubrik „Neues aus der OSO": „Um Schulaufbau und Oberstufenreform kennenzulernen, besuchte Herr Hartmut von Henty, Tübingen (früher am Birklehof) vom 13. bis 18. 10. die OSO" (OSO-Hefte 1956, S. 53). Es war also nicht irgendein Referendar, der sich für die Schule interessierte, sondern einer mit Erfahrungen im gleichen Feld. Hentig ist daher schon früh und dann durchgehend Teil der Szene der deutschen Landerziehungsheime gewesen.

Sie waren für ihn die Musterschulen der Bildungsreform, weil sie „Leben" mit „Lernen" und „Lernen" mit „Arbeit" verbinden würden. Das wurde ganzheitlich genannt und sollte die blosse „Unterrichtsanstalt" überwinden. Das gilt auch für die Rollenverteilung in den konventionellen staatlichen Schulen, die durch partnerschaftliche Formen des Umgangs ersetzt werden sollten. Das historische Vorbild waren die Landerziehungsheime, von ihnen aus hat Hentig seine eigene Pädagogik entwickelt, die die Schule als „Erfahrungsraum" verstanden wissen wollte.

---

4 Nachlass Heinrich Roth Nr. 37.

Das ist für den weiteren Verlauf der Geschichte eine entscheidende Einsicht, auch weil Hentig am Ende den engen und durchgehenden Bezug zur deutschen Reformpädagogik leugnen sollte. Aber das war nur der Versuch, nicht in den Strudel der Entwertung zu geraten. Vorher waren die Landerziehungsheime und die bündische Idee der pädagogischen Gemeinschaft ein zentraler Orientierungspunkt für die Schule als „Polis", die nicht nur die platonische Philosophie voraussetzte, sondern sich auch in der Geschichte der Reformpädagogik verortet hat.

Für die Gründungsväter der Landerziehungsheime findet Hentig (2009, S. 447) rückblickend erstaunliche Etiketten, die nicht etwa ironisch gemeint sind. Hermann Lietz nennt er in seinen Lebenserinnerungen den „Schulvater" und Paul Geheeb wird als „Schulheiliger" der Landerziehungsheime bezeichnet. Bezogen auf Gustav Wyneken und Kurt Hahn wird gar der Ausdruck „Schulcharismatiker" gewählt. Georg Picht schliesslich ist der philosophische „Denk-Täter", den er – Hentig – sich „zum Beispiel" genommen habe (ebd., S. 448). Kritik gibt es auch im Abstand von Jahrzehnten nicht, der Birklehof sei einfach „eine wunderbar humane Schule gewesen" (ebd., S. 449), während zugleich gesagt wird, dass sie deutlich von der sozialen Herkunft der Schüler profitiert habe (ebd.).

Das war der Fall, wenn man von dem ausgeht, wie etwa Karl Heinz Bohrer (2012), der Ostern 1953 an der Schule Birklehof Abitur machte, das Landerziehungsheim beschrieben hat. „Human" im Sinne der humanistischen Bildung mit den Kernfächern Griechisch, Latein und Mathematik war die Schule auch in Bohrers Erinnerungen. Zugleich sollte sie von den Schülern als eine „besondere Gemeinschaft" (ebd., S. 142) verstanden werden und ganz anders sein als die anderen Schulen, „die Staatsschulen vor allem" (ebd., S. 145). Es gab einen Ehrenkodex und ein Helfersystem, zudem ein Schülergericht und den Direktor Georg Picht, die beide vor allem auf sexuelle Vergehen unter den Schülern mit äusserster Empörung und Härte reagierten (ebd., S. 143/144). Auch Lehrer sind aus entsprechenden Gründen entlassen worden (ebd., S. 253ff.).

Hentig hatte nicht nur als Lateinlehrer Erfahrungen mit der Schule Birklehof, er war auch, wie er selbst festhält, zwanzig Jahre lang Mitglied des Stiftungsrates des „Landerziehungsheims am Solling, eine Bahnstunde nördlich von Göttingen" (Hentig 2009, S. 467/468). Angefragt hatte ihn Hans-Walter Erbe, der von 1954 bis 1968 als Leiter des Landschulheims[5] am Solling tätig war. Hentig trug 1984 zur Festschrift zum 75-jährigen Bestehen der Schule bei und gehörte im Juni 2009 zu den Ehrengästen anlässlich der Feier zum

---

5 Landschulheim, nicht Landerziehungsheim.

100. Geburtstag der Schule, begrüsst als „Grandseigneur" der Pädagogik in Deutschland.[6]

Er war also nicht allein mit dem Birklehof oder der Odenwaldschule eng verbunden und bestens vertraut. Die Landerziehungsheime waren der Anschauungsunterricht für die Konkretisierung seiner Ideen oder der persönlich erlebte und nicht nur der theoretisch gesuchte Ausgangspunkt für die Schule als „Polis", mit der Hentig in der deutschen Pädagogik bekannt wurde. Diese scheinbar bahnbrechende Idee sollte mit den beiden neuen Schulen der Universität Bielefeld verwirklicht werden, ohne Gerold Becker dafür gewinnen zu können. Er hielt sich an das abgeschieden gelegene Original und muss genau gewusst haben, was er dort wollte.

Gerold Becker hat sich zu seinem Wechsel an die Odenwaldschule erst 1993 in der von ihm und Jürgen Zimmer herausgegebenen Festschrift zum 80. Geburtstag von Hellmut Becker näher geäussert. Er beschreibt in seinem Beitrag ein Schlüsselerlebnis, das sich im Herbst 1968 ereignet hat. Vielleicht hat er vorher mit dem Wunsch, Lehrer zu werden, gespielt, das könnte man aus Hentigs Andeutungen schliessen. Aber ein Plan, an die Odenwaldschule zu gehen, hat nicht bestanden. Der Weggang stand also nicht schon im Sommer 1968 fest, jedenfalls nicht für ihn.

Becker erzählt eine andere Geschichte, die es aussehen lässt, dass er zu seiner eigenen Überraschung und vor Ort angefragt worden sei:

> „Im Herbst 1968 war ich an der Odenwaldschule. Nicht zum ersten Male. Aber diesmal gab es einen Einschnitt. Walter Schäfer fragte mich, ob ich mir vorstellen könne, sein Nachfolger als Leiter der Odenwaldschule zu werden, wenn er 1972 in den Ruhestand ginge" (Becker 1993a, S. 335).

Er ist also nicht einfach aus wie immer freien Stücken als Lehrer an die Odenwaldschule gegangen, sondern wurde im Blick auf die Übernahme der Schulleitung ausgewählt und direkt kontaktiert. Warum Walter Schäfer[7] gerade

---

6 Neue Westfälische vom 4. Juni 2009.
7 Walter Schäfer (1910–1984) stammte aus Thüringen und hatte 1931 am Gymnasium in Deutsch Krone in Ostpreussen Abitur gemacht. Er studierte an der Universität Königsberg und promovierte dort 1935 mit der Arbeit *Erziehung und Erzieher bei Adalbert Stifter*. Nach dem Referendariat war er als Lehrer am Gymnasium in der Provinzhauptstadt Schneidemühl (das heutige Piła) im Warthegau (später Grenzmark Posen-Westpreussen) tätig. Schäfer war vom 1. August 1939 an Soldat und wurde im Mai 1945 entlassen. Im gleichen Jahr gelang ihm mit seiner Familie die Flucht zunächst nach Mecklenburg und dann nach Schleswig-Holstein. Walter Schäfer wurde am 1. April 1949 Mitarbeiter der Odenwaldschule, die er vom 1. Januar 1962 bis zum 31. Juni 1972 leitete. Seine Frau Anneliese Schäfer (geb. Gronen) war ebenfalls an der Odenwaldschule tätig und dort für die Mittelstufe verantwortlich (OSO-Hefte 1980, S. 2).

ihn angefragt hat und keinen anderen, teilt Becker nicht mit. Dafür öffnet der stets beherrschte Mann dem Leser seine Gefühle, was in seinen Schriften sonst nie vorkommt.

> „Ich war überrascht und war es auch wieder nicht. Eher fühlte ich mich ertappt. Es war, als hätte jemand ausgesprochen, wovon ich geträumt hatte, ohne zu wissen, wovon ich träumte. Vielleicht war dieses Gefühl des Ertapptseins der Grund dafür, dass ich zögerlich antwortete, mir Bedenkzeit erbat, sagte, dass ich zuerst mit meinen Freunden reden wolle, müsse" (ebd.).

Nach dem Gespräch mit Walter Schäfer überfällt ihn ein glücklicher Taumel. Er sei „über die Hügel gelaufen, die die Odenwaldschule in einem offenen Halbkreis umgeben" (ebd.) und habe den „pädagogischen Zauberberg" in Augenschein genommen, mit dem Gefühl, dass er bald ihm gehören würde.

> „1972, das waren noch fast vier Jahre. Für mein Gefühl waren es eigentlich eher ein paar Wochen. ‚Meine Schule!' dachte ich. ‚Meine Schule! Meine Schule!' Habe ich es vielleicht sogar halblaut gesagt? Jedenfalls erinnere ich mich, dass ich mich plötzlich geschämt habe" (ebd.).

Er spricht von sich und dies auf sehr emotionale Weise. Das „Ich" spielt sonst in seinen Schriften und öffentlichen Äusserungen so gut wie nie eine Rolle und wird sogar vermieden, nur hier nicht, in der Erinnerung an die Erfüllung des pädophilen Traums 25 Jahre zuvor.

Weiter heisst es: Später habe er sich „immer wieder geschämt", wenn ihm bei Gelegenheit die Bemerkung „in meiner Schule" „herausrutschte" (ebd., S. 336). „In Wirklichkeit" aber habe er sich geschämt, weil „diese Odenwaldschule eben doch nicht so war, wie sie in meinen Träumen sein sollte". Er spricht von einer „Überidentifikation" mit der Schule, von einer „symbiotischen Beziehung" und davon, dass die Arbeit ihm ständig „über den Kopf zu wachsen drohte" (ebd., S. 337/338). Und doch wird gesagt:

> „Es war nicht mehr ‚meine Schule'. Sondern die Odenwaldschule, das war ich selbst. Und ich war die Odenwaldschule" (ebd., S. 337).

Die Überidentifikation mit der Schule soll die Überbelastung als Schulleiter erklären, die im Kollegium auch so wahrgenommen und die später als Grund genannt wurde, warum er die Odenwaldschule verlassen hat. Zu Beginn war von Belastungen keine Rede. Becker hat sich ohne weiteres zugetraut, Lehrer zu werden, die Odenwaldschule zu leiten und eine schwierige Nachfolge anzutreten.

Jan Kruse, der Becker zwischen 1969 und 1975 aus nächster Nähe erlebt hat, hält fest: Walter Schäfer war als Schulleiter eine Autorität. Auf ihn war die Lehrerschaft ausgerichtet, als Becker an der Odenwaldschule anfing. Becker musste sich also durchsetzen, es gab gegen ihn Widerstände, konservative Lehrer konnte er nicht überzeugen. Der Schülerschaft blieb der Konflikt nicht verborgen, man sprach natürlich über einzelne Lehrer und ihr Verhältnis untereinander und so auch über Schäfer und Becker.[8]

Die Wahl Gerold Beckers und seinen Weggang an die Odenwaldschule hat Hellmut Becker eingefädelt, damals der Leiter des Max-Planck-Instituts für Bildungsforschung in Berlin. Er war der Stratege, der im Vorstand der Schule seinen Namensvetter ins Spiel gebracht und ihn zum einzig möglichen Nachfolger von Walter Schäfer aufgebaut hat. Schäfer ist vom Vorstand beauftragt worden, mit Gerold Becker zu sprechen und ihn gezielt anzufragen. Er sollte unbedingt und offenbar um jeden Preis „Mitarbeiter" werden, was dann auch hiess, dass er eine Familie leitete.

Darauf hat sich Gerold Becker trotz anderer Optionen eingelassen und das ist nur verständlich, wenn man davon ausgeht, dass er das Täterfeld vor Augen hatte. Der Grund war sicher nicht das reformpädagogische Konzept der Schule, die Nähe zu den Jungen deckte sich mit seinen bündischen Erfahrungen, was dazu ideologisch passte, hat er angenommen und sich zu eigen gemacht. Aber er ist nicht Schulleiter geworden, weil er an die eigene Rhetorik glaubte, die erst nach Beginn seiner Tätigkeit in Ober Hambach überhaupt sichtbar wurde.

Später hat Walter Schäfer gesagt, die Wahl Beckers sei „der grösste Fehler seines Lebens" gewesen, ohne dass von dieser Einsicht irgendetwas nach aussen gedrungen wäre.[9] Ehemalige berichten, dass Schäfer Becker von Anfang an nicht mochte. Dennoch musste er ihn als Nachfolger akzeptieren, weil offensichtlich Druck von Leuten ausgeübt wurde, die hinter Becker standen und hier ist wohl vor allem Hellmut Becker zu nennen. Schäfer hielt Gerold Becker für einen „Quertreiber", einen, „der Zwietracht" sät und schon deswegen ungeeignet war.[10] Trotzdem wurde er Schulleiter, Schäfer hat das nicht verhindern und sich gegen die Linie dieser Beckerunterstützer nicht durchsetzen können.

Hellmut Becker sorgte auf diese Weise aber auch dafür, dass Hartmut von Hentig auf den täglichen Umgang mit Gerold Becker verzichten musste. Wie weit das Absicht war, muss dahingestellt bleiben. Die Beziehung Hentigs zu

---

8 Gespräch mit Jan Kruse am 28. Februar 2014.
9 Gespräch mit Salman Ansari am 2. August 2012.
10 Gespräch mit Georg am 14. September 2012.

Gerold Becker war zu diesem Zeitpunkt nach aussen hin die eines akademischen Lehrers zu seinem besten Schüler, der zugleich nach offizieller Lesart ein vertrauter Freund und der „Gefährte" auf Reisen war. In manchen Quellen ist auch die Rede davon, dass Becker die „grösste Liebe" in Hentigs Leben gewesen sei und er deswegen jede gewünschte Protektion erhalten habe.

Mit Gerold Becker sollte für die Odenwaldschule ganz offensichtlich eine neue Ära beginnen, während er einen Schulalltag vorfand, der ihn vor Herausforderungen stellte, die er sich zuvor kaum vorgestellt haben dürfte. Wie er die Umstellung von der Rolle des akademischen Prinzen in Göttingen zum profanen Mitarbeiter geschafft hat, ist nicht bekannt, auffällig ist nur, dass er möglichst viel von seinem alten Leben bewahren wollte, soweit das Vorträge, Publikationen oder Reisen betroffen hat. Und auf eigenwillige Weise blieb auch der Kritiker Gerold Becker erhalten.

Nach einem Jahr, im Juli 1970, äusserte er sich als Studienleiter in den OSO-Heften über die Situation der Schule und speziell der Mittelstufe. „Rauchen und Trinken" sind ein Problem, die Älteren leben den Jüngeren diesen Lebensstil vor, die Rede ist auch von „Gammeln", „Herumhängen" und Langeweile sowie von einer blossen „Konsumentenhaltung". Er hat aber kaum Ideen, wie das zu ändern sei. Becker mahnt an, dass die Älteren den Jüngeren Vorbild sein müssen, was besser sei als regelrechte Kontrollen, kommt ansonsten aber über vage Appelle nicht hinaus (OSO-Hefte 1970, S. 84).

Das sollte sich in den nächsten fünfzehn Jahren kaum ändern. Becker hat die mangelnde Haltung der Schüler häufiger kritisiert, aber nie Abhilfe geschaffen. Er hat keine neue Ära der Odenwaldschule eingeleitet, höchstens die Negativtendenzen verstärkt, was nach einer Weile auch sichtbar wurde. Als Propagandist der Schule und ihre öffentliche Stimme aber war er unschlagbar. Er hat früh verstanden, was Medienpräsenz bedeutet und wie man auch schlechte Zustände mit pädagogischer Rhetorik schön reden kann. In diesem Sinne wurde er doch noch zum Prediger.

Der genaue Grund, warum Gerold Becker Leiter der Odenwaldschule werden sollte, ist nicht bekannt. Man könnte Schwierigkeiten bei der Anstellung in den neuen Bielefelder Schulen vermuten, weil Becker über keinen pädagogischen Abschluss verfügte und deswegen notgedrungen an die Odenwaldschule ausweichen musste.[11] Aber wahrscheinlicher ist die Hypothese vom gefundenen oder besser vom offerierten Täterfeld. Nur so kann Beckers anfängliche Begeisterung über die Okkupation „seiner" Schule erklärt werden, die er glaubhaft zum Ausdruck gebracht hat. Schulleiter wollte er zuvor sicher nicht werden, aber ein Motiv, an die Odenwaldschule zu gehen, hatte er.

---

11 Brief von Dietrich Hoffmann vom 17. Mai 2012.

In einem Interview aus dem Jahre 1985 gibt Becker an, dass es für ihn 1969 verschiedene Gründe gab, an die Odenwaldschule zu gehen, das Kurssystem, die politische Ausrichtung und seit den Anfängen der Schule das Zusammenleben in Familien, was seiner Vorstellung von „guter Pädagogik" entsprochen habe. Genauer sagt er, es sei die „Konzeption" gewesen, dass „Erwachsene und Kinder wirklich ihr Leben hier teilen". Deswegen sei er mit „hohem Vergnügen" hierher gegangen und es gab „überhaupt keinen Grund", das zu ändern.[12]

Hellmut Becker hat er 1964 zum ersten Mal getroffen, also gleich zu Beginn seiner Tätigkeit in Göttingen. Ihre Begegnungen waren anfangs „sporadisch" und wurden erst häufiger und für ihn „wichtiger", nachdem er an die Odenwaldschule gegangen war (Becker/Zimmer 1993, S. 361). Hellmut Becker muss ihn schon bald für prädestiniert gehalten haben, die Schule leiten und für ein grösseres Publikum öffnen zu können. Das sollte zutreffen, Gerold Becker wurde zum blendenden Verkäufer der Schule, der sie in den deutschen Medien immer wieder gut platzieren und mit ihrem Ruf auch ihren Nachfragewert immens steigern konnte.

Bevor er von Walter Schäfer gefragt wurde, war Gerold Becker mehr als einmal Gast der Schule und ist dort sicher mit seiner Eloquenz sowie den dazu gehörigen radikalen Fragen aufgefallen. Das konnte er wie gesagt glänzend und er hat auch pädagogische Überzeugungen vertreten, die zur Odenwaldschule passten, insbesondere solche, die ihre Ausnahmestellung begründeten. Es lag dann nahe, den Anschluss an die historische Reformpädagogik zu suchen, die Becker bis dahin nie erwähnt hat. Sie kommt auch noch nicht in seinem Programm für den Unterricht im Fach Pädagogik vor, den er mit dem Schuljahr 1969/1970 eingeführt hat (OSO-Hefte 1969, S. 186–189).

Die Zeit vom Frühjahr 1969 an sollte wohl als eine Art Lehrzeit genutzt werden, während bereits fest stand, unabhängig davon, wie diese Lehrzeit ausgehen würde, dass Gerold Becker Schulleiter werden sollte. Vorstand und Trägerverein haben das entschieden, das Kollegium musste sich fügen. Beckers Qualifikation dürfte im Kollegium zu reden gegeben haben, von Widerstand ist aber nichts bekannt, Becker wurde der Odenwaldschule verordnet, was für eine demokratische Schule ein merkwürdiger Tatbestand ist. Und seine Einstellung war: Er hat sich die Schule geholt, nicht sie ihn.

Und die Entscheidung passte für ihn. Er machte von Anfang an Eindruck, wenigstens auf bestimmte Schüler. Gerold Becker wurde, als er Schulleiter wurde, als Familienhaupt Nachfolger von Cecil Clyde im Herder-Haus und bezog die Wohnung im Erdgeschoss. Ein Altschüler erinnert sich: Gerold hat

---

12 *Schule auf dem Zauberberg* (1985), Minute 27,27–28,11.

sich mit den Schülern „wirklich befasst". Er hatte eine „begnadete Art, mit Sprache zu arbeiten".[13]

Dabei scheint er vor Beginn seiner Tätigkeit durchaus Skrupel gehabt zu haben, jedenfalls schrieb er davon. Am 5. Dezember 1968 heisst es in dem Brief an Walter Schäfer: „Jawohl, ich lerne viel, aber es bekommt mir nicht gut, ich merke immer deutlicher, was ich alles nicht weiss und wohl auch in meinem Leben nicht mehr lernen werde. Nicht, dass ich nun gut deutsch und faustisch alles wissen möchte, aber ich fühle mich schon (und eigentlich ein bisschen zunehmend) unruhig und unsicher, wenn ich Expeditionsziel und -aufgabe mit meiner Ausrüstung in Beziehung zu setzen versuche." Zu diesem Zeitpunkt musste er noch den Schein aufrecht erhalten, dass seine „Ausrüstung", also die erziehungswissenschaftliche Dissertation, kurz vor dem Abschluss stand.

Weiter führt er in dem Brief an Schäfer aus: „Das eigentlich Ärgerliche an der Pädagogik ist, dass man, je mehr man lernt und weiss, desto deutlicher erkennt, wieviel man schuldig bleiben wird, und weder ‚gut gemeint' noch ‚ich habe halt getan, was ich konnte', sind da rechte Tröstungen." Danach folgt die oben zitierte Passage über die „ungeduldige Freude, endlich wieder von den Theorien zu den wirklichen Aufgaben zurückzukehren", diese Freude, heisst es ergänzend, sei „mit allerlei Zweifel und Anfechtung gut gemischt". Das sollte demütig klingen, aber auch das war lediglich gut formuliert, der sendungsbewusste Gerold Becker hat auch den Demütigen gut spielen können.

Wenige Monate später kam er an die Odenwaldschule mit der Legende, dort eine Dissertation zu beenden, von der niemand ausser ihm je etwas gesehen hat. Genauer: Als er kam, wusste er, dass das Projekt gescheitert war und er die Bedingung der Anstellung nicht erfüllen konnte. Er erhielt trotzdem seinen Vertrag und niemand hat je gefragt, wann genau er die Arbeit abzuschliessen gedenke. Die Erfahrung mit der unvollendeten Dissertation wird seinem gut entwickelten Selbstbewusstsein vermutlich nicht wenig zugesetzt haben, aber er ist weich gefallen und konnte von seinem früheren Leben Abstand nehmen. Zwischen Göttingen und Heppenheim liegen 286 Autokilometer.

Im Januar 1995 sprach Becker in einem Vortrag vor Lehramtsstudenten über seinen Weg zur Odenwaldschule sechsundzwanzig Jahre zuvor:

> „Ich bin 1969 nicht als unbeschriebenes Blatt in die Odenwaldschule gekommen. Ich war 33 Jahre alt. Ich hatte intensive Erfahrungen gemacht, die mit der Odenwaldschule nichts zu tun hatten. Ich hatte dies und das entdeckt. Ich hatte Niederlagen eingesteckt. Ich

---

13 Gespräch mit Konrad Taukert am 15. Oktober 2013.

hatte hier und da kleine Erfolge gehabt. Ich hatte Vorstellungen von dem, was ich pädagogisch wollte. Die Odenwaldschule musste mich als einen ‚Lehrer mit Biographie' (wie Hellmut Becker das einmal genannt hat) annehmen oder abstossen. Das war das Risiko" (Becker 1996a, S. 42).

In einem professionellen Sinne war er kein Lehrer und ein Lehrer „mit Biographie" war er auf eine Weise, von der seine Hörer in der Pädagogischen Hochschule Heidelberg sicher keine Vorstellung hatten. In dieser Hinsicht war er tatsächlich ein *beschriebenes* Blatt, das die Schule auf eigenes Risiko hinnehmen musste.

Ein „Lehrer mit Biographie" ist einer, der mehr erlebt hat als nur den Wechsel von der Schule ins Studium und dann wieder zurück. Was diese „intensiven Erfahrungen" abseits der Normalkarriere genau waren, wird nicht einmal angedeutet, aber es sollte so aussehen, als sei er für die Odenwaldschule die erste, wenngleich eine etwas ungewöhnliche Wahl gewesen. Gerold Becker war immer ein Meister des Ungefähren, aber dass er sich selbst als Risiko für die Schule hinstellt, ist bemerkenswert, selbst wenn er das nicht als Hinweis auf eine Täterschaft gemeint hat. Mehr konnte er allerdings auch nicht andeuten.

Zwei Jahre, bevor er an die Odenwaldschule ging, im Frühjahr 1967, hat Hentig zusammen mit dem „Assistenten Gerold Becker" eine mehrwöchige „Forschungsreise" in die Vereinigten Staaten unternommen, wo sie „Curriculuminstitute" besuchten (Hentig 2000, S. 324). Im Sommer 1968 reisten sie zusammen nach Griechenland und in Göttingen waren sie als Freunde oder – wer sie näher kannte – als Partner sichtbar. Sie teilten allerdings keine gemeinsame Wohnung, Hentig wohnte in Göttingen in der Hälfte eines Doppelhauses am Stauffenbergring 10. Ein damaliger Nachbar, der in der anderen Haushälfte lebte, erinnert sich aber, dass Gerold Becker dort häufig ein- und ausgegangen ist.[14]

Nach aussen hin sollte die Beziehung nicht sichtbar sein. Beide waren in der Öffentlichkeit nicht per Du, Becker wurde einfach dargestellt als Hentigs Meisterschüler. Noch auf einem gemeinsamen Podium im Sommer 1969 sprachen sie sich offiziell mit „Herr" an und demonstrierten so den formalen Abstand (Deutscher Evangelischer Kirchentag 1970, S. 368–396). Aber für das Netzwerk war die Beziehung klar, wenngleich sie nie wirklich bezeichnet worden ist. Becker war deutlich Hentigs Favorit, so wie er sich später selber Favoriten halten sollte, wenngleich deutlich jüngere.

Zu Beginn des Jahres 1969 kam es nicht zum Bruch, wohl aber zu einer räumlichen Trennung ohne gemeinsames „Projekt". Mit dem Weggang hielt

---

14 Mail von Volkrat Stampa vom 17. Februar 2015.

Becker Hentig auf Distanz und auch wenn dieser ihn häufiger besuchte, kontrollieren konnte er ihn nicht. Nur so war es möglich, dass Becker sein Schattenreich überhaupt hat aufbauen können. In einer wie immer gearteten Freundschaft, in der man denselben Ort teilt und in der man sich gegenseitig beobachtet, wäre das kaum möglich gewesen. Der Gang nach Ober-Hambach war also folgerichtig und entspricht dem Täterprofil.

1984 schreibt Becker knapp über sich: „Ich lebe seit 15 Jahren an der Odenwaldschule. Das bedeutet, ich lebe – zumindest in den 40 Schulwochen des Jahres – in einer Art pädagogischen Totalsituation" (Becker 1984, S. 217). Mehr wird über das „ich" auch hier nicht ausgesagt. Becker verstand es stets gut, sich zu präsentieren und schien auch unverwechselbar zu sein, aber in der Rolle, die er spielte, musste er nicht auf sich zu sprechen kommen und brauchte nur sein Bild des aufopferungsvollen Pädagogen zu pflegen. Man kann aber eine Person nur erfassen, wenn es Merkmale gibt, die sich zu einem individuellen Profil formen und so das Unterscheidende ausmachen.

Auch Gerold Becker wurde von Merkmalen her wahrgenommen, aber die waren spärlich und blieben äusserlich. Er fuhr als Leiter der Odenwaldschule ein von der Firma Oettinger getuntes Auto, den „Becker-Bus", trug bei Gelegenheit einen langen, weissen Schal, häufig auch einen Norweger-Pullover, und er trank mit Vorliebe den deutschen Weinbrand Mariacron, mehr persönliche Attribute gibt es kaum. Manche Schüler berichten über sein typisches „glucksendes" Auflachen bei kleinsten Bemerkungen.[15] Auffällig sind noch seine immer gleiche Frisur mit den ohne Scheitel in die Stirn gekämmten Haaren, sein geräuschloses Auftreten und seine leicht zu hohe Stimme.

Keine Beschreibung von ihm geht in die Tiefe, ehemalige Kollegen in Göttingen sagen, zu Gerold Becker gab es immer eine ziemlich starke Distanz, während er in Ober-Hambach als empathischer Pädagoge auftreten konnte, dem für die Kinder nie etwas zu viel war und dem ihre Liebe nachgesagt wurde. Vorher war davon nie die Rede und auch in seinen ersten Jahren als Lehrer gibt es in dieser Hinsicht keine Spuren. Er muss es also geschafft haben, den Eindruck des begnadeten Pädagogen geweckt und nachhaltig verankert zu haben, ohne dass je gefragt wurde, warum er diesen Eindruck machen wollte.

Auf die Frage, wie man Gerold Becker charakterisieren kann, antworteten Renate und Hans Thiersch: Er war „schlank, leise und unscheinbar, aber immer freundlich". Gerold Becker, so Hans Thiersch, erinnert ihn heute an Dorian Gray – hinter der Fassade lauerten die Abgründe. Becker sah man in Göttingen nie in Gesellschaft, offenbar hatte er kein Privatleben oder zeigte

---

15 Brief von Peter Lang vom 24. Dezember 2014.

es nicht, Beziehungen waren nicht sichtbar und niemand hat ihn je vom Seminar abgeholt.[16] Zum Arnimweg konnte er zu Fuss gehen, aber das tat er offenbar nie in Begleitung. Das deckt sich weitgehend mit dem, wie manche Odenwaldschüler ihn beschreiben. Doch das Ungreifbare war nur die eine Seite seiner Person.

Als Kinderschänder ist er zielstrebig und ohne jede Rücksicht vorgegangen, während er zugleich den verständnisvollen Pädagogen spielte, den Empathie auszeichnen sollte. Aber die zeigte Becker habituell und zu strategischen Zwecken, er demonstrierte Selbstlosigkeit nur deswegen, weil das zum professionellen Bild gehören musste. Wirkliche Anteilnahme war ihm fremd, vermutlich auch, weil er sich selbst fremd war. Die in sich ruhende Persönlichkeit konnte er lediglich darstellen, ansonsten hat er alle Spuren verwischt, die zu seinem „Ich" führen könnten. Als Leiter der Odenwaldschule und auch danach lebte er wie gesagt unstet und ohne feste Bindung.

Becker wurde von den Schülern „Jesus" genannt,[17] *Jesus* englisch gesprochen. Er hat, berichtet der Altschüler Georg, immer gelächelt, so dass man seine Jacketkronen sehen konnte, die er sich hat anfertigen lassen, als er Mitte Dreissig war. Er lächelte also mit makellosen Zähnen. Dabei hielt er den Kopf stets ein wenig schief und blickte treuselig nach oben, ständig lächelnd, so wie man sich den sanften Jesus als Ikone vorstellt. Becker trug im Alltag meist Cordhosen und fast immer lautschluckende Schuhe mit Kreppsohlen. Er stapfte nicht durch das Gelände, sondern er schwebte. Man hörte ihn nicht, wenn er kam, er stand plötzlich und unerwartet hinter einem.[18] Becker, so auch Andreas Huckele, war „weitgehend leise".[19]

Die Rede bei dem Altschülertreffen hielt Becker am 31. Oktober 1971, also noch vor seiner Zeit als Schulleiter. Die Rede sollte als eine Art Zwischenbilanz seiner Erfahrungen als Mitarbeiter verstanden werden. Wenige Monate zuvor war er zusammen mit Hartmut von Hentig von einer Reise nach Mexiko zurückgekehrt und stand unter dem Eindruck der dortigen Erlebnisse, die sein pädagogisches Denken nachhaltig beeinflusst haben. In Mexiko ist er mit den Positionen einer radikalen internationalen Alternativpädagogik konfrontiert worden, die sich verbinden liess mit dem, was ihm und Hentig als Modell vorschwebte, nämlich die staatliche Schule zu konzipieren als offenen und selbst bestimmten Erfahrungsraum.

---

16 Gespräch mit Renate und Hans Thiersch am 1. Juni 2013.
17 In einem Interview sagte Becker 1996, dass Jesus-Geschichten zur Allgemeinbildung gehören (Braucht die Gesellschaft Jesus-Geschichten 1996).
18 Gespräch mit Georg am 14. September 2012.
19 *Und wir sind nicht die Einzigen* (2011), Min. 30.50

Die Rede machte noch etwas anderes deutlich, was durchgehend festzustellen ist, nämlich die Distanz zu sich selbst. Becker war seit zweieinhalb Jahren als Lehrer an der Odenwaldschule tätig und kam bei seiner Bilanz auch auf sich zu sprechen, allerdings in höchst eigenartiger Weise. Bei dem Anlass spricht er von sich als „man" und liefert dann ein Beispiel, wie jemand von sich sprechen kann, ohne über sich etwas preiszugeben. Es ging um die Frage, warum er Lehrer geworden ist:

> „Man hätte sich einen anderen Beruf wählen können. Man hat es nicht getan. Man ist Lehrer geworden, es wird seine Gründe haben" (Becker 1971a, S. 225).

Aber es war ausgeschlossen, dass er sich einen anderen Beruf hätte wählen können. Als Pfarrer war er gescheitert, ein anderes Examen als das erste theologische hatte er nicht und mit dem Verlassen der Universität war die akademische Karriere verschlossen. Was tatsächlich seine Gründe waren, Lehrer zu werden, hat er nie gesagt, und schon gar nicht, warum dafür nur die Odenwaldschule in Frage kam. Die unpersönliche Formulierung „es wird seine Gründe haben" diente einfach dazu, nach der Andeutung nichts weiter sagen zu müssen, außer einem Hinweis auf Platon (ebd.).

Von dieser Rede gibt es auch einen Sonderdruck, der mit „Zwischenbilanz" überschrieben ist.[20] Becker muss die Rede für so bedeutsam gehalten haben, dass er die Sonderdrucke je mit persönlicher Widmung verschickt hat. Er spricht hier, wie oben gezeigt, von seiner Kindheit, seiner Jugend und seinem Studium und beschreibt sich dabei in der dritten Person, also sagt „er", wenn er sich meint. Vor den Altschülern – und das heisst schulintern – soll das „Biographische" so dargestellt werden, „dass es Überindividuelles deutlich macht" (ebd., S. 229).

Das Biographische steht nicht für sich, sondern soll wenn, dann exemplarisch verstanden werden, möglichst ohne das „ich" kenntlich zu machen. Im autobiografischen Teil der Rede stellt Becker sein Leben durchgehend mit „man" oder „er" dar. Nur an einer Stelle und ganz am Schluss sagt er „ich" und bezieht sich auf die Zeit, nachdem er die Odenwaldschule kennengelernt hatte. Sie „entwickelte ihr eigenes Kraftfeld, ich kam öfter, versuchte, mich nützlich zu machen" (ebd., S. 233). Weil das „Kraftfeld" ihn anzog, konnte er schlecht in die dritte Person ausweichen. Die Wahl der Metapher ist sicher kein Zufall, für Gerold Becker muss die erotische Anziehungskraft dieses Täterfeldes unwiderstehlich gewesen sein.

---

20 Ich danke dem Archiv für Reformpädagogik der Humboldt Universität für eine Kopie des Sonderdrucks (Mail von Katja Röpnack vom 15. Februar 2012). Der Sonderdruck (Becker 1971b) ist Freunden und Gleichgesinnten zugänglich gemacht worden.

Das Verbergen des eigenen Ichs zieht sich durch Beckers Leben. Er hat anscheinend nie mit Lust von sich und seinem Leben erzählt, jedenfalls nicht vor Erwachsenen und so, dass man sich daran erinnert hätte. Auch Hentig, der das scheinbar gut konnte, gab in seinen Erzählungen nie etwas von sich preis. Als menschlich spürbare Personen mit einem Umkreis von engen emotionalen Beziehungen scheint es Gerold Becker und seinen Freund Hentig nicht gegeben zu haben. Bei aller Verschiedenheit ihrer Charaktere, die Verschlossenheit eint sie.

„Verlässliche menschliche Beziehungen", „Freundschaften", die Chance, „auch mit denen zusammenzuleben und hilfsbereit zusammenzuarbeiten", die „anders" sind als man selbst, hat Gerold Becker (1986b, S. 42) *für Kinder* gefordert, nicht für sich und seine Welt. Es gibt von ihm kaum einen Satz über Freundschaft in der Beziehung von Erwachsenen. Er konnte über die Vision der „kindergerechten Gesellschaft" schreiben, ohne sie je mit dem Leben als Erwachsener zu verbinden, weil er eine Vorstellung davon hatte, wie „anders" er selbst war. In diesem Sinne hat er sich nicht nur am Ende seines Lebens, sondern immer mit Schweigen geschützt.

Tatsächlich fühlte er sich zu älteren männlichen Kindern hingezogen. Die Odenwaldschule war für ihn der pädophile „Zauberberg", wo er seine Sexualität ausleben und zunehmend auch Gewalt anwenden konnte, ohne wie zuvor in Göttingen oder in Linz aufzufallen und zur Flucht genötigt zu werden. An der Odenwaldschule konnte er sich seine Familien immer neu zusammenstellen und so sein sexuelles Interesse auf immer neue Opfer richten, ohne dabei Verdacht zu erwecken. Die Tarnung war der begnadete Pädagoge und Freund der Kinder, dem man sogar beim Bockspringen zuschauen konnte (*Geschlossene Gesellschaft* 2011, Min. 30–37).

Die Odenwaldschule war für ihn aber auch der Ort der pädagogischen Bewährung, der intensiv beobachtet wurde, allein schon deswegen, weil dort eine teure Privatschule untergebracht war, die finanziell über die Runden kommen musste. Nach aussen hat Becker entsprechende Leistungsnachweise geliefert, und dies sowohl bezogen auf die Finanzen als auch im Blick auf die Medienpräsenz; nach innen dagegen konnte er lange nicht überzeugen. Schon nach wenigen Jahren als Schulleiter sah er sich im Kollegium deutlich einer Opposition gegenüber und konnte keineswegs glatt oder störungsfrei agieren, wie es der Vorstand von ihm vermutlich erwartet hat.

Becker war als Lehrer wie als Schulleiter nur sehr bedingt geeignet, er war mit der Organisation der Schule nach eigenem Eingeständnis häufig überfordert und gab nach Meinung verschiedener Schüler auch wenig gehaltvollen Unterricht, selbst wenn er immer wieder persönlich beeindrucken konnte. Seine professionellen Defizite konnte er in der „pädagogischen Totalsituation" sechzehn Jahre lang erfolgreich verbergen, ebenso wie es ihm gelang,

seine sexuelle Disposition zu tarnen. Das zweite war nur möglich, weil kaum jemand nachfragte und genauer hinsah. Wer das tat, was vorkam, wurde
nicht gehört, wortreich abgefertigt oder musste gehen. Und die Delikte nahmen zu, je sicherer er sich fühlen konnte.

Mit dem Ruf der Odenwaldschule im Rücken gelang es Gerold Becker, in der deutschen Schulwelt und Bildungspolitik eine erstaunliche Karriere zu machen. Er sei, schreibt er selbst und benutzt dabei eine eigentümliche Metapher, „eingestrickt" gewesen in „grössere politische und pädagogische Zusammenhänge ausserhalb der Odenwaldschule", was von ihm als „eher biographisch zufälliges Glück" bezeichnet wird und in Wahrheit die Karriere eines geschickten Emporkömmlings gewesen ist. Das „Inseldasein in der Odenwaldschule" konnte so immer wieder zum eigenen Vorteil verlassen werden. Seine tatsächlichen Leistungen als Lehrer und Schulleiter spielten dabei keine Rolle (Becker 1996a, S. 42/43).

Für das Schuljahr 1970/1971, also im zweiten Jahr als Lehrer, sind seine „ausserschulischen Betätigungen" als Mitarbeiter dokumentiert. Sie weisen neun Vorträge an verschiedenen Orten in Deutschland auf, meistens über die Odenwaldschule, die Schularchitektur und das soziale Lernen, weiter eine Vortragsreise durch vier Landerziehungsheime (Schule Birklehof, Schule Schloss Salem, Landheim Schondorf am Ammersee, Schule Schloss Neubeuern), Teilnahme an zwei Podiumsdiskussionen sowie an verschiedenen Expertentagungen, darunter am XIV. Gespräch zwischen Wissenschaft und Wirtschaft, das in Essen stattfand und vom Stifterverband für die Deutsche Wissenschaft veranstaltet wurde (OSO-Hefte 1971, S. 257/258).

Kein anderer Mitarbeiter konnte auch nur annähernd eine gleiche Liste von Aktivitäten ausserhalb der Schule nachweisen, die Becker im Laufe seiner Zeit als Schulleiter und Repräsentant der Odenwaldschule noch immens steigern sollte. Aber schon 1971 waren das erstaunliche Angaben, wenn man bedenkt, was noch alles zu den „ausserschulischen Betätigungen" gezählt wurde:

- Im Februar 1971 Vortragsreise durch Mexiko.
- Vom 8.4.71–13.4.71 Teilnahme am II. Interdisziplinären Seminar „Erziehung zum Frieden" des Goethe-Instituts in Tokyo und Referat am 11.4.71 zum Thema „Erziehung zur Politik als Erziehung zur Selbstbestimmung".
- 21.–25.8.71 Teilnahme am wissenschaftlichen Kongress des Organisationskomitees für die XX. Olympischen Spiele in München.
- 27.4.71 Süddeutscher Rundfunk Stuttgart – Schulfunk. Mitwirkung an der Sendung „Experten im Studio" mit dem Thema: „Schulstrafen. Diskussion: Disziplin durch Strafe"
  (ebd., S. 258).

Allein das Spektrum seiner Tätigkeit als Referent ist beeindruckend: Becker trug in der Volkhochschule Weinheim vor, aber auch in der Pädagogischen Hochschule Karlsruhe, in der Humanistischen Union Lüneburg ebenso wie in der Inneren Mission in Celle oder auf einer Fortbildungstagung des Niedersächsischen Ministerium des Inneren und in der Technischen Universität Darmstadt (ebd., S. 257/258).

Er habe, schreibt Becker (1978/79a, S. 125) an anderer Stelle, „mehrere Jahre" lang einem Ausschuss des Deutschen Bildungsrates angehört, ebenso wie verschiedenen Kommissionen des Hessischen Kultusministeriums. Er sei auch „als Vertreter des Landes Hessen in Kommissionen entsandt worden, in denen die verschiedenen Bundesländer auf KMK-Ebene zusammenarbeiten sollen". Seine Vorträge und Medientermine erwähnt er nicht, wohl aber den Tatbestand, dass die Odenwaldschule „UNESCO-Modellschule" sei, was ebenfalls mit Verpflichtungen verbunden gewesen sein muss.

Diese Angaben erlauben beinahe den Schluss, dass er Mitarbeiter der Odenwaldschule sozusagen nur im Nebenamt gewesen ist. Auch die Arbeit später als Schulleiter ist immer wieder unterbrochen worden durch Teilnahme an Podien, Reisen zu Vorträgen, medialen Auftritten oder Verpflichtungen in Expertengruppen. Er war, anders gesagt, ständig unterwegs. Über die Regelung der Freistellung von seinen Lehrverpflichtungen ist nichts bekannt, aber er war in seinen Tätigkeiten de facto auch niemandem rechenschaftspflichtig und man liess ihn gewähren, zumal er auch die Rolle des notorisch Überlasteten sehr überzeugend zu spielen verstand.

Martin Bonhoeffer hat er ein unruhiges Leben ohne Zeit und gehetzt von „selbstausbeuterischen Tagen" attestiert (Becker 1996, S. 40), was irgendwie auch auf ihn zutrifft. Mitglieder seiner Familie erinnern sich anders. Gemäss diesen Aussagen war Becker in der Odenwaldschule präsent und war meist auch am Wochenende da, hatte also immer Zeit für sie. Doch der stark gefragte Schulleiter muss immer häufiger abwesend gewesen sein, anders hätten etwa seine diversen Medienauftritte gar nicht stattfinden können. Und er hat auch ständig Vorträge gehalten.

Trotzdem schaffte Becker es, so wahrgenommen zu werden, als sei er eigentlich immer da und für jeden ansprechbar. Zeit zu haben, war sein Credo als Pädagoge, während er gleichzeitig über zu hohe Belastungen klagen konnte, was nach einer Weile auch im Kollegium so wahrgenommen wurde. Ausserdem thematisierte er die Endlichkeit seines Engagements, also hielt sich einen Rückzug offen. Kollegiale Hilfe aber lehnte er ab.

Gerold Becker hat in seiner OSO-Familie oft gesagt, dass er „zehn Jahre an der Odenwaldschule bleiben werde". Davon war bereits in den Anfängen seiner Zeit als Lehrer und Schulleiter die Rede.[21] Die Ausstiegsklausel hat er also deutlich formuliert, ohne dass er wissen konnte, wann sie in Kraft treten würde.

Auffällig ist, dass Paul Geheeb, einer seiner Vorgänger, die Schulleitung genauso wie er verstanden und ausgeübt hat, als pädagogischer Künstler,[22] der oft durch Abwesenheit glänzte und die Administration der Schule als nebensächlich erachtete. Geheeb verstand sich wie Becker im Geiste des „pädagogischen Eros", definierte sich über die Nähe zum Kind und pflegte ein grosses Netzwerk ausserhalb der Schule, in dem er stets mit grosser Bewunderung rechnen konnte, ohne durch Kritik gestört zu werden.

Obwohl zum deutschen Oberlehrer ausgebildet, war Geheeb eher ein Prediger der alternativen Erziehung, der sich auf seine Weise auch Becker verschrieben hat. Er verstand sich je länger er an der Odenwaldschule war umso mehr als Reformpädagoge à la Geheeb, der neben Hermann Lietz sein Vorbild gewesen ist. Schulorganisation und Unterricht waren nachgeordnet, die Schule sollte primär als ganzheitlicher Lebens- und Erfahrungsraum verstanden werden, der ganz dem Kind gewidmet ist. Die Odenwaldschule schien dafür der praktische Beweis zu sein, was nie auch nur annähernd der Fall gewesen ist.

Wie Geheeb hat sich auch Becker aus allen schwierigen Situationen herausreden können, ohne dadurch unglaubwürdig zu werden. Die Schüler sprachen vom „Becker blapblap".[23] Selten gab es in den endlosen Diskussionen mit ihm wirklich eine Entscheidung, die er zu verantworten gehabt hätte. Stattdessen kamen von ihm immer weitere Ausreden und Vertröstungen auf später. Nur die missliebigen oder widerständigen Schüler nahm er sich persönlich vor und sie hat er oft auch entlassen. Zu den Schülern sprach er im Konfliktfall ruhig zugewandt und doch völlig kalt.

Eine seiner häufig benutzten Formeln war: „Du sprichst so, wie Du es verstehst, und das ist nicht viel." Nicht wenige der älteren Schüler spürten bei ihm „das kalte Sanfte" und sie hörten die immer gleichen Phrasen. Auf der anderen Seite vermieden die meisten Kinder und Jugendlichen, ihre Eltern bei Gelegenheit über die Vorkommnisse in der Schule zu informieren; der Grund war, dass sie Angst davor hatten, die Schule verlassen zu müssen, was für sie vielfach das schlimmere Übel war. Und Schulleiter Becker hat damit intern auch wirkungsvoll drohen können. Wer sich gegen ihn stellte, erlebte

---

21 Gespräch mit Jan Kruse am 28. Februar 2014.
22 Der Lehrer Henner Müller-Holtz sagte 1985 in seiner Rede bei der Verabschiedung von Gerold Becker, er halte ihn „mehr für einen Künstler als für einen Pädagogen" (OSO-Hefte 1985, S. 143). Hellmut Becker in seiner Rede zum gleichen Anlass folgte dem und fügte hinzu: „Die Pädagogik ist seine Kunst" (ebd., S. 151).
23 Zum Folgenden: Gespräch mit Elfe Brandenburger am 25. Juni 2012.

keinen Kinderfreund mehr, sondern einen Täter, der sehr schnell und rücksichtslos handeln konnte.

Als „Täter" ist Becker von seinen Opfern wahrgenommen worden, nicht oder höchstens gerüchteweise vom Kollegium, anders hätte er kaum sehr lange als Schulleiter agieren können. Er hatte stets Favoriten, was mehr oder weniger bekannt war und zum Teil ganz offen agiert wurde, etwa auf gemeinsamen Reisen während der Ferien. Diese Beziehungen können nicht übersehen worden sein, aber sie galten wohl als Privatsache und wurden nicht zum Thema.

Auf der anderen Seite gab es sehr schnell Konflikte mit anderen Lehrern, die eskalierten und nach einigen Jahren auf eine Entscheidungssituation zusteuerten. Es ging dabei nicht um die Gerüchte, die mit seiner sexuellen Präferenz zu tun hatten. Der neue Schulleiter musste erleben, wie seine berufliche Kompetenz angezweifelt wurde und er darüber beinahe gestürzt wäre. Doch auch hier konnte er, wie immer und bis zuletzt, seinen Kopf aus der Schlinge ziehen.

4.2 Ein Aufstand und seine Folgen

Ausserhalb der Odenwaldschule bewegte sich Gerold Becker in einem ständig grösser werdenden Netzwerk, wo er nie kritische Fragen über sich und seine Schule zu hören bekam. Man hielt ihn gerade in fachlicher Hinsicht unbesehen für hoch qualifiziert und sah ihn als herausragenden Pädagogen und Leiter einer ganz besonderen Schule. Hätte man ihn in Frage gestellt, dann hätte man auch gleich Hartmut von Hentig in Frage stellen können, woran vermutlich niemand je gedacht hat. Und je weiter weg man vom Geschehen der Odenwaldschule war, desto plausibler waren die Legenden, die über sie verbreitet wurden.

Ihr Brennglas war der Schulleiter. Die anderen Lehrkräfte kamen öffentlich kaum zu Wort und standen deutlich im Schatten von Gerold Becker. Er bestimmte zunehmend nicht nur die Lebensform der Schule, sondern kontrollierte auch ihr Bild nach aussen, und dies auf eine machtvolle Weise, die heute kaum noch vorstellbar ist. Becker war der Publizist der Odenwaldschule, der demonstrieren konnte, dass alternative Schulen in Deutschland möglich sind und Erfolg haben können. Allein deswegen war er ganz schnell unverzichtbar, für den Vorstand, für das Netzwerk und am Ende auch für Hartmut von Hentigs Pläne der Schulreform.

Das Kollegium der Schule spielte in diesem subtilen Beziehungsraum eine ganz andere Rolle. Becker ist bei Gelegenheit wohl mit Lehrern seiner Schule öffentlich aufgetreten, als Leiter aber war er singulär und nahm den wachsenden Ruhm der Schule ganz für sich in Anspruch. Nach innen hatte er mit

Schwierigkeiten zu kämpfen, die erst dann nachliessen, als er das Kollegium selbst zusammenstellen konnte. Das setzte einen Aufstand voraus, den Becker überstehen musste. Er verhielt sich als Schulleiter so, dass er Opposition auf den Plan rief, an der er am Ende fast gescheitert wäre.

Im Oktober 1971 nannte Becker die Namen derer, die „in den letzten zwei Jahren", also bereits unter seiner Beteiligung, „als Mitarbeiter" an die Odenwaldschule gekommen waren. Es handelt sich um:

> „Hartmut Alphei, Wolf Bienhaus, Karl und Regine Büchsenschütz, Brian Careless, Benita von Daublebsky, Jürgen Fuchs, Siegfried und Maria Helmer, James Kistner, Christine Klimek, Uwe und Herta Lau, Bodo Nehring, Joachim und Luise Neupert, Richard Steckelberg, Dietrich Willier" (Becker 1971a, S. 233).

Fünf Jahre später, zu Beginn des Schuljahres 1976/1977, waren bereits viele dieser Namen aus der Liste der Mitarbeiter wieder verschwunden (OSO-Nachrichten 1976a, S. 52/53). Und 1985 waren neben Gerold Becker von den genannten Namen nur noch Hartmut Alphei, Jürgen Fuchs und Siegfried Helmer Mitglieder des Kollegiums.[24]

Alle Namen lassen sich zuordnen und über einige ist auch mehr bekannt als nur dürre biografische Angaben. Benita von Daublebsky arbeitete nach ihrem Studium zunächst an der Schule Birklehof, kam dann als Mitarbeiterin an die Odenwaldschule und war bis 2010 Mitglied des Vorstandes, nachdem sie zwischenzeitlich von 1998 bis 2003 als Rektorin des Landschulheims am Solling tätig gewesen ist.[25] Sie war auch Programmberaterin der Freudenberg Stiftung und hat dort verschiedene Projekte geleitet. Ihr Mann, Christian Petry, war lange Geschäftsführer der Freudenberg Stiftung und ist seit 2010 Mitglied des neunköpfigen Kuratoriums der Stiftung. Petry, Jahrgang 1941, war Lehrer an der Schule Birklehof und von daher den Landerziehungsheimen verbunden.

Benita von Daublebsky ist 2010 unter dem Druck der Ereignisse von ihrem Amt als Mitglied des Vorstandes zurückgetreten und nahm bis zuletzt Einfluss auf die Entwicklung der Odenwaldschule. Andere Mitarbeiter trennten sich von der Schule viel früher und einige waren gegenüber dem Schulleiter auch in Opposition. Frau von Daublebsky war bereits 1999 im Vorstand tätig[26] und hat zuvor als Psychologin an der Schule gearbeitet. Ihre Aussagen in dem Dokumentarfilm *Geschlossene Gesellschaft* zeigen, wie fassungslos diejenigen gewesen sind, die Becker im Kollegium ganz nah erlebt

---

24 Gemäss dem Verzeichnis der Pädagogischen Mitarbeiter im Schuljahr 1984/1985 (Becker 1985a, S. 128/129).
25 Benita von Daublebsky wurde am 1. August 1998 Schulleiterin.
26 Zeit Online vom 29. April 2010.

und dennoch nichts von ihm gewusst haben. An Ratschläge aus dem Kollegium hat er sich nie gehalten.

Karl Büchsenschütz, der 1942 in Erfurt geboren wurde, hat 1963 an der Odenwaldschule Abitur gemacht und war dort nach seinem Studium von 1971 bis 1981 Lehrer für Deutsch und Geschichte. Zwischenzeitlich war er von 1969 bis 1972 Mitarbeiter am Max-Planck-Institut für Bildungsforschung. Danach kehrte er an die Odenwaldschule zurück und wurde im Januar 1985 Leiter der Alexander-von-Humboldt-Schule in Viernheim in Hessen (Alexander-von-Humboldt-Schule o.J., S. 8). Büchsenschütz war dann von 1992 bis 2005 Leiter der Landesschule Pforta und ist in dieser Rolle auch in der deutschen Schuldiskussion bekannt geworden.

Uwe Lau verliess 1997 Deutschland und zog in ein Dorf nach Griechenland, wo er im Jahr 1975 im Schulquartal zwischen Ostern und Sommerferien mit Odenwaldschülern aus der Grund- und Mittelstufe ein pädagogisches Projekt in Piliondorf Mouresi durchgeführt hatte. Dieses von ihm initiierte Projekt ist von Kollegium befürwortet worden, ohne dass Schulleiter Becker es verhindern konnte. Ein Bericht sollte in der Neuen Sammlung erscheinen, aber das Vorhaben wurde von der Redaktion nicht weiterverfolgt.[27]

Seine damalige Frau Herta Lau und er waren bis zu den Sommerferien des Jahres 1976 als Lehrer, bzw. als Lehrerin an der Odenwaldschule tätig. Er lebt noch heute auf der Halbinsel Pilion, führt Wanderungen mit Touristen durch und ist gelegentlich auch in griechischen Medien präsent. Uwe Lau war mit 66 Jahren in dem Dokumentarfilm *Rentner in der Fremde* von Ulrike Bauer zu sehen, der am 22. Januar 2003 im SWR ausgestrahlt wurde.

Lau hat am Berliner Ernst-Moritz Arndt-Gymnasium Abitur gemacht und war vor und nach seiner Zeit an der Odenwaldschule Lehrer in Berlin an Grundschulen und Gesamtschulen. Er ist zusammen mit seiner Frau aus dem Berliner Schuldienst nach Hessen versetzt und an die Odenwaldschule beurlaubt worden. Beide fingen dort am 1. August 1971 an, als Gerold Becker noch kein Schulleiter war. Fünf Jahre später kehrten sie in den Berliner Schuldienst zurück (OSO-Nachrichten 1976a, S. 42/43).

Neben seiner Tätigkeit als Lehrer hat Uwe Lau auch im Rahmen der Logotherapie in der Lehrerfortbildung gearbeitet. Die Sicherheit, als „beamteter Lehrer" nach Berlin zurückkehren zu können, erlaubte seiner Frau und ihm an der Odenwaldschule eine gewisse Unabhängigkeit gegenüber dem Schulleiter, sonst hätte die Geschichte vermutlich einen anderen Verlauf genommen.

Wolf Bienhaus ist emeritierter Professor für Technikdidaktik an der Pädagogischen Hochschule Karlsruhe. Er wurde 1980 zum Professor ernannt

---

27 Mail von Uwe Lau vom 14. Oktober 2015.

und war dort bereits vorher als Dozent tätig. Bodo Nehring war später Professor für Geographie an der Pädagogischen Hochschule Schwäbisch Gmünd und der Anglist Brian Careless war Professor für technisches Übersetzen an der Fachhochschule in Flensburg. Der Musiklehrer Joachim Neupert, der im Februar 1975 noch eine OSO-Familie geführt hat (OSO-Nachrichten 1975, S. 43), war zu Beginn des Schuljahres 1976/1977 nicht mehr an der Schule (OSO-Nachrichten 1976a, S. 52). Richard Steckelberg, der Naturwissenschaften unterrichtet hat, kam im gleichen Jahr wie Gerold Becker an die Odenwaldschule und hat die Schule schon weit früher, nämlich am Ende des Schuljahres 1971/1972, verlassen.[28]

Sie alle haben keine andere Gemeinsamkeit als die Zeit an der Odenwaldschule und die Bekanntschaft mit Gerold Becker. Aus welchen Gründen die Lehrerinnen und Lehrer gegangen sind, ist im Einzelnen nicht bekannt. Die Opposition gegen den Schulleiter Becker ist dagegen klar auszumachen. Mitte des Jahres 1976 verliess eine Gruppe von acht Lehrpersonen die Schule, weil sie mit Beckers „anti-autoritärer" Leitung und so dem Fehlen von verbindlichen Normen nicht einverstanden waren. Unter ihnen waren Uwe und Herta Lau sowie die Deutschlehrerin Jutta Fensch.[29] Sie kündigten gemeinsam oder kurz nacheinander. Die Schule verlor also über Nacht einen beträchtlichen Teil des Kollegiums.

Zu Beginn des Schuljahres 1976/1977 waren 40 Lehrpersonen beschäftigt (ebd., S. 52/53). Zwölf Lehrkräfte verliessen die Schule, darunter auch solche, die nicht in Opposition zu Becker standen, und neun wurden zum gleichen Zeitpunkt neu eingestellt (ebd., S. 42–46). Von den neuen Lehrerinnen und Lehrern waren 1985 nur noch zwei Mitglieder des Kollegiums der Odenwaldschule, nämlich der Deutsch- und Geschichtslehrer Klaus Bregler sowie die Sportlehrerin Edeltraut Weyell-Müller (Becker 1985a, S. 128/129). Alle anderen haben die Schule schon bald wieder verlassen, darunter der Romanist Uwe Daube, der 1963 in Heidelberg über Marcel Proust promoviert hatte, oder die Biologin Konstanze Blum, die lange in Rom tätig war.

Uwe und Herta Lau stellten die Gründe ihres Weggangs in einem offenen Brief dar, der an Hermann Freudenberg, den Vorsitzenden des Vorstandes der Odenwaldschule, adressiert war. Der Brief datiert auf den 5. Mai 1976. In ihm heisst es, eine Erziehung „ohne verbindliche Regeln und ein gewisses Mass an Würde und Distanz zwischen Erzieher und Kind" sei „naiv und

---

28 Richard Steckelberg hat zusammen mit Bodo Nehring veröffentlicht: Der mathematische und naturwissenschaftliche Unterricht Band 26 (1973), S. 320.
29 Jutta Fensch ging zunächst zum DAAD nach London und hat danach an der Schule Schloss Salem unterrichtet, wo sie auch bei der dortigen Stiftung für Studienreisen tätig war. Sie starb 1999 auf einer Reise im Himalaja.

letztlich verantwortungslos".[30] Uwe Lau gibt an, dass er und seine Frau zu diesem Zeitpunkt von Fällen sexuellen Missbrauchs nichts gewusst hätten, die Kündigung sei erfolgt, weil der Schulleiter sich als unfähig herausgestellt hatte.[31] Die Schule selbst sei nicht das Problem gewesen.

In dem offenen Brief wird die Kritik so formuliert:

> „Es steht ausser Zweifel, dass Herrn Beckers Scheu vor Konfrontation und Konflikten ein Klima von Unsicherheit und Orientierungslosigkeit bei Kindern und Erwachsenen erzeugt hat, in dem von einem Bestand allgemein verbindlicher Normen kaum noch gesprochen werden kann. In solchem Klima ist freie Entfaltung junger Menschen gleichbedeutend mit einem Umherirren in einem Raum ohne Begrenzung und Widerstände."

Schon Jahre zuvor, am 10. Dezember 1973, hatte Uwe Lau seinem Schulleiter Gerold Becker einen Brief geschrieben und ihn darauf hingewiesen, dass im Kollegium Unzufriedenheit über seinen Führungsstil herrsche. Becker war etwas mehr als ein Jahr im Amt. Offenbar war dem anscheinend chronisch überarbeiteten Schulleiter zur Entlastung angeboten worden, dass zwei andere Lehrer in der Schulleitung mitarbeiten und Aufgaben übernehmen sollten, für die eigentlich Becker zuständig war. Der liess sich auch zunächst darauf ein, aber dann hätte er die Macht teilen müssen und so zog er seine Zusagen wieder zurück.

Das war der Anlass für den Brief. Lau schrieb dem „lieben Herrn Becker":

> „Sie sehen sich der Tatsache gegenüber, dass aufgrund Ihres Verhaltens innerhalb der letzten Tage bei vielen Mitarbeitern tiefe Bestürzung herrscht. Das Ergebnis dürfte spürbares Misstrauen sein und in berechtigten Zweifeln bestehen, dass es Ihnen jetzt gelingen werde, die Schule in der Form zu leiten, die von der Mehrheit der Mitarbeiter erwartet und gefordert wird."[32]

Deutlicher kann man es kaum sagen. Die Zweifel an Beckers Führungsqualitäten nahmen weiterhin zu, nicht zuletzt bei den Lehrkräften, die noch den alten Schulleiter Walter Schäfer erlebt hatten und so den Unterschied sahen. Das Verhalten des neuen Schulleiters war jedoch kaum zu beeinflussen und änderte sich durch die Kritik nicht. Zweieinhalb Jahre später eskalierte die Krise, mit dem Ergebnis, dass Gerold Becker sie zu seinen Gunsten entscheiden konnte. Von den Vorgängen drang seinerzeit nichts nach draussen.

Intern wurde der Streit aber sehr wohl wahrgenommen, nicht zuletzt auch auf Seiten der Schülerinnen und Schüler. Man habe mitbekommen, so ein

---

30 Kopie des Briefes übermittelt von Uwe Lau mit Fax vom 5. Juli 2012.
31 Telefongespräch mit Uwe Lau am 5. Juli 2012.
32 Brief von Uwe Lau an Gerold Becker vom 10. Dezember 1973.

Altschüler rückblickend, dass der Sportlehrer Becker „ans Leder wollte". Gemeint war Uwe Lau, der neben Latein und Geschichte auch Sport unterrichtete (OSO-Nachrichten 1976a, S. 42). Die Schüler registrierten den „Aufstand" gegen den Schulleiter Becker, der mit Laus Brief an Becker im Dezember 1973 begonnen hatte und mit dem Weggang des Ehepaares Lau vor den Sommerferien 1976 endete. Becker hatte danach Autorität und die „uneingeschränkte Macht".[33]

Am 18. Mai 1976 fand eine Aussprache zwischen den Kritikern, Vertreter des Vorstandes und dem Vertrauensrat der Odenwaldschule statt, dem auch Gerold Becker angehörte. Er war also bei diesem „offenen Gespräch" anwesend, bei dem es vor allem um ihn gehen sollte. Wie im Vorstand konnte er auch hier Einfluss nehmen. Von dem Gespräch hat Jutta Fensch ein Gedächtnisprotoll angefertigt, aus dem deutlich wird, wie angespannt die Situation war, aber auch welche Machtkonstellation vorherrschte und wie dann gehandelt wurde.

Der Vorstandsvorsitzende Hermann Freudenberg und das Vorstandsmitglied Jörg Zutt zeigten sich eingangs über den offenen Brief „verärgert". Freudenberg, der den Brief nicht an den gesamten Vorstand weitergeleitet hatte, bezeichnete die so entstandene Situation als „peinlich" und berief sich auf „gewisse Ordnungen, an die man sich halten (müsse)". Damit war die Richtung vorgegeben und man kann vermuten, dass sie mit Schulleiter Becker abgesprochen war. Der Spiess wurde einfach umgedreht, die Kritiker wurden zu denen, die die Ordnung missachteten.

Freudenberg warf Uwe Lau vor, dass er „sich erst jetzt, nach der Kündigung, um die Schule besorgt" gezeigt habe. Die Strategie war, ihn zu isolieren, man wollte nicht wahrhaben, dass es im Kollegium eine grössere Unzufriedenheit mit Gerold Becker gab. Trotz des Hinweises, dass noch andere Lehrer hinter der Kritik stünden, blieb es am Ende „bei dem Vorwurf, dass das Ehepaar Lau die Atmosphäre an der Schule vergiftet und isoliert dasteht". Nach dem Gespräch wollte der Vorstand sogar über „eine vorzeitige Beurlaubung Laus" entscheiden und nicht auf das Ende der Kündigungsfrist warten (Gedächtnisprotokoll 1976).

Zu dieser Demütigung kam es dann doch nicht, die Kündigung wurde fristgemäss vollzogen und das Ehepaar Lau war dann mit Beginn der Sommerferien nicht mehr Mitglied des Kollegiums. Im Juli 1976 wurde in den OSO-Nachrichten mitgeteilt, dass Herta und Uwe Lau die Schule verlassen werden, ohne die Gründe zu benennen oder gar auf den Streit einzugehen. Auch der Weggang von Jutta Fensch wurde bekannt gegeben, wiederum unter Aussparung der Gründe (OSO-Nachrichten 1976a, S. 42/43). Vermerkt

---

33 Quelle: Gespräch mit mir.

wird lediglich, dass es zum neuen Schuljahr „allerlei Wechsel" geben werde, „nicht nur bei den Schülern, sondern auch bei den Mitarbeitern" (ebd., S. 42).

Zum Konflikt selbst merkt Jutta Fensch an, dass sich ihre eigene Kritik „aus sehr konkreten Anlässen" heraus entwickelt habe, etwa notwendig gewordene Nachprüfungen, das Verhalten einzelner Schüler oder die Belastung mit zusätzlichem Unterricht. In den Gesprächen, die sie geführt hatte, sei es dann aber doch zunehmend um „strukturelle Fragen der Erziehungs- und Unterrichtskonzeption" der Odenwaldschule gegangen. Für sie als Klassenlehrerin seien solche Gespräche „unumgänglich" gewesen und sie habe sich über die von ihr angemerkten kritischen Punkte auch fast nur mit Lehrern ihrer Klasse ausgetauscht (Gedächtnisprotokoll 1976).

Doch was im Raum stand, war der Vorwurf einer Fronde gegen die Schulleitung und so entwickelte sich ein Machtkampf, bei dem für Gerold Becker alles auf dem Spiel stand. Er hatte keine zweite Wahl und tat alles, den Kampf für sich zu entscheiden, sonst hätte er vermutlich schon damals die Schule verlassen müssen. Daher setzte er auf Denunziation. Becker sprach im Blick auf seine Kritiker abfällig vom Treffen eines „Clubs zur Beweinung des gemeinsamen Elends"[34] und von „nicht erwachsenen" Formen der Solidarisierung. Diese Floskeln benutzte er oft, so Jutta Fensch, nämlich immer dann, „wenn Mitarbeiter ernstzunehmende Kritik an Zuständen oder Entscheidungen" übten, die er zu verantworten hatte (ebd.).

Gerold Becker war nicht vom Fach, die Kritiker waren meist ausgebildete Lehrerinnen und Lehrer, die sich von ihm nicht alles gefallen lassen mussten und in der Konsequenz auch kündigen konnten, weil sie – anders als er – nicht auf die Anstellung angewiesen waren. Sie hatten die Möglichkeit, an Staatsschulen zu wechseln oder auch an andere Landerziehungsheime zu gehen. Becker dagegen sah sich gezwungen, einen Machtkampf zu überstehen, bei dem es auch um das reformpädagogische Konzept der Schule als libertären „Erfahrungsraum" ging, dem die Odenwaldschule nie entsprochen hat und gegen das sich die Kritik richtete.

Kritik war er nicht gewohnt und Konflikten ging er für gewöhnlich aus dem Wege, aber diesem konnte er nicht ausweichen, weil es um seinen Kopf ging. Wie die Mitarbeiter ihn nach vier Jahren Schulleitung einschätzten, konnte Gerold Becker in dem offenen Brief lesen, der ihn in Kopie erreicht hatte. Es heisst hier, viele Mitarbeiter seien über die Entwicklung der Odenwaldschule „tief bestürzt". Die Schule habe „in den letzten Jahren", also unter Becker, „einen Zustand innerer Unordnung und Regellosigkeit erreicht", für

---

34 Diese Formel verwendete Gerold Becker auch in seiner Rede zum Abitur 1980, allerdings bezogen auf die „Odenwaldschüler" und nicht auf die Lehrer (Becker 1981a, S. 42).

den der Schulleiter verantwortlich gemacht wurde. Das war in der Konsequenz nichts anderes als eine Aufforderung zum Rücktritt.

Der Vorstand aber folgte Becker und nicht den Kritikern. Das war bis zum Schluss seiner Tätigkeit an der Odenwaldschule immer der Fall. Nach der Entscheidung im Frühsommer 1976 konnte Becker sicher sein, dass der Vorstand auf Dauer hinter ihm stehen würde. Er sah sich im Amt bestätigt und ging gestärkt aus der Krise hervor. Die Opposition war besiegt und von den Vorwürfen musste er nichts an sich herankommen lassen. Er konnte so weiter machen wie bisher und nebenbei auch noch das Kollegium in seinem Sinne neu zusammenstellen.

Ehemalige sagen heute, dass die Schule unter Beckers Leitung tatsächlich chaotisch gewesen ist, aber das war kein Thema mehr, das Becker hätte bedrohlich werden können – solange neue Schüler kamen und mit der Nachfrage auch die Einnahmen stimmten, stand der Vorstand hinter ihm. Das innere Leben der Schule ist hinter dem prägenden Bild des „Zauberberges" verborgen geblieben, die Chaoserfahrung wurde als Freiheit drapiert und es gab immer genügend Eltern, die der Selbstdarstellung der Schule glauben wollten, weil sie oft auch gar nicht anders konnten.

Im Schuljahr 1984/1985, also in Beckers letztem Jahr als Leiter, hatte die Odenwaldschule 322 Schülerinnen und Schüler, fünf mehr als im Vorjahr.[35] 54 von ihnen waren Externe, die aus Heppenheim oder Ober-Hambach an die Schule kamen. Nur 44 Schülerinnen und Schüler besuchten die Grundschule sowie die Orientierungsstufe, mithin die ersten sechs Klassen. Die Oberstufe, also die Klassen 11 bis 13, besuchten 136 Jugendliche, das waren mehr als ein Drittel der Gesamtschülerschaft (OSO-Nachrichten 1986, S. 108). Die elfte Klasse war mit 56 Schülern die grösste. Lediglich zwei von ihnen haben die Odenwaldschule von 1975 an besucht, die weitaus meisten sind erst 1984 und 1985 an die Schule gekommen (ebd., S. 106).

Die Nachfrage seitens der Eltern steigerte sich also mit dem fortschreitenden Alter der Kinder und dem Zuwachs an Erziehungsproblemen in der Familie oder der Schule. Viele Eltern in Not erhielten den Hinweis auf die Odenwaldschule informell. Die Schule wurde von Freunden oder Bekannten als Ausweg aus der jeweiligen Notlage empfohlen. Bei der Wahl der Odenwaldschule spielte der Ruf eine Rolle und damit zusammenhängend auch das reformpädagogische Konzept, das in den Verhandlungen mit den Eltern dazu diente, die Güte der Schule unter Beweis zu stellen. Auch der Hinweis auf die berühmten Namen der Familien vieler Schüler fehlte nie.

---

35 Zum Vergleich: 1955 hatte die Odenwaldschule nur 247 Schüler, davon 155 Jungen und 92 Mädchen (OSO-Hefte 1955, S. 25).

Die Eltern sollten den Eindruck erhalten, am richtigen Ort zu sein, ohne das Angebot überprüfen zu können. Für die neuen Schülerinnen und Schüler gab es in den siebziger Jahren eine Probezeit, nach deren Ablauf entschieden wurde, ob sie definitiv aufgenommen wurden oder nicht. Die Eltern hatten dabei keine Mitsprache, sie wurden im Gegenteil nicht selten in eine Situation versetzt, in der sie froh sein mussten, wenn die Schule ihr Kind aufnahm. Die Schule liess keine vorherigen Hospitationen zu und die Eltern mussten sich nach dem Aufnahmegespräch mit Schulleiter Becker entscheiden. Er bestimmte, wer an die Schule kam und wer nicht.

Der Aufstand der Kollegen gegen ihn überstand Becker glatt, eine Folge war, dass danach sich niemand mehr gegen ihn stellte und auch Willkür gegen Schüler hingenommen wurde. Das lässt sich an verschiedenen Beispielen zeigen. Schon zuvor hatte Becker willkürlich entschieden, aber nunmehr war er Alleinherrscher in einer Schule, die stets stolz auf ihre demokratische Verfassung war. Aber ohne Opposition und Transparenz war das nicht mehr als schöner Schein, der auch davon ablenkt, was die Schule in materieller und finanzieller Hinsicht gewesen ist.

Die wenigsten Kinder durchlebten ihre gesamte Schulzeit an der Odenwaldschule, wenn, dann waren das häufig die Kinder der wenigen Lehrkräfte, die lange an der Schule blieben. Die meisten Schülerinnen und Schüler kamen als Jugendliche und unter der Voraussetzung von massiven Schwierigkeiten, was die Bereitschaft der Eltern erhöht hat, das beträchtliche Schulgeld zu bezahlen. Allein für einen Platz im Internat, also ohne Extras wie Schulreisen, mussten 1979 pro Monat mindestens 1.000 D-Mark aufgebracht werden (Daublebsky/Petry/Raschert 1979, S. 253).[36] Die Gegenleistung waren Zwei- oder Dreibettzimmer, karge Verpflegung und das zwanghafte Zusammenleben in Familien.

Das ist immer sorgfältig umschrieben worden. Gerold Becker (1978/1979a, S. 125/126) sprach von Kindern, „die sich in ihrer bisherigen Situation vielleicht festgefahren haben und nun einen Lebensraum suchen, in dem sie willkommen sind, und wo sie mit anderen zusammen aufwachsen und neue und für sie nützliche Erfahrungen machen können". Das haben die Eltern in ihrer tatsächlich oft festgefahrenen häuslichen Situation gerne glauben wollen und Schulleiter Becker hat ihnen diese Botschaft auch immer glänzend verkauft. Es ist nicht bekannt, dass er bei seinen Vorstellungsgesprächen je Misstrauen erregt hätte. Bei der Kundenakquise, anders gesagt, war er unschlagbar.

---

36 Das wären heute rund €1.143, also im Jahr ohne Extras rund €13.700. 1975 kostete die Odenwaldschule 12.120 D-Mark pro Jahr, Salem war um 1.100 D-Mark teurer (Frankfurter Allgemeine Zeitung Nr. 248 vom 25. Oktober 1975, Beilage Bilder und Zeiten).

Das Selbstverständnis einer pädagogischen Institution, schrieb Becker im Juni 1987, zeigte sich in ihren humanen Ritualen, wie man am Beispiel der Odenwaldschule erkennen könne. Dort versammelt sich zu Beginn und am Ende des Schuljahres „jeweils die ganze Schule", also alle Kinder, Jugendlichen und Erwachsenen. Bei dieser Gelegenheit werden „alle neuen Schüler und Lehrer einzeln begrüsst und vom Leiter mit Handschlag in das Gemeinwesen Odenwaldschule aufgenommen", „so wie am Ende des Schuljahres die Scheidenden einzeln verabschiedet werden". Das geschieht „fröhlich" und die „Symbolik dieses Vorgangs" ist „schon den jüngsten in dieser Versammlung unmittelbar verständlich" (Becker 1987, S. 19).

Konkret gab es oft gar keinen Anlass zur Fröhlichkeit, weil die Schüler vielfach aus problematischen Familien kamen und sich in das „Gemeinwesen Odenwaldschule" abgeschoben fühlten. Auch schlechte Leistungen in den ersten Klassen des Gymnasiums und so Schulversagen war für bürgerliche Eltern häufig ein Grund, die Odenwaldschule mit der Erziehung ihrer Kinder zu beauftragen. Sie versprach die Lösung der Probleme, ohne transparent darzustellen, was dazu konkret unternommen wurde. Die Schule war eine Art Black Box, die die Eltern nicht einsehen konnten.

Becker ging dabei dialektisch vor: Er schrieb verunsicherten Eltern ständig Briefe, die von raschen Fortschritten berichteten, wenn aber Rückschritte nicht zu übersehen waren, dann wurden sie den Schülern oder ihrer Herkunft angelastet. Die Schule wurde auch in dieser Hinsicht geschützt, für einen Leistungsabfall oder für Verhaltensprobleme war nie sie verantwortlich. Jedes Zugeständnis wäre gefährlich gewesen, weil das Image angekratzt worden wäre und sich mangelhafte Qualität sofort herumgesprochen hätte. Auch deswegen musste alles schöngeredet werden.

Der Schulleiter reagierte heftig, wenn er ernste Schwierigkeiten oder gar einen Kontrollverlust vermutete. Nachdem sich ein Schüler über Wolfgang Held und seine Übergriffe beschwert hatte, wurde er von Gerold Becker zu einem Vieraugengespräch in dessen Wohnung geladen. Becker erklärte ihm, er würde mit seinen Geschichten „Hirngespinste" verbreiten und drohte, er müsste „die OSO verlassen", sollte er damit nicht aufhören. Und es hiess dann: „Du musst hier nicht auf der Schule sein", was ihm auch seine Mutter zu verstehen gab. Seinen Freund, der eingeweiht war, nahm Gerold Becker eines Tages nach dem Mittagessen beiseite und teilte ihm ebenfalls mit: „Nur, dass du's weisst, *du* machst dein Abitur hier nicht!"[37]

---

37 Quelle: Gespräch mit mir.

Eine Altschülerin kam mit dreizehn Jahren an die Odenwaldschule und war Schülerin von 1972 bis 1976.[38] Ein Cousin war vor ihr dort, daher wussten die Eltern von der Schule und ihren besonderen Möglichkeiten. Beide Eltern waren Mediziner, der Vater hatte eine eigene Praxis. Auch ihr Bruder und ihre Schwester besuchten die Odenwaldschule. Alle drei machten dort kein Abitur und auch keinen anderen Schulabschluss. Ihre beiden Geschwister flogen von der Schule, die ältere Schwester hatte wegen des offenen Zugangs unter Schulleiter Becker massive Drogenprobleme, ohne dass ihr geholfen wurde.

Die Altschülerin wohnte nach einem Jahr in der vierköpfigen Mädchenfamilie von Jutta Pötschke, in der sie auch ein Jahr später noch untergebracht war. Diese Familie lebte im Herder-Haus, die Schülerin hat also Gerold Becker und sein Verhalten als Familienhaupt unmittelbar beobachten können. Im Schuljahr 1975/1976 wechselte sie zu einem Lehrer, in dessen Familie zuvor ihre Schwester gelebt hatte. Der Lehrer verliess die Schule am Ende des Schuljahres und vermutlich unter dem Eindruck der Opposition gegen Becker. Auch die Altschülerin verliess die Schule und auch sie wie ihre Schwester in der elften Klasse.

Während ihres letzten Jahres an der Odenwaldschule musste sie erleben, dass sich ihre Eltern trennten. Der Vater nahm sie daraufhin von der Schule, der finanzielle Aufwand lohnte sich nicht mehr, die Familie löste sich auf und daher war die teure Investition in eine Privatschule für ein Mädchen überflüssig. Die Altschülerin erinnert sich, dass ihr frauenfeindlicher Vater zu Hause oft den Leipziger Nervenarzt Paul Julius Möbius und seine weit verbreitete Schrift über „den physiologischen Schwachsinn des Weibes"[39] zitierte. Gemeint waren ihre Mutter, ihre Schwester und sie.

Ihr Bruder dagegen war die Investition wert. Er kam im Schuljahr 1975/1976 in die Familie von Gérard Bourgeois, der aber wie Neander die Schule verliess. Im nächsten Schuljahr, als der Bruder in die neunte Klasse ging, wurde er von Gerold Becker übernommen. Sein Zimmernachbar kam ebenfalls aus der Bourgeois-Familie und blieb ein Jahr länger bei Becker. Der Bruder verbrachte das nächste Jahr noch in einer anderen Familie und verschwand dann aus den Familienlisten. Schulleiter Becker hat ihn wegen Diebstahl und schwacher Leistungen von der Schule verwiesen. Der Bruder machte anschliessend ganz in der Nähe im Odenwald eine landwirtschaftliche Lehre.

Auch Lehrer wurden entlassen, aber nur, wenn es wirklich nicht mehr ging. Gérard Bourgeois hat seit dem 1. August 1973 an der Odenwaldschule

---

38 Quelle: Gespräch mit mir.
39 Erschienen erstmals 1900, 9. Auflage 1908.

als Französisch-Lehrer gearbeitet, er war alkoholabhängig und redete manchmal wie im Delirium.[40] Elfe Brandenburger war im Schuljahr 1975/1976 in seiner Familie und hat ihn aus nächster Nähe erlebt. Im Zustand des Deliriums behauptete er zum Beispiel, sein eigentlicher Beruf sei es, Tierarzt zu sein, er operiere in Bensheim ehrenamtlich Kühe und das sei eine viel schönere Beschäftigung als mit Menschen, die einen eh nur enttäuschen würden. Generell konnte er keine fünf Sekunden stillsitzen und wurde aufgrund seiner Auffälligkeiten, die nicht verborgen blieben, von Gerold Becker entlassen.

Er musste am Ende des Schuljahres 1975/1976 gehen, in den OSO-Nachrichten wird vermerkt, dass es die Familie Bourgeois „in das Landerziehungsheim Stein an der Traun" (heute Schule Schloss Stein im Landkreis Traunstein) zieht, „wo ihre Hauptaufgabe in der Betreuung jüngerer Internatsschüler bestehen wird" (OSO-Nachrichten 1976a, S. 42), also nicht im Unterricht. Ob das so war, ist nicht bekannt, auf jeden Fall kann es nur eine Zwischenstation gewesen sein, denn Gérard Bourgeois wurde später am Bodensee Therapeut und unterhielt eine eigene Praxis.

Gerold Becker deckte Bourgeois, bis seine Probleme nicht mehr zu übersehen waren. Bourgeois hatte schwere psychische Beeinträchtigungen, litt unter Visionen und hat einmal sogar als Strafe für ein Bagatellvergehen in seiner Familie ein Zimmer verwüstet. Es ist nicht bekannt, ob Bourgeois Teil der Fronde gegen Gerold Becker war, was eher unwahrscheinlich ist. Er ist entlassen worden, weil er schulisch nicht länger tragbar war, entschieden hat darüber der Schulleiter. Ob er von Gerold Beckers pädophiler Praxis gewusst hat, ist ebenfalls nicht bekannt. Gérard Bourgeois starb am 12. Dezember 2008 (Goetheplatz 2009, S. 4).

Die Frau, die Rotkäppchen[41] genannt wird, wollte freiwillig auf die Odenwaldschule, allerdings wiederum aus einer Notlage heraus und nachdem sie eine unerfreuliche Karriere in verschiedenen Schulen hinter sich gebracht hatte.[42] Sie war als Kind Schülerin einer Waldorfschule und hat dann mehrfach die Schule gewechselt. Ihren familiären Hintergrund schildert sie als hochgradig belastend. Die Eltern haben sich früh getrennt, der Vater hat relativ schnell wieder geheiratet und die Mutter ist heute dement. Eine Schwester lebt in Berlin, die andere in Zürich. Sie spricht von einem „bescheuerten Vater" und von einer schwierigen Mutter.

---

40 Zum Folgenden: Gespräch mit Elfe Brandenburger am 7. März 2014 und Mail vom 12. August 2015.
41 Die Bezeichnung stammt von der realen Person.
42 Zum Folgenden: Gespräch mit Rotkäppchen am 25. Juni 2013.

Die Familie stammte aus Krefeld und war wohlhabend. Das Vermögen wurde allerdings verschleudert. Rotkäppchen lebte als Kind in einem riesigen Haus, betreut von Bediensteten, das Haus jedoch musste nach „diversen Schuldendesastern" verlassen werden. Sie war elf Jahre alt, als die Eltern sich scheiden liessen und musste nach eigenen Worten „selbst erwachsen werden". Sie war hochbegabt und litt zugleich unter ADHS, was lange nicht richtig diagnostiziert wurde. Die Mutter war mit der Erziehung der drei Kinder überfordert. Die Tochter schildert die häusliche Situation als „Chaos ohne Ende", das nicht zu ertragen war.

Die Mutter habe zwei Therapeuten „fertig gemacht", ohne dass eine Besserung eingetreten wäre. Rotkäppchen hatte sogar vor, ihre Mutter entmündigen zu lassen und wollte unbedingt der häuslichen Situation entfliehen. Sie kam 1975 mit fünfzehn Jahren an die Odenwaldschule und blieb dort bis zum Abitur. Eine ältere Freundin von ihr studierte zu der Zeit Sozialpädagogik und hat sich mit Internaten beschäftigt. Von ihr erfuhr sie, die Odenwaldschule sei „state of the art". Der Entschluss, dorthin zu gehen, ist daher nicht schwer gefallen. Und sie glaubte an die Ideale der Schule so lange, bis Gerold Becker entlarvt wurde.

Es gab für viele, die nicht gehen mussten, so etwas wie ein bleibendes „OSO-Erlebnis". Ein Altschüler sagt heute,[43] er habe mehr als zwanzig Jahre lang kein Altschülertreffen ausgelassen, „sonst hätte man gefehlt" – wie im Unterricht. Er sagt auch: „Wir haben uns im Prinzip selbst erzogen." Verhalten lernte man von den Älteren in der Gemeinschaft. Jeder wusste, „wann man Mist gebaut hatte", da war man schnell mal „Monate unterm Tisch", also wurde von den Anderen geschnitten und durch Nichtbeteiligung gestraft. Das Gemeinschaftsleben änderte sich mit dem Aufkommen von harten Drogen, die es zu seiner Zeit nicht gab oder die nicht sichtbar waren.

Alkohol war aber auch zu dieser Zeit spätestens ab vierzehn Jahren zugänglich, Biertrinken war normal und von der 9. Klasse an auch quasi gestattet. Kontrollen fanden nicht statt. Es gab Schüler, die am Tag bis zu einen Kasten Bier tranken, die Flaschen wurden in den Taschen der Parkas versteckt; niemand von den Erwachsenen griff ein und unterband den Alkoholmissbrauch. Schulweite Aufsicht fand nicht statt, die Regeln waren den Familien überlassen, deren Häupter oft nicht hinschauten. Es genügte vielfach, dass man sich zur Nachtruhe nochmal sehen liess.

Wenn Gerold Becker die älteren Schüler als Vorbilder der jüngeren empfohlen hat, dann ist das auch realisiert worden, wenngleich anders als er es gemeint hat. Die Jüngeren lernten schnell, wo sie sich Alkohol und andere Drogen besorgen konnten. Wenn es Aufrufe zur Mässigung gab, egal von

---

43 Quelle: Gespräch mit mir.

welcher Seite, dann wurden sie nicht beachtet, schon Becker hatte ja Kontrollen abgelehnt. Viele Schüler fanden, dass „Alkoholregelung einen Eingriff in die persönliche Lebensführung darstelle und damit das Recht auf Selbstbestimmung beschneide" (OSO-Nachrichten 1974, S. 36).

Die Organisation der Schule in Familien, die auf Etagen zusammenleben, war oft mit Schwierigkeiten verbunden. Es kam vor, dass die Kinder und Jugendlichen länger ohne Familienhaupt zusammenlebten und dann in „Kameradenfamilien" untergebracht wurden, die von älteren Schülerinnen und Schülern geleitet wurden, weil für die anstrengende Arbeit und wegen der Doppelbelastung Unterricht und Familie Kündigungen von Lehrerinnen und Lehrer die Regel waren und oft keine Nachfolge gefunden werden konnte. Die hohe Fluktuation bekam die Schulleitung nie in den Griff.

Da musste dann mit Kameradenfamilien gearbeitet werden, die aus Schülersicht keine Notlösungen darstellten und sehr begehrt waren, weil die Leiter ein eigenes Zimmer bekamen und so auch sexuell unbeobachtet waren. Bezahlt wurde die Tätigkeit der Schüler nicht, obwohl sie Lehrerarbeit leisteten. Die Ausbeutung wurde als besondere Auszeichnung hingestellt und niemand schien auf den Gedanken gekommen zu sein, dafür Lohn oder einen Abschlag vom Schulgeld zu verlangen. Das gilt auch für alle anderen Arbeiten und Instandsetzungen, an denen Schüler beteiligt waren, sie waren kostenlose Arbeitskräfte, die das als den grossen Vorteil ihrer Erziehung verstehen sollten.

Wer als Lehrer oder Lehrerin eine andere Stelle fand, verliess die Schule, und dies auch während des Schuljahres. Die hohe Fluktuation hatte vor allem damit zu tun, dass man sich die berühmte Odenwaldschule anders vorgestellt hatte, als sie tatsächlich war. Die Inszenierung entsprach nicht der Wirklichkeit, die Erwartungen des pädagogischen „Zauberberges" wurden daher regelmässig und meist sehr schnell enttäuscht. Wer blieb, musste mit dem abgeschiedenen Leben am Rande des Odenwalds ohne Abwechslung und mit geringem Unterhaltungswert irgendwie fertig werden.

Eine Strategie war zum Teil exzessiver Alkoholkonsum. Ein Altschüler berichtet, dass manche Lehrer „oft besoffen" waren.[44] Ein Grund zur Entlassung war das nicht, vor allem weil Ersatz schwer zu beschaffen war. Die Alkoholiker wurden von der Schulleitung gedeckt. Hinzu kam, dass Schulleiter Becker selbst konsumierte und nur in extremen Fällen tätig geworden ist. Offen war der Alkoholkonsum nicht, wenigstens schaute niemand genauer hin oder beschwerte sich.

Die Sezession seiner Kollegen hatte für Becker nur Vorteile, danach war er als Schulleiter unangefochten und konnte die freien Stellen nach seinem

---

44 Quelle: Gespräch des Altschülers mit mir.

Gusto neu besetzen, für sein System war es auch nützlich, dass die Kritiker aus freien Stücken gegangen waren und die Vorwürfe nicht nach aussen hin publik machten. Die Öffentlichkeit erfuhr davon nichts und der Ruf der Schule blieb gewahrt. Neue Lehrkräfte waren nach dem „Radikalenerlass" vom 28. Januar 1972[45] und der sich verschlechternden Lage auf dem Stellenmarkt leicht zu finden, nur gingen sie bald wieder. Für die, die blieben, war der Preis, dass sie in Abhängigkeit gerieten und gegenüber dem Schulleiter befangen waren.

Tatsächlich sollte es eine zweite Fronde nicht geben. Die lästigen Kritiker galten als pädagogisch konservativ und Becker konnte nach ihrem Exodus die Schule umso mehr als reformpädagogische Musteranstalt hinstellen. Den Kritikern ist beschieden worden, dass sie das Schulklima belasteten und es am besten sei, wenn sie gehen würden. Das taten sie und danach konnte Gerold Becker noch fast zehn Jahre unbehelligt als Leiter der Odenwaldschule auftreten, hinter sich ein Kollegium, das er selbst geformt hatte und das ihm von Ausnahmen abgesehen weitgehend kritiklos folgte. Schliesslich reagierten auch die Medien in seinem Sinne und die grossen Auftritte in der Öffentlichkeit lagen noch vor ihm.

Der Vorstand deckte ihn, war im täglichen Geschäft unsichtbar und ging Vorwürfen, soweit sie im Raum standen, auch an anderer Stelle nicht nach. Das gilt ebenso für den langjährigen Vorsitzenden des Vorstandes, der erst sehr viel später und dann aber deutlich von Becker abrückte. Hermann Freudenberg starb am 15. November 2010 in Weinheim. Nachdem im Frühjahr der Skandal bekannt wurde, hat er nicht versucht – anders als andere –, die Person Beckers und seine Taten zu verharmlosen. Er gab zu, dass er nicht genauer hingesehen habe und Becker gewähren liess.[46]

Am Ende seines Lebens hat er darüber sehr deutlich gesprochen. Eine Altschülerin hat mit Hermann Freudenberg vor seinem Tod mehrfach telefoniert. Er konnte die nunmehr bekannt gewordenen Vorfälle in seiner Ägide als Vorstandsvorsitzender nicht fassen und war „völlig gebrochen". Bei dem letzten Telefonat zeigte er sich nochmals „völlig schockiert" und fühlte sich mitschuldig. Sein Lebensende hat das nicht erleichtert, er hat Becker all die Lügen geglaubt oder mangels Verdacht glauben müssen.[47] Die Rolle der anderen langjährigen Mitglieder des Vorstandes, vor allem die von Hellmut Becker, muss in diesem Licht neu überdacht werden.

---

45 Die Ministerpräsidenten der deutschen Bundesländer beschlossen, zusammen mit dem amtierenden Bundeskanzler Willy Brandt, keine „verfassungsfeindlichen Kräfte" in den öffentlichen Dienst aufzunehmen. Davon waren viele linke Lehrerinnen und Lehrer betroffen.
46 Gespräch mit Salman Ansari vom 2. August 2012.
47 Quelle: Gespräch mit mir.

Wer sich in den zehn Jahren nach dem Vertreiben der Opposition über den auffälligen Umgang Beckers mit den Schülern oder seinen libertären Erziehungsstil mokierte, ist nicht bekannt. Wenn es Kritik an zuviel Freizügigkeit gab, so verstand Becker es, sie auflaufen zu lassen. Im Konfliktfall stand er auf der Seite der Schüler, was ihm viel Beifall einbrachte. So liess er schulintern verkünden, dass man sich in das Sexualleben der Schülerinnen und Schüler auf gar keinen Fall einmischen dürfe (Kahlweit 2010), was vor allen Dingen ihm nützte und seinen Absichten weit entgegenkam, weil jegliche Form von Kontrolle verpönt war.

Die sexuelle Freizügigkeit wurde in den siebziger Jahren zunehmend offen ausgelebt, Beziehungen zwischen Lehrern und Schülern waren verbreitet und galten als emanzipatorisch, was Becker deckte und unterstützte. Kein Thema waren die sexuellen Übergriffe des Schulleiters, die an Intensität zunahmen, seitdem klar war, wie die Schule mit internen Kritikern umging. „Freizügig" hiess für Becker, dass er keine Rücksicht mehr zu nehmen brauchte und jede sich bietende Gelegenheit ausnutzen konnte. Er muss das sichere Gefühl gehabt haben, dass niemand eingreifen würde.

Beckers Verkündigung der unbedingten sexuellen Autonomie war ein Vorfall vorausgegangen. Mädchen berichteten, dass sie im Duschraum Angriffen ausgesetzt gewesen seien. Es gab in einem der Häuser eine Mädchendusche, deren Zugangstür ständig ausgehängt wurde, die Folgen waren Belästigungen, offenbar auch von Seiten der Lehrkräfte. Als das zur Sprache gebracht werden sollte, blockte Becker den Vorstoss verschiedener Lehrer ab und verhinderte aus formalen Gründen die Behandlung des Themas in der Lehrerkonferenz. Anders hätte er in Kauf nehmen müssen, dass auch sein Verhalten im Duschraum thematisiert worden wäre.

Becker reagierte in dieser Situation mit einem Winkelzug. Statt auf die Vorwürfe einzugehen und selbst Stellung zu beziehen, lud er aus Frankfurt den Studenten und Politaktivisten Daniel Cohn-Bendit ein, der 1965 an der Odenwaldschule Abitur gemacht hatte. Er sollte zu dem Thema einen Vortrag halten und die Position der radikalen Studentenschaft verdeutlichen. Cohn-Bendit nahm die Einladung an und kehrte an seine alte Schule zurück. Der Schlüsselsatz fiel, als er unter grossem Beifall sagte, an einer progressiven Schule dürfen sich die Erwachsenen nicht in die Sexualität der Kinder und Jugendlichen einmischen.[48]

Das war eine verlogene Formel, nicht nur weil Cohn-Bendit (1975, S. 139–147) zur gleichen Zeit unverkennbar pädophile Äusserungen von sich gegeben hat, sondern auch weil die Täter die Formel benutzen und sich damit schützen konnten. Für sie galt das Verbot nicht, aber sie konnten vorgeben,

---

48 Gespräch mit Salman Ansari am 2. August 2012.

sich daran zu halten. Tatsächlich „mischten" sie sich auf verheerende und unverantwortliche Weise mit *ihrer* Sexualität in das Leben ihrer Schutzbefohlenen ein. Cohn-Bendit selbst, der von 1972 an ohne jede Ausbildung etwa zwei Jahre für den freien Kindergarten der Universität Frankfurt gearbeitet hatte, ging seinerzeit von der sexuellen Lust der *Kinder* aus, nicht von seiner.[49]

Cohn-Bendit, der sein Soziologiestudium an der Pariser Universität Nanterre abgebrochen hatte, war Herausgeber und verantwortlicher Redakteur der Frankfurter Szenezeitschrift Pflasterstrand, die Ende 1976 aus der Zeitschrift des ASTA der Universität Frankfurt hervorging. Hier erschienen Artikel zur Legalisierung der Pädophilie, die sich kaum von dem unterschieden, was Cohn-Bendit in seinem Buch *Der grosse Basar* geschrieben hatte. Das pädophile Kapitel 9 des Buches, überschrieben mit „Little Big Man", ist in dem links-libertären Monatsmagazin das da vorabgedruckt worden.[50] Auf dem Umschlag der im Trikont-Verlag erschienenen Buchausgabe sieht man am rechten Rand unter der Arbeiterfaust ein nacktes Kind.

In den alternativen Bewegungen formierte sich in den siebziger Jahren ein pädophiler Komplex, der politischen Einfluss gewann (Füller 2015). Bei den Akteuren handelte es sich nicht um randständige Spinner, sondern um Personen, die ihre sexuelle Disposition legalisiert sehen wollten und sich daher als Teil der Emanzipationsbewegung verstehen konnten. Aus Tätern sollten Befreier werden, die die bürgerliche Moral unterlaufen und jegliche Beschränkung der sexuellen Praxis beseitigen wollten. Die sexuelle Freiheit wird als ebenso natürlich wie harmlos hingestellt, nur die Unterdrückung ist negativ – an der Odenwaldschule hatten sich bereits zuvor die Täter versammelt.

Zum Schutz der Täter trug auch bei, dass niemand das Bild des „Zauberberges" oder der „Musterschule" in Frage stellte. Kritik seitens der akademischen Pädagogik gab es nicht, die Schule wurde immer nur im Lichte ihrer eigenen Legende wahrgenommen und ist unkritisch als historisches Vorbild hingestellt worden. Die Schulaufsicht folgte derselben Legende und die deutschen Medien haben vor Bekanntwerden des Skandals im März 2010 mit einer Ausnahme nie anders als euphorisch berichtet. Niemand hatte einen Verdacht oder jedenfalls hat niemand diesen Verdacht öffentlich geäußert.

---

49 In einer Sendung des Magazins „Apostrophes", die vom französischen Sender Antenne 2 ausgestrahlt wurde, sagte Cohn-Bendit im April 1982, die Sexualität eines Kindes sei „etwas Fantastisches". Der Umgang mit kleinen Kindern sei „ein wahnsinniges erotisches Spiel".
50 *das da – Monatsmagazin für Kultur und Politik* (1973–1979). Gründer der Zeitschrift waren der Journalist Klaus Rainer Röhl und der Schriftsteller Peter Rühmkorf.

An der Odenwaldschule sollte man den linken Traum der freien Erziehung verwirklicht sehen und das konnten die Täter insofern nutzen, als niemand, der auf der richtigen Seite stand, diesen Traum gefährden wollte. Auch deswegen wurde nicht hingeschaut und fiel nicht auf, dass der Traum von einer Schule mit beträchtlichem Aufwand inszeniert worden ist und die erfahrbare Realität hinter der Fassade immer ganz anders war. Verwirklicht wurde kein Traum und damit kein überlegenes Konzept, sondern eine Praxis, die Erfahrungen von Verwahrlosung und Gewalt mit einschloss, also für viele Schüler ein Alptraum war, dem sie nicht entfliehen konnten.

4.3 Die Inszenierung der „Musterschule"

Gerold Becker war früh ein Star der linksliberalen Pädagogik in der alten Bundesrepublik. Schon 1972 nannte ihn die Staatsekretärin im Bundesministerium für Bildung und Wissenschaft, Hildegard Hamm-Brücher, in einem Atemzug mit Hartmut von Hentig und Heinrich Roth; Becker war für sie einer von drei Protagonisten der deutschen Pädagogik, die die Entwicklung der öffentlichen Schule für eine „freiheitlich-demokratisch konzipierte Gesellschaft" voranbringen wollten und dafür auch praktisch-politisch eintraten (Hamm-Brücher 1972, S. 103).

Das herausragende Beispiel war schon zuvor häufig die Odenwaldschule, die nunmehr mit dem Schulleiter Becker über die Grenzen der noch bestehenden Schulen aus der Reformpädagogik hinaus nationale Berühmtheit erlangte. Hamm-Brücher war vom 17. April 1967 bis zum 24. November 1969 Staatssekretärin im Hessischen Kultusministerium und hat sich während dieser Zeit speziell für die Odenwaldschule eingesetzt. In der Literatur wird vermerkt, dass sich unter ihrer Ägide die Schule in Hessen zu einem „Modell pädagogischer Freiheit" entwickelt habe (Noack 1991, S. 40).[51] Genau das bestimmte die Wahrnehmung, ausserhalb, aber auch innerhalb der Schule.

Nachdem Gerold Becker an die Odenwaldschule gegangen war, profilierte er sich sofort als schulpädagogischer Autor, der er zuvor nicht gewesen ist.[52] Er berief sich dabei stets auf seine Erfahrungen als Lehrer, die er doch zu Beginn kaum hatte, und war damit auch ausserhalb der Pädagogik glaubwürdig. Nach den ersten Erfolgen als Publizist konnte er dann auch die gros-

---

51 Das Zitat stammt von Hellmut Becker.
52 Gerold Becker war gleich nach Beginn seiner Tätigkeit zusammen mit Wolfgang Edelstein und Walter Schäfer Herausgeber einer allerdings kleinen Schriftenreihe der Odenwaldschule: „Erziehung und Unterricht heute: Beiträge zur Theorie und Praxis." Die Reihe wurde im Frankfurter Hirschgraben-Verlag publiziert.

sen Themen der Erziehung angehen. Becker war nicht lediglich ein produktiver Autor, er war zugleich ein begabter Redner, der nicht nur seine Schule in Bann schlagen konnte. Er wurde allmählich zu einem der Sprecher seiner Generation und – hinter Hentig – zu einem Gesicht der fortschrittlichen Pädagogik in Deutschland.

Das spiegelte sich nicht zuletzt in seiner zunehmenden medialen Präsenz. Schon 1967 war er, noch in Göttingen, zusammen mit Martin Bonhoeffer und Hans Thiersch, an einem Medien-Coup beteiligt. Die Wochenzeitschrift Quick[53] prangerte im Oktober des Jahres unter dem Titel „In deutschen Heimen leiden elternlose Kinder" schonungslos die Zustände in den westdeutschen Kinder- und Jugendheimen an.[54] Verfasser waren die Journalisten Helmut Guthmann, Oswald von Nagy und Mike Preute,[55] die mit ihrem vierseitigen Artikel ein Signal für die anschliessende Heimkampagne der APO gegeben haben, munitioniert unter anderem durch Gerold Becker.

Er setzte sich später von dem, wie es hiess, allzu „gross aufgemachten" und arg reisserischen Artikel ab (Becker 1996, S. 35), doch er lernte bei dieser Gelegenheit, wie man mit Medien umgeht. Zur Bearbeitung dieses Artikels fuhr Hans Thiersch zusammen mit Martin Bonhoeffer extra zur Redaktion der Quick nach München. Gerold Becker war nicht dabei. Nach dem Quick-Artikel ist Hans Thiersch heftig angegriffen worden,[56] aber das Thema war auf der politischen Agenda und der Artikel selbst hat Diskussionen ausgelöst, in denen die radikale Reform der autoritären Erziehungsheime gefordert wurde.

Gerold Becker wird in der Quick mehrfach zitiert und er erscheint wie Martin Bonhoeffer und Hans Thiersch auch auf einem Foto. Die Quick-Redakteure hatten eigene Fotografen nach Göttingen mitgebracht, es ist die einzige Abbildung von Gerold Becker, die über seine Göttinger Zeit öffentlich zugänglich ist. Man sieht ihn zusammen mit einem blonden Jungen aus einem Heim. Er trägt ein Hemd mit einem offenen Kragen und schaut in die Kamera, unter dem Bild wird Becker mit einem Satz zitiert, der das Motto des Artikels darstellt: „Die Erzieher sind überlastet. Die Vernachlässigung der

---

53 Die Zeitschrift erschien vom 25. April 1948 bis zum 27. August 1992, also fast 45 Jahre.
54 Der Aufmacher auf der Titelseite lautete: „Wissenschaftler alarmieren die Öffentlichkeit: In deutschen Heimen leiden elternlose Kinder" (Quick Nr. 43 v. 18. Oktober 1967, Titel). Die Wissenschaftler waren Martin Bonhoeffer, Gerold Becker und Hans Thiersch, der mit Professorentitel aufgeführt wird. Er war gerade an die Pädagogische Hochschule Kiel berufen worden und ihm oblag die „wissenschaftliche Beratung" des Artikels (ebd., S. 12).
55 Helmut Guthmann war Mitglied der Münchner Redaktion der Quick und Oswald von Nagy war einer der Textreporter der Zeitschrift. Michael („Mike") Preute (geb. 1936) war freier Journalist und ist später unter dem Pseudonym „Jacques Berndorf" als Autor von Kriminalromanen berühmt geworden, die alle in der Eifel spielen.
56 Gespräch mit Renate und Hans Thiersch am 1. Juli 2013.

Heimkinder in Deutschland ist ein öffentlicher Skandal" (Guthmann/von Nagy/Preute 1967, S. 15).

Als Leiter der Odenwaldschule ist Gerold Becker dann ständig in den Medien präsent gewesen. 1976 etwa war er erneut im Süddeutschen Rundfunk zu hören, diesmal nicht im Schulfunk, sondern in der Reihe „Was der Mensch braucht: Anregungen für eine neue Kunst zu leben". Die 38 je halbstündigen Vorträge waren hoch prominent besetzt, neben Gerold Becker sprachen etwa Walter Jens, Hans-Georg Gadamer, Erich Fromm, Heinrich Böll, Jean Améry, Walter Dirks, Erhard Eppler oder Karl W. Deutsch und auch Hartmut von Hentig. Verantwortlich für die Reihe war Hans Jürgen Schultz,[57] der von 1970 bis 1991 als Chefredakteur Kultur beim Süddeutschen Rundfunk tätig war. Schultz war zuvor Lektor beim Stuttgarter Kreuz-Verlag, hier erschien auch die Buchausgabe der Vorträge (Schultz 1977).

Seit Anfang der siebziger Jahre konnte sich Gerold Becker mit solchen medialen Auftritten als kritischer Pädagoge etablieren und als Anwalt der Kinder in Stellung bringen. Er war in dem, was man Bildungselite nennt, angekommen, ohne diesen nicht allzu grossen Kreis je wieder verlassen zu müssen. Zusammen mit Hentig befand er sich in bester Gesellschaft und behielt die damit verbundenen Privilegien und Zugänge für mehr als die nächsten drei Jahrzehnte. Erst am Ende seines Lebens wurde er entzaubert und geächtet, aber er war imstande, auch das noch abzuwehren und anderen die Schuld zu geben.

Was Becker als Pädagoge sagte und wie er sich verhielt, war extrem glaubwürdig, auch weil er auf die eigene Praxis verweisen konnte. Es fiel niemandem auf, dass darüber konkret gar nichts bekannt war und er sich stets nur auf die reformpädagogische Legende bezogen hat. Umso leichter konnte er sich dann als verantwortlicher Pädagoge inszenieren, der weiss, wie der Ort beschaffen sein muss, an dem die Kinder gut aufwachsen können. Das Musterbeispiel war immer die Odenwaldschule, die dank ihm einen geradezu legendären Ruf genoss und sogar als deutsches Summerhill angesehen werden konnte.

Gerold Becker verfügte über ein besonderes Talent, er konnte auf einen gegebenen Anlass hin schreiben. Sich selbst bezeichnete er als „schnellen" Leser, der mit grosser „Unbedenklichkeit" „hier und da ein paar Versatzstücke aus den Büchern herausklaubte" und so rasch produzieren konnte. Disziplinäre Kontexte oder gar den Forschungsstand brauchte er nicht zu beachten. Gleichwohl wurde er zum Experten, ohne eine Verankerung im Fach und letztlich mit nur einem einzigen Anliegen, die „kindgerechte" Schule, die der Kritik entzogen war, weil niemand widersprechen konnte.

---

57 Hans Jürgen Schultz (geb. 1928) stammt aus einer jüdischen Familie in Hamburg.

Seine Lektüre war nur soweit fachgebunden, wie er damit Bestätigung finden konnte. Zur eigenen Positionierung genügte fast immer die Berufung auf die Reformpädagogik. Auch das damit verbundene Pathos hat er sehr schnell gelernt. Nach Gegenevidenzen musste nicht gesucht werden und über Irritationen durch Forschung konnte er hinwegsehen. Die „meisten Veröffentlichungen wissenschaftlicher Pädagogik", so bekannte er hochmütig, habe er ohnehin „nicht recht ernst nehmen können" (Becker 1996, S. 40/41).

Das galt natürlich nicht für die Schriften Hartmut von Hentigs, die allerdings lediglich mit Schlagworten und Versatzstücken aus dem Kopf zitiert wurden.[58] In seinen Texten finden sie auch nur summarische Erwähnung, der Hinweis auf den grossen Namen und die Aura war vollkommen ausreichend. Becker hat Hentigs Bücher aber in seinem Unterricht verwendet und sie dann wohl auch didaktisch aufbereitet. Generell hat Becker gängige Titel und Textstellen zitiert, oft aber nicht wirklich oder nur oberflächlich gelesen. Er war imstande, Belesenheit zu demonstrieren, wie die Rede auf seinen Bruder zeigt, in der Pädagogik genügten oft Schlagworte, bei denen er davon ausgehen konnte, dass sie niemand in Frage stellen würde.

Ein wissenschaftliches „Ethos der Gründlichkeit" (ebd., S. 41) jedenfalls war erklärtermassen nicht seine Sache. Dafür war er umso besser in der publikumswirksamen Präsentation seiner pädagogischen Anliegen. Er wusste, wie man die Maschinerie der grossen pädagogischen Worte zu bedienen hat und er wusste auch, dass die Worte den Redner immunisieren und unangreifbar erscheinen lassen. Becker verstand es meisterhaft, für moralische Suggestion zu sorgen, die Neinsagen nicht erlaubte. Das zeigte sich eindrucksvoll bei seinem grössten öffentlichen Auftritt.

Am 22. Oktober 1978 wurde Astrid Lindgren der Friedenspreis des Deutschen Buchhandels verliehen. Neben dem Romancier und Jugendschriftsteller Hans-Christian Kirsch[59] war Gerold Becker der zweite Laudator, lanciert von Hartmut von Hentig und zuständig für das Pädagogische der Feier. Beckers Rede in der Frankfurter Paulskirche trug den Titel „Auf der Suche nach dem entschwundenen Land" (Becker 1978), in Anlehnung an die Kindheitserinnerungen von Astrid Lindgren.[60] Die Rede ist seinerzeit stark beachtet worden und wird bis heute zitiert. Becker war der erste und blieb der einzige

---

58 Wie Becker (1996b), S. 75: „Hartmut von Hentig hat nach meiner Erinnerung einmal geschrieben …".

59 Hans-Christian Kirsch (1934–2006) veröffentlichte unter dem Pseudonym „Frederik Hetmann" neben Romanen und Biografien vor allem Kinder- und Jugendbücher. Er ist 1973 mit dem Deutschen Jugendliteraturpreis ausgezeichnet worden.

60 *Das entschwundene Land* erschien 1975 in deutscher Übersetzung. Der Titel entspricht nicht dem schwedischen Original, das 1973 veröffentlicht wurde; der Titel lautet hier: *Samuel August fran Sevedstorp och Hanna i Hult*.

Schulleiter, der vor diesem Publikum je reden durfte, und er löste seine Aufgabe eindrucksvoll.

Becker erwähnt grosse Namen wie Ernst Bloch oder Bruno Bettelheim, das „entschwundene Land" der glücklichen Kindheit wird als „konkrete Utopie" hingestellt, die pädagogisch möglich ist, wenn man nur die Kinder in den Mittelpunkt der Erziehung stellt und ihnen den Freiraum gibt, den sie zum Aufwachsen brauchen. Die Bedingung ist einfach, man muss einfach immer nur annehmen, heisst es am Ende der Rede, „dass es eine heile Welt geben könnte", die für die Kinder geschaffen ist (ebd., S. 15).

Vorgestellt als „der Leiter der Odenwaldschule,"[61] verkörperte Gerold Becker an diesem Tag mit seiner Person die unterschwellige Botschaft, dass seine Schule der Ort sei, an dem diese Utopie angestrebt und auch verwirklicht wird. Die Schule brauchte dazu in der Rede gar nicht eigens erwähnt zu werden, es war ohnehin klar, was gemeint war, anders hätte man ihn gar nicht eingeladen. Er stand als Person nicht nur für seine Schule, sondern mehr noch für ihre Idee. Und als „konkrete Utopie" ist die Odenwaldschule bezeichnet worden, seit es Mode war, sich auf Ernst Bloch zu beziehen.

Astrid Lindgren hatte am Tag vor der Preisverleihung die Odenwaldschule besucht und ist den Schülern von Gerold Becker persönlich vorgestellt worden, die einen entsprechenden Eindruck von ihrem Schulleiter erhielten. Er konnte den Glanz der berühmtesten Kinderbuchschriftstellerin der Welt leicht auf sich beziehen. Ihre Dankesrede hiess *Niemals Gewalt!* und bezog sich auf den Umgang mit Kindern. Die Rede war bei den Veranstaltern anfänglich umstritten und sollte zensiert werden, was beinahe zu einem Skandal geführt hätte.[62] Das Plädoyer galt einer „freien und un-autoritären Erziehung", die von Achtung getragen wird; die Erwachsenen, heisst es mahnend, dürfen niemals „ihre natürliche Überlegenheit missbrauchen" (Lindgren 1978, S. 8).

Sich selbst und seinen Auftritt hat Gerold Becker sorgfältig inszeniert. Andreas von Weizsäcker, der 1976 Abitur gemacht hat, also lange bevor sein Vater deutscher Bundespräsident wurde, verbrachte die letzten vier Jahre seiner Zeit an der Odenwaldschule in der Becker-Familie. Er hielt auch nach seinem Abitur den Kontakt zu Becker aufrecht. Becker setzte sich persönlich dafür ein, dass Andreas von Weizsäcker an der Verleihung des Friedenspreises in der Paulskirche als Gast teilnehmen konnte, um seine Laudatio für Astrid Lindgren zu hören. Andere haben von der Laudatio aus den Medien

---

61 Börsenblatt für den deutschen Buchhandel 34. Jahrgang Nr. 85 vom 24. Oktober 1978, S. 4658.
62 Der Börsenverein wollte die Rede zensieren und Astrid Lindgren musste mit Boykott drohen, um sie dann doch halten zu können (Aussage der Verlegerin Silke Weitendorf) (http://www.youtube.com/watch?v=FqnFPrQ3uyl)

erfahren, unter ihnen auch ein Altschüler, der sagt, der Anlass habe ihn „stolz gemacht".⁶³

Becker sorgte dafür, dass Andreas von Weizsäcker in der Paulskirche einen Platz neben Hartmut von Henig erhielt. Er hörte also die Laudatio seines früheren Familienhauptes zusammen mit seinem Patenonkel. Ein Foto zeigt beide während des Festaktes, die Augen auf Gerold Becker gerichtet, der sein Publikum beeindruckte. Auf einem anderen Foto ist der zweiundzwanzigjährige Andreas stehend hinter von Hentig zu sehen, vermutlich vor oder nach dem Festakt. Es muss für Becker und Hentig ganz wichtig gewesen sein, Andreas und seine Freunde zu diesem Anlass in der Frankfurter Paulskirche zu sehen. Es handelt sich vermutlich um Pressefotos, die Andreas anschliessend verschenkt hat.⁶⁴

Wenige Monate nach der Preisverleihung und ihrem medialen Echo, im Februar 1979, beschrieb Becker die Odenwaldschule für eine pädagogische Leserschaft als eine „Modellschule" (Becker 1979, S. 83). Der Ausdruck stammte nicht von ihm und hatte sich bereits vorher als selbstverständliche Zuschreibung eingebürgert.⁶⁵ Becker erklärte aber genauer, worin der Modellcharakter bestehen sollte, nämlich in der Entwicklung neuer Formen nicht nur des Unterrichts, sondern vor allem des pädagogischen Umgangs zwischen Erwachsenen und Kindern, der sich die gegebenen Freiräume einer Privatschule mit Internatsbetrieb auf eigene Weise zunutze machen sollte.⁶⁶

In dieser „Modellschule", so Becker, können „Experimente" gemacht werden, deren Ergebnisse sich im Erfolgsfalle auf das Regelschulwesen übertragen lassen. Das gelte für die verschiedensten Themenbereiche, von der Verbindung zwischen allgemeiner und beruflicher Bildung über die „Frage nach alternativen Lernangeboten" bis hin zu dem menschlichen Miteinander. Besuchern der Odenwaldschule, so Becker, fällt als „besonderer Unterschied" zu den Schulen, die sie sonst kennen, „die sehr unbefangene, meist muntere, selten respektlose Form des Umgangs zwischen Schülern und Lehrern" auf (ebd.). Hier liegt, anders gesagt, das „entschwundene Land" der Regelschule.

Das zentrale Argument geht auf einen Vortrag zurück, den Gerold Becker im Rahmen einer Kolloquiumsreihe am Institut für die Pädagogik der Naturwissenschaften (IPN) in Kiel gehalten hat. Die Reihe fand zwischen dem 28. April und dem 30. Juni 1978 statt und hatte als Leitthema „Alternative

---

63 Quelle: Gepräch mit mir.
64 Mail von Elfe Brandenburger vom 12. August 2015.
65 Schon Erich Weniger (1950, S. 240) hat im Blick auf die Landerziehungsheime von „Beispielschulen" gesprochen, die „die reinen pädagogischen Formen auszubilden versuchen".
66 Das ist auch nach der Zeit an der Odenwaldschule immer wieder unterstrichen worden (so etwa Becker 1991).

Formen schulischen Lernens". Becker stellte das damalige Konzept der Odenwaldschule vor und fragte abschliessend, ob die Schule ein „Modell für das deutsche Schulwesen" sein könne. Die Frage wird im Sinne von Experimenten bejaht,[67] deren Ergebnisse auf „Bedingungen der Schulreform" verweisen und daher von grosser Bedeutung für das allgemeine Schulwesen seien. Schon Paul Geheeb habe 1909 von einem „pädagogischen Laboratorium" gesprochen (Becker 1979a, S. 62).

Auf diese Idee reagierten die deutschen Medien. Im Juni 1979 erschien die legendäre Titelgeschichte des Spiegels über die Freien Schulen in Westdeutschland (Freie Schulen 1979). Die Geschichte machte diese Schulen nicht nur einer grösseren Öffentlichkeit bekannt, sondern stellte sie auch als die im Kern bessere pädagogische Alternative zur Staatsschule vor. Diese Zuschreibung sollte sich mehr als dreissig Jahre halten und war für die Odenwaldschule unbezahlbar. Anders als die anderen Landerziehungsheime hatte die Schule unter Becker ideologischen Anschluss an den linken Zeitgeist gefunden.

Eingangs wird gefragt, und dies nicht nur rhetorisch, ob es sich bei diesen Schulen um „die letzten Fluchtburgen einer humanen Erziehung" handele, die Hartmut von Hentig bereits 1976 beschworen hatte. Die Rede ist schon zu diesem Zeitpunkt von der „Flucht in die Privatschule", der Spiegel will die „heile Welt" der Landerziehungsheime sehen und berichtet von erstaunlichen Erfolgen im Umgang mit schwierigen Kindern gerade an der Odenwaldschule. Die Bedeutung der Persönlichkeitsbildung wird besonders hervorgehoben und die „Auslesepraktiken" in den staatlichen Schulen werden unter Anklage gestellt (ebd., S. 47, 52).

Hellmut Becker konnte seine Propaganda der Waldorf-Schulen („paradiesische Inseln") verbreiten, die – so der Spiegel – anerkannt seien von der „Pädagogikwissenschaft" (ebd., S. 52). Die Odenwaldschule wird, zusammen mit anderen Landerziehungsheimen, bildlich wie textlich ins rechte Licht gerückt und schliesslich kommt natürlich auch „Odenwald-Leiter Gerold Becker" zu Wort. Er wird zitiert im Blick auf den häufig gehörten Vorwurf, die Freien Schulen seien lediglich die „Reparaturwerkstätte für das öffentliche Schulwesen" und so nicht ernst zu nehmen.

Becker zeigte Mediengewandtheit und sagte, er akzeptiere diese Funktion „mit Vergnügen". Schlagfertig fügte er hinzu, die Abwertung als „Reparaturstätte" beweise lediglich, dass „die öffentliche Schule mit Verhaltensstörungen nicht fertig werde, die überdies häufig erst an der öffentlichen Schule

---

67 „Modell" ist gemeint im Sinne eines „Funktionsmodells, wie die Techniker es im Windkanal verwenden, um Sollbruchstellen zu erproben" (Becker 1979a, S. 63).

entstanden seien" (ebd.). Wie genau die Odenwaldschule mit solchen „Störungen" umgeht, musste er nicht sagen, der Artikel unterstellt, ohne weiter nachzufragen, dass die Schule dafür das bessere Konzept hat und etwas kann, was die anderen Schulen nicht können. Auf solche Blendungen verstand sich Gerold Becker vortrefflich.

Am Ende des Artikels werden aber auch Gefahren thematisiert. Hellmut Becker, bezeichnet als „der Berliner Bildungsforscher", verweist auf den Paukbetrieb in konfessionellen Privatschulen, berichtet wird auch über „sensible Internatsschüler", die „in der geschlossenen Gesellschaft der Penne schikaniert werden und seelische Schäden davontragen" und schliesslich ist unmissverständlich von sexuellen Ausschweifungen die Rede. Der Vater einer siebzehnjährigen Internatsschülerin wird mit der entsetzten Aussage zitiert, seine Tochter sei wegen der Freiheiten im Internat innerhalb weniger Monate „völlig verwahrlost". Sie habe Zugang gefunden zu „Suff, Rauschgift, Beischlaf, kriminellen Kreisen" (ebd., S. 56).

Das war Mitte der siebziger Jahre eine realistische Beschreibung, für die es auch Zeugen mit direktem Bezug zur Odenwaldschule gibt. Am 5. November 1974 schrieb der Altschüler Thomas Heyne, der 1967 Abitur gemacht hatte und später als Architekt in München erfolgreich war, einen Brief an die Schulleitung der Odenwaldschule und so an Gerold Becker. Anlass des Briefes war das Altschülertreffen wenige Tage zuvor. Heyne, der die Schule von 1961 an besucht hatte, empörte sich über die „Missstände", die man deutlich sehen könne und fast noch mehr über die „Lethargie", mit der sie hingenommen werden. Gerold Becker war seit mehr als zwei Jahren Leiter der Odenwaldschule.

Erwähnt werden von Thomas Heyne die „absolut unhaltbaren Zustände der sanitären Anlagen im gesamten Internatsbereich",[68] der „allgegenwärtige Dreck" und die chaotischen Zustände in den Schülerzimmern. Ein anderer bei der Tagung anwesender Altschüler, so Heyne, habe sich „den treffenden Vergleich mit einer Gastarbeiter-Notunterkunft nicht verkneifen (können)". Auf die Zustände angesprochen, reagierten Schüler wie Lehrer „mit totalem Desinteresse oder vorgeschobener Unwissenheit". Man wollte das offenbar nicht sehen. Darauf zog Heyne den Schluss: Zum jetzigen Zeitpunkt könne die Odenwaldschule „guten Gewissens" niemandem empfohlen werden (OSO-Nachrichten 1975, S. 7/8).

---

68 „In keinem Falle war eine Toilettentür abzuschliessen, teils sind die Türen überhaupt nicht mehr vorhanden, sondern stehen, aus den Angeln gehoben, irgendwo an einer Wand. Die Toilettenbrillen sind zerbrochen, Spiegel gibt es sowieso nicht, von fehlenden Handtüchern und Seife braucht man gar nicht erst zu reden" (OSO-Nachrichten 1975, S. 7).

Doch diese Warnung, die in den OSO-Nachrichten veröffentlicht wurde, ging unter und hatte keinerlei Folgen, auch weil der Befund bestritten wurde. Otto Herz, OSO-Schüler von 1962 bis 1965, schrieb eine mehrseitige Apologie, die im Dezember 1975 an gleicher Stelle veröffentlicht wurde und Heyne zur Korrektur seines Urteils anhalten sollte (OSO-Nachrichten 1975a, S. 21–26). Für Herz, damals Mitarbeiter von Hartmut von Hentig in Bielefeld, ist die Odenwaldschule der Ort, an dem Schüler eine „Sozialität" herstellen, in der sie „gut aufgehoben sind" (ebd., S. 26). Die oft „eher chaotischen Erscheinungsformen" sind nichts anderes als die „Ermutigung", diese Sozialität „immer wieder in Angriff zu nehmen" (ebd.).

Damit wurde der Augenschein zugunsten der höheren Idee bestritten und dann brauchte man wirklich nicht genau hinzusehen. Wer das tat, wie Thomas Heyne, konnte mit Blick auf die überlegene Pädagogik leicht abgekanzelt werden. Es war möglich, deutliche Missstände als emanzipatorisch zu bezeichnen und im Namen der Freiheit jede Verantwortung der Schule für Vorfälle in ihrem Raum als repressiv abzulehnen. Die Permissivität wurde zur allgemeinen Lebensform und die freie Sexualität war dabei nur eine Variante.

Die idyllischen Metaphern zum Zweck der Aufwertung von Alternativschulen verselbstständigten sich und bestimmten den späteren Diskurs nachhaltig. Propagandisten wie Herz fanden sich genug. Elternbeschwerden über Ausschweifungen drangen nie mehr an die Öffentlichkeit, auch dank Gerold Becker nicht, der die Diskurspolitik wie kein zweiter beherrschte und nach zehn Jahren Tätigkeit an der Odenwaldschule unangreifbar schien. Sie wurde als sein „Zauberberg" tatsächlich mit ihm identifiziert, was seinen sexuellen Absichten nur entgegen kam.

Im Juli 1984 wurde in der pädagogischen Monatsschrift betrifft:erziehung ein Porträt der Odenwaldschule veröffentlicht, eingeschlossen darin ein Interview mit „Schulleiter Gerold Becker". Verfasser des Schulporträts war der Journalist und frühere Sozialpädagoge Rainer Meier (1984). Ihm fällt bei seinem Besuch der Schule zunächst auf, dass im Umgang miteinander eine „lockere Ungezwungenheit" herrsche, gleichzeitig beobachtet er, dass an der Odenwaldschule „die Trennung von Öffentlichem und Privatem ... so gut wie aufgehoben" sei. In der Schule „passiert kaum etwas, was nicht jeder mitkriegen kann". Die Rede ist von „Beziehungskisten und -knatsch, Flirts und Liebeskummer", die zum Alltag gehören würden (ebd., S. 35).

Ein Schüler aus der zwölften Klasse sagte dem Journalisten:

> „Du bist hier einfach nicht allein, die Wände sind so dünn, dass du jedes Wort von nebenan hören kannst, von oben hörst du Musik und ständig klopft jemand an, stürzt rein, will was bringen, wissen oder holen" (ebd.).

Der Alltag der Schule wird von Rainer Meier so beschrieben: Der „Wegfall strenger Regeln" ist durch die öffentliche Kontrolle in der Erziehungsgemeinschaft ersetzt worden. Durch den „Verzicht auf Leistungsgruppen" lernen die Schülerinnen und Schüler Rücksichtnahme auf Schwächere, in den verschiedenen Entscheidungsgremien „lernen sie demokratische Spielregeln zur Durchsetzung ihrer Interessen" und in den „Familien" lernen sie „Vertrauen, Offenheit, den Umgang mit Nähe und Distanz". Die pädagogischen Mitarbeiter schliesslich fühlen sich hier „nicht nur als Lehrer, sondern vor allem als Menschen", und so werden sie auch von den Schülern gesehen (ebd., S. 36).

Altschüler aber berichten von ständigen Grenzüberschreitungen untereinander, die nicht geahndet wurden. K.R.[69] litt unter einer Lippen-Gaumen-Spaltung (Cheilognathopalatoschisis), die lange als „Wolfsrachen" verächtlich gemacht worden ist. K.R. hatte deshalb oft Probleme, sich verständlich zu machen. Es war üblich, den Jungen bloss zu stellen und ihn zu demütigen. Wer sein röchelndes Gurgeln kunstvoll nachahmen konnte, bekam an der Schule Szenenapplaus. Der Sprachfehler war der Makel, der im „Nahkampf unter den Schülern" für die Selbstdarstellung genutzt wurde. Die Mitarbeiter hielten sich zurück und überliessen das Feld den Schülern, die sich selbst organisieren sollten.[70]

Das taten sie. Auch Stotterer wurden nachgeahmt und so vor den anderen blossgestellt. Mit den Kränkungen mussten sie zurechtkommen, geholfen wurde ihnen nicht und so blieben diese Schüler, was sie waren, nämlich Spielball für Häme.[71] Es gab unter den Schülern deutliche Hierarchien, damit Gewinner und Verlierer, und wer zu denen gehörte, zumal als körperlich Stigmatisierte, hatte in der Musterschule der Reformpädagogik einen schweren Stand. Auch brutale sexuelle Übergriffe von älteren Schülern auf jüngere sind dokumentiert (Burgsmüller/Tilmann 2012, S. 5/6).

Die Besucher bekamen davon nichts mit, was auch daran lag, dass sie nur die demokratische Schulgemeinschaft sehen wollten, die nie existiert hat. Rainer Meier war wie alle Journalisten, die sich mit dem „Zauberberg" befasst haben, äusserst wohlmeinend. Er zieht für seine Leser folgenden Schluss:

> „In Zeiten zunehmender Erlassflut und politischer Reglementierung, Verschulung und Bürokratisierung – von denen auch die Odenwaldschule nicht verschont bleibt, will sie ihre staatliche Anerkennung erhalten – wirkt dieses Schulmodell wie ein Relikt euphorischer

---

69 Die Initialen sind von mir, sie beziehen sich nicht auf den Klarnamen.
70 Brief von Peter Lang vom 17. Januar 2015.
71 Brief von Peter Lang vom 23. Februar 2015.

Reformpädagogik, wie ein buntes, zartes und phantasievolles Gewächshaus seltener Pflanzen" (ebd.).

Zehn Jahre früher war die Küche des hoch gelobten „Gewächshauses" und so die Ernährung der Schüler ein Problem. Thomas Mertineit erinnert sich, dass Mitschüler aus den Ferien an die Schule zurückkamen und Essensvorräte mitbrachten, wie man sehen konnte, wenn sie ihre Koffer auspackten.

In der Schule, so Thomas Mertineit, war er „substantiell am Verhungern". Der Essensplan wiederholte sich von Zeit zu Zeit. Das Angebot war ausgesprochen dürftig und es war immer zu wenig da. Wenn es mal Ravioli gab, leerten die Schüler die grosse Schüssel am Abendbrottisch schon vor dem Gong, der zum Hinsetzen aufforderte. Dann konnte man sich sofort am Tresen anstellen, um einen Nachschlag zu erhalten. Genügend Nachschlag gab es nie.[72]

Die Essenssituation an der Odenwaldschule war für ihn der „grösste Schock".[73] Schon in dieser Hinsicht konnte von einer „Musterschule" keine Rede sein. Als Schüler war man eigentlich immer hungrig. An den Tischen im Speisesaal sass man familienweise. Ausserhalb von Familienunternehmungen wie ein besonderes Frühstück oder eine Pizza abends in Heppenheim waren die Familienhäupter für die Ernährung nicht zuständig. Man war also auf das Küchenangebot angewiesen, nur in Ausnahmefällen wurde in den Familien gekocht. Nach dem Mittagessen gingen bis zu dreissig Schüler zum Lebensmittelladen Lanert an der Schule, um sich zusätzlich zu versorgen.

Der Laden hatte im Unterschied zum Bäcker Schmidt über Mittag geöffnet. Thomas Mertineit erinnert sich an ein schockierendes Erlebnis „beim Lanert". Die Schüler standen in der Reihe an, um sich Wurstbrötchen zu kaufen. Ein Oberstufenschüler befand sich als dritter in der Schlange. Auf dem Verkaufstresen stand ein Teller mit noch zwei oder drei Brötchen. Der Schüler spuckte auf eines der Brötchen, um mit dieser Markierung sicherzustellen, dass er noch eins bekam. Der Vordermann regte sich „tierisch" auf, weil auch er Hunger hatte und nun leer ausging.[74]

Das Frühstück im alten Speisesaal des Goethe-Hauses fand zu einer „barbarisch" frühen Stunde statt, alle, auch die Mitarbeiter, tranken Kakao, der mit Aluminium-Blechkannen serviert wurde. In manchen Zimmern gab es Wasserkocher für den Kaffee, der beim Frühstück offensichtlich verpönt war. Einzig Kakao galt als gesund. Zu essen gab es ein Brötchen und nur wer ganz

---

72 Mail von Thomas Mertineit vom 22. September 2015.
73 Gespräch mit Thomas Mertineit am 24. Juli 2014.
74 Mail von Thomas Mertineit vom 22. September 2015.

flink war, konnte sich an der Theke ein zweites ergattern. Butter, Marmelade und Honig waren in einzelne Portionen abgepackt, die leeren Packungen wurden eingesammelt und beim Roten Kreuz abgegeben.[75]

Auch Aussagen von Zeugen, die andere Aspekte als das Essen beleuchten, lassen einen ähnlichen Schluss zu. Die Odenwaldschule als reformpädagogisches Modell war nie mehr als eine Inszenierung, allerdings eine mächtige, die nicht nur Besuchern vorgespielt wurde, sondern auch das Selbstbild bestimmte. Sie erfüllte eine pädagogische Glaubenserwartung und hätte eigentlich beim ersten Realitätskontakt sofort zusammenfallen müssen, aber das geschah nicht. Das Bild sollte einfach mit der Wirklichkeit übereinstimmen, was niemand besser als Gerold Becker herbeireden konnte.

Birgit Schulz berichtete 1981 über ihre Erfahrungen als Praktikantin an der Odenwaldschule. Sie studierte seinerzeit an der Universität Bielefeld und hat im Herbst 1980 drei Wochen in Ober-Hambach verbracht. Ihr Bericht erschien in den OSO-Heften und war so als Meinungsbeitrag zugänglich. Sie hielt fest, wie sie die Sicht der Schüler wahrgenommen hat: „Grosse Probleme bereitet der Gruppenzwang. Aussenseiter kommen nur schwer aus ihrem Abseits heraus. Wer cool ist, ist in. Wer nicht klar kommt, muss damit selbst klarkommen" (Schulz 1981, S. 65).

Über den angeblichen Zauberberg heisst es: „Die OSO ist keine pädagogische oder sonstige Insel, kein Eldorado für Alternativlehrer, kein Schonraum für Problemkinder" (ebd.). Im Vergleich zu andern Alternativschulen, etwa die Tvind-Schule in Dänemark, „lebt auf der OSO ein ziemlich zusammengewürfelter Haufen von Individualisten", was das Zusammenleben „sicher spannend, aber nicht unbedingt einfach macht" (ebd., S. 63). Die grosse Gemeinschaft hat es also auch gemäss dieser Erfahrung nie gegeben.

Und der Alltag sah sehr viel anders aus, als er gemäss der pädagogischen Theorie erwartet wurde. „Viele Mitarbeiter, die hofften, hier eine Aufhebung der Trennung von Leben und Arbeiten verwirklichen zu können, mussten feststellen, dass Lehrersein an der OSO heisst, fast nie aus der Arbeit rauszukommen. Private Bedürfnisse finden kaum Platz" (ebd., S. 64). „Gerade das dichte Aufeinanderhocken, das Fehlen von Ausweich- und Rückzugsmöglichkeiten, lässt Probleme gehäuft aufbrechen" (ebd., S. 65). Und das sei eine wirkliche „Herausforderung" (ebd.).

Die Rhetorik der Odenwaldschule und ihre Stilisierung zu einem epochalen Modell hat das nicht berührt, wie ihr überhaupt nie ein Vorfall geschadet hat. In seinen letzten Tagen als Schulleiter hatte Gerold Becker Gelegenheit, sich im Norddeutschen Rundfunk zur Odenwaldschule zu äussern. Die Sen-

---

75 Brief von Peter Lang vom 9. Dezember 2014.

dung hiess „Werde, der Du bist" und ist am 23. Juni 1985 ausgestrahlt worden, also kurz vor Beckers Weggang und eine Woche nach dem Jubiläum. Er konnte hier noch einmal alle Register als Propagandist ziehen, der gerade durch selbstkritische Untertöne glaubwürdig war.

Verantwortlich für die Sendung war der Journalist und Moderator Wend Kässens, der von 1963 an die Odenwaldschule besucht und dort 1969 Abitur gemacht hat. Kässens arbeitete seit 1981 als Kulturredakteur beim Norddeutschen Rundfunk. Er gehörte zu den Journalisten, die Gerold Becker Zugang zu den Medien verschafften und ihn im guten Glauben Propaganda für die Schule machen liessen. Kritische Nachfragen blieben aus, die Odenwaldschule sollte als historisch bewährte Modellschule dargestellt werden.[76]

„Werde, der Du bist", war das Leitmotiv der Odenwaldschule. Der Aufruf ist eine Übersetzung aus der Antike, genauer: aus der zweiten Pythischen Ode des griechischen Dichters Pindar. Die Übersetzung geht auf Hölderlin zurück,[77] doch der Bezug auf die Antike ist irreführend, weil es in der Ode nicht um die Verwirklichung der eigenen Möglichkeiten geht, was für einen griechischen Dichter gar nicht vorstellbar gewesen ist.[78] Aber die paradoxe Aufforderung war ein Markenzeichen für Exklusivität und nicht zuletzt ein Bildungsnachweis.

In der Rundfunksendung wird Gerold Becker mit dem unvermeidlichen Hinweis eingeführt, er sei „Schüler Hartmut von Hentigs" („Werde, der Du bist" 1985, S. 77), was er in einem formalen Sinne nie war. Aber diese Schülerschaft konnte als besondere Auszeichnung und Qualitätsmerkmal verstanden werden. Schüler von Hentig zu sein, verbot zudem kritische Nachfragen. Becker selbst gibt dann eine Art raison d'être seiner Tätigkeit an der Schule. Was er und die „übrigen Mitarbeiter" versucht hätten, laufe im Kern darauf hinaus, in einer zunehmend „ent-sinnlichten" Welt Gelegenheiten zu geben, „ursprüngliche Wirklichkeit handfest zu erfahren" (ebd., S. 79).

Die Odenwaldschule aber war trotz ihres Namens nie eine Waldschule, sondern ein Landerziehungsheim ohne Zugang zu einer „ursprünglichen Wirklichkeit". Die Schüler erlebten Unterricht und das Zusammenleben in Familien, damit einen geregelten Tag und ein festes Programm, das nicht in den Wäldern der Umgebung stattfand, wohin man nur ausweichen konnte. Aber mit der Kritik der „entsinnlichten" Welt war das Versprechen der grossen pädagogischen Alternative verbunden, an die alle nur zu gerne glauben

---

76 Neben Gerold Becker nahmen an der Sendung teil die Schüler Oliver Groszer und Kilian Bentzel, der Altschüler Geno Hartlaub, der Lehrer Henner Müller-Holtz sowie der designierte Schulleiter Wolfgang Harder.
77 Eigentlich übersetzte Hölderlin: „Werde welcher du bist erfahren" (Hölderlin 1952, S. 72).
78 Der Münchner Gräzist Dieter Bremer übersetzt: „Komm zur Kenntnis, von welcher Art du bist!" (Pindar 1992, S. 125).

wollten. Damit war die Odenwaldschule auch in der ökologischen Bewegung angekommen.

In der Erfahrungswelt von Kindern und Jugendlichen, so Becker, gäbe es „immer mehr Anlässe", in denen durch Worte und Bilder „belehrt" wird, ohne sinnliche Erfahrungen zu machen. In einer solchen Welt sei es von grosser Dringlichkeit,

> „jungen Menschen auch Erfahrungen mit sich selber als ‚körperliche Wesen' zu ermöglichen, als Menschen, die etwas herstellen, anfassen, machen können, als Menschen, die körperliche Empfindungen haben, Zärtlichkeit, Ängste, die mit sich selber auch umgehen lernen müssen, und das nicht nur im Bereich des spezialisierten Sports, sondern in der Alltagserfahrung des Begegnens von Mensch und Materialien oder von Mensch zu Mensch" (ebd.).

Oft bezeichnete Becker die Odenwaldschule als eine „pädagogische Provinz", die vor allem das, die Begegnung von Mensch zu Mensch, gewährleisten müsse (ebd.). Schüler und Lehrer sind primär Menschen, die an einem Ort wie der Odenwaldschule einen authentischen Umgang pflegen könnten, während die Staatsschulen, forciert durch die Schularchitektur, „Abfüllstationen" gleichen (Becker 1976, S. 86). Diese Metapher hat er häufig verwendet und immer wie eine empirische Beschreibung vertanden.

„Pädagogische Provinz" nennt Goethe in seinem späten Roman *Wilhelm Meisters Wanderjahre* eine Erziehungsanstalt, in der zur Ehrfurcht erzogen werden soll, was mit dem Programm der Odenwaldschule einzig den entlegenen Ort gemein hat. Bei Goethe geht es um Entsagung, nicht um Emanzipation. Aber verwendet wird „pädagogische Provinz" wiederum als bildungsbürgerliche Anspielung, nicht zufällig gab es in der Odenwaldschule auch ein „Goethe-Haus" und generell die werbeträchtige Verpflichtung auf die Grössen des deutschen Geistes.

In der Sendung mit Kässens geht Becker nochmals auf die „Haltung" der Oberstufenschüler ein, die er schon zuvor mehrfach bemängelt hatte. Er spricht von profanen Einstellungen, die lediglich den Nutzen der Schule für die „Lebenskarriere" vor Augen hätten, damit zusammenhängend von „alltäglichem Zynismus" oder „strategischem Lernen". Er hatte gehofft, diese Phänomene an der Odenwaldschule „weitgehend zu verhindern und zwar im wesentlichen über den persönlichen Bezug zwischen Unterrichtenden und Schülern". Das sei „nur zum Teil gelungen", wenngleich die Lage an seiner Schule „lange nicht so schlimm" sei wie an „normalen Gymnasien" („Werde, der Du bist" 1985, S. 86/87).

Damit konnte der Gestus der Besonderheit erhalten bleiben. Aber der Unterschied zwischen dem reformpädagogischen Konzept und der erfahrbaren, sehr profanen Realität war selbst für Gerold Becker nicht zu übersehen.

Die Schule war schlicht nicht so, wie sie sein sollte und der reale „persönliche Bezug" entsprach nie der Theorie von Herman Nohl, auf die sich Becker und Hentig immer bezogen haben. Für die Theorie und ihre Suggestion hatte das aber keine Folgen. Wenige Jahre später konnte sich Gerold Becker darauf unbeschadet berufen, ganz so, als hätte es seine Bemerkungen in Kässens Feature oder in einer früheren Rede vor den Abiturienten nie gegeben.

Die Rhetorik und die Zuschreibung der fortschrittlichen Modellschule blieben über Jahrzehnte stabil. Am 25. Dezember 1967 konnte man in der Wochenzeitung Die Zeit lesen, dass die Odenwaldschule „ein Stachel im Fleisch der deutschen Schule" sei, weil sie vorführe und unter Beweis stelle, was mit einer integrierten Gesamtschule, einem Ganztagsangebot, den Einbezug der Wissenschaft in den Raum der Schule sowie „individueller Erziehung" alles erreicht werden kann. Die „öffentliche Funktion der privaten Schule" liege eben darin, „der Entwicklung immer um einen Schritt voraus zu sein". In ihrem Selbstverständnis sei die Schule links, sie fühle sich dort zuhause, wo der pädagogische Fortschritt sitzt (Schlaeger 1967).[79]

Das glaubte man unbesehen auch in der akademischen Pädagogik und besonders in der westdeutschen Lehrerbildung. Ein Beispiel ist die damalige Lehrerzeitschrift Westermanns Pädagogische Beiträge,[80] die monatlich erschien. Das Heft Februar 1979 widmete sich ganz dem Thema „Alternative Schulen – Schulversuche", lanciert von einem Mitherausgeber der Zeitschrift, dem Hamburger Lehrer und Geschichtsdidaktiker Caesar Hagener, der bei Wilhelm Flitner mit der reformpädagogischen Arbeit *Die Schule als gestaltete Lebenswelt* promoviert hatte (Hagener 1936). Die Schulversuche der Gegenwart sollten an die Errungenschaften der Reformpädagogik in der Weimarer Republik anschliessen und wurden entsprechend wahrgenommen.

Im Februar 1979 sind die Alternativschulen erneut als der „Pfahl im Fleisch" der Regelschule bezeichnet worden (Westermanns Pädagogische Beiträge 1979, S. 45/46), der sie in Wirklichkeit nie waren. Zu diesen Schulen zählten damals die Freie Schule in Essen, die Hiberniaschule in Herne, die Laborschule in Bielefeld, die Glockseeschule in Hannover und die Odenwaldschule, die – wie erwartbar – von Gerold Becker (1979) beschrieben wurde. Diese Schulen galten in der linken Pädagogik als Hoffnungsträger und wurden in der Lehrerbildung immens propagiert, immer um den Preis

---

79 Die Odenwaldschule war eine von mehreren „Modellschulen in Deutschland", die in einer längeren Serie im Herbst 1967 in der Zeit vorgestellt wurden. Zu ihnen zählten die John-F.-Kennedy-Schule in Berlin, die Halepaghen-Schule in Buxtehude oder das Jesuitenkolleg St. Blasien im Schwarzwald, also höchst unterschiedliche Schulen. Sie alle wurden von der Journalistin Hilke Schlaeger (geb. 1938) besucht und als beispielhaft hingestellt.
80 Die Zeitschrift erschien von 1949 bis 1987.

der Abwertung der Regelschulen. Suggeriert wurde stets auch ein direkter Anschluss an die historische Reformpädagogik.

Das Feindbild waren die staatlichen Schulen, die stets als blosse „Unterrichtsanstalten" hingestellt wurden, denen die „Gemeinschaft" der Odenwaldschule fehlt, also Beziehungen, die helfen, sich in der Welt zurechtzufinden („Werde, der Du bist" 1985, S. 85). Die Staatsschulen stellten lediglich Verwaltungseinheiten dar und würden von abstrakten Lehrplänen ohne Bezug zum Leben gesteuert. Die Schulen selbst kamen in diesem Verdikt gar nicht vor, das gleichwohl in der Lehrerbildung wie in der grösseren Öffentlichkeit hohe Plausibilität erlangen konnte. Einen Tatbeweis brauchte man dafür nicht und schon gar nicht einen Blick in die realen Schulen. Die polemische Sprache genügte vollauf.

In seinem Vortrag im Süddeutschen Rundfunk 1976 kritisierte Gerold Becker das „mechanistische Grundmodell des Lernens" in den Staatsschulen und wählt erneut Metaphern wie „Abfüllvorgang" oder „Dressur", um die schlechte Realität unter Anklage zu stellen (Becker 1977, S. 211ff.). Auch die Alternative ist eingängig: „Wirkliches Lernen" habe mit Verstehen, Betrachten und Bedenken zu tun sowie der „Weigerung, ständig Neues aufzunehmen" (ebd., S. 214). Kinder sollen in Musse lernen und Zeit für sich haben, ohne durch ständigen Unterricht und einen Leistungstakt drangsaliert zu werden.

Heinrich Roth hatte ebenfalls 1976 festgestellt, dass die Reformpädagogik der zwanziger Jahre nichts anderes gewesen sei als der „Versuch, das in der Jugendbewegung erfahrene und entdeckte neue Leben in die Schule hineinzutragen". Vor allem die Junglehrer seien bestrebt gewesen, „die Schule vom Geist der Jugendbewegung her zu beleben". Dabei sei es darum gegangen, das „mechanische Lernen" durch „sinnerfülltes" abzulösen. Statt auswendig lernen zu lassen, sollten Einsichten gewonnen werden und statt um „Buchwissen" sollte es um „eigenes Erleben" gehen (Roth 1976, S. 84). Die Schule, anders gesagt, sollte schon damals zu einem Erfahrungsraum werden, was allerdings in der Weimarer Pädagogik an enge institutionelle Grenzen gestossen sei (ebd., S. 84/85).

Roths Einschätzung trifft mehr oder weniger zu. Auf der anderen Seite sind alle radikalen Versuche in dieser Richtung gescheitert, die Schule als jugendbewegter Erfahrungsraum ist nie entstanden. Die Legenden der Weimarer Republik aber waren sehr präsent und Gerold Becker wusste, wie man sie nutzen konnte. Die vorbildliche Alternative zur „verwalteten Schule" und ihrem „mechanistischen" Lernmodell waren die Landerziehungsheime, die sich in ihrer Geschichte immer als „Erziehungsschulen" verstanden haben, in denen die Erfahrung der Gemeinschaft gegenüber dem Unterricht einen deutlichen Vorrang erhielt oder wenigstens erhalten sollte.

Hier suchte Becker den historischen Anschluss. Paul Geheebs Postulate der Menschenbildung und der Erziehung durch soziale Nähe an einem dafür passenden Ort wurden zugleich neu gefasst und erfolgreich bewahrt. Becker sprach im Süddeutschen Rundfunk nicht von Erziehungsgemeinschaft, sondern von „Emanzipation", aber er setzte – wie Geheeb – als selbstverständlich voraus, dass die „Unterrichtsschule" dazu nicht imstande sei (Becker 1977, S. 214/215). „Unterricht" wird gleichgesetzt mit Frontalunterricht und der kann verteufelt werden, ohne dass gefragt werden musste, wie denn der Unterricht an der Odenwaldschule ausgesehen hat.

Auf die Idee kam niemand, das Feindbild konnte also intakt bleiben, immer mit Rekurs auf die Gründerväter der Landerziehungsheime. Sie hatten die Lebensgemeinschaft vor Augen, der Unterricht sollte eine Funktion der Gemeinschaft sein und nicht für sich stehen. Aus den programmatischen Schriften der Gründer und aus der Praxis der Schulen, so Becker, lasse sich belegen, „dass hier, mehr oder weniger deutlich formuliert, ein Problemfeld entdeckt, bzw. wieder entdeckt worden ist: *Soziales Lernen in der Schule*" (Becker 1971, S. 96; Hervorhebung J.O.). Und das soll gleichbedeutend sein mit der Schule als Lebensgemeinschaft, wie es nur ein Internat darstellen kann.

Rückblickend wird gesagt, dass in der „geschichtlichen" Situation, in der er an die Odenwaldschule kam, 1969 „unmittelbar nach der Studentenrevolte", „andere Schwerpunkte" als Lernen im Schulunterricht „vordringlich" waren, nämlich die realen Probleme der Kinder und Jugendlichen, für die soziale Lernformen gefunden werden mussten. Dabei habe auch seine „eigene Herkunft" eine Rolle gespielt („Werde, der Du bist" 1985, S. 85). Genauer gesagt wird das nicht, aber damit dürften vor allem seine Erfahrungen in Jugendgruppen gemeint gewesen sein

Über die tatsächliche Praxis der Gründer der Landerziehungsheime gab es zu diesem Zeitpunkt so gut wie keine unabhängigen Daten, sondern nur Selbstbeschreibungen oder sympathisierende Interpretationen, deren Autoren nicht genau hinschauten und glaubten, was ihnen vorgespielt wurde. Die Landerziehungsheime waren dann „Musterschulen" zu jedem historischen Zeitpunkt. Herman Nohl (1958, S. 62) hielt über die ersten Landerziehungsheime fest, dort sei „eine ganz einfache, wunderbar heitere und höchst lebendige Knabenwirklichkeit" entstanden und man könne hier auch die „Zeitlosigkeit echter Pädagogik" erfahren.

Auf die beispielhaften Erfahrungen der Vergangenheit musste Becker verweisen, um die grosse Tradition der alternativen Schule aufbauen zu können, die bis in die Gegenwart reicht, ohne je ihren Nimbus des Mustergültigen zu verlieren. Er spricht also nicht einfach nur vom pädagogischen Konzept der Landerziehungsheime, sondern von der historischen Praxis, über die er doch kaum etwas wusste. Von den Selbstbeschreibungen her wird auf die

Praxis geschlossen und die kann dann nur im besten Licht erscheinen. Propaganda, anders gesagt, wird für Wirklichkeit gehalten.

Mit Becker gewannen die Landerziehungsheime theoretisch Anschluss an den zeitgenössischen Diskurs über „soziales Lernen" und konnten sich erneut als Modell der vorbildlichen Schule hinstellen. Dabei war der Rekurs auf die Versprechungen der Geschichte ein bewusst gewähltes Stilmittel. Kinder, Jugendliche und Erwachsene lernen zusammen in einer Gemeinschaft und an einem Ort, wie in Pestalozzis „Wohnstube", nur dass sie den Ort nicht verlassen können, wann und wie sie wollen. Und der persönliche Aufwand sollte in dieser Lebensform keine Rolle spielen.

In den Landerziehungsheimen sei schon immer das Leben in der Gemeinschaft oder eben das „soziale Lernen" wichtiger gewesen als Unterricht (Becker 1971, S. 97) und sie haben bereits früh zeigen können, was getan werden muss, um das zu kompensieren, was Becker die Sozialisationsdefizite der „Primärgruppe ‚Familie'" nannte (ebd., S. 98). Gemeint war, dass Landerziehungsheime als Familien eigener Art verstanden werden können, die ohne den Besitzanspruch der Eltern auskämen und die nicht versuchen würden, die Zukunft der Kinder festzulegen. Im Unterschied zum Elternhaus können sie sich an der Odenwaldschule frei entwickeln.

Die Landerziehungsheime, soll das heissen, würden Alternativen zur bürgerlichen Kleinfamilie bieten und deren Herrschaftsverhältnisse in Frage stellen. Konkret hiess das, Kinder und Jugendliche aus stark belasteten Familien würden an der Odenwaldschule neue Chancen erhalten. Doch was sie dort als Alternativen erlebten, hatte nicht selten zerstörerische Folgen. Die vermeintliche Rettung vor den Eltern war oft ein Weg vom Regen in die Traufe. Vor Gerold Becker und den anderen Tätern hat sie keine Reformpädagogik geschützt, die Folgen wurden lange verborgen gehalten und sind erst nach dem Skandal an der Odenwaldschule überhaupt zum Thema geworden.

Vorher glaubte man unbesehen, was Hentig und Becker schreiben oder über die Medien verbreiten konnten, nämlich Schulkritik auf der Basis der grossen Alternative zum staatlichen System. Dazu waren „Musterschulen" nötig, die als praktischer Beweis hingestellt wurden. Was an der Odenwaldschule oder der Laborschule möglich war, kann überall verwirklicht werden. Aber ohne nähere Daten müssen „Musterschulen" mit einer unstrittigen Legende versehen werden, anders sind sie kein Vorbild. Bild und Wirklichkeit sind dann nicht zu unterscheiden. Der Preis ist hoch: Keine Fassade erträgt einen Makel.

1971 konnte das System der OSO-Familien locker mit dem „sozialen Lernen" verbunden werden, weil die Theorie nicht die Realität vor Augen haben musste. Anfang der siebziger Jahre war „soziales Lernen" ein zentraler Bezugspunkt in der deutschen Schulreformdiskussion, den Becker geschickt für die Odenwaldschule vereinnahmen konnte, die zuvor mehr oder weniger nur durch ihre Curriculumentwicklung bekannt geworden war. Erst Becker suchte den Anschluss an die Gemeinschaftsideologie der Gründerzeit und dazu schien die Formel „soziales Lernen" gut zu passen, solange wenigstens, wie nicht genau hingeschaut wurde und Augenzeugen nicht zu Wort kamen.

Herta und Uwe Lau führen in ihrem Kündigungsschreiben aus, dass Beckers „falsch verstandene Toleranz" sich auf die gemeinsame pädagogische Arbeit „lähmend" ausgewirkt habe. Er müsse doch erkannt haben, dass „Erziehung und Aufwachsen des einzelnen Kindes" in der Odenwaldschule „fast ausschliesslich dem Bemühen der Heimfamilie und der Unterrichtsarbeit verantwortlicher Lehrer" zu verdanken sei. Die Schule als solche sei nie der Ort sozialen Lernens gewesen, die viel gelobte Schulgemeinschaft, anders gesagt, hat gar nicht existiert.

> „Das soziale Lernen, über das Herr Becker ja auch schreibt, findet im Rahmen der OSO als einer Gemeinschaft eigentlich nicht statt. Viele Erwachsene und Kinder lernen kaum Aufgaben kennen, die sie für die Gesamtheit übernehmen müssten; auf der anderen Seite ist es für manche zutiefst enttäuschend, wie wenig die von einigen Schülern und Mitarbeitern gezeigte Bereitschaft zu Aktivität und Experiment von Herrn Becker ernst genommen wird."

In der Theorie konnte Gerold Becker die pädagogische Form der ländlichen Heime und der überschaubaren Gemeinschaft[81] sogar noch als Alternative zur Anpassung in der „hochtechnisierten Konsumgesellschaft" (Becker 1971, S. 106) hinstellen. Sie war ein emanzipatorisches Versprechen oder konnte eben als „konkrete Utopie" verstanden werden, die die Erziehung auf den richtigen Weg gebracht hat.

In der Konsequenz wurde nicht nur die Staatsschule ständig abgewertet, sondern auch die herkömmliche Familie, die nicht zufällig als „Kleinfamilie" apostrophiert wurde. Dagegen stand dann das Aufwachsen und Zusammenleben in einer freien Gemeinschaft. Bei ihrer Propagierung musste nicht darauf eingegangen werden, was die Eltern tatsächlich veranlasst hat, ihre Kinder an die Odenwaldschule zu geben. In der Selbstdarstellung wurde das entweder verschwiegen oder schön geredet. Eltern in Schwierigkeiten waren willkommen, sie erhielten die pädagogische Chance, die woanders nicht zu finden wäre.

1983 spricht Becker davon, dass „die meisten Schüler, die zu uns kommen", aufgrund irgendeiner „Behinderung" da sind. Das können „körperlich, psychisch und sozial verursachte Schäden" sein. Es gehe darum, „die

---

81 Dabei scheut Becker keinen noch so gewagten Vergleich: „Ähnlich wie die Universität versteht sich die Odenwaldschule als eine ‚Gemeinschaft von Lehrenden und Lernenden'" (Becker 1971, S. 135).

bisherige Lebenssituation, die für sie schwer erträglich war, durch eine Alternative abzulösen". Aber die Odenwaldschule würde sich nicht „als eine heilpädagogische Einrichtung" verstehen. „Sie soll eine ganz normale Internatsschule sein", die sich „vielleicht durch eine grössere Bereitschaft" auszeichnet, „auch aus dem Rahmen fallende Kinder als eine Spielart des Lebendigen hinzunehmen und sich um sie intensiv zu kümmern" (Becker 1983, S. 104). Wie das geschah, ist inzwischen bekannt; auch Päderasten sind eine „Spielart des Lebendigen".

Unter „Reformpädagogik" verstand Becker zuvorderst die deutschen Landerziehungsheime, die in einem Beitrag aus dem Jahre 1986 wiederum als die grosse Alternative hingestellt werden, nunmehr für „die Kinder des elektronischen Zeitalters", nochmals weil sie das Leben in der Natur betonen, Erziehungsgemeinschaften darstellen und unter „Lernen" auch praktische Arbeit verstehen. Den Gründern der Landerziehungsheime wird „eine gewisse hellsichtige Skepsis" attestiert, dass die konventionelle Schule und die Alltagserfahrung *nicht* dafür sorgen würden, aus Kindern und Jugendlichen „tüchtige und verantwortungsvolle Erwachsene" zu machen (Becker 1986a, S. 42).

Mit dieser Logik dürfte es solche Erwachsenen nur dann geben, wenn sie ein Landerziehungsheim besucht haben und dort erzogen worden sind. Die Hybris wurde nie bemerkt, denn genau das wollten die Landerziehungsheime hören und gerne auch sein, die grosse Alternative zum System, die mit der überlegenen Pädagogik verwirklicht hat, was andere sich höchstens wünschen können. Damit wurde eine erstaunliche Diskursmacht aufgebaut, die auch verhindert hat, dass je über die Risiken ihres eigenen Konzepts Auskunft gegeben werden musste. In der Propaganda gibt es nie schlechte Erfahrungen.

Schon die *Frage* nach den Risiken war verpönt. Auffällig ist auch, dass die Abgrenzung zur Staatsschule ohne jede Bilanzierung der eigenen Erfahrungen seit Gründung der Landerziehungsheime auskommt. Jedes Jubiläum und jeder Gedenktag bestätigten nur die eigene Überlegenheit. Die Heime und mit ihnen Gerold Becker konnten sich auf ihr historisches Konzept berufen, das nicht nur sakrosankt war, sondern auch unverändert als vorbildlich gelten konnte. Beweise dafür waren nicht nötig, es genügte, wenn die Bezugsgruppe den pädagogischen Glauben teilte.

Dazu gehört auch die Suggestion, ein Kollegium aus pädagogischen Laien sei für die Aufgaben der freien Erziehung besser geeignet als Lehrerinnen und Lehrer, die die Standardausbildung durchlaufen haben und so auf die Staatsschule hin angepasst worden sind. In einem Interview mit dem Journalisten Werner Gross sagte Gerold Becker, die wenigsten Mitglieder des Kollegiums verfügten über eine geradlinige Lehrerausbildung. Was ihnen aber gemeinsam ist: Sie sind alle engagiert.[82] Und das, soll man schliessen, ist wichtiger als eine formale Schulung und die dabei erworbenen Abschlüsse.

Am 25. Oktober 1975 erschien in der Frankfurter Allgemeinen Zeitung ein Artikel über die Internatserziehung, in dem die drei privaten Anstalten St. Blasien, Salem und die Odenwaldschule verglichen wurden (Schostack 1975). Eine ausdrückliche Bewertung sollte vermieden werden, aber die wird schon durch die Wortwahl angedeutet. Die Odenwaldschule wird als liberal dargestellt, weil sie den Anstrich des Elitären vermeidet und das Individuum in den „Mittelpunkt" stellt, was man auch daran ablesen könne, dass für ungewöhnlich grosse Partizipation der Schüler gesorgt sei. Die Schule mache den „Eindruck unprätentiöser Bürgerlichkeit" und von ihr gingen „grosse Neuerungen aus, die sich auch auf das öffentliche Schulwesen auswirkten" (ebd.).

Die Besucherin[83] hat Gerold Becker interviewt, der auch mehrfach zitiert wird, sie konnte an einer Sitzung des Schülerparlaments teilnehmen, beobachtete das Mittagessen, wurde von einem „wortgewandten Oberstufenschüler" durch die Schule geführt und durfte auch mit einzelnen Schülern sprechen. Dabei konnte sie durchaus kritische Töne hören, die von anderen Schülern sogleich relativiert wurden und daraus schliesst die Besucherin: „Diese Schule scheint zum Bekenntnis zu reizen." Aber das war eine Nebenbemerkung, das Hauptproblem wird unter Bezug auf Gerold Beckers Abiturrede von 1974 in der Haltung der Schüler gesehen, also nicht im schulischen Angebot oder in der Haltung der Lehrer.

Es sei erschreckend, so kommt Bernhard Bueb aus Salem zu Wort, „wie wenig Einfluss die Erzieher auf die Kinder haben". Daher ist auch vom „steinigen Acker der Erziehung" die Rede, der mit „Konsumdenken", „geringes Durchhaltevermögen" und „Selbstmitleid" der Schüler in Verbindung gebracht wird (ebd.). Gerold Becker wird wörtlich zitiert[84] – aber das würde für alle Schulen gelten und Becker hat in späteren Äusserungen ja deutlich gemacht, dass die Odenwaldschule damit vergleichsweise am besten zurechtkomme. Der pädagogische Glaube wurde dadurch bestärkt und nicht erschüttert.

Das war durchgehend der Fall, wenngleich es einen tiefgreifenden Konflikt gab, der Hartmut von Hentig betraf und ihn fast zu Fall gebracht hätte.

---

82 Werner Gross: *Odenwaldschule* (1975). Gesendet im Hessischen Rundfunk, zweites Hörfunkprogramm am 28. September 1975. Von der Sendung existiert ein Tonbandmitschnitt, den ich benutzt habe. Werner Gross (geb. 1949) ist heute als Psychotherapeut tätig.
83 Die promovierte Germanistin Renate Schostack (geb. 1938) war von 1969 bis 2003 Mitglied des Feuilletons der Frankfurter Allgemeinen Zeitung.
84 Becker (1973/1974), S. 63.

Erst danach wurden er und seine Pädagogik unantastbar. Hentig erwies sich dabei als Stratege, der er nie sein wollte. Aber wenn es eng wurde, blieb nichts anderes übrig, wie sich später auch im Blick auf seinen Freund Becker zeigen sollte. Der heftige Konflikt ist mehr oder weniger selbst verursacht gewesen und er galt der „Musterschule", die er selbst aufgebaut hatte.

Im Dezember 1977 erschien im linken Rowohlt-Verlag eine kritische Bilanz der Laborschule, die die These vom „Pfahl im Fleische" eigentlich hätte erschüttern müssen (Lehrergruppe Laborschule 1977), ohne jedoch zur Kenntnis genommen zu werden. Verfasser waren opponierende Lehrer der Schule, die Kritik kam also von innen. Die Bilanz der Kollegen galt schnell als Nestbeschmutzung und dieser Abwehrmechanismus ist auch nachvollziehbar, wenn man vor Augen hat, was die Dissidenten zu sagen hatten. Sie weigerten sich, den Aufbau einer Musterschule zu sehen und haben die Schattenseiten thematisiert.

Die Laborschule der Universität Bielefeld wurde Ostern 1974 nach vier Jahren Planungsvorlauf eröffnet. Zu Beginn gab es keine entwickelten Curricula, die alle selbst hergestellt werden sollten, ohne sich an den Lernmaterialien etwa der bestehenden Gesamtschulen zu orientieren. Die Aufbaukommission und später das Kollegium waren fraktioniert und geprägt von starken ideologischen Gegensätzen. Um Hartmut von Hentig, den wissenschaftlichen Leiter, scharte sich sein Göttinger Kreis, wer später an die vermeintlich anti-autoritäre Schule kam, lehnte sich nicht selten gegen die Hentig-Verehrung auf und opponierte gegen die Autorität.

Die pädagogischen Konzepte waren alles andere als erprobt, Versuch und Irrtum beherrschten die ersten Jahre. Beschrieben wurden auch „Phänomene" der Regellosigkeit oder „Verwahrlosung" wie Unterrichtsverweigerung, Diebstähle, Rauchen und Trinken (ebd., S. 75). Erfolgsdruck spielte eine Rolle, weiter die Unsicherheit im Umgang mit der eigenen Lehrerautorität (ebd., S. 81) und auch die Folgen der inneren Spaltung der Schule. Jede Fraktion versuchte, die Schüler hinter sich zu scharen, um damit der je anderen zu schaden (ebd., S. 82/83). Schliesslich wurde auch gesagt, dass die hoch gelobte „offene Architektur" der Schule zu „Störungen durch Lärm und visuelle Ablenkungen" führen würde (ebd., S. 86).

Doch diese Bilanz nach drei Jahren Praxis spielte in der Diskussion keine Rolle, und zwar weder in der pädagogischen Öffentlichkeit noch in der historischen Verortung der Laborschule und so für den Aufbau ihres bis heute legendären Rufes, der eng mit dem Namen Hartmut von Hentigs verbunden war und ist.[85] In der Schule selbst sorgte das Buch *laborschule bielefeld: modell*

---

85 Gerold Becker (1991a, S. 154) sprach von dem „alle Widerstände hartnäckig und mit unsäglichem Einsatz überwindenden Durchhaltewillen" ihres Gründers.

im praxistest allerdings schon vor dem Erscheinen für helle Aufregung und verstärkte die Gegensätze, auch weil die Autoren unter Rechtfertigungsdruck gesetzt wurden und sich erklären mussten.

Hentig (2009, S. 842–885) hat den Konflikt in aller Ausführlichkeit beschrieben, sprach von einem „Bürgerkrieg" im Kollegium (ebd., S. 842), von „feindlichen Nutzern" der Schule (ebd., S. 846), von „wackeren Freunden" seiner eigenen „demokratischen Demut" und den „Pöbeleien der Gegner" (ebd., S. 858). Es ging dann um ein deutliches *ich oder ihr*: Ein Antrag Hentigs, der die die Autoren des Rowohlt-Bandes aufforderte, die Laborschule zu verlassen, scheiterte (ebd., S. 868). Wenige Wochen später, zu Beginn des Jahres 1978, bat Hentig in einem Brief an den zuständigen Minister Johannes Rau, ihn von der wissenschaftlichen Leitung der beiden Bielefelder Schulprojekte zu entlassen (ebd., S. 870).

Hentig war in seinem Stolz verletzt, doch letztlich war es eine Aufforderung an die Schule, ihn zum Bleiben zu bewegen. Nachdem Hentig seinen Rücktritt in der Schule verkündet hatte, glich sie in seinen Worten einem „Hexenkessel". „Die Schüler brachen ihren Unterricht ab. Man sah weinende Kinder. Die Wände waren hunderte Mal mit ‚Hentig soll bleiben' vollgesprüht" (ebd., S. 870). Die Unterstützung der „alten Bundesgenossen" wie Otto Herz, ein Brief von Golo Mann und „eine schluchzende elfjährige Laborschülerin haben meinen Stolz gebrochen". Und mehr noch: „Sie haben mich den Widerwillen, ja den Ekel vor der als Vernunft verkleideten Feigheit, der Mehrheitsseligkeit, der Mediokrität, dem Wandel von Tätern zu Opfern überwinden lassen" (ebd., S. 872).

Trotz der starken Worte: De facto entschied er schlicht einen Machtkampf für sich, ähnlich wie zuvor und nahezu zeitgleich Gerold Becker an der Odenwaldschule. Die Wortwahl und die Strategie erinnern an die Verteidigung Beckers mehr als dreissig Jahre später. Bereits 1977, nach dem Erscheinen des Rowohlt-Bandes, beklagte sich Hentig über die „scheinheiligen Fragen" der Medien und sah „einen Taifun von öffentlicher Neugier, Häme und Besserwisserei" über die Schule hereinbrechen. Als Schutzmassnahme wurden alle Aussenkontakte über den Vorsitzenden des Curriculumrates kanalisiert, also faktisch unterbunden, bis Hentig sich entschieden hatte (ebd., S. 870).

Der „Lehrergruppe Laborschule", die den „Chefideologen" und „einsamen" Vordenker Hartmut von Hentig, also die „Vaterfigur" des gesamten Projekts, kritisiert hat (Lehrergruppe Laborschule 1977, S. 67/68),[86] gehörten

---

86 Der Begriff „Chefideologe" geht zurück auf ein 1972 verfasstes, internes Arbeitspapier des Quickborner Teams, das die Aufbaukommission begleitet hatte.

zehn Personen an, die anschliessend ganz unterschiedliche Karrierewege eingeschlagen haben. Niemand von ihnen hat sich je ein zweites Mal zum Thema, welche Qualität die hoch gelobte Laborschule am Beginn ihrer Entwicklung tatsächlich hatte, geäussert oder ist danach gefragt worden. Seinerzeit ging ihre Kritik unter und spielte bei der weiteren Entwicklung der Laborschule keine erkennbare Rolle.

Das lag auch an Hentig, der schon hier genau wusste, wer seine Feinde waren und wie mit ihnen umzugehen ist. Genannt werden vor allem der Theologe und ehemalige Studentenpfarrer Klaus Heidenreich sowie der Physiker Ekkehart Naumann. Während Heidenreich mit der „Seele eines Missionars" beschrieben wird (Hentig 2009, S. 741), der verbissene Klassenkampf-Pädagogik betreiben wollte (ebd., S. 742), wird Naumann als der „schärfste Denker unter den Autoren des Rowohlt-Buches" bezeichnet (ebd., S. 864). Beide haben die Laborschule bald nach dem Ende des Konflikts verlassen.[87]

Auch der Psychologe Gerd Büttner gehörte zu den Dissidenten, den Hentig aber nur am Rande erwähnt und nicht näher charakterisiert. Dabei war es Büttner, der Hentigs Theorie des demokratischen Aushandelns als Ideologie angegriffen und die Fraktionierung des Kollegiums herausgestellt hatte. Der Streit ging um die Ausrichtung der Schule und es war ein unversöhnlicher Grundsatzstreit. Heidenreich forderte einen „entscheidenden Beitrag zur Unterschichtpädagogik" und im Weiteren zum Klassenkampf (Lehrergruppe Laborschule 1977, S. 394, 343/344), Hentig sah die Laborschule als „öffentliche Dienstleistung" zur Erprobung einer Gesamtschule (Hentig 2009, S. 862).

Dazwischen gab es keine „offene *deliberatio*" (ebd., S. 845), aber dann fragt sich, wie der Konflikt überhaupt entstehen konnte. Die Aufbaukommission unter Hentigs Leitung hat sich selbst rekrutiert, also aus den Bewerbungen diejenigen ausgesucht, die aufgrund der Bewerbungsunterlagen und dem Vorstellungsgespräch für die Arbeit geeignet schienen. Ein unabhängiges Votum gab es nicht. Klaus Heidenreich wurde aufgrund der Kombination seiner Studienfächer – Religion und Soziologie – akzeptiert, den „Weltverbesserer und Fundamentalisten" (ebd., S. 742) will Hentig erst später erkannt haben.

Heidenreich wurde Mitglied im Ausschuss für das Aufnahmeverfahren der Schüler der Laborschule, „beherrschte" diesen Ausschuss und wurde zum „starken Mann" der Schule, gegen den Hentig, nach eigenen Worten, nur halbherzig Widerstand leistete (ebd., S. 741ff.). Aber er hat ihn mit ausgesucht und müsste an diesem Entscheid gemessen werden. Doch der Eigenanteil wird gar nicht erst erwogen und am Ende siegte Hentig auf ganzer Linie

---

87 Ekkehart Naumann ging an die Universität Oldenburg, wo er 1981 mit einer Arbeit zum Technikunterricht promovierte. Klaus Heidenreich verliess die Laborschule 1981.

wie parallel Gerold Becker an der Odenwaldschule. Im einen Fall schützte das Ministerium, in dem anderen der Vorstand; beide Pädagogen galten als unverzichtbar.

Erst nach diesen ideologischen Auseinandersetzungen begann der Aufstieg der Laborschule zur Vorzeigeinstitution, die mit der Odenwaldschule kooperiert und sich in gleichem Geiste verstanden hat. Dazu gehörten auch die privat geführten Freien Schulen sowie bestimmte Schulen in staatlichen Schulversuchen. Hentigs Pädagogik war dabei unverzichtbar und in diesem Feld sollte Gerold Becker nach seinem Weggang von der Odenwaldschule unterkommen, ohne dass er das intendiert hätte.

Im Vorfeld der Krise, zu Beginn des Jahres 1976, hatte Hentig eine eigene Bilanz der Laborschule verfasst, die an die Mitarbeiter und ausgesuchte Eltern verschickt wurde. An der neuen Schule kam aus seiner Sicht schon nach wenigen Jahren viel Gutes zusammen, „vor allem die beglückende Tatsache, dass unsere Schüler so gern in ihre Schule gingen, während überall sonst Schulangst, Schulfrust, Schulhass beklagt wurden" (ebd., S. 847). Wer die Welt so sehen will, kann Kritik tatsächlich nicht gebrauchen. Antworten auf seine Bilanz hat Hentig nie erhalten.

Ideologisch stand viel auf dem Spiel. Die Laborschule sollte den praktischen Beweis erbringen, dass sich die deutsche Schule als reformpädagogischer Erfahrungsraum entwickeln lässt und so die „Unterrichtsschule" des Staates nicht das letzte Wort der Geschichte ist. Ein Scheitern durfte es nicht geben und die Anfangsprobleme mussten daher heruntergespielt oder verdrängt werden. Auf keinen Fall konnte riskiert werden, Hentig als Kopf des Unternehmens zu desavouieren, schon gar nicht durch Kritiker aus dem eigenen Haus, die es gewagt hatten, an die Öffentlichkeit zu gehen.

Es war das erste und letzte Mal, dass Hartmut von Hentig sich einer solchen Kritik ausgesetzt sah, die seine Autorität als führender deutscher Pädagoge massiv in Frage stellte. Die mediale Inszenierung der Musterschulen konnte also weitergehen, auch weil Interna nie an die Öffentlichkeit drangen und Kritik nie laut wurde. Es wurde auch nie gefragt, warum Gerold Becker die Odenwaldschule eigentlich verlassen hat, wenn er doch so unverzichtbar schien. Man glaubte einfach seinen Legenden.

Kapitel 5
Der rätselhafte Abgang

Gerold Becker ist immer rechtzeitig davongekommen und er muss gespürt haben, wann es erforderlich wurde, einen Ort zu verlassen, den er zum Tatort gemacht hatte. Anders lassen sich die Brüche in seinem Leben kaum erklären. Er hat sechs Jahre studiert, war ein Jahr Vikar, arbeitete danach fünf Jahre an der Universität, war sechzehn Jahre Lehrer und Schulleiter, danach vierzehn Jahre Bildungsexperte und staatlicher Schulentwickler und vor dem Endstadium seiner Krankheit nochmals neun Jahre lang pädagogischer Redner und Publizist.

Diese Jahrzehnte waren immer begleitet von Fällen sexuellen Missbrauchs und klaren Zäsuren. Ohne Stillschweigen, Verdachtsverweigerung oder ideologische Gefolgschaft und in diesem Sinne Unterstützung wäre das nicht möglich gewesen. Beckers Fluchten haben offenbar niemanden irritiert und sind in keinen Zusammenhang gestellt worden, auch weil biografische Daten gar nicht vorlagen, die Verwunderung und Nachfragen hätten auslösen können. Die Wendepunkte in der Karriere haben ihm stets genutzt und seinen Aufstieg befördert, der zustande kam, gerade weil man nichts über ihn wusste.

Das Jahr 1985 hätte für Gerold Becker ein *annus mirabilis* werden können, ein Höhepunkt seiner Karriere, die seit sechzehn Jahren eng mit der Odenwaldschule verbunden war. Ihr Leiter war bekannt und in Pädagogenkreisen auch berühmt, nicht zuletzt wegen der gekonnten Bescheidenheitsgesten und parallel dazu dem ständigen Verweis auf die grossen Aufgaben der Erziehung. Er war der strahlende Leiter einer einzigartigen Schule, von der es in Deutschland keine zweite gab, gleichsam ein Markenzeichen eigener Art. Und das glorreiche Jahr hatte gleich zwei Gelegenheiten, die Anlass waren zu grossen Feiern, einen Geburtstag und ein Jubiläum.

5.1 Das Jahr 1985

Die Odenwaldschule wurde fünfundsiebzig Jahre alt und sein bester Freund Hartmut von Hentig sechzig. Doch in der Mitte des Jahres gab Gerold Becker die Leitung auf und verliess die Schule. Die Frage ist, warum tat er das? Und hat ihn jemand dazu getrieben oder ging er aus freien Stücken? Beide Fragen sind schwer zu beantworten, nicht nur weil es keine direkten Zeugen gibt, die Aussagen gemacht hätten, auch ist der Zugang zu Beckers Motiven weitgehend verschlossen. Er hat sich zu dem „warum" nie wirklich geäussert und dafür wird er Gründe gehabt haben.

Nach aussen hin scheint gar kein Problem zu bestehen. Der Verein „Odenwaldschule e.V." ist der Träger und Eigentümer der Schule, also auch verantwortlich für alle Entscheidungen. Am Samstag, dem 2. Juli 1983, tagte die Mitgliederversammlung, der zu diesem Zeitpunkt 29 Personen angehörten. Die Versammlung behandelte wie in jedem Jahr die Regularien, also fasste einen Beschluss über die Jahresrechnung 1982, entlastete den Vorstand für das Geschäftsjahr 1982, genehmigte den Haushaltsplan für das Geschäftsjahr 1983 und nahm den Bericht des Schulleiters über das Schuljahr 1982/1983 entgegen. Alles das war Routine.

Beim Tagesordnungspunkt „Verschiedenes" wurde eine Mitteilung des Vorstandes bekannt gegeben, die die Mitgliederversammlung hätte überraschen können. Sie lautete wie folgt:

> „Herr Freudenberg berichtete, dass Herr Gerold Becker den Vorstand – und in Absprache mit dem Vorstand vor geraumer Zeit auch die Mitarbeiter und Schüler – über seine Absicht informiert hat, die Leitung der Odenwaldschule zum Beginn des Schuljahres 1985/86, also in zwei Jahren, an einen bis dahin zu bestellenden Nachfolger abzugeben" (OSO-Nachrichten 1983, S. 82/83).

Der Rückzug aus der Schulleitung ist mithin intern angekündigt und dem Trägerverein ordnungsgemäss mitgeteilt worden. Über die Gründe erfuhr der Verein nichts, jedenfalls steht darüber nichts in den OSO-Nachrichten, wo auch keine Diskussion vermerkt ist. Die Entscheidung wurde zur Kenntnis genommen, ob sie überraschend kam, lässt sich dieser Quelle nicht entnehmen.

Als Gerold Becker die Ankündigung dann tatsächlich wahr machte, wusste niemand, was er nach seinem Weggang von der Odenwaldschule machen würde. Becker hat sich nicht mit einem Ziel vor Augen verabschiedet, sondern ist einfach gegangen. Er liess sich beim Abschied feiern und ein Bild zeigt ihn ergriffen vor der versammelten Schulgemeinde (OSO-Hefte 1985, S. 167),[1] aber er gab auch bei dieser Gelegenheit keinen Hinweis auf das, was er anschliessend tun würde. Das ist gerade für einen Lehrer ungewöhnlich, aber in Linz hat er sich nicht anders verhalten, nur dass die Flucht nicht angekündigt wurde. Letztlich ist er auch aus Göttingen geflohen, wenngleich damals die nächste Station klar war.

---

1   Das Foto stammt von dem Altschüler Stephan Hädrich (OSO-Hefte 1985, S. 176).

Doch Gerold Becker hat nicht nur im Blick auf das Ende seiner gut bezahlten Tätigkeit als Schulleiter jede Menge Rätsel hinterlassen. Merkwürdigkeiten im Blick auf Beckers Karriere gab es von Anfang an. Eine davon ist seine Anstellung und Besoldung als Leiter der Odenwaldschule. Das Hessische Kultusministerium hatte für diese Position eine Beamtenstelle der Besoldungsgruppe A-16 bereitgestellt. Walter Schäfer, Beckers Vorgänger, hat diese Stelle als Oberstudiendirektor auch innegehabt, die aber nur neu besetzt werden konnte, wenn die beamtenrechtlichen Voraussetzungen erfüllt waren. Im Falle von Gerold Becker war das aufgrund der fehlenden Abschlüsse nicht möglich. Daher wurde die Stelle als „Leerstelle" geführt und von der Schule „nicht in Anspruch genommen".

Becker erhielt das Gehalt eines Oberstudiendirektors einschliesslich aller Sozialleistungen, Pensionszahlungen und Extras der Odenwaldschule. Wie hat die Schule das bezahlt? Das jährliche Budget hat verschiedene Einnahmequellen. Die Eltern entrichten einen Jahresbeitrag, wobei die Internatsplätze den grössten Kostenfaktor ausmachen. Die Odenwaldschule war eine anerkannte Ersatzschule, die pro Kopf vom Staat subventioniert wurde. Die Schule erhielt einen entsprechenden Pauschalbetrag, für bestimmte Schüler übernahmen auch Jugendämter die Kosten. Ob die Schule einen Teil des Aufwandes für den leitenden Angestellten Gerold Becker selbst finanziert hat, ist nicht bekannt.

Nach Beckers Kündigung beantragte der Vorstand des Trägervereins mit einem Schreiben vom 27.11.1984 die Aktivierung der A-16-Stelle und ihre Neubesetzung zum Beginn des nächsten Schuljahrs. Der Antrag galt Wolfgang Harder, der als Schulleiter zugleich zum Oberstudiendirektor befördert werden sollte. Er erfüllte die Voraussetzungen für die Besetzung der nunmehr in Anspruch genommenen Stelle. Weiterhin wurde beantragt, den Sonderurlaub Harders um fünf Jahre zu verlängern, der zu diesem Zeitpunkt noch als abgeordneter Lehrer tätig war.[2]

Beckers Person muss derart wichtig gewesen sein, dass die Schule 1972 auf die Besetzung der besten Stelle ihres Personaletats verzichtete und Becker als Angestellten bezahlte, dem jede Qualifikation abging. Wie hat die Schule das aber gegenüber der Schulaufsicht durchsetzen können? Als Ersatzschule[3] konnte die Odenwaldschule nicht ausserhalb des Personalgesetzes agieren, das die Regeln vorgab. Niemand ist je ohne professionelle Ausbildung Schulleiter einer staatlich unterstützten Schule geworden. Selbst Hartmut von

---

2 Das Schreiben richtete sich an den Hessischen Kultusminister und den Regierungspräsidenten von Darmstadt. Unterzeichnet haben Hermann Freudenberg und Dr. Jürg Zutt (Staatsarchiv Darmstadt Sign. H52 Bergstrasse 297).

3 Die Odenwaldschule ist als Ersatzschule für die Kinder des Ortsteils Ober-Hambach der Stadt Heppenheim anerkannt worden.

Hentig musste beide Staatsexamen machen, bevor er auch nur Assessor werden konnte.

Gerold Becker dagegen wurde ohne jedes pädagogische Examen sogar Schulleiter. Als er Ostern 1969 anfing, wurde er als Studienleiter und stellvertretender Schulleiter angestellt. Den Vertrag mit ihm unterschrieben Walter Schäfer und Günter Schweigkofler. Becker verdiente zu Beginn seiner Tätigkeit ein Bruttogehalt von 1.786,00 D-Mark monatlich.[4] Seitens des Vorstandes und so unter dem Einfluss von Hellmut Becker sollte er wie gesagt zum Nachfolger von Walter Schäfer aufgebaut werden. Am 19. Juni 1972 beantragte der Vorstand dann auch seine Ernennung zum Schulleiter[5] und verwies darauf, dass Gerold Becker an die Odenwaldschule berufen worden war, um ihn „zur gegebenen Zeit zum Schulleiter zu bestellen". Er sei „den Herren der Schulaufsicht im Regierungspräsidium und im Kultusministerium auch mit dem Hinweis auf diese Absicht vorgestellt worden".

Insofern hielt man sich an den Plan, der vier Jahre vorher gefasst worden war. Die gescheiterte Dissertation spielte keine Rolle. Es heisst in dem Schreiben, die ordentliche Mitgliederversammlung des Vereins Odenwaldschule e.V. habe Herrn Gerold Ummo Becker am 17. Juni 1972 entsprechend der Satzung „und nach vorheriger Anhörung der Konferenz" zum neuen Schulleiter gewählt. Alternativen gab es nicht. Der Antrag lautete, dass der Regierungspräsident dieser Wahl zustimmen möge. Hinzugefügt wurde: „Wir durften den Eindruck gewinnen, dass Herr Becker das Vertrauen des Ministeriums und der Schulaufsicht hat und seine Wahl die Billigung der beteiligten Stellen finden wird."

Das war dann auch tatsächlich der Fall, ohne dass klar wäre, warum sich Ministerium und Schulaufsicht darauf eingelassen haben. Offenbar war es kein Problem, dass beide Seiten der Wahl Gerold Beckers zum Schulleiter zustimmen konnten. Becker war als Publizist bereits bekannt, die Aufsicht stand dem reformpädagogischen Konzept der Odenwaldschule sehr wohlwollend gegenüber und die Besonderheit der Privatschulgesetze stützte wohl auch den Entscheid. Opportunitätsgründe, etwa dass eine Nichtbestätigung der Wahl Gerold Beckers zum Schulleiter einen Skandal ausgelöst hätte, haben keine Rolle gespielt.

Leiter der zuständigen Schulabteilung im Regierungspräsidium Darmstadt war bis November 1985 Karl Friedrich, der 1951 selbst Mitarbeiter der Odenwaldschule gewesen ist (OSO-Hefte 1985, S. 174). Friedrich hielt eine

---

4   Mail von Margarita Kaufmann vom 23. April 2013.
5   Das Schreiben richtete sich an den Regierungspräsidenten von Darmstadt. Unterzeichnet haben Hermann Freudenberg und Günther Schweigkofler (Staatsarchiv Darmstadt Sign. H52 Bergstrasse 297).

der Reden zu Beckers Abschied als Schulleiter (ebd., S. 134–138), in der eine enge berufliche Verbundenheit der beiden Männer zum Ausdruck kommt. Friedrich sagte in Richtung Becker, er verspüre eine „tiefe Zufriedenheit" darüber, „dass Schulverwaltungen an Ihnen und Ihrer Tätigkeit, an Ihrem Dasein merken können, dass wir, die wir in diesen Schulverwaltungen tätig sind, nicht nur adminstrative Provinz sein müssen, sondern auch noch pädagogische Provinz sein dürfen" (ebd., S. 137).

Karl Friedrich war 1977 verwickelt in den Skandal um das Frankfurter Abendgymnasium, das berufstätige Erwachsene zum Abitur führte und dabei in den siebziger Jahren massive Konflikte vor allem wegen Notenbegünstigungen in Kauf nahm. Friedrich als Vorsitzender des Prüfungsausschusses verzichtete darauf, die Identität von zehn Prüflingen festzustellen, die 1977 stark geschminkt und so unkenntlich zur mündlichen Abiturprüfung erschienen waren (Der Spiegel Nr. 52 vom 24.12.1979, S. 64). Für die Lehrer an dem linken Abendgymnasium war das Unterlaufen der traditionellen Notengebung ein Mittel des politischen Kampfes (Die Zeit Nr. 47 vom 17. November 1978, S. 16).

Das Zuvorkommen war wechselseitig: Bei seinem Abschied von der Odenwaldschule hat sich Gerold Becker bei der „Schulverwaltung" in Darmstadt ausdrücklich bedankt für „Wohlwollen", „Verständnis" und „freundliche Hilfsbereitschaft in Einzelfällen". Besonders wird hervorgehoben, dass die Odenwaldschule während seiner Zeit als Schulleiter „eine zusätzliche Million, wenn nicht mehr, an materieller Unterstützung vom Staat erhalten" habe und man ihn als Leiter „grosszügig gewähren" liess. Jeder, der „mit Bürokratien zu tun hat", weiss, dass das „alles andere als selbstverständlich ist" (OSO-Hefte 1985, S. 169). Theoretisch war Gerold Becker ein scharfer Kritiker der deutschen Schulbürokratie, praktisch wurde er bevorzugt behandelt.

Der Vorstand verwies in der Erläuterung zum Antrag vom 19. Juni 1972 darauf, dass Gerold Becker „wissenschaftlicher Mitarbeiter der Deutschen Forschungsgemeinschaft und Assistent am pädagogischen Seminar der Universität Göttingen" gewesen sei, für Heinrich Roth im Ausschuss „Begabung und Lernen" des Deutschen Bildungsrates gearbeitet habe und seit 1971 als berufenes Mitglied dem Ausschuss „Strategie der Curriculumsentwicklung" des Bildungsrates angehöre.[6] Kein anderer Lehrer der Odenwaldschule war in einer solchen Stellung. Offenbar genügte das im Falle Becker als Qualifikationsnachweis, was Aura und Protektion voraussetzt.

---

6 Der Ausschuss „Strategie der Curriculum-Entwicklung" tagte insgesamt achtmal, zuerst am 23./24. Februar 1972 in Bonn und zuletzt am 1./2. Juni 1973 in München. Assistent war der spätere Siegener Grundschulpädagoge Hans Brügelmann.

Auch hier erstaunt die Berufung. Becker war alles Andere als ein Experte für „Curriculum-Entwicklung", er wurde Mitglied des Ausschusses, als er gerade einmal zwei Jahre Lehrer an der Odenwaldschule war und kaum Einschlägiges veröffentlicht hatte. Offenbar musste er dem Deutschen Bildungsrat für seine Nominierung auch keinen Lebenslauf vorlegen, sonst hätte man ihn nie berufen können. Er kam, wie immer, auf Empfehlung und musste keinen Nachweis seiner Qualifikation führen. In den acht Sitzungen des Ausschusses fiel er nicht weiter auf und leistete auch keinen erkennbaren Beitrag, der seine Berufung gerechtfertigt hätte.

Normalerweise haben gerade Privatschulen schon aus Gründen des Ansehens allen Anlass, als Leiter nur formal qualifizierte Personen anzustellen und Wert auf eine seriöse Laufbahn zu legen. Einen ähnlichen Fall, dass jemand ohne jeden pädagogischen Abschluss und in ganz kurzer Zeit ohne grosse praktische Erfahrungen Schulleiter werden konnte, gibt es so gut wie nicht, auch nicht an anderen Landerziehungsheimen. Eine bekannte Ausnahme ist Georg Picht, der als promovierter Philosoph von 1947 an die Schule Birklehof leitete. Er hatte dort schon vorher als Lehrer für Alte Sprachen gearbeitet und übernahm dann die Leitung, aber das war, bevor die Schule als gemeinnütziger Verein anerkannt worden ist und Subventionen erhalten hat.

Gerold Becker war nicht nur in dieser Hinsicht ein Phänomen. Er leitete die angeblich so egalitäre Odenwaldschule vor dem Hintergrund von erstaunlichen Privilegien. So hatte er in seiner Wohnung früh einen Fernseher, während Fernsehkonsum ansonsten in der lebensreformerisch geführten Schule lange umstritten war und in verschiedenen Familien auch nicht geduldet wurde. Zu nennen sind weiter seine zahlreichen Reisen und Vorträge, die ja stets bezahlt wurden, ohne dass etwas über den Abrechnungsmodus bekannt wäre. Und berührt ist schliesslich auch seine Stellung in der Schule, wie sie sich in der Besoldungsstruktur widerspiegelt. Auch deswegen wusste Becker sehr genau, was er wert war.

Fast alle Lehrerinnen und Lehrer der Odenwaldschule wurden einheitlich nach der Besoldungsgruppe A-13 bezahlt. Das Gehalt schloss zusätzlich für alle eine Vollversorgung ein, die neben der Miete und dem Essen auch die Wäsche oder Reparatur- und Fahrdienste umfasste. Alles das war kostenlos. Ausserdem hatten die Lehrkräfte, anders als an den Staatsschulen, Anrecht auf ein regelmässiges „freies Quartal", das der eigenen Fortbildung diente. Der Schulleiter erhielt ein Gehalt, das drei Besoldungsstufen höher lag als das der meisten anderen Mitarbeiter, ohne bei der Vollversorgung irgendeinen Abstrich machen zu müssen.

Die Kosten seines Umzuges von Göttingen nach Ober Hambach betrugen 1.363,77 D-Mark, auch das übernahm die Schule. Und Becker wurde noch in anderer Hinsicht gut versorgt. Am 11. Juni 1971, also ein Jahr bevor er Schulleiter wurde, erhielt er von der Odenwaldschule ein zinsloses Darlehen in der Höhe von 6.000 DM, das in Monatsraten von 500 DM bis zum 31. Mai 1972 zurückgezahlt werden musste. In der Vereinbarung heisst es: „Zur Sicherung des Darlehens tritt Herr Becker seine Ansprüche bis zur Höhe des Darlehensanspruches auf Gehaltszahlungen der Odenwaldschule an die Odenwaldschule ab." Geschäftsführer Schweigkofler vermerkte dann noch auf der Darlehensvereinbarung: „Mit H. Freudenberg tel. abgesprochen."

Das Darlehen, das heute etwa rund 10.000 Euro wert wäre, war eine Art Lohnvorauszahlung, offenbar brauchte Gerold Becker dringend Geld. Über ein eigenes Vermögen hat er offensichtlich nicht verfügen können, also musste er seinen Arbeitgeber anfragen. Auf dem Personalblatt A des Landes Hessen wurde bei Einstellung Beckers, also im Frühjahr 1969, vermerkt, er habe „Privatschuld".[7] Nähere Angaben liegen nicht vor, auch nicht, wofür das Geld benötigt wurde. Ob es vergleichbare Darlehen auch an andere Lehrkräfte gegeben hat, ist ebenfalls nicht bekannt.

Vermutlich wollte er mit dem Geld nur akute Schulden zurückzahlen, aber vielleicht ist er auch erpresst worden. Das könnte seine Flucht aus Göttingen erklären, denn dann wäre er an die Odenwaldschule gekommen, weil er ein sicheres Einkommen benötigte, das er notfalls auch beleihen konnte. Bei jeder Bank hätte er erheblich Zinsen bezahlen müssen, von seiner Schule erhielt er Geld, das ihn zusätzlich nichts kostete. Diese bevorzugte Behandlung ist nur dann zu erklären, wenn er entweder triftige Gründe wie eine persönliche Notlage angeben konnte oder erneut Fürsprecher gefunden hat, die ihn einfach pauschal unterstützt haben.

In seiner Stellung als Schulleiter war Gerold Becker in jeder Hinsicht privilegiert. Er hatte, was auch von den Schülern wahrgenommen wurde, „von allem immer das Edelste".[8] Das gilt neben dem Fernsehgerät für die persönliche Bibliothek, das von ihm benutzte Auto, die Poggenpohl-Küche oder auch den vollen Kühlschrank. Der Leiter der Odenwaldschule war also kein pädagogischer Kommunarde, sondern der Nutzniesser eines teuren Systems, das trotz ständiger Finanzprobleme auf die Ausgabenseite nur sehr begrenzt achten musste, wie sich allein schon an der Lehrer-Schüler-Relation zeigen liesse. Aber die Schule profitierte auch von ihrem charismatischen Leiter.

Als Becker bei seinem Abschied angab, während seiner Zeit als Schulleiter seien eine Million DM und mehr an zusätzlichen staatlichen Mitteln in die Odenwaldschule geflossen, hat er den Eindruck erweckt, dass er bei den Verhandlungen mitgewirkt oder gar die Mittel selber acquiriert hat. Dann wäre

---

7 Mail von Margarita Kaufmann vom 23. April 2013.
8 Gespräch mit Elfe Brandenburger am 30. Juli 2012.

er für die Schule ausserordentlich lohnend gewesen, zumal es sich um Beträge ausserhalb der staatlichen Förderung von Privatschulen handelte.[9] Auch das würde die Zurückhaltung des Vorstandes erklären, gegen Becker irgendetwas zu unternehmen. Wichtiger als jeder einzelne Vorfall und auch jeder Verdacht waren die finanzielle Sicherung und der Ausbau der Schule, wozu Becker als Schulleiter offenbar kräftig beitragen konnte.

Tatsächlich zahlte das Bundesministerium für Bildung und Wissenschaft der Odenwaldschule zwischen 1978 und 1982 mehr als 1,6 Millionen D-Mark zur Förderung des von Salman Ansari betreuten naturwissenschaftlichen CTA-Projekts, an dem sich die Odenwaldschule mit Eigenmitteln in der Höhe von mehr als 260.000 D-Mark beteiligte (OSO-Nachrichten 1983, S. 82). Das Projekt war ein Modellversuch, in dem ein doppelter Schulabschluss erprobt werden sollte, der zur allgemeinen Hochschulreife und der zum Chemisch-Technischen Assistenten. Die Fördermittel des Bundes liefen am 31. Juli 1982 aus. Was genau Gerold Becker als Schulleiter zur Akquirierung dieser für eine einzelne Schule ungewöhnlich hohen Fördersumme beigetragen hat, ist nicht bekannt.

Mit seiner Person verband sich zunehmend auch symbolisches Kapital, das ebenfalls respektiert werden musste. Zudem garantierte er mit seinen Verbindungen für ein regelmässiges Spendenaufkommen. Im Jahre 1972 etwa stellte die Alfried Krupp von Bohlen und Halbach-Stiftung dem Förderkreis der Odenwaldschule, der damals aus 296 Mitgliedern bestand, die nicht unbeträchtliche Summe von 25.000 D-Mark zur Verfügung. Das Geld war nicht zweckgebunden (OSO-Nachrichten 1973, S. 18). Die Gesamteinnahmen des Förderkreises aus Beiträgen und Spenden in diesem Jahr betrugen rund 65.000 D-Mark. Zu Beginn des Jahres 1973 konnte der Vermögensstock des Förderkreises auf rund 100.000 D-Mark erhöht werden (ebd.).

Gerold Becker, der äusserst grosszügig mit Geld umgehen konnte, schrieb als Schulleiter Bettelbriefe.[10] Elfe Brandenburger berichtet, dass ihre Mutter zu ihrer Abiturfeier eingeladen wurde, ihr geschiedener Vater jedoch nicht. Nach der Feier erhielt ihr Vater, der das Schulgeld bezahlte hatte, einen Brief, in dem um Spenden für die Odenwaldschule gebeten wurde. Schulleiter Becker wollte die Dankbarkeit[11] über das bestandene Abitur ausnutzen, immerhin hatte er dafür gesorgt, dass dem Vater ein Problem abgenommen wurde und der Weg der Tochter zum Studium frei war. Das geschah regelmässig bei allen Abiturienten. Die Spendenfreude war am grössten bei der Aufnahme in

---

9   Eine Direktfinanzierung durch das Hessische Kultusministerium wäre „äusserst unüblich" und „rechtlich sehr fragwürdig" gewesen (Mail von Ulrich Steffens vom 9. Februar 2013).
10 Gespräch mit Elfe Brandenburger am 2. September 2013.
11 „Dankbarkeit" war auch ein Thema seiner Abiturreden (Becker 1983c).

die Odenwaldschule und nach dem erfolgreichen Abschluss. Nicht immer jedoch klappte das, der Vater von Elfe Brandenburger spendete keinen Pfennig.

Das Spendenaufkommen selbst war beträchtlich. Im Geschäftsbericht für das Jahr 1975 ist die Summe von 119.233,00 D-Mark an Spenden ausgewiesen, dazu kommen noch 7.000,00 D-Mark personengebundene Stipendienspenden. Die Spenden gingen an den Förderverein und sie stellten den weitaus grössten Teil seiner Einnahmen dar, die nicht Teil des Budgets der Schule waren. Mitgliedsbeiträge machten etwas mehr als 10% aus, die Schule war also auf die Vereinbarungen bei der Aufnahme und die Bettelbriefe nach dem Abitur durchaus angewiesen (OSO-Nachrichten 1976a, S. 49).

Alle diese Aktionen zahlten sich für den Schulleiter aus und zusätzlich konnte er mit seiner Medienpräsenz Eindruck machen. Aber warum hat er die Odenwaldschule verlassen, wenn er doch so grosse Erfolge vorweisen konnte, die niemand bestritten hat? Sechs Jahre nach der sehr positiven Erwähnung in der Spiegel-Titelgeschichte über die Freien Schulen kündigten sich zwei weitere Höhepunkte im Leben des Gerold Becker an. Geht man von diesen Anlässen aus und hat seine starke Stellung vor Augen, dann gab es eigentlich keinen Grund, die Position des Schulleiters aufzugeben und so einen weiteren Karrierebruch zu riskieren.

Die beiden Höhepunkte lagen im Sommer und Herbst des Jahres 1985 und sie waren wohl vorbereitet. Becker hatte gezielt darauf hingearbeitet und muss viel Zeit investiert haben. Doch Mitte des Jahres, als die Vorbereitungen längst abgeschlossen waren, sprach er auch öffentlich von seinem Weggang und kurze Zeit später war er verschwunden. Die näheren Gründe blieben ebenso im Dunkeln wie das, was er anschliessend vor hatte. Es schien ein einsamer Entschluss gewesen zu sein, an dem ihn offenbar niemand gehindert hat, was zum Bild des charismatischen und allseits beliebten Schulleiters nicht recht passt.

Der eine Anlass hat mit Beckers Freund und Mentor Hartmut von Hentig zu tun, den er, wie gezeigt, seit 1964 kannte und der ihn offenbar liebte oder wenigstens so nahe stand wie niemand sonst, mit dem er aber erst dreissig Jahre später in Berlin zusammenziehen sollte, nicht in eine Wohnung für beide, sondern von 1994 an in zwei übereinander liegenden Wohnungen in einem ehemaligen Gartenhaus am Kurfürstendamm, also unter einem Dach getrennt. Becker wohnte oben und Hentig unten. Sie sind also erst nach dreissig Jahren Alleinlebens zusammengezogen und auch das nicht in eine gemeinsame Wohnung. Nur die Küche haben sie geteilt.

Hentig wurde am 23. September 1985 sechzig Jahre alt. Sein Ruhm in der Pädagogik und sein Ansehen in der deutschen Öffentlichkeit waren unvergleichlich. Drei Tage vor dem Geburtstag erschien in der Zeit ein dreiseitiges Interview, das allein vom Umfang her einen Eindruck von der Bedeutung

Hentigs vermittelte. Rainer Winkel, der sich später von Hentig lossagen sollte, führte das mehr als dreistündige Gespräch, in dem der grosse Pädagoge gefeiert wird. Er konnte etwa über sich und seine Rolle sagen:

> „Ich bin gerne Lehrer und wäre es vermutlich noch lieber, wenn ich nur Lehrer sein dürfte, wenn ich also vor 30 Jahren am Landerziehungsheim Birklehof geblieben wäre. Aber ich wollte und will ja noch immer die falschen Verhältnisse ändern, unter denen der Lehrer arbeitet: als amtlicher Beurteiler, als Verteiler von Berechtigungen, als Funktionär eines grossen processing-Systems" („Die Schritte können klein sein" 1985, S. 49).

Vor dem Hintergrund dieser Selbstdarstellung und aus Anlass des runden Geburtstages gab Gerold Becker zusammen mit Hellmut Becker und dem Hamburger Pädagogen Ludwig Huber[12] eine umfangreiche Festschrift heraus, die an der Geburtstagsfeier überreicht wurde und Hentig überraschen sollte. Der Titel der Festschrift lautete *Ordnung und Unordnung*, womit ein Lebensthema von Hartmut von Hentig getroffen werden sollte (Becker/Becker/Huber 1985, Vorwort).

An der Festschrift muss lange gearbeitet worden sein und vermutlich ist damit vor allem der Leiter der Odenwaldschule beschäftigt gewesen. Gerold Becker schrieb etwa am 13. November 1984 einen Brief an Heinrich Böll und bat den Literatur-Nobelpreisträger auch im Namen der beiden anderen Herausgeber um Mitarbeit, die dann auch umgehend zugesagt wurde (Böll 2007, S. 770). Böll starb mit 68 Jahren am 16. Juli 1985, also kurz vor dem Erscheinen des Buches. Sein Beitrag mit dem Titel „Zwischen Oikos und Ordo" eröffnete die Festschrift und erschien mit der Widmung: „für Hartmut von Hentig zum 60. Geburtstag" (Böll 1985, S. 11).

Die Festschrift sollte zum herausragenden Ereignis werden und Hartmut von Hentig als deutschen Intellektuellen von internationalem Rang auszeichnen. Gerold Becker gehörte offenbar wie selbstverständlich zu den drei Herausgebern, obwohl er bezogen auf die beiden anderen nicht statusgleich war. Aber er war Hentigs engster Freund und zudem noch der Leiter der Odenwaldschule. Die Herausgeber präsentierten den Lesern ein ausgesuchtes Umfeld mit vielen prominenten Namen. Eine vergleichbare Festschrift hat es in der Geschichte der Pädagogik nicht gegeben. Anders gesagt, Becker wusste, was er tun musste, um Hentig zu beeindrucken.

---

12 Ludwig Huber (geb. 1938) war von 1989 bis 2002 wissenschaftlicher Leiter des Oberstufen-Kollegs der Universität Bielefeld. Er war schon Mitglied der Aufbaukommission. 1971 wurde er auf eine Professur für Hochschuldidaktik an die Universität Hamburg berufen. 1989 wurde er im Oberstufen-Kolleg Nachfolger von Hartmut von Hentig. Beide kannten sich schon aus Göttingen, Huber war Assistent am Pädagogischen Seminar.

Neben Heinrich Böll waren Beiträger zur Festschrift Günter Grass, Ivan Illich, Adolf Muschg, Marion Gräfin Dönhoff, Hildegard Hamm-Brücher, Golo Mann, Urie Bronfenbrenner, Carl Friedrich von Weizsäcker, Peter Wapnewski und Ludwig von Friedeburg sowie Antoinette und Hellmut Becker. Hinzu kamen bekannte Fachvertreter der Pädagogik wie Klaus Mollenhauer, Theodor Wilhelm, Günther Bittner oder Rudolf Lennert und Lehrpersonen der beiden Schulen in Bielefeld. Insgesamt schrieben 51 Autorinnen und Autoren für den unbestrittenen Frontmann der deutschen Pädagogik, dessen überragende Stellung auch auf diese Weise bestätigt wurde.

Die Festschrift wurde im Jahre 2005, zu Hartmut von Hentigs 80. Geburtstag, in Auswahl und angereichert durch einen eigenen Beitrag Hentigs nochmals aufgelegt, was man nur als sehr ungewöhnlich bezeichnen kann. Herausgeber waren diesmal Gerold Becker und Annemarie von der Groeben (Becker/von der Groeben 2005). Die Mitherausgeberin war ursprünglich Lehrerin an der Laborschule Bielefeld, wo sie seit 1976 unterrichtete und später auch als didaktische Leiterin tätig war. Sie ist Ehrendoktorin der Universität Bielefeld und war langjähriges Mitglied im Trägerverein der Odenwaldschule. Von diesem Amt trat sie Ende Mai 2010 unter dem Druck der Ereignisse zurück.

In der ursprünglichen Ausgabe der Festschrift, die Mitte des Jahres in Druck gegangen ist und spätestens Mitte September 1985 vorgelegen haben muss, wird Gerold Becker als „ehem. Leiter der Odenwaldschule Ober Hambach" aufgeführt (Becker/Becker/Huber 1985, S. 536). Er unterzeichnete das Vorwort mit seinem Namen und den Wohnsitz noch in „Ober Hambach", datiert ist das Vorwort auf den „Sommer 1985" (ebd., S. 8), als Becker sich wieder in Richtung Göttingen orientierte. Es war klar, dass er die Schulleitung aufgeben und sich neu orientieren würde, die Leser hatten also keine kryptische Mitteilung vor sich.

Ebenfalls im Jahre 1985 feierte die Odenwaldschule ihr 75-jähriges Bestehen, das war für Gerold Becker der andere Höhepunkt des *annus mirabilis*. Aus Anlass des Jubiläums erschien als Nr. 9 in den schuleigenen OSO-Heften ein Programmheft mit dem nüchternen Titel „75 Jahre Odenwaldschule". Herausgeber im Auftrag der Konferenz der Odenwaldschule war wiederum Becker, der die Fäden anscheinend immer noch fest in der Hand hielt (Becker 1985a). In dem Programmheft deutet nichts auf seinen unmittelbar bevorstehenden Weggang hin. Becker ist hier noch einer von 52 „pädagogischen Mitarbeitern", ohne als Leiter eigens erwähnt zu werden (ebd., S. 128).

Das passte zum egalitären Bild der Schule, niemand sollte besonders hervorgehoben werden, alle waren nur „Mitarbeiter" am gemeinsamen pädagogischen Werk, das Paul Geheeb 1910 begründet hat, der im Programmheft auch ausführlich zu Wort kommt (ebd., S. 13–34).[13] Auf einem abgedruckten Foto sieht man, wie Geheeb einen Jungen in den Arm nimmt, ganz für ihn da ist und ihm gut zuredet (ebd., S. 33). Das entsprach dem Selbstverständnis, zentral war der unermüdliche Einsatz für das Kind einhergehend mit der entschiedenen Front gegen die staatliche Institution Schule. Auf einem anderen Bild ist auch Gerold Becker zu sehen (ebd., S. 95). Es ist eines von den wenigen Bildern, die später im Internet kursierten; das Foto zeigt Becker in legerer Haltung beim Unterrichten.

Als Schulleiter gab Gerold Becker nur noch wenig Unterricht, aber seine Lektionen über Pädagogik und Psychologie im Herder-Haus, die „'PäPs'-Stunden" genannt wurden, waren der linken Themen wegen angesagt. Der Oberstufenleistungskurs Pädagogik/Psychologie galt bei nicht wenigen Schülern als das Trend-Fach an der damaligen Odenwaldschule. Wer was auf sich hielt, ging dort hin und belegte den Kurs. Man sprach von „Beckergogik", zu der auch die Schriften von Hartmut von Hentig zählten, die in Beckers Unterricht behandelt wurden. Hentig selbst kannte man von seinen Besuchen, aber er war für die Schüler ausserhalb von Beckers Familie eher „unauffällig".[14]

Wie ein solcher Kurs konkret ablief, berichtet Elfe Brandenburger, die jahrelang Gerold Becker in dem Oberstufenfach erlebt hat.[15] Der Ort des Unterrichts war der so genannte „PäPs"-Raum im Souterrain des Herder-Hauses der Odenwaldschule; der Raum war eingerichtet wie eine Lounge und lag direkt unter Beckers Wohnung. Der Unterricht fand also nicht in einem normalen Klassenzimmer statt und Becker setzte sich auch nicht wie sonst lässig auf das Pult und dozierte von oben herab. Im Leistungskurs Pädagogik/Psychologie sassen die Schülerinnen und Schüler in bequemen Sesseln und hörten Becker zu, der vortrug und erzählte, was ihm zum Thema gerade einfiel.

Vorbereitet war der Lehrer für Pädagogik und Psychologie in aller Regel nicht. Das Ganze sei stark repetitiv und verengt auf wenige Themen gewesen. Auch ein methodisch angeleiteter Unterricht mit Lernzielen und Erfolgskontrollen war Beckers Sache nicht. Bei Einführung des Faches hat er in einem internen Interview gesagt, dass ihm „sogenannte Projektmethoden oder induktive Lehrverfahren", mit denen man „Schlüsse aus den eigenen gemachten Erfahrungen" ziehen könne, am meisten liegen würden. Aber die werden vorsorglich als sehr aufwändig bezeichnet, so dass sich frage, ob das Ergebnis

---

13 Geheebs Aufsatz „Die Odenwaldschule im Lichte der Erziehungsaufgaben der Gegenwart" ist 1931 zum ersten Male veröffentlicht worden. Es handelt sich um den zweiten Wiederabdruck.
14 Quelle: Gespräch mit mir.
15 Gespräch mit Elfe Brandenburger am 25. Juni 2012 und Mail vom 7. Juli 2012.

„in einem vernünftigen Verhältnis" zum Aufwand stehen würde (OSO-Hefte 1969, S. 189).

Becker hat meistens doziert und Texte interpretiert, also weder Projektmethoden noch induktive Lehrverfahren angewendet. Die Frage des Aufwandes stellte sich also gar nicht. Inhaltlich ging es meistens um Positionen der Emanzipationspädagogik und besonders auch um Fragen des Aufwachsens in Freiheit, die anhand von dazu passenden Beispielen abgehandelt wurden, gelenkt durch Beckers suggestive Rhetorik, die Zustimmung erheischte und Widerspruch ausschloss. „Man fühlte sich zur Gefolgschaft verpflichtet und jegliche Kritik machte einem zum Judas."[16]

Ein beliebtes Thema war Margaret Mead und die freie Sexualität der Jugendlichen auf den Samoa-Inseln. Andere Themen des Unterrichts waren die Kibbuz-Erziehung in Israel und die Geschichte des Wolfsjungen von Aveyron. Damit sollte gezeigt werden, dass die Erziehung auf herkömmliche Familien auch verzichten kann. Kinder und Jugendliche könnten frei von Bindungen an die Eltern aufwachsen, ohne durch Erwachsene unterdrückt und an der eigenen Sexualität gehindert zu werden. Sie brauchen dafür nur eigene „Gesellungsformen". Die Schüler hörten das vermutlich gerne, aber das Themenspektrum passte auch zum Täterprofil, anderes jedenfalls wurde nicht geboten. Auf Margaret Mead und die Kibbuz-Erziehung kam auch Hartmut von Hentig immer wieder zu sprechen.[17]

Es gibt auch andere Meinungen: Jan Kruse hat als Wahlfach Pädagogik-Psychologie gewählt und ist von Becker unterrichtet worden. Der Grund für diese Entscheidung war ein politisches Interesse an Fragen der Erziehung. Ausserdem musste er bedingt durch den Wechsel des Wahlfaches in zwei Jahren alle Scheine in der Oberstufe machen und das war bei seinem Engagement und seinen Interessen im Fach Pädagogik/Psychologie möglich. Man hat dort Texte von Bruno Bettelheim gelesen, Ivan Illich wurde erwähnt und auch an den Namen von Paul Goodman kann sich Jan Kruse erinnern. „Summerhill" von Alexander Neill hat er privat gelesen. Beckers Pädagogikunterricht sei für ihn „ausgesprochen lehrreich" und richtig bereichernd gewesen.[18]

Als Jan Kruse mit zwölf Jahren an die Odenwaldschule kam, hatte er Bedenken vor einem Internat, unter dem er sich grosse, anonyme Schlafsäle und eine strikte Überwachung vorstellte. Von der Odenwaldschule aber war er

---

16 Mail von Elfe Brandenburger vom 7. Juli 2012.
17 Im Leistungskurs Pädagogik/Psychologie wurden aber auch die frühkindliche Sozialisation und die Bindungstheorie von René Spitz behandelt. Sie war etwa Thema in der schriftlichen Abiturprüfung 1976 (OSO-Nachrichten 1976a, S. 23/24). Neben Becker unterrichtete auch Siegfried Helmer das Fach (ebd., S. 52).
18 Gespräch mit Jan Kruse am 28. Februar 2014.

"sehr schnell begeistert". Dass die Schule etwas Besonderes war, spürte er, nachdem er in seinem Zimmer seine Poster aufhängen konnte. Seine Zeit an der Odenwaldschule habe er „genossen". 25 Jahre später hat auch seine Tochter die Schule besucht und war ähnlich begeistert wie er, nachdem sie zuvor ihre damalige staatliche Schule „gekündigt" hatte, also nicht mehr zur Schule gehen wollte.[19]

Das Programmheft zum Jubiläum 1985 beginnt mit einem Grusswort des damaligen hessischen Ministerpräsidenten Holger Börner, in dem deutlich gemacht wird, welche Vorbildfunktion der Odenwaldschule für „das staatliche Schulwesen" zukomme. „Auch wenn vieles an der Odenwaldschule für den ‚normalen' Schulbetrieb (leider) Utopie bleiben muss, so brauchen wir für unsere Reformpolitik die konkreten Erfahrungen, die an dieser Schule gemacht werden" (Becker 1985a, S. 5). Was genau „brauchen" heisst, also wie die staatlichen Schulen von dieser konkreten Utopie der Pädagogik tatsächlich profitieren können, musste nicht gesagt werden.

Holger Börner, der seit Oktober 1976 Ministerpräsident war, hatte die Odenwaldschule schon am 1. Juli 1981 besucht, auf Einladung des Kollegiums. Er diskutierte damals mit Gerold Becker, verschiedenen Lehrern und einigen Schülern. Einleitend sagte Börner, dass die Odenwaldschule „Pionierarbeit im weitesten Sinne" geleistet habe und im Lande Hessen „willkommen" sei. Was dort erprobt und gestaltet werde, „könnte im öffentlichen Schulwesen vielleicht später einmal eingeführt werden oder wichtige Anstösse geben". Das gelte für die „Durchlässigkeit" ebenso wie für die „Ganztagsschule". Und Börner sagte auch, er sei dagegen, dass der Staat die Arbeit der Odenwaldschule „reglementiert" („Erwünscht und willkommen" 1981, S. 17/18).

In Gerold Beckers (1985a, S. 9) Einleitung zum Programmheft ist die Rede von einer „Insel der Menschlichkeit", von der wohltuenden „pädagogischen Provinz" und von einem „geradezu utopisch wirkenden" Gegenentwurf zum „Regelwerk" der Staatsschule (ebd., S. 10). Das erfasst die Aussendarstellung gut; die Odenwaldschule verstand sich stets als Gegenentwurf und damit verbunden in einer überlegenen Position, die ihr auch immer zugebilligt wurde. Holger Börner war nicht bloss freundlich, denn was er schrieb, entsprach dem Bild, das sich die Öffentlichkeit von der Schule machte. Nach innen konnte durchaus auch anders geredet werden.

Elf Jahre zuvor hat Becker als Schulleiter anlässlich der Abiturfeier am 15. Juni 1974 in der Aula der Odenwaldschule eine Rede gehalten, die eher den gegenteiligen Eindruck zur idyllischen „pädagogischen Provinz" vermittelt (Becker 1973/1974). Die bereits erwähnte Ansprache trug den Titel „Mit

---

19 Gespräch mit Jan Kruse am 28. Februar 2014.

Umsicht und Verantwortung" und wurde auch im ersten Heft des Jahrgangs 1975 der Neuen Sammlung veröffentlicht (Becker 1975). Die Rede war also nicht nur schulintern zugänglich, ohne jedoch näher beachtet zu werden. Man hätte die Frustration des Schulleiters lesen können, der erfahren musste, dass die Schüler nicht den Annahmen seiner Theorie entsprachen.

Noch in dem Feature von Wend Kässens kam er darauf zurück, er hat also sehr wohl thematisiert, was ihm an seiner Schule nicht passte, allerdings sehr einseitig fokussiert und unter Aussparung seines eigenen Anteils. Die Projektion ist klassisch: Nicht das reformpädagogische Konzept der Schule wurde kritisch betrachtet, es ging nur darum, wie nachlässig die Schüler damit umgingen. Sie verweigerten sich in den Augen des Schulleiters, aber wenn seine Erwartungen enttäuscht waren, dann hätte es auch an den Erwartungen liegen können.

Die Rede ist eine einzige pädagogische Anklage: Becker spricht von einer „zunehmenden Zahl von Jugendlichen, die eigentlich nicht erwachsen werden" und so Verantwortung übernehmen wollen. Auch seine Schüler sind gemeint, nicht nur die anderer Schulen (Becker 1973/1974, S. 59). Der Schulleiter registriert „verblüffend geringes Durchhaltevermögen", „eine Irritierbarkeit durch Misserfolg", viel „Weinerlichkeit und Selbstmitleid" und „viel Bereitschaft, die Schuld für Scheitern bei den Umständen oder bei ‚den anderen' zu suchen" (ebd., S. 63).

Der Konsum nehme überhand, nur noch Verbrauch sei angesagt und nichts werde mehr anständig repariert (ebd., S. 63/64). Festzustellen sei auch „ein merkwürdiges Auseinanderfallen von theoretisch formulierten Zielvorstellungen und Praxis im Alltag". An „fabelhaften Gegenbildern" herrsche kein Mangel, während im Alltag auch die einfachsten Schritte nicht gelingen wollen (ebd., S. 64). Gemessen am Aufwand seien die „Erziehungsbemühungen noch nie so wenig wirksam, ja auf weite Strecken hin erfolglos gewesen" wie heute (ebd., S. 65).

Es ist die Rede von einem „Misserfolg in so vielen Fällen", nicht nur an der Odenwaldschule, aber auch dort (ebd.). Es müsse, sagt er den Abiturienten und ihren Eltern, im Blick auf die künftigen Schülerinnen und Schüler „deutlicher" werden, „als es uns Euch gegenüber gelungen ist", dass die Oberstufe der Odenwaldschule eine „bestimmte Lebensform" darstellt und „zu mehr und anderem" eingerichtet wurde, „als Punkte zu sammeln und am Ende die erfolgreiche Sammeltätigkeit mit einem Abiturzeugnis zu belohnen" (ebd., S. 68).

Die Kritik galt einzig den Schülern, auf sich kam er nicht zu sprechen; Gerold Becker war seit zwei Jahren Schulleiter und hätte ja schon längst etwas gegen das unternehmen können, was er effektvoll als Misere hinstellte. Aber er redete lieber von einer allgemeinen Erziehungskrise, die immer angenommen werden kann und die auch immer auf Zustimmung stösst. Im Übrigen wurde die „Lebensform" Odenwaldschule auch deswegen nicht angenommen, weil viele Schülerinnen und Schüler überhaupt nur die Oberstufe besuchten. Der Zweck war, Abitur zu machen und nicht eine Gemeinschaft zu bilden.

Zweiunddreissig Kameradinnen und Kameraden bestanden im Mai und Juni 1974 die schriftliche und die mündliche Reifeprüfung, unter ihnen der Publizist Tilman Jens, der Historiker Daniel Koerfer, sein Bruder, der Arzt und Ingenieur Peter Koerfer, die Heilpraktikerin Marion von Carolath, der Journalist und Politiker Benedikt Härlin, der Jazz-Schlagzeuger Dieter Arnold, der Schauspieler, Regisseur und Intendant Thomas Bockelmann, der Unternehmensberater Michael Karoff, der Architekt Reiner Meysel oder der Elektroingenieur Wolfgang Kammler (OSO-Nachrichten 1974, S. 26). Wie viele von ihnen und wer mit seinen Eltern sich Beckers dreiste Philippika anhören mussten, ist nicht bekannt.

Zwanzig Jahre später weist Becker (1993a, S. 336) auf „bittere Auseinandersetzungen mit manchen Schülern" hin, legt „Spannungen unter den Mitarbeitern" offen und gibt Konflikte zwischen ihm als Schulleiter und einzelnen Mitarbeitern zu Protokoll, die es tatsächlich immer wieder und nicht nur im Fall der Fronde gegeben hat. Generell heisst es: Auch in der Odenwaldschule sei der „Unterschied zwischen Theorie und Praxis oft erheblich" gewesen und der Unterricht „bei weitem" nicht so „gut", „wie er hätte sein können" (ebd., S. 337). Becker berichtet vom Diebstahl einer Schülerin, von einem Kind, das andere Kinder tyrannisiert hat, Beschwerden über das Essen, die also wahrgenommen wurden, und schliesslich von der offenen Kritik, die Schüler am Unterricht bestimmter Lehrkräfte geübt hätten (ebd.).

Die Feierlichkeiten zum Jubiläum fanden an dem Wochenende vom 14. bis 16. Juni 1985 statt, also etwas mehr als drei Monate vor dem Geburtstag von Hartmut von Hentig, für den die Einladungen bereits verschickt gewesen sein müssten. Von Kritik war keine Rede mehr. Das dreitägige Festprogramm umfasste Theateraufführungen, Musikkonzerte und eigene Ausstellungen sowie Begegnungen aller Art (Becker 1985a, S. 134/135). Zur Vorbereitung des Jubiläums ist extra eine Person angestellt worden (ebd., S. 130), die sich um das Programm kümmern sollte. Schulleiter Becker erhielt also Assistenz.

Hartmut von Hentig war persönlich anwesend und führte vor dem Festpublikum im traditionsreichen Gasthof Halber Mond in Heppenheim[20] ein öffentliches Gespräch zum Thema „Erwartungen an die Schule, Erwartungen

---

20 Am 10. Oktober 1847 fand im Gasthof „Halber Mond" die „Heppenheimer Versammlung" statt, in der sich Liberale für Bürgerrechte und Demokratie einsetzten. Viele Teilnehmer wurden später Abgeordnete der Frankfurter Nationalversammlung.

an den Staat" (Hentig 2009, S. 1004).[21] Gesprächspartner war niemand Geringerer als der deutsche Bundespräsident Richard von Weizsäcker, der seit einem Jahr im Amt war. Bis zum 2. August 1984 ist er Mitglied im Förderverein der Odenwaldschule gewesen (Becker 1985a, S. 132)[22] und hatte zu ihr eine persönliche Verbindung.

Hentig (2009, S. 1004) merkt in seinen Erinnerungen nicht ohne Stolz an, der Bundespräsident sei auch „Vater eines Odenwald-Schülers". Gemeint war Andreas von Weizsäcker, der zweite Sohn des Bundespräsidenten, dessen Pate Hartmut von Hentig war (ebd.) und der mit dreizehn Jahren, im Sommer 1969, an die Odenwaldschule kam, kurz nachdem Gerold Becker dort Lehrer geworden war. Man kann annehmen, dass Hartmut von Hentig die Familie beraten hat, den Jungen in das Internat zu geben. Andreas von Weizsäcker hat insgesamt sieben Jahre an der Odenwaldschule verbracht.

Der Saal im Halben Mond war bis auf den letzten Platz gefüllt. Gerold Becker begrüsste als Schulleiter die beiden Gesprächspartner, den „Herrn Bundespräsidenten" und „lieben Herrn von Weizsäcker" sowie den „lieben Herrn von Hentig" (OSO-Hefte 1985, S. 7). In seiner kurzen Ansprache begründete Becker, warum sich die Schule nicht mit einem Festvortrag oder einem grossen Konzert feiern lassen wollte, sondern sich für ein Gespräch unter „klugen Freunden" entschieden hat, das der „grundsätzlichen" Frage nachgehen soll, die „alle Schulen dieser Welt" umtreibt, nämlich „wie helfen wir Kindern, so gut wir es denn können, morgen und übermorgen ‚gute' Erwachsene zu sein?" (ebd., S. 9).

Das Gespräch selbst war tatsächlich eines unter Freunden, die sich weitgehend einig waren, auch im Blick auf Ort und Anlass des Jubiläums dieser „grossartigen Schule", wie Hentig eingangs festhielt („eine lebenswerte Zukunft" 1986, S. 3). Man sprach etwa über das Verhältnis der Eltern zur Erziehung (ebd., S. 5), den Einfluss der modernen Medien, seinerzeit zugespitzt zur „Denver-Clan-Koexistenz" (ebd., S. 7), Hentig präsentierte seine Idee der Schule als Erfahrungsraum einhergehend mit der Kritik an den „deutschen Schulen" (ebd., S. 11), Weizsäcker wehrte sich gegen Pessimismus und Hoffnungslosigkeit (ebd., S. 13) und war sich am Ende mit Hentig einig, „die Politik als unsere gemeinsame Aufgabe" zu verstehen (ebd., S. 15). Konkret wurde das Gespräch an keiner Stelle.

---

21 Das Gespräch ist aufgezeichnet und am 21. Juni 1986 im 2. Hörfunkprogramm des Hessischen Rundfunks in der Reihe „Die Tribüne – worüber man spricht, worüber man sprechen sollte" gesendet worden.

22 Schon 1966 ist Richard von Weizsäcker zum Vorsitzenden des Förderkreises der Odenwaldschule gewählt worden. Er kannte die Schule über die Stiftung Ettlinger Kreis, die Stipendien vergab, mit denen begabte Lehrlinge Gymnasien oder eben auch die Odenwaldschule besuchen konnten.

Auf einem Foto, das während des Jubiläums gemacht wurde, sieht man den deutschen Bundespräsidenten beim Rundgang durch die Schule. Vermutlich hätte keine andere Schule diese Ehre erhalten. Neben Richard von Weizsäcker gehen Gerold Becker und Hartmut von Hentig, der Bundespräsident ist von beiden regelrecht eingerahmt und alle drei scheinen in ein Gespräch vertieft zu sein. Erst dahinter und in gebührendem Abstand sieht man Hermann Freudenberg, den Vorsitzenden des Vorstandes. Das Bild zeigt einen weiteren Höhepunkt in Gerold Beckers Leben, das im Glanze der deutschen Eliten zu stehen schien (OSO-Hefte 1985, S. 36).

Das Foto der eigens bestellten Bildjournalistin Erika Sulzer-Kleinemeier wurde im November 1985 in den OSO-Heften veröffentlicht, zu dieser Zeit war Becker arbeitslos und wusste nicht, was er in Zukunft machen sollte. Das Foto konnte nur als Symbol für die einzigartige Bedeutung der Schule verstanden werden, aber im Blick auf Becker war es lediglich eine Momentaufnahme. Er verliess den Ort des Glanzes und dies auf bewährte Weise, niemand erfuhr etwas von den tatsächlichen Gründen.

Wenige Monate zuvor, anlässlich der Feier, hatte der damalige hessische Kultusminister Karl Schneider[23] noch Gerold Becker für die „erfolgreiche" Arbeit als Schulleiter gedankt, nicht ohne auf die herausfordernde Besonderheit der „pädagogischen Provinz" aufmerksam zu machen. Ihre „Zöglinge" entwickeln sich dort „weitgehend ungestört von äusseren Einflüssen" und „ohne Hast" zu „autonomen Individuen", die an „der Selbstverwirklichung ihrer Persönlichkeit arbeiten können" (OSO-Hefte 1985, S. 38–41). Diese Sprache ist seit Gründung der Odenwaldschule nie verändert worden.

Die Schule hatte eine andere, dunkle Seite, die der sexuellen Übergriffe und der Erfahrung von Gewalt, über die Jahrzehnte lang niemand offen gesprochen hat, weil das den schönen Schein zerstört hätte. Wenn, dann wurde mit Gerüchten und Zuschreibungen angedeutet, dass die „pädagogische Provinz" nicht das war, was der hessische Kultusminister – und mit ihm alle anderen Festredner – darin sehen wollten, nämlich neben der Modellschule auch eine moralische Instanz. In seiner letzten Abiturrede sagte Gerold Becker (1985b, S. 123), „das wichtigste Mittel der Auseinandersetzung" in der Odenwaldschule sei „das Miteinandersprechen", aber genau das hat nie wirklich stattgefunden.

Thema der Rede am 22. Juni 1985 war erneut „Verantwortung" und so auch Verantwortungslosigkeit. „Wir erfahren immer wieder, wie hilflos wir werden, wenn das Gespräch aufhört, wenn an seine Stelle Gewalt oder auch feindseliges Schweigen oder interesseloses, stummes Nebeneinander tritt." Dann werde die Verantwortung „undeutlich" und an ihre Stelle treten

---

23 Karl Schneider (geb. 1934) war von 1984 bis 1987 hessischer Kultusminister.

„Macht und Recht – und nicht selten das Recht des Stärkeren" (ebd.). Die Rede richtete sich an die Schüler, die am Ende direkt angesprochen wurden. „Ihr wart ... auf einer Schule, die ausdrücklich darauf bestanden hat, euch Verantwortung zuzumuten und euch immer wieder ... zur Verantwortung zu ziehen" (ebd., S. 127). Von der Verantwortung der Lehrer oder der Schulleitung wird nicht gesprochen.

Am Ende einer seiner letzten Reden in der Odenwaldschule, die wohl eine Art Vermächtnis sein sollte, steht ein Foto von Gerold Becker, das ihn in Denkerpose zeigt (OSO-Hefte 1985, S. 128). Auch das gehörte zur Inszenierung: Die schwarz-weisse Aufnahme stammt von der Heidelberger Fotografin Gudrun-Holde Ortner. Becker hat die rechte Hand an seine Stirn gelegt, so dass der Daumen seine Wange und der kleine Finger seine Augenbrauen berühren. Er schaut ins Weite, ernst und besonnen oder wie der pädagogische Meisterdenker stets in Sorge um die Kinder – im Angesicht einer Welt, die sie noch nicht kennen und für die sie seinen Schutz brauchen.

Das Fest aus Anlass von Hartmut von Hentigs Geburtstag wenige Monate nach dem Jubiläum der Odenwaldschule wurde in grossem Stil auf Schloss Crottorf bei Friesenhagen im Wildenburger Land begangen, organisiert von dem Grafen Hermann von Hatzfeldt, einem Neffen der Gräfin Dönhoff (Hentig 2009, S. 1011). Hentig spricht von „einem der schönsten Feste" seines Lebens (ebd.). In der Nähe des Schlosses unterhielt er einen zweiten Wohnsitz, zu diesem Zweck hatte er das renovierte Pförtenhäuschen der Wildenburg gemietet. Die Wahl des Ortes wurde begründet mit dem Hinweis, dass das Haus „auf halber Strecke zwischen Gerolds Odenwaldschule" und seinem eigenen Bauernhaus, dem „Kotten in Enger" bei Bielefeld, liegen würde (ebd., S. 1009).

In den Sommerferien 1985, aus Anlass des Jubiläums, erhielt die Odenwaldschule Besuch von der seinerzeit sehr bekannten Journalistin und vehementen Schulkritikerin Jutta Wilhelmi.[24] Ihr Artikel wurde am 26. Juli 1985 in der Ausgabe Nr. 31 der Zeit veröffentlicht. Der überaus huldigende Artikel ist überschrieben mit „Zeit haben und Zeit geben", der Untertitel sieht die Odenwaldschule als „ein Reformmodell im achten Jahrzehnt", dem die Zukunft gehören werde. Der Bezug gilt auch hier ganz deutlich der historischen Reformpädagogik, die als Wendepunkt der Geschichte verstanden wird und in der Odenwaldschule ihren bleibenden Ausdruck gefunden hat.

---

24 Jutta Wilhelmi (1939–1997), geboren in Kassel, studierte Geschichte, Soziologie und Politische Wissenschaften. Sie schloss das Studium mit einem M.A. ab und absolvierte danach ein Volontariat beim Deutschen Allgemeinen Sonntagsblatt. Von 1970 an war sie als freie Journalistin tätig, darunter auch als ständige Mitarbeiterin des WDR. Sie lebte damals in Bonn. Jutta Wilhelmi starb am 23. Dezember 1997 in San Francisco (Deutsche Universitäts-Zeitung v. 23. Januar 1998, S. 7).

Wilhelmi veröffentlichte 1992 ein Buch über den Zustand des deutschen Schulwesens, das mit Protokoll eines „Notstands" überschrieben war, aus dem wiederum die historische Reformpädagogik mit den Landerziehungsheimen an der Spitze den Ausweg zeigen sollte (Wilhelmi 1992, S. 31ff.). Die „Lebensreformbewegung" der Jahrhundertwende wird als Vorbild der Emanzipation hingestellt (ebd., S. 68) und die „vielgeschmähte Antiautoritäre Erziehung" als die „eigentliche Bildungsrevolution" verstanden (ebd., S. 69), hinter der auch die staatlichen Schulen nun nicht mehr zurück könnten (ebd.). Sie folgen gleichsam dem Vorbild.

Im Sommer 1985 wurde Gerold Becker vorgestellt als charismatischer Leiter der Odenwaldschule, die er aber, wie es hiess, „bald verlassen wird". Dreizehn Jahre Schulleitung seien genug, gab er zu verstehen. „Entwicklungshilfe könnte seine nächste Station sein", wie Becker der Journalistin nahelegte. Sein Nachfolger stand bereits fest, nämlich Wolfgang Harder, der den Lesern der Zeit vorgestellt wurde als „Mitarbeiter des Pädagogen Hartmut von Hentig am Oberstufenkolleg Bielefeld". Harder sei aufgrund dieser Stellung erprobt „im Durchhalten von ungewöhnlichen Modellen, wie auch die Odenwaldschule eines ist" (Wilhelmi 1985).

Die Lokalzeitung hatte schon im November 1984 berichtet, dass der Leiter der Odenwaldschule „ab August 1985 … für ein Entwicklungshilfeprojekt in Afrika" tätig sein werde, vermittelt „wahrscheinlich über die Welthungerhilfe". Die Entscheidung sei „schon vor längerer Zeit gefallen". Becker wird mit dem Satz zitiert: „Irgendwann muss man wieder mal etwas Neues anfangen". Er werde wohl, heisst es weiter, den Lehrerberuf „ganz aufgeben". In Afrika wolle er „zehn bis zwölf Jahre bleiben", dort „allerdings nicht als Lehrer, sondern als Mitarbeiter in einem Dorfentwicklungsprojekt". Ein „Partnerschaftsprojekt" mit den „Freunden in Ober-Hambach" könne er sich dabei gut vorstellen (Südhessische Post vom 28. November 1984).

Dazu kam es nicht, aber es gibt Spuren, die auf Afrika hinweisen, allerdings weit zurückliegen und nichts mit der Odenwaldschule zu tun haben. Johanna Becker, die Schwester von Gerold, war von 1964 bis 1967 in Tansania als Entwicklungshelferin tätig und ist während dieser Zeit nicht in Göttingen gemeldet gewesen.[25] Ihr Bruder hat sie mindestens einmal in Afrika besucht und später erzählt, dass dieser Besuch ihn nachhaltig beeindruckt habe. Es sei in seinem Leben ein „Schlüsselerlebnis" gewesen, ohne näher zu sagen, in welchem Sinne das gemeint war.

Beim Abschied von der Odenwaldschule kann diese Vorgeschichte aber keine Rolle gespielt haben, sie war schon wegen des zeitlichen Abstandes nicht mehr als eine Assoziation, die Becker zur eigenen Deckung nutzte, weil

---

25 Mail von Ulrike Ehbrecht (Stadtarchiv Göttingen) vom 25. Juli 2013.

er ja irgendetwas sagen musste, was er nach seinem Weggang unternehmen wollte. Realitätsgehalt hatte das nicht. Die Schwester kann ihm den Zugang zur Entwicklungshilfe nicht geöffnet haben, sie war Lehrerin und hat ihren Bruder sicher keine Tätigkeit „ab August 1985" in Aussicht gestellt, schon gar nicht bei der Welthungerhilfe, mit der sie gar nichts zu tun hatte.

Die Schwester hatte einen eigenen Hintergrund. Es ist nicht bekannt, unter welchen Umständen Johanna Becker in die Entwicklungshilfe gegangen ist, aber sie gehörte dem „Marburger Kreis" an, einer überkonfessionellen christlichen Missionsgesellschaft, die am 9. Oktober 1957 in Schwelm (Hessen) als Verein gegründet worden war, und ist vermutlich im Auftrage dieser Missionsgesellschaft in Tansania gewesen. Die Gesellschaft gehörte zur damaligen Zeit nicht zur Evangelischen Kirche in Deutschland, sondern verstand sich dazu in scharfer Abgrenzung. Daher kann ausgeschlossen werden, dass Johanna Becker für die evangelische Kirche nach Afrika gegangen ist.[26]

Der Verein Marburger Kreis mit Sitz in Würzburg hat bis heute nur 12 feste Mitglieder, was an die Jüngerschaft gemahnen soll. Alle anderen Personen des Kreises sind in örtlichen Gemeinschaften organisiert und gehören dem Verein nur informell an. Die Gemeinschaften heissen „Mannschaften", obwohl ihr auch Frauen angehören. Man trifft sich wöchentlich, vor den Mannschaften muss regelmässig eine persönliche Beichte abgelegt werden und auch eine finanzielle Beteiligung ist Pflicht. Die Mitglieder sind strikten Glaubensregeln unterworfen und daneben gibt es strenge Methoden zur Bekehrung oder zur Beichte.

Mitte oder Ende der fünfziger Jahre wird Johanna Becker ihr Studium als Volksschullehrerin an der Pädagogischen Hochschule Göttingen abgeschlossen haben und ist dann nach einigen Jahren Schulpraxis als Entwicklungshelferin und Missionarin tätig geworden. Sie muss 1964 den niedersächsischen Schuldienst verlassen haben, wohl um sich ganz der Arbeit für den Marburger Kreis und der Mission zu widmen, was sicher als gottgefällig angesehen wurde. Eine befristete Beurlaubung vom Schuldienst hat es wohl nicht gegeben, weil sie das Ende ihrer Tätigkeit nicht selbst bestimmt hat.

Johanna Becker war in Afrika, als ihr Vater am 18. August 1966 starb. Sie wurde 1967 von ihren beiden Brüdern Konrad und Gerold aus Afrika zurückgeholt, um nach dem Tod des Vaters ihre zunehmend hinfällig werdende Mutter zu pflegen.[27] Das war wie selbstverständlich ihre Aufgabe, der

---

26 Am 9. November 1960 ist die „Arbeitsgemeinschaft für Dienste in Übersee evangelischer Kirchen in Deutschland" gegründet worden, die freiwillige Helfer suchte. Aber auch schon zuvor war es für junge Christen möglich, sich in der Entwicklungshilfe zu engagieren.
27 Telefongespräch mit Wolfgang Bittner am 12. August 2013.

sie auch nachgekommen ist. Parallel hat sie dann wieder als Volksschullehrerin gearbeitet. Es ist nicht klar, ob sie ursprünglich in Afrika bleiben wollte, um die Missionsarbeit fortzusetzen, jedenfalls kehrte sie zurück und war dann erneut in Göttingen gemeldet.

Gerold Becker und seine Schwester lebten ohne feste Partner. Aus dem unmittelbaren Umfeld ist eine Kindheitserinnerung überliefert, gemäss der die Schwester nie mit einem Mann gesehen wurde, so wie der Bruder nie mit einer Frau.[28] Das bezieht sich auf die sechziger Jahre in Göttingen, für die Jahre in Verden gibt es wie erwähnt eine ähnliche Aussage von Beckers damaligen besten Freund. Es ist nicht bekannt, wann genau Gerold Becker bei seiner Schwester in Afrika gewesen ist, aber der Besuch fällt in seine Zeit als Projektmitarbeiter am Pädagogischen Seminar in Göttingen, als die Odenwaldschule noch nicht seine Zukunft war.

Zwanzig Jahre später kommt er auf die Entwicklungshilfe zurück, mit der ihn bis dahin, ausgenommen den Besuch bei seiner Schwester, beruflich wie privat nichts verbunden hat. In den Jahren 1984 und 1985 erweckt er den Endruck, dass seine Karriere in der Entwicklungshilfe fortgesetzt werden soll, was nur als Tarnung verstanden werden kann. Das gilt vermutlich auch für das Schlüsselerlebnis „Afrika". Er brauchte einfach eine Legende, die mit dem Bild konvergent war, das sich andere von ihm machen sollten.

Als er die Odenwaldschule verliess, hatte er keine berufliche Perspektive und so keine Sicherheit. Er wusste nicht, was danach kommen würde und ging einfach, wie zuvor in Linz und in Göttingen. Das Risiko hat er auch hier auf sich genommen und darauf vertraut, dass er erneut einen passenden Anschluss finden wird. Niemand erfuhr, was ihn tatsächlich antrieb, aber niemand fragte auch nach und insistierte. Er verschwand jedoch nicht sang- und klanglos, sondern wurde in Ehren verabschiedet.

5.2 Ein Abgang „ohne Netz"

In dem Artikel der Südhessischen Post heisst es: „Der Zeitpunkt des Wechsels kommt nicht von ungefähr. Im Juni 1985 feiert die Odenwaldschule ihr fünfundsiebzigjähriges Jubiläum. Bei den Festlichkeiten – als Gast wird auch Bundespräsident Richard von Weizsäcker erwartet – will Becker noch mitwirken, bevor er sein Amt an seinen Nachfolger übergibt" (ebd.). Das wird als logisch und konsequent hingestellt. Über den neuen Leiter Wolfgang Harder wird gesagt, dass er derzeit „in sein neues Aufgabengebiet eingearbeitet"

---

28 Quelle: Gespräch mit mir.

werde und bereits jetzt, wie „es an der Odenwaldschule Brauch ist", zusammen mit Schülern und so in einer „Familie" in Ober-Hambach wohne (ebd.).

Im August 1983 ist in den OSO-Nachrichten angekündigt worden, dass im neuen Schuljahr Herr Dr. Wolfgang Harder „als pädagogischer Mitarbeiter an die Odenwaldschule kommen (werde)" (OSO-Nachrichten 1983, S. 52). Von dem künftigen Schulleiter ist keine Rede. Harder wird vorgestellt als neuer Lehrer für Deutsch und Geschichte, erwähnt wird, dass er „viele Jahre beim Aufbau des Oberstufenkollegs in Bielefeld mitgewirkt" habe, im Düsseldorfer Kultusministerium als Koordinator für die Lehrplanentwicklung tätig war und von dem Gymnasium in Krefeld nach Ober-Hambach komme, aber nicht, dass er vorgesehen war, Nachfolger von Gerold Becker zu werden (ebd., S. 52). Auch die Gründe, warum er an die Odenwaldschule wechselte, wurden ausgespart.

Im April 1984 erhielt Gerold Becker eine Anerkennung für seine fünfzehnjährige Tätigkeit als Mitarbeiter der Odenwaldschule, davon zwölf Jahre als ihr Leiter. Die Lehrerkonferenz übermittelte Glückwünsche zu diesem auch an der Odenwaldschule „nicht alltäglichen Dienstjubiläum" und verband den Dank an Becker mit der Bemerkung, er sei als Schulleiter „vor allem Mitarbeiter und Kollege geblieben" und er habe sich „mit Haut und Haaren" auf das „Abenteuer OSO" eingelassen. Nur wer das „ganz" tue, könne Erfolg haben, der auch angedeutet wird. „Als Gerold Becker 1969 an die OSO kam, war natürlich alles ganz anders als heute!" (OSO-Nachrichten 1984, S. 65)

Der gute Zustand der Schule soll also sein Verdienst sein. Als Geschenk wurde ihm ein Buch überreicht, das die Architektur des Jugendstils zum Thema hatte. Die Konferenz war der Ansicht, „dass der Jugendstil, wenn er zu Recht definiert wird als die Richtung, die sich die Überwindung der Nachahmung historischer Stile zur Aufgabe gemacht hat, viel Gemeinsames hat mit Gerold Beckers Arbeit an der und für die Odenwaldschule" (ebd.). Mit dieser Geste der Anerkennung für den visionären Reformpädagogen verband sich kein Hinweis auf den bevorstehenden Abschied.

Im gleichen Heft der OSO-Nachrichten wurde aber mitgeteilt, dass Gerold Becker die Leitung der Odenwaldschule zum 31.7.1985 abgeben werde (ebd., S. 71). Eine entsprechende Notiz war bereits im Heft 29 der OSO-Nachrichten erschienen. In diesem Sinne war die schulische Öffentlichkeit informiert (OSO-Nachrichten Heft 1983, S. 83). Ein Jahr später, am 30. Juni 1984, wählte die Mitgliederversammlung Wolfgang Harder einstimmig zum neuen Schulleiter mit Dienstantritt zum 1. August 1985, also nach dem Jubiläum (OSO-Nachrichten 1984, S. 71).

Davon, dass Gerold Becker die Odenwaldschule ganz verlassen würde, war noch keine Rede (ebd.). Aber die Entscheidung stand längst fest und sie geht auf Hellmut Becker zurück, der Wolfgang Harder 1983 die Leitung der Odenwaldschule angetragen hat. Publik wurde das nicht und auch die

Gründe für die Demission des Schulleiters sind nie bekannt geworden. Offiziell tat man so, als seien mit Gerold Beckers Rückzug keine Fragen verbunden und deswegen waren auch keine Erklärungen nötig. Die Sache wurde so hingestellt, dass man Gerold Beckers Wunsch nach Entbindung von seinen Pflichten respektiert habe.

In den OSO-Nachrichten hiess es, der Wahl Harders seien „viele Gespräche und eingehende Beratungen" vorausgegangen. Und dann wurde mitgeteilt, der Vorschlag des Vorstandes, Wolfgang Harder zu seinem Nachfolger zu machen, folgte „einer Anregung von Herrn Gerold Becker" (ebd.), während tatsächlich Hellmut Becker die Fäden gezogen hatte. Harder kam an die Odenwaldschule mit der Massgabe, das Amt des Schulleiters zu übernehmen. Das kann kaum „eingehende" Beratungen verlangt haben, es sei denn solche, die Gerold Becker zum Gehen anhalten sollten.

Geht man von den OSO-Nachrichten aus, also von dem, was schulintern bekannt gemacht wurde, dann erhält man den Eindruck, dass sich erst im Laufe des Schuljahres 1983/1984 herausgestellt hat, wer die Schulleitung übernehmen würde und dass es Gerold Becker selbst war, der die Lösung nahelegte. Aber bereits am Ende des Schuljahres 1982/1983 muss entschieden gewesen sein, ihn abzulösen, wobei nicht bekannt ist, ob das mit seinem Einverständnis geschah.

Die Stelle des Schulleiters ist nicht ausgeschrieben, sondern Wolfgang Harder direkt angetragen worden. Er hätte sich vermutlich nie beworben. Auch das spricht dafür, dass Handlungsdruck bestanden haben muss. Als seinerzeit Gerold Becker geholt wurde, ging es auch ohne Ausschreibung ab, aber Walter Schäfer stand vor der Pensionierung und die Schule brauchte einen Nachfolger, den er dann selbst noch gefragt hat. Gerold Becker war als Schulleiter in einer ganz anderen Situation, er muss seine Stelle gekündigt haben, als er wusste, wer ihm nachfolgen würde.

Der Wechsel von Wolfgang Harder an die Odenwaldschule macht nur Sinn, wenn von Anfang an klar war, dass er Schulleiter werden würde. Er hätte anders keinen Anlass gehabt, seine bisherigen Tätigkeiten aufzugeben, und dies umso weniger, als Johanna Harder erfolgreich an der Laborschule tätig war. Womöglich ist hier die Legende von Gerold Beckers beruflicher Erschöpfung entstanden, denn Hellmut Becker muss im Vorstand irgendeinen dringenden Grund genannt haben, warum Harder und seine Frau an der Odenwaldschule gebraucht wurden und unverzichtbar waren.[29]

Schon 1983 hat Gerold Becker in seiner OSO-Familie kundgetan, dass er die Schule verlassen wollte, weil er nicht in der Schule sterben wolle. Das war

---

29 Der Vorstandsvorsitzende erwähnt ausdrücklich, dass Johanna Harder zum 1.8.1985 an die Odenwaldschule kommen werde (OSO-Nachrichten 1984, S. 71).

nach der Erinnerung eines Altschülers eine deutliche und durchaus glaubwürdige Ansprache. Der Zeitpunkt erklärt sich auch mit dem Zusammenbruch und Infarkttod seines Freundes Martin Bonhoeffer am 12. Dezember 1982, den Becker miterlebt hatte und über den er „schockiert" gewesen sei.[30]

Der Vorstandsvorsitzende Hermann Freudenberg jedenfalls dankte in der Mitgliederversammlung beiden, Harder und Becker, „für die Art und Weise, wie sie diese sowohl für die Schule als auch für sie persönlich nicht unproblematische Aufgabe und Situation bewältigen" (ebd.). Mehr wird nicht gesagt, aber der Konflikt wird zumindest angedeutet. Vielleicht sollte Gerold Becker auch schon 1984 gehen und der Kompromiss war dann, dass er das eine Jahr länger blieb, um das Jubiläum zu gestalten und die Festschrift mit herauszugeben. Nur er hatte die dafür nötigen Verbindungen.

Gerold Becker war zum Zeitpunkt seines Weggangs von der Odenwaldschule 49 Jahre alt. Er muss einen zwingenden Grund gehabt haben, nicht nur die Leitung aufzugeben, sondern auch gleich die Schule zu verlassen, nachdem er sich gezielt – und stets im Verein mit Hentig – als führender deutscher Reformpädagoge aufgebaut hatte. Dabei fehlte nie der Hinweis auf sich als dem „Leiter der Odenwaldschule", was immer mit dem besonderen Nimbus der grossen reformpädagogischen Tradition verbunden war. Becker ist ausserhalb der Schule erst dann breit wahrgenommen worden, als er Schulleiter war und von dieser Position aus einschlägig publiziert hat. Einen solchen Vorteil gibt man nicht einfach grundlos aus der Hand.

Er wurde früh bekannt durch das Buch *Probleme der Schule im gesellschaftlichen Wandel: das Beispiel Odenwaldschule*. Das Buch erschien 1971 als Band 496 in der Reihe edition suhrkamp, also an prominenter und wirksamer Stelle (Schäfer/Edelstein/Becker 1971). Becker war zum Zeitpunkt der Veröffentlichung gerade einmal zwei Jahre an der Schule. Mitautoren waren Walter Schäfer sowie Wolfgang Edelstein, der seit 1963 als wissenschaftlicher Mitarbeiter am Max-Planck-Institut für Bildungsforschung in Berlin tätig war. Leiter des 1961 gegründeten und seit 1963 operativ tätigen Instituts war Hellmut Becker. Edelstein war von 1954 an Lehrer und später Studienleiter an der Odenwaldschule.

Ein knappes Jahr nach der Veröffentlichung bei Suhrkamp – damals für jeden Pädagogen eine Adelung – wurde Gerold Becker Nachfolger von Walter Schäfer, der bis zum 31. Juli 1972 die Leitung der Schule innehatte. Im Anschluss daran beschleunigte sich Beckers Karriere zusehends. Dreizehn Jahre später verliess er die Schule. Diesen Schritt hatte er 1983 vor der Lehrerkonferenz der Odenwaldschule mit dem Hinweis erläutert, an anderer

---

30 Gespräch mit Konrad Taukert am 15. Oktober 2013.

Stelle die nächsten zehn Jahre „Nützliches" tun zu wollen. Ausserdem erwähnte er die „Gefahr von irgendwelchen Vermutungen und Gerüchten", denen er vorbeugen wollte (Füller 2011, S. 77/78).

Als Gerold Becker den Vorstand der Odenwaldschule davon in Kenntnis setzte, dass er die Schule verlassen werde, wurde der Anschein erweckt, er ginge aus eigener Veranlassung und wolle sich einfach neu orientieren. Das Stichwort dafür war „Entwicklungshilfe". Der Artikel in der Zeit lieferte dafür nach aussen hin auch die passende Legende. Nähere Gründe für seinen Weggang nannte Becker nicht und Nachfragen hat Jutta Wilhelmi nicht gestellt. Was er tatsächlich vorhatte und wovon er leben wollte, ist nicht klar und vermutlich wusste er es selbst nicht.

Aber „Entwicklungshilfe" passt zum Profil des selblosen Menschenfreundes, der sich nicht nur in der Schule bewähren kann. Auch dass er dem Vorbild seiner Schwester Johanna nachfolgen wollte, machte ihn glaubwürdig. Und schliesslich konnte er sich darauf berufen, dass er von Anfang an gesagt habe, er wolle nicht sein Leben lang Schulleiter bleiben. So gesehen erfüllte sich einfach nur sein Plan, was Hentig bis zuletzt auch so gesehen hat. Aber ging Schulleiter Becker tatsächlich freiwillig? Und was wusste man über die Gründe?

Wolfgang Harder hielt eine der Abschiedsreden, als Gerold Becker sich anschickte, die Odenwaldschule zu verlassen. Beide waren per Sie. In der Rede hiess es: „Sie verlassen uns. Sie werden uns fehlen. Das Abschiednehmen heute fällt uns entsprechend schwer. Es fiele uns leichter, … wenn wir wüssten, wohin unsere Gedanken und guten Wünsche Sie begleiten sollen." Offenbar war das „wohin" nach dem Weggang von der Odenwaldschule nicht bekannt. „Sie gehen ja nicht ‚in Rente'", hielt Harder fest, aber „wohin aber zieht es Sie dann?" (Harder 1999a, S. 7/8)

Die Frage blieb unbeantwortet, der neue Schulleiter wusste nicht, was sein Vorgänger in Zukunft machen würde, oder er tat wenigstens so. Gerold Becker jedenfalls verliess die Schule, ohne ein Wort darüber zu verlieren, was er danach vorhatte. Hermann Freudenberg merkte in seiner Abschiedsrede für Gerold Becker an, dass ihn die Art des „Sichlösens von der Schule" beeindruckt habe, auch deswegen, weil Becker gehen würde, „ohne selbst eine neue gesicherte Position zu haben" (OSO-Hefte 1985, S. 131). Becker hatte tatsächlich keinen Anschluss, den jeder andere gehabt hätte, wenn eine gesicherte Stellung freiwillig aufgegeben wird.

Verantwortlich für die Anstellung der Schulleiter ist der „gemeinnützige Verein Odenwaldschule e.V.". Die Geschicke des Vereins lenkt der Vorstand, der im Falle einer Kündigung tätig werden muss. Zu den Mitgliedern des Vorstandes zählten zu diesem Zeitpunkt sechs Männer, nämlich Hellmut Becker, Jürg Zutt, Carl Schill, Hermann Freudenberg, Gerold Becker und Günther Schweigkofler (Becker 1985a, S. 132). Der Vorstand macht der Mitgliederversammlung des Trägervereins einen Vorschlag zur Ernennung oder Entlassung eines Schulleiters, dieser Vorschlag muss mit einer Stimmenmehrheit von zwei Dritteln der Stimmberechtigten angenommen werden (OSO-Hefte 1981, S. 164). Das war bei Gerold Becker der Fall, ebenfalls bei seinem Nachfolger Wolfgang Harder.

Die eigenartige Satzung des Trägervereins und mit ihm des Vorstandes ist am 31.5.1969 beschlossen worden, also kurz nachdem Gerold Becker an die Schule gekommen war. Ob das eine Bedingung für sein Kommen war, ist nicht bekannt, auf jeden Fall profitierte er davon. Ausgearbeitet hat die Satzung Hellmut Becker, der ihn geholt hat. Die Satzung sieht vor, dass der Schulleiter und der Geschäftsführer für die Dauer ihrer Amtszeit als stimmberechtigte Mitglieder dem Vorstand angehören (ebd., S. 163). Gerold Becker konnte sich also selbst beaufsichtigen, was mehr als ungewöhnlich ist und zusätzlich Beckers Machtstellung in der Schule erklärt.

Was pädagogische und juristische Fragen anbelangte, so war im Vorstand der Odenwaldschule Hellmut Becker die dominante Figur und er hielt seine Hand über den Schulleiter. Aber warum ging der dann? Es sollte so aussehen, dass der Rückzug vom Amt des Schulleiters auf eigenen Wunsch erfolgt ist. Hellmut Becker sprach in der Abschiedsrede für Gerold Becker beim Jubiläum im Juni 1985 davon, dass der Weggang seines Schützlings eine „Entscheidung ohne Netz" gewesen sei, nämlich ohne „die Sicherheit, mit der heute normalerweise die meisten Menschen in seinem Alter sich längst ausgestattet haben" (H. Becker 1985a, S. 151).

Unmittelbar zuvor heisst es, bereits seine pädagogische Tätigkeit sei „eine Arbeit ohne Netz" gewesen, also die des Artisten in einem „Varieté" (ebd.). „Ohne Netz" wäre eine Chiffre für Risiko und das sollte wohl beendet werden, anders macht die Wortwahl kaum Sinn. Das Netz gab es natürlich, wenn damit Hartmut von Hentig und seine Göttinger Freunde sowie die Verbindungen von Hellmut Becker gemeint sind. Die offizielle Lesart war aber eine andere. Hermann Freudenberg, der Vorsitzende des Vorstandes, sagte dem scheidenden Schulleiter:

> „Ihr heutiger Abschied war von Anfang an eingeplant. Als wir unser erstes Gespräch führten, wollten Sie die Leitung der Schule nicht auf Dauer, sondern für einen Zeitraum von ca. 10 Jahren übernehmen. Ihre Begründung war, dass einem dann wohl nicht mehr viel Neues einfiele und man drohe, sich zu verbrauchen, gar zu verschleissen. Sie hatten vor allem vor der eingeschliffenen Routine Angst" (OSO-Hefte 1985, S. 129).

Andere Stimmen aus der Schule gibt es nicht, es existiert auch so gut wie kein Hinweis, was Hartmut von Hentig zu Gerold Beckers Weggang von der Odenwaldschule gesagt oder was er dazu beigetragen hat. Becker konnte sich auf seinen Abschied gut zwei Jahre lang vorbereiten und hat vermutlich nicht ohne Rücksprache mit Hentig oder Hellmut Becker gehandelt. Wenn überhaupt jemand, dann konnten nur die beiden auf ihn Einfluss nehmen.

Freudenberg bemäntelt das, wenn er zum Abschied sagt: „Sie sind kein Routinier geworden. Bis zum letzten Tag blieben Sie im höchsten Masse kreativ, stets voller Überraschungen für die Umwelt" (ebd.). Das trifft zu, aber ganz anders, als es den Anschein hatte. Und Freudenberg redete eigentlich Klartext: Becker entsprach „nicht in allem dem Idealbild eines Schulleiters". Er fällte oft „einsame Entscheidungen", hatte Probleme mit Mitarbeitern, war zu tolerant gegenüber dem Drogenproblem, hatte keinen Sinn für die Administration und soll sich doch mit den Jahren zum „vorzüglichen Schulleiter" entwickelt haben (ebd., S. 130).

Seinen Abschied von der Schule hat er offenbar als sehr schmerzvoll inszeniert (Füller 2011, S. 79). Becker hatte nicht nur am Ende seiner Zeit als Schulleiter, sondern durchgehend ein Alkoholproblem (Dehmers 2011, S. 78f.), aber das war wohl kaum der Grund, warum er die Odenwaldschule verlassen hat. Der Grund könnte sein, dass Becker 1983 oder vorher tatsächlich massiv unter Druck gesetzt worden ist. Aber warum ging er dann nicht sofort? Und wie will er den Druck noch zwei Jahre nach der Ankündigung seines Rückzugs ausgehalten haben?

Freudenberg sprach seinerzeit glorifizierend von der „Gerold-Becker-Periode", die „bestimmt nicht vergessen werde" (OSO-Hefte 1985, S. 131), doch Becker ist nicht ausgeschieden, weil er einfach nur seinen ursprünglichen Zeitplan einhalten wollte oder weil er am Ende seiner Kräfte war (Hentig 2010d, S. 8). Ein Foto aus dem Jahre 1984 zeigt einen agilen und geschäftigen Gerold Becker, keinen müden und ausgebrannten.[31] Wenn er so gewirkt hat, dann war das gespielt, jedenfalls wenn man das spontan aufgenommene Foto zugrunde legt und Beckers Aktionsfeld vor Augen hat.

Man muss davon ausgehen, dass er seinen Abgang sorgfältig inszeniert und dabei nichts dem Zufall hinterlassen hat. Wie beiläufig spricht er in seiner Abschiedsrede davon, dass er die Odenwaldschule „mit guten Gefühlen" verlasse (OSO-Hefte 1985, S. 170), nennt aber weder die Gründe seines Weggangs noch seine konkreten Pläne für die Zukunft. Er liess einfach alles im Dunkeln und stilisierte seinen Abgang zum Rätsel. Die künftige Tätigkeit in der Entwicklungshilfe hat nie eine nähere Konkretisierung erfahren und von anderen Absichten hat er kaum gesprochen.

In der Stunde des Abschieds muss er sehr überzeugend gewesen sein. Am Ende seiner Rede bezieht er sich auf Ingeborg Bachmann, so wie ein Jahr später anlässlich der Totenfeier seines Bruders. Er muss zu ihr und ihrem Werk

---

31 Ich danke Gerhard Roese für die Übersendung des Fotos (Mail vom 10. Oktober 2014).

also ein besonderes Verhältnis gehabt haben, was auch klar gesagt wird, denn er zitiert ihr Gedicht, um etwas zu sagen, was er nicht selbst in eigene Worte fassen konnte oder wollte (ebd., S. 172). Über sich hat er sonst geschwiegen. Mit den sprachlichen Bildern des Gedichtes aber öffnet er sich ein Stück weit, wobei er sicher sein konnte, dass seinerzeit niemand diesem Einblick nachgehen würde.

Es ist ein versteckter Hinweis, der sich erst erschliesst, wenn man den Täter und seine Seelenlage vor Augen hat. Becker hat in seinen Aufsätzen und Reden verschiedene solcher Spuren gelegt, oft als Anspielung und versteckten Hinweis oder eben in literarischen Bildern, die ihn und sein Handeln erhellen sollen, bis zuletzt in der Anzeige seines Todes. Was sich dabei zeigt, sind nicht Andeutungen der Schuld, man soll etwas ganz anderes erkennen, nämlich die Vision, die er von sich selbst hatte.

In der Abschiedsrede wird das ganze erste Gedicht aus dem Zyklus „Von einem Land, einem Fluss und den Seen" zitiert, der 1956 zuerst in dem Band *Anrufung des grossen Bären* veröffentlicht worden ist (Bachmann 2011, S. 11/12). Die ersten beiden Strophen sagen über ihn mehr aus, als jedes biografische Zeugnis. Es geht, frei nach den Brüdern Grimm, um einen, der „das Fürchten lernen wollte". Das Gedicht ist keine zufällige Wahl, es gibt etwas von ihm preis, das er bei seinem Abschied mitteilen wollte, nur um es verborgen zu halten. Ich bin der Wolf, aber ihr bekommt mich nicht, kann man dieses Vexierbild lesen.

Die beiden Strophen lauten so:

„Von einem, der das Fürchten lernen wollte
und fortging aus dem Land, von Fluss und Seen,
zähl ich die Spuren und des Atems Wolken,
denn, so Gott will, wird sie der Wind verwehn!

Zähl und halt ein – sie werden vielen gleichen.
Die Lose ähneln sich, die Odysseen.
Doch er erfuhr, dass wo die Lämmer weiden,
Schon Wölfe mit den Fixsternblicken stehn"
(OSO-Hefte 1985, S. 172).

Zurück nochmals zu Beckers vermeintlichem *annus mirabilis*: Beim 60. Geburtstag Hentigs waren anwesend neben vielen anderen die Verlegerin der Zeit, Marion Gräfin Dönhoff, der ehemalige Leiter des Max-Planck-Instituts für Bildungsforschung, Hellmut Becker, der Philosoph und Freund Carl Friedrich von Weizsäcker, der deutsche Bundespräsident Richard von Weizsäcker, der Stuttgarter Verleger Ernst Klett Jr. und der amerikanische

Diplomat George Kennan sowie die Gräfin Charlotte von der Schulenburg, die Witwe des Widerstandskämpfers Fritz-Dietlof von der Schulenburg.

Die Festschrift überreichte „in ihrer Gegenwart" Gerold Becker (Hentig 2009, S. 1011). Das war nicht nur eine besondere Ehre, man sollte auch die enge Verbundenheit der beiden Männer sehen, die aus diesem Anlass vor der deutschen Bildungselite demonstriert werden konnte. Zudem sollte mit der Festschrift die Bedeutung der gemeinsamen, weltläufigen Pädagogik gezeigt werden. Allerdings hatte Becker keine Vorstellung, was er nach diesem Festtag machen sollte. Er war inmitten der Elite arbeitslos, wer davon wusste, ist nicht bekannt, doch Becker konnte sich nicht ewig auf seine Legende zurückziehen, sondern stand unter Druck, einen vorzeigbaren Anschluss zu finden.

Aus heutiger Sicht könnte es so aussehen, dass er gehen musste, weil niemand Jubiläum und Geburtstag mit einem Skandal gefährden wollte, was voraussetzen würde, dass der Schulleiter schon länger als Risiko erkannt worden war. Sein Weggang wäre so ein angeordneter Rückzug gewesen, verbunden mit dem Anschein der Freiwilligkeit und einer dazu passenden Legende. Aber das würde bedeuten, jemand hätte ihm gefährlich werden können, etwa der Vater eines Schülers, der ihm auf die Schliche gekommen ist. Von dieser Hypothese geht der Film *Die Auserwählten* aus, sie passt in die Filmerzählung, aber ist nicht sehr wahrscheinlich. Hinweise dafür gibt es nicht.

Die Achse der Macht in der Odenwaldschule war die Verbindung zwischen Gerold und Hellmut Becker, solange sie hielt, hat sich niemand auflehnen können. Aber wieso hat Hellmut Becker überhaupt diese Rolle gespielt? Sein Zugang zu den Landerziehungsheimen und ihrer Pädagogik basierte nicht wirklich auf eigener Erfahrung, obwohl er das später gerne so dargestellt hat. Aber er hat schnell verstanden, wie man damit Politik machen kann, was umso authentischer möglich war, wenn auf eine persönliche Beziehung zurückgegriffen werden konnte.

Hellmut Becker hat als Kind wohl die Schule Schloss Salem besucht und kannte daher ein Landerziehungsheim aus eigener Anschauung, aber er war nur kurz in Salem und ist bei seinem zweiten Besuch schwer erkrankt, so dass die Erfahrung nicht mehr als eine Episode in seinem Leben gewesen sein kann. Becker hatte nie eine Volksschule besucht, sondern begann seine Schullaufbahn in einer gymnasialen Vorschule (Singer/Frevert 2014, S. 4). 1920 verbrachte er mit sieben Jahren als Gastschüler ein Trimester in Salem, das damals von nur 20 Schülern besucht wurde (ebd., S. 10). Im Mai 1925, also mit zwölf Jahren, kehrte er als regulärer Internatsschüler zurück und sollte wohl länger bleiben, aber wegen der Krankheit wurde daraus nichts und er war bald wieder in Berlin (ebd., S. 10/11).

In Salem hörte er das erste Mal von der Odenwaldschule, die für ihn aber keine Bedeutung hatte ausser als Gegenbild zu Salem. In Berlin besuchte er das konservative Arndt-Gymnasium in Dahlem, wo er 1933 auch sein Abitur abgelegt hat. Von der Odenwaldschule will er im gleichen Jahr zum zweiten Mal durch seine Mutter erfahren haben, die Paul Geheeb besuchte und von ihm – wie viele Frauen – nachhaltig beeindruckt war (H. Becker 1985b, S. 53).

Der Sohn wurde Teil der deutschen Bildungselite und hat sich erst nach dem Krieg für alternative Schulen und neue Formen der Pädagogik interessiert, als von den Besatzungsmächten in den drei Westzonen demokratische Erziehung angesagt war. Zuvor deutete nichts auf eine Karriere hin, die ihn zu einem machtbewussten Bildungslobbyisten und einflussreichen Netzwerker machen sollte, der Themen und Personen fast nach Belieben einsetzen konnte.

Der Odenwaldschule war er seit den frühen fünfziger Jahren eng verbunden und sie wurde zu einer wichtigen Grösse in seinem pädagogischen Koordinatensystem, das von den reformpädagogischen Privatschulen aus konzipiert wurde. Die Odenwaldschule wurde erst durch Hellmut Becker bildungspolitisch aufgewertet, sie war für ihn das Musterbeispiel für eine freie Schule, die unabhängig von der Kultusbürokratie arbeiten und so die notwendigen Innovationen im deutschen Bildungswesen anstossen könne. Dafür war Gerold Becker die Leitfigur, die schon allein aus diesem Grunde nicht einfach entlassen werden konnte.

Auf der anderen Seite wusste Hellmut Becker von der pädophilen Disposition seines Schulleiters und war auch im Bilde über mindestens einen Fall von Übergriffigkeit, der seinen eigenen Patensohn betraf und in die Anfänge von Beckers Zeit an der Odenwaldschule fiel, als er noch kein Schulleiter war (Füller 2011, S. 225/226). Folgen hatte der Vorfall nicht, auch weil sich Becker wiederum geschickt aus der Affäre ziehen konnte. Andere Lehrer sind auch an der Odenwaldschule wegen sexuellen Missbrauchs entlassen worden, Gerold Becker wurde unbeschadet Schulleiter und konnte sich selbst decken.

Sollte Gerold Becker von 1983 an seinen Rückzug nicht aus freien Stücken in die Wege geleitet und schliesslich auch vollzogen haben, dann kommt eigentlich nur Hellmut Becker dafür in Frage, Druck ausgeübt und ihn zum Gehen bewegt zu haben. Diese These würde voraussetzen, dass Hellmut Becker ein akutes Risiko erkannt hatte und dann tätig geworden ist, an anderer Stelle hat er so gehandelt und für die diskrete Entsorgung eines ähnlichen Falles gesorgt. Gerold Becker war sein besonderer Schützling und es ist denkbar, dass Hellmut Becker ihn zu seinem eigenen Besten aus dem Verkehr ziehen wollte.

Aber der Leiter der Odenwaldschule hat immer alles getan, um nichts von dem gewaltsamen Geschehen nach aussen dringen zu lassen. Er fand genügend Gelegenheiten, alle Vorfälle zu verharmlosen und sich herauszureden, ohne dass dies aufgefallen wäre. Mangels direkter Aussagen gegen ihn und ohne Androhung einer Anzeige hatte er alle Karten der Verschleierung in der Hand. Zudem konnte er selbst Druck ausüben. Wer sich als Schüler gegen ihn wehrte, wurde benachteiligt oder gleich entlassen. Eltern gegenüber hatte er immer Erklärungen zur Hand, die ihn als den pädagogischen Experten herausstellten und die Eltern schlecht aussehen liessen.

Doch gegen Hellmut Becker und seinen Einfluss hätte er sich kaum durchsetzen können. Hellmut Becker war in der Odenwaldschule Jahrzehnte lang die graue Eminenz und über ihn liefen alle grundlegenden Entscheidungen. Becker war zugleich Autokrat und Netzwerker, von dessen Wohlwollen und Verbindungen nicht nur die Odenwaldschule abhängig war. Ihm standen die deutschen Leitmedien offen und er sorgte bereits in den fünfziger Jahren mit gut platzierten Artikeln dafür, dass Bildungsreform zu einem länderübergreifenden politischen Thema wurde (etwa Becker 1957).

Bald konnte man sich die deutsche Bildungspolitik ohne ihn kaum noch vorstellen. Er war omnipräsent und er setzte seine Macht wie selbstverständlich auch in der Odenwaldschule ein. Gegen sein Wort geschah im Vorstand nichts und er hat auch die Führungspersonen durchgesetzt, selbst dann, wenn sie kaum als erste Wahl gelten konnten. Und so wie er Gerold Becker an die Odenwaldschule geholt hat, hätte er ihn auch entfernen können. Einen Bruch zwischen beiden hat es aber nicht gegeben und das hängt mit Beckers Vermögen zusammen, Freundschaften einzugehen.

Genauer: Er wählte sich die Freunde und verstand es, sie an sich zu binden. Aber sie erhielten immer nur *eine* Chance. Hartmut von Hentig (2009, S. 422) hat zutreffend beschrieben, wie es um Hellmut Beckers Menschenkenntnis und seine Reaktion auf fremde Personen bestellt war: „Er fasste als Erstes ein Interesse für sie – oder eine Abneigung. Beides blieb und wurde unter Zuhilfenahme einzelner Beobachtungen in kurzer Zeit zu einem kompletten Psychogramm ausgestaltet. Intuition, Chiffren aus der Psychoanalyse und überraschende Suggestionen … wirkten hierbei zusammen."

Wer mit ihm zu tun hatte, erlebte einen Mann, der beherrschend war und auf direkte Weise auch sehr anzüglich sein konnte.[32] Wen er sich dann erwählte, wie Gerold Becker, wurde und blieb sein Freund, profitierte davon, aber wurde auch von ihm abhängig. Das galt auch in umgekehrter Hinsicht: Wen er ablehnte, und zwar auf den ersten Blick, stand für ihn auf Dauer im Abseits und wurde nicht beachtet. Korrigierbar war das nicht. Aber hat er im

---

32 Hellmut Becker war der Festredner auf einem Symposion zur Lehrerbildung, das die damalige Hochschule Lüneburg vom 2. bis 4. Juli 1981 im Tagungshotel Seminaris veranstaltete. Die Tagung haben Dieter Neumann und ich organisiert, meine Eindrücke gehen auf diese und andere Begegnungen zurück.

Falle Gerold Beckers wirklich ein Machtwort gesprochen? Und wie hätte das konkret ausgesehen?

Der Vorstand ist sicher nicht selbst tätig geworden, zumal Gerold Becker dort ja stets Einfluss nehmen konnte. Im Mai 1976 hat der Vorstand für die Sezession von acht Lehrerinnen und Lehrern nicht den Schulleiter verantwortlich gemacht, obwohl ein offener Brief im Raum stand und also jeder die Vorwürfe kannte. Geschehen ist nichts. Seitdem konnte Becker sicher sein, dass er von Seiten des Vorstandes nichts zu befürchten hatte. Sein öffentliches Bild war tadellos und seine Verfehlungen waren kein Thema, das den Vorstand je beschäftigt hätte. Mit den Eltern schliesslich kommunizierte er und nicht der Vorstand.

Auf der anderen Seite hat Hellmut Becker bei Gelegenheit selbst Kinder und Jugendliche an die Odenwaldschule vermittelt, mit deren Eltern er persönlichen Kontakt hatte. Es könnte sein, dass diese Eltern ihn informiert haben und er sich dann gezwungen sah zu handeln. Träfe das zu, dann stand Hellmut Becker vor der Wahl, dass die Schule geschützt und gleichzeitig mit Gerold Becker ein Deal geschlossen werden musste. Bei einer Entlassung hätte er mit Sicherheit eine Abfindung verlangt, die bei seiner Kündigung nicht angefallen ist. In der Folge konnte Gerold Becker zwei Jahre länger im Amt bleiben.

Ab Mitte oder Ende 1983 liefen vermutlich bereits die ersten Planungen für die beiden Ereignisse zwei Jahre später,[33] die man nur *mit* Gerold Becker inszenieren konnte. Er war der charismatische Leiter der Odenwaldschule und der Freund Hartmut von Hentigs, der sicher nicht zugelassen hätte, dass man ihn ohne Becker feiert. Zum symbolischen Kapital des Ansehens gehörte mit Becker auch die Odenwaldschule. Insofern schützte das System Hentig den Freund Gerold Becker, der noch im Frühjahr 1984 ebenso empathisch wie autoritativ über die „pädagogische Grundhaltung der Odenwaldschule" referieren konnte (Becker 1984a), also nicht sehr ausgebrannt gewesen sein kann.

Dass aus dem ursprünglichen Göttinger Hentig-Kreis im Sommer 1983 Wolfgang Harder an die Odenwaldschule geholt wurde, hätte ohne konkreten Anlass oder gar Not kaum nahegelegen. Harder war bestens versorgt und musste nun Familienhaupt in der reformpädagogischen Musterschule werden, was vermutlich nicht sein Lebensziel gewesen ist. Man muss davon ausgehen, dass er mit der klaren Massgabe an die Odenwaldschule gegangen ist, Gerold Becker als Schulleiter zu ersetzen. Diese Rochade muss bereits 1982

---

33 Über den Stand der Planung des Schuljubiläums informierten Gerold Becker und Günter Schweigkofler am 30. Juni 1984 die Mitgliederversammlung des Vereins Odenwaldschule (OSO-Nachrichten 1984, S. 70).

oder zu Beginn des Jahres 1983 eingeleitet worden sein, ohne dass ein Grund bekannt wurde oder ein Verdacht nahegelegen hätte.

Das Verfahren ist genau identisch mit der Berufung Gerold Beckers, auch Harder sollte zuerst zwei Jahre lang eingearbeitet werden und dann die Schulleitung übernehmen. Kommuniziert wurde das so aber nicht, vermutlich haben auch nur Hellmut Becker und Hartmut von Hentig sowie der alte Schulleiter davon gewusst. Und konfliktfrei war der „Übergang" (OSO-Nachrichten 1984, S. 71) wohl auch nicht. Doch es wurde der Schein gewahrt und so getan, dass Gerold Becker Harder als seinen Nachfolger vorgeschlagen hat, gleichsam als wäre er Herr des Verfahrens gewesen.

Das Muster ist zuvor nochmals angewandt worden. Am 4. September 1976, wenige Monate nach seinem Rigorosum,[34] übernahm Hentigs frisch promovierter Bielefelder Assistent Cord Rathert die Leitung des Landschulheims am Solling (LSH). Als Mitglied des Stiftungsrates hat Hentig ihn dort untergebracht. Rathert war bereits seit 1975 Mitarbeiter der Schule und sollte nun Leiter werden, analog dem Vorgehen bei Gerold Becker und Wolfgang Harder. Rathert aber geriet unter Druck und musste die Schule im Januar 1978 verlassen, die Umstände sind bis heute nicht geklärt.

Es war ein schmachvoller Abgang oder besser ein Rausschmiss. In der Altschülerzeitschrift „Die Giftschonung" hiess es über ihn und seine Leistungen: Man werde nicht umhin kommen festzustellen, „dass die in Rathert gesetzte Hoffnung sich nicht erfüllt hat, dass die Bilanz dieser beiden Jahre im Ganzen eine unerfreuliche ist" (Die Giftschonung 1978, S. 14). Das schrieb der Altschüler Peter Landmann,[35] der auch erwähnt, dass die Wahl Rratherts seinerzeit „ein gewisses Risiko" dargestellt habe.

Nach anderthalb Jahren wurde klar, dass dieses Risiko zu hoch für die Schule gewesen war. Rathert konnte nicht viel von dem bewirken, was er sich zu Beginn vorgenommen hatte und „er hatte auch stark mit ganz persönlichen Problemen zu kämpfen", ohne dass „Einzelheiten" genannt werden (ebd.). Immerhin gelang es, den überforderten Schulleiter zum Verlassen der Schule zu bewegen und weiteren Schaden zu verhindern. Die Odenwaldschule dagegen hat nicht von sich aus gehandelt.

---

34 Ratherts dünne, von Hentig angenommene Dissertation beschreibt einen „Rahmenentwurf" für ein Curriculum des Faches Pädagogik am Bielefelder Oberstufen-Kolleg. Der Entwurf besteht aus acht so genannten „Grund-Sätzen" (Rathert 1975, S. 69–84), die so allgemein und auch so trivial sind, dass sie ein materielles Fachcurriculum gehaltvoll gar nicht begründen können. Die Arbeit umfasst 94 Textseiten mit Fussnoten und Literaturverzeichnis.

35 Der Jurist Peter Landmann stammt aus Holzminden und ist heute Vorsitzender des Stiftungsrates des Landschulheims am Solling. Er ist seit dem 1. September 2006 Leiter der Kulturabteilung in der nordrhein-westfälischen Staatskanzlei. Zuvor war er Kulturdezernent der Stadt Kempen.

Im Falle Gerold Becker wurde eine Konstellation geschaffen, in der er tatsächlich eine Entscheidung „ohne Netz" treffen und es so aussehen lassen konnte, dass er aus eigener Veranlassung gehen würde. Direkt eingreifen musste dann niemand. Die Wahl Harders wahrte Hentigs sowie Hellmut Beckers Einfluss und zeigte Becker, was er zu tun hatte, ohne dass er Gefahr liefe, sein Gesicht zu verlieren. Das würde Mitwissen auf Seiten Hellmut Beckers voraussetzen und die Inkaufnahme eines mehr als zweijährigen Risikos, denn gestoppt hat den Täter Gerold Becker niemand.

Ein Altschüler sagt heute, er vermute, dass es einen „Zwei-Generationen-Becker" gegeben habe.[36] Je sicherer sich Becker gefühlt hat, desto mehr hat die Brutalität und Häufigkeit der Übergriffe zugenommen. Vermutlich steigerte sich das Täterverhalten im Anschluss an die Lehrersezession 1976, zu einem Zeitpunkt, nachdem der Altschüler die Schule bereits verlassen hatte. Auch wenn Becker zum Weggang gezwungen oder dieser ihm mindestens unmissverständlich nahegelegt worden wäre, ihn hat niemand von der Ausübung sexueller Gewalt abgehalten.

Für seinen Abgang hat er eine Legende aufgebaut, nämlich berufliche Erschöpfung vorgegeben, um dann bis zu einem selbstgewählten Termin unbehelligt weitermachen zu können. Er hat sicher nicht auf vage Hinweise reagiert, sondern hat das Ende seiner Zeit an der Odenwaldschule bewusst kalkuliert, weil er sich damit am besten schützen konnte. Niemand ist offenbar auf den Gedanken gekommen, seinen Abgang „ohne Netz" in Frage zu stellen. Die Entscheidung galt als mutig und die Unklarheit des Anschlusses wurde als gegeben hingenommen.

Die wahren Gründe, die Odenwaldschule zu verlassen, durfte er mit niemandem teilen. Becker war als Päderast und Kinderschänder ein notorischer Wiederholungstäter, der sich genau aus diesem Grunde für die Odenwaldschule entschieden hat, wo er aber gerade als Serientäter nicht auf Dauer bleiben durfte, ohne Gefahr zu laufen, irgendwann doch entlarvt zu werden. Er war ja sichtbar tätig, in seiner Familie, nackt im Duschraum, auf dem Schulgelände oder mit dem „Becker-Bus". Man konnte wegschauen, aber es war nicht möglich, dass niemand irgendetwas bemerkt hat, dazu verhielten sich die Täter zu auffällig. Die Zeugen kamen nur nicht zu Wort.

Nicht nur die Opfer, auch unbehelligte Kinder und Jugendliche wussten von Beckers Übergriffen und Warnzeichen wie Elternbeschwerden gab es in regelmässigen Abständen immer wieder (Dehmers 2011, S. 34). Ein Ehemaliger schätzt die Situation zu Beginn der achtziger Jahre so ein: Sein Bruder, der vor ihm auf der Odenwaldschule war, erhielt ganz schnell Kenntnis von

---

36 Gespräch mit Harald Sennstedt am 22. Juli 2013. Der Name ist ein Pseudonym, das mit der realen Person abgestimmt wurde.

den sexuellen Übergriffen des Schulleiters und anderer Täter, auch verschiedene Lehrer und nicht zuletzt die Kinder der Lehrer, die die Andeutungen und Kommentare ihrer Eltern verstanden haben, wussten Bescheid, schliesslich war auch seine Schwester informiert, weil sie Kontakt mit vielen Schülerinnen und Schülern der Odenwaldschule hatte, die sich freimütig äusserten.[37]

Einer der Lehrer, den Becker selbst an die Odenwaldschule geholt hatte und der dort seit 1974 tätig war, ist Salman Ansari.[38] Er opponierte schon sehr früh offen gegen den Schulleiter und zeigte Widerstand, konnte sich im Kollegium nach eigenen Angaben aber kein Gehör verschaffen. Und wer wegen Becker die Odenwaldschule verliess, trat nicht an die Öffentlichkeit, um die Schule nicht in Misskredit zu bringen. So hielt man auch dann noch zusammen, wenn man sich trennte. Gleichwohl konnte Gerold Becker nicht davon ausgehen, dass die Schutzmauer, die er zu seiner Tarnung aufgebaut hatte, ewig halten würde.

So gesehen war das gloriose Jahr 1985 einfach die Inszenierung seines Abgangs. Die beiden Höhepunkte waren für ihn der denkbar grösste symbolische Gewinn und der Abgang selbst war nichts als die notwendige und vielleicht sogar lange geplante Risikominimierung. Was als Rätsel erscheinen sollte, wäre dann gut kalkuliert. Becker hatte die rhetorische Figur des wohlmeinenden, ganz auf das Kind hin ausgerichteten Pädagogen sorgfältig aufgebaut und konnte sich gut dahinter verstecken, aber nur solange die Tarnung hielt und den Gerüchten niemand nachging.

Darauf muss er sensibel geachtet haben und dann blieb, wie schon zuvor, einzig die Flucht, nur dass sie nicht plötzlich vollzogen, sondern so inszeniert wurde, dass niemand Verdacht schöpfen konnte. Päderasten teilen ihr Geheimnis nicht mit anderen, ausser es sind, wie heute im Internet, Gleichgesinnte und der Zirkel ist geschlossen. Es gibt Hinweise, dass Becker mit anderen Päderasten Kontakt hatte, und darin war er freier, wenn er nicht länger den Schulleiter spielen musste. Wenn man es sarkastisch sagen will: Die Ankündigung 1983 brachte ihm Gewinn, er konnte zwei Jahre länger Kinder missbrauchen.

Sein Weggang befreite ihn von der Last der Schulleitung, die verbunden war nicht nur mit inneren und äusseren Konflikten, sondern auch mit der ständigen Gefahr, doch entlarvt zu werden. Man liest dann Beckers Äusserungen 1985 in der Zeit mit anderen Augen. Wenn dreizehn Jahre Leitung

---

37 Mail von Uli Hake vom 24. Juni 2010.
38 Salman Ansari erhielt am 1. Februar 1974 einen Lehrauftrag für Chemie und Biochemie, in diesem Rahmen war er zweimal die Woche an der Odenwaldschule. Vom Schuljahr 1974/1975 an leitete er seine erste OSO-Familie und zog für dieses Jahr in das oberste Stockwerk des Humboldthauses. Später lebte er im Schillerhaus.

der Odenwaldschule „genug" gewesen sein sollten, dann auch wegen des hohen Aufwandes an Tarnung und Verschleierung. Bei aller Selbstherrlichkeit und aller festzustellenden Patronage, Becker konnte nicht oder immer weniger davon ausgehen, dass sich seine drastische Praxis als Kinderschänder auf Dauer an der Odenwaldschule würde fortsetzen lassen.

Er ging aber sicher nicht, weil er Einsicht in das Unrecht zeigte, das er begangen hatte und gleichsam ein neues Leben beginnen wollte. Es wird einfach Zeichen und Anlässe genug gegeben haben, die den Schluss nahelegten, dass er an der Odenwaldschule als Täter zu hohe Risiken in Kauf nehmen musste. Aus diesem Grunde konnte er auch auf überzeugende Weise Erschöpfung zeigen, nur das machte seine Entscheidung glaubwürdig. Nach einer beruflichen Alternative hat er offenbar aber nicht wirklich gesucht, wie zuvor bei seinen Wechseln vertraute er darauf, einfach irgendwie weitermachen zu können und aufgefangen zu werden. Der Vorteil war, das Täterfeld unter Nutzung der Verbindungen zur Odenwaldschule verlagern zu können.

Gerold Becker galt wohl als charismatisch, aber er war als Schulleiter und Organisator überfordert, eine Einschätzung, die in der Schule offenbar schon wenige Jahre nach Übernahme der Leitung die Runde machte. Im Mai 1976 halten Herta und Uwe Lau in ihrem Kündigungsschreiben im Blick auf Beckers Rollenverständnis fest:

„Vorhandene Fähigkeiten und Ideen zu nutzen, entsprechende Aufgaben zu ordnen und zu einem erfolgreichen Abschluss zu bringen, das verlangt sicher mehr als das neutralisierende Wirken eines Diskussionsleiters, der sich vorwiegend als Beschützer der Kinder gegenüber den Erwachsenen versteht."

Pädophile Männer verhalten sich oft so, aber in dieser selbst gewählten Rolle als Kinderfreund musste Becker ständig ein Doppelleben führen, also auch für Schweigen sorgen oder Wegsehen nahelegen, was nur möglich war, wenn er Gunst verteilte und Abhängigkeiten schaffte, damit aber zugleich auch schwer steuerbare Beziehungsgeflechte in Kauf nehmen und permanent den Schein wahren musste. Und Schulleitung war nicht das, was er wirklich wollte.

Noch etwas ist auffällig: Solange wie an der Odenwaldschule hat er es als Erwachsener an keinem anderen Ort ausgehalten. Aber allein die Dauer erhöht einfach das Risiko für einen Täter wie ihn. Einerseits war das Täterfeld ideal, andererseits war er getrieben, an ein- und demselben Ort immer neue Opfer zu finden. Davon durfte nichts nach aussen dringen, also musste die Umwelt ständig manipuliert werden. Er inszenierte sich genau deswegen mit Vorliebe als Kinderfreund und „Menschenkenner", der das pädagogisch Gute verkörperte. „Aber im Grunde war er nichts weiter als eine Projektionsfläche" (Brandenburger 2011a, S. 3).

Doch eben das verlangt einen gewaltigen Aufwand an immer neuer Rollenbestätigung und Imagepflege vor dem Hintergrund ganz anderer Absichten. Beckers Herrschaftsform war keine persönliche Diktatur, sondern eher eine informelle Oligarchie, er muss je nach Lage wechselnde Koalitionen eingegangen sein und ständig improvisiert haben, ohne wirklich die Erwartungen zu erfüllen, die an ihn gerichtet wurden. Er war auf eine freundliche Weise unfassbar und die Schüler sollten den Eindruck eines „Gleichgesinnten" gewinnen,[39] den er mit hohem Einsatz überzeugend spielen konnte.

Die Odenwaldschule war nie, wie Becker immer wieder gesagt hat, eine pädagogische „Umgebung", die „ausdrücklich erdacht ist dafür, dass Kinder in ihr glücklich sein und auf vernünftige Weise gross werden können" (OSO-Hefte 1985, S. 57). An eine solche Rhetorik konnte man nur glauben, sie hatte nichts mit der Wirklichkeit zu tun, so wie viele Schüler oder auch manche Eltern und Lehrer sie wahrgenommen haben. Als Täter konnte Becker nur agieren unter der Voraussetzung einer sicheren Fassade, die irgendwann einmal brüchig werden musste. Dann ging es nur noch darum, die Flucht nicht als eine solche aussehen zu lassen.

Das geschah nicht sang- und klanglos. Gerold Becker ist als Schulleiter und Mitarbeiter offiziell verabschiedet worden. Die Feier fand am 11. Juli 1985 statt, gut einen Monat nach dem Jubiläumswochenende. Der „Festakt" mit neun Rednern und zwei Rednerinnen dauerte fast drei Stunden. Becker wurde mit Lob überschüttet und es wurden ihm zahlreiche Geschenke überreicht, darunter eines des Trägervereins, die ihm den Abschied erleichtern sollten. Am Ende erhielt er auch eine symbolische Gabe, die mit seiner Erscheinung auf dem Schulgelände zu tun hatte, nämlich einen langen Schal, „an dem in den OSO-Familien jedermann und -frau jeweils eine Reihe gestrickt hatte" (Harder 1985, S. 107). Danach packte er seine Sachen und kehrte zurück nach Göttingen.

Zusammen mit Becker wurde auch Rosemarie Stein verabschiedet, die seit dem 9. Mai 1949 in der Odenwaldschule gearbeitet und die Kinder der Grundschule im Pestalozzihaus betreut hatte. Es gibt Hinweise, dass sie von den sexuellen Übergriffen des scheidenden Schulleiters wusste. Sie trat in den Ruhestand, während Becker das Weite suchte. Anders kann man es nicht nennen. Er kam zunächst wieder im Haus seiner Familie unter und fing nochmals von Neuem an, ohne abgeschlossene Ausbildung und ohne Qualifizierung für einen Beruf. Seine drei Geschwister lebten noch, es ist aber nicht bekannt, wie sie auf ihn in seiner neuen Situation reagiert haben. Kurzfristig war er ohne eine konkrete Aussicht.

---

39 Mail von Gerhard Roese vom 9. August 2012.

Finanziell wurde es schnell sehr eng. Es gibt eine Korrespondenz zwischen Gerold Becker, der Odenwaldschule und dem Arbeitsamt in Göttingen aus der zweiten Hälfte des Jahres 1985. Becker muss also tatsächlich einige Monate oder sogar länger arbeitslos gewesen sein, sonst hätte er sich nicht beim Arbeitsamt gemeldet.[40] Falls er Pläne für den Anschluss hatte, dann haben sie sich rasch zerschlagen oder waren von Anfang an illusorisch. Er geriet sogar in eine akute Notlage, aus der ihm offenbar kurzfristig niemand heraushelfen konnte. Das Arbeitsamt hätte ihm angesichts der fehlenden Abschlüsse nur Tätigkeiten als Aushilfe vermitteln können.

Das wirft nochmals mehr die Frage auf, warum er überhaupt gegangen ist. Besser als an der Odenwaldschule hätte er es zu diesem Zeitpunkt nirgendwo treffen können. Er verdiente gut, war sozial abgesichert und verkehrte in den besten Kreisen. Jede andere Wahl hätte eine Verschlechterung bedeutet, aber die wollte er offenbar in Kauf nehmen. Das ergibt nur Sinn, wenn die Risiken des Bleibens grösser gewesen sind als die des Gehens. Einfach naiv zu gehen, passt nicht zum Profil eines skrupellosen Täters, dem immer hohe Intelligenz bescheinigt worden ist.

Gerold Becker hat einfach bis zuletzt die Rolle des Schulleiters gespielt, dem am Ende auch durch Hermann Freudenberg bescheinigt wurde, dass er das überaus „erfolgreich" getan habe. Sein „Tun" werde auch für die nächste Zeit „stark prägend" sein, weil er „entscheidende Akzente gesetzt" habe (OSO-Hefte 1985, S. 131). Becker hat zwei Jahre Zeit gehabt, sich nach etwas Neuem umzuschauen, aber es ist nicht erkennbar, dass er ernsthaft nach einer Option gesucht hat, wie es nach seiner Zeit an der Odenwaldschule weitergehen sollte. Freudenberg wünschte ihm, dass er bis zu seiner „neuen Tätigkeit" die von ihm „erhoffte Zeit des geistigen Auftankens" finden werde (ebd., S. 132). Diese neue Tätigkeit gab es nicht, von Entwicklungshilfe ist keine Rede, die Freudenberg beim Abschied gewiss erwähnt hätte.

Im Dezember 1985 schrieb Gerold Becker an den Geschäftsführer Günther Schweigkofler einen dreiseitigen Brief, in dem er unverblümt seine Lage schildert und darum nachsucht, das Abschiedsgeschenk „in gebündeltes Bares" zu verwandeln. Er legt sogar dringlich nahe, dass die Schule ihm seine zurückgelassene Kücheneinrichtung, seine Schreibmaschine und seine Regale abkaufen möge. Sechs Monate nach seinem Weggang von der Odenwaldschule war er demnach weitgehend mittellos und musste quasi betteln.

Offenbar hoffte er auf eine Anstellung beim Hessischen Rundfunk in Frankfurt, der Verbindungsmann war der Altschüler Florian Lindemann, der als freier Journalist für den Sender arbeitete. Lindemann kam 1969 an die Odenwaldschule und lebte im Schuljahr 1970/1971 in der Becker-Familie,

---

40 Zum Folgenden: Gespräch mit Margarita Kaufmann vom 9. April 2013.

nachdem er zuvor in einer weitgehend neu zusammengesetzten Familie gewohnt hat. Lindemann hat 1972 Abitur gemacht. Er war seinem früheren Familienhaupt anscheinend immer noch eng verbunden, konnte aber nichts für ihn tun. Was er tatsächlich versucht hat, ist nicht bekannt.

Der Rundfunk-Plan wurde also nicht verwirklicht und war offenbar auch nie realistisch. Warum Becker nicht in die Entwicklungshilfe ging oder gehen konnte, ist ebenfalls nicht bekannt. Vielleicht haben seine fehlenden Abschlüsse eine Rolle gespielt, aber es ist nicht einmal klar, ob er sich überhaupt irgendwo beworben hat. Jedenfalls musste er sich um seine Zukunft anders kümmern, als er das vermutlich geplant hatte. Und er tat das, was naheliegend war, nämlich orientierte sich im Umkreis der Landerziehungsheime neu und wurde anschliessend staatlicher Schulentwickler. Möglich war das nur mit einem hilfreichen Netz, das ihn nicht fallen lassen konnte, und genau darauf baute er.

Tatsächlich gelang es ihm, sich neu zu etablieren, und er hätte danach seine Vergangenheit auf sich beruhen lassen können. Aber eben das tat er nicht, er hat sich nie von der Odenwaldschule gelöst und sich zurückgezogen, im Gegenteil war er dort häufig zu Gast und hielt alle alten Kontakte aufrecht. Hier hatte er seine grössten Bewunderer und er muss sich sehr sicher gewesen sein, dass ihn niemand anklagen würde. Ausserdem fand er dort bequem weitere Opfer, die ihm nach Berlin folgten oder ihm dorthin vermittelt worden sind. Auch das muss bei der Entscheidung, die Schule zu verlassen, eine Rolle gespielt haben.

Im Januar 1995 kommt Becker in dem bereits erwähnten Vortrag vor deutschen Lehramtsstudenten auf seinen Weggang zu sprechen. Er habe, sagt er, die Odenwaldschule „vor knapp zehn Jahren verlassen". Einen Grund dafür gibt er auch jetzt nicht an, stattdessen betont er die *Intensität* der Erfahrung, ohne genau zu sagen, worin die bestanden haben soll und was sie bewirkt hat; die Zeit an der Odenwaldschule wird einfach als ebenso intensive wie beglückende Episode seines Lebens hingestellt. Nachgefragt hat vermutlich niemand und er konnte sich erneut als selbstlosen Pädagogen stilisieren, dem die Studenten sicher gerne zugehört haben. Er schien authentisch zu sein und mit sich ganz im Reinen.

Aber die „Intensität" der Erfahrung verweist auf einen Subtext, in dem man auch die Risiken des Täters lesen kann. Becker sagte nämlich:

> „Der Odenwaldschule verdanke ich ... pädagogische Erfahrungen von einer Intensität, wie ich sie vermutlich nirgendwo anders hätte erleben können. Ich habe in der Odenwaldschule – als Pädagoge, aber einfach auch nur als Mensch – so herausgefordert und gleichzeitig so beglückt gelebt wie vorher nur selten und auch seitdem immer wieder nur stunden- oder tageweise. An der Odenwaldschule war diese pädagogische Intensität (fast) ein Dauerzustand" (Becker 1996a, S. 41).

Aus heutiger Sicht beschreibt er sich damit als Täter, der pädagogische Chiffren benutzt, die nichts von dem durchdringen lassen, was er tatsächlich erlebt hat. „Intensiv" muss es gewesen sein, sonst hätte er eine andere Beschreibung gewählt, aber er braucht mit keinem Wort anzudeuten, was derart „intensiv" gewesen ist, dass er zehn Jahre später noch ergriffen zu sein scheint. Auch der „Dauerzustand" verweist auf den Täter, der als skrupellos geschildert wird, nämlich jede sich bietende Chance nutzte und sich nahm, was er begehrte.

Becker wurde in seinen Reden nie konkret, ausgenommen Beispiele, die seine Theorie unterstützen sollten, trotzdem ist er als Pädagoge für seine Hörer stets glaubwürdig gewesen, weil er eine Sprache benutzte, mit der er seine Anliegen und so sich selbst moralisch erhöhen konnte, indem er sich und seine Person oder sich als Mensch hinter die Sache der besseren Erziehung stellte, also selbstlos erscheinen konnte. Dabei will er intensiv gelebt haben, als sei die Odenwaldschule eine Gruppierung der bündischen Jugend gewesen. Wenn die Heidelberger Studenten ihn gefragt hätten, was ihn denn so „beglückt" hat und so „intensiv" gewesen ist, wäre ihm sicher eine harmlos-verklärende Antwort eingefallen.

Die Erfahrungen als Lehrer und Schulleiter der Odenwaldschule konnte er nur dann für sein neues Leben nutzen, wenn er sich zunächst nicht allzu weit vom Milieu der Landerziehungsheime entfernen würde. Genau das machte er, das „geistige Auftanken" oder der grosse Neuanfang fanden nicht statt und viele Optionen hatte er nicht; genauer gesagt, er hatte gar keine, sondern musste nehmen, was ihm angeboten wurde. Und er nutzte eine Chance, die ihm Hellmut Becker – scheinbar im Scherz – eröffnet hatte, er konzentrierte sich auf die Rolle des „Chefideologen", solange bis er Anschluss an die staatliche Schulentwicklung in Hessen fand.

5.3 „Chefideologe" der Landerziehungsheime

Gerold Becker verliess das seltene „Gewächshaus" Odenwaldschule ein Jahr nach Erscheinen des Artikels in betrifft:erziehung, nämlich zum 31. Juli 1985, also nach den Sommerferien, in Richtung Göttingen und nicht in Richtung Entwicklungshilfe. Zuvor hatte sich Becker in seiner Odenwaldschul-Familie seine neue Tätigkeit „in allen Farben ausgemalt" und von den grossartigen Möglichkeiten geschwärmt, in Asien oder Afrika tätig zu werden.[41] Von seinem Wunsch, Entwicklungshilfe in Afrika zu leisten, nach seiner Zeit an der Odenwaldschule, hat Gerold Becker schon in früheren seiner OSO-Familien

---

41 Telefongespräch mit Andreas Huckele am 9. September 2013.

gesprochen, aber er hat auch geschwärmt, gerne als Gärtner zu arbeiten.[42] Auch später kam er auf die Entwicklungshilfe als Option zurück, man wusste auch, dass Gerolds Schwester in Afrika in der Mission tätig war.

Vermutlich benutzte er die Afrika-Legende nur, um sich nicht näher erklären zu müssen und Nachfragen gar nicht erst aufkommen zu lassen. Sein Weggang musste ja glaubwürdig erscheinen, während er tatsächlich rätselhaft schien und vorderhand unerklärlich war. In seinem Alter lässt man sich nicht einfach ins Leere fallen, doch genau das ist geschehen, nicht zum ersten Mal so radikal, erneut ohne Rücksicht auf Absicherungen und belastet mit dem Problem, wie die Rente finanziert werden soll. Eigentlich war er doch unverzichtbar und hatte viel zu verlieren. Aber genau daraus schlug er Kapital, er suchte den Bruch und liess es so aussehen, dass er neu anfangen wollte.

In seiner Abschiedsrede 1985 wählte Hellmut Becker eine Bezeichnung, die Gerold Beckers Stellung gut trifft. Er nämlich sei seit seinen Anfängen als Lehrer an der Odenwaldschule „sehr schnell ... eine Art Chefideologe der Landerziehungsheime" geworden, wobei Hellmut Becker rasch hinzufügte, „ohne ein Chef und ohne ein Ideologe zu sein" (H. Becker 1985a, S. 152). Gleichzeitig wird gewünscht, dass Gerold Becker „für uns, für die Gesamtheit der Landerziehungsheime weiter eine entscheidende, mitwirkende Figur bleibt". Sein „Weggang" ist eigentlich „eine Etappe, aber kein Abschied" (ebd.).

Natürlich war er gerade als Ideologe unverzichtbar und viel mehr als eine Neuorientierung im Umkreis der Landerziehungsheime blieb ihm auch gar nicht übrig. Doch zunächst kehrte Gerold Becker in das Haus Arnimweg 8 zurück. Was er in der zweiten Hälfte des Jahres 1985 gemacht hat, ist nicht bekannt. Aber die Vorbereitung des Festes für Hartmut von Hentig wird ihn beschäftigt haben, nicht zuletzt der grosse Auftritt an seiner Seite, der allerdings auch verlangte, dass er eine vorzeigbare Zukunftsperspektive erhielt, die offenbar überaus fraglich war.

Als Becker seinen Posten als Schulleiter ohne eine konkrete Aussicht auf Beschäftigung verliess, hat er de facto erneut eine Flucht angetreten. Er hatte genügend Zeit, sich auf seinen Weggang vorzubereiten, ohne dass er eine für seine Ansprüche passende neue Stelle gefunden hätte. Becker konnte nicht einfach – und wollte vermutlich auch nicht – an eine andere Schule, etwa ein anderes Landerziehungsheim, wechseln. Damit wäre seine Grundsituation ja nicht anders geworden und er hätte auch bleiben können. Aber offenbar war das verbaut, zurück konnte er nicht.

Am Anfang seines Lebens nach der Odenwaldschule geriet er in Schwierigkeiten, mit denen er allem Anschein nach nicht gerechnet hat. Der Bettelbrief an den Geschäftsführer Schweigkofler im Dezember 1985 muss Gerold

---

42 Gespräch mit Konrad Taukert vom 15. Oktober 2013.

Becker bis an den Rand der Selbstverleugnung gebracht haben. Das Abschiedsgeschenk seiner ehemaligen Schule nämlich war eine Reise, die er ausbezahlt haben wollte. Reisen hatten für Hentig und Becker einen hohen Symbolwert, Becker muss also an einem Tiefpunkt seines Lebens gewesen sein. Aber angesichts des ihn tragenden Netzwerkes ist es kaum denkbar gewesen, dass er wirklich fallen gelassen worden wäre.

Er wird rechtzeitig von anderen Absichten erfahren und sich zumindest darauf verlassen haben, dass seine mächtigen Freunde schon etwas für ihn tun werden. Nicht umsonst hatte Hellmut Becker am Ende seiner Abschiedsrede die unverbrüchliche Freundschaft festgehalten und damit gleichsam sein Wort gegeben. Er sagte vor den Augen von Gerold Becker: „Für mich ... gehört die Freundschaft mit Ihnen zu den Dingen, die fest bestehen, was immer sie auch in Ihrem künftigen Leben anstellen werden." Und er fügt noch hinzu, das sei „das Wichtigste", was er mit seiner Rede zum Ausdruck bringen wollte (ebd., S. 156).

Die Wortwahl ist sicher kein Zufall gewesen: Wenn Kinder etwas „anstellen", begehen sie Dummheiten, was man auch für Erwachsene befürchten kann. Da ist dann die Hilfe der Freunde angesagt, zumal wenn die Freunschaft so unverbrüchlich daher kommt wie bei Hellmut Becker. Vielleicht war es ja auch ein Deal, auf jeden Fall muss Gerold Becker sich auf ihn verlassen haben und brauchte dann auch tatsächlich nicht lange zu warten, denn sehr schnell zeigte sich, was dieses männerbündische Verhältnis für ihn wert war. Freunde überlässt man nicht dem Ungewissen, sondern sucht für sie Lösungen, die einen Neuanfang erlauben, wie 1964 in Göttingen und 1999 in Berlin.

1986 wurde Gerold Becker Vorsitzender des Vorstandes der Vereinigung Deutscher Landerziehungsheime und erhielt für seine Arbeit eine Bezahlung. Bereits im Mai 1973 war er in den dreiköpfigen Vorstand der Vereinigung gewählt worden (OSO-Nachrichten 1973, S. 27) und ist vermutlich für seine Tätigkeit auch entschädigt worden, in welcher Höhe, ist nicht bekannt. Nunmehr übernahm er den Chefposten und konnte von dort aus seine weitere Karriere in Angriff nehmen, die zunächst ganz vom ideologischen Umfeld der Landerziehungsheime geprägt war.

Vorsitzender einer pädagogischen Vereinigung in einem so sensiblen Bereich wie dem von Internaten wäre Gerold Becker sicher nicht geworden, wenn seine pädophile Disposition bekannt gewesen wäre. Aber man war vertraut und gefragt hat vermutlich niemand, warum er die Odenwaldschule verlassen hat, und wenn, dann wird er passende Erklärungen zur Hand gehabt haben. Doch versorgt und abgesichert war er mit der Vorstandsarbeit nicht. Alleine mit der Entschädigung für seine Tätigkeit beim Dachverband der Deutschen Landerziehungsheime hätte er nicht leben können, also musste für ihn dringend etwas gefunden werden.

An dieser Stelle löste Hellmut Becker sein Freundschaftsversprechen ein. Er verschaffte ihm ein dreijähriges persönliches Forschungsprojekt im Wert von 120.000 Mark, das der Stifterverband für die Deutsche Wissenschaft in Essen bezahlte, also die deutsche Industrie. Gerold Becker hatte verschiedentlich an Tagungen des Stifterverbandes teilgenommen und war dort offenbar gern gesehen. Im Jahre 1985 wurde vom Verband das Förderprogramm „Bildung&Begabung" ins Leben gerufen, vielleicht ist von dort das Geld beschafft worden, bekannt ist das nicht. Hellmut Becker hatte nicht zuletzt über Hermann Freudenberg und den Ettlinger Kreis[43] beste Verbindungen zum Stifterverband (Friedrich/Jähnichen 2002, S. 120f.) und nutzte diese für seine Zwecke.

Der Generalsekretär und Leiter der Hauptverwaltung des Stifterverbandes war seit 1964 Thorwald Risler, ein ausgebildeter Archäologe. Mit ihm war Hellmut Becker eng befreundet und beide traten auch zusammen in der Öffentlichkeit auf. Becker und Risler nahmen 1967 etwa am 26. Bergedorfer Gesprächskreis der Koerber-Stiftung teil und diskutierten zusammen mit Ralf Dahrendorf, Hildegard Hamm-Brücher und anderen das Thema „Neue Wege zur Hochschulreform".[44] Risler wird das Ansinnen, den ehemaligen Leiter der Odenwaldschule zu fördern, unterstützt haben. Er und Becker arbeiteten schon seit der Zeit zusammen, als Risler der Geschwister-Scholl-Stiftung in Ulm vorstand. Diese Tätigkeit gab Risler 1964 auf, begleitet von heftigen Konflikten.

Der Familienunternehmer Risler war den deutschen Landerziehungsheimen und der Privatschulszene eng verbunden. Er sorgte nach dem Krieg für die Wiedereröffnung der Schule Salem und war im Vorstand der Schule Birklehof tätig, wo er Hellmut Becker kennengelernt haben dürfte. Risler, wie Becker Jahrgang 1913, war nach dem Krieg auch politisch engagiert. So war er für die CDU 1949 Mitglied der Ersten Bundesversammlung. Als Generalsekretär des Stifterverbandes für die Deutsche Wissenschaft finanzierte er etwa auch die „Lindenstiftung für die vorschulische Erziehung" in Lindau, die der Publizist Helmut Lindemann – kurzfristig Leiter der Schule Birklehof[45] – 1972 zusammen mit seiner Frau gegründet hatte (Der Birklehof 2004, S. 64).

---

43 Der Ingenieur Hans Freudenberg (1888–1966) gründete 1957 in der nordbadischen Stadt Ettlingen einen Kreis von Industriellen und Pädagogen, der in der jungen Bundesrepublik bildungspolitisch grossen Einfluss hatte, vor allem im Bereich der Berufsbildung. Der Ettlinger Kreis hat auch Stipendien für die Odenwaldschule vergeben und damit für den Unterhalt der Schüler gesorgt, die das Schulgeld nicht selbst aufbringen konnten.
44 http://www.koerberstiftung.de
45 Helmut Lindemann (1912–1998), promovierter Jurist, war vom 1. Juli 1961 bis zum 31. Januar 1962 auf Anraten von Hellmut Becker Leiter der Schule Birklehof (Der Birklehof 2004, S. 52, 64). Er scheiterte nach kurzer Zeit am Widerstand des Kollegiums.

Gerold Becker wurde also erneut protegiert. Er hat nie wirklich geforscht, aber konnte ein DFG-Projekt nachweisen, die Zeit als Assistent in Göttingen sowie eine längere Publikationsliste. Die damalige Programmabteilung des Stifterverbandes leitete ein ehemaliger Lehrer der Schule Birklehof, man war also unter sich und sorgte gemeinsam dafür, dass eine Lösung gefunden wurde (Schmoll 2010a). Ob dieses Projekt je abgeschlossen wurde, ist nicht bekannt, auch nicht, was Gerold Becker genau getan hat, um den Auftrag zu erfüllen. Mit dem Geld jedenfalls war für eine Überbrückung gesorgt, Becker konnte Zeit gewinnen, die er vor allem nutzte, um sein Netzwerk zu erweitern und neu zu knüpfen.

Dazu gab es zahlreiche Gelegenheiten, die auch wieder mit einer Annäherung an die akademische Pädagogik verbunden waren. So ist Gerold Becker 1990 als Lehrbeauftragter der Freien Universität Berlin aufgeführt worden (Hasenclever 1990, S. 175). Er wohnte inzwischen in Berlin, wer ihm den Lehrauftrag beschafft hat, ist nicht bekannt, aber er war bereits Experte für Reformpädagogik. Auf einer Tagung im März des Jahres wird er sogar mit „Gerold Becker, Freie Universität (FU) Berlin" angekündigt (Schule als ökologischer Lernort 1990, S. 5).[46] Drei Jahre später sollte Becker zusammen mit Jürgen Zimmer die Festschrift für Hellmut Becker herausgeben, die mit *Lust und Last der Aufklärung* überschrieben war (Becker/Zimmer 1993).

Zimmer war Forschungsassistent von Shaul Robinsohn im Max-Planck-Institut für Bildungsforschung und leitete von 1971 an den Arbeitsbereich Vorschulerziehung im Deutschen Jugendinstitut. Er ist 1979 an die Pädagogische Hochschule Berlin berufen worden, die ein Jahr später aufgelöst wurde. Danach war er bis zu seiner Emeritierung 2004 an der Freien Universität Berlin tätig. Auch Jürgen Zimmer gehörte zum grösseren Kreis um Hellmut Becker und Hartmut von Hentig. Er ist einschlägig sozialisiert worden, nämlich hat die Hermann-Lietz-Schule auf Schloss Bieberstein besucht und an der Schule Schloss Salem Abitur gemacht.

Im Januar 2011 kommentierte Jürgen Zimmer die Missbrauchsfälle an der Odenwaldschule, ohne seine Beziehung zu Gerold Becker zu erwähnen. In dem Interview ist die Rede von einem „Kartell des Schweigens", aber über die Person des Täters wird kein Wort verloren. „Die Täter" werden abstrakt angesprochen, Zimmer fragt sich, wie sie dazu werden konnten und was „da in der Biografie passiert ist",[47] nicht wie Gerold Becker zum Täter wurde und es geschafft hat, in seinem Umfeld nie aufzufallen. Becker war seit mehr als

---

46 An gleicher Stelle wird er mit „Prof. Dr. Gerold Becker" tituliert (Schule als ökologischer Lernort 1990, S. 42).
47 http://www.fu-berlin.de/campusleben/campus/2011/110128_sexueller_missbrauch/index/html

einem halben Jahr tot, aber niemand aus dem Kreis derer, die ihn kannten, stellte diese Frage, jedenfalls nicht öffentlich.

Die Geschichte verweist noch auf etwas anderes. Gerold Becker ist stets empfohlen und vielfach unterstützt worden. Er hat sich sehr geschickt angepasst und war in vielen Gremien willkommen. Wenn heute niemand mehr etwas von ihm wissen will, dann hat das mit Verdrängung zu tun, die seiner tatsächlichen Rolle in der deutschen Reformpädagogik zwischen 1966 und 2010 nicht gerecht wird. Es scheint fast so, als habe es ihn nie gegeben, was den Opfern wie ein besonderer Hohn vorkommen muss. Aber er war ein Pädagoge, der Einfluss genommen hat, was nunmehr irgendwie – und sehr stillschweigend – nicht mehr gelten soll.

Dabei gibt es über ihn und seine Karriere viele Fragen und Ungereimtheiten, die eigentlich gerade die neugierig machen müssten, die glaubten, ihn gekannt zu haben oder gar ihm nahe gewesen zu sein. Aber nach seinem Tod hat sich niemand aus seinem früheren Umfeld mehr über ihn öffentlich geäussert. Zu der bis heute zentralen Frage wurde, was Hartmut von Hentig „gewusst" hat, was einfach nur die Hierarchie wahrt, nicht, wie Becker zu dem werden konnte, was er zu sein schien und was er tatsächlich war. Damit bleibt erhalten, was Becker immer wollte, nämlich im Hintergrund zu bleiben und nur positiv aufzufallen. Wer also heute über ihn peinlich schweigt, erfüllt sein Vermächtnis.

Das neue Betätigungsfeld im Umkreis der Landerziehungsheime hat Becker schon bald nach seinem Weggang von der Odenwaldschule für Vorträge und Verbandsarbeit nutzen können. Was er dabei genau verdient hat, ist nicht bekannt. Becker wurde zudem Mitglied im Vorstand der Hermann-Lietz-Schulen, die innerhalb der Landerziehungsheime eine eigene Organisation bilden und Posten zu vergeben haben. Auch dort bezog er Einkünfte, wenngleich er hauptsächlich von dem Forschungsauftrag des Deutschen Stifterverbandes gelebt haben dürfte.

Daneben wurde er noch Geschäftsführender Herausgeber der angesehenen Zeitschrift Neue Sammlung, in der die Pädagogik der Landerziehungsheime stets hoch gehalten wurde. Hier hatte er ein eigenes publizistisches Feld, das er schon vor seiner Zeit an der Odenwaldschule genutzt hat und das eng mit seinem sowie mit Hentigs Namen verbunden war. Nicht zuletzt über die Neue Sammlung, wo er fast vierzig Jahre lang veröffentlicht hat, wurde er in der deutschen akademischen Pädagogik und darüber hinaus zu einem bekannten Namen, den niemand skeptisch betrachtete.

1984 führte ihn die Zeitschrift Westermanns Pädagogische Beiträge im Anschriftenverzeichnis der Mitarbeiter sogar mit „Dr. Gerold Becker, Odenwaldschule Ober-Hambach".[48] Becker war Hausautor der Zeitschrift und hat dort intensiv publiziert. Wer ihm den Doktortitel zugeschrieben hat, ist nicht bekannt, die Zeitschrift wurde von den Herausgebern geführt, die über die Annahme von Artikeln entschieden und die Redaktion verantwortet haben. Auch auf diese Weise kann man als Person aufgewertet werden, Reaktionen von Becker auf diese Adelung zum Akademiker gab es vermutlich nicht.

Wenig mehr als ein Jahr nach seinem Weggang von der Odenwaldschule, am 18. Oktober 1986, hielt Gerold Becker zum 75-jährigen Gründungstag des Vereins „Freunde und Altbürger der Hermann-Lietz-Schule e.V." auf Schloss Bieberstein einen Vortrag zum Thema: „Nur eine Notlösung? Über Internatserziehung heute" (Becker 1986). Es muss einer seiner ersten Vorträge im neuen Amt gewesen sein. Becker rechtfertigte die Internatserziehung als grosse Chance des alternativen Aufwachsens fern den Gefahren der Grossstadt und zeigte nebenbei, dass er bei Freunden untergekommen war.

Er machte sich tatsächlich nützlich, als Chefideologe der Landerziehungsheime mit dem Siegel des langjährigen Schulleiters, der sich um die Heime und ihre exklusive Schulform verdient gemacht hatte. Er sprach daher stets aus Erfahrung und bekannte sich zur Reformpädagogik, allein deswegen war er für die Verbreitung der pädagogischen Ideologie unverzichtbar. Hellmut Becker also sollte Recht behalten und ist auch häufiger mit ihm zusammen aufgetreten. Sein Protegé war damit wieder im Geschäft, wie sich allein an seiner Vortragstätigkeit ablesen lässt.

Aber was machte ihn zum Chefideologen? Zusammen mit Hans-Walter Erbe und Klaus Weidauer, dem damaligen Leiter der Schule Birklehof, verfasste Gerold Becker den Überblicksartikel zu den deutschen Landerziehungsheimen, der im Sommer 1971 für den Sammelband *Freie Schule* verfasst wurde, in dem sich die deutschen Privatschulen erstmals breit selbst dargestellt haben. Anlass war der Strukturplan für das deutsche Bildungswesen, der ein knappes Jahr zuvor erschienen war und in dem sich die Freien Schulen in ihrer Vielfalt und pädagogischen Besonderheit nicht richtig wahrgenommen oder auch übergangen fühlten (Freie Schule 1971, S. 36–45).

Für die Darstellung dieser Besonderheit spielten die Landerziehungsheime eine wichtige Rolle und daran war Gerold Becker früh beteiligt, nachdem er kaum zwei Jahre Lehrer an der Odenwaldschule gewesen ist. Der Artikel enthält bereits viele Elemente, die der Chefideologe Becker mehr als vier Jahrzehnte lang vertreten sollte:

---

48 Westermanns Pädagogische Beiträge Band 36 (1984), S. 144.

- In den Landerziehungsheimen werden die Lehrer nicht auf ihre „Lehrfunktion" reduziert, sondern leben als Erwachsene in einem „ständigen Dialog" mit den Schülern.
- Diese Lehrer sind zugleich Erzieher und identifizieren sich „ungewöhnlich stark" mit ihrem Beruf.
- Für die individuellen Probleme eines Kindes werden individuelle Lösungen gefunden.
- Die Schulen kennzeichnet „Geduld und die Fähigkeit, lange abzuwarten" sowie „das entschlossene Ernstnehmen des Kindes als Gesprächspartner und Gegenüber"
(Becker/Erbe/Weidauer 1971, S. 149).

Ihre besondere Aufgabe, heisst es weiter, sehen die Heime darin, „auf den einzelnen einzugehen, ihn in seiner Besonderheit, seinen Schwierigkeiten und Möglichkeiten zu akzeptieren, ihm zu seiner individuellen Entwicklung zu helfen und zugleich in seiner Eigenheit seine Rolle in einem grösseren sozialen Zusammenhang finden zu lassen. Gerade hierfür ist es wichtig, eine Umwelt zu bieten, in der nicht nur die intellektuellen Kräfte angesprochen werden" (ebd., S. 152).

Diese Formel der besten Umwelt für das natürliche Aufwachsen der Kinder hat Becker immer wieder benutzt, aber sein Ehrgeiz als Chefideologe der Landerziehungsheime ging wesentlich weiter, er wollte nicht nur die Stichworte der Besonderheit liefern oder sich vor den „grossen Gründern" (ebd., S. 150) verbeugen, sondern auch die verbindliche Theorie formulieren. Vier Jahre nach Verlassen der Odenwaldschule bot sich eine Gelegenheit, das Vorhaben in Angriff zu nehmen. Nunmehr brauchte er keine Co-Autoren mehr. Gerold Becker war in der Szene etabliert und wusste um seinen Wert, entsprechend selbstbewusst konnte er auftreten. Dabei leitete ihn seine Göttinger Vergangenheit.

Am 6. und 7. Oktober 1989 fand in dem Landerziehungsheim Schule Marienau in der Nähe von Lüneburg eine gut besuchte Tagung[49] zum Thema „Pädagogik und Psychoanalyse" statt, die Gerold Becker „für die ‚Vereinigung der Deutschen Landerziehungsheime'" (Hasenclever 1990, S. 175) wesentlich mit gestaltet hat. Hier zeigte er sich deutlich und unverkennbar als Ideologe. Mit dabei waren Hellmut Becker, dessen Sohn, der Psychoanalytiker Stephan Becker, Beckers enge Vertraute Anne Frommann, Otto Seydel

---

49 Der Tagungsband dokumentiert 202 Besucher und 15 Referenten (Hasenclever 1990, S. 169–177).

von der Schule Schloss Salem und der Marienauer Lehrer Wolf-Dieter Hasenclever. Man war also unter sich und brauchte Gegenstimmen nicht zu fürchten.

In diesem Kreis äusserte sich Gerold Becker erstmalig zum Thema „Nähe und Distanz" in der Erziehung, in der Absicht, die „Nähe" theoretisch zu profilieren und zum Kern der Pädagogik der Landerziehungsheime zu machen.[50] Er leitete einen Workshop zu dem Thema und sein mündlicher Einleitungsvortrag ist protokolliert worden. Becker sah sich veranlasst, statt das Protokoll zum Abdruck zu bringen, mit dem er nicht zufrieden war, einen Originalbeitrag abzufassen, der dann auch in dem Tagungsband veröffentlicht wurde. Das Thema war ihm also eminent wichtig, sonst hätte er sich die Mühe nicht gemacht.

Becker verglich in seinem Beitrag zwei theoretische Konzepte, nämlich das therapeutische Verhältnis in der Psychoanalyse Sigmund Freuds und den „pädagogischen Bezug" Herman Nohls. Beides wird aber nicht wirklich aufeinander bezogen und gegeneinander abgewogen, es geht vielmehr darum, eine Theorie der pädagogischen Beziehung für die Landerziehungsheime zu formulieren und sich damit, vor diesem Publikum, selbst zu profilieren. In dem Beitrag ist soziale Nähe wichtiger und grundlegender für die Erziehung als Distanz, was an der Praxis der Landerziehungsheime abgelesen werden soll.

Sie sind für Becker die „konsequenteste Verwirklichung der Idee der ‚Lebensgemeinschaftsschule'", weswegen in ihnen auch „in besonders ungetrübter Form" das verwirklicht werden kann,

> „was von Herman Nohl als der ‚pädagogische Bezug' beschrieben worden ist, also die besondere Form der menschlichen Beziehung, deren letztlich sie mit Energie versorgende Antriebs- und Gestaltungskraft eben aus dem pädagogischen Charakter dieser Beziehung und aus dem aus ihm stammenden Gefühlen kommt" (Becker 1990b, S. 111/112).

Dieser gewundene Satz muss vor dem Hintergrund seines historischen Kontextes verstanden werden: Der Platoniker Nohl hat in den zwanziger Jahren des vergangenen Jahrhunderts mit dem „pädagogischen Bezug" eine andere Formel für das gefunden, was zur gleichen Zeit und deutlich im Umkreis der Landerziehungsheime als „pädagogischer Eros" zum Thema gemacht wurde.[51] Darauf beruft sich Becker im Sinne einer Schule der „Lebensgemeinschaft" ausdrücklich.

---

50 „Miteinander reden – miteinander umgehen" ist allerdings schon früher ein Thema (Becker 1981).
51 Ich verweise auf die im Entstehen begriffene Dissertation von Rebecca Gudat (München), in der die einschlägige Literatur aufgearbeitet und analysiert wird.

> „Der eine, das Kind, der Jugendliche will ‚wachsen', will erwachsen werden, will sich orientieren (auch wenn das durch Auflehnung und ostentatives Desinteresse geschieht) und sucht darum den schon erwachsenen Menschen, dem er vertrauen kann, der ihm beim Erwachsenwerden hilft, dem er ‚folgen' kann, um dabei und dadurch immer selbständiger zu werden – aber er sucht ihn eben zugleich gerade nicht als Mittel zum Zweck, sondern als den ‚anderen' in einer menschlichen (Freundschafts-) Beziehung" (ebd., S. 112).

Das ist nicht mehr als eine Projektion. Ob Kinder oder Jugendliche diese „Nähe" tatsächlich wollen oder wünschen, spielt keine Rolle, die Theorie sieht das nicht vor, auch nicht, dass Jugendliche gerade im Blick auf ihre Erzieher den Wunsch nach Distanz haben könnten. Nur die Nähe zu dem Erwachsenen, dem sie „folgen" können, soll gut für sie sein und das ist die perfekte Ideologie für jeden Täter, der noch Auflehnung als Wunsch nach Nähe und Beziehung deuten kann.

Geht man von dem aus, was OSO-Schüler tatsächlich gesagt und wie sie sich verhalten haben, dann entsteht ein ganz anderes Bild. Im März 1981 veröffentlichten die OSO-Nachrichten das Protokoll einer Diskussion unter Schülern der 11. Klasse, bei der es um die Frage ging: „Wie frei ist man an der OSO?" Einer von ihnen, nämlich Timm Hübner, sagte seinen Klassenkameraden: „Ich finde, die einzige Freiheit, die ihr nicht habt, besteht darin, dass ihr in den Unterricht gehen müsst. Aber wenn ihr euch mit den Leuten arrangiert, gibt es so gut wie nichts, an das ihr euch halten müsst" (OSO-Nachrichten 1981, S. 13).

Timm Hübner war seit 1978 an der Odenwaldschule. Ob er einen Abschluss gemacht hat, ist nicht klar, sein Name ist zusammen mit einer Schülerin aus der achten Klasse in der Familienliste durchgestrichen worden. Mit ihm diskutiert haben unter anderem Momme Röhrbein und Justus Bierich, beide lebten im Schuljahr 1981/1982 in der „Familie" von Gerold Becker, wo sie aber nur kurz geblieben sind. Hübner sagte in der Diskussion weiter: „Höchstens ein zehntel meiner Freizeit hängt mit der Schule zusammen ... Schon nach der 6. Stunde habe ich nichts mehr mit Schule zu tun. In dieser Beziehung bin ich überhaupt nicht eingeschränkt" (ebd., S. 15).

In keinem der Voten wird auf das Ideal des pädagogischen Bezuges abgehoben und kein Schüler fühlt sich als Mitglied einer Gemeinschaft, ohne die sie nicht erwachsen werden können und niemand sieht die Einheit von Leben, Lernen und Arbeit vor sich. Eher betonen sie, wie viel Stress ertragen werden muss, wenn ständig Nähe gefordert wird und Rückzug oder Distanz nicht möglich ist. „Die Pädagogen sagen, ‚wenn das jeder wollte, würde das Zusammenleben total gestört werden'" (ebd.). Die OSO wäre so im Kern eine Totalitätserfahrung: „Man kann Schule nie aus seinem Bewusstsein verdrängen, oder die Schule abschalten" (ebd.), gibt Justus Bierich zu Protokoll.

Andreas Kölsch kam im Dezember 1980 an die Odenwaldschule, wiederum ist nicht klar, ob er einen Abschluss gemacht hat. Er sagte als Neuer:

> „An der OSO ist es ja üblich, sich mehr dem Negativen anzupassen. Und jemand, der etwas tut, was annähernd dem Lehrer zugute kommen könnte oder auch anderen, ist nach der überwiegenden Meinung sofort ein Schleimer oder so was. Aus diesem Grunde ist die Freiheit eben für viele dadurch eingeschränkt, als sie dadurch isoliert werden. Von so einem sagt man, ‚mit dem wollen wir nichts zu tun haben'" (ebd., S. 13).

Für die tatsächlichen Erfahrungen der Jugendlichen oder gar für ihre kritischen Bemerkungen zur Schulrealität ist in Beckers Theorie kein Platz. Sie werden als „Zöglinge" bezeichnet, ein Ausdruck aus der Kaiserzeit, der ohne jede Relativierung von Herman Nohl übernommen wird und den auch Hentig so verwendet hat.

Für ihn, den „Zögling", soll der pädagogische Bezug „ein Stück seines Lebens" sein, das nicht ohne den erwachsenen Pädagogen auskommen kann, wenn die Erziehung gelingen soll. Im Gegenzug muss der Erwachsene den Zögling als Person und Mensch anerkennen und so annehmen, wie er ist, nicht wie in der Schule „als Englischlerner" im Unterricht oder als „Hundertmeterläufer" beim Sport (Becker 1990b, S. 112).

> „Pestalozzi oder Korzcak oder auch Nohl konnten in diesem Zusammenhang noch ganz unbefangen von der ‚Liebe' des Erziehers zum Kind sprechen – es liegt ihm an diesem Kind oder an diesem Jugendlichen ‚um seiner selbst willen'" (ebd.).

Die Frage für Becker war nicht, ob diese Form von Selbstlosigkeit überhaupt möglich ist und auch nicht, wie sinnvoll sie in der Erziehung nur sein kann. Von der grössten Nähe soll einfach der stärkste gutartige Effekt der Erziehung ausgehen, die damit auf eine Beziehung reduziert wird, welche der Erwachsene zum Wohle des Kindes kontrolliert. Und diese pädagogische „Liebe" ist nicht die der Eltern, sondern die jedes „echten" Erziehers, der damit eine Definitionsmacht erhält, die er ganz in seinem Sinne ausnützen kann. Gegen das eigene Wohl kann sich das Kind nicht wehren, auch wenn es gute Gründe hätte.

Man kann an der Odenwaldschule, sagte nochmals Justus Bierich, nicht so richtig abschalten, nichts tun, was nicht mit der Schule zu tun hat. Täglich ist man mit den Schulgebäuden konfrontiert und kann das Gelände nicht verlassen, anders als in den Staatsschulen, wo man am Nachmittag frei hat und nicht mehr dort sein muss. „Der Hintergedanke ‚wir sind ja in der Schule' geht einem nicht aus dem Kopf" (OSO-Nachrichten 1981, S. 15). Distanz, anders gesagt, ist allein aufgrund des strukturellen Arrangements nicht möglich und Becker muss genau das schönreden.

Elisabeth Beume (1981, S. 3) bemerkt im gleichen Heft der OSO-Nachrichten über die angeblich so vorbildliche Schulgemeinschaft: „Es gibt hier so unendlich viele Splittergruppen, die sehr starr zusammengesetzt sind, und es ist fast unmöglich, dort reinzukommen. Mir erscheint es so, als müsse man sich festlegen, sich zu einer Gruppe bekennen ... Ich verstehe das Misstrauen der Schüler untereinander nicht. Sicher, es läuft hier Schule, aber nebenher – und das finde ich das Wichtigere – leben wir hier auch noch zusammen. Hier beruht sehr viel auf Äusserlichkeiten ... Manchmal fehlt es mir an Kraft, und ich habe Angst, in diese für die OSO-Schüler so typische Resignation zu verfallen."

Gesagt wurde das sechs Monate, nachdem Elisabeth Beume Schülerin der Odenwaldschule geworden war. Sie kam am Ende der Sommerferien 1980 vom Kant-Gymnasium aus Boppard und wohnte zunächst in einer Familie zusammen mit Justus Bierich und Björn Behrens. Offenbar fiel sie positiv auf, denn im nächsten Schuljahr leitete sie bereits eine eigene Kameradenfamilie. Ein Jahr später ist sie in dieser Funktion durch einen anderen Schüler ersetzt worden, erneut ist nicht klar, ob sie Abitur gemacht hat.

Judith Pfau kam ebenfalls 1980 an die Odenwaldschule und lebte drei Jahre in wechselnden Familien. Nach erneut sechs Monaten Schulerfahrung berichtet auch sie über gravierende Probleme. Die waren zunächst gar nicht sichtbar und erst allmählich stellte sich heraus, um was es dabei ging. Genannt werden die „an manchen Tagen überall verbreitete schlechte Stimmung, Drogenmissbrauch, Verhaltensweisen gegenüber anderen etc." (Pfau 1981, S. 6). Auch hier wird nicht der „pädagogische Bezug" beschrieben, der in der Theorie eine so grosse Rolle spielte.

Man liess die Schülerinnen und Schüler bei Gelegenheit also zu Wort kommen, aber das hatte keine Auswirkungen auf das Selbstverständnis und auch nicht auf die damit verbundenen pädagogischen Theorien. Auch die „Öffnung nach aussen", die nach Gerold Beckers Weggang propagiert wurde (OSO-Nachrichten 1986, S. 13), hat daran nichts geändert. Es ging konkret um Besuchsprojekte im Landkreis Heppenheim, die an der Isolierung der Schule nichts änderten. Die „Lebensferne" der Schule (ebd., S. 86) war konzeptionell gewollt und spiegelt sich in dem Verhältnis von Nähe und Distanz. Die Aussenwelt wurde bei Ausflügen von geschlossenen Gruppen aus wahrgenommen.

Für Gerold Becker erfasst Nohls Begriff des „pädagogischen Bezugs" nicht weniger als die „Schlüsselfrage aller gelingenden Pädagogik", die wie selbstverständlich mit der Reformpädagogik gleichgesetzt wird. Ihrer Praxis nämlich, so heisst es 1992 in einem Vortrag, den er im Wiesbadener Arbeitskreis „Qualität von Schule" gehalten hat, „verdanken wir die Erfahrung, dass ein gleichberechtigtes, ‚dialogisches' Verhältnis, also ein Umgang zwischen Erwachsenen und Kindern oder Jugendlichen möglich ist, der nicht etwa die

Unterschiede, wohl aber das Wertgefälle zwischen erwachsener und kindlicher oder jugendlicher Existenz aufhebt" (Becker 1992, S. 93).

Genau die gleiche Formel vom „dialogisch" aufgehobenen „Wertgefälle" findet sich bereits in Gerold Beckers (1982a, S. 3) Rede in der Kirche von Meiringen im Berner Oberland. Die Rede hat er am 5. Mai 1982 aus Anlass der Trauerfeier für Edith Geheeb gehalten. Bei dieser Gelegenheit sagte Becker auch, dass die Odenwaldschule unter allen deutschen Landerziehungsheimen „vor allem durch Ediths Wirken von Anfang an (das) ‚mütterliche' Element am deutlichsten verkörpert" habe (ebd., S. 4). Gemeint sind Sorge und Nähe oder ein verlässliches „Da-Sein" für die Kinder. Im Sinne dieses pädagogischen Bezuges, so Becker, sei Edith Geheeb sein Vorbild gewesen (ebd.).

Auch mit dieser Legende gerät die Wirklichkeit aus dem Blick. Becker sagt nie, welche Praxis er genau meint, er bezieht sich auf Zitate und stilisierte Biografien, nicht auf reale Erfahrungen und schon gar nicht ist vom möglichen Missbrauch der pädagogischen Macht die Rede. Zu diesem Thema äussert sich Gerold Becker nur an einer Stelle, nämlich 1992 in dem Wiesbadener Vortrag. Der pädagogische Bezug soll den Umgang zwischen den Erwachsenen und den Zöglingen regeln. „Ein solcher Umgang weiss um die ‚Macht' dessen, der die Situation und ihre Massstäbe definieren kann, wenn er will – und sucht genau deshalb auf jeden Fall zu vermeiden, diese Asymmetrie auszunutzen" (Becker 1992, S. 93).

Doch genau das hat Becker in seiner Praxis als Schulleiter und Sexualtäter immer wieder getan, die Asymmetrie im „pädagogischen Bezug" wurde ausschliesslich zu seinen Gunsten genutzt, was auch und gerade dann der Fall war, wenn er Kinder emotional an sich gebunden hat. Aber das wird in der Sprache, die er verwendet, nicht sichtbar. Er hat die pädagogische Moral auf seiner Seite, auch in dem Sinne, dass niemand dagegen sein kann, wenn er schreibt:

> „Ein solcher Umgang lässt den Erwachsenen nicht den übermächtigen ‚Macher' und ‚Steuerer' kindlicher oder jugendlicher Entwicklung, sondern einen ‚Entwicklungshelfer' sein, der dem Kinde oder Jugendlichen mit Takt und Respekt hilft, zu sich selbst zu finden, auf die eigenen Kräfte zu vertrauen und selbständig im Denken und Handeln zu werden, ‚es selbst zu tun', wie Maria Montessori gesagt hat" (ebd.).[52]

Überzeugungen wie diesen kann man schlecht widersprechen und sie scheinen geradezu „das Pädagogische" zum Ausdruck zu bringen. Mindestens legen sie die Reflexion auf einen effektvollen Dualismus fest, denn wer wäre in

---

52 Diesen Textbaustein verwendet Becker öfter, so etwa in Becker (1991a, S. 155).

der Erziehung schon gerne ein „übermächtiger Macher", wenn man zugleich ein verständiger „Entwicklungshelfer" sein kann?

Die Sprache, die Becker verwendet, ist formelhaft, braucht Autoritäten und bezieht sich letztlich doch nur auf sich selbst. Ihrer Suggestion tut das keinen Abbruch. Diese Art Reformpädagogik ist selbstgewiss und benötigt keine Aussensicht, die Distanz ermöglichen würde. Die Theorie selbst übersieht, dass ältere Kinder und Jugendliche nicht die „Lebensgemeinschaftsschule" suchen, sondern ihre Peers und so gerade die Unabhängigkeit von den Erwachsenen. Sie brauchen dabei keine „Entwicklungshelfer" und können in der eigenen Gruppe zu sich selbst finden, ohne „taktvoll" geleitet zu werden.

Der „pädagogische Bezug" aber legt die Kinder auf wohlmeinende Erwachsene fest, von denen sie abhängig werden und die sich im Gegenzug als besonders „pädagogisch" fühlen können. Alles, was die Erwachsenen tun oder unterlassen, wird durch die Rede vom „pädagogischen Bezug" gedeckt, ein Widerstandsrecht gibt es in der Theorie nicht, während keine reale Erziehung Subversionen vermeiden kann. Man wird nicht einfach durch die Erwachsenen oder mit ihnen selbständig, aber die Ideologie der Odenwaldschule konnte genau das wirkungsvoll suggerieren.

Die Rede vom „pädagogischen Bezug" bezog Gerold Becker nie wirklich auf sich selbst. Was er als Ideologe postulierte, war nicht das, was er machte oder auslöste, der theoretische Überbau spielte praktisch in seinem Leben keine Rolle. Aber wahrscheinlich glaubte er an Nohls Theorie, auch weil er sich damit vor sich selbst schützen konnte. Täter wie er haben stabile Überzeugungen und stellen sich keinem *factum brutum*. Entweder sie schweigen oder sie reden sich heraus. Man kann also annehmen, dass Becker die Diskrepanz zwischen seinen Postulaten und seinem Verhalten stets zu seinen Gunsten ausgelegt hat.

Tatsächlich, so Herta und Uwe Lau in ihrem Kündigungsschreiben, war Becker „geradezu verständnislos und vor allem unempfindlich gegen spürbaren Unmut junger Menschen und die sachliche Kritik etlicher ernstzunehmender Mitarbeiter". Er vermied im internen Umgang „möglichst Auseinandersetzungen" und verharmloste „bestehende Spannungen", was dem entspricht, was er in der Altschülerrede, wie erwähnt, seine „fast allergische Empfindlichkeit" gegenüber Spannungen genannt hatte. Damit konnte er sich jedem Konflikt entziehen und trotzdem pädagogisch gut aussehen.

Er war ein Meister im Schönreden. Auch das steht im Kündigungsschreiben: Mit dem Verweis auf die viel gravierenderen „Probleme der Schulen draussen" konnte er bestreiten, dass an der Odenwaldschule „ein Chaos herrsche". Was immer vorfiel, wurde mit Blick auf die Idee der Schule nachsichtig behandelt und Becker war stets der Kinderfreund, der das Konzept der

Schule verkörperte. Mancher sei „immer wieder seiner charmanten, liebenswerten Art" erlegen und habe „sich von seinen freundlichen Formulierungen beruhigen" lassen. Aber „das Gefälle zwischen dem Gesagten und dem Getanen" sei „zu gross" gewesen.

Genau das haben auch die Schüler immer wieder beobachten können. Das Bild der Schule in der Öffentlichkeit und das Bild, das sie selbst von sich hatte, stimmten weitgehend überein, aber beide Bilder passten nicht zu den Erfahrungen, die die Schüler tatsächlich machten und untereinander auch kommunizierten. Einerseits mussten und konnten sie von „ihrer" Schule schwärmen, andererseits erfuhren viele von ihnen das genaue Gegenteil von dem, wofür sie schwärmten. Verhaltene Kritik war möglich, sofern sie folgenlos blieb, offener Widerstand gegenüber der Schule und der Reformpädagogik als dem theoretischen Überbau war – wie in jeder Sekte – Verrat.

Beckers ehemalige Schülerin Elfe Brandenburger sagt heute über das idealtypische Bild der Odenwaldschule und die Erwartungen ihrer Schüler: Die „Kinderstaatidee" habe vielen von ihnen eigentlich gut getan, es sei aber eben doch kein echter „Kinderstaat" gewesen. „Die perverse Macht unserer Betreuerinnen und Betreuer lauerte wie ein unsichtbarer Schleier über unserem Leben." Wie als Kommentar zur Theorie des pädagogischen Bezugs heisst es dann: „Dabei hatte ich als 16-Jährige es zunächst so toll gefunden, dass ich die, die für mich als Heranwachsende verantwortlich sind, nicht lieben muss."[53]

Aber eben das, Verpflichtung auf Liebe, war Herman Nohls Idee, auf die sich Becker und Hentig stets berufen haben. Die „pädagogische Liebe" des Erziehers hat Bedingungen, nämlich den „Wachstumswillen" und die „Hingabe" des Zöglings. Beide bekommen erst dort „erzieherisch-geistigen Charakter", wo „der Verkehr mit einem Reiferen gesucht wird, um von ihm Lebenskraft und Form zu gewinnen" (Nohl 1970, S. 136). Nichts anderes meint der „pädagogische Eros" bei Platon. Es ist also keineswegs ein „dialogisches" Verhältnis auf gleicher Höhe, Becker hat grosszügig weggelassen, was Nohls Hauptaussage zum „pädagogischen Bezug" ist. Der nämlich wird „getragen von zwei Mächten: Liebe und Autorität, oder vom Kinde aus gesehen: Liebe und Gehorsam" (ebd., S. 138).[54]

Gerold Becker konnte behaupten, mit der Odenwaldschule Nohls Theorie verwirklicht zu haben oder ihr nahegekommen zu sein. Kinder und Erwachsene würden durchgehend und ohne Wertgefälle „dialogisch" miteinander

---

53 Gespräch mit Elfe Brandenburger vom 26. Juni 2012.
54 „Die pädagogische Liebe geht auf Abkürzung des Gehorsams, nicht auf seine Verlängerung, während umgekehrt die Pietät des Kindes dieses Verhältnis des Gehorsams ausdehnt, auch wo es nur noch eine Form ist, und eigentlich bloss noch die Liebe da ist" (Nohl 1970, S. 139/140).

verkehren, was nicht einmal im Speisesaal je der Fall gewesen ist. Auf Wahrhaftigkeit aber kam es nicht an. Wenn Becker nach 1985 im Milieu der Landerziehungsheime verblieb, dann weil er als Propagandist gebraucht wurde, was umso mehr nahelag, als er schon 1971 die etwas angestaubte Theorie der Landerziehungsheime neu belebt hatte und darauf in den entscheidenden Elementen auch immer wieder zurückkam.

Er war also von Anfang an neben seiner Tätigkeit als Lehrer an der Odenwaldschule für die gesamte Vereinigung als Ideologe tätig, der erfolgreich davon ablenken konnte, dass die Landerziehungsheime in Wirklichkeit nie auch nur annähernd ihrer Theorie entsprochen haben. Die Sprache der pädagogischen „Gemeinschaft" genügte für die Suggestion, eine konkrete Utopie vor sich zu sehen, und das war vor allem für das Geschäft nützlich. Die Kunden hatten etwas Besonderes vor Augen, das es so kein zweites Mal gab, während das bürgerliche Publikum der Odenwaldschule sonst kaum von einer „konkreten Utopie" hätte überzeugt werden können.

Als Becker 1969 an die Odenwaldschule kam, hatte er sicher keinen Auftrag, als „Ideologe" tätig zu werden. Aber er war sehr geschickt darin, sich wie zuvor in Linz oder in Göttingen unentbehrlich zu machen. Er kam von aussen und hat selbst kein Landerziehungsheim besucht, also gehörte eigentlich nicht dazu, doch es gelang ihm eine tadellose Mimikry. Er wusste, was er tun musste, um in dem neuen Milieu Anerkennung zu finden, und das war einfach, denn er brauchte nur die pädagogische Vorbildlichkeit der Landerziehungsheime herauszustellen und sie im deutschen Erziehungsdiskurs anschlussfähig zu halten. Das hatte Folgen nicht nur für die Aussen-, sondern gerade auch für die Selbstsicht.

Mit Becker konnten erneut der kulturkritische Anspruch und die historische Sonderstellung der Landerziehungsheime herausgestellt werden. Verbunden damit war seit dem Beginn der „Bewegung" der Landerziehungsheime vor dem Ersten Weltkrieg eine Überlegenheitsannahme, die mit dem Hinweis auf das bessere Konzept begründet und auch offen gezeigt wurde. Becker bestätigte diesen Gestus und machte damit die Landerziehungsheime für eine neue Generation von Reformpädagogen, Lehramtsstudenten und nicht zuletzt auch für Journalisten attraktiv. Er war deswegen unverzichtbar, denn er konnte überzeugend behaupten, was der übrigen pädagogischen Welt verschlossen war.

Beckers Theorie sicherte das Bewusstsein, schon immer Avantgarde gewesen zu sein. Zwei Jahre nach Beginn seiner Zeit an der Odenwaldschule konnte er schreiben, dass immer nur „kleine Minderheiten" das Schulwesen für „radikal veränderungsbedürftig" halten können, was zur Zeit der Gründung der Landerziehungsheime nicht anders gewesen sei als in der Gegenwart. „Grosse soziale Systeme" wie das staatliche Schulwesen seien vollauf „mit der Erhaltung des Status quo" beschäftigt. Sie können sich also nicht selbst ändern, wenigstens nicht grundlegend. Zu einem „radikalen Angriff auf die Grundlagen und Voraussetzungen" des Systems könne es daher nur von aussen kommen (Becker 1971, S. 95/96).[55] Die Odenwaldschule in ihrer Avantgardeposition, die niemand bestritt, war dafür ein erpobtes Modell.

Die Idee ging auf Hellmut Becker zurück, der auf Staatsseite stets nur die „verwaltete Schule" vor sich sah und wirksame Anstösse zur Veränderung einzig von den unabhängigen oder „freien" Privatschulen erwartete. Die These der „verwalteten Schule", die 1954 zum ersten Male veröffentlicht wurde, ist jahrzehntelang ungeprüft wiederholt und immer wieder zustimmend zitiert worden, obwohl Becker für seine These keinen einzigen empirischen Beleg anführen konnte, sondern lediglich einen Verdacht artikulierte, der seit dem Ende des 19. Jahrhundert die Schulkritik bewegt hat und den der Jurist Hellmut Becker wirksam erneuen konnte (H. Becker 1954).

Die „verwaltete" ist für ihn die „bürokratisierte Schule" (H. Becker 1992, S. 138), was so zu verstehen ist, dass die Kultusbürokratie mit Gesetzen, Verordnungen oder Erlassen die staatliche Schule in Unfreiheit hält und sie an der Entwicklung hindert. Gerne zitiert Becker auch Adornos Bild der „verwalteten Welt" und damit zusammenhängend die „Dialektik der Aufklärung" (H. Becker 1960, S. 145). Die Alternativen können dann nur von aussen kommen, „Bürokratie" ist für Becker ein hermetisches System und so ein perfektes Feindbild, das die Waldorfschulen oder die Landerziehungsheime stets in einem günstigen Licht erscheinen lässt (H. Becker 1992, S. 123f.).

Leiter des Bundes der Freien Waldorfschulen war seit 1953 Ernst Weissert, ein Freund und enger Vertrauter Hellmut Beckers. Aus Anlass seines Todes am 2. Januar 1981 schrieb Becker: Die „grossen Errungenschaften der Waldorfschulen" müssen „der Öffentlichkeit vermittelt und in ihrer Sprache verständlich" gemacht werden. „Das Wichtige an der freien Schule" sei „ihre Abweichung von der öffentlichen". Und weiter heisst es: „Ich gehe davon aus, dass öffentliche Schulen im üblichen Sinn niemand besser machen kann als der Staat selbst. Die freie Schule hat ihre Berechtigung, ihre Legitimation in der Abweichung." Für das staatliche Schulwesen ist die freie Schule etwas „Besonderes", das der Öffentlichkeit mehr als bisher bewusst gemacht werden müsse (H. Becker 1981, S. 270).

Viele pädagogische Autoren und fast alle Medien sind über Jahrzehnte der Theorie der „verwalteten Schule" und so der Kritik der „öffentlichen Schule im üblichen Sinn" gefolgt, für die bei Lichte gesehen kaum etwas

---

55 Das gleiche Argument von dem „erstarrten" Grosssystem mit geringer Innovationsfähigkeit vertritt Otto Herz 2015 in einem Interview (Hofmann 2015, S. 26f.). Belege dafür liefert er nicht.

spricht und die aber Hellmut Beckers Diskursmacht zeigt. Die deutsche Bildungsverwaltung mag für eine absurd hohe Regelungsdichte sorgen, doch von Gesetzen, Vorschriften und Erlassen kann man nicht auf die Wirklichkeit der Schulen schliessen, die autonomer sind, als es den Anschein hat. Wichtiger aber noch ist der Tatbestand, dass sich die Bildungsverwaltung in aller Regel als Verbündeter der Schulen versteht und loyal arbeitet, auch weil klar ist, dass sich bildungspolitisch nichts gegen die Schulen durchsetzen lässt.[56]

Becker dagegen konstruiert den „Apparatcharakter der staatlichen Verwaltungen", was abgelesen wird an den restriktiven „Laufbahnvoraussetzungen des öffentlichen Dienstes" (H. Becker 1960, S. 145/146), nur um dann desto wirksamer die Alternativen ins Spiel bringen zu können. Es ist sicher kein Zufall, dass Gerold Becker an einer freien Schule genau diese Laufbahnvoraussetzungen gezielt missachten konnte. Lehrer brauchen Charisma und Lebenserfahrung, dazu die Freiheiten des Handelns und den pädagogischen Bezug, aber keine staatlichen Prüfungen.

Hellmut Becker meinte nicht nur das Personal und seine Anstellung, es ging ihm um die überlegene Idee und so die Sonderstellung der freien gegenüber den staatlichen Schulen. Die freie Schule als Schule „eigener pädagogischer Prägung" war vor und nach dem ersten Weltkrieg und könnte heute wieder „zu einer Art Sauerteig" im öffentlichen Schulwesen werden. „Sie ist nicht staatliche Schule, handelt aber in staatlicher Funktion" (ebd., S. 146). Und sie ist es, die die staatliche Schule „vor den Gefahren öder Einheitskultur bewahren" kann (ebd.).

Welche „Gefahren" das genau sind, musste nicht gesagt werden, doch es trifft einfach nicht zu, dass die Staatsschulen je auf einen „Sauerteig" dieser Art angewiesen waren. Einerseits haben sie sich ständig selbst entwickelt und andererseits verfügten die Privatschulen nie wirklich über die besseren Konzepte, die ihre Überlegenheit begründet hätten. Das hörte sich nur so an, auch weil Glaubensnachfrage bestand. Auf der anderen Seite: die deutsche Schulgeschichte kennt grosse regionale Unterschiede, allein deswegen gab es nie eine „öde Einheitskultur".

Die Ideologen der Landerziehungsheime haben dies wirkungsvoll behaupten und sich so in Szene setzen können, auch weil Jahrzehnte lang niemand von ihnen einen wirklichen Tatbeweis abverlangt hat. Was Eindruck machte, war die pädagogische Rhetorik, und dies, dank Gerold Becker, auch

---

56 Die Bildungsverwaltung muss vor allem als *kommunikative* Praxis verstanden werden, ihr Modus sind Verhandlungen vor Ort und nicht oder nur selten autoritäres Durchgreifen, während in der deutschen Schulkritik immer das Gegenteil behauptet wurde (Geiss 2014, S. 190ff.).

in der grösseren Öffentlichkeit und nachhaltig bis heute.[57] Die reformpädagogischen Schulen selbst wurden nie überprüft und haben immer auf die Gunst der Schulaufsicht zählen können. Man wollte einfach glauben, dass sie den pädagogischen Fortschritt repräsentieren.

Hellmut Beckers Sicht auf die Staatsschule hatte einen noch einen anderen, selten genannten Hintergrund. Nach dem Zweiten Weltkrieg erhielt die Odenwaldschule zusammen mit den Hermann-Lietz-Schulen und einigen anderen Landerziehungsheimen aus dem amerikanischen McCloy-Fund „für die damalige Zeit beachtliche Beiträge", die ihrem „Wiederaufbau" gewidmet waren (H. Becker 1988, S. 22). Die Schulen konnten also gezielt Mittel nutzen, die ihnen Hellmut Becker verschafft hatte. Becker, der seit Ende 1945 als Anwalt in Kressbronn am Bodensee arbeitete, hatte Beraterverträge sowohl mit der Vereinigung der Landerziehungsheime als auch mit dem Bund der Waldorfschulen abgeschlossen. Er verdiente damit Geld und vertrat ihre Interessen.

John McCloy wurde 1949 Hochkommissar für Deutschland,[58] er richtete einen Fonds von insgesamt 54 Millionen Deutsche Mark ein (Spitz 1997, S. 81), der für Erziehungs- und Kulturprojekte gedacht war. Einer seiner Berater war der Journalist Shepard Stone[59], den Hellmut Becker ernsthaft davon überzeugen konnte, dass private Schulen wie die Landerziehungsheime „ein idealer Platz für die demokratische Erziehung wären" (H. Becker 1988, S. 22/23). Die Amerikaner verstanden unter Demokratisierung des Schulwesens die Errichtung einer egalitären Staatsschule nach dem Vorbild der High School, Becker verkaufte ihnen teure Privatschulen als Modell der Zukunft, für das von der Besatzungsmacht tatsächlich Mittel bereitgestellt wurden.

Die Hermann-Lietz-Schulen waren bis 1945 stramm nationalsozialistisch ausgerichtet und auch die Odenwaldschule hat starke Anpassungen vorgenommen (Schmitz 1985). „Wiederaufbau" konnte so eigentlich nur heissen, Befreiung vom eigenen Makel, der aber nie akzeptiert worden ist. Das gilt besonders für die Gründungsväter, die in Ehre gehalten wurden, obgleich etwa Hermann Lietz ein völkischer Antisemit und Chauvinist gewesen ist. Hellmut Becker muss Shephard Stone über diese Zusammenhänge komplett

---

57 „Die allgemeine öffentliche Schule ist der letzte staatliche monopolstaatswirtschaftliche Betrieb". Dagegen steht die „Avantgarde" der Freien Schulen (Hofmann 2015, S. 25/26).
58 Der Jurist und Harvard-Absolvent John McCloy (1895–1989) war von 1949 bis 1952 Hochkommissar für Deutschland.
59 Shephard Stone (1908–1990) hatte in Heidelberg und Berlin studiert. Er promovierte 1932 bei dem nationalliberalen Historiker Hermann Oncken (1869–1945) in Heidelberg. Stone arbeitete als Journalist bei der New York Times und war von 1949 bis 1952 als Sonderberater in Deutschland tätig. 1954 bis 1968 arbeitete er bei der Ford-Foundation und war hier Direktor für Internationale Angelegenheiten. Stone war etwa für den Aufbau der Freien Universität Berlin verantwortlich.

im Unklaren gelassen haben, anders wären die Landerziehungsheime wohl kaum gefördert worden.

Die Summe, die ihnen zugesprochen wurde, war beträchtlich. Staatliche Volksschulen kamen nicht annähernd auch nur in die Richtung einer solchen Förderung.[60] Zur Legitimation der Sonderstellung der Odenwaldschule genügte es offenbar, auf die neue Leiterin Minna Specht zu verweisen, die in der Weimarer Republik Lehrerin an Landerziehungsheimen gewesen ist und als sozialistische Emigrantin aus England zurückkehrte. Sie leitete die Schule bis 1951. Danach ist mit Kurt Zier ein weiterer Emigrant in die Schulleitung berufen worden, gesteuert wurde auch diese Entwicklung durch Hellmut Becker.

Das diente der Stabilisierung der Schule nach dem Krieg, mit Gerold Becker sollte dann auch die Ideologie erneuert werden. Danach war die Qualität der Schule keine Frage mehr, sie wurde einfach aus der Ideologie abgeleitet. Heute sagen Zeitzeugen: Zu Beckers Zeiten gab es Lehrerinnen und Lehrer, die unfähig waren, woanders als an der Odenwaldschule zu unterrichten. Das gilt für den Kern des Personals, also diejenigen, die Jahrzehnte an der Schule verbracht und sich dort gut eingerichtet haben. Auf der anderen Seite steht die anhaltend hohe Fluktuation im Kollegium, die sich über Jahrzehnte nicht stabilisieren liess.

Das gilt für viele dieser Schulen, so für das Landschulheim Burg Neudeck in Hessen oder das schweizerische Landerziehungsheim Glarisegg am Bodensee. Aus den im Thurgauer Staatsarchiv zugänglichen Lehrerdossiers geht hervor, dass wegen der ständigen Abgänge von Lehrern ein ordentlicher Schulbetrieb vielfach gar nicht möglich gewesen ist. Das deckt sich mit Befunden aus ähnlichen Schulen. Eine neuere Studie untersucht die Kündigungsschreiben in Glarisegg, aus denen hervorgeht, dass die Lehrersituation durchgehend prekär war. Im Archiv finden sich für den Untersuchungszeitraum 1930 bis 1965 insgesamt 156 Lehrerdossiers. Das Kollegium der Schule umfasste durchschnittlich zehn Hauptlehrkräfte (Labhart 2014, S. 35).[61]

Schon deswegen konnte von Schulentwicklung im heutigen Sinne keine Rede sein. Initiativen an der Odenwaldschule waren stets nur Sache von Ein-

---

60 Der McCloy-Fund unterstützte insgesamt 374 Initiativen aus vielen Bereichen, darunter zehn Landerziehungsheime. 13 Grundschulen wurden bundesweit gefördert, 20 Berufsschulen und 6 weiterführende Schulen, jedoch keine einzige Volksschule (Spitz 1997, S. 81).

61 Auch die Schülerschaft war alles andere als stabil. Die Schülerdossiers liefern eine Reihe von Beispielen, wie die Entlassungen vorgenommen und begründet wurden. Auch wenn die Schule gelegentlich Preisnachlässe gewährte, so war sie immer noch eine sehr teure Schule. In den dreissiger Jahren zahlten die Eltern CHF 3.400 pro Jahr und das erklärt die hohen Erwartungen, die die Schule in vielen Fällen nicht erfüllte.

zelnen und gegenüber der eigenen Ideologie war das Personal nicht distanziert, auch deswegen nicht, weil es ein respektables Aussen, mit dem man sich hätte vergleichen können, nicht gab und nicht geben sollte. Unter den Landerziehungsheimen war man wie selbstverständlich die Avantgarde und die Staatsschulen galten eo ipso als minderwertig, ohne dass je ein praktischer Vergleich stattgefunden hätte.

In diesem Milieu konnten sich die Täter frei bewegen. Mehr als vierzig Jahre lang blieb die pädagogische Sonderstellung der Odenwaldschule unangetastet und glaubte man der Ideologie der Landerziehungsheime, die auch in der deutschen akademischen Pädagogik keinerlei Anfechtungen erlebte. Die Odenwaldschule war sakrosankt, weil sie den alten pädagogischen Traum des Lernens in Freiheit verknüpft mit dem Leben in Gemeinschaft zu verwirklichen schien. Aber das heisst auch, dass niemand auf den Gedanken kam, es könnte Täter und Opfer geben. Im Paradies gibt es keine Schande.

Für Teile der akademischen Pädagogik sollte die Odenwaldschule tatsächlich ein Musterland der neuen Erziehung sein, was unberührt von jeder Realerfahrung behauptet werden konnte. Zehn Jahre nach Beckers erster Entlarvung schrieb der Heidelberger Pädagogikprofessor Hermann Röhrs den Artikel über Paul Geheeb im vierten Band des Killy-Literaturlexikons. Dort heisst es, im Sinne ihres Gründers versuche die Odenwaldschule, landschaftliche Schönheit mit Stadtnähe zu verbinden, Bildung bedeute für sie „eine Sensibilisierung der Jugend für den Dialog mit der Natur" und ihr hafte etwas „von der Erschliessung des gelobten Landes" im biblischen Sinne an. So wenigstens seien Geheeb und seine Schule von Hermann Hesse oder Martin Buber verstanden worden (Röhrs 2009, S. 130).

Die Odenwaldschule als das Land Kanaan – kein Vergleich war schief genug, um nicht zur Preisung des Besonderen herangezogen zu werden. Gerold Becker hat 1986 in dem Sammelband *Die Schulen der Reformpädagogik heute* die Odenwaldschule ebenfalls als eine Art gelobtes Land und jedenfalls als Hoffnungsträger der deutschen Schulreform beschrieben (Becker 1986d). Herausgeber des Handbuches war Hermann Röhrs, der in der Reformpädagogik nichts weniger als die Inkarnation des Humanismus sehen konnte. Auf Beckers Artikel nahm Röhrs (2009, S. 131) in seinem Lexikonbeitrag ausdrücklich Bezug, die zehn Jahre alten Vorwürfe gegen Becker blieben unerwähnt, obwohl Röhrs sie gekannt haben muss.

Von der bedeutenden Traditionslinie aus und bezogen auf die grossen Namen wie Paul Geheeb, Hermann Lietz oder Gustav Wyneken war es möglich, nie auch nur mit einem Wort auf die Ambivalenz der Praxis einzugehen, wie sie Wyneken (2015) für sich selbst und seine Erziehung beschrieben hat. Aber der Glaube an die Reformpädagogik ersetzte die Erfolgsbilanz – wenn es Schwierigkeiten gab, dann waren sie gerade überwunden. Die Geschichten der Kinder und Jugendlichen zeigen etwas ganz Anderes, nämlich eine Welt voller Gefährdungen und einen banalen Alltag mit vielen Möglichkeiten, Gewalt und Missbrauch zu erfahren. Das wurde verharmlost oder übersehen zugunsten der mächtigen Ideologie.

Wie das an der Odenwaldschule funktioniert hat, beschreibt Salman Ansari so:[62]

> „Das Selbstverständnis der sogenannten Reformpädagogen und OSO-Mitarbeiter, sie seien die besten Pädagogen der Welt, zeugt von Blindheit und der Unfähigkeit, analytisch und dialektisch über das eigene Tun zu reflektieren. Becker war ein Meister darin, uns zu suggerieren, wir seien grosse Humanisten im Dienste des Kindes. Wir wären Diener der Kinder in einer Welt, die von Kinderhassern und Kinderschändern bevölkert sei. Wir wären die besten Mütter und Väter dieser heimatlosen Kinder."

Gegen diese Pädagogik „vom Kinde aus" wehrt man sich nicht und Gegenevidenzen werden verdrängt oder gar nicht erst wahrgenommen. Und auch die Konsequenz dieser Ideologie wird klar benannt:

> „Wir haben schluchzend Krokodilstränen vergossen. Und haben wir gesagt, der Mann ist wohl übergeschnappt? Was bildet der sich bloss ein? Nein, haben wir nicht. Wir haben im Takt seines Gesangs uns lustvoll bewegt. Unbestreitbar bleibt, dass die Verbrechen von Becker hätten Jahrzehnte früher publik werden können. Wenn die Mitarbeiter nicht mit ‚eyes wide open shut' sich selber beweihräuchert hätten."

Becker konnte auch deswegen bis zum Ende seines Lebens dreist bei seiner Linie bleibe. Er bog sich seine Welt auf pädagogische Weise zurecht, mit unangreifbaren Glaubenssätzen und schon deswegen ohne jede Kontrolle. Der verbleibende Rest gehörte nicht zu seinem Leben. Anders hätte Becker nie die Rolle des „Pädagogen" spielen können, als die er sich von 1964 an fast zwanghaft inszenieren musste.

Die pädagogischen Normen der Odenwaldschule waren oft pure Heuchelei. „Abschliessen durfte man nicht", hiess es, offene Zimmer galten als Vertrauensvorschuss für das Leben in einer Gemeinschaft, in der völlige Offenheit herrschen sollte und jeder Zugang hatte zum Reich der anderen. Ein Rückzug war nicht vorgesehen, jeder konnte ja alles sagen und niemand hatte einen Grund, sich zu entziehen. Aber Übergriffe auch unter den Schülern waren an der Tagesordnung. Erst nach grossen Anstrengungen konnten Regelungen getroffen werden, die auch das Abschliessen der Zimmer zuliessen.

Die ständige Berufung auf die heroischen Errungenschaften der Tradition wirkte wie eine Schutzmauer, die Mythen der „kindgemässen" Erziehung wurden einfach mit der Wirklichkeit gleichgesetzt und Gegenteiliges konnte

---

62 Mail an Gerhard Roese und Jürgen Oelkers vom 3. August 2012. Siehe auch Ansari (2010).

es dann nicht geben. Wer das behauptete, galt schnell einmal und sicher kalkulierbar als Verleumder „der" Reformpädagogik. Sie war ein ideologischer Block oder eine theoretische Monstranz, hinter der man sich versammelte, ohne irgendwelche Anstrengungen der Kritik auf sich zu nehmen. Allein mit dem Glauben und den dazu passenden Sprachregelungen war man auf der richtigen Seite.

Als Gerold Beckers Ende in Sicht war und deutlich wurde, dass man es mit einem notorischen Straftäter zu tun hatte, verlor die Monstranz ihren Wert sehr schnell. Mit Zunahme der Beweislast wurde es immer unglaubwürdiger, Gerold Becker zu isolieren und ihn als Einzelfall hinzustellen. Die Frage wurde unabweisbar, was die reformpädagogische Monstranz mit dem System des Missbrauchs zu tun hat. Die Familien der Odenwaldschule waren nicht mehr die Erfüllung eines pädagogischen Traums, sondern Tatorte und wie geschaffen für skrupellose Täter.

Selbst dort, wo die alternative Pädagogik ihre grössten Anhänger hatte, musste man sich damit auseinandersetzen, was einige Verlegenheit freisetzte, denn niemand war auf solche Tatbestände eingestellt, die sich umso weniger bestreiten liessen, je länger der Prozess der Aufklärung dauerte. In der Not konnte sogar behauptet werden, dass die Reformpädagogik als Theoriekorpus nie eine Rolle gespielt habe und lediglich die Praxis der alternativen Schulen betrachtet werden müsse, die aber zuvor kaum jemand neutral untersucht hatte und über die also wenig bekannt war. Zu dieser Praxis gehörte nunmehr auch sexueller Missbrauch, was nicht länger geleugnet oder bagatellisiert werden konnte.

Man musste sich von etwas lossagen, was unmittelbar zuvor noch eine identitätsstiftende Rolle gespielt hatte, auch und gerade für die Täter. Ohne die reformpädagogische Rhetorik hätte die Odenwaldschule nie als Modellschule hingestellt werden können, nur so war sie der viel bewunderte „Zauberberg" und der Bannerträger des pädagogischen Humanismus. Andererseits: Was tatsächlich geschah, konnte gerade mit dem Verweis auf die angeblich so gute und „ganz andere" Praxis der alternativen Schule gut verschleiert werden. Niemand sollte auf den Gedanken kommen, dass es eine ganz andere Wirklichkeit gegeben hat.

Heute können die Täter in den Blick genommen und Fragen gestellt werden, die bis zum Frühjahr 2010 niemand hören wollte, obwohl sie gestellt worden sind. Bis zu diesem Zeitpunkt hatten die Täter in der Öffentlichkeit keinen Namen und konnten, sofern sie noch lebten, davon ausgehen, nie mit einem Skandal in Verbindung gebracht zu werden. Man muss davon ausgehen, dass sie nicht zufällig an die Odenwaldschule gekommen sind oder jedenfalls sehr rasch das Täterfeld besetzt haben. Niemand, so scheint es, störte sich daran oder wenn, dann war rasch für Schutz gesorgt, der Täter nicht der Opfer.

Kapitel 6
Eine Gruppe von „Pädokriminellen"

Gerold Becker ist als „Triebtäter" bezeichnet worden,[1] mithin als jemand, der für das, was ihn sexuell antrieb, letztlich nichts konnte. Aber es gibt keinen Naturzustand des „Triebes", jeder Päderast braucht ein Umfeld, sucht sich Chancen, benötigt soziale Tarnung und muss gutartig erscheinen, also „folgt" nicht einfach seinem Trieb. Der Täter sucht begünstigende Umstände und die waren genau dort gegeben, wo die Ideologie die grosse Errungenschaft vermutete, nämlich in den Familien der Odenwaldschule. Das wurde in dem Augenblick unübersehbar, als klar wurde, dass Gerold Becker nicht der einzige Täter gewesen ist.

Das Leben von Gerold Becker zeigt, dass sich ein Täterprofil entwickeln muss und nicht einfach mit der Geburt schon vorhanden ist. Becker hat den Umgang mit seiner sexuellen Disposition von der Pubertät an gelernt und musste sich selbst an jedem Tatort mit gewissen Verhaltenskonstanten neu orientieren und anpassen. Er blieb also nicht einfach derselbe. Becker hat es auch verstanden, die Orte seines Lebens immer wieder zu verlassen und ist an keinem der Orte je so aufgefallen, dass man ihn hätte zur Rechenschaft ziehen müssen. Tat und Flucht gehören zusammen.

Die Odenwaldschule bot vor allem deswegen ein günstiges Umfeld, weil der Ort ein „Zauberberg" zu sein schien und die Lehrer sich zu Pädagogen stilisieren konnten, denen nur das Beste zugetraut wurde. Es ist sicher kein Zufall, dass Gerold Becker so gewichtig und geradezu unverblümt vom „pädagogischen Bezug" hat sprechen können. In einem solchen Bezug kann es weder Täter noch Opfer geben, sondern nur Zuwendung und Verständnis. Dann aber fehlt jedes Sensorium für Missbrauch und Gewalt, die Täter konnten sich sicher fühlen und die Opfer hatten keine Stimme. Und wenn sie sich doch zu Wort meldeten, war es leicht, sie zu überhören.

In den deutschen Medien wurde Gerold Becker als „Haupttäter" hingestellt, ein Ausdruck, der geeignet ist, die Rolle der anderen Täter herunterzuspielen oder allein durch die Wortwahl zu verharmlosen. Die Geschichten der anderen Täter sind bislang kaum bekannt und deren Unterschiede sind

---

1 „Gerold Becker war ein Triebtäter" (Interview mit Bernhard Bueb in: Die Welt vom 29. Januar 2011).

so gut wie nicht beachtet worden. Aber der „Zauberberg" lud nicht nur Gerold Becker zur Gewalt ein, die als Zuwendung zum Kind getarnt wurde. Eine Gemeinsamkeit war, dass alle vom „pädagogischen Eros" sprachen und sich von den Griechen her legitimierten.

Man kann von einer Gruppe „Pädokrimineller" sprechen, wenn unter „Gruppe" eine Figuration von Einzeltätern verstanden wird. Es gab zwischen ihnen keine direkten Absprachen, alle haben je für sich die Chancen genutzt, die der Tatort Odenwaldschule geboten hat. Die Muster des Verhaltens sind ähnlich, die sexuellen Übergriffe setzten meist emotionale Abhängigkeiten voraus und sie wurden an den Orten des Zusammenlebens verübt, in den Familien, die so bezeichnet wurden, weil sie Beziehungsfallen der bürgerlichen Kleinfamilie aufheben sollten. Aber die Odenwaldschule bot Fallen eigener Art.

6.1 Der Täter Gerold Becker

Als das Jubiläum zum fünfundsiebzigsten Geburtstag begangen wurde, war Andreas von Weizsäcker schon lange nicht mehr Schüler der Odenwaldschule, gleichwohl zeigte sich sein Vater mit der Schule verbunden, die durch seine Anwesenheit besonderen Glanz erhielt. Weizsäckers Sohn hatte seine Schulzeit Ostern 1976 nicht nur mit dem Abitur, sondern auch mit einer Gesellenprüfung als Bau- und Möbelschreiner abgeschlossen. Er lebte vom Schuljahr 1973/1974 an im Herder-Haus in der Becker-Familie, davon ein Jahr in einem Zimmer zusammen mit Konrad Taukert. Wenn man mit seinen damaligen Freunden über ihn spricht, dann nennen sie ihn immer noch „Bauz".

Andreas von Weizsäcker, der am 25. Juni 1956 in Essen geboren wurde, war nicht während seiner ganzen Schulzeit in der Becker-Familie. Er kam im Schuljahr 1969/1970 mit dreizehn Jahren an die Odenwaldschule und war zunächst Mitglied in einer Familie, die im Goethe-Haus wohnte. Im nächsten Schuljahr wechselte er in die Familie von Dietrich Willier im Fichtehaus, in der er zwei Jahre gelebt hat. Als Willier die Odenwaldschule Hals über Kopf verliess, wurde Andreas zuerst einer anderen Familie zugeteilt und kam dann mitten im Schuljahr für Stephan Hädrich zu Gerold Becker.

Sein bester Freund war Konrad Taukert. Mit ihm zusammen ging Andreas von Weizsäcker nach München. Vorher war Andreas als Bühnenschreiner beim Westdeutschen Rundfunk in Köln tätig und hat von 1978 an als Entwicklungshelfer in Thailand gearbeitet. Dort erhielt er erstmals eine Krebsdiagnose. Er litt an Lymphdrüsenkrebs und genauer am Hodgkin-Lymphom. Nach der Rückkehr aus Thailand 1979 studierten die beiden Freunde an der Akademie der bildenden Künste in München. Andreas von

Weizsäcker erhielt dort 2001 eine Professur, Konrad Taukert lebt immer noch in München, er arbeitet als Bildhauer und Fotokünstler.

Andreas starb am 13. Juni 2008 nach seinem langjährigen Krebsleiden. Seine Witwe hat dem Spiegel im Blick auf die später bekannt gewordenen Missbrauchsfälle gesagt: „Andreas (wusste) von den Vorgängen, zählte sich aber nicht zu den Opfern" (Der Spiegel Nr. 13 (2010), S. 36). Wie weit die Witwe von den tatsächlichen Vorfällen Kenntnis hatte, ist nicht bekannt und Andreas von Weizsäcker hat sich vielleicht deswegen nicht als Opfer gesehen, weil er mit Gerold Becker befreundet blieb. Von ihm selbst gibt es keine Aussagen, die öffentlich zugänglich wären.

Gemäss Elfe Brandenburger[2] wusste Andreas nicht nur von Beckers Übergriffen, sondern ist von ihm auch persönlich attackiert worden. In einer Situation wurde er von Becker im Halbschlaf am Morgen belästigt und stellte daraufhin einen Stuhl unter die Türklinke, um Becker zu entgehen, was sich auf die Beziehung aber offenbar nicht ausgewirkt hat. Die Bindung an ihn blieb gleichwohl erhalten.

Der Vater von Andreas von Weizsäcker sagte 1985 in einem Interview, seine Frau und er haben „eines unserer Kinder" an die Odenwaldschule geschickt und der Aufenthalt dort sei für ihren Sohn „ein absolut prägendes Moment in seinem Heranwachsen gewesen". Der Name Andreas fällt nicht (*Schule auf dem Zauberberg* 1985, Min. 1.32–1.45). Mitschüler erinnern sich ganz anders: Andreas hasste es, der „Sohn von dem Weizsäcker" zu sein. Er lief oft weg in den Wald und blieb dort allein sitzen, um Ruhe zu finden. Sein Vater und die Familie waren damals für ihn eine „Qual".[3]

Ein Schüler, der sich gegen Becker zur Wehr setzte, wird hier Tobias Ruck genannt. Er flog von der Schule und hat das bitter bezahlen müssen, mit seelischen Problemen bis hin zur Psychose, die sein Leben fast dreissig Jahre stark beeinträchtigen sollte.[4] Der Junge war zuletzt in der Familie von Gérard Bourgeois untergebracht und musste im Schuljahr 1975/1976 gehen. Er lebte zuvor drei Jahre in einer Kameradenfamilie im Herder-Haus, also direkt vor den Augen von Gerold Becker. Der Junge war einer von denen, die einfach verschwanden, ohne Nachfragen auszulösen.

Beckers Treiben ist bei Gelegenheit aufgefallen, aber das hatte keine Konsequenzen. Eine Putzfrau der Odenwaldschule soll ihn mit einem Jungen bei der Anwendung sexueller Gewalt erwischt haben. Ausserdem soll sie in seinem Schlafzimmer pädophile Pornohefte gefunden haben. Die Frau habe sich entsetzt an den Verwaltungsleiter der Schule gewandt, der aber nur

---

2 Gespräch mit Elfe Brandenburger am 30. Juli 2012.
3 Quelle: Gespräch mit mir.
4 Gespräch mit Elfe Brandenburger am 30. Juli 2012. Zusätzliche Mail vom 24. März 2014.

sagte, das ginge ihn nichts an und sie solle sich an den Betriebsrat wenden. Der sei für sie und ihr Anliegen zuständig. Die Frau tat das umgehend, doch auch der Betriebsrat unternahm nichts. Niemand ging der Sache nach und die Aussagen der Frau erhielten keinerlei Bedeutung. Der Schulleiter blieb unbehelligt.[5]

Es ist nicht bekannt, ob Becker ahnte oder wusste, was andere hinter vorgehaltener Hand über ihn redeten. In glaubwürdiger Beschwichtigung war Gerold Becker geübt, aber wie gesagt, er konnte nicht sicher sein, dass er nicht irgendwann doch auffliegen würde. Er verhielt sich ja auffällig und nicht etwa diskret. Becker hatte Lieblinge und bevorzugte Schüler gegenüber anderen, zudem erschlich er sich durch kleine oder auch grössere Geschenke das Vertrauen der Kinder und Jugendlichen. Das konnte heissen eine Segeltour in Griechenland, eine Stereoanlage, die Erstattung des Schulgeldes, die Befreiung von Hausaufgaben oder auch von der aufwändigen Semesterarbeit in der Oberstufe.

Es gab in der Becker-Familie einen „Zirkel der Privilegien", auch im Blick auf Alkohol oder den freien Zugang zu Beckers Wohnung. Konkret bedeutete das für die Schülerinnen und Schüler, in seiner Wohnung unbegrenzt fernsehen zu dürfen, auch konnte man ungefragt seinen Kühlschrank leeren oder schon mal die Wohnung auf den Kopf stellen. Es gab, anders gesagt, auch in dieser Hinsicht „keine Grenzen".[6] Becker hatte für alles Verständnis und liess sich zum eigenen Schutz auch ausbeuten. Wichtig war nur, dass niemand redete und das war umso eher zu erwarten, je mehr Privilegien verteilt werden konnten. Die pubertären Schüler waren mit Senkung der Verbotsschranken leicht zu begeistern und für „den Gerold" einzunehmen.

Es gab Mitte der siebziger Jahre wenige transportable Fernsehgeräte mit schlechtem Empfang an der Odenwaldschule, einzig die Familie von Gerold Becker hatte im Zentrum seiner Wohnung einen grossen TV-Empfänger stehen, der ständig lief und gut zu sehen war. Das Gerät war hoch modern und hatte sogar schon eine PiP-Funktion (picture in picture), die es ermöglichte, im grossen Bild am oberen rechten Rand ein parallel laufendes Programm zu sehen. Man konnte dann sicher sein, auf keinen Fall die nächste Denver-Episode zu verpassen.[7] Was also Hartmut von Hentig im Gespräch mit Richard von Weizsäcker anlässlich des Jubiläums 1985 öffentlich verdammt hatte, war einige Häuser weiter Fernsehspass mit Hentigs Freund Gerold.

Er schien empathisch zu sein und tat so, als ob er immer und für jeden Zeit hätte. Er wirkte locker und war um einen Spruch nie verlegen. Offenheit

---

5 Mail von Elfe Brandenburger vom 4. November 2013.
6 Mail von Elfe Brandenburger vom 7. Juli 2012.
7 Brief von Peter Lang vom 12. März 2015.

war Programm und gehörte zu dem Habitus, den Gerold Becker pflegte. Bevor er an die Odenwaldschule ging, hatte Becker an Walter Schäfer geschrieben: „Mir liegt nicht besonders viel an einer ‚abgeschlossenen Wohnung' (fast im Gegenteil), aber sehr viel an viel Platz … ausserdem hätte ich gern, wenn es sich irgend machen lässt, ein eigenes Gastzimmer, um möglichst regelmässig möglichst viele Freunde und Bekannte einzuladen und sie mit dem ‚Geist' der Schule zu infizieren" (Brief an Walter Schäfer vom 5. Dezember 1968).

In Beckers Wohnung gab es ein Zimmer, das als Familienraum genutzt wurde. Hier standen der Fernseher und alte Sessel. Daneben lag Beckers Wohnzimmer, es gab auch einen Erker und Beckers Schlafzimmer. Die Wohnung war nie abgeschlossen und stand zu jeder Zeit offen, alle Zimmer waren also zugänglich und aus heutiger Sicht fragt sich, wie hat er das also angestellt, wo doch alle Zimmer offen waren. Später wurde gegenüber ein Zimmer für Besucher eingerichtet und dieses Zimmer war abgeschlossen.

Eine Besonderheit der Becker-Familie war die freie Zugänglichkeit zu der Wohnung des Familienhauptes. Das wurde individuell geregelt, es gab Familien, in denen die Wohnung nicht betreten werden durfte, bei andern war sie mehr oder weniger zugänglich. Auch bei Becker wäre man nicht einfach eingetreten, wenn er zu Hause war.[8]

Jan Kruse hat vom Schulleben und den Interna im Kollegium insofern etwas mitbekommen, als er gewählter Schülervertreter in der Schulkonferenz war. Er war zudem gewählter Vertreter im Vertrauensausschuss und hatte so Einblick auch in heikle Probleme des Schullebens. Niemand hat seinerzeit von „Übergriffen" gesprochen, eine Sprache dafür gab es nicht. Während seiner Schulzeit, also bis 1975, wurde darüber nicht gesprochen,[9] was auch von anderen Aussagen bestätigt wird. Aus heutiger Sicht und mit dem heutigen Kenntnisstand habe er mit dem, was er damals gesehen, gehört und erlebt hat, von Übergriffen gewusst, allerdings in seinem damaligen Denken das nicht so empfunden.[10]

Offenbar waren die Grenzen fliessend. Alkohol spielte eine zentrale Rolle bei der Enthemmung. Die Jungen konnten sich betrinken, was als Mutprobe galt, und sind dann bei jeder sich bietenden Gelegenheit von Becker missbraucht worden. Der Schulleiter handelte oft überfallartig, der schnelle Übergriff konnte im Verborgenen stattfinden, ohne dass die Anderen etwas mitbekamen. Bei längeren Beziehungen glaubten sich die Jungen privilegiert und wollten den besonderen Zugang zu Becker nicht gefährden.

---

8 Gespräch mit Jan Kruse am 28. Februar 2014 und Mail vom 6. September 2015.
9 Gespräch mit Jan Kruse am 28. Februar 2014.
10 Mail von Jan Kruse vom 6. September 2015.

Becker schlich oft durch das Gelände und tauchte überraschend in den Zimmern der Schüler auf, wenn die Türen offen standen, was bei dem engen Zusammenleben auf der Etage fast immer der Fall war. Waren die Türen geschlossen, dann gab es ein Klopfsignal nach Becker-Art, „toook, toook, tok, tok, tok", was in den Zimmern nicht selten Panik auslöste, obwohl gar nichts Verbotenes geschah. Elfe Brandenburger berichtet, dass ihr Freund Konrad Taukert bei diesen Gelegenheiten sich öfter mal in ihrem Kleiderschrank versteckte oder unters Bett sprang.[11]

Becker öffnete die Tür unmittelbar nach dem Klopfen, ohne auf ein „Herein" zu warten, wie es die Höflichkeit gebieten würde. Er schlich „wie ein Geist auf leisen Sohlen durch die Schule" und „tauchte immer wieder wie aus dem Nichts auf", um sein Beuteschema zu testen.[12] Wer ihn zurückwies, musste damit rechnen, dass er alles versuchen würde, den Widerstand zu brechen oder einen Schulverweis durchzusetzen. Das ist nicht nur gelegentlich, sondern immer wieder vorgekommen und gehörte zu Beckers Feuerwand, mit der er sich und sein Treiben schützte.

Das war deswegen nötig, weil seine sexuelle Gewalt mit der Zeit an Intensität zunahm. Zu Beginn seiner Übergriffe machte er die Jungen emotional von sich abhängig, bevor er sich an ihnen verging. Später verlangte er auch direkte sexuelle Befriedigung – „und fertig!"[13] Er konnte und wollte offenbar jede sich bietende Gelegenheit nutzen, dass er dabei immer höhere Risiken in Kauf nehmen musste, fiel nicht weiter auf. Die Rolle des Schulleiters spielte er souverän und Täter, die öffentlich als solche bezeichnet wurden, gab es nicht.

Wenn Schüler oder Schülerinnen ohne nähere Angaben von Gründen plötzlich nicht mehr da waren, dann kann das nicht verborgen geblieben sein. Offen angesprochen wurde es nicht, die Folgen waren Ausreden, Mutmassungen und ein weites Feld für Gerüchte. Auffällig war auch, dass Schulleiter Becker immer seinen Kollegen und Mittäter Wolfgang Held gedeckt hat, obwohl der ihn nicht ausstehen konnte. Beide wohnten nicht zufällig im gleichen Haus und beide waren Anlass von Zuschreibungen, die unter der Hand ausgetauscht wurden. Becker, anders gesagt, bot genügend Angriffsflächen für einen Verdacht, der aber nie ausgesprochen wurde. Er war unkonventionell und schien unangreifbar zu sein.

In Beckers Pädagogik-Unterricht ist Kannibalismus ein Thema gewesen, was ungewöhnlich genug ist.[14] Becker hat dabei immer wieder betont, dass es

---

11 Mail von Elfe Brandenburger vom 7. Juli 2012.
12 Mail von Elfe Brandenburger vom 7. Juli 2012.
13 Aussage einer Altschülerin, die im Herder-Haus gewohnt hat (Quelle: Gespräch mit mir).
14 Mail von Elfe Brandenburger vom 7. Juli 2012.

„Menschenfresser" eigentlich gar nicht gebe, weil Kannibalen Personen, die sie töteten und rituell verzehrten, gar nicht für Menschen, also ihresgleichen, hielten, sondern für Tiere oder unbekannte Wesen. Rückblickend vermutet Elfe Brandenburger, dass sich Becker gerne mit diesem Thema beschäftigt habe, „weil das Verschlingen von Menschen von ihm physisch erlebt wurde, wenn er sich über die kleinen Jungen her machte". Mit der Behauptung, dass es keinen Kannibalismus gäbe, „wusch er sich vor sich selbst und von uns von der Schuld frei (die ihm ja irgendwie bewusst sein musste)".[15]

Auf der anderen Seite hat sich Becker immer wieder zur liberalen Sexualerziehung bekannt und jede Form von Unterdrückung scharf kritisiert. Die Kinder sollten auch im Blick auf ihre Sexualität frei aufwachsen und die dafür geeignete Lernumwelt erhalten. Auch damit konnte sich die Odenwaldschule von den anderen Schulen und insbesondere von den Elternhäusern unterscheiden. Die freie Sexualität sollte als Provokation wahrgenommen werden, sie richtete sich in der Theorie gegen alle Verbote und liess daher auch jede Spielart zu. Wer das kritisierte, konnte leicht zum Spiesser werden.

Sexualerziehung hat in der Geschichte der Landerziehungsheime und speziell in der Odenwaldschule von Anfang an eine zentrale Rolle gespielt. Sie definierte die Besonderheit der Erziehung und war Teil der alternativen Lebensform. Seit der Zeit ihrer Gründung vor dem Ersten Weltkrieg sind damit Etiketten wie „frei" oder „natürlich" verbunden worden, die auf eine neue Haltung gegenüber der Sexualität verweisen sollten, die etwa im lebensreformerischen Nacktheitskult der frühen Odenwaldschule zum Ausdruck kam. Der Kult war in Wahrheit ein pädagogisches Regime, dem sich bis zum Nacktduschen mit Gerold Becker kaum jemand entziehen konnte.

Dieser sexualpädagogischen Vorgabe folgte Becker, wenngleich mit völlig anderen Vorzeichen und Bezugnahmen. „Frei" und „natürlich" war der nackte Körper in den Anfängen der Odenwaldschule unter strikter Ausschaltung jeder Regung von Sinnlichkeit. Beckers Sicht war dagegen stark geprägt durch die zeitgenössische Auseinandersetzung über Sexualität und Emanzipation, also durch die linke Psychoanalyse, die amerikanische Alternativpädagogik und die offene Jugendarbeit, für die sich Becker wie erwähnt schon während seiner Zeit in Göttingen interessiert hat. Angesagt war nicht Unterdrückung, sondern Befreiung der Sexualität, wie „natürlich" sie auch immer erfolgen sollte.

Über Sexualität hat sich Gerold Becker vor und nach seinem Weggang von der Odenwaldschule an verschiedenen Stellen geäussert, nie jedoch zur Pädophilie. So sehr er als Pädagoge auch mit dem pädagogischen Eros in Verbindung gebracht wurde, als dessen Inkarnation ihn seine Bewunderer sehen

---

15 Mail von Elfe Brandenburger vom 2. November 2013.

wollten, von „Knabenliebe" hat er öffentlich nie gesprochen, das Wort findet sich in keinem seiner Texte und von den pädophilen Diskussionszirkeln der siebziger und achtziger Jahre hat er sich ferngehalten. Seine eigene Sexualität, anders gesagt, hatte keine Bezeichnung.

Dafür hat er sich umso mehr auf progressive Sexualerziehung bezogen und wie vorbildlich die Odenwaldschule sie realisiert habe. Die Grundrichtung benannte er bereits 1971 in seinem langen Artikel zum sozialen Lernen:

> „Wenn die für die Odenwaldschule zentralen Probleme einer sinnvollen ‚Sexualerziehung' genannt werden sollen, dann sind es die Amalgamierung von Sexualität und Zärtlichkeit, das Befreien von fremdbestimmten sexuellen Konsumzwängen, die Frage, was zu tun ist, damit Kinder und Jugendliche die Sexualität als beglückend und als kommunikationsstiftend erfahren" (Becker 1971, S. 144).

Die Zielgruppe hatte er fest im Auge, ohne dabei sich ins Spiel zu bringen. Für die „etwa 10–14jährigen" sei die bloss „biologische Information" über Sexualität „nicht entfernt so wichtig" wie „die Möglichkeit, die eigenen Ängste und Beglückungen als sagbar und verstehbar zu erleben" (ebd.). Für diesen Zweck gebe es an der Odenwaldschule „kleine informelle Gesprächsgruppen mit Jüngeren" (ebd.), also eine verständnisvolle Kultur, die nicht näher beschrieben zu werden brauchte und für sich zu sprechen schien. An den Staatsschulen, sollte man verstehen, gibt es so etwas nicht.

Soweit die Theorie, für die Praxis der Sexualerziehung an der Odenwaldschule gibt es ganz andere Hinweise, die nicht auf eine progressive Gesprächsgruppenkultur hinweisen, sondern auf eine didaktische Form, der niemand ausweichen konnte. Als der bereits erwähnte Altschüler Peter Lang in der 9. Klasse war, erlebte er eine dreitägige Vollversammlung, zu der alle Schüler eingeladen waren. Dieses Meeting dauerte von Freitag bis Sonntag und nahm das ganze Wochenende in Anspruch. Die alte Turnhalle diente als Ort für die Versammlungen des Plenums aller Teilnehmenden. Rückblickend bezeichnet Peter Lang das Meeting als „Sex-Konferenz".[16]

Der Unterricht thematisierte Fragen der Sexualität an der Odenwaldschule. Anwesend waren fast alle Schülerinnen und Schüler[17] sowie 40 bis 50 Mitarbeiter. Es wurden Arbeitsgruppen gebildet und verschiedene Themen bearbeitet wie etwa das gemeinsame Nacktduschen und was man dabei empfindet. Die Gruppen mussten Ergebnisse abliefern und bezogen darauf Ar-

---

16 Gespräch mit Peter Lang am 20. Juli 2012. Brief vom 5. August 2015.
17 Im Schuljahr 1974/1975 besuchten 363 Schülerinnen und Schüler die Odenwaldschule, die in dreissig Mitarbeiter-Familien sowie fünfzehn Kameradenfamilien aufgeteilt waren. Hinzu kamen fünfunddreissig Externe (OSO-Nachrichten 1975, S. 41–45).

beitspapiere erstellen. Damit sollten Diskussionen unter den Schülern angeregt werden. Das Wochenende hat im Winter 1972/1973 stattgefunden, es lag Schnee und in der unbeheizten Halle war es kalt.

Peter Lang, der in der Lau-Familie lebte, sagt im Rückblick auf dieses Erlebnis, dass ihm in seinem ersten Jahr an der Odenwaldschule sowohl das Thema als auch das Vorgehen ausgesprochen peinlich gewesen seien und er bei der Bearbeitung der konkreten Aufgaben lieber anderen Schülern den Vortritt gelassen habe. Er berichtet auch, dass für eine Semesterarbeit im Fach Pädagogik/Psychologie, also bei Gerold Becker, Umfragen unter den Schülern gemacht wurden, die intime Themen berührten, etwa ob man nachts schon einen Samenerguss gehabt habe oder nicht. Irgendeine Form von Scham sollte es offenbar nicht geben. Da war man in der Odenwaldschule Mitte der siebziger Jahre schnell einmal reaktionär.

In der Theorie klang das natürlich ganz anders. In seiner Laudatio für Astrid Lindgren beruft sich Gerold Becker auf Freuds Psychoanalyse und das Prinzip der Sublimation.

> „Die Psychoanalyse hat in vielen Bildern deutlich gemacht, wie im strengsten Sinne lebensentscheidend es ist, dass ein Mensch, aufwachsend, lernt, in einem entspannten aber nicht spannungslosen Gleichgewicht zwischen den Ansprüchen seiner Triebe und den Ansprüchen der Realität zu leben, ja, dass der einzelne sich mit seiner Triebwelt geradezu befreunden muss, wenn sein Ich nicht durch die Angriffe aus dem Hinterhalt des Verdrängten ständig gefährdet sein soll" (Becker 1978, S. 13).

Hat niemand in seinem Netzwerk geahnt, was es mit dieser „Befreundung" in Wirklichkeit auf sich hatte und was die „Angriffe aus dem Hinterhalt des Verdrängten" im Falle Beckers konkret bedeuteten? Die Laudatio war Beckers grösster öffentlicher Auftritt, aber offenbar hat niemand, der ihn näher kannte, bei dieser Passage Verdacht geschöpft, im Gegenteil, man war stolz auf ihn und seine Rede. Und Becker hatte dafür gesorgt, dass es biografische Koordinaten für einen Verdacht nicht gab.

Im Frühjahr 2010 war häufig zu hören, dass es in der Odenwaldschule wohl Gerüchte gegeben habe, denen aber niemand nachgegangen sei. Das bezog sich auf die Lehrerinnen und Lehrer sowie das Umfeld der Schule, aber war nicht mehr als eine Schutzbehauptung. Die Opfer nämlich erhielten eine sehr genaue Vorstellung davon, was es ist mit Becker und der „Befreundung" mit seiner Triebwelt auf sich hatte. Und es ist nicht so, dass nie jemand etwas Verdächtiges bemerkt hätte. Becker war auffällig und ist natürlich auch beobachtet worden. Wer auf so engem Raum zusammenlebt, kann sich nicht vollständig tarnen.

Tatsächlich gab es Augenzeugen, die nicht einfach geschwiegen haben. In dem 2011 veröffentlichten Dokumentarfilm *Geschlossene Gesellschaft* sagt Björn Behrens, ein Ehemaliger, Folgendes aus:

> „Dann sah ich da vornübergebeugt einen Menschen, der durchs Schlüsselloch guckte – vom Duschraum. Aber es war so laut, dass der Mensch mich nicht gesehen hat oder gehört hat. Und es war unser Schulleiter, Gerold Becker. Da war ich sechste oder siebte Klasse."

Das muss 1976 oder 1977 gewesen sein. Björn Behrens war seit 1974 an der Odenwaldschule und lebte nach seiner Grundschulzeit im Pestalozzi-Haus zwei Jahre lang in einer von einem Lehrer betreuten Familie. Danach kam er für drei Jahre in Kameradenfamilien unter, die von älteren Schülern geleitet wurden. Björn besuchte im Schuljahr 1976/1977 die siebte Klasse, die von der Deutsch- und Englischlehrerin Inger Wölcken geleitet wurde (OSO-Nachrichten 1976b, S. 4).

Nach dem Vorfall ging der Junge zu seinem Familienhaupt und erzählte ihm von seiner Beobachtung. Der Junge bemerkte über den Schulleiter, „der steht ja offensichtlich auf Jungs". Der Lehrer schaute ihn an und gab dann eine „klassische Antwort":

> „Das ist alles relativ. Denn wenn wir zurück in die Antike gehen und uns angucken, wie das bei den Griechen war, dann kann man sehen, bei den Griechen war die Knabenliebe oder die Liebe von Männern zu Knaben eine ganz natürliche Sache, die dort zum Alltag gehörte, und das ist eine Betrachtungsweise des Einzelnen. Man kann das als etwas Natürliches empfinden oder man kann auch abgestossen davon sein. Und das muss ich mit mir ausmachen."[18]

Mit dieser tatsächlich „klassischen" Beschwichtigung wurde der Täter entlastet, der Zeuge nicht ernst genommen und die Opfer allein gelassen. Im Schuljahr 1982/1983 wohnte Björn Behrens dann selbst in der Becker-Familie, als Ältester hatte er ein Einzelzimmer, die anderen Jungen waren alle jünger, darunter Andreas Huckele, der mit einem Gleichaltrigen ein Doppelzimmer bewohnte und die achte Klasse besuchte. Von Beckers Übergriffen habe er trotz der räumlichen Nähe nichts mitbekommen, sagt Behrens heute.

Auch andere Aussagen zeigen, dass von einem blossen Gerücht keine Rede sein kann, dass Mitwisserschaft vorhanden war und dass über die Vorfälle im Laufe der Zeit auch mehr oder weniger deutlich kommuniziert wurde. Rückblickend gibt ein Ehemaliger an: „Dass man als Schüler mit Becker Sex haben konnte, das wussten wir alle" (Jens 2011, S. 47). Was Becker

---

18 *Geschlossene Gesellschaft* (Minuten 32,14–51; 33,56 – 35,52).

und andere Lehrer taten, war unter den Kindern und Jugendlichen ein offenes Geheimnis, das mindestens als Vermutung und oft auch als Tatbestand unter Freunden oder Freundinnen thematisiert wurde, nicht jedoch offenbar in Beckers eigener Familie.

Mit den Erwachsenen sprach man über solche Fragen nicht.[19] Die Risiken waren bekannt: Wer sich einem Lehrer oder einer Lehrerin anvertraute, lief Gefahr, als Lügner oder Verräter hingestellt zu werden. In diesem Sinne muss von zwei Welten der Kommunikation ausgegangen werden und so auch von zwei Welten der Geheimnisbewahrung. Wenn alle davon „wussten", dann unter dieser Voraussetzung. Das „Wissen" war kein öffentliches, sondern informelles Gut, getrieben von den Erfahrungen ebenso wie von den kursierenden Geschichten und den Opportunitäten des Schweigens.

Es gibt Aussagen, wonach Becker regelrecht um Jungen buhlte. Eine Zeugin ist die bereits mehrfach erwähnte Berliner Filmemacherin Elfe Brandenburger, die die Odenwaldschule von 1974 bis 1977 besucht hat. Sie ist ein Scheidungskind und kam nach der Trennung der Eltern aus eigenem Entschluss an die Odenwaldschule, sie hatte sich die Schule also, anders als die meisten Mitschüler, selbst ausgewählt. Das Schulgeld bezahlte der Vater. Sie kam im ersten Jahr im Herder-Haus unter, wo auch die Familien von Wolfgang Held und Gerold Becker wohnten. Die Familie von Wolfgang Held war im obersten Stock des Herder-Hauses untergebracht und lebte scheinbar hermetisch abgeschlossen.

Elfe Brandenburger gehörte nicht zu einer dieser beiden Familien, sondern wohnte im ersten Jahr zusammen mit einer anderen Schülerin in der Familie der damaligen Schulsekretärin (OSO-Nachrichten 1975, S. 43).[20] Ein Jahr später kam sie, wie erwähnt, in die Familie von Gérard Bourgeois und im Schuljahr 1976/1977 war Elfe Brandenburger dann in der Familie einer Lehrerin, die für Mathematik und die Naturwissenschaften zuständig war und seit dem 1. August 1971 an der Odenwaldschule unterrichtete (OSO-Nachrichten 1976a, S. 52).

Elfe Brandenburger erwähnt eine „kindische Buhlerei" mit dem Schulleiter Gerold Becker um ihren Freund Konrad Taukert, der zu Beckers Familie gehörte und 1977 Abitur gemacht hat. Der Freund beendete den sexuellen Kontakt mit Becker, weil er sich in sie verliebt hatte. Becker akzeptierte diese Entscheidung aber nicht und weinte sogar bei Gelegenheit. Er weigerte sich, seine Beziehung aufzugeben und wollte sich rächen. Also versuchte er, die Freundin von der Schule zu entfernen und schickte ihren Eltern einen Brief

---

19 Mail von Elfe Brandenburger vom 7. Juli 2012.
20 Für den Schulleiter Gerold Becker arbeitete daneben noch eine persönliche Sekretärin, die im Juli 1973 Adelheid Schmidt hiess (OSO-Nachrichten 1973, S. 13).

voller Verleumdungen. Das war eine erprobte Strategie, die Eltern handelten dann meistens im Sinne Beckers und nahmen ihre Kinder von der Schule, ohne dass dafür Gründe bekannt wurden, was wiederum Becker nur recht sein konnte.

Die Mutter von Elfe Brandenburger reagierte jedoch nicht in der gewünschten Weise. Sie machte den Brief Beckers ihrer Tochter zugänglich und forderte sie auf, die Angelegenheit selbst in Ordnung zu bringen. Elfe sollte mangels „Eignung" von der Schule fliegen, wogegen sie sich aber erfolgreich zur Wehr setzen konnte. Sie reichte den zurückgesandten Brief einfach an die Schulsekretärin weiter und hörte danach kein weiteres Wort mehr, weder von der Sekretärin noch von dem Schulleiter. Die Sekretärin sagte bei der Rückgabe des Verleumdungsbriefes nur lakonisch: „Er und seine Jungs …!"[21]

Danach geschah nichts mehr, Becker kommentierte seine Entscheidungen nie und liess sie auf sich beruhen. Es gibt Hinweise, dass die Sekretärin Becker in der Hand hatte und selber dafür gesorgt hat, dass der Schulverweis rückgängig gemacht wurde. Sie war zusammen mit ihrer Schwester, die in Ober-Hambach wohnte, in den zwanziger Jahren Schülerin der Odenwaldschule gewesen. Ihr Neffe musste die Schule verlassen, es gab Gerüchte, dass Becker ihn missbraucht hat. War das der Fall, dann ist Becker gedeckt worden und wurde von seiner Sekretärin abhängig.[22]

Der Verlust, den Gerold Becker durch Elfe Brandenburger erfahren musste, hat ihn tatsächlich getroffen, aber wohl nur im Sinne der Verletzung seines Besitzerstolzes und der damit verknüpften Gefühle. Eine Augenzeugin sagt, Becker sei im Alltagsleben kontrolliert gewesen und habe sich überwiegend sehr gleichförmig verhalten.[23] Wenn er Emotionen zeigte, dann muss bei ihm ein Punkt berührt worden sein, an dem er verwundbar war und sich dann versucht hat zu rächen.

Bemerkenswert ist, wie aggressiv Gerold Becker auf Rivalen, zumal auf weibliche, eingestellt war und wie ruchlos er vorgehen konnte. Bei deutlichem Widerstand aber reagierte er mit Rückzug und Stillschweigen. Er wusste offenbar, wie weit er bei seinen Racheakten gehen durfte; danach konnte er so tun, als sei nichts geschehen. Gerold Becker war gegenüber den Schülern nie verlegen, er hat sich auch nie erklärt und wartete einfach auf seine nächste Chance, begleitet vom Bild der ständigen pädagogischen Sorge, die ihn immun machte und überzeugend erscheinen liess.

---

21 Mail von Elfe Brandenburger vom 21. Juni 2012 sowie das Gespräch in Berlin vom 25. Juni 2012 und Mail vom 7. Juli 2012.
22 Mail von Elfe Brandenburger vom 16. August 2015.
23 Quelle: Gespräch mit mir.

Das Muster zur Beseitigung missliebiger Schüler hat Becker im Übrigen von seinem Vorbild Paul Geheeb übernommen, der ebenfalls mit gezielten Verleumdungsbriefen gearbeitet und damit Eltern unter Druck gesetzt hat, die sich oft genug auch beeindrucken liessen und taten, was der Leiter der Odenwaldschule ihnen nahelegte. Die Strategie war auch hier bereits, sich als pädagogischer Experte auszugeben, den Eltern Kompetenz in Erziehungsfragen abzusprechen und damit Eindruck zu machen.

Geheeb hatte in dieser Hinsicht noch eine andere Seite, seine zahllosen Briefe an ehemalige Schülerinnen waren oft erotisch aufgeladene Liebesbezeugungen einschliesslich einem „äusserst intensiven Erkunden nach pikanten Details" (Siegenthaler/Vellacott 2012, S.105). Umgekehrt sahen viele Ehemalige in ihm nie einen „Freund", sondern zeitlebens immer ein Idol, einen Mann, der sich selbst „bewusst oder unbewusst als aktiver Verführer" inszeniert hat (ebd., S. 104, 107). Geheeb verstand es auch, Ehemalige brieflich unter Druck zu setzen und die ja längst beendete Beziehung einzuklagen, also die Altschüler weiter von sich abhängig zu halten, was jeder Emanzipationspädagogik widerspricht, für die Geheeb doch stehen soll.

Gerold Becker hat als Schulleiter zahlreiche Korrespondenzen geführt und damit Schicksale beeinflusst. Zwei dieser Korrespondenzen werden in diesem Buch ausgewertet. Sie zeigen, wie er vorgegangen ist und welche Strategien er verfolgt hat. Anfänglich wurden die Eltern als Kunden umworben, nachdem ihnen klar gemacht wurde, wie glücklich sie sich schätzen konnten, dass die Schule ihre Kinder aufgenommen hat. Sobald Schwierigkeiten auftraten, änderte sich der Ton, der Schulleiter liess durchblicken, dass die Erwartungen nicht erfüllt wurden und er verstand es, im Konfliktfall die Fehler allein bei den Schülern suchen. Die Macht des Schulleiters nutzte er auch in dieser Hinsicht skrupellos.

Die privaten Briefe Beckers sind überwiegend nicht zugänglich, aber Liebesbriefe von ihm oder an ihn gibt es vermutlich nicht, das würde nicht zum Profil eines bei Gelegenheit brutalen Sexualtäters passen, der die Opfer von sich abhängig machte und sich bei seinen Attacken nicht lange mit Gefühlen aufgehalten hat. Er muss immer die Fährten von Opfern gesucht haben, möglichst solchen, die sich nicht wehren konnten und die schweigen würden. Becker, anders gesagt, war nie harmlos, was eine Suche nach emotionalen Bindungen nicht ausschliesst.

Gerold Becker kommt verschiedentlich auf die Figur der „Befreundung" mit der eigenen Sexualität zurück. 1984, noch als Schulleiter, listete er in einem Aufsatz 15 Punkte auf, die erfüllt sein müssen, damit Kinder in „Würde und Selbstbestimmung" leben können; vorausgesetzt wird das „Packeis der Gesellschaft von morgen" und deren „sinnverwirrende tropisch-schwüle oder kalt glitzernde Kunstwelten" (Becker 1984, S. 217). Eines der Postulate betrifft die Sexualität. Dazu heisst es:

> „Die mich selbst beglückende und den andern beglückende Funktion von Sexualität ist unter Konsumzwängen zumindest ebenso, sicher subtiler und deshalb vielleicht noch mehr gefährdet als unter Tabus. Das Individuum mit seiner Triebwelt, also mit Sexualität, Hunger, Schlafbedürfnis, Aggression usw. zu befreunden, bleibt eine der immer wieder zu lösenden Aufgaben bei allem Erziehen" (ebd., S. 218).

Wie man sich mit seiner Triebwelt „befreunden" kann – schon der Ausdruck ist irritierend –, wird nicht gesagt. Noch weniger ist klar, was das für die Erziehung und so für Kinder und Jugendliche bedeuten soll. „Befreunden" setzt Fremdheit voraus, vielleicht ist die Wortwahl also nicht ganz zufällig gewesen, sofern Becker dabei auch an sich gedacht hat und nicht nur an imaginäre Erziehungsaufgaben. Man kann darin eine der Spuren sehen, die er zur Entzifferung seiner selbst gelegt hat.

In seinem Fall hiesse „befreundet" ein inneres Bekenntnis zur Pädophilie und so eine Rechtfertigung seiner Praxis als Sexualtäter ohne Schuldgefühle, anders wäre „Befreundung" die falsche Wortwahl. In pädophilen Texten wird oft so argumentiert, man bekennt sich zur eigenen Natur und geht mit ihr ein freundschaftlich-harmloses Verhältnis ein, das nur von der falschen Sexualmoral der Gesellschaft gestört werden kann. Das würde erklären, warum Gerold Becker sich nie als „Täter" verstanden hat. Er war der Überzeugung, dass er im Sinne der Kinder richtig handeln und ihrer Sexualität gut tun würde.

Auffällig ist, dass Becker das Thema Entwicklung der Sexualität von Jugendlichen immer wieder berührt hat. 1986, also nach dem Weggang von der Odenwaldschule, ging es in einem seiner Beiträge um das Problem, was frei zugängliche pornografische Bilder direkter Sexualität im Kopf von Pubertierenden anrichten. Becker fragt:

> „Was wissen wir darüber, welche Auswirkungen es hat, wenn Jugendliche die für die Pubertät typischen Erfahrungen mit eigener und fremder Sexualität machen, *nachdem* in ihrem Kopf schon eine fast unendliche Zahl scheinbar ‚realistischer' – jedenfalls nicht von ihrer eigenen Phantasie hervorgebrachter – ‚Bilder' aller denkbaren sexuellen Gesten und Verhaltensweisen ‚gespeichert' sind? Welche Gesten der Zärtlichkeit sollen sie noch erfinden, welche nicht schon fertig vorgeprägten Wirklichkeiten entdeckend erfahren?" (Becker 1986a, S. 44)

Gerold Becker wusste, wovon er sprach. Er war als Lehrer und Schulleiter im Besitz kinderpornographischer Abbildungen sowie einschlägiger Literatur. Auch Schüler sind zur Lektüre verleitet worden und konnten sich die Bilder anschauen (Füller 2011, S. 19). Das Umfeld war libertär. Im September 1987, also zwei Jahre nach Beckers Weggang, sind in der Schülerzeitung „Pflasterstein" pädophile Beziehungen „auf gewaltfreier Zuneigungsbasis" gerechtfertigt worden (Dehmers 2011, S. 94/95), ohne dass die Schulleitung eingegriffen hätte.

Theoretisch sorgte sich der Päderast Becker, dass pornographische Bilder die Phantasie der Jugendlichen überlagern und direkt auf sexuelle „Tatbestände" hinweisen, die sich dann selbstständig machen, also nicht mehr „mit der eigenen Lebenserfahrung" und „erst nach und nach entschlüsselt" werden können (Becker 1986a, S. 44). Zugelassen in seiner Wohnung hat er genau das, was er als sorgender Pädagoge ausgeschlossen sehen wollte. Niemand weiss, wie Becker seine eigene sexuelle Disposition erlebt und ob er eine bewusste Vorstellung davon gehabt hat, dass sie gefährlich war. Päderasten stilisieren die Nähe zum Kind, nicht die Gefahr, die davon ausgeht.

Die sexuelle Disposition von Lehrkräften wird in der gesamten Literatur zur Reformpädagogik an keiner Stelle als mögliches Risiko verstanden. Risiken für Schüler bestanden für Becker 1971 im Konsum von „Rauschmitteln und suchtbildenden Drogen", nicht im Blick auf sexuelle Übergriffe, auch nicht der Schüler untereinander (Becker 1971, S. 144), die aber immer wieder vorgekommen sind. Zur Prävention gegen Drogenmissbrauch nennt Becker drei Strategien: „Die Glaubwürdigkeit und Konsequenz der Haltung der Schule",[24] weiter den „Schutz der Nichtbetroffenen vor Verführung" und schliesslich die „weitere Perspektive für die Betroffenen" (ebd., S. 145).

Nach seinem Weggang im Sommer 1985 konnte sich Becker immer auf diese Rhetorik und seine Erfahrungen als Praktiker beziehen. Er hat neue Formen der Sexualerziehung, Regeln zum Schutz der Kinder oder die „pädagogische Grundhaltung" der Odenwaldschule propagiert, auch als er nicht mehr Schulleiter war. Er war dabei glaubwürdig und nie verdächtig. Er konnte zuhören und man rühmte seine „unendliche Geduld" (OSO-Hefte 1985, S. 137), also eine Grundeigenschaft des guten Erziehers. Becker, der engagierte Pädagoge und zurückhaltende Intellektuelle, wurde nicht einmal als Enigma wahrgenommen, weil er keinen Anlass bot, irgendwie rätselhaft zu erscheinen.

Becker werden aber auch mentale Härte und ein grosses Selbstbewusstsein zugeschrieben. Eine Ehemalige sagt: Er war zugleich ein „Meister der Manipulation" und redete so lange, bis er einem das Wort im Mund herumgedreht hatte und man nicht mehr wusste, was wahr und was falsch war.[25] Auf der anderen Seite verfügte Gerold Becker über eine empathische Sozial-

---

24 „Nichts ist gerade in diesem Punkte fataler, als wenn Schüler das Gefühl haben: die machen sonntags grosse Sprüche und lassen alltags fünfe gerade sein" (Becker 1971, S. 145).
25 Gespräch mit Elfe Brandenburger am 30. Juli 2012.

kompetenz. Er schaffte es, dass man schon bei dem allerersten Kontakt Sympathie für ihn empfunden hat und er gestaltete die ersten Eindrücke, die man von ihm gewann, mit Eleganz und Präzision.[26] Bei diesem einnehmenden Wesen fiel nicht auf, dass er sich selbst als Person mit eigenen Anliegen nie einbrachte.

Becker konnte sich allein in der Kunstfigur des selbstlosen „Pädagogen" sehen und präsentieren. Die Figur verlangte glaubwürdig gespielte Sensibilität oder die Pose des Sichkümmerns. Das zeigte sich besonders auch im Umgang mit den Eltern. Becker beherrschte die Kunst, sie für sich einzunehmen und unmittelbar Vertrauen zu erwecken, er konnte auch mit Nachfragen fertig werden oder einen Verdacht zerstreuen. Er war generell imstande, Anderen ständig etwas vorzumachen, ohne auch nur für einen Augenblick zu seiner Rolle in Distanz zu treten. Es ging immer nur einfach darum, den Schein zu wahren und den Eindruck seiner Person stimmig zu halten.

Rotkäppchen schildert, wie die erste Begegnung mit Gerold Becker ablief. Im Sommer 1975 fuhren sie und ihre Mutter nach Heppenheim. Sie haben sich ein Hotelzimmer genommen und sind dann vom Hübnerhof zur Odenwaldschule hinaufgegangen. Gerold Becker war für sie ein „schmales Hemd" und wirkte sympathisch. Rotkäppchen war völlig bekifft, als sie Becker zum ersten Mal sah. Die Mutter redete unentwegt. Becker hörte zu und sagte nach einer halben Stunde unvermittelt zu Rotkäppchen: „Du bist aufgenommen." In diesem Augenblick hat sie gedacht: „Gerold, Du hast mich gerettet." Becker hat sie ernst genommen und die Odenwaldschule war die Erlösung für sie.[27]

Ein anderer Altschüler berichtet, beim Vorstellungsgespräch habe Gerold Becker auf ihn wie ein „netter Onkel" gewirkt. Der Junge kam mitten im Schuljahr 1972/1973. Bei Ankunft wurde er von Mitschülern freundlich über das Gelände geführt. Insgesamt war der Tag der Aufnahme in die Schule ein sehr überzeugendes Erlebnis. Der Schulleiter sorgte dafür, dass er in der Kahle-Familie unterkam, weil dort noch Plätze frei geworden waren. Die erste Zeit in dieser Familie hat er erlebt als „Abenteuerspielplatz mit Übernachten". Ein Problem schien nur zu sein, dass er altersmässig zwischen den Grossen und den Kleinen stand, also keinen rechten Anschluss finden konnte.[28]

Der bereits erwähnte Münchner Bildhauer und Fotokünstler Konrad Taukert, der erste Freund von Elfe Brandenburger, hatte mit Gerold Becker eine längere sexuelle Beziehung. Taukert, der 1956 geboren wurde, kam im

---

26 Gespräch mit Rotkäppchen am 25. Juni 2013.
27 Gespräch mit Rotkäppchen am 25. Juni 2013.
28 Quelle: Gespräch mit mir.

Schuljahr 1968/1969 an die Odenwaldschule und hat dort 1977 Abitur gemacht, also gehört er zu den eher seltenen Schülern, die einen grossen Teil ihrer Schulzeit an der Odenwaldschule zugebracht haben. Es gab aber auch Schüler, die ihre gesamte Schulzeit an der OSO waren, etwa die Kinder von Mitarbeitern, die lange als Lehrer tätig waren.

Nachdem er die Aufnahmeprüfung ins Gymnasium zunächst nicht geschafft hatte, besuchte Taukert weiter die Volksschule, mit der Erfahrung, dass er plötzlich in seiner Klasse der Beste wurde. Das anschliessend besuchte Tulla Gymnasium in Mannheim war für ihn keine angenehme Erfahrung, was an den Fächern Mathematik und Latein lag.

In seiner Familie war er der Jüngste. Zu Hause hat er Liebe erfahren und keine Gewalt. Der Kleinste aber war schwierig und belastete seine Eltern. Er sagt heute, als Kind war er wohl hyperaktiv, ein „doppelter Skorpion" mit anstrengend viel motorischer Energie. Konrad hat sich von sich aus für die OSO entschieden, nachdem er in der Zeitschrift Eltern einen äusserst attraktiven Artikel über die Schule gelesen hatte. Nach ihm kam ein Jahr später auch der Bruder Holger an die Odenwaldschule. Die Schwester beendete ein staatliches Gymnasium mit Erfolg. Die Odenwaldschule hatte eine Warteliste und Konrad schien nach dem Aufnahmegespräch für den Schulbesuch geeignet zu sein.

„Ich war in der Mittelklasse ein echt schwieriger Schüler", sagt er heute. Taukert war im ersten Jahr an der Odenwaldschule in einer Kameradenfamilie, die von Helmut Wolf geleitet wurde. Wolf war Industriestipendiat und stand vor dem Abitur. Er war mit dem Jungen sicher überfordert, was dazu führte, dass Konrad in das Goethehaus „strafversetzt" wurde. Hier befanden sich zu jener Zeit der Speisesaal und die Krankenstation, schon deswegen war der Aufenthalt dort nicht unbedingt beliebt.

Konrad kam dann in die Familie des Referendars Henner Müller-Holtz, selbst ehemaliger OSO-Schüler und ein „hoch gescheiter Mann", der aber für beide eine „Katastrophe" war. Nach diesem Gau kam er dann in die Kahle-Familie und danach hat ihn Gerold Becker „aufgenommen". Konrad hatte, nach bald zwei Jahren in seiner Familie, Kahle „zur Weissglut gebracht", weil er laut Kahle ein „aggressives Kind" war, das sich nichts gefallen liess.[29]

Er kam im Schuljahr 1970/1971 in die Becker-Familie und blieb dort bis zum Frühsommer 1977, also mit einer längeren Unterbrechung, in der er eine High School in Chicago, USA besuchte, sechs Jahre lang. Im Februar 1968 kam Stephan Hädrich auf die OSO, kurz danach Konrad Taukerts späterer bester Freund Andreas von Weizsäcker.

---

29 Gespräch mit Konrad Taukert am 15. Oktober 2013.

Im Februar 1975 lebte er etwa zusammen mit Jungen wie Andreas von Weizsäcker oder Jan Kruse in Beckers Familie (OSO-Nachrichten 1975, S. 41). Taukert hat die Familie bis zum Abitur nicht mehr gewechselt und unter der Leitung von Gerold Becker sehr unterschiedliche Konstellationen erlebt. Ein Kern seines Jahrgangs mit dem Nukleus der Becker-Familie blieb auch nach der Schulzeit zusammen.

Im Studium bewohnte Konrad Taukert zusammen mit Andreas von Weizsäcker, Elfe Brandenburger, Stephan Hädrich und anderen Ehemaligen der Odenwaldschule eine billig zu mietende Abrissvilla in München-Solln. In dieser Villa hatte Gerold Becker ein Zimmer, das meistens leer stand, er kam aber bei Gelegenheit auf Besuch und bezahlte das Zimmer auch. Solange Becker lebte, blieb Konrad Taukert ihm freundschaftlich verbunden, auch als Ratgeber, und hat sich nicht von ihm losgesagt. Er hatte Gerold Becker verziehen.

Elfe Brandenburger und er besuchten Becker noch kurz vor seinem Tod zum letzten Male in Berlin.[30] Frau Brandenburger schildert diese letzte Begegnung so: Becker redete „wohlgemut" über alles, was ihm einfiel, aber er hatte offenkundig kein Interesse, die gemeinsame Vergangenheit anzusprechen. Die Missbrauchsfälle also kamen nicht zur Sprache. Ein Unrechtsbewusstsein war für die Besucherin nicht erkennbar.[31] Ein Jahr später, im August 2011, wird das so kommentiert:

„Er sprach von seinem Glück in Berlin zu sein, von seinen Spaziergängen, die er jetzt leider nicht mehr machen könne und von der Gründungsgeschichte Berlins. Ich gab mich verständnisvoll und mitleidig und konnte es gleichzeitig nicht fassen. Es war wie eine Bewusstseinslähmung" (Brandenburger 2011, S. 1).

Sie habe Becker auch bei der letzten Begegnung immer noch als Teil ihres Selbst empfunden, es sei nicht möglich gewesen, ihn anzugreifen, weil sie sich dann selbst angegriffen hätte. Er hatte die Macht des Pädagogen noch im Angesicht des Todes. „Es ist eine Art narzisstische Verzweiflung, die einen ganz und gar in Bann schlägt. Und es ist die Umkehrung der narzisstischen Sucht, der Gerold selbst verfallen war. Er erzeugt meine Anerkennung, obwohl er mich ablehnt" (ebd.).

Die meisten Erwachsenen in seinem Umfeld glaubten offenbar Beckers Rollenspiel, während verschiedene seiner Opfer ihn heute als anfänglich einfühlsam, dann aber dominant und brutal schildern, nachdem er sie von sich abhängig gemacht hatte. Das Doppelleben beherrschte er perfekt, denn nur

---

30 Gespräch mit Konrad Taukert vom 15. Oktober 2013 und Mail vom 27. September 2015.
31 Gespräch mit Elfe Brandenburger am 25. Juni 2012.

auf diese Weise konnte er sich sexuell ausleben, was eben auch mit der Güte der Fassade zu tun hatte, die keinen Zweifel an ihm aufkommen liess. Wer sich so mit Kindern inszenieren und so über Kinder und die Aufgabe des Pädagogen schreiben – und reden – konnte wie Becker, der kann einfach kein Täter sein. Als dann in den Jahren 1998 und 1999 erstmals Aussagen der Opfer vorlagen und so die Taten eigentlich nicht mehr zu übersehen waren, geschah – nichts.

Beckers brutale Übergriffe sind inzwischen durch Aussagen seiner Opfer dokumentiert worden. Was geschildert wird, macht fassungslos. Ein Ehemaliger schreibt rückblickend: „Ich stand als Zwölfjähriger im Duschraum eines der Häuser im Odenwald, als der von allen verehrte Schulleiter Gerold Becker hereinkam und sich neben mich unter die Dusche stellte. Nach einiger Zeit fing er an, mir zu zeigen, wie man sich das Glied richtig wäscht. Dabei kam er immer näher. Ich konnte nicht weiter zurück. Ich stand schon ganz nah in die Ecke gedrückt. Da ejakulierte er mir ans Bein. Er hat mich nicht mal berührt" (Max 2011).

Ein anderer Zeuge berichtet über Gespräche mit seiner Mutter, die über das Telefon in Beckers Wohnung geführt werden mussten. Das Telefon stand auf dem Nachttisch neben dem Bett. Der Junge hat mindestens zweimal die Woche mit seiner Mutter telefoniert, war oft aufgeregt und niedergeschlagen, weil er an Heimweh litt. Wenn er telefonieren wollte, musste er sich auf Beckers Bett legen. Seine Mutter rief dann zurück, um der Schule Telefonkosten zu ersparen. Der Junge hat schon geweint, als er nur die Stimme seiner Mutter hörte. Nach dem Ende des Telefonats hat Becker ihn in den Arm genommen, getröstet, gestreichelt und dann missbraucht. Er wusste genau, wie er die Situation ausnutzen konnte.

Davon hatten nur der Täter und seine Opfer Kenntnis – solange die Fassade hielt. Der Junge berichtet, dass er über das, was er erleben musste, mit niemandem gesprochen hat. Für ihn war das Durchbrechen der körperlichen Distanz eine neue Erfahrung. Er hat irrtümlich angenommen, dass sexuelle „Dienstleistungen" zur Schule einfach dazugehörten, sie waren für ihn als Kind lange Zeit Teil eines „Gesamtpaketes", über den man nicht zu sprechen hatte. Alkohol war ein Thema, Kiffen und Streit mit anderen Schülern, aber nicht sexueller Missbrauch. Geschwiegen haben also nicht nur die Erwachsenen, die missbrauchten Kinder hatten für das, was sie erleben mussten, erst recht keine Sprache.[32]

In einem inzwischen öffentlich gewordenen Fall beutete Becker einen Jungen auch noch nach seinem Weggang von der Odenwaldschule sexuell aus. Der Junge, dessen Platz in der Schule vom Jugendamt finanziert wurde,

---

32 Quelle: Gespräch mit mir.

verbrachte seine Sommerferien bei Becker in Berlin und fiel ihm zum Opfer. Später hat der Junge Becker sogar erfolgreich erpressen können, ohne dass ihm das viel genutzt hätte. Becker zahlte 1.000 Mark und ein paar neue Turnschuhe,[33] damit war der Fall erledigt. Hilfeleistungen blieben aus, Becker hat den Jungen zerstört, er starb Anfang 2011 „an den Folgen eines Cocktails aus Sedativen", einen Tag vor dem Beginn einer stationären Behandlung (Dehmers 2011, S. 82).

Adrian Koerfer (2011) hat dargelegt, dass es auch noch andere Fälle dieser Art gegeben hat. Becker habe sich Schüler der Odenwaldschule regelrecht „vermitteln" lassen und diese dann in Berlin „betreut". Bei Gelegenheit holte er seine Opfer persönlich ab und brachte sie auch wieder zur Schule zurück. Im Gegenzug erwartete er von ihnen sexuelle Dienstleistungen, wenn das keine zynische Bezeichnung wäre. Dabei ging Becker ganz genau wie in der Odenwaldschule skrupellos vor und zeigte keinerlei Mitgefühl, wenn die Jungen erst einmal in seiner Gewalt waren und mit ihm verkehren mussten.

1988 gelang es ihm, einen siebzehnjährigen Schüler zu einem freiwilligen sozialen Jahr in Berlin zu bewegen. Das wurde gegen den Willen der Eltern des Jungen vereinbart. Schon auf der Fahrt nach Berlin, so das Opfer, habe ihn Becker zu sexuellen Handlungen gezwungen. Das geschah in Göttingen. Später in Berlin, wo er genau zu diesem Zeitpunkt eine eigene Wohnung bezog und nicht mehr zur Untermiete lebte (Becker 2005, S. 317), erwartete Becker regelmässige Befriedigung seiner sexuellen Wünsche als „Lehrer und Wohltäter". Nach einem dreiviertel Jahr kam es zu einem Suizidversuch, der Junge kehrte nach Hause zurück und litt in der Folge an schweren Depressionen (Burgsmüller/Tilmann 2010, S. 26).

Einige seiner Opfer sind inzwischen gestorben und andere haben vergeblich versucht, einen Schulabschluss zu erreichen. Sie sind von dem Päderasten Gerold Becker für ihr Leben ruiniert worden, der am Ende seines Lebens wollte, dass die Opfer ihm verzeihen, in der Annahme, dass er sich erklären könne und alles nicht so gemeint war. Diese Vorstellung schützte vor allem ihn selber, denn er konnte sich einreden, alles versucht zu haben und doch nicht gehört zu werden. Dann waren die Opfer nicht willens, auf sein Anliegen einzugehen, die er genau auf diese Weise von sich fernhalten konnte. Er liess nichts an sich herankommen, was je nach Schuld ausgesehen hätte.

Nur die wenigsten der betroffenen Schülerinnen und Schüler wagten es, sich an ihre Eltern zu wenden und wenn sie das taten, liefen sie Gefahr, dass ihnen nicht geglaubt wurde. Die vorliegenden Äusserungen von Opfern verweisen immer wieder auf diese Falle, die den Tätern das Feld zugleich eröffnete und sicherte. Aber nicht jeder wurde zum Opfer, das hätte das System

---

33 Angaben nach Dohnanyi (2011).

zerstört, es basierte auf Selektion, Willkür und vorgespielter Normalität, an die alle gerne glauben wollten. Deswegen wurde die Odenwaldschule im März 2010 auch so vehement verteidigt, denn nicht allen hat sie geschadet und genau das gehörte zum Schutz der Täter.

Sie entschieden, wer als Opfer geeignet war und wer nicht. Manche Kinder und Jugendliche stellten wegen der Nähe zu ihren Eltern, nicht so sehr wegen ihrer Herkunft, ein Risiko dar, andere passten nicht in das Beuteschema und wieder andere wehrten sich auch. Aber Gegenwehr wurde bestraft, durch das, was aus der Sicht vieler Schüler unbedingt vermieden werden musste, nämlich Entlassung und Rückkehr in das alte Milieu. Viele setzten sich deshalb nicht zur Wehr und blieben ausgeliefert, was oft mit traumatischen Folgen verbunden war, die von einem Opfer Beckers so beschrieben werden:

> „Bis heute kämpfe ich gegen meine Ängste, für eine Liebe zu mir und anderen Menschen und für ein wenig Leben mit einem kleinen Stück Zufriedenheit. Bis heute nimmt das den grösseren Teil meiner Energie in Anspruch. Habe ich an einem Tag die Ketten, die mich so einengen gelöst und fühle mich ‚ganz gut', sind sie am nächsten Tag wieder fest um mich geschlungen und scheinen mich zu erdrücken" (Max 2012, S. 70).

Ein Höhepunkt in Beckers Leben war die Festschrift zu seinem 60. Geburtstag, der am 12. April 1996 gefeiert wurde. Als staatlicher Schulentwickler befand er sich auf dem Gipfel seiner Karriere, er konnte von seinem Netzwerk also mit gutem Grund und viel Enthusiasmus gefeiert werden. Die Zeit an der Odenwaldschule lag lange zurück und die Erinnerung wurde durch nichts getrübt, sondern im Gegenteil unablässig stilisiert. Es gab keinerlei Anzeichen, dass sich das ändern sollte. Gerold Beckers Name war gerade aus Sicht seiner früheren Schule untadelig. Was später ans Tageslicht kommen sollte, war unvorstellbar, was auch damit zu tun hat, dass sexueller Missbrauch von Kindern kein öffentliches Thema war.

Seine Festschrift trug den Titel *Geschichten mit Kindern zum sechzigsten Geburtstag von Gerold Becker*, sie erschien im Friedrich Verlag und wurde von zwei engen Freunden herausgegeben, Antoinette Becker, die Witwe von Hellmut Becker,[34] selbst Kinderbuchautorin, und Hartmut von Hentig. Beiträger waren unter anderem Gerold Beckers Schwester Johanna, wie bereits erwähnt, der Journalist Reinhard Kahl, die Historikerin Elisabeth Raiser, deren Patenonkel Richard von Weizsäcker ist, Heide Bambach, Grundschullehrerin an der Laborschule in Bielefeld oder auch der Sportpädagoge Jürgen Funke-Wieneke (Becker/Hentig 1996).

---

34 Hellmut Becker ist am 13. Dezember 1993 in Berlin gestorben.

Sie alle schrieben für „den Gerold", wie er genannt wurde. Die Beiträger sind von den beiden Herausgebern mit einem Brief vom 3. August 1995 eingeladen worden, animiert durch eine Geschichte, die Gerold Becker in einem Gespräch mit Gabriele Finger im Süddeutschen Rundfunk erzählt hatte. Es geht dabei um einen behinderten Jungen, ein vierzehnjähriges „Contergan-Kind", das von seinen Eltern an die Odenwaldschule angemeldet werden sollte. Der Junge wird „Jörg" genannt, Schulleiter Becker glaubte nicht, dass er sich mit seinen Beeinträchtigungen in der Schule zurechtfinden würde, doch Jörg überraschte ihn mit seinen Fähigkeiten und konnte ihn überzeugen, es mit ihm zu versuchen und ihn doch aufzunehmen (ebd., S. 143/144).

Was aus Jörg geworden ist, wird nicht erzählt,[35] aber Geschichten wie diese sollten für den Geburtstag des vorbildlichen Pädagogen Gerold Becker geschrieben und zu seinen Ehren veröffentlicht werden. Dieser Aufforderung, genannt „der Schreibauftrag" (ebd., S. 143), kamen alle Beiträger zur Festschrift offenbar gerne nach. Die Herausgeber gingen davon aus, dass man von einer „Pädagogik in Geschichten" besonders viel lernen könne (ebd., S. 9), nur dass nicht alle Geschichten, die man mit Gerold Becker erleben konnte, auch erzählt wurden. Die Opfer von Reformpädagogen kommen darin nicht vor und auch nicht die Verführbarkeit durch die eigene Rhetorik.

Die „Vision einer kindergerechten Gesellschaft" hat Gerold Becker im April 1986 in einer Sendereihe des Süddeutschen Rundfunks dargelegt, vermittelt wiederum durch Hans Jürgen Schultz. Am Anfang seines Beitrages äussert sich Becker auch zur Gewalt gegen Kinder. Hier verweist er darauf, dass gemäss Schätzungen in der Bundesrepublik jährlich mindestens dreissigtausend Kinder „schwer misshandelt" werden, „meist von ihren Eltern, bei fast hundert im Jahr endet das tödlich, und mehr als hundert begehen in jedem Jahr Selbstmord", weil sie „keinen anderen Ausweg aus ihrem Elend" sehen. Und dann fragt er scheinbar tief besorgt:

> „Sind das nur tief bedauerliche Ausnahmefälle? Oder zeigt sich hier etwa, am Extremfall, eine Einstellung zu Kindern, die viel verbreiteter ist: Gleichgültigkeit gegenüber dem Kind und seinen Bedürfnissen und Nöten, Unwilligkeit, sich von ihm stören oder gar in den eigenen Bestrebungen einschränken zu lassen, Bereitschaft, im Zweifelsfall auf seine Kosten zu leben?" (Becker 1994c, S. 15)

Der Päderast Gerold Becker hat sich in seinen „eigenen Bestrebungen" nie „einschränken" lassen, er hat „im Zweifelsfall" stets auf Kosten seiner Opfer

---

35 Es kann sich nicht um den oben erwähnten Jörg Beck gehandelt haben, der mitten im Schuljahr 1974/1975 aus Berlin an die Odenwaldschule kam. Der mit „Jörg" bezeichnete behinderte Junge aber wird von seinen Eltern rechtzeitig zum Beginn des Schuljahres angemeldet worden sein.

gelebt und er war ihnen gegenüber, wie ihre Aussagen zeigen, komplett gleichgültig (*Und wir sind nicht die Einzigen*, 2011). Becker ging tatsächlich skrupellos vor und zeigte keinerlei Rücksicht, wenn es darum ging, Kinder an sich zu binden und ihnen sexuelle Gewalt anzutun. Als das publik wurde, wollte es niemand gesehen haben, doch, wie gesagt, wer auf so engem Raum zusammenlebt, kann unmöglich ständig die Augen geschlossen halten.

Es gab in der Schule sogar eine deutliche und für alle sichtbare Aktion, die von dem Altschüler Adrian Koerfer so beschrieben wird:

> „Im Jahr 1975 hatte ich, gemeinsam mit einer Handvoll Aktivisten, des Nachts einen etwa fünf Meter langen Baumstamm aus dem nahen Wald hinunter auf den Platz zwischen Waschhaus und Bürohaus der Odenwaldschule (OSO) geschleppt und ihn dort eingepflanzt. Zuvor war der Baumstamm von einem Mitschüler in liebevoller Feinarbeit geschält und die Spitze des Phallus zu einer Eichel geschnitzt worden. Im frühen Sommer des Jahres stand das schöne Stück dann für ein paar Stunden vor dem Büro des damaligen Direktors, Gerold Ummo Becker" (Koerfer 2011).

Davon gibt es ein inzwischen sehr bekanntes Foto, das auch im Internet kursierte. Das Bild wurde am frühen Morgen des 8. Mai 1975 aufgenommen, am Himmelfahrtstag und gegen 4.50 Uhr unmittelbar nach der Dämmerung und vor Sonnenaufgang. Auf dem Bild sind fünfzehn lachende Jungen der Oberstufe zu sehen, die mit Bierflaschen dem Fotografen zuprosten und offensichtlich bester Stimmung sind. Die Jungen sind in zwei Reihen aufgestellt, die erste Reihe sitzt, die zweite steht, in der Mitte dazwischen sieht man den Phallus und vor ihm ein Holzschild mit der Aufschrift „GAG Nr. 1", mit der das Bild bekannt geworden ist.

Es gibt ein zweites Foto ohne Aufschrift, das kurz vor der von Geschäftsführer Günther Schweigkofler angeordneten Fällung des Objekts aufgenommen wurde und nur den Phallus zeigt. Dieses Bild stammt von dem Kunstlehrer Michael Voormann,[36] der einige Jahre an der Odenwaldschule unterrichtet hat und jede Woche aus Landau angereist kam. Michael Voormann berichtet, dass er Schulleiter Becker gebeten habe, das Phallus-Foto dem Hauptverantwortlichen für die Aktion bei der Abiturfeier zusammen mit dem Zeugnis zu überreichen, in einem DIN-A-4 Umschlag mit der Aufschrift „Zeugnis der Reife". Becker konnte darüber nicht lachen, sondern nur süss-säuerlich lächeln.[37]

Bereits am Morgen des Vortages war das Loch sichtbar, in das der Phallus hingestellt werden sollte. Es muss in der Nacht von Schülern ausgehoben worden sein. Und davor stand auch bereits das Schild „GAG Nr. 1", das in

---

36 Mail von Michael Voormann vom 11. November 2012.
37 Mail von Michael Voormann vom 10. September 2015.

der Schule sogleich zum Tagesgespräch wurde, weil ausser den Beteiligten niemand wusste, was damit gemeint war. Der Phallus war nicht fünf, aber gut vier Meter lang, er wurde mit Feuerwehrseilen aus dem Wald zwischen dem Sportplatz und dem Werkstättenhaus herbeigeholt und dann aufgestellt, was nicht so ganz einfach war. Die Schüler benutzten Keile, die einer von ihnen mit einem Feuerwehrbeil eintrieb und befestigte. Auf diese Weise wurde die Holzstele stabilisiert.[38]

Elfe Brandenburger erinnert sich,[39] dass der zum Phallus geschnitzte übermannshohe Pfahl am Tag der Abiturfeier mit einem Traktor aus der Erde gezogen werden musste. Er war so fest im Boden verankert, dass er nicht von Hand bewegt werden konnte und daher stundenlang sichtbar war. Es war seitens der Schulleitung, so Frau Brandenburger, ein „panischer Akt" der Beseitigung eines Corpus delicti, auch wenn das Ganze nicht so intendiert gewesen sein mag, wie es rückblickend erscheint. Das Symbol jedenfalls war unübersehbar. Und es mag auch eine Rolle gespielt haben, dass der Phallus an der Haupteinfahrt sichtbar war, also von allen Besuchern in Augenschein genommen werden konnte.

Gemäss Konrad Taukert sollte mit der Phallus-Aktion 1975 aber kein Skandal erzeugt werden. Vielmehr war es eine Aktion im Rahmen des nächsten Blauen Wurms, der am 12. Juni stattfinden sollte. Der „Blaue Wurm" hatte eine lange Tradition an der Odenwaldschule, die immer in der Nacht vor einem Freitag, den 13. neu belebt wurde. In dieser Nacht war die Heimordnung quasi ausser Kraft gesetzt und man konnte Anarchie spielen. Schüler versteckten sich zum Beispiel im Wald und kamen nicht nach Hause, Lehrer konnten sich kostümieren und mussten die Verschwundenen suchen, begleitet durch Scherze und Schabernack aller Art.[40]

Die Aktion mit dem Phallus sollte tatsächlich nur ein Gag sein, der erste dieses Tages, dem weitere folgen würden; gedacht war nicht an eine Demonstration gegen die beiden Pädophilen Gerold Becker und Wolfgang Held, denen gezeigt werden sollte, was die älteren Schüler von ihrem Treiben halten. Dieser Zusammenhang ist nachträglich erzeugt worden. Tatsächlich war es ein Schülerstreich, ein gelungener noch dazu, so Konrad Taukert.[41] Das bestätigte Hilmar Werner, ein Mitinitiator der Aktion.[42]

Der Schülerstreich war ein unverhüllt drastischer, der sicherlich auch so wahrgenommen wurde und dann den Schulleiter auf den Plan rief, ohne als Täter kenntlich gemacht zu werden. Das hätte zu diesem Zeitpunkt niemand

---

38 Brief von Peter Lang vom 19. November 2014.
39 Gespräch mit Elfe Brandenburger am 30. Juli 2012.
40 1975 gab es diese Gelegenheit nur einmal, nämlich am 12. Juni.
41 Gespräch mit Konrad Taukert am 15. Oktober 2013.
42 Mail von Konrad Taukert vom 27. September 2015.

gewagt. Eine offene Anklage hätte eine Absprache und damit eine klare Schuldzuschreibung vorausgesetzt, bei der die Täter erkennbar gewesen wären. Aber es war eine allgemeine Provokation, die Gerold Becker tatsächlich erschreckt und zum Eingreifen gezwungen haben mag. Doch wie immer die Absicht gewesen sein mag, die Aktion selbst hat nichts bewirkt, ausgenommen, dass der Phallus sehr schnell entfernt wurde.

Eine der nächsten Aktionen der Schülerschaft, der „Blaue Wurm" in der Nacht vor dem 13. Mai 1977, war eine besondere logistische Herausforderung.[43] Alle 300 Internatsschüler verschwanden zwischen 4.40 und 5.00 am Morgen und erweckten den Eindruck, dass sie geschlossen abgehauen seien. Als sie geweckt werden sollten, waren die Betten leer und das Erstaunen gross. Die Flüchtigen trafen sich zum Frühstück in Mittershausen, heute ein Stadtteil von Heppenheim, und freuten sich diebisch, dass weder Lehrer noch die Schulleitung von der Aktion etwas mitbekommen haben. Das Frühstück an einem Frühlingsmorgen wurde aus der Parlamentskasse bezahlt und kostete 600 D-Mark.

Aber auch das war kein gezielter Protest, der nie vorkam und jetzt als noch unwahrscheinlicher eingestuft werden konnte. Das Schuljahr 1976/1977 hatte mit dem neu zusammengesetzten Kollegium begonnen und auch andere Umbrüche und Neugestaltungen waren sichtbar, die als Verbesserungen eingestuft werden konnten. Dazu gehörten der Umbau des Teehauses, die Planung des neuen Speisesaals, an der die Schüler beteiligt wurden, oder auch das von Salman Ansari initiierte CTA-Projekt. Gerold Becker sass fest im Sattel und es gab offenbar nichts, was ihm hätte gefährlich werden können.

Wenn Becker als homosexuell, aber nicht als pädophil galt, dann muss auch gesagt werden, dass über Pädophilie an der Odenwaldschule, anders als zeitgleich in Frankreich und abgesehen von den Tätern, vermutlich kaum jemand eine genauere Kenntnis hatte. Auch das erleichterte die Taten, weil Anzeichen, die es gab, keinen Verdacht auslösten und die Gerüchte an der Schule blieben, was sie waren. Dass Gerold „auf Jungen stehen" würde, war bekannt, aber offenbar hatte niemand eine Vorstellung von dem Preis, den die Opfer der sexuellen Gewalt zahlen mussten.

In der linken Diskussion zu der Zeit, als Becker Schulleiter war, galt das Prinzip der Verharmlosung, wenngleich es auch andere Stimmen gab. Der Publizist Günter Amendt (1982, S. 142)[44] etwa hielt in einem Beitrag fest, dass

---

43 Zum Folgenden Brief von Peter Lang vom 19. November 2014.
44 Der promovierte Soziologe Günter Amendt (1939–2011) arbeitete als Journalist und Autor in Hamburg. Sein bekanntestes Buch heisst *Sex-Front* und erschien 1970.

„ein vom Erwachsenenstandpunkt postuliertes Recht auf Sexualität von Kindern und Jugendlichen nicht das Recht der Erwachsenen auf die Sexualität der Kinder einschliesst". Aber das wurde heftig bestritten, von Pädophilenorganisationen, die dafür eintraten, ein letztes Tabu zu brechen und die vollständige Befreiung der Sexualität auf den Weg zu bringen.

Daher wurde von den Aktivisten häufig die Meinung vertreten, dass „jede Grenzziehung willkürlich ist" und „gewaltlose Beziehungen dieser Art", also sexuelle Handlungen zwischen Kindern und Erwachsenen, „niemals schädlich sein können" (Hohmann 1980, S. 16).[45] „Gewaltlos" hiess einvernehmlich, damit hatte man eine perfekte Ideologie vor Augen, mit der die tatsächliche Gewalt und die Folgen der Taten kleingeredet werden konnte. Gerold Becker wurde von Schülern „Kinderficker" genannt, weil sie intuitiv wussten, was gemeint war und dass es jeden betreffen könnte.

Der Leiter der Odenwaldschule hielt keine verbindlichen Regeln ein und gab nie etwas von sich preis. Seine Herkunft war nie ein Thema, für das Kollegium hatte er keine fest umrissene Biographie, vielmehr kommunizierte er über sich als Person nur mit Andeutungen. Das heisst, niemand in der Schule wusste, wer er war, und trotzdem hatten alle ein genaues Bild von ihm. Becker redete viel und ständig, durchschaut werden konnte er nur dann, wenn man sich nicht auf seine Rhetorik einliess. Doch viele waren von ihm geblendet, sie glaubten an eine „Fassade"[46] und so an eine imaginäre Grösse.

Gerade als Schulleiter hätte die Fassade aber eigentlich durchschaubar sein müssen. Im Amt war Becker gehalten zu handeln und Entscheidungen zu treffen, also konnte nicht bloss schön reden, sondern war für das Geschehen und die Abläufe an der Schule verantwortlich. Michael Voormann[47] berichtet, wie er Becker anlässlich der mittäglichen Teekonferenzen erlebt hat, an denen er – Voormann – regelmässig teilnahm. Zu den Kollegen hatte Voormann, der immer nur einmal in der Woche an der Schule war, vergleichsweise wenig Kontakt. Gerold Becker als Person hat er kaum kennengelernt, den Schulleiter aber schon.

Bei der Teekonferenz wurden Vorfälle und akute Probleme des Tages thematisiert, aber oft blieben die Diskussionen folgenlos. Becker tat auch bei gravierenden Anlässen nichts oder nicht das, was besprochen wurde. Dass die Beschlüsse der Teekonferenzen irgendeine sichtbare Auswirkung auf den

---

45 Der Herausgeber, Joachim S. Hohmann (1953–1999), wurde 1993 als Soziologieprofessor an die Pädagogische Hochschule Weingarten berufen. Er trat zuvor offen für Pädophilie ein, offenbar war das damals kein Hindernis, ihn zu berufen. Nachfragen bei der Hochschule, warum er berufen wurde, blieben vergeblich.
46 Gespräch mit Salman Ansari am 2. August 2012.
47 Gespräch mit Michael Voormann am 5. November 2012.

Gesamtzustand der Schule hatten, konnte Voormann in den zweieinhalb Jahren, die er dort war, nicht feststellen. Von Gerold Becker war bekannt, dass er schwul war, mehr aber nicht. Voormann erinnert sich an einen Ausspruch des Kunstlehrers Helmut Hoffmann über Becker: „Da steht er mit der Kälte des evangelischen Pfarrers am offenen Grab."

Helmut Hoffmann war seit dem 1. April 1960 Lehrer an der Odenwaldschule und so einer mit der längsten Erfahrung. Er unterrichtete neben Kunst auch Werken und Technisches Zeichnen (OSO-Nachrichten 1976a, S. 52). Hoffmann ist noch von Kurt Zier berufen worden, der bis 1962 Schulleiter war. Er konnte Becker also mit seinen beiden Vorgängern vergleichen und unabhängig einschätzen, ohne sich von ihm blenden zu lassen, und er muss gespürt haben, was mit Becker los war. Über die Kälte des Pfarrers haben auch Ehemalige berichtet und das offene Grab kann als Ahnung der Folgen verstanden werden. Anders macht die Bemerkung kaum Sinn.

Hoffmann wollte nach seiner Pensionierung noch länger an der Odenwaldschule bleiben und bat darum, als Kunstlehrer ehrenamtlich weitermachen zu können. Becker verweigerte sich dem Anliegen, wie er es häufig tat, mit einem medizinischen Argument; er konstatierte eine Herzschwäche und hielt seinen Kunstlehrer gesundheitlich für ungeeignet, das fortzusetzen, was er lange Jahre für die Schule getan hat.[48] Es gibt auch Hinweise, gemäss denen sich Hoffmann das Leben genommen haben soll.

Heute fragt sich Michael Voormann: „Hätte auch ich sehr viel wachsamer sein müssen? Hätte ich ihn beispielsweise ganz öffentlich in der Teekonferenz fragen müssen, wie er sich, ohne eine Reaktion zu zeigen, von einem 12/13-Jährigen mit ‚Ach Gerold, du Arschloch!' beschimpfen lassen konnte. Ich stand direkt daneben."[49] Das gehörte zu Beckers Rollenspiel, das von vielen als besonders pädagogisch und „kindgemäss" angesehen wurde. Der Erwachsene ist ja nur der „Entwicklungshelfer".

Der Spielfilm *Die Auserwählten*, der die Geschichte des sexuellen Missbrauchs an der Odenwaldschule in fiktiver Form aufarbeitet und am 1. Oktober 2014 in der ARD gezeigt wurde, sorgte erneut für heftige Reaktionen. Am 7. Oktober schrieb eine ehemalige Odenwaldschülerin in einem Blog: „An der Odenwaldschule habe ich vor allem gelernt, dass das, was gesagt wird, noch lange nicht gemeint ist, sondern dass es Worthülsen sind." Die schöne Rhetorik hatte nichts mit der erfahrbaren Praxis zu tun, während der grosse Pädagoge Gerold Becker sich wie der Führer einer Sekte verehren lassen konnte.

---

48 Brief von Peter Lang vom 19. August 2015.
49 Mail von Michael Voormann vom 10. September 2015.

> „Ich habe mit 14 Jahren Gerold Becker als das genuin Böse empfunden, während andere ihn zur Ikone erhoben – von was eigentlich? Ich habe dort gelernt, dass man niemandem trauen kann und die Angst war allgegenwärtig. Mein Vater hat mich verraten und meine Mutter war schlicht desinteressiert an mir. Das ist auch heute noch so. Nach meiner Vergewaltigung durch einen Lehrer brachte mich mein Vater in ein Krankenhaus. In einem Zwiegespräch mit Becker – in seinem Büro – wurde ich genötigt zu schweigen. Mein Vater will sich heute an nichts mehr erinnern."[50]

Nach seiner zweiten Entlarvung im März 2010 wurde Gerold Becker von vielen, die ihm nahestanden, nicht einfach nur fallen gelassen, sondern stillschweigend zur Unperson erklärt. Wer mit ihm bis zuletzt zusammengearbeitet und kommuniziert hat, bemühte sich nicht um Nachforschung und die Frage von Jürgen Zimmer, was denn in seinem Falle konkret „in der Biografie passiert ist", wurde nie beantwortet.

Der im Dezember 2010 vorgelegte Untersuchungsbericht verweist auf elf Suizide ehemaliger Schüler (Burgsmüller/Tilmann 2010, S. 9), von denen einige Becker direkt zur Last gelegt werden müssen. Er hat diese Jungen in den Tod getrieben, anders lassen sich die Geschichten kaum fassen. Der Täter ist verantwortlich für die Folgen der Gewalt, die er angewendet hat, aber Verantwortung hat Gerold Becker nie übernommen und sich auch nie als Straftäter gesehen. Auch deswegen konnte er über die Ideale der wahren Erziehung schreiben.

Skrupel kannte er nicht, aber das konnnte er gut tarnen. An der Odenwaldschule fand der erklärte Kinderfreund das ideale Umfeld für sich und seine sexuellen Begierden:

> „Insbesondere das von ihm inszenierte Zusammenleben mit den Schülern auf engstem Raum in seiner ‚Familie', ausgestattet mit den entsprechenden Privilegien des legalen und illegalen Drogenkonsums, war ein Hintergrund für regelmässige Grenzüberschreitungen, die dann in manifeste sexuelle Übergriffe mündeten. Letztere wurden den betroffenen Jungen, deren Auserwähltsein vom Täter Becker in den Vordergrund gestellt wurde, als Erhöhung der eigenen kindlichen Person und als Alltagsnormalität präsentiert" (ebd., S. 25).

6.2 Eine bündische Verbindung

Nach dieser Entlarvung verschwand der Name „Gerold Becker" aus der Welt der deutschen Pädagogik, er wurde getilgt, ohne dass öffentlich nach Erklärungen gesucht wurde, wie er zu dem werden konnte, der er gewesen ist, ein

---

50 http://www.pisaversteher.com/2014/09/27/2779/

Pädagoge mit einem doppelten Leben und einem zweifachen Gesicht. Dieses Leben aufzuklären, hat niemand aus seinem Netzwerk unternommen, wohl auch um Nachfragen zu entgehen, wie und mit wem er hat Karriere machen können.

Es gab im inneren Zirkel wohl Versuche des Andenkens, aber keine der Aufarbeitung und so der Erklärung. Niemand verteidigt Gerold Becker heute noch, aber niemand aus seinem Kreis zeigt sich auch enttäuscht über ihn, es gibt nach mehr als fünf Jahren einfach keine Äusserungen und wenn in der Öffentlichkeit geschwiegen wird, dann folgt man seinem Vermächtnis, was auch damit zu tun hat, dass Becker selbst keine Anhaltspunkte über sein Leben geliefert hat, sondern offenbar seit seiner Schulzeit eine freundliche Sphinx bleiben wollte.

Beckers Taten fanden in einer Parallelwelt statt, die keineswegs hermetisch war und doch geschützt wurde. So wird über Schüler der Odenwaldschule berichtet, die Beckers Übergriffe sehr genau mitbekommen haben und sich darüber auch Gedanken machten. Weiter ist von Versuchen die Rede, die Erlebnisse zu thematisieren und sie nicht auf sich beruhen zu lassen. Ein Junge hat seiner Mutter von den lange zurückliegenden Vorfällen berichtet und sie eingeweiht. Die Mutter sagte ihm: „Du stehst kurz von dem Abitur, da hast Du andere Sorgen."[51]

Darüber herrschte wohl ein stillschweigender Konsens. Mögliche Traumata der Opfer waren kein Thema, eine Klärung erfolgte nicht und es wurden auch keine Schritte gegen Becker eingeleitet. Ein Interesse an Aufklärung muss weder auf Seiten der Eltern noch des Vorstandes oder der Schulleitung bestanden haben. Unternommen hat bis Ende 1997 nie jemand etwas, obwohl nicht wenige mehr oder weniger klar Bescheid wussten. Aber die Frage: „Wer hat etwas gewusst?" sollte besser so gestellt werden: „Was hätte man getan, wenn man etwas gewusst hätte?"[52]

Eine Antwort lautet, dass man „Wissen" auch vermeiden kann und sich über lange Zeit Schweigen oder Nichtnachfragen ausgezahlt haben. Becker war nach seinem Weggang von der Odenwaldschule nicht fassbar und wer hätte den alten Geschichten auch Glauben geschenkt? Eine Öffentlichkeit dafür gab es lange nicht, so dass auch kein gemeinsames Bewusstsein entstehen konnte. Die Vorfälle erhielten keine klare Sprache und verfingen sich über Jahrzehnte im Grau der Andeutungen und Gerüchte.

Es bestand lange auch kein dringlicher Anlass, sich damit zu beschäftigen und was auf den Altschülertreffen oder sonstwo erzählt wurde, blieb anekdo-

---

51 Gespräch mit Harald Sennstedt am 22. Juli 2013.
52 Gespräch mit Harald Sennstedt am 22. Juli 2013.

tisch. Das verklärende Bild des Schulleiters jedenfalls wurde mit solchen Erzählungen nie in Verbindung gebracht, er blieb der begnadete Pädagoge, der immer willkommen war und auf den kein Schatten fiel. Aussagen, mit denen er hätte belastet werden können, gab es nicht oder sie wurden nicht ernst genommen. Was er über Jahrzehnte tat, war schlicht unvorstellbar und noch unvorstellbarer war, dass er nicht allein agiert hat.

Weitere Namen fielen erst im Frühjahr 2010 und es dauerte dann noch fast ein Jahr, bis das ganze Ausmass deutlich wurde. Das Ergebnis aber war unmissverständlich: Die Odenwaldschule war über Jahrzehnte ein Hort von „Pädokriminellen", so wie vor 1933 die Freie Schulgemeinde Wickersdorf. Auch dieser historische Anschluss wurde erst allmählich klar und wurde anfänglich auch gar nicht gesucht. Aber irgendwann war nicht mehr zu übersehen, dass die verschiedenen Namen eine Gemeinsamkeit hatten, die Täter kamen fast alle aus der bündischen Jugendbewegung. In diesem Sinne war Gerold Beckers Karriere alles anderes als einzigartig.

Einer der von Gerold Becker in der Altschülerrede vom Oktober 1971 genannten Namen von neuen Lehrerinnen und Lehrern der Odenwaldschule gehörte zu einem Täter. Es handelt sich um den Journalisten Dietrich Willier, der im Januar 1978 nach dem Vorbild der französischen Libération die Berliner tageszeitung mitbegründet hat. Er war von 1969 bis 1972 Kunsterzieher an der Odenwaldschule und hat dort wie Gerold Becker und andere regelmässig Kinder missbraucht. Bekannt geworden sind auch Fälle auf Griechenlandreisen, wo zwölf- bis vierzehnjährige Jungen die Opfer waren.[53]

Willier war als Jugendlicher Gruppenführer im Jungwandervogel Stuttgart, aus dieser Zeit sind keine sexuellen Kontakte bekannt. Solche Kontakte gab es aber schon vor seiner Zeit an der Odenwaldschule. Ein Fall ist bestätigt und soll „ohne Verletzung" des jüngeren „Partners" geendet haben.[54] Willier ist deswegen nie behelligt worden, weil das Verhältnis nicht öffentlich wurde. Auch die späteren Opfer haben geschwiegen und Willier konnte genau wie Gerold Becker als Freund der Kinder Karriere machen, nach der Odenwaldschule und unbehelligt von seinen Taten, die nicht anders wie die Beckers über Jahrzehnte im Dunkeln blieben.

Beide unterschieden sich und waren Konkurrenten. Dietrich Willier sah, so Elfe Brandenburger, toll aus, mit seiner Wuschelkopffrisur wirkte er wie eine Mischung aus Che Guevara und Frank Zappa. Für viele Schüler der Odenwaldschule war er ein „Wunscherwachsener", dem die Herzen galten.

---

53 Willier ist der „Kunstlehrer" im Abschlussbericht der beiden Juristinnen, über den das berichtet wird (Burgsmüller/Tilmann 2010, S. 29).
54 Mail von Eike Seidel vom 24. Februar 2013.

Becker sah eher „vertrocknet" aus, Willier dagegen wirkte „verrucht und anarchistisch".[55]

Dietrich Willier war „mehr ein älterer Schüler" als ein Lehrer. Er unterrichtete Textiles Design, ein Fach, das für Schüler eingerichtet wurde, die weder klassische Schreinerei noch Schlosserei lernen wollten und deswegen häufig von Mädchen gewählt wurde. In diesem Fach konnte viel ausprobiert werden, Jan Kruse erinnert sich, dass er dort einmal ein Betonrelief gebaut hat.[56] Einer von Williers Nachfolger als Fachlehrer wurde Michael Voormann.

Dietrich Willier kam zeitgleich mit Gerold Becker an die Odenwaldschule, beide erhielten mit Beginn ihrer Tätigkeit ein Privileg, denn für sie wurde, was selten vorkommt, ein neues Unterrichtsfach eingerichtet, „Pädagogik und Psychologie" einerseits, „Textilgestaltung" andererseits. Ob sie das als Bedingung formuliert hatten, an die Odenwaldschule zu kommen, ist nicht bekannt, aber Becker wie Willier konnten als Erneuerer des Unterrichts auftreten und mit ungewöhnlichen Fächern auf sich aufmerksam machen.

Der schnelle Einfluss auf die Schüler ist ohne die beiden Fächer kaum zu erklären. Die beiden Täter boten etwas, was es zuvor an der Odenwaldschule nicht gegeben hat und beide traten auch als selbstbewusste Erneuerer auf. Der Tatbestand, dass sie zuvor kaum selbst unterrichtet hatten, fiel nicht weiter auf, die Schule wollte Modernisierung und die brauchte frische Gesichter, auch weil davon die Nachfrage abhing. Mit den beiden neuen Fächern konnte „Lebensnähe" propagiert werden und die Schule fand auch damit Anschluss an den pädagogischen Zeitgeist.

Williers Vorgängerin war Herma Schulte, die seit Ostern 1950 an der Odenwaldschule tätig war. Sie war ausgebildete Werklehrerin und gab im Rahmen der damaligen Werkstudienschule für handwerklich begabte Schüler Webunterricht. Die Schule verfügte über eine eigene Webwerkstatt, in der das Handwerk gelernt wurde (OSO-Hefte 1956, S. 30). Die Werkstudienschule ist 1950 eingerichtet worden, ihr Zweck war es, in der Oberschule neben dem Gymnasialzweig auch handwerkliche und künstlerische Fähigkeiten zu fördern (ebd., S. 21).

In einem Interview im Herbst 1969 sagte Willier, dass er das Fach neu ausrichten werde und „experimentell" verstehe, nicht im Sinne einer „vorgegebenen Industrienorm" und auch nicht als „Vorbereitung auf bestimmte Berufe". Es sollte darum gehen, „die Wirkungen von Mitteln zur Umwelt- oder Umraumgestaltung produktiv erfassbar zu machen und zugleich Ar-

---

55 Gespräch mit Elfe Brandenburger vom 7. März 2014.
56 Gespräch mit Jan Kruse am 28. Februar 2014.

beits- und Materialbezüge und deren je besondere Anforderungen reflektieren zu lernen" (OSO-Hefte 1969, S. 189). Aus dem normierten Handwerk wurde freies Gestalten, was zum Zeitgeist und zu Williers Erscheinung gut passte.

Zu den Haupttätern gehört auch der Mathematik- und Elektroniklehrer Jürgen Kahle. Er war vom Aussehen und Temperament her eher das Gegenteil von Willier, aber auch er kam als Jugendführer an die Odenwaldschule, wo er seit dem 1. April 1968 unterrichtete, ein Jahr bevor Gerold Becker dort Lehrer wurde. Deswegen ist er in Beckers Altschülerrede nicht erwähnt worden. Kahle (1995, S. 4) wurde 1931 geboren und war bis 1992 Lehrer. Er konnte froh sein, an der Odenwaldschule untergekommen zu sein und gehörte denn auch zu denen, die blieben und sich gut eingerichtet haben.

Nach dem Scheitern im Gymnasium hat Kahle eine Berufslehre als Fein- und Rundfunkmechaniker absolviert, ist dann zwei Jahre zur See gefahren, holte als Externer das Abitur nach und hat anschliessend Psychologie studiert, ohne je einen Abschluss zu machen. Nach eigenen Angaben war er vorübergehend auch als Lehrer an einem Schweizer Internat tätig, bevor er an die Odenwaldschule ging. Über eine einschlägige Ausbildung verfügte auch er nicht, seine unterrichtlichen Fähigkeiten waren nach Aussagen von Schülern eng limitiert und menschlich wurde er eher gemieden. Trotzdem konnte er bleiben und ist von der Schulleitung nie in Frage gestellt worden.

Jürgen Kahle wurde nach 1964 bekannt als Mitbegründer des alternativen Burg-Waldeck-Festivals, von wo aus sich die Szene der deutschen Liedermacher entwickelte. Der Sänger Peter Rohland, Rolf Gekeler von der Burg Waldeck, der später das Folklore-Magazin „Song" herausgeben sollte, sowie Diethart Kerbs, der damalige Assistent von Hartmut von Hentig in Göttingen, standen ihm dabei zur Seite. Kahle war bis 1967 verantwortlich für die Koordination oder die „Logistik" des jugendbewegten Festivals (ebd.). Er kündigte nach eigenen Angaben einen „einträglichen" Job und zog auf die Burg Waldeck (ebd.), wo er vier Jahre als Geschäftsführer des Festivals tätig war und auch wohnte.

Jürgen Kahle hatte, genau wie Gerold Becker und Dietrich Willier, eine bündische Vergangenheit. Kahle gehörte einer autonomen Jugendgruppe in Wiesbaden an und kam Weihnachten 1951 zum ersten Male auf die Burg Waldeck im Hunsrück (Schneider 2005, S. 248/249), die er danach regelmässig mit seinen verschiedenen Gruppen besucht hat. In der Silvesternacht 1963 entstand die Idee, dort ein „Chansontreffen" zu veranstalten (ebd., S. 317) und damit die deutsche Musikszene zu verändern. Bekannte Interpreten wie Reinhard Mey, Franz Josef Degenhardt und Dieter Süverkrüp waren beim ersten Treffen dabei.

Zu dieser Zeit studierte Kahle und war mit über dreissig Jahren immer noch Gruppenführer in Wiesbaden. Daneben war er mit einer eigenen kleinen Firma als „Motivationsforscher" tätig. Er liess sich exmatrikulieren, gab die Firma auf und zog Anfang März 1964 mit „einigen finanziellen Rücklagen" auf die Burg Waldeck. Hier wurde er zum Impresario des Festivals, das unter dem Namen „Chanson Folklore International" im ganzen deutschen Sprachraum bekannt wurde (ebd., S. 318/319). Das erste Festival fand vom 15. bis 21. Mai 1964 statt, fünf weitere folgten.

Eines der erklärten Vorbilder von Jürgen Kahle in der bündischen Jugend war der in Berlin geborene Schriftsteller Werner Helwig, der in den zwanziger Jahren lange im Vorstand des „Nerother Wandervogels" tätig war und als Leiter eigener Gruppen auf Fahrt ging.[57] Helwig, der regelmässig mit Jungen auf der Burg Waldeck zu Gast war, ist 1931 wegen Unzucht mit Kindern verhaftet und dann auch verurteilt worden. Er hat unter Anrechnung der Untersuchungshaft sechs Monate im Gefängnis gesessen. 1951 erschien ein Buch der Erinnerung an das Leben mit seinen „Söhnen" unter dem Titel *Auf der Knabenfährte* (Helwig 1951).

Helwig kam 1939 in die Schweiz, lebte seit 1942 mit seiner Schweizer Frau in Liechtenstein, kehrte 1950 in die Schweiz zurück und wohnte dann im Kanton Genf. Nach dem Zweiten Weltkrieg wurde Helwig im deutschen Sprachraum zu einem recht bekannten Schriftsteller, der über dreissig Romane, Erzählungen und Theaterstücke verfasste, zudem journalistisch tätig war. Sein Werk ist geprägt von dem bündischen Gedanken der Fahrten und Gefährten. Werner Helwig starb am 4. Februar 1985, wenige Jahre zuvor hatte er das Bundesverdienstkreuz Erster Klasse erhalten, Jürgen Kahle nannte ihn seinen „guten Freund und Lehrmeister".[58]

Der Nerother Wandervogel ist in der Neujahrsnacht des Jahres 1919/1920 in der Mühlsteinhöhle am Nerother Kopf, einem Vulkankegel nahe dem Dorf Neroth in der Eifel, gegründet worden. Gründer waren die Zwillingsbrüder Robert und Karl Oelbermann, die sich mit gerade einmal sechs Anhängern in der Neujahrsnacht versammelten und einen Männerbund gründeten, der zu einem mittelalterlichen „Jungenreich" führen sollte (Der Spiegel Nr. 30 vom 21. Juli 1969 S. 54). Beide Zwillinge standen unter dem Einfluss der Lehren von Gustav Wyneken, den sie auch persönlich kannten. Der Bund agierte reichsweit und umfasste aber nie mehr als 1.000 Mitglieder.

Robert Oelbermann ist am 19. September 1936 vom Landgericht Düsseldorf wegen „gleichgeschlechtlicher Unzucht" zu einem Jahr und sechs Monate Gefängnis verurteilt worden. Er hat bestritten, selbst homosexuell zu

---

57 Angaben nach: www.wernerhelwig.de/biographisches.htm
58 http://www.alfons-hochhauser.de/von-juergen-kahle.html

sein, aber zugleich in den Vernehmungen gesagt, dass im Sinne von Hans Blüher bei allen Führern, nicht nur bei denen der Jugend, gleichgeschlechtliche Neigungen in irgendeiner Form bestehen. Delikte hat er nicht zugestanden, nach Verbüssung der Strafe wurde er in „Schutzhaft" genommen und starb 1941 im Konzentrationslager Dachau.

Sein Bruder, der mit einem Haftbefehl gesucht wurde, floh nach Südafrika und kehrte 1950 nach Westdeutschland zurück. Die Ideen der bündischen Männergemeinschaft blieben erhalten. Noch Ende der sechziger Jahre wird im „Herold", der Zeitschrift des Nerother Wandervogels, festgehalten: „Liebe zu den Führern heiligt den Bund" (ebd.). Ein „sauberes Jungenleben" und „frischer, froher Geist" festigen die Gemeinschaft, gemeint ist die weisse Gemeinschaft. Dem Spiegel konnte Karl Oelbermann über „Farbige" sagen: „Die haben wegen der Sonne eine ganz dicke Hirnschale und wenig Gehirn" (ebd.). Karl Oelbermann ist 1974 wegen seiner bleibenden Leistungen für die Jugendkultur das Bundesverdienstkreuz verliehen worden (Mergen 2012, S. 417).

Jürgen Kahle führte an der Odenwaldschule seit Beginn seiner Tätigkeit eigene Familien und konnte über Jahre ungehindert sexuelle Gewalt ausüben. Die Opfer berichten von „sadistischem Quälen und Erniedrigen von Kindern", was er „entweder selbst mit veranstaltete oder zu dem er seine Schüler angestachelt hat" (Burgsmüller/Tilmann 2010, S. 27). Bezeugt sind auch sexuelle Übergriffe während einer Fahrt nach Frankreich im VW-Bus oder anlässlich von Exkursionen mit Schülern auf die „Wiesbadener Hütte" der Burg Waldeck (ebd., S. 28).

Kahle hatte die Hütte zusammen mit seiner Wiesbadener Jungenschaft selbst gebaut, ohne dass darüber Näheres bekannt wäre. Seine Geschichte vor der Odenwaldschule liegt weitgehend im Dunkeln, aber zu der Hütte muss er eine besondere Beziehung gehabt haben, was vermutlich von Anfang an mit sexueller Gewalt zu tun gehabt hat. Als Lehrer jedenfalls war er häufig dort und ist ständig übergriffig gewesen. Bekannt wurde das nicht, auch Kahle konnte die Machtposition des Lehrers und Familienhauptes für sich gut nutzen. Seine Opfer kamen erst sehr viel später zu Wort.

1971 verbrachte Kahle wohl zum ersten Male Wochenenden mit Schülerinnen und Schülern der Odenwaldschule auf der Burg Waldeck. Er war zu dieser Zeit zusammen mit anderen Lehrkräften auch in der Arbeitsgemeinschaft Burg Waldeck (ABW) vertreten (Schneider 2005, S. 388). Die Schule mietete 1981 auf Dauer die „Wiesbadener Hütte" (ebd., S. 412), die bereits zuvor nicht nur von Kahle regelmässig aufgesucht worden ist. Im Herbst 1973 etwa führte eine Wanderwoche die achte Klasse auf die Burg Waldeck (OSO-Nachrichten 1973, S. 25).

Die Wahl ist sicherlich kein Zufall gewesen, man wollte Teil der bündischen Tradition sein, die das freie Zusammenleben zwischen der Jugend und ihren Führern hochhielt. Auch hier berief man sich auf ein historisches Erbe, das unbefragt Geltung beanspruchen und die eigene Grösse aufwerten konnte. Die Idee der alternativen Schule wäre ohne die Jugendbewegung kaum entstanden. Es gab einen eigenen „Arbeitskreis Waldeck an der Odenwaldschule", dem Hartmut Alphei, Gerold Becker, Siegfried Helmer und Jürgen Kahle angehörten, hinzu kamen noch zur Sicherung der Legitimität Vertreter des Parlaments der Odenwaldschule.

Im März 1981 erschien in den OSO-Nachrichten ein Foto der rustikalen Hütte, das der Schüler Claus Krach aufgenommen hat (OSO-Nachrichten 1981, S. 40). Er war seit 1977 an der Odenwaldschule und besuchte zu diesem Zeitpunkt die 10. Klasse, die Thomas Knop leitete (ebd., S. 8). Das Foto verdeckt die Realität, die Burg Waldeck und die Wiesbadener Hütte spielen im Gedächtnis der Opfer eine wichtige Rolle. Wegen der Nachfrage musste ein Terminkalender geführt werden (ebd., S. 41), man konnte also nicht einfach spontan zur Hütte aufbrechen. Auch deswegen konnten die Täter ungestört übergriffig werden, ohne dass es auffiel.

Für die Pacht der Hütte und den laufenden Unterhalt mussten die Mittel selbst aufgebracht werden. Zwar hatte das Parlament der Odenwaldschule einen Zuschuss von jährlich 250 D-Mark für drei Jahre beschlossen, aber das genügte nicht, zusätzlich wurden Spenden benötigt. „Kleine Beträge sind ebenso willkommen wie grosse" (ebd., S. 41). Ausdrücklich bezieht sich der Spendenaufruf auf den „Nerother Wandervogel", der in den zwanziger Jahren auf einem Hochplateau oberhalb der Burgruine „angesiedelt" war und bezeichnet wird als „eine der originellste Gruppen der zweiten Welle der Jugendbewegung" (ebd.).

Der „73-jährige Pädagoge Jürgen Kahle" wird noch 2004 als „kritischer Sympathisant" der Burg Waldeck hervorgehoben (Schneider 2005, S. 480). Er schien untadelig zu sein und tatsächlich ist er erst sechs Jahre später entlarvt worden. Vorher hat ihn niemand offen als Täter identifiziert. Eines seiner Opfer erlebte nach einem Vierteljahr an der Odenwaldschule den ersten sexuellen Übergriff von ihm. Eine Lehrerin wusste davon und ging deswegen wohl auch zu Gerold Becker und Kahle, ohne dass etwas geschah.

Beide Täter haben sich gegenseitig gedeckt, mindestens stillschweigend, obwohl sie sich gemäss Schüleraussagen eigentlich nicht ausstehen konnten und starke Antipathien gegeneinander hegten. Aber sie kamen beide aus der bündischen Jugend und an der Odenwaldschule hatten sie gleiche Interessen, die im Konfliktfall geteilt wurden. Als Schulleiter muss Gerold Becker eine Vorstellung davon gehabt haben, dass eine Entlarvung Kahles auch ihn treffen würde. Dazu passt, dass Kahle zu den energischsten Verteidigern Beckers zählte, als der 1999 selbst beschuldigt wurde. Man hielt also zusammen.

Die Vorfälle kamen nie ans Licht und Kahle selber hat wie alle Täter stets zu Ausflüchten gegriffen, auch dann noch, als an Gerold Beckers Täterschaft kein begründeter Zweifel mehr möglich war. Aber Ausflucht hiess dann auch Abgrenzung. Eine Zeugin berichtet, dass sie während ihrer ganzen Schulzeit von Kahle verfolgt und immer wieder belästigt wurde. Sie schaffte es als Einzige, Jürgen Kahle zu einem schriftlichen Schuldgeständnis zu veranlassen. Dieses Geständnis erfolgte Ende 2010, ein Jahr vor dem Tod von Kahle, und liegt vor.

Das Geständnis verweist auf eine schreckliche Praxis. Kahle hat sie einmal verprügelt, weil sie sich geweigert hatte, mit ihm zu sprechen. Er war Widerstand nicht gewohnt und reagierte aggressiv. Kahle hat dann Schüler bestochen, die darauf hinwirken sollten, dass die Zeugin wieder mit ihm redet. Bei jedem Altschülertreffen hat Kahle es immer wieder versucht. Sie musste ihm noch bei diesem Anlass sagen: „Wage es nicht!"

Auch bei Kahle nahm die Intensität der Übergriffe zu und es ging dabei immer nur um die Ausübung von persönlicher und uneingeschränkter Macht, die er in seinem Leben sonst nicht hatte. Einmal hat er zwei Personen zum Sex gezwungen und dabei zugeschaut. Er nutzte wie Becker jede Gelegenheit und vertraute darauf, dass sich die Opfer nicht wehren würden. „Hätten wir damals etwas gemacht", so die Zeugin heute, „hätte man den nachfolgenden Jahrgängen viel Leid erspart".[59]

Aber was hätte man tun können? Die Geschichten, die unter der Hand oder in einigen Fällen auch offen erzählt wurden, klangen so abseitig, dass niemand ihnen glaubte oder sie den Opfern angelastet wurden. Dann war sexuelle Gewalt schnell einmal „blühende Fantasie", die mit Wichtigtuerei von Pubertierenden in Verbindung gebracht wurde, die nicht erkennen wollten, wie gut es ihnen ging. Zeugen, die aussagebereit gewesen wären, gab es lange nicht und manche Schüler hielten für normal, was ihre Lehrer ihnen antaten. Sie kannten nichts anderes.

Dietrich Willier wurde am 24. Februar 1945 im fränkischen Solnhofen geboren. Er wuchs nach dem Krieg in Stuttgart auf und machte dort auch einen Schulabschluss, jedoch kein Abitur; später besuchte er die Staatliche Textil- und Ingenieurschule in Münchberg im Landkreis Hof, wo er zum Textilingenieur ausbildet wurde.[60] Das erklärt, warum er Textilunterricht gegeben hat und die Stelle von Herma Schulte übernehmen konnte. Als Ingenieur hat er den Inhalt des Faches selbst bestimmen können.

Nach dem Studium wohnte Dietrich Willier kurzfristig in Rossdorf in der Nähe von Darmstadt, wo der bund deutscher jungenschaften (bdj) sein Bun-

---

59 Quelle: Gespräch mit mir.
60 Er hat also nicht, wie zu lesen war, nur eine Tuchmacherlehre absolviert (Der Fall Didi 2011, S. 3).

desheim, den „Jugendhof im Bessunger Forst", unterhielt. Diese Bezeichnung wurde 1966 gewählt.[61] Wohl von dort ging Willier mit 24 Jahren an die Odenwaldschule, wo er wiederum ohne jede pädagogische Ausbildung angestellt worden ist. „Jugendbewegte Kontakte" mögen dabei eine Rolle gespielt haben,[62] aber er ist wohl eher nicht von Jürgen Kahle über die Burg Waldeck an die Odenwaldschule vermittelt worden.

Der bund deutscher jungenschaften hat seine Bundeslager immer am Pfingstwochenende durchgeführt, nie jedoch an den Festivals auf der Burg Waldeck teilgenommen. Wahrscheinlicher sind die existierenden Kontakte des bdj zum Pädagogischen Seminar der Universität Göttingen.[63] Der bdj hatte keine organisierten Kontakte zum Seminar, wohl aber studierten Mitglieder in Göttingen und das Studentenwohnheim „Burse" war ein wichtiger Treffpunkt.[64]

Dietrich Willier hat in den drei Jahren seiner Tätigkeit an der Odenwaldschule drei verschiedene Familien geleitet, die erste bestand aus vier Kindern, die zweite aus acht und die dritte aus sechs. Nur ein Junge aus der ersten Gruppe, die Willier als Neuer übernehmen musste, ist in die zweite übernommen worden, diese Gruppe hat sich Willier selbst zusammengestellt. Lediglich zwei Jungen waren dann noch in seiner letzten Gruppe. Nunmehr war erstmalig auch ein Mädchen dabei. Sie hat zusammen mit den anderen, darunter Andreas von Weizsäcker, Williers unerklärtes Verschwinden erlebt.

Willier besass nach Aussagen eines Altschülers eine umfangreiche Sammlung von kinderpornografischen Abbildungen, darunter auch solchen von ganz kleinen Kindern, von denen manche erst drei Jahre alt waren (Eppelsheim 2011). Er hat im Juli 1972 Hals über Kopf und ohne Angabe von Gründen die Schule verlassen, unmittelbar nachdem Gerold Becker zum Schulleiter gewählt worden war. Willier war ein Mann mit immenser Ausstrahlung auf Kinder und Jugendliche, es gibt Aussagen, dass er Gerold Becker einen Jungen streitig gemacht und deswegen die Schule verlassen hat (Der Fall Didi 2011, S. 7). Auf diese Art Rivalität hat Gerold Becker immer aggressiv reagiert.

---

61 1966 übernahm der Bund Deutscher Jungenschaften das Anwesen, eine „Walderholungsstätte" östlich von Darmstadt. Das heruntergekommene Gebäude wurde renoviert und die Einweihung fand am 8./9. Oktober 1966 statt (Schmidt/Gerhard 1986, S, 78f.). 1977 gründete ein eigenständiger Verein den Jugendhof als Tagungs- und Bildungsstätte, die im Mai 2004 nach einem aufwändigen Umbau neu eröffnet wurde (http://www.ct-rheinmain.de/main.php?get=110)
62 Mail von Eike Seidel vom 24. Februar 2013.
63 Mail von Eike Seidel vom 13. September 2015.
64 Mail von Eike Seidel vom 15. September 2015.

Im Schuljahr 1971/1972 führte Willier seine letzte Familie. Vom vergangenen Schuljahr waren noch zwei Jungen dabei, die nach seinem Weggang auf andere Familien verteilt wurden. Einer von ihnen wechselte ein Jahr später in die Familie von Gerold Becker. Neu in Williers letzter Familie waren drei Jungen und ein Mädchen, nur einer der Jungen war auch im nächsten Schuljahr noch da. Die anderen müssen die Schule verlassen haben, ob mit einem Abschluss, ist nicht bekannt. Das Mädchen, Jahrgang 1952, hat aber vermutlich Abitur gemacht.

Gemäss Elfe Brandenburger hat Andreas von Weizsäcker – „Bauz" – Dietrich Willier sehr geliebt und bewundert, er hat ihn in den zwei Jahren, die er in seiner Familie zugebracht hat, buchstäblich angebetet.[65] Für ihn muss Williers plötzliches Verschwinden ein grosser Verlust gewesen sein, von dem er sich nur schwer erholt hat. Er ist gerade sechzehn Jahre alt geworden, als sein Familienhaupt das Weite suchte, ohne eine Erklärung, einfach so und unwiederbringlich. Die Beziehung ist aber nicht abgebrochen worden, Willier und er blieben in Kontakt.

In einem autobiografischen Dokument eines Altschülers wird beschrieben, wie Willier vorging. Der Junge ist zuvor von Becker wie von Kahle betreut worden und er wurde von beiden als extrem schwieriger Fall eingestuft. Deshalb sollte Willier ihn übernehmen und er ist dann auch in seiner Familie untergebracht worden. Dort beobachtete der Junge, dass Willier vor allem immer mit ein- und demselben Jungen onanierte, so dass die Gefahr gering zu sein schien, selbst Gewalt erfahren zu müssen. Aber das erwies sich als eine Fehleinschätzung, das Familienhaupt hatte es nicht nur auf seine Favoriten abgesehen.

Auf einer Ferienfahrt musste er erleben, wie Willier und ein anderer Lehrer sexuell übergriffig wurden. Der Junge sass nur mit Badehose bekleidet abseits an einem See. Der Überfall der beiden Lehrer ging sehr schnell, Willier hielt ihn fest, riss die Hose herunter und der Junge spürte schon das bärtige Gesicht des anderen Lehrers an seinem nackten Hintern. Doch er konnte sich wehren, die Männer liessen von ihm ab und verloren über den Gewaltakt kein Wort. Er musste allein damit fertig werden und sie gaben ihm das Gefühl, das Schwein zu sein. Der andere Lehrer war ein grosser Bewunderer Gerold Beckers und er wusste, was Becker mit Jungen machte.

Willier war wegen seines libertären Stils bei allen Schülern beliebt, nicht nur bei den Mitgliedern seiner Familie, in die er offenbar viel Zeit investiert hat. Er war 24 Stunden am Tag für jeden ansprechbar und immer da (ebd., S. 3). Im Juli 1972 war er dann „eines Morgens" verschwunden, für die Schüler war das ein Schock (ebd., S. 6), Gründe für den Weggang ihres geliebten

---

65 Gespräch mit Elfe Brandenburger vom 7. März 2014.

Lehrers erfuhren sie nicht. Das erinnert an Gerold Becker, der später ebenso als „pädagogische Lichtgestalt" galt und auch immer verschwunden ist. Und genau wie Becker hat Willier nach seinem Weggang weiter mit Jugendlichen zusammengelebt. Er hat Wohngemeinschaften für „abgestürzte Jugendliche" aufgebaut, von denen noch die Rede sein wird (ebd.).

Doch nach Verlassen der Odenwaldschule gründete Willier zunächst einmal in Frankreich eine Einrichtung zur „Urschrei-Therapie" (ebd.), die der kalifornische Psychoanalytiker Arthur Janov entwickelt hatte. Sein Buch *The Primal Scream* erschien zu Beginn des Jahres 1970. Die Therapie zur Behandlung von seelischen Traumata wurde weltweit bekannt, besonders nachdem John Lennon sich im Sommer 1970 einer Kur bei Janov unterzogen und seine Erfahrungen musikalisch verarbeitet hatte. Danach wurde die Primärtherapie, die auf der rückblickenden Bearbeitung von seelischen Schmerzerfahrungen in der frühen Kindheit basiert, auch in Deutschland zu einer Modeerscheinung in den alternativen Milieus.

Willier war kein Therapeut und hatte auch nicht Psychologie studiert. Der Vater einer Schülerin war Psychotherapeut und hat ihn mit der Urschrei-Therapie bekannt gemacht. Zwei ehemalige Schüler der Odenwaldschule kauften ein grosses Anwesen mit Namen La Bégude in der Nähe von Montelimar in der Provence. Es handelte sich um eine verfallene Farm, die lange verlassen war und in die nun eine Kommune einzog. Das Haus musste renoviert werden und dabei ist auch Willier finanziell mit eingestiegen. Willier hatte kurzfristig eine Beziehung mit einer knabenhaften, burschikosen Altschülerin und kam mit ihr zusammen nach Südfrankreich. Dort ist sie zusammen mit ihrem Bruder, der ebenfalls die Odenwaldschule besucht hat, auch gesehen worden.

Georg, ein OSO-Schüler, war für einige Monate ebenfalls dort und half bei der Renovierung mit. Er kannte Willier aus dessen OSO-Familie. Als er Georg nach dem Ende der Sommerferien 1974 noch auf dem Gelände sah, war er „vollkommen entsetzt". Der Junge hätte längst wieder in der Schule sein müssen, wo ihn aber offenbar keiner vermisste. Georg war sechzehn Jahre alt und hatte keine Befreiung vom Unterricht, doch nachgeforscht, wo er sich aufhielt, hat offenbar niemand. Aus Angst vor Becker, so erinnert sich Georg, kaufte ihm Willier, der immer knapp an Geld war, die Fahrkarte für die Rückreise, die er allein antreten musste.[66]

Als das Haus fertig renoviert war, konnte auf dem weitläufigen Gelände ein grösserer Veranstaltungsraum genutzt werden. Willier hat hier offenbar Kurse angeboten, zu welchem Preis ist nicht bekannt, die sich auf Janovs Therapie bezogen haben oder wenigstens beziehen sollten. Gerade eine wilde

---

66 Gespräch mit Georg am 14. September 2012.

Psychotherapie macht leicht abhängig, weil sie die Grenzen nicht wirksam bestimmen kann. Aber unkontrollierte Selbstversuche waren zu der damaligen Zeit alles andere als ungewöhnlich und gehörten zum alternativen Lebensstil. Die eigene Kindheit sollte überwunden werden und man wollte sich selbst neu erfinden.

Weiterhin bestanden Verbindungen zur Odenwaldschule: Im Herbst 1973 war „La Begude in Südfrankreich" einer der Orte, die für die Wanderwoche der Oberstufenklassen zur Verfügung standen (OSO-Nachrichten 1973, S. 25). Mehrfach haben verschiedene OSO-Schüler in den Sommerferien und auf eigene Kosten Willier besucht, mit dabei waren Andreas von Weizsäcker oder auch Jan Kruse.[67] Als die Entourage der Odenwaldschüler das dritte Mal in der Provence war, war für Willier das OSO-Kapitel allerdings zu Ende.

Auch Elfe Brandenburger gehörte zu den Besuchern.[68] Sie berichtet, dass Willier sich über die Besuche der Odenwaldschüler schon bald nicht mehr gefreut habe. Die Kommune fühlte sich „belagert" von OSO-Schülern, die immer weniger willkommen waren. Mitglieder der Kommune waren ältere Erwachsene, die Willier offenbar nicht mit seiner Vergangenheit in Verbindung bringen wollte. Willier hatte nicht nur in Frankreich und im Unterschied zu Becker häufig eine Frau an seiner Seite, die Gewähr dafür bot, seine pädophile Disposition erfolgreich verbergen zu können. Die OSO-Schüler waren auf eigene Faust in Südfrankreich, ihre Besuche waren also kein Vorwand, damit Willier an einem entlegenen Ort die sexuelle Ausbeutung fortsetzen konnte.

Die Urschreitherapie war auch an der Odenwaldschule unter den Lehrkräften ein beliebtes Thema. Die Schüler dagegen, so Elfe Brandenburger, fanden das vollkommen „irre", was gleichermassen für andere esoterische Moden in der linken Szene gegolten habe. Das war nicht der einzige Bezug der Odenwaldschule zur Tiefenpsychologie. Gerold Becker hat sich immer auf die Psychoanalyse berufen. Bei ihm hat etwa Jan Kruse eine Semesterarbeit zum Thema „Freud und Platon" geschrieben und dabei Freuds Instanzenlehre mit Platons Theorie der seelischen Schichten verglichen.[69]

Es gibt noch eine weitere Spur, über die eine ehemalige Schülerin berichtet hat:[70] Dietrich Willier und Martin Bonhoeffer wollten im Elsass ein autonomes Jugendheim eröffnen, in dem mit Unterstützung von Jugendämtern

---

67 Gespräch mit Jan Kruse am 28. Februar 2014.
68 Gespräche mit Elfe Brandenburger am 30. Juli 2012 und am 7. März 2014.
69 Gespräch mit Jan Kruse am 28. Februar 2014.
70 Zum Folgenden: Gespräch mit Margarita Kaufmann vom 9. April 2013.

vor allem Kinder aus schwierigen Verhältnissen untergebracht werden sollten. Dieses Projekt wurde so nie realisiert. Woher Bonhoeffer und der Lehrer der Odenwaldschule sich kannten, kann nur vermutet werden. Bonhoeffer hatte von Berlin aus zunehmend Jugendliche an die Odenwaldschule geschickt und er wird Willier über Gerold Becker kennengelernt haben. Bonhoeffer musste nach seiner Kaltstellung in Berlin aussichtsreiche Projekte kreieren und ein Jugendheim im Elsass wäre im Vergleich mit der Odenwaldschule vielleicht die noch kostengünstigere Lösung gewesen.

Das muss zwischen 1974 und 1976 gewesen sein, bevor Bonhoeffer nach Tübingen ging. Danach hat Willier tatsächlich über längere Zeit Heranwachsende betreut, darunter auch Georg, was noch zu zeigen sein wird. Als einer von den Jugendlichen nach mehreren Jahren Selbstmord verübte, wurde der damaligen Lebensgefährtin bewusst, dass Willier womöglich ein Doppelleben führte. Aber seine bürgerliche Existenz war gut getarnt und dass er nach der Zeit in La Bégude in verschiedenen Stellungen als Journalist tätig war, trug dazu nicht unwesentlich bei.

Willier war etwa Mitarbeiter bei der Kindersendung „Tigerenten Club", die der Südwestrundfunk (SWR) vom 6. Januar 1996 an ausstrahlte und die als Format bis heute existiert. Willier wurde als Redakteur angestellt und schrieb 2001 das Vorwort zu einem „Tigerenten Club Buch", in dem Kindergeschichten „rund um den Globus" präsentiert und „Freunde ohne Grenzen" thematisiert werden (Stange/Ubbenhorst 2001, S. 6). Moderator der populären Sendung war Willier aber nie, die also auch nie mit seinem Gesicht direkt in Verbindung gebracht wurde. Er war im Hintergrund tätig und machte sich einen Namen als Kinderfreund.[71] Williers Lebenspartnerin war eine Künstlerin aus Stuttgart. Er redete permanent nur von den Kindern, nicht von seiner früheren Beziehung. Sie sagte später, er habe eine „vollkommen falsche Nähe" zu Kindern gesucht.

Dietrich Willier war beteiligt an der Entwicklung des Konzepts der „Kinderuniversität" und ist in diesem Rahmen auch mehrfach an deutschen Universitäten als Moderator beschäftigt gewesen. Die Idee der Kinderuniversität ist ursprünglich in Tübingen entstanden. Die Redaktion des „Tigerentenclubs" hat die Idee konkretisiert und dafür gesorgt, dass sie bundesweit verbreitet wurde. Willier wurde nicht zuletzt deswegen als Freund und Anwalt der Kinder bekannt. Auch als Journalist setzte er sich für sie ein und nahm entschieden Stellung gegen Gewalttäter, wie ein Fall Mitte der neunziger Jahre zeigt.

---

71 Der englische Päderast Jimmy Savile (1926–2011) moderierte die Kindersendung „Jim I'll Fix It", die von 1975 bis 1994 Teil des Programms der BBC war (Neue Zürcher Zeitung Nr. 247 v. 23. Oktober 2012). Anders als Willier war Savile deutlich das Gesicht der Sendung.

Willier arbeitete von Stuttgart aus als freier Journalist für die Wochenzeitung Die Zeit. Am 29. September 1995 erschien von ihm ein Artikel über den Prozess gegen den bekannten Eislauftrainer Karel Fajfr,[72] der vor dem Stuttgarter Landgericht wegen Anwendung von Gewalt gegen einen Schutzbefohlenen angeklagt war. Williers Artikel war überschrieben mit „Im Griff des Trainers". Er hält fest, dass Fajfr in der bundesdeutsche Eislaufszene schon zuvor als „gnadenloser Kinderschinder" galt. Die Gerichtsreporterin Gisela Friedrichsen beschrieb ihn als Trainer „ohne jedes Einfühlungsvermögen, ein Schleifer, der Identität vernichtete, um die Kinder anschliessend abzurichten und wie dressierte Hunde vorzuführen" (Friedrichsen 1995, S. 196).

Angezeigt hatte ihn Nadine Pflaum, die heute als Journalistin arbeitet. Fajfr stand im Ruf, ein „Meistermacher" zu sein und hatte hohes Ansehen bei den Eltern, die ihre Kinder zu ihm in das Training schickten. Die Kinder nannten ihn wie zur Tarnung „Onkel Fajfr". Das Mädchen Nadine, so Willier, „kuschte" vor Fajfr, „aus Angst, noch schlimmer gedemütigt zu werden". Kinderpsychologen, heisst es weiter, „kennen den Mechanismus von Abhängigkeit, Angst und Unterwerfung". Karel Fajfr war gewalttätig. Jeden Morgen, erinnerte sich Nadine vor Gericht, habe sie die anderen Kinder „beneidet", „vor allem die, deren Eltern dafür sorgten, dass sie wenigstens nicht körperlich misshandelt wurden" (Willier 1995).[73]

Dietrich Willier, der so über Gewalttäter schreiben konnte, starb im Dezember 2009 als Freund der Kinder und betrauert von vielen eigenen Freunden, die auf den unkonventionellen „Didi" bewegende Nachrufe schrieben. Kein Jahr später mussten sie erkennen, dass auch er ein zweites Leben geführt hat, wie lange und ob durchgehend als Kinderschänder, ist nicht bekannt. Aber es ist angesichts der vorliegenden Aussagen nicht sehr wahrscheinlich, dass er nach dem Verlassen der Odenwaldschule damit aufgehört hat.

In seiner Heimatstadt Stuttgart zeigte er sich stets sehr engagiert und nahm auch am öffentlichen Leben teil. Ende 2004 stand er noch auf einer Liste ehrenamtlicher Richter, die für das Verwaltungsgericht Stuttgart vorgeschlagen wurden.[74] Er war als Bürger im Theaterhaus tätig und hat sich in der 1994 nach einem fremdenfeindlichen Brandanschlag gegründeten Stiftung Geissstrasse 7 engagiert, mit der das interkulturelle Zusammenleben gefördert werden soll. Als Basis der Arbeit der Stiftung gilt die „Tradition bürgerlicher

---

72 Den Hinweis auf Williers Artikel verdanke ich Eike Seidel (Mail vom 22. Februar 2013).
73 Karel Fajfr wurde am 5. Dezember 1995 schuldig gesprochen und erhielt ein dreijähriges Berufsverbot. Der Bundesgerichtshof verwarf den Revisionsantrag.
74 http://www.domino1.Stuttgart.de/web/ksd/ksdarchiv/nsf/AlleDok/

Verantwortung".[75] Die Stiftung hat sich nach seinem Tod von Willier distanziert, vorher ist er nur positiv aufgefallen.[76]

Auch Willier war stark bündisch geprägt. Als junger Mann war er in den sechziger Jahren Gruppenführer im „Jung-Wandervogel Stuttgart", der zeitweise aus acht einzelnen Gruppen bestanden hat und so vergleichsweise gross war (Schmidt/Gerhard 1986, S. 27). Willier wurde auch über Stuttgart hinaus bekannt, 1968/69 war er Mitglied der letzten dreiköpfigen, jeweils für ein Jahr amtierenden Bundesführung des bdj (ebd., S. 98f.). Vier Jahre zuvor war Hartmut Alphei in der gleichen Funktion tätig (ebd., S. 324), er kam ein Jahr später als Willier an die Odenwaldschule und blieb erheblich länger.

Alphei gehörte zu den sieben Jugendführern, die am 12. Dezember 1965 die Satzung des Vereins bundes deutscher jungenschaften e.V. unterschrieben haben. Der Sitz des Vereins war Freiburg im Breisgau, die Satzung wurde in Beedenkirchen im Lautertal (Odenwald) aufgesetzt und handschriftlich beglaubigt (Schriften 1966, S. 48–50). Im Lautertal wohnte ein Mitglied des Ältestenrates des BdJ und Freiburg wurde als Vereinssitz gewählt, weil die Gründergeneration des BdJ dort studierte.

Der Jugendbund, 1960 gegründet, hiess damals nur „bund deutscher jungenschaften" und war noch kein eingetragener Verein. Hartmut Alphei war seinerzeit noch nicht dabei.[77] Alphei war nicht nur 32 Jahre lang Lehrer an der Odenwaldschule, sondern auch in der Lehrerbildung tätig, als Fachleiter am Studienseminar Bensheim sowie als Lehrbeauftragter an den Pädagogischen Hochschulen in Heidelberg und Weingarten. Am 24. August 2009 konnte er mitteilen, dass er dort den reformpädagogischen „Virus verstreut" habe.[78]

Eike Seidel war im Amtsjahr 1969/70 der letzte Bundesführer im BdJ (Schmidt/Gerhard 1986, S. 324). Er hat Dietrich Willier als Mitglied im Stuttgarter Jung-Wandervogel von 1963 an drei Jahre lang als Jugendführer erlebt und hat ihn zu Beginn der siebziger Jahre auch an der Odenwaldschule besucht, kannte ihn also gut. Willier wird von Seidel beschrieben als „ein Mensch, der keine Grenzen kannte und immer alles ausprobiert hat". Er war zugleich „kreativ, abenteuerlustig" und „grenzenlos". An „sexuelle Jugendspiele" in Williers Gruppe hat er keine Erinnerung, wohl aber an solche „Spiele" in der Pfadfindergruppe, in der er vorher war.[79]

Die tageszeitung bezeichnete Dietrich Willier in ihrem Nachruf vom 16. Dezember 2009 als „uneitel eigensinnig", zugleich heisst es, dass sein Leben

---

75 www.geissstrasse.de (Startseite).
76 www.geissstrasse.de/veranstaltungen/dietrich-willier
77 Mail von Eike Seidel vom 13. September 2015.
78 http://bedeutungswirbel.wordpresscom/2009/08/24/35-jahre-freie-schule-frankfurt/
79 Mails von Eike Seidel vom 22. und 24. Februar 2013.

nicht nur eine, sondern „viele Biografien" geborgen habe und bei ihm zusammenkam, „was nur in Widerspruch enden kann". Er habe ein „weiches Gemüt" und ein „mutiges Herz" gehabt und „Kinder vor allem gehörten zu seinem Leben".[80] Diese Beschreibung passt auch zu den anderen Tätern, wenngleich sich der Sinn dabei ins Gegenteil verkehrt. Doch wollten sie als Freunde der Kinder mit viel Herz und grossem Einfühlungsvermögen gelten, wie es nur den „fabelhaften" Pädagogen eigen ist.

Jürgen Kahle, der am 16. Februar 2012 gestorben ist, war am Ende seines Lebens offenbar ohne jede Einsicht (Jens 2011, S. 87–96). Auch er stilisierte sich zum wohlmeinenden Pädagogen, der stets nur das Beste wollte. Da es gegen ihn massive Aussagen von Opfern und Zeugen gab, konnte er nicht einfach alles abstreiten. Er wird von dem Publizisten und ehemaligen Odenwaldschüler Tilman Jens zitiert, dass es ihm als Pädagogen um „die Herstellung von Nähe und Nestwärme" gegangen sei (ebd., S. 91). Seine Zeit an der Odenwaldschule sei von grossen emotionalen Erlebnissen geprägt gewesen, die Zutrauen und menschliche Nähe zwischen Jung und Alt mit sich brachten, was die Unterschiede verwischen liess.

Das steht in einem offenen Brief, den Kahle im Januar 2000 verfasst hatte[81] und auf den auch noch näher einzugehen sein wird. Der Brief reagierte auf Gerold Beckers erste öffentliche Entlarvung wenige Wochen zuvor. In dem Brief wird gesagt, dass es sich um „mehrwöchige Fahrten" auf den Balkan, nach Griechenland, in die Türkei oder nach Skandinavien gehandelt habe, mit Kindern und Jugendlichen, die in den Sommerferien nicht nach Hause konnten. Dabei entstand Nähe und in diesen emotionalen Erlebnissen wurden „dann von Mädchen wie auch von Jungen bisweilen sehr eindeutige Signale gesetzt und zärtliche Aktivitäten entwickelt …, bei denen es mir dann auch einige Mühe machte, sie im Rahmen und unter Kontrolle zu halten" (Kahle 2000, S. 4).

Zum Beweis der Seduktionstheorie schildert Kahle dann noch, wie er als Vierzehnjähriger „mit erwachender Manneskraft" im letzten Kriegsjahr 1944 einen „wesentlich älteren" Fähnleinführer der Hitlerjugend nach „allen Regeln der Kunst" umworben und schliesslich „animalisch-sinnlich" verführt hat. Der Ort war ein Zeltlager, wie später mit seinen Schülern, und es geschah, wie ausdrücklich betont wird, „auf die moderate Art und nicht mit

---

80 http://www.taz.de/!45485/
81 Jens (2011, S. 93) erwähnt zwar den Brief, wenngleich nicht seinen Entstehungskontext, und er unterschlägt, dass die eben zitierte Passage wörtlich dem Brief entnommen ist. Gesagt wird, dass Kahle „in der Rückschau auf seine OSO-Zeit" von grossen emotionalen Erlebnissen gesprochen habe, womit der Schluss nahegelegt wird, dies sei im Gespräch mit Jens geäussert worden.

herben Praktiken, die Volkes Meinung meist mit derartigen Praktiken verbindet" (ebd.).

Ganz ähnlich hatte 1975 die angebliche Verführungssituation auch Daniel Cohn-Bendit beschrieben: „Mein ständiger Flirt mit allen Kindern nahm bald erotische Züge an. Ich konnte richtig fühlen, wie die kleinen Mädchen von fünf Jahren schon gelernt hatten, mich anzumachen. Es ist kaum zu glauben. Meist war ich ziemlich entwaffnet" (Cohn-Bendit 1975, S. 140). Die These der Verführung durch die Opfer zieht sich durch diese Geschichte, in der nie jemand Verantwortung übernommen oder sich unmissverständlich zu seiner Schuld bekannt hat. Es blieb Hartmut von Hentig überlassen, die Verführungstheorie auf die Spitze zu treiben.

Für die Täter ging das Leben einfach weiter, begleitet von sexuellem Missbrauch und Verdrängung. Gerold Becker ging direkt nur gegen unmittelbare Rivalen vor, die anderen Erwachsenen liess er gewähren und unternahm nie etwas zum Schutz der Kinder, die bedroht waren, während er sich immer als ihr erklärter Freund hinstellen konnte. Sie waren in gewisser Hinsicht vogelfrei und mussten glauben, dass das, was mit ihnen geschah, richtig sei. Distanz war in diesem „Zauberberg" der pädagogischen Gemeinschaft nicht vorgesehen. Solange wie er konnte sorgte der Schulleiter dafür, dass die Deckung durch Nähe ideologisch stabil blieb.

Wie der Täter Jürgen Kahle vorging, beschreibt eines seiner Opfer in einem vertraulichen Dokument. Der Junge sagt „er", wenn er sich meint:

„Mit ihm musste er einmal auf Klassenfahrt. Er lag auf seinem Schlafsack, weit ab von den anderen. Er wollte sich schützen. 13 Jahre war er da. 13 Jahre und 5 Monate! Plötzlich lag Kahle neben ihm. Fett und überall behaart schwitzend fing er an, ihm das Ohr zu lecken. Im Ohr zu lecken. Mit der Hand war er zwischen die Beine des Jungen gefahren."

Das geschah auf einer Ferienfahrt. Es gab kein Entkommen. Als der Junge sich entziehen wollte, setzte Kahle seinen feisten Körper ein. Er war nicht wegzudrücken, hätte es eine Chance gegeben, der Junge hätte sie genutzt. Jetzt aber konnte er nur „alle Muskeln anziehen, sich verkrampfen, die Augen die Lippen zusammenpressen, nicht mehr atmen" und auf das warten, was Kahle mit ihm „anstellen würde". „Er unterrichtete Mathematik, jetzt leckte er die Eier eines Dreizehnjährigen und lutschte dessen Schwanz."

Für die Lehrer gab es ein Leben danach, für die Opfer nicht. Jürgen Kahle war während seiner Zeit an der Odenwaldschule und auch später für die Zeitschrift „Köpfchen" der Arbeitsgemeinschaft Burg Waldeck tätig und ist bei Veranstaltungen oder in Interviews verschiedentlich als Zeitzeuge für die Jugendbewegung nach 1945 aufgetreten. Er hat auch einschlägig veröffentlicht (zuletzt Kahle 2008) und sich so unabhängig von der Odenwaldschule einen

Namen gemacht. Seine Verdienste schienen unstrittig zu sein und auch er machte eine zweite Karriere.

Von 1997 an hat Jürgen Kahle regelmässig für die Gesellschaft für technische Zusammenarbeit (GTZ) gearbeitet und Aufträge im Jemen übernommen. Sein früherer Schüler Daniel Schiavo, der 1993 an der Odenwaldschule Abitur gemacht hat und im Schuljahr 1991/1992 erst in der Kahle-Familie war und dann zu einem anderen Lehrer wechselte, vermittelte ihm die Aufträge. Kahle bildete im Jemen auch Lehrkräfte für eine technische Lehranstalt aus und blieb so in seinem pädagogischen Metier,[82] ohne durch seine Vergangenheit eingeholt zu werden. Keines seiner Opfer hat sich vor 2010 öffentlich zu Wort gemeldet.

Dietrich Willier hat für die tageszeitung gearbeitet, die in ihren Anfangsjahren radikal libertär war und ähnlich wie die Libération in Paris auch die Befreiung der Pädophilen zum Thema machte. Einer seiner Kollegen damals war der Journalist Arno Widmann, der zeitweise Chefredakteur der taz war. Er erinnert sich:

> „Die pädophile Propaganda dieser Jahre lautete: Der Päderast ist ein Kinderfreund, weil er bereit ist, den Kindern ihre sexuellen Wünsche zu erfüllen. Ich habe damals sicher auch mit Dietrich Willier über diese Verkehrung der Realität gesprochen. Bis vor kurzem wäre ich sicher gewesen, dass er über diese offensichtliche Projektion mit mir gelästert hätte. Heute muss ich sagen: Ich weiss nicht, was Dietrich Willier damals gesagt hat. Ich weiss nicht einmal mehr, ob er etwas gesagt hat" (Widmann 2011).

Aber es sei „undenkbar, dass wir niemals darüber gesprochen haben. Ebenso undenkbar ist, dass er sich für die Abschaffung der Strafbarkeit von Sex mit Kindern ausgesprochen hat. Das hätte ich ganz sicher nicht vergessen" (ebd.). Genau das gehörte zur Tarnung.

6.3 Der Musiklehrer und sein Freund

Wolfgang Held begann seine Tätigkeit als Musiklehrer der Odenwaldschule am 1. April 1966. Er sollte zu einem Haupttäter werden, der jeden Vorwurf eloquent abzuwehren verstand und damit auch Erfolg hatte, denn er wurde weitgehend in Ruhe gelassen. Im Skandal der Odenwaldschule stand er nie im Mittelpunkt und wurde oft nur beiläufig erwähnt. Sein Name kam auch erst sehr spät ins Spiel und galt einem Mann, den niemand richtig zu kennen

---

82 Im Land der Jemeniten unterwegs. http://www.all-in.de/nachrichten/allgaeu/weiler/Weiler-Im-Land-der-Jemeniten-unterwegs;art.2792,458801

schien. Das öffentliche Entsetzen konzentrierte sich auf Gerold Becker und nicht zufällig spielt die Held-Figur „Manni" (Manfred Wolf) in dem Film *Die Auserwählten* nur eine wenig konturierte Nebenrolle.

Der reale Wolfgang Held lebte zurückhaltend und war dennoch hochgradig auffällig, mit der Besonderheit, dass er sich, anders als Gerold Becker und der grössere Teil des Kollegiums, nie einer Reformpädagogik verschrieben hat. Die Odenwaldschule war für ihn lediglich sein pädophiles Refugium und keine „Musterschule" mit einer grossen Tradition im Rücken. Er glaubte aber an den „pädagogischen Eros" als die für ihn bestimmte Lebensform und hat danach seine Existenz eingerichtet.[83] Alles andere in seinem Umfeld hat ihn kaum interessiert.

Dennoch hat Wolfgang Held bis 1989 an der Odenwaldschule unterrichtet und regelmässig eine Familie geleitet. Er war also früher als Becker dort und blieb vier Jahre länger, ohne je belangt zu werden. Aus Anlass seines fünfzehnjährigen Dienstjubiläums 1981 wird festgehalten: „Zusammen mit der Held-Familie wohnt er seit Beginn seiner Tätigkeit in den beiden oberen Stockwerken des Herderhauses" (OSO-Nachrichten 1981, S. 43). Das sollte sich bis zum Ende seiner Tätigkeit nicht ändern. Obwohl es über ihn deutliche Hinweise und Zuschreibungen gegeben hat, liess man den Musiklehrer gewähren. Wenn er gefragt wurde, hat Wolfgang Held seine besondere „Lebensform" mit Jungen immer offensiv verteidigt.

Gerold Becker wohnte mit seiner Familie unter ihm und auch er hat das Haus im Verlaufe von mehr als fünfzehn Jahren nicht gewechselt. Ein nachbarschaftliches Zusammenleben hat sich trotz der Enge des Raumes nie entwickelt; wer von den Schülern bei Held wohnte, durfte keinen Kontakt zu der Becker-Familie haben, obwohl dort ein offener Zugang herrschte. Über mehr als zwei Jahrzehnte nahm niemand Anstoss an der von Held diktierten klandestinen Wohngemeinschaft in den oberen Stockwerken eines hellhörigen Hauses, in dem andere Schüler feiern und lärmen konnten.

Held hat währenddessen Kinder missbraucht, die auf dem Schulgelände sonst kaum zu sehen waren und offenbar zur Zurückhaltung angehalten wurden. Sie waren auch im Unterricht oft blass oder wirkten verschüchtert, was wohl bemerkt wurde, aber nie ernsthaft Fragen provoziert hat. Niemand aus dem Kollegium hat diese Kinder vor Held geschützt und keiner hat offenbar auch nur den Versuch gemacht. Held hat die Jungen jeweils gezielt für sich rekrutiert und betrachtete sie als seine „Söhne", mithin als persönlichen Besitz, den er mit niemandem teilen wollte. Und das wurde als „Glück" verbrämt.

---

83 Held soll einer „badischen Wandervogelzelle" angehört haben (Füller 2015, S. 93).

In Wolfgang Helds OSO-Familie waren fast alles Musiker. Nur Jungs lebten in seiner Familie, die extrem konservativ angezogen waren, ganz anders als die jugendlichen Hippies in den übrigen Familien. Schon deswegen war die Held-Familie anders. Der Familienvater mit dem „gruseligen Aussehen" schaffte es, dass er seine Jungen „separieren" konnte. Das war auffällig, darüber wurde auch geredet, aber eingegriffen hat niemand.[84]

Held ist wie Becker und anders als Willier und Kahle protegiert worden, aber im Unterschied zu Gerold Becker wurde nicht gefragt, wer über ihn etwas wusste und wer etwas zu verschleiern hatte. In seinem Hintergrund gab es keinen Hartmut von Hentig und so auch keinen Verdacht auf eine skandalöse Mitwisserschaft, genau deswegen ist über Held kaum recherchiert worden. Aber er war keine Randfigur, man muss annehmen, dass fast alle Kinder, die in seiner Familie gelebt haben, sexuell ausgebeutet wurden, doch anders als im Falle Becker schweigen die meisten seiner Opfer bis heute.

Wolfgang Held starb 2006 und hat also wie Gerold Becker noch mehr als fünfzehn Jahre ein Leben nach der Odenwaldschule führen können, über das allerdings wenig bekannt ist. Nachteile brauchte er nicht zu befürchten, die erste Entlarvung Beckers im November 1999 hat sich auf keinen der Täter – und so auch auf Held nicht – negativ ausgewirkt. Becker schwieg zu allem und die anderen Täter blieben lange unbekannt, ihre Namen kamen erst im Frühjahr 2010 ans Licht, sie erhielten weit weniger Aufmerksamkeit von den Medien als Becker und waren bald wieder vergessen. Aber es gab nicht den *einen* „Haupttäter" und verschiedene „Mitläufer".

Mehr als zwanzig Jahre lang konnte Wolfgang Held in seiner Familie Jungen missbrauchen, in zwei bekannt gewordenen Fällen ganz zu Anfang seiner Laufbahn als Lehrer auch Mädchen (Burgsmüller/Tilmann 2010, S. 27), ohne dass einer der drei Schulleiter, die er erlebt hat, oder ein anderer Kollege seinem Treiben Einhalt geboten hätte. Er galt als harmlos, aber nur deswegen, weil niemand einen Einblick hatte, was in seiner Familie geschah und nie sichtbar wurde, was er tat, wenn er nicht Musik unterrichtete. Das ging 23 Jahre so, wobei mit grosser Wahrscheinlichkeit auch im Falle von Wolfgang Held von einer zunehmenden Täterintensität auszugehen ist.

Eines der Opfer sagte im April 2010: Der Missbrauch in der Familie von Held musste ertragen werden, wenn man dort bleiben wollte. Nicht nur einzelne Kinder, sondern die gesamte Familie sei betroffen gewesen. Als der Junge älter wurde und deutlich machte, er würde auf Mädchen stehen, habe Held mit Trauer reagiert und sich umgehend Jüngeren zugewandt, die er gesucht und immer auch gefunden hat. Nicht selten kamen sie direkt aus dem Pestalozzi-Haus zu ihm und oft wurden sie emotional abhängig, wenngleich

---

84 Gespräch mit Bettina Kohl am 28. April 2014.

sie nicht immer auch bei Held blieben. Aber er wusste genau, was er zu tun hatte, um sie gefügig zu machen.

Der Junge gibt an, wie Held sie unter Druck gesetzt hat:

> „Die OSO war für uns so wichtig, dass wir das nie jemandem erzählt hätten. (Held) hat uns gesagt, dass das, was er da tut, was wir da tun, gesellschaftlich nicht akzeptiert ist, hat die Griechen bemüht und die Nazis. Und er hat gedroht, wenn wir darüber sprächen, würde die Familie zerschlagen und er müsse in den Knast" (zit. n. Kahlweit 2010).[85]

Der Junge berichtet auch, er sei, als er schon älter war, für kurze Zeit in der Familie eines anderen Lehrers zu Gast gewesen. Dabei habe er erleben müssen, wie sich dieser Lehrer zu einem anderen Jungen ins Bett legte und sich von ihm ganz offen befriedigen liess. „Dass ich im selben Zimmer war, hat ihn nicht gestört" (ebd.). Man holte sich, anders gesagt, was man bekommen konnte und niemand griff ein.

Auch über die Person von Wolfgang Held war an der Odenwaldschule wenig bekannt, wie Gerold Becker hat er kaum etwas von sich preisgegeben. Gesellige Anlässe hat er gemieden und auch als Musiklehrer trat er nur am Rande in Erscheinung. In ihren Eckdaten ist seine Biografie leichter zu erschliessen als die von Becker, was aber nicht bedeutet, dass seine Persönlichkeit besser zugänglich wäre. Ihm fehlte, das lässt sich sagen, Beckers Charisma und seine Eloquenz, er konnte Kinder nicht begeistern, aber es gelang ihm, wie Becker, die Bedürftigen für sich einzunehmen. Und auch er wird genau gewusst haben, dass er mit Gerold Becker einen pädophilen Konkurrenten hatte.

Wolfgang Held hat nach dem Zweiten Weltkrieg am Evangelischen Kirchenmusikalischen Institut in Heidelberg studiert, sein Lehrer war Wolfgang Fortner, der dort seit 1931 als Dozent für Komposition und Musiktheorie unterrichtet hat. Das Institut in Trägerschaft der Evangelischen Landeskirche in Baden ist im gleichen Jahr gegründet worden. Der Zweck war die Ausbildung von Musiklehrern für den kirchlichen Dienst, Fortner war also zu Beginn seiner Laufbahn in der Lehrerbildung tätig.

Fortner, Jahrgang 1907, ist am Konservatorium der Stadt Leipzig ausgebildet worden und hat 1931 an der Universität Leipzig das Staatsexamen für das Höhere Lehramt im Fach Musik abgelegt. Nach dem Krieg wurde Fortner zum führenden Vertreter der neuen Musik in Deutschland, der rasch internationales Renommee gewann und über grossen Einfluss verfügte. Er war bei

---

85 Er komme „ins Gefängnis", sagte Klaus Kinski seiner Tochter Pola, wenn sie über das reden würde, was er ihr angetan hat (Kinski 2013, S. 64).

Gelegenheit auch Besucher der Burg Waldeck und hatte Kontakt zur Jugendbewegung.

Wolfgang Held wurde 1926 geboren und stammte aus Jena. Er wuchs in Gera auf, ohne dass darüber nähere Angaben vorliegen würden. In Leipzig war er offenbar Mitglied im Thomanerchor. Vermutlich hat er ein Notabitur abgelegt und ist dann zum Kriegsdienst eingezogen worden. Nach dem Ende des Krieges verbrachte er zwei Jahre in englischer Kriegsgefangenschaft und wurde 1948 für kurze Zeit Lehrer an der Musikschule in Weimar, bevor er nach Heidelberg wechselte. Der Grund war Wolfgang Fortner, der Mitglied der NSDAP gewesen ist, auch einschlägig komponiert hat, aber nach dem Krieg vom Berufsverbot verschont geblieben ist.

Wolfgang Held soll nach eigenen Angaben[86] der uneheliche Sohn von Wolfgang Fortner gewesen sein. Aber das ist zweifelhaft und vermutlich nur eine Deckangabe. Fortner legte Ostern 1927 mit neunzehn Jahren sein Abitur am Realgymnasium in Leipzig ab. Er muss, wenn die Angabe zutreffend sein soll, mit achtzehn Jahren Vater geworden sein. Die Mutter hiess Martha Held, eine geborene Becker, die in Gera lebte oder zumindest dort ihren Sohn zur Welt brachte. Wenn sie mit Mädchennamen Becker hiess, dann muss sie verheiratet und erheblich älter als Fortner gewesen sein. Oder aber sie hat den Namen Held später angenommen.

Fortner stammte aus einer Leipziger Musikerfamilie und ist in seiner Jugend stark von Karl Straube, dem langjährigen Leiter des Thomanerchors, beeinflusst worden, der auch sein Orgellehrer war. Wie der siebzehnjährige Wolfgang Fortner die angebliche Mutter seines Sohnes kennengelernt haben soll, ist nicht bekannt. Der erwachsene Wolfgang Held war nur kurz in Weimar tätig und floh 1948 in den Westen. 1949 traf er Wolfgang Forner zum ersten Male in Heidelberg und begann wenig später mit seinem Musikstudium, zu dem auch der obligatorische Theorieunterricht bei Fortner gehörte.

Fortner machte in der jungen Bundesrepublik eine steile Karriere. Er nahm 1954 einen Ruf an die damalige Nordwestdeutsche Musikakademie in Detmold an und wechselte 1957 von dort an die Staatliche Hochschule für Musik in Freiburg (Breisgau), wo er bis 1973 gelehrt hat (Roth 2008, S. 319/320). Begleitet hat ihn Wolfgang Held. Fortner war homosexuell und hat Wolfgang Held formell adoptiert, so viel ist sicher. Er wird als der „Sekretär seines Vaters" bezeichnet (ebd., S. 329) und muss sich also in einer Vertrauensposition befunden haben.

Zu dem engsten Schülerkreis von Wolfgang Fortner zählten Komponisten wie Hans Werner Henze, Hans Ulrich Engelmann, Klaus Martin Ziegler,

---

86 Aussage gegenüber Matthias Roth (2008, S. 320/Anm.).

Peter Förtig, Milko Kelemen oder auch Nam June Paik, die er persönlich ausgebildet hat. Assistent von Fortner in Freiburg war der amerikanische Komponist Peter Westergaard,[87] ein Schüler von Milton Babbitt und später Professor an der Princeton University. Zu dieser Männerelite gehörte mehr als zehn Jahre auch Wolfgang Held, wenngleich nicht als Meisterschüler.

Held studierte von 1950 bis 1953 bei Fortner, war mit ihm sexuell verbunden und hat wohl seine Geschäfte geführt. Beide wohnten auch zusammen in einer Villa in Heidelberg. In musikalischer Hinsicht stand Held deutlich unter dem Einfluss seines Adoptivvaters, er hat verschiedene Uraufführungen seiner Werke miterlebt und 1957 an dessen bekanntestem Werk, dem Singspiel *Bluthochzeit* nach Frederico Garcia Lorca, mitgearbeitet. Genauer gesagt, er hat den Klavierauszug gefertigt (ebd.).

Held hat wohl den Bruch Fortners mit Hans Werner Henze miterlebt. Henze hatte im Frühling 1957 zwei Gedichte von Ingeborg Bachmann vertont, nämlich „Freies Geleit" und „Im Gewitter der Rosen". Daraus entstanden *Nachtstücke und Arien*, geschrieben für Sopran und Grosses Orchester. Die Nachtstücke wurden am 20. Oktober 1957 anlässlich der Donaueschinger Tage für Neue Musik uraufgeführt und stiessen auf empörte Kritik. Karlheinz Stockhausen, Pierre Boulez und Luigi Nono, die führenden Vertreter der Darmstädter Schule für serielle Musik, verliessen schon nach den ersten Takten den Saal[88] und Fortner war vollkommen fassungslos. Er rief in Richtung Henze: „Deine Musik ist, geistig gesehen, gar nicht vorhanden."[89]

Offenbar hat sich die Beziehung zwischen Held und dem autoritären Fortner im Laufe der Zeit immer mehr verschlechtert, bis es dann 1966 „zum völligen Bruch" mit dem Adoptivvater und der Gesellschaft kam, „die ihn damals umgab" (ebd.). Im gleichen Jahr wurde Wolfgang Held wohl nicht zufällig Musiklehrer an der Odenwaldschule und leitete daneben auch den Schulchor. Er war vierzig Jahre alt, hatte zuvor kaum mit Schule und Unterricht zu tun gehabt, musste aber dringend versorgt werden. Walter Schäfer, der ein Faible für moderne Musik hatte, liess sich offenbar gerne darauf ein und akzeptierte den neuen Lehrer, der mit dem Glorienschein von Fortner an die Schule kam.

Es muss dann relativ schnell zu einer Wiederannäherung zwischen den beiden Männern gekommen sein, denn zeitnahe Besuche Fortners und eigene Aktivitäten des Komponisten an der Odenwaldschule sind bezeugt. Die Schulleitung wird das unterstützt haben. Wolfgang Held auf der anderen Seite war regelmässig bei Fortner in Heidelberg zu Gast, allein und auch mit

---

87 Die Zeit vom 18. September 1988, S. 58.
88 http://schott-music.com/shop/9/show,152582,html
89 Die Zeit vom 18. September 1988, S. 58.

den Jungen aus seiner Familie. Er wurde im Kreis um Fortner, aber auch von Eltern „Fortners ‚Lustknabe'" genannt (Zastrow/Eppelsheim 2010). Die Bezeichnung galt einem Hypochonder und schwer gestörten Mann.

Fortner litt am Ende seines Lebens an Alzheimer und wurde zunehmend zum Pflegefall, 1977 komponierte er seine letzte Oper[90] und starb zehn Jahre später. Wie eng am Ende die Beziehung von Held zu Fortner wieder war, zeigt der Tatbestand, dass sein Adoptivvater ihn als Teilerbe einsetzte, allerdings betraf das Erbe nicht den künstlerischen Nachlass des Komponisten (Roth 2008, S. 329). Held verliess die Odenwaldschule zwei Jahre nach dem Tod von Fortner, der ihn tief getroffen haben muss.

Danach zog er aber nicht zurück in das Haus von Fortner, das wohl schnell verkauft worden ist, sondern lebte in einem eigenen Haus in der Nähe von Bad Dürkheim, wo er sich ein Tonstudio aufbaute, das sich auf Mitschnitte von Konzerten spezialisiert hatte und in der Region bekannt war. Finanziert wurde das vermutlich aus seinem Erbe, die Rente als Lehrer brauchte er zum Leben; ob Held daneben über ein eigenes Vermögen verfügte, ist nicht bekannt.

Held wurde im Juli 1976 schulintern als „Wolfgang Fortner-Held" bezeichnet (OSO-Nachrichten 1976a, S. 46) und nannte sich auch offiziell so, nachdem sein Adoptivvater am 5. September 1987 in Heidelberg gestorben war (Roth 2008, S. 329). Wolfgang Held starb zwanzig Jahre später und hat offenbar viele seiner Geheimnisse mit ins Grab genommen. Er war verschwiegen und für die Kollegen der Odenwaldschule in jeder Hinsicht unzugänglich. „Noch am Sterbebett des Vaters musste der Sohn versprechen, zu Lebzeiten kein Wort über die familiären Zusammenhänge an die Öffentlichkeit zu bringen" (ebd.).

Im Auftrag des Süddeutschen Rundfunks komponierte Fortner noch eine weitere Oper nach einem Stück von Frederico Garcia Lorca, nämlich *In seinem Garten liebt Don Perlimplin Belisa*. Die Oper wurde am 10. Mai 1962 zur Eröffnung der 11. Schwetzinger Festspiele erstmals aufgeführt. Regie führte der damalige Intendant der Bühnen der Stadt Köln Oscar Fritz Schuh, das Bühnenbild stammte von Teo Otto, das Orchester dirigierte Wolfgang Sawallisch, die Inszenierung, anders gesagt, war erstklassig und zeigte den damaligen Rang Fortners in der nationalen wie der internationalen Musikwelt (Der Spiegel Nr. 21 v. 23. Mai 1962, S. 72).

An der Uraufführung haben zwei spätere Lehrer der Odenwaldschule als Instrumentalisten mitgewirkt, nämlich Wolfgang Held und Wilfried Steinbrenner, der ebenfalls ein Fortner-Schüler war.[91] Steinbrenner war von 1967

---

90 *That Time* (nach Samuel Beckett).
91 Musik und Bildung (1969), S. 345.

bis 1969 Lehrer in Ober-Hambach und ist vermutlich von Held vermittelt worden, der dort ja seit einem Jahr Musikunterricht gab. Steinbrenner, Jahrgang 1943, hatte von 1962 an in Freiburg Musik studiert und war ausgebildeter Musiklehrer. In Fortners Klasse war er vom Sommersemester 1964 bis zum Wintersemester 1966/1967 (Roth 2008, S. 272). Steinbrenner, ein grosses Talent, der zusammen mit Fortner und Henze komponiert hat, starb mit 32 Jahren an Leukämie (ebd.).

Im Septemberheft des Jahrgangs 1969 berichtete die Neue Zeitschrift für Musik über die Uraufführung der Schuloper „Undine" nach Fouqué, die zum Gründungsfest der Odenwaldschule aufgeführt wurde. Zehn Jahre zuvor war schon einmal und für den gleichen Anlass die „Undine" einstudiert worden. Federführend war damals Walter Schäfer. Nunmehr wurde Wolfgang Fortner für die Aufführung gewonnen. Der Komponist hatte fast vierzig Jahre früher ein Schulspiel mit Musik geschrieben, nämlich „Cress ertrinkt", das am 4. Juni 1931 in Bad Pyrmont uraufgeführt worden war. Aber das war nicht der Grund, für die Odenwaldschule eine Schuloper zu inszenieren.

„Undine" hat Fortner selbst einstudiert und dirigiert. Neben den Schülern sind die beiden Musiklehrer für wichtige Instrumente wie Flöte und Horn eingesetzt worden. Die Aufführung dauerte eine Stunde, sie fand nicht in der Schule, sondern als öffentliche Aufführung im Parktheater von Bensheim statt. Hier, so der Rezensent, „fand dieses überaus ansprechende, neue Wege weisende Schulspiel Wolfgang Fortners langen und herzlichen Applaus" (Trumpff 1969). Wenige Monate zuvor ist Gerold Becker als Mitarbeiter an die Odenwaldschule gekommen.

Wolfgang Held betrieb an der Odenwaldschule aktiv seine Isolation. Er lehnte die Schule ab, die Kollegen ebenso wie die Schülerschaft, blieb freiwillig Aussenseiter und zog sich in seinem privaten Leben mehr und mehr auf seine OSO-Familie und die Beziehung zu Wolfgang Fortner zurück. Keiner der Eltern seiner Schüler scheint daran Anstoss genommen zu haben, obwohl bekannt war, dass er Fortner in Heidelberg regelmässig mit Schülern besuchte. Aber die Reisen führten in eine elitäre Bildungswelt, die als Auszeichnung verstanden wurde.

Die Beziehung zu Fortner schützte Held auf ganzer Linie, ähnlich wie Becker durch Hentig unangreifbar war. Die Schule konnte sich mit beiden Namen schmücken, keiner von den anderen Lehrern hatte einen ähnlichen Hintergrund und verfügte über vergleichbare Verbindungen zur Welt der Musik oder zur Universität. Damit liess man zwei pädophile Straftäter gewähren, die sich ihr perfektes Umfeld schaffen konnten. Mehr als dreissig Jahre drang davon nichts nach aussen, was auch symbolisch gilt: Die Vorhänge in der Wohnung von Wolfgang Held waren immer zugezogen (Zastrow/Eppelsheim 2010).

Dabei war Held in vieler Hinsicht auffällig. Er fuhr – gelegentlich mit geöffneter Schiebetür – einen dunkelblauen Peugeot D4a-Kastenwagen, der zu einem Campingbus ausgebaut war. Der klobige Wagen parkte ständig auf dem Hauptweg vor dem Fenster eines im Parterre des Herder-Hauses gelegenen Schülerzimmers, das dadurch verdunkelt wurde. Dieses Privileg wurde nie angetastet, es war einfach das Vorrecht des Lehrers, vor seinem Wohnhaus zu parken.

Held fuhr beinahe täglich und dann zu einer bestimmten Zeit hinunter nach Heppenheim, ohne je Schüler, die nicht seiner Familie angehörten, mitzunehmen, auch dann nicht, wenn er sah, dass sie trampen wollten. Der fensterlose Kastenwagen wurde regelmässig auf einem Parkplatz in der Nähe eines Supermarktes gesehen und Schüler spekulierten, dass Held dort eine Penthouse-Wohnung unterhielt. Auch die Fahrten nach Heidelberg zu Fortner wurden registriert, aber sie erregten keinen Verdacht und gehörten einfach zu Helds Erscheinung.[92]

Held konnte sich auf stabile Verdrängungsmechanismen verlassen, die argumentativ gut abgesichert waren. Er hatte stets beste Gründe zur Hand, falls ihn jemand wegen seines persönlichen Stils, die Familie zu führen, ansprechen oder gar zur Rede stellen sollte. Das aber wurde meist gar nicht versucht, so merkwürdig das Leben des Musiklehrers auch war. Zu seiner Familie sagte Held, das, was bei ihnen abliefe, wäre nichts im Vergleich mit dem, was ein Stockwerk tiefer bei Becker los sei.[93] Im Übrigen bemühte er den pädagogischen Eros und berief sich auf die alten Griechen.

Unter den Schülern wusste man oder es war allen klar, dass Wolfgang Held homosexuell war, aber man dachte, „es würde einen nicht betreffen". Helds uninspirierte Musikstunden habe man „abgesessen". Was man auch wusste, war Helds Verbindung zu Wolfgang Fortner, den Jan Kruse nie an der Odenwaldschule gesehen hat. Held war Aussenseiter und führte eine Existenz „unterm Dach". Gegenüber Helds Wohnung war immer ein Dreierzimmer, aus diesem Grund wurden dort die „Kleinen" untergebracht.[94]

Die Mitglieder von Helds Familie mieden den Kontakt zu Anderen ausserhalb des Unterrichts, dass man sie so gut wie nie auf dem Schulgelände sah, sei offenbar, wie verschiedene Zeugen berichten, niemandem aufgefallen. Was in Helds OSO-Familie tatsächlich geschah, wurde hingenommen oder war wenigstens nie ein Thema, das offen angesprochen wurde. Ein Grund war, dass Wolfgang Held gleich zu Beginn seiner Tätigkeit die Rich-

---

92 Brief von Peter Lang vom 8. April 2015.
93 Mail von Gerhard Roese vom 15. Juli 2012.
94 Gespräch mit Jan Kruse am 28. Februar 2014.

tung vorgegeben hatte, wie er sich den Umgang mit ihm vorstellte. Und innerhalb der Familie wurde das Schweigegebot so gut wie immer strikt beachtet. Anders als bei Gerold Becker gibt es bis heute kaum Äusserungen von Altschülern, die mit Held zusammengelebt haben und von ihm auch über den Tod hinaus abhängig blieben.

Offenbar wirkt das Schweigekartell weiter und zeigt die Macht, die Held über seine „Söhne" ausgeübt hat. Es kam aber vor, dass familienfremde Schüler auf dem Gelände hinter ihm her gelaufen sind und „schwule Sau" gerufen haben.[95] Auch die Mitglieder seiner Familie müssen die Ablehnung gespürt haben, ohne dass gegen Held etwas unternommen wurde. Die Isolation war nicht zu übersehen und schien doch nicht zu interessieren. In das verstörende Bild passt, dass Held jährlich den Chor zum Weihnachtsfest leitete und so dafür sorgte, dass die Schüler stimmungsvoll in die Ferien fahren konnten.

Symbolische Hinweise gab es. Wer in den siebziger Jahren die Odenwaldschule besuchen wollte, musste lange auf ein Hinweisschild warten. Erst unmittelbar vor der Zufahrt stand ein gelbes Schild, auf dem mit schwarzer Schrift die Schule angekündigt wurde. Vor dem Schild befand sich ein Geländer, auf dem häufiger Tramper sassen. Wenn Wolfgang Held in die Stadt fuhr, wurde er von bestimmten Schülern verhöhnt und angepöbelt. Hier half ihm niemand und er konnte diesen Schülern nur mit Missachtung begegnen.

Bei einer dieser Gelegenheiten war auch der oben erwähnte Peter Frings anwesend. Er sprang von der Brücke, die über den Hambach führt, holte sich einen Klumpen Matsch, kletterte auf das Geländer und schmierte ein „H" vor den Schriftzug der Odenwaldschule sowie ein „w" zwischen dem „h" und dem „u". Wenn die Bezeichnung „Hodenwaldschwule" nicht beseitigt wurde, war sie bis zum nächsten Regen sichtbar. Und die Schmiererei wiederholte sich, aber offenbar hielt man das für einen Scherz, über den man lachen konnte.[96]

Helds Übergriffe geschahen meistens während des so genannten „Mittagsschlafes". Er suchte sich dann jeweils einen der Jungen aus, der ihn befriedigen musste. Die Jungen kamen der Reihe nach dran, geschont wurde niemand. Helds Standardfrage vor dem Samenerguss war: „Soll ich kommen?" Unter dem Bett lagen grosse Mengen von sperma-verkrusteten Kleenex-Tüchern, die die Schüler beseitigen mussten, wenn sie Stubendienst hatten. Held, so die Opfer, war verwachsen und hatte einen üblen Körpergeruch. Mit dem Ekel musste man fertig werden.[97]

---

95 Brief von Peter Lang vom 2. Februar 2015.
96 Brief von Peter Lang vom 19. August 2015.
97 Brief von Gerhard Roese an Salman Ansari vom 6. Januar 2003. Gerhard Roese hat mir das Dokument mit Mail vom 6. Juli 2012 zugänglich gemacht. Die Quelle benutzt auch Zastrow (2010).

Wolfgang Held wurde von den Schülern wegen seines Aussehens und seines Körperbaus „Frosch" genannt.[98] Dass er und Gerold Becker „auf kleine Jungs standen", wurde kommuniziert, aber konkrete Vorstellungen über die Praxis des Missbrauchs hatte man nicht, weil höchstens in Andeutungen geredet und nie nachgefragt wurde. Held verstand es sehr geschickt, Aufmerksamkeit und Zärtlichkeit zu verteilen. Er brachte die Jungen in seiner Familie dazu, sich „nie gegen ihn zu verbünden, sondern im Gegenteil stets eifersüchtig um seine Gunst zu konkurrieren".

Auch das erklärt, warum nie etwas nach draussen gedrungen ist. Gerhard Roese beschreibt das Zusammenleben so: „Mein ärgster Konkurrent war damals (Helds) ‚Liebling' E., den wir wohl insgeheim alle um seine schöne Armbanduhr beneideten, die Wolfgang ihm geschenkt hatte. Dafür durften wir dann abends öfters nicht zu ihm, wenn sein Liebling mal wieder bei ihm war. Da hing dann das Stopp-Schild an seiner Tür. Was dort vor sich ging, war nicht schwer zu erraten."

Gerhard Roese hat eidesstattlich erklärt, dass er mit Helds OSO-Familie die Mutter von E. besucht habe. Der Besuch sei ihm in Erinnerung geblieben, weil Held ihm „stolz und selbstgefällig" berichtete, die Mutter von E. wisse genau, „dass ihr Sohn sein ‚Geliebter' sei" und das auch „billige".[99] Einer anderen Quelle lässt sich entnehmen, dass ein besonders übel zugerichtetes Opfer von Wolfgang Held seinem eigenen Vater gesagt habe, „du bist nicht mein Vater, Wolfgang ist mein Vater".[100]

Mit E. unterhielt Wolfgang Held eine längere sexuelle Beziehung. Der Junge lebte seit dem Schuljahr 1972/1973 in Helds Familie und hat 1978 Abitur gemacht hat. Beide, so ein Altschüler, habe er nach seiner Schulzeit in Berlin getroffen zu einem Abendessen im Haus von Held, das er sich mit dem Ehemaligen teilte. Held freute sich, den Altschüler zu sehen, mehr passierte nicht. Es wurde der Schein der Normalität gewahrt und Held glaubte tatsächlich, dass die Kinder seiner Familie es von allen am besten hätten.[101] Wie die Kinder das sahen, spielte keine Rolle oder wurde von Held manipuliert. In der Beziehung mit E. konnte Held die Praxis fortsetzen, die er zuvor mit seinem Adoptivvater Wolfgang Fortner gepflegt hatte.

Zu dem, was er tat, hat sich Wolfgang Held mit einer Ausnahme zu Beginn seiner Tätigkeit nie geäussert. Seine Familie war abgeschirmt, aber eigentlich hat jeder gewusst, was es damit auf sich hatte. Er war klar pädophil, doch physische Übergriffe, wie sie inzwischen bekannt geworden sind,

---

98 Der Spitzname stammte von Adrian Koerfer, der zwei Jahre in der Held-Familie war (Frankfurter Rundschau vom 24. März 2010).
99 Eidesstattliche Versicherung vom 1.9.2010.
100 Mail von Uli Hake vom 23. Juni 2010.
101 Quelle: Gespräch mit mir.

konnte oder wollte man sich offenbar nicht vorstellen. Gerold Becker hat ein wenngleich schwaches und nichtssagendes Geständnis abgelegt, auch Jürgen Kahle hat sich am Ende seines Lebens bekannt, von Held gibt es nichts dergleichen. Er starb, bevor die Odenwaldschule Zentrum eines Skandals wurde. Niemand hat ihn je zu den Vorfällen befragt.

Wolfgang Held hat während fast seiner gesamten Zeit als Musiklehrer an der Odenwaldschule ausschliesslich Jungen in einer Familie gehabt, offenbar ist auch das nie aufgefallen und war auch bei der Verteilung der Schüler kein Thema. Held hat daran in seinem Sinne mitgewirkt und das wurde stillschweigend geduldet, etwa wenn er sich immer wieder am Ende der Grundschule aus dem Pestalozzihaus der „Kleinen" Jungen zu sich geholt hat. Er muss sie geködert und für sich eingenommen haben, anders als Becker hatte er keine Privilegien zu bieten und konnte daher nur emotional vorgehen.

Über Wolfgang Held gab es Gerüchte und über ihn machte man sich auch lustig. Witze sind gute Indikatoren für die Wahrnehmung und was sie zulässt. Man kommuniziert mit Andeutungen indirekt und trotzdem glaubt jeder zu verstehen, was gemeint ist. Ein Witz, der in der Odenwaldschule kursierte, spielt auf Richard Strauss und Gustav Mahler an, nämlich auf die sinfonische Dichtung *Ein Heldenleben* (1898) und den Liederzyklus *Kindertotenlieder* (1901–1904). Ein Lehrer sagte zu einem anderen: Wolfgang Held, das ist „ein Heldenleben mit Kindertotenliedern". Der Lehrer fand das komisch und hat über den eigenen Witz gelacht (*Und wir sind nicht die einzigen*, 2011, Min. 24.32).

Im zweiten Heft des Jahres 2006 der OSO-Nachrichten erschien ein Nachruf auf Wolfgang Held. Mitgeteilt wird, dass Held am 9. September 2006 in der Nähe von Bad Dürkheim gestorben sei. Knapp wird vermerkt: „Dort wohnte er zuletzt in einem Haus mit ehemaligen OSO-Schülern und wurde von ihnen liebevoll betreut" (OSO-Nachrichten 2006, S. 63). Damit wird die lebenslange Abhängigkeit zumindest angedeutet. Über Held selbst, sein Leben und seine Person, wird nichts gesagt. Er ist achtzig Jahre alt geworden, war dreiundzwanzig Jahre Lehrer an der Odenwaldschule und sein Nachruf erhält über ihn kein einziges persönliches Wort.

Man liest vielmehr, dass daran gedacht worden sei, ihn als Musiklehrer „auszuwechseln", weil er keinen Instrumentalunterricht geben wollte, auch wird erwähnt, dass ihm „Musiklehrerkollegen" zur Seite gestellt worden seien, die aber meist nach kurzer Zeit die Schule wieder verlassen hätten. Sein grösstes Verdienst seien der Chor und die Weihnachtskonzerte gewesen (ebd.). Versucht wird nicht, den Menschen Wolfgang Held näher zu fassen, und auch der schlechte Musikunterricht wird mit keinem Wort erwähnt. Dafür wird ein wohlmeinendes Foto abgedruckt, das nicht deutlich macht, warum Held „Frosch" genannt wurde.

Aber wie kann es sein, dass jemand, der als Musiklehrer nicht das getan hat, was von ihm seit Beginn seiner Tätigkeit erwartet wurde, nämlich an einer teuren Privatschule Instrumentalunterricht zu geben, von 1966 bis 1989 fest angestellt gewesen ist und auf der Gehaltsliste stand, ohne dass die Schulleiter eingegriffen hätten? Held hat den Chor geleitet und als Musiklehrer rezeptiv klassische Musik vermittelt, was nichts anderes heisst, als dass er den Schülern Schallplatten vorspielte, bei Gelegenheit auch in Abwesenheit, aber offenbar hat das niemand als sehr teures Defizit angesehen. Und im Chor hat er seine Opfer ausfindig gemacht, was auch niemandem aufgefallen sein will.

Der teure Steinway-Flügel im Musikzimmer war mit einer Klavier-Husse abgedeckt und wurde im Unterricht nie benutzt. Neben dem Flügel in einer Ecke hatte Held seinen Schweizer Lenco-Plattenspieler aufgebaut, der umgeben war von zwei grossen Lautsprecherboxen, die Oskar Knecht gebaut hat. Beides war elitär und wiederum sehr teuer. Dieses Ensemble durfte niemand berühren, die Ecke war sakral und die Musik sollte die Schüler ganz gefangen nehmen. Sie sassen auf unbequemen Stühlen mit klappbaren Schreibtischchen, Musikinterpretationen wurden vor Beginn eines Kurses angekündigt, aber es gab nie etwas zum Mitschreiben. Aktives Musizieren fand nicht statt.[102]

Zu seinen letzten Schülern gehörte André, der seit dem Schuljahr 1985/1986 in der Held-Familie lebte. Der Zirkuserbe kam in der siebten Klasse in die Familie und hat bis zu dessen Ausscheiden drei Jahre mit Held verbracht. An seiner Seite war Marco, der ebenfalls die siebte Klasse besuchte. Beide kamen direkt aus dem Pestalozzihaus zu Held, sie sind von ihm wie üblich angeworben worden, Warnungen vor Held gab es offensichtlich nicht, auch nicht von den wechselnden Leitern des Pestalozzihauses. Die Schüler sollten sich selbst entscheiden können.

Auch anders wurden die Schüler eingebunden. Marco und André haben im Februar 1986 in den OSO-Nachrichten beschrieben, wie die Held-Familie die Wanderwoche im September des Vorjahres gestaltet hatte. Im Bericht von Marco heisst es: „In der Wanderwoche fuhren wir mit Wolfgang Helds Wohnmobil zum Circus ... Wolfgang, Oli und ich schliefen darin. Tomi, Fede und Gerald in einem Circus-Wagen und André in seinem eigenen" (OSO-Nachrichten 1986, S. 40). Die Schulöffentlichkeit konnte also lesen, mit wem Wolfgang Held bei diesem Anlass in seinem Wohnmobil geschlafen hat.

Niemand hat das beanstandet und Held davon abgehalten, die Wanderwochen auf seine Weise zu gestalten, mit dem Bus und die Kinder nachts in Schlafsäcken neben sich. Seine sexuelle Disposition war bekannt, aber ge-

---

102 Brief von Peter Lang vom 8. April 2015.

schehen ist nichts, auch nicht, nachdem Gerold Becker die Schule verlassen hatte. Die Praxis des Gewährenlassens blieb unverändert, was auch damit zu tun haben mag, dass Helds Pensionierung anstand, bei einem Skandal und einer strafrechtlichen Verurteilung wäre die Altersversorgung gefährdet gewesen. Aber angezeigt hat ihn niemand, was angesichts der grossen Zahl und langen Dauer seiner Verbrechen kaum glaublich erscheint.

Nach Beckers Weggang bestand Helds Familie aus sechs Jungen, neben André und Marco waren das Oliver, Gerald, Federico und Thomas. Oliver kam 1981 an die Odenwaldschule und lebte ein Jahr später in der Held-Familie. Gerald war seit 1979 an der Schule und wechselte mit Beginn des Schuljahres 1981/1982 zu Held. Federico wurde 1980 Schüler der Odenwaldschule und wohnte dann drei Jahre später in der Held-Familie. Thomas war nur im Schuljahr 1985/1986 bei Held, nachdem er schon 1980 an die Odenwaldschule gekommen war. Er hat offenbar die Schule ohne Abschluss verlassen. Marco blieb zwei Jahre im Bannkreis von Wolfgang Held, dem selbst nichts geschehen konnte.

Held muss die Jungen von sich emotional abhängig gemacht haben, anders ist nicht zu erklären, warum sich auch nach Bekanntwerden des Skandals im Frühjahr 2010 kaum jemand aus seinen vielen OSO-Familien namentlich als Opfer bezeichnet und kenntlich gemacht hat. Die bekannten Ausnahmen sind Dieter Grah und Gerhard Roese, die sich in dem Dokumentarfilm *Und wir sind nicht die Einzigen* unter ihrem Klarnamen geäussert haben. Daneben liegen anonyme Berichte vor, die unmissverständlich Helds Täterschaft zeigen, aber viele Altschüler sind nicht von ihm abgerückt und haben auch nicht öffentlich ausgesagt.

Als er starb, waren seine Verbrechen verjährt, aber das ist vermutlich nicht der Grund, warum sich viele Altschüler nicht äussern wollen oder können. Sie müssen sich ein ganz anderes Bild von ihrem Familienhaupt bewahren und das kann man auch als besondere Strafe ansehen. Wolfgang Held ist mit einem Schweigegelübde gestorben, was allein zeigt, wie klandestin sein Leben gewesen sein muss. Diese Lebensform hat er offenbar erfolgreich weitervermitteln können.

Aber wie wurde er an der Odenwaldschule unangreifbar? Im September 1968, etwas mehr als zwei Jahre nach Beginn seiner Tätigkeit als Musiklehrer, hat Wolfgang Held seine Kündigung in den Raum gestellt, weil mindestens zwei Jungen gegen ihn ausgesagt und dabei Vorwürfe wegen sexuellen Missbrauchs erhoben haben. Held wies die Vorwürfe zurück und fühlte sich ungerecht behandelt. Das war kurz bevor Gerold Becker an die Odenwaldschule kam. Die Aussagen wurden gegenüber dem Schulleiter Walter Schäfer gemacht, der also von den Vorwürfen gegen Held wusste und mit ihm darüber gesprochen hat.

Von einem dieser Gespräche hat Held ein Protokoll angefertigt, in dem er kategorisch bestreitet, dass den Vorwürfen irgendein Realitätsgehalt zukäme. Er baut sich auf als den zu Unrecht Beschuldigten, der sich zur Wehr setzen muss. Zu diesem Zweck wurde der Spiess umgedreht und den Schülern eine „pubertäre Verirrung" unterstellt. Die Opfer wurden so zu Tätern, was später zu einem Leitmotiv in dieser Geschichte werden sollte. Die beiden Schüler werden namentlich genannt, es handelt sich um Hans K. und Andreas F.

Das Gesprächsprotokoll ist primär ein Forderungskatalog. Es heisst dort: „Die an die Odenwaldschule herangetragenen Verdächtigungen sind das Ergebnis pubertärer Verirrungen von (Hans K.). Die vorsichtige Ablösung seiner Fixierung an meine Person ist psychotherapeutisch zu betreiben. Eine deutliche Klarstellung dieses Sachverhaltes ist im Vertrauensrat vorzunehmen." Und weiter: „Der Möglichkeit solcher Verdächtigungen in der Odenwaldschule ist im Interesse der Kinder, der Schule und meinem eigenen ab sofort vorzubeugen."

Die Verdächtigungen seien reine Fantasieprodukte, vor denen die Schule ihn schützen müsse. Das wurde zu einem Muster, auf das Gerold Becker und andere Lehrer häufig zurückgegriffen haben. Für Held ergaben sich im Zusammenhang mit der Bearbeitung der Anschuldigungen zwei Möglichkeiten, die akribisch unterschieden wurden:

> „A Mein Weggang von der Odenwaldschule zu einem normal vertretbaren Zeitpunkt.
> B Mein Verbleiben unter veränderten psychologischen Bedingungen für mich selbst, pädagogischen für meine Arbeit.
> Da ich für Lösung B noch keine gangbaren Wege selbst sehe, möchte ich vorsorglich Lösung A mit Kündigung zum 31.12.68 vorschlagen, aber im gegenseitigen Vertrauen, dass das anstehende Tertial der Erprobung der Lösungsmöglichkeit B offensteht und die Kündigung rückgängig gemacht werden kann."

Der „normal vertretbare Zeitpunkt" würde eine Kündigungsfrist von drei Monaten voraussetzen, das Protokoll muss also im September abgefasst worden sein, was auch zum bevorstehenden Tertial passen würde. Zu diesem Zeitpunkt waren die beiden Schüler noch an der Schule, Hans K. lebte in der Familie von Gerhard Trapp und Andreas F. in der von Jürgen Kahle. Im nächsten Schuljahr 1969/1970 ist nur noch Hans K. in den Familienlisten verzeichnet, allerdings nicht mehr bei Jürgen Kahle. Im folgenden Jahr wechselte der Junge erneut und kam in der Familie von W. unter, in der nur zwei Jungen lebten. Danach verliert sich die Spur.

Die Kündigung hat Held angedroht, aber nie realisiert. Man kann diese Strategie auch eine Erpressung nennen und vermutlich sind die „veränderten psychologischen Bedingungen" für ihn schnell geschaffen worden. In dem

Dokument heisst es, dass die „unter 2 B anvisierte weitere Zusammenarbeit
…, falls dies Tertial nur diese Perspektive innerlich möglich macht, in pädagogischer Absprache mit dem Vertrauensrat bzw. Schulleitung allein in Aussicht genommen werden (sollte)". Er wollte also bis zum Ende der Kündigungsfrist weitermachen, sofern er sich dazu „innerlich" in der Lage sah, vorausgesetzt Vertrauensrat und Schulleitung stellten sich ausdrücklich hinter ihn.

Held hatte auch genaue Vorstellungen, wie sich im bevorstehenden Tertial sein Musikunterricht reduzieren lassen würde, falls er sich „durch die veränderte Situation nicht psychologisch und pädagogisch zum nötigen Einsatz … aufschwingen könnte". Das betraf seine Chorarbeit, das Weihnachtsliedersingen und schliesslich die Wahlfachgruppe Musik; der übrige Klassenunterricht sowie alle Privatstunden „sollten programmgemäss weiterlaufen". Die Begründung ist aufschlussreich: „Jede Beunruhigung der Odenwaldschule und jedes Entgegenkommen gegenüber den ausgetreuten Gerüchten sollte gerade dadurch vermieden werden." Zusammenfassend heisst es dann noch: „Geeignete Schritte zur sofortigen Unterbindung weiterer Gerüchte durch Kinder sind abzusprechen."

Dieses Dokument findet sich in dreifacher Ausfertigung, abgelegt in Gerold Beckers Handakte.[103] Dort ist noch ein weiteres Schriftstück zum gleichen Thema gefunden worden. Auf einem vorher abgehefteten A-4-Blatt ist handschriftlich vermerkt: „entnommen aus der PA Held am 1.2.1977". Zusätzlich wird festgehalten: „Beide ø entstammen vermutlich dem Ende des Jahres 1968." Die Handschrift ist die von Gerold Becker. Man kann nur vermuten, warum er vertrauliche Dokumente von Held aus dessen Akte und sicher ohne sein Wissen an sich genommen hat.

Die Strategien der empörten Leugnung, der Umkehrung der Kausalitäten oder der Therapeutisierung unliebsamer Schüler hat er selbst angewandt. 1977 hatte er mit Eltern zu tun, die ihn von einem sexuellen Übergriff Helds in Kenntnis setzten. Die Eltern mussten sich anhören, dass ihr Sohn eine „blühende Fantasie" habe, was direkt an Helds „pubertäre Verirrung" anschliesst (Burgsmüller/Tilmann 2010, S. 18). Becker hat Held aktiv geschützt und dabei ein gemeinsames Argument benutzt. Aber die Ablage muss mehr gewesen sein als eine Gedächtnisstütze, vielleicht wollte er nicht, dass man die Dokumente bei Held findet, falls es zu einer Anzeige gekommen und im Zuge der Ermittlungen die Personalakte beschlagnahmt worden wäre.

---

103 Die Überlassung der im Text erwähnten Dokumente verdanke ich Marcus Halfen-Kieper (Mail vom 1. Juli 2015).

Das andere Dokument ist ein ebenfalls undatiertes, aber offensichtlich späteres Protokoll, in dem sich Held zu „Auflagen" äussert, die ihm nur die die Schulleitung gemacht haben kann.

> „Die in unserem letzten Gespräch vorgeschlagenen Auflagen meiner Verhaltensweisen in Unterricht, Chor und Familie, werden von mir nicht akzeptiert, da dafür nach Prüfung und Anerkennung meiner völligen Schuldlosigeit keinerlei Anlass besteht. (Familien, Einzelunterricht, Ausflüge etc.)."

Danach wird die Kündigung wiederholt: „In Anbetracht der durch die Behandlung des Fragenkomplexes entstandenen Lage bitte ich darum, meine Arbeit an der OSO zum 1.1.69 einstellen zu dürfen." Diese Bitte wird bezeichnet als eine „vorsorgliche". „Formal wird sie in einem offiziellen Schreiben mit der Begründung eines für mich wichtigen Berufswechsels vollzogen." Auch an Tarnung war also gedacht. Dann spricht Held wiederum von der für ihn entstandenen „inneren Lage", die nach „Konsequenzen" verlange, „die den vorgeschlagenen Auflagen in gewisser Weise entgegenkommen, ohne diese Auflagen aber damit zu akzeptieren".

Gemeint sind erneut Entlastungen im Blick auf seinen Musikunterricht. So soll weiterhin das Weihnachtsliedersingen entfallen, weil die Voraussetzungen dafür „im Moment" nicht gegeben seien, oder sein Kollege Steinbrenner soll das Wahlfach Musik in der gymnasialen Oberstufe übernehmen, ebenso den Musikunterricht „in den Klassen 5 und 6". „Die 7. Klasse möchte ich bewusst beibehalten, da darin die betreffenden Personen sind", also die Schüler, die gegen ihn ausgesagt haben. Sie wollte er offenbar im Auge behalten und mit sich als Lehrer konfrontieren.

Auch gegen die beiden Schüler sollte etwas unternommen werden. So müsse man überlegen, „welche Massnahmen zu treffen sind, weitere Äusserungen von Andreas F. zu verhindern". „Für (Hans K.) sollten <u>gemeinsame</u> Überlegungen von <u>Herrn Jouhy und mir</u> in der Verhaltensweise den Vater betr. und in einer psychotherapeutischen Behandlung den Sohn betreffend angestellt werden." Und „die auf Grund dieser Vorschläge gefassten Beschlüsse sollten mit mir gemeinsam, dem Vertrauensrat vorgeschlagen und interpretiert werden". Der Vater, der sich offenbar beschwert hatte, sollte zurechtgewiesen und der Sohn in Behandlung gegeben werden.

Nachweisen lässt sich nur, dass Hans K. zweimal die Familie gewechselt hat, bevor er von der Schule abging, ob mit einem Abschluss ist nicht klar. Die „Massnahmen" gegen Andreas F. bestanden offenbar darin, dass ihm oder seinen Eltern nahegelegt wurde, die Odenwaldschule möglichst schnell zu verlassen. Das hat Gerold Becker später in verschiedenen Fällen genau so gemacht. Ob Hans K. tatsächlich in psychotherapeutischer Behandlung war, ist nicht bekannt. Bei anderen Kindern hat Becker das durchgesetzt, wie noch zu zeigen sein wird.

Held war schlau und hat den tief Getroffenen gespielt, der sich überlegen muss, ob er weiterhin für eine Schule tätig sein könne, in der er haltlosen Verdächtigungen ausgesetzt gewesen sei. Die Kündigung sollte der Test sein, ob sich die Schule „pädagogisch-psychologisch" auf ihn einstellen und konkret etwas gegen die Problemschüler unternehmen kann. Das zweite Dokument endet so: „Bis zu einem festgesetzten Termin im Dezember sollte die Möglichkeit einer Annulierung der offiziellen Kündigung offen gehalten werden, da erst nach einer gewissen Zeit und Erfahrung geprüft werden kann, ob eine Weiterarbeit an der Oso für mich möglich ist."

Das war dann der Fall und Held konnte mehr als zwanzig Jahre „weiterarbeiten", also Kinder sexuell ausbeuten, ohne je – soweit bekannt – ein zweites Mal behelligt zu werden. Im Oktober 1968 musste ein anderer Sexualtäter die Schule verlassen. Es traf nicht Wolfgang Held, sondern den späteren Literaturkritiker Dr. Gerhard Trapp, mit dem sich Held entgegen seinen späteren Gewohnheiten angefreundet hatte. Beide führten getrennte Familien. Ob Becker von der Entlassung erfahren hat, als er an die Schule kam, ist nicht bekannt, aber sehr wahrscheinlich, weil der Fall schulintern Aufsehen erregt hat.

Trapp wurde 1938 geboren und stammt aus dem Sudetenland, er studierte Germanistik und war ausgebildeter Gymnasiallehrer, der als Beamter an die Odenwaldschule abgeordnet wurde (ebd., S. 17). Das heisst, er wollte von sich aus dorthin wechseln oder ist von der Schule bzw. dem Schulleiter angefragt worden. Wie der Kontakt zustandekam, ist nicht bekannt, aber auch hier kann man andere als berufliche Interessen vermuten.

Als Germanist ist Trapp Spezialist für den deutschböhmischen Schriftsteller Johannes Urzidil, über den er bei dem Frankfurter Germanisten Johannes Stöcklein[104] promoviert hat. Er gilt heute als „Begründer der Urzidil-Forschung", der als internationaler Referent gefragt ist.[105] Sein letzter Aufsatz wurde 2014 in einem Sammelband veröffentlicht (Trapp 2014). Die Dissertation ist seiner Mutter gewidmet, sie erschien 1967 im Druck, als Trapp an der Odenwaldschule bereits Kinder missbraucht hatte (Trapp 1967).

Trapp ist keine zwei Jahre lang als Deutschlehrer tätig gewesen. Er war angestellt von Ostern 1966 bis Dezember 1966 sowie von März 1968 bis zum 4. Oktober 1968 (Burgsmüller/Tilmann 2010, S. 28). Er musste bereits nach einem Dreivierteljahr gehen, weil zwei Schüler Schulleiter Schäfer von sexu-

---

104 Johannes Stöcklein (1902–1992) war seit 1962 als Professor für Neuere Deutsche Philologien an der Universität Frankfurt tätig.
105 http://www.kulturforum.info/de/topic/1000014.veranstaltungen.html?id=1021156

ellen Übergriffen in Kenntnis gesetzt hatten. Schäfer wollte das zunächst nicht glauben und ging erst darauf ein, als weitere Aussagen vorlagen und Eltern Druck machten (ebd., S. 14/15). Danach kehrte Trapp wohl an seine alte Schule zurück, ob er förmlich entlassen wurde, ist nicht bekannt.

Nach einem Jahr wechselte er erneut an die Odenwaldschule, obwohl er als Sexualtäter bekannt war. Aber offenbar wollte man ihn, er wurde wieder eingestellt und konnte „weiterarbeiten", was in seinem Fall bedeutete, dass er sich aus dem Pestalozzihaus direkt „bedienen" konnte. Kinder wurden ihm „regelrecht zugeführt", ohne dass jemand eingriff (ebd., S. 28/29). Er ist dann aber nach weiteren Aussagen von Schülern definitiv entlassen worden (ebd., S. 17), während Wolfgang Held bleiben konnte, obwohl wie im Falle von Trapp Eltern gegen ihn interveniert hatten.

Aber Schäfer verstand es, die Eltern für sich und die Schule einzunehmen. Am 4. Oktober 1968 schrieb er an die Eltern der betroffenen Schüler einen Brief, in dem er die Entlassung Trapps erläuterte und um Verständnis für das diskrete Vorgehen warb. Man wolle den beschuldigten Lehrer „nicht vernichten" und die Schule nicht unnötig in Schwierigkeiten bringen (ebd., S.15). Schäfer verzichtete also auf eine Anzeige, obwohl ein klarer Straftatbestand gegeben war. Das Verständnis galt dem Kollegen und nicht den Opfern, was sich später mehrfach wiederholen sollte.

Ein Vater antwortete, Schule und Schüler hätten „geradezu vorbildlich gehandelt", Schulleiter Schäfer verdiene das „uneingeschränkte Vertrauen der Eltern" und „passieren können solche und andere unangenehme Dinge schliesslich in jeder Gemeinschaft". Das war nicht alles: „So peinlich gerade dieser Fall sein mag", er habe durchaus auch etwas Positives, denn er zeige, dass „junge Menschen, anstatt in einem gläsernen Turm zu sitzen, auch mit unangenehmen Situationen konfrontiert werden und lernen, auf saubere Art damit fertig zu werden" (ebd., S. 16).

Vorausgegangen war eine dramatische Situation. Ein älterer Junge hatte zusammen mit anderen Schülern dem Schulleiter berichtet, dass sich Lehrer wie Trapp oder Held bei jeder Gelegenheit an ihnen vergingen, bei Ausflügen, in den Zimmern der Familien oder auch bei den Ferienreisen. Selbst im Schwimmbad waren sie nicht sicher. Der ältere Junge war dreizehn Jahre alt, er schaffte es, dass acht bis zwölf Kinder dem Schulleiter ihre Erlebnisse mit Trapp und Held erzählten und dabei „unverblümt" Einzelheiten berichteten, die Schäfer zum Handeln zwangen. Trapp musste Hals über Kopf und im „Dunkel der Nacht" die Schule verlassen (Zastrow/Eppelsheim 2010).

Einen solchen Aufstand der Schüler gab es kein zweites Mal. Gerold Becker hat vermutlich schnell verstanden, wie er Vorstösse der Schüler unterbinden oder ins Leere laufen lassen konnte. Auch er hat immer wieder Beschwerden gehört, sich darauf aber nur zum Schein eingelassen und stets den Spiess umgekehrt, also abgewiegelt und die Schüler beschuldigt, dass sie sich etwas eingebildet hätten. Er hat Schüler isoliert, im Zweifelsfall auch entlassen, um zu verhindern, dass sie sich zusammentun und gemeinsam tätig werden. Und er hat sehr genau darauf geachtet, dass er dabei die Wortführer ermittelte.

Zwei neue Lehrer auf einmal wollte oder konnte Schäfer wohl nicht entlassen, obwohl gegen Trapp und Held unmissverständliche Aussagen vorlagen, die nicht mit Stillschweigen abgetan werden konnten. Er selbst hatte den Schülern ja die Gelegenheit gegeben zu reden. Aber es war einfach leichter, sich von Trapp zu trennen als von Held, der für die Odenwaldschule mehr wert war, wobei man annehmen muss, dass sich Wolfgang Fortner persönlich für Held eingesetzt hat, als er 1966 versorgt werden musste. Trapp dagegen kam ohne Protektion und Rückendeckung aus durch einen grossen Namen.

Warum im Blick auf Held nicht nachgefragt wurde, ist nicht bekannt. Schäfer muss den Kindern nach ihren Aussagen ja irgendetwas gesagt haben, aber er setzte nur Trapp unter Druck und drohte mit einem Strafverfahren, das dann in Absprache mit dem Schulamt abgewendet wurde (ebd.). Damit war die Angelegenheit erledigt, Held wurde gedeckt und konnte bleiben, als Nebeneffekt erhielt Gerold Becker Anschauungsunterricht, wie Gerhard Trapp als Kinderschänder entlassen werden konnte, ohne dass es auffiel.

Das Schuljahr 1968/1969 hat Trapp mit der Führung einer eigenen Familie begonnen, in der auf vier Zimmern acht Jungen untergebracht waren. Zwei Jungen tauchen in den späteren Schülerlisten nicht mehr auf, sie müssen also die Schule verlassen haben, zum Ende des Schuljahres und jedenfalls nachdem Gerhard Trapp entlassen wurde. Trapp ist unter Druck gesetzt worden und hat seine Vergehen offenbar, wenngleich verharmlosend, zugestanden, was Held nie getan hätte. Trotz der Straftaten: Der Fall wurde diskret abgewickelt und der Deutschlehrer musste einfach mitten im Schuljahr gehen.

Die anderen Jungen wurden auf die Familien verteilt, einer von ihnen, nämlich Hans Jürgen F., wechselte zu Becker, blieb dort allerdings nur für ein Jahr und hat dann ebenfalls die Schule verlassen. Vermutlich ist Trapps Familie im Goethe-Haus bis zum Ende des Schuljahres 1968/1969 zusammengeblieben und dann aufgelöst worden. Ob die Schüler im Oktober 1968 über den tatsächlichen Grund der Entlassung ihres Familienhauptes informiert wurden, ist nicht bekannt. Vermutlich wurden sie einfach vor vollendete Tatsachen gestellt, wie dies auch bei der Entlassung von Dietrich Willier praktiziert worden ist.

Gerhard Trapp kam nach seiner Entlassung auf Empfehlung von Walter Schäfer am Goethe-Institut in München unter und hat dort von 1969 bis 1996 gearbeitet, darunter auch als Leiter der Auslandsinstitute in Bordeaux und Oslo. Trapp ist bis heute mit Vorträgen und Veröffentlichungen in der Szene der deutschböhmischen Literatur tätig. Seine Sexualverbrechen sind längst verjährt, er hat sich dazu nie geäussert. In heutigen Biografien wird angegeben, dass er von 1966 bis 1968 im „Höheren Schuldienst" gewesen sei (Bescansa/Nagelschmidt 2014, S. 332), nicht dass er Lehrer an der Odenwaldschule war und schon gar nicht, warum er die Schule verlassen musste.

Pädagogisch hat er sich Jahre nach seiner Entlassung nochmals zu Wort gemeldet. Trapp, der ehemalige Lehrer am „Zauberberg", konnte noch 1984 begeistert über eine andere „Schule hinter den sieben Bergen" schreiben und die alternative Erziehung auf dem Lande als Zukunftsprojekt anpreisen (Trapp 1984).[106] Von einer sexuellen Ambition war natürlich keine Rede, auch nicht von dem Ende seiner Erfahrungen als Deutschlehrer. Schäfers diskrete Weise der Entlassung führte dazu, dass Trapp nie belangt wurde und im Gegenteil eine ansehnliche Karriere machen konnte. Nur seinen Beamtenstatus musste er aufgeben, weil Walter Schäfer das zuständige Schulamt über den Grund seiner Entlassung informiert hatte (Burgsmüller/Tilmann 2010, S. 17).

Der Altschüler Wend Kässens berichtet, dass ihm wiederholt mit dem Verweis von der Odenwaldschule gedroht worden sei, „nicht zuletzt auch von einem Lehrer, der wegen homosexueller Übergriffe dann selbst die Schule verlassen musste" (Niemann 2010, S. 81). Das kann nur Gerhard Trapp gewesen sein, sein Fall war also schulintern bekannt. Mit der Odenwaldschule wird er erst heute in Verbindung gebracht, seine Entlassung ist in der Absicht erfolgt, kein Aufsehen zu erregen und den Ruf der Schule nicht zu beschädigen. Fälle wie dieser kamen in den Landerziehungsheimen immer wieder vor, die auch wussten, wie man damit auf leisen Wegen umzugehen hat.

Ein anderer Zeuge gibt an: „Mein Deutschlehrer ‚vergriff' sich eines Tages an einem Knaben in seiner Familie. Damals musste er die Schule sofort verlassen. Es wurde nur getuschelt, aber nicht offen darüber gesprochen. Gerold Becker war zu dieser Zeit noch einfacher Klassenlehrer, doch wir hörten schon von seinen pädophilen Neigungen" (Misalla's Blog 2010, S. 41).[107] Becker wurde allerdings erst nach der Entlassung von Trapp angestellt, Gerüchte über seine Neigungen aber kann es gegeben haben. Das plötzliche Verschwinden des Deutschlehrers jedenfalls liess sich nicht übersehen und auch die Gründe für seine Entlassung konnten nicht wirklich verheimlicht werden.

---

106 Beschrieben wird die „Ecole de plain air" von La Coûme in den französischen Pyrenäen. Gründer und Schulleiter war der deutsche Lehrer und Exilant Karl Pitt Krüger (1904–1989).
107 Eintrag von „68-er Altschüler" vom 6. März 2010.

Eines der Opfer von Trapp war Georg.[108] Er sagt heute: Gerhard Trapp war „mein erster Täter". Der Junge musste sexuelle Gewalt über sich ergehen lassen, als er etwa sieben Jahre alt war. Trapp wurde entlassen, nachdem die Schulleitung unter anderem von diesem Übergriff erfahren hat. Das oberste Gebot war bereits hier, nichts nach aussen dringen zu lassen und auf jeden Fall einen Skandal zu vermeiden. Aber Schäfer tat noch mehr, auch in diesem Fall sorgte er sich um die Zukunft des Täters, die nicht gefährdet werden sollte. Die Entlassung schien Strafe genug. In einem Gespräch hat Georg später erfahren, dass Becker mit Trapp und Schäfer kollegialen Kontakt gehalten hat.

Das Opfer spielte in den Überlegungen keine Rolle. Georgs Mutter wurde von Walter Schäfer brieflich informiert, Gerold Becker hatte später Kenntnis von dem Brief; Schäfer teilte der Mutter mit, dass sich Trapp an Georg „vergangen" habe, im Übrigen sei Trapp aber ein freundlicher und netter Mitarbeiter, dem man nicht weiter schaden sollte. Schäfer bat die Mutter, auf eine Anzeige zu verzichten. „Man wolle ihm, Trapp, nicht weitere Steine in den Weg legen." Die Mutter schrieb zurück, das wäre „der richtige Weg". Sie selbst kümmerte sich nicht um ihren Sohn, der keinerlei Hilfe erhielt, mit dem fertig zu werden, was er als Kind über sich ergehen lassen musste.

Die beiden Freunde Gerhard Trapp und Wolfgang Held wurden auf dem Schulgelände häufig zusammen gesehen. Die Entlassung von Trapp wurde an der Schule schnell bekannt und Held muss damit in Verbindung gebracht worden sein. Georg berichtet, dass er nur deswegen nicht zum Opfer von Held wurde, weil der sich zurückhalten musste und keinen Verdacht erregen durfte. Möglicherweise ist er auch verwarnt worden, er selbst spricht nur von „Auflagen", auf jeden Fall musste über die Entlassung des Deutschlehrers Gras wachsen und vermutlich hat sich Held danach ganz auf seine Familie zurückgezogen. Was aus der Freundschaft zu Trapp wurde, ist nicht bekannt. Gerold Becker jedenfalls hielt Kontakt zu ihm.

Der von allen respektierte Schulleiter Walter Schäfer zeigte sich ausserstande, wirksam etwas gegen Helds kriminelles Treiben zu unternehmen, obwohl er von Opfern informiert worden war und einen genauen Einblick erhalten hatte. Das kann nur mit Helds grossem Freund Wolfgang Fortner zu tun haben. Er hielt seine Hand über ihn, vielleicht hat er auch direkt interveniert, auf jeden Fall ist auffällig, dass sein Bruch mit Held schnell überwunden worden ist. Und womöglich hat sich Fortner auch erkenntlich gezeigt, denn es muss einen Grund geben, warum der vielbeschäftigte Komponist und Musikprofessor eine Schuloper inszeniert hat.

---

108 Gespräch mit Georg am 14. September 2012.

„Undine" ist nach der Entlassung von Trapp einstudiert und aufgeführt worden. Fortner hat sich persönlich engagiert und muss sehr entgegenkommend gewesen sein, wobei unklar ist, ob er um einen Gefallen gebeten wurde, etwa von seinen beiden Schülern Held und Steinbrenner, oder die Inszenierung selbst vorgeschlagen hat. Walter Schäfers „Undine" jedenfalls wurde prominent ersetzt und der Vorstand der Odenwaldschule konnte sich mit dem berühmten Fortner schmücken. Aber Held war danach unangreifbar, auch in dem Sinne, dass er sich nie mehr eine Blöße gegeben und auf jegliche Form von Freundschaft im Kollegium verzichtet hat. Auch der viel jovialere Becker war mit keinem Kollegen näher befreundet.

Nach seinen eigenen Angaben ist Gerold Becker im Herbst 1968 gefragt worden, ob er als künftiger Leiter an die Odenwaldschule kommen würde. Zeitgleich ist ein offensichtlicher Täter entlassen worden. Wenn es zutrifft, dass Schäfer auch von Beckers sexueller Disposition wusste, dann hat er ihm leichtfertig und in Einsicht eines Vorfalles an der eigenen Schule das Täterfeld eröffnet. Es ist dann in der Folge nicht überraschend, dass Becker die Chance wahrnahm und Hartmut von Hentig enttäuschte. An der engen und für Becker höchst vorteilhaften Beziehung hat das aber nichts geändert.

Der ehemalige Deutschlehrer Henner Müller-Holtz sagte 2011 in dem Dokumentarfilm *Geschlossene Gesellschaft*, Trapp als der „Rangtiefere" sei das „Bauernopfer"gewesen und Held durfte bleiben, er war für Schäfer also der Ranghöhere. Walter Schäfer konnte immer noch mit Verständnis rechnen, denn „jeder vernünftige Schulleiter hätte ähnlich gehandelt", zumal für Schäfer beide Kollegen keine „Schurken" oder „Verbrecher" waren. Wahrscheinlich sei sehr oft so gehandelt worden und man habe es nur nicht erfahren. „Die meisten dieser Fälle erfährt man ja nie."[109]

---

109 *Geschlossene Gesellschaft* (Minute 78, 10–48).

Kapitel 7
Opferbiografien

Wer als Kind oder Jugendlicher an die Odenwaldschule kam, hatte häufig eine negative Schulkarriere hinter sich, oft verknüpft mit Problemen im Elternhaus oder bestimmten Lernschwächen und stets auf der Suche nach einem neuen Anfang. Der Anlass, Kontakt mit der Odenwaldschule aufzunehmen, waren meistens Notlagen, die oft aus Pubertätskrisen erwuchsen und mit Leistungsabfällen in Gymnasien zu tun hatten. Es gab handfeste Konflikte und die Eltern waren froh, wenn sich eine wie immer teure Alternative anbot, zumal noch eine mit exzellentem Ruf.

Georg Picht schrieb Anfang 1971: „Jedes Erziehungssystem produziert seine Opfer. Es ist nicht schwer vorauszusagen, wo die Opfer dieses Systems zu finden sind" (Freie Schule 1971, S. 10), nämlich in den „überdimensionalen" staatlichen Schulorganisationen, in denen die Kinder und Jugendlichen „keine Oase mehr finden", in der sie, „von personalen Bindungen gehalten", vor den „Schrecknissen der *brave new world* geschützt werden könnten" (ebd.). Landerziehungsheime seien dagegen „kleine und bewegliche Zellen", die auf die rapiden gesellschaftlichen Veränderungen „durch die Entwicklung neuer Erziehungsmodelle" angemessen antworten können (ebd., S. 9).

Die Odenwaldschule war eine solche „Zelle", aber anders als der Ideologe Georg Picht das hingestellt hatte. Sie lieferte die Schrecknisse, nicht der *brave new world*, sondern einer pädagogischen Willkür, die massive sexuelle Gewalt in Kauf nahm und dabei durch das Gerede der deutschen Bildungselite geschützt wurde. Und nicht „das" anonyme System des Staates „produzierte" Opfer, sondern die „personalen Bindungen" in sehr konkreten Abhängigkeiten und undurchschaubaren Beziehungsnetzwerken. Georg Picht dagegen konnte unbefragt radikal sein.

Die Odenwaldschule musste hingenommen werden, wie sie war oder wie sie schien. Das Bild der Schule prägte Gerold Becker, auf ihr inneres Leben hatten die Eltern keinen Einfluss, sie waren Kunden ohne Macht, die sich glücklich schätzen mussten, dass ihre Kinder an einer Schule mit diesem Ruf angenommen worden sind. Die Schüler erhielten den Eindruck, dass sie handverlesen waren, aber die Schule stellte sich ganz anders heraus, als sie angepriesen und öffentlich gehandelt wurde, wie zahlreiche Geschichten zeigen, die erst heute sichtbar werden.

7.1 Notlagen und Übergriffe

Eine dieser Geschichten betrifft einen bekannten Industrieerben, der hier „Patrick" genannt wird. Er hat mit Peter Lang im Schuljahr 1972/1973 zusammen die neunte Klasse besucht. Patrick ist 1958 geboren, sein Vater hat 1955 in zweiter Ehe geheiratet, er war der einzige Sohn und so der Erbe. Patrick war als Kind Legastheniker und kam vermutlich deswegen an die Odenwaldschule, die eine verständnisvollere Form der Verschulung als das Gymnasium versprach. Patrick war wohl vom 1. August 1969 an Schüler in Ober-Hambach, seit vier Monaten war Gerold Becker dort als Mitarbeiter tätig.

Der schulweite Skandal um Gerhard Trapp war weniger als ein Jahr alt, wenn seine Eltern davon erfahren hätten, wäre Patrick vermutlich nie an die Odenwaldschule gekommen. Genau deswegen durfte nichts an die Öffentlichkeit dringen, denn so konnten sehr solvente Kunden gewonnen werden, die sich ohne Argwohn beraten und von der Schule beeindrucken liessen. Die Verträge hat noch Walter Schäfer unterschrieben. Vielleicht hat er auch dafür gesorgt, dass Patrick nicht zu Wolfgang Held kam.

Patrick war elf Jahre alt, als ihn seine Eltern der Odenwaldschule übergaben. Er hat zuvor wohl ein Jahr lang ein Gymnasium besucht und dann mit der sechsten Klasse begonnen. Noch 1976 wird sein Name im Zusammenhang mit der Odenwaldschule in einem Zeitschriftenartikel genannt, aber er hat die Schule schon viel früher verlassen. In der Schülerliste vom Februar 1975 wird er bereits nicht mehr erwähnt (OSO-Nachrichten 1975, S. 41–45), während er für das Sommerfest 1973 noch an der Aufführung eines Theaterstückes beteiligt war. Wahrscheinlich ist er zum 31. Juli 1974 formal ausgeschieden, war aber schon zuvor nicht mehr auf der Schule.

Ein auffälliger Tatbestand ist, dass Patrick in jedem Jahr die Familie gewechselt hat. Wechsel waren auf Wunsch der Schüler hin möglich, aber fünf Familien in fünf Jahren sind sehr ungewöhnlich. Im Schuljahr 1969/1970 lebte er im Geheeb-Haus in der konservativ geführten Familie von Otto Peschel, im nächsten Jahr bei dem jugendbewegten Dietrich Willier im Fichte-Haus, dann bei dem strengen Karl Büchsenschütz und seiner Frau im Goethe-Haus, weiter in der bündischen Familie von Jürgen Kahle im Schiller-Haus und in seinem letzten Jahr 1973/1974 in der intellektuellen Familie von Gerd-Ekkehard Lorenz Miscoll und seiner Frau Ilse ebenfalls im Schiller-Haus.

Die fünf Familien wurden ganz unterschiedlich geführt. Die Wechsel deuten einerseits auf den Wunsch des Jungen hin, die bisherige Familie zu verlassen, andererseits aber auch auf Einflussnahme der Eltern. Neue Schüler kamen oft in das Geheeb-Haus, wo der alte und nicht sehr beliebte Studienrat Peschel das Familienhaupt war. Zu Dietrich Willier kam man nicht auf

Wunsch, sondern nur dann, wenn man von ihm auserwählt wurde. Im Schuljahr 1970/1971 waren neben Patrick in der Willier-Familie sieben weitere Personen. Die Zusammenstellung erfolgte nicht zufällig. Willier hatte nur Jungen aufgenommen und fast alle stammten aus reichen Elternhäusern.

Mitglied in der Willier-Familie des Schuljahres 1970/1971 war auch Benedikt („Benny") Härlin, der am 1. Januar 1957 in Stuttgart als Sohn eines Journalisten geboren wurde und später Mitarbeiter der tageszeitung gewesen ist. Er leitet heute das Berliner Büro der privaten Zukunftsstiftung Landwirtschaft. Auch er verliess die Willier-Familie nach einem Jahr und wohnte im nächsten Schuljahr dann in einer anderen Familie, ohne dass Gründe für den Wechsel bekannt wären. Benedikt hat im Juni 1974 Abitur gemacht (OSO-Hefte 1973/1974, S. 27) und später Philosophie und Soziologie in Tübingen sowie in Berlin studiert. Danach hat er als Journalist gearbeitet.[1]

Im Blick auf Patrick kann man wohl davon ausgehen, dass seine Mutter in dem Augenblick eingegriffen hat, als sie von Dietrich Williers Erziehungsmethoden und seinen Umgang mit den Kindern erfahren hat. Willier liebte es zum Beispiel, morgens den noch schlafenden kleineren Jungen in seiner Familie eine brennende Gitanes-Zigarette in den Mund zu stecken und sie so zu wecken.[2] Patrick könnte seiner Mutter von diesen Erfahrungen erzählt haben und wurde jedenfalls verlegt, allerdings nicht sofort und ohne dass die Schule etwas gegen Willier unternommen hätte. Erst als Gerold Becker Schulleiter wurde, verliess Willier die Schule, aber nicht weil er belangt worden wäre, sondern weil er Beckers Rivale war.

Patrick wechselte nach einem Jahr in die Büchsenschütz-Familie, die als akademisch und daher anstrengend galt. Im Jahr darauf ging er allein in die Familie von Jürgen Kahle, die aber nur für dieses eine Jahr zusammenblieb. Kahle zog anschliessend mit seiner Familie in das Bach-Haus und nahm lediglich drei Mitglieder der alten Familie mit, darunter aber nicht Patrick, der von dem Ehepaar Miscoll übernommen wurde. Die Miscolls verliessen die Odenwaldschule im Sommer 1974 zusammen mit Bernhard Bueb in Richtung Schule Schloss Salem.

Was Patrick in den verschiedenen Familien erlebt hat und ertragen musste, ist nicht bekannt. Der permanente Wechsel kann mit der Einflussnahme seiner Mutter zu tun haben, die sicher nicht nur mit Williers bündischem Erziehungsstil nicht einverstanden war und vermutlich akademische

---

1 Kurz vor dem Abitur schrieb Härlin einen kritischen Artikel zur Schülermitverwaltung an der Odenwaldschule, in dem davon die Rede ist, dass das Schülerparlament primär „den pädagogischen Interessen der Lehrer" diene, auch weil an der Odenwaldschule eigene Interessen der Schüler gar nicht vorkommen. Die Schule insgesamt diene ja ihrem Interesse (Härlin 1973/1974, S. 24).
2 Gespräch mit Elfe Brandenburger am 2. September 2013.

Standards vermisst haben dürfte. Wie häufig diese Interventionen waren, ist nicht bekannt. Kurz vor dem Verlassen der Schule, vermutlich Ende 1973 oder im Frühjahr 1974, hat Patrick wohl zu seinen Eltern gesagt: „Holt mich ab." Er ist wie andere Schüler auch von Lehrern blossgestellt worden.

Sein Mitschüler Peter Lang schildert eine dramatische Unterrichtssituation, in der der Junge, wie Lang sich ausdrückt, verbal „zerlegt" worden sei. Es geht um eine Szene zu Beginn des Schuljahrs 1972/1973 in der neunten Klasse im Fach Sozialkunde, wo auf der Mittelstufe auch Sexualthemen behandelt wurden. Weitere Aussagen über diese Szene gibt es nicht, es waren andere Schüler anwesend, an deren Namen sich Peter Lang aber nicht mehr erinnern kann oder die nicht angesprochen werden können. Gerold Becker hatte geschrieben, wie verständnisvoll und sensibel Fragen der Sexualität an der Odenwaldschule behandelt wurden.

Der Unterricht fand im kleinen Raum des Werkstättenhauses (W4) statt und spitzte sich auf eine Weise zu, die für Peter Lang unvergesslich ist. Der Lehrer provozierte den vierzehnjährigen Patrick sexistisch und legte es darauf an, die Schüler vor den Kopf zu stossen. Patrick wurde gefragt, ob er wisse, was Analverkehr sei und das „andeutungsweise" mit einer Mitschülerin vorführen könne. Weiter fragte der Lehrer, „ob er denn wisse, dass auch Frauen und Mädchen das gerne haben und dass das nichts mit Homosexualität zu tun habe". Peter Lang sass neben Patrick und sein „Puls schlug bis in den Hals", weil er sah, wie der Lehrer es genoss, „die ganze Klasse zu beschämen".

Dann eskalierte die Situation. Der Lehrer fuchtelte so nah vor Patrick herum, dass dieser, als wollte er ausweichen, mit seinem Stuhl nach hinten kippte. Der Lehrer zog ihn an den Tisch zurück. Da flippte Patrick regelrecht aus, fing an zu toben und schrie den Lehrer an. Er wisse ganz genau, dass es Lehrer X. nur darauf abgesehen habe, „ihn von der Schule zu ekeln, damit seine Mutter den Vorsitz im Elternbeirat verlöre".[3] Die Mutter hatte schon im Vorjahr Ärger wegen Dietrich Willier und schwere Konflikte mit Gerold Becker, was auch andere Zeitzeugen bestätigen. Patrick wurde also nicht zufällig das Opfer von Mobbing.

Keine zwei Jahre nach diesem Vorfall hat der Industrieerbe die Schule verlassen und besuchte danach ein Internat in England. Patrick lebt heute in London. Es gibt von ihm keine öffentlichen Äusserungen über seine Schulzeit, auch nicht, warum er an die Odenwaldschule geschickt wurde und ob er nach der Grundschule tatsächlich zuerst ein Gymnasium in Düsseldorf besucht hat, das er dann wegen seiner Legasthenie verlassen musste. Welche genauen Konflikte seine einflussreiche Mutter mit der Odenwaldschule hatte

---

3 Brief von Peter Lang vom 30. April 2013.

und ob sich der Vorstand angesichts des prominenten Namens eingeschaltet hat, ist ebenfalls nicht bekannt.

Als Junge war Patrick, so erinnert sich eine Altschülerin,[4] ein „armes Würstchen". Die Mutter versprach stets aufs Neue, ihn zu Beginn der Ferien persönlich abzuholen und dann kam doch immer nur die „dicke Limousine mit dem Chauffeur". Ob sich Patrick heute als Opfer sexuellen Missbrauchs sieht, ist nicht bekannt. In das Beuteschema von Dietrich Willier hat er gepasst und er wechselte die Familie, bevor Willier die Odenwaldschule verliess. Ob Patrick als Jugendlicher Zugang zu Drogen hatte, ist ebenfalls nicht bekannt. Peter Lang schildert ihn als „eher hochgewachsenen, schmalen, fast dürren Jungen mit dunklen Haaren".[5]

An der Schule ging das Gerücht um, dass der Vater das Sprachlabor gespendet habe, damit der Sohn, wie sich die erwähnte Altschülerin ausdrückt, länger an der Schule „aufbewahrt" werden konnte. Andererseits hat der Vater sich in der Schule in einem eigens eingerichteten Kuratorum zusammen mit anderen Vätern aus der deutschen Oberschicht persönlich engagiert. Das Kuratorium ist 1972 gegründet worden, bis zum Juli 1973 fanden zwei Sitzungen statt, in denen „grundsätzliche Probleme" erörtert wurden. Mitglied des Kuratoriums war auch Walter Schäfer, was darauf hindeutet, dass der neue Schulleiter Gerold Becker das Kuratorium ins Leben gerufen hat.

Nach der Entlarvung Beckers im März 2010 soll Patrick gesagt haben: „Das geschieht denen recht! Endlich kommen diese Sauereien raus!" Näher belegt ist das nicht, träfe es zu, dann würde die Aussage auf eine persönliche Leidenszeit verweisen, für die es auch andere Indizien gibt. Seine reiche Herkunft war ihm vor seinen Mitschülern gemäss einer Zeugin „sehr peinlich". Er reagierte darauf auf seine Weise. Oft liess er sich mit dem Auto von zuhause nur bis Heppenheim bringen und ist dann zur Odenwaldschule hinauf getrampt, um nicht unangenehm aufzufallen.

Aber irgendwann wollte der fünfzehnjährige Patrick nicht länger bleiben und war dann auch tatsächlich plötzlich weg. Er hat zuvor keinen Abschluss gemacht, seine fünf Jahre an der Odenwaldschule haben ihm nicht gedient und er war von heute auf morgen einfach nicht mehr da, ohne dass es dafür Erklärungen gab. Lehrer konnten über Nacht verschwinden, aber ebenso auch Schüler, mit dem Unterschied, dass Schüler zahlende Kunden waren, für die dann schnell Ersatz gefunden werden musste. Neue Schüler konnten mitten im Schuljahr kommen, bei Lehrern musste man sich nicht beeilen, weil ältere Schüler die Betreuung in den Familien übernehmen konnten.

---

4 Quelle: Gespräch mit mir.
5 Brief von Peter Lang vom 14. März 2013.

Eine der Legenden der Odenwaldschuld waren die Namen der grossen Familien, die ihre Kinder dorthin schickten. Als Verkaufsargument waren die grossen Namen unschlagbar, sie begründeten den Ruf der Schule weit mehr als das reformpädagogische Konzept. Die weitaus meisten Kinder trugen keine grossen Namen, aber das tat der Legende keinen Abbruch. Dabei ist so gut wie nie gefragt worden, warum die Kinder an die Schule gegeben wurden und schon gar nicht, wie sie sich dort gefühlt haben. Sie sollten es einfach als Ehre empfinden, dort aufgenommen worden zu sein.

Die Kinder und Jugendlichen aus den reichen Elternhäusern galten generell als Problemfälle und wurden keineswegs bewundert. Über ihre Eltern hiess es schulintern: „Die Liebe war ein Scheck." Es kam vor, dass Schüler 5.000 D-Mark für den Sommerurlaub erhielten.[6] Entsprechend hoch war das Risiko, gemobbt zu werden und keine Freunde zu finden. Die soziale Herkunft war für sie also eher ein Nachteil, während die Schule sich genau mit diesen Schülern schmücken konnte. Beim Anwerben von Kunden war die Erwähnung der berühmten Familien unverzichtbar.

Aus einer reichen Familie stammte auch Karin. Sie musste die Odenwaldschule zusammen mit ihrer jüngeren Schwester Gisela gegen ihren erklärten Willen verlassen.[7] Beide Schwestern hatten sich vergeblich an ihren Schulleiter gewandt und ihn eindringlich gebeten, bleiben zu dürfen. Wie er es in solchen Fällen immer tat: Gerold Becker hatte den Eltern geschrieben und ein Verlassen der Odenwaldschule nahegelegt. Der angegebene Grund war aber nicht mehr als ein Vorwand. Tatsächlich hatte Karin ein Verhältnis mit einem Liebling von Gerold Becker.

Karin und Gisela kamen 1970 an die Odenwaldschule und wohnten in ihrem ersten Jahr im Geheeb-Haus. Auch im nächsten Jahr blieben sie dort, wechselten aber in eine Kameradenfamilie. Danach wurden sie getrennt: Karin lebte zwei Jahre in einer Familie und Gisela je ein Jahr in zwei anderen. Am Ende des Schuljahres 1973/1974 mussten sie ohne Abschluss die Odenwaldschule verlassen. Beide Schwestern wussten nicht, warum sie gehen sollten. Ihr Hintergrund, dass sie aus einer reichen Industriellenfamilie kamen, schützte sie nicht davor, einfach von der Schule gewiesen zu werden, weil sie dem Schulleiter ein Dorn im Auge waren. Gegen die Entlassung konnte nichts unternommen werden, ein Schiedsgericht existierte nicht und verklagt hat die Schule auch niemand. Die Willkür musste einfach hingenommen werden.

Eine andere Geschichte handelt von dem Sohn einer Familie von Auslandsdeutschen, der hier Johannes genannt wird. Er lebte für längere Zeit in

---

6   Quelle: Gespräch eines Altschülers mit mir.
7   Die Namen sind Pseudonyme.

Gerold Beckers Familie, will sich aber zu den Vorfällen nicht äussern. Johannes gehörte zu denen, die gegen Gerold Becker Widerstand leisteten und deswegen ist seine Geschichte von Interesse, die von Zeugenaussagen her anonym erzählt wird. Johannes besuchte im Schuljahr 1974/1975 die 12. Klasse, die er nicht abgeschlossen hat. Auch ihn hat Gerold Becker eigenmächtig von der Schule verwiesen.

In Beckers Familie lebte Johannes von Sommer 1970 bis vermutlich Frühjahr 1975. Er stammte aus einer portugiesischen Kolonie in Afrika, wo seine Familie eine grosse Plantage besessen hat, die im Verlaufe eines lang anhaltenden Unabhängigkeitskrieges aufgegeben werden musste. Die näheren Umstände sind nicht bekannt, aber vermutlich hat man zuerst die Kinder in Sicherheit gebracht, wobei deutsche Plantagenbesitzer schon nach dem Ersten Weltkrieg Kunden von Landerziehungsheimen gewesen sind. Die Odenwaldschule wurde daher wohl nicht zufällig gewählt.

Johannes kam im Schuljahr 1969/1970 mit zwölf Jahren zusammen mit seiner älteren Schwester an die Odenwaldschule, beide wurden getrennt untergebracht. Im Jahr darauf kam Johannes bereits in die Familie von Gerold Becker, in der er fünf Jahre lang mit einer Unterbrechung bleiben sollte. Im Schuljahr 1974/1975 hat er zuerst in der Familie eines Englischlehrers gelebt, kehrte dann zu Becker zurück und musste die Schule schliesslich ohne Abschluss verlassen. Die 12. Klasse hat er nicht beendet.

Johannes hatte nicht nur am Ende seiner Schulzeit massive Schwierigkeiten mit Gerold Becker, ohne jedoch seine Familie zu verlassen. Becker beschuldigte ihn, dass er Drogen- und Alkoholprobleme habe und deshalb behandelt werden müsse. Johannes soll über die Jahre kaum ein Wort mit dem Familienhaupt Becker gewechselt haben, was seine Art des Widerstands gewesen war. Er hatte sich energisch gegen die sexuellen Übergriffe von Becker zur Wehr gesetzt und flog prompt von der Schule. Gerold Becker hatte ihm die Drogen- und Alkoholprobleme nur deswegen angedichtet, damit er ihn loswerden konnte.

Zwischen Johannes und einer Schülerin bestand während ihrer gemeinsamen Zeit an der Odenwaldschule eine „innige Verbindung". Er hat sie gegen Jürgen Kahle verteidigt und dem zudringlichen Lehrer angedroht, dass er ihm eine aufs Maul hauen würde, sollten die fortlaufenden Belästigungen nicht aufhören. „Nimm die Finger weg!", hat er gesagt. Johannes hat für sie Partei ergriffen, obwohl er nicht genau wusste, was Kahle getan hat. Die Schülerin hat nie direkt erzählt, dass es um sexuellen Missbrauch ging.[8] Aber vermutlich hat er sich das auch so vorstellen können.

---

8   Quelle: Gespräch mit mir.

Am Ende seiner Schulzeit besetzte der kräftige Johannes das Gästezimmer der Odenwaldschule und verbarrikadierte sich, nachdem Becker ihn aufgefordert hatte, die Schule wegen seiner „Probleme" zu verlassen. Nach einer Weile gab Johannes dann seinen Widerstand auf und zog in das Privathaus einer Lehrerfamilie. Der Sohn war sein bester Freund, der ebenfalls in der 12. Klasse war und die Schule als Externer besuchte. Johannes musste die Schule ohne Abschluss verlassen.

Mitschüler erinnern sich: Irgendwann war Johannes dann „plötzlich weg" – auch er ohne Erklärungen und Angaben von Gründen. Er war schon wegen seiner Grösse ein auffälliger Schüler, der ein Jahr vor dem Abitur gehen musste, ohne dass jemand nachgefragt hätte. Den Abschluss hat er nicht nachgeholt. Johannes ist auch in dieser Hinsicht das Opfer von Gerold Becker geworden, der frei von jeder Rücksicht über sein Leben entschieden und ihn ruiniert hat. Er lebt heute zurückgezogen und wird gute Gründe haben, auf Anfragen nicht zu antworten.

Ein anderer Altschüler gibt an,[9] Gerold Becker sei der erste Mensch gewesen, der ihn so angenommen habe, wie er war, ohne damit einen Vorbehalt zu verbinden. Zum ersten Male in seinem Leben fühlte er sich wirklich ernst genommen und von jemandem geliebt, mit „fatalen Folgen", wie er sagt, denn Becker hat ihn emotional von sich abhängig gemacht und dann wiederholt missbraucht. Das, sagt der Junge heute, konnte er damals nicht absehen, wie auch, Becker nutzte seine Bedürftigkeit aus und machte ihn zum Opfer, ohne dass er sich wehren konnte. Unter den Folgen leidet er noch heute.

Der Junge war von 1984 bis 1988 Schüler der Odenwaldschule und hat die Schule am Ende der 10. Klasse mit der Fachhochschulreife verlassen. Vor der Odenwaldschule hat er sechs Jahre lang eine Berliner Grundschule besucht. Seine Mutter war leitende Angestellte in einer deutschen Weltfirma. Er hat sich von seiner Mutter nie angenommen gefühlt, er stand ihrer Karriere im Wege und sie hat ihn deswegen an die Odenwaldschule gegeben. Von der Mutter sagt er weiterhin, dass sie nie Kinder haben wollte und ihn letztlich nicht akzeptiert hat. Unter diesen Voraussetzungen fiel er Gerold Becker in die Hände.

Eine andere Geschichte ist die eines Mädchens, die hier „Carola" genannt wird. Sie kam 1980 an die Odenwaldschule, mitten im Schuljahr, ihr Name ist in der Familienliste handschriftlich vermerkt. Das deutet auf einen plötzlichen Schulwechsel hin. Carola kam in die 9. Klasse und lebte in wechselnden Familien. Die 12. und 13. Klasse verbrachte sie in der Familie einer Lehrerin, machte aber kein Abitur, jedenfalls nicht an der Odenwaldschule.

---

9   Mail vom 26. Juli 2012 und Gespräch vom 20. August 2012.

Carola schloss die 13. Klasse nicht ab, ihr Abgang ist vermerkt, er datiert auf den 28. März 1984.

Die schriftlichen Prüfungen für das Abitur waren in der Woche vom 30. April bis 4. Mai angesetzt, die mündlichen auf den 15. Juni (OSO-Hefte 1984, S. 26/27), es ist mehr als ungewöhnlich, so kurz vor dem Abschluss abzubrechen und das Ziel, wegen dem die Odenwaldschule besucht und bezahlt wurde, nicht zu erreichen. Es gibt Gerüchte, wonach Carola aus dem Herder-Haus gesprungen ist und schwere Verletzungen erlitten hat. Falls das zutreffen sollte – Gründe dafür sind nicht bekannt. Carola leitet heute ein Restaurant in einer süddeutschen Grossstadt.

Einer von denen, die nach England gingen, war Harald Sennstedt,[10] Sohn eines Kaufmanns, der Gerold Becker zum Opfer fiel und darüber auch mit ganz wenigen Kameradinnen und Kameraden der Odenwaldschule gesprochen hat. Er besuchte im Februar 1975 die 9. Klasse und wohnte in einer Kameradenfamilie. Becker hatte ihn betrunken gemacht und dann missbraucht. Er hat, so Elfe Brandenburger, ihr gegenüber „geheult und geschrien". Wenig später war er nicht mehr auf der Schule und wurde nach England „entsorgt".[11] Er hat dann aber 1980 an einer staatlichen Schule doch noch Abitur gemacht.

Der Junge war Legastheniker und lebte lange vor dem Besuch des Gymnasiums für ein halbes Jahr in einem Kinderheim im Bayerischen Wald. Auf dem humanistischen Gymnasium zuhause erhielt er Förderkurse wegen der Legasthenie, die aber wenig halfen und eher für ein Stigma sorgten. Damit verbunden waren Leistungseinbrüche und Absenzen, die Noten wurden immer schlechter, was aber zunächst nicht auffiel, weil Harald die Unterschrift seiner Eltern perfekt zu fälschen verstand. Als sein schlechter Leistungsstand dann aber doch sichtbar wurde, fielen die Eltern „aus allen Wolken" und es musste etwas geschehen.

Ein Freund des Vaters war ein bekannter forensischer Psychologe, der auch als Gerichtsgutachter tätig war. Er machte mit Harald einen Intelligenztest und stellte keinerlei Beeinträchtigungen fest. Er empfahl den Eltern, ihren Jungen an die Odenwaldschule zu schicken, wo er eine für ihn bessere Lernumgebung finden würde als auf dem konservativen Elitegymnasium, das er vorher besucht hat. Die Entscheidung fiel schnell, gerade einmal vier Wochen vor den Sommerferien wurde der Kontakt mit der Odenwaldschule aufgenommen.

---

10 Gespräch mit Harald Sennstedt am 22. Juli 2013.
11 Gespräch mit Elfe Brandenburger am 30. Juli 2012.

Harald war 14 Jahre alt, er wurde überredet, an die Odenwaldschule zu gehen, hatte aber eigentlich keine Lust und wusste auch nicht, was ihn erwartete. Der Junge war als Kind für sein Alter eher klein gewachsen und hatte in seinem bürgerlichen Elternhaus kaum Erfahrungen mit Gleichaltrigen. Er sollte aber unbedingt auf die Odenwaldschule, der Vater spendete sogar zusätzlich, um einen der begehrten Internatsplätze zu erhalten. Dafür war nahezu jedes Mittel recht, die Situation war ja scheinbar ausweglos und nur die Odenwaldschule bot sich zur Rettung an. Der Schulleiter übernahm dafür gleichsam die Garantie.

Der Fahrer seines Vaters hat ihn zur Odenwaldschule gebracht, der Junge hat lange gedacht, er sei allein gewesen und konnte sich nicht daran erinnern, dass ihn seine Mutter auf der stundenlangen Fahrt begleitet hat. Erst als er Jahre später ihre Agenda eingesehen hat, musste er die Einsicht machen, dass die Mutter mitgefahren ist. Der Vater war beschäftigt, die Mutter war da und doch auch nicht, letztlich musste er erleben, dass er allein gelassen wurde. Der Junge wollte auf keinen Fall an diese Schule und wurde dann auch prompt in seinen schlechten Ahnungen bestätigt.

Harald kam zuerst in die Familie von Jürgen Kahle im Bach-Haus. Kahle, sagt er heute, war „ein unsympathischer Typ", den er auf Anhieb nicht mochte. Bei Kahle war Harald sofort unten durch. Er fragte den neuen Schüler unmittelbar nach seiner Ankunft, wo denn seine Sachen seien. Der Junge antwortete, dass der Fahrer sie gleich bringen würde, anderes war er von zuhause nicht gewohnt. Daraufhin sprach Kahle von „Herrensöhnchenallüren" und kanzelte ihn ab, der Junge wusste in dem Augenblick, wo er gelandet war. Das willkürliche Zusammenstauchen war das Vorrecht des Familienhauptes.

Harald Sennstedt blieb bis zur 10. Klasse auf der Odenwaldschule. Danach musste er gegen seinen Willen nach England gehen, ohne zur OSO noch gross Kontakt zu haben. Er hat bis 1999 auch nie an einem Altschülertreffen teilgenommen. Im November dieses Jahres las er im Flugzeug von München nach Hamburg Jörg Schindlers Artikel „Der Lack ist ab" und dachte, das geschieht Becker recht; danach war das Thema für ihn weitgehend erledigt. Erst im März 2010 stellte er sich der Vergangenheit und nunmehr empfand er angesichts der immer neuen Enthüllungen so etwas wie eine „nachträgliche Schockstarre".

Während der Hundertjahrfeier 2010 hat er einen ehemaligen Mitschüler und damaligen Freund getroffen. Ihm muss er wohl damals von dem sexuellen Missbrauch erzählt haben, denn der Freund sagte ihm: „Du warst doch auch betroffen, deshalb wolltest Du auch nicht zu Becker in die Familie." Das hatte er wiederum völlig vergessen, der Vorfall zeigt aber erneut, dass die

Übergriffe unter den Schülern kommuniziert worden sind, während die Eltern davon nichts erfahren haben. Oder wenn, dann nicht handeln wollten oder nicht glauben konnten, was sie hörten.

Gerold Beckers Gewaltbereitschaft musste er erfahren, als er zu Beginn der Pfingstferien 1975 einen Tag länger in der Schule bleiben musste, weil seine Eltern ihn am Abreisetag nicht abholen konnten. Kein anderer Schüler war mehr da im Internat, Becker hat ihn zum Essen in seine Wohnung im Herder-Haus eingeladen und ist dann über ihn hergefallen, „relativ brutal", wie Harald heute sagt. Er hat keine Erinnerung mehr, wie er sich danach verhalten hat, weiss aber noch, dass er nachts in den Wald gelaufen ist und sich versteckt hat. Am nächsten Morgen kamen dann seine Eltern, den Vorfall erwähnte er mit keinem Wort.

Am Ende des Schuljahres wurde die Kameradenfamilie aufgelöst, in der er nach der Zeit bei Kahle gewohnt hat. In Beckers Familie war ein Zimmer frei, angesichts des Vorfalls wollte Harald eigentlich nicht zu Becker, aber es gab keine wirkliche Alternative. Die Becker-Familie war aufgrund der grossen Freiheiten attraktiv. Im Schuljahr 1975/1976 war er dort Mitglied. Während der Zeit in dieser Familie ist ihm Becker gleich zu Anfang noch einmal zu nahe getreten, Harald hat ihm dann „eine gescheuert" und ist danach in Ruhe gelassen worden, allerdings hat ihn immer die Frage beschäftigt, ob Becker ihm mit dem Auslandsjahr in England etwas Gutes tun oder ob er ihn aus Angst vor Erzählungen loswerden wollte.

Gerold Becker hatte in seiner Wohnung im Herder-Haus wie gesagt mehrere Zimmer, eines davon war das „Partyzimmer", zu dem man als Schüler Zugang hatte, wenn man die Mitglieder aus seiner Familie näher kannte. In diesem Familienzimmer spielte sich das Leben ab. Über Becker sagt ein Altschüler rückblickend: „Irgendwie war er schon der Grösste." Er war zu den Schülern immer nett, nie hörte man ein böses Wort von ihm, zu ihm hatte man Vertrauen, auch weil er für jeden ein offenes Ohr hatte. Er war viel beliebter als etwa Salman Ansari, was auch damit zu tun hatte, dass Ansari als Vorsitzender des Rechtsausschusses die schwierigen Fälle bearbeiten musste.[12]

Ein anderer Altschüler sagt über Gerold Becker, er sei gegenüber den Schülern nie autoritär gewesen, anders etwa als Jürgen Kahle. Sie erhielten durch Becker das Gefühl, er sei „ein Freund von uns". Becker verhielt sich wie ein Kumpel, nicht wie ein Lehrer. Er hatte ein „wahnsinniges Geschick" darin, das Vertrauen der Kinder zu gewinnen und sie an sich zu binden. Deswegen habe er, so der Altschüler, noch heute das Gefühl „massloser Enttäu-

---

12 Quelle: Gespräch mit mir.

schung und Ohnmacht" einem Menschen gegenüber, dem er sich anvertraut hatte und den er eigentlich seinen grossen Freund nennen wollte.[13]

Becker dagegen, der grosse Pädagoge, wollte ihn nur ausnutzen und gab nichts an Zuwendung zurück. Die Sehnsucht nach Vertrauen und Bindung wurde enttäuscht, Becker lockte die Kinder in Gefühlsfallen, die sie nicht durchschauen konnten. Es traf besonders die, die „wahnsinnig bedürftig" waren. Sie wurden, wie das eine Altschülerin ausdrückt, „emotional angefüttert", um danach missbraucht zu werden.[14] Niemand half ihnen, mit den Folgen mussten sie selber fertig werden.

Nach seinem Fortgang hat der Altschüler kein einziges Ehemaligentreffen besucht und ist erst 2010, auf dem Höhepunkt der Krise, wieder an der Odenwaldschule gewesen. Dort hat er am 9. Juli mittags von Beckers Tod erfahren. Auf die Frage, wie er darauf reagiert hat, sagt er, es war „wie eine Leere im Kopf". Er habe sich ohnmächtig und unendlich verlassen gefühlt. Es kam bei ihm keinerlei Freude auf, während sich der Saal bei der Verkündung von Beckers Tod durch die Schulleiterin zum Gedenken für eine Schweigeminute von den Sitzen erhob. „Gerold war wie ein Vater, darum schmerzt es." Als Schüler hätte er nie gewagt, gegen Becker aufzustehen.[15]

In Beckers Familien lebten durchgehend fast nur Jungen. Mädchen wurden nur in besonderen Fällen aufgenommen, wobei Mädchen an der Odenwaldschule zu diesem Zeitpunkt generell die Minderheit darstellten. Aber das erklärt nicht die Verteilung, Held und Becker, die beiden Päderasten, konnten unbehelligt Jungen rekrutieren, die in ihr Beuteschema passten und dies über Jahre im gleichen Haus. Leichter konnte man es den Tätern nicht machen. Und die haben immer auch Zeichen hinterlassen, die auf Entschlüsselung warteten.

An der Wand in einem Zimmer der Wohnung von Gerold Becker hing eine Zeitlang das Bild eines „traurigen kleinen Negerleins", wie sich ein Ehemaliger erinnert. Vielleicht war das eine Anspielung auf das Kinderlied *Zehn kleine Negerlein*, in dem jedes Kind bis auf das letzte grausam zu Tode kommt.[16] In der ersten deutschen Version nimmt das letzte sich dann eine „Mama" und die zehn sind dann bald wieder da. In anderen Versionen sind am Ende alle Kinder „futsch".[17] Die „Negerlein" sind alles Jungen, die Todesarten sind je nach Textvariante grässlich und aus heutiger Sicht alles andere

---

13 Quelle: Gespräch mit mir.
14 Quelle: Gespräch mit mir.
15 Quelle: Gespräch mit mir.
16 Die erste deutsche Version des amerikanischen Liedes *Ten Little Injuns* von dem Kaufmann F.H. Benary stammt aus dem Jahre 1885.
17 http://www.lieder-archiv.de/zehn_kleine_negerlein_notenblatt_300729.html

als lustig. Es kann sein, dass Gerold Becker darin mehr als nur ein lustiges Bild, nämlich eine Täterfantasie, gesehen hat.

Auffällig an Beckers Wohnung war auch, dass immer eine Flasche des Weinbrands „Mariacron" auf dem Tisch stand und von jedem benutzt werden konnte. Becker kaufte im Supermarkt für sich und seine Familie nur Mariacron, der stets vorhanden war. Der billige Weinbrand war wohl so etwas wie eine Einstiegsdroge und er wurde zu einem Markenzeichen, das jeder erleben konnte, der mit Becker privat zu tun hatte. Seine Alkoholprobleme konzentrierten sich auf ein einziges Getränk, zu dem Becker eine merkwürdige libidinöse Bindung hatte.

Seit dem 1. August 1976, also unmittelbar nach Niederschlagung der Opposition, arbeitete Klaus Bregler als Lehrer an der Odenwaldschule.[18] Er unterrichtete die Fächer Deutsch, Geschichte und Spanisch (OSO-Nachrichten 1976a, S. 52). Bregler kam als Ersatz für Uwe Lau. Die Angabe „Spanisch" kann aber nicht stimmen, Bregler hat neben seinen anderen Fächern Sport unterrichtet, Uli Hake, der heute in Spanien lebt, hat ihn auch bei späteren Besuchen nie Spanisch sprechen hören.[19]

Bregler gehörte zu den Lehrern, die unter den Radikalenerlass fielen und gezielt von Becker eingestellt wurden, um seine Machtbasis im Kollegium zu stärken. Der neue Lehrer hatte schon während seines Studiums in Heidelberg und so vor seiner Anstellung Kontakt mit der Odenwaldschule. Bregler war Mitglied der DKP und hatte in Heidelberg eine intensive politische Bekanntschaft mit dem linken Journalisten Bernd Hake[20], dessen Sohn Hannes seit 1974 die Odenwaldschule besuchte, vermutlich auf Vermittlung durch Klaus Bregler.

Der Junge hatte die Probezeit (fünfte Klasse) am Helmholtz-Gymnasium in Heidelberg nicht bestanden und musste an die Hauptschule auf dem Boxberg zurückkehren. Hier hatte er Freunde und fühlte sich wohl, aber der Vater wollte, dass er Abitur macht und dafür wurde die Odenwaldschule ausfindig gemacht, die als Alternative zum Gymnasium einen guten Ruf hatte. Hannes kam in die siebte Klasse und lebte vier Jahre lang in der Familie von Jürgen Kahle.

Hannes trug die Kosten für die Anpassung, er fühlte sich von zu Hause abgeschoben, kam deshalb an Heimfahrwochenenden meist nicht nach Hause und hat in der ersten Zeit auch nie jemanden von der Schule vorgestellt. Er wurde für ein halbes Jahr beurlaubt und auf einem „pädagogischen" Bauernhof auf einer friesischen Insel untergebracht. Am Ende seiner Zeit bei

---

18 Zum Folgenden: Mail von Uli Hake vom 16. April 2013.
19 Mail von Uli Hake vom 6. August 2015.
20 Mail von Uli Hake an Salman Ansari vom 21. Juni 2010.

Kahle erhielt er eine zweite mehrwöchige Auszeit, beim Experimentieren mit chemischem Material hatte er ein Auge verloren. Sein Bruder Uli übernahm während dieser Zeit seinen Platz in der Schule.

In der elften Klasse kam Hannes in die Familie einer Lehrerin und wechselte dann mitten im Schuljahr zu Klaus Bregler, zwei Jahre nachdem der an der Odenwaldschule begonnen hatte. Das nächste Schuljahr begann er in der Familie eines Kunstlehrers, er besuchte die 12. Klasse, die er aber nicht beendete. Hannes liess sich vom 2. Februar bis August 1980 beurlauben und kehrte dann zurück, die letzten beiden Jahre seiner Schulzeit hat er dann wieder bei dem Kunstlehrer verbracht.

Einer seiner Kameraden in der Familie hiess Jakob Bothe, der damals in die 11. Klasse ging und später als Jakob Arjouni eine Karriere als Schriftsteller machen sollte. Von ihm stammt der Roman *Hausaufgaben*, der als der Roman über den sexuellen Missbrauch an der Odenwaldschule gelten kann (Arjouni 2004).[21] Der Name der Schule kommt nicht vor, wohl aber die einschlägigen Biografien, der pädophile Hintergrund, die Schulsettings und die Szenarien der Gewalt. Sein Kamerad Hannes Hake hat 1982 Abitur gemacht und ist am 24. Dezember 2006 mit 45 Jahren verstorben.

Hannes Hake hat während seiner Zeit an der Odenwaldschule Lehrer der Schule – Gerold Becker und andere – laut und vernehmlich als „Kinderficker" bezeichnet. Auch später wurde er deutlich, wenn es zu Diskussionen über die Odenwaldschule kam, vor allem mit den Bewunderern dieser Pädagogik, die ab und an in seinem Umfeld in Frankfurt auftauchten. Sein Bruder beschreibt das heute mit einer „totalen Hassliebe", weil Hannes an der Schule viele Freunde gefunden hatte, mit denen er emotional eng verbunden war.[22]

Der Vater Bernd Hake hatte 1975 die Heidelberger Rundschau gegründet, die erste alternative Zeitung Deutschlands, die vierzehntägig mit einer Auflage von rund 4.700 Exemplaren erschienen ist und auf das Heidelberger Alternativmilieu zugeschnitten war. Ein Jahr vor Gründung der Rundschau war Bernd Hake für den bundesweit bekannten Heidelberger Oberbürgermeister Reinhold Zundel ein „Anarchist", weil er es gewagt hatte, zusammen mit Freunden eine Gemeinderatssitzung zu sprengen (Der Spiegel Nr. 29 v. 15.7.1974, S. 98).

Bernd Hake starb 1981, ein Jahr nach dem Tod seiner Frau. 1982 erhielt Uli Hake, der seinen kranken Vater zwei Jahre lang gepflegt hatte, einen Anruf von Gerold Becker. Er bot ihm an, dass er an der Odenwaldschule Abitur machen könne, wenn er selbst für das Schulgeld aufkommen würde. Nachdem sein Bruder die Schule verlassen hatte, war ein Platz frei, den Becker auf

---

21 Diesen Hinweis verdanke ich Julian Oelkers.
22 Mail von Uli Hake vom 6. August 2015.

diese Weise füllen konnte. Uli Hake fing eine zweite Schulkarriere an, die nochmal ein anderes Licht auf die Odenwaldschule wirft. Ein wesentliches Kennzeichen war Absentismus, er machte am Ende Abitur, obwohl er selten da war.

Becker hat ihn nicht von sich aus angerufen. Die Familiensituation nach dem Tod der Eltern hat Anteilnahme ausgelöst und vermutlich hatten Schüler die Idee, Uli Hake an die Odenwaldschule zu holen. Becker, sagt dieser heute, hatte ihn nicht „auf seinem Schirm". Aber Becker konnte sich wiederum als Retter hervortun. Die Odenwaldschule hat sich stets auf die Fahnen geschrieben, für jeden Schüler eine individuelle Lösung zu finden. Das sollte auch in diesem Fall gelten.

Uli Hake hatte zuvor keine Schule mehr besucht und war ohne Abschluss. Er wurde in die 12. Klasse aufgenommen, hatte also noch zwei Jahre bis zum Abitur vor sich. Seine kurze Schulzeit begann formell nach den Sommerferien 1982, nachdem er schon ein paar Wochen vorher dort war. Er wurde am 11. September 1982 neunzehn Jahre alt. Der Heidelberger Erfinder Felix Wankel finanzierte kurzfristig die Heidelberger Rundschau und seine Stiftung bezahlte grosszügig auch den Internatsplatz von Uli Hake an der Odenwaldschule.

Vor Beginn gab es ein kurzes Aufnahmegespräch im Heidelberger Café Scheu am Universitätsplatz, das ein Deutschlehrer mit Uli Hake führte. Der erinnert sich, dass es „eines der unangenehmsten Gespräche" seines Lebens gewesen sei. „Es dauerte so lang wie man für's Verspeisen eines Kuchenstücks und gelangweiltem Drüberwegschauen braucht." Der Lehrer schloss das Gespräch mit der Bemerkung, Uli, der neue Schüler, sei „nicht witty", aber das „wär ja egal", aufgenommen würde er trotzdem, da für die Bezahlung gesorgt war.

Uli Hake hatte zuvor häufiger mit einem Odenwaldschüler zu tun, der hier Fabian genannt wird. Deswegen kannte er Gerold Becker bereits, als der ihn anrief. Fabian stammte aus einer einer bekannten deutschen Familie und kam 1978 mit siebzehn Jahren an die Odenwaldschule. Bei seinem Aufnahmegespräch hatte er mit Gerold Becker vereinbart, dass er auf seinem Zimmer kiffen durfte. Fabian genoss so „ein totales Regime der Freizügigkeit", anders hätte der Schulleiter keinen zahlenden Kunden gewonnen.

Fabian kam nicht mit Beginn des Schuljahres, sondern erst am 15. November 1978 und besuchte die 10. Klasse. Er wurde in der Familie von Gerold Becker untergebracht und lebte im ersten Jahr zusammen mit Michael Wirsing auf einem Zimmer. Er blieb für drei Jahre bei Gerold Becker und hat ihn also ganz aus der Nähe erlebt. Die dreizehnte Klasse verbrachte er in der Familie einer Lehrerin, die Mathematik, Naturwissenschaft und Technisches Zeichnen unterrichtete. Sie war seit 1980 an der Odenwaldschule und hat Fabian 1982 zum Abitur geführt.

Uli Hake hat unter Gerold Becker Abitur gemacht. Im gleichen Alter wie er war einer seiner Mitschüler, Peter Roland,[23] der kurze Zeit vor ihm an die Odenwaldschule gekommen ist und zunächst ebenfalls in der Familie der Matematiklehrerin lebte. Die Aufnahme von Schülern, die eigentlich zu alt waren und denen angeboten wurde, das Abitur doch noch zu machen, war keine Seltenheit. Die Schule verstand sich ja als Auffangbecken für Jugendliche und junge Erwachsene, die woanders gescheitert waren und doch für den Abschluss geeignet schienen, aber nur sofern sie die Preise zahlen konnten.

Auch mit Peter Roland gab es kein „wirkliches Aufnahmegespräch", obwohl unbedingt eine Abklärung hätte vorgenommen werden müssen, denn der junge Mann wechselte an die Odenwaldschule, weil er Alkoholprobleme hatte. Getan wurde nichts, ausser dass er im nächsten Schuljahr in einer anderen Familie untergebracht wurde. Er verliess die Schule als „kompletter Alkoholiker", der danach mehrere Erziehungskuren hinter sich bringen musste. Sein Schulzimmer war „die Bank vorm Bäcker Schmitt", was keinen interessiert hat und niemanden veranlasste einzugreifen. Alkohol als Krankheit kam in der Reformpädagogik nicht vor.

Uli Hake kam in die Familie von F. Ein Schultag direkt nach den Sommerferien 1982 endete für ihn mit einer Blossstellung. Eine Kameradin aus der Familie lud ihn auf ihr Zimmer ein und fragte, ob er nicht Lust hätte, „mit ihr die Nacht im Freien zu verbringen" und ob er denn einen Schlafsack habe. Er ging in sein Zimmer, nahm den Schlafsack und wartete vor dem Fichtehaus, doch niemand kam. Daraufhin kehrte er in das Haus zurück und wollte an die Tür des Mädchens klopfen.

Als er die Treppe hochging, erlebte er eine üble Überraschung. „Der Rest der Familie" nahm ihn in Empfang und er wurde angeschrien: „Haste dir so gedacht, dass du hier gleich mal in der ersten Nacht Weiber abschleppen kannst." Uli schrie zurück. Es sei eine „Unverschämtheit" und eine „widerliche, hinterhältige Aktion" gewesen, er rastete aus und schrie vor Zorn auch „übelste Beleidigungen" heraus. In der Folge wurde er in der doch so sozialen Odenwaldschule strikt ausgegrenzt. Er war zwei Jahre lang an der Schule und wohnte nicht regelmässig dort, im zweiten Jahr erhielt er ein Einzelzimmer ohne Familienkontakt zugeteilt, also wurde geächtet.

Schon nach den ersten Erfahrungen in seiner Familie hat er es dort nicht ausgehalten und fing an, in einem der Musikräume zu schlafen und zu wohnen. Er hatte einen Schlüssel, weil sein Vibraphon dort aufgestellt war. Dieser Zustand dauerte gut zwei Monate, sein Familienhaupt kümmerte das nicht, erst ein Referendar hat das Leben in der Ersatzwohnung beendet.

---

23 Der Name ist ein Pseudonym.

Am Ende hatte er 60 Prozent Fehlzeiten, also war wirklich fast nie da und hat fortlaufend den Unterricht geschwänzt. Vor allem im zweiten Jahr war er regelmässig in Heidelberg und ist häufig nicht zur Schule zurückgefahren. Dennoch erhielt er das Reifezeugnis – „per Konferenzbeschluss", wie ihm hinterher mitgeteilt wurde. Offenbar hat Gerold Becker dafür gesorgt, dass man ihm auf diese Weise den gewünschten Abschluss verschaffte, der in vielen anderen Fällen verweigert wurde. Auch das zeigt ein Willkürsystem, in dem Noten und Zeugnisse je nach Lage zurechtgebogen werden konnten. Uli Hake bestand also die Abiturprüfung und hat im Sommer 1984 nach zwei Jahren die Odenwaldschule erfolgreich absolviert – zusammen mit Peter Roland.

Uli Hake kam als Waise an die Schule, ein Jahr vor seinem Vater war bereits seine Mutter gestorben. Bei seiner Aufnahme in die Odenwaldschule hatte er dem Geschäftsführer Günther Schweigkofler versprechen müssen, die ihm zustehende Waisenrente an die Schule abzuführen, weil das Geld der Wankelstiftung das Schulgeld „nicht voll abdecken würde". Das geschah aber nicht, Uli Hake behielt die Rente für sich und Schweigkofler unternahm nichts, das fehlende Geld einzutreiben. Man musste ihm nur aus dem Wege gehen und so dafür sorgen, dass er nicht auf die Idee kam nachzufragen.

Mit der Rente hatte er rund 400 D-Mark im Monat zur Verfügung, für ihn ein kleiner Reichtum, in der Folge hatte er immer Geld zur Verfügung und geriet prompt in Verdacht, ein Dieb zu sein. Diebstähle kamen regelmässig vor, in diesem Fall stellte sich heraus, dass zwei Diebe damit ihre Drogenkäufe in Frankfurt finanzierten. Die massiven Drogenprobleme in der Zeit des Rektoratswechsels von Becker zu Harder führten zur Einstellung von zwei Psychologen, die von den Schülern weggeekelt wurden.

Die Odenwaldschule erlebte Uli Hake als „ein vollkommen übersexualisiertes Umfeld". Er selbst schlief nur ein einziges Mal mit einem Mädchen. Sie war Gastschülerin aus Island und in seinem Alter, doch das Ganze „endete in einem Fiasko" und das Mädchen verliess traurig das Zimmer. Als Uli aus der Dusche kam, sah er sich in seinem Zimmer konfrontiert mit seinen Familienkameraden, die hämisch seine Bettwäsche begutachteten. „Keine Flecken, kein Sex" war etwa der Tenor der Sprüche, die er zu hören bekam, dazu „abfällige Bemerkungen" über das Mädchen aus Island, das während des Aufenthaltes an der Odenwaldschule bei der alten Frau Zier wohnte.

Zu dem sexualisierten Umfeld passt, dass Lehrerinnen offen Beziehungen mit Schülern lebten. Es kam vor, dass Leiter von Kameradenfamilien morgens aus dem gemeinsamen Bett kamen, um nach den Kameraden zu schauen. Manchmal haben Schüler auch regelrecht mit Lehrerinnen zusammengewohnt. Von diesen „Freiheiten" haben alle Lehrer gewusst, was die

„Schweige- und Verschweigekultur" erklärt, weil nichts davon Konsequenzen hatte. Alle wissen irgendetwas nicht „Koscheres" vom anderen und so beschützt man sich dann gegenseitig.[24]

Gerold Becker hat versucht, den alkoholkranken Peter Roland sexuell zu missbrauchen. In der Lehrerkonferenz hat Becker davon gehört, dass sich Peter krank gemeldet hat. Er lag allein auf seinem Zimmer, Becker eilte nach der Konferenz zu ihm und drohte, ihn von der Schule zu entfernen, weil er unter Alkoholeinfluss die Scheibe in einem Wohnhaus zertrümmert hatte. Becker wollte ihn gefügig machen und wurde übergriffig, aber Peter hat sich gewehrt und Becker ist dann abgezogen.

Mitte bis Ende der siebziger Jahre, so Elfe Brandenburger, sei die Schule in einem „desolaten" Zustand gewesen. Regelmässig wurden Schülerinnen und Schüler von der Schule gewiesen, ohne dass sich Becker dafür vor dem Vorstand oder gar vor dem Kollegium rechtfertigen musste. Sie verschwanden einfach und die meisten kamen nie wieder. Auf der Agenda der Schule stand, dass sie um jedes Kind „kämpfen" würde und eine Relegation ausgeschlossen sei. Tatsächlich tat Becker das genaue Gegenteil, wenn es darum ging, sein Schattenreich zu bewahren.

Er konnte sich bei Gelegenheit aufführen wie ein kleines Kind und er wurde deswegen auch bewundert, weil er ganz in der Situation zu leben schien. In Wirklichkeit war er „vollkommen empathielos". Auch Elfe Brandenburger gibt an, dass Becker die Rolle des Kinderfreundes nur spielen konnte, aber das offenbar perfekt.[25] Über ihn wurde immer wieder gesagt, wie gut er mit Kindern umgehen könne, zumal als Mann, und genau diesen Eindruck wollte er erwecken, damit er Notlagen ausnutzen konnte.

In den realen Beziehungen an der Odenwaldschule erlebten die Kinder und Jugendlichen intensive Gefühle seitens der Erwachsenen, darunter auch Eifersucht und verletzten Besitzerstolz. Bestimmte Kinder gehörten quasi den Tätern. Manche wurden von klein auf als sexuelle Dienstleister „programmiert".[26] Die Rede ist auch von „aufschäumenden Emotionen" der Erwachsenen, die von heftigen Konflikten begleitet waren, mit denen die Kinder in irgendeiner Weise zurechtkommen mussten, meist ohne sie zu verstehen und einordnen zu können.[27]

In einer der Geschichten, die über Gerold Becker erzählt werden, geht es um zwei Jungen aus Beckers „Familie", die sich in ihrem Zimmer im Herder-

---

24 Mail von Uli Hake vom 5. August 2015.
25 Mail von Elfe Brandenburger vom 7. Juli 2012.
26 Aussage nach Röhl (2012).
27 Gespräch mit Elfe Brandenburger am 25. Juni 2012.

Haus ein Hochbett gebaut haben, um sich vor den Übergriffen ihres „Familienhauptes" zu schützen. In den Ferien, als die beiden Jungen nicht waren, hat Becker das Hochbett eigenhändig abgebaut und auf seine Rechnung bei IKEA zwei Flachbetten gekauft, um wieder sein gewohntes Täterfeld vor sich zu haben. Ein Hochbett hätte seinen morgendlichen Weckritualen im Wege gestanden und muss seine sexuellen Fantasien irritiert haben. Deshalb hat er sofort gehandelt und für die umgehende Wiederherstellung seines gewohnten Terrains gesorgt.[28]

Es war auch an der Tagesordnung, dass sich die Jugendlichen auf die nicht selten anzüglichen Projektionen ihrer Lehrer einstellen mussten. Es waren vielfach herabsetzende Bemerkungen im Vorübergehen. Elfe Brandenburger hält dazu fest:

> „Wir hatten auf jeden Fall mit den Zuschreibungen der Lehrer zu kämpfen, die wohl hinter unserem Rücken heiss über uns spekulierten. Eine Freundin von mir, die mehrmals ihre Boyfriends wechselte, wurde von Becker vor allen herablassend ‚die Nymphomanin' genannt. Oder Siegfried Helmer begrüsste mich eines Abends, als ich das Schweizerhaus betrat, in dem er mit seiner ‚Familie' wohnte, mit ‚Na, du kleine Luxusnutte', obwohl ich ausser mit Konrad und meinem darauffolgenden Freund Andreas keinerlei sexuelle Kontakte pflegte."

Offenbar konnten Lehrer über sexuelle Beziehungen von Schülerinnen und Schüler herziehen und despektierlich reden. Die viel und gerne zitierte Achtung vor dem Kind sieht anders aus. Weiter heisst es in den Erinnerungen der Altschülerin:

> „Ich war über diese Zuschreibung zunächst schockiert, dachte gar, ich habe mich verhört, aber meine Begleiterin bestätigte mir das Gehörte. Und so verbuchte ich das, wie so oft, unter die Kategorie: ‚die Erwachsenen-Macke'. Es gibt unzählige solcher Projektionsgeschichten, die uns jedoch hauptsächlich darin bestätigten, wie wenig uns die uns umgebenden ‚Profis' kannten – so viel zur ‚Pädagogik vom Kinde' aus."[29]

Abgesehen von der Unbeherrschtheit, die aus den sexuellen Zuschreibungen sprach, der Umgangston, so Elfe Brandenburger, ging häufig in Richtung Gehässigkeit und Spott. So wurden zum Beispiel die Abiturienten nach der Feier nicht einfach mit guten Wünschen für die Zukunft verabschiedet, sondern bei Gelegenheit mit abfälligen Bemerkungen in die feindliche Welt entlassen. Man hörte Sprüche wie: „Lasst euch bloss so bald nicht mehr blicken", „viel

---

28 Aussagen einer Altschülerin (Quelle: Gespräch mit mir).
29 Mail von Elfe Brandenburger vom 7. Juli 2012.

Spass beim Abnabeln", „ihr kommt sicher bald wieder angekrochen, weil ihr's draussen nicht aushaltet" und Ähnliches mehr.

Die Reaktion darauf zeigt, wer hier wen durchschaut hat:

> „Wir jungen Erwachsenen erklärten uns das jedoch damals schon mit dem Frust, den die Lehrerinnen und Lehrer wohl haben müssen, wenn wir in die Freiheit gehen dürfen und sie an der Schule gefangen bleiben, der Fluktuation der ‚Familienangehörigen' ausgeliefert."[30]

Die Odenwaldschule war nie ein geschützter und befriedeter Ort des „kindgerechten" Aufwachsens, wie Gerold Becker nicht müde wurde zu betonen. Es ging oft rauh zu und das „dialogische Lernen" war nur Propaganda. Auch eine andere Altschülerin berichtet von verbaler Gewalt und darüber hinaus von täglichen Belästigungen.[31] Für manche Lehrer etwa war es selbstverständlich, dass sie im Vorübergehen den Mädchen auf den Hintern hauten und das mit „Du hast einen netten Arsch" kommentierten. Mädchen mussten ein derartiges sexistisches Mobbing aushalten, für Jungen galten andere Regeln.

Mädchen standen zudem unter einem starken Anpassungsdruck. Die Spielregeln wurden auch negativ kommuniziert: Wer keinen Freund hatte und nicht rauchte, galt als nicht normal und musste verbale Anfeindungen befürchten. Aussehens- und Verhaltensnormen wurden nicht nur untereinander ausgetragen, in die Beziehungen mischten sich mit Ratschlägen oder Kommentaren auch die Lehrkräfte ein, die sich in dieser Hinsicht keineswegs zurückhielten. Der Ort erlaubte keinen Rückzug und der kumpelhafte Ton kaum Gegenwehr.

Schulleiter Becker spielte nicht nur den Kumpel, er übernahm noch eine ganz andere Aufgabe, die bislang wenig beachtet wurde und zeigt, welche Folgen mit der Freiheit verbunden waren. Becker deckte und entsorgte auch die nicht wenigen Schwangerschaften, die während seiner Zeit vorkamen. Die älteren Mädchen kannten für Schwangerschaftsabbrüche eine Arztadresse in Heppenheim, die Becker besorgt hatte. Dabei haben die jungen Frauen verschiedene Lehrerinnen beraten und unterstützt, Lehrer weniger oder eher nur „gelegentlich".[32]

Die Angst vor Schwangerschaft war real und bei den Mädchen „monatlich an der Tagesordnung", denn die Verhütungspolitik bzw. die sexuelle Aufklärung „war bei aller sexsüchtigen Befreiungsmoral" der Lehrerinnen

---

30 Mail von Elfe Brandenburger vom 3. Oktober 2012.
31 Quelle: Gespräch mit mir.
32 Mail von Uli Hake vom 1. Juli 2013.

und Lehrer „recht lausig".[33] Die Risiken der freien Sexualität, anders gesagt, mussten die jungen Frauen tragen, die sich der Folgen auch bewusst waren. Genaue Zahlen liegen naturgemäss nicht vor, ein Frauenarzt in Heppenheim soll gesagt haben, die Verschreibung der Antibabypille liege höher als im ganzen Kreis Heppenheim. Abtreibungen gab es auch.[34]

Ursache der Schwangerschaften war oft Unwissen. Manchmal wurde von dem besagten Arzt auch die Pille danach verschrieben, was damals recht ungewöhnlich war, weil sie in Deutschland, anders als in Frankreich, noch verboten war. Nicht immer kam es zu Abtreibungen, schwangere Mädchen wurden auch von der Schule genommen, wenn die Eltern davon erfuhren, offenbar ohne gross zu fragen. In Absprache mit Gerold Becker kamen einige Mädchen nach der Entbindung wieder an die Schule zurück. Die libertäre Praxis änderte sich dadurch aber nicht.

Viele Schülerinnen und Schüler wollten die Schule nicht verlassen, für sie war die Odenwaldschule ihre letzte Chance oder das kleinere Übel. Nicht für alle waren mit der Schulerfahrung Traumatisierungen verbunden, die das Leben stark beeinflusst haben, und manche haben auch einfach eine gute Zeit gehabt. Aber weil man ihr nicht entkommen konnte, hat die Schule auch seelische Schäden angerichtet. Aus der Lutherzeit gibt es dafür ein Sprichwort: Friss Vogel oder stirb. Anders gesagt: Wer sich wehrte, kam leicht unter die Räder.

Wie viele dieser traumatisierten Leben es gegeben hat, lässt sich nicht einschätzen, die Schülerbiografien sind nicht ansatzweise aufgearbeitet. Zwei Schicksale von Schülern können aber exemplarisch zeigen, wie verantwortungslos am „Zauberberg" gehandelt werden konnte. Es geht dabei um sexuellen Missbrauch, Einschüchterung, Vertuschung, Mobbing und gezieltes Diskriminieren, was jede Form von Pädagogik ausschliessen muss. Und die Reformpädagogik sollte doch das Schibboleth der Odenwaldschule sein.

7.2 Zwei Schicksale

Peter Lang kam nach den Sommerferien 1972 an die Odenwaldschule und lebte die ersten drei Jahre im Geheeb-Haus in der Familie von Uwe und Herta Lau. Es war zum Zeitpunkt von „Gag Nr. 1" am Ende der elften Klasse (OSO-Nachrichten 1975, S. 42). Dass er auf dem Foto zu sehen ist, war in gewisser Hinsicht Zufall, er hatte zuvor ein neues Zimmer bezogen, das Fenster ging in Richtung Werkstättenhaus, wo der Phallus errichtet wurde. So bekam er

---

33 Mail von Elfe Brandenburger vom 3. Oktober 2012.
34 Gespräch mit Georg am 14. September 2012. Mail vom 6. August 2015.

die Vorbereitungen mit und war ab Mitternacht an der Aktion beteiligt. Er half dabei, den grossen Holzstamm aus dem Wald auf das Schulgelände zu transportieren und sichtbar aufzustellen.[35]

Peter Langs Geschichte wirft auf Gerold Becker und seine Strategien als Schulleiter nochmals ein anderes Licht.[36] Es geht dabei nicht um sexuellen Missbrauch, sondern um Unverständnis, falsche Entscheidungen und Mobbing. Das wird nicht zuletzt aus der Schulakte ersichtlich,[37] die vor allem aus einem längeren Briefwechsel zwischen Gerold Becker und Peter Langs Vater besteht. Man erfährt, dass die Schule den Jungen erst gar nicht aufnehmen wollte und dann mit ihm nichts anfangen konnte, was für ihn verträglich gewesen wäre.

Langs Vater war der bekannte Amerikanist Hans-Joachim Lang, der nach seiner Hamburger Habilitation von 1959 bis 1967 als Extraordinarius an der Universität Tübingen gelehrt hat und danach als Ordinarius an die Universität Erlangen berufen worden ist. Dort wurde er 1986 emeritiert und hat danach wieder in Hamburg gelebt.[38] Die Geschichte seines Sohnes, der 1957 in Hamburg geboren wurde, hat auch zu tun mit einem vermeintlichen Skandal am Albert-Schweitzer-Gymnasium (ASG) in Erlangen. Die Schule ist erst 1965 gegründet worden und war das fünfte Gymnasium in der Stadt Erlangen.

Heinz Koehler, der erste Direktor des Reformgymnasiums, wurde öffentlich beschuldigt, an seiner Schule sexuelle Ausschweifungen und Drogenkonsum geduldet zu haben. Koehler ist daraufhin als Schulleiter entlassen und mit gleicher Besoldungsstufe an ein Gymnasium in Hof strafversetzt worden. Peter Langs Vater war für die SPD Abgeordneter im Stadtrat von Erlangen, wie zuvor schon in Tübingen; er hat die Entlassung Koehlers bekämpft und dagegen zusammen mit Anderen auch geklagt. Am Ende bekam Koehler vor Gericht Recht, die Vorwürfe gegen ihn stellten sich als unhaltbar heraus. Aber er konnte nicht zurück an ein bayerisches Gymnasium.[39]

---

35 Briefe von Peter Lang vom 13. November 2012 und vom 19. November 2014.
36 Zum Folgenden: Telefongespräch mit Peter Lang vom 26. Juni 2012, persönliches Gespräch am 20. Juli 2012 sowie nachfolgend zahlreiche Briefe und Telefonate, auch das Mail von Gerhard Roese vom 31. Mai 2012.
37 Peter Lang hat mir die kopierte Akte im Sommer 2013 zum Zweck der Auswertung zugänglich gemacht. Sein Betreuer hat die Akte in seinem Namen von der Odenwaldschule angefordert.
38 Hans-Joachim Lang (1921–2006), der in Berlin geboren wurde und 1939 am Hamburger Heinrich-Hertz-Gymnasium Abitur gemacht hat, nahm von 1941 als Soldat am Zweiten Weltkrieg teil und war beinamputiert. Er ist am 14. Dezember 2006 gestorben.
39 Heinz Koehler (1920–2009) übernahm 1972 die Leitung des Pädagogischen Instituts der Stadt Nürnberg. Das Bayerische Kultusministerium hat ein langdauerndes Verfahren gegen ihn am Ende verloren.

Dahinter stand wohl eine Aktion der örtlichen CSU, die das linke Gymnasium offenbar disziplinieren wollte. Gegen die Massnahmen des Kultusministeriums in München erhob sich scharfer Protest, ein grosser Teil der Elternschaft machte mobil und beteiligte sich am Widerstand. Im September 1970 kam es in der Universitätsstadt Erlangen zu heftigen Schuldemonstrationen (Der Spiegel Nr. 40 v. 28.9. 1970, S. 81/82). Das Erste Deutsche Fernsehen berichtete am 8. Januar 1972 in der Tagesschau über die Vorfälle in Erlangen und speziell die Folgen der Entlassung von Heinz Koehler.

Nach dem Wechsel der Schulleitung am Albert-Schweitzer-Gymnasium wurde der Kurs gegen renitente Schüler in ganz Erlangen verschärft. Peter Langs Schwester musste unter dem Druck der Ereignisse das ASG verlassen. Der Vater stellte fest, dass man „auf Objektivität der Beurteilung eines unserer Familienmitglieder in einer Erlanger Schule nicht mehr vertrauensvoll bauen könne". Die Schwester wurde am 15. Dezember 1971 von der Schule abgemeldet und, wie es heisst, auf Fernunterricht „umgestellt", nämlich bei der 1959 gegründeten Akademikergesellschaft Stuttgart angemeldet.[40] Dort konnte man sich auf das Abitur vorbereiten, musste aber für die Kosten aufkommen.

Der Bruder besuchte zu dieser Zeit das Christian-Ernst-Gymnasium in Erlangen. Er fing dort in der siebten Klasse an, nachdem er zuvor nach dem Ende der Grundschule ein halbes Jahr am Kepler-Gymnasium in Tübingen gewesen war. Ein Fakultätskollege von Hans-Joachim Lang war Walter Jens, dessen Sohn Tilman das Uhland-Gymnasium in Tübingen besuchte. Der knapp drei Jahre ältere Tilman Jens und Peter Lang waren als Kinder Spielkameraden und besuchten dann für kurze Zeit zwei benachbarte Tübinger Gymnasien, wo sie sich auf dem Schulgelände häufiger sahen. Die beiden Söhne trafen sich dann auf der Odenwaldschule wieder, die Jens von 1972 bis 1974 besucht hat. Die Probezeit am Kepler-Gymnasium hatte Peter Lang glatt bestanden.

Durch den Umzug der Familie nach Erlangen kam er auf das dortige Marie-Therese-Gymnasium und wiederholte freiwillig das 5. Schuljahr. Der Grund waren Rückstände in Latein. Am Ende des Schuljahres erhielt er in Latein dennoch die schlechteste Note und sollte daraufhin an das musisch ausgerichtete Christian-Ernst-Gymnasium wechseln, wo ab der 7. Klasse ein Kurzzug geführt wurde.[41] Das 6. Schuljahr verbrachte er an einer Hauptschule, im Mai 1970 bestand er die damals noch obligatorische Aufnahme-

---

40 Brief von Hans-Joachim Lang an die Odenwaldschule vom 7.2.72. Die heutige AKAD wurde 1956 in der Schweiz gegründet und hiess ursprünglich „Akademikergesellschaft für Erwachsenenfortbildung". 1959 entstand in Stuttgart der erste deutsche Ableger.

41 Besucht werden mussten sieben statt neun Schuljahre.

prüfung für das neue Gymnasium, wo er im September anfing. Die Probezeit verlief wiederum glatt, er wurde auch in die 8. Klasse versetzt, erlebte dann aber mit vierzehn Jahren einen dramatischen Leistungseinbruch. Peter Lang vermutet, das Lehrerkollegium habe registriert, dass sein Vater ein scharfer Leserbriefschreiber im Konflikt mit dem ASG sei.

Das Zwischenzeugnis vom 5. Februar 1972 bescheinigte dem Sohn, dass das „Vorrücken", also die Versetzung, „stark gefährdet" sei und am Ende des Schuljahres 1971/1972 wurde er tatsächlich nicht versetzt. Er erhielt ein extrem schlechtes Zeugnis, von elf Noten waren sechs mangelhaft und eine, wieder die in Latein, sogar ungenügend. Zurückgeführt wurden die schlechten Leistungen von dem Klassenlehrer auf Lernverweigerung. Im Zwischenzeugnis ist von „sehr geringem" Fleiss und „nicht tadelsfreiem" Betragen die Rede – damals in einem bayerischen Gymnasium waren das Worte der Hinrichtung.

Bereits am 7. Dezember 1971, als die Entwicklung absehbar war, hatten sich die besorgten Eltern an den Leiter der Odenwaldschule, also Walter Schäfer, gewandt und angefragt, ob man den Sohn dort aufnehmen könne.[42] Peter habe „eine ausserordentlich diskontinuierliche, durch viele Misserfolge getrübte Schulaufbahn" erlebt, sein Erfolg auf dem jetzigen Gymnasium sei gefährdet und die Beratungsstelle der Stadt Erlangen habe ihnen geraten, den Jungen in ein Internat zu geben,[43] um ihm eine „erfreulichere Atmosphäre als bisher" zu eröffnen. Hinzugefügt wird: „Die Odenwaldschule entspricht unseren eigenen Vorstellungen am stärksten."[44]

Schäfer antwortete am 16. Dezember 1971 hinhaltend, verwies auf die bis zu zweijährigen „Vormerkungen", also auf die Warteliste, und fügte hinzu, dass auch die überfüllten Mittelstufenklassen ein Problem bereiten würden.[45] Hans-Joachim Lang stellte dennoch am 7. Februar 1972, also unmittelbar nach dem Zwischenzeugnis, den Aufnahmeantrag. Die Odenwaldschule sei „die mit Abstand beste Möglichkeit", „unserem Sohn endlich eine seinem Temperament und seinem Werdegang gemässe Ausbildung zu sichern". Ausdrücklich erwähnt wird der „strafversetzte Direktor Heinz Koehler", der

---

42 Brief von Hans-Joachim und Ruth Lang an Oberstudiendirektor Dr. W. Schäfer, datiert auf den 7. XII. 71. Dem Brief liegt eine Beschreibung der „Schulausbildung Peter Lang" bei, aus dem die obigen Daten stammen.

43 Der Leiter der Beratungsstelle, Karl Gerlicher (1924–2011), kannte die reformpädagogische Szene. Er hatte in Jena bei Peter Petersen studiert und hat mit dem Psychologen Curt Bondy zusammengearbeitet. Gerlicher hat von 1969 an in Erlangen einen neuen Ansatz der Familientherapie entwickelt.

44 „Unsere Informationsquellen waren die Beratungsstelle, Zeitschriftenartikel und der Band in der edition suhrkamp 496."

45 Brief von Walter Schäfer an Herrn Dr. H.J. Lang vom 16.12.71.

„Peter mehrere Stunden ins Gespräch genommen hat" und bereit wäre, „über seinen Fall zu schreiben".[46]

Auch Heinz Koehler, der der Reformpädagogik nahestand, hatte den Eltern empfohlen, den Jungen an die Odenwaldschule zu schicken. Er wird in einem späteren Brief sogar als „pädagogischer Chefberater" der Familie bezeichnet. Aber allein darauf hat sie sich nicht verlassen. Der Vater nämlich beantragte beim Christian-Ernst-Gymnasium ein Gutachten über den Schüler Peter Lang, das von dem Klassenlehrer Dr. Poy mit Datum 18.1.1972 auch erstellt wurde. Dieses Gutachten sollte Folgen haben, die vom Vater sicher nicht beabsichtigt waren.

Klassenlehrer Poy bescheinigte dem Jungen ein „gutes Gedächtnis" und eine „rasche Auffassungsgabe", er könne auch in einzelne Gebiete „tiefer eindringen" und sei imstande, „Probleme zu erkennen, zu folgern und zu abstrahieren", doch fehle ihm dazu „meist mangels des nötigen Antriebs der Wille zu genügender Konzentration". Peter erledige gestellte Aufgaben „wenig sorgfältig und gründlich", er könne „seinen Fähigkeiten entsprechend erheblich mehr leisten" und sei „bei intensiver Betreuung ... zu guten Erfolgen fähig". Aber auch nur dann, muss man lesen. Dieses Gutachten lag dem Brief des Vaters vom 7. Februar bei und war so der Odenwaldschule bekannt. Der Vater selbst bezeichnete das Gutachten als „fair".

Am 17. März 1972 nachmittags um 16.00 Uhr fand das Vorstellungsgespräch statt, das Gerold Becker geführt hat, den Brief des Vaters und das Gutachten seines Erlanger Kollegen dürfte er gelesen haben. Offenbar entstand gleich der Verdacht, es mit einem unwilligen Schüler zu tun zu haben. Becker nämlich schrieb Hans-Joachim Lang vier Tage später, dass man Zweifel habe, Peter aufzunehmen, weil er den Wechsel an die Odenwaldschule mehr oder weniger nur „als notwendiges Übel" betrachte. Man könne ihn nur aufnehmen, wenn es sein „eindeutiger Wille" sei, „hier Schüler zu werden".[47]

Hans-Joachim Lang schrieb zurück, dass man über den Brief „naturgemäss nicht entzückt" gewesen sei, ihn aber „richtig" gefunden habe. Den „Schock", den er enthielt, habe man Peter „auch keineswegs erspart", er sei nach Lektüre des Briefes „sehr enttäuscht und unsicher" gewesen, daher habe man die Angelegenheit einige Wochen ruhen lassen. Nunmehr aber würden sie den Wunsch erneuern, „dass Peter bei Ihnen aufgenommen wird". Seine jetzige Klasse sei „völlig abgewirtschaftet" und eine Wiederholung des Schuljahres wäre „nur ein sehr übler Notbehelf". Peter habe sich daher „zu dem

---

46 Brief an die Odenwaldschule vom 7.2.72.
47 Brief an Dr. Hans-Joachim Lang vom 21.3.72.

Entschluss durchgerungen, einen neuen Anfang „zu wagen". Ein Brief des Sohnes in eigener Sache wird angekündigt.[48]

Tatsächlich schreibt Peter Lang am 27. April 1972 einen handschriftlichen Brief an den „sehr geehrten Herrn Becker". Er erklärt, warum er bei dem Vorstellungsgespräch „mürrisch" gewirkt habe und dass er sich nunmehr vor sich selbst gezwungen sehe, eine Entscheidung zu treffen. Der Junge ist vierzehn Jahre alt, er teilt Becker mit, dass er seinen Brief gelesen habe und nun dazu seine „persönliche Meinung selbst äussern" wolle, da es ja schliesslich um ihn gehe. So war es zwischen seinem Vater und Gerold Becker auch abgemacht.

Peter sieht für seine Zukunft vier Möglichkeiten: Wiederholung der achten Klasse am jetzigen Gymnasium, aber das scheide aus, da er „von den Lehrern mit Vorurteilen überschüttet werde". Dann ein Hauptschulabschluss und eine Berufslehre, aber auch das sei nichts für ihn. Weiter die Realschule und Mittlere Reife, das sei „die erste vernünftige Idee", die aber nicht realisiert werden könne, weil er bislang nur ein Jahr Englisch gehabt habe. Bleibt die Odenwaldschule – „wenn man dieses Schema vor Augen hat, muss man zu diesem Schluss kommen. Dort sind mir die Möglichkeiten gegeben, das Abitur zu machen oder die Mittlere Reife oder eine Gesellenprüfung zu ergattern".[49]

Sechs Wochen später, am 6. Juni 1972, teilt die Schulsekretärin Frau Ortmann im Auftrag des Schulleiters mit, dass man nunmehr eine „feste Zusage für die Aufnahme geben" könne. Herr Becker, heisst es weiter, lasse „für Peters Brief danken", aber komme im Augenblick nicht dazu, „selbst zu antworten". Er hoffe, dass Peters Integration gelingen werde. Hinzugefügt wird: „Was wir zum Gelingen beitragen können, werden wir tun, aber Entscheidendes hängt von Peter selbst ab." Er werde am 28.8.72 zwischen 15.00 und 16.00 Uhr in der Schule erwartet.[50] Peter Lang ist zu diesem Zeitpunkt fünfzehn Jahre alt, sein Brief wurde nie beantwortet.

Eine Woche später, am 5. September 1972, schreibt Gerold Becker an Hans-Joachim Lang, dass er den Eindruck habe, der „freundliche Junge" beginne sich „hier gut einzuleben". Im Erlanger Gutachten steht, dass Peter ein „wohlerzogener Junge" sei und sich „sehr rasch eingelebt" habe. „Obwohl etwas frühreif" sei Peter „noch leicht verspielt und auch beeinflussbar", wohl sei er „selbstkritisch genug", um begangene Fehler einzusehen, aber „nicht stark genug ihnen kraftvoll entgegenzutreten". Mitschülern gegenüber ist er aber „durchaus aufgeschlossen und anschlussbereit".

---

48 Brief an Gerold Becker vom 16.2.1972.
49 Brief an Gerold Becker vom 27. April 72.
50 Brief an Dr. Hans Joachim Lang vom 6.6.72.

Diese Formel des frühen guten Einlebens wählte Becker häufiger und hätte es damit bewenden lassen können. Aber offenbar wollte er die Eltern nicht einfach nur beruhigen. Er fügte nämlich hinzu, dass Peter den Hang zeige, „sich vornehmlich an solche Schüler anzuschliessen, die den schulischen Teil der Odenwaldschule als notwendiges Übel betrachten", womit sich sein erster Eindruck prompt bestätigt hat. Von Anschlussbereitschaft hatte auch der Erlanger Gutachter geschrieben. Man hoffe, so Becker abschliessend, dass sich diese „Haltung im Laufe der näheren Erfahrung" mit der Schule verändern lässt, „damit daraus keine Konflikte entstehen".[51]

Es gab also von Anfang an einen Vorbehalt gegen den Jungen, anders ist nicht zu erklären, dass Gerold Becker schon nach einer Woche Peter Langs „Haltung" beurteilen konnte. Der erste Eindruck in dem Vorstellungsgespräch wurde einfach beibehalten und bis in die Formulierungen hinein mit dem Erlanger Gutachten abgeglichen. Die Zuschreibung verfestigte sich im Verlaufe des Briefwechsels mit dem Vater und wurde nie korrigiert. In seinem Antwortschreiben schlägt Hans-Joachim Lang vor, dass der Schulleiter Peter „bedeuten" möge, seine Aufnahme sei „keine Selbstverständlichkeit" gewesen und dass man die „Erwartungen in ihn" deutlich artikulieren solle.[52]

Kurz vor Weihnachten 1972 teilt Gerold Becker dem Vater dann mit, dass der „freundliche und gutartige Junge" von seinen Mitschülern und den Mitarbeitern „geschätzt" werde und er einen „festen Freundeskreis" gefunden habe. Daher sei beschlossen worden, „die Probezeit für Peter als beendet anzusehen", er ist nunmehr „ein vollberechtigter Bürger der Gemeinschaft der Odenwaldschule geworden". Trotz des Pathos, auch hier findet Becker ein Haar in der Suppe. Peter nämlich, teilt er dem Vater mit, habe „anscheinend ein ganz ungewöhnlich grosses Schlafbedürfnis" und den Eltern wird geraten, die mutmasslichen „körperlichen Ursachen" in den Weihnachtsferien „einmal gründlich untersuchen zu lassen". Hier ist erstmalig von „Medikamenten und anderen medizinischen Verschreibungen" die Rede.[53]

Der Vater freute sich über die bestandene Probezeit und bedankte sich bei Becker „für das in so kurzer Zeit Geleistete". Er und seine Frau hätten auch den Eindruck gewonnen, dass Peter sich wohl fühlt und „seine Schulaversionen schnell überwunden hat".[54] Tatsächlich sollten die Schwierigkeiten erst beginnen, wobei in dem mehrjährigen Briefwechsel immer über den Jungen geurteilt wird, während es von ihm selbst in der Schulakte keine zweite persönliche Äusserung gibt. Seitens der Schulleitung wird ständig darauf verwie-

---

51 Brief an Professor Dr. H.-J. Lang vom 5. September 1972.
52 Brief an Herrn Gerold Becker vom 9.9.1972.
53 Brief an Professor Dr. Hans-Joachim Lang vom 22. Dezember 1972.
54 Brief an Gerold Becker vom 9.1.1972.

sen, wie sehr man den Jungen unterstützt habe und wie wenig er bereit sei, sich auf die Leistungsanforderungen einzulassen. Seine Sicht kommt am Rande nur in den Briefen des Vaters vor.

Mit Beginn des Schuljahres 1972/1973 wurden die Gebühren erhöht. Der Vater zahlte für den Internatsplatz gemäss Aufnahmevertrag jährlich 9.720,00 D-Mark, zusätzlich eine freiwillige Spende von jährlich 800 D-Mark, die offenbar die Aufnahme des Sohnes sichern sollte. Ausserdem musste noch ein zweimonatiger Sicherheitsbetrag von 1.620,00 D-Mark hinterlegt werden. Am 23. Juni 1972 bedankte sich Geschäftsführer Schweigkofler für die Bereitschaft, der Schule eine jährliche Spende zur Verfügung zu stellen und teilte dem Vater mit, dass die Spende seitens der Schule „in erster Linie" zur Verstärkung des Stipendienfonds verwendet werde.[55]

Am Ende seiner Schulzeit betrug die Monatsrate gemäss Peter Lang 1.100 D-Mark, das waren über 13.000 D-Mark Schulgeld im Jahr, was damals auch für einen deutschen Universitätsprofessor eine hohe Summe gewesen ist. Wie lange die jährliche Spende gezahlt wurde, ist nicht bekannt. Auf jeden Fall waren die materiellen Belastungen der Familie über Jahre erheblich, während die Gegenleistungen der Schule keineswegs den Erwartungen entsprachen. Peter Lang war in den Augen der Schule nie ein Schüler, der den Erwartungen entsprochen hätte, und am Ende war der Schulerfolg sogar akut gefährdet.

Der Sohn kam behaftet mit dem Makel des Schulversagers an die Odenwaldschule, was im Abgangszeugnis des Christian-Ernst-Gymnasiums auch deutlich vermerkt worden ist. Auf genau solche Fälle war die Odenwaldschule eingestellt und auch hier schien sie anfänglich trotz hoher Kosten die Rettung zu sein. Peter Lang blieb dort bis 1978, also sechs Jahre lang. Der Junge musste die 12. Klasse wiederholen, war mithin ein Jahr länger an der Schule als vorgesehen und finanziell eingeplant. Auch ihm wurden sehr schnell die Augen geöffnet, was es mit seiner neuen Schule auf sich hatte.

Sein erster Ausflug als Odenwaldschüler führte Peter Lang gleich nach seiner Ankunft zu den Olympischen Spielen nach München. Dort machte er eine schockierende Erfahrung. Am Morgen des 5. September 1972 überfiel das Palästinenserkommando „Schwarzer September" die Unterkunft der israelischen Mannschaft in München. Peter Lang berichtet, dass sie davon erst auf der Rückfahrt Genaueres erfahren hätten. Zwei Lehrer mussten in München zurückbleiben, weil Peter Frings, der notorische Übertäter, den Treffpunkt verpasst hatte.

---

55 Brief an Herrn Dr. Hans-Joachim Lang vom 23.6.1972.

Im Bus waren auch Heppenheimer Bürger, die nicht zum Lehrkörper der Schule gehörten. Der Tenor der Kommentare zum Überfall lautete sinngemäss: Naja, wo international die Juden auch hinkommen, immer machen sie Probleme. Das habe auf ihn schockierend gewirkt. Ein Lehrer sagte am nächsten Tag, dass „etwas Judenblut in uns allen" sei. Wie ernst das gemeint war und ob es sich um eine ungeschickte Formulierung handelte, lässt sich nicht mehr feststellen, auf jeden Fall blieb der Satz haften und sorgte für innere Empörung.

Peter Lang kam aus einem sozialdemokratischen Elternhaus, sein Vater und seine Mutter stammten aus Hamburger Familien, die direkt von der Judenverfolgung der Nationalsozialisten betroffen waren. Franz Lang, sein Grossvater, kam aus einer jüdischen Familie.[56] Er leitete als Finanzmathematiker eine eigene Firma, eine Rückversicherungsgesellschaft, die 1943 zwangsweise geschlossen wurde. Er ist im Oktober 1944 „als Mischling ersten Grades ,dienstverpflichtet' worden", ohne kaserniert zu werden (Lang 2002, S. 233, 237). Erst Jahre nach dem Krieg wurde er Generaldirektor bei der Krankenversicherung Deutscher Ring und starb 1955.

Der Vater von Peter Lang wurde 1936 zeitweise vom Heinrich-Hertz-Realgymnasium in Hamburg relegiert (ebd., S. 234). Die Mutter war verlobt mit Herbert Schuster, einem Juden, der nach Riga verschleppt und dort zusammen mit seiner Familie von der Gestapo ermordet wurde.[57] Vor diesem Hintergrund waren die Reaktionen auf den Überfall in München schockierend. Weitere Schocks sollten folgen und sie hatten mit der Schulerfahrung zu tun.

Der Junge besuchte die Odenwaldschule von der 9. Klasse an, musste also die 8. Klasse nicht wiederholen. Die Nichtversetzung in Erlangen zählte in seinem Fall an der Odenwaldschule nicht. Er machte dort 1978 ein durchaus vorzeigbares Abitur, sein Notendurchschnitt betrug 2.8. Peter Lang lebte nie in der Familie von Gerold Becker, hatte mit ihm aber als Mitglied des Präsidiums der Schülervertretung regelmässig zu tun und kannte ihn aus verschiedenen Interventionen, die seine Schulkarriere betrafen.

Der Schulleiter musste erleben, dass Peter Lang der wohl erste OSO-Schüler war, der im November 1975 dafür sorgte, dass die Polizei an die Schule geholt wurde, wenngleich nicht im Zusammenhang mit Fällen sexuellen Missbrauchs. Der Anlass war ein Drogendeal, womit für den Schulleiter das Problem verbunden war, schnell handeln zu müssen und nichts davon an die Öffentlichkeit dringen zu lassen. Neben Peter Lang waren noch drei andere Schüler beteiligt, die hier namentlich nicht genannt werden. Ihnen

---

56 Die Mutter von Franz Lang war getaufte Jüdin (Lang 2002, S. 234).
57 Mail von Peter Lang vom 21. September 2014.

waren eines Abends auf dem Schulgelände zwei verdächtige Gestalten aufgefallen.

Zwei amerikanische Soldaten, junge GIs, die achtzehn oder neunzehn Jahre alt waren, versuchten offen, Drogen zu verkaufen. Abnehmer für den Handel gab es, die Schule war einschlägig bekannt und wurde häufiger für Deals genutzt. Die beiden Soldaten fuhren mit einem amerikanischen Auto in der Abenddämmerung vor und suchten Käufer. Die vier Schüler beobachteten den Vorgang, zogen die richtigen Schlüsse und handelten. Peter Lang benachrichtigte den Schulleiter, der nicht anders konnte, als die deutsche Polizei zu alarmieren.

Nachts zwischen 22.00 Uhr und 23.00 Uhr fuhr die Polizei auf dem Goetheplatz vor. Die Polizisten blieben etwa eine Viertelstunde in Gerold Beckers WohNung. Die Soldaten konnten in Heppenheim verhaftet werden, drei der Schüler bestätigten auf dem Polizeirevier in Heppenheim den Drogendeal. Die GIs waren anwesend. Peter erinnert sich, dass die Tochter einer Lehrerin sich über den Einsatz beschwerte, weil einer ihrer amerikanischen Freunde beschuldigt worden war. Vermutlich sind die die beiden GIs disziplinarrechtlich belangt worden. Als die Szene in der Teekonferenz bekannt wurde, war, so Peter Lang, „die Hölle los". Er und seine Mitschüler galten als „Hochverräter".

Was Gerold Becker aus dem Vorfall für Schlüsse gezogen hat, ist nicht bekannt. Die Drogenprobleme der Odenwaldschule verschwanden dadurch nicht. Massnahmen zur Prävention wurden nicht getroffen, doch weiterhin wurden Schüler entlassen, die mit Drogen zu tun hatten oder denen das vorgeworfen wurde. Auch das war eine Strategie zur Machtsicherung, die die Durchsetzung eines schulweiten Verbotes gefährdet hätte, während die liberale Praxis dem Schulleiter gut anstand.

Peter Lang besuchte im Schuljahr 1975/1976 die 12. Klasse und lebte in der Familie eines Mathematiklehrers, das heisst, er hat noch vor dem Weggang des Ehepaars Lau die Familie wechseln müssen, warum, war ihm nicht klar. Dieser Schritt, sagt er heute, war für ihn „ein regelrechter Schock". Der Lehrer war autoritär und drohte häufiger mit Schulverweis, vor allem dann, wenn er „Schweinereien" zwischen Jungen und Mädchen vermutete. Bei einem Vergehen oder auch nur bei einem Verdacht wurde man in die Wohnung des Lehrers zitiert, die ansonsten verschlossen war.[58]

Die Beurteilung seiner schulischen Leistungen blieb prekär. Im April 1973 schreibt Gerold Becker an Hans-Joachim Lang, dass der „liebenswürdige Träumer … uns nach wie vor schulische Sorgen" mache.[59] Drei Monate

---

58 Brief von Peter Lang vom 13. Februar 2014.
59 Brief an Prof. Dr. Hans-Joachim Lang vom 9. April 1973.

später erfährt der Vater, dass die Versetzung in die 10. Klasse ausgesetzt worden sei und Peter sich nach den Sommerferien einer Nachprüfung in English unterziehen müsse.[60] Die Nachprüfung wurde mit „knapp ausreichend" bestanden, aber der Vater musste sein Einverständnis abgeben, dass Peter zusätzlich zum normalen Unterricht „bestimmte Sonderstunden in Englisch erhält", weil er nur so „seine Rückstände wirklich aufholen" könne. Auch hier fehlt nicht die Bemerkung, dass dafür ein „entsprechender eigener Einsatz" notwendig sei.[61]

Der Vater, was hätte er auch sonst tun sollen, ist mit der Erteilung von „Nachhilfeunterricht" einverstanden, die Kosten wird er übernommen haben. Erwähnt wird in dem kurzen Brief auch, dass Peter mit der Familie in den Sommerferien für einen Monat bei einem Freund des Vaters in Boston gewesen sei und das „einiges gebracht habe". „Damit sollte dann aber der Anschluss erreicht sein."[62] Das Gegenteil war der Fall. Am 6. Februar 1974 erfährt der Vater, dass es mit den Leistungen in Englisch und Mathematik „unerfreulich" aussehe und auch in anderen Fächern „nicht eben überwältigend" seien.

Das war am Ende des ersten Halbjahres in der 10. Klasse. Erstmalig bringt Becker andere Möglichkeiten des Schulabschlusses für den „freundlichen, verträumten Jungen" ins Spiel, nämlich einen Fachoberschulabschluss oder eine Berufsausbildung nach Abschluss des 10. Schuljahres. Es müsse vermieden werden, den Jungen „sehenden Auges in eine Lage zu bringen, in der er Misserfolge erleiden muss".[63] Die Familie lässt sich daraufhin bei der Städtischen Jugend- und Familienberatung Erlangen amtlich bescheinigen, wie das Ergebnis einer Intelligenzprüfung ausgefallen ist, die am 20. Mai 1969 durchgeführt worden ist. Demnach ist Peter Lang hochbegabt. Diese Bescheinigung findet sich in der Schulakte und zeigte zunächst auch Wirkungen.

Schulleiter Becker bestätigt den Eingang des psychologischen Gutachtens und teilt dem Vater mit, dass die Schule mit Peters „Entwicklung im letzten Vierteljahr sehr zufrieden" sei. In den kritischen Fächern werde von „erfreulichen Aufwärtstendenzen berichtet" und auch im Englisch sei der „Anschluss an die Klasse" gefunden worden. In der Schreinerei sei er sogar „der zuverlässigste Mann seiner Klasse". Daher könne in Aussicht gestellt werden, dass er in die gymnasiale Oberstufe übernommen wird, wenn auch „nicht schon alle Probleme gelöst sind".[64]

---

60 Brief an Professor Dr. Hans-Joachim Lang vom 4. Juli 1973.
61 Brief an Prof. Dr. H.J. Lang vom 7. September 1973.
62 Brief an Herrn Gerold Becker vom 11.9.73.
63 Brief an Prof. Dr. Hans-Joachim Lang vom 6. Februar 1974.
64 Brief an Prof. Dr. Hans-Joachim Lang vom 16. April 1974.

Tatsächlich wurde Peter nur durch Beschluss der Konferenz versetzt, nicht weil seine Noten dafür ausgereicht hätten. Vor allem seine Leistungen in Englisch waren nach wie vor mangelhaft. Offenbar blieb die teure Nachhilfe ohne Effekt, den Eltern wird daher nahegelegt, den Jungen zu einem „intensiven Sprachkurs nach England" zu schicken. Man habe „den freundlichen Jungen nach wie vor gern" in der Schule und würde sich freuen, wenn „seine schulischen Ergebnisse das auch weiterhin rechtfertigen". Das konnte nur als Warnung gelesen werden, nicht zufällig war dieser Brief erstmalig auch an Peter Langs Mutter gerichtet.[65]

Am 20. Mai 1975 schreibt Becker erneut an die Eltern und teilt ihnen mit, dass ihr Sohn zu den Schülern der 11. Klasse gehöre, gegen die „erhebliche Bedenken" bestehen. Die Rede ist von „ausserordentlich schmalen" Erfolgen und das Bild habe sich auch im dritten Quartal nicht verändert. Wiederum ist das Thema Müdigkeit auf der Tagungsordnung. Peters weitere Laufbahn in der Oberstufe könne man aus diesen Gründen nicht mit grossem Vertrauen entgegensehen, daher müsse man „am Ende des Schuljahres gemeinsam und möglichst unbefangen Bilanz machen und Zukunftsperspektiven entwickeln". Damit wird die Entlassung angedeutet.

Im Blick auf die von Anfang an beklagte Müdigkeit schreibt der verantwortliche Schulleiter: Peter „wirkt ständig übermüdet, schläft im Unterricht häufig beinahe ein und ist wohl auch morgens nur mit gewaltigem Aufwand überhaupt wachzukriegen". Peter Lang bestreitet diesen Befund und die damit verbundene Wortwahl. Und was die Eltern alarmieren sollte, wirft auf den verantwortlichen Schulleiter kein gutes Licht, denn er sagt damit zugleich, dass er in drei Jahren nichts dagegen unternommen hat. Stattdessen wird erneut der Junge zum Problem gemacht. Becker schreibt: Man werde „wohl annehmen müssen", dass hier „konstitutionelle Voraussetzungen vorliegen". Peter müsse lernen, „mit diesen Beschränkungen seiner Einsatzmöglichkeiten ökonomischer leben zu lernen, als er das wohl bisher tut".[66]

Tatsächlich fand am Ende des Schuljahres 1974/1975 ein Gespräch zwischen Hans-Joachim Lang und Gerold Becker in der Odenwaldschule statt. Offenbar hat Becker dabei die Idee ins Spiel gebracht, dass es zweckmässig sei, Peters Ausbildung an der Odenwaldschule zu unterbrechen. Dagegen wehrte sich der Vater. Wenn der Junge seine Energien für die Leistungskurse richtig einsetze und die Schule ihn dabei unterstütze, „könnte er unseres Erachtens innerhalb von zwei Jahren doch das Abitur schaffen", auch wenn es „quietscht", wie Becker ihm gesagt habe.[67]

---

65 Brief an Professor Dr. H.-J. Lang und Frau Ruth vom 11. Juli 1974.
66 Brief an Professor Dr. H.-J. Lang und Frau Ruth vom 20. Mai 1975.
67 Brief an Gerold U. Becker vom 21.9.1975.

Der Sohn ist in die 12. Klasse versetzt worden, hat aber nur das erste Halbjahr absolviert. Mit Datum 20. Dezember 1975 bescheinigt die Schule, dass Peter Lang, der „sich zur Zeit in der 12. Klasse" befindet, „im zweiten Halbjahr des Schuljahres 1975/1976, d.h. vom 1. Februar 1976 bis zum 31. Juli 1976 für einen Auslandsaufenthalt zu Sprachstudien" beurlaubt ist. „Ab 1. August wird Peter Lang wieder ordentlicher Schüler der Odenwaldschule sein." Offenbar hat Becker den Vater überzeugen können, dass sein Sohn die 12. Klasse wiederholt und das verbliebene halbe Jahr für englische Sprachstudien nutzt.

Vermutlich ist der Junge schon nach den Weihnachtsferien nicht mehr an die Odenwaldschule zurückgekehrt. Die Schwester seines Vaters hatte 1939 nach England geheiratet (Lang 2002, S. 237). Peter wurde bei seiner Tante untergebracht und absolvierte bei der Interlink School of English in Bournemouth einen mehrmonatigen Intensivkurs. Während dieser Zeit entfiel das Schulgeld, dafür mussten nun der Sprachkurs und der Englandaufenthalt bezahlt werden. Das Bestehen des Kurses bescheinigte das Royal Society Examinations Board. Der Vater bat, das Dokument zu den Akten zu nehmen.[68]

Noch bevor Peter Lang wieder Schüler der Odenwaldschule wurde, schrieb Gerold Becker dem Vater einen über sechsseitigen Brief, in dem er die bisherigen Erfahrungen „rekapitulierte". Er erwähnt ein Telefongespräch mit Hans-Joachim Lang am Tag zuvor, fasst dann die schlechten Leistungen des Sohnes im ersten Halbjahr der 12. Klasse zusammen und verweist darauf, dass im Dezember 1975 „klar" war, „dass Peter vom Beginn des 2. Halbjahres an zumindest ein halbes Jahr aus der Odenwaldschule ausscheiden würde".

Das war vermutlich der Kompromiss mit dem Vater, vorläufig kein Verlassen der Schule, vielmehr eine Warteschleife in England und dann die Wiederholung der 12. Klasse. Becker verweist wie zur Warnung darauf, dass Peters „Arbeitshaltung" und nicht seine Intelligenz schuld sei an der bisher so wenig erfreulichen Oberstufenlaufbahn. Es müsse sich „wirklich Entscheidendes verändern", wenn nicht erneut ein Scheitern in Kauf genommen werden soll. Becker weist auch den Verdacht des Vaters zurück, die Odenwaldschule wolle nur einen „unbequemen Schüler" loswerden.

Die „Arbeitshaltung",[69] die Becker von Anfang an nicht gegeben sah, sei die „Bedingung der Möglichkeit" für den erfolgreichen Abschluss. Daran glaubt der Schulleiter aber offenbar nicht. Er schreibt zur Begrüssung nach

---

68 Brief an Gerold U. Becker vom 4. August 1976.
69 Peter Lang war in verschiedenen schulischen und ausserschulischen Arbeitsgruppen aktiv tätig, ohne dass Becker dies unter „Arbeitshaltung" vermerkt hätte, Amnesty International, Erweiterungsbau Blockhaus, Renovierung Teehaus oder auch Wochenendkurse der Schulfeuerwehr in Heppenheim (Brief Peter Lang vom 25. Oktober 2014).

einem halben Jahr Abwesenheit: „Wenn ich aus Anlass von Peters Wiedereintritt in die Odenwaldschule Zweifel formuliere, dann deshalb, weil ich in der Tat ausserordentlich unsicher bin, ob es nicht nützlichere und auf lange Sicht hilfreichere Alternativen für ihn gibt." Damit wird dem Vater bedeutet, dass es besser wäre, wenn der Sohn nicht an die Schule zurückkäme.

Hans-Joachim Lang hat bis dahin mehr als 35.000 D-Mark in die Ausbildung seines Sohnes investiert und musste sich nun sagen lassen, dass ein Abbruch bessere Alternativen eröffnen könnte, ohne auch nur einen Satz lesen zu können, was die Schule zu der entstandenen Situation beigetragen hat. Die Wiederholung des 12. Schuljahrs kostete zusätzlich 13.000 D-Mark. Lesen konnte er, dass für den Leiter der renommierten Odenwaldschule und bekannten Pädagogen Gerold Becker „Schulen und Schulbesuch" nicht „das allein seligmachende Mittel" sind, „um das Erwachsenwerden zu fördern".[70]

Am Tag vor der Abfassung des Briefes gab es zwischen dem Schulleiter und Hans-Joachim Lang einen verbalen Schlagabtausch. Peter Lang berichtet von heftigen telefonischen Auseinandersetzungen, bei denen er Zeuge war. Der Vater pochte auf den Ausbildungsvertrag und sagte vorwurfsvoll „pacta sunt servanda". Becker teilte dem Vater mit, dass der Sohn das Ziel, Abitur zu machen, mit Sicherheit verfehlen werde und es deswegen besser sei, ihn von der Schule zu nehmen. Er eröffnete ihm den bisherigen Leistungsstand mit den Worten: „Es knirscht bei Ihrem Sohn."

Gerold Becker hatte dem Vater im Laufe des Gesprächs eröffnet, dass eine psychiatrische Behandlung seines Sohnes die Bedingung dafür sei, das Abitur an der Odenwaldschule abzulegen, also nicht nur der Englandaufenthalt. Er hielt ihn für psychisch instabil. Der Vater war für den Hinweis dankbar und glaubte anscheinend der Diagnose des psychiatrischen Laien Gerold Becker, der ihm nahelegte, sein Sohn leide offenkundig unter einer Jugendschizophrenie.

Davon steht nichts in der Schulakte, weil es von dem Telefonat keine Aufzeichnung und auch keine Aktennotiz gibt, wie man angesichts der Brisanz vielleicht erwarten könnte. In der Akte findet sich aber das Attest eines Erlanger Nervenarztes, datiert auf den 28. August 1976, also unmittelbar nach dem Wiedereintritt. Peter muss vorher untersucht worden sein. Becker war von seiner „Diagnose" offenbar selbst überzeugt, denn er hatte Peter Lang den Spitznamen „Monsieur hunderttausend Ohm" verpasst, um damit vor den Mitschülern auf den Zustand und die Widerstände in seinem Kopf aufmerksam zu machen.[71]

---

70 Brief an Prof. Dr. H.J. Lang vom 24. Juni 1976.
71 Mail von Gerhard Roese an Salman Ansari vom 5. Juli 2012.

Das Telefongespräch mit Gerold Becker hatte am 23. Juni stattgefunden, Hans-Joachim Lang muss sehr deutlich geworden sein, sonst hätte Becker nicht einen so langen Rechtfertigungsbrief geschrieben. Peters Vater verwies im Gespräch auf ein bereits vorliegendes Attest eines praktischen Arztes aus Erlangen, das er der Schule bereits am 10. Juni 1975, also vor der ganzen England-Aktion, eingereicht hatte. Becker teilt mit, dass dieses Attest in den Akten nicht auffindbar sei und bittet um eine Kopie. Tatsächlich war das Attest Teil der Schülerakte.

Peter Lang hat die Odenwaldschule unmittelbar nach seiner Rückkehr aus England besucht. Es war, wie der Vater schrieb, ein „unprogrammässiges Auftauchen", das vermutlich der Auslöser war für das Telefongespräch. Der Besuch muss also vor dem 23. Juni stattgefunden haben. Man hatte ihn nicht erwartet und war nicht vorbereitet. „Unerfreulich", so der Vater, sei gewesen, dass offenbar noch keine Familie und kein Zimmer für seine Rückkehr bereit stünden. „Er jedenfalls hatte den Eindruck, dass die Schule ihn schon halb abgeschrieben hatte."[72]

Aber er begann das Schuljahr 1976/1977 wie vorgesehen. Allerdings musste er gemäss eigenen Aussagen eine Aufnahmeprüfung ablegen, weil seine Lernfähigkeit in Frage gestellt war. Als das bestanden war, besuchte Peter Lang wieder die 12. Klasse, die der Physiklehrer Jürgen Fuchs leitete (OSO-Nachrichten 1976a, S. 6). In diesem Schuljahr lebte er in der Familie eines Sportlehrers im Fichte-Haus. Im nächsten Schuljahr war er bei einer Lehrerin im gleichen Haus untergebracht und erlebte erst hier, im sechsten Jahr seines Aufenthaltes an der Odenwaldschule, ein weitgehend angemessenes Internatsleben, ohne erratische Familienhäupter und Zimmernachbarn.

Peter Lang machte 1978 Abitur. Das Abiturzeugnis vom 15. Juni 1978 zeigt, dass sein mit Abstand schwächstes Fach trotz des ganzen Aufwandes immer noch Englisch war. Drei Jahre zuvor sollte Peter Lang auf Anraten des Schulleiters die Odenwaldschule eigentlich verlassen. Sein Vater war damit nicht einverstanden und suchte nach einem Ausweg. Der Sohn hätte die Schule ohne einen Abschluss verlassen müssen, was Gerold Becker, aber nicht der Vater, verantworten wollte. Dass er dennoch einen passablen Abschluss erreicht hat, lässt sich aus der Schulakte nicht erklären, die das Gegenteil hätte erwarten lassen.

Peter litt durchgehend unter Migräneanfällen. Er bekam innerhalb weniger Minuten starke Kopfschmerzen und ärgerte sich darüber, weil er nicht wusste, ob er sie in Stunden oder Tagen wieder loswerden würde.[73] Das Auftreten „umwerfender Kopfschmerzen" erlebte er erstmals, als er Schüler der

---

72 Brief an den Schulleiter der Odenwaldschule Gerold U. Becker vom 7.7.1976.
73 Brief von Peter Lang vom 25. Oktober 2014.

Odenwaldschule geworden war, weder vorher noch nachher, auch nicht während des halben Jahres in England. Ähnliche Symptome kennt er seit März 2010, nachdem die Odenwaldschule erneut in sein Leben getreten ist.

Er vermutet, dass seine „Migräne-Karriere" auch damit zu tun hat, dass er während seiner Zeit an der Odenwaldschule Jahre lang auf einer dünnen Matratze ohne Bettgestell neben der Tür schlafen musste und ständig den Luftzug gespürt hat. Ab Frühjahr 1973 war er häufig krank, ohne dass sich an seiner Situation etwas geändert hätte. Ein richtiges Bett mit Bettkasten war eine Zusatzleistung, die von den Eltern bezahlt werden musste. Schulleiter Becker dachte, es sei schick, auf dem Boden zu schlafen.[74]

Die Migräne von Peter Lang ist von Psychiatern untersucht worden, die bei dem Jungen eine „Persönlichkeitsstörung" diagnostizierten und Medikamente verschrieben. Behandelt wurde er mit dem Wirkstoff Ergotamin, der als Tablette ergo sanol mit starken Nebenwirkungen verbunden ist, über die auch Peter berichtet. Seit 1974 war er wegen der Migräne in ärztlicher Behandlung. Die medizinische Lösung des Problems kam der Schule und dem Schulleiter weit entgegen.

Der praktische Arzt aus Erlangen diagnostizierte am 2.6.1975 „hypotone Schwächezustände mit zeitweise erheblichen Gefässkrämpfen". Die Krämpfe seien mit einer ungenügenden Gehirndurchblutung verbunden und hätten Konzentrationsschwächen zur Folge. „Herr Lang wird mit Dihydroergotamin behandelt und bedarf einer längeren Behandlung und Überwachung." Ein halbes Jahr später wurde er nach England geschickt, vermutlich ohne den Arzt zu konsultieren.

Der Psychiater in Erlangen, den er nach Rückkehr aus England aufgesucht hatte, war gemäss Peter Lang als erste Diagnose sofort festgelegt auf das „Borderline-Syndrom". Im ärztlichen Attest, das der Schule vorgelegt wurde, ist von einer „schweren Migräne" die Rede, das die Teilnahme am Unterricht beeinträchtige. Gleichzeitig heisst es, dass mit einer Besserung „im Laufe der nächsten Monate" zu rechnen sei. Offenbar hat man auf eine starke Medikamentierung gesetzt und damit auch Erfolg gehabt. Der Briefwechsel mit dem Vater bricht danach ab.

Migräne wird bei Mädchen vermutetet. Peters ständige Anfälle fanden die Lehrer und auch die Mitschüler komisch, sie vermuteten statt einer psychischen Störung die Folgen von zu viel Alkohol. Bei seiner Abiturfeier am 27. Mai 1978 fragte ihn Gerold Becker im Labor-Foyer: „ Na, wirst du weiterhin ergo sanol nehmen?" Auf die erstaunte Frage, woher er das wisse, antwortete Becker, der Schule liege ein entsprechendes Attest vor. Das entsprach den Tatsachen und bezieht sich auf das Attest vom 2.6.1975. Peter Lang war bei

---

74 Brief von Peter Lang vom 5. Februar 2015.

seinem Abitur fast 21 Jahre alt und erwachsen, seine Schulakte im Archiv der Odenwaldschule hat er erst Jahrzehnte später eingesehen.

Seine Mutter führte über sechzig Jahre lang einen Tischkalender, in dem auch der Umzug ihrer Eltern in ein Altersheim in Hannover festgehalten wird. Der Umzug sollte am 28. März 1977 stattfinden und Peter sollte dabei helfen. Deswegen stellten die Eltern einen Antrag auf Beurlaubung für das Wochenende vor den Osterferien. Schulleiter Becker lehnte den Antrag mit dem Hinweis auf Gefährdung der Allgemeinheit ab. Peter könne nicht Auto fahren, weil er anfallsweise unter Kopfschmerzen leide. Der Junge war seit fast zwei Jahren im Besitz des Führerscheins und hatte mit dem Autofahren keine Probleme.[75]

Nach dem Ende seiner Zeit an der Odenwaldschule hat er wenig Glück gehabt. Er hat 1979 angefangen, in Erlangen Politologie und Soziologie zu studieren, war mit der Studienerfahrung aber nicht zufrieden und hat sich erfolgreich für einen Studienplatz in Medizin beworben. Von 1982 an hat er dann an der Freien Universität Berlin Medizin studiert, allerdings nur bis vor dem Physikum. 1992 ist er zwangsweise exmatrikuliert worden. Parallel zum Medizinstudium war er lange in Berlin als Taxifahrer tätig und kehrte dann arbeitslos nach Hamburg zurück.

Seit 2008 ist Peter Lang einem amtlichen Betreuer zugeordnet, der ihm in bürokratischen und finanziellen Angelegenheiten zur Seite steht. Er ist von Hartz IV auf Grundsicherung herabgestuft worden. Mit Datum des 23.06.2014 erhielt Peter Lang ein Schreiben des Amtsgerichts Hamburg, das den Beschluss mitteilt, seine amtliche „Betreuung" zu verlängern und spätestens bis zum 30.06.2019 neu zu entscheiden.

Peter Lang wäre dann fast 62 Jahre alt, von denen er mehr als zehn Jahre unselbständig war, was bedeutet, er konnte während dieser Zeit weder über Vermögensvorsorge noch über Wohnungsangelegenheiten oder Behördengänge frei entscheiden. Er sei, heisst es in dem Beschluss „nach wie vor ... nicht in der Lage", die genannten „Angelegenheiten" zu besorgen. Der Grund sei „eine mischbildhafte Persönlichkeitsstörung mit paranoid-narzisstischen und passiven Komponenten".[76]

In dem vorgängigen Beschluss vom 08.03.2010 wird als Grund angeführt, dass der Betroffene, also Peter Lang, weiterhin professionell betreut werden müsse, weil er an einer Krankheit leide, die mit „paranoide Schizophrenie mit zunehmender Entwicklung einer Residualsymptomatik" bezeichnet wird.[77]

---

75 Brief von Peter Lang vom 11. August 2015.
76 Beschluss Amtsgericht Hamburg Geschäfts-Nr. 109 XVII L 41927.
77 Beschluss Amtsgericht Hamburg Geschäfts-Nr. 109 XVII L 41927.

In dem neurologisch-psychiatrischen Gutachten einer Hamburger Fachärztin vom 30. 12. 2007 heisst es:

> „Bei Herrn Lang handelt es sich um einen 50-jährigen Patienten mit einer chronischen paranoid-halluzinatorischen Psychose aus dem schizophrenen Formenkreis mit Ausbildung eines schizophrenen Residuums sowie Verdacht auf mischbildhafte Persönlichkeitsstörung mit paranoid-schizoid-narzisstischen Komponenten."

Die diagnostische Einschätzung basiert auf einer zweistündigen Untersuchung, die nach telefonischer Verabredung am 27.12.2007 in der Wohnung der Mutter durchgeführt wurde. Die Schwester konnte gemäss Gutachten von der Ärztin nicht befragt werden und auch die sozialpsychiatrische Psychosenambulanz wurde an der Diagnose nicht beteiligt. Nur die Gerichtsakte wurde noch herbeigezogen, danach stand das Urteil fest.

Im April 2013 erhielt der Betreuer von Peter Lang Einsicht in seine Krankenakte. Von 1996 bis 2007 war Peter viermal in stationärer Behandlung mit immer ähnlichen Gutachten einer „schizotypen Störung". Der Diagnoseaufwand danach war stets minimal und die Diagnose selbst wurde mit je anderen Gewichtungen einfach fortgeschrieben. Mit dieser Aufzeichnung seiner Vergangenheit musste er leben und konnte sich dagegen nicht zur Wehr setzen. Die Krankenakte war mächtiger als er.

Peter Lang kam auf Ideen, wie sich seine schlechten Erfahrungen an der Odenwaldschule zumindest symbolisch darstellen lassen können, etwa mit einer Mahnwache vor der Wohnung von Becker und Hentig in Berlin. Die Aktion sollte am Kurfürstendamm/Ecke Uhlandstrasse von Juli 2011 an gestartet werden, nach Ablauf des für Hartmut von Hentig erbetenen „Trauerjahres". Tilman Jens, nunmehr Altschüler und Publizist, hatte dieses Trauerjahr vorgeschlagen.[78] Die Mahnwache ist dann aber doch nicht verwirklicht worden.

Peter Langs Schicksal ist komplex, sein Leben kannte nach der hochgradig belasteten und viel zu spät abgeschlossenen Schulkarriere viele Wendungen, immer wieder Enttäuschungen, auch persönliche Katastrophen und den endlosen Kampf mit der Psychiatrie. Wirklich Glück gehabt hat er in seinem Leben nicht. Es führte, wie der Vater in einem erschütternden Brief an den Sohn festhält, letztlich nirgendwo hin.[79] Dieses Leben ist nachhaltig beeinflusst worden durch das unverständige und hinterhältige Vorgehen von Gerold Becker, der – wie Hartmut von Hentig im März 2010 bewundernd feststellte – einer der bedeutendsten Pädagogen des 20. Jahrhunderts gewesen sein soll.

---

78 Deutschlandradio Kultur vom 16.5. 2011.
79 Brief an Peter vom 23. Okt. 01.

Während der Zeit an der Odenwaldschule war Peter Langs damalige Freundin häufiger zu Gast in seinem Elternhaus in Erlangen. Er berichtet von zwanglosen Gesprächen über Gott und die Welt im Wohnzimmer mit seiner Mutter, in denen auch Fragen der Sexualität berührt wurden. Darauf ist sehr offen und liberal eingegangen worden. In diesem Zusammenhang erwähnte die Mutter, dass Becker ihren Sohn für homosexuell hielt, dafür habe er schliesslich einen Blick. Er habe ihr empfohlen, den Sohn in seine Familie zu geben, dort sei er vor den Nachstellungen intoleranter Schüler sicher.[80]

Das Versagen war kein Zufall. Die Odenwaldschule vertraute blind auf ihr historisches Konzept der „Familie" und so auf die *eine* richtige Organisation für alle, bestärkt durch eine mächtige pädagogische Ideologie, die sich in der Person des Schulleiters verkörperte. Gerold Becker (1978/1979) schien zu leben, was er ständig zu postulieren wusste. Die Ideologie spiegelte sich auch in der schulinternen Sprachregelung. Im Dezember 1972 schrieb Becker an den Vater von Peter Lang: „Wir hoffen, dass auch Peter zunehmend lernt, seine Kraft und seine Fähigkeiten einzusetzen, um zusammen mit seinen Kameraden und den Mitarbeitern die Odenwaldschule zu einem von allen bejahten Lebensraum zu machen."[81]

Der „Lebensraum", in Deutschland eigentlich ein besetztes Wort, war aber gar nicht die Basisgrösse der Odenwaldschule. Die soziale Grunderfahrung für Lehrer und Schüler stellten die Familien dar, hier sollte die belebende und heilende Kraft der Erziehung erfahren werden und sie sollte jedem gleich gut tun. Wer sich dagegen zu wehren versuchte, aus wie immer guten Gründen, wurde mit Ächtung bestraft und notfalls auch ausgeschlossen. Bejaht wurde die Schule notgedrungen, weil sie für die meisten Schüler die letzte Chance darstellte, um sich herum die pädagogische „Nähe", der man nicht ausweichen konnte.

Wie die „Umwelt", die Kindern zu „ihrem Aufwachsen nützt", in vielen Fällen tatsächlich ausgesehen hat und welche Rolle Gerold Becker in seinem eigenen System gespielt hat, lässt sich inzwischen aufgrund der Aussagen von Opfern und Zeitzeugen genauer beschreiben. Sichtbar wird, dass der soziale Kosmos „Odenwaldschule" subtile Formen von Herrschaft ebenso kannte wie rohe Formen von Gewalt, daneben auch eine deutliche Hierarchie unter den Schülern und feste Selbstüberzeugungen, mit denen die Schule abgeschirmt wurde. Realistisch wurde das Bild durch Geschichten, die erst Jahrzehnte später erzählt werden konnten.

Eine dieser Geschichten handelt von Gerhard Roese, der heute als Bildhauer in Darmstadt arbeitet. Er war von August 1975 bis zum Sommer 1982

---

80 Brief von Peter Lang vom 13. Dezember 2014.
81 Brief an Professor Dr. Hans-Joachim Lang vom 22. Dezember 1972.

Schüler der Odenwaldschule und hat in den vergangenen Jahren in verschiedenen Interviews über Gewalterfahrungen einschliesslich sexuellen Missbrauchs durch Lehrkräfte berichtet. Zudem gibt es von ihm ein Manuskript mit dem Titel *Dreissig Jahre Haft im falschen Film* (Roese 2012), in dem er sein Leben erzählt.[82] Er ist als Kritiker seiner ehemaligen Schule heftig angegriffen worden und hat sogar Prozesse führen müssen.

Gerhard Roese wurde am 14. Februar 1962 geboren. Auch für ihn war die Odenwaldschule die letzte Chance. Mit zwölf Jahren erlebte er auf dem Eleonoren-Gymnasium in Worms einen weitgehenden Leistungseinbruch, hatte ähnlich wie Peter Lang in vielen Fächern schlechte Noten und galt als lernunwillig. Der Vater vermutete eine Konzentrationsschwäche und schon in der sechsten Klasse keine ausreichende Motivation zum Schulbesuch. Das Eleonoren-Gymnasium gab daraufhin bei der Beratungsstelle für Kinder und Jugendliche der Stadt Mannheim ein Gutachten in Auftrag.

Die psychodiagnostische Untersuchung fand am 14. April 1974 statt. Eine Konzentrationsschwäche wurde nicht festgestellt und die Intelligenz von Gerhard lag „weit über dem Durchschnitt". Aber es sei nicht zu übersehen, „dass es ihm in einzelnen Lebensbereichen an Selbstsicherheit mangelt und er vor allem in Zusammenhang mit schulischen Anforderungen tief entmutigt ist". Die Befunde wurden mit den Eltern besprochen und in dem Gespräch gab es auch „Hinweise, wie es im Laufe der seelischen und geistigen Entwicklung zu dieser Entmutigung" gekommen sei.[83] Einzelheiten werden nicht angegeben. Das Gutachten findet sich in den Schulakten.[84]

Gerhard lebte nach eigenen Angaben in ständiger Auseinandersetzung mit seinem autoritären Vater, der durch eine nationalsozialistische Kindheit geprägt worden war und mit seinem Sohn wenig anfangen konnte. Der Vater, der 1932 geboren wurde, besuchte von seinem zehnten bis zu seinem dreizehnten Lebensjahr die „nationalpolitische Erziehungsanstalt" (NPEA) in Schulpforta bei Nauheim. 1941 gab es im ganzen Deutschen Reich dreissig dieser Anstalten, in denen die künftigen nationalsozialistischen Eliten herangezogen werden sollten. Der Sohn wusste von der Erziehung seines Vaters seit er zehn war, die Mutter hat ihm davon erzählt.

Vater Roese wurde mit zehn Jahren Schüler der ehemaligen Landesschule, die seit ihrer Gründung im Jahre 1543 für die Bildung der Eliten ge-

---

82 Ich danke Gerhard Roese für die Überlassung des Manuskripts mit Mail vom 31. Mai 2012. Weitere Mails von 2012 bis 2014 haben mir noch andere Dokumente zugänglich gemacht.
83 Stadt Mannheim Beratungsstelle für Kinder und Jugendliche: Psychodiagnostische Untersuchung des Schülers Gerhard Roese. Bericht vom 20. Mai 1974.
84 Gerhard Roese hat von der Odenwaldschule Kopien seiner Schulakte angefordert und sie mir im Sommer 2013 zur Auswertung überlassen.

sorgt hat. 1935 erfolgte die Ausrichtung auf eine militärisch-gymnasiale Kaderschulung für den Nationalsozialismus. Roese stammte aus ärmlichen Verhältnissen und kam als Stipendiat der SS an die Schule. Er blieb dort bis 1945, ohne an Kriegshandlungen teilzunehmen. Die Schulen waren hochselektiv und verlangten unbedingte Treue zum nationalsozialistischen Staat. Es war für Zehnjährige eine besondere Ehre, dort aufgenommen zu werden. Der Vater fiel dort nach Schilderungen seines Sohnes durch grossen Ehrgeiz und besonderen Fanatismus auf.

Der Sohn des Brigadeführers der Waffen-SS Herbert-Ernst Vahl[85] war von 1943 bis 1945 ebenfalls Schüler in Schulpforta und hat diese Zeit in seinen Erinnerungen beschrieben. Hartmut Vahl (2000), der später als Schiffskapitän und Jurist tätig war, legt dar, wie die Jungen ideologisch indoktriniert und militärisch „geschliffen" wurden. Sie lernten, dass der Stärkere stets „über alles Schwache siegen sollte" und dass der Führer immer recht hatte (ebd., S. 22). Sie dachten, sie wären die künftige „Elite des Reiches", was ihnen auch bei jeder Gelegenheit „eingetrichtert" wurde und dafür mussten alle Schikanen der Ausbildung in Kauf genommen werden. Sie dienten der eigenen Abhärtung und waren ein Männlichkeitsritual (ebd., S. 23).

Das wird in jedem einzelnen Fall Spuren hinterlassen haben. Roeses Vater machte nach dem Ende des Krieges Karriere in der westdeutschen Zuckerindustrie und wurde, wie der Sohn festhielt, zum „Spitzenverdiener" (Roese 2012, S. 3). Im Oktober 1970 übernahm der Vater die kaufmännische Leitung der Süddeutsche Zucker AG für die Werke Offstein und Worms. Die Firma ist 1988 in die heutige Südzucker AG aufgegangen, die ihren Sitz in Mannheim hat. Über die weitere Karriere des Vaters ist wenig bekannt. 1977 berichtet er über „Verschlechterungen" seiner wirtschaftlichen Lage und verstärkten finanziellen Belastungen durch Preisgabe der Werkswohnung.[86]

Roeses Vater heiratete 1960, Gerhard ist der älteste Sohn, er hat noch zwei jüngere Geschwister. Sein Vater hielt ihn für einen Schwächling, der in seinen Augen ohne Ehrgeiz war, keine „Kameraden" hatte und sich hinter seiner Mutter verstecken würde (ebd., S. 2). Der Vater erwähnt in einem Brief an Gerold Becker bezogen auf seinen Sohn „13 Jahre schlechte Erfahrung im Familienkreise".[87] Gerhard Roese sagte in einem Radiointerview, er sei auch

---

85 Herbert-Ernst Vahl (1896–1944) war Offizier der Wehrmacht und kam 1942 zur Waffen-SS. Zuletzt befehligte er als Generalmajor die 4. SS Polizei-Panzergrenadier-Division in Griechenland.
86 Brief an Geschäftsführer Schweigkofler vom 29. Juni 1977. Anlass des Schreibens war ein Antrag auf Gebührenermässigung.
87 Brief an Gerold Becker vom 16. Juni 1976.

unter Anwendung von Gewalt seitens des Vaters darauf „getrimmt" worden, dass mit ihm „irgendetwas nicht stimmen" würde.[88]

Als der Junge sich weigerte, für die Schule zu „pauken" – bis zur „Vergasung" sollte er das tun, wie die Mutter verlangte (ebd., S. 6) –, drohten ihm die Eltern wiederholt mit dem Internat und waren zunächst offenbar fest entschlossen, den Jungen in die private Schule eines ehemaligen NPEA-Lehrers zu geben (ebd., S. 9). Das scheiterte am entschiedenen Widerstand des Sohnes, der ja wusste, wo sein Vater erzogen worden war und sich gut vorstellen konnte, was an der Schule auf ihn wartete. Das Vorhaben musste also aufgegeben werden; danach, wohl Ende 1974, lernten die Eltern den Leiter der Odenwaldschule kennen.

Im Vorstellungsgespräch machte Gerold Becker vor allem auf den Vater grossen Eindruck. Er wirkte elitär, unterstrich die Besonderheit der Odenwaldschule und verwies vor allem auf die Nähe zur deutschen Oberschicht. Becker brauchte gar nicht viel zu sagen und wusste, was die Eltern hören wollten. Sie waren beeindruckt, als er die Namen der grossen Familien beiläufig fallen liess und auf die Zufriedenheit seiner Kunden zu sprechen kam. Und Becker zitierte augenzwinkernd Orwells *Animal Farm*: „Alle sind gleich, aber einige sind eben gleicher als die anderen."

Becker verstand sich auf Kundenwerbung und konnte zahlungskräftige Eltern in solchen Lagen routiniert so für sich einnehmen, dass sie gar nicht darauf kamen, kritische Fragen zu stellen. Auch die Eltern von Gerhard Roese bekamen den Eindruck, mit dem Platz an der Odenwaldschule ein besonderes Privileg zu erhalten, das nicht billig zu haben war und seinen Preis kostete. Für die Entscheidung genügte die elitäre Rhetorik, die Schule selbst musste auch in diesem Fall nicht transparent gemacht werden. Die Eltern unterzeichneten einen Standardvertrag, der ihren finanziellen Aufwand und alle Extras regelte, Ansprüche an die Schule und ihre Leistungen waren nicht Teil der Vereinbarung.

In diesem Fall war die Kundenwerbung nicht schwer. In einem Interview sagte Gerhard Roese,[89] er sei für seine Eltern ein „peinliches", „missliebiges" und „überflüssiges" Kind gewesen, das dringend im Internat „entsorgt" werden musste. Gerold Becker bot sich genau dafür an und gewann auf diese Weise neue Kunden. Der Junge kam also mit dreizehn Jahren im Sommer 1975 an die Odenwaldschule, komplett unvorbereitet und immer die letzte Chance vor Augen. Seine Familie entsorgte ihn und Becker versprach, dass

---

88 http://www.dradio.de/dlf/sendungen/studiozeit-ks/1723842/
89 http://www.fliege.de/talkshow/video/php?beitrag=34168

die Schule und er das Problem lösen würden. Später erhielt Gerhard dann ein Teilstipendium der Odenwaldschule und entlastete damit seinen Vater.[90]

Der Wechsel zur Odenwaldschule muss zu Beginn des Jahres 1975 beschlossen worden sein. In der Schulakte findet sich ein „Bericht der Eltern" über ihren ältesten Sohn vom 20. Januar 1975 sowie ein Gutachten des bisherigen Klassenlehrers, in dem ein „plötzlicher Leistungsabfall" in der 7. Klasse konstatiert wird. Die Leistungen in den beiden ersten Jahren des Gymnasiums zeigten einen Notenschnitt von 3.2, der Abfall wird erklärt mit dem Schlüsselsatz des Gutachtens: „Kontinuierliche Arbeit, soweit sie ihn nicht interessiert, empfindet er als Zwang." Das Gutachten war gerichtet an die Direktion der Odenwaldschule, der Übergang stand zu diesem Zeitpunkt also bereits fest.[91]

Beide Gutachten sind Teil der Schulakte. Im „Bericht der Eltern" ist anfänglich davon die Rede, dass die Erwartungen der Eltern ein Teil der Probleme von Gerhard sein könnten: „Wir haben von Anfang an grosse Erwartungen in seine geistige Entwicklung gesetzt und ihn möglicherweise schon im Kleinkindalter mit unseren Ansprüchen teilweise auch unbewusst und unausgesprochen überfordert." Soweit wirkte offenbar das Gespräch mit dem Psychologen der Mannheimer Beratungsstelle nach, aber besonders tief reichte die Einsicht nicht.

Im zweiten Teil des Berichts nämlich heisst es unmissverständlich, das „Wesen" des Sohnes sei „beeinflusst von der Unausgeglichenheit zwischen ehrgeizigem Geltungsbedürfnis und lähmenden Minderwertigkeitsgefühlen". Gerhard wird von seinen Eltern bezeichnet als „labil und etwas nervös", er sei „introvertiert" und habe „wenig Kontakte zu anderen Menschen". Festzustellen sei ein „Mangel an normaler Anpassungsfähigkeit" und wenn er so weitermache, laufe Gerhard Gefahr, „sein Leben als einzelgängerischer Kauz unglücklich verbringen" zu müssen. Er könnte „durch laufende Misserfolgserlebnisse enttäuscht in seiner Traumwelt zurückbleiben".

Der Junge war noch keine dreizehn Jahre alt. Mit Verständnis konnte er nicht rechnen, weil er den Erwartungen seiner Eltern widersprach, die sich wohl nie ernsthaft gefragt haben, was sie zu seiner Situation beigetragen haben. So blieb nur der Weg an die Odenwaldschule, die zudem als deutliche Statusverbesserung gelten konnte. Dem Jungen wird sicher gesagt worden sein, welche Ehre es ist, dort aufgenommen worden zu sein und dass es dort besser sei als an seiner alten Schule.

---

90 Brief von Gerhard Roese an Salman Ansari vom 23. März 2010. Das Teilstipendium wurde vom Schuljahr 1976/1977 an gezahlt und betrug am Ende 250.- Mark monatlich (Brief des Vaters an Geschäftsführer Schweigkofler vom 1. September 1980).
91 Staatliches Eleonoren-Gymnasium Worms: Gutachten für den Schüler Gerhard Roese vom 25. Februar 1975.

Auch die Eltern hatten hohe Erwartungen, die so gefasst wurden:

„Wir erhoffen uns von einem Wechsel in der Umgebung, von anderen erzieherischen Bezugspersonen, von Kontakten mit anderen Kindern, von einer individuellen Betreuung in den schulischen Fächern, dass der Junge – durch Teilerfolge gefördert – langsam den normalen Anschluss an die Tatsachenwelt findet und dadurch auch seine Leistungsfähigkeit in dem Masse gefördert wird, dass er die Grundlagen für eine spätere Berufsausbildung schafft, die seinem geistigen und seelischen Niveau angepasst sein wird."[92]

Tatsächlich erlebte Gerhard Roese die Odenwaldschule als das „krasse Gegenteil" seines bisherigen Umfeldes, anders jedoch, als die Eltern es sich vorgestellt haben. Es sei eine „Hippie-Schule" gewesen, an der alles erlaubt war. Aber es war auch, sagte er in dem Radio-Interview, „alles anders, als es schien". Hinter der Fassade des „Zauberberges" gab es eine Realität, die nirgendwo beschrieben war und die mit verbaler und physischer Gewalt zu tun hatte. Roese erfuhr ein doppeltes Mobbing, von Mitschülern ebenso wie von Lehrkräften, weil er als „Spiesser" oder „Schleimer" galt und auch so genannt wurde.

Gerhard kam in die 7. Klasse, die er also, anders als Peter Lang, wiederholen musste. Er hat sieben Jahre an der Odenwaldschule verbracht, unterbrochen nur von einem mehrwöchigen Studienaufenthalt in den Vereinigten Staaten. Zu Beginn seiner Schulzeit tat Gerold Becker das, was er wohl immer mit neuen Schülern tat, er schrieb den Eltern einen Brief, in dem er mitteilte, dass er „viel Freude an Gerhard und seiner Entwicklung" habe. Das war wenige Wochen nach Schulbeginn, der Brief datiert auf den 17. September 1975 und sollte wiederum der Beruhigung dienen und einen guten Eindruck machen.

Der Junge falle auf „durch ein ungewöhnliches Mass an Wachheit, Interessiertheit und zumindest mir gegenüber unbefangener Fröhlichkeit". Hier und da sei er „etwas altklug, aber nicht in peinlicher Weise". Er könne sich nicht vorstellen, dass die anderen Mitarbeiter „einen anderen Eindruck haben".[93] Der Vater bedankt sich am 30. September für den „überraschenden" Brief und gibt seiner „grossen Freude" darüber Ausdruck, wie positiv der Sohn in der Odenwaldschule auftrete. Damit werde allen „die schwere Aufgabe der Erziehung" erleichtert.[94]

Gerhard Roese kam als Junge mit kurz geschorenen Haaren an die „Hippie-Schule" und lebte das erste Jahr in einem Dreibettzimmer in der Ansari-

---

92 Bericht der Eltern vom 20. Januar 1975.
93 Brief an Gerhard Roeses Eltern vom 17. September 1975.
94 Brief an Herrn Gerold Becker Schulleiter vom 30. September 1975.

Familie.⁹⁵ Seine beiden Zimmerkameraden hiessen Oliver und Christoph,⁹⁶ sie haben ihn, wie er sich erinnert, „systematisch terrorisiert". Gegenüber den Kameraden hatte er gesagt, er würde gerne Marschmusik hören, die er im Zimmer zum Ärger der beiden anderen mit Vorliebe auch immer laut stellte. Eigentlich hat er Marschmusik gehasst, weil sein Vater sie ständig gehört hat, aber er wollte sich damit wehren und fiel prompt durch das normative Raster seiner neuen Schule.⁹⁷

Die Eltern erfuhren Mitte Dezember 1975 durch den Schulleiter, dass Gerhard sich inzwischen gut eingelebt hat und „sich wohlfühlt". Das war einfach die Formel, die gewählt wurde, wenn die Probezeit beendet und das Schulgeld gesichert war. Verschickt wurde ein unpersönlicher Standardbrief, in dem der Name „Gerhard" nur eingefügt wurde. Bei der Pathosformel „Er/sie ist damit ein vollberechtigter Bürger der Gemeinschaft der Odenwaldschule geworden", ist entsprechend „sie" mit dreimal „x" durchgestrichen worden. Mehr Aufwand wurde nicht betrieben, ob sich der Junge wirklich wohl fühlte, war kein Thema.⁹⁸

Der Vater schrieb am 22. März 1976 an die Leitung der Odenwaldschule und beschwerte sich gegenüber Gerold Becker, „dass Gerhard körperlichen Misshandlungen seitens seiner Zimmergenossen ausgesetzt" sei. Diese Misshandlungen würden deutlich „sadistische Züge" tragen und die Integration seines Sohnes in die Gemeinschaft der Odenwaldschule empfindlich stören. Gerhard habe ganz offensichtlich „Angst vor den beiden Jungen, mit denen er in engem Kontakt leben muss". Damit „scheint ein Punkt erreicht zu sein, wo kein positiver pädagogischer Effekt mehr zu erwarten ist, sondern das Gegenteil".⁹⁹ Es musste also etwas geschehen.

Schulleiter Becker antwortete zeitnah am 29. März 1976. Er verweist zunächst darauf, dass er „zufälligerweise" an dem Tag, bevor der Brief eintraf, „länger mit Gerhard gesprochen habe" und ihm „das Problem", also die Klage des Vaters, „nicht ganz unvertraut" sei. Von Gewaltanwendung oder körperlichen Misshandlungen ist keine Rede, denn dann müsste von Tätern und Opfern gesprochen werden. Das hat der Schulleiter immer vermieden. Stattdessen verschiebt Becker, wie häufig, Ursache und Wirkung. Er spricht von der gelegentlich „unglücklichen Konstellation" in Dreierzimmern und versucht dem Vater dann zu erklären, dass der Sohn das Problem verursache.

---

95 Brief von Gerhard Roese an Salman Ansari vom 23. März 2010.
96 Beide Namen sind Pseudonyme.
97 Gespräch mit Gerhard Roese am 7. Februar 2013.
98 Brief an Gerhard Roeses Eltern vom 13. Dezember 1975.
99 Brief an Odenwaldschule Schulleitung vom 22. März 1976. Der Poststempel zeigt, dass der Brief am nächsten Tag eingegangen ist.

Er sei „deutlich ‚anders'" als die beiden anderen Jungen, „sowohl in seinen Interessen als auch in seinem Auftreten". Darin seien wohl „einzelne Züge", die „auf die beiden Zimmergenossen, aber nicht nur auf sie, ausgesprochen aufreizend wirken". Das „gelegentlich Altklug-Gescheite seiner Redeweise" und eine Form von „fast zeremonieller Höflichkeit" wirke auf die anderen „wie ein rotes Tuch" ebenso seine etwas „Wichtigtuerische Art", hinter der sich sich „ein gutes Stück Hilflosigkeit und Unsicherheit verbergen kann", was den Altersgenossen natürlich „am wenigsten einsichtig" sei.

Aber die Lage werde sich verbessern, man habe die drei Jungen „auch schon gemeinsam durchs Gelände streifen" sehen und Gerhard habe „inzwischen einen Freund gefunden", mit dem er in den nächsten Jahren auf ein Zimmer zusammenziehen möchte. Er würde dann die Familie wechseln und im Herder-Haus wohnen, allerdings nicht in seiner – Beckers – Familie. Falls sich die Lage nicht bessern sollte, könnte auch bis zu den Sommerferien eine provisorische Lösung ins Auge gefasst werden, von der aber eigentlich abzuraten sei, weil das wie eine Niederlage aussehe und dann würde das Ansehen Gerhards bei seinen Mitschülern noch weiter sinken.[100]

Becker hat sich schon im Juli 1970 noch als Studienleiter in einem Interview zu der Situation in den „Dreierzimmern" geäussert. Gesagt wird bereits damals, dass die Dreierbelegung „insgesamt keine sehr glückliche Konstellation" sei, weil „zwei sich gegen einen" so „zusammenschliessen" können, dass einer zum Aussenseiter wird. Die Konflikte dürfe man aber nicht „überschätzen", sie „regulieren sich dann auch immer wieder mal. Nicht jede Gruppierung zwei gegen einen ist von vornherein so schlimm, dass man sie davon erlösen müsste" (OSO-Hefte 1970, S. 82).

Von Leidensdruck ist keine Rede, auch nicht von Pubertätsproblemen oder gezielten Aggressionen in engen Zimmern. Der Fall Gerhard Roese zeigt, dass nur gehandelt wurde, wenn sich Eltern energisch beschwerten. Auch dann verstand sich Becker auf Beschwichtigungen, die auf Abwarten setzten und gute Lösungen in Aussicht stellten. Was die Jugendlichen tatsächlich erlebt haben, spielte in der Lagebeurteilung keine Rolle. Er würde, sagt Becker in dem Interview, lieber „von den guten Seiten reden anstatt von den Problemen" (ebd.).

Nicht nur seine Kameraden liessen Gerhard Roese ihre Verachtung schmerzhaft spüren. Einmal spuckte ein Lehrer verächtlich vor ihm aus und machte ihn zum Gespött der ganzen Klasse. Er sagte ihm ins Gesicht „Du taugst höchstens zu einem mittelmässigen Beamten." Die Klasse applaudierte und zeigte so ihre Missachtung gegenüber dem Aussenseiter, der überall durchfiel und damit selbst zurechtkommen musste. In seiner Not wandte

---

100 Brief an Gerhard Roeses Vater vom 29. März 1976.

sich der Junge an den ebenso feinsinnigen wie hässlichen Musiklehrer Wolfgang Held, der ihn auch bereits, obwohl Gerhard nicht im Chor war, für sich „entdeckt" hatte. Bei Held konnte er sich beklagen und er dachte, er hätte einen Verbündeten und Gleichgesinnten gefunden.

Held war „Gegner des Zwangsduschens", auch des Rauchzwangs unter den Schülern und anderer Missstände, über die sich der Junge erfolglos bei anderen Lehrern beschwert hatte. Held aber hörte ihm zu und schien ihn zu verstehen.[101] Der Musiklehrer versprach, ihm zu helfen und Gerhard konnte im Schuljahr 1976/1977 dann tatsächlich die Familie wechseln und kam, wie Becker dem Vater geschrieben hatte, im Herder-Haus unter, allerdings ohne einen Freund, den Becker offenbar erfunden hatte, um die Eltern zu beruhigen. Für sie war damit das Problem gelöst.

Gerhard Roese dachte, dass es eine besondere Anerkennung sei, in Helds musische Familie aufgenommen zu werden. Man kann sich also die Erwartungen des Jungen vorstellen, doch Held, der „Frosch", liess sich das Versprechen, dem Jungen gegen das Mobbing helfen zu wollen, fast ein Jahr lang „mit sexueller Befriedigung bezahlen" (Erlenbach 2010). Für Gerhard Roese wurde das zu einer traumatischen Falle, die sein Leben verändern sollte. Eigentlich dachte er, vor Nachstellungen, die er bereits erlebt hatte, bei Held sicher zu sein. In seinem ersten Schuljahr nämlich musste er mit Gerold Becker fertig werden.

Die Osterferien im April 1976 verbrachte Gerhard Roese bei seinen Eltern in Worms. Nach einer erneuten Auseinandersetzung mit seinem Vater ergriff der Vierzehnjährige die Flucht und fuhr 38 Kilometer mit dem Rad zur Odenwaldschule. Dort traf er nur den Schulleiter an, der ihm sagte, er könne bleiben und ihm helfen. Becker schlug vor, dass beide zusammen seinen Keller aufräumen könnten. „Das war ziemlich bizarr, denn dieser Keller war vollkommen unzugänglich, von Wand zu Wand und vom Boden bis an die Decke zugerümpelt. Das Fenster an der, der Tür gegenüberliegenden Schmalseite hatte wohl die ganzen Jahre offengestanden, denn beim Vordringen, in den Müllberg, fanden wir 2 Katzenmumien und jede Menge Katzenkot, nach dem alles erbärmlich stank."[102]

Der Schulleiter forderte ihn danach auf, duschen zu gehen, weil er so verdreckt war. Der Junge ging in den Keller seines Wohnhauses und ahnte offenbar nichts Böses. Als er eingeseift war, musste er mitansehen, wie der Päderast Becker plötzlich nackt neben ihm stand. Er beharrte darauf, ihn nach dem gemeinsamen Duschen abtrocknen zu dürfen. Zwischen den Beinen des Jungen habe er besonders „intensiv" gerieben. Der Junge erfuhr dabei auch,

---

101 Mail von Gerhard Roese an Andreas Huckele am 9. November 2009.
102 Mail von Gerhard Roese vom 27. Juli 2012.

dass Becker mit zweiten Vornamen „Ummo" heisst,[103] was nah und intim wirken sollte.

Gerhard vertraute sich daraufhin seiner Grossmutter an, die ihm sagte, sie werde das Gehörte „ganz fest" in ihrem „Herzen" bewahren. Unternommen hat sie nichts, die Eltern hielten ihn ohnehin für einen Lügner. Das war Mitte April 1976, als sein Wechsel in die Held-Familie schon feststand. Mit dem irritierenden Erlebnis beim Duschen musste er alleine fertig werden, niemand hatte ihn darauf hingewiesen, dass Gerold Becker „auf Jungen stehen" würde und man bei ihm aufpassen müsse. Und Becker konnte die Naivität des Jungen ausnutzen.

Wenige Wochen später, am Sonntag, dem 16. Mai, erhielt Gerhard Roese zu seiner Konfirmation von seinem künftigen Familienhaupt Wolfgang Held ein Geschenk, das er heute noch besitzt.[104] Es handelt sich um die pietistische Erbauungsschrift *Der Christ in der Nacht* von M. A. Danneil, die 1770 in Hamburg erschienen ist.[105] Sie stammte aus der Heidelberger Privatbibliothek von Helds Lehrer Wolfgang Fortner. Warum Held zur Konfirmation ausgerechnet dieses Buch verschenkt und was er sich dabei gedacht hat, lässt sich nur vermuten.[106]

Der Konfirmand hätte etwa lesen können, dass die Kälte des Mondes in der Nacht ein „wohlgetrofnes Sinnbild" für die Kälte des menschlichen Herzens sei. Angezeigt werde damit, dass viele Menschen es versäumen, „in der besten Blüthe ihrer Jahre" die göttliche Gnade anzunehmen und erst dann beginnen, die „Blicke der göttlichen Gnade" aufzufangen, wenn es zu spät ist, nämlich wenn „der traurige Abend ihres Lebens" herannaht und sie die „Spätlinge ihres Lebens dem Herrn aufopfern wollen" (Danneil 1770, S. 180). Die Gnade ist dann aber verwirkt, ein verpfuschtes Leben kann nicht korrigiert werden. Auch nicht mit einer letzten Anstrengung.

Held wird sich bei dieser Geste sicher etwas gedacht haben, weil er ja wusste, was auf den neuen Jungen in seiner „Familie" wartete, nämlich eine spezielle Art pietistischer Abgeschlossenheit. Gerhard Roese erhielt das Geschenk mit einer handschriftlichen Widmung, die so lautete:

---

103 Die friesische Kurzform von „Otmar"; der Name lässt sich mit „berühmter Erbe" übersetzen.
104 Gespräch mit Gerhard Roese am 7. Februar 2013.
105 Bei dem Namen handelt es sich um ein Pseudonym für den Leipziger Buchhändler und Schriftsteller Friedrich Adolph Audemar Kritzinger (1726–1793). Die Wahl des Namens spielt an auf den Quedlinburger Konsistorialrath Johann Friedrich Danneil (1719–1772), der auch Inspektor des Quedlinburger Gymnasiums war (Neues Allgemeines Intelligenzblatt für Literatur und Kunst 12. Stück (September 1803, S. 184).
106 Mail von Gerhard Roese vom 11. Februar 2013.

„Dieses alte Dokument
pietistischer Betrachtungen
für Deine Sammlung alter
Schriften
Zur Konfirmation
OSO, 16:5.76
für Gerhard
von Wolfgang Held."

Das war wohl gedacht als Zeichen der Zuwendung und Freude auf das gemeinsame Zusammenleben nach den Sommerferien. Aber Held wollte allein das Vertrauen des Jungen erschleichen, nichts deutet auf wirkliche Zuwendung hin, der Musiklehrer verstand sich einfach darauf, Jungen in Notlagen von sich abhängig zu machen. Wie alle anderen in der Familie wurde auch Gerhard Roese sexuell ausgebeutet.

Nach mehr als einem halben Jahr bei Wolfgang Held ging der Junge zum Schulleiter und bat ihn um ein Gespräch. Der tat wie immer unwissend. Was er ihm sagen wollte, wird so beschrieben: „Ich (bin) ganz offiziell zu Becker in's Schulleiterbüro gegangen und habe ihm haarklein erzählt, was mir bei Held passiert ist. Becker wand sich, beschwichtigte mich, bemühte wieder die ‚alten Griechen' und entliess mich alsbald. Passiert ist nichts weiter – ausser, dass Becker nun offiziell vor mir gewarnt – einen Bogen um mich machte."[107]

Mit dem Hinweis auf die „alten Griechen" rechtfertigte Schulleiter Becker seinen Musiklehrer und erzählte Roese, dass in der Antike sexueller Kontakt mit Jungen an der Tagesordnung gewesen sei und niemand sich etwas dabei gedacht habe. Held selbst hat gesagt, „in einer gesunden Schüler-Lehrer-Beziehung" sei das „etwas ganz normales".[108] Der „pädagogische Eros" war für alle pädophilen Täter das Generalalibi, Opfer wie gesagt konnte es dann gar nicht geben und über die Folgen musste nicht nachgedacht werden. Die tatsächliche sexuelle Praxis konnte so verborgen bleiben und Held erzählte den Jungen in seiner „Familie" auch noch, dass alle „Nazis" und „Spiesser" seien, die nicht an die „alten Griechen" und ihren Eros glauben wollten.

Die „Spiesser", allerdings die linken, prangerten zur gleichen Zeit auch die beiden Wortführer der Pädophilenbewegung in Deutschland, Peter Schult und Olaf Stüben, in einer gemeinsamen Veröffentlichung an, die als Kampfschrift zu verstehen war (Schult/Stüben 1980). Beide propagierten eine „sexuelle Revolution" ohne jede Schranke, die auch Kinder umfassen sollte. Wer das nicht wollte, war ein Spiesser und stand der Revolution im Wege. Wolfgang Held praktizierte einfach, was Schult und Stüben forderten,

---

107 Mail von Gerhard Roese an Andreas Huckele vom 9. November 2009.
108 Brief von Gerhard Roese an Salman Ansari vom 23. März 2010.

immer gedeckt durch den griechischen Eros und nicht gestört durch seine „reformpädagogische" Umwelt.

Statt Gerhard Roese zu helfen, informierte Gerold Becker seinen Kollegen und Mittäter Wolfgang Held über die Beschwerde seines Schülers, also missbrauchte sein Vertrauen. Roese (2012, S. 11) konnte später die „Familie" Helds verlassen und musste danach aber so tun, „als sei nichts gewesen". Das kannte er von seinem Vater. Nach aussen durfte nichts durchdringen, auf der anderen Seite wurde genau darauf geachtet, einen Verdacht erst gar nicht aufkommen zu lassen. Ein Mittel dazu waren die offiziellen Beurteilungen der Schüler, nämlich die Familienberichte, die die Entwicklung der Kinder und Jugendlichen in einem Schuljahr beschreiben sollten. Sie sind Teil der Akten.

In Wolfgang Helds Familienbericht über Gerhard Roese am Ende des Schuljahres 1976/1977 steht, dass „eine neu entstandene Freundschaft" Gerhard „bewogen" habe, „die Familie zu wechseln". Es wird nicht gesagt, wann das war, auch der Name des Freundes fällt nicht. An sich, so Held, sei das Zusammenleben mit ihm „durchaus erfolgreich" gewesen. Besonders mit seinem Zimmerkameraden habe sich Gerhard „ausgezeichnet" verstanden und seine freie Zeit habe er auch „immer sinnvoll" nutzen können. Anfängliche Schwierigkeiten, die mit seinem Mittelpunktstreben zu tun hatten, seien erfolgreich „korrigiert" worden. In dem Jahr seiner „Zugehörigkeit zur Familie" habe er sich „erfreulich entwickelt".

Der Zimmerkamerad hiess Thomas,[109] der zwei Jahre in der Familie von Wolfgang Held gelebt hat, im Schuljahr 1975/1976 zusammen mit Michael Wirsing und anderen. Zwei von ihnen, darunter Michael Wirsing, wechselten im nächsten Schuljahr zu Gerold Becker, so dass Held freie Plätze hatte. Die Freundschaft von Thomas mit Gerhard Roese hat Wolfgang Held erfunden, um für sich und seine Familie einen Erziehungserfolg reklamieren zu können. Thomas hat die Odenwaldschule wohl nach der 9. Klasse, von Held kommend, verlassen; er taucht in keiner Familienliste mehr auf.

Es gab also Wechsel von Held zu Becker, umgekehrt nicht. Als Gerhard Roese in der Held-Familie war, lebten dort auch zwei kleine Jungen, die in die sechste Klasse gingen, einer von ihnen wird hier Jakob genannt. Beide waren zuvor im Pestalozzi-Haus und sind von Held direkt übernommen worden. Jakob kam im Schuljahr 1979/1980 zu Becker, nachdem er zwei Jahre in Kameradenfamilien untergebracht war, darunter zuletzt bei einem Schüler, der selbst ein Jahr bei Becker gewesen war. Der andere Sechstklässler blieb nicht ganz drei Jahre bei Held und wechselte dann, mitten in der achten

---

[109] Der Name ist ein Pseudonym.

Klasse, die Familie, war die nächsten beiden Jahre bei Jürgen Kahle untergebracht und hat dann wohl die Schule mit der Mittleren Reife verlassen.

Jakob, der 1964 geboren wurde, ist in der Schülerliste des Jahres 1980/1981 nicht mehr verzeichnet und wird daher nach dem Aufenthalt bei Becker ohne Abschluss gegangen oder von der Schule genommen worden sein. Er besuchte zuletzt die 9. Klasse. Jakob stammte aus dem Ruhrgebiet und ist dort aufgewachsen, bevor er an die Odenwaldschule kam. Sein Vater war ein bekannter Unternehmer, der 1962 nach einem Jurastudium in einen Weltkonzern eintrat, den sein eigener Vater bis 1976 geleitet hat. Jakobs Vater heiratete 1963, ein Jahr später wurde Jakob geboren, er war das älteste von den fünf Kindern seiner Familie. Jakob ist 1989, im Alter von nur 25 Jahren, gestorben.

Weitere Spuren, die öffentlich zugänglich wären, gibt es bislang nicht. Die Todesursache ist nicht bekannt, ein Zusammenhang mit der Odenwaldschule ist nie hergestellt worden und die Zeit bei Wolfgang Held wird nirgendwo erwähnt. Auch was Jakob nach der Odenwaldschule gemacht hat, ist bislang nicht untersucht worden. Auffällig ist, dass sein Jahr bei Gerold Becker das letzte an der Odenwaldschule gewesen ist. Vielleicht gehört er zu den wenigen, die sich ihren Eltern anvertraut haben und die dann geräuschlos von der Schule genommen wurden.

Helds Familie war, wie gezeigt, alles andere als offen, aber auch hier gab es ständig Wechsel. Man konnte oder musste sie verlassen, je nachdem, wie die Jungen sich dort einfügten, also ob sie widerständig waren oder nicht. Held war vor allem auf Jungen zwischen zehn und zwölf Jahren fixiert und brauchte ständig neue Opfer. Sein Vorgehen war immer gleich, er bot sich als Alternative zum sonstigen Leben in den OSO-Familien an und verlangte dann seinen Preis. Wenig ist darüber bekannt, was die Eltern der Schüler gewusst und wie sie auf Wolfgang Held reagiert haben.

Jakob war nur ein Jahr bei Held und kam dann im Herder-Haus in die Kameradenfamilie einer Schülerin, die damals die 12. Klasse besuchte. Das könnte auf eine Intervention hindeuten, er wurde im gleichen Haus umquartiert und dem Einfluss von Held entzogen, blieb aber unter Aufsicht. Auch später bei Becker wechselte er das Wohnhaus nicht, bis er dann vermutlich mit 16 Jahren die Schule verlassen hat. Er kam nach der Grundschule und einem weiteren Schuljahr an die OSO und sollte dort fünf Jahre bleiben; was die Schule aus ihm gemacht hat, ist nicht bekannt, von ihm gibt es keine Äusserungen.

Die Mitschüler nannten ihn „Jackie", „er war ein richtig lieber, netter, sympathischer Kerl – das ideale Opfer für Becker". Man wusste, dass sein Vater Konzernchef war, mehr jedoch nicht.[110] Sein Weggang erregte kein Aufsehen, auch nicht sein früher Tod, der an der Odenwaldschule offenbar gar nicht registriert worden ist. Nach seinem Weggang hat sich dort niemand für ihn interessiert, wie viele andere war er einfach nicht mehr da. Ob seine Familie etwas unternommen hat, der Sache auf den Grund zu gehen, ist ebenfalls nicht bekannt. Alle seine vier Geschwister leben noch.

Weil er über das, was er erleben musste, schwieg, konnte Gerhard Roese an der Odenwaldschule bleiben, was zur Folge hatte, dass er sich niemandem anvertrauen durfte. Der Vorfall führte aber dazu, dass er fortan in Ruhe gelassen wurde, Held hat ihn aufgegeben und Becker hat ihn nach dem Duschen im Keller nie wieder angefasst. Beide konnten sich weiterhin Opfer aussuchen, es gab genügend, solange die Schweigespirale hielt. Und etwas anderes als zu schweigen, so Gerhard Roese, war gar nicht möglich, zurück zu seinen Eltern wollte er nicht und eine andere Schule für ihn gab es nicht. In seinem Familienbericht wünscht ihm Wolfgang Held für das nächste Jahr „viel Glück und Freude".

Gerhard Roese kam zurück in die Familie von Salman Ansari und lebte im Schuljahr 1977/1978 mit dem älteren Felix auf einem Zimmer. Diese Belegung änderte sich auch im nächsten Schuljahr nicht. Im Frühjahr 1978 verbrachte er einige Wochen als Austauschschüler an der elitären Choate Rosemary Hall Schule, ein privates Internat in Wellingford, Connecticut. John F. Kennedy, Edward Albee und Ali McGraw sind hier zur Schule gegangen, Gerhard Roese war dort vom 29. April bis Mitte Juni 1979.[111] Das reguläre Schulgeld war wesentlich höher als das der Odenwaldschule, aber Austauschschüler erhielten vielleicht Sonderkonditionen.[112] Die verbleibende Schulzeit verbrachte Gerhard wiederum bei Salman Ansari, machte dann 1982 Abitur und schloss gleichzeitig die Ausbildung zum Chemisch-Technischen Assistenten ab.

1981 veröffentlichte Roese in den OSO-Heften, also der Hauszeitschrift, einen selbst gezeichneten Comic, der überschrieben war mit „Der Zauberlehrling nach der Ballade von Goethe" (Roese 1981). Dieser Comic enthält keine versteckten Hinweise auf die Schule, aber der Titel lässt sich durchaus auf die Situation der ständigen Übergriffe beziehen, nur dass anders als bei Goethe kein „Meister" oder bei Roese kein „Retter" dafür sorgt, dass ein aus dem Ruder laufendes Geschehen am Ende doch noch beherrscht wird. Goethes Ballade geht gut aus, die Opfergeschichten der Odenwaldschule nicht.

---

110 Mail von Gerhard Roese vom 25. März 2014.
111 Brief von Gerhard Roeses Vater an Gerold Becker vom 16. Mai 1979.
112 1986 zahlte man für das Herbsttrimester $8.200, acht Prozent mehr als im Vorjahr (New York Times August 24, 1986).

Becker konnte zunehmend dreister vorgehen und kannte bei seinen Attacken keine Rücksicht mehr. Beckers Täterschaft war mit einem hohen Kontrollaufwand lange Zeit offenbar genügend gesichert, um keinen Verdacht aufkommen zu lassen und Nachfragen schon im Vorfeld abwehren zu können. Selbst der Austausch zwischen seiner Familie und der von Held fiel offenbar nicht weiter auf. Notfalls mussten bestimmte Schüler dann eben gehen, die Familienlisten verzeichnen in jedem Schuljahr mehrere „Abgänge", die sich häufen konnten und alle sorgfältig vermerkt worden sind.

Auch wenn Gerhard Roeses Eltern etwas unternommen und den Leiter der Odenwaldschule zur Rede gestellt hätten, passiert wäre sicher nichts. Becker hatte Routine im Umgang auch mit solchen Situationen. Er fertigte die Eltern mit dem Hinweis ab, Jugendliche würden gerade im Blick auf die Sexualität ihrer Lehrer gerne lügen und sich wichtig tun (Burgsmüller/Tilmann 2010, S. 18). Aussage stünde dann gegen Aussage und Beweise gab es nicht, weil alle schwiegen und niemand offen die Vorwürfe bestätigte, obwohl der Tatbestand bekannt war. Aber das genügte nicht, um Becker ernsthaft in Verlegenheit bringen zu können.

Gerhard Roese hat nie wieder mit jemandem über das Thema sexueller Missbrauch gesprochen und blieb noch fünf weitere Jahre an der Odenwaldschule. Den Zustand nennt er rückblickend „innere Emigration" (Roese 2012, S. 11). Es ist nicht bekannt, wie viele Kinder mit einer solchen Situation fertig werden mussten. Andere wurden einfach mundtot gemacht, wenn sie sich widersetzten, oder gleich entlassen. Auf dem Höhepunkt des Ruhms der Odenwaldschule und angesichts von Wartelisten fielen Entlassungen nicht ins Gewicht. Und die Schutzzone zur Abwehr jeglichen Verdachts hielt dicht, nichts von den Vorfällen drang je an die Öffentlichkeit.

Den Preis zahlten die Opfer. Für Gerhard Roese waren die Folgen seiner Schulzeit eine gescheiterte Ehe, eine weitere Partnerschaft, die in die Brüche ging, die Preisgabe des Sorgerechts für die Kinder, eine schwerwiegende Krebserkrankung und am Ende ein körperlicher wie seelischer „Totalzusammenbruch", der nur in einer psychosomatischen Klinik behandelt werden konnte. Erst danach, „ohne Einkommen und mittellos", konnte er sein Leben in einer neuen Beziehung neu beginnen und ordnen (ebd., S. 13/14). Das Trauma aber lässt sich nicht einfach normalisieren.

Roese hat den Begriff „System Becker" geprägt, um auf die begünstigende Umwelt aufmerksam zu machen. Die Täter waren darauf angewiesen, dass man sie gewähren liess und niemand zum Thema machte, was jeder hätte sehen können. In einem Interview mit dem Deutschlandfunk am 27. März 2010 sagte Roese: „Das ist eine ganz normale Korruption. Das Geschäft zwischen dem Schulleiter und dem Kollegium, das bestand darin, dass niemand dem Schulleiter an den Karren gefahren ist, und dafür der Schulleiter – also eine Krähe hackt der anderen kein Auge aus. Der Schulleiter hat eben auch alles geduldet. Und da konnte jeder machen, was er wollte, das war ein ganz klarer Deal."[113]

Keiner unternahm etwas, auch weil niemand ausser den Opfern einen Nachteil zu befürchten hatte, solange ein Skandal vermieden werden konnte. Die Privilegien blieben ebenso unangetastet wie die Selbstsicht, die es erlaubte, von allen gegenteiligen Evidenzen abzusehen. Im Alltag wohnte man zusammen in Familien, die untereinander nicht kommunizieren mussten und kaum Gemeinsamkeiten hatten, sondern die jede für sich lebten. Die Häuser auf dem Gelände der Schule standen weit genug auseinander und niemand kontrollierte, was in ihnen geschah.

Auf der anderen Seite kann man davon ausgehen, dass nicht wenige Bescheid wussten oder wenigstens ahnten, dass mit dem „Zauberberg" etwas nicht stimmen konnte. Doch was mit der Schule wirklich los war, verschwand oft hinter Andeutungen oder im bedeutungsvollen Schweigen. Man musste ja zusammenhalten und das ging am besten, wenn die Normalität nicht gestört wurde. Gerhard Roese hat das so kommentiert: „Das ist wie in einer Diktatur: Es wird nichts direkt explizit, aber zwischen den Zeilen und in den Witzen werden diese ganzen Sachen kommuniziert."[114]

Aber es wurde durchaus auch deutlicher: Barbara Bastian, die von 1983 bis 1995 im Internatssekretariat und später als pädagogische Assistentin an der Odenwaldschule tätig war, hat ausgesagt, ihr sei nach wenigen Wochen klar gewesen, dass Lehrer sexuelle Beziehungen mit Schülerinnen hätten und Schulleiter Becker schon mal in seinem VW-Bus mit Jungen in den Wald fahren würde. Kollegen haben sie eingeweiht, an der Odenwaldschule sei das so und sie sei eben etwas Besonderes und sie, Barbara Bastian, solle das am besten auch so sehen, wenn sie an der Schule bleiben wolle.[115]

Niemand hat sich dem offen gestellt, Aussprachen über den Zustand der Schule gab es nicht und auf die Nöte der Schüler musste nicht geachtet werden. Die jährlichen Altschülertreffen dienten der Verklärung der Schulzeit und der Darstellung der Erfolge oder Misserfolge im Leben nach der OSO; für die Erlebnisse der Opfer gab es weder eine Sprache noch eine ernsthafte Gelegenheit. Unter den Schülern herrschte der Korpsgeist der Odenwaldschule, wer dazugehören wollte, durfte seine Schule nicht schlecht reden.

Erst im Sommer 1998 verschickten zwei Altschüler einen offenen Brief, in dem Gerold Becker beschuldigt wurde, Schüler missbraucht zu haben. Der Brief wurde auf einer Lehrerkonferenz bekannt gegeben und einer der Lehrer

---

113 http://www.deutschlandfunk.de/dieser-schritt-ist-ueberfaellig.694.de.html?dram:article_id=68351
114 http://www.dradio.de/dlf/sendungen/interview_dlf/1152169/
115 Aussagen in: *Und wir sind nicht die Einzigen* (2011), Minuten 39.33 ff.

regte sich furchtbar über die Vorwürfe auf. Nach der Konferenz sagte Salman Ansari zu ihm, er – der Kollege – wisse gar nicht, was sexueller Missbrauch für die Betroffenen bedeute, die Folgen seien gravierend und manche würden sich auch umbringen. Darauf antwortete der Kollege, „dann sollen die beiden sich doch umbringen".[116]

7.3 Lebenslange Folgen und früher Tod

„Georg" ist ein Pseudonym.[117] Die entsprechende Person kam als Kind Ende 1963/Anfang 1964 mit fünfeinhalb Jahren an die Odenwaldschule und lebte lange im Pestalozzi-Haus. Vorher war er in einem Heim untergebracht. Der Junge blieb in der Odenwaldschule bis Mitte 1975 und war dort länger als alle anderen Kinder. In den zwölf Jahren und auch danach noch hat er erfahren müssen, was es heisst, skrupellosen Erwachsenen ausgeliefert zu sein und sich nicht wehren zu können. Schon als älteres Kind war er alkoholabhängig, wirksam geholfen hat ihm niemand.

Er verliess die Schule ohne einen Abschluss. Georg ist in die zehnte Klasse versetzt worden, die er aber nicht mit der Mittleren Reife beendet hat. Zuvor ist er zweimal sitzengeblieben und wurde mehrfach nur probehalber in eine höhere Klasse aufgenommen. Der Grund war, dass er von der fünften Klasse an vielfach nicht am Unterricht teilgenommen und regelmässig geschwänzt hat, ohne belangt zu werden und die Schule verlassen zu müssen. Er konnte auch nirgendwo hingehen und ist zwischen den drei bis vier Täterfamilien einfach hin- und hergeschoben worden.

Heute sagt er: „An der Odenwaldschule habe ich nichts gelernt." Als Georg die Schule verliess, war er nach seinen eigenen Worten ein „funktionaler Analphabet", er konnte mit seiner Umwelt nur unzureichend schriftlich kommunizieren, in der Schule hatte er selbst diese elementare Kompetenz nicht gelernt. Es gab, heisst das, an der Odenwaldschule interne Schulverweigerer, die man gewähren liess, ohne wirksam etwas dagegen zu unternehmen. Man liess zu, dass Georg jahrelang zurückblieb und keine Fortschritte machte, mit dem Ergebnis, dass er lebensuntüchtig wurde.

Sitzenbleiben ist nie eine Lösung, wohl aber ein bewährtes Mittel, lästige Probleme zu verschieben, was eigentlich nur an der Staatsschule vermutet wird. Zwar ist bei Gelegenheit versucht worden, Georg zu unterstützen und

---

116 Aussagen in: *Und wir sind nicht die Einzigen* (2011), Minuten 54.29ff.
117 Das Gespräch mit ihm fand am 14. September 2012 statt. Die folgenden Passagen basieren auf diesem Gespräch.

ihm Hilfestellungen zu geben, auch wurde in Konferenzen über Schritte beraten, wie sich bei dem Jungen doch noch halbwegs vertretbare Ergebnisse erreichen lassen. Aber genützt hat ihm das nicht, zumal er erfahren musste, dass unter denen, die sich besonders für ihn einsetzten und ihm schulisch wie menschlich „helfen" wollten, diejenigen waren, die ihn sexuell missbrauchten.

Der Junge war lange vor Gerold Becker an der Odenwaldschule, er kannte ihn, seit Becker an die OSO kam, also seit April 1969, und vermutlich hat ihn niemand so genau beobachtet wie Georg. Er lernte schnell zu verstehen, wer Becker in Wirklichkeit war. Nach seinen Erfahrungen mit ihm hat niemand je gefragt, mit denen auch er allein gelassen wurde. Er hat zwar immer wieder versucht, im Umfeld der Odenwaldschule seine Geschichte zu erzählen und hat dies in vielen Fällen auch getan, aber auch wenn man ihm zuhörte, geglaubt wurde ihm nicht und unternommen hat auch niemand etwas. Viele wussten oder konnten sich vorstellen, dass er die Wahrheit sagen würde.

Er sagt, heute könne er ein „normales" Leben führen, allerdings immer vor dem Hintergrund dessen, was er als Kind und Jugendlicher erleben musste. Es ist ihm gelungen, den Schulabschluss nachzuholen und er arbeitet als technischer Angestellter in einer grossen Firma. Der Preis war hoch: Er hat drei Entgiftungen hinter sich, die sich sowohl auf Drogen als auch auf Alkohol bezogen haben. Das fatale Suchtverhalten hat er auf der Odenwaldschule gelernt, die Sucht war die Folge von jahrelangen Missbrauchserfahrungen, die mit sieben Jahren begannen.

Am Ende seiner Zeit an der Odenwaldschule ist Georg durch Becker isoliert worden und wohnte zuletzt ab dem sechzehnten Lebensjahr allein in einem Dreibettzimmer. Mit siebzehneinhalb Jahren verliess er dann die Schule. Becker musste für ihn einen „Unterschlupf" suchen, denn durch die Verhaltensauffälligkeit und die offensichtliche Lebensuntüchtigkeit des Jungen war die Gefahr gross, dass Georg aufgegriffen und in der Jugendpsychiatrie versorgt werden würde, wo man ihm Fragen gestellt hätte, wie sein bisheriges Leben verlaufen sei. Wenn er das erzählt und man ihm geglaubt hätte, wäre Schulleiter Becker in Schwierigkeiten bzw. in Erklärungszwang geraten und das musste mit allen Mitteln verhindert werden.

Seit seiner Pubertät war Georg drogenabhängig und *schwer* alkoholkrank. Mit fünfzehn Jahren hat er Becker gesagt, dass er ständig unter „Angstzuständen" leide und krank sei, weil er so viel trinken müsse. Damals habe er um professionelle Hilfe gebeten. Der Schulleiter hat nur gelacht, nichts getan und gesagt, „das ist alles ganz normal". Georg bezeichnet das als „unterlassene Hilfeleistung", die Becker bewusst in Kauf genommen hat. Bei einer professionellen Behandlung wäre alles, was Georg in den Jahren angetan wurde, herausgekommen und das wollte der Leiter der Odenwaldschule auf keinen

Fall riskieren. Deswegen musste ein ganz anderer Weg eingeschlagen werden, der zeigt, wie zynisch das Vorgehen war.

Der Junge wurde in eine Stadt nach Süddeutschland abgeschoben. Georg lebte von 1975 an mehrere Jahre lang in Wohngemeinschaften mit Dietrich Willier zusammen. Auf diese Weise behielt Becker die Kontrolle über ihn. Georg wusste zuviel und durfte auf keinen Fall reden. Er hätte etwa sagen können, dass Andreas von Weizsäcker der „Favorit" von Dietrich Willier und zugleich von Gerold Becker war. „Es war immer klar", so Georg, um was es dabei ging. Er selbst hat zahlreiche Täter erlebt, unter ihnen Jürgen Kahle, Gerold Becker, Gerhard Trapp und Dietrich Willier sowie auch einen Pfarrer, der an der Schule katholische Religion unterrichtet hat.[118]

Die Odenwaldschule, so Georg, wurde trotz allem seine „Heimat", nur hier hatte er eine emotionale Bindung, die seine fatale Schulkarriere eigentlich ausschliessen müsste. Aber sonst hatte er nichts, weder eine Heimat noch eine Bindung. Bis zum Ende der vierten Klasse wohnte Georg im Pestalozzi-Haus, dem „Haus der Kleinen", danach lebte er abwechselnd meist in den Familien der Täter Becker, Kahle und Willier. Zum Schluss lebte er dann wieder bei Becker. Dort blieb er bis zum Schuljahr 1974/1975, also drei Jahre. Danach wurde er ohne Skrupel entsorgt.

Georg hatte seine ganze Schulzeit Umgang mit Gewalttätern, gegen die er sich nicht wehren konnte und die sein Leben fast vernichtet hätten. Auf dieses Leben kam es nicht an und seine Lehrer konnten ihr Versagen immer zurechtbiegen. Jürgen Kahle sagte eines Tages zu Schulleiter Becker, so einen schweren Fall wie diesen Jungen hätte er noch nie gehabt, ohne auch nur daran zu denken, was sein Anteil dabei gewesen ist. Die Leidensgeschichte des Jungen ist durch die Odenwaldschule geprägt worden und sie begann 1966/1967, bevor Becker und Kahle dort Lehrer wurden.

Georgs Mutter war im Krieg selbst an der Odenwaldschule. Für die Kinder dieser Ehemaligen gab es Stipendien. Seine Mutter nutzte das sehr schnell, deshalb konnte sie ihn schon vor der Einschulung abgeben. Mit 14 Jahren siezte er seine Mutter, erst in diesem Alter wurde ihm überhaupt bewusst, dass es sich um seine Mutter handelte. Mehrmals blieb er während der Sommerferien und sehr oft in den kürzeren Ferien auch in der Schule. Sein Vater hatte sich schon vor seiner Geburt von der Mutter getrennt und starb zwei Jahre später. Er hatte also nur die Mutter, die ihn nicht akzeptiert hat und die er nicht kannte.

Heute sagt Georg, er gehe davon aus, dass er gezielt für den sexuellen Missbrauch ausgesucht worden sei. Becker wusste, dass sich Georg nicht an

---

118 „Ein sexuell übergriffiger Pfarrer aus Hambach ... (war) bis 1979 in Hambach tätig und arbeitete auch als Religionslehrer an der Odenwaldschule" (Burgsmüller/Tilmann 2012, S. 6).

seine Mutter wenden und um Hilfe bitten konnte. Der Junge hatte keine andere Wahl und war der Odenwaldschule also all die Jahre ausgeliefert. Georg hat miterlebt, wie sich Beckers Täterintensität im Laufe der Zeit mehr und mehr steigerte, weil er immer besser lernte, die sich ihm bietenden Chancen zu nutzen. Als Schulleiter war er unangreifbar, auch weil er davon ausgehen konnte, dass niemand gegen ihn aussagen würde.

Gerüchte über das Geschehen in Beckers Familie waren in der Schülerschaft verbreitet. Georg sagt, es war „ganz selbstverständlich" bekannt, dass Becker „auf Jungen stehen" würde. Und die Lehrer konnten nicht einfach weggeschaut haben, jeder muss mitbekommen haben, wie er – Georg – als Zwölfjähriger einen Kasten Bier am Tag trank. Die Folgen waren nicht zu übersehen und damit musste sich eigentlich die Frage nach der Ursache stellen. Es geschah jedoch nichts. Niemand stand ihm bei, denn nur sein jeweiliges Familienhaupt und am Ende Schulleiter Becker waren für ihn zuständig. Die in der Literatur hoch gelobte „Gemeinschaft" der Odenwaldschule war oft tatsächlich nichts anderes als organisierte Verantwortungslosigkeit.

Georg sagt heute: „Ich habe Becker mein Leben lang beobachtet." Ein besonderer Schock für ihn war 1978 die Laudatio auf Astrid Lindgren. Von der Rede erfuhr er aus den Medien und es war für ihn unfassbar, mitzubekommen, wie idealisiert Becker über Erziehung und Kinder reden konnte, weil ihm vor Augen stand, was der gleiche Becker in der Schule und mit ihm getan hat. Vor allem war nicht zu fassen, was der grosse Pädagoge alles über die gelingende Kindheit zu sagen hatte, von der Georg an der Odenwaldschule nichts hat erleben können. Seine Kindheit und Jugend hat Becker zerstört, während er sich vor der deutschen Öffentlichkeit als einfühlsamer Pädagoge hinstellen konnte und grossen Eindruck machte.

Eine andere Episode spielt im Jahr 1991. Georg gelang es, Beckers öffentlich nicht zugängliche Telefonnummer ausfindig zu machen. Becker wohnte damals allein in der Cunostrasse 69a in Berlin. Georg rief ihn an, Becker ging auch ans Telefon und war konsterniert. Seine erste Reaktion war: „Woher hast Du die Telefonnummer?" Das brachte ihn aus der Fassung. Das Gespräch, welches Becker unter allen Umständen schnell wieder beenden wollte, dauerte keine fünf Minuten, wobei sein früheres Familienhaupt immer wieder nachfragte, wie Georg an seine Telefonnummer gekommen sei.

Becker muss einen sofortigen Kontrollverlust erlebt haben, seine Geistesgegenwart versagte in dieser Situation, mit der er nicht gerechnet hat. Das Anliegen Georgs und so der Grund des Anrufs interessierten ihn nicht, er konnte aber nicht sofort auflegen, also musste er den Anrufer möglichst schnell abwimmeln. Vermutlich war es unmittelbar bedrohlich für ihn, wenn eines seiner Opfer seine Telefonnummer offen benutzen konnte, denn einzig mit einer geheimen Nummer, die nur er weitergeben konnte, war er in der

Lage, den Zugang zu sich zu überwachen, insbesondere auch im Blick auf seine sexuellen Aktivitäten nach der Odenwaldschule.

Schüler, mit denen Becker sexuellen Kontakt hatte, wurden bei Gelegenheit auch vorgeschickt, um andere Schüler zu „werben". Das Feld, so Georg, musste „ausgelotet" werden. Becker wollte seiner Sache ganz sicher sein und liess andererseits nichts unversucht. Opfer konnte jeder werden, besonders Schwächere, die sich nicht wehrten oder Kinder, die einfach in die falsche Familie kamen und sich dann mit ihrem Los abfinden mussten, weil es einen Ausweg nicht gab. Den Opfern half niemand und sie konnten gar nicht anders als schweigen.

Einmal bekam Georg von einem Mitschüler, der ebenfalls als Opfer Beckers betrachtet werden muss, ein dickes Buch zum Anschauen, das voll war mit gezeichneten Pornodarstellungen und Kurzgeschichten gleicher Ausrichtung. Die Zeichnungen reichten von sadomasochistischen Stellungen bis zu verzerrten Frauenkörpern. Es waren auch homosexuelle Uniformträger zu sehen, die zusammen eine Massenvergewaltigung verübten. Das Buch lag ein halbes Jahr herum. Dann sagte ihm dieser Schüler auf den Kopf zu, er – Georg – habe das Heft wegen der Uniformgeschichte so lange behalten und nahm es wieder an sich. Später sah Georg das Buch in Beckers Schlafzimmer wieder, als er sich mit Alkohol versorgte, während Becker duschte.

Nach zahlreichen sexuellen Übergriffen weigerte sich Georg, zusammen mit Becker und den anderen Mitgliedern seiner Familie zu duschen. Wenn Becker duschte, was stets länger dauerte, ging er in dessen Wohnung. Dort stand eine grosse Schrankwand mit verschiedenen Türen. Georg besorgte sich Alkohol und klaute seinem Familienhaupt Geld aus der Brieftasche. Becker ging immer im Bademantel zum Duschen und kleidete sich erst danach an. Der Alkohol war frei zugänglich, der Schrank war voll mit beschlagnahmten Drogen und dort fanden sich neben dem Pornobuch auch stapelweise Fotos mit kinderpornografischen Darstellungen.

Es seien besondere Darstellungen gewesen, so Georg, keine billigen Heftchen, sondern teure Hochglanzfarbfotos, die um 1970 in einem Studio hergestellt worden sein müssen. Es könnte daher eine Verbindung bestehen zu einem Kunstlehrer und Fotografen der Helene-Lange-Schule in Wiesbaden, nämlich zu Hajo Weber, der seit 1977 dort Lehrer war. Becker müsste ihn dann bereits vorher gekannt haben, später haben sie an der Helene-Lange-Schule zusammengearbeitet. Weber war pädophil und hat als Lehrer Kinder missbraucht, er wurde aber nicht angezeigt, sondern ihm ist kollegial geholfen worden wie in fast allen Fällen dieser Geschichte. Er fotografierte besonders gerne nackte Jungs.

Auch bei Dietrich Willier habe man furchtbare Fotos sehen können, so Georg, zerfledderte Heftchen, die wieder und wieder betrachtet worden sein müssen und etwa zeigten, wie Sechsjährige von erwachsenen Männern penetriert wurden. Der Horror musste also doppelt erfahren werden, im Bild und am eigenen Leib. Die Übergriffe wurden verharmlost und als Spass hingestellt, während auf Seiten der Opfer ein grösserer seelischer Schaden kaum vorstellbar ist. Es sind lebenslange Folgen, für die niemand verantwortlich gemacht werden konnte.

Becker war nach aussen hin stets freundlich und lächelte die Kinder an. Er war ihr Freund und eben der fabelhafte Pädagoge. Doch dieses Spiel mit seiner Mimik beherrschte er nicht immer. Gelegentlich verlor er die Fassung. Wenn das der Fall war, so Georg, verzerrte sich sein Blick und er bekam kalte, berechnende Augen. Bei ihm konnte man sich „nie sicher" fühlen. Er war „die dauernde Gefahr". Becker, so auch Georg, war bei seinen Übergriffen sehr dominant, stellte sich in den Weg, wirkte bedrohlich, war zäh und drahtig und verlangte direkt seine sexuelle Befriedigung.

Manche Lehrer wie der stellvertretende Direktor, bei dem Georg nie Unterricht hatte, wollten dafür sorgen, dass er von der Schule verwiesen wurde. Mit ihm würde etwas nicht stimmen, hiess es, er muss also aufgefallen sein. Doch Georg, wie gesagt, war Mitwisser, Becker konnte ihn nicht einfach gehen lassen. Deshalb kam er auf die Idee, Georg, der immer freundschaftliche Beziehungen zu anderen Schülern hatte, in dem Dreibettzimmer zu isolieren. So wurde er „Aussenseiter aus Erfahrung". Als das nicht mehr ging, vermittelte Becker ihn an Willier, mit dem er bis in die frühen achtziger Jahre in Wohngemeinschaften lebte.

Das geräumige Haus in der süddeutschen Stadt kostete monatlich um die 2000 D-Mark Miete. Als Georg in das Haus einzog, suchte er sich als Wohnraum ein „Kellerloch" aus. Er lebte dort in einem verdunkelten Zimmer allein. Einmal kam Willier zu ihm und fragte: „Warum kommst Du nicht zu den Anderen hoch?" Georg sagte, er habe gezeichnet. Als Willier die Zeichnungen sah, war er offenbar erschrocken und sogar schockiert. Auf einer schwarz-weissen Zeichnung war ein Auge zu sehen, aus dem Tränen flossen. In den Tränen waren Gewaltbilder dargestellt und schreiende Personen. Willier wusste, was das bedeutete und hielt in der Folge Distanz.

Die Miete für das Haus zahlten alle, die dort wohnten. Willier war nicht der Leiter der Wohngemeinschaft, sondern lebte dort und beaufsichtigte zwei Mädchen, für die das Jugendamt die Kosten übernahm. Georg erinnert sich an zwei Mädchen, die etwa zwölf bis dreizehn Jahre alt waren. Eine von ihnen wurde Prostituierte. Er traf sie Jahre später nachts in einer Bar, sie wollte mit ihm über die Vergangenheit reden, aber dafür war sie – wie er selbst – viel zu betrunken. Der Alkohol war die Konstante und die gemeinsam erlebte Zeit blieb unerzählt.

In Williers Wohngemeinschaftszimmer ging es so weiter wie auf der OSO. Es gab wieder den Zwang, „permanent nackt sein zu müssen". Georg erinnert sich, dass auf Williers Bett oft die nackten oder nur mit Höschen bekleideten Mädchen sassen. Eine spätere Lebenspartnerin erinnert sich heute: Er redete permanent nur von den Kindern seiner „Gemeinschaft", ein früheres Leben oder eine frühere Beziehung schien es nicht zu geben. Alles sollte sich auf den Augenblick konzentrieren. Sie sagte später, er habe eine „vollkommen falsche Nähe" zu Kindern gesucht.

Als Folgen des ständigen Missbrauchs hatte Georg permanent Angstzustände. Die Odenwaldschule beschäftigte zu seiner Zeit eine Schulpsychologin. Sie trank und rauchte so viel, dass sie gelbe Finger hatte. Becker wollte Georg zu ihr schicken, aber er entzog sich dem möglichst lange. Als er sich dann aber doch zu ihr bemühen musste, war ihre erste Frage: „Hast Du schon onaniert?" Er war 13 Jahre alt und sagte aus Scham „nein". Er wollte dieses Thema nicht schon wieder mit einem Erwachsenen erleben, weil er wusste, was sich daraus entwickelt.[119] Darauf teilte ihm die Psychologin ihre Diagnose mit: „Ich wusste, dass Du zurückgeblieben bist!" Dieses Gespräch fand Georg von Gerold Becker in veränderter Form als Notiz geschrieben wieder.

Später musste Georg einen Intelligenztest machen, der an einer deutschen Universität ausgewertet wurde. Im Ergebnis lag er weit über dem Durchschnitt, ihm wurde mitgeteilt, dass er hoch intelligent sei. Für ihn war das Ergebnis „schrecklich". Er glaubte, geisteskrank zu sein und wähnte sich zwischen Genie und Wahnsinn. Seine Angstzustände wurden heftiger. Er rannte oft durch den nahe gelegenen Wald, so lange, bis ihm schwarz vor Augen wurde. Es war ihm nun klar, dass Alkohol für ihn schon deshalb hilfreich sein musste, weil er sich den zu hohen IQ „aus dem Kopf saufen" musste, um weiter weg zu kommen von der Grenze zum Wahnsinn. Dazu reichten am Schluss zwei Kästen Bier am Tag kaum aus. Becker benutzte den hohen IQ als Argument, um Georg nicht von der Schule zu verweisen.

Als Erwachsener besuchte er häufig die Odenwaldschule, die für ihn als Kind und Jugendlicher ein Horror gewesen ist und der er doch noch lange verbunden blieb. Er ist dort aufgewachsen und es ist seine Heimat, einen anderen Ort gibt es für ihn nicht. Er sagt heute: „Ich kann nicht die Kindheit und Jugend löschen! Ich kann aber den Ort Heppenheim-Hambach von den Tätern trennen!"[120]

Bei seinen Besuchen erlebte er Geschichten, die man wiederum nicht für möglich halten würde. Eine dieser Gelegenheiten nahm er zum Anlass, sich einem Lehrer anzuvertrauen. Aber der sagte nur: „So etwas passiert doch überall." Um 1998, oder eher früher, hatte er eine Begegnung mit einem anderen Lehrer, dessen Namen er erst sehr viel später erfuhr. Georg erzählte

---

119 Mail von Georg vom 26. November 2012.
120 Mail von Georg vom 6. August 2015.

ihm von Beckers Täterschaft, woraufhin der Lehrer sagte: „Der Gerold, der hat das sicher nicht so gemeint."

Gerold Becker verfasste 1996 für die Grundschulzeitschrift des Friedrich-Verlags eine „pädagogische Hausordnung". Es handelte sich um ein Themenheft zu den Kinderrechten. Richard von Weizsäcker, seit zwei Jahren Alt-Bundespräsident, schrieb das Geleitwort, einer der Herausgeber war Otto Herz und einer der Beiträger Gerold Becker. Seine „Hausordnung" formulierte Regeln, die für alle Mitglieder einer Schule, Erwachsene wie Kinder, gelten sollen. Die beiden ersten Regeln lauten: „Wer schwächer ist, hat mehr Recht" und „Niemand darf einem anderen weh tun, ihn quälen oder schlagen" (Becker 1996c).

Das Gegenteil war im „System Becker" jederzeit möglich. Schulleiter Becker konnte frei von jeder Verantwortung handeln, wenn er sich gegenüber Wolfgang Edelstein auf seine besondere Verantwortung als Pädagoge berufen hat, dann folgte daraus nichts. Es war nur eine Ausrede zur eigenen Deckung und zur Rechenschaft gezogen hat ihn niemand. Moral wurde an der Schule bei jeder Gelegenheit wortreich beschworen, besonders dann, wenn es um die bessere Erziehung ging, aber Schüler wie Georg waren an ihrem Zustand selber schuld. Den Tatort sollte es nicht geben.

Der Schulleiter war bekannt für seine misogyne Haltung. Die Altschülerin Bridget Irene Pastor spricht am 12. März 2010 in einem offenen Brief an Gerold Becker von seiner „manchmal reduzierten Wahrnehmung" Mädchen und Frauen gegenüber. Sie berichtet auch von „dem schönen Knaben mit sehr schwarzem kurzem Haar", der Beckers Bus „getrümmert" habe und sich „später das Leben mit einem Motorrad nahm". Und nach ihrer Schulzeit erfuhr sie von einem „blonden gelockten, eher kleinen Jungen", der wegen Becker die Schule verliess.[121]

In seiner Familie, sagt ein ehemaliges Mitglied aus, bevorzugte Gerold Becker „virile Jungs", die als Problemfälle galten und schnell zu seinen Günstlingen wurden. „Er half ihnen und hatte sie so unter seiner Kontrolle." Zeitweise sei Becker „auch richtig verliebt gewesen" und auf der anderen Seite entstand der Eindruck, dass er von seinen Günstlingen ausgenutzt wurde oder sich ausnutzen liess, also seinerseits abhängig war (Misalla's Blog 2010, S. 53).[122]

„Der VW-Bus des Schulleiters wurde von einem minderjährigen Günstling regelmässig ohne dessen Wissen benutzt. Dieser hatte einen Nachschlüssel. Eines Nachts kam er von

---

121 http://www.zeitong.de/nc/ng/da/2010/03/14/odenwaldschule-offener-brief-an-gerold-becker/
122 Eintrag „die made" vom 7. März 2010.

der Strecke ab, der Wagen überschlug sich und war Schrott. Der Günstling blieb unverletzt! Der Leiter hatte mit dem Günstling ein sexuelles Verhältnis. Er versuchte, den Vorfall, so gut es ging zu vertuschen. Er übernahm alle Kosten und sah von einer Strafanzeige ab. Trotzdem musste der Günstling dann die Schule verlassen. Ein paar Jahre darauf nahm er sich dann mit einem Motorrad auf dem Nürburgring das Leben" (ebd., S. 54).[123]

Der „minderjährige Günstling" hiess Michael Wirsing. Rotkäppchen, die ihn gut kannte, bezeichnet ihn als „lost soul", seine Eltern hätten ihn als Kind „weggeworfen" – das sei ihr Gefühl gewesen. Er ist sechs Jahre an der Odenwaldschule geblieben und sein Leben war rückblickend tatsächlich das einer verlorenen Seele.

Michael Wirsing besuchte die Schule seit 1972 (OSO-Nachrichten 1976b, S. 5) und wohnte zunächst zusammen mit den Grundschülern im Pestalozzi-Haus. Danach kam er im Schuljahr 1973/1974 zu Jürgen Kahle und hat dann zwei Jahre in der Familie von Wolfgang Held verbracht. Im Schuljahr 1976/1977 besuchte er die neunte Klasse und wechselte in die Familie von Gerold Becker. Dort blieb er für die nächsten drei Jahre. Zuletzt taucht sein Name als Mitglied der Becker-Familie in der Familienliste mit Stand vom 21. August 1978 auf. Er besuchte zu diesem Zeitpunkt die 11. Klasse.

Michael ist in seinen Familien immer wieder missbraucht worden, aber auch er hatte nichts anderes als die Odenwaldschule und musste sich deswegen auf eigene Weise wehren. Er war Gerold Becker in einer Art Hassliebe verbunden und fuhr seinen Wagen zu Schrott. Von Beckers sexuellen Weckritualen erfuhr Rotkäppchen durch Michael Wirsing. Der sah aus wie ein „junger Griechengott", er war sehr athletisch und offenbar für Gerold Becker hochgradig attraktiv. Wirsing hat ihr berichtet, dass sich die Jungen unter den Bettdecken versteckt haben, um, wie es damals hiess, den „blöden Grapschereien" von Becker zu entgehen. Wirsing hat sich später irgendwo bei Heidelberg (und so nicht am Nürburgring) das Leben genommen. Gerold Becker hat die Totenrede gehalten.[124]

Als Michael Wirsing in der Held-Familie lebte, besuchte er die siebte und achte Klasse (OSO-Nachrichten 1975, S. 42), er ist danach von Gerold Becker übernommen worden. Das kam, wie gesagt, häufiger vor und hat mit sexuellen Präferenzen beider Täter zu tun. Sie müssen sich mindestens in dieser Hinsicht verstanden haben. Michael Wirsing hat fünf Jahre mit Kinderschändern zubringen müssen und sich in seinem letzten Jahr an der Odenwaldschule aus der Becker-Familie zurückgezogen oder musste sie verlassen. Er wohnte danach in der Familie eines Sportlehrers. Michael besuchte noch

---

123 Eintrag „die made" vom 7. März 2010.
124 Gespräch mit Rotkäppchen am 25. Juni 2013.

die 12. Klasse, die er aber nicht beendete; in der Familienliste ist vermerkt: „Abgang 28.1.80". Er verliess die Schule ohne Abschluss. Der Grund ist nicht bekannt.

Von und über Michael Wirsing gibt es ausser den erwähnten Erinnerungen und Eintragungen in Schülerlisten kaum weitere Spuren. Gerold Becker hat ihn an sich gebunden, ihn sexuell ausgebeutet und ihn dann seinem Schicksal überlassen. Nicht bekannt ist, welche Konflikte es dabei gegeben hat, die heimlichen Spritztouren können auch eine Machtdemonstration gewesen sein. Die Abwicklung des Autounfalls jedenfalls zeigt, dass davon nichts nach aussen dringen sollte. Deswegen wurde keine Anzeige erstattet und der Schaden von Becker stillschweigend beglichen.

Der Bus hatte einen hohen Symbolwert, er war „toll ausgebaut", zu ihm hatte Gerold Becker „ein fast libidinöses Verhältnis" und er war immer wieder auch Tatort. Wirsing hat das erlebt und wollte sich vermutlich rächen, wohlwissend, dass Becker gegen ihn nichts unternehmen würde. Er stand unter Einfluss entweder von Drogen oder von Alkohol, als er den Bus zertrümmerte und dabei sein Leben riskierte. Die Aussagen stammen von dem Altschüler Oliver Kreidl, der nie Mitglied von Beckers Familie war und ihm doch einmal zum Opfer fiel (Der Tagesspiegel vom 25. Mai 2010).

Am 16. Mai 1976 wurde Michael Wirsing in der Odenwaldschule konfirmiert, er war vierzehn Jahre alt. Die Teilnahme an der Konfirmation war freiwillig, aber auf diese Rituale wurde geachtet, nicht zuletzt weil damit der Schein der Normalität gewahrt wurde. In vielen Familien der Schüler war die Konfirmation noch selbstverständlicher Teil des Aufwachsens. Zur religiösen Vorbereitung der Feier verbrachte Michael zusammen mit den anderen Konfirmanden ein Wochenende auf der Burg Waldeck, das unter der Leitung von Siegfried Helmer und Almut Firl durchgeführt wurde.

Das Thema der Predigt im Konfirmationsgottesdienst war das Gleichnis von den Arbeitern im Weinberg, die Predigt hielt wie gewohnt Gerold Becker. „In bewährter Weise", heisst es in den OSO-Nachrichten, trug eine Musikgruppe aus der Schule dazu bei, „den Gottesdienst festlich zu gestalten". Die Leitung hatte Wolfgang Held, also noch das Familienhaupt des Konfirmanden. Wenige Wochen später sollte Michael zu dem wechseln, der für ihn predigte. Im Anschluss an die Feier „fand für die Eltern und engsten Angehörigen der Konfirmanden ein Empfang im Konferenzraum statt" (OSO-Nachrichten 1976a, S. 15).

Die Regel war, dass die Gäste von dem Schulleiter „persönlich begrüsst wurden" (OSO-Nachrichten 1984, S. 12). Ob für Michael Wirsing jemand dabei war, ist nicht bekannt, aber wahrscheinlich war er allein. Die Täter haben ihn konfirmiert, nur um ihn danach weiter zu missbrauchen und emotional auszubeuten. Man kann ihn nicht mehr fragen, wie er sich bei Gerold Beckers Predigt gefühlt hat. Nur eines ist klar, auf ihn trifft die Botschaft des

Weinberg-Gleichnisses nicht zu, gemäss der „die letzten die ersten sein werden". Nur noch die Mitschüler von damals erinnern sich an ihn, sonst hat er nichts hinterlassen. Auch so gesehen blieb er der letzte, und darin war er nicht der einzige.

Der Altschüler Stephan Hädrich schrieb Gerold Becker Bettelbriefe aus Thailand, in denen er dringend grössere Summen Geld verlangte. Seine Geschichte ist nie erzählt worden, vielleicht weil sie so typisch ist. Stephan lebte als Kind in Frankfurt und er kam aus einer schwierigen Familiensituation an die Odenwaldschule. Wie viele andere war er auf seinen Platz in der Schule angewiesen, hatte keine Wahl und musste sich arrangieren. Er fiel Gerold Becker in die Hände, als er gerade einmal vierzehn Jahre alt war.

Elfe Brandenburger war mit Stephan während seiner Zeit an der Odenwaldschule befreundet, beide hörten gerne die Musik von Frank Zappa.[125] Stephan war einer von den Jugendlichen, die bis zu einen Kasten Bier am Tag tranken und doch nicht auffielen oder die man gewähren liess. Er starb zwanzig Jahre nach dem Ende seiner Schulzeit an AIDS, in seinem ruhelosen Leben hat er nie einen Haltepunkt gefunden und Gerold Becker blieb eine Bezugsperson, die er nicht hinter sich zurücklassen konnte.

Der Junge musste früh Brüche erfahren. Die Mutter von Stephan Hädrich verschwand aus seinem Kinderleben, als er drei Jahre alt war. Der Vater Rolf Hädrich war ein bekannter Theater- und Fernsehregisseur, der zunächst beim Hessischen Rundfunk in Frankfurt arbeitete und von 1970 an sehr erfolgreich die Abteilung Fernsehspiel des Norddeutschen Rundfunks leitete. Hädrich war in zweiter Ehe bis 1972 verheiratet mit der bekannten Schauspielerin Ingmar Zeisberg.

Als der Sohn Stephan 1957 geboren wurde, war seine Mutter zweiundzwanzig Jahre alt. Sie blieb nicht lange bei ihm, aus welchen Gründen ist nicht bekannt. Wer den Sohn erzogen hat und wie er an die Odenwaldschule kam, ist ebenfalls nicht bekannt. Der Vater hatte Ingmar Zeisberg 1964 geheiratet, sie wurde Stephans Stiefmutter, als er sieben Jahre alt war. 1970 wird Stephan im deutschen Who is Who als Rolf Hädrichs Sohn aus erster Ehe bezeichnet.[126] Er ist ein Jahr zuvor mit zwölf Jahren an die Odenwaldschule gekommen und blieb dort bis zum Abitur. Die zweite Ehe seines Vaters ging in die Brüche und wurde 1972 geschieden, auf eine Familie konnte sich Stephan nicht beziehen, die OSO war auch für ihn der Ersatz.

Im Schuljahr 1969/1970 war Stephan Hädrich Mitglied in der Familie von Ernesto Zinsel, der von 1963 bis 1973 Mitarbeiter war und im Februar 2011

---

125 Zum Folgenden: Gespräch mit Elfe Brandenburger am 2. September 2013.
126 Wer ist Wer? Das deutsche Who is Who Band 16 (1970), S. 418.

gestorben ist.[127] Hädrich blieb zwei Jahre bei Zinsel und kam im Schuljahr 1971/1972 in die Becker-Familie. Mit vierzehn Jahren entsprach auch er dem Beuteschema. Er blieb dort auch noch im nächsten Schuljahr, hat dann aber gewechselt und kehrte während des Schuljahres zurück in die Zinsel-Familie. Wie das gehandhabt wurde, ist nicht bekannt. Für ihn kam Andreas von Weizsäcker in die Becker-Familie. Stephan verbrachte nach der Auflösung der Zinsel-Familie die nächsten drei Schuljahre in der Familie von Geschäftsführer Günther Schweigkofler. Ob das abgesprochen war, muss dahingestellt bleiben.

Der Vater Rolf Hädrich erlitt im April 1990 einen schweren Autounfall und musste seinen Beruf als Regisseur aufgeben, er wurde 1991 vom NDR vorzeitig entlassen und starb zehn Jahre später in Hamburg. Über das Verhältnis zu seinem Sohn, der ihm sehr ähnlich gesehen hat, ist nichts näher bekannt. In einem Nachruf wurde der Vater als „ein vom Humanismus geprägter Querkopf" bezeichnet.[128] Er hat seinen Sohn nach der Odenwaldschule noch jahrelang finanziell unterstützt, aber dann muss die Beziehung abgebrochen sein.

Stephan Hädrich lebte also während der Pubertät knapp zwei Jahre lang in der Familie von Gerold Becker. Geredet hat er über diese Erfahrungen offenbar mit niemandem. Man muss davon ausgehen, dass er mit Becker ein sexuelles Verhältnis hatte und vermutlich hat er die Familie verlassen, als es zu Ende war. Im Schuljahr 1974/1975 besuchte er die 12. Klasse (OSO-Nachrichten 1975, S. 43). Stephan hat dann 1976 Abitur gemacht, im gleichen Jahrgang wie Andreas von Weizsäcker und wie er mit Becker eng verbunden.

Hädrichs Eltern hatten ein Chalet in der Schweiz. Sein Mitschüler Jan Kruse war mit Stephan dort einmal zum Schlittenfahren in den Bergen. Stephan trug später immer ausgebeulte weisse Leinenhosen, die zu seinem Markenzeichen wurden. Kruse bezeichnet ihn als starke Persönlichkeit, er war ausgesprochen eigenwillig, ein bulliger Typ mit lockigen Haaren, der über das, was er wollte, immer eine klare Meinung hatte. Er trat stets selbstbewusst auf, aber zog sich zurück, wenn eine Situation nicht nach seinem Geschmack verlief.[129]

Auf der anderen Seite: Er kiffte, war gegenüber jüngeren Mädchen übergriffig und durfte doch eine Kameradenfamilie leiten. Grenzen kannte er keine und erfuhr sie auch nicht. Man erlaubte ihm sogar, dass er sich einen

---

127 Ernesto J. Zinsel wurde für kurze Zeit Dozent bei der Friedrich-Naumann-Stiftung und war dann Lehrer am Fürst-Johann-Moritz Gymnasium in Siegen-Weidenau. Bekannt wurde er als Reiseschriftsteller.
128 Die Welt vom 2. November 2000.
129 Gespräch mit Jan Kruse am 28. Februar 2014.

Hund hielt und den in den Unterricht mitbrachte,[130] was niemand sonst durfte. Aber es gibt eine Spur, die das doch so klare Profil eines übermässig geltungsbedürftigen jungen Mannes irritiert und insbesondere für die Beziehung zu Gerold Becker aufschlussreich ist.

Im März 1976 erschien in den OSO-Nachrichten ein scheinbar nicht ganz ernst gemeintes Porträt von Schulleiter Becker, das Stephan Hädrich verfasst hat. Es ist das einzige Porträt des Schulleiters, das je erschienen ist. Verbunden damit war eine unverhohlene Tötungsfantasie, die auf Beckers Thema des Kannibalismus zurrückkam. Dafür wurde eine passende Erzählkulisse geschaffen, nämlich der „Blaue Wurm", auf den hin das Porträt entworfen wurde. Der Bezug war wohl der letzte Termin, der auf den 12. Februar 1976 festgelegt war.

Hädrich stellte sich vor, wie Schulleiter Becker diese zuletzt vernachlässigte Tradition „zu neuem Leben erwecken wollte", verkleidet als Scheich „Ummo-Beck Halef". Das arabische Wort „Halef" bedeutet „Nachfolger", der für Becker nicht in Sicht war, aber von bestimmten Lehrern gewünscht wurde, was den Schülern bekannt war. Beschrieben wird eine Szene, in der „Ummo-Beck Halef" sich auf die Suche nach dem „wüsten Stamm der Osoiden" macht und dabei als einsamer Held in dunkler Schneenacht auftritt. Seine Gefährten, also die anderen Lehrer, haben ihn schnöde im Stich gelassen und er muss nun allein auf sich gestellt in den Kampf ziehen.

Dabei lächelte er sein bekanntes „High-Noon Lächeln", doch eben das wurde ihm zum Verhängnis. Hädrich erzählt nämlich, dass genau „in diesem Moment der Mond durch die Wolkendecke brach und sich ein Strahl auf dem Goldzahn seines ansonsten makellosen Gebisses niederliess". Diese Spiegelung tauchte die Umgebung „für einen Moment in gleissendes Licht" und die Finsternis wich. Ummo-Beck Halef erkannte sogleich eine dunkle Gestalt hinter einem Baum und hielt sie „mit furchterregender Stimme" an, umgehend nach Hause zu gehen.

> „Ein höhnisches Gelächter antwortete ihm und wie ein Echo schien es von allen Seiten wiederzuhallen. Plötzlich regnete ein wahrer Kugelhagel auf ihn hernieder. In die Brust getroffen, sank Ummo-Beck in den Schnee und seufzte ein letztes Mal, verdrehte die Augen und verschied. Sofort stürzten einige dunkle Gestalten auf ihn, zückten ihre Messer und verspeisten ihn" (OSO-Nachrichten 1976, S. 22).

Darauf konnte sich, wie es scheint, niemand einen Reim machen. Nach dem Ende der Odenwaldschule wohnte Stephan Hädrich in der Villa in München

---

[130] Brief von Peter Lang vom 14. April 2015.

eine längere Zeit mit den anderen Altschülern zusammen. Er studierte Fotografie an der Filmhochschule in München. Gerold Becker besass eine „tolle" Fotoausrüstung, die er Stephan zum Abschied schenkte, damit er Fotograf werden konnte.

Stephan Hädrich hat häufig am Set seines Vaters gearbeitet und einige Fotos seines Vaters stammen von ihm, etwa das bekannte Porträt des Regisseurs mit rauchender Pfeife.[131] Zum Jubiläum der Odenwaldschule 1985, neun Jahre nach seinem Abitur, hat er verschiedene Fotos gemacht, die Gerold Becker zeigen, darunter eines, das Becker zeigt, wie er vor Lachen brüllt, was sonst nie aufgenommen wurde (OSO-Hefte 1985, S. 153, 160, 167). In diversen OSO-Heften und Ausgaben der OSO-Nachrichten sieht man im Übrigen Fotos von Gerold Becker, oft von Jungen oder vom Tatort Schule.

Nach zwei Jahren musste Stephan Hädrich die Münchner Wohngemeinschaft verlassen. Er war ständig gegen seine Freundinnen gewalttätig und wurde so untragbar. Was ihn antrieb, war ein plötzlich aufwallender Hass gegen Frauen, der sich mit zunehmendem Alter verstärkte. Er handelte zwanghaft, insbesondere bei Konflikten und drohendem Kontrollverlust. Zugleich hortete er Nacktfotos von Frauen. Es kam zum Abbruch aller Beziehungen, ausgenommen die zu Gerold Becker.

Zwar unterstützte seine Mutter ihn grosszügig, dennoch lebte er zeitweise als Obdachloser auf der Strasse. Er wurde zufällig gesehen, als er in der Münchner U-Bahn bettelte, trug wie immer einen Bart und die erwähnte weisse Leinenhose, also war äusserlich unverändert.[132] Irgendwann hielt es ihn nicht mehr in Deutschland, er wanderte aus und kehrte nie zurück.

Stephan Hädrich, Mitschüler und damaliger Freund, so Konrad Taukert, „hatte einen Knall". Er war schon als Schüler ausgesprochen schwierig. Er war emotional schwer gestört und hat seine Partnerinnen „schlecht behandelt". Er hat zahlreiche Briefe an Becker geschrieben und um Geld gebettelt. Stephan Hädrich hat sein Leben „als Mühsal gesehen" und ist in den frühen neunziger Jahren nach Thailand ausgewandert. Er ist an AIDS gestorben und hinterlässt dort einen Sohn. Stephan ist, wie so manches Internatskind, von seinem Vater auf das Internat abgeschoben worden.[133]

Stephan Hädrich schrieb Gerold Becker aus Chiang Mai, einer Grossstadt ganz im Norden Thailands, wie lange er dort gelebt hat, ist nicht bekannt, die mit Bleistift geschriebenen und in Grossbuchstaben handschriftlich abgefassten Briefe sind nicht datiert. Ein Brief ist ein Bettelbrief, in dem es um eine

---

131 http://www.deutsches-filmhaus.de/bio_reg/h_bio_regiss/haedrich_rolf_bio.htm
132 Mail von Elfe Brandenburger vom 15. Oktober 2013.
133 Gespräch mit Konrad Taukert am 15. Oktober 2013.

konkrete Summe ging. Stephan Hädrich spricht davon, dass ihm binnen einer Woche „der gesamte Himmel auf den Kopf gefallen" sei und er gerne das Land verlassen würde, es aber derzeit nicht könne. Der Grund wird nicht gesagt, dafür heisst es dramatisch: „Ich habe das Gefühl, als ob ich es hier keine Sekunde länger mehr ertragen kann und weiss, es dauert noch mindestens 6 Wochen, falls ich es überhaupt angehen kann."

Von einer Krankheit ist keine Rede, aber es muss dringlich gewesen sein, denn Stephan Hädrich schrieb: „Jetzt würde ich gerne auf Dein Angebot zurückkommen, da ja sonst niemand da ist, 700 DM und ich bin wieder zuhause, warum nicht auch über Berlin?" Was dann folgt, ist ein einziger Hilfeschrei:

> „Es ist mir ernst, ernster denn jeh, sobald ich irgend kann, fliege ich. Es ging mir schon mieser als heute, aber was nützt mir diese Erkenntnis jetzt? Gerold, bitte hilf mir, ich muss hier raus. Alle Liebe, Stefan."

Was es mit dem Angebot auf sich hatte und ob Gerold Becker ihm tatsächlich den Rückflug nach Deutschland bezahlt hat, ist nicht bekannt. Klar ist aber, dass noch lange nach dem Ende der Schulzeit eine enge persönliche Verbindung bestanden hat. Wenn „sonst niemand da ist", muss Becker der letzte Vertraute gewesen sein, den man um Geld angehen konnte. In einem anderen Brief schreibt Hädrich: „Ich schreibe mir hier die Finger fusselig und keiner antwortet, dass finde ich weniger witzig."

Hädrichs erster Brief ist nicht allein in einem materiellen Sinne zu verstehen, es ging nicht nur um Geld, er bettelte auch um Zuwendung. In seinen Briefen wählte er einen vertrauten Ton und bat seinen Freund Gerold, er möge ihm doch häufiger schreiben und ihm so zur Seite stehen. Er teilt seinem Freund Gerold auch mit, dass ihm sein Vater früher eine „monatliche Zuwendung" gezahlt habe, auf die er jetzt aber nicht mehr zählen könne. Das muss in den achtziger Jahren gewesen sein, vor dem Unfall seines gut verdienenden Vaters, der ihn vermutlich aufgrund seiner Eskapaden nicht mehr unterstützt hat.

Weiter ist in dem Brief von einer Freundin mit Namen Ranee die Rede, die ihr Gold versetzen müsse. Er schreibt, dass er „zum Glück wieder unterrichten" könne,[134] aber die Neuausgabe seines Thailand-Reiseführers würde nicht vorankommen. In München habe er noch „eine Plattensammlung im Wert von 5000 DM plus", doch die könne er nicht zu Geld machen, weil auf

---

[134] Die Pingkarattana Schule Chiang Mai ist Partnerschule des Goethe Instituts in Thailand, vielleicht hat Stephan Hädrich dort unterrichtet. Aber es gibt auch verschiedene Sprachschulen, die Deutschlehrer hätten beschäftigen können.

seine Briefe niemand antworten würde. Schliesslich melde die Bildagentur sich nicht, die seine Dias verwaltet. Und zu allem Übel befinde sich ein Freund, der ihm „schnell und problemlos" helfen könne, gerade auf einer längeren Weltreise.

Stephan Hädrich redete Gerold Becker mit „mein Lieber" an und schrieb ihm, dass er zu „wenigen Leuten" gehören würde, „die einem etwas bedeuten auf diesem Planeten". Offenbar hat Becker nicht mit ihm gebrochen, als er die Villa in München verlassen musste. Hädrich blieb bedürftig und lebte nach seiner Rückkehr ohne inneren Halt. Was aus seiner thailändischen Freundin wurde, ist nicht bekannt. Er war offenbar lebenslang von Becker emotional abhängig und identifizierte sich mit ihm. Es ist nicht bekannt, unter welchen Umständen er gestorben ist.

Im Schuljahr 1972/1973 kam ein Junge an die Odenwaldschule, der hier Franz genannt wird. Er wurde zunächst im Pestalozzihaus untergebracht, zusammen mit Michael Wirsing und anderen. Franz stammte aus einer wohlhabenden Familie in Südwestdeutschland, sein Vater leitete eine alteingesessene Firma, die am Ende des 19. Jahrhundert gegründet worden ist. Warum Franz mit zehn Jahren auf die Odenwaldschule geschickt wurde, ist nicht bekannt.

Er kam nach dem Ende der Grundschule und hat zuerst die 5. Klasse besucht. Danach lebte Franz drei Jahre lang in der Familie von Wolfgang Held, wiederum gezielt ausgesucht, wie man annehmen muss. Die ersten beiden Jahre wohnte er zusammen mit Michael Wirsing auf einem Zimmer. Einer seiner anderen Kameraden in der Held-Familie wird hier Wolfgang Neumann genannt. Franz war klein und zwei Jahre jünger als er. Der Junge musste morgens zu Held ins Bett gehen, sich seine „Zärtlichkeiten" gefallen lassen und ihn sexuell befriedigen.[135]

In der 9. Klasse wechselte Franz zu Gerold Becker, wo er weitere vier Jahre verbringen sollte. Einer seiner Kameraden im ersten Jahr war wieder Michael Wirsing, der auch in seinem zweiten und dritten Jahr noch bei Becker war. Im vierten Jahr (1979/1980) kam der oben erwähnte Jakob dazu. Im Juni 1979 bestand Franz mit gutem Erfolg die Gesellenprüfung im Schlosserhandwerk (OSO-Nachrichten 1979, S. 22) und hat parallel die gymnasiale Oberstufe besucht. Während der Pubertät wurde er zum Alkoholiker und hat wohl Mitte 1980, am Ende der 12. Klasse, die Schule verlassen, auch er ohne Abitur zu machen.

Bettina Kohl berichtet, dass sie eine Zeitlang mit Michael Wirsing in eine Klasse ging. Franz war ihr erster kindlicher Freund, er wurde später massiv drogenabhängig. Aufgrund der Gegenmittel, die er nehmen musste, wirkte

---

135 Quelle: Gespräch eines Zeugen mit mir.

er aufgedunsen. Er hat sich nach der Schulzeit in einer Badewanne ertränkt.[136] Er soll zuhause an einer Kombination von Drogen und Rotwein gestorben sein, ohne dass der Anlass oder die genauen Gründe bekannt wären.

Sieben von seinen acht Jahren an der Odenwaldschule war er in der Hand von notorischen Kinderschändern. Man muss davon ausgehen, dass der junge Mann sich das Leben genommen hat, weil er nicht verkraftet hat, was er in der Held-Familie und später bei Gerold Becker über sich ergehen lassen musste. Sie haben sein kurzes Leben zerstört, ohne je zur Rechenschaft gezogen worden zu sein. Für beide Lehrer war Verantwortung ein Fremdwort.

Ein anderer Altschüler berichtet,[137] dass er Becker und Hentig in Berlin besucht habe. Das war nach seinem Schulabschluss. Hentig sei nur kurz dabei gewesen. Becker habe sich sehr gefreut, ihn wieder zu sehen, man habe sich gut unterhalten, bis Becker dann übergriffig wurde und sich gegen den Willen des jungen Mannes befriedigen liess. Es war für Becker eine Art Gewohnheitsrecht, das sich aus der gemeinsamen Zeit an der Odenwaldschule ableitete und das auch danach noch gelten sollte. Wenn er von „seinen Jungs" redete, dann waren immer auch seine Opfer gemeint, die er weiterhin ausbeuten konnte.

In einem vertraulichen Text eines der Opfer findet sich eine Passage, die den Kern dieser Erfahrungen trifft:

> „An der Odenwaldschule wurden Weltuntergänge über Jahrzehnte produziert. Dort wo die Hilfe zum Start in das Leben erfolgen sollte, dort bekamen viele ihren persönlichen Untergang mit auf den Weg. Lebenslang und unabhängig davon wie lang Lebenslang dauert."

Am 15. Januar 2011 starb in Berlin mit nicht ganz vierzig Jahren an einer Überdosis Heroin Roman Weiss.[138] Er wurde 1972 geboren und wuchs zunächst bei seinem leiblichen Vater auf, seine Mutter hat er nie gesehen. Mit sieben Jahren kam er in eine Pflegefamilie, in der bereits zwei Kinder waren. Roman konnte dort nicht aufgefangen werden. Nach Schwierigkeiten in der Schule und angesichts wachsender Probleme mit der Familie, die sich nicht lösen liessen, wurde die Odenwaldschule für ihn ausgesucht. Die Pflegeeltern dachten, die Familien der Odenwaldschule würden ihn auffangen können.

Roman besuchte die Schule durchgehend von 1986 bis 1991, also fünf Jahre lang. Gerold Becker war bereits kein Schulleiter mehr, als Roman mit vierzehn Jahren im Schuljahr 1986/1987 in die achte Klasse kam. Er ist also nicht von Becker aufgenommen worden. Roman hat bis dahin keine Klasse

---

136 Gespräch mit Bettina Kohl am 28. April 2014.
137 Quelle: Gespräch mit mir.
138 Der Name ist ein Pseudonym.

wiederholt und verliess die Odenwaldschule in der zwölften Klasse, also auch er ohne Schulabschluss. Über einen Leistungsabfall ist nichts bekannt, Roman stand vor dem Abitur und hat trotzdem aufgegeben.

In seinem letzten Jahr lebten in seiner Familie neun Personen, von denen die Familienliste nur sieben namentlich ausweist, die beiden anderen werden mit einem Fragezeichen versehen, was sonst kaum vorkommt. Das betrifft auch den Zimmerkameraden von Roman Weiss, wer das war, ist offenbar unbekannt. Ein Jahr später lebten wiederum neun Personen in der Familie, die alle mit Namen aufgelistet wurden. Die Familie wurde komplett neu zusammengesetzt, nur ein Schüler war auch schon zuvor dort. Drei haben Abitur gemacht, zwei wurden anders verteilt und Roman Weiss verschwand.

Im Schuljahr 1991/1992 ist er in den Familienlisten nicht verzeichnet, aber offenbar ist er im Jahr darauf kurzfristig zurückgekehrt. In der Familienliste des Schuljahres 1992/1993 ist er noch als Schüler der 12. Klasse verzeichnet, was darauf hindeutet, dass er das Schuljahr 1990/1991 nicht beendet hat und es nun wiederholen sollte. Ähnlich ist man ja bei Peter Lang vorgegangen. Doch in der letzten Familie ist sein Name durchgestrichen und durch einen anderen ersetzt worden. Er muss also wieder verschwunden sein, nach Berlin, in die Drogenszene – und zu Gerold Becker.

Im Mai 2011 hiess es in einem Nachruf der Altschülerzeitung Goetheplatz: „Er gehörte zu denen, die auf der OSO nicht gut aufgehoben waren. Sein Tod soll uns auch Mahnung sein" (Goetheplatz 2011, S. 6). Daniel, ein Freund und Altschüler, der seit 1982 an der Odenwaldschule war, hielt die Totenrede. Er hat Roman, der drei Klassen unter ihm war und mit dem er nie in einer gemeinsamen Familie gelebt hat, im Sommer 1988 näher kennengelernt. Daniel hat offenbar die 12. Klasse wiederholt und hat 1990 Abitur gemacht, als Roman Weiss noch an der Schule war.

Daniel berichtet von „einigen aufregenden intensiven Jahren", die sie gemeinsam in Berlin verbracht hätten, Jahre mit Drogen, Abstürzen und Rettungen – bis sie sich 1997 trennten. Eine Grunderfahrung in Romans Leben waren Brüche.

> „Deine Mutter hast Du nie kennengelernt, dein Vater war bis zu Deinem siebten Lebensjahr an Deiner Seite, hat Dich dann jedoch in eine Pflegefamilie bei Heidelberg gegeben … Du (kamst) dann in die Odenwaldschule. Und auch wenn Du dort vorerst einen Ort der Geborgenheit gefunden hattest, an dem Du Deine vielfältigen Begabungen entfalten konntest, gab es auch hier ein einschneidendes Erlebnis des Vertrauensbruchs, nämlich mit Gerold Becker, als du Deine Ferien bei ihm verbrachtest."

Wie kann man Vertrauen in den Weg des Lebens entwickeln, heisst es in der Rede weiter, wenn man immer wieder verraten wird und sich verlassen fühlt? Roman hat schon als Schüler Drogen genommen und kam davon in seinem

Leben nie wieder los. Zum Abschied von dem Toten sagte sein Freund Daniel noch den bewegenden Satz: „Wenn Gott ein anderes Wort ist für bedingungslose Liebe ist, dann erfährst Du jetzt, was Dir in unserer Welt so oft gefehlt hat."

Gerold Becker muss den Jungen bei Besuchen in der Odenwaldschule für gemeinsame Ferien und Aufenthalte in Berlin angeworben haben, wenn er ihm nicht gezielt zugeführt worden ist. Der Junge war allein und hätte sich Ferien nie leisten können. Für Bedürftigkeit hatte Becker einen untrüglichen Blick, er wusste, wie sich die Jungen in Notlagen mit Versprechen ködern liessen. Die Praxis der Ferienaufenthalte muss bekannt gewesen sein, aber offenbar hat niemand Roman gewarnt. Der Preis war, dass er sich ausliefern musste, traumatisiert wurde und am Ende mit seinem Leben bezahlt hat.

Das gilt auch für einen anderen Jungen. Frank Scholl kam 1984 mit vierzehn Jahren an die Odenwaldschule, nicht freiwillig, sondern wie viele andere wegen Schwierigkeiten in der Pubertät und auf Veranlassung seines Vaters. Der Junge galt als Problemschüler, der als Jugendlicher auffällig wurde, Autos aufbrach, nachts nicht nach Hause kam und seine bürgerliche Familie mit einer Punk-Frisur provozierte (Erlenbach 2013). Sein Vater war Direktor bei der Bundesbank in Frankfurt, er beendete das pubertäre Spiel und gab seinen Sohn bei der Odenwaldschule ab.

Als Frank kam, verbrachte Gerold Becker dort sein letztes Jahr als Schulleiter und hat den Jungen noch kennengelernt. Frank wechselte mitten im Schuljahr, weil ein Platz frei wurde und er unbedingt untergebracht werden sollte. Becker muss das Geschäft besorgt und mit dem Vater verhandelt haben. Es wird ein Vorstellungsgespräch gegeben und Becker wird für sich eine Präferenz festgelegt haben. Anders als seinerzeit Peter Lang passte der Junge in sein Beuteschema, allerdings war in seiner Familie kein Platz mehr frei, aber er konnte ja auf die passende Gelegenheit warten.

Frank kam in die achte Klasse und wohnte zunächst in einer Kameradenfamilie, die von einem älteren Schüler geleitet wurde. Im nächsten Schuljahr wechselte er im gleichen Haus in die Familie einer Lehrerin, die seit 1980 an der Odenwaldschule unterrichtete. Hier verbrachte er zwei Jahre, er schien sich gut eingelebt zu haben und offenbar deutete nichts auf Probleme hin. Doch der Schatten von Gerold Becker war auch nach seinem Weggang lang und dass er nicht mehr den Schulleiter spielen musste, erwies sich für ihn sogar als Vorteil. Er konnte die Opfer zu sich holen.

Frank Scholl verliess 1987 die Odenwaldschule Hals über Kopf, er ging nach Berlin und verbrachte dort ein freiwilliges soziales Jahr, das Gerold Becker vermittelt hatte. Becker hatte sich angeboten, ihn während dieser Zeit zusammen mit anderen Ehemaligen der Odenwaldschule zu „betreuen", was gleichbedeutend war mit monatelanger sexueller Ausbeutung. Frank hat wohl zwei Jahre lang keine Schule besucht. Im Schuljahr 1989/1990 kehrte der Junge an die Odenwaldschule zurück, wiederholte die elfte Klasse, machte schliesslich Abitur und war geschädigt für sein Leben.

Frank Scholl starb am 16. Oktober 2013 an inneren Blutungen, er wurde erst nach einer Woche in seiner Wohnung tot aufgefunden. Im März 2010, auf dem Höhepunkt der Odenwaldkrise, als Gerold Becker sein Geständnis ablegte, hatte Frank sich seiner Mutter anvertraut und erstmals offen von seinen traumatischen Erfahrungen berichtet. Zuvor hat er nur angedeutet, er sei seinerzeit ein „Liebling" von Becker gewesen, mehr wusste man in seinem Umfeld nicht. Scholl arbeitete als Lokaljournalist in Heppenheim und wird am Ende seines Lebens als einsam und schwer alkoholkrank geschildert.

Seine Mutter starb knapp zwei Jahre, nachdem er sich ihr gegenüber offenbart hatte, danach war auch der Sohn am Ende. Er kündigte 2011 seine Stellung und trank sich zu Tode, kein Therapieversuch hat daran etwas ändern können. 2012 erhielt er von der Opferhilfe der Odenwaldschule eine Entschädigung von 12.000 Euro, die innerhalb kürzester Zeit aufgebraucht waren. Am Ende lebte er von Hartz IV, hatte sein Girokonto bis zum Anschlag überzogen und war von niemandem mehr zu erreichen. Frank redete in seinem Umfeld kaum über seine Zeit an der Odenwaldschule, selbst dann nicht, als der Skandal öffentlich wurde und er sich Fragen ausgesetzt sah.

Heute ist klar, dass ihn diese Zeit schwer belastet hat, auch in dem Sinne, dass er sie als diskrepant erlebt hat, die Schule einerseits als Zauberberg, Berlin andererseits als Ort sexueller Gewalt. Zeugen gegenüber sagte er, Becker habe ihn an Wochenenden in ein Wochenendhaus mitgenommen, wo er auch mit anderen Männern sexuellen Kontakt aufnehmen musste. Davon durfte niemand auch nur das Geringste erfahren. Er kehrte an den Zauberberg zurück, lebte wieder in einer Familie, ohne dass er etwas von dem preisgab, was er in Berlin erleben musste.

Seine ältere Schwester hat am 12. November 2013 einen offenen Brief veröffentlicht, in dem sie das Leben und den Tod ihres Bruders beschreibt. In den ersten Jahren seiner Zeit an der Odenwaldschule hat sie ihn alle drei Wochen zu einem Wochenende im Kreis der Familie abgeholt. Nach einer Weile veränderte sich Frank und wurde verschlossen, die Schwester merkte aber nicht, dass etwas mit ihm nicht stimmte und macht sich heute die grössten Vorwürfe.

Der Familie gelang es nicht, den Absturz von Frank aufzuhalten. Er wurde zunehmend depressiv, zog sich zurück und versuchte, sich an dem Geburtstag seiner Schwester im April 2013 das Leben zu nehmen. Er schnitt sich die Pulsadern auf und nur ein Notarzt konnte ihn retten. Wenige Monate später war er tot. Auch sein Leben ist von dem grossen Pädagogen Gerold Becker zerstört worden, ohne dass er je eine Chance erhalten hätte, sein Trauma aufzuarbeiten. Er wollte dieses Leben nur noch beenden.

Der Brief der Schwester schliesst mit einer Passage, die man als bitteren Kommentar zu Beckers Theorie des „pädagogischen Bezuges" lesen kann oder muss:

> „Frank wurde nur 43 Jahre alt. Krank und einsam, weil er als Jugendlicher von Gerold Becker missbraucht worden war. Missbraucht von jemandem, dem er vertraut hat, der ihm helfen sollte, dem er anvertraut war. Missbraucht von einem Pädagogen, der alles im Sinn hatte, nur sicher nicht das Wohlergehen meines Bruders." (Klingl 2013)

Die Odenwaldschule verwendete bis zuletzt einen Poststempel, der mit dem Slogan zum Jubiläum wirbt: „odenwaldschule 100 Jahre leben lernen".[139] Tote scheint es nicht gegeben zu haben.

Bei der Abschätzung der Folgen der sexuellen Gewalt an der Odenwaldschule gibt es einen Aspekt, der oft übersehen wurde, nämlich den der Sekundärtraumatisierung. Darüber berichten Ehemalige, die bis zuletzt an die Ideale der Schule und die Grösse der Pädagogen geglaubt haben. Was sie über die Entlarvung der Täter, besonders von Gerold Becker, lesen mussten, war bis dahin unvorstellbar gewesen. Sie erlebten einen Schock mit oft traumatischen Folgen; die Odenwaldschule ist ein Teil ihrer Identität gewesen, der nun in dramatischer Weise entwertet wurde.

Auch Schüler, die selbst keine sexuelle Gewalt erlebt haben, fühlten sich nachträglich als Opfer, weil ein Fundament ihrer Jugend zerstört wurde. Nicht nur ist das Vertrauen in die Erziehung enttäuscht worden, die Realität war plötzlich eine andere, als die, die erinnert wurde. Insbesondere das Bild der Schule als die Erlösung aus einer unhaltbaren Situation wurde fraglich. Plötzlich war Gerold Becker nicht mehr der Retter und Helfer in der Not, sondern ein skrupelloser Gewalttäter, der das Gegenteil von dem tat, was er predigte und anderen abverlangte.

Rotkäppchen berichtet, dass sie im März 2010 ganze Wochen nur mit dem Internet, Telefonaten und Emails beschäftigt war und nicht fassen konnte, was sie aus den Medien und den Blogs erfahren musste. Alles kam auf einmal heraus und sie war gezwungen, ihre Erinnerung an die Odenwaldschule grundlegend zu revidieren. Der Zauberberg wurde hässlich und die Erinnerung an ihn schizophren: Die Ideale waren gut, der eigene Aufenthalt auch, aber nicht für die anderen, die „so viel Elend zur gleichen Zeit erführen – trotz dieser ‚Ideale'". In diesem Sinne war tatsächlich alles anders, als es schien.

An der Odenwaldschule war sie oft mit einem Jungen zusammen. Von ihm weiss sie, dass auch er eine Sekundärtraumatisierung erlebt hat. Soziales Lernen, Übernahme von Verantwortung oder das Einstehen für andere wa-

---

139 Odenwaldschule Postversand vom 16. 12. 2014.

ren verpflichtende Werte und die sind nun ausgerechnet durch das grosse Vorbild, den Schulleiter, hintergangen worden und dies auf eine Weise, die die schlimmsten Befürchtungen übertroffen hat. Das, so Rotkäppchen, war für sie und andere ein „absoluter Schock".[140]

Bettina Kohl[141] hatte rückblickend „eine schöne Zeit" an der Odenwaldschule. Die Entlarvung im März 2010 hat sie „tief geschockt". Den Artikel in der Frankfurter Rundschau im November 1999 hat sie „nicht mitbekommen". Im März 2010 dagegen war „ein Stück Kindheit" angegriffen. Auf die Kindheit und Jugend in der Odenwaldschule hat sie sich stets verlassen, umso grösser war der Schock, als die Dimensionen des Skandals sichtbar wurden und Ausflüchte nicht mehr möglich waren.[142]

Auch die Eltern der Odenwaldschüler haben auf die Entlarvung reagiert, nicht selten mit ähnlichen Schockerlebnissen. Darüber berichtet Thomas Mertineit, der im Januar 1969 wiederum aus einer Notsituation heraus an die Odenwaldschule kam und dort bis zum Abitur 1975 blieb. Seine Mutter konnte die Aufdeckung des Skandals im März 2010 nur ganz schwer akzeptieren. Angesichts der Flut von Veröffentlichungen erhielt die Mutter das Gefühl, ihren Sohn an eine Schule von Päderasten ausgeliefert und so verantwortungslos gehandelt zu haben.

So dürften nicht wenige Eltern gedacht haben, die ja froh waren, dass die Odenwaldschule ihre Kinder aufgenommen hat und nun mit einer ganz anderen Wirklichkeit konfrontiert wurden. Thomas Mertineit sagt heute: „Mich hat keiner angefasst." Die Mutter hat gleichwohl schwer gelitten, auch weil sie den Ansehensverlust nicht ertragen konnte. Plötzlich war die richtige Wahl für den eigenen Sohn die falsche und die strahlende Schule mit einem hässlichen Makel besetzt.

Seine Mutter war „sehr geschockt" über die Entlarvungen an der Odenwaldschule und versuchte Thomas immer wieder zu bewegen, die guten Seiten der Schule zur Darstellung zu bringen. Die Schule, sagt er heute, hat sein Leben gerettet und ihm und anderen „viel tolle Zeit mit Kameraden und Lebenserfahrung" gebracht, weil er nicht zuhause aufwachsen musste.[143]

Er war im Frühjahr 2010 schon lange weit weg von zu Hause und verwies die Mutter darauf, dass man die neu bekannt gewordenen Tatbestände nicht leugnen könne oder solle. Auch das lässt sich als Sekundärtraumatisierung kennzeichnen. Sie betrifft Eltern, die in einer schwierigen Situation das Beste

---

140 Gespräch mit Rotkäppchen am 24. Juni 2013.
141 Der Name ist ein Pseudonym.
142 Gespräch mit Bettina Kohl am 28. April 2014.
143 Mails von Thomas Mertineit vom 4. September 2015 sowie vom 3. November 2015.

für ihre Kinder wollten und nun erfahren mussten, dass hinter ihrem Rücken und unvorstellbar für sie etwas ganz Anderes stattgefunden hatte.[144]

---

144 Gespräch mit Thomas Mertineit am 27. Juli 2014.

Kapitel 8
Eine zweite und eine dritte Karriere

Gerold Beckers Ruf als Pädagoge war trotz der unübersehbaren Brüche in seinem Leben makellos, anders sind die ungezählten und sehr erfolgreichen Aktivitäten nach seinem Weggang von der Odenwaldschule nicht zu erklären. Nie hat ihm ein Wechsel geschadet, obwohl jeder hätte Verdacht erregen können und keiner überzeugend erklärt wurde, weder von ihm noch von anderen. Aber das fiel innerhalb und ausserhalb seines Netzwerkes nicht weiter auf. Er war einfach, ohne gross Aufhebens zu machen, stets präsent und scheinbar immer nützlich. Zwischen 1985 und 1999 erlebte Gerold Becker die Höhepunkte seines beruflichen Lebens. Wer alles gewusst hat, ausser den Opfern, dass es daneben noch ein anderes Leben gab, ist bis heute nicht bekannt.

Anders als viele andere Lehrkräfte an Privatschulen hat Becker nicht, im Blick auf seine eigene Zukunft, vor allem eine Chance gesucht, im staatlichen Schulsystem unterzukommen. Das hat er im Sommer 1985 vermutlich nicht einmal als Wunsch vor Augen gehabt. Er wusste, dass ihm alle Voraussetzungen fehlten, eine Anstellung und damit auch eine gesicherte Altersversorgung zu erhalten. Wie er beides trotzdem erreicht hat, gehört zu den undurchsichtigsten Geschichten, die sich in der deutschen Bildungsverwaltung finden lassen und sie betrifft einen entschiedenen Kritiker dieser Verwaltung, von der er selbst nur profitiert hat.

Der frühere Schulleiter der alternativen Odenwaldschule lernte schnell, sich auf eine neue Weise nützlich machen, nämlich in dem System, das er zuvor abgelehnt und theoretisch bekämpft hatte. Am Ende fand er eine staatliche Anstellung, weil er erneut protegiert wurde und an ihm niemand vorbeikam. Geplant war das sicher nicht, Becker nutzte einfach geschickt die Gelegenheiten, die sich ihm boten. Mit dieser Haltung ist ihm eine staunenswerte Karriere vom Leiter eines privaten Landerziehungsheims, der über keine Staatsexamen verfügt hat, hin zum staatlichen Bildungsexperten gelungen, der als Redner und Publizist eine zunehmende Nachfrage erlebte. Wahrgenommen wurde er über die Beziehung zu Hartmut von Hentig, von der doch so gut wie nichts näher bekannt war.

8.1 Der Schulentwickler aus Wiesbaden

Die Odenwaldschule galt lange Jahrzehnte unbestritten als Vorzeigeschule des Landes Hessen, was auch damit zu tun hatte, dass sie 1962 UNESCO-Modellschule wurde, ein Jahr später als Beckers alte Schule, das Dom-Gymnasium in Verden. Das Modellschulprogramm ist 1953 begonnen worden und erstreckte sich auf alle Schulgattungen. Die Hauptaufgabe bezog sich Mitte der siebziger Jahre auf „die Erziehung zur internationalen Verständigung im Rahmen des Fächerunterrichts sowie durch spezielle fächerübergreifende Unterrichtsprojekte". Mit curricularen Reformen der gymnasialen Oberstufe wurde die Odenwaldschule bekannt und erhielt von daher den Zuschlag.

Der Titel „Modellschule" war exklusiv und entsprach dem Selbstbild. Aus Hessen nahm an dem UNESCO-Programm vor der Odenwaldschule nur das Albert-Schweitzer-Gymnasium in Hofgeismar teil. Von den Landerziehungsheimen war von 1956 bis 1966 die Schule Schondorf am Ammersee beteiligt, die Odenwaldschule wurde als dreizehnte dieser Modellschulen aufgenommen (Die Bundesrepublik Deutschland 1976, S. 127/128). Sie hat mit dem Titel auch immer geworben, Transfereffekte in das Regelschulwesen sind aber kaum bekannt geworden und eine eigentliche Schulentwicklung hat unter dem Schulleiter Gerold Becker nicht stattgefunden.

Die Odenwaldschule war über Jahrzehnte eine der besten Adressen in der deutschen Schullandschaft. Wer von einer solchen Modellschule kommt und dort gar Schulleiter war, muss in Hessen wohlgelitten gewesen sein, was umso mehr gilt, als Gerold Becker über gute Kontakte zum Hessischen Kultusministerium verfügte. Er schien grosse Verdienste zu haben, sein Name galt etwas und er war vermutlich immer willkommen. Dass er die Odenwaldschule verlassen hat, wurde wahrgenommen, aber war nicht Anlass für Spekulationen, weil ja kein Verdacht im Raum stand.

Eine Flucht vermutete niemand. Auf der anderen Seite: Die Aufgabe seines Postens als Leiter der Odenwaldschule kann nicht auf einer Chancenabwägung beruht haben, weil er gar nicht wusste, was seine „Chancen" sein würden und welche er nutzen konnte. Sein Abgang schien wohl vorbereitet zu sein und blieb doch rätselhaft. Warum gibt jemand wie er alle Sicherungen auf und verschwindet in einer Grauzone?

Das ist durchaus bemerkt worden. Karl Friedrich, der Leiter der Schulabteilung im Regierungspräsidium Darmstadt und erklärter Freund der Odenwaldschule, fragte sich in seiner bereits zitierten Abschiedsrede im Sommer 1985, was Becker nach dem Ausscheiden als Schulleiter denn „vorhabe". Keiner der Anwesenden hatte davon eine Vorstellung und die Antwort, die Friedrich gibt, ist ebenso ahnungsvoll wie kryptisch: „Zu neuen Ufern bricht er auf, und das ist entweder abenteuerlich oder das ist missionarhaft gedacht, das ist mit Risiken behaftet" (OSO-Hefte 1985, S. 137).

Becker wird gar als „Brückenbauer" zwischen seinem alten Land der Odenwaldschule und den „neuen Ufern" hingestellt (ebd.), die aber zu diesem Zeitpunkt niemand vor Augen haben konnte. Es muss für alle Beteiligten schwer vorstellbar gewesen sein, dass Gerold Becker tatsächlich perspektivenlos gegangen ist, zumal er immer gut darin war, sich zu seinem Vorteil zu entscheiden. Er ist nie wirklich tief gefallen, doch eine dauerhafte Zukunftsperspektive musste er sich selber aufbauen.

Aber die Risiken waren überschaubar, auch wenn es eine kurze persönliche Krise gegeben haben mag. Es ist kein Zufall, dass Becker seine zweite Karriere in Hessen machen konnte, wo scharfe bildungspolitische Gegensätze und heftige Auseinandersetzungen die Diskussionskultur geprägt haben und eine linke Reformpädagogik mit dem Garanten Hartmut von Hentig für die Sozialdemokratie willkommen war. Becker musste nur auf eine günstige Gelegenheit warten und bis dahin seinen Ruf pflegen, ohne durch die Vergangenheit an der Odenwaldschule gestört zu werden.

Wenn man die Fülle der Vergehen und die Zahl der Fälle vor Augen hat, dann ist kaum zu verstehen, dass niemand gegen ihn vorgegangen ist und nichts an die Öffentlichkeit dringen konnte. Das gilt umso mehr, als er nach seinem Weggang mit unveränderter Intensität weitergemacht hat, als Täter war die Odenwaldschule für ihn nur eine Episode, aber er scheint nie aufgefallen zu sein, wenigstens gibt es bis zum Brief der beiden Altschüler im Sommer 1998 keinen offen geäusserten Verdacht, der Anlass gewesen wäre, über ihn zu recherchieren und Gerüchten auf den Grund zu gehen.

Gerold Becker war sehr geschickt darin, sich zu verstellen und seine Spuren zu verwischen, ausserdem wird er darauf gesetzt haben, dass seine Opfer aus Scham schweigen. Auch Eltern sind nie gegen ihn vorgegangen, eher haben sie ihre Kinder von der Schule genommen, und die Lehrer profitierten von seinem Namen ebenso wie die Schule. Aber die Abwesenheit jeglichen Misstrauens ist gleichwohl erstaunlich, zwar lässt sich festhalten, dass Becker die Rolle des verständnisvollen Reformpädagogen perfekt spielen konnte, doch das erklärt nicht, warum sich nur einzelne Schüler gegen ihn gewehrt haben, die das teuer bezahlen mussten.

Der Grund ist nicht nur, dass die Schule um jeden Preis geschützt werden sollte, sondern auch dass seit Wolfgang Held auf bewährte Strategien zurückgegriffen werden konnte, wie mit Anklagen oder Gerüchten umzugehen ist. Becker jedenfalls kam unbeschadet davon und sein Pfand war, dass er an der Seite oder im Umkreis Hartmut von Hentigs agieren konnte, als dessen, wie der ihn nannte, „engster und ausdauerndster Freund" (Hentig 2009, S. 619). Was auf Becker ausstrahlte und ihm Nachfrage sicherte, war neben der Beziehung Hentigs Reformpädagogik und die Bielefelder Schulversuche. Obwohl Becker daran gar nicht beteiligt war, schien er als ehemaliger Leiter der Odenwaldschule der geborene Interpret der „Schule als Erfahrungsraum" zu sein. Auf diese Karte konnte er setzen, obwohl zu Beginn nichts sicher war.

Hartmut von Hentig liess sich 1987 vorzeitig emeritieren. Danach publizierte er regelmässig schulkritische Texte auf der Linie dessen, was er zehn Jahre zuvor als die „Sozialpathologie" der staatlichen Schule unter Anklage gestellt hatte (Hentig 1976, S. 56–94).[1] Immer wieder ging es dabei um die Lebensferne der „Unterrichtsschule", was nur plausibel war, weil ihre Leistungen keine Erwähnung fanden. So wurde auch weiterhin postuliert, es müsse endlich dafür gesorgt werden, „dass man das Leben wieder am Leben lernen kann" (ebd., S. 94), ohne diese suggestive Formel je näher explizieren zu müssen.

Dennoch oder gerade deswegen konnte damit beim Publikum der Pädagogik Eindruck erzeugt werden. Die Schulkritik hat seit Pestalozzi immer wieder und rhetorisch höchst erfolgreich mit der Formel „das Leben am Leben lernen" gearbeitet, die nun mit Hartmut von Hentig einen neuen prominenten Ausdruck fand. Man glaubte allzu gern, dass die Schule „krank" sei und nur mit dem Einsatz radikaler Mittel gesunden könne. Der Ausdruck „Sozialpathologie" kann heute allerdings auch so verstanden werden, dass er geeignet war, von den eigenen Pathologien abzulenken.

Gerold Becker stieg zum Experten für eine „entschulte" Schule auf, der die „Pathologie der Schule" (ebd.) bekämpfen sollte, in dem System, das sie erzeugt hatte. Nur mit Hentigs Publizistik und seinem Einfluss im Hintergrund hat Becker seine zweite Karriere machen können. Alle wussten, und das hat er ausnutzen können, dass er Hartmut von Hentig nahe stand, er profitierte auch von den Gerüchten über die Beziehung, weil er damit zum besonders privilegierten Interpreten der Pädagogik Hentigs stilisiert werden konnte, der an ihrer Entstehung irgendwie beteiligt war. Ohne diese Nähe wäre Becker kaum zum Experten aufgestiegen.

Allerdings musste er nach dem Verlassen der Odenwaldschule für sich alleine vorgehen und so auch ohne Hentigs direkte Protektion überzeugen, was ihm aus der Rückschau gesagt auch vorzüglich gelang. Zwischen 1985 und 1999, also gut fünfzehn Jahre lang, gab es kaum eine Reformdiskussion und kein schulpädagogisches Thema von Belang, an denen Gerold Becker *nicht* beteiligt war. Er war omnipräsent und wohlgelitten, ohne ein wirklich eigenes Thema und mit erstaunlich schmaler Expertise. Dennoch erlebte er

---

1 Vortrag auf dem Kongress der Deutschen Gesellschaft für Sozialmedizin am 23. Oktober 1975 in München. Gemäss Gerold Becker (1992a, S. 53) soll dieser Titel dem Referenten vorgegeben worden sein. Aber relativiert wird der Ausdruck „Sozialpathologie" nicht.

als Referent und Berater zunehmende Nachfrage, war in den Medien präsent und profitierte nicht nur symbolisch von der Odenwaldschule.

Er schuf für sich eine neue Rolle, die es so vorher nicht gab, nämlich die des staatlichen Schulentwicklers, der sich zunächst Beratungsaufträge besorgte und dann eine feste Anstellung erhielt. Es gelang ihm, dass man auf ihn und seine Dienste nicht mehr verzichten konnte, er war präsent und schien wieder so nützlich zu sein, dass es irgendwann einfach nahelag, ihn unbefristet zu beschäftigen. Das muss er als Triumph erlebt haben. Sich unentbehrlich zu machen, konnte er schon immer gut, er hat also in einer für ihn neuen Situation bewährte Strategien anwenden können, die bereits in Verden, in Linz, in Göttingen und an der Odenwaldschule einen starken Eindruck hinterlassen haben.

In seiner zweiten Karriere hat Becker nicht mit Jugendlichen zusammengearbeitet, deshalb gab es keine erneute Flucht. Seine Opfer hat er sich anders gesucht, ohne dass sie, wie zuvor, direkt in seine berufliche Tätigkeit involviert gewesen wären. Auffällig an dem neuen Arbeitsfeld als Schulentwickler sind nicht nur die Karriereschritte, sondern auch viele Reisen und eine häufige Abwesenheit vom Wohnort; Becker war auch dann noch schwer erreichbar, als er eine staatliche Anstellung erhielt. Wie es dazu kam, lässt sich rekonstruieren, eigene Angaben von Becker sind wie immer äusserst spärlich.

Ende der achtziger Jahre wurden in der deutschen Schulpädagogik Theorien diskutiert, die die einzelne Schule in den Mittelpunkt rückten und deren kontinierliche Entwicklung nahelegten. Damit wurde eine Expertenrolle geschaffen, Schulen benötigten plötzlich externe Berater, besondern dann, wenn sie staatliche Reformvorgaben umsetzen und so politische Ziele verwirklichen wollten. „Lernziele" gab es bis dahin nur für die Schüler, nunmehr wurde von „autonomen" Schulen gesprochen, die sich im Blick auf Ziele selbst entwickeln sollten und dafür Beratung benötigten.

Am Ende gelang es Gerold Becker, in einem staatlichen Institut für Schulentwicklung unterzukommen und mit 56 Jahren eine feste Anstellung zu finden, die sogar ruhestandsfähig gewesen ist. Was er daneben getan und wie er gelebt hat, ist weitgehend unbekannt. Seine sexuelle Disposition wurde durch seine neue Karriere nicht anders, aber aufgefallen ist er offenbar niemandem, jedenfalls keinem, der sich öffentlich dazu oder über ihn als Person geäussert hätte. Seine Tätigkeit galt wie immer als vorbildlich, über ihn gab es auch keine Andeutungen und ausserhalb der Odenwaldschule kursierten auch keine Gerüchte oder Vorwürfe.

Gerold Becker konnte so gut den Schulentwickler spielen. Er kümmere sich, heisst es in einem Editorial der Zeitschrift Pädagogik vom Sommer 1996, „vor allem um einige Versuchsschulen des Landes Hessen und um neue Rahmenpläne" (Pädagogik 1996, S. 7). Damit ist aber nur sehr oberflächlich erfasst, was er zwischen 1985 und 1999 tatsächlich getan hat. Becker hat die

Odenwaldschule nicht als „Schulentwickler" verlassen, sondern ist dazu allmählich geworden, auf verschiedenen Wegen, die nach einigen Jahren im Hessischen Kultusministerium endeten.

Zuvor hatte Becker ganz andere Beschäftigungen gesucht. 1987 gab er in der Neuen Sammlung an, seit 1986 „an der Universität Witten/Herdecke" tätig zu sein, ohne in seiner Hauszeitschrift genauer zu sagen, in welchem Verhältnis. Das Projekt wird so beschrieben: „Planung einer neuen Form von Lehrerausbildung in Verbindung mit einer universitätseigenen Schule" (Neue Sammlung Band 27 (1987), S. 583; ähnlich Keim 1987, S. 160, Fn.). Becker hatte zuvor nicht in der Lehrerausbildung gearbeitet und verfügte auch nicht über die dafür notwendigen Voraussetzungen, war aber gleichwohl willkommen.

Die Idee war, an der privaten Universität eine eigene Pädagogische Fakultät zu gründen, die eine neue Form der Lehrerausbildung entwickeln und für diesen Zweck mit einer dazu passenden Universitätsschule zusammenarbeiten sollte. Das schien attraktiv zu sein und konnte sogar das Bielefelder Modell der Laborschule und des Oberstufen-Kollegs noch überbieten, die beide nicht direkt mit der Lehrerbildung verbunden waren. In Witten/Herdecke sollten methodische und didaktische Konzepte in der Universitätsschule erprobt und dann in der Ausbildung eingesetzt werden, etwa so wie das an der Laboratory-School in Chicago unter John Dewey versucht worden war.

Aber das Projekt in Witten/Herdecke ist nie auch nur in die Nähe einer Realisierung gelangt. Becker war Mitglied einer Gruppe, die Rainer Winkel initiiert hatte, der damals Schulpädagogik an der Berliner Hochschule der Künste lehrte und in der Lehrerbildung tätig war. Neben Winkel und Becker gehörten der Gruppe der Hamburger Sportpädagoge Jürgen Funke-Wieneke und der Autor dieses Buches an. Die Gruppe besuchte am 24. Mai 1986 die Universität Witten-Herdecke, nachdem sie sich zuvor im Haus von Rainer Winkel vorbesprochen und dort auch übernachtet hatte.[2] Am Morgen des nächsten Tages konnte der Akademie der Universität das Konzept vorgestellt und erläutert werden (Brief von Haro von Buttlar[3] an Gerold Becker vom 10. März 1986).

Becker stellte die allgemeine „Philosophie" des Projekts vor, Winkel sprach über „die gegenwärtige Situation der Erziehungswissenschaften", Oelkers über „die Problematik der Lehrerbildung" und Funke über „ein ganzheitliches Verständnis von Unterricht und Erziehung". Den Zugang zur Universität Witten/Herdecke hatte Winkel verschafft, die Verteilung der The-

---

2 Agenda 1986 von Jürgen Oelkers.
3 Der im Jahre 2000 verstorbene Bochumer Experimentalphysiker Haro von Buttlar war zu diesem Zeitpunkt kommissarischer Leiter der Akademie der Universität Witten/Herdecke.

men hatte Becker zuvor mitgeteilt (Brief von Gerold Becker an Haro von Buttlar vom 8. 4. 1986).[4] Becker war danach mit den näheren Planungen des Projekts befasst, ist jedoch nicht an der Universität angestellt worden, wie man aus seinen Angaben schliessen könnte.

Was er in den Händen hielt, war ein gut bezahlter Planungsauftrag, der ihm zufiel, weil er im Unterschied zu den drei anderen ohne feste Anstellung war. Er selbst bezeichnete sich noch im Oktober 1987 in einem Vortrag mit „Gerold Becker, Witten", was nach einer Anstellung und Zuordnung aussieht, aber tatsächlich nur eine neue Verkleidung war (Becker 1988, S. 84). Im Mai 1988 gibt er als Adresse die Wideystrasse 42 in Witten an (Becker 1988a, S. 55), zwei Monate später lautete die Anschrift Cunostrasse 60a in Berlin und Becker war nunmehr „Lehrbeauftragter an der FU Berlin" (Becker 1988b, S. 67).

Das Projekt war längst gescheitert. Die Leitung der Universität Witten-Herdecke und auch die dortige Akademie zeigten anfänglich Interesse an einer Fakultät für Lehrerbildung mit angeschlossener Universitätsschule, aber dann konnte kein sicherer Finanzierungsmodus gefunden werden. Zudem scheiterte die Absicht, Gründungsprofessoren zu berufen. Funke und ich zogen uns aus dem Projekt zurück, in der Folge war Becker gehalten, sich etwas Anderes zu suchen, was aber wiederum mit Problemen verbunden gewesen sein muss. Erst die unbefristete Anstellung im Hessischen Kultusministerium änderte seine Situation.

Wie Becker pädagogisch gedacht und was ihn konzeptionell umgetrieben hat, zeigt ein Brief vom 13. Februar 1986 an Jürgen Funke, Rainer Winkel und mich. Becker hatte 12 Thesen zur Entwicklung der Lehrerbildung an der Universität Witten/Herdecke verfasst, die von seinen Mitstreitern gegengelesen werden sollten. Er benutzt im Anschreiben das Briefpapier der Odenwaldschule und fügt nur seine neue/alte Anschrift in Göttingen ein. Zudem vermerkt er in einem PS., dass er in der nächsten Zeit „häufiger verreist" sei und gibt die Telefonnummer seiner Schwester an, unter der man „im Zweifelsfall" eine Nachricht hinterlassen könne, falls er irgendwo anrufen solle.[5]

In seinen 12 Thesen hatte Becker auch vom Glück der Kinder gesprochen. Das habe ich kritisiert, Glück sei nicht pädagogisierbar und eigne sich nicht für die Planung einer Pädagogischen Fakultät.[6] Mein Vorschlag war, im Text „Glück" durch „Freude" zu ersetzen. Das missfiel ihm, Freude sei zu blass und Glück „muss <u>möglich</u> sein, ohne beargwöhnt zu werden". In der Schule würde das Glück der Kinder „Argwohn und Misstrauen" erwecken, weil es

---

4 Quelle: Agenda 1986 und Privatarchiv Jürgen Oelkers.
5 Wissenschaftliche Korrespondenz 1986 I: Privatarchiv Jürgen Oelkers.
6 Brief an Gerold Becker vom 15.2.1986.

das Gegenteil von Leistung sei und „vielleicht auch weil ‚Glück' zugleich ‚Freiheit' signalisiert und das heisst eben auch Freiheit von meinen noch so gut gemeinten pädagogischen Absichten".[7]

Das meinte er ernst und darüber war mit ihm nicht zu reden. Die pragmatischen Anforderungen der Lehrerbildung spielten an dieser zentralen Stelle seines Bekenntnisses keine Rolle, auch nicht die Frage, was denn genau unter dem „Glück" der Kinder vorzustellen sei und ob nicht gerade eine Leistung glücklich machen kann. Die Verbindung zwischen Glück und Freiheit war einfach eine konkrete Utopie und so unantastbar. Wenige Monate zuvor hat er an der Odenwaldschule noch genauso reden können, was stets mit Beifall belohnt wurde. Er hat auch in dem Kreis um Winkel nie gesagt, warum er seinen Posten als Schulleiter aufgegeben hat, wir erfuhren nur, dass er Geld brauchte.

Nach seinem Weggang von der Odenwaldschule war Becker nicht nur für die privaten Landerziehungsheime tätig, forschte für den Stifterverband und übernahm einen Planungsauftrag für eine private Universität, sondern näherte sich schrittweise auch dem öffentlichen Bereich an. Er könnte dafür seine alten zum Kontakte Hessischen Landesinstitut für Pädagogik (HeLP)[8] genutzt haben. Das HeLP war seinerzeit für die Fort- und Weiterbildung der hessischen Lehrkräfte zuständig und seit Dezember 2001 auch für Schulentwicklung.[9]

Für die Erneuerung der Kontakte dürfte eine Rolle gespielt haben, dass Becker sich als Autor in Praxiszeitschriften einen Namen machte und eben als der ehemalige Leiter der Odenwaldschule auftreten konnte. Das Interesse an der Alternativpädagogik nahm in den achtziger Jahren zu und Becker war für reformbewusste Lehrkräfte, die die Schule „kindgerechter" machen wollten, ein glaubwürdiger Interpret, der für sich schnell Nachfrage schaffen und seine Karriere neu ausrichten konnte.

In dem Landesinstitut arbeiteten verschiedentlich progressive Lehrer, die an ihren Schulen in Schwierigkeiten geraten waren und die versorgt werden mussten. Man könnte also annehmen, dass auch für ihn eine Beschäftigung gefunden wurde. Doch das war nicht der Fall. Das Institut hat bis Ende 2004 bestanden, aber dort kam er nicht unter. Er war kein verbeamteter Lehrer mit Schwierigkeiten, er erhielt daher zunächst keine feste Stelle und auch keine

---

7   Zusatz für Jürgen Oelkers (undatiert). Wissenschaftliche Korrespondenz 1986 I.
8   Das Institut ist zum 31. Dezember 2004 aufgehoben worden, seine Geschichte ist nicht aufgearbeitet. Gegründet wurde das Institut 1974 von dem damaligen Kultusminister Ludwig von Friedeburg.
9   Verordnung zur Organisation und Aufgabengliederung des Hessischen Landesinstituts für Pädagogik vom 12. Dezember 2001 (Hessisches Amtsblatt Abl. 1/02, S. 2–4).

Aufträge auf Dauer; dennoch schaffte er es, erneut in den Dienst des Bundeslandes Hessen zu gelangen.

Wie das möglich war, hat zwei Jahrzehnte später den Hessischen Landtag beschäftigt. Unmittelbar nach der zweiten Entlarvung Gerold Beckers im Frühjahr 2010 sind im Hessischen Kultusministerium Nachforschungen über die näheren Umstände seiner Beschäftigung angestellt worden. Es war das erste Mal, dass eine offizielle Stelle über ihn recherchierte und näher hinschaute. Die Ergebnisse sind dem Kulturpolitischen Ausschuss des Landtages am 12. Mai 2010 vorgelegt worden. Berichterstatter war der damalige Staatssekretär Heinz-Wilhelm Brockmann.

Gemäss seinen Ausführungen war „Herr Becker vom 1. August 1992 bis zum 30. Juni 1999 als Angestellter des Landes Hessen tätig". Der Arbeitsvertrag zwischen Becker und dem Land Hessen ist am 17. Juli 1992 geschlossen worden und trat am 1. August in Kraft, mithin nur zwei Wochen später (Stenografischer Bericht 2010a, S. 13). Sieben Jahre, nachdem er seinen Posten als Schulleiter aufgegeben hatte, nahm er seine Arbeit im Kultusministerium auf. Sieben weitere Jahre war er dann in herausgehobener Position und sehr erfolgreich als hessischer Schulentwickler tätig.

Dazwischen, von August 1985 bis Juli 1992, hatte er keine feste Anstellung, er lebte von Stipendien und Beraterverträgen; nunmehr kam er beim Staat unter, weit über fünfzig Jahre alt und ohne pädagogische Ausbildung, dafür unbefristet. Das ist mehr als ungewöhnlich und der genaue Grund ist bis heute nicht bekannt. Normalerweise wäre Becker für eine solche Anstellung zu alt gewesen, aber er war erneut wieder so wichtig, dass er unbedingt beschäftigt werden musste. Und dafür hat er sehr viel getan, wie sich an den Bemühungen unmittelbar vor der Anstellung aufzeigen lässt. Man wird nicht einfach so unverzichtbar.

Die personaleinstellende Behörde war der Regierungspräsident in Darmstadt, hier ist Beckers Personalakte ebenso geprüft worden wie bei der Zentralabteilung des Hessischen Kultusministeriums.[10] Die Behörde in Darmstadt hatte ihn bereits für die Odenwaldschule angestellt. Offenbar lagen keine Bedenken vor, mit Gerold Becker einen Vertrag abzuschliessen, was nur heissen kann, dass er angestellt werden *sollte*. Auf der anderen Seite muss bei Prüfung der Akten aufgefallen sein, dass er nur über einen einzigen, zudem fachfremden Studienabschluss verfügte, was bei jedem anderen sofort dazu geführt hätte, Einwände zu erheben.

Und noch etwas ist merkwürdig: Sein Arbeitsvertrag, so der Berichterstatter Brockmann, enthält keine Angaben über die von Becker „zu erbringenden Arbeitsleistungen, Tätigkeiten oder den Einsatzort". Man schliesst eigentlich

---

10 Brief von Bernd Frommelt vom 28.12.2012.

keinen Arbeitsvertrag ohne die Beschreibung des genauen Auftrages, was hier aber offenbar grosszügig übergangen werden konnte und Becker schon bei Anstellung einen Ausnahmezustand sicherte. Vermerkt ist in den Akten lediglich, dass Becker mit Dienstbeginn sogleich zum damaligen Hessischen Institut für Bildungsplanung und Schulentwicklung (HIBS) in Wiesbaden[11] abgeordnet wurde (ebd.).

„Abgeordnet" meint, dass er wohl am HIBS tätig, aber dort nicht angestellt war. Er hatte eine Stelle an einem der hessischen Studienseminare inne, war also formal der zweiten Phase der Lehrerbildung zugeordnet, wo er aber nie tätig war. Der genaue Vorgang ist unklar. Seinerzeit hiess es, er habe an dem betreffenden Studienseminar eine Fachleiterstelle erhalten und sei dann gleich abgeordnet worden, zu welcher Abteilung genau, ist auch nicht klar. Er ist für kurze Zeit als Mitarbeiter im HIBS geführt worden, aber die nachfolgende Zuordnung ist nicht bekannt. Fachleiterstellen in der Besoldungsgruppe A-15 waren im Übrigen Beamtenstellen, für die er mangels Qualifikation gar nicht in Frage kam.[12]

Damit wird sich wiederholt haben, was bereits 1972 für ihn gemacht wurde, die Verwendung einer Beamtenstelle für die Beschäftigung eines Angestellten. Er erhielt den erwähnten Angestelltenvertrag, ohne dass für ihn ein genauer Leistungsauftrag formuliert wurde. Becker verfügte lange Zeit am HIBS auch über keinen Arbeitsplatz und war so auch nicht in einem Büro erreichbar. Er arbeitete für das Hessische Kultusministerium von zuhause aus, seiner Wohnung in der Nettelbeckstrasse in Wiesbaden. Becker war in seiner neuen Tätigkeit viel unterwegs und organisierte sich selbst. Erst später wurde er in einer kleinen Aussenstelle des Kultusministeriums untergebracht, wo ein Projektbüro für Schulentwicklung Räume zur Verfügung hatte. Allein daran wird deutlich, dass Gerold Becker für das Kultusministerium „freischwebend" arbeiten konnte.[13]

Im Zusammenhang der Aufgaben beim HIBS, hält Becker selber fest, habe er einzelne Schulen begleitet, Grundsatztexte verfasst, Vorträge gehalten sowie Konferenzen und Tagungen organisiert, die „jene Veränderungen der Schule befördern" sollten, die er sich „erhofft" habe (Becker 1996a, S. 43). Eine genaue Beschreibung seines Tätigkeitsfeldes als staatlicher Berater und Schulentwickler hat es aber nicht gegeben. Gerold Becker gestaltete seine Rolle autonom und wurde offenkundig wohlwollend aufgenommen, bezahlt vom Hessischen Kultusministerium. Über ein Pflichtenheft nach Schweizer

---

11 Das Institut für Bildungsplanung und Schulentwicklung ist 1976 gegründet worden und bestand bis Ende 2004.
12 Mail von Ulrich Steffens vom 7. Februar 2013.
13 Angaben hier wie im Folgenden gemäss Mail von Ulrich Steffens vom 20. August 2012.

Art, in dem seine Aufgaben und Zuständigkeiten konkret beschrieben und verbindlich festgehalten werden, verfügte er nicht.

Er nahm als Berater an Besprechungen in der Bildungsverwaltung teil, war aber auch für das Ministerium in öffentlichkeitswirksamen Veranstaltungen als Referent tätig, ohne in eine Hierarchie eingebunden zu sein. Er hatte weder einen direkten Vorgesetzten noch eine feste Arbeitszeit und er war auch nicht Teil des offiziellen Schriftverkehrs, so dass seine tatsächliche Tätigkeit kaum aktenmässig festgehalten sein dürfte. Er übernahm Aufträge, auch externe, und entschied im Übrigen selbst, was er machte. Als Täter muss ihm das weitentgegen gekommen sein. Er war vom Staat angestellt, erhielt ein festes Gehalt und arbeitete nicht mehr wie zuvor auf eigene Rechnung.

Mitte der neunziger Jahre wurde das Hessische Schulgesetz fortgeschrieben und sah nunmehr vor, dass alle Schulen verbindliche Schulprogramme erstellen mussten. Im Kultusministerium wurde zu diesem Zweck eine grosse Arbeitsgruppe gebildet, an der für das HIBS Gerold Becker teilnahm. Die Gruppe betrat bildungspolitisches Neuland, sie tagte daher häufig und intensiv. Becker wurde bald der „leitende Kopf des Unternehmens". Er verfasste ein viel gelesenes Grundsatzpapier und übernahm die Erstellung von schulformbezogenen Broschüren, die breit gestreut wurden und die Umsetzung des Projekts erläuterten.[14] Er war, anders gesagt, erneut ebenso nützlich wie unverzichtbar.

Auf diesem Weg mutierte Gerold Becker zum vielfach nachgefragten staatlichen Schulentwickler. Er schuf sich das eigene Arbeitsfeld und wurde zum bekannten Gesicht der neuen hessischen Bildungspolitik. Dabei konnte er zwanglos auf seine Erfahrungen als Leiter der Odenwaldschule zurückgreifen, weil die als Modell für die Basisidee der Schule als „Polis" oder als Erfahrungsraum galt. Becker hat sich denn auch immer auf dieses Beispiel berufen, obwohl er nichts mehr mit Internatsschulen zu tun hatte und sowohl die Schülerschaft als auch die Kollegien in Staatsschulen anders zusammengesetzt waren.

Aber Schulentwicklung war angesagt und Becker füllte diese Lücke geschickt aus. Dem Kulturpolitischen Ausschuss wurde im Mai 2010 auch mitgeteilt, wo er sich vor allem nützlich gemacht hat. Gerold Becker, heisst es, war von 1991 bis 1999 „vielfältig und intensiv" an der Helene-Lange-Schule in Wiesbaden als Berater und Coach tätig (Stenografischer Bericht 2010, S. 13). Die damalige Schulleiterin gab auf Nachfrage hin an, „der beratende Einsatz" an der Helene-Lange-Schule sei „im Auftrag des Hessischen Kultusministeriums und im Rahmen der dortigen Beschäftigung Herrn Beckers" erfolgt (ebd.).

---

14 Brief von Bernd Frommelt vom 28.12.2012.

Aber der Auftrag wäre nicht erteilt worden, wenn es kein Interesse der Schule gegeben hätte, die auch einen Antrag gestellt haben muss. Und wenn er seit 1991 an der Schule tätig gewesen ist, dann muss er schon vor dem 1. August 1992 vom Land Hessen bezahlt worden sein, vermutlich in Form von Beratungsaufträgen oder befristeten Anstellungen, die über das HIBS oder die Schule gelaufen sind. Dafür kann nur die Schulleiterin gesorgt haben, Becker hatte zu diesem Zeitpunkt vielleicht pädagogische Ideen, aber keine praktische Expertise in Sachen Schulentwicklung. Trotzdem wurde er geholt.

Über die genaue Art dieser Anstellung und die Höhe der Bezüge ist nichts bekannt. Ein ehemaliger Kollege Beckers aus dem Institut für Bildungsplanung merkt an, das Hessische Kultusministerium habe seinerzeit Beraterverträge mit „ca. 30000 DM" honoriert.[15] Wer dann die feste Anstellung Beckers betrieben hat, wie sie intern begründet wurde und auf welchem Wege für ihn die Stelle beschafft wurde, ist wiederum nicht bekannt. Er muss auch hier deutlich protegiert worden sein; ähnlich wie 1964 in Göttingen und 1969 an der Odenwaldschule schien es zu ihm keine Alternativen zu geben und das muss politisch entschieden worden sein.

Der Fall zeigt, wie man wissenschaftlicher Mitarbeiter in einem Landesinstitut für Bildungsplanung werden konnte, obwohl die dafür erforderliche wissenschaftliche Ausbildung fehlte; dass keine einschlägige Qualifikation vorhanden war, hätte in jedem anderen Fall unmittelbar den Personalrat auf den Plan gerufen. Nicht so im Blick auf Gerold Becker. Er wurde mit Schulentwicklung beauftragt, ohne dass irgendjemand nach seinen Erfahrungen gefragt hätte, genau wie früher, als er unbesehen Spezialist für Curriculumentwicklung werden konnte, der er nie gewesen ist. Ein Hinweis auf die berühmte hessische Odenwaldschule genügte wohl; dass er sie verwahrlosen liess, steht nicht in den Akten.

Man kann vermuten, dass bei seiner Anstellung der stetig ausgebaute Kontakt zur Helene-Lange-Schule in Wiesbaden und ihrer Leiterin Enja Riegel eine Rolle gespielt hat. Beide waren befreundet und Gerold Becker wusste, was getan werden musste, Freundschaften dieser Art für sich gewinnbringend einzusetzen. Er machte sich in der Schule sichtbar nützlich und wurde auch hier schnell unentbehrlich. Im Protokoll des Kulturpolitischen Ausschusses ist vermerkt, dass Becker „die Schulleitung oder einzelne pädagogische Teams" beraten und aber auch Vertretungsunterricht gegeben hat (Stenografischer Bericht 2010a, S. 13).

Warum Enja Riegel gerade ihn als Berater verpflichten wollte und was er in dieser Rolle genau getan hat, ist nicht bekannt. Am neuen Konzept der integrierten Gesamtschule ist seit 1985 gearbeitet worden, Becker war daran

---

15 http://basedow1764.wordpress.com/2010/03/21/paedophilie-als-grundrecht/

also nicht beteiligt. Die Grundelemente wie das offene Lernen, dessen Einbindung in einen Jahresarbeitsplan, die Organisation von Lehrerjahresteams, die Umstrukturierung der Schulräume oder den Projektunterricht hatte Enja Riegel schon im Sommer 1988 dem pädagogischen Publikum vorgestellt (Riegel 1988).[16] Dort wird auch die „grosse Zufriedenheit der Schüler und ihrer Eltern" sowie die steigende Nachfrage herausgestellt (ebd., S. 58).

Wozu dann Becker noch benötigt wurde, lässt sich nur erraten. Bis zu seiner Anstellung kam der Wandel aus dem Kollegium und hatte den Rückhalt der Elternschaft, die Schulleiterin verstand sich auf Öffentlichkeitsarbeit und niemand brauchte bis 1991 Gerold Becker. Aber Mittel standen zur Verfügung und vielleicht suchte man über ihn ja auch die Verbindung zu Hartmut von Hentig. Die entscheidenden Veränderungen an der Helene-Lange-Schule aber waren längst eingeleitet, als Becker Schulberater wurde, der er zuvor nie gewesen ist.

Was ihm für seine späte und unerwartete Karriere als staatlicher Schulentwickler entgegen kam, war der Wechsel in der Bildungspolitik des Landes Hessen. Schon im Frühjahr 1990 hatte Becker einen Sammelband herausgegeben, der zwei bildungspolitische Foren der hessischen SPD am 3. und 17. Februar 1990 im Wiesbadener Landtag dokumentiert (Becker 1990). Becker hat diese Foren auf Honorarbasis vorbereitet und selbst geleitet.[17] Er war zu diesem Zeitpunkt also noch freiberuflich tätig und ist wohl vor allem wegen seiner guten Verbindungen zur linken deutschen Pädagogik beauftragt worden. Wieder brauchte er Geld und diesmal gelang ihm der Durchbruch, viereinhalb Jahre nachdem er die Odenwaldschule verlassen hatte.

Der Grund für die beiden Veranstaltungen waren die bevorstehenden Landtagswahlen in Hessen, die am 20. Januar 1991 stattfanden, also gut ein Jahr nach den bildungspolitischen Foren. Die SPD wollte sich in der Bildungspolitik neu aufstellen und hatte an zwei Samstagen Experten in den Plenarsaal des Hessischen Landtages nach Wiesbaden eingeladen, die Statements abgeben und auch auf Fragen aus dem Plenum antworten sollten. Im ersten Forum ging es um Veränderungen von Gesellschaft, Arbeitswelt und Schule, im zweiten um „Inhalte und Formen der Schule von morgen" (ebd., S. 7, 76).

Im Vorwort schreibt Gerold Becker, er habe „das Angebot Hartmut Holzapfels, des bildungspolitischen Sprechers der SPD im hessischen Landtag", eine grundsätzliche Diskussion über die „Wege und Ziele einer verantwort-

---

16 Im gleichen Heft der Lehrerzeitschrift Pädagogik stand auch ein Beitrag von Gerold Becker (1988b) über berufliche Bildung auf der Sekundarstufe II.
17 Mail von Ulrich Steffens vom 9. Februar 2013.

baren Bildungspolitik für die Kinder und Jugendlichen von heute" zu organisieren, „gerne angenommen". Er sei „bei der Festlegung inhaltlicher Schwerpunkte" und der „Auswahl der zu befragenden Fachleute" „völlig frei" gewesen (ebd., S. 5). Er wollte nicht den „üblichen Kongress" einladen, sondern habe sich für eine „öffentliche Befragung" von Experten entschieden (ebd.). Die Befragung wurde stenografisch aufgezeichnet und ist im Herbst 1990, also rechtzeitig vor der Landtagswahl, publiziert worden.

Becker war nach seinem Weggang von der Odenwaldschule ohne geregeltes Einkommen, nunmehr konnte er die Bildungspolitik der grössten hessischen Oppositionspartei beeinflussen, die die Wahl im Januar 1991 knapp gewann. Hartmut Holzapfel wurde im ersten Kabinett von Ministerpräsident Hans Eichel Kultusminister und Gerold Becker wurde hessischer Bildungsberater. Das war sicher kein Zufall. Becker hatte an beiden Tagen der Befragung souveräne Auftritte hingelegt und konnte sich Eindruck verschaffen. Die beiden Foren sind von ihm inhaltlich vorbereitet worden, letztlich befragte er die Experten, unterstützt durch die beiden Journalistinnen Jutta Roitsch und Jutta Wilhelmi (ebd., S. 6), zu der also immer noch gute Verbindungen bestanden.

Die Fragen an die Experten sind zusammen mit einem so genannten „Redaktionsbeirat" formuliert worden, dem Hellmut Becker, Ludwig von Friedeburg, Andreas Flitner, Hartmut von Hentig und Jürgen Zimmer angehörten, also zentrale Personen in Beckers akademischem Netzwerk. Die achtzehn eingeladenen Experten, unter ihnen nur eine Frau, standen alle der SPD nahe. Sie erhielten die Fragen vor den beiden Veranstaltungen zugestellt und konnten darauf in Statements antworten. Die insgesamt acht Expertenrunden wurden jeweils von Gerold Becker eingeleitet, der damit eine optimale Gelegenheit zur Selbstdarstellung erhielt, auch weil er ständig nachfragen und tatsächlich glänzend moderieren konnte.

Vom 15. bis 17. November 1991 nahm Becker in der Evangelischen Akademie Hofgeismar an einem Fachgespräch zum Thema „Schule in Hessen – Eigenverantwortung und Selbstverwaltung. Gestaltungsperspektiven für die kommenden Jahre" teil. Eingeladen hatte der neue hessische Kultusminister Hartmut Holzapfel, der seit dem 5. April 1991 im Amt war. Diskutiert werden sollten die künftigen „Gestaltungsperspektiven" für die staatlichen Schulen vor dem Hintergrund des Entwurfes eines neuen Schulgesetzes, der am 4. November 1991 in den Hessischen Landtag eingebracht und am 17. Juni 1992 verabschiedet wurde (Relke 2009, S. 321/322).

Becker war einer von fünf Referenten. Neben ihm trugen vor der Kasseler Unternehmer Ludwig Georg Braun, Franz Köller, Leitender Ministerialrat im Hessischen Kultusministerium,[18] der Bonner Theologe Konrad Stock sowie der Hessische Kultusminister selbst. Der Soziologe und frühere Gymnasiallehrer Holzapfel sprach über die Initiierung integrativer und partizipatorischer Prozesse in Schule und Gesellschaft, Stock behandelte das Thema „Schule zwischen Pluralität und Wertorientierung", Braun fragte, ob die Schule den Herausforderungen der technischen und ökonomischen Entwicklung gerecht werde, und Köller stellte das neue Schulgesetz vor (Schindehütte 1992).

In diesem Kreis war Gerold Becker der einzige Pädagoge. Er hielt einen viel beachteten Vortrag und stiess bei allen teilnehmenden Interessengruppen und Akteuren, also den Lehrerverbänden, den Vertretern der Hochschulen und der Kirchen sowie dem anwesenden Kultusminister und seinen Beamten, auf grosse positive Resonanz. Er nutzte, anders gesagt, seine Chance. An der Tagung nahm auch Enja Riegel teil (Relke 2009, S. 323), die sich in der Diskussion der Vorträge mehrfach engagiert zu Wort meldete. Sie stellte sich vor als „Schulleiterin einer Integrierten Gesamtschule in Wiesbaden" und nahm auch zu dem Vortrag von Gerold Becker Stellung (Schindehütte 1992, S. 82).

In Hofgeismar könnte die Idee geboren sein, Becker an das HIBS zu holen mit dem Anliegen, die Umsetzung des innovativen neuen Schulgesetzes zu unterstützen.[19] Ob Becker oder Hentig die Entstehung des Gesetzes im Vorfeld beraten haben, ist nicht bekannt, auch nicht, wie Becker den bildungspolitischen Sprecher der SPD-Landtagsfraktion kennengelernt hat. Ein förmlicher Auftrag für die Umsetzung wurde nie erteilt, Gerold Becker ist wie gesagt nur angestellt worden und konnte selbst bestimmen, wie er sein neues Tätigkeitsfeld ausgestalten wollte. Im Tagungsprogramm stand unter der Ankündigung seines Vortrages „Gerold Becker, Berlin" (ebd., S. 212). Offenbar wollte man ihn unbedingt nach Wiesbaden holen.

Becker (1992a) sprach in Hofgeismar zum Thema „Schule angesichts einer veränderten Kindheit" und fiel auf durch die geschickte Verknüpfung von Risikogesellschaft, Wandel der Kindheit und neuen Aufgaben der Schulentwicklung, die sich auf die Idee des Erfahrungsraumes bezogen und deutlich in die Nähe der Reformpädagogik gerückt wurden (ebd., S. 67).[20] Thematisiert wird die „Lebensangst" vieler Kinder und Jugendlichen, die angesichts der globalen Risikolagen entsteht und durch die medialen Kind-

---

18 Der Jurist Franz Köller leitete die Schulrechtsgruppe im Hessischen Kultusministerium.
19 Brief von Bernd Frommelt vom 28.12.2012.
20 Das sollte zu einem seiner Leitthemen in den neunziger Jahren werden (Becker 1995).

heiten verstärkt wird. Was die Kinder demgegenüber brauchen, ist die Erfahrung, etwas zu können, was „wirklich nützlich ist", nur so werde ihnen das Gefühl vermittelt, „auch anderen Lebensaufgaben gewachsen" zu sein (ebd.). Mit der Kernthese, die Schule müsse ein „Lebensraum" für Kinder sein und keine „Anstalt" (ebd., S. 74), konnte er das Fachpublikum beeindrucken, aber es war letztlich nur Propaganda für Landerziehungsheime, auf die Becker – tatsächlich ihr Chefideologe – immer wieder zurückkam. Jetzt aber erhielt er bildungspolitischen Einfluss, mit der scheinbar plausiblen These, dass gerade in der Medienkindheit Schule mehr sein müsse als eine staatlich verwaltete „Unterrichtsanstalt". Die abenteuerliche Vorstellung, dass sich damit die „Lebensangst" bearbeiten lässt, fand offenbar Zuspruch und passt zum Bild einer Pädagogik, die Grossprobleme bearbeiten will, ohne sagen zu müssen, wie das gehen soll.

Kultusminister Holzapfel hat sich in seinem Vortrag ausdrücklich auf Becker berufen. Zur „Ausgangsbeschreibung" des neuen Schulgesetzes könne man „nichts besseres" sagen, als „alles das, was Gerold Becker" in seinem Vortrag ausgeführt habe (Schindehütte 1992, S. 159). Die Schule kann „ihre Funktion als Lernraum überhaupt nicht mehr ausfüllen ..., wenn sie nicht auch Lebensraum wird". Wenn sie die zweite Aufgabe nicht endlich angeht, kann sie die erste nicht länger leisten (ebd.). Damit war das Bundesland Hessen schulpolitisch auf Hentig-Linie. Minister Holzapfel hat Gerold Becker als Experten beschäftigt und er war es, der ihn mit der Koordination der reformpädagogischen Versuchsschulen beauftragte.

Becker war damit in einer „für die hessische Schulentwicklung zentralen Position", von wo aus er die Reformaktivitäten in seinem Sinne beeinflussen konnte.[21] Als Referent für Programmentwicklung war er „an vielen Schulen unterwegs", hat also nicht nur die vier Modellschulen begleitet, sondern Holzapfels Reformpolitik vertreten und daneben Hentigs Pädagogik propagiert, wo immer das möglich war. Auf ihn zu verzichten, wurde tatsächlich schwer vorstellbar. In diese Stellung ist Gerold Becker nicht zufällig geraten.

Er gehörte schon in den Jahren 1991/1992 zu einer Beratergruppe, die von dem neuen Kultusminister beauftragt wurde und Vorschläge für die Weiterentwicklung der Lehrerfortbildung, der Schulentwicklung und Bildungsplanung sowie der Staatlichen Landesbildstelle in Hessen erarbeiten sollte. Neben Becker gehörten dieser Gruppe der Stuttgarter Architekt Peter Hübner an sowie der Kasseler Schulpädagoge Rudolf Messner. Von diesen dreien musste nur Gerold Becker versorgt werden, der also erneut von einer für ihn günstigen Konstellation profitiert hat.

---

21 Zum Folgenden: Mail von Volker Imschweiler vom 5. Juni 2014.

Das galt nicht zuletzt für seine Altersversorgung und seine Bezüge im Ruhestand. In einem Sammelband zur Gesamtschule aus dem Jahre 2003 findet sich ein Hinweis, dass Becker „Lehrer i.R." sei (Herrlitz/Weiland/Winkel 2003, S. 351). Das war unzutreffend. Tatsächlich war er zu diesem Zeitpunkt ehemaliger wissenschaftlicher Angestellter in Rente, der noch bezahlten Tätigkeiten nachging. Was er für seine Altersversorgung seit seiner Anstellung in Göttingen genau getan hat, ist nicht klar, auch nicht, wie nach dem Weggang von der Odenwaldschule seine Versorgungsansprüche geregelt wurden.

Aber er hat nach eigenem Bekunden eine Rente bezogen. Die feste Stelle, die er 1992 in Hessen erhielt, war nicht nur mit einer weitgehend freien Tätigkeit als Referent und Schulberater, sondern auch mit der Aussicht auf Altersversorgung verbunden. Das war für ihn vermutlich die Rettung und löste die Frage, wie sicher er dem Ende seines beruflichen Lebens entgegensehen konnte. Freiberuflich und mit befristeten Anstellungen auf Auftragsbasis hätte das ganz anders ausgesehen.

Gerold Becker ist am 30. Juni 1999 in den Ruhestand versetzt worden. Die Jahre in Göttingen und an der Odenwaldschule dürften bei der Rente angerechnet worden sein. Vielleicht hat er auch nachträglich noch eingezahlt, bekannt ist das nicht. Noch etwas anderes ist auffällig: Er war in einem formalen Sinne kein „Lehrer im Ruhestand", das ist eine Bezeichnung noch aus der Zeit der deutschen Volksschullehrer, die am Ende des 20. Jahrhunderts nicht mehr üblich war, die Becker aber mehrfach gewählt hat.[22]

Über den Grund und den Anlass zu dieser Bezeichnung kann nur spekuliert werden. Vielleicht war das Zeichen „i.R." ironisch gemeint und er wollte damit zum Ausdruck bringen, dass man auch Lehrer sein und Erfolg haben kann, ohne ein pädagogisches Staatsexamen abgelegt zu haben. Becker hat stets subtile Signale gesetzt. Möglich ist auch, dass er den „Ruhestand" als Phase karikieren wollte, die er ja tatsächlich nicht in Anspruch genommen hat. Seine Karriere war nie zuende und erst die Krankheit hat ihn aus der Bahn geworfen.

Die Anstellung am Landesinstitut war eine willkommene Absicherung und mehr noch, sie trug seine zweite Karriere. Als erfolgreicher Schulberater wurde Gerold Becker erst wahrgenommen, als er in Wiesbaden tätig war, und es schadete ihm nicht, dass er sich dabei stets auf seine Erfahrungen an der Odenwaldschule berufen konnte. Mit ihrem Nimbus im Rücken wurde Becker zu einem gefragten Redner und Autor, dem unter Praktikern höchste Glaubwürdigkeit zuteil wurde. Als Experte war er einer von ihnen, zudem stand er politisch auf der richtigen Seite.

---

22 So im Friedrich Jahresheft 2005 (Becker u.a. 2005, S. 144).

Einen wie immer gearteten Leistungsnachweis musste er nicht liefern, wie gesagt, keiner fragte, was er als Schulleiter erreicht und auch nicht erreicht hat, während er die hessischen Schulen ja genau in diesem Sinne beraten sollte. Niemand hatte eine Vorstellung, was die Odenwaldschule unter Becker tatsächlich gewesen ist, umso mehr konnte er von ihren Legenden zehren. Sie war der praktische Beweis, dass Schulreform gelingen kann und er war dann der zentrale Akteur, der in der pädagogischen Öffentlichkeit einen ausgezeichneten Leumund erwerben konnte.

Seine Karriere als Bildungsexperte war steil und politisch immer an einem für ihn förderlichen Ort. 1977, noch als Leiter der Odenwaldschule, nahm Becker in Frankfurt an einer öffentlichen Veranstaltung zum Thema „Alternatives Lernen – Alternativen zur öffentlichen Schule" teil. Neben Becker sprachen Oskar Negt, Alexander Kluge und Rainer Winkel (Stubenrauch 2001, S. 83). Aus diesem Anlass heraus entstand die Freie Schule Frankfurt, die Hartmut von Hentig 1983 mit einem Gerichtsgutachten unterstützte; vor allem aber wurden die Freien Schulen zu einem Anliegen der sich entwickelnden politischen Bewegung der Grünen.

Becker hat nach der Wende mehr als zehn Jahre Jahre lang zahlreiche Gelegenheiten als Politikberater wahrgenommen. Ende 1993 beriet er etwa zusammen mit Wolfgang Klafki und Karl-Heinz Braun die Fraktion Bündnis 90/Die Grünen im Landtag von Sachsen-Anhalt. Alle drei verfassten schriftliche Stellungnahmen, die im Februar 1994 veröffentlicht wurden (Becker/Braun/Klafki 1994). Herausgeber war die Landtagsfraktion, die nach wirksamen Argumenten für die Landtagswahl suchte. Tatsächlich bildeten Bündnis 90/Die Grünen zusammen mit der SPD eine von der PDS tolerierte Minderheitsregierung, der Reinhard Höppner vorstand.

Becker nahm Stellung zum „Bildungsauftrag der Schule", zum „Ernstnehmen der Schüler im Unterricht", zum Verhältnis von „Schulunterricht und Lebenswirklichkeit" und zu einem Verständnis von Schule als „Lebensraum für Kinder und Jugendliche" (Becker 1994a). Er referierte, anders gesagt, Hentigs Theorien und machte so die neue Reformpädagogik im Osten hoffähig, wohl wissend, wie seine Themen in der autoritären DDR behandelt worden waren. So konnte er einen scheinbar neuen Akzent setzen. Über die reale Schulsituation in den neuen Bundesländern verlor er kein Wort. Dabei war er nach eigenen Angaben am „Modellprojekt Hessen-Thüringen" des Hessischen Landesinstituts für Bildungsplanung und Schulentwicklung beteiligt (ebd., S. 79).

Am 31. Mai 1999 nahm Becker an einem Fachgespräch über Versuchsschulen teil, zu dem die Fraktion „Bündnis 90/Die Grünen" des nordrheinwestfälischen Landtages eingeladen hatte. In seinen beiden Eigenschaften als Schulentwickler und Reformpädagoge war er hoch willkommen. Weil auch die Leiter der beiden Bielefelder Universitätsschulen anwesend waren, berichtete darüber die Bielefelder Universitätszeitung. Sie stellte in ihrer Ausgabe Juni 1999 den „bildungspolitischen Experten Gerold Becker" als „langjährigen Koordinator von zwölf hessischen Versuchsschulen" vor (Bielefelder Universitätszeitung 1999, S. 16), der er so nie gewesen ist.

Ebenfalls im Juni 1999 nahm Becker an einer Klausurtagung der Heinrich-Böll-Stiftung in Berlin teil. Die Tagung wurde dokumentiert in einem Sammelband, der den Titel trug *Bildung: Brücken in die Zukunft*. Herausgeber waren Sybille Volkholz und Gerold Becker unter Mitarbeit von Holger Wicht. Volkholz war Mitglied des Berliner Abgeordnetenhauses und bildungspolitische Sprecherin der Fraktion Bündnis 90/Die Grünen, Wicht war als freier Journalist und Moderator tätig, Becker stand unmittelbar vor dem Ende seines Dienstes beim Hessischen Landesinstitut und verfügte offenbar über einen vollen Terminkalender (Becker/Volkholz/Wicht 1999).

Er hatte als Mitglied des „BeraterInnenkreises Bildung" der Heinrich-Böll-Stiftung die Tagung mit vorbereitet und war zusammen mit Sybille Volkholz für die Dokumentation verantwortlich (ebd., S. 8). Außerdem verfasste er „einführende Überlegungen und Fragen" (ebd., S. 19–24) und war Diskutant, der sich mehrfach mit Beiträgen zu Wort meldete. Mit ihm diskutierten die beiden Journalisten Reinhard Kahl und Christian Füller, Christa Goetsch, die spätere Hamburger Schulsenatorin, der ehemalige Volkswagen-Manager Peter Meyer-Dohm, Enja Riegel von der Helene-Lange-Schule, der frühere GEW-Vorsitzende Dieter Wunder und viele andere.

Als fester Teil der deutschen Bildungselite nahm Gerold Becker an zahlreichen schulpolitischen Foren und Podien teil. Am 12. November 1994 diskutierte er etwa in der Berliner Heinrich-von-Stephan-Oberschule auf einem Podium anlässlich eines Pädagogischen Tages, der zum 100-jährigen Jubiläum der Schule veranstaltet wurde. Mitdiskutanten waren der Kieler Lehrer und Buchautor Jochen Grell, Horst Seidel von der Berliner Senatsverwaltung, Sybille Volkholz, damals bereits bildungspolitische Sprecherin von Bündnis 90/Die Grünen im Berliner Abgeordnetenhaus, Joachim Lompscher von der Universität Potsdam und der Schulleiter Jens Grosspietsch. Becker wurde vorgestellt als Mitarbeiter des Hessischen Instituts für Bildungsplanung und Schulentwicklung.[23]

Im Mai 1992 organisierte Gerold Becker zusammen mit Otto Seydel und Edith Hagenguth-Werner ein bildungspolitisches Symposion, das den „wechselseitigen Erwartungen von Schule und Wirtschaft" gewidmet sein sollte und mit „Neues Lernen" überschrieben war. Das Symposion fand in

---

23 http://info.ub.uni-potsdam.de/zst/llf/LLF_PDF/LLF-12/AUSSCHNL.PDF

der Schule Schloss Salem statt und wurde von der Haniel-Stiftung in Duisburg finanziert. Die Mitveranstalterin Edith Hagenguth-Werner war seit 1989 Geschäftsführerin der Stiftung. Jan van Haeften, der Aufsichtsratsvorsitzende der Firma Franz Haniel&Cie., hielt den Begrüssungsvortrag. Zu den anderen Rednern gehörten etwa Hartmut Rahn, der Generalsekretär der Studienstiftung des Deutschen Volkes in Bonn und Karlheinz Kaske, damals noch Vorsitzender des Vorstandes der Siemens AG in München.

Van Haeften, seinerzeit einer der einflussreichsten Manager Deutschlands, hatte seine Schulzeit in Salem und später im schottischen Gordonstoun verbracht. Er ist der Schule bis heute immer noch eng verbunden.[24] Auch Rahn war Schüler in Salem und hat dort Abitur gemacht. Weitere Teilnehmer des Symposions waren etwa Gerhard Verch, Leiter der Personalabteilung der Firma Miele&Cie. in Gütersloh, Rudolf Siebert, Geschäftsführer der Sachtleben Chemie GmbH in Duisburg oder Hubert Markl, der bis 1991 der Präsident der Deutschen Forschungsgemeinschaft war, und Helmut Niederhofer, Personalchef und Mitglied des Vorstandes der BMW AG in München (Becker/Seydel 1993).

Auch in diesen Kreisen bewegte sich Gerold Becker glänzend. Das Konzept des Symposions hatte er wesentlich mit vorbereitet, man tagte in Arbeitsgruppen, las Texte unter anderem von Martin Wagenschein (ebd., S. 41) und Hartmut von Hentig (ebd., S. 79), die Teilnehmer wurden zum Teil einzeln interviewt und mussten am Ende zu Ergebnissen kommen. Bernhard Bueb kommentierte diese Ergebnisse (ebd., S. 11–13) und dankte bei der Schlussrunde neben den beiden anderen Veranstaltern auch „Herrn Gerold Becker" für die „inhaltliche und organisatorische Planung des Symposions" (ebd., S. 13). Das Netzwerk hielt auch vor der deutschen Industrie-Elite, die nicht ein zweites Mal zu einem solchen Zweck zusammengekommen ist.

Auf der anderen Seite des Spektrums, in der linken deutschen Gesamtschulszene der neunziger Jahre, war Becker ebenfalls fest verankert. Auf dem Bundeskongress der Gemeinnützigen Gesellschaft Gesamtschule (GGG), der 1992 in der Offenen Schule Kassel-Waldau stattfand, hielt er das Hauptreferat. Seine These hier war, dass sich das grundsätzliche pädagogische Interesse verlagert habe, weg von den grossen Systemfragen und hin zur inneren Verfasstheit der Schulen. Der Kongress war dem Thema gewidmet „Gesamtschulen lernen voneinander" (Ratzki o.J., S. 3), was sich als Strategie der Schulentwicklung dann auch tatsächlich durchsetzte.

Am 7. Dezember 1992 sprach Becker in der Integrierten Gesamtschule Kastellaun im Hunsrück[25] zum Thema „Gesamtschule und praktisches

---

24 Südkurier vom 24. Mai 2011.
25 Kastellaun liegt 15 Kilometer nördlich von Simmern im Hunsrück.

Lernen". Die Rede ist im April 1993 zusammen mit zwei weiteren Grundsatzreferaten an anderen Gesamtschulen in der Schriftenreihe „Pädagogik zeitgemäss" des Pädagogischen Zentrums des Landes Rheinland-Pfalz veröffentlicht worden (Becker 1993b). Die beiden Referenten neben Gerold Becker waren Wolfgang Klafki und Otto Herz, seinerzeit wissenschaftlicher Mitarbeiter am nordrhein-westfälischen Landesinstitut für Schule und Weiterbildung; Becker war also erneut in bester pädagogischer Gesellschaft.

Das Vorwort zu dem Band schrieb Rose Götte, die damalige Ministerin für Bildung und Jugend des Landes Rheinland-Pfalz; sie stellt einen engen Zusammenhang her zwischen der Demokratisierung des Schulwesens, der inneren Schulreform und den integrierten Gesamtschulen (Gesamtschule 1993, S. 4). Becker wird sieben Jahre nach dem Verlassen der Odenwaldschule als „namhafter Streiter" und „Vordenker" für die Verbesserung der Schulqualität gewürdigt (ebd., S. 3). Er war definitiv im staatlichen System angekommen und hatte endgültig seinen Platz in der deutschen Bildungselite gefunden, den er erst am Ende seines Lebens aufgeben musste.

Im Herbst 1993 hatte Gerold Becker auch in der Schweiz zu tun. Er nahm an der 9. OECD/CERI-Regionalkonferenz der deutschsprachigen Länder in Einsiedeln teil. Die Konferenz war dem Thema „Was können Schulen für die Schulentwicklung tun?" gewidmet hat. Dreiundachtzig Expertinnen und Experten waren anwesend, die Konferenz dauerte vom 26. September bis zum 1. Oktober. Becker stellte als Fallbeispiele verschiedene Reformschulen aus Hessen und Thüringen vor, die miteinander kooperierten und die er beraten hat. Die Schulen erhielten so ein internationales Forum. In seinem Beitrag war deutlich die Rede von „reformpädagogischen Schulprofilen" und dem gleichen „Geist" in den Schulen (Becker 1994d, S., 163).

Becker war wiederum in einer denkbar besten Umgebung. Moderator der Konferenz war Anton Strittmatter, damals Leiter der Pädagogischen Arbeitsstelle des Schweizerischen Lehrerinnen- und Lehrerverbandes (LCH). Neben Becker präsentierten Fallbeispiele aus Deutschland Erika Risse, Leiterin des Elsa-Brandström-Gymnasiums in Oberhausen, und Uwe Dreske, Leiter des Kreisgymnasiums Freital-Deuben in Sachsen sowie der Bremer Oberschulrat Wolff Fleischer-Bickmann und Eva Liss-Mildenberger vom Landesinstitut für Lehrerfort- und Weiterbildung in Rheinland-Pfalz.

Im Umkreis dieser und anderer Namen war Gerold Becker jahrelang und sehr profiliert tätig. Als Schulexperte hat er grosse Beachtung gefunden, kaum jemand war in Lehrerkreisen anerkannter und niemand erzielte vermutlich im Blick auf Vorträge eine höhere Nachfrage als er. Becker beherrschte das rhetorische Spiel der „besseren" Schule glänzend und verstand es auch, sich so darzustellen, dass ein engagierter Praktiker sichtbar wurde. Er war aber nie festgelegt auf Details der Schulentwicklung und stand für das grosse Ganze oder die Vision der Schulreform.

Auch deswegen war er bildungspolitisch nachgefragt, er sorgte für die Argumente, die für die Legitimation wichtig waren, ohne einfach als Ideologie abgetan werden zu können. Auffällig ist, dass ihm bei seinen Vorschlägen nie jemand widersprochen hat. Es gibt nicht eine öffentliche Kontroverse um den hessischen Schulentwickler Gerold Becker, der sich Diskussionen tatsächlich immer entzogen hat. Er schien irgendwie – ohne anzuecken und mit Hartmut von Hentig im Rücken – die praktische Vernunft der sozialdemokratischen Schulreform in Hessen zu verkörpern.

Am 12. März 1990, also noch vor seiner Zeit am HIBS, konnte Becker in einem Referat auf einer Fachtagung zum ökologischen Schulbau in Berlin seine Thesen zur Kritik der Schulhausarchitektur erneuern und wiederum von der „Pädagogik in Beton" sprechen. Nochmals wird den Architekten pauschal vorgehalten, sie hätten ein falsches Bild von der Schule, nämlich eines, das die „äussere Gestalt der Schule" wie eine „Produktionsanlage" vorstellt, „hoch rationell" und „hocheffizient", aber nicht wie einen Erfahrungsraum und so auch nicht als Ort zum Lernen für Kinder (Becker 1990c, S. 28).

Er blieb also auch Experte für die Schularchitektur, der sich inzwischen auf sich selbst beziehen konnte. Seinen Aufsatz vor 24 Jahren – „Pädagogik in Beton" – hätte er noch einmal so schreiben können wie damals, und das, hält er fest, sei „ein schlimmer Befund" (ebd., S. 27). Tatsächlich hat er seine Thesen unter dem alten Titel nochmals veröffentlicht (Becker 1991b). Die „Schule als Erfahrungsraum" hatte immer auch eine architektonische Seite, die Beckers Postulate unverändert nutzen konnte. Der tatsächliche Wandel der Schulbauten musste nicht in den Blick genommen werden, es genügte der pauschale Verdacht.

Im März 1996 hielt Becker erneut in der Evangelischen Akademie Hofgeismar einen viel beachteten Vortrag zur Entwicklung von Schulprogrammen, die seinerzeit als Meilenstein hin zu mehr Autonomie der einzelnen Schule angesehen wurden. Die Tagung ist zusammen mit dem Hessischen Kultusministerium veranstaltet worden, Beckers Referat wird ein Jahr später sogar als herausragender „Referenztext" in der Debatte um Schulprogramme bezeichnet, der unbedingt einer „grösseren Öffentlichkeit" zugänglich gemacht werden sollte (Becker 1997a, S. 3).

Becker sprach denn auch programmatisch vom „Paradigmenwechsel" in der Steuerung der staatlichen Schulen (ebd., S. 7) und vom „neuen Denken" in der Schulentwicklung, das die Autonomie der Basis stärken würde (ebd., S. 10). Doch dieses neue Denken ist einfach Hentigs „Schule als Polis" (ebd., S. 11), die auf diesem Weg die hessische Schulöffentlichkeit erreicht hat. Das Schulprogramm ist dann lediglich der Weg zur Umsetzung dieses Denkens (ebd., S. 12ff.). Erneut fehlt jede Begründung, warum Hentigs Konzept ins Spiel gebracht wird, das sich schlicht von selbst verstehen soll und so auch keinem Vergleich unterzogen werden muss. Nicht einmal eine Abgrenzung zu anderen Konzepten hält Becker für nötig, Hentig widersprach ohnehin niemand.

Becker hat sich auch früh gegen Versuche gewehrt, die Schulleistungen zu objektivieren. Als hessischer Schulentwickler konnte er sagen, ein Kennzeichen guter Schulen sei nicht die vergleichende Leistungsbeurteilung, sondern vielmehr die Belobigung des individuellen Lernfortschritts, unabhängig von gleichen Massstäben für alle. Gute Schulen, heisst es in dem ersten Hofgeismarer Vortrag, „haben ein tiefes Misstrauen gegen Messen und Testen und gegen die Scheinobjektivität von Ziffernzeugnissen, beharren aber darauf, dass jedes Kind, jeder Jugendliche ein Recht hat, ein sehr genaues Echo auf und Anerkennung für das zu bekommen, was es oder er tut und ‚leistet'" (Becker 1992a, S. 74; vgl. auch Becker 1983a).

„Leistung" wird in Anführungszeichen gesetzt und ist dann verdächtig, wenn sich die Leistungsbeurteilung auf Vergleiche bezieht. Es soll nur der individuelle Lernfortschritt in den Blick kommen. Das kam in Beckers Milieu der Schulreform gut an und ist bis heute ein Postulat der Schulkritik, die lediglich lernende Kinder sieht und nicht auch beurteilende Lehrkräfte, jedenfalls keine, die Unterschiede in den Leistungen feststellen und sie mit Noten beschreiben. Es soll keine Verlierer geben, aber wenn in einer Lerngruppe gleiche Aufgaben bearbeitet werden, dann entstehen immer Leistungshierarchien, die von der Kritik zugunsten der Individualisierung ausgeschlossen werden.

Ein rousseauistisches Projekt ohne Hierarchien sollte die Odenwaldschule unter Gerold Becker sein. Das Projekt wurde nunmehr verallgemeinert zur Schule als Lebensraum mit individualisierten Lernangeboten, die vom Schüler und seinen Interessen ausgehen. Unterricht wäre so endlich nicht mehr ein Abfüllungsvorgang. „Diese Art des Lernens" sagte Becker am 16. November 1991 in Hofgeismar, „hat etwas mit Selbstbefreiungsprozessen zu tun". Erst so ist Schulreform human. Schulen, die diesen Weg gehen, entdecken dann „vergnügt die reichen Schätze aus der reformpädagogischen Materialkiste und verändern sie ihren Bedürfnissen und Notwendigkeiten entsprechend" (Becker 1992a, S. 73).

Wie diese „Selbstbefreiungsprozesse" tatsächlich gewesen sind, musste nicht gesagt werden, ebenso wenig, was unter den „reichen Schätzen" der Reformpädagogik konkret vorgestellt werden kann. Sie waren einfach historisch überlegen und seine Hörer glaubten allzu gerne, dass man nur hier anschliessen konnte. Mit Gerold Becker war dafür auch der Garant gegeben, denn er war lange der einzige staatliche Schulentwickler, der sich dezidiert auf die deutsche Reformpädagogik bezogen hat und die historischen Landerziehungsheime mit den neuen Ansätzen der Schulreform in Verbindung brachte (Becker 2007).

Aber das war nur eines seiner Profile. Gerold Becker hatte auch beste Verbindungen zur Evangelischen Kirche in Deutschland (EKD), ohne dass jemand an seine Zeit in Linz erinnert hätte. Er schien auf glänzende Weise Pädagoge und Pfarrer gleichzeitig zu sein. Auf der bildungspolitischen Schlüsseltagung im November 1991 in Hofgeismar wurde Becker im Protokoll sogar angeführt als Mitglied der Kammer der EKD für Bildung und Erziehung (Relke 2009, S. 322). In dieser Position war er mindestens bis 1998 tätig,[26] wann genau er seinen Posten aufgab und aus welchen Gründen, ist nicht klar.

In den neunziger Jahren jedenfalls war er in der Evangelischen Kirche wohlgelitten und an vielen Stellen tätig. Im November 1994 trug er etwa zur 8. Synode der EKD zum Thema „Aufwachsen in schwieriger Zeit – Kinder in Gemeinde und Gesellschaft" bei. Er war auch Mitglied des Vorbereitungsausschusses und der Arbeitsgruppe „Kindsein 1994 – zur Lage der Kinder" (Synode 1995, S. 96/97). Und im gleichen Jahr war er Mitarbeiter bei der Denkschrift *Identität und Verständigung*, mit der die Evangelische Kirche sich zur Reform des Religionsunterrichts positionierte (Identität und Verständigung 1994).

Mit solchen Aktivitäten machte sich Gerold Becker nicht nur nützlich. Er hat die Pädagogik der EKD in den neunziger Jahren wesentlich mitbestimmt, immer getragen von der Idee des humanen Aufwachsens und der Schule als individuell genutzter Erfahrungsraum sowie unter stetiger Berufung auf Hartmut von Hentig (ebd., S. 15). Die Rolle des Parteigängers für die Kinder nahm ihm jeder ab und die kirchlichen Milieus verstärkten seine Glaubwürdigkeit. Er war dort sicher sehr bewusst tätig, denn eine bessere Tarnung für ihn gab es nicht.

Der evangelische Theologe Becker hat sich bei Gelegenheit auch zu Glaubensfragen geäussert und er sprach häufig auf Kirchentagen, so etwa am 15. Juni 1995 in Hamburg zum Thema „Es muss nicht alles bleiben, wie es ist: Schulen in Bewegung".[27] Gerold Becker war von 1993 bis 1997 zusammen mit Persönlichkeiten wie Marianne Birthler oder Ernst Benda sogar Mitglied im Präsidium des Deutschen Evangelischen Kirchentages, was nochmals seinen Rang anzeigt (Runge/Ueberschär 2009, S. 240). Becker hatte also tatsächlich beste Verbindungen und konnte über ein dichtes Netzwerk verfügen, auch weil er Theologie und Pädagogik so mustergültig zu verbinden schien.

Es gab dreissig Jahre lang praktisch keinen Kirchentag, bei dem Becker nicht als Redner und Interpret der Bibel präsent war. So durfte er auf dem 24. Deutschen Evangelischen Kirchentag Ruhrgebiet 1991, der unter dem Motto

---

26 http://www.ekd.de/EKD-Texte/glauben_1998_mitglieder.html
27 http://www.brackwede.de/medienarchiv/pdf-dat/Archiv_DEKT_1995_neu.pdf

stand, „Gottes Geist befreit zum Leben", für das Forum „Kinder und Erziehung" die vorgängige Bibelarbeit leisten. Das Forum fand am 7. Juni 1991 morgens statt, Teilnehmer waren Lothar Böhnisch, Horst-Eberhard Richter, Andreas Flitner und Jürgen Funke-Wienecke. Becker sprach über 4. Moses 11, also den Zorn des Volkes gegen Moses in der Wüste und die Ausgiessung des Geistes, die vom Volk schlecht belohnt wurde.[28]

Die Namen sind kein Zufall. Beckers Netzwerk war von Anfang an prominent besetzt. Der Deutsche Evangelische Kirchentag im Juli 1969 in Stuttgart trug das Motto „Hungern nach Gerechtigkeit". Gerold Ummo Becker nahm zusammen mit Hartmut von Hentig und Günter Grass an einem Podiumsgespräch teil, das am 19. Juli stattfand und von Hellmut Becker geleitet wurde. Das Thema war „Aggression als individuelle und gesellschaftliche Tat" (Deutscher Evangelischer Kirchentag 1970, S. 368–386). Gerold Becker war erst wenige Monate Lehrer an der Odenwaldschule und wurde deutlich protegiert. Bereits jetzt gehörte er dank Hentig zum grösseren Zirkel der linksliberalen deutschen Intelligenz.

Das Podium selbst diskutierte nicht über „Aggression", sondern über ein Theaterstück von Günter Grass. Grass hatte am Vormittag auf dem Kirchentag vor grossem Publikum aus dem Manuskript seines neuen Romans *Örtlich betäubt* gelesen, der im Herbst erscheinen sollte. Der Aussprache über die Lesung am Nachmittag ging das Podiumsgespräch voraus. Vermutlich sind Hartmut von Hentig und Gerold Becker zur Teilnahme gebeten worden, weil im Mittelpunkt des Romans ein Westberliner Studienrat für Deutsch und Geschichte steht, der auf die Studentenrevolte reagiert.

Die Schlüsselszene des Romans ist bereits in dem Theaterstück *Davor* verarbeitet worden, das am 14. Februar 1969 im Berliner Schillertheater uraufgeführt worden war. Hentig und Becker vertraten auf den ersten Blick gegensätzliche Positionen. Hentig wollte am Beispiel des Romans „Fragen der öffentlichen Gewalt" diskutieren (ebd., S. 369), Becker, der das Stück mit Schülern der Odenwaldschule gesehen hatte, zeigte Verständnis für den Wunsch der Schüler nach Aktion und kritisierte die Haltung des ständigen Abwartens (ebd., S. 375). Auch sorgte er sich über den „aufklärenden Effekt dieser Unternehmung" Theaterstück (ebd., S. 370). Und man könne die Schüler nicht einfach mit der Losung „Lernen, Lernen, Lernen" abspeisen (ebd., S. 382).

Becker widersprach Hentig auf dem Podium aber nicht wirklich. Hentig versuchte, das Stück im Sinne der Bereitschaft zur Tat (ebd., S. 369) zu deuten, und Becker fragte nach der Relevanz für seine Schüler, die selbst nicht zu Wort kamen. Bemerkenswert ist, dass auch an keiner anderen Stelle zwischen

---

28 http://www.brackwede.de/medienarchiv/pdf-dat/Archiv_DEKT_1991_neu.pdf

den beiden öffentlich ein Gegensatz aufgebaut wurde. In Stuttgart konnte sich Becker mit dem, was er sagte, vor den Augen von Hellmut Becker profilieren und fand von nun an immer besser Zugang zu den wichtigen Kreisen der bundesdeutschen Intelligenz. Das hielt vierzig Jahre, auch weil Gerold Becker den anderen die Rolle nicht streitig machte.

Am 17. Juni 1999, auf dem 28. Deutschen Evangelischen Kirchentag erneut in Stuttgart, war Gerold Becker Gast in einer zentralen Veranstaltung, die an verschiedenen Abenden durchgeführt wurde. Die Reihe hiess: „Deutsche in Ost und West. Vom Glück der Deutschen" und fand vor grossem Publikum in der Schleyer-Halle statt. Das Thema des Podiums, an dem Becker teilnahm, lautete: „Die gespaltene Erinnerung: Erfahrungen mit Freiheit und Gerechtigkeit." Gemeint waren die unterschiedlichen Erfahrungen in West- und Ostdeutschland zehn Jahre nach der Wende, die offenbar auch ausgiebig zur Sprache kamen.[29]

Mit Becker diskutierten der Journalist Gerhard Rein, die damalige Bundestagsabgeordnete Marianne Birthler, die Pfarrerin Renate Ellmenreich, die lange in der Gauck-Behörde tätig war, die frühere Präsidentin des Deutschen Bundestages Rita Süssmuth, der Strafrechtsprofessor Ulrich K. Preuss, der amtierende Präsident des Deutschen Bundestages Wolfgang Thierse sowie die Journalistin Jana Simon, die im März 2010 in der Zeit den Artikel „Das Schweigen der Männer" veröffentlichen sollte, mit dem die verbrecherische Praxis der Odenwaldschule und speziell von Gerold Becker entlarvt wurde (Simon/Willeke 2010).

Im Herbst 1995 referierte Gerold Becker auf einer internationalen Tagung in Hamburg. Dort trafen sich vom 13. bis 16. September Vertreter des European Forum for Teachers of Religious Education (EFTRE) und Becker sprach zum Thema „Gestaltungselemente einer guten Schule als Werkstätte der Menschlichkeit". Das Comenius-Zitat „Werkstätten der Menschlichkeit" war Teil des Tagungsthemas und stellte Becker zugleich in die Reihe der grossen Schulreformer. Er war als Pädagoge mit religiösem Hintergrund und Schulerfahrung vor einem internationalen Publikum sehr überzeugend, wie der Kongressbericht zeigt (Schreier 1996).

Auch als Redner bei Schuljubiläen war Becker angesagt. Am 10. November 1998 feierte die Integrierte Gesamtschule Mannheim-Herzogenried (IGMH) in der Aula vor 350 geladenen Gästen und unter der Schirmherrschaft des Mannheimer Oberbürgermeisters ihr 25-jähriges Bestehen. Die Festrede hielt Gerold Becker, der als „wissenschaftlicher Mitarbeiter am Hessischen Institut für Pädagogik und ehemaliger Leiter der Odenwaldschule"

---

29 http://www.brackwede.de/medienarchiv/pdf-dat/Archiv_DEKT_1999_neu.pdf

vorgestellt wurde (Jubiläumsschrift 1999, S. 11). Mehr musste zu ihm nicht gesagt werden, er war einfach ein Star der Gesamtschulszene.

Becker referierte zum Thema: „Welche Bildung brauchen Kinder und Jugendliche heute?" Nach ihm standen Grussworte auf dem Programm, etwa des Oberschulamtspräsidenten oder des Ersten Bürgermeisters der Stadt Mannheim, die inhaltliche Agenda aber bestimmte Becker, der auch den rhetorischen Glanzpunkt setzte (Becker 1999). Dass es ein Standardvortrag war, spielte keine Rolle, man wollte den grossen Reformpädagogen hören, der so tat, als ob er sich sich im Kreis der Honorationen wohlfühlte. Es muss Dutzende solcher Auftritte gegeben haben.

Im Sommer 1996 diskutierte Becker mit der Hamburger Schulreformerin Cornelia von Ilsemann über das Thema „Die Wut der LehrerInnen", wobei die Wut in den Schulen als verbreitet angesehen wird und zwei gegensätzliche Effekte haben kann. Einerseits ist sie Auslöser für den „Einstieg in den Ausstieg" oder andererseits gerade für Prozesse der Veränderung (Becker/von Ilsemann 1996). Becker hat für die Wut eine plausible Erklärung, der gibt dem „System Schule" die Schuld und verwahrt sich dagegen, Schule auf Unterricht zu reduzieren. Die „gegenwärtig aggressiv aufgeladene Stimmung" verlange dringend nach einem „ernsthaften Dialog" mit allen Betroffenen (ebd., S. 8).

Der Reformpädagoge Becker sieht sich dabei als eine Art Friedensstifter. Er befürchtet einen „Kippeffekt" im System Schule, also die gegenseitige Verstärkung aller negativen Faktoren. Abhilfe könne nur ein folgenreicher Dialog zwischen den verschiedenen Seiten schaffen, der allgemein dem Auftrag der Schule gelten soll, „möglichst ergänzt durch und moderiert von unabhängigen ‚Generalisten'" (ebd., S. 9), mithin Leuten wie ihn. Diese Rolle hat er schon als Leiter der Odenwaldschule immer spielen wollen, moderieren, aber nicht wirklich entscheiden. Er hat sich sicher nicht vorstellen können, welche Wut er ausgelöst hat und wann sie ihn treffen würde.

Gerold Becker sprach bei verschiedenen Gelegenheiten auch über das Lernen von Gewaltverzicht und Friedfertigkeit, so am 1. April 1993 in Weilburg auf einer gemeinsamen Tagung des Hessischen Kultusministeriums und der Hessischen Landeszentrale für politische Bildung. Der Vortrag fand vor den Spitzen der hessischen Bildungsverwaltung statt, nämlich hohen Beamten des Kultusministeriums, den Leitern der Staatlichen Schulämter und Vertretern der Schulabteilungen der Regierungspräsidenten (Becker 1993/Fn.). Auch das zeigt den Rang, den Becker inzwischen erreicht hatte. Der deutsche Staat nahm ihn ernst und er lieferte, was gefragt war.

Am 1. November 1994 referierte Becker zum gleichen Thema mit einem etwas variierten Vortrag in Friedberg. Diesmal hatten das Staatliche Schulamt Friedberg und die Hessische Landeszentrale für Politische Bildung eingeladen, in deren Schriftenreihe der Vortrag auch veröffentlicht wurde (Becker 1994b). Am Ende der Empfehlungen zur Bekämpfung der Gewalt steht erneut „Hartmut von Hentigs Bild von der ‚Schule als polis'" (ebd., S. 18). Konkreter musste Becker auch hier nicht werden, ohne deswegen von den Praktikern Kritik zu erfahren. Der Verweis auf Hentig und die Laborschule sowie Beckers eigene Rhetorik genügten vollauf.

Erst fünf Jahre später ist Gerold Becker selbst als Gewalttäter bezichtigt worden, bis dahin ahnte die Öffentlichkeit davon nichts. Auch in seinem Netzwerk war das nie ein Thema, sonst hätte er kaum weiter tätig sein können. Die andere Seite in seinem Leben blieb abgeschirmt, der Kreis von Opfern schien beherrschbar zu sein, obwohl ständig neue hinzukamen, und der berühmte Pädagoge hat Zweifel an seiner Person nicht aufkommen lassen. Er muss sehr sicher gewesen sein, dass ihm niemand gefährlich werden konnte, was auch seine mächtigen Freunde nahelegten.

In seinen Vorträgen war er der Pädagoge der Friedfertigkeit, der nie in Verdacht geriet, etwas ganz anderes zu sein als das. Er entsprach stets perfekt den Erwartungen eines engagierten Schulreformers, der für eine bessere Welt eintrat und eine menschliche Schule wollte, in der die Kinder im Zentrum stehen. Niemand – und auch er nicht – hat ihn anders sehen wollen, obwohl es in seinem Umfeld immer Auffälligkeiten gab, die zu Nachfragen hätten führen können.

8.2 Erste Entlarvung und Neustart

Die erste Entlarvung Gerold Beckers erfolgte vor dem Hintergrund eines reformpädagogischen Erfahrungsfeldes, dessen gewalttätige Seite auf erstaunliche Weise verborgen blieb, obwohl zahlreiche Personen davon wussten oder mit den Folgen konfrontiert waren. Gewalt konnte vielfältig erlebt werden, in Form von sexuellen Übergriffen durch Erwachsene oder Schüler ebenso wie als Mobbing oder verbale Erniedrigung. In der Pädagogik der Odenwaldschule war das nicht vorgesehen, auch deswegen fehlte jede Vorstellung von Prävention und Gewalt gab es dann nur in der Aussenwelt.

Im Zweifelsfall ging es immer nur darum, wie die Schule geschützt und ihre herausragende Stellung verteidigt werden konnte. Niemand stellte sich offenbar konkret vor, was sexuelle Gewalt bedeutet und welche Folgen sie hat. Fast noch erstaunlicher als diese Ignoranz ist die Geschichte von Gerold Beckers anschliessender Karriere, die sich vollziehen konnte, als ob nichts oder fast nichts geschehen wäre. Und er selbst blieb, nach dem Verstreichen einer kurzen Frist, ohne erkennbares Unrechtsbewusstsein weiter im Geschäft. Sein engeres Umfeld reagierte mit keinerlei Art von Entzug, weder im

Blick auf die persönliche Achtung noch bezogen auf die professionelle Reputation.

Kaum jemand konnte über die Fassade der Odenwaldschule schöner und suggestiver schreiben als Gerold Becker. Und man glaubte den Parolen, der Rhetorik der Schule sowie den schönen Bildern, die eine friedliche pädagogische Welt vorgaukelten. Damit sollte ein Programm verfolgt werden, wie schnell klar wurde. Schon 1973, ein Jahr nach Antritt seines Postens als Schulleiter, schreibt Becker, dass die Odenwaldschule in besonderer Weise eine „Angebotsschule" sei, die allen einen grossen Freiraum biete. Sie sei daher im Sinne Wilhelm von Humboldts eine prinzipiell „freie Assoziation von Lehrenden und Lernenden", die nicht durch vorgegebene Rollen belastet werde (Becker 1973/1974a, S. 4/5).

Humboldt hatte die freie Gemeinschaft der Lehrenden und Lernenden allerdings auf die Universität bezogen und gerade nicht auf die Schule. Für Becker hiess „Autonomie" einfach, tun und lassen zu können, was er wollte, und dies nicht im Namen der reinen Wissenschaft, wie es Humboldt vor Augen stand. Schulleiter Becker schreibt: An der Odenwaldschule sind „die Wirklichkeit des Schulalltags" und die Ziele, die verfolgt werden sollen, „weit mehr als an der ‚normalen' öffentlichen Schule das Ergebnis freier Entscheidungen", die von den Mitarbeitern „persönlich pädagogisch verantwortet" werden müssen (ebd., S. 5).

Was das bedeuten soll, wird klar gesagt:

> „Mehrheitsentscheidungen über Grundsatzfragen können in einer Schule wie der Odenwaldschule nicht bindend sein, wenn er (der Mitarbeiter; J.O.) meint, sie nach ‚bestem Wissen und Gewissen' aus pädagogischen Gründen nicht verantworten zu können" (ebd.).

Notfalls müsse man die Schule verlassen, dann nämlich, wenn „die Unvereinbarkeit der persönlichen Entscheidung in Grundsatzfragen mit einer von der Schule insgesamt getroffenen Regelung endgültig erwiesen" sei (ebd.). In der Konsequenz hätte damit jeder Mitarbeiter ein Vetorecht und Mehrheitsbeschlüsse wären, wenn es darauf ankommt, nicht bindend, weil sie mit Hinweis auf das pädagogische Gewissen abgelehnt oder unterlaufen werden können.

Nun ist nicht bekannt, dass sich Becker bei kritischen Entscheidungen je auf sein Gewissen berufen hätte, wenn, dann hat er stets seine reformpädagogischen Überzeugungen eingesetzt und sie strategisch ins Spiel gebracht, wohl wissend, dass man ihnen nicht widersprechen würde. „Grundsatzfragen" stellten sich so gar nicht, weil die richtige Antwort immer schon feststand. Auf der anderen Seite hat Becker Mehrheitsentscheidungen oft missachtet oder gar nicht erst aufkommen lassen. Alle wichtigen Geschäfte entschied er selbst.

Gerold Becker berief sich stets – als Lehrer wie als Schulleiter – auf seine pädagogische Autonomie, Entscheidungen in Gremien waren für ihn nie wirklich bindend oder er hat sie in seinem Sinne manipuliert und unterlaufen, oft mit dem Hinweis auf die Pädagogik „vom Kinde aus". Nicht zuletzt deswegen war er so schwer greifbar, er nahm sich einfach alle Freiheiten, am Ende auch die zu gehen, mit vorgeschobenen Gründen, die dem Verantwortungsethos seiner Pädagogik keineswegs entsprachen. Er brauchte keine Rechtfertigung oder lieferte sie jedenfalls nicht.

Folgen hatte das nicht. Seine alte Schule konnte Gerold Becker nach seinem Weggang jederzeit besuchen. Er war ja 1985 freiwillig gegangen, ist feierlich verabschiedet worden, Auflagen gab es für ihn nicht und er war regelmässig vor Ort, nachdem er sich beruflich neu orientiert hatte. Die Schule bescheinigte ihm, dass er noch von 1987 bis 1992 in einem Arbeitsverhältnis mit ihr gestanden habe (Füller 2011, S. 79). Auch so konnte er die Zeit ohne feste Anstellung überbrücken, ihm ist also sehr wohl geholfen worden und er ging nicht wirklich „ohne Netz". Im Januar 1998 wurde er von Schulleiter Harder sogar als Lehrer neu angestellt, was offenbar mit seinem Arbeitsvertrag in Wiesbaden nicht kollidierte und wohl als Nebentätigkeit angesehen wurde, falls er die Beschäftigung deklariert hat.

Becker konnte so wieder an seiner alten Schule unterrichten, das Fach Religion, wie früher, und er nahm auch an den Abiturprüfungen teil. Wolfgang Harder (1999, S. 2) berichtet, dass eine temporär angestellte Mitarbeiterin der Odenwaldschule Becker gebeten hatte, bei der Vorbereitung und Durchführung der Abiturprüfung im Fach Evangelische Religionslehre mitzuwirken, da konnte man gut auf den bewährten Kollegen zurückgreifen, zumal der in diesem Fach als besonders kompetent galt und sich offenbar auch gerne zur Verfügung stellte, nicht ahnend, dass er bereits unter Beobachtung stand.

Er konnte sich sicher fühlen und durfte annehmen, dass zu diesem Zeitpunkt keine Gefahr bestand, er könnte auffliegen. Seine Opfer waren längst nicht mehr an der Schule. Drei jüngere Schüler, die im letzten Jahr neu in seiner Familie waren und ihn also noch als Täter erlebt haben könnten, hatten längst ihren Abschluss gemacht. Im Schuljahr 1984/1985 besuchte einer von ihnen die zehnte und die beiden anderen Jungen die siebte Klasse. Der Ältere verliess die Schule mit der mittleren Reife, die beiden anderen machten 1991 Abitur, ohne je mit Becker in Verbindung gebracht zu werden.

Das Gefühl der Sicherheit kam auch zustande, weil er davon ausgehen konnte, dass die Lehrerinnen und Lehrer aus seiner Zeit als Schulleiter sich ihm gegenüber loyal verhalten würden. Wenn sie überhaupt etwas wussten, so das Kalkül, dann werden sie an Aufklärung nicht interessiert sein. Der Täter Gerold Becker war an der Schule dreizehn Jahre nach seinem Weggang kein Thema. Auch die Risikoabwägung stand auf seiner Seite: Ein Skandal würde ja nicht nur ihn, sondern die ganze Schule treffen und so die Arbeitsplätze gefährden. Das schränkt die Bereitschaft ein, Ungereimtheiten wahrzunehmen und Nachfragen zu stellen. So war er einfach immer willkommen.

Unter diesen Voraussetzungen hat Becker ein halbes Jahr lang fünf Schülerinnen und Schüler der 13. Klasse in „Kompaktveranstaltungen" und „Wochenendseminaren" an der Odenwaldschule unterrichtet, die schriftlichen Abiturarbeiten bewertet und eine mündliche Prüfung abgenommen. Diese bezahlte Anstellung endete im Juni 1998 und ist nicht verlängert worden (ebd.). Niemand nahm daran Anstoss und Becker hatte keinen Grund, sich in einer Gefahrensituation zu sehen. Alles schien normal zu sein: Er war weiterhin Mitglied im Trägerverein und Vorsitzender des Förderkreises der Odenwaldschule. Zudem war er „Gast und Mitwirkender bei den verschiedensten innerschulischen und schulöffentlichen Veranstaltungen" (ebd.).

Mehr als ein halbes Jahr zuvor, im Oktober 1997, war Becker Moderator beim jährlichen Treffen der Altschüler, vermutlich bezahlt wie auch bei anderen Anlässen – dieser Abend brachte die Wende, denn anwesend waren auch Opfer von ihm, gegenüber denen er so tat, als sei nichts gewesen. Erneut fiel er durch Arroganz und demonstrative Selbstsicherheit auf, er tat so, als gehörte die Odenwaldschule immer noch ihm, aber genau das war nunmehr der Anstoss, endlich etwas gegen ihn zu unternehmen und zu versuchen, Gerold Becker als Täter zu Fall zu bringen. Doch das sollte erst dreizehn Jahre später Erfolg haben.

Im Januar und Februar des Jahres 1998 war Gerold Becker sogar noch Mitglied einer siebenköpfigen Findungskommission zur Neubesetzung der Schulleiterstelle, die zum 1. August 1999 anstand (ebd.). Er sollte also auch die Zukunft der Odenwaldschule noch entscheidend mitbestimmen. Sein Rat war gefragt und er galt ja als Kenner der Szene der Schulentwicklung in Deutschland, damit als Fachmann für den Kreis derer, die als künftiger Schulleiter in Frage kommen würden. Einen Grund oder Anlass, Becker von der Schule fernzuhalten, gab es nicht, im Gegenteil war er gefragt und hat seine Mithilfe auch immer zugesagt.

Ganz so glatt kann es aber nicht gewesen sein. Der Ehemalige Georg berichtet, dass um die Zeit von 1996 und 1997, also unmittelbar vor Beckers Entlarvung, eine Lehrerin bei einem Treffen ihm gegenüber durchaus deutlich geworden ist. Als Georg von seinen traumatischen Erlebnissen erzählte und sie auf Namen hin ansprach, sagte sie bei dieser Gelegenheit: „Ja, diese

Tätername waren immer im Gespräch ..."[30] Es war also offensichtlich nicht so, dass allgemeine Unkenntnis herrschte. Vielmehr muss man sich Gerüchte und Andeutungen vorstellen, die bei Gelegenheit auch kommuniziert wurden, aus denen aber nichts folgte.

Becker jedenfalls konnte weiterhin seine Dienste anbieten und sich, wie er stets sagte, „nützlich machen", was auch heisst, dass er Einfluss genommen und in gut vierzehn Jahren regelmässig die Odenwaldschule besucht hat. Er wusste, dass er willkommen war. Ob die Frage, warum er die Schule im Sommer 1985 verlassen hatte, je ein ernsthaftes Thema war, muss dahin gestellt bleiben. Wenn er kam, wurde er jedes Mal gefeiert, von den Kindern, die wie Trauben an ihm hingen, auch als er längst kein Schulleiter mehr war.[31] Er galt eben als grossartiger Pädagoge und hat das genau so inszeniert, mit der Folge, dass er vermutlich selbst daran geglaubt hat.

In der Fachwelt hatte Becker Renommee und wenn er als Pädagoge hoch gehandelt wurde, hiess das eben auch, dass die Schule sich mit seinem Namen schmücken konnte. Man profitierte also gegenseitig und war entsprechend aufeinander eingestellt, zumal Becker die Schule symbolisch für sich nutzen konnte, wenn er als „ehemaliger Leiter der Odenwaldschule" auftrat. Bei einem solchen Profil verbieten sich die Nachfragen. Becker konnte daher ungestört in seiner eigenen Welt leben bleiben und weiter Jungen missbrauchen, ohne dass irgendjemand davon erfahren hat.

Wer hätte auch gewagt zu widersprechen, wenn Becker (1988, S. 88) mit seiner Standardformel sagen konnte, die Odenwaldschule sei der Versuch, „eine Umgebung für Kinder und Jugendliche zu schaffen, die bewusst und mit Absicht und mit Gründlichkeit dafür ausgedacht und eingerichtet ist, dass Kinder dort gut aufwachsen können"? Der Widerspruch liegt noch weniger nahe, wenn zugleich gesagt wird, die Odenwaldschule sei „eine der öffentlichsten Schulen in Deutschland", die „etwa tausend Besucher im Jahr" zählen könne,[32] publizistisch sehr erfolgreich sei und bei Gelegenheit auch „im Mittelpunkt des Medieninteresses" stehe (ebd., S. 89).

Was den Besuchern auffällt, ist nicht perfekt und gerade deswegen so überzeugend (Becker 1983b). In der Folge warf auch niemand einen kritischen Blick auf die Schule, was unmittelbar damit zusammenhängt, dass fast alle Medien mitgespielt haben. Man kann das auch so formulieren: Becker verkaufte „Reformpädagogik" und das Produkt „Odenwaldschule" hatte stets Premiumcharakter; in der Darstellung war das leicht und eingängig, aber nur

---

30 Gespräch mit Georg am 14. September 2012.
31 Aussage von Wolfgang Harder (*Geschlossene Gesellschaft*, Minute 53, 10–37).
32 Auch das war übertrieben. Im ersten Halbjahr 1973 besuchten etwa 380 Personen die Odenwaldschule, die meisten waren Studierende aus Lehramtsstudiengängen (OSO-Nachrichten 1973, S. 23/24).

weil die Kinder und Jugendlichen nie wirklich sagen konnten, was sie tatsächlich erlebt haben. Sie hatten keine Stimme, egal ob sie Opfer wurden oder nicht. Die „öffentlichste Schule" Deutschlands war daher vollkommen intransparent und das störte niemanden, solange der schöne Schein gewahrt werden konnte. Es gab nicht einmal eine Beschwerdestelle.

Schon deswegen konnte sich Gerold Becker sehr sicher fühlen, mit dem Widerstand seiner Opfer hat er nicht gerechnet.[33] Doch diese Sicherheit erhielt Risse. Noch am 14. Juni 1998 hat er persönlich an der Feier zur Verabschiedung der Abiturientinnen und Abiturienten teilgenommen. Er wollte sich aber nicht einfach nur mit seiner alten Schule verbunden zeigen, sondern Normalität demonstrieren. Ein halbes Jahr zuvor nämlich ist er von einem seiner Opfer kontaktiert worden und hatte seitdem mit massiven Vorwürfen zu tun. Das durfte er sich auf keinen Fall anmerken lassen.

Andreas Huckele, der sich lange in der Öffentlichkeit „Jürgen Dehmers" nannte, war ein Hauptopfer. Er hatte sich bereits am 12. November 1997 brieflich an Gerold Becker gewandt und ihn offen beschuldigt, wiederholt „sexuellen Missbrauch an Schutzbefohlenen" begangen zu haben (Dehmers 2011, S. 115). Anlass des Briefes war das erwähnte Treffen der Altschüler Ende Oktober, wo Becker „strahlend" und ohne Anzeichen von Einsicht oder gar Schuldbewusstsein aufgetreten war (ebd., S. 113). Es war ein „Starauftritt", er wurde umarmt und gefeiert wie ein „Popstar", nach dem Motto „unser Gerold ist wieder da".[34]

Becker antwortete auf den Brief am 18. November beschwichtigend und bat für etwaige Verletzungen, die er dem Ehemaligen zugefügt haben könnte, um Verzeihung (ebd., S. 116), ohne sich auf den Vorwurf des Missbrauchs einzulassen. Von sexuellen Übergriffen war in der Antwort keine Rede. Becker schrieb seinem ehemaligen Schüler im Wortlaut:

> „Wenn ich Dich als 14- oder 15-jährigen gekränkt, verletzt, beleidigt oder geängstigt habe, dann musst Du mir, bitte, glauben: Das wollte ich sicher nicht! Wenn es dennoch so war, dann bitte ich Dich jetzt dafür sehr ernsthaft um Verzeihung. Das mag Dir gleichgültig sein, oder Du magst diese Verzeihung verweigern. Damit muss ich dann leben. Dennoch wird es so bleiben, dass Dir begegnet zu sein, zu meinen kostbarsten Erinnerungen gehört" (ebd.).

„Kränken, verletzen, beleidigen oder ängstigen" kann man Jugendliche auf vielfältige Weise. Damit ist nichts Konkretes zugestanden, was Beckers Tak-

---

33 Zur Chronik des Skandals auch Schindler (2010).
34 Aussage von Andreas Huckele (*Geschlossene Gesellschaft*, Minute 54, 06–54).

tik bis zuletzt bleiben sollte. Er weicht den Vorwürfen nicht aus, sondern ignoriert sie einfach in den zentralen Punkten und antwortet gleichwohl, ohne eine Angriffsfläche zu bieten. Er bezieht sich auf seine Erinnerungen und dabei aber nicht auf seine Taten – die Briefe lesen sich wie von einer Kunstfigur geschrieben, jemand, den es nur in seiner Welt gibt.

Eine emotionale Beziehung wird angedeutet. Doch Becker schaffte es, auf einen Brief mit Vorwürfen sexuellen Missbrauchs zu antworten, demjenigen, der ihm das vorwirft, lediglich „begegnet" zu sein und damit „kostbarste Erinnerungen" zu verbinden. Der Vorwurf selbst wird nicht berührt, anders hätte er kaum solche Erinnerungen ins Feld führen können. Sie aber sollen ihm bleiben, auch dann, wenn die Verzeihung verwehrt wird. Und er kann darum auch nur bitten, weil er seine Taten auf eine kaum erträgliche Weise kleinredet. Später sollte dann nur noch von „Berührungen" die Rede sein.

Ein zweiter Brief von Andreas Huckele datiert auf den 10. Januar 1998. Nunmehr wurden konkret die Delikte benannt und von Becker eine „umfassende Stellungnahme" verlangt (ebd., S. 117). Becker liess sich viel Zeit und antwortete erst am 27. Februar 1998. Dazwischen muss er sich mit Hartmut von Hentig beraten und später auch Juristen beigezogen haben. Dann ist eine Entscheidung über die Strategie gefallen, wie mit den massiven Vorwürfen umgegangen werden soll. Becker konnte nicht wissen, ob sich weitere Opfer bei ihm melden würden. Die Öffentlichkeit ahnte davon noch nichts.

Den zweiten Brief von Andreas Huckele hat er nicht einfach ignoriert, in seiner Antwort wiederholte Becker im Kern das, was er schon zuvor geschrieben hatte. Zu seinen Taten äusserte er sich erneut nicht, auch nicht in dem Sinne, dass er sie bestritt oder sich entrüstet gab, wie man ihn überhaupt hat beschuldigen können. Es war klar, dass beide davon wussten, also lenkte er einfach vom Thema ab und zeigte vordergründig Verständnis, um für sich selbst die Hintertür offen zu lassen. Weil er materiell nichts zugesteht, lässt die Antwort erkennen, dass er juristischen Rat gesucht und sich abgesichert hat.

Er müsse zur Kenntnis nehmen, schrieb er dem Altschüler bedauernd, „dass Dein Zorn und/oder Deine Verachtung Dir gegenwärtig keine andere Sicht auf die Jahre 1982 bis 1985 ermöglichen" (ebd., S. 118). Die Frage, was er selbst getan hat, als Andreas Huckele Mitglied in seiner Familie war, wurde wiederum nicht berührt, der Täter liess nichts von dem an sich heran, was ihm vorgeworfen wurde, obwohl er davon eine genaue Vorstellung haben musste. Nicht nur das Opfer vergisst die Taten nicht. Aber Becker wusste, wie er mit Scheinangeboten davonkommen konnte, weil er geübt darin war, seinen Kopf in jeder Situation aus der Schlinge zu ziehen. Notfalls hat er sich das Schweigen der Opfer erkauft.[35]

Mit dem Hinweis, dass „gegenwärtig" keine Verständigung möglich sei, lag der Ball beim Opfer, ein Spiel, das Becker bis zu seinem knappen Schuldgeständnis im März 2010, also zwölf Jahre lang, spielen sollte. Er konnte sich auf diese Weise schützen und psychisch so stabilisieren, dass er ohne Schaden weitermachen konnte. Und wenn er um Verzeihung bittet, dann ist das ein weiterer Winkelzug, weil das Opfer darauf unmöglich eingehen konnte, sollten nicht die Vorwürfe entkräftet werden oder die Sache damit erledigt sein. Becker antwortete wohl, aber er liess sich schon von der Wortwahl her auf nichts ein, was ihn hätte belasten können. Und er verknüpfte die Bitte um Verzeihung nicht mit einem konkreten Gesprächsangebot.

An der Abiturfeier am 14. Juni 1998 hat Becker auch deswegen teilgenommen, weil er davon ausgehen konnte, dass seine Opfer nicht dort sein würden. Wenn er Normaltität demonstrieren wollte, dann durfte er keine Bedenken zeigen, an seinen alten Wirkungskreis zurückzukehren. Nachdem er die Briefe von Andreas Huckele gelesen und beantwortet hatte, war er sogar wieder als Lehrer tätig, der kurze Briefwechsel durfte ihn auch davon nicht abhalten. Und so ahnte niemand etwas, als er von Wolfgang Harder vor den Eltern und Schülern anlässlich der Feier vorgestellt und herzlich begrüsst wurde.

Dass sich zur gleichen Zeit zwei Ehemalige an die Schulleitung wenden und ihn massiv belasten würden, konnte er nicht wissen und sich vermutlich auch nicht vorstellen. Der Brief ist so datiert, dass er vor der Feier ankommen sollte. Aber das ist offenbar nicht geschehen, anders hätte Becker kaum an der Feier teilnehmen können. Gemäss eigenen Angaben wurden dem Schulleiter Harder die Vorwürfe gegen Becker erst durch einen Brief zweier Altschüler an ihn bekannt. Der Brief ist am 10. Juni 1998 abgefasst worden, ohne dass Harder dieses Datum erwähnen würde (Harder 1999, S. 1).[36]

Der offene Brief wurde an sechsundzwanzig andere Lehrkräfte verschickt, die gesamte Schule wusste also davon (Dehmers 2011, S. 119ff.). Auch Gerold Becker und Hartmut von Hentig, die nicht im Verteiler waren, haben umgehend davon erfahren. Wolfgang Harder gibt in seinem Bericht an das Staatliche Schulamt für den Kreis Bergstrasse und den Odenwaldkreis vom 22. Dezember 1998 an, dass der Brief ihn am 16. Juni erreicht habe, mithin nach der Abiturfeier und so ohne Becker zu kompromittieren.[37]

---

35 Der Tagesspiegel vom 22. Mai 2010.
36 Der Brief ist mit Passwort auch im Internet zugänglich: http://osodasjahr.files.wordpress.com
37 Der Brief sei am „16. Juno" eingetroffen (*Geschlossene Gesellschaft*, Min. 56, 15.21).

Danach will er sofort gehandelt haben, sein langjähriger Mitstreiter und guter Bekannter erhielt Hausverbot – „Herr Becker hat seither das Gelände der Odenwaldschule nicht mehr betreten" (Harder 1999, S. 2). Es ist nicht klar, wer alles von dem Hausverbot wusste und ob das überhaupt bekannt wurde. Ein Jahr später sollte Enja Riegel dasselbe für die Helene-Lange-Schule tun, was aber eben nur ein symbolischer Akt war. Man tat, was unvermeidlich war, ohne damit persönliche Konsequenzen zu verbinden. Gerold Becker wurde weder geächtet noch zerfiel sein Netzwerk.

Über die beiden Altschüler sagt Wolfgang Harder in seinem Bericht an das Schulamt, dass sie seit 1981 bzw. 1982 die Odenwaldschule besucht und dort 1988 gemeinsam Abitur gemacht haben. Sie werfen, so Harder, Gerold Becker vor, während ihrer Schulzeit durch ihn „Opfer sexuellen Missbrauchs" geworden zu sein und verweisen darauf, dass in der Schule eindeutige Gerüchte kursiert hätten. Zitiert wird in dem Bericht weiterhin der Hinweis „und wir sind leider nicht die einzigen". Das wurde also auch durch den amtlichen Bericht des ehemaligen Schulleiters aktenkundig und ist gleichwohl nicht beachtet worden.

Vor dem 16. Juni will Harder, der immerhin seit 1983 an der Schule tätig war, „von keinerlei Vorwürfen oder auch nur Gerüchten über ein mögliches sexuelles Fehlverhalten von Herrn Becker erfahren" haben (ebd., S. 3).[38] Selbst wenn das im Blick auf Gerold Becker zutreffen würde, Harder ist zuvor verschiedentlich mit Berichten und Vorwürfen von Schülern konfrontiert worden, die ihm mitteilten, dass sie an seiner Schule Opfer sexueller Gewalt geworden seien (Burgsmüller/Tilmann 2010, S. 21). Es ist also nicht so, dass er von der Praxis nie etwas erfahren hätte, nur reagierte er nicht im Sinne derer, die ihm anvertraut waren.

Einer der Schüler, um die es ging, war Opfer des Musiklehrers Wolfgang Held. Ein Freund des Opfers informierte den Schulleiter über Helds Praktiken und das hatte Folgen für ihn, den Schüler, nicht etwa für Held.

> „Von dem Tag an hatte ich ... Wolfgang Harder gegen mich. Er meinte damals, dass er solche Anschuldigungen nicht ‚mehr' hören möchte und dies könne auf keinen Fall sein, nicht auf der OSO und ich solle mit solchen Äusserungen mehr als aufpassen und wurde auch eindringlichst gewarnt, diesen Verdacht den Eltern des Jungen gegenüber zu äussern." (ebd., S. 22)

---

38 Es gibt eine eidesstaatliche Erklärung aus dem Jahre 2010, gemäss der eine Lehrerin Schulleiter Harder über sexuelle Handlungen zwischen Becker und einem siebzehnjährigen Schüler in Kenntnis gesetzt hat (Dehmers 2011, S. 73f.). Er hat das vehement bestritten (*Geschlossene Gesellschaft*, Minuten 75,16 – 77, 15).

Das strikte Verbot hatte auch hier nur den einen Zweck, die Schule sollte vor Schaden bewahrt werden. Es spricht viel für die Annahme, dass Harder genau deswegen an die Odenwaldschule geholt wurde. Gerold Becker hat es so aussehen lassen, dass er ihn als Nachfolger aufgebaut hat und damit konnte er sich schützen. Harder war ihm gegenüber stets loyal und hat sich vermutlich nicht vorstellen können, dass sein Vorgänger ein aggressiver Sexualstraftäter war.

In seiner Rede an die Abiturienten zwei Tage vor dem Hausverbot hatte Harder seinen langjährigen Freund Gerold Becker noch ausdrücklich zitiert und ihn lobend hervorgehoben (Dehmers 2011, S. 160),[39] danach will er ihn sofort abgewickelt haben. Die Behauptungen in dem offenen Brief der beiden Altschüler hätten ihn schockiert, sagt er dreizehn Jahre später, und stärker noch, sie seien „denkunmöglich" gewesen. Er habe gedacht, nun „fliegt alles auseinander" (*Geschlossene Gesellschaft* Minute 56, 10-48). Dem freundschaftlichen Verhältnis zu Becker tat das aber keinen Abbruch.

Gerold Becker wusste, wie er auch in dieser Situation unbeschadet davonkommen konnte. Er hat gegenüber Wolfgang Harder und dem Vorstand der Odenwaldschule sofort zu verstehen gegeben, dass er in der Sache nichts sagen werde. Diese juristische Formel konnte er auch deswegen verwenden, weil er wusste, dass die Anschuldigungen der Altschüler verjährt waren. Geschützt hat ihn auch das auffällige Desinteresse der deutschen Medien und nicht zuletzt das Verhalten der deutschen Erziehungswissenschaft, in der Gerold Becker als Reformpädagoge und Praktiker hoch angesehen war.

Eine hessische Familie hatte sich nach Bekanntwerden der Vorfälle an der Odenwaldschule an den Vorstand der Deutschen Gesellschaft für Erziehungswissenschaft (DGfE) gewandt und darum gebeten, den Ethikrat der Gesellschaft mit der Untersuchung der Vorwürfe gegen Becker zu beauftragen. Das unterblieb jedoch, der Bitte wurde nicht nachgekommen. Vorstand und Ethikrat nämlich gelangten vor dem Hintergrund der Verjährungsfrist zu der Überzeugung, „dass eine eingehende Überprüfung nicht angesagt sei, weil die Odenwaldschule wie auch die Staatsanwaltschaft keinen Handlungsbedarf in Bezug auf die vorgetragenen Vergehen sahen" (Thole u.a. 2012, S. 6; siehe auch Thole 2014, S. 159-162).

Auf diese Weise schützte man aus formalen Gründen die Schule und mit ihr die Reformpädagogik, ohne sich auch nur auf den Verdacht einzulassen, mit der berühmten Odenwaldschule könnte etwas nicht stimmen. Man hätte alle bisherigen Zuschreibungen von Grösse und Bedeutung durchbrechen müssen und da war es besser, Zweifel erst gar nicht aufkommen zu lassen.

---

39 Harder (1999a, S. 82-86) zitiert seine eigene Abschiedsrede auf Becker und erwähnt ihn dann mit einer Episode, die den stets sorgenden Schulleiter zeigen soll.

Der wegen sexuellen Missbrauchs durch das Hessische Kultusministerium fristlos entlassene Gerold Becker konnte weiterhin Mitglied der DGfE bleiben und trat auch nicht etwa freiwillig aus, denn das hätte nach einem Eingeständnis ausgesehen und in der Folge ausgeschlossen, dass er weiterhin als „Pädagoge" agieren konnte.

Am 6. Juli 1998 legte Becker seine Ämter als Vorsitzender des Fördervereins und Mitglied des Trägervereins der Odenwaldschule nieder. In einem zweiten Schreiben an den Vorstand vom 27. Juli 1998 schrieb Becker, er hoffe, „dass dieser Schritt dazu beiträgt, weiteren Schaden für die Odenwaldschule zu begrenzen und Diskussionen über seinen Anlass nach Möglichkeit zu versachlichen" (Harder 1999, S. 5). Er hätte vom Gegenteil ausgehen müssen, nämlich dass ein so plötzlicher Rücktritt ohne jede Angabe von Gründen nicht der Versachlichung dienen kann. Von Anfang an wurde daher auf Vergessen durch Stillschweigen gesetzt.

Mehr passierte zunächst nicht, ausgenommen, dass Becker 1999 unter Druck auch als Herausgeber der Neuen Sammlung zurücktrat, erneut ohne dass dafür Gründe mitgeteilt wurden. Der Rücktritt wurde nicht öffentlich kommuniziert, ab Heft 1 (2000) wurde Gerold Becker zusammen mit anderen einfach als „früherer Herausgeber" aufgeführt, eine editorische Bemerkung dazu gab es nicht. Er verschwand schlicht von der Liste der Herausgeber und tauchte dann zwei Jahre später ebenso stillschweigend wieder auf. Niemand aus der deutschen Pädagogik hat das seinerzeit öffentlich kommentiert und fraglich ist, ob es überhaupt wahrgenommen wurde.

Bis Ende Dezember 1999 äusserte sich Gerold Becker gegenüber der Schulleitung zu den Vorwürfen nicht, weder habe er sie „als zutreffend bestätigt" noch ihnen widersprochen, teilte Harder (ebd., S. 4) dem Schulamt abschliessend mit. Sechs Wochen nach dem offenen Brief hatte Becker die Absicht der „Versachlichung" ins Spiel gebracht, die dann nie auch nur versucht wurde. Was „Versachlichung" in diesem Fall heissen soll, blieb offen, den Anlass für die Rücktritte berührte er nicht und damit schützte er nicht nur die Schule, sondern auch sich selbst. Becker wurde in Ruhe gelassen und keine offizielle Stelle kam je auf das Anliegen der Opfer zurück. Nachforschungen unterblieben wie seinerzeit im Falle von Wolfgang Held.

Am 12. April 1999 wurde Gerold Becker 63 Jahre alt und ist im gleichen Jahr in den Ruhestand getreten, seinen Dienst als wissenschaftlicher Mitarbeiter im Hessischen Landesinstitut hat er am 30. Juni 1999 vertragsgemäss beendet. Aus dieser Stellung ist er nicht von seinem Dienstherrn gekündigt worden, wie gelegentlich behauptet wurde. Ende Juni gab es dafür noch gar keinen Anlass, die Ereignisse an der Odenwaldschule waren noch nicht bekannt, jedenfalls nicht seinem Dienstherrn. Fristlos entlassen wurde er erst ein knappes halbes Jahr später und dies in anderer Funktion.

Der Artikel in der Frankfurter Rundschau, der ihn entlarven sollte, erschien am 17. November 1999. Er brachte die Missbrauchsfälle an der Odenwaldschule das erste Mal an die Öffentlichkeit (Schindler 1999). Jeder andere, zumal als Pädagoge, wäre damit erledigt gewesen, nicht so Becker, für ihn hatte der deutliche und unmissverständliche Artikel keine Folgen. Becker, der früher selbst Autor der Frankfurter Rundschau war,[40] hat danach wohl den Vorsitz in der Vereinigung Deutscher Landerziehungsheime niedergelegt, den er, wie gesagt, seit 1986 innehatte, blieb ansonsten aber weitgehend unbehelligt. Die Ausnahme betraf seine Rolle als staatlicher Schulentwickler.

Nach Beendigung seiner Anstellung als wissenschaftlicher Mitarbeiter im Juni 1999 ist er weiterhin als Berater des Hessischen Kultusministeriums beschäftigt gewesen, was auch heisst, dass er noch über einen gültigen Werkvertrag verfügt hat. Er wurde gebraucht, auch im Ruhestand sollte er weiter für die Versuchsschulen des Landes tätig sein. Aus diesem Vertrag wurde er am 18. November 1999 fristlos entlassen, genau einen Tag nach der Veröffentlichung in der Frankfurter Rundschau. Einen Widerspruch seinerseits gab es nicht.[41] Gegen die prompte Entlassung ist Becker auch nicht mit rechtlichen Schritten vorgegangen.

Das lässt sich als indirektes Schuldgeständnis verstehen, denn eine fristlose Entlassung aus einem laufenden Vertrag und ohne vorherige Ankündigung oder Verhandlung hätte sich normalerweise juristisch anfechten lassen müssen, allein schon wegen der möglichen Entschädigung. Aber das unterblieb, Becker beauftragte keinen Anwalt, das Beste für ihn herauszuholen. Er fügte sich in die Entlassung und tat nichts zu seinen Gunsten. Man kann nur bei Vorliegen eines „wichtigen Grundes" fristlos entlassen werden, Becker wusste, aus welchem Grunde er entlassen wurde, hat dagegen nichts unternommen und also die Entlassung akzeptiert. Eine Verhandlung vor Gericht hätte Öffentlichkeit bedeutet und das sollte auf jeden Fall vermieden werden.

Die damalige Kultusministerin Karin Wolff, die seit April im Amt war, hat am 18. November 1999 allen Mitarbeiterinnen und Mitarbeitern in ihrem gesamten Geschäftsbereich in einem hausinternen Rundschreiben auch jeden weiteren Arbeitskontakt mit Gerold Becker per sofort untersagt.[42] Dieser Erlass war bekannt und ist nie aufgehoben worden, doch er spielte in der öffentlichen Diskussion in auffälliger Weise keine Rolle. Dabei war es ein einmaliger Vorgang, denn Becker verlor nicht nur über Nacht seine Stellung als

---

40 Becker hat etwa in der Frankfurter Rundschau am 14. Juli 1994 einen ganzseitigen Artikel veröffentlicht, der sich an die KMK richtete und neue Lernformen des Gymnasiums zum Thema hatte (Becker 1994). Er hat dort auch eine Laudatio zum 100. Geburtstag von Kurt Hahn publiziert (Becker 1986c).
41 Mail von Karin Wolff vom 1. März 2013.
42 Mail von Ulrich Steffens vom 20. August 2012.

463

Fachberater des hessischen Kultusministeriums, er wurde von Karin Wolff zur professionellen persona non grata erklärt.

Dass und wie er entlassen wurde, ist trotz einer sofortigen Presseerklärung des Ministeriums nie wirklich wahrgenommen worden. Er hatte alte Freunde im Ministerium, die jetzt aber nichts mehr für ihn tun konnten: „Die Dichte der Nachricht liess sich nicht wegdiskutieren."[43] Aber das war nur hier, bei seinem letzten Arbeitgeber, der Fall, woanders ist der Artikel in der Frankfurter Rundschau entweder gar nicht wahrgenommen worden oder der Inhalt wurde negiert und die Botschaft bekämpft. Seine Freunde hielten zu ihm, *weil* und *soweit* sie die Nachricht „wegdiskutierten".

Die Frankfurter Rundschau war nicht die einzige Zeitung, die den Fall aufgriff. Auch der Hessische Rundfunk und Lokalmedien berichteten. Am 18. November 1999 erschien in der Südhessischen Post ein Artikel, der überschrieben war mit: „Die Odenwaldschule bangt um ihren guten Ruf" (Bock 1999). Berichtet wird dort über einen „ungewohnten Medienrummel" und Versuche der „Schadensbegrenzung" seitens der Schule. Gerold Becker wird vorgestellt als „bundesweit profilierter Pädagoge" und „enger Berater des früheren Hessischen Kultusminsters Hartmut Holzapfel", ein Hinweis, der eigentlich grösseres Interesse hätte wecken müssen. Holzapfel ist bis zum 7. April 1999 Kultusminister gewesen und war bundesweit bekannt.

Peter Bock, damals der Redaktionsleiter der Südhessischen Post, hat Gerold Becker offenbar gleich nach dem Erscheinen des FR-Artikels kontaktiert und ihm Fragen gestellt. Doch der lehnte, wie es heisst, „eine Stellungnahme kategorisch" ab. Zitiert wird Becker mit dem Satz: „Das einzige, was ich sage, ist, dass ich nichts sage" (ebd.). Dabei sollte es bleiben. Der „Medienrummel" beschränkte sich auf wenige Tage und war nur lokal zu vernehmen. Die Schadensbegrenzung aber gelang und Beckers enge Verbindungen zum Hessischen Kultusministerium sowie zum gerade abgewählten Minister waren anschliessend kein Thema mehr.

Die Redaktion der Hessischen Post hatte auch versucht, mit prominenten Altschülern der Odenwaldschule Kontakt aufzunehmen und sie zu Stellungnahmen zu bewegen. Aber niemand von ihnen war bereit, sich mit Klarnamen zu dem Thema sexueller Missbrauch zu äussern.[44] Allerdings wird anonym ein Ehemaliger zitiert, der ein Jahr vor Beckers Ausscheiden mit 14 Jahren an die Odenwaldschule gekommen ist. „Gerold war bei den Schülern sehr beliebt, noch Jahre nach seinem Weggang trauerten etliche Schüler

---

43 Mail von Karin Wolff vom 1. März 2013.
44 http://www.echon-online.de/region/bergstrasse/heppenheim/100320oso/Echo-hatte-schon-vor-elf-Jahren-ueber-Missbrauch-berichtet;art1245,747703

ihm nach. Dass er eine sexuelle Vorliebe für Jungs hatte, war ein offenes Geheimnis" (Südhessische Post vom 18. November 1999, S. 9).

Das konnte man also öffentlich lesen, ohne dass etwas geschah. Die Schulleitung wird zitiert, dass sie sich um „Schadensbegrenzung" bemühe und die Zeitung selbst hält fest, dass die Odenwaldschule „auch ein wichtiger Arbeit- und Auftraggeber" in der Kreisstadt Heppenheim sei. Der Ehemalige sagte weiter über Gerold Becker: „Er hatte in seiner Familie … nur Jungs und war auch der einzige Lehrer, der gemeinsam mit seinen Schülern duschen ging. Das galt wohl als progressiv. Es gab auch Gerüchte, wonach er dem einen oder anderen Schüler zu nahe gekommen sein soll. Ernst aber hat das von den Schülern keiner genommen, die Reaktionen darauf waren eher amüsiert" (ebd.).

Auch das blieb folgenlos und kann heute nur wie eine gezielte Verharmlosung gelesen werden, die seinerzeit gar nicht wahrgenommen wurde. Es war der Gegenartikel zur Frankfurter Rundschau und auf die örtliche Presse hat sich die Odenwaldschule immer verlassen können. Die Vorwürfe wurden heruntergespielt und auch so entstand der Eindruck, dass der Fall wenn überhaupt, dann nur Provinzcharakter haben könne und keine grösseren Wellen schlagen würde. Die Südhessische Post bedauerte, dass die Odenwaldschule in „Negativ-Schlagzeilen" geraten sei, die von dem „ansonsten unbefleckten Image" nur „ablenken" würden (ebd.).

Becker ist wenn, dann ein bedauerlicher Einzeltäter, mit dem die Schule und ihr fortschrittliches Konzept nichts zu tun haben. Zehn Jahre später sollte das erneut wieder die Linie sein. Dazu passt, dass ein Fernsehteam des Hessischen Rundfunks auf dem Gelände der Odenwaldschule keine Dreherlaubnis erhielt und die Schulleitung keine Interviews gab, sondern sich nur schriftlich und hinhaltend äusserte (ebd.). Damit kehrte dann sehr schnell wieder Ruhe ein. Kein deutsches Leitmedium ist auf diesen Fall eingetreten und hat recherchiert.

Schon vor dem offenen Brief der beiden Altschüler ist Gerold Becker im Blick auf das weitere Vorgehen beraten worden und hat nicht etwa allein entschieden. Die Berater waren hochrangige Juristen aus dem engsten Freundeskreis von Hartmut von Hentig, also keine mit dem Fall beauftragten Anwälte. Eine förmliche Mandatierung ist auf auffällige Weise vermieden worden, nötig war Sachverstand mit grösster Nähe zu Becker und Hentig, der an beiden Personen keinerlei Zweifel aufkommen lassen würde. Gefragt war der Rat von Freunden, die klar Partei beziehen.

Hartmut von Hentig hat das so auch ganz unverblümt dargestellt. Er erwähnt Ende April 2010 in dem Text *Hartmut von Hentig redet* nicht näher genannte „Ratgeber", die Becker auf die Linie gebracht hätten, alle Anfragen zu blockieren, öffentlich nichts zu sagen und sich in der Sache in keiner Hinsicht zu äussern. Er sollte durch Schweigen geschützt werden und so sein Gesicht wahren, das war die Linie unmittelbar nach Bekanntwerden des offenen Briefs. Dabei muss Becker auch gefragt worden sein, ob die Vorwürfe zutreffen oder nicht.

Wie weit er dabei gehen musste, ist nicht bekannt, aber augenscheinlich entstand hier die Sprachregelung der morgendlichen „Berührungen", die Hentig und andere übernehmen sollten. Damit wurde wohlmeinende pädagogische Nähe suggeriert und zugleich die Linie gezogen, die Becker nicht überschritten haben will. Er hat sich allerdings nie konkret geäussert und konnte auch deswegen damit rechnen, dass seine Verharmlosung nicht durchschaut wurde. Die Familien der Odenwaldschule sollten ja gerade Orte der ungezwungenen Nähe und lockeren Berührungen gewesen sein.

Man kann davon ausgehen, dass der Fall eingehend juristisch analysiert und über das Vorgehen dann strategisch entschieden wurde. Es ging darum, nicht nur Schaden abzuwenden, sondern den grössten eigenen Nutzen zu bestimmen. Vielleicht, so Hentig (2010d, S. 8) rückblickend, wäre es aber besser gewesen, „gleich ein Geständnis" abzulegen. Daraus könnte man schliessen, ein rasches Geständnis wäre 1998 eine Option gewesen, die ein Schuldbekenntnis Beckers im Kreis der Berater voraussetzen würde. In diesem Fall wäre Hentig Mitwisser, denn ein Geständnis kann nur ablegen, wer sich zur Täterschaft bekennt. Später hat sich Hentig vehement gegen diesen Schluss gewehrt, den er dann doch selbst nahelegt.

Für die Option des raschen Geständnisses sprach einiges, die Taten waren verjährt und eine strafrechtliche Verfolgung drohte nicht. Mit einer entsprechenden Sprachregelung wäre das Risiko kalkulierbar gewesen, Becker hätte sich entschuldigen und sich reumütig zeigen können. Die Fälle waren anscheinend begrenzt und lagen lange zurück, niemand ahnte die wahren Dimensionen des Skandals und so hätte sich das ganze Ausmass seiner Täterschaft erfolgreich verdecken lassen. Dies hätte umso mehr nahelegen können, als in dem Schreiben der beiden Altschüler ja gesagt wird, es gehe ihnen nicht darum, „der Odenwaldschule als Institution zu schaden" (Dehmers 2011, S. 121).

Becker hätte also nur sein persönliches Fehlverhalten in wenigen Fällen eingestehen müssen und niemand hätte von ihm auf die Schule oder gar auf die Reformpädagogik geschlossen. Und vermutlich hätten sich keine anderen Betroffenen je öffentlich geäussert, wenn Becker die Rolle des Bauernopfers auf sich genommen hätte. Aber das konnte oder wollte er nicht, der Weg der schnellen und möglichst geräuschlosen Abwicklung wurde nicht eingeschlagen, vielmehr sagte Becker einfach nichts und hoffte auf eine alsbaldige Beruhigung der Lage, die dann ja auch eintrat. Er hat sich dabei vermutlich nicht vorgestellt, dass ihn die Vergangenheit jederzeit einholen konnte.

Er habe die Kollegen seinerzeit gewarnt, gibt Wolfgang Harder 2011 zu Protokoll: „Wenn zwei geredet haben, dann reden auch noch mehr."[45] „Reden" soll man verstehen nicht als Durchbrechen des Schweigens, sondern als Verletzung des Korpsgeistes und so als Bedrohung der Schule. Aber die Lawine wurde nicht losgetreten, wenigstens nicht sofort. Das Thema verschwand aus den Medien und kein anderer Altschüler „redete", also ging mit seiner Geschichte an die Öffentlichkeit, die darauf auch gar nicht reagiert hätte. Die Opfer mussten erfahren, dass sich niemand für das interessierte, was sie zu erzählen hatten.

Die Medien zur Zurückhaltung zu bewegen, war Teil der Strategie. Dafür sorgte Hentigs Netzwerk, das Desinteresse war gewollt und tatsächlich hat kein Journalist nachgefragt oder weiter recherchiert. Die mediale Aufmerksamkeit hätte nur angehalten, wenn es weitere Enthüllungen gegeben oder Gerold Becker sich zu Wort gemeldet hätte. Aber das unterblieb wohlweislich. Die Strategie ging auf, sie lief darauf hinaus, so zu tun, als sei nichts geschehen und einfach so weiterzumachen wie bisher. Das war tatsächlich die beste denkbare Tarnung, verlangt wurde dabei nur, sich erfolgreich taub stellen zu können.

Beckers Position, so Hentig, sei gewesen: „Ich rede nicht öffentlich über diese Dinge, schon nicht, um andere als die zwei mich Anklagenden nicht zu kompromittieren" (Hentig 2010d, S. 8). Was damit gemeint war, blieb offen, man könnte daran denken, dass Becker auf jeden Fall einen Dominoeffekt vermeiden wollte, also Schlüsse auf seine Mittäter, von denen tatsächlich erst im März 2010 gesprochen wurde. Auch seine Opfer ahnten nicht die wahren Ausmasse des Skandals, während Becker vor Augen hatte, wer alles betroffen sein würde, kämen die Dominosteine wirklich ins Fallen.

Die Theorie der Vermeidung weiterer Kompromittierungen, die später wiederholt werden sollte, ist alles andere als glaubwürdig. Becker hat nur sich selbst schützen wollen, zu etwas anderem war er gar nicht imstande. Er sah sich bedroht und hat sofort verstanden, dass sein öffentliches Leben ruiniert wäre, wenn die Vorwürfe aufgegriffen und man ihnen glauben würde. Also musste das verhindert werden und die beste Waffe war das Schweigen. Er konnte darauf setzen, dass sich die Situation rasch normalisieren würde und musste nicht einmal den Kopf einziehen.

Gerold Becker war bis zuletzt der Meinung, nichts Verwerfliches getan zu haben und hat daher auch nie Gefühle der Schuld entwickelt. Es ging einzig darum, eine öffentliche Diskreditierung seiner Person zu vermeiden, nur so konnte er weiterhin als pädagogischer Experte tätig sein. Tatsächlich hat sein Ruf keinen Schaden genommen, was umso erstaunlicher ist, als eine klare

---

45 *Geschlossene Gesellschaft*, (Minute 60, 29–39).

Täterbeschreibung vorlag. Aber die haben viele gar nicht zur Kenntnis genommen oder entschlossen ignoriert, weil es unvorstellbar schien, was Becker vorgeworfen wurde.

Wenn diese Position des Schweigens „ein Fehler war", schreibt Hentig rückblickend in schöner Offenheit, „dann war es ein taktischer" (ebd.). Mit einem sofortigen Geständnis wäre der Fall Becker begrenzt gewesen und hätte ihn – Hentig – nicht betroffen. Weiterungen wären unterblieben. Zunächst aber zahlte sich gerade das Schweigen aus. Hentig blieb von dem Fall unberührt und Gerold Becker gelang es, schnell wieder ins Geschäft zu kommen. Ende 1999 jedoch, nachdem der Artikel in der Frankfurter Rundschau veröffentlicht worden ist, war man in seinem engsten Umfeld auf das Höchste alarmiert.

Man dachte, nun würde alles hochgehen und die sorgsam gewählte Strategie des Schweigens wäre am Ende. Ein Zeuge, der mit Becker unmittelbar nach dem Erscheinen des Artikels gesprochen hat, berichtet, dass er sehr niedergeschlagen gewesen sei und gesagt habe, jetzt wäre alles aus.[46] Doch die Strategie wirkte, es passierte nichts, so dass sich Becker und Hentig von dem Schock der öffentlichen Anklage gegen den früheren Leiter der Odenwaldschule schnell erholen konnten. Das Netzwerk hielt und von der Schule war nichts zu befürchten.

Die Schule reagierte auf den offenen Brief und die Anschuldigungen mit einer seinerzeit nicht veröffentlichten Betroffenheitserklärung, verschiedenen halbherzigen Massnahmen zur künftigen Prävention und liess dann sehr schnell die Vergangenheit auf sich beruhen (Harder 1999, S. S. 5/6). Über das Ergebnis einer zweitägigen Mitarbeitertagung im August 1998 schreibt Harder dem Schulamt:

> „Im Mittelpunkt dieser Beratungen stand, anders als noch sechs Wochen zuvor, nicht mehr das Bemühen, im Blick auf die Vergangenheit den Realitätsgehalt der Vorwürfe zu verifizieren und mögliche Gründe für das Nichtaufgreifen von Gerüchten zu erörtern; hier hat es keine weiteren Klärungen oder Erkenntnisfortschritte gegeben. Im Mittelpunkt standen vielmehr (Fragen) im Blick auf Gegenwart und Zukunft" der Odenwaldschule (ebd., S. 5).

Der Blick sollte nach vorn gerichtet werden. Ob Schulleiter Harder von Hentigs Strategie wusste oder sogar eingebunden war, ist nicht bekannt. Auf jeden Fall kam der Schule entgegegen, dass Gerold Becker sich nicht zu den Vorwürfen äusserte und auch nie näher befragt wurde, seine Sicht der Dinge

---

46 Quelle: Gespräch mit mir.

mitzuteilen. Man wusste offenbar, dass er kategorisch schweigen würde und hat nichts getan, daran zu rütteln.

Das beharrliche Schweigen erklärt sich auch ökonomisch. Als Gerold Becker in den Ruhestand versetzt wurde, hatte er nur 28 Beitragsjahre für die Rentenversicherung in einer staatlichen Beschäftigung vorzuweisen. Er war wohl auch über die Vereinigung der Landerziehungsheime versichert und hat womöglich privat eingezahlt, aber selbst wenn, wird es kaum gereicht haben. Mit einer Altersversorgung, die seinen beruflichen Stellungen angemessen und mit seiner Lebensführung verträglich gewesen wäre, konnte er nicht rechnen.

Die Lage war also nicht nur psychisch prekär. Im November 1999 verlor Becker den verbliebenen gut dotierten Beratervertrag und musste plötzlich allein von der Rente leben. Vortragshonorare gab es vorerst nicht mehr und er musste für beträchtliche Kosten aufkommen. Das Haus in Göttingen ist, wie erwähnt, im Jahre 2000 verkauft worden, vermutlich weil Gerold Becker Geld brauchte. Er musste dringend die verloren gegangenen Einkünfte kompensieren und konnte seine bisherigen Verdienstmöglichkeiten nicht einfach preisgeben.

Becker wohnte im Zentrum von Berlin und zahlte seit Juni 1994 Miete für eine Wohnung in repräsentativer Lage am Kurfürstendamm, also eigentlich oberhalb seiner Einkommensklasse. Die Wohnung ist für ihn von Freunden monatelang renoviert worden und wird auf merkwürdige Weise bis heute mit ihm in Verbindung gebracht. Im Internet ist ein Foto der Strassenseite des im Jahre 1900 erbauten Hauses zu sehen, die Beschriftung lautet: „Kurfürstendamm 214 Berlin Wohnhaus des verstorbenen Pädagogen und Kinderfreundes Gerold Becker".[47]

Die zuvor stark heruntergekommene Wohnung im Innenhof war ebenso wie die darunter liegende von Hartmut von Hentig wohl gerade noch erschwinglich, denn beide konnten in den bestehenden Mietvertrag aus den siebziger Jahre einsteigen (Hentig 2009, S. 1022). Je nach Höhe der Rente Beckers und seinem weiteren Einkommen wird Hentig ihn finanziell unterstützt haben. Dafür gibt es einen Zeugen. Ein früherer Bekannter hat Gerold Becker in Berlin besucht, das muss entweder 1996 oder 1997 gewesen sein. Bei dieser Gelegenheit hat Becker angedeutet, dass ein Teil der Kosten für die Doppelwohnung am Kurfürstendamm von Hentig übernommen werde.[48]

Auf dem Höhepunkt der Krise im Frühjahr 2010, als über eine Pfändung von Beckers Rente diskutiert wurde, erwähnte Hentig beträchtliche Miet-

---

47 http://www.panaramio.com/photo/43213433?tag=Gerold%20Becker
48 Gespräch mit Christoph Landwehr am 11. Juni 2013.

schulden Beckers, der in dieser Hinsicht von ihm abhängig war. Schon deswegen durfte er nichts zugestehen, denn anders wäre er in ein finanzielles Loch gefallen. Über nennenswerte Geldbestände auf seinem Konto oder Anlagen irgendwelcher Art verfügte er offenbar nicht und musste besorgt sein, ständig neue Aufträge zu erhalten. Er konnte sich daher im November 1999 nicht einfach aus seinem bisherigen Geschäft zurückziehen und öffentlich unsichtbar werden. Im Gegenteil war sein Interesse, möglichst schnell und unauffällig so weiter zu machen wie bisher, also mit Artikeln, Vorträgen und Medienauftritten Geld zu verdienen.

Gerold Becker war während seiner Zeit an der Odenwaldschule stets grosszügig und hat das Geld sogar mit vollen Händen ausgegeben, ohne dass irgendwie bekannt gewesen wäre, wo das Geld her kam. Auch er hat offenbar nie darüber gesprochen, das Geld war einfach da. Schüler wie Oliver Kreidl, der mitten im Schuljahr 1980/1981 an die Odenwaldschule gekommen war, erhielten ohne jede Erklärung hunderte von D-Mark, Becker wollte dadurch Eindruck machen, auf Ausgaben sollte es, wie in manchen Familien der Schüler, nicht ankommen (Der Tagesspiegel vom 22. Juni 2010). In diesem Sinne hat er versucht, sie mit Geld, Zuwendung und Aufmerksamkeit zu kaufen.

Was er ausgab, war offenbar mehr, als er verdiente, er muss lange zusätzliche Unterstützung erhalten haben, durch seine Familie vermutet eine Altschülerin. Die Grosszügigkeit hat die damaligen Schülerinnen und Schüler beeindruckt und auch damit hat Becker für Abhängigkeiten sorgen können.[49] Dazu passt auch das an der Schule verbreitete Gerücht, er sei selbst ausgebeutet worden. Am Ende musste er vermutlich mit sehr kargen Mitteln auskommen und war daher bis zuletzt auf Anfragen und bezahlte Tätigkeiten angewiesen.

Becker hat sich über seine materielle Lage in einem späten Brief am 4. April 2010 geäussert. Kurz vor seinem Tod schreibt er:

„In der Tat habe ich während meiner Zeit als Schulleiter und auch später ordentlich, wenn auch nicht üppig verdient. Da ich, ausser ein paar Büchern, persönlich ohne materielle Bedürfnisse bin …, habe ich meine staatliche Renten- und Krankenversicherung bezahlt, und im übrigen das Geld, das ich nicht benötigte, einfach ‚weitergereicht': viele Jahre vor allem nach Afrika, wo meine Schwester in der Entwicklungshilfe arbeitete, dann an allerlei vergleichbare Projekte. Heute lebe ich von meiner Rente der staatlichen Rentenversicherung – und komme damit auch zurecht, da meine Miete in diesem Altbau von einem guten Menschen bezahlt wird, damit ich nicht noch einmal umziehen muss."[50]

---

49 Gespräch mit Rotkäppchen am 25. Juni 2013.
50 Brief an Ruth Hanke vom 4. April 2010, S. 3.

Genaue Zahlen gibt es nicht, am Ende hat er aber keine Not gelitten und sich mehr als zehn Jahre noch gut über Wasser halten können. Dazu trug auch bei, dass er juristisch unangreifbar war. Niemand konnte ihn zwingen, sein Schweigen zu durchbrechen.

Staatsanwaltliche Ermittlungen gegen Becker, die auf eine Anzeige von Andreas Huckele zurückgingen, sind am 30. September 1999 eingestellt worden. Vermutlich ist mit Untersuchungen erst gar nicht begonnen worden. Der Grund für die Einstellung des Verfahrens war die Verjährung der Delikte, nach weiteren Taten und Tätern ist nicht gesucht worden (Schindler 2010; Dehmers 2011, S. 141). Auch das wurde damals nicht bekannt, was vor allem damit zu tun hat, dass Beckers Verbrechen kein öffentliches Thema waren und niemand versuchte, ihm auf die Spur zu kommen.

Becker ist vom Ministerium rasch abgewickelt worden und er selbst hatte grösstes Interesse, dass in seiner Angelegenheit keine weiteren Untersuchungen angestellt wurden. Dazu passt, dass Harder im Dezember 1999 an das Schulamt schrieb, Beckers Schweigen „in der Sache" und das Niederlegen seiner Ämter „legen zwar Schlussfolgerungen nahe, können und dürfen aber nicht als eindeutiges Schuldeingeständnis ausgelegt werden". Tatsächlich gab es kein Schuldeingeständnis und sollte es auch keines geben. Weiter wird gesagt:

> „Die faktische Unaufklärbarkeit tatsächlicher oder auch nur behaupteter vager Gerüchte an der Odenwaldschule ermöglicht zwar Spekulationen, was wann warum von welchen Personen in welchen Konstellationen behauptet/gesagt/geleugnet/verschwiegen/verdrängt/vergessen worden sein könnte, nicht aber stichhaltiges Argumentieren zum Sachverhalt und kann deshalb keinen wirklichen Beitrag zu dessen Klärung leisten." (Harder 1999, S. 8)

Wer die „faktische Unaufklärbarkeit" voraussetzt, kann natürlich keinen Beitrag zur Klärung des Sachverhalts leisten. Harder geht von „Beurteilungsschwierigkeiten" aus, die ihn jedoch nicht dazu verleitet hätten, die Glaubwürdigkeit der beiden Altschüler anzuzweifeln. Aber dann kann Gerold Becker ja nur der Täter sein, doch der Schluss wird gerade nicht gezogen. Formuliert wird das gegenüber dem Schulamt auf eine sehr merkwürdige Weise:

> „Ich habe keinen Hinweis und kein überzeugendes Argument gefunden, an der Glaubwürdigkeit der beiden ehemaligen Schüler bzw. von deren Vorwürfen zu zweifeln. Ich habe deshalb so gedacht, geredet und gehandelt, *als ob* sie wahr seien" (ebd., S. 8/9; Hervorhebung J.O.).

Harder teilte dem Schulamt auch mit, dass es sehr wohl Gerüchte über ein „Fehlverhalten" Beckers in seiner Zeit als Schulleiter gegeben habe, denen aber niemand nachgehen wollte. Mitarbeiter gaben an, dass sie damals die Gerüchte „nicht inhaltlich konkretisieren" konnten (ebd., S. 4) und sie deshalb im Raum stehen liessen. Obwohl kaum glaublich, ist das von den Behörden wohl so akzeptiert worden.

Die Schule selbst hat alle Anstrengungen unternommen, dass nicht weiter nachgefragt wurde. Es wirkt rückblickend wie eine Massnahme zur Tarnung, dass im Jahre 2000 ein „Ausschuss zum Schutz vor sexualisierter Gewalt" gegründet wurde, dem vier Erwachsene und der gesamte Vertrauensausschuss der Schüler angehören. Die Vergangenheit, also die „Epoche" Becker, wurde nicht angetastet (Niemann 2010, S. 49/50). Offenbar war die Schule froh, die Geschichte nicht weiter thematisieren zu müssen. Daniel Cohn-Bendit hat das 2010 so kommentiert: „Ich fand die Lehrer und den Vorstand des Trägervereins damals feige. Sie haben es doch vielleicht schon früher gewusst" (ebd., S. 49).

Am Schluss seiner dienstlichen Stellungnahme hielt Wolfgang Harder (1999, S. 9) fest, dass „weitere Klärungen und Hilfen", die „die persönliche Situation" betreffen, nur „aus dem direkten Gespräch der drei Beteiligten erwachsen" könnten. Offenbar hatte Gerold Becker das angeboten. Dazu aber sei es „bis heute nicht gekommen", wie fast bedauernd festgestellt wird. Harder gibt nicht an, wie dieses „direkte Gespräch" hätte zustande kommen können und was sein Gegenstand hätte sein sollen, nachdem Becker ja nicht geständig war und nichts zur Sache sagte oder sich gar zu seiner Schuld bekannte. War die Idee, dass man miteinander gemeinsame Erinnerungen an die Zeit an der Odenwaldschule austauschen sollte?

Über den Vorwurf und den Tatbestand sexuellen Missbrauch kann man nicht einfach ein Gespräch unter „Beteiligten" führen, schon deswegen nicht, weil der Ausdruck gleiche Betroffenheit suggeriert. Zwischen Täter und Opfer wird dann gar nicht unterschieden, beide Seiten sind ja „beteiligt". Harder hat wissen müssen, dass ein solches Gespräch unmöglich ist und eben dadurch ist Becker geschützt worden. Die Opfer hätten dieses „Angebot" nur ablehnen können. Ihre Vorwürfe waren ja nicht verhandelbar, wenn sie nicht ihre Glaubwürdigkeit gefährden wollten. Aber es war dann seitens der Schulleitung möglich, sich auf das Angebot zurückzuziehen und sich damit zu entlasten, dass es ja nicht angenommen worden sei. Becker hat sich genau gleich verhalten und man kann vermuten, dass das abgestimmt war.

Gegenüber einem der Opfer hat Wolfgang Harder am Telefon gesagt, er gehe davon aus, „dass Becker ‚nur im Geiste' pädophil sei" (Dehmers 2011, S. 123). Er wusste also „von Beckers Pädophilie" und vertraute darauf, wie andere auch, „dass dieser verantwortungsvoll damit umging" (ebd., S. 125). Päderasten haben immer Schutzbehauptungen und Ausflüchte zur Hand und wenn Becker gesagt hat, er wolle sich einer Therapie unterziehen, dann nur um lästigen Fragen auszuweichen. Harder hat die Äusserung der „geistigen Pädophilie" im Jahre 2010 bestritten, aber sie ist schriftlich bezeugt (ebd.) und passt ins Bild des „verstehenden" Umgangs mit Becker, der trotz aller Evidenzen einfach kein Täter sein sollte.

Harder befürchtete, dass nicht etwa die Opfer, sondern „Gerold Becker daran zerbricht" (ebd., S. 124). Gemeint mit „daran" waren die im Raume stehenden Vorwürfe, die Becker zunächst wohl tatsächlich zugesetzt haben, weil er wusste, was es bedeutete, würde man ihnen öffentlich nachgehen. Mitgefühl jedoch war fehl am Platze, wenn er gelitten hat, dann nur aus Angst vor der eigenen Zukunft, und er hatte erprobte Strategien zur Verfügung, mit der Situation fertig zu werden. Auf der anderen Seite war allen klar, was ein Eingeständnis für die Schule bedeuten würde. Beckers Schweigen, gepaart mit einem Schuss Empathie für seine Lage, nutzte also der Schule, die nur ganz kurzfristig in den Schlagzeilen war und das auch lediglich in wenigen Zeitungen.

Das zuständige Schulamt hat neben Harder als Schulleiter auch den neuen Vorsitzenden des Trägervereins um eine Stellungnahme gebeten, die bis zum 18. Januar 2000 vorlag. Mit Erlass vom 30. März des Jahres wurde um ergänzende Berichterstattung, insbesondere im Blick auf die von der Schule getroffenen Massnahmen, gebeten. Dieser Aufforderung kam die Odenwaldschule mit einem Bericht nach, der auf den 12. Juli datiert, also mehr als ein Vierteljahr später fertiggestellt und vorgelegt wurde.

Die beiden Stellungnahmen und der Bericht waren die Grundlagen für den Abschlussbericht des Schulamtes an das Kultusministerium vom 22. September 2000. Solange war das Amt mit dem Fall beschäftigt. Ministerium wie Schulamt sahen danach „keine Veranlassung für weitere Massnahmen der Schulaufsicht" (Stenografischer Bericht 2010, S. 6). Dem Kulturpolitischen Ausschuss des Hessischen Landtages wurde dieser Befund aus den Akten von der amtierenden Ministerin Dorothea Henzler am 18. März 2010 mitgeteilt.

Die Lagebeurteilung zehn Jahre zuvor lässt sich so einschätzen: Aussagen gegen Becker lagen von zwei namentlich bekannten Altschülern vor sowie drei weiteren Opfern, die in der Frankfurter Rundschau pseudonym zitiert wurden; der Kreis war also begrenzt. Verjährung war gegeben, Becker ist sofort aus dem Werkvertrag als Berater der Versuchsschulen entlassen worden, zudem trat er von seinen Ämtern in der Schule zurück und die Schulleitung versprach Besserung. Genannt wurden verschiedene Veranstaltungen für die Mitarbeiter, die „auch mit Unterstützung externer Fachleute" durchgeführt wurden, sowie die bereits erwähnte Gründung eines „Arbeitskreises zum Schutz vor sexuellem Missbrauch" (ebd.).

Das Fazit der Untersuchung lautete, seinerzeit sei „nicht erkennbar" gewesen, „dass weitere Personen sowohl auf Seiten der Schüler als auch auf Seiten des Kollegiums von einem Verdacht sexueller Übergriffe betroffen waren" (ebd.). Man hat jedoch gar nicht weiter nachgefragt, sondern alles daran gesetzt, die Situation schnell wieder zu beruhigen und ging daher den weitergehenden Hinweisen nicht nach. Jede ernsthafte Untersuchung hätte unmittelbar zu weiteren Opfern geführt und hätte auch ergeben, dass Becker „nicht der einzige" ist. Genau das unterblieb.

Im zweiten Heft der OSO-Nachrichten des Jahres 1999 erschien eine gemeinsam abgefasste Erklärung der Odenwaldschule vom November des Jahres, die zu den Vorwürfen gegen den ehemaligen Schulleiter Gerold Becker Stellung nimmt. Die Anschuldigungen der beiden Altschüler werden als „glaubwürdig" hingestellt und nicht bestritten. Es wird weiter gesagt, dass sie „schwere Betroffenheit" ausgelöst hätten. Ausdrücklich heisst es seitens der Schulleitung: „Wir nehmen die Vorwürfe ernst und stellen uns dieser Herausforderung."

Die sexuellen Übergriffe sind mithin als Tatbestand verstanden worden, der nicht zu bezweifeln war. Auch die Konsequenzen für das Selbstbild der Schule wurden deutlich gesehen:

> „Es fällt uns schwer nachzuvollziehen, wie solche Übergriffe möglich waren, weil doch die Schule in ihrem Geist und ihren Strukturen für Demokratie, Selbstbestimmung und eine ‚Erziehung vom Kinde aus' steht. Wir werden auf der Grundlage dieser Werte die Geschehnisse aufarbeiten und Massnahmen zur Prävention ergreifen" (OSO-Nachrichten 1999, S. 62/63).

Konkret hiess das die Einberufung einer Mitarbeitertagung zum Thema „Schutz vor sexuellem Missbrauch". Die Tagung fand am 27. und 28. Januar 2000 statt, ihre Effekte wurden nie überprüft und eine Anschlussaktivität gab es auch nicht. Daneben wurden verschiedene Absichtserklärungen abgegeben wie die Überprüfung der Heimordnung oder die Förderung von „mehr Sensibilität für diese Thematik" im Schulalltag. Die Mitarbeitertagung wurde durchgeführt, aber sonst geschah ausser der Gründung des Ausschusses gegen sexuelle Gewalt konkret nichts.

Erwogen wurde, „beim Aufkommen derartiger Probleme" den Schülern vertrauenswürdige Ansprechpartner „anbieten zu können" und die „vorhandenen Strukturen" weiterzuentwickeln (ebd., S. 63). Die Familienorganisation aber war nie ein Thema, sie blieb unangetastet und konnte weiterhin als das Markenzeichen der Odenwaldschule gelten. Damit stand auch der identitätsstiftende Bezug zur Reformpädagogik ausserhalb der Kritik und ist mehrfach bekräftigt worden. Erst im Sommer 2014 beschloss der Vorstand auf politischen Druck hin und unter Inkaufnahme schwerer innerer Konflikte, das Familienprinzip preiszugeben. Ein Jahr später existierte die Schule nicht mehr.

Schon am 14. August 1998 hatte die Odenwaldschule – Vorstand und Lehrerkonferenz – eine interne Stellungnahme zum Fall Becker abgegeben. Hier heisst es, man habe „mit Betroffenheit und Bestürzung" die Vorwürfe der beiden Altschüler zur Kenntnis genommen, „dass Gerold Becker sich in seiner Zeit als Mitarbeiter und Schulleiter der Odenwaldschule sexueller Übergriffe gegenüber Schülern – auch unter 16 Jahren – schuldig gemacht" und es darüber Gerüchte gegeben habe, denen „niemand nachgegangen sei" (Harder 1999, S. 6). Wer etwas mit „Betroffenheit und Bestürzung" zur Kenntnis nimmt, muss den Vorwürfen nachgehen und deswegen ist in der Erklärung vom November 1999 auch die „Klärung der Vorwürfe" zugesagt worden (OSO-Nachrichten 1999 S. 62).

Das hätte dazu führen müssen, Taten und Täter klar zu benennen. Der frühere Schulleiter *hat* Jugendliche – auch unter 16 Jahren – sexuell missbraucht, anders hätten die Vorwürfe niemals als „glaubwürdig" bezeichnet werden dürfen. Aber als „Versäumnis" wird nur eingestanden, dass sich die Schule „schneller und entschiedener mit dem Thema des sexuellen Missbrauchs" hätte auseinandersetzen müssen (ebd.). Reaktionen von Gerold Becker oder Hartmut von Hentig auf die Stellungnahme der Odenwaldschule liegen nicht vor, auch nicht, ob beide versucht haben, Einfluss zu nehmen, das aber ist anzunehmen. Sie waren ja stets über alle internen Vorgänge bestens unterrichtet, eine Praxis, die noch bis zum März 2010 unbeschadet fortgesetzt werden konnte.

Der Vorwurf, dass Gerold Becker sich „schuldig gemacht" habe, wurde einer grösseren Öffentlichkeit nicht bekannt, er hat auch innerhalb der Schule nichts bewirkt und jedenfalls keinen Gesinnungswandel ausgelöst. Schon gar nicht führte der Vorwurf dazu, sich wirklich von Becker loszusagen, was man nach dem Befund und der ganzen „Bestürzung" hätte erwarten müssen. Aber „schuldig gemacht" war wohl nur eine Formel, aus der nichts folgen sollte. Der Täter konnte der Freund bleiben, er durfte nur nicht mehr den Tatort betreten.

Nachfolger von Wolfgang Harder und neuer Schulleiter seit August 1999 war Whitney Sterling, der von Jahresbeginn an mit seiner Familie auf dem Gelände der Odenwaldschule wohnte. Ihm schrieb Salman Ansari am 4. November 1999 einen Brief,[51] in dem sich folgende Passage findet:

---

51 Ich danke Gerhard Roese für Überlassung dieses Briefes mit Mail vom 6. Juli 2012.

„Während der Ära von Herrn Becker gab es immer wieder Stimmen, die Herrn Beckers Distanzlosigkeit gegenüber den Jugendlichen als verantwortungslos und schädlich kritisiert haben. All diesen Kritikern wurde stets der Mund verboten und sie wurden als Nestbeschmutzer ‚entlarvt'. Selbst die Hinweise aus der Schülerschaft wurden nicht als Alarmsignal verstanden."

Das war, *bevor* die Frankfurter Rundschau den Skandal publik machte. In dem Brief heisst es weiter:

„Es gab Schüler, die sich von Herrn Becker so sehr bedrängt fühlten (z.B. beim Duschen; Herr Becker legte grössten Wert darauf, mit den Schülern gemeinsam zu duschen), dass sie Zuflucht in einer anderen Familie gesucht haben. Diese Zusammenhänge haben viele gewusst und sie dennoch nicht öffentlich gemacht, vermutlich auch deshalb nicht, weil sie Angst hatten, vom Vorstand abgewiesen zu werden. Auch ich habe es versäumt, den Gerüchten wirklich gezielt nachzugehen. Darin fühle ich mich zutiefst schuldig."

Doch das blieb eine vereinzelte Stimme, die schulintern nicht ernst genommen wurde. Im Brief von Ansari wird der „Maulkorberlass" erwähnt, den der Vorstand verhängt hatte. Er bestimmte die Politik der Odenwaldschule und hatte nur ein Interesse, nämlich den guten Ruf der Schule zu erhalten. Eine Bereitschaft, sich der eigenen Vergangenheit zu stellen, war nicht erkennbar, umso weniger als diese Vergangenheit in der Gestalt von Gerold Becker ja höchst lebendig war. Daher musste alles für die Schadensbegrenzung getan und Gegenstrategien ergriffen werden.

Das offizielle Mitteilungsblatt des Altschülervereins und Förderkreises der Odenwaldschule hiess damals wie heute „Goetheplatz". In der Ausgabe vom Dezember 1999 wird gefragt, ob die Schule als Folge des Artikels in der Frankfurter Rundschau „in Misskredit" geraten sei. Daran schliesst sich ein Kommentar an, der mit der Feststellung beginnt, dass Becker den Vorwürfen „nicht widersprochen", aber sich dazu auch gar nicht geäussert habe. Dann wird gesagt, dass der betroffene Altschüler es abgelehnt habe, ein „persönliches Gespräch" mit einem Mitglied des Vorstandes zu führen. Gemeint war der Informant der Frankfurter Rundschau, Andreas Huckele, der damit als unredlich hingestellt werden sollte. Er wird nicht namentlich genannt, aber man wusste, wer er war.

Dass die Odenwaldschule die Vorwürfe als „glaubwürdig" hingestellt hatte, wurde nicht erwähnt, der Spiess wurde einfach umgedreht und die Schule als Opfer der Medien hingestellt, was sich später massiv wiederholen sollte. Der Frankfurter Rundschau wurde vorgeworfen, sich „die vermeintliche Sensation" nicht entgangen lassen zu haben. Jörg Schindler, der Journalist, der heute beim Spiegel tätig ist, habe die Schule vor der Veröffentlichung des Artikels nicht besucht und was „heute" dort „passiert" und so eigentlich nur relevant ist, habe ihn „nicht interessiert" (Goetheplatz 1999, S. 3).

> „Kein Wunder, dass die Schüler in einem vom Parlament verabschiedeten Leserbrief von ‚Verständnislosigkeit und Gefühlen der Angst um unsere Schule' sprachen. Viele von ihnen waren zur Zeit der fraglichen Vorfälle noch gar nicht auf der Welt. ‚Was haben wir denn damit zu tun?' ist eine unter Schülern vieldiskutierte Frage, deren gründliche Bearbeitung allerdings in den nächsten Monaten auf der Tagesordnung der gesamten OSO steht" (ebd.).

Das unterblieb – ausgenommen die erwähnten schulinternen Massnahmen – weitgehend, auch weil sich die Lage rasch „spürbar" „entspannte" (ebd.). Unter dem Stichwort „Rührt Euch!" wurden die Altschüler aufgefordert, sich angesichts der Berichterstattung stärker für ihre Schule einzusetzen und sie öffentlich in ein positives Licht zu setzen. Bildungspolitisch gehe es jetzt darum, die Errungenschaften der „Reformpädagogik" zu bewahren und sich energisch gegen einen „Trend" zu wehren, „der unter dem Stichwort ‚Qualitätssicherung' die Restauration antiquierter Lehrstrukturen betreibt" (ebd., S. 4).[52]

Damit war der Feind benannt und die Richtung vorgegeben. Sie sollte vor allem garantieren, auch weiterhin die Position als Avantgarde-Schule der Reformpädagogik bewahren zu können. Das gelang in den nächsten zehn Jahren vorzüglich, weil in den Medien, der Politik oder der Erziehungswissenschaft niemand den Fall Becker weiter verfolgte und so für Unruhe sorgte. Wenn die Opfer zu erzählen versuchten, was sie erlebt hatten, dann stiessen sie auf taube Ohren. Die Odenwaldschule blieb die deutsche Vorzeigeschule und dies nicht nur in Hessen, der Nimbus der Reformpädagogik wurde gewahrt, die Schule stand in der Öffentlichkeit tadellos da – nur eines war anders, Hartmut von Hentig und Gerold Becker kamen nie wieder.

Der Verfasser des Artikels „OSO ‚in Misskredit'…??" im Goetheplatz zeichnete mit „fl". Das Kürzel steht für den bereits erwähnten Florian Lindemann, der Becker im Sommer 1985 eine Anstellung beim Hessischen Rundfunk besorgen sollte. Der Sohn des Publizisten Helmut Lindemann war 1999 Vorstandsmitglied im Altschülerverein der Odenwaldschule. Er schrieb in dieser Funktion einen empörten Leserbrief an die Frankfurter Rundschau, in dem Jörg Schindler Profilierungssucht vorgeworfen wurde. In diesem Zusammenhang war auch von „Missbrauch des Missbrauchs" die Rede, was viele Lehrer und Altschüler nur allzu gerne glauben wollten.

---

52 „Pauken abfragbaren Wissens steht wieder hoch im Kurs, anstelle einer Lernkultur, die Autonomie des/der Einzelnen und die Vielfalt seiner/ihrer Begabungen berücksichtigt und individuell fördert" (Goetheplatz 1999, S. 4).

Florian Lindemann war ausgebildeter Lehrer und arbeitete seit 2003 als Geschäftsführer des Frankfurter Kinderschutzbundes. Er war zuvor auch als Journalist tätig. Ein Radiobeitrag von ihm über die Odenwaldschule wurde am 21. Juni 1985 in der Studiowelle Saar des Saarländischen Rundfunks gesendet. Der Anlass war das Jubiläum, die Sendung hiess entsprechend: „75 Jahre Odenwaldschule – Konkrete Utopie oder pädagogische Provinz?" Lindemann zeichnet hier genau das Bild, das sein Lehrer Gerold Becker immer wieder benutzt hat, die Odenwaldschule kann eine konkrete Utopie sein, weil sie pädagogische Provinz ist.[53]

Nachdem sein Leserbrief zur Verteidigung Gerold Beckers im Zuge der zweiten Entlarvung bekannt wurde, stand Lindemann massiv in der Kritik und ist am 15. April 2010 als Geschäftsführer entlassen worden; obwohl er den Leserbrief rückblickend bedauerte, schien er nicht länger tragbar zu sein. Er selbst sagte dem Spiegel, seinerzeit habe er „den wahren Umfang der Katastrophe" nicht erfasst, im Vordergrund stand „Eigenschutz", im Ergebnis wurden die Täter „geschont" und die Opfer „vergessen".[54] Wie abhängig er von Gerold Becker war, ist nicht bekannt. Florian Lindemann starb am 7. August 2011 in Frankfurt am Main.

Auch Jürgen Kahle nannte in einem Brief an Uwe Lau, der auf den 25. Februar 2000 datiert, Schindlers Artikel „einseitig", „verzerrt" und „übel", wobei ausdrücklich von den „schlimmen Geschehnissen" an der Schule die Rede ist, ohne dass diese näher benannt werden. Kritisiert wird, dass diese „Geschehnisse", die selbst nicht bestritten werden, „nach 15 Lichtjahren so unbegründet auf die heutige OSO projiziert und focussiert wurden". Das war die Linie des Goetheplatzes: Schlimm sei, so auch Kahle, dass der Artikel die „Atmosphäre" der Schule „vergiftet" und „verhängnisvolle Folgen" habe, während tatsächlich längst an der Entsorgung des Falles gearbeitet wurde.

Kahle fügte hinzu, er habe Anlass zu glauben, dass die beiden Altschüler

> „wohl weniger durch die so lange zurückliegende Berührung als vielmehr durch den daraus resultierenden und mit Sicherheit auch durch äussere Einflüsse und moralistische Ermunterungen durch Dritte eskalierten und hochgepeitschten Hass in ihrer ganzen Persönlichkeit okkupiert, paralysiert und wohl für die Dauer des Lebens psychisch verändert worden sind."

Nicht Becker wäre so schuld, sondern die unangemessene Reaktion der Schüler auf seine „Berührungen" sowie die Verstärkung durch „moralistische"

---

53 OSO-Hefte 1985, S. 79. Die Sendung lief auch im NDR 3 am 23.6.1985.
54 Der Spiegel Nr. 13 v. 29.3.2010, S. 38.

Dritte. Den Opfern, nicht dem – hier nicht genannten – Täter, wird eine gestörte Persönlichkeit unterstellt, und weiter wird gesagt, dass auch er, Kahle, die Folgen zu tragen habe. Er nämlich musste mitansehen, so heisst es in dem Brief, „wie ehemalige Freundlichkeit, Zutraulichkeit und Herzlichkeit atavistisch pervertiert wurde in gnadenlosen Hass" (Kahle 2000a).

Die „Perversion" liegt bei den Opfern. „Atavistisch", also primitiv, wird genannt, was die wohlmeinende Zuwendung der Pädagogen hintergangen und sie enttäuscht hat. Eine Vorstellung vom Leid und den Folgen des Missbrauchs ist nicht zu erkennen. Hinter dem Gang zweier Schüler an die Öffentlichkeit kann nur ein pathologisches Verhalten stehen. Dieser Hass sei „masslos", weil er „nicht eher Ruhe gibt, als bis der andere ver'nicht'et, ein Nichts, tot ist". Schuld sind also wiederum die Medien oder „die fatale und wohlfeile Möglichkeit, den Gegner an den Pranger zu stellen und ihn den Krähen vorzuwerfen – im guten Gefühl, dass er sich nicht wehren kann" (ebd.).

Aber Gerold Becker war nie hilflos und Kahle war gar nicht mehr direkt betroffen, denn er hatte die Odenwaldschule schon 1992 verlassen, was ihn nicht daran hinderte, zusammen mit Anderen gegen jeden vorzugehen, der Schindlers Artikel mit persönlichen Briefen oder öffentlichen Äusserungen unterstützte. Das war nicht nur Verrat an der Schule, sondern an der reformpädagogischen Idee, der nicht hingenommen werden konnte. Kahle hatte einen guten Grund, sich so in die Bresche zu werfen, er war selbst Täter und unter ihnen einer der schlimmsten. Wer daher Empathie mit den Opfern zeigte, konnte ihm gefährlich werden.

Uwe Lau hatte in einem Leserbrief an die Frankfurter Rundschau als einer der wenigen den Artikel von Jörg Schindler unterstützt. Bernhard Bueb schrieb ihm am 17. Januar 2000, dass es „völlig unbegreiflich" sei, wie er „einen solchen Leserbrief schreiben konnte, ohne die Aussagen des Journalisten zu überprüfen". Lau musste sich von Bueb sagen lassen: „Ich kann Ihnen … nicht verhehlen, dass mich Ihre Art der Reaktion abstösst." Bueb fügte hinzu, dass er während seiner Zeit an der Odenwaldschule „Herrn Beckers Führungsstil sehr kritisch" gegenüber gestanden habe, aber „nie auf die Idee gekommen wäre, einen solchen Leserbrief zu schreiben".[55]

Am 10. März 2010 nannte Bueb Gerold Becker eine Person, die er „ausschliesslich als Freund und fürsorglichen Pädagogen" kennengelernt haben will. Nach der Entlarvung vom November 1999 habe er ihn nie auf die Vorwürfe hin angesprochen, das sei „eine Frage von Takt und Respekt" gewesen (Der Stern vom 10. März 2010). Wenige Tage später nahm er an einem Streitgespräch mit Reinhard Kahl und mir teil, das am 16. März 2010 im SWR2

---

55 Brief von Bernhard Bueb an Uwe Lau vom 17. Januar 2000.

Forum gesendet wurde. Am Schluss der Sendung sagte Bueb: „Man kann nicht Richard Wagners Musik verdammen, weil er Antisemit war. Man kann nicht sagen, die Landerziehungsheime heute taugen nichts, weil die Gründer daneben gegriffen haben" (SWR2 Forum 2010, S. 17).

Jürgen Kahle hatte bereits „Anfang Januar 2000" neun Seiten an Uwe Lau geschrieben und dabei neben seiner Zuschrift an die Frankfurter Rundschau auch einen offenen Brief Laus vom 26.11.1999 an die Mitarbeiter der Odenwaldschule kommentiert. Kahles Schreiben ging zur Kenntnisnahme an die Schulleitung sowie an die Mitarbeitenden der Odenwaldschule. Es war also ebenfalls ein offener Brief, in dem es eingangs heisst: „Über Gerolds unseligen und tragischen Fehltritt gibts nach dem augenblicklichen Erkenntnisstand nichts schönzureden" (Kahle 2000, S. 2). Das waren die „schlimmen Geschehnisse", die also nicht geleugnet wurden.

Kahle verfolgte eine andere Strategie, der sexuelle Missbrauch wird mit Hinweis auf Beckers Leistungen relativiert. Das ist bis nach 2010 immer wieder versucht worden. „Viele ehemalige Schüler und Lehrer" haben „über G.B. trotz seines Fehltritts nicht den Stab gebrochen" und schätzen ihn hoch. Dazu gehören auch „eine ganze Reihe von Klassen- und Familienkameraden der Betroffenen", mit denen er – Kahle – gesprochen habe. Sie verstehen die Vorwürfe nicht (ebd., S. 3). Die „Betroffenen" waren die Opfer, deren Schicksal in dem Artikel der Frankfurter Rundschau dargestellt wurde. Das Wort „Opfer" wird vermieden, es soll sich ja nur um einen „Fehltritt" gehandelt haben.

Dafür wird Gerold Becker als charismatischer Pädagoge stilisiert, über den bekannt sei, „dass er, um Platon zu bemühen, über einen starken pädagogischen Eros verfügte, den er normalerweise zum Wohle der Schüler, die ihn mit wenigen Ausnahmen liebten, verehrten und umwarben, ... sublimieren und umzusetzen vermochte" (ebd.). Jürgen Kahle war ein Verehrer des Dichters Stefan George, das erklärt den Bezug auf Platons Eros.[56] Gerold Becker, heisst es weiter, habe „zum Wohl der ganzen OSO" gewirkt, die nach Kahles Erinnerung „unter seiner Ägide eine lange, vorwiegend glückliche und beschwingte Zeit erleben durfte" (ebd.).

„Dass er dann strauchelte, sich – gerade in seiner Position als Schulleiter – gehen liess und, wie vor ihm schon viele seiner Brüder in Amt und Lehre, seinen Trieben folgte, ist tragisch und verhängnisvoll; bestätigt aber auch die alte Regel, dass Grösse erst dadurch definiert wird, dass sie auch im Negativen Beträchtliches vorzuweisen hat" (ebd.).

---

56 Auch Hellmut Becker verehrte Stefan George und seinen Bildungsgedanken (H. Becker 1985).

Die Formulierung ist kein Zufall, denn so hätte er auch sich beschreiben können. Und gemäss Kahle zeigte Becker „Grösse" noch im Abgang. „G.B. hat sich bei den Betroffenen ausdrücklich und in sensibler Form entschuldigt und sie um Verzeihung gebeten – in einem sehr privaten Brief" (ebd., S. 5). Man fragt sich, woher Kahle das wusste, Becker hat sich nicht wirklich entschuldigt, seine Briefe an Andreas Huckele geben das nicht her und Kahle hat diese Briefe vermutlich gar nicht gekannt. Aber Gerold sollte einfach in Schutz genommen werden.

Becker, so Kahle, hat „sofort nach Bekanntwerden der Vorwürfe von sich aus alle Ämter und Funktionen, die er noch im Umfeld der OSO hatte, niedergelegt; ebenso den Vorsitz in der Vereinigung Deutscher Landerziehungsheime". Er hat „sich verpflichtet, das Gelände der Odenwaldschule nicht mehr zu betreten", und er hat sich „sofort von seiner Tätigkeit im Hessischen Institut für Bildungsforschung in Wiesbaden freistellen lassen". Mehr geht nicht, sollte man verstehen und was hätte er denn auch tun können: „Eine Selbstanzeige in der ZEIT einrücken – Harakiri auf dem Goetheplatz begehen?" (ebd., S. 5/6)

Kahles Brief zeigt, wie versucht wurde, die Front zu halten und im Namen der Schule die Kritiker zu diskreditieren. Uwe Lau musste sich von seinem früheren Kollegen Kahle sagen lassen, er sei in seinen letzten Jahren an der Odenwaldschule „zunehmend zu einem unzufriedenen und verkrampften Michael Kohlhaas" geworden, dem es nicht gelungen sei, „genügend Bundesgenossen" zu finden und „mit denen eine fronde gegen die herrschenden Zustände" zu bilden und den „Königsmord" zu vollziehen. Er kenne niemanden, der ihm – Lau – beim Verlassen der Schule „eine Träne nachgeweint" habe (ebd., S. 8).

Wie Becker selbst bei der Verschleierung nach der ersten Entlarvung vorgegangen ist und welche Resonanz er damit erzielte, wird aus einem Brief deutlich, den Jens Rüggeberg, der Vorsitzende des Vorstandes der Hermann-Lietz-Schulen, am 22. März 2010 an die Mitglieder des Vorstandes und das gesamte Umfeld der Schulen adressiert hat. Es heisst hier:

„Nach der ersten Veröffentlichung von Vorwürfen in der Presse im Jahre 1998[57] hat mir Gerold Becker in einem langen Gespräch ehrenwörtlich versichert, dass diese unberechtigt sind, so dass die Stiftung keine Veranlassung hatte, die Zusammenarbeit im Vorstand zu beenden, zumal die Untersuchungen der Odenwaldschule auch ergebnislos blieben" (Rüggeberg 2010, S. 1).

---

57 Das Datum ist falsch oder der Bezug stimmt nicht. Vor dem 17. November 1999 gab es keine Medienberichte, aber vielleicht ein Gespräch aufgrund des offenen Briefes der beiden Altschüler.

Nachfragen bei den Opfern lagen offenbar nicht nahe, das Ehrenwort des Kollegen genügte, und dass die Untersuchungen der Schule „ergebnislos" blieben, erklärt sich damit, dass keine unternommen wurden. Aber was nicht sein sollte, konnte auch nicht sein. Sexuelle Gewalt gegen Kinder hätte Alarm auslösen und zu seiner Ächtung führen müssen, stattdessen schonte man den Täter und tat alles, ihn erst gar nicht so zu bezeichnen.

Eine ungenannte Quelle aus dem Umkreis der von Becker betreuten hessischen Versuchsschulen schildert die Reaktionen auf Jörg Schindlers Artikel so: Gerold Becker und Hartmut von Hentig galten in dem „reformpädagogischen Arbeitskreis", aus dem später das Netzwerk „Blick über den Zaun" hervorgehen sollte, als wegweisende Pädagogen, denen man viele gute Ideen und Ratschläge verdankt habe. Schindlers Artikel sei gelesen worden und habe sehr gespaltene Reaktionen hervorgerufen. Viele konnten einfach nicht glauben, dass Gerold Becker, dieser grossartige Pädagoge, als Lehrer und Schulleiter Kinder missbraucht haben könnte.[58]

Die Odenwaldschule und mit ihr Gerold Becker hatten eine Aura und einen derart guten Ruf, dass man nicht wirklich wahrhaben wollte, was passiert war. Die Gespaltenheit zeigte sich nochmals im März 2010, als Gerold Becker sich weigerte, Klarheit zu schaffen, weiter schweigen wollte und erst allmählich die Dimensionen des Skandals sichtbar wurden. Die obige Quelle berichtet auch, dass Becker in seinem professionellen Umfeld tatsächlich immer vom „pädagogischen Eros" gesprochen und damit die Begrifflichkeit beeinflusst habe. Viele Lehrerpersonen meinten *Ethos* und sagten aber *Eros*, weil davon eben so viel die Rede war.

Die Bedeutung des Begriffs wurde aber kaum reflektiert, Becker gab einfach die Sprachregelung vor, an die man sich gehalten hat, wenn er dabei war und häufig das Gespräch bestimmte. Niemand ahnte den pädophilen Subtext der Redeweise. Auch in Gegenwart von Schülern der Odenwaldschule wurde vom antiken Eros gesprochen. Was damit gemeint war, ist den Schülern nicht klar gewesen, für sie war es einfach eine Redeweise.[59] Becker wusste aber natürlich sehr wohl, wovon er sprach.

In Wolfgang Harders gesammelten Reden und Aufsätzen, die er während seiner Zeit als Leiter der Odenwaldschule gehalten und geschrieben hat, findet sich von den Ereignissen um Beckers Entlarvung und ihrer Vorgeschichte keine Spur. Im Gegenteil wird Becker als Person besonders hervorgehoben, als habe es nie Gerüchte gegeben und Mitte 1998 nie ein Schreiben von zwei Altschülern an ihn, Wolfgang Harder, als dem Leiter dieser Schule. Der Titel der Sammlung, der zugleich ein Motto der Schule ist, lautete: *Vor der Welt*

---

58 Quelle: Mail an mich.
59 Gespräch mit Bettina Kohl am 28. April 2014.

die Kinder, vor den Kindern die Welt vertreten,[60] um nicht mehr und nicht weniger sollte es in der Odenwaldschule gehen, was genau so auch immer geglaubt wurde. Das reformpädagogische Motto wird in Harders Rede zum Abschied von Gerold Becker 1985 erwähnt und dann ein zweites Mal in der Abiturientenrede im Juni 1998, als Becker anwesend war. Bei seinem Weggang wird Becker als eine grosse Persönlichkeit beschrieben, die sich durch besondere Begabungen und Fähigkeiten auszeichnen würde. Harder berichtet über seine Begegnungen mit einem

> „staunenswert begabten, bewundernswert vielseitigen Menschen, zu dessen allerbemerkenswertesten Möglichkeiten es gehört, sich selbst, seine Gaben und Leistungen, für andere Menschen aushaltbar und, mehr noch, angstfrei und neidlos annehmbar zu machen" (Harder 1999a, S. 7).

Bei seiner Verabschiedung im Sommer 1985 hielten Oliver Groszer[61] und Barbara Poll[62] die Laudatio seitens der Schülerschaft. Sie kommen in ihrer Rede auf den Besuch der Journalistin Jutta Wilhelmi zu sprechen, die sie gefragt hatte, was es denn sei, das ihren Schulleiter „so sympathisch" mache. „Wir waren beide etwas sprachlos, da es sich wirklich schwer in Worte fassen lässt, was es denn ganz genau ist." In den Augen vieler hatte Becker ein einnehmendes Wesen, ohne sagen zu können, wie dieser Eindruck zustande kommt und sich festsetzt.

Die Schwierigkeit, ihn wohlmeinend oder überhaupt nur zu fassen, wird sichtbar, wenn in der Dankesrede über die Person Gerold Becker gesagt wird, was man über viele sagen kann und was tatsächlich keine persönliche Beschreibung ist:

> „Es gibt so viele positive Eigenschaften, die ein Mensch haben kann, sei es Klugheit, Liebenswürdigkeit oder die Wärme, die er ausstrahlt. Du hast von allem etwas, was sich unserer Meinung nach zu einem fabelhaften Ganzen ergänzt. Auf alle Fälle ist es etwas, was jeder Schüler auf kurz oder lang zu spüren bekommt" (OSO-Hefte 1985, S. 148).

Hellmut Becker hält in seiner Abschiedsrede fest, es gebe etwas, was „einen unmittelbar mit Gerold Becker verbindet", nämlich dass ihm – in Anspielung

---

60 Das Motto geht auf Harders Schwiegervater Hans Bohnenkamp zurück: „Lehrer sein – das bedeutet: vor der Welt die Kinder und vor den Kindern die Welt vertreten" (Harder 1999a, S. 9).
61 Oliver Groszer (geb. 1966) kam 1982 zusammen mit seiner Schwester Minka an die Odenwaldschule. Beide Internatsplätze wurden vom Berliner Jugendamt bezahlt (Niemann 2010, S. 164).
62 Barbara Poll war seit 1981 Schülerin der Odenwaldschule.

auf den Satz von Terenz – „nichts Menschliches fremd" sei (ebd., S. 153). Hellmut Becker hatte keine blosse Floskel vor Augen. Er wusste, dass zu dem „Menschlichen" im Falle des scheidenden Schulleiters eine pädophile Disposition gehörte, die eben auch nicht „fremd" ist und in dieser Logik zur menschlichen Natur gezählt werden muss.

Verständnis für die Schwächen der Menschen ist etwas Anderes als Einblick in ihre Abgründe. Vielleicht hat Hellmut Becker ja beides gemeint und so einen versteckten Hinweis gegeben, der sich erst Jahrzehnte später bewahrheiten sollte. Ende 1999 ging es um etwas ganz anderes, nämlich um Gerold Beckers Wiedereinstieg, den man sich nicht zufällig vorstellen darf. Er war Teil einer Strategie, mit der es gelang, die Öffentlichkeit arglos zu halten und einen Sexualstraftäter so zu positionieren, als sei nichts geschehen.

8.3 Reibungsloser Wiedereinstieg

Gerold Beckers Netzwerk ist im Kern in Göttingen entstanden und konnte stets erweitert oder auch neu geknüpft werden. Der Mittelpunkt hiess über mehr als vier Jahrzehnte stets Hartmut von Hentig. Das gemeinsame Ziel des Netzes war die Veränderung der öffentlichen Schule in eine „Polis" oder einen „Erfahrungsraum", der den Kindern und Jugendlichen zum möglichst selbstbestimmten Lernen offenstehen sollte. Dabei standen Ideen der historischen Reformpädagogik und insbesondere der Landerziehungsheimbewegung Pate, an die gerade Gerold Becker immer anknüpfen wollte. Gestützt hat ihn dabei auch die unkritisch-normative Historiografie der deutschen Reformpädagogik.

Gerold Becker war nur imstande, dieses eine Leben als „Pädagoge" zu spielen, was er nach seiner Entlarvung noch gut zehn Jahre fortsetzen konnte. Zurückziehen wollte und durfte er sich nicht, wahrscheinlich hat er selbst gedacht, dass ihm Unrecht geschehen sei, jedenfalls einfach nur ein Leben als Rentner zu führen, ging schon aus finanziellen Gründen nicht und wäre an der Seite von Hentig auch kaum möglich gewesen. Becker suchte weiterhin seine Bühnen und erhielt sie auch, ohne sich irgendwie erklären zu müssen. Seinen Rausschmiss durch die hessische Kultusministerin erwähnte er mit keinem Wort und verteidigen brauchte er sich auch nicht, weil ihn in der pädagogischen Öffentlichkeit niemand anklagte oder auch nur zu meiden versuchte.

Dabei hat er sich intern sehr wohl Fragen ausgesetzt gesehen. Ein Zeuge, der ihn persönlich gut kannte, hat etwa 2000 oder 2001 mit Gerold Becker über die Vorwürfe gesprochen, die die Frankfurter Rundschau publik gemacht hatte. Becker war zurückhaltend und traute sich zuerst nicht auszusprechen, was er dachte. Dann zog er sich auf den platonischen Eros zurück und verstand darunter die antike Lebensform, die derzeit in der Gesellschaft nicht akzeptiert werde, aber die nicht verwerflich sei und für die Knaben im Gegenteil ausgesprochen wohltuend sein könne.[63]

Mit der bildenden Kraft des „Eros" haben sich alle Täter von Gustav Wyneken über Wolfgang Held bis Hajo Weber immer gerechtfertigt. Die Jungen würden mit ihnen eine befreite und befreiende Sexualität lernen, während in Wirklichkeit Gewalt ausgeübt wurde. Von den Folgen erzählt der antike Mythos nicht, wer sich auf ihn beruft, ist immer in der Rolle des Wohltäters, der Möglichkeiten schafft, die die Gesellschaft verwehrt. Gerold Becker hat das nicht als Ausrede, sondern geradezu als Erfüllung seiner Pädagogik verstanden. Deswegen fürchtete er die Entlarvung und den Entzug der Gunst, aber nicht das eigene Gewissen.

Bekannt wurde das aber nicht und Gerold Becker hat nach einer Schrecksekunde seine Karriere fortsetzen können, ohne von einem massiven Verdacht getroffen zu sein. Die einzelnen Tätigkeitsfelder sind beeindruckend und sie zeigen, dass er selbst keinerlei Einsicht oder gar Reue gehabt haben kann. Offenbar genügte es, dass er einfach nichts sagte und so tat, als gingen ihn die Vorwürfe nichts an. Es gab auch in der deutschen Pädagogik nicht *eine* kritische Nachfrage, weder Becker noch Hentig mussten nach den ersten Schocks von einer gefährlichen Krise ausgehen. Je früher zum courant normal zurückgekehrt werden konnte, desto besser für beide, und das gelang vorzüglich.

Anfang 2001 gab Gerold Becker zusammen mit Cornelia von Ilsemann, seinerzeit Abteilungsleiterin bei der Bremer Bildungsverwaltung, und dem Innsbrucker Pädagogikprofessor Michael Schratz das 19. Friedrich-Jahresheft heraus, das dem Thema „Evaluation und Qualitätssicherung" gewidmet war (Becker/von Ilsemann/Schratz 2001). Die Entlarvung ein knappes Jahr zuvor hat bei der Planung und Realisierung des Jahresheftes offenbar keine Rolle gespielt.

Becker war dort schon früher Autor gewesen. Danach ist er bis 2009 an allen diesen Jahresheften als verantwortlicher Mitherausgeber beteiligt gewesen. Die Jahreshefte erscheinen seit 1983. Sie waren und sind eine Institution zur Verbreitung neuer pädagogischer Themen und werden stets in ganz Deutschland wahrgenommen. Becker konnte nicht zuletzt auf diesem Wege Kontinuität wahren und seinen publizistischen Einfluss sichern. Sein Name war nicht irgendwie negativ besetzt.

Auch diesen Zugang verdankte er seinem Netzwerk. Erhard Friedrich, der im September 2005 verstorbene Verleger der Jahreshefte, war mit Hartmut von Hentig (2009, S. 1026) befreundet. Gerold Becker seinerseits war dem

---

63 Gespräch mit Christoph Landwehr am 11. Juni 2013.

Friedrich-Verlag auch über die Neue Sammlung, die seit 1990 dort erschienen ist und die er mit herausgab, eng verbunden. Zusammen mit den Jahresheften agierte er als eine Art Hausautor des Verlages, was durch den entlarvenden Artikel in der Frankfurter Rundschau nicht etwa anders wurde. Ohne dass ihm der Artikel geschadet hätte, durfte er kontinuierlich weitermachen, tatsächlich als wäre nichts geschehen.

In dem Jahresheft 2001 schaffte es Gerold Becker, etwas mehr als ein Jahr nach Bekanntwerden des Falles in der Frankfurter Rundschau, wiederum die Reformpädagogik als Bezugspunkt des scheinbar neuen Themas Evaluation und Qualitätssicherung ins Spiel zu bringen. Dazu gehören regelmässige Lernbilanzen, die an der Schwesterschule der Odenwaldschule, der Ecole d'Humanité im Berner Oberland, seit langem Praxis seien. Dort werden Lernbilanzen in einem eigenen Heft notiert, das die Schüler während der gesamten Schulzeit führen. Das gelänge vorbildlich, bei der Durchsicht verschiedener dieser Berichtshefte habe er keinen einzigen Eintrag gefunden, der von Schulangst berichtet (Becker 2001, S. 15).

Becker hat für diesen Beitrag, der unmittelbar vor oder nach seiner Entlarvung entstanden sein muss, Aufwand betrieben. Er bringt in Auszügen verschiedene Schülerberichte zum Abdruck, darunter auch ein Faksimile (ebd., S. 16), die alle auf authentische Art den Vorteil der Selbstbilanzierung schulischen Lernens zeigen sollen. Von der Auswertung dieser Berichte verspricht sich Becker nicht nur Hinweise auf die Wirksamkeit des Unterrichts, sondern auch „Einsichten, welche Unterrichtsformen für welche Schüler offensichtlich besonders geeignet sind" (ebd.).

Die professionelle Arbeit als Schulexperte mit reformpädagogischem Know-how wurde also ungerührt fortgesetzt, eine Zäsur gab es für ihn auch in dieser Hinsicht nicht. Daneben erlebte Becker weiterhin Medienpräsenz und eine ungebrochene Nachfrage als prominenter Referent. Die Entlarvung hatte sich nicht herumgesprochen und war auch unter Experten höchstens kurzfristig und mit einem Stirnrunzeln ein Thema. Ansonsten machte man weiter wie bisher, Gerold Becker erfuhr Bestätigung und musste keinen Schaden in Kauf nehmen, weder in materieller noch in symbolischer Hinsicht. Offenbar hatte man nicht gelesen oder nicht zur Kenntnis nehmen wollen, was doch öffentlich war und eigentlich hätte Aufsehen erregen müssen.

Seine Kompetenz in Sachen Schulberatung wurde weiterhin in Anspruch genommen. Dazu trug auch bei, dass er selbst sich nicht anders verhielt als vorher. Becker war eloquent und selbstbewusst wie immer, eine Zäsur merkte man ihm nicht an, das spricht für geschicktes Abwarten und gekonntes Rollenspiel. Er wusste vermutlich, dass sich niemand vorstellen konnte, was er getan hatte und vertraute auf seine Kunst der Beschwichtigung, die er aber kaum einsetzen musste, weil es für ihn auch intern nicht wirklich brenzlig wurde. Es war daher strenggenommen kein eigentlicher Wiedereinstieg, sondern einfach ein Weitermachen wie bisher, verbunden mit Tests, ob Gefahr im Anzug war.

Schon im Jahre 2000, also unmittelbar nach seiner Entlarvung, hatte die Gewerkschaft Erziehung und Wissenschaft des Bundeslandes Sachsen-Anhalt das Gutachten von Becker, Braun und Klafki aus dem Jahre 1994 in erweiterter Form neu herausgegeben. Von ihm ausgehend sollten „pädagogische Alternativargumentionen" entwickelt werden, mit denen die GEW des Bundeslandes die damalige CDU-Initiative „Hände weg vom leistungsfähigen Schulsystem in Sachsen-Anhalt" bekämpfen wollte. Das Gutachten sollte erneut direkt auf Hentig und seine Autorität verweisen; es war überschrieben mit: *Selbstbewusste Kinder – humane Schule*, eine Forderung, für die Becker nach wie vor eintreten konnte (Becker/Braun/Klafki/Maskowiak 2000).

Für den raschen Wiedereinstieg Beckers in das soziale Netzwerk sorgte auch die zivilgesellschaftliche Freudenberg Stiftung in Weinheim, die 1984 gegründet worden war. Vorsitzender der Stiftung war lange Hermann Freudenberg, der 1999 noch als Vorsitzender des Vorstandes der Odenwaldschule im Amt war, Becker sehr gut kannte und ihn immer protegiert hat. Die Stiftung finanzierte zusammen mit der Schweisfurth-Stiftung am 1. Dezember 2001 im Rahmen des IV. Symposions der Hertener Bürgerstiftung eine ganztägige Veranstaltung zum Thema „Jugendarbeitslosigkeit – Wege aus der Ausbildungskrise". Der Moderator der Veranstaltung, die der Bürgermeister der Stadt Herten eröffnete, hiess Gerold Becker; die Missbrauchsvorwürfe gegen ihn waren genau zwei Jahre alt.[64]

Wenige Monate zuvor, am 20. September 2001, hatte Gerold Becker einen Vortrag in der Evangelischen Kirchgemeinde Bergholz-Rehbrücke in der Nähe von Potsdam gehalten. Er wurde eingeladen im Rahmen der Veranstaltungsreihe „Tugenden, Moral, christlich-ethische Werte". Mit der Einladung und dem Rahmenthema hatte er offenbar keine Mühe. Am Ende dieses Vortrages ging er auf sich und seine Bildung „als Person" ein. In dieser Hinsicht habe die „Schulzeit in Kriegs- und Nachkriegsjahren" kaum eine Rolle gespielt, weit mehr habe ihm „geholfen", dass er „für mehrere Jahre Mitglied einer Jugendgruppe war" und dort ein „anspruchsvolles Erwachsenwerden" erleben konnte (Becker 2002, S. 16).

Auf dieses Thema sollte er immer wieder zurückkommen, in der Familie und der herkömmlichen Schule kann es kein „anspruchsvolles Erwachsenwerden" geben, das gelingt nur in freien Gruppen, die sich selbst organisieren und autonom entscheiden können. Tatsächlich hat er in diesen Gruppen erstmalig seine sexuelle Disposition erleben und agieren können, als Älterer

---

64 http://www.trapp-und-partner.de/Herten.pdf

mit Jüngeren und Schwächeren, worauf er zeitlebens fixiert blieb. Sein Lob der „Kameradenfamilien" in der Odenwaldschule (Becker 1978/1979) schliesst an diese Erfahrung des jungen Gerold Becker an, der also – sexuell gesehen – nie wirklich erwachsen werden konnte. Nur darüber schreiben und Reden halten, war ihm möglich (Becker 1984b).

Am 13. April 2002, also ein halbes Jahr nach dem Vortrag in der Kirchgemeinde, war Becker Studiogast im Deutschlandfunk. Die Sendung begann um 23.05 Uhr und galt der „langen Nacht vom Vertrauen".[65] Das Motto der Sendung war dem Gedicht „Entsagung" von Franz Grillparzer entnommen und lautete: „All, was du hältst, davon bist du gehalten." In dem Gedicht geht es um sexuelle Entsagung. Im Deutschlandfunk sprachen unter der Leitung der Moderatorin Gabriele von Arnim über das Thema „Vertrauen" Antje Vollmer, damals Vizepräsidentin des Deutschen Bundestages, die Schauspielerin und Ärztin Marianne Koch, der Familienrichter Siegfried Willutzki und Gerold Becker, der als „Pädagoge, Psychologe, ehem. Leiter der Odenwaldschule" vorgestellt wurde.

In der Ankündigung der Sendung findet sich nach der Präsentation der Diskutanten und der Begründung des Themas auch ein direkter Link zur Homepage der Odenwaldschule. Becker konnte also weiterhin unbefangen im symbolischen Umkreis der Schule agieren.[66] Dass er nicht einmal drei Jahre zuvor öffentlich bezichtigt worden ist, in der Odenwaldschule Kinder vergewaltigt zu haben, und die Schule dem auch nicht widersprochen hatte, spielte dabei keine Rolle. Wieder fragte niemand nach den Opfern und mehr noch, Becker als der Täter geriet völlig aus dem Blickfeld. Er konnte zurück in seine alten, gut erprobten Rollen und das Netzwerk trug ihn weiter.

Im gleichen Jahr 2002 wurde sein Aufsatz „Der lange Abschied von der grossen Illusion" in einem Sammelband zur inneren Differenzierung neu abgedruckt (Ahlring 2002, S. 13–16). Beckers Beitrag wurde 1997 erstmalig veröffentlicht (Becker 1997b), er galt in der Szene der Schulentwickler schnell massgebend und ist deswegen schon zuvor nachgedruckt worden.[67] Knapp zwei Jahre nach Bekanntwerden der Vorwürfe gegen ihn erfährt er keine Zurücksetzung, sondern wird prominent platziert.

Sein Beitrag steht an der Spitze des Bandes, er gibt die allgemeine Richtung vor und sagt, dass die grosse Illusion des Lernens im gleichen Takt überwunden werden müsse zugunsten einer möglichst weitgehenden Individualisierung des Unterrichts. Die anderen Beiträge folgen dieser Vorgabe. Becker

---

65 Es gibt von der Sendung „kein Manuskript, keinen Mitschnitt oder Audio-Datei" (Mail von Denise Eisenberger, Hörerservice Deutschlandfunk, vom 19. Januar 2012).
66 http://www.dradio.de/dlf/sendungen/langenacht/alt/020413.html
67 Grundschule Heft 1 (1999), S. 27–29.

selbst wird vorgestellt als „Wissenschaftlicher Mitarbeiter am Hessischen Landesinstitut für Bildungsplanung und Schulentwicklung in Wiesbaden" (Ahlring 2002, S. 224), der er seit drei Jahren nicht mehr war. Aber das konnte übersehen werden.

In der Redaktion im Westermann Verlag wurde 2001 über Gerold Becker und die Vorwürfe gegen ihn gesprochen, die also in seinen Kreisen wahrgenommen worden sind. Aber weil es keine weiteren Artikel mit neuen Beschuldigungen oder Massnahmen gegen ihn gegeben hat, entschloss man sich, Beckers Artikel wie vorgesehen in den Sammelband aufzunehmen.[68] Er schien inhaltlich unverzichtbar zu sein, was nochmals Beckers schulpädagogischen Einfluss zeigt und auch demonstriert, dass er nicht wirklich beschädigt war. Oder anders gesagt, sein Schweigen zahlte sich aus.

Auch die Umstände seiner Entlassung wurden nicht erwähnt, was zwischen 1999 und 2010 durchgehend der Fall war. Beckers offizielle Biografie erhielt keinen dunklen Fleck, sondern blieb sauber. Seine Entlassung hätte aufwändig und unter Beschädigung des Namens erklärt werden müssen, also unterblieb das lieber, sofern der Zusammenhang überhaupt bekannt war. Einen wirklichen Verdacht gab es nicht, höchstens Irritationen, Becker fasste schnell wieder Tritt und trat wie gewohnt souverän auf, was sicher auch Fragen vermieden hat.

Becker meldete sich auch öffentlich und als Bürger zu Wort, etwa indem er politische Aufrufe unterzeichnete. Am 10. Dezember 2002 wurde die Berliner Deklaration publiziert, eine Erklärung, die den „Krieg gegen den Terrorismus" angriff und zu einer alternativen Strategie der Terrorbekämpfung aufrief. Verfasst wurde die Deklaration zu Ehren der Verleihung des Friedensnobelpreises an den früheren amerikanischen Präsidenten Jimmy Carter. Unterzeichnet wurde sie neben „Prof. Hartmut von Hentig, Bielefeld-Berlin" und vielen anderen, darunter Günter Grass, auch von „Gerold Becker, Lehrer, Berlin".[69] Er spielte den kritischen Intellektuellen, der heimlich Päderast war.

In der Ausgabe vom 4. September 2008 veröffentlichte Die Zeit einen Leserbrief von „Gerold Becker, Berlin", in dem er sich Sorgen macht über die zunehmende „Verschuldung von Bund, Ländern und Kommunen". Er weist hin auf die „Riesensummen" an Zins- und Tilgungszahlungen, die „Jahr für Jahr in den öffentlichen Haushalten" stehen und damit nicht „für die unmittelbaren und mittelbaren Aufgaben der Daseinsfürsorge" verwendet werden können. Zitiert wird zum Beleg seiner Zahlen aus einer Bundesdrucksache,

---

68 Quelle: Mail an mich.
69 http://www.tschiches.de/aktuelles/Bln_Dekl.pdf

was Becker als vorbildlichen Staatsbürger ausweist, der sich um die öffentlichen Belange zu kümmern versteht.[70]

Als Pädagoge blieb er im Geschäft. Becker hielt am 6. Februar 2003 im Bremer Rathaus anlässlich des 1. Bremer Bildungstages einen Vortrag zum Thema „Bessere Bildung für ‚Risikogruppen' und Ausgleich von sozialen Benachteiligungen".[71] Die anschliessende Diskussion wurde moderiert von Otto Seydel, heute Leiter des Instituts für Schulentwicklung in Überlingen am Bodensee und langjähriger Mitarbeiter der Schule Schloss Salem, der sich noch im September 2009 unbefangen auf ihn und seine Arbeiten bezogen hat (Seydel 2009, S. 16). Becker hatte mithin weiterhin Gewicht und es gab offenbar keinen, der insistiert und sich offen gegen ihn gestellt hätte.

Der Bildungstag stand im Zusammenhang mit dem „Runden Tisch Bildung" des Bundeslandes Bremen, mit dem versucht wurde, einen parteiübergreifenden Konsens in der Bildungspolitik zu finden. Leiter des Runden Tisches war Beckers alter Bekannter Wolfgang Harder, der als Vorsitzender der Vereinigung Deutscher Landerziehungsheime eingeladen wurde. Einer der drei „externen Experten" war Gerold Becker, diesmal wurde er aufgeführt als „Lehrer i.R. Berlin" (Runder Tisch Bildung 2005, S. 11). Ihn zu berufen, war offenbar kein Problem und erregte auch keinen Anstoss, weil sich niemand etwas dabei gedacht hat, auch Harder nicht, der doch Becker Hausverbot erteilt hatte.

Publizieren konnte er ohne weiteres. Im ersten Heft des Jahrgangs 2002 erschien in der damals in Lüneburg erscheinenden Zeitschrift für Erlebnispädagogik ein „Grundsatzbeitrag", der überschrieben war mit „Werte vermitteln"? Verfasser war Gerold Becker, der seinen Vortrag in Bergholz-Rehbrücke in überarbeiteter Form veröffentlichte. In dem Beitrag macht er sich Gedanken, welche Schwierigkeiten es bereitet, eine „wohlfeile Forderung" wie die Vermittlung von Werten auch zu erfüllen, was auf die „Schule der jungen Bürger in der Demokratie" und die Erfahrung in Jugendgruppen hinauslaufen würde (Becker 2002, S. 15). Es gibt in dem Heft ebenfalls keinerlei Hinweis auf Beckers Entlarvung oder auch seine Entlassung, die beide nicht stattgefunden zu haben scheinen.

Das gilt generell. Die im Friedrich-Verlag erscheinende Zeitschrift Computer+Unterricht druckte zu Beginn des Jahres 2000 und so unmittelbar nach der Entlarvung Gerold Beckers seinen Beitrag „Die ‚neuen' Medien im Unterricht", ohne irgendeine Notiz oder einen redaktionellen Nachtrag in einem späteren Heft. Becker verweist in dem kurzen Artikel auf die Notwendigkeit der „Persönlichkeitsbildung" und erwartet von den elektronischen

---

70 http://www.zeit.de/2008/37/LB-Aufm_-Wir-37
71 http://senatspressestelle.bremen.de/bilden/bildungstag1.pdf

Medien keinen besonderen Beitrag zu dieser pädagogischen Kernaufgabe. Einzig der Anschauungsunterricht könnte davon profitieren – banaler geht es eigentlich nicht (Becker 2000).

Zwei Jahre zuvor hatte Becker im Jahresheft des Friedrich-Verlages geschrieben: Die primäre Aufgabe der Schule „ist und bleibt eine pädagogische. Lehrer und Lehrerinnen sind ‚Entwicklungshelfer' beim Erwachsenwerden". Kein Lehrmittel und auch kein Computer können ihnen das abnehmen. Und „Persönlichkeitsbildung" ist „ebenso unerlässlich" im Erfahrungsraum Schule wie die Auseinandersetzung mit den Sachgehalten (Becker 1998, S. 10). Er machte also auch mit seinen Themen einfach weiter wie gehabt und die Nachfrage hielt an, ohne dass jemand gegen ihn etwas unternommen hätte. Wer das versuchte, stiess auf taube Ohren und musste sich an Medien wenden, die nicht interessiert waren.

Zur Unterstützung seiner dritten Karriere wurde Gerold Becker 2002 auch wieder in die Herausgeberschaft der Neuen Sammlung aufgenommen. Die Zeitschrift war zu diesem Zeitpunkt noch das Theorieorgan des Friedrich Verlags. Die Wiederwahl Beckers betrieb Hartmut von Hentig im Verein mit der Publizistin und Mitherausgeberin Katharina Rutschky, die den Lesern der Zeitschrift als vehemente Kritikerin der „Schwarzen Pädagogik" bekannt war, also der Pädagogik der Gewalt und sexuellen Unterdrückung, die tatsächlich die Geschichte der Erziehung lange Jahrhunderte gekennzeichnet hat.

Rutschky, so Hentig (2010c, S. 6), brachte den „Beschlussantrag" ein, mit dem Gerold Becker „gebeten wurde, in die Herausgeberschaft zurückzukehren". Damit verbunden waren heftige Konflikte unter den Herausgebern, die Hentig nicht benennt und nicht einmal wirklich andeutet (ebd.), er sagt auch nicht, warum Becker aus der Herausgeberschaft ausgetreten ist und wer anwesend war, als Katharina Rutschky ihren „Beschlussantrag" stellte. Es sollte so aussehen, als sei auch das ein ganz normaler Vorgang gewesen, während in Wahrheit Becker nur gegen massive Widerstände in seine angestammte Machtposition zurückkehren konnte. Hentig hat das durchgesetzt und so getan, als stünden gegen seinen Freund keine berechtigten Vorwürfe im Raum.

Über die Strategien der Abwiegelung und Vertuschung drang nichts an die Öffentlichkeit. Hentig erwähnt nur, dass wegen Beckers Rücktritt aus der Herausgeberschaft der Neuen Sammlung in seiner Briefablage ein ganzer Aktendeckel angewachsen sei (ebd.). Allein an dieser Stelle muss also ein hoher Aufwand betrieben worden sein, um Beckers Kopf zu retten. Sein Rücktritt als Herausgeber war ein Scheinangebot gewesen, das bei der ersten sich bietenden Gelegenheit zurückgenommen wurde. Auch damit konnte Normalität gewahrt werden.

Ausgerechnet Katharina Rutschky entlastete Gerold Becker. Wie Hartmut von Hentig drehte sie den Spiess um und mutmasste, die ihn „anklagenden Jugendlichen", also Andreas Huckele und Oliver Kreidl, „seien vermutlich irregeleitet oder von pubertären Lebenskrisen übermannt worden" (Kahlweit 2010).[72] Schuldig waren erneut die Opfer, weil Gerold Becker in seinem Netzwerk nichts Böses zugetraut werden durfte. Bereits 1992, also lange vor Beckers Entlarvung, hatte Katharina Rutschky im Blick auf Kindesmissbrauch von „erregter Aufklärung" gesprochen, also vom Missbrauch des Missbrauchs durch Schuldzuweisung und öffentliche Dramatisierung (Rutschky 1992).

Die Formel „Missbrauch des Missbrauchs" hatte schon Florian Lindemann auf Gerold Becker und den Artikel in der Frankfurter Rundschau bezogen (Südhessische Post vom 18. November 1999, S. 6). Lindemann, Mitglied des Fördervereins der Odenwaldschule, wollte die Schulleitung beraten und wandte sich an die Öffentlichkeit. Sein Leserbrief war eine Art Medienmitteilung, die in der Lokalpresse auch wahrgenommen wurde. Er fragte, wie später auch Kahle oder Hentig, wem mit der Entlarvung Beckers geholfen sei und dass man nur die Odenwaldschule in ihrer beispielhaften Schulpraxis gefährde, wenn man so weitermache und die Fälle in der Öffentlichkeit ausbreite (ebd.).

Katharina Rutschky starb am 14. Januar 2010 in Berlin, ein halbes Jahr vor Gerold Becker. Sie kann nicht mehr befragt werden und es ist nicht klar, wie sie auf die zweite Entlarvung reagiert hätte. Im Frühjahr 2010 wurde wöchentlich die Evidenz grösser, dass es sich gerade nicht um „Missbrauch des Missbrauchs" handelte, sondern um skrupellose Serientäter, die sich hinter dem Ruhm einer Schule versteckt haben. Becker wurde geschützt, weil der Nimbus erhalten bleiben sollte und man ihm auch deswegen sehr schnell glaubte. Aber wenn die „Schwarze Pädagogik" ins eigene Haus kommt, was ist dann die Weisse wert gewesen?

Reale Personen und Fälle haben die Apologeten Beckers nicht berührt, so auch nicht reales Leid. Die Verteidigung bestand einfach in der Umkehrung des Verdachts, und es kam dem Täter entgegen, wenn eine andere und ihn entlastende Plausibilität erzeugt wurde. Über die Folgen musste nicht nachgedacht werden. Aber die gab es. Ein Opfer von Becker hält fest: Es blieb nicht bei der „Missachtung aller Grundsätze im Umgang mit dem Kind". Die Fol-

---

72 Die Aussage geht auf Peter Fauser zurück, einem Mitherausgeber der Neuen Sammlung. Er trat wie auch Manfred Prenzel 2002 von seinem Amt zurück. Die Wiederwahl Beckers erfolgte in ihrer Abwesenheit (Kahlweit 2010). Fauser und Prenzel wurden im Jahrgang 2003 der Neuen Sammlung als „frühere Herausgeber" geführt, wiederum ohne Angabe von Gründen.

gen des sexuellen Missbrauchs sind lebenslang zu spüren, weil Vertrauen getäuscht und Angst gesät wurde. „Der schrecklich umklammernde Griff nach der Kinderseele bleibt bestehen, auch wenn die Täter längst gegangen sind" (Max 2012, S. 67).

Der Täter Gerold Becker konnte sich auch deswegen gut schützen, weil er auch in seinen engeren Netzwerken eine letztlich unbekannte Person war. Hermann Giesecke etwa, Mitherausgeber der Neuen Sammlung seit 1970 und so langjähriger Beobachter von Becker und Hentig, teilt mit, dass innerhalb der Herausgeberschaft „über Persönliches aus der eigenen Vergangenheit" „nie gesprochen" worden sei. Selbst nach Jahrzehnten der Zusammenarbeit sei man sich nicht wirklich näher gekommen und hatte daher über das Professionelle hinaus auch keine Kenntnis voneinander.[73]

Das passt ins Bild des verschwiegenen Gerold Becker. Engere Freundschaften kann man nur bilden, wenn man sich auf andere einlässt und ein Test für die Freunde ist, wie viel sie von dem Anderen erfahren und ab wann sie Vertrauen haben können. Aber darum ging es nie, das Netzwerk bestand aus Abhängigkeiten und gegenseitigen Begünstigungen, im Krisenfall waren damit schnell abrufbare ideologische Reflexe und verlässliche Reaktionen der Empörung verbunden. So liessen sich die Reihen geschlossen halten und ein Verdacht gegen den eigenen Mann konnte schnell unterdrückt werden.

Die Reaktion nach aussen war so geartet, dass allein schon Mutmassungen als unerhört hingestellt wurden. Kritische Stimmen konnten so in der Öffentlichkeit gar nicht erst aufkommen. Gleichwohl ist mit Gerold Becker gesprochen worden und er hat sich auch nicht immer mit Vagheiten herausreden können. Einige seiner Opfer standen ihm nahe und wären auch bereit gewesen, für ihn vor Gericht auszusagen, was voraussetzt, dass sie an der Bewältigung der Krise beteiligt waren. Zu einer Anklage kam es nicht, Becker sagte weiterhin nichts und das zahlte sich aus. Er konnte als Bildungsexperte und wohlgelittener pädagogischer Autor ohne Beschädigung im Geschäft bleiben.

Wie das Netzwerk vorging, auch gegen Freunde, wenn sie kritische Fragen stellten, hat Rainer Winkel Anfang Juli 2011 in der Zeitung Die Welt beschrieben. Zehn Jahre zuvor, am 21. März 2001, habe Enja Riegel ihm einen empörten Brief geschrieben, nachdem er von Gerold Becker verlangt hatte, er solle ihm sein Ehrenwort geben, dass die Missbrauchsvorwürfe gegen ihn unhaltbar seien. Becker selbst antwortete nicht. Hartmut von Hentig warnte Winkel, den Mitstreiter in Sachen Alternativpädagogik, brieflich vor „Vorverurteilungen" und Enja Riegel bezeichnete ihn in ihrem Brief schlichtweg als „verabscheuungswürdigen Denunzianten" (Winkel 2011).

---

73 Mail von Hermann Giesecke vom 1. Mai 2012.

2003 trug Gerold Becker (2003a) mit dem Beitrag „Lernen in Zusammenhängen" zu dem Sammelband *Die Gesamtschule* bei. Was auf den ersten Blick nach einem Originalbeitrag aussieht, bezieht sich in Teilen auf den Band *Das andere Lernen*, den Becker zusammen mit Enja Riegel und Anderen herausgeben hat (ebd., S. 225, Fn. 1; vgl. Becker/Kunze/Riegel/Weber 1997). Dass Riegel ihn nach Bekanntwerden seiner fristlosen Entlassung aus der Schule verbannt hatte, hinderte ihn nicht daran, sich weiterhin mit der Helene-Lange-Schule in Verbindung zu bringen und so in eine persönliche Kontinuitätslinie zu stellen. 2003 fiel das nicht weiter auf und niemand nahm daran Anstoss.

Im Friedrich Jahresheft 2004 veröffentlichte Gerold Becker einen viel gelesenen Aufsatz, in dem er die „Sehnsucht" der Praxis nach „gleichen Lernvoraussetzungen", also nach homogenen Klassen und identischen Abläufen, kritisierte. Dahinter stünden „geheime Leitbilder", mit denen die Unterschiede im Lernverhalten und in den Lernvoraussetzungen missachtet oder klein geredet werden. Der Unterricht aber sollte von den Unterschieden ausgehen und nicht von der Idee, „das sorgfältig entwickelte Drehbuch" des Lehrers müsse um jeden Preis eingehalten werden, während es darauf ankommt, dass die Schülerinnen und Schüler lernen, mit offenen Formen des Unterrichts selbständig zu arbeiten (Becker 2004a), als ob das ein Selbstzweck wäre. Aber es trifft den Nerv der Reformer.

Im Frühsommer 2002 waren Gerold Becker und Hartmut von Hentig zusammen mit Wolfgang Harder, Cornelia vom Ilsemann, Otto Seydel, Enja Riegel, Annemarie von der Groeben und Anderen in Schweden. Sie besuchten für den „Arbeitskreis Schulreform" (AKS) verschiedene Schulen, darunter auch die als vorbildlich geltende Reformschule „Futurum" in der Gemeinde Balsta, die zur Kommune von Habo in der Nähe von Stockholm gehört (Von der Groeben 2003). „Futurum" heisst die Oberstufe für die letzten drei Jahrgänge der Schulzeit in der Habo Skolan (ebd., S. 205), für die die Gemeinde und nicht der Staat zuständig ist.

Die Schule insgesamt bietet individuelles Lernen in altersdurchmischten Gruppen an, was dann auch im deutschen Sprachraum zu einem Reformkonzept wurde, propagiert nicht zuletzt durch Gerold Becker. Die stabilen Lerngruppen, die „Unterschulen" genannt werden, erinnern von Ferne an das Familienprinzip der Odenwaldschule, allerdings sind sie viel grösser. Aber wie dort haben die Gruppen über die gesamte Schulzeit feste Bezugspersonen, nur dass es kein Internat gibt. Eine „geniale" Idee befand die Besuchergruppe (ebd., S. 209), die lediglich bemängelte, dass das soziale Lernen zu kurz komme (ebd.).

In der Evangelischen Akademie Loccum, einem Treffpunkt seines Netzwerkes, sprach Becker am 20. März 2004 zum Thema „Neue Lehrer braucht das Land oder: über das Selbstverständnis der Profession". Zu diesem Thema hatte er bereits mehrfach referiert und veröffentlicht, so 1997 in der Zeitschrift der niedersächsischen Schulverwaltung (Becker 1997). Die Linie der Kontinuität ist durch die Ereignisse der beiden Jahre 1998 und 1999 auch hier nicht unterbrochen worden, weil Becker als Experte galt, der offenbar an allen Stellen in seinem Netzwerk unverzichtbar gewesen ist. In Loccum wird es keine Nachfragen gegeben haben, sein Auftreten liess gar nichts Anderes zu.

Erneut wurde Becker angekündigt als „ehem. Leiter der Odenwaldschule Ober-Hambach (OSO)". Schulleiter war er zwar seit fast zwanzig Jahren nicht mehr, doch das spielte im Kreis der Bildungsexperten keine Rolle. Die Tagung galt dem Thema „Bildung, die wir woll(t)en", den Schlussvortrag hielt Hartmut von Hentig. Er wurde angekündigt als „Gründer der Laborschule und des Oberstufen-Kollegs".[74] Die Tagung diskutierte die damaligen Bildungsreformen in Deutschland, vor allem den Wechsel hin zur „Outputorientierung"; versammelt waren auch Bildungspolitiker, darunter der ehemalige hessische Kultusminister Hartmut Holzapfel, der Becker in Wiesbaden eingestellt hatte.

Ein anderer Referatstermin fand am 20. Mai 2004 anlässlich der Himmelfahrtstagung der kirchlichen „bündischen akademie" in Lüdersburg statt. Lüdersburg ist Teil der Samtgemeinde Scharnebeck im Landkreis Lüneburg. Die Landerziehungsheime haben sich stets auf ihre „bündische" Herkunft bezogen, die ja auch Gerold Becker geprägt hat. Der Ort ist also alles andere als ungewöhnlich. Becker hielt den Eröffnungsvortrag, das Thema lautete „Wahrnehmen und sich begrenzen". Am nächsten Tag hielt er noch ein Impulsreferat, das der Frage nachging, wie Überschreitungen kultureller Grenzen „aus der Sicht der Pädagogik gelingen können" („Ich sehe was, was Du nicht siehst" 2004, S. 3).

Bereits am 2. Oktober 2003 hatte Becker an gleicher Stelle einen Vortrag gehalten, der dem Thema „Auswege aus der Falle – Über den Zusammenhang von Herkunft und Lebenschancen" galt. Auch zu diesem Thema hat er für ein linkes Publikum mehrfach referiert. Bei der Tagung soll auch Hartmut von Hentig anwesend gewesen sein, er sprach gemäss der Vortragsankündigung zum Thema „Netzwerk bündischer Pädagogen".[75] Eine Veröffentlichung dieses Vortrages ist allerdings nicht nachzuweisen. Der Gedanke der bündischen Erziehungsgemeinschaft aber spielt in Hentigs Pädagogik eine wegweisende Rolle.

Hentig war in Lüdersburg schon auf der Himmelfahrtstagung des Jahres 2000 zu Gast gewesen. Er hielt am Samstag, dem 3. Juni, einen Vortrag zum

---

74 http://www.loccum.de/programm/archiv/p0413.html
75 Flyer zur Herbsttagung „Hinterm Tellerrand geht's weiter!" http://www.tyrker.de/akademie/Einl2003.pdf

Thema „Ermutigende Erfahrungen und klare Gedanken". Nachfragen und Gesprächskreise wurden moderiert von Philipp Stemmer, der bis heute im Vorstand des Bundes der Pfadfinderinnen und Pfadfinder (BdP) tätig ist.[76] Neben Hentig sprach auch Marianne Birthler, die wenige Monate später Bundesbeauftragte für die Unterlagen des Staatssicherheitsdienstes der DDR werden sollte. Am Abend vor seinem Vortrag brachte Hentig laut Programm „Gedichte zu Gehör und zur Sprache" (Bündische Akademie 2000, S. 8).

Beide, Gerold Becker und Hartmut von Hentig, wurden von der Bündischen Akademie Lüdersburg auch als wissenschaftliche Berater angegeben, ohne ihre Funktion und Leistung näher zu benennen. Im Frühjahr 2001 wird Gerold Becker als „Theologe und Psychologe ... aus Darmstadt" bezeichnet und Hentig als „Philosoph und Buchautor ... aus Bielefeld" (Freundschaft 2001, S. 2). Becker für die Akademie zu gewinnen, stellte offenbar kein Problem dar, gefragt war „eine kritische Lebenshaltung auf christlicher Basis" (ebd.). Niemand kam auf die Idee, Becker im Blick darauf zu überprüfen.

Für die Himmelfahrtstagung 2000 schrieb der Jurist und frühere Studienleiter an der Evangelischen Akademie Hofgeismar, Konrad von Bonin, das Geleitwort. Es heisst hier: „In den wenigen Jahren seit ihrer Gründung 1996" habe sich die Akademie „einen Namen" gemacht. Sie sei einer der wenigen Orte geworden, an dem sich heute noch Jugendbewegung und Reformpädagogik begegnen (ebd., S. 3). Gerold Becker und Hartmut von Hentig zählten wie selbstverständlich dazu. Bonin war im Leitungskollegium des Deutschen Evangelischen Kirchentages in Fulda tätig gewesen, daher kannte er Gerold Becker.

Den Zusammenhang von Jugendbewegung und Reformpädagogik begründete Bonin so, dass natürlich auch der eingeladene Hartmut von Hentig zustimmen konnte:

> „Beide kommen aus ähnlichen Quellen vom Beginn dieses Jahrhunderts. Sie wissen, dass Demokratie die Staats- und Lebensform ist, die Menschenwürde am besten wahrt – trotz all ihrer Schwächen. Und sie wollen mündige Menschen, die die Demokratie am Leben halten und sie immer wieder erneuern" (ebd.).

Hentigs (2001) Vortrag drehte sich um die Frage, wie die lebendige Demokratie „bewahrt" werden könne und was dabei der Auftrag der Erziehung sei. Vorausgesetzt wird ein schwarzes Bild der Gegenwart: Lebendige Institutio-

---

76 Philipp Stemmer studierte damals Sozialpädagogik an der Pädagogischen Hochschule Freiburg/Br. Er war seit 1999 Mitglied im Arbeitsausschuss der Bündischen Akademie (Bündische Akademie 2000, S. 17).

nen der Demokratie werden durch abstrakte gesellschaftliche Systeme „überwuchert und unterlaufen" (ebd., S. 36), die Demokratie habe sich gemäss der „majority-rule" vom Gemeinwesen entfremdet (ebd., S. 40) und die Schule, so wie sie ist, könne die „Bemühung der Demokraten" nicht unterstützen (ebd.), wohl aber können gemeinschaftliche Vereinigungen wie die „Bünde" sich diesem Entfremdungsprozess widersetzen (ebd., S. 41).

Entfremdung heisst auch, dass die „Ruhe der alten Zeit" verloren gegangen ist und wir es den heutigen Kindern schuldig sind, ihnen von dieser Ruhe „etwas ... wiederzugeben". Die Schule aber erkennt oft nicht, „dass dies ihre Aufgabe ist" (ebd., S. 49). In den herkömmlichen Schulen sind die Kinder „eine miteinander kämpfende Lernhorde oder ein wohl abgerichtetes Lernregiment. Diese Übertreibungen kommen mir in den Sinn, wenn ich, wie in diesen Tagen in Lüderburg sehe, wie anders es sein könnte".

> „Hier wird nicht nur gemeinsam gesungen und vorgelesen, hier wird die Mahlzeit gemeinsam vorbereitet, wird hinterher aufgeräumt, geht man gemeinsam den gemeinsam ausgedachten Tätigkeiten nach. Das stärkt" (ebd., S. 48).

Die „bündische Idylle Lüdersburg" ist aber nicht nur eine Erfahrung der Gemeinschaft, sie muss auch eine „Akademie" sein, „ein Ort, an dem man die mitgebrachte Erfahrung von der Welt klärt, wo man darüber nachdenkt, was wofür taugt, – wie wir dies im Augenblick tun" (ebd.).

Am Ende des Vortrages wird dann gesagt: „Wir müssen uns in Denk- und Tatgemeinschaften zusammenschliessen und einander gegenseitig Mut machen." Das sei die „kleine praktische Botschaft", die der „grossen unpraktischen Ohnmacht" entgegengesetzt werden könne (ebd., S. 51). Das Musterbeispiel für diese bündische „Denk- und Tatgemeinschaft" war immer die Odenwaldschule, die vor der Gesellschaft schützen und in der sich die „kleine Polis" (ebd., S. 41) verwirklichen sollte. Aber darauf konnte sich Hentig zu diesem Zeitpunkt nicht mehr so ohne weiteres beziehen, die Vorwürfe gegen seinen Freund Becker waren ein halbes Jahr alt.

Gerold Becker hatte immer gute Kontakte zu Stiftungen. Einige dieser Kontakte blieben nach seiner Entlarvung erhalten. Im Jahre 2005 genehmigte die Erhard-Friedrich-Stiftung das von Becker beantragte Projekt „Hardenberger Manifest" anlässlich des 80. Geburtstages von Hartmut am 23. September 2005, der in Berlin gefeiert wurde. Bis zum Frühjahr 2009 war Gerold Becker auch Mitglied im Vorstand der Berliner Shaul B. und Hilde Robinsohn-Stiftung, sein Amt musste er, wie es in einer Mitteilung heisst, „aus gesundheitlichen Gründen" aufgeben, nicht etwa, weil er untragbar gewesen wäre. Erst ein Jahr später sollte das anders sein.

Der Vorstand dankte dem scheidenden Mitglied „für seine langjährige, von grossem Sachverstand geprägte Mitwirkung".[77] Dem schloss sich die Internationale Akademie für innovative Pädagogik, Psychologie und Ökonomie mit einem Brief vom 15. Mai 2009 an, in dem auch das besondere „Engagement" Beckers hervorgehoben wurde.[78] Unterschrieben hat den Brief Jürgen Zimmer, der Präsident der Internationalen Akademie, zu der auch die Robinsohn-Stiftung gehört.[79]

Welchen Zugang Becker zuvor immer noch hatte, zeigt auch eine andere Begebenheit. Am 22. Januar 2004 sprach der damalige deutsche Bundespräsident Johannes Rau in der Herzog-August Bibliothek zu Wolfenbüttel zum Thema Religionsfreiheit. Anlass der Rede war der 275. Geburtstag von Gotthold Ephraim Lessing, der mit einem Festakt gefeiert wurde. Rau war der Hauptredner und wollte ein Zeichen für Toleranz setzen, ohne die öffentliche Präsenz von Religion in Frage zu stellen. Dabei berührte er mit dem Streit um das Kopftuch von Muslimas auch ein pädagogisches Thema, auf das reagiert wurde.

Der Vortrag mit dem Titel „Religionsfreiheit heute – zum Verhältnis von Staat und Religion in Deutschland" war Anlass für ein Gespräch, das die Herausgeber der Neuen Sammlung, darunter auch Gerold Becker, am 18. Juni 2004 in den Räumen des Erhard Friedrich Verlages mit dem noch amtierenden Bundespräsidenten geführt haben. Raus Vortrag wurde in einer gekürzten Version zusammen mit sechs Stellungnahmen der Herausgeber im dritten Heft des Jahrgangs 2004 der Neuen Sammlung zum Abdruck gebracht.

Gerold Becker (2004) durfte also, keine fünf Jahre nach seiner Entlarvung, als Autor neben dem deutschen Bundespräsidenten erscheinen, woran niemand Anstoss genommen hat. Der Bundespräsident hat sich in seinen Reden öfters auf Hartmut von Hentig berufen, er war für Johannes Rau seit seiner Zeit als nordrhein-westfälischer Wissenschaftsminister eine unbefragte Autorität in Sachen Erziehung und Schule. Das erklärt den leichten Zugang selbst zu höchsten Stellen, für Hentig öffneten sich damals noch alle Türen und auch auf diese Weise konnte er seinen Freund schützen.

Niemand fiel auf, dass Gerold Becker seit den Ereignissen Ende 1999 einfach weitergemacht hat und nicht etwa Schritt für Schritt das alte Terrain zurückerobern musste – er war nie draussen. Auch das Bundespräsidialamt oder die Redenschreiber von Johannes Rau hatten offenbar keine Bedenken, die hätten sich dann auch gegen Hentig richten müssen und das war ausgeschlossen. Becker hielt sich auch nicht etwa selbst zurück, er publizierte breit

---

77 http://www.ewi-psy.fu-berlin.de/v/ina/downloads/newsletter0905.pdf?1294334106
78 http://www.ewi-psy.fu-berlin.de/v/ina/news/Wechsel_im_Vorstand-PDF.pdf?1286356587
79 Die Akademie trägt sich selbst und ist der Freien Universität Berlin assoziiert.

und war als Referent gefragt, es wäre eher aufgefallen, wenn er sich beschränkt oder ganz zurückgezogen hätte.

Ein ähnlicher Anlass hatte bereits am 28. Januar 2003 stattgefunden. Die Herausgeber der Neuen Sammlung trafen sich im Berliner Max-Planck-Institut für Bildungsforschung mit dem Direktor Jürgen Baumert und nahmen sich vier Stunden Zeit, um die Folgen von PISA 2001 sowie die Idee der „Outputsteuerung" zu diskutieren. Wieder gab es Stellungnahmen von sechs Herausgebern, darunter auch eine von Gerold Becker (2003). Baumert selbst äusserte sich in der Neuen Sammlung nicht, aus Gründen der Arbeitsüberlastung, wie vermerkt wurde. Becker und Hentig konnten sich auf diesem Wege für die linke Pädagogik als Hauptopponenten der „Outputsteuerung" und Gegner des Zeitgeistes stilisieren.

Dagegen hatte Hentig schon Ende 2002 im langen Vorwort zur erweiterten Neuausgabe von *Die Schule neu denken* Front gemacht (Hentig 2003, S. V1-V48). Kritisiert wird das rein „funktionale Verständnis von Bildung", das hinter der PISA-Studie stehe und den Blick dramatisch verenge (ebd., S. V21). Die Schule „neu zu denken" und entsprechend zu gestalten, sei auf diesem Wege nicht zu erwarten (ebd., S. V25). Nur ein solcher Anspruch aber, der alten Schule ideell voraus zu sein, kann dem Kritiker der Schule die Avantgardeposition sichern. Die Zukunft der Schule hängt dann von seinem Denken ab, nicht von profanen Daten oder einfach von der Geschichte der Schule.

Diesen Gestus der intellektuellen Überlegenheit hat auch Becker immer verbreitet. Er konnte davon ausgehen, dass er in der deutschen Schullandschaft wohlgelitten war und seine Thesen eine erstaunliche Verbreitung gefunden haben. Insofern konnte er sich überlegen fühlen. Daran änderte sich nach 1999 nichts. Becker blieb der Moralist der „neuen Erziehung" und spielte diese Rolle bei jeder sich bietenden Gelegenheit. Er war nach wie vor gefragt und Reflexionsanlässe gab es genug, die Becker mit der gewohnten Chuzpe auch gut bedienen konnte.

Im ersten Heft des Jahrgangs 2003 der Neuen Sammlung konnte Gerold Becker Kennzeichen einer „guten Schule" für „die Fünf- bis Zwölfjährigen" vorstellen. Er hatte Freunden und Bekannten den Besuch des Films *Etre et Avoir* empfohlen und ist daraufhin, wie er schreibt, von Reinhard Kahl gebeten worden, die pädagogischen „Prinzipien" aufzuschreiben, für die dieser Dokumentarfilm über eine einklassige Dorfschule in der Auvergne stehen soll (Becker 2003b, S. 114). Der Film von Nicolas Philibert hatte in Frankreich am 28. August 2002 Premiere, er ist mehrfach ausgezeichnet worden – als Film und nicht primär für seine pädagogischen Botschaften.

Genannt werden von Becker fünf Prinzipien, nämlich

- „verlässliche und belastbare Beziehungen",
- das Wichtignehmen jedes einzelnen Schülers,
- „gut geplanter Unterricht",
- Freiheit bei „verlässlichen Gewohnheiten"
- und die Schule als ein „besonderer Ort"
(ebd., S. 114–117).

Warum solche Prinzipien – von Grenzen ist keine Rede – diesen Film verlangen, wird nicht gesagt. Dagegen wird die einklassige Dorfschule, die in Deutschland von linker Seite Jahrzehnte lang erbittert bekämpft und dann erfolgreich abgeschafft wurde, als Indiz genommen, wie entfremdet das staatliche Schulwesen ist, dem die menschlichen Beziehungen fehlen, die der Film so eindrücklich darstellt.

Etre et Avoir widerspricht aber fast allem, was der Alternativpädagogik teuer ist, ausgenommen die Idylle der kleinen Schule, die für soziale Nähe steht. Doch man sieht in dem Film weder offenen Unterricht noch selbstbestimmtes Lernen, der sehr empathische und souveräne Lehrer ist die fraglose Autorität und er trägt die Verantwortung, ein demokratisches Aushandeln der Regeln ist nicht zu sehen und unterrichtet wird das Programm der normalen französischen Vorschule und Eingangsstufe der Primarschule. Man sieht gut gemachten Anfangsunterricht, Lesen, Schreiben und Rechnen, die freundliche und genaue Kontrolle der Lernschritte durch den Lehrer, Einzelhilfe, wo sie nötig ist, und viel Spass beim gemeinsamen Kochen oder im Winter beim Schlittenfahren.

Eine alternative Pädagogik ist dafür weder angesagt noch nötig. Die Frage der Übertragbarkeit des Beispiels stellt Becker nicht und das besondere Milieu des Unterrichts in einem freistehenden Schulhaus auf dem Land oder die Herkunft der Kinder spielen auch keine Rolle. Die Altersdurchmischung erklärt sich aus der geringen Zahl der Schülerinnen und Schüler, an dem entlegenen Ort in der französischen Provinz kann gar nicht anders unterrichtet werden und angesichts der weiten Schulwege ist auch der Ganztagsbetrieb naheliegend.

Und der Film hatte noch eine ganz andere Seite. Georges Lopez, der Lehrer, und verschiedene Eltern haben gegen den Film geklagt, weil sie sich missbraucht fühlten und in ihren Rechten beeinträchtigt sahen. Zudem seien sie an den Einnahmen von zwei Millionen Euro nicht beteiligt worden. Lopez machte auch geltend, dass er der Hauptdarsteller des Films sei, ohne entsprechend gewürdigt zu werden. Die Klagen sind in allen Instanzen abgewiesen worden, das Schlussurteil erging am 23. März 2010. Am 27. September 2004 wurden die Ansprüche von Lopez durch das Pariser Tribunal de Grande Instance in erster Instanz zurückgewiesen.

Lopez war noch im Mai 2002 bei der Präsentation des Films während des Festivals in Cannes voll des Lobes und hat danach dann geklagt, unter anderem mit dem Argument, dass seine Lehrmethoden sein geistiges Eigentum seien, er sei aber nicht dafür bezahlt worden, dass man sie jetzt überall sehen und nachahmen könne. Ausserdem seien verschiedene seiner Schüler durch den Erfolg des Films traumatisiert worden. Lopez verlangte vor Gericht 250.000 Euro und hat die Klage durch alle Instanzen gezogen. Die Herstellungsfirma bot ihm 37.000 Euro als Entschädigung an, die er jedoch zurückwies. Er unterstützte die Klagen von neun seiner elf Schüler, ihrerseits entschädigt zu werden (The Observer, Sunday 3 October 2004).

Becker war ein Experte, dem die Erfahrung des Schulmeisters aus *Etre et avoir* gerade abging. Als er Schulleiter war, entsprach auch der Unterricht an der Odenwaldschule oft nicht, wenngleich aus völlig anderen Gründen, den Idealen der „neuen Erziehung", für die die Schule doch das Musterbeispiel sein sollte. Beim realen Unterricht galt häufig das Motto „Der Weg ist das Ziel". Unterrichtet wurde in Form von Kursen, die als die grosse historische Errungenschaft der Odenwaldschule galten. Aber wie der Unterricht gestaltet wurde und welches die Ergebnisse waren, kontrollierte in der Ära Becker niemand, nie hospitierte der Schulleiter und es gab über die Ziele oder Qualität des Unterrichts auch keinen kollegialen Austausch.

Salman Ansari berichtet,[80] dass es für ihn zu Beginn seiner Tätigkeit an der Odenwaldschule keine „Job-Einführung" gegeben habe. In 32 Jahren Berufserfahrung hat er keinen einzigen Unterrichtsbesuch erlebt, weder von der Schulleitung noch von der Schulaufsicht oder von einem Kollegen. Der Unterricht und seine Qualität also waren komplett Privatsache. Für Salman Ansari war es eine „Offenbarung", dass staatliche Schulen „besser sein konnten" als die eigene Schule. Bis zu diesem Erlebnis war er von der Annahme ausgegangen, dass sie die auserwählte Schule seien, der keine andere auch nur annähernd gleichkommen würde. Das waren die Selbstsicht und so die Meinung im Kollegium, auch alle Zuschreibungen von aussen gingen in diese Richtung.

Die Lehrerinnen und Lehrer waren davon überzeugt, so erinnert sich ein Altschüler,[81] dass ihre Schule etwas ganz Besonderes sei. Ein „Inselbewusstsein da oben" sei weit verbreitet gewesen. Das Bewusstsein war elitär, man war nicht nur anders, sondern glaubte, in allen Belangen auch besser zu sein als die Anderen und pflegte einen eigenen pädagogischen Jargon. Die Schüler

---

80 Gespräch mit Salman Ansari am 2. August 2012.
81 Quelle: Gespräch mit mir.

dagegen mussten nach ihrer Schulzeit mit einer fremden Wirklichkeit umgehen, hatten in der Folge nicht selten Kontaktschwierigkeiten und blieben oft lieber untereinander. Wer als Schüler länger an der Schule war, wurde gleichsam zu ihrem Eigentum. Wer erst in die Oberstufe kam, war besser dran. Die anderen „waren halt die OSO-Kinder".

Michael Voormann[82] war Mitte der siebziger Jahre Lehrer an der Odenwaldschule. Über eine eigentliche pädagogische Ausbildung verfügte auch er nicht, er hatte lange Architektur studiert, das Studium blieb ohne Abschluss und er war danach mehrere Jahre lang Mitarbeiter eines bedeutenden Designers und insofern qualifiziert. Er geht heute davon aus, dass Gerold Becker als Schulleiter bewusst Personen eingestellt hat, die über keine pädagogische und psychologische Ausbildung verfügten.[83]

Michael Voormann wurde angestellt für das Wahlfach Kunst der Oberstufe. Als er mit seiner Tätigkeit anfing, hatte der Kurs vierzehn Teilnehmerinnen und Teilnehmer. Er wurde dringend benötigt, weil es für die Schüler keinen Lehrer gab. Sein Freund Salman Ansari, den er aus einem Studentenwohnheim kannte, hatte ihn an die Schule vermittelt. In seiner Stellung als Designer war er weiterhin tätig und war so nicht wie andere Lehrer von der Schule abhängig.

Nach einem kurzen Vorstellungsgespräch bei Schulleiter Gerold Becker wurde er Leiter der bestehenden Kunstwahlgruppe. Er wurde sofort und ebenfalls ohne Anleitung angestellt, ohne weitere Aufgaben zu übernehmen. Ein fachliches Curriculum bestand nicht, für seinen Unterricht hat Michael Voormann einfach ein eigenes Curriculum entwickelt, das er autonom umgesetzt hat. Auf das Kurssystem war die Schule stolz, aber die Schüler mussten Glück haben, auf einen fähigen Lehrer zu treffen. Der Schulleiter besetzte nur die Stellen, die Qualität des Unterrichts war nicht seine Sache.

Aus der Sicht einer Schülerin[84] lief ein Kurs wie folgt ab: Am Anfang wurden grosse Erwartungen aufgebaut, die am Ende meist nicht eingelöst wurden. Es entstand bei Kursende oft ein Gefühl der Leere, „ein Larifari". „Wir hatten den Eindruck, dass das anfängliche Engagement der Lehrerinnen und Lehrer halbherzig sei oder schlecht durchdacht." Der Kurs hörte dann einfach auf, ohne dass nach einem Ertrag gefragt wurde, insbesondere fehlte eine Rückmeldung an die Schülerinnen und Schüler. Spannung im Blick auf Unterricht bestand nur am Anfang, der Verlauf, etwa in Biologie – Pflanzen sammeln, Pflanzen bestimmen und was dann? –, war oft enttäuschend und

---

82 Gespräch mit Michael Voormann am 5. November 2012.
83 Mail von Michael Voormann vom 10. September 2015.
84 Gespräch mit Elfe Brandenburger vom 30. Juli 2012 und Mail vom 3. Oktober 2012.

das letztendliche Ergebnis mager. Trotzdem gab es vielfach sehr gute und kaum schlechte Noten.

Sehr viel an praktischer Kompetenz konnte man also nicht erwarten, wenn man zu einem Vortrag von Gerold Becker ging. Gleichwohl erhielt er ständig neue Einladungen, auch weil nach einem realen Nutzen gar nicht gefragt wurde. Beckers Name, die reformpädagogische Rhetorik und die gut einstudierte Pose des Praktikers genügten. Becker muss im Jahr viele Dutzend Vorträge gehalten haben, die sich um einige wenige Themen gruppierten und selten neue Einsichten boten. Die Nachfrage war dennoch gegeben und liess offenbar erst mit der Verschlimmerung seiner Krankheit nach. Bis dahin war er ein pädagogischer Experte mit zahllosen Auftritten.

Am 11. November 2005 war Gerold Becker etwa in Hamburg Gast beim 15. Winterhuder Gespräch, das von der Gesamtschule Winterhude veranstaltet wurde. Er referierte am Abend in der Pausenhalle der Schule zum Thema „Kennzeichen einer guten Schule" (75 Jahre Gesamtschule Winterhude 2005, S. 6). Dieser Vortrag ist häufig zitiert worden und schien wegweisend zu sein. Vierzehn Tage später sprach Annemarie von der Groeben an gleicher Stelle über: „Das Weltwissen der 13jährigen" (ebd.). Hier zeigte sich nochmals, wie das Netzwerk der Gesamtschulszene funktioniert hat, man blieb unter sich und teilte sich die Aufgaben.

Gerold Becker hat sich oft auf Hartmut von Hentig bezogen, an einer Stelle aber auch Hentig auf Becker und dies nach seiner Entlarvung. In dem grossen Interview mit Reinhard Kahl in der Sammlung *Treibhäuser der Zukunft* verweist Hentig auf Gerold Beckers „letzten Aufsatz", der 2003 erschienen war und als Autorität für die künftige Entwicklung der Ganztagsschulen in Deutschland hingestellt wird. Becker (2003a) thematisiert dort „Lernen in Zusammenhängen", Hentig greift das Stichwort auf und stellt Becker als Experten für Unterricht besonders heraus, auch das diente der Wiedereingliederung des Freundes (*Treibhäuser 2005*, DVD 2, Minute 22, 24ff.).

Beide haben allerdings nur einmal zusammen veröffentlicht, nämlich den Aufruf „Die Verantwortung der Christen für die Kinder und ihre Zukunft" auf dem Kirchentag im Juni 1987 in Frankfurt (Becker/Hentig/Zimmer 1987). Anlass der Frankfurter Erklärung war die Nuklearkatastrophe von Tschernobyl ein Jahr zuvor, die als Zeitenwende für die Erziehung wahrgenommen wurde. Das Forum „Kinder und Erziehung" fand am 19.6.1987 statt, Hartmut von Hentig leistete vorab die morgendliche Bibelarbeit, danach diskutierte er mit Jürgen Zimmer, Hellmut Becker oder Anne Frommann zum Thema der Erklärung.[85] Gerold Beckers Name ist nicht im Pro-

---

85 http://medienarchiv-bielefeld.de/app/download/5799212930/Archiv_DEKT_1987_neu.pdf /

grammheft verzeichnet, aber er war vermutlich anwesend. Der Text der Erklärung erschien im vierten Heft des Jahres 1987 der Neuen Sammlung.[86]

Die Zeitschrift widmete eine ihrer letzten Ausgaben „Hartmut von Hentig zum 80. Geburtstag 23. September 2005" (Neue Sammlung 2005, S. 315–451). Gerold Becker veröffentlichte hier seinen Beitrag über den Berliner Kurfürstendamm, im Blick auf den sich Hentig (2009, S. 1044) grossartig beschenkt und geehrt fühlte. „Fast ein Jahr lang hat er daran gearbeitet, *pour le partager avec moi.*" Die Feier zum Geburtstag in der Berliner Akademie der Künste, die Becker für ihn ausgerichtet habe, sei das „schönste Fest" seines Lebens gewesen (ebd.). Anders gesagt: Becker war unverzichtbar, nicht nur für Hartmut von Hentig, sondern für das gesamte Netzwerk.

Die Geburtstagsfeier fand am 24. September 2005 statt, einen Tag nach dem Geburtstag. Es war ganz selbstverständlich, dass Gerold Becker die Referenten einlud, so Ernst Ulrich von Weizsäcker, Hentigs Freund aus gemeinsamen Göttinger Tagen.[87] Berührungsängste scheint es nicht gegeben zu haben. Becker bewegte sich im Kreis der Prominenten um Hentig, als wäre nichts geschehen und als könnte ihm niemand etwas anhaben. Es deutet auch nichts darauf hin, dass er sich hätte bedroht fühlen müssen und so konnte er sicher auftreten.

2006 interviewte Gerold Becker den Münchner Neurophysiologen Wolf Singer für das Heft „Schüler 2006" des Erhard Friedrich Verlages, das dem Thema gewidmet war: „Wie sich Kinder und Jugendliche Wissen und Fähigkeiten aneignen." Becker stellte Singer Fragen wie: „Was geschieht im Gehirn, wenn wir lernen?" (Schüler 2006, S. 22–25) Warum ausgerechnet Becker dieses Interview geführt hat, lässt sich dem Heft nicht entnehmen. Aber es zeigt wiederum, dass er einfach weitermachte und dies nicht ehrenamtlich. Singer wusste sicher nicht, mit wem er es zu tun hatte. Becker auf der anderen Seite agierte ohne öffentlichen Makel.

Am 6. Juli 2007 war Gerold Becker Gast im Netzwerk Bildung der Friedrich-Ebert-Stiftung. Die Tagung galt dem Thema „Der Bildungsbegriff im Wandel". Es sollte gehen um die „Verführung zum Lernen" statt den „Zwang zum Büffeln". Becker hielt selbst keinen Vortrag, beteiligte sich aber an der Diskussion. Wie gewohnt trat er an der Seite von Hartmut von Hentig auf. Auf einem ganz seltenen Foto sieht man die beiden Pädagogen zusammen im Berliner Hörsaal der Stiftung. Sie sitzen nebeneinander und hören in Anwesenheit vieler Vertreter der deutschen Bildungsprominenz einem der Konferenzbeiträge zu (Wernstedt/John-Ohnesorg 2008, Insert zw. S. 64/65).

---

86 Siehe auch Kirchentag (1987).
87 http://ernst.weizsäcker.de/die-demokratie-wird-neuerdings-vom-markt-erwuergt-nicht-mehr-gestaerkt/

Hentig hatte zu Beginn der Tagung unter der Leitung von Rolf Wernstedt mit Jürgen Baumert erneut über den Bildungsbegriff diskutiert (ebd., S. 13-21). Becker äusserte sich in der Diskussion eines anderen Vortrages zur Frage, ob sich die Bedingungen der Erziehung und das Verhältnis der Generationen insgesamt verschlechtert hätten. Im Protokoll wird er vorgestellt als „langjähriger pädagogischer Berater der Helene-Lange-Schule in Wiesbaden" (ebd., S. 74). Dass er dort Hausverbot hatte, wird nicht erwähnt und war wohl auch nicht bekannt.

Er kommt auf seine Jugendzeit zurück, was in seinen späteren Äusserungen nur an dieser Stelle nachweisbar ist. In seinem Wortbeitrag erinnert Gerold Becker an die „Verhältnisse der 50er Jahre" und an die „Skandalisierung von Jugendgangs und Gewalt". Im Vergleich zu diesen Zeiten seien „die Umgangsformen zwischen den Erwachsenen und Jugendlichen heute viel freundlicher, entspannter und menschenwürdiger" (ebd.). Was er in Verden tatsächlich erlebt hat, wird nicht gesagt und auch der Ort wird nicht genannt. Aber er kann nahelegen, dass seine Generation diesen Wandel bewirkt hat.

Enja Riegel lobte Gerold Becker noch anlässlich der ersten Tagung des Vereins „Netzwerk Archiv der Zukunft", die Reinhard Kahl im September 2007 in Hamburg organisiert hatte. Auch Salman Ansari war anwesend, der einen Vortrag übernommen hatte. Frau Riegel nahm zusammen mit Hartmut von Hentig an einem Podium teil und schwärmte gemäss Ansari von ihrem „wunderbaren" Freund Gerold Becker. Erst drei Jahre später sollte sie von ihm abrücken. Reinhard Kahl, sagt Salman Ansari, habe seine Warnungen vor Becker nicht beachtet. Er hielt noch fest zu seinen Idolen wie Hentig und Riegel, was sich auch bei ihm drei Jahre später ändern sollte.

Salman Ansari berichtet von heftigen Auseinandersetzungen in dem engeren Zirkel der neuen deutschen Refompädagogik, der sich in dem „Netzwerk: Archiv der Zukunft" zusammengeschlossen hatte. Ansari war eines der Gründungsmitglieder des Netzwerks, doch er ist aus dem Verein ausgetreten, nachdem bekannt wurde, dass Hartmut von Hentig die Ehrenmitgliedschaft des Netzwerks erhalten sollte, ohne dabei den Fall von Gerold Becker anzusprechen. Mit diesem Schritt nahm er in Kauf, dass er grosse Konflikte mit Reinhard Kahl durchstehen musste.[88]

Am 1. Oktober 2007 hatte Reinhard Kahls Dokumentarfilm „Kinder" im Berliner CinemaxX am Potsdamer Platz Premiere. Die Herstellung des Films ist von der Stiftung der Deutschen Telekom finanziell unterstützt worden. Persönliche Grussworte vor der Filmpremiere sprachen René Obermann, der Vorstandsvorsitzende der Deutschen Telekom AG, sowie die damalige Bun-

---

88 Gespräch mit Salman Ansari am 2. August 2012.

desministerin Annette Schavan. Anwesend war auch Jürgen Zöllner, seinerzeit der Präsident der Deutschen Kultusministerkonferenz. Zugang hatten nur geladene Gäste, zu denen wohl auch Gerold Becker und Hartmut von Hentig gehört haben. Sie waren zu der Zeit noch fester Bestand der pädagogischen Szene in Berlin.

Am 10. Dezember 2007 waren beide Gast der Robert-Bosch-Stiftung. Sie waren eingeladen, wiederum in Berlin an der zweiten Verleihung des Deutschen Schulpreises teilzunehmen. Eine der Preisträgerschulen war die Helene-Lange-Schule in Wiesbaden, die Becker, wie gezeigt, beraten hatte und über deren Geschichte mit Hajo Weber öffentlich noch nichts bekannt war. Mitglied der Jury des Deutschen Schulpreises war zu diesem Zeitpunkt die ehemalige Schulleiterin Enja Riegel. Auch sie war seinerzeit in Berlin anwesend und hat an der Feier teilgenommen, ohne sich von Becker irgendwie zu distanzieren. Er gehörte als Freund einfach dazu.

Wer wie ich als Mitglied der Schulpreisjury an dem Anlass im ARD-Hauptstadtstudio teilgenommen hat, sah ein altes Paar und einen bereits sehr krank aussehenden Gerold Becker. Er wollte sich wohl die Ehrung seiner alten Schule nicht entgehen lassen, aber das war nur möglich, weil von den Hintergründen nichts bekannt war. Becker galt immer noch als erfolgreicher Schulberater, der durch den Preis für seine Schule gleichsam mitgeehrt wurde. Für ihn muss die Preisverleihung auch so etwas wie eine symbolische Korrektur seiner fristlosen Entlassung gewesen sein.

Auch seine eigene Vergangenheit hat Gerold Becker nicht einfach auf sich beruhen lassen. Er nahm wohl 2008 oder früher, vielleicht zum Jubiläum 2005, also dem goldenen Abitur seines Jahrgangs, an einem Klassentreffen in seiner alten Schule teil und konnte das Domgymnasium in Verden wiedersehen. Becker schien völlig verändert zu sein, wirkte arrogant und unnahbar, zudem gefiel er sich in massloser Kritik und war in keiner Hinsicht „der Gerold", den man als Mitschüler und Freund im Gedächtnis hatte.[89]

Vielleicht wollte er mit seiner Schulzeit abrechnen wie seinerzeit mit seinem Bruder und dann muss noch fünfzig Jahre nach dem Abitur der Stachel der Kränkung tief gesessen haben. Zugleich war es ein Abschiedsbesuch, denn er wusste von seiner fortschreitenden Krankheit und würde Verden nie wiedersehen, Becker hinterliess also eine Art aggressives Testament, mit dem damals niemand etwas anfangen konnte. Auch diese Spur sollte sich erst im Nachhinein erschliessen.

Zu dieser Zeit war der Nimbus der Reformpädagogik noch intakt. Am 11. April 2008 strahlte der bundesweite Sender Deutschlandradio ein Feature der Autorin Elke Suhr vom NDR-Hörfunk aus, das den Titel trug: „Werde,

---

89 Den Hinweis verdanke ich Recherchen von Volkrat Stampa.

der Du bist – die Odenwaldschule".[90] Von Gerold Beckers Entlarvung knapp acht Jahre zuvor ist in der Sendung mit keinem Wort die Rede, sie scheint nicht stattgefunden zu haben. Dafür wird ungebrochen die Geschichte des „Zauberberges" erzählt, die den Gründer Paul Geheeb in den Mittelpunkt rückt, Edith Geheeb als tatkräftig sorgende Ehefrau hinstellt und ohne jede Distanz direkt von Geheebs Idee der fichteschen Landerziehungsheime auf die Wirklichkeit schliesst, die mit zustimmenden Interviews eingefangen werden soll.

Sexualität war in dem Feature ein Thema, aber wesentlich nur im Sinne des liberalen Miteinanders. Konflikte der Vergangenheit werden angedeutet, etwa die Geschichte von Klaus Mann und Paul Geheeb. Die Gegenwart sieht aber ganz anders aus. Ein schwuler Schüler, der sich im Interview zu erkennen gibt, sagt: Als ich mich in der Schule „geoutet habe, war das nie ein grosses Thema". „Es war okay, es war absolut okay." „Ansonsten, wir haben hier bekennende Homosexuelle, fünf im Moment, eine lesbische Lehrerin, eine Lesbe und drei Schwule. Und ich glaube, denen geht's ganz und gar gut hier allen miteinander." Beckers Entlarvung war vergessen und der „Zauberberg" der freien Pädagogik konnte unbelastet seine Aura entfalten.

Amelie Fried,[91] die zwei Jahre später eine vehemente Kritikerin der Odenwaldschule unter Gerold Becker werden sollte, sagte in der Sendung: „Ich glaub', das, was einen OSO-Schüler am stärksten prägt, das seine Denkweise prägt, das ist dieses: dass jeder Mensch etwas wert ist, und jeder auf seine Weise einen Wert hat, auch einer, der Probleme hat und nicht so toll ist – also das ist einfach die Menschenliebe, die hier gelehrt wird ..., (die) einen sehr stark geprägt (hat)." Es gibt in ihrem Statement auch kritische Töne, etwa dass Kinder von ihren Eltern „abgeschoben" werden oder dass „die OSO in gewisser Hinsicht gesellschaftsfern ist". Wer die Schule verlässt, muss feststellen, „dass die Welt draussen einfach nach anderen Gesichtspunkten funktioniert, als hier drinnen".

Der pädagogische Anspruch, also Paul Geheebs Erbe, wird dadurch aber nicht geschmälert. „Menschenliebe" im Sinne Pestalozzis bleibt ein unbefragter Wert und Geheeb kommt in der Sendung mit einem historischen Tondokument so zu Wort, als gäbe es zwischen seiner Rhetorik und der Praxis keinen Unterschied. Gepflegt wird die Idylle, die das öffentliche Bild der Schule Jahrzehnte lang geprägt hat. Geheeb sagt im Originalton:

---

90 http://www.dradio.de/download/92827
91 Amelie Fried (geb. 1958), Verlegerstochter aus Ulm, machte 1975 Abitur und lebte im Jahr zuvor in der Familie von Karl Büchsenschütz (OSO-Nachrichten 1975, S. 41). Vorher war sie in einem jährlichen Wechsel in verschiedenen Familien untergebracht. Sie hat die Odenwaldschule vom Schuljahr 1969/1970 an besucht und wohnte zuerst bei einer Deutschlehrerin und ein Jahr später in einer Kameradenfamilie.

„Im Landerziehungsheim sollen die Kinder in reiner Luft, unverkümmert und unverbogen, sich zu wahrem Menschentum entwickeln, bewahrt vor den Übeln der Zivilisation, von denen die Welt draussen voll ist. Unsere Kinder bilden den Mikrokosmos einer wirklich organischen, einheitlichen Lebensgemeinschaft."

Das glaubte man unbefangen weiter, was auch dadurch gedeckt wurde, dass die akademische Pädagogik bis hin zu Hartmut von Hentig von einer grossen Traditionslinie ausging und Paul Geheeb als emanzipatorischen Pädagogen feierte. Kritik lag nicht nahe und die glorifizierte Person stand für die Praxis. *Etre et avoir* diente dann einfach als ein weiteres Glied in der Beweiskette.

Am 8. Februar 1999 war im Magazin Focus ein Artikel über die Odenwaldschule erschienen, der alle Stichworte enthielt, die die Legende ausmachen. „Natur und Liberalität" kommen vor, die „Ferienidylle" der Wohnhäuser, ganzheitliche Bildung, „sanfte Autorität", keine Aufsicht und kein Pausengong, selbstbewusste Schüler und „enger Kontakt" in den Familien. Und, als sei es eine Erfolgsmeldung, wird gesagt: „Das Jugendamt vermittelt ein Drittel der Schüler"; so gesehen wäre sie also nicht etwa eine Reichenschule und daher von einem verbreiteten Vorwurf entlastet (Focus Magazin Nr. 6 vom 8. 2.1999).

Diese Legende liess sich auch zehn Jahre nach der Entlarvung von Gerold Becker unbeschadet fortsetzen. Was ihm öffentlich vorgeworfen wurde, scheint nicht stattgefunden zu haben oder war vergessen, jedenfalls kam niemand in den Medien oder in der Erziehungswissenschaft darauf zurück und versuchte, den Fall neu aufzurollen. Becker spielte unbeirrt den progressiven Pädagogen und konnte darauf vertrauen, dass sein Netzwerk keine weiteren Fragen mehr stellte. Warum das möglich war, lässt sich auch mit Blick auf die unterstellte Expertise und so die Nachfrage erklären.

Becker galt als Autorität für viele Themenbereiche der neuen Reformpädagogik, durchgehend etwa die Gesamtschule und immer noch das soziale Lernen, natürlich die Landerziehungsheime und ihre Geschichte, weiter Astrid Lindgren und die „Kindorientierung", die staatliche Schulentwicklung, die Kritik der Schularchitektur sowie nicht zuletzt die Körperpädagogik. 2002 hatte er im Friedrich Verlag das Jahresheft *Schüler 2002: Körper* mit herausgegeben, knapp zwei Jahre nach der Entlarvung und ohne mit dem Thema Mühe zu haben. Das Heft ist immer wieder als gelungene Anleitung für „leibliches Lernen" positiv hervorgehoben worden (Becker/Biermann/Bilstein/Klein/Liebau 2002).

Becker konnte sich 2005 auch kritisch bis ablehnend zum Thema Standards und zentrale Prüfungen äussern, wobei er auf die einschlägige amerikanische Literatur zurückgriff und damit seinen Expertenstatus zu unterstreichen verstand (Becker 2005). Der Ort dieser Publikation war erneut das Jahresheft des Friedrich Verlages. Becker blieb ein anerkannter Autor und eine kritische Stimme, die sich gegen falsche Tendenzen im Bildungswesen bis zuletzt zu Wort melden konnte. Niemand, auch ich nicht, erhob Einwände, mit ihm zusammen zu publizieren.

Beckers letzter veröffentlichter Aufsatz erschien 2009 in dem von ihm erneut mit herausgegebenen 27. Friedrich Jahresheft *Erziehen – Klassen leiten*. Der Aufsatz war überschrieben mit: „Alles unter Kontrolle?" und widmete sich Erfahrungen zur „intensiven Arbeitsatmosphäre" in der Schule (Becker 2009). Erneut kritisiert Becker den Lehrer in „der Rolle des omnipotenten Steuerers" (ebd., S. 32) und hält die Lerngruppe für den „wichtigsten Erzieher" (ebd., S. 33). Hier findet sich auch eine Passage über den Typus des pädagogischen „Charismatikers", als der er selbst ja immer bezeichnet wurde. Das seien, so Becker, „beneidenswerte Ausnahmeerscheinungen" (ebd., S. 32), wobei er offen lässt, ob er sich dazu zählt oder nicht.

Beschrieben worden, etwa in den Interviews von Zeugen nach seinem Tod, ist er oft so, wie er selbst den „Charismatiker" fasst. Lehrerinnen und Lehrer, die dafür gelten, werden von den Schülerinnen und Schülern „geliebt und bewundert" und haben „gleichsam nebenbei" „alles unter Kontrolle". Sie ziehen mit „unkonventionellen Herausforderungen" ihre Klassen „so sehr in den Bann", dass sie „ungeteilter Aufmerksamkeit" sicher sein können, etwa wie John Keating im „Club der toten Dichter" (ebd.). Das Beispiel ist sicher nicht zufällig gewählt, weil die Schlüsselfigur in Peter Weirs Film[92] mit unkonventionellen Methoden genau jene Nähe zu den Schülern herstellt, die Becker immer postuliert hat.

Aber im Film geht der kurze Moment der Poesie letztlich zu Lasten der Schüler, die am Ende nichts von Keatings alternativem Unterricht haben. Die pädagogische Realität folgte nicht der Ästhetik der Dichtkunst, die Keating vertritt, auf der anderen Seite wurden die Schüler von ihm emotional abhängig und verloren ihre normalen schulischen Überlebensstrategien, die in der Reformpädagogik mit ihrem Konzept der „Nähe" tatsächlich nie eine Rolle gespielt haben. Aber wenn der pädagogische Messias geht, bleiben die Schüler zurück, sie sind dann allein, nicht er, der als Lehrer gut immer noch etwas anderes anfangen kann.

Das lässt sich auf Gerold Becker und sein Leben beziehen, das durch Fluchten vorangetrieben wurde und doch nie ins Abseits führte. Jede Flucht liess etwas zurück, das unerkannt und unerledigt bleiben sollte, aber Becker hat dadurch keinen Nachteil erlebt und konnte der pädagogische Messias bleiben. Im Film von Peter Weir gibt es keine Opfer sexueller Gewalt, sondern allein den reinen Eros und den wird Becker auf sich bezogen haben.

---

92 *Dead Poets Society*, directed by Peter Weir (veröffentlicht am 2. Juni 1989).

Wie sich im Falle von Gerold Becker „Nähe" ausgewirkt hat, beschreibt seine Schülerin Elfe Brandenburger. Sie gibt an, dass sie „auf jeden Fall für Gerold eine Art Vaterliebe empfunden habe", aber das sei ein „Buhlen um Akzeptanz und Anerkennung" gewesen, die von ihm „nie wirklich eingelöst" wurde, sondern nur „vorgespiegelt" war, also eine „zutiefst ambivalente" Erfahrung darstellt (Brandenburger 2011, S. 1). Die Schüler wurden auch deswegen emotional abhängig, weil Becker wohl Gefühle weckte, aber ausserstande war, sie auch zu erwidern. Seine „Nähe" war immer nur gespielt, Liebe war das Letzte, was er Kindern geben konnte, aber genau darüber liess er sie im Unklaren.

Sein fachliches Profil wird als sachlich und rational beschrieben, aber intellektuelle Distanz kannte er in seinem beruflichen Leben nicht. Seine Artikel sind Gesinnungswerke und beziehen sich an keiner Stelle auf unabhängige Befunde, schon gar nicht solche, die ihn oder seine Positionen in Frage gestellt hätten. Er konnte sich sogar als oft zitierter Spezialist für die Geschichte der deutschen Landerziehungsheime verstehen, ohne je historisch gearbeitet und auch nur eine einzige neue Quelle präsentiert zu haben. Kritisiert wurde er deswegen nicht, auch weil er immer für die Bestätigung des gewohnten Blicks auf die Reformpädagogik sorgte.

Becker (1998a) hatte keine Mühe, sich als Erbe einer grossen Tradition der alternativen Erziehung zu sehen, er wusste, dass er sich damit unangreifbar machen konnte. Gerade im Blick auf die gloriose Vergangenheit fragte niemand nach, zumal nicht innerhalb seines Netzwerkes. Eigentlich hätten die Legenden der Landerziehungsheime längst Skepsis auslösen müssen, aber das Gegenteil geschah, sie wurden weiterhin für bare Münze genommen. Die Erzählungen der Gründerväter sollten auch noch die Gegenwart erhellen, was nur gelingen konnte, wenn sie von lästigen Realitäten frei gehalten wurden (Vereinigung Deutscher Landerziehungsheime 2005).

Die ganze Zeit über war Becker noch im Vorstand der Hermann-Lietz-Schulen tätig. Zwar hatte er seine Mitgliedschaft nach Bekanntwerden der Missbrauchsfälle ruhen lassen, kehrte aber im Frühjahr 2002 in den Vorstand zurück. Am 15. März 2002 bat das Kollegium des Landerziehungsheims Schloss Bieberstein den Vorstand brieflich, seinen Entscheid für die Rückkehr Beckers zu überdenken, aber der Vorstand ging darauf nicht ein. Der Vorsitzende Jan Rüggeberg antwortete, dass er mit Becker persönlich gesprochen und der ihm erklärt habe, die Vorwürfe seien „unzutreffend und für ihn unerklärlich". Und dann heisst es kategorisch:

„Für den Vorstand gilt das Wort eines bewährten Kollegen mehr als ein reisserischer Artikel in einer Tageszeitung!" (zit. n. Schindler/Geyer 2010).

Beckers Mitgliedschaft im Vorstand der Hermann-Lietz-Schulen endete erst Ende 2009, und zwar „auf eigenen Wunsch" und wegen „seiner schweren Erkrankung", nicht weil es einen Verdacht gegeben hätte. Der war ja mit dem persönlichen Gespräch 1998 oder 1999 ausgeräumt worden. Becker konnte sich danach weiterhin im Vorstand nützlich machen. Die Odenwaldschule hat er zwar nie wieder betreten, doch bei den Hermann-Lietz-Schulen durfte er unbeschadet weitermachen und so in seinem angestammten Milieu verbleiben. Auch das gehörte zum Feld der permanenten Selbstbestätigung, und dafür genügte einfach sein Ehrenwort.

Der Vorstandsvorsitzende bescheinigte ihm noch im März 2010 gute Arbeit und wertvolle Dienste für die Schulen:

> „Sein Rat im Vorstand hatte in der Vergangenheit den Hermann-Lietz-Schulen oftmals dazu verholfen, kritische Situationen zu überwinden und notwendige Veränderungen einzuleiten. Umso fassungsloser müssen wir jetzt diese – fast 40 Jahre zurückliegenden – Ereignisse zur Kenntnis nehmen" (Rüggeberg 2010, S. 1, 2).

Abwiegelnd wird gesagt, dass es sich um „Einzelfälle" handle, „die sich zudem über einen langen Zeitraum vieler Schülergenerationen verteilen", als sei das irgendwie entlastend. Zu diesen „Einzelfällen" werden auch zwei Vorkommnisse aus dem eigenen Bereich gezählt, die zur „unmittelbaren Entlassung der betreffenden Mitarbeiter geführt" hätten, wie besonders hervorgehoben wird (ebd., S. 2).

Damit aber liess man es bewenden. Konsequenzen im Blick auf das Konzept der Landerziehungsheime wurden nicht gezogen und es schien dafür auch keinen Anlass zu geben, weil es sich ja um bedauerliche Einzelfälle gehandelt habe. Sie geben „keinen Anlass, die Prinzipien der Hermann-Lietz-Pädagogik – etwa das Familiensystem – zu diesem Zeitpunkt in Frage zu stellen. Die persönliche achtsame Zuwendung, die gerade diese Form der Internatserziehung ermöglicht, ist die tragfähige und belastbare Basis unserer pädagogischen Arbeit" (ebd., S. 3).

Die kaum glaubliche Geschichte von Beckers Wiederaufstieg hat am Rande wohl auch mit verpassten Chancen zu tun. Eine schildert Gerhard Roese, der Bildhauer. Er schickte am 6. Januar 2003 seinem früheren Lehrer und Familienhaupt Salman Ansari einen längeren Brief, in dem er detailliert das „System Becker" und die kriminellen Vorfälle in der „Familie" des Musiklehrers Held schilderte.[93] Aber davon wollte in der Odenwaldschule niemand ausser Ansari etwas wissen. Sie war an Aufklärung nicht interessiert, zumal

---

93 Quelle: Mail von Gerhard Roese vom 6. Juli 2012.

Gerold Becker – immer noch bekannt als „ehemaliger Leiter der Odenwaldschule" – in ihrem Umfeld nicht mehr auftauchte und die Vergangenheit mit ihm so weit weg zu sein schien.

Roese schreibt in einem späteren Mail drastisch, dass Gerold Becker seine „Pädagogik" vor allem als „Handarbeit" verstanden habe. Andere Lehrer hätten sich ebenfalls von Schülern befriedigen lassen, aber auch unter den Schülern gab es Übergriffe, etwa wenn Schüler anderen die Hoden verdreht und gequetscht hätten. Wer sich dagegen wehrte, musste Repressalien befürchten oder wurde nicht ernst genommen und ausgeschlossen. Gefangen in diesem System, so Roese, habe er sich als Schüler nach der Erfahrung mit Gerold Becker wohlweislich keinem der Lehrer anvertraut.

Es gab auch niemanden, der für solche Fälle zuständig war und auf die Berichte der Schüler unvoreingenommen eingegangen wäre. Wer etwas sagte, lief Gefahr, einfach abgespeist zu werden. „Was hätte das schon gebracht? Ein paar reformpädagogische Worte, das grosse Du-Du-Du und das wars. Passiert wäre absolut nichts."[94] Nach innen war der Weg versperrt, aber ebenso nach aussen. 2003 wäre es kaum möglich gewesen, eine mediale Öffentlichkeit zu organisieren, wie das sieben Jahre später der Fall gewesen ist.

Die Geschichte von Roeses Brief zeigt aber, dass sich die Opfer der Odenwaldschule keineswegs alle zurückgehalten haben und es sehr wohl Vorstösse gegeben hat, die Becker hätten gefährlich werden können, wenn sie jemand aufgegriffen und weiterverfolgt hätte. Aber noch hielt das System Hentig, mit dem Meister als Mittelpunkt. Als Uwe Lau sich brieflich an die Mitherausgeber des Friedrich-Heftes „Schüler 2002" wandte und vor Beckers „weiterer Einflussnahme" warnte, geschah – nichts.[95]

Bis kurz vor seinem Tod durfte sich Becker als pädagogischer Publizist hervortun, ohne sich öffentlich irgendwie erklären zu müssen. Sein Schweigen schien sich auszuzahlen, über die Vorwürfe gegen ihn war offenbar definitiv Gras gewachsen. 2009 konnte er das 27. Friedrich-Jahresheft mit herausgeben, zehn Jahre seit Bekanntwerden der Missbrauchsfälle waren inzwischen verstrichen, an die sich niemand zu erinnern schien. Becker hat in dieser Zeit mit Vorträgen und Artikeln Geld verdient, war als Person wie als Autor unbeschädigt und er hätte sich wieder sehr wohl fühlen können, wäre da nicht seine Krankheit gewesen, die ihn beeinträchtigte und zunehmend zu schaffen machte.

Das hinderte ihn nicht daran, nach Rechtfertigungen zu suchen. Am 16. März 2010 schrieb Becker einer Altschülerin folgende Zeilen: „Lese ich die veröffentlichte Meinung, dann habe ich offensichtlich von 1969 bis 1985

---

94 Mail von Gerhard Roese an Salman Ansari vom 23. März 2010.
95 Brief an Gabriele Klein und Eckart Liebau vom 8. November 2002.

nichts anderes getan, als ständig Kinder/Jugendliche zu verführen" (zit. n. Jens 2011, S. 49). Er benutzte tatsächlich den Ausdruck „verführen", was den Anschein erweckt, es habe auch die Bereitschaft bestanden, sich verführen zu lassen und so mit einem latentem Einverständnis zu tun haben soll. Tatsächlich hat er Kinder vergewaltigt, die sich auch emotional gegen ihn nicht wehren konnten. Hinter dem, was er abwertend die „veröffentlichte Meinung" nennt, standen die Aussagen seiner Opfer, die genau diesen Tatbestand zum Ausdruck brachten. Sie wurden also nochmals verhöhnt.

Wenige Tage später sollte sich Gerold Becker öffentlich erklären. Man muss diese Erklärung im Lichte der Äusserung gegenüber der Altschülerin lesen. Es war nicht, wie die deutschen Medien seinerzeit annahmen, ein „Geständnis", sondern ein letztes Herausreden, das auch zeigt, wie Becker psychisch beschaffen war. Er schuf sich stets die eigenen Evidenzen, liess gefährliche Einsichten nicht an sich herankommen oder konnte sie schnell abwehren. Im März 2010 lebte er mit Hartmut von Hentig in einer Wagenburg der eigenen Geschichte. Wirklich zugeben musste er nichts, auch weil ihn niemand dazu drängen konnte. Die Taten waren verjährt und die eigenen Lügen Teil der Abwehr.

Das von Becker entwickelte System von Gewalt, Macht und Abhängigkeit basierte auf stabilen Glaubenssätzen, auf einer nicht irritierbaren Pädagogik, die tatsächlich wie eine „ideologische Mauer" gebraucht wurde (Brandenburger 2011a, S. 3) und die ihm – in der Pose des „Menschenkenners" (ebd.) – bis zuletzt das Überlegenheitsgefühl sichern konnte, das er brauchte und anders nicht hatte. Niemand konnte ihm dann etwas anhaben und Besuche von Ehemaligen waren am Ende nur der Anlass, sich das eigene Leben schön zu reden. Das hat auch mit der Anlage seiner Pädagogik zu tun, die mit unverrückbaren Dogmen vor der Realität schützt.

Jeder persönliche Bezug fehlt. Auf dem Höhepunkt seiner Laufbahn als Pädagoge und Redner äusserte sich der Theologe Gerold Becker abstrakt über Schuld. In einem Interview Mitte der neunziger Jahren sagte er: Wie „Tod" gehöre auch „Schuld" in die Reihe „grundlegender menschlicher Erfahrungen", beides seien „existentielle Tatbestände", die in der eigenen Vorstellungswelt angenommen und sprachliche Gestalt erhalten müssen. „Ich brauche Geschichten und Bilder, damit ich begreife, es gibt so etwas wie ‚Schuld', die mein Leben verändert und die ich auch nicht los werde, wenn mir gesagt wird: Du musst das nicht so schlimm nehmen" (Braucht die Gesellschaft Jesus-Geschichten 1996, S. 5).

Er selbst fand wohl alles, was er tat, „nicht so schlimm" oder genauer: im Kern richtig und angemessen. Päderasten fühlen sich nicht wirklich schuldig, sondern idealisieren das, was sie Kindern antun. Das erklärt, warum Gerold Becker im November 1999 wohl Angst hatte, dass er auffliegen würde, aber bei seinen Ausflüchten blieb und die Frage der Schuld nie wirklich an sich herankommen liess. Darüber konnte er nur predigen. In seinem Selbstbild blieb er der wohlmeinende Pädagoge, der kein schlechtes Gewissen hatte und sich gegenüber allen Verdächtigungen herausreden konnte. Hinzu kam, dass ihm viele auch einfach glauben wollten.

Das Spiel hielt er durch bis zuletzt. Björn Behrens, der bereits erwähnte Altschüler, besuchte Gerold Becker kurz vor seinem Tod in seiner Wohnung in Berlin. Behrens war im Schuljahr 1982/1983 zusammen mit Andreas Huckele Mitglied in Beckers Familie und hat 1983 Abitur gemacht. Aufgrund dieser Verbindung hatte er keine Mühe, zu dem todkranken Becker vorgelassen zu werden und mit ihm ein letztes Gespräch zu führen. Becker sagte dabei nichts über sich, auch nicht über die Odenwaldschule, und zog dennoch eine Bilanz seines Lebens, ohne jeden Gedanken an seine Opfer, die in seiner Erinnerung gar nicht vorkamen.

Behrens berichtet in dem Dokumenentarfilm *Geschlossene Gesellschaft*, dass er den schwerkranken Becker bettlägrig und stark abgemagert vorgefunden habe. Becker zeigte ihm gegenüber keinerlei Anzeichen von Reue, er verhielt sich so, als gingen ihn seine Taten nichts an, auch wenn er sie öffentlich zugeben musste. Das öffentliche Geständnis kann nur eine lästige Pflicht gewesen sein, die sein Bild von sich nicht berührt hat. Offenbar war Becker am Ende seines Lebens mit sich im Reinen, denn er sagte dem Besucher lächelnd: „Ich habe eine gute Zeit gehabt."[96]

---

96 *Geschlossene Gesellschaft* (Minuten 84,50–87,12).

Kapitel 9
Das Ende

Am Ende seines Lebens war Gerold Becker todkrank, aber nicht allein. Er wurde gepflegt und hat in seiner Wohnung sterben können. Ein Tod, wie manche seiner Opfer ihn erleiden mussten, blieb ihm erspart. Das gilt auch für den Verlauf seines Lebens, alle Brüche waren keine Korrekturen, sondern immer nur Anlässe weiterzumachen. Er konnte erleben, dass aus den vielen Gerüchten nie ein konkreter Verdacht entstand, seine pädokriminelle Lebensform blieb verborgen, weil er überzeugend als Kinderfreund und Reformpädagoge aufgetreten ist.

Als der Verdacht dann ausgesprochen und erhärtet worden war, fand sich niemand, der ihm nachgegangen wäre und öffentlich gegen Gerold Becker Stellung bezogen hätte. Er war 1999 glaubwürdiger als die Opfer, über sie empörte man sich und nicht über den Täter, auch weil Beckers Fassade hielt. Er konnte davon zehren, immer die „kindergerechte Gesellschaft" beschworen zu haben und mit der Unschuld der Kinder auch die eigene nahelegen zu können. Es war für sein Umfeld offenbar unvorstellbar, dass er etwas anderes sein könnte, als was er stets vorgab zu sein.

In Beckers letzten Lebensmonaten konnte es an seiner Täterschaft keinen begründeten Zweifel mehr geben. Doch auch nach Beckers Tod gab es für Hartmut von Hentig, der ihn so intensiv geschützt hatte, kein Einsehen. Das hätte es nur geben können, wenn Hentig den Freund als falschen erkannt und das Leben mit ihm als Irrtum angenommen hätte. Das unterblieb und gehört zu den ungelösten Rätseln dieser Geschichte. Es dauerte lange, bis Hentig seinen Freund auch nur als „Täter" bezeichnen und von seinen Opfern sprechen konnte. Aber auch dann brach er nicht mit ihm.

Im März 2010 stürzte die Fassade ein, schneller und gründlicher, als es Beckers Freunde je für möglich gehalten haben. Innerhalb weniger Wochen wurde aus einem gefeierten Reformpädagogen mit unbestreitbaren Verdiensten eine Unperson, der jeglicher öffentliche Kredit entzogen wurde. Die Person Gerold Becker verfügte über genügend Abwehrmechanismen, um immer noch nichts an sich herankommen zu lassen. Das geht aus seinen letzten Briefen hervor, die ihn als unbelehrbar zeigen, eingestrickt in die Art und Weise, wie er sich stets die Welt zurechtgelegt hat.

Der hauptsächliche Grund, warum man Beckers Ausreden plötzlich nicht mehr glaubte, war ein Wandel in der öffentlichen Meinung. Sexueller Missbrauch wurde zu einem zentralen Thema der deutschen Medien und es gelang Beckers Freunden nicht, sie ein zweites Mal auszubremsen. Und als dann wirklich nachgefragt wurde, waren die Antworten erbärmlich. Erneut wurde versucht, die Odenwaldschule vor Schaden zu bewahren und ihren Ruf als Musterschule der Reformpädagogik zu retten. Aber zum ersten Mal in Gerold Beckers Leben waren diesmal die Opfer stärker und zum ersten Mal hat sich auch Hartmut von Hentig verrechnet.

9.1 „Erklärung" und Apologien

Gerold Becker ist am 7. Juli 2010 nachts im Alter von 74 Jahren in Berlin gestorben, er war ein Jahr älter als seine Mutter bei ihrem Tod. Dreieinhalb Monate vorher hatte er in einem Brief an die damalige Leiterin der Odenwaldschule, Margarita Kaufmann,[1] eine „Erklärung" abgegeben und um Entschuldigung gebeten. Der Brief datiert auf den 18. März 2010 und wurde am nächsten Tag öffentlich, er beendete das zwölfjährige Schweigen, aber nur für diesen Augenblick und ohne wirklich etwas zu sagen. Becker schreibt zur Erläuterung seines Schrittes:

> „Nachdem ich damit rechnen muss, dass ich mein Krankenzimmer auch künftig bestenfalls stundenweise verlassen kann, sehe ich keine andere Möglichkeit, als die folgende schriftliche Erklärung abzugeben und Sie zu bitten, dieselbe auf geeignetem Weg zu verbreiten.
> Dem Vorstand des Trägervereins der Odenwaldschule und einigen Personen, die seit Jahren eine solche ‚Erklärung' von mir fordern, werde ich unmittelbar eine Kopie übersenden."

Die Altschülerin Amelie Fried (2010) hatte am 14. März 2010 einen viel beachteten Artikel in der Frankfurter Allgemeinen Zeitung veröffentlicht und Gerold Becker aufgefordert, mutig zu sein und zu dem zu stehen, was er den Schülern beigebracht habe, nämlich Konflikten nicht aus dem Weg zu gehen und sich für andere einzusetzen. Deswegen forderte sie ihn auf: „Entschuldige Dich und bitte Deine Opfer um Verzeihung! Dann wäre die Odenwaldschule, die für manche die Hölle war und für andere die Rettung, wieder die Schule, auf die wir stolz sein können, ‚unsere OSO'."

---

1 Margarita Kaufmann war seit dem 1. Oktober 2007 Leiterin der Odenwaldschule. Sie löste Whitney Sterling ab und erhielt seinerzeit einen Fünfjahresvertrag (Goetheplatz 2007, S. 3).

Ob diese Aufforderung gewirkt hat, ist nicht bekannt. Amelie Fried ist eine Ausnahmeschülerin gewesen, die eine Klasse übersprungen und 1975 mit sechzehn Jahren und aus der zwölften Klasse heraus Abitur gemacht hat. Ihr Wort mag in der damaligen Situation Gewicht gehabt haben, jedenfalls hat sich Becker wenige Tage später tatsächlich entschuldigt, auch auf Drängen von Konrad Taukert. Er habe Gerold Becker „bearbeitet" und ihm die Entschuldigung vom 18. März 2010 abgerungen.

Taukert, ein enger Vertrauter, gibt an, dass er als Freund und Opfer mit Gerold Becker schon vor 1999 über die Übergriffe gesprochen habe.[2] Aber damals konnte und wollte sich Becker nicht erklären, schon gar nicht in der Öffentlichkeit. Nachdem der Artikel in der Frankfurter Rundschau erschienen war, dachte man, es würde alles hochgehen und hat deshalb nichts gemacht. Taukert hat unmittelbar nach dem Artikel mit Becker gesprochen, er war sehr niedergeschlagen und sagte, nun wäre alles aus. Der Titel des Artikels schien sinnbildlich zu sein: „Der Lack ist ab." Aber dann gelang der Wiedereinstieg.

2009 wurde Becker richtig krank, lag danieder und konnte und wollte wohl nicht mehr. Auch das zeigt, so Konrad Taukert, dass er keineswegs ohne persönliche Regungen auf seine eigene Geschichte geblickt hat. Taukert hat Gerold Becker noch vor seinem Tod geraten, ein Buch über seine Zeit an der Odenwaldschule zu schreiben, um Zeugnis abzulegen über seine inneren Gefühle, über das, was er selbst oft „what makes me tick" nannte. Becker sei ein Meister der Sprache gewesen und hätte sich erklären können, doch das wollte er nicht; aus Angst vor der Wahrheit seines Lebens und wohl auch, um sein Umfeld nicht durch seine persönlichen Handlungen zu beschädigen; „er wollte einfach zumachen".[3]

Konrad Taukert sagte zu ihm auf dem Krankenlager: „Zeige Deine Wunden", aber das konnte er nicht. Er hat ihm nichts persönlich Geschriebenes hinterlassen, während er in der Schulzeit gerne Geschenke machen konnte. Becker hat bis kurz vor seinem Tod Briefe geschrieben, die ihn entlasten sollen.

Die Art und Weise der öffentlichen Entschuldigung lässt keinerlei innere Beteiligung erkennen und ist geschäftlich gehalten. Er gab tatsächlich, wie es von ihm gefordert wurde, eine „Erklärung" ab. Das knappe Geständnis wirkt widerwillig und notgedrungen, ganz so, als ob es jemand anderen als ihn betreffen würde. Man erhält als Leser auch nicht den Eindruck von Reue, sondern ahnt lediglich den Druck, der diesen Schritt veranlasst hat, wenn man vor Augen hat, dass Becker zuvor nie etwas eingestanden hat.

---

2 Gespräch mit Konrad Taukert am 15. Oktober 2013.
3 Gespräch mit Konrad Taukert am 15. Oktober 2013 und Mail vom 27. September 2015.

Auf den ersten Blick gab Becker seine Taten zu, ohne sie allerdings wirklich zu benennen und ausdrücklich beschränkt auf die Zeit, als er Mitarbeiter und Leiter der Odenwaldschule war. Das ist eine Feinheit, die in der aufgeregten Diskussion seinerzeit nicht bemerkt wurde und die aber ein Licht wirft auf seine Strategie, auch jetzt noch nicht alles zuzugeben, sondern nur das, was sich angesichts der öffentlichen Diskussion und der in ihr erzeugten Evidenzen nicht mehr leugnen oder mit Schweigen bedecken liess. Sein Leben als Täter blieb verborgen.

Die Opfer aber hatten erreicht, was sie mehr als zehn Jahre angestrebt haben, begünstigt durch eine mediale Öffentlichkeit, die zusehends aufmerksam wurde und sich einem Thema zuwandte, das zuvor undenkbar war oder zumindest für unmöglich gehalten wurde, nämlich fortgesetzter Missbrauch in einer Schule der Reformpädagogik. Die häufig gestellte Frage, warum die Fälle erst jetzt Beachtung fanden und nicht länger den Tätern geglaubt wurde, ist berechtigt. Wären die deutschen Leitmedien auch diesmal nicht eingestiegen, wäre erneut nicht viel passiert. Aber die Wahrnehmungssituation war eine andere, ebenso hatte sich die Bereitschaft zum Verdacht geändert.

Ende Januar 2010 hatte die deutsche Öffentlichkeit erstmals von systematischer Gewalt im Canisius-Kolleg erfahren. Das Berliner Internat ist eine katholische Eliteschule, in der Jahrzehnte lang zwei Padres Jungen sexuell missbraucht haben, ohne dabei aufzufallen oder belangt zu werden, obwohl ihre Übergriffe schulintern bekannt waren. Die Berliner Morgenpost berichtete darüber am 28. Januar 2010 und löste eine Welle von Recherchen aus, in deren Verlauf auch die Odenwaldschule ins Visier der Medien gelangte. Sexueller Missbrauch in pädagogischen Einrichtungen wurde damit zu einem öffentlichen Thema, das nicht mehr aufzuhalten war.

Die Fälle im Canisius-Kolleg waren auf eine Weise analog zu denen der Odenwaldschule, dass die gewohnten Zuschreibungen fraglich wurden. Offenbar konnte an einer linken Vorzeigeschule ebenso ein System sexueller Gewalt aufgebaut werden wie in einem Eliteinternat des Jesuitenordens. Ideologisch hätten die Gegensätze nicht grösser sein können, doch für die Täter hatte das keine Bedeutung. Die einen konnten sich hinter der Fassade der Reformpädagogik verstecken, die anderen tarnten sich mit Frömmigkeit, und beides war gleich verlogen.

Die Reformpädagogik in Deutschland wurde auch deswegen erschüttert, weil man genau das nicht für möglich gehalten hat. Was man jesuitischen Padres unbesehen zugetraut hätte, musste nun mit vertrauten Namen wie dem von Gerold Becker in Verbindung gebracht werden und das kam der Demontage des Weltbildes gleich. Die schönen Worte der Reformpädagogik waren plötzlich nichts mehr wert. Man kann nicht der „Pädagogik vom

Kinde aus" folgen, wenn in ihrem Handlungsfeld Kinder missbraucht wurden, ohne dass diese Pädagogik sie davor bewahrt hätte. Sie nutzte den Tätern, nicht den Opfern, weil mit ihr jeglicher Verdacht ausgeschlossen wurde.

In den ersten Monaten des Jahres 2010 fragten die Medien nach und nahmen die Stimmen der Opfer wahr. Schon zuvor, nämlich seit Juli 2009, sind an der Odenwaldschule Gespräche mit Opfern geführt worden, rund zehn Jahre nach Beckers Entlarvung und auch nur, weil darauf insistiert wurde. Die Gespräche waren nicht öffentlich und sind durch die neue Schulleiterin angeregt worden, die von der Vergangenheit bis dahin gar nichts wusste. Geklärt werden sollte, wie die Schule aus Anlass ihres hundertjährigen Jubiläums im nächsten Jahr mit der Jahrzehnte langen Praxis des sexuellen Missbrauchs umgehen wollte. Dazu mussten die Opfer sich äussern und über ihre Erfahrungen berichten können (Dehmers 2011, S. 199ff.).

Das Jubiläum ist von langer Hand vorbereitet worden, ohne dass irgendjemand an Gerold Becker gedacht und sich daran erinnert hätte, dass zehn Jahre zuvor der Verdacht gegen ihn als glaubwürdig bezeichnet worden ist. Aber seitdem war nichts geschehen und die unschöne Vergangenheit schien vergessen. Die Altschülervereinigung wollte eine zweieinhalb Tage dauernde, gross angelegte bildungspolitische Konferenz beisteuern, die seit Winter 2006 konzipiert wurde und die von dem landesweit bekannten Altschüler Otto Herz organisiert werden sollte. Auf diesem „Bildungsgipfel" sollte ein „Ober-Hambacher-Manifest" verabschiedet werden, das gedacht war als die Grundlage für ein dauerhaftes bildungspolitisches Forum (Goetheplatz 2008, S. 1).

Die Odenwaldschule wollte im pädagogischen Feld Meinungsführerin bleiben, ungeachtet dessen, was geschehen war. Dem Jubiläum hätte eine lästige Erinnerung schlecht angestanden, also wurde daran gar nicht erst gedacht. Es war auch ein unmissverständliches Zeichen, wem die Planung anvertraut wurde. Herz war Schüler von Hartmut von Hentig, der auf diese Weise doch wieder präsent war und kein Interesse haben konnte, dass die Vorwürfe gegen seinen Freund Becker erneuert wurden. Stattdessen sollten die Bildungspolitik und damit die linke Schulkritik zum öffentlichen Thema werden, also die Arena, in der sich Hentig immer wohlgefühlt hatte.

Nach drei Sitzungen gerieten die Frankfurter Gespräche ins Stocken, weil die Opfer wohl gehört wurden und die Vertreter der Schule angesichts der Schilderungen der Taten auch Betroffenheit zeigten, ohne dass es jedoch zu „konkreten Handlungen" kam (Dehmers 2011, S. 210). Daraufhin wurde von einem Teil der Opfer die Presse eingeschaltet und eine Öffentlichkeit gesucht, die nicht länger mit Ignoranz reagieren konnte. Gerold Becker war todkrank, schon deswegen musste man sich beeilen. Er war die Symbolfigur, mit ihm und seiner Beziehung zu Hentig konnte in dieser Situation endlich ein mediales Echo ausgelöst werden, das grösser und heftiger war, als alle Beteiligten angenommen hatten.

Gerold Becker hat am Ende seines Lebens keine Beichte abgelegt. Sein Brief an Margarita Kaufmann mit der „Erklärung" enthielt ein teilweises Geständnis und bei näherem Hinsehen nicht einmal das. Er gibt erneut für seine Taten keinen Grund an, nennt kein Motiv, macht nichts verständlich und geht mit keinem Wort auf seine Biografie ein. Er sagt zwar „ich", wenn er von sich redet, aber das ist so unpersönlich wie das von ihm geäusserte Bedauern, obwohl er wusste, dass er am Ende seines Lebens nichts mehr zu verlieren hatte. Doch der nahe Tod hatte auf ihn keinen Einfluss.

Immerhin ist jetzt von seinen „Handlungen" und so von ihm als Akteur die Rede, ohne damit allerdings eine sexuelle Disposition in Verbindung zu bringen. Er gibt auch keinen Hinweis, auf was oder wen genau sich die Entschuldigung beziehen soll und er sagt nicht, was konkret vorgefallen ist. Der Text lautet so:

> „Erklärung
> Schüler, die ich in den Jahren, in denen ich Mitarbeiter der Odenwaldschule war (1969–1985), durch Annäherungsversuche oder Handlungen sexuell bedrängt oder verletzt habe, sollen wissen: Das bedaure ich zutiefst und ich bitte sie dafür um Entschuldigung. Diese Bitte um Entschuldigung bezieht sich ausdrücklich auch auf alle Wirkungen, die den Betroffenen erst später bewusst geworden sind.
> Personen und Institutionen, mit denen ich in den vergangenen 40 Jahren zusammengearbeitet habe und die durch mein Verhalten beschädigt worden sind, bitte ich ebenfalls um Entschuldigung.
> Die von mir vor 12 Jahren geäusserte Bereitschaft zu einem Gespräch mit betroffenen Schülern wiederhole ich noch einmal."[4]

Doch wie soll man sich dieses „Gespräch" des todkranken Becker mit den „Betroffenen" – das Wort „Opfer" fällt nicht – vorstellen? Als Aufarbeitung der Vergangenheit mit dem Ziel des wechselseitigen Verstehens? Wollte er gar um Nachsicht für sich und seine Lage werben? Es war erneut ein Scheinangebot, das gedacht war, ihn mit der Geste des guten Willens nochmals und zum letzten Male zu entlasten. Zudem schützte ihn die fortgeschrittene Krankheit, die ausführliche Gespräche gar nicht erlaubte. Er starb wie seine Mutter an einem Lungenemphysem. Beide waren starke und unbelehrbare Raucher, Schadstoffe wie Nikotin lösen diese nicht heilbare Krankheit aus.

---

4 Beckers „Erklärung", aber nicht der gesamte Brief an Margarita Kaufmann, erschien in verschiedenen Zeitungen, so etwa im Darmstädter Echo vom 20. März 2010.

Wirkliche Empathie für die Opfer sieht anders aus und ist von einem Päderasten auch nicht zu erwarten. Täter wie Gerold Becker, Dietrich Willier, Hajo Weber oder Wolfgang Held haben eine feste Selbstsicht, in der die eigenen Taten nicht vorkommen, jedenfalls nicht verbunden mit dem Eingeständnis persönlichen Versagens. Beckers „Entschuldigung" war das Äusserste, was er sich selbst zumuten konnte und das auch nur mit knappen Sätzen und in einem emotionslosen Tonfall.

Auch unter grösstem Druck hätte Gerold Becker niemals zugestanden, dass er sein Leben lang ein Verbrecher gewesen ist. Er brauchte seine pädagogische Identität, um möglichst lange alles von sich zu weisen und sogar am Ende noch als guter Pädagoge aufzutreten, der Verständnis zeigt und sich einem Gespräch nicht verweigert. Es war seine letzte Geste in einem gut einstudierten Rollenspiel, das er bis zuletzt für die Realität halten konnte.

Seine früheren Freunde erkannten in dem „Geständnis" tatsächlich den guten Pädagogen, der sich am Ende doch noch verantwortlich zeigt. Am 26. März 2010 schrieb Lutz van Dijk im Berliner Tagesspiegel: „Dass Gerold Becker, der von einer tödlichen Krankheit gekennzeichnet ist, ein Gesprächsangebot gegenüber seinen ehemaligen und heute erwachsenen Schülern ausspricht, ist eine Geste, die seine Schuld nicht mindert, aber eine Verantwortlichkeit für seine Taten signalisiert, die, wie wir wissen, sonst eher die Ausnahme ist und nicht lächerlich gemacht werden darf. Gerade auch als Achtung vor den Opfern" (van Dijk 2010).

Das „Gesprächsangebot" war nie ernst gemeint, auch zuvor schon nicht. Faktisch hat Becker alle Anliegen von Besuchern ignoriert und am letzten Krankenlager seines Lebens nichts an sich herankommen lassen. Er hat bis kurz vor seinem Tod rechtfertigende Briefe geschrieben, sich eine Verschwörung gegen ihn eingeredet, seine noch bestehende Macht über die früheren Schülerinnen und Schüler ausgespielt und alles abgewehrt, was ihm hätte gefährlich werden können. Er sagt nicht einmal, warum er sich überhaupt in der eigenen Sache geäussert hat, nachdem er das mehr als ein Jahrzehnt erfolgreich vermeiden konnte. Stattdessen gibt er eine Verlautbarung von sich, die ein Amt hätte abfassen können.

Hartmut von Hentig (2010d, S. 10) hatte mit Blick auf die Lage im Frühjahr 2010 eine völlig andere Erklärung zur Hand. „Was jetzt geschieht", schrieb er am 27. April 2010, „rechtfertigt den 1998 von Gerold Becker gefassten Entschluss, sich öffentlich nicht zu den Vorwürfen zu äussern. Gegenüber den Opfern hat er sich damals sofort bereit erklärt zu reden. Hätten sie sein Angebot angenommen, alles hätte einen anderen Verlauf nehmen können – einen heilsameren, weil die Verstockung lösenden, die Phantasie nicht anheizenden, die Selbsterkenntnis fördernden". Damit wären die Opfer schuld an der für Hentig misslichen Situation, weil sie sich auf das „Angebot" des grossen Pädagogen Gerold Becker nicht eingelassen haben. Man kann ja doch diskret über alles reden.

„Verstockung" im Übrigen ist ein viel gebrauchter Begriff des Alten Testaments, der vermutlich bewusst gewählt wurde.[5] Wer in sich die Verstockung löst, kehrt in den Kreis der Auserwählten zurück und kann erneut das Heil empfangen, die christliche Botschaft vorausgesetzt. Vor diesem Hintergrund soll Beckers „Angebot" verstanden werden; hätte man es angenommen, wäre damit eine „heilsame" Wendung verbunden gewesen, die eine bewusste Gegenwehr verhindert oder gar nicht erst nahelegt hätte. Die „Opfer" sind lediglich „verstockt", was man im Blick auf die Folgen sexueller Gewalt einzig als subtile Form von Verhöhnung verstehen kann.

Das mit „Gerold Becker" unterschriebene „Geständnis" ist vermutlich auf sehr profane Weise zustande gekommen. Es ist nicht klar, ob Becker es überhaupt selber abgefasst hat, aber er musste gedrängt werden, dieses Zeichen zu setzen. Auch das sollte einen Zweck erfüllen, den Becker in einem Brief zwei Wochen später auch angedeutet hat: Mit der Bitte um Entschuldigung sollte von der Pädagogik Hartmut von Hentigs gerettet werden, was noch zu retten war. Aber Becker äussert in seiner Erklärung weder ein Gefühl von Schuld noch von Scham, er „bedauert" nur, getan zu haben, was mit „Annäherungsversuchen oder Handlungen" ohnehin höchst vage umschrieben ist. Glaubwürdig war er damit nicht und gerettet werden konnte auch nichts.

Gerold Becker hat sich zuvor schon einmal entschuldigt, in seiner Abschiedsrede Mitte 1985, vor der Schulöffentlichkeit und unmittelbar bevor er die Odenwaldschule verlassen hat. Bei dieser Gelegenheit wurde er über sich und seine Schwächen als Schulleiter sehr viel konkreter, weil der Tatbestand viel weniger heikel war: „Es gab Streit an der falschen Stelle und mit falschen Mitteln, es gab Missverständnisse, die vermeidbar gewesen wären, an denen ich schuld war, meine Ungeduld oder meine Unorganisiertheit, meine Vergesslichkeit oder Schlamperei, und das war sicher häufiger der Fall als ich weiss, dafür bitte ich auch jetzt alle um Entschuldigung" (Becker 1985c, S.167).

In späteren Texten spricht Becker (1993c, S. 163) gelegentlich von „ehrlicher Versöhnung", die auch „nach einem langen, quälenden Streit" und selbst dann noch möglich sein soll, wenn man in eine „sehr schlimme Sache geraten" ist. Doch gemeint sind nur die Kinder und Jugendlichen. Die Erwachsenen sind gute Pädagogen, wenn sie zu ihnen halten und sich auch bei

---

5 Eine viel diskutierte Stelle ist der „Verstockungsauftrag" im Buch Jesaja. Jahwe „verstockt" im Zorn sein eigenes Volk, weil es sich von ihm abgewendet hat (Jes. 6, 8–13). Im zweiten Korintherbrief erklärt Paulus, dass erst der Sohn Gottes und das Apostelamt die Verstockung lösen konnten (2Kor. 3, 12–18).

den schlimmen Sachen als „verlässlich" erweisen; dass sie als Täter jede „ehrliche Versöhnung" unmöglich machen, liegt ausserhalb des Horizontes dieser Pädagogik, die selbstgerecht ist und keine dunklen Seiten sehen kann. Aber was Becker „Hilfe beim Aufwachsen und Erwachsenwerden" nennt (ebd.), hatte eben ganz andere Dimensionen.

Das Vorher und Nachher seiner sexuellen Karriere bleiben in seiner „Erklärung" ausgespart und sind auch in der öffentlichen Auseinandersetzung bislang kaum thematisiert worden. Aber Gerold Becker war zwischen seiner Schulzeit in Verden und seiner Zeit in Berlin mehr als vierzig Jahre lang als Pädokrimineller tätig, der seine Verbrechen an Kindern und Jugendlichen nicht erst in der Odenwaldschule begonnen und damit nach seiner Zeit dort auch nicht aufgehört hat. Darüber sagt er nichts. Er bekennt nur das, was nicht mehr zu umgehen war und ihm nichts mehr abverlangt hat.

Sein Selbst oder gar seine Sexualität berührte er nicht, sondern er hat kurz vor seinem Tod nur eine fernliegende Vergangenheit gestreift, der er sich nie stellen wollte oder konnte. Und Becker hatte erprobte Strategien, mit den Vorwürfen umzugehen. Kamen sie zur Sprache, dann stellte er stets die rhetorische Frage, ob man ausgerechnet ihm, dem Kinderfreund, das zutrauen würde und dann erledigten sich die Vorwürfe, auch weil niemand nachfragte. Er sprach von harmlosen „Berührungen" und musste sich nie mit dem auseinandersetzen, wie seine Opfer das wahrgenommen haben.

Von den tatsächlichen Wirkungen ihrer Handlungen haben Päderasten wie er keine Vorstellungen, während Rationalisierungen wie mit dem „pädagogischen Eros" jederzeit möglich sind. Doch das wurde nicht durchschaut, auch weil es keinen offenen Verdacht gab oder weil ein Verdacht nicht zulässig war und so gar nicht erst aufkeimen konnte. Widerstand im Kollegium der Odenwaldschule gegen Becker gab es, wie gezeigt, schon in den siebziger Jahren, aber nicht vor dem Hintergrund des Verdachts auf sexuellen Missbrauch. So äusserte sich Uwe Lau auch in einem Brief an die Schulleiterin Margarita Kaufmann.[6]

Gerold Becker inszenierte sich in der Odenwaldschule nicht zuletzt im Umgang mit den Kleinen. Diese pädagogischen Spiele erfolgten nach dem Motto: „Jesus, lasse die Kinder zu mir kommen."[7] Er trat spielerisch auf, balgte herum, löste bei den Kleinen „Turbulenzen" aus und wollte so etwas wie ein moderner Pestalozzi sein, ein wahrer Freund der Kinder, für den sie

---

6 „Die 1999 und nun in grossem Umfang bekannt gewordenen Tatsachen waren uns nicht bekannt, sonst hätten wir damals sicher die Abberufung Beckers auf rechtlichem Wege gefordert" (Brief an Margarita Kaufmann vom 10. März 2010).
7 Markusevangelium (Mk 10, 13–16).

der Mittelpunkt waren. Das wiederum machte starken Eindruck, nicht zuletzt bei den Frauen. Sein Ruf als „fabelhafter" Pädagoge erklärt sich auch aus weiblichen Zuschreibungen, die einem Mann galten, der nicht nur wundervoll mit Kindern umgehen kann, sondern der von ihnen auch geliebt wird.[8] So hatte sich bereits Paul Geheeb verhalten, dem die genau gleichen Zuschreibungen galten.

Wenn das Bild des fabelhaften Pädagogen zur Wahrung seiner Glaubwürdigkeit nicht genügte, deutete Becker die Vergangenheit mit Hilfe eines weiteren rhetorischen Tricks, nämlich seiner Sicht der Opfersicht. Die Sicht wird hypothetisch formuliert und kann doch empathisch erscheinen, zumal Becker auf die Opfer, die nie so genannt werden, zuzugehen scheint und Bedauern nahelegt, ohne wirklich etwas kenntlich zu machen, was ihm hätte gefährlich werden können (Füller 2011, S. 189). Er hat auch schon nach der ersten Entlarvung 1999/2000 Erklärungen angeboten, die vor allem ihm nutzten.

Becker vermied jeden Hinweis auf sich als dem Täter, der mit klaren Sätzen tatsächlich gestehen würde. Anders hätte er seine Beziehungen und so das Netzwerk wohl kaum aufrecht erhalten können. Das Muster des Zurechtlegens der Wirklichkeit und des Umgangs mit Vorwürfen zeigte sich bereits 1998 in dem ersten Brief an den Altschüler Andreas Huckele. Schon hier bezog sich Becker lediglich auf von ihm vermutete Erinnerungen und Deutungen der Schüler, nicht auf deren Aussagen. Vielleicht spürte er in seinem Kopf dabei die „Angriffe aus dem Hinterhalt des Verdrängten", wie er in der Laudatio auf Astrid Lindgren formuliert hatte.

In einer seiner letzten schriftlichen Äusserungen reagierte er auf einen Leserbrief, der in der Süddeutschen Zeitung erschienen war, in der Ausgabe vom 1./2. April 2010, also am Gründonnerstag. Die Verfasserin äusserte sich empört zu seinem Geständnis und wie es wahrgenommen worden ist.[9] Beckers eigener Brief datiert auf den 4. April 2010. Wenige Wochen vor seinem Tod setzte sich Becker offenbar noch intensiv mit dem auseinander, was er über sich lesen musste, soweit ihm das von seinen Betreuern zugänglich gemacht wurde. Er erwähnt „hunderte von Leserbriefen" zu seiner Person, von denen er nur wenige und dies „in Ausschnitten" hat lesen können. Sein Brief basiert auf einer Vorlage, die er einer Studentin diktiert hat und die bezeichnet wird Tochter einer „alten Freundin".

---

8   Gespräch mit Elfe Brandenburger am 30. Juli 2012.
9   Ruth Hanke: „Beckers Entschuldigung reicht nicht." In: Süddeutsche Zeitung Nr. 76 vom 1./2. April 2010, S. 40. Beckers vierseitiger Brief ist an Ruth Hanke aus dem fränkischen Puschendorf adressiert, die er nicht kannte. Sie hat den Brief auch erhalten (Mail von Ruth Hanke vom 28. Oktober 2013). Frau Hanke hat Beckers Brief wegen der Zumutungen, die er enthält, aber nicht beantwortet.

Es geht zunächst um eine semantische Feinheit, die man auf den ersten Blick kaum erkennt, ihm aber offenbar ganz wichtig war. Becker schreibt:

> „Ich habe mich nicht entschuldigt. Das kann einer, der etwas getan hat, oder dem vorgeworfen wird, er habe etwas getan, gar nicht. Sondern ich habe (in meiner ‚Erklärung' vom 18.3.2010) um Entschuldigung gebeten."

Wer um Entschuldigung bittet, ist auf die Antwort derer verwiesen, denen die Bitte gilt. Bleibt die Annahme aus, gibt es keine Entschuldigung. Und wer sollte ihm antworten? So gesehen blieb er unschuldig.

Gemeint war das auch im christlichen Sinne, man kann sich eine Schuld nicht selbst vergeben, sondern braucht jemanden, der sie vergibt. Dabei ist die Erkenntnis der eigenen Schuld vorausgesetzt und notwendig sind dafür aufrichtige Zeichen. Anders gesagt, die Annahme der Bitte um Entschuldigung ist davon abhängig, ob wirkliche Reue gezeigt wird und davon kann keine Rede sein. Becker belehrt einfach die Leserbriefschreiberin und geht in dem Brief mit keinem Satz auf die Tatbestände ein, deretwegen er öffentlich um Entschuldigung gebeten hat.

Stattdessen stellt er die Frage, woher die Leserbriefschreiberin denn wisse, was sie so empört. Seiner Erinnerung nach habe es zwischen 1969 und 1985 „nur drei Menschen mit dem Vornamen ‚Ruth' in der Odenwaldschule" gegeben und dazu gehöre sie nicht. Sie könne also nicht „dabei gewesen" sein und habe ihr Wissen lediglich aus den Medien bezogen. Die Journalisten aber schrieben nur voneinander ab und würden skandalisieren, statt die Sache zu klären. Er habe in seinem Leben viel mit Medien zu tun gehabt, doch „die letzten Wochen seit Anfang März 2010" seien für ihn „noch einmal eine Erfahrung der besonderen Art" gewesen, während zur gleichen Zeit die deutschen Medien glaubwürdige Aussagen ehemaliger Schüler veröffentlichten, die seine Opfer waren.

Man muss nicht „dabei gewesen" sein, um sich darüber zu empören. Das würde den Kreis derer, die zu einem Urteil berechtigt sind, auf die einschränken, die er kontrolliert hat und die nie etwas gesagt haben. Was die Empörung in der Öffentlichkeit auslöste, waren die massiven Aussagen der Opfer und die ständig steigenden Zahlen, die Odenwaldschule wurde innerhalb weniger Wochen zum unvorstellbaren Tatort, aber davon wollte Becker nichts wahrhaben und kam vielmehr darauf zu sprechen, was er erleiden musste und wieviel Unrecht man ihm angetan hat. Der grosse Pädagoge war am Ende eine jämmerliche Gestalt.

Wie schon in früheren Briefen, schreibt er auch an Ruth Hanke: „Ich bin überzeugt, dass es schon längere Zeit gar nicht mehr um mich geht, sondern dass auf der Hinterbühne ganz andere Suppen gekocht werden." Er stellt sich somit als Opfer dar, der von den Medien „gequält" werde und sich dagegen nicht wehren könne, weil Klagen vor Gericht aussichtslos seien. „Ich kenne einige vorzügliche Anwälte und (indirekt) einen Richter und zwei Staatsanwälte. Sie alle haben mich mühselig davon überzeugt, dass es völlig sinnlos ist, mit Klagen gegen Verleugnung, üble Nachrede und dgl. Vorzugehen."

Es heisst in dem Brief tatsächlich „Verleugnung" und nicht *Verleumdung*. Mit Klagen, so Becker weiter, gewinnt man nichts und „bleibt stattdessen mit hoher Wahrscheinlichkeit auf erheblichen Kosten sitzen". „Derweil reiht sich nur eine um die andere neue Scheusslichkeit an die alten (worauf viele Journalisten gierig lauern, weil das die Geschichte für einige Tage ‚verwertbar' macht) und die Quälerei verlängert sich." Erklärt wird das „mit dem gnadenlosen Kampf um Einschaltquoten und Auflagenhöhen" und wenn er diesem Kampf zum Opfer gefallen ist, dann können seine Taten unerwähnt bleiben.

Und mehr noch, er lenkt davon erneut ab. An die Verfasserin des Leserbriefes gerichtet, heisst es:

> „Sie schreiben, ich hätte ‚jahrelang geleugnet'. Das habe ich nie getan. In der Tat habe ich aber schon 1999 öffentlich ‚nicht widersprochen', bzw. ‚geschwiegen'. Dafür kann es viele und auch gute Gründe geben. Vielleicht geschah das gar nicht zu meinem Schutz, sondern zum Schutz ganz anderer Opfer? Vielleicht hatte deren Bitte um öffentliches Schweigen kaum oder gar nicht mit dem ‚Missbrauch', sondern mit sehr anderen Lebensproblemen zu tun?"

Schweigen ist nicht Leugnen, aber damit wurde seinerzeit nur die geschicktere Strategie gewählt. „Missbrauch" ist ein unschönes Wort, also wird es in Anführungszeichen gesetzt. Wem genau er mit seinem Schweigen gedient haben will, wird nicht einmal angedeutet, doch damit erweckt er den Eindruck des Selbstlosen, der nicht sich selbst, sondern „ganz andere Opfer" schützen wollte. Gemeint sind die Opfer der Medien, nicht die der Täter.

Aber diese Art Selbstlosigkeit passt nicht zu dem realen Gerold Becker, der Ende 1999 erkennbar in Panik geraten war, Schutz dringend brauchte und sich mit seinem Schweigen natürlich vor allem selbst geschützt hat. Unmittelbar danach geht er in dem Brief auf seine Freundschaft mit Hentig ein, ohne zu sagen, ob er es war, der ihn um Schweigen in der Öffentlichkeit gebeten hat. Die mögliche Mitwisserschaft Hentigs war ein zentrales Thema in der Diskussion um die Odenwaldschule, mit dem sich viele Gerüchte und Spekulationen verbunden haben. Deutliche Zweifel seitens der Freunde waren dabei die grosse Ausnahme.[10]

---

10 2015 sagte Oskar Negt, Freund und Briefpartner von Hentig, in einem Interview: „Ich glaube ihm nach wie vor nicht, dass ihm das, was Gerold Becker getan hat, unbekannt gewesen ist. Denn beide vertreten den pädagogischen Eros in einer Dehnung, die ich nicht für vertretbar halte" (Hofmann 2015, S. 19).

Ein wirklich klärendes Wort Hentigs hat es nie gegeben, dafür heftige Abwehr und empörte Zurückweisungen. Die Diskussion dauert unterschwellig bis heute an und sie beherrscht in gewisser Weise die Sicht auf das Problem. Auch Becker trägt nichts zur Klärung bei, sondern lenkt ab, wenn er das Verhältnis zu Hentig so kommentiert: „Was ein Freund dem anderen (auch in einer nun schon mehr als 45jährigen Freundschaft) mal erzählt hat/jetzt erzählt, dürfte von sehr vielem abhängen – jedenfalls durchaus nicht nur von dem Bedürfnis, irgendetwas zu ‚verbergen‘, um ‚Illusionen‘ aufrecht zu erhalten."

Diese weitere Relativierung wird mit einem selbst gewählten Vergleich illustriert:

> „Sind Sie sicher, um ein ganz anderes Beispiel zu erfinden, dass Ihre beste Freundin und deren Mann heute beide genau die gleiche ‚Geschichte' erzählten, wenn es darum ginge, dass eben diese Freundin vor 35 Jahren mal für ein Vierteljahr mit einem Ingenieurstudenten nach Griechenland ‚flüchtete', um dann reumütig zu ihrem Mann zurückzukehren, mit dem sie seitdem weiter glücklich zusammenlebt?"

Beckers Opfer haben sehr genaue Erinnerungen an das, was sie erleiden mussten, und sie verklären die Vergangenheit nicht oder lassen sie in einem milden Licht erscheinen, wie das merkwürdige Beispiel nahelegen soll.

Überträgt man das Beispiel auf die Beziehung, dann erhält man den Eindruck, dass Becker damit sagen will, er habe seinen Freund Hentig „mal für ein Vierteljahr" betrogen, daraus eine Geschichte gemacht und diese dann im Laufe der Jahre dem Zusammenleben angepasst. Merkwürdig ist auch der Bezug zu Griechenland, der sich wenige Wochen später in der Todesanzeige nochmals zeigen sollte. Aber mit dem Beispiel wird nur abgelenkt, Freunde betrügt man nicht durch Affären und Becker wird sich gehütet haben, mehr von sich preiszugeben, als Hentig ohnehin wusste. Ausserdem: Betrug und reumütige Umkehr setzen eine feste sexuelle Beziehung mit Treueanspruch voraus, die es nie gegeben hat.

Nachdem sich die Opfer innerhalb weniger Wochen so zu Wort gemeldet hatten, dass sie nicht erneut überhört werden konnten, entstand eine Vorstellung von ihrem Leid und so von Beckers Schuld. In dem Leserbrief wird gefordert, Becker hätte „freiwillig umkehren" und „seinen Einfluss und sein Geld dazu benutzen müssen, den Opfern zu helfen", also Wiedergutmachung zu leisten. Zur gleichen Zeit wurden in der deutschen Öffentlichkeit Forderungen erhoben, die Geschichte der Odenwaldschule zum ersten Male von den Opfern her zu denken.

Becker sagt dazu kaltschnäuzig:

„‚Dem Opfer eine Stimme geben', ‚den Opfern ihre Würde lassen', sich ‚endlich auf die Opfer, nicht auf die Täter konzentrieren' – wer sagte das denn mittlerweile nicht, von den irischen Bischöfen bis zur Bundeskanzlerin? Und wer wollte da widersprechen? Ich jedenfalls nicht. Aber was folgt daraus? Dass die Opfer nun immer Recht haben – und die Täter immer Unrecht?"[11]

Die Antwort bezieht Becker auf die Praxis der Verhandlung von Missbrauchsfällen vor deutschen Gerichten, die ihm wegen der Verjährung seiner Straftaten erspart geblieben ist. Er hat sich aber offenbar intensiv mit der Frage befasst. Becker beruft sich ernsthaft auf die „mehr als 600 einschlägigen Strafverfahren, die jährlich mit Freispruch enden (häufig erst in der 2. Instanz, wenn die Existenz des ‚Täters' bereits ruiniert ist) – nicht nur ‚aus Mangel an Beweisen', sondern wegen erwiesener Unschuld, wegen schlichter Erpressung usw.".

Damit wird suggeriert, dass auch er vor Gericht freigesprochen worden wäre und sich damit für unschuldig halten kann. Becker sieht sich veranlasst, in dem Brief auch über die, wie es juristisch korrekt heißt, „Verfolgungsverjährungsfrist" nachzudenken. Er zeigt sich fachlich gut informiert, bemerkt auch, dass er „nicht dagegen" sei, wenn die Frist verlängert würde, und erwähnt den „Ermessensspielraum" bei „sexuellem Missbrauch", „der von 6 Monaten bis zu 10 Jahren Gefängnis" reiche. „Eine Ausnahme gibt es ... bei sexuellen Straftaten, deren Opfer Minderjährige oder gar Kinder sind, gegenüber allen anderen Straftaten. Die Verjährungsfrist von 10 Jahren beginnt bei solchen Taten grundsätzlich erst, wenn die Opfer ihr 18. Lebensjahr vollendet haben."

Warum schreibt er das mit geliehener Expertise an eine ihm unbekannte Person kurz vor seinem Tod? Andreas Huckele hat ihn 1999 wegen sexuellen Missbrauchs angezeigt, am 30. September 1999 erhielt Huckele eine Mitteilung der Staatsanwaltschaft Darmstadt, dass die Straftaten im Jahre 1997 verjährt seien (Dehmers 2011, S. 141). Damals war Andreas Huckele 28 Jahre alt. Becker wusste also genau, wovon er sprach und er wusste auch, dass er mit Glück straffrei davongekommen ist. Zwei Jahre früher hätte die Staatsanwaltschaft Anklage erhoben und dann wäre er angesichts der erwartbaren Zeugenaussagen nicht straffrei geblieben. Auf der anderen Seite konnte er sich danach sehr sicher fühlen.

Die Opfer beschreiben die Folgen von Beckers Gewalt heute so, dass weder Verdrängung noch Verharmlosung möglich sind. Gerade in dem, was

---

11 Bernhard Bueb sprach im Mai 2011 auf einem Podium in Hemsbach von „Verleumdungen" und hielt gegen die Aufklärung der Vorfälle fest: „Alles, was irgendein Schüler aus seiner ehemaligen Zeit berichtet hat, wurde ungeprüft als wahr genommen." (http://www.3sat.de/page/?source=kulturzeit/themen/154456/index/html)

Becker „Rückschau" nannte, verstärkt sich die Wahrnehmung der Gewalterfahrung. „Nach und nach wurde mir die Bedeutung meiner Erlebnisse bewusst. Ich begriff, dass meine Kindheit und Jugendzeit gar nicht existiert hatten. Ich hatte nach allem gegriffen, was mich betäubte. Ich habe meine Sozialisation im Rausch erlebt. Noch heute bin ich mir fremd. Ich kann mein eigenes Ich nur schwer erkennen. Oft war mein letzter Tröster der Gedanke an den Suizid, er war meine Hoffnung, mein Angstnehmer, sollte es nicht mehr ertragbar sein" (Max 2011).

Ein anderer Schüler berichtet, dass er nach einschlägigen Erfahrungen in der Familie von Wolfgang Held heimlich ein Drehbuch für einen Film geschrieben habe, in dem es um Depressionen, Suizidgedanken und Reinkarnation gegangen sei. Er hatte jegliches Vertrauen in die Erwachsenen verloren, weil sich hinter der Fassade des schönen Scheins Abgründe auftaten und er mit vierzehn Jahren in einer ausgeweglosen Situation gewesen sei, für die er dann auch noch verantwortlich gemacht wurde. Er stellte sich vor, wie schön es sei, wenn er Filmregisseur werden könnte. Der Einzige, der sein Drehbuch je gelesen und den er um Kritik hat bitten können, war sein Deutschlehrer. Geändert hat das nichts.[12]

Auf dem Höhepunkt der Diskussion um die Odenwaldschule und den sexuellen Missbrauch fand sich für Gerold Becker ein prominenter Verteidiger, nämlich der Schweizer Schriftsteller Adolf Muschg, der seit Jahrzehnten ein enger Freund Hartmut von Hentigs ist und auch Gerold Becker gut kannte. Sie waren sogar Kollegen am gleichen Ort, Muschg nämlich war zwischen 1964 und 1967 wissenschaftlicher Assistent am Lehrstuhl von Walther Killy in Göttingen, als Becker Mitarbeiter bei Heinrich Roth war. Ob sie sich aus dieser Zeit kannten, ist nicht belegt, aber ziemlich wahrscheinlich.

Dass Killy 1961 vor den pädagogischen Ideologen gewarnt hatte, hinderte ihn nicht daran, mit Hentig gemeinsam ein Hauptseminar über Lyrik anzubieten, wo Muschg (2014, S. 142) den frisch berufenen Pädagogikprofessor kennenlernte. Ihre lebenslange Freundschaft geht auf diese Begegnung zurück. Zur gleichen Zeit entstand auch Hentigs Freundschaft mit Gerold Becker, daher kann man annehmen, dass Muschg den Mitassistenten in Göttingen kennengelernt hat. Fast fünfzig Jahre später hat Muschg sich herausgefordert gefühlt, Becker in einem Augenblick zu verteidigen, als ihn fast alle verdammten.

Muschg nahm am 15. März 2010 in einem Gastkommentar für den Berliner Tagesspiegel, der auch im Zürcher Tages-Anzeiger erschien, Stellung zu den immer heftiger werdenden Vorwürfen gegen Gerold Becker und den Tatort Odenwaldschule. Dieser Artikel erregte seinerzeit grosses Aufsehen

---

12 Quelle: Gespräch mit mir.

und wurde intensiv und fast immer sehr kritisch diskutiert, man hätte also erwarten können, dass Muschg ihn in seiner jüngsten Essaysammlung *Im Erlebnisfall* (2014) nochmals zur Diskussion stellt, womöglich erweitert um einen abschliessenden Kommentar.

Das unterblieb, vermutlich nicht ohne Abwägung, handelt es so sich doch um den wohl meist zitierten Artikel des Schweizer Schriftstellers in jüngster Zeit. Die Sammlung von Essays dokumentiert „Versuche und Reden" zwischen 2002 und 2013. Doch aufgenommen in die Sammlung wurde nur die Rede zum 80. Geburtstag von Hartmut von Hentig, die Muschg am 24. September 2005 in der Berliner Akademie der Künste gehalten hat (ebd., S. 142–150). Ein Kommenar zum Schweigen des Geehrten ist nicht beigefügt, wie überhaupt der ganze Fall Odenwaldschule unerwähnt bleibt. Nur die Freundschaft zu Hentig sollte zelebriert werden. Eingeladen zur Geburtstagsfeier hat ihn vermutlich wiederum Gerold Becker.

Fünf Jahre später stellte Muschg im Berliner Tagesspiegel einen Vergleich an. Angesichts „der Kampagne gegen Gerold Becker" sei ihm die Bemerkung eines chinesischen Freundes in den Sinn gekommen. Der Freund habe gesagt, er begreife nicht mehr, wie die Kulturrevolution, also eine für Millionen Menschen tödliche Kampagne der Umerziehung, möglich war, an der er mitgewirkt hatte. Die Frage, „wie es möglich war", hätten in den sechziger Jahren auch viele Deutsche mit Blick auf das Dritte Reich gestellt. Die Frage wird nicht beanwortet, stattdessen verweist Muschg auf das, was daraus gefolgt sei, nämlich eine alternative Form von Erziehung.

Es ging in Deutschland nach dem Krieg um „eine Pädagogik", die die Frage nach dem Dritten Reich „nicht nur mit moralischer Selbstzensur, sondern mit einer freien Praxis der Erziehung zu beantworten" suchte. „Auch die Odenwaldschule, damals schon 50 Jahre alt, wurde unter der Leitung Gerold Beckers Teil dieser praktischen Reform." Historisch ist das nicht zutreffend, aber darum ging es nicht. Die Zeit des Aufbruchs und der Emanzipation in den siebziger Jahren soll verklärt werden, so dass dann allen Ernstes über Becker gesagt werden kann: „Damals brauchte er seine Neigungen, die jetzt am Pranger stehen, nicht zu verleugnen" (Muschg 2010).

In der Tat, während seiner Zeit an der Odenwaldschule musste Gerold Becker sich und seine „Neigungen" nicht verleugnen, er konnte ungehindert agieren, allerdings sehr viel anders, als sich das der frühere Zürcher Gymnasiallehrer Adolf Muschg wohl vorgestellt hat. Aber im Blick auf Beckers sexuelle „Neigungen" wusste er vermutlich, wovon er sprach. Für „Neigungen" kann man nichts und das lässt Verständnis zu. Ob Muschg die „freie Praxis der Erziehung" an der Odenwaldschule je selbst in Augenschein genommen hat, ist nicht bekannt, auf jeden Fall war er imstande, wortreich zu beklagen, dass der grosse Pädagoge Gerold Becker an den Pranger gestellt wird.

Auch Beckers ideologischer Deckmantel wird in der Apologie erwähnt, nämlich die „Grundlegung" der Erziehung im „pädagogischen Eros". Sie, so Muschg, finde sich „in den Schriften Platons, die vom Körperlichen der Lehrer-Schüler-Beziehung durchaus nicht absehen". Keine Aufklärung könne mit dem aufräumen, „was am Eros peinlicher Erdenrest bleibt".[13] „Das hat seine Gründe, die nicht im Missbrauch eines Einzelnen liegen, sondern im zwangsläufig Normwidrigen, das mit Sexualität verbunden ist. Erotik ist immer Grenzüberschreitung – es ist nur die Frage, ob sie uns willkommen ist oder nicht" (ebd.).

Gerold Becker wird auf dieser Linie ernsthaft als reformpädagogischer „Bote" der enttabuisierten Sexualität bezeichnet, „den man heute für seine Botschaft hinrichtet, nachdem sie jahrelang als befreiend gefeiert wurde" (ebd.). Aber nur, muss man hinzufügen, weil sich niemand vorstellen konnte, welche Formen von Gewalt und Ausbeutung sich damit verbunden haben. Doch Muschg sieht Gerold Becker, wie der sich selbst, als Opfer und nicht als Täter. „Gestern noch wurde die Odenwaldschule Beckers vom Beinahe-Mainstream der befreiten Schule getragen. Heute ist aus der Brücke zwischen den Generationen, die er geschlagen hat, eine Klinge geworden, über die man ihn springen lassen möchte" (ebd.).

Auch das ist reine Fantasie. Becker hat nie eine „Brücke zwischen den Generationen" geschlagen, schon gar nicht an der Odenwaldschule, aber er kann damit erneut als famoser Pädagoge hingestellt werden, dem – von Medien aufgeladen – öffentliches Unrecht geschieht. Daher kann ohne jede Prüfung gesagt werden, „Missbrauch" sei das „letzte Wort", das „zu seiner Praxis als Lehrer passt" (ebd.). „Nähe ist ein Lebensmittel, kein Missbrauch." Wenn Gerold Becker „damit Schülern nahegetreten sein sollte, kann ich mir dafür keinen strengeren Richter denken als ihn" (ebd.).

In seinem Geständnis wenige Tage später sollte Becker von „Annäherungsversuchen" sprechen und so verharmlosen, was tatsächlich brutale ebenso wie subtile Gewalt gewesen ist. Mit dem Verweis auf die lebensnotwendige „Nähe" hat Muschg die Gewalt in Beckers „Praxis" vorausschauend verharmlost oder erfolgreich verdrängt. Und das war vermutlich abgesprochen, wie die Wortwahl zeigt. Man kann annehmen, dass Becker froh war, von „nahetreten" lesen zu können und nicht von sexueller Gewalt. Das passt auch zu den „Berührungen", von denen zeitgleich die Rede war.

Aber Muschg geht noch einen Schritt weiter, auch er will, dass die Leistungen Beckers angerechnet werden, ohne näher zu sagen, wie das geschehen soll. Dafür ist die Anklage des ehemaligen ETH-Professors umso gewaltiger:

---

13 Das spielt auf den Schluss von Faust II an, wo die „vollendeteren Engel" sagen: „Uns bleibt ein Erdenrest//Zu tragen peinlich."

> „Die Öffentlichkeit hat keine Lust, Fehltritte gegen Verdienste abzuwägen, und noch weniger kann sie sich vorstellen, dass Fehler und Verdienste zwei Aspekte derselben Sache sein könnten – einer zu wichtigen Sache, als dass man sie dem Schnellgericht überlassen könnte. Dass Verstehen in diesem Fall wichtiger sein könnte als Urteilen kommt als Prinzipienlosigkeit hinüber – dabei wäre es nur der Anfang des Lernens. Aber es hat keine Stimme in der Öffentlichkeit des Hexengerichts. Dieses verlangt einen Sündenbock – und wenn er gesteinigt ist, sind alle schuldlos" (ebd.).

Gesagt wird nicht, was genau „Fehltritte" und was „Verdienste" sein sollen und noch weniger, warum sie zusammen gehören. Ein „Hexengericht" setzt voraus, dass es keine Taten, sondern nur ungerechtfertigte Zuschreibungen gegeben hat, Hexen gibt es nicht, sie werden konstruiert; aber die Taten sind durch klare Aussagen nachgewiesen, und wer den Fall von Gerold Becker „verstehen" will, muss von dem ausgehen, was er bezeugt getan hat. Doch Opfer kommen in den Einlassungen des Zürcher Schriftstellers nicht vor, dafür wird aufgerechnet.

Am 16. März sagte Adolf Muschg in einem Interview mit dem Tages-Anzeiger: „Die Stimmen ehemaliger Schüler aus den reformpädagogischen Anstalten sind längst nicht so ungeteilt, wie in den Hetzkampagnen der Anschein entsteht. Dass diese Sache auch eine dunkle Seite hat, das bin ich nicht bereit einem Individuum anzulasten, wenn schon der ‚condition humaine', der menschlichen Grundverfassung" (Muschg 2010a). Das wäre dann folgenlos und angenehm für Gerold Becker, der dann nur von der „menschlichen Grundverfassung" her eine dunkle Seite kennt, ohne dass ihm das persönlich anzulasten wäre.

Das Interview zog 122 Kommentare von Leserinnen und Lesern nach sich, die meisten reagierten auf Muschgs Aussagen mit Empörung und die wenigsten waren in irgendeiner Hinsicht zustimmend.[14] Vorsorglich warnte Muschg, der selbst ein Internat besucht hat, davor, „mit dem Hackebeil zu moralisieren", während er schlicht Gerold Becker entlasten wollte, zu einer Zeit, als jeden Tag klarer wurde, um was und vor allem um wen es sich handelte. Doch von Becker und Hentig könne er nur sagen, dass er sie „als Menschen von ungewöhnlicher Integrität kennengelernt habe" (ebd.), die können dann nicht schuldig werden.

Muschg ging aber noch einen Schritt weiter. Er naturalisiert das Problem der Pädophilie, verweist zugleich auf fremde Kulturen und ihren anderen Umgang mit dem Problem, nimmt die Reformpädagogik in Schutz und versteigt sich am Ende zu dem Satz, dass bei Homosexualität wie beim Kindesmissbrauch „der grösste Schaden" durch die Behandlung der „beiden Fälle"

---

14 http://www.tagesanzeiger.ch/kultur/diverses/Die-Grenzen-zwischen-Missbrauch-und-Zaertlichkeit-sind-subtil/story/19048975?comments=1

in Kultur und Gesellschaft entsteht. Schliesslich wird auch die „klare Klausel der gegenseitigen Einvernehmlichkeit" unter Erwachsenen relativiert. „Die Übergänge vom Unerlaubten zum Möglichen sind zu delikat und zu subtil, als dass man sie dem Rechenschieber der Pedanten und Moralisten überlassen darf" (ebd.).

Das soll offenbar auch für den Umgang mit Kindern gelten. Wenn Nähe als „Lebensmittel" für Kinder hingestellt wird, dann lässt das jede Täterdeckung zu. Ohne Lebensmittel verhungert man und Becker hat tatsächlich immer die emotionale Bedürftigkeit ausgenutzt, um sich Opfer durch eine strategisch gesuchte „Nähe" gefügig zu machen. Insofern kam Muschg der Wahrheit nahe, wenngleich anders als gedacht. Und Beckers Rede von der möglicherweise „zu grossen Nähe" in seinen Selbstrechtfertigungen wirkte wie die dazu passende Verharmlosung.

Er hat es, wie gesagt, stets vermieden, irgendetwas über sich und seine Vergangenheit zu sagen, daher konnte er sich leicht hinter Ausreden zurückziehen. Und so erfuhr auch niemand, warum er die „Nähe" zu den Kindern und Jugendlichen überhaupt gesucht und erst recht nicht, was er konkret getan hat. Mitempfinden muss ihm weitgehend fremd gewesen sein, der „pädagogische Eros" definiert ja das Wohl des Kindes und damit die Richtigkeit des eigenen Tuns, die Wahl der „Lebensmittel" ist dann zweitrangig. „Nähe" ist auch bei sexueller Gewalt gegeben.

Das Leben von Gerold Becker war das eines Päderasten, der getrieben war, Opfer zu finden. Ob er diese Art „Befreundung" mit seiner Sexualität vor sich selbst vertreten hat, darüber kann man nur spekulieren. Verantworten jedenfalls musste er sich nie und sein Selbstbild hat er bis zu seinem Tod bewahren können. In seiner nächsten Umgebung stellte ihn niemand in Frage, hier war er kein Gewalttäter, sondern Opfer, dem Unrecht geschieht. Aber das beschreibt nicht sein Leben, auch nicht das Leben, das er selbst vor Augen gehabt haben muss.

Bezogen darauf hat er Spuren gelegt, die man erst findet, wenn man sich mit diesem Leben näher beschäftigt. Eine davon ist sein wohl inszenierter Abschied als Leiter der Odenwaldschule mit dem Gedicht von Ingeborg Bachmann. Das Gedicht, nochmals, handelt „von einem, der das Fürchten lernen wollte". Grimms Märchen wird dahingehend abgewandelt, dass man nicht am Ende des Weges tatsächlich das Fürchten lernt und nun endlich weiss, was es ist, sondern dazu immer Grund hat, weil die Welt und man selbst zum Fürchten sind.

Vielleicht wollte er das ja als verstecktes Epigramm des eigenen Lebens verstanden wissen. Es ist sicher kein Zufall, dass er im Sommer 1985 mit diesem Gedicht die Odenwaldschule verliess, wo er, der begnadete Pädagoge, für viele zum Fürchten war. Aber im Abschied wollte er kein Zugeständnis andeuten, sondern auf sich zu sprechen kommen. Wer sich vor ihm fürchtete, war Gerold Becker egal, aber er wollte mit einer literarischen Fantasie zum Ausdruck bringen, wer es war, der die Schule verliess oder auch verlassen musste.

Die letzten drei Strophen im ersten Teil des langen Gedichts geben versteckte Hinweise auf dieses Leben, das in seiner Nachtseite aus Gewalt, Flucht, Einsamkeit und einer nur gestundeten Zeit bestanden hat. Das war schwer, aber dennoch hat er überlebt und es allen gezeigt. Es geht um ihn und seine Grösse, die er niemals benennen durfte. Deswegen lässt er das Gedicht für sich sprechen:

„Er zog den Karren aus verweichten Gleisen,
von keinem leichten Rädergang verführt,
beim Aufschrei, den die Wasser weiterreichten
an Seen, vom ersten Steinschlag aufgerührt.

Doch sieben Steine wurden sieben Brote,
als er im Zweifel in die Nacht entwich;
er tauchte durch den Duft und streute Krumen
im Gehn für den Verlornen hinter sich.

Erinnere dich! Du weisst jetzt allerlanden:
wer treu ist, wird im Frühlicht heimgeführt.
O Zeit gestundet, Zeit uns überlassen!
Was ich vergass, hat glänzend mich berührt."
(OSO-Hefte 1985, S. 172)

Die Metaphorik passt zu seiner Geschichte: Becker ist immer „in die Nacht" hinaus entwichen und hat dabei stets die biblische Verwandlung von Stein in Brot[15] erlebt, versteht man darunter die Protektion nach der Flucht und den Neuanfang, ohne entdeckt zu werden und mit Gewinn für sich. Den „Verlornen" konnte er so mehrfach hinter sich lassen und das „berühren" betraf die reale Tat ebenso wie das Vergessen. Es hat ihn etwas „glänzend berührt", seine Lust nämlich und so die Taten, die sich aber erfolgreich verdrängen oder umdeuten liessen. Damit konnte die Erinnerung „im Frühlicht" geschönt werden, dann, wenn der helle Tag noch nicht stört.

Dieses Bild der glänzenden Berührung des Vergessens und der unverbrüchlichen Treue zu sich selbst als Bedingung für die Heimführung beschreibt sein Seelenleben vermutlich sehr genau. Ähnliche Motive tauchen in

---

15 Mt 4, 3. Der Teufel führt Jesus in der Wüste in Versuchung, die Verwandlung von Stein in Brot ist also ein Test auf die Standhaftigkeit.

der Todesanzeige wieder auf, die die letzte Spur seines Lebens gewesen ist, welche er selbst gelegt hat. Die Spur führt nicht zu einem Zyniker, sondern zu einem, der ein Leben ganz für sich geführt hat, dem niemand etwas anhaben konnte und der sich keiner Schuld bewusst war. Für den Verlorenen konnte er einfach die Krumen streuen, als Säemann seiner selbst.

Auch am Ende seines Lebens half das Netzwerk. Nach eigenen Angaben pflegte Hartmut von Hentig den kranken Gerold Becker in den letzten Monaten vor seinem Tod, als die „gestundete Zeit" ablief. Hentig war aber nicht allein, wie allgemein angenommen wurde. Neben ihm war an der Betreuung auch eine Altschülerin beteiligt, die 1984, als Becker noch Schulleiter war, an der Odenwaldschule Abitur gemacht hatte. Sie teilte sich die Pflege des Todkranken mit einem anderen Altschüler, der Becker ebenfalls verpflichtet war.

In den letzten Wochen vor seinem Tod hat Gerold Becker seinen persönlichen Besitz ordnen lassen und den Nachlass geregelt. Was von der Hinterlassenschaft verzichtbar war und aussortiert werden konnte, ist zum Recyclinghof gebracht worden.[16] Nachdem dann der ehemalige Schulleiter gestorben war, hat ein Altschüler die Regale mit Beckers Büchern abgebaut und seine Wohnung entsorgt. Hentig stand also nicht allein da, er ist in Gerold Beckers letzten Monaten von verschiedenen Altschülern, die ihm und Becker besonders nahestanden, tatkräftig unterstützt worden.

Ein Altschüler, der Becker öffentlich verteidigt hat, war Felix Hungerbühler, der 1980 an der Odenwaldschule Abitur gemacht hat. Er hat sich am 22. Mai 2010, also kurz vor Beckers Tod, im Berliner Tagesspiegel geäussert. Hungerbühler wird zitiert mit dem Hinweis, dass er kein Opfer sei und von Becker auch nie Geld oder andere Zuwendungen erhalten habe (Tagesspiegel vom 22. Mai 2010). Das sollte ein Gegengewicht sein zu Aussagen, wonach Becker seinen Opfern Schweigegeld gezahlt habe. Hungerbühler war als Kind Legastheniker und galt als Schulversager, die Odenwaldschule war die erste Schule, an der er Erfolg hatte und sogar Abitur machen konnte (Der Spiegel Nr. 25 v. 18. Juni 1979, S. 52).

Auch er war, anders gesagt, Gerold Becker verpflichtet, dem Schulleiter, der ihn trotz seiner Schwächen aufgenommen und ihn so gerettet hat. Es ist verständlich, dass Felix Hungerbühler dann zum Fürsprecher Beckers wurde. Hungerbühler war aber nie Mitglied der Familie von Gerold Becker und hat ihn so auch nie aus der Nähe erlebt. Er kam im Schuljahr 1976/1977 an die Odenwaldschule, ging in die 10. Klasse und kam im Schiller-Haus in der Familie von Salman Ansari unter, wo er durchgehend bis zum Abitur gelebt hat.

Die Verteidiger Gerold Beckers und mit ihm der Odenwaldschule gingen sämtlich von seinen Leistungen als Schulleiter und Pädagoge aus, die sich auf

---

16 Mail von Bettina Kohl vom 29. April 2014.

das Bild bezogen, das er selbst geschaffen hat. Sie sahen ihn so, wie er wollte, dass sie ihn sahen. Der bis zur Erschöpfung tätige Pädagoge, der einzig für die Kinder da ist, kann nur Bewunderung hervorrufen und für Schüler, die er aufgenommen hat und die nie von ihm behelligt worden sind, war er tatsächlich eine Art Retter. Seine Opfer mussten diesen imaginären Raum der allseitigen Bewunderung durchbrechen, wenn sie begreifen wollten, was mit ihnen geschehen war.

Hellmut Becker zieht in seiner Abschiedsrede für Gerold Becker einen Vergleich, den man heute anders lesen muss als im Sommer 1985. Man bewundere an Gerold Becker, dass für ihn die Odenwaldschule „Ordnung und Abenteuer zugleich" gewesen sei und er „aus seinem Leben ein Abenteuer" habe machen können. Voraussetzung dafür war die eigene Kindlichkeit. „Die Unmittelbarkeit, die Gerold Becker zu jedem einzelnen Kameraden hier gehabt hat", diese Unmittelbarkeit hing sehr stark damit zusammen, „dass auch sein Leben wie das Leben jedes Kindes ein Abenteuer gewesen und geblieben ist" (OSO-Hefte 1985, S. 152/153).

Am 6. März 2010 erschien in der Samstagsbeilage der Frankfurter Rundschau ein zweiseitiger Artikel, der mit „Missbrauch an Elite-Schule" überschrieben war. Die Vorbereitungen zum hundertjährigen Jubiläum der Odenwaldschule waren weit fortgeschritten und wurden dadurch empfindlich gestört. Der Artikel in der Rundschau stellte klar, dass die Odenwaldschule von ihrer Geschichte eingeholt werde. Es sei dies eine Geschichte ständigen sexuellen Missbrauchs von Schülern, die bis in die sechziger Jahre zurückreiche und seitdem erfolgreich vertuscht werden konnte (Schindler 2010a, Dehmers 2011, S. 220f.).

Belegt wird der Tatbestand mit Zeugenaussagen von Ehemaligen, die der Zeitung vorlagen. Der Artikel prägte den Ausdruck „sexuelle Dienstleistungen", zu denen dreizehn- und vierzehnjährige Jungen gezwungen worden sind, Gerold Becker ist kein Einzeltäter mehr, die Zahl der Opfer wird weit höher geschätzt als in dem Artikel elf Jahre zuvor, zugleich wird festgehalten, dass die damals erwähnten fünf Opfer von der Schule „konsequent zu zweien abgerundet" worden seien, um das Geschehen verharmlosen zu können. Die Schulleiterin gibt an, dass es seinerzeit „keine konsequente Aufarbeitung des Skandals" gegeben habe, seit ihrem Amtsantritt habe sie seitens des Vorstandes immer nur gehört, die Becker-Episode sei „beendet und abgeschlossen" (Schindler 2010a).

Zahlreiche Artikel in den Leitmedien folgten und veränderten den öffentlichen Diskurs über die deutsche Reformpädagogik schlagartig und vermutlich auch grundlegend, weil nunmehr nachgefragt und recherchiert wurde. Namen wurden genannt und konkrete Ereignisse geschildert, so dass die Realität nicht länger hinter den reformpädagogischen Idealen verschwinden konnte. Die Medien glaubten den Opfern und erkannten jetzt erstmalig auch die Täter, nachdem die Dimensionen des Skandals sichtbar wurden. „Reformpädagogik" war plötzlich ein Wort, das sich mit einem Skandal verband, der den Glauben an die beste aller Welten der Erziehung erschütterte.

Die Folgen hat Hartmut von Hentig offenbar sofort verstanden. Burgunde Niemann, seit 1981 Lehrerin an der Odenwaldschule, rief ihn zuhause an, unmittelbar nachdem Amelie Frieds Artikel in der Frankfurter Allgemeinen Zeitung erschienen war, also nach dem 14. März. Er sagte ihr am Telefon, „dies könne das Ende der Reformpädagogik sein". Alles andere wies er von sich. „Erst als sie den Namen eines Opfers nannte, glaubte sie Nachdenklichkeit in seiner Stimme zu hören." Offenbar kannte er den Namen. Aber Zugeständnisse waren von ihm nicht zu erwarten. Die Sorge galt der Reformpädagogik und so der Grundlage seines Werkes, nicht dem tatsächlichen Geschehen auf dem „Zauberberg" (Simon/Willeke 2010).

Entsprechend verhielt er sich. Hartmut von Hentig hat am 11. März 2010 in Berlin ein exklusives Gespräch mit dem Münchner Journalisten Tanjev Schultz geführt und Stellung bezogen, was dringlich von ihm verlangt worden war. Am nächsten Tag erschien in der Süddeutschen Zeitung ein Artikel, in dem Hentig zitiert wird, dass er von dem, was seinem Freund Gerold Becker jetzt vorgeworfen werde, absolut nichts gewusst habe und es ja auch sein könne, dass Becker verführt worden sei (Süddeutsche Zeitung vom 12. März 2010, S. 3). Dieses Zitat kostete ihm den Kopf und ist der Schlüssel zu seinem Sturz.

Dem Spiegel erklärte er am 14. März, für ihn sei ein Zusammenhang zwischen „Reformpädagogik" und „sexuellem Missbrauch" nicht zu erkennen, über die Opfer verlor er kein Wort und bezogen auf die damals bereits massiert nachgewiesenen Fälle aus der Odenwaldschule antwortete er mit einer Gegenfrage:

> „Kann man ... von ‚regelmässigem' oder ‚massivem Missbrauch' oder gleich von einem ‚Kulturprogramm', also von einer pädagogischen Instrumentalisierung pädophiler Verhältnisse reden? Müsste man nicht zunächst sagen, wie sich die Vorkommnisse auf welche Zeit verteilen und wie sich die Verteilung in anderen Lebensbereichen regelt? Davon abgesehen, dass ja bisher nur Aussagen gesammelt, nicht aber geprüft, Personen zugeordnet und kategorisiert worden sind" (Der Spiegel Online vom 14.3.2010).

Die „Aussagen" stammten natürlich von Personen, sie liessen sich auch damals schon zuordnen und sind selbstverständlich überprüft worden, sonst wären die Artikel gar nicht erschienen. Hentig hätte davon ausgehen müssen, dass in einem so heiklen Fall die Angaben hieb- und stichfest gemacht worden sind. Für diesen Zweck hat jede Zeitung Justitiare. Und soll die Frage nach der „Verteilung" von Missbrauchsfällen Becker und die Odenwaldschule entlasten, etwa weil es mehr Priesterseminare als Landerziehungsheime gibt?

Diesen Zusammenhang stellte Hentig im Übrigen selbst her. Er fragte rhetorisch: „Was habe ich mit dem zu tun, was als der Odenwaldschulskandal dem Canisius-, Ettal-, Domspatzen- et-cetera-Skandal den Rang abzulaufen beginnt?" (Hentig 2010b). Auch hier spricht er von der „Schwammigkeit der Anschuldigungen" und von der „arglistigen Verdächtigung" seiner Person und seines Werkes, als gäbe es nicht die Aussagen der Opfer, sondern nur eine ungerechte Medienkampagne. Doch genau die Recherchen der Medien stellten den Zusammenhang zwischen dem Jesuitenkolleg und der Odenwaldschule her, der es nicht mehr erlaubte, einfach von der überlegenen Pädagogik auszugehen.

Die aber wollte Hentig gewahrt sehen und dafür war jedes Mittel recht, zumal sie zuvor so gut wie nie Kritik erfahren hat.[17] Noch 2005 hat Hentig in dem Manifest *Bewährung* Schulreform als Entschulung der Mittelstufe verstanden und Landerziehungsheime für die Bewältigung der Pubertät gefordert (Hentig 2006). Dabei wurde er neben anderen auch durch Gerold Becker und Wolfgang Harder unterstützt, die auch hier noch gemeinsam öffentlich sichtbar waren. Dieses Netzwerk war gefährdet, aber mehr noch sein Name und das damit verbundene Werk. In der Rolle des Apologeten versuchte Hentig, seinen Freund Becker zu erklären, um sich selbst zu retten. Seine Grundposition sollte nicht preisgegeben werden.

Auf den 16. März 2010 datiert ein sechzehnseitiger maschinenschriftlicher Text, in dem sich Hartmut von Hentig gegen den Artikel in der Süddeutschen Zeitung zur Wehr setzt. Sein Text hat die Form eines Briefes, Adressat war Tanjev Schultz, der den Brief auf postalischem Wege aber nie erhalten hat und so darauf auch nicht eingehen konnte. Es war auch kein Leserbrief, sondern eine lange und uneinsichtige Rechtfertigung in einer Situation, in der Hentig gefordert war, öffentlich etwas zu seinem Freund Gerold Becker zu sagen. Heraus kam eine Apologie, die für ihn alles nur noch schlimmer machte.

Hentig hatte den Journalisten am Morgen des 11. März in München angerufen und den Gesprächstermin vereinbart. Schultz sei ihm von einem seiner Freunde empfohlen worden, der Journalist habe sich sogleich in den Zug gesetzt und sei um 19.00 Uhr bei ihm in Berlin eingetroffen. Zweieinhalb Stunden habe er sich „ausfragen" lassen (Hentig 2010d, S. 6). Unmittelbar danach muss der Beitrag geschrieben worden sein, der am nächsten Tag auf

---

17 Eine Ausnahme ist Neumann (1996).

der berühmten Seite drei der Süddeutschen platziert wurde und grösste Aufmerksamkeit fand. Für Hentig war der Artikel verheerend, danach erfolgte der Versuch einer massiven Gegendarstellung, die beim Adressaten nicht ankommen sollte.

Hentig verschickte von seiner Apologie per Fax Kopien an Freunde „zur persönlichen Kenntnis", wie oben auf der ersten Seite handschriftlich vermerkt wurde. Gleichzeitig war zu lesen: „Nicht an den Adressaten abgeschickt", Gründe werden nicht angegeben, auch ist unklar, wer alles den Brief erhalten hat, der Verteiler ist nicht zugänglich. Aber klar ist, dass Hentig sich im privaten Kreis und sehr ausführlich erklären wollte. Er fühlte sich von Tanjev Schultz getäuscht und belehrte den Journalisten, was er alles missverstanden und fehlgedeutet habe, ohne die Kernpunkte wirklich zurückzunehmen. Der Text wirkt sophistisch und versucht vor allem, den Verfasser zu entlasten, einschliesslich der Strategie, rein „hypothetisch" Becker als mögliches Opfer hinzustellen (Hentig 2010c, S. 7).

Hentig, der sich gut vorbereitet hatte, rekonstruiert das Gespräch aus seiner Sicht. Es habe „artig" und „unterhaltsam" begonnen, bevor er – Hentig und nicht Schultz – auf den Punkt gekommen sein will. Er habe dem Journalisten die Frage, um die es gehen sollte, „abgenommen" und sie gleich selbst gestellt, nämlich was er von den Gerold Becker (genannt GB) „zur Last gelegten Verfehlungen gewusst habe". Hentig antwortete „mit grosser Bestimmtheit": „Nichts – bis 1998, als die Anschuldigungen zum ersten Mal in einem ‚offenen Brief' an die Konferenz der OSO geäussert wurden und GB mir davon berichtete" (ebd., S. 3).

Von dem Brief Anfang Juni 1998 müssen er und Becker also gleich erfahren haben. Beide waren nicht im Verteiler, der Brief ging an den Schulleiter und an 26 aktuelle Mitarbeiterinnen und Mitarbeiter, die Andreas Huckele und Oliver Kreidl noch aus ihrer eigenen Schulzeit kannten (Dehmers 2011, S. 119/120). Becker muss aber sofort in Kenntnis gesetzt worden sein und der Brief dürfte als Alarmzeichen aufgenommen worden sein. Er und Hentig waren bis zuletzt über die Vorgänge an der Odenwaldschule bestens informiert und sie werden alles daran gesetzt haben, die Entscheidungen in ihrem Sinne zu beeinflussen.

Danach legte Hentig gegenüber seinem Besucher dar, wann er in den fünfzehn Jahren, als Becker an der Odenwaldschule tätig war, seinen Freund besucht habe, um deutlich zu machen, dass er aufgrund der Anlage der Besuche gar nichts gesehen haben konnte (ebd., S. 3/4). An Tanjev Schultz gerichtet, heisst es weiter:

> „Ich meinte, damit sei es für Sie offensichtlich, dass diese Gelegenheiten zwar ausreichten, seinen (Beckers; J.O.) so wirksamen wie mühelosen pädagogischen Umgang mit den Schülern zu beobachten und zu bewundern, nicht aber, um in mögliche Abgründe zu

schauen. Auch meinte ich, es sei nicht nötig, Ihnen zu sagen, dass wohl niemand ausgerechnet dem Freund seine Schwächen fahrlässig preisgeben würde, ja nicht einmal dem von den Schülern erfundenen ‚Lebensgefährten'" (ebd., S. 4).

Damit soll gesagt werden, dass Becker ihm gegenüber nichts preisgegeben hat, was das Bild des famosen Pädagogen gefährdet hätte. Die „Schwächen" werden nicht näher benannt, gemeint sind aber nicht die eines Gewalttäters, denn Becker sollte als Opfer hingestellt werden. Er hatte „Schwächen" im Blick auf Jungen und Hentig suggeriert, dass ihm das zum Verhängnis geworden sein könnte. Aber wenn er etwas von Beckers pädophilen „Schwächen" wusste, seit wann und in welcher Deutlichkeit? Es ist ein Unterschied, ob Hentig die sexuelle Disposition seines Freundes kannte oder Mitwisser seiner Gewaltpraxis war.

Wäre er vollkommen ahnungslos gewesen, dann müsste ihm ein Vorfall in seiner unmittelbaren Nähe entgangen sein. Der Fall geht auf das Jahr 1970 zurück, als Gerold Becker gerade ein Jahr Lehrer war und seine erste Familie leitete. Der Fall betrifft einen Patensohn von Hellmut Becker, von dem bereits die Rede war. Gerold Becker legte sich nachts in das Bett des Jungen und versuchte, sich ihm sexuell anzunähern. Der Junge jedoch wies ihn ab und berichtete seinem Patenonkel von dem Vorfall. Hellmut Becker stellte Gerold Becker zur Rede und legte ihm eine Therapie nahe. Der künftige Leiter der Odenwaldschule sagte zu, eine Schlafkur machen zu wollen und damit war der Fall erledigt. Der Junge wurde anschliessend in Ruhe gelassen, Gerold Becker fand andere Opfer (Der Spiegel Nr. 13 v. 29. März 2010, S. 35).

An der Odenwaldschule war Gerold Beckers sexuelle Disposition wie gesagt ein offenes Geheimnis und es ist nicht so, dass Becker selbst nie darüber gesprochen hätte und es keine Zeugen geben würde. Wolfgang Edelstein berichtet, er habe bei Besuchen der Schule gesehen, was auch andere bemerkt hätten, nämlich dass Becker „einen unheimlich guten Zugang zu den Schülern hatte". Gleichzeitig habe Hellmut Becker ihm gegenüber angedeutet, dass Gerold Becker homosexuell sei. Er sei 1973 nach Ober-Hambach gefahren und hätte in einem Gespräch mit dem Schulleiter seine Bedenken wegen der zu grossen Nähe im Umgang mit den Schülern geäussert.

Becker „bekannte sich zu seiner Neigung, schwor aber, dass er nie etwas tun würde, was seiner Verantwortung als Pädagoge widersprechen würde" (Potsdamer Neueste Nachrichten vom 26. März 2010). Vielleicht war das ja auch die Sprachregelung gegenüber seinem Freund Hentig, der dann nichts erfuhr, was er nicht erfahren sollte und sich mit der „verantwortlichen" Haltung Beckers beruhigen konnte. Auf der anderen Seite ist nicht bekannt, ob Hellmut Becker Hentig über den Vorfall mit seinem Patensohn informiert hat, wäre das der Fall, ist Hartmut von Hentig von Anfang an Mitwisser gewesen.

Der Stuttgarter Architekt Peter Conradi verweist darauf, dass nach dem Bekanntwerden der Missbrauchsfälle im Sommer 1999 Mitarbeiter der Odenwaldschule, die schon in den achtziger Jahren dort tätig waren, berichtet hätten, es habe intern sehr wohl „konkrete Vermutungen über Missbrauch gegeben". Öffentlich wurde das aber nie, man schwieg und begünstigte so die Täter (Frankfurter Allgemeine Zeitung Nr. 81 v. 6. April 2010, S. 34). Conradi war lange Mitglied des Vorstandes der Odenwaldschule und hat selber auch nichts getan, was über die oben erwähnten Massnahmen der Schulleitung hinausgegangen wäre.

Es gibt noch einen anderen unveröffentlichten Text, der auf den 27. April 2010 datiert ist. Er ist überschrieben mit „Hartmut von Hentig redet"[18] und zirkulierte wiederum in einem privaten Kreis. Hier äussert er sich näher über „die Rolle des Freundes". Gerold Becker lebte noch und man kann vermuten, dass der Text mit ihm abgestimmt worden ist. Dann wäre es eine Art Testament, formuliert von einem Dritten. Hentig stellt sich vor seinen Freund und versucht, seine Haltung des Respekts und der Empathie verständlich zu machen, ohne auch hier auf Beckers Taten einzugehen.

Eingangs heisst es: „Den Pädagogen Gerold Becker während seiner Amtszeit zu belehren und zu ermahnen, hatte ich weder einen allgemeinen Grund noch einen besonderen Anlass." Verstanden werden soll dies als „eine andere Formulierung" seines „wiederholten Satzes: ‚Ich habe bis 1998 nichts gewusst, nichts gemerkt, nichts geahnt'" (Hentig 2010d, S. 2). Worauf sich das Nichtwissen beziehen soll, wird wiederum nicht klar gesagt, aber gemeint sind wohl erneut die Taten, die Gerold Becker zur Last gelegt wurden und nicht seine sexuelle Disposition. Hentig hat ja selbst von Beckers „Schwächen" gesprochen, was darauf schliessen lässt, dass er genau wusste, welche „Neigungen" sein Freund hatte.

Das Datum „bis 1998" ist für die Verteidigungslinie grundlegend. Die zeitliche Wasserscheide ist der offene Brief der beiden Altschüler, vorher will er von nichts gewusst haben, danach kannte er die Vorwürfe, aber die müssten bei völliger Unkenntnis heftige Reaktionen ausgelöst haben, während man von persönlicher Betroffenheit und Zweifel am Freund nichts lesen kann. Es ging einfach nur um die beste Strategie, öffentliches Aufsehen zu vermeiden und Gerold Becker möglichst rasch aus der Schusslinie zu ziehen. Und dafür brauchte man eine gut ausgedachte Bestimmung des Zeitpunktes, von dem an Hentig von den Vorwürfen gewusst haben will.

---

18 „Hartmut von Hentig redet aber nicht zur Öffentlichkeit", sondern zu „einem Kreis von auserwählten Personen" (Hentig 2010d, S. 1).

Was genau heisst, er habe von Juni 1998 etwas gewusst, wird nicht gesagt, aber es geht nur um die Vorwürfe, nicht um die Taten. Die werden als unmöglich hingestellt: Was er bis dahin von Beckers Pädagogik gesehen habe, so Hentig, sei „überzeugend, ja bewundernswert" gewesen. Beckers einfühlsamen Umgang mit einem Kind habe er „auf einer dreisamen fünfwöchigen Seefahrt genau beobachtet und in einem Bericht unmittelbar danach aufgezeichnet" (ebd.). Hier ist die Stilisierung von Gerold Becker als dem grossen, dem begnadeten Pädagogen entstanden, den Hentig so wahrgenommen hat oder besser gesagt: den er in seinem Freund sehen wollte.

Mit dem „Bericht" ist gemeint Hentigs Aufsatz „Calling for Attention", auf den noch einzugehen sein wird. In dem Titel dürfe der Leser von „Hartmut von Hentig redet" erkennen, „warum mir – von einem Reporter zur Erklärung genötigt – die Möglichkeit plausibler erschien, ein Kind könne Gerold Becker verführt haben, als dass ausgerechnet dieser Mann ein Kind zu seinem Opfer mache" (ebd.). Tanjev Schultz hatte ihn also im Kern richtig verstanden, Hentig spielte mit der „Möglichkeit", dass Becker „verführt" worden sein könnte und greift so auf ein Standardargument zur Entlastung der Täter zurück, die aufgrund ihrer Neigungen nichts dafür können, wenn sie durch attraktive Jungen „verführt" werden.

Unmittelbar danach spricht Hentig vom „fehlsamen, schuldig gewordenen Gerold Becker", was insofern zur Verführungsthese passt, weil damit auf seine „Schwäche" gegenüber Jungen verwiesen wird. „Schuldig geworden" meint, dass er sich nie auf eine sexuelle Beziehung mit einem Schüler hätte einlassen dürfen. Näher erläutert wird das an dieser Stelle aber nicht, vom Täter ist noch keine Rede, es soll ja eine Verführung gewesen sein, die Bezeichnung „pädophil" wird vermieden und Gerold Becker „im Nachhinein ‚anzuzeigen'", sei nicht Sache „seines engsten Freundes" gewesen. Im Blick auf eine Straftat wäre das allerdings verantwortungslos.

Das „im Nachhinein" bezieht sich auf das Jahr 1998, „als die ersten Vorwürfe gegen ihn laut geworden waren und er schon dreizehn Jahre lang weder an der Odenwaldschule noch anderswo als Lehrer tätig war, die Staatsanwaltschaft zudem die Ermittlung wegen Verjährung eingestellt hatte" (ebd., S. 2/3). Gerold Becker aber war bis 1998 an der Helene-Lange-Schule als Berater tätig und hat dort wie auch an der Odenwaldschule unterrichtet, es dürfte ausgeschlossen sein, dass sein Nachbar und Freund Hartmut von Hentig davon nichts wusste. Die Staatsanwaltschaft ist erst aufgrund der Anzeige von Andreas Huckele überhaupt tätig geworden und Hentig wird von seinen juristischen Beratern beizeiten über die Verjährungsfrist informiert worden sein.

Mit dem offenen Brief der beiden Altschüler vom 10. Juni 1998 gab es zum ersten Mal einen Kreis von Eingeweihten, die von den Vorwürfen gegen seinen Freund Becker gelesen haben und die an die Öffentlichkeit hätten gehen können. Ein Brief ist mehr als nur ein Gerücht. Seinerzeit geschah nichts, niemand von den Lehrern, die Becker noch gekannt hatten, äusserte sich, obwohl die Schule die Taten nicht bestritten hat. Hentig hat intern mit kategorischem Bestreiten reagiert, auch um zu verhindern, dass der Fall grössere Kreise ziehen würde und Becker hat geschwiegen. Er hat wohl darauf spekuliert, dass niemand seiner alten Schule schaden wollte.

Der offene Brief aber hatte noch eine andere Funktion, mit Bezug auf ihn konnte vermieden werden, dass die Frage nach der Vorgeschichte gestellt wurde. Dass Becker ihn von dem Brief informiert hat, musste Hentig sagen, weil ja viele Personen den Brief gelesen hatten, Becker darauf reagiert hat und dabei nicht allein war. Bis dahin, schreibt Hentig gegenüber seinen Anhängern, wusste er von nichts, doch das war nur plausibel mit dem Beharren auf dem Datum des offenen Briefes. Tatsächlich muss Hentig von den Vorwürfen seit dem ersten Brief von Andreas Huckele gewusste haben, also wesentlich früher.

Zum Aufrechterhalten seiner Apologie war jedes Mittel recht. „Hartmut von Hentig redet" ist auch für Hentig eine Art Vermächtnis, es heisst hier: „Für eine moralische Ächtung fehlten in meiner Vorstellung von Gerold Beckers Taten die ‚Abscheu' erzeugenden Merkmale" (ebd., S. 3). Er glaubt, soll das heissen, den harmlosen Erzählungen seines Freundes, die über den noblen „pädagogischen Eros" verstanden wurden. Damit werden Freundschaft und Nähe in Verbindung gebracht, aber nicht Abhängigkeit und Gewalt. Wenn Grenzen überschritten wurden, dann können nur die Opfer schuld sein. Ein Apologet darf nicht genau hinschauen, wenn er nicht selber in Verdacht geraten will.

In „Calling for Attention" beschreibt Hentig ein um Anerkennung buhlendes Kind, von dieser Erfahrung glaubte er das Problem zu kennen. Der berühmteste Pädagoge Deutschlands kann sich vorstellen, dass ein Kind, das Anerkennung sucht, einen Erwachsenen „verführen" kann, aber nicht, welches die „‚Abscheu' erzeugenden Merkmale" in den „Taten" seines Freundes gewesen sein könnten. Es sollten nur harmlose „Berührungen" gewesen sein, die mit keinerlei Form von sexueller Gewalt verbunden waren. Die Einstellung der staatsanwaltlichen Ermittlungen tat ein Übriges, um die moralische Ächtung des Freundes zu umgehen, damit nämlich konnte ein polizeiliches Verhör vermieden werden, das eine gegenteilige Evidenz hätte erzeugen können.

Aber Hentig geht noch einen Schritt weiter, er spricht über die Opfer und dies frei von jeder Empathie:

„Die Leiden der Opfer hatte und habe ich nicht zu beurteilen. Dass ich sie ihnen durch eine öffentliche Verurteilung Gerold Beckers erleichtern könne, kommt mir unwahrscheinlich vor. Mir jedenfalls könnten nur Worte eines Mannes Genugtuung und Stärke verschaffen, den ich achte, nicht von einem, den ich – wie die Opfer Gerold Beckers mich – für einen Heuchler und Lumpen halte" (Hentig 2010d, S. 3/4).

Es geht um ihn, nicht um die Opfer, die in seiner Vorstellungswelt nur nominell vorkommen. Das zeigt auch der Nachsatz, in dem sich Hentig darüber beklagt, dass es ihm „schwer gemacht" werde, „die Leiden der Opfer zu ermessen", wenn sie – die Leiden – ihm „von der Presse um die Ohren geschlagen werden", als hätte er sie „verursacht". „Sollten meine Worte oder ‚Klarstellungen' für irgendjemanden einen Wert haben, musste ich zunächst den Vorwurf meiner Mitschuld abwehren" (ebd., S. 4).

Wie bei den „‚Abscheu' erzeugenden Merkmalen" so ist auch hier die Wortwahl schwer erträglich. Wer schreibt, dass ihm die Leiden der Opfer „um die Ohren geschlagen" werden, gibt damit zu erkennen, dass er sie nicht hören will, eben weil jede Vorstellung fehlt. Es ging darum, die eigene Haut zu retten, nachdem die Leiden und das Ausmass der Gewalt bekannt geworden waren. Auf der anderen Seite kommt eine öffentliche Verurteilung Gerold Beckers nicht in Frage, weil Hentig es „unwahrscheinlich" findet, die Leiden dadurch erleichtern zu können. Immerhin hatte Becker einen Monat zuvor eine Art Geständnis abgelegt.

In der aufgeregten Diskussion ist seinerzeit von keiner Seite nahegelegt oder erwartet worden, dass eine Verurteilung Beckers durch ihn die Leiden der Opfer hätte mindern können. Man wollte einfach die Wahrheit wissen, ohne damit eine therapeutische Wirkung zu verbinden, ausgenommen die, die im Zugeständnis der Wahrheit selbst liegt. Ähnlich war die Frage nicht nach einer „Mitschuld", sondern was Hentig gewusst hat, nachdem er sich eine Verführung des Freundes vorstellen konnte. Das kategorische Bestreiten sorgte für die eigentliche Aufregung.

Und wenn Hentig mit der Wortwahl einräumt, dass es *Opfer* gegeben hat, also mehr als nur harmlose „Berührungen", dann hätte er seinen engsten Freund wegen seiner Taten verurteilen müssen, unabhängig davon, wie die Opfer das aufnehmen. Daher hätte auch die moralische Ächtung ausgesprochen werden müssen, während tatsächlich ein anderer Weg gewählt wurde, nämlich die Umkehrung des Verhältnisses von Täter und Opfer, eine Geschichte, mit der nunmehr auch Hentig aufwartete. Diese Geschichte vor allem, die davon handelt, dass der Freund kein Täter sein darf, hat ihn zu Fall gebracht.

Wenige Monate später lagen Zahlen vor, die den Verdacht erhärteten, dass es sich tatsächlich um ein bewusst aufgebautes „Kulturprogramm" gehandelt hat. Im Dezember 2010 wurde der Abschlussbericht von zwei mit der

Aufklärung beauftragten unabhängigen Juristinnen veröffentlicht, der 132 Opfer in mehr als vierzig Jahren dokumentiert (Burgsmüller/Tilmann 2010). In einem Nachtrag vom März 2012 sind weitere Fälle dokumentiert, die Zahl derer, die sich gemeldet haben, ist also nochmals erhöht worden (Burgsmüller/Tilmann 2012).

Der von Opfern gegründete Verein „Glasbrechen" nahm damals eine Gesamtzahl zwischen 400 und 500 Opfern an. Die Zahl beruht auf einer Hochrechnung, wobei eine nicht näher bezifferte Dunkelziffer hinzugedacht werden muss. Darin eingeschlossen sind keine gewaltsamen Übergriffe und Aggressionen unter den Schülerinnen und Schülern, die inzwischen aber auch dokumentiert sind. Angesichts dieser Zahlen, die die Odenwaldschule endgültig diskreditiert haben, ist der panische Täterschutz nicht verwunderlich.

Der Ausdruck „Kulturprogramm" geht auf ein sechsseitiges Gutachten zurück, das Margarita Kaufmann bei dem Frankfurter Psychologen und Systemberater Walter Schwertl in Auftrag gegeben hat und das durch die weiteren Untersuchungen mehr als bestätigt wurde, sofern man sexuelle Ausbeutung durch Päderasten überhaupt mit dem Begriff „Kultur" in Verbindung bringen kann. Schwertl (2010, S. 3) spricht „von sich wiederholenden Brüchen der Generationsgrenze", die im „damals gültigen Kulturprogramm" der Odenwaldschule „toleriert" wurden. Diese Kultur der stillschweigenden Duldung habe die sich steigernden Übergriffe über Jahrzehnte möglich gemacht.

Hentig (2010c, S. 7f.) hat Schwertls Gutachten einer ebenfalls sechsseitigen, nicht-öffentlichen Kritik unterzogen, die vom Tatbestand ablenken sollte und insbesondere den Ausdruck „Kulturprogramm" in Frage stellte. Ignoriert wird dabei Schwertls (2010, S. 4) Befund, dass die Eltern der Odenwaldschüler „arglistig getäuscht" und die Opfer schwer traumatisiert wurden. Diese Art Traumata sind auch gegenüber den Eltern in aller Regel nicht kommunizierbar. „Betroffene können oft erst Jahre später, wenn überhaupt, mit grössten Anstrengungen sprechen", insbesondere dann, „wenn es sich nicht um einen Einzelfall handelt".

Und in der Tat, es *war* „regelmässiger" und „massiver" Missbrauch in einem Landerziehungsheim der deutschen Reformpädagogik, auf die man sich danach nicht länger zurückziehen konnte. Die Ausübung sexueller Gewalt wurde manifest und liess sich nur noch mit rhetorischen Tricks herunterspielen. Walter Schwertl hat die „Frankfurter Gespräche" 2009 moderiert und mit den Opfern gesprochen, was Hentig nie für nötig befunden hat. Er beurteilte den Fall aus der Ferne und rein hermeneutisch, als ginge es um einen Text und nicht um menschliche Schicksale, die er sich nicht vorstellen konnte oder wollte.

Aber damit nicht genug, Hentig verstieg sich auch zu der rhetorischen Frage, „wie denn ein einziger Mensch" – Gerold Becker – der „damals schon alten ... OSO, ‚ein System von Missbrauch und Abhängigkeit' einpflanzen konnte. Dieses System muss dann stärker sein als das der Nazis" (ebd., S. 9). Was die Nazis nicht geschafft hätten, würde Becker zugetraut – er wird tatsächlich mit allen Mittel verteidigt. Der Nazi-Vergleich ist abgefeimt und gewollt perfide. Er zeigt einen anderen Hartmut von Hentig als den grossen Pädagogen und die von jedermann bewunderte öffentliche Person. In die Ecke gedrängt, wurde er hässlich.

Mit seiner Wortwahl jedoch und seinen Unterstellungen hat er nichts retten können. Diesmal gab es kein Aussitzen des Skandals, einfach weil die Aussagen der Opfer Hentigs Verteidigungslinien überrollten und ihn sehr schnell unglaubwürdig machten. Seine Äusserungen über Becker und die Odenwaldschule waren nicht einfach unglücklich, sondern sie haben ihn verraten und seine Pädagogik der grossen Worte entlarvt. Was ist sie wert gewesen, wenn Hentig ihre Grundsätze auf sich und seinen Freund Becker in der entscheidenden Situation nicht angewendet hat?

9.2 Der grosse Pädagoge als Opfer

Beide waren kinderlos und hatten daher keine Erfahrung als verantwortliche Eltern, die handeln müssen und sich auf keine Pädagogik zurückziehen können. Das hinderte Hentig nicht daran, die Kinderlosigkeit der modernen Gesellschaft zu beklagen. Am 27. November 2003 erschien ein längeres Interview in der Zeit, das die Redakteurin Susanne Mayer, Mutter von zwei Söhnen, mit ihm geführt hat. Überschrieben war das lange Gespräch mit „Gebt den Kindern das Beste: Euch! Eure Zeit!" Hentig verbindet dieses Thema, das eigentlich Gerold Beckers Thema war,[19] mit einer Klage über die zunehmende Kinderlosigkeit in der heutigen Gesellschaft.

Die Klage bezieht sich auf deutsche Verhältnisse, ohne dies kenntlich zu machen. Sie beginnt mit einer Anspielung auf Adorno:

> „Wir haben das falsche Leben, weil wir versuchen, es ohne Kinder zu leben. Weil wir immerzu auf das Erwachsensein starren. Die Kinderlosigkeit ist schädlich – für die wenigen Kinder, denen die anderen Kinder fehlen, aber vor allem für uns. Besonders schädlich ist sie für eine Gesellschaft, die sich auf Kinderlosigkeit einrichtet, die nur an ihren Erwerb und an ihre eigenen Sicherheiten denkt. Die Kinderlosigkeit bringt eine moralische Verwahrlosung mit sich, die niemand so nennen würde, wie ich es jetzt tue. Aber vielleicht

---

19 Das zeigt sein Beitrag in der ersten Festschrift für Hentig (Becker 1985).

wird man durch das harte Wort auf sie aufmerksam" (Die Zeit Nr. 49 v. 27. November 2003).

Erfahrungen mit einem realen und nicht mit einem pädagogisch konstruierten Kind finden sich in der Beschreibung einer Urlaubsepisode mit Gerold Becker, die Hentig im ersten Heft des Jahrgangs 1996 der Neuen Sammlung veröffentlicht hat. Der bereits kurz erwähnte Beitrag ist überschrieben mit „Calling for Attention: Nikolaus" (Hentig 1996). Es war ein Vorabdruck, denn der Artikel ist entstanden für die Festschrift *Geschichten mit Kindern*, die Gerold Becker vermutlich am 12. April 1996 übergeben wurde. Die Episode lag gut zwanzig Jahre zurück und bezog sich auf gemeinsame Erlebnisse im Blick auf einen Jungen. Nur Hentig berichtet darüber, Becker hat nie etwas dazu gesagt.

Hentig hielt die Episode für so bedeutsam, dass er den Artikel nur leicht verändert als eigenes Kapitel in den zweiten Band seiner Lebenserinnerungen aufgenommen hat. Das kurze Kapitel ist überschrieben mit: „Der ‚pädagogische Onkel'" (Hentig 2009, S. 667–680). Er teilt dort zu Beginn der Darstellung in einer Fussnote mit, die Ereignisse „für Gerold Becker aufgezeichnet" zu haben (ebd., S. 667/Fn. 1). Warum, wird nicht eigens gesagt und soll sich offenbar aus dem Zusammenhang ergeben, der sich heute anders liest als zur Zeit der Veröffentlichung. Der Artikel spielt für Hentigs Wahrnehmung von Gerold Becker als dem grossen Pädagogen eine zentrale Rolle.

In der Episode geht es um Hentigs Neffen Nikolaus Fritzsche, den ersten Sohn seiner ältesten Schwester Helga. Gerold Becker und Hentig beschlossen im Sommer 1968, den knapp zehnjährigen Nikolaus auf eine Segelfahrt in Griechenland mitzunehmen. Hentig besass damals in der Ägäis, nämlich in Milina am Pagasäischen Golf, ein „kleines, sechseinhalb Meter langes Fischerboot mit einer Segelfläche von sechs bis zehn Quadratmetern und einem Dieselhilfsmotor" (Hentig 1996, S. 178). Das Boot hiess „Dionysos". Der Platoniker Hentig war zuvor schon bereits mehrfach in Griechenland, zweimal in Begleitung von Gerold Becker (ebd.).

Die Reise mit Nikolaus sollte „die grosse Anfechtung" seiner „damals erst entstehenden Pädagogik" werden (ebd., S. 177), für die Gerold Becker zur entscheidenden Erfahrungsgrösse wurde. Tatsächlich wollten Becker und er einen Erziehungsversuch unternehmen. Beide waren „miteinander vertraut", kannten die „griechischen Verhältnisse" und seien sich einig gewesen: „Wenn etwas, dann würde ein solches Abenteuer dem Jungen helfen, mit sich und den Seinen, mit seiner ihm schwierig gewordenen Umwelt zurechtzukommen. Denn damit haperte es – gelinde gesagt" (ebd., S. 178).

Es ging nicht um Urlaub, sondern eher um Erlebnispädagogik, die Bewältigung von Herausforderungen in einem fremden Erfahrungsraum, den man nicht verlassen konnte. Dem Jungen sollte geholfen werden und beide trauten sich zu, dazu auch in der Lage zu sein, also den Jungen trotz seiner schwierigen häuslichen Situation und den damit verbundenen schlechten Erfahrungen aufbauen und neu ausrichten zu können. Dazu sollte ein Wechsel der Umwelt dienen, ein entspannter Sommer in Griechenland und eine gute Zeit mit zwei vertrauten Menschen.

Als Nikolaus noch keine zehn Jahre alt war, holte ihn sein Onkel nach Göttingen, „wo er bei einer Töpferfamilie wohnte". Gerold Becker, so Hentig, kannte den Jungen von „längeren gemeinsamen Autofahrten von einem Exil ins nächste" sowie von Besuchen bei seiner Familie. Dann heisst es: Nicht zuletzt kannte er „mich; er sah also das hentig'sche – preussisch-platonische – Ethos und wusste, was es Kindern antut" (ebd., S. 181). Damit wird Gerold Becker als der verständige Pädagoge aufgebaut. Nach der Reise sollte dann mit Nikolaus „ein Versuch mit der Odenwaldschule" gemacht werden, „alles sah so aus, als könnte hiermit der Alptraum enden" (ebd.).

In einer Nebenbemerkung gibt Hentig an, Becker habe den Jungen in seinem – Hentigs – Haus getauft (ebd.). Damit ist wohl die Doppelhaushälfte in Göttingen gemeint. Diese Passage fehlt in der Fassung des „pädagogischen Onkels" (Hentig 2009, S. 671), während sie in Hentigs Beitrag für Beckers Festschrift noch enthalten war (Hentig 1996b, S. 104). Warum diese Auslassung erfolgt ist, kann nur vermutet werden. Gerold Becker konnte Taufen abnehmen, so wie er auch Trauungen vollzogen und Grabreden gehalten hat, obwohl er kein ordinierter Pfarrer der evangelischen Kirche in Deutschland gewesen ist. In der Odenwaldschule hat er konfirmiert und auch Gottesdienste gestaltet (OSO-Nachrichten 1985, S. 72/73).

Nikolaus Fritzsche wurde am 2. August 1958 in Chile geboren. Seine Mutter war 1954 für kurze Zeit an der Schule Birklehof als Erzieherin tätig, hat sich danach zur Krankengymnastin ausbilden lassen und heiratete im Mai 1957 einen deutsch-chilenischen Arzt. Die Familie lebte zunächst in Santiago, wo Nikolaus geboren wurde, und zog dann nach Punta Arenas in den äussersten Süden des Landes. Hier wurden zwei seiner Schwestern geboren. 1963 kehrte die Familie Fritzsche nach Deutschland zurück und wohnte zwei Jahre in Hamburg, danach in Dortmund und später in Bad Segeberg, wo der Vater eine Arztpraxis eröffnete (Meyer-Ravenstein 2007, S. 219).[20]

Ein Jahr nach der Rückkehr seiner Schwester lernten sich Hentig und Becker in Göttingen kennen, beide müssen mehrfach die Familie Fritzsche be-

---

20 Heinrich Ramon Fritzsche (1925–2012) starb am 6. April 2012 in Klein Rönnau vor den Toren von Bad Segeberg. Die Todesanzeige in den Kieler Nachrichten/Segeberger Nachrichten vom 11. April 2012 hat auch Hartmut von Hentig unterzeichnet.

sucht haben und kannten also die Umstände. Ein eigenes Haus ohne Nachbarn bezog Hentig erst in Bielefeld. Die Geschichte mit der Taufe von Nikolaus könnte sich auch darauf beziehen, doch dann muss die Taufe nach der Griechenlandreise, die noch von Göttingen aus unternommen wurde, stattgefunden haben, was nicht sehr wahrscheinlich ist. Hentig war der Pate des Jungen, wenn es eine Taufe geben hat, dann sollte damit wohl Einfluss genommen werden auf das Verhalten des Jungen, was nach der Reise kaum noch möglich war.

Die Reise nach Griechenland im Sommer 1968 wurde unternommen, weil Hentig und Becker davon überzeugt waren, dass gute Voraussetzungen für einen Erziehungserfolg gegeben waren. Dabei ist erneut von den beiden „Pädagogen" die Rede, die doch mit praktischer Erziehung bis dahin nur wenig zu tun gehabt hatten. Dennoch sollten die Fähigkeiten vorhanden sein, mit einer besonders schwierigen Situation fertigzuwerden.

> „Zwei mit Zuneigung und Geduld und mit allen notwendigen Einsichten in die Lage des Kindes versehene Pädagogen; die Abwesenheit aller Rivalen; ein Abenteuer, das die Phantasie und die Lebenskraft des Jungen ganz zu absorbieren versprach; eine, wie wir von uns selber wussten, lustvolle Erfahrung gepaart mit strengen Sachgesetzen, ... an denen auch ein Kind gut teilnehmen kann; kurz: Notwendigkeit statt Zwang und ein grosser Spielraum für Improvisation – das waren die günstigen Voraussetzungen" (Hentig 1996, S. 181).

Dem Jungen, der drei jüngere Schwestern hatte, wurde ein extremes Mittelpunktstreben attestiert, seine Mutter nannte ihn „rücksichtslos", er hatte sich lange geweigert, eine Sprache zu lernen und redete mit seinen eigenen Wörtern, die, wenn er sie wiederkehrend gebrauchte, nur seine Mutter verstand. Er war „rastlos, kopflos, hemmungslos, bedenkenlos". Auf der anderen Seite konnte es „Zweifel an seiner Intelligenz ... nicht geben". Seinen Willen teilte er körperlich mit, er hatte keinerlei Gefahrenbewusstsein und „nie konnte er eine lustvolle Tätigkeit von sich aus beenden" (ebd., S. 178/179). Damit wollten es die beiden Pädagogen aufnehmen.

Und nicht nur das. Auf der Reise mit Nikolaus will Hentig Beckers besondere pädagogische Begabung entdeckt haben. „Gerolds Erfahrungen mit Nikolaus" waren anders als seine eigenen, weil er – Gerold – „anders war" (ebd., S. 181). Anders als alle anderen, muss man hinzufügen, jedenfalls in pädagogischer Hinsicht, sonst hätte es die späteren Superlative nicht geben können. Gerold Becker, so Hentig im März 2010, sei der „grösste Pädagoge der Gegenwart" (Süddeutsche Zeitung vom 12.03.2010, S. 3), was man, hat man den realen Becker vor Augen und trennt sich von den Zuschreibungen, nur als traurige Verirrung eines alten Mannes lesen kann.

Becker war allerdings derjenige von den beiden Reisenden, der mit dem Jungen umgehen konnte. Wenigstens wollte Hentig das so sehen. Der eine Pädagoge wird durch den anderen wie folgt beschrieben:

> „Nikolaus liebt Gerold. Stundenlang sitzen sie vorn unter der geblähten Fock und besprechen das Schiff, das Nikolaus bauen will ..., in allen Details, mit zahllosen Varianten. Gerold ist immer geduldig, immer zu allem bereit, immer voller Auskunft. Aber das genügt Nikolaus nicht. Er pufft ihn, versteckt seinen Tabak, zieht ihm die Sonnenbrille weg; aus den Püffen werden Schläge – ein Trommelfeuer mit der Faust auf den Rücken, ein unerwarteter *punch* in den Bauch, dass es wehtut. Was für ein Dämon treibt ihn? Und: Wie hält Gerold das aus?" (Hentig 1996, S. 183)

Becker spricht in keinem seiner veröffentlichten Texte von „Hartmut". Es gibt von ihm auch keine Schilderung von irgendwelchen gemeinsamen Erlebnissen, schon gar nicht mit einem Jungen. Die Berufung auf Hentig galt so gut wie nie der Person, sondern immer nur dem berühmten Pädagogen, seinen Konzepten und so dem Vorteil für ihn, Becker. Aber Hentig wollte gerade ihn als den begnadeten praktischen Pädagogen sehen, dem er nicht das Wasser reichen konnte. Das blieb nicht ohne Folgen, denn viele haben ja das Erziehungsgenie Gerold Becker bewundern wollen.

Hentig reagierte auf der Reise im Sommer 1968 anders als Becker, denn er sorgte sich um seine Gefühlslage:

> „Bin ich eifersüchtig auf das Einvernehmen der beiden? Gerold versichert: Nikolaus bange vor allem um meine Zuwendung, wolle in erster Linie vor mir bestehen. Ich hingegen bin zufrieden, wenn wenigstens Gerold das Richtige tut, wo ich es nicht kann" (ebd., S. 183/184).

Becker ist hier bereits der überlegene Pädagoge, der dann im März 2010 wieder auftauchen sollte. Hentig dagegen kommt mit seinen Gefühlen nicht zurecht und das zugeben zu können, sollte als Offenheit – Eifersucht wegen eines Jungen – verstanden werden. Weiter heisst es:

> „Was für ein Durcheinander, welche Verwirrung vollends für das Kind: *mein* Freund Gerold, *dessen* Freund Nikolaus vor allem *mein* Nikolaus ist, der wiederum *seinen* Onkel Hartmut braucht!" (ebd., S. 184)

An einem Abend am Meer entstand heftiger Streit. Es war Wind aufgekommen, die Luft war kühl und die Sonne längst untergegangen. Nikolaus wollte im Dunklen nochmals im Meer baden und verschmähte das Abendessen. Hentig verbot das abendliche Schwimmen und wies den Jungen an, wegen der Kälte seinen Trainingsanzug anzuziehen, was der aus Trotz verweigerte.

„Meine Sätze kamen mit ohnmächtigem Nachdruck. Von Nikolaus hörte man nur das leise Bibbern aus dem kühlen Dunkel, in dem er sass. Gerold schwieg. Und das verübelte ich ihm. Die Mahlzeit blieb ungegessen; ich nahm meinen Schlafsack, zog hundert Meter weiter, rollte mich ein und heulte" (ebd.).

Nach fünf Wochen war das Abenteuer vorüber, am Ende stand die Einsicht zweier Erschöpfter, es sei zwar schön gewesen, aber so etwas wolle man nicht „noch einmal machen". Bei den Freunden macht der Satz die Runde: „Der Nikolaus hat die beiden Pädagogen geschafft." Hentig musste sein persönliches Scheitern eingestehen, was mit dem Satz kommentiert wurde: „Vielleicht hätte Gerold ihn befreien können – ohne mich."

Der zehnjährige Nikolaus kam nach Abschluss der Sommerferien tatsächlich an die Odenwaldschule, wo er jedoch „nach kurzer Zeit" alle gegen sich aufgebracht hatte und als nicht tragbar galt, also die Schule gleich wieder verlassen musste (ebd., S. 185). Laut Familienliste lebte Nikolaus Fritzsche im Schuljahr 1968/1969 zusammen mit 21 anderen Kindern im Pestalozzi-Haus. Er muss also angemeldet gewesen sein, sonst wäre er nicht eingeteilt worden. Die Sommerferien endeten in Hessen am 3.9.1968, Nikolaus ist danach eingeschult worden, hat aber nicht das ganze Schuljahr an der Odenwaldschule verbracht. Statt das „Ausnahmeerlebnis" Griechenland sollte er die Normalität einer Schulgemeinschaft erfahren (ebd.), aber er war erneut die Ausnahme, wie sich rasch zeigen sollte.

Vom Alter her gehörte er in die vierte Klasse der Grundschule. Der stark verhaltensauffällige Junge mit ausgeprägtem Mittelpunktstreben hätte sich in dieser grossen „Familie" mit klaren Regeln schnell neu ausrichten müssen, was von vornherein zum Scheitern verurteilt war. Der Versuch mit dem Zehnjährigen hätte, wie die Griechenlandreise, nie unternommen werden dürfen, aber offenbar hat niemand Hartmut von Hentig davon abhalten können, seinen Neffen der Odenwaldschule anzuvertrauen, die auf solche Fälle gar nicht vorbereitet war.

Es gab noch keinen psychologischen Dienst und auch keine therapeutische Spezialbehandlung, die Odenwaldschule wollte und konnte nur auf die Kraft der pädagogischen Gemeinschaft vertrauen. Was sie dem Jungen bot, war ein Zusammenleben auf engstem Raum, dem niemand gewachsen war, am wenigsten wohl Nikolaus selbst. Die Schule konnte dann nur die Mitschüler schützen und musste den Problemschüler so schnell wie möglich loswerden, auch um die Eltern der anderen Schüler nicht gegen sich aufzubringen.

Es ist nicht klar, wann er die Schule verlassen hat und wie diese Erfahrung des wirklichen Scheiterns zwischen den beiden Pädagogen kommuniziert worden ist. Aber weil sie es waren, die Hentigs Neffen an der Odenwaldschule untergebracht haben, werden sie auch an seinen Schulerfahrungen teilgenommen haben. Nach den Osterferien 1969 kam Gerold Becker als Lehrer an die Odenwaldschule. Er bildete seine zehnköpfige erste Familie ohne Hentigs Neffen, was kaum glaublich erscheint, wenn man Hentigs Elogen von der Griechenlandreise vor Augen hat.

Becker übernahm Hellmut Beckers Patensohn, auch seinen eigenen Neffen Christian, dazu Jungen wie Jan Kruse oder auch einen Jungen, der aus der Familie von Gerhard Trapp kam, nicht jedoch Nikolaus Fritzsche, zu dem Rosemarie Stein im Pestalozzi-Haus offenbar kein tragfähiges Verhältnis gefunden hatte und der trotz der vorgängigen Bemühungen zweier Pädagogen die Odenwaldschule verlassen musste. Gerold Becker hat offenbar nichts unternommen, den Neffen seines Freundes zurückzuholen und er wird gewusst haben, warum nicht.

Hentig erklärt sein eigenes Scheitern so: Er habe als Onkel versagt, weil er der Meinung gewesen sei, „er müsse erziehen, statt erst einmal das Kind zu bejahen, wie es war. Uneingeschränkt. Nur das, was einem gewiss ist, kann man aufgeben. Was einem bestritten wird, muss man verteidigen. Wir haben Nikolaus zu einem heroischen Verteidiger gemacht" (ebd., S. 185/186). Die nächsten Stationen für Nikolaus Fritzsche waren eine Psychiatrische Klinik und ein Heim für schwierige Kinder. Niemand ersparte ihm das, auch nicht die beiden Pädagogen.

1973, als er sechzehn Jahre alt geworden war, wollte Nikolaus auf eigenen Wunsch an die Odenwaldschule zurück, die sich aber weigerte, ihn aufzunehmen, mit Gerold Becker nunmehr als Schulleiter, der offenbar genau wusste, auf was er sich da einlassen würde. Nikolaus, hiess es seitens der Schule, habe Defizite in bestimmten Fächern, wofür man sonst immer eine Lösung gefunden hätte, und ein Platz im Internat sei auch nicht frei, was schon immer der Vorwand war, Aufnahmeanträge abzuweisen. Und Hentig betont, dass sich „das Kollegium weigerte", den Jungen aufzunehmen, nicht der Schulleiter (ebd., S. 186). Auf Becker sollte kein Schatten fallen.

Die Familienlisten verzeichnen für das Schuljahr 1973/1974 zahlreiche Wechsel, am Stichtag 15. September 1973 fehlt der Name Nikolaus Fritzsche. Einen Schulabschluss machte der Junge erst in Schottland, hier absolvierte er auch eine Militärausbildung und schien sich endlich gefangen zu haben. Er wird von Hentig so beschrieben: Nikolaus war „ein Bilderbuchsoldat", „männlich-hart, technisch-begabt, mündig-kritisch und schön" (ebd., S. 186). Danach bereitete er sich auf ein Medizinstudium vor, das er dann in Aachen[21] begonnen hat, wo auch sein Vater studiert hatte. So schien sich alles zum

---

21 In der Version des „pädagogischen Onkels" ist von einem „Medizinstudium in Köln" die Rede (Hentig 2009, S. 679).

Guten gewendet zu haben, Kindheit und Jugend lagen ebenso hinter ihm wie alle Erziehungsversuche.

Doch Nikolaus Fritzsche wurde nur 24 Jahre alt. Er starb durch ein Unglück, nämlich eine „Gasvergiftung durch einen defekten Durchlauferhitzer, den er selbst installiert hatte". Beerdigt wurde der junge Mann im November 1982 auf dem Waldfriedhof in Bad Segeberg. Hentig schrieb für ihn eine Abschiedsrede, die aber nicht gehalten wurde (ebd., S. 186/187). Kommentiert wird das am Ende des Artikels so: „Ich habe diese Worte damals für Nikolaus nicht reden können. Nun stehen sie hier – für Gerold Becker" (ebd., S. 187). Warum die Rede nicht gehalten wurde, wird nicht gesagt.

Der Schluss „für Gerold Becker" steht auch in der Festschrift (Hentig 1996b, S. 116), aber fehlt in der Version des „pädagogischen Onkels". Was dort ebenfalls fehlt, ist der zweite Teil der unmittelbar vorhergehenden Passage: „Am 5. November 1982 haben wir ihn auf dem Waldfriedhof in Bad Segeberg zu Grabe getragen. Gerold, der ihn getauft und konfirmiert hatte, hat ihn auch beerdigt" (ebd., S. 114). Ob das den Tatsachen entspricht, ist nicht bekannt. Auffällig ist, dass in der ursprünglichen Geschichte Gerold Becker zum begnadeten Pädagogen stilisiert wird und in der späteren Version alle Hinweise auf den Theologen Becker fehlen.

Dieser Theologe hat immer wieder Grabreden gehalten, in diesem Falle verknüpft mit Taufe und Konfirmation. Gerold Beckers Worte am Grab galten seinem Bruder Konrad, vermutlich auch seiner Schwester Johanna, Vorbildern wie Edith Geheeb, Freunden wie Johanna Harder, Schülern wie Michael Wirsing, Lehrerinnen wie Jutta Strippel oder auch Bewunderern wie den Unternehmer Carl Albert Glauner. Becker verstand es offenbar glänzend, Worte des Abschieds und des Trostes zu finden, und auch das machte ihn unangreifbar. Wer so einfühlsam und so auf den Anlass hin reden konnte, gespickt mit den passenden Bibelzitaten, war auf eine unheimliche Weise glaubwürdig. Der praktische Theologe war die nochmals andere Seite des Kinderfreundes.

Die Opfer sahen sich den sexuellen Aggressionen der Täter ausgesetzt und dies in einer eigenen Zone des Schweigens. Sie fielen dem grossen Pädagogen Gerold Becker in die Hände und waren ihm ausgeliefert. Trost gab es für sie nicht. „Für das missbrauchte Kind werden ... schon kleinste Obszönitäten, Andeutungen oder Kränkungen eines Erwachsenen zu einer Katastrophe." Die Täter, das wissen die Opfer, sind Wiederholungstäter und hören nicht auf, gerade weil sie sich so kinderfreundlich geben. „Wenn dir der Lehrer an den Arsch fasst, der irgendwann schon deinen Kinderschwanz im Mund hatte, dann denkst du: ‚Jetzt ist es wieder so weit, jetzt passiert es wieder'" (Max 2011).

Einen Gedanken daran, was real passiert sein könnte, verschwendet Hentig in seinen Apologien nicht und seine Rede von den „Opfern" bleibt abstrakt. Er hätte Becker nie schützen können, wäre er konkret geworden und hätte sich wirklich auf die Taten eingelassen. Aber das unterblieb, stattdessen wurde der Verdacht umgedreht. Sein Freund, der grosse Pädagoge, soll das Opfer und nicht der Täter gewesen sein, was sich allein daran erkennen lasse, dass die Altschüler solange geschwiegen hätten. Der Grund soll sein, dass sie selbst etwas zu verschweigen hatten, nämlich die eigenen Absichten.

Die Erzählungen des Geschehens aus Sicht der Opfer machen dagegen den wirklichen Grund des langen Schweigens deutlich. Es ist die lähmende Erfahrung von ständig drohender Gewalt und manifester Hilflosigkeit, die keine Sprache finden konnte und die einfach übersehen wurde.

> „Ich bin als Letzter noch im Klassenzimmer mit dem Lehrer. Zwischen mir und dem Lehrer steht, was ich nicht einordnen kann, was aber eklig ist. Und dann grabscht er wieder, in aller Öffentlichkeit. ‚Was mach ich bloss, was mach ich denn bloss?' Und wieder dieses Gefühl, gelähmt zu sein. Der Lehrer geht wieder. Nichts ist passiert – ausser dem Griff an den Arsch. Und in der nächsten Stunde soll ich das grosse Einmaleins lernen. Aber ich kann nicht an die Tafel schauen, denn da steht das Ekel, das anscheinend machen kann, was es will" (ebd.).

In seiner Apologie am 25. März 2010 in der Zeit beschwört Hentig nochmals seine „Schul-Polis" und einhergehend damit die Leidenschaft der Erziehung, die als „Hinwendung zum Einzelnen" verstanden wird. Dabei beruft er sich auch auf den antiken Gott Eros:

> „Die Erzieher und Lehrer sollten sich nicht als Fachinformanten, Coaches, Staatsdiener, sondern als Helfer, Freunde, Vorbilder der Schüler verstehen, die ihre Sache mit Leidenschaft treiben. Platons Sokrates nennt diese Leidenschaft für die Weckung des Guten und das Streben nach Wahrheit ‚Eros'. In der griechischen Mythologie repräsentiert er das ‚Verlangen' wie Ares den Streit, Zeus die legitime Macht, Apoll die Sinnhaftigkeit der Verhältnisse, Athene die Klugheit der Menschen, Hermes den Zufall" (Hentig 2010b).

Zur gleichen Zeit schrieb Gerold Becker einer ehemaligen Schülerin völlig ungerührt, dass er den Verdacht nicht los werde, es gehe bei der anhaltenden Medienkampagne gar nicht so sehr um seine Person, sondern er vermute, dass in „Ober-Hambach und anderswo" hinter „dem Gaze-Schleier" mit der Parole „endlich den ‚Opfern' das Wort geben und ihnen Gerechtigkeit widerfahren lassen" mittlerweile „noch ganz andere Süppchen gekocht werden" (Jens 2011, S. 42).

„Gaze" ist ein Gewebe, das halbdurchsichtig ist, wie etwa eine Binde aus Mull oder eine Leinwand. Mit der Metapher des Schleiers sollen die Opfer diffamiert werden, die andere Absichten verfolgen, als sie öffentlich sagen, etwa ungerechtfertigt Geld einzuklagen oder die Reformpädagogik zu desavouieren. Erneut steht damit die alternative Schule im Mittelpunkt, die von Hentig überhöhte „Polis", die gegen ungerechtfertigte Angriffe geschützt werden muss. Die Opfer werden zu Tätern und von der eigenen Schuld kann erfolgreich abgelenkt werden. Becker, den Hentig (2010b), weil er „schwerstkrank" war, seinen „Anbefohlenen" nennen konnte, war auch am Ende seines Lebens noch imstande, sich nicht nur jeder Einsicht zu verweigern, sondern die Gegenseite zu beschuldigen.

Weiter heisst es in Beckers Brief:

„In der Odenwaldschule scheint sich Scheussliches zusammenzubrauen. Ich durchschaue es nicht richtig. Aber was ich durchschaue, bekümmert mich sehr, weil es wohl das Ende der ‚richtigen' Odenwaldschule 1910–1999 (trotz Nazi-Zeit) sein wird. Fraglich, ob sie es überhaupt überlebt" (Jens 2011, S. 42/43).

Auch diese Datierung ist aufschlussreich. Die „richtige" Odenwaldschule soll bis 1999 existiert haben, also dem Jahr seiner ersten Entlarvung. Bis dahin soll sie makellos und so die Schule gewesen sein, mit der er in Verbindung gebracht werden will. Danach hat sie sich von ihm abgegrenzt, nämlich seine Taten zuerst nicht bestritten und später zugestanden, also aus seiner Sicht Verrat begangen. Ihr Überleben hat sie *damit* verspielt, nicht weil dort Pädokriminelle tätig waren.

Die Odenwaldschule hat er dreizehn Jahre lang geleitet, er hat sie in Misskredit gebracht, und wenn sie plötzlich am Abgrund stand und ihre Geschichte umschreiben musste, dann wegen ihm, doch er tut so, als habe die Entlarvung des Skandals nichts mit seiner Person zu tun. Das entspricht der künstlichen Figur des Pädagogen „Gerold Becker", die geschaffen wurde, damit er nichts an sich herankommen lassen musste und sich bis zuletzt immer auf der richtigen Seite wähnen konnte.

Ein Altschüler beschreibt Becker so: Er war zwar gross, aber auch „zerbrechlich" und jedenfalls „kein Sportlertyp". Gerold hat abends zuweilen getrunken, Gefühle zeigte er nur unter Alkoholeinfluss. Wenn er betrunken war, konnte er voller Gefühl den Beatles-Song „Yesterday" mitsingen. Er ist mit „Mariakorn", wie der bevorzugte Weinbrand in seiner OSO-Familie genannt wurde, ernst und melancholisch geworden, war mithin voller Emotionen.[22] „Yesterday" ist wieder ein verstecktes Zeichen, denn das Lied thematisiert bekanntlich einen plötzlichen Verlust.[23]

---

22 Gespräch mit Konrad Taukert am 15. Oktober 2013.
23 „Suddenly, I'm not half the man I used to be".

Ob Hentig von dem Alkoholproblem seines Freundes wusste, ist nicht bekannt. Geholfen hat ihm niemand, auch nicht, nachdem er die Odenwaldschule verlassen hatte, und für die Ursachen interessierte sich erst recht niemand. Für Gerold Becker war Betrunkensein ein kleines Fenster der Sentimentalität und ein eigener Modus der nächtlichen Mitteilung, über den sich niemand empört hat. Er war dann der Kumpel, der nichts tat, was alle anderen nicht auch taten. Alkoholkonsum wurde geduldet und Trinken galt als normal oder gar als eine Form von Selbstbestimmung. Aber es wäre eine seltsame Beziehung, in der Alkoholabhängigkeit nicht auffällt.

Beckers „Schwäche" war aber nicht der Alkohol, wenigstens nicht in Hentigs Apologieversuchen kurz vor dem Tod des Freundes, in denen Becker ja als grossartiger Pädagoge hingestellt wird. Seine Schwäche ist für Hentig seine Verführbarkeit gewesen, die sich am Ende nicht nur auf anonyme Jungen bezogen hat. In der Apologie wurde Hentig an einer Stelle so konkret, dass sich die Insider vorstellen konnten, von wem er sprach. Das einzige „Verhältnis" Beckers, von dem Hartmut von Hentig gewusst haben will, bezieht sich auf einen bestimmten Jungen, der in dem Brief an Tanjev Schultz mit dem Kürzel „H." bezeichnet wird.

In dem Brief heisst es: „Ihre gemeinsame OSO-Zeit reichte von 1982 bis 1985, als GB die Schule verliess." Becker, so Hentig, schilderte die Beziehung ihm gegenüber „als herzlich" und sie habe seinen „Fortgang aus der OSO überdauert". Nach zweijähriger Familienzugehörigkeit sei H. 1984 als Fünfzehnjähriger mit Becker auf eine Reise nach Irland gegangen. In Beckers Augen, so Hentig, war H. „ein power-boy, selbstbewusst, redefreudig, wortgewandt und keck bis zur Arroganz" (Hentig 2010c, S. 8), mithin attraktiv.

Er wusste also von einer Reise des Schulleiters alleine mit einem minderjährigen Jungen in ein fremdes Land. Und Becker hat ihm geschildert, was diesen Jungen in seinen Augen ausgezeichnet hat. Hentig hat 25 Jahre später Beckers „Schwächen" zugestanden, aber wenn er die bereits damals vor Augen hatte, war die Reise nach Irland alles anderes als harmlos. In den Sommerferien 1984 war bereits klar, dass Gerold Becker die Odenwaldschule ein Jahr später verlassen würde. Auch das wusste Hentig, der in seiner Apologie aber darauf hinaus wollte, dass der Täter das Opfer gewesen ist.

Erwähnt wird ein Brief des Jungen an Becker, der viele Jahre später „ohne Anrede und voller Beschimpfungen" eingetroffen sei (ebd., S. 5), ob in Berlin oder Wiesbaden bleibt offen. Gemeint kann nur Andreas Huckeles Brief vom 12. November 1997 sein, der überschrieben ist mit: „An Gerold Becker!" (Dehmers 2011, S. 114). Sechs Tage später hat Becker von Wiesbaden aus geantwortet. Man muss davon ausgehen, dass er Hentig umgehend davon in Kenntnis gesetzt hat. Trifft das zu, war Hentig nicht erst zum Zeitpunkt des offenen Briefes mit dem Verdacht konfrontiert, sein Freund, der Pädagoge, könnte ein Sexualtäter sein und die Odenwaldschule ein Ort des Verbrechens.

Huckeles Brief wird im März 2010 als „Beschimpfung" abgetan und man kann annehmen, dass dieser Eindruck auch beim Empfang des Briefes bestanden hat, was dann aber die Frage aufwirft, warum Becker überhaupt geantwortet hat. Auf Beschimpfungen muss man nicht eingehen und einen direkten Anlass zu reagieren gab es auch nicht. Die Zeit mit Andreas Huckele lag mehr als zehn Jahre zurück, Becker hat zwischenzeitlich häufiger Post von Ehemaligen erhalten, das zeigen die Briefe von Stephan Hädrich, und man kann nicht auf alle Anliegen eingehen, Hentig und er hätten also den Brief auch einfach auf sich beruhen lassen können.

Aber das taten sie nicht, vermutlich weil beide genau vor Augen hatten, um was es dabei ging. Eine empörte Zurückweisung der Vorwürfe war strategisch ebenso wenig möglich wie die Ignoranz des Briefes, beide nämlich wussten, wer Andreas Huckele war und konnten sich vorstellen, was eine Aussage von ihm für Folgen haben würde. In dieser Situation konnte man nicht einfach abwarten und sehen, was passiert, sondern es musste eine Antwort gefunden werden, die nichts preisgeben durfte und doch für Beruhigung sorgen sollte. Das Gegenteil trat dann ein. Dass Beckers Taten verjährt waren, wurde wohl erst danach deutlich, anders hätte gar nicht geantwortet werden müssen. Von „Taten" aber war natürlich nie die Rede.

Gegenüber den eigenen Anhängern gibt Hentig (2010c, S. 5) an, Becker habe in seiner Antwort den Jungen um ein Gespräch gebeten, „wo und wann auch immer" es stattfinden solle. Aus diesem Brief Beckers werde „jetzt gelegentlich zitiert", so Hentig weiter, ein Passus nämlich, wo Becker bekennt, es möge sein, dass er „ungerecht gewesen" sei und sich deswegen auch „schäme". Auf Hentigs Rückfragen, „was damit gemeint sei", antwortete Becker, „er habe H. in der Tat anderen gegenüber gelegentlich vorgezogen, wie das so ist, wenn man jemanden besonders mag" (ebd.).

Gemäss diesem Passus hat Hentig seinen Freund zur Rede gestellt und auch eine Antwort erhalten. Um konkrete Handlungen geht es dabei nicht, es ist wenn, dann ein Geständnis unter Pädagogen, wo das „Vorziehen" von Schülern als Vergehen, aber nicht als Sündenfall gilt. Um es zu wiederholen: In dem Brief ist Becker unmissverständlich beschuldigt worden, als immer noch „anerkannter Pädagoge" „sexuellen Missbrauch an Schutzbefohlenen" begangen zu haben (Dehmers 2011, S. 115). Das wird gar nicht erwähnt und muss kategorisch ausgeschlossen worden sein.

Der Text des Briefes von Huckele war im März 2010 öffentlich nicht zugänglich, zirkulierte aber, sonst hätte sich Hentig darauf gar nicht bezogen. Ein Vergleich mit der Darstellung Hentigs war also möglich, aus diesem Grunde musste Hentig abwiegeln und sich für die harmloseste Variante entscheiden, die zugleich Verständnis erweckt, denn welcher Pädagoge hätte noch nie ein Kind „vorgezogen"? Becker hatte tatsächlich immer „Favoriten", was Hentig bei seinen Besuchen und bei anderen Gelegenheiten nicht verborgen geblieben sein kann. Das aber wussten auch andere.

Hentig hat Becker mit dieser Geschichte vor seinen Anhängern nochmals entlasten wollen und nicht zufällig spielte er dabei die Karte des „Pädagogen". Er wusste dabei genau, um wen es sich gehandelt hat und was Becker vorgeworfen wurde. Mit dem fast freundlichen „Vorziehen" sollte unter Pädagogen für Nachsicht geworben werden. Becker war so einer von ihnen, doch zu dieser Strategie passt die Bezeichnung „power-boy" ebensowenig wie die Adjektive der Beschreibung des Jungen. Hentig hat ihn so genau vor Augen gehabt, dass er ihn zum Täter stilisieren konnte.

Der Brief von Andreas Huckele muss Hentig elektrisiert haben, denn er besteht nicht aus „Beschimpfungen", sondern beschuldigt seinen Freund Gerold auf eine ganz unmissverständliche Weise und schliesst mit dem Satz: „Ich verachte Dich dafür" (ebd.). Gut ein halbes Jahr später musste die Odenwaldschule die Vorwürfe des sexuellen Missbrauchs als glaubwürdig anerkennen, auch davon ist in Hentigs Apologie keine Rede. Er habe keinen begründeten Zweifel, hatte Wolfgang Harder zehn Jahre zuvor an seine Schulbehörde geschrieben, dass die beiden Altschüler die Wahrheit sagen, nur wurde genau das nicht öffentlich und Gerold Becker konnte auch deswegen schweigen.

„H." ist also Andreas Huckele. Er kam im Sommer 1981 mit zwölf Jahren an die Odenwaldschule und machte dort 1988 Abitur. Nach der Auflösung seiner ersten Familie im Goethe-Haus zog er ins Herder-Haus und kam zu Gerold Becker, als einziger seiner vorherigen Familie und auf eigenen Wunsch. Er blieb dort so lange, bis Becker die Schule verliess und hat ihn drei Jahre lang aus nächster Nähe beobachten können. Der Junge musste dabei brutale sexuelle Angriffe über sich ergehen lassen.

> „‚Davon geht der Lack nicht ab', pflegte Becker zu sagen, wenn ich versuchte, mich von seinen Umklammerungen zu befreien, wenn ich mich von ihm wegdrehte, wenn ich körperlich signalisierte, dass mir seine Attacken unerträglich waren. Eiskalt, in völliger Missachtung der kindlichen Abwehr, setzte Becker seine Bedürfnisse durch. Jede Attacke war ein Mordversuch an meiner Seele" (ebd.).

Die einwöchige Reise nach Irland hat tatsächlich stattgefunden, an einen Übergriff Beckers in dieser Woche kann sich Andreas Huckele nicht erinnern, wohl aber an einen erfolglosen Annäherungsversuch in einem gemeinsamen Hotelzimmer in Dublin (ebd., S. 58/59). Als er später drei Monate an einer Schule in England verbrachte, schrieb Becker ihm etwa sechzig Briefe, die alle „väterliche Zuwendung" zeigen sollten (ebd., S. 63). Offenbar hat Becker dieses Bild konservieren wollen. Aber Vater ist Becker nie gewesen und was er für seine OSO-Familie tat, diente letztlich nur ihm.

Im November 1997 hatte er Andreas Huckele nicht nur geschrieben, „Dir begegnet zu sein", gehört zu „meinen kostbaren Erinnerungen", sondern auch „lass Verachtung nicht das letzte Wort von Dir zu mir sein" (ebd., S. 116). Das war wahrscheinlich ernst gemeint, als Erinnerung an eine für ihn schöne Zeit, in der er einen von ihm abhängigen Jungen sexuell ausbeuten konnte. Wirkliche Empathie für sein Opfer war von einem Täter wie ihm nicht zu erwarten, in seiner Antwort ging er wiederum nur von sich aus, schrieb, er sei jetzt 61 Jahre alt, in seiner Familie werde kaum jemand älter und er sei dabei, die Bilanz seines Lebens zu ziehen (ebd., S. 115).

Dafür gab es gar keinen Anlass, Becker war auf dem Höhepunkt seiner Karriere und hatte noch gute Jahre vor sich. Tatsächlich aber stand er mit seinem Freund Hentig vor dem Problem, eine Situation zu bewältigen, die für beide bedrohlich werden konnte. Nie zuvor ist Gerold Becker so offen mit seinen Taten konfrontiert worden und der überraschende Brief hat sicher Eindruck gemacht, weil bei einem öffentlichen Skandal beide gefährdet waren. Becker kannte Bettelbriefe und Erpressungsversuche, auf die er auch reagiert hat, aber er wusste, dass er diesen Brief nicht so behandeln durfte wie die anderen.

Andreas Huckele schreibt, er sei mit Becker „eine Bindung eingegangen", weil er „Aufmerksamkeit und Fürsorge dringend benötigte". Über Jahre konnte er keinen anderen Ausweg erkennen, doch die Bindung an Becker war „tödlich", denn der Preis war fortgesetzte sexuelle Ausbeutung ohne jeden Skrupel, die väterliche Fürsorge nur vortäuschte. Irgendwann war er „stark oder verzweifelt genug, um allein zu überleben". Er stiess Becker zurück und flüchtete sich in Alkoholkonsum (ebd., S. 69/70).

Das war, bevor Becker die Schule verlassen hat. Jahrzehnte später konnte Hentig von einer „herzlichen" Beziehung sprechen, die den Weggang im Sommer 1985 überdauert haben soll. Dann hätte Becker mit Andreas Huckele weiter Kontakt halten müssen, was ausgeschlossen ist. Aber Hentig hat von der Beziehung gewusst, sie ja auch besonders hervorgehoben und nur den Klarnamen vermieden. Auch Beckers „Neigung" ist ihm bekannt gewesen, den damit verbundenen Horror haben die Opfer erfahren.

Bereits Jürgen Kahle hatte im Januar 2000 in seinem offenen Brief an Uwe Lau, der, wie gezeigt, der Schulleitung sowie den Mitarbeitern der Odenwaldschule zur Kenntnis gebracht wurde, auf „A.H." verwiesen (Kahle 2000, S. 3). Vermutlich wusste jeder im Verteiler, wer gemeint war. Man kann annehmen, dass angesichts der Lage auch Hentig und Becker dazugehörten. Kahle berichtet, dass A. H. und sein Freund auf der Mittelstufe in seiner Klasse waren, und er besonders mit Huckele „ein sehr gutes, fast herzliches Verhältnis" gehabt habe.

„Beide Jungen waren gescheit, souverän und ohne schulische Sorgen, locker, hübsch und fröhlich; und sie trugen ihre Nase ziemlich hoch, schienen mächtig stolz darauf zu sein, jahrelang in der begehrt-elitären Familie des beliebten Schulleiters sein oder dort zumindest partizipieren zu dürfen, der trotz seiner zahlreichen Aufgaben und Probleme viel unternahm und ganz viel daransetzte, ‚seine Söhne' glücklich und zufrieden zu machen" (ebd., S. 4).[24]

Hentig und Becker werden sich angesichts der direkten Intervention eines Opfers vorgestellt haben, was da auf beide zukommen könnte. Kahles Schönfärbung gehörte zu den Strategien der Konfliktbewältigung. Vermutlich sind auch die nichtssagende Antwort Beckers und das weitere Verhalten abgesprochen gewesen. Zudem werden sie darüber nachgedacht haben, was der Grund und das Motiv für den Brief, mit dem niemand gerechnet hat, gewesen sein könnten.

Ein halbes Jahr später wurde der offene Brief an den Schulleiter Harder geschrieben, in dessen Folge sich Gerold Becker aus seinen Ämtern an der Odenwaldschule zurückziehen sollte. Aber damit war es nicht getan, er musste damit rechnen, dass sein Fall öffentlich werden würde. Die Strategie, einfach nichts zu sagen und „in der Sache" zu schweigen, schützte ihn vordergründig, aber erhöhte auch das Risiko. Deswegen wurde formal ein klärendes Gespräch offeriert – in der Absicht, dass es nie zustandekäme. Hentig seinerseits hatte sofort erkannt, wer von den Altschülern den Druck machte und behielt den feindlichen Namen im Gedächtnis. Dafür stand die Chiffre „H.".

In der Öffentlichkeit trat Andreas Huckele bis zum Herbst 2012 stets als „Jürgen Dehmers" auf. Schon in dem Artikel der Frankfurter Rundschau vom 17. November 1999 wurde er so genannt, das Pseudonym stammte von Jörg Schindler (Dehmers 2011, S. 144). Hentig aber wusste, wer „Dehmers" in Wirklichkeit war und versuchte, ihn zu denunzieren. H., also Andreas Huckele, ist derjenige, der Gerold Becker „verführt" haben soll. Der Klarname wird nicht benutzt, aber allen Eingeweihten muss deutlich gewesen sein, wer gemeint war. Die damalige Beziehung Beckers zu Huckele ist kein Geheimnis gewesen und nun musste es darauf ankommen, für den Freundeskreis die Kausalitäten strategisch zurechtzurücken.

Gegenüber Tanjev Schultz brachte Hentig zwei „Hypothesen" ins Spiel, die beide zeigen, mit welcher Niedertracht vorgegangen wurde. Vorausgeschickt wird die Bemerkung: „Wenn sich zwei Aussagen gegenüberstehen, ist es schwer, der des Freundes zu widerstehen und die andere gelten zu lassen, die dem Freund obendrein unermesslich schadet und auch dem Erschei-

---

24 Oliver Kreidl war nie in der Becker-Familie.

nungsbild seiner Person widerspricht" (Hentig 2010c, S. 7). In der Konsequenz dieser Alternative wurde Becker und seinem „Erscheinungsbild" geglaubt und die anderen „Aussagen" schlecht gemacht und entwertet, vorausgesetzt die klare Schadensvermutung und der unbedingte Wille, das drohende Unheil abzuwenden. Gemeint sind Aussagen, die Becker 1998/1999 belastet haben und die mit dem zweiten Artikel der Frankfurter Rundschau neu an die Öffentlichkeit gebracht wurden.

Die erste Hypothese bringt zwei „kriminalistische Erklärungsmuster" ins Spiel, die auf das hinweisen würden, was hinter den Briefen stehen könnte, nämlich „Rache oder Erpressung". Wie gezeigt, Becker ist zuvor erpresst worden, davon könnte Hentig gewusst haben und wäre das der Fall, dann ist er nicht zufällig auf diese Erklärung gekommen. Aber ohne konkrete Forderung bleibt die Erklärung abstrakt und für einen Racheakt müsste es ein Motiv geben, das nicht einmal angedeutet wird, weil dann auch andere Schlussfolgerungen möglich gewesen wären, denn eine grundlose Rache gibt es nicht und Hentig hätte sich näher erklären müssen. Daher entfiel die erste Hypothese.

Aber er habe vor elf Jahren, schrieb Hentig im März 2010, ein weniger abstraktes Erklärungsmuster als das kriminalistische gehört. Das andere Muster habe ihm jemand nahegebracht, „der sich mit Hs Leben seither auskannte", also dem, was Andreas Huckele nach der Odenwaldschule getan hatte. Das heisst, Hentig muss seinerzeit über „H." und hinter dessen Rücken recherchiert haben.[25] Ob Becker davon wusste, ist nicht bekannt, dürfte aber naheliegen. Hentig hat nicht allein gehandelt, anders hätte er kaum einen Informanten im Umkreis von H. gefunden.

Den Namen des Informanten wisse er nicht mehr, heisst es, aber es war auf jeden Fall ein Bekannter von H., den er gefragt und der ihm Auskunft erteilt hat. Daraus entstand die zweite Hypothese, die auf bewährte Strategien an der Odenwaldschule zurückverweist, nämlich die der Therapeutisierung. Bereits Wolfgang Held hat die Strategie ins Spiel gebracht und Gerold Becker hat darauf mehrfach zurückgegriffen. Nun taucht sie erneut auf: Andreas Huckele, so wurde Hentig zugetragen, „sei ein Hochleistungssportler geworden, habe geheiratet" und „sei in eine Krise geraten, die ein Therapeut lösen sollte". Hier wird angeknüpft, wohlgemerkt auf Hörensagen hin und ohne eigene Einsicht.

Hentig sagte in Richtung Tanjev Schultz und bezogen auf diese Phase ihres Gesprächs: „Ich schloss mit dem Satz: Man wisse, dass sexuelle Traumata in den Analysen und Hilfsangeboten der Therapeuten zur Zeit sehr beliebt

---

25 Das wusste Andreas Huckele, der darüber von einem Mitarbeiter der Odenwaldschule in Kenntnis gesetzt wurde (Mail vom 18. August 2013).

sind" (ebd.). Was damit genau gesagt werden sollte, bleibt ausgespart. Aber die Aussage bezieht sich deutlich auf H.; ihm sollen in der Therapie sexuelle Traumata als Erklärung für seine Krise nahegebracht worden sein, was vielleicht der Informant kolportiert hat und Hentig aber unmöglich beurteilen konnte. Die Schlussfolgerung ist reine Spekulation und eine perfide Verknüpfung auf den gegebenen Anlass hin.

Doch so konnte von Becker abgelenkt werden, denn was damit insinuiert wird, sind die sexuellen Traumata nicht des Opfers, sondern des Verführers. Die Verführungstheorie will Hentig als „pure Gesprächshypothese" verstanden wissen, die aber deutlich und offen zur Entlastung Beckers eingesetzt wurde. Tanjev Schultz hat ihn also auch hier richtig verstanden, was seinerzeit unter den Anhängern Hentigs niemand glauben wollte. Er und Becker schienen Opfer der Medien zu sein, aber seinem eigenen Brief ist zu entnehmen, warum genau das nicht der Fall war. Man erfährt vielmehr, dass alles noch schlimmer war, als es den Anschein hatte.

Dies, so Hentig, habe er im Gespräch mit dem Journalisten „tatsächlich" gesagt:

> „Es könne zwischen Erwachsenen und Kindern eine innige gegenseitige Beziehung geben. Manchmal seien die Kinder dabei die treibende Kraft, der tragende Part. Die Literatur führe uns Beispiele von Kindern vor, die den Erwachsenen bewusst aus ihrer sittlichen Panzerung locken. Vielleicht war GBs Panzer, ‚nie den Willen eines Kindes brechen' (so in Ihrer Formulierung) gelegentlich nicht fest genug gegen das, was H. für ihn war, ein Verführer (so in meiner Formulierung)" (ebd., S. 9).

Dieser „Gedanke" kam Hentig nach eigenen Aussagen am Ende des Gesprächs mit Tanjev Schultz, als er Vertrauen gefasst hatte und die Hypothese „gleichsam als letzte Bezeugung" seines „Glaubens" an Gerold Becker formulierte (ebd., S. 15). Doch seine Recherchen über H. lagen elf Jahre zurück, eine spontane „Hypothese" muss daher ausgeschlossen werden. Er folgte in einer für ihn so zentralen Angelegenheit nicht einfach einem Einfall, sondern sagte das, was er sich für den Fall der Fälle wohlweislich zurechtgelegt hatte.

Damit habe er, so Hentig weiter, keineswegs die Opfer zu Tätern gemacht, doch genau das muss er gründlich vorbereitet und als die vermeintlich letzte Trumpfkarte auch eingesetzt haben. Es ist unglaubwürdig, wenn er sagt, er habe nur „verzweifelt eine Erklärung gesucht". Herausgekommen sei eine „recht schwache Erklärung, aber immerhin eine, bei der H." – als Verführer – „ein Wesen mit eigener Würde und nicht nur Objekt ist und GB vielleicht ein strauchelnder Mensch und nicht ein ‚verbrecherischer' Pädagoge, der ... den Missbrauch als System installiert" hat (ebd., S. 9/10).

Gerold Becker mit den pädophilen „Neigungen" sollte auf keinen Fall als der Verbrecher erscheinen, der er sein Leben lang gewesen ist, ohne dass der engste Freund davon etwas bemerkt haben will. Zu diesem Zweck wird der Verführer erfunden, der nicht nur Becker, sondern auch Hentig entlastet. Von den anderen Tätern ist keine Rede, auch das entlastet, weil nur dann die Verführungstheorie überhaupt plausibel sein kann. Es darf nur um H. und den „strauchelnden" Gerold Becker gehen, anders müsste ein begünstigendes System angenommen werden.

Hentig hatte mit Tanjev Schultz vereinbart, dass der Journalist „direkte Äusserungen" des Interviews zur Genehmigung vorlegen würde. Tatsächlich sei er in indirekter Rede zitiert worden, den Passagen über die Verführungstheorie hätte er die Genehmigung verweigert. Sie hätten mit dem, was er eigentlich sagen wollte, „nichts mehr zu tun" (ebd., S. 15). Eine Gegendarstellung für die Süddeutsche Zeitung gibt es jedoch nicht, weder allgemein zum Gespräch noch über die „Hypothese", dass Gerold Becker verführt worden sein soll. Eine Gegendarstellung hätte nur dann abgedruckt werden müssen, wenn wirklich falsch berichtet worden wäre. Aber offenbar hatte ihn Schultz ganz richtig verstanden, was eine schockierte Öffentlichkeit zur Kenntnis nehmen musste.

Was die Öffentlichkeit nicht erfuhr, vertieft das Entsetzen über den epochalen Pädagogen, als der Hentig immer hingestellt worden ist. In dem Brief an Tanjev Schultz stellt Hentig Spekulationen an, warum Andreas Huckeles „Anschuldigung" so spät erfolgte.

> „Die Dauer zwischen dem kränkenden Vorgang und der Möglichkeit, überhaupt darüber sprechen zu können, wird mit der Tiefenwirkung des Erlebnisses erklärt und mit Scham. Die Scham ist umso grösser, ... je stärker man an dem Vorgang beteiligt war."

Gemeint ist die Scham des Verführers. H. hat sich demnach so sehr geschämt, Gerold Becker verführt zu haben, dass er erst mehr als ein Jahrzehnt später und dann mit der hysterischen Verkehrung des Tatbestandes reagieren konnte. Schliesslich noch: „Das Verhältnis von H und GB habe ich nicht miterlebt; ich weiss nicht einmal, wie er aussieht" (ebd., S. 8).

Andreas Huckele berichtet, dass er Hentig als Kind in Beckers Wohnung kennengelernt habe und bei dieser Gelegenheit von ihm auch durchdringend fixiert worden sei. Hentig sagte in seiner Anwesenheit zu Becker: „Das ist also einer von diesen Knaben!" (Dehmers 2011, S. 251) Das muss 1982 oder 1983 gewesen sein. Im Schuljahr 1982/1983 lebten anfänglich sieben Jungen in Beckers Familie. Hentig hat sicher bei seinen Besuchen alle sieben kennengelernt. Andreas Huckele gehörte zu den beiden jüngsten, es kann nicht sein, dass Hentig sie übersehen hat.

Zu diesem Zeitpunkt, so Huckele, habe er den „Übervater" Gerold Becker „bedingungslos" angehimmelt (ebd., S. 49). Distanz gegenüber ihm oder seinem Besucher hätte er also nicht einnehmen können. Die Szene zeigt nicht nur, dass Hentig sich für Beckers Familie interessiert hat, sondern auch, dass er sehr wohl wusste, wie „H." ausssah und wie sein Verhältnis zu Becker beschaffen war. Anders hätte er die Theorie der „Verführung" gar nicht konstruieren können, die ja davon ausgeht, dass zwischen dem Pädagogen und dem Jungen eine enge Beziehung bestanden hat.

Die unglaublichen Passagen über „H." stammen aus einem Dokument, das Hentigs Vertraute lesen sollten und sicher auch gelesen haben. Niemand aus dem Verteilerkreis hat sich dazu je öffentlich geäussert. Aber was sie lesen konnten, erklärt den Sturz ihres Idols. Hentig wollte Becker retten und damit sich, tatsächlich aber war er nur imstande, spitzfindige Ausflüchte zu liefern, die Wahrheit zu verdrehen und absurde Argumente nahezulegen. Becker ist verführt worden und dann gestrauchelt, der Verführer erhält dadurch eigene Würde, dass der Opferstatus geleugnet wird, denn er war ja handelndes Subjekt und nicht das Objekt einer Gewalttat.

Konsequent wird dann nochmals gesagt, dass Mitgefühl den Opfern nichts nützen und der „allgemeine Aufschrei" in der Öffentlichkeit nur schaden würde.

> „In den jetzt weltweit bekannt gewordenen Fällen von sexuellen Verfehlungen scheint mir Heilung und Wiedergutmachung eher von stillen Vorgängen zu erwarten. Und die Täter könnten dabei viel Gutes tun – Besseres als peinliche öffentliche Pönitenz und gar geldliche ‚Entschädigung'" (Hentig 2010c, S. 12).

„Pönitenz" ist ein Ausdruck aus der katholischen Beichte, wer bereut, dem wird vergeben, aber darum sollte es gerade nicht gehen, anders lassen sich die „stillen Vorgänge" nicht einordnen. Öffentlichkeit sollte vermieden werden, während Gerold Becker sechs Tage nach dem Gespräch mit Schultz sein nichtssagendes „Geständnis" ablegen sollte.

Hentigs Auslegung des Interviews in der Süddeutschen Zeitung datiert auf den 16. März 2010 und ist wohl am gleichen Tag auch verschickt worden. Zu diesem Zeitpunkt gehörte Becker für Hentig noch nicht zu den Tätern; zwei Tage später hat Becker seinen Brief an Margarita Kaufmann verschickt, der wiederum zwei Tage später in den Medien war. Wenn mit dem Geständnis für die Beruhigung der Öffentlichkeit gesorgt werden sollte, dann wurde das Gegenteil erreicht. Die Fragen wurden lauter und die Apologien des „grossen Pädagogen" brachen zusammen.

Was Hentig in dem Brief an Schultz als „Täter" bezeichnet und mit „weltweit bekannt gewordenen Fällen" in Verbindung bringt, ist eine abstrakte Grösse ohne Namen und Biografie. Was sie „Gutes" tun können, wird nicht einmal angedeutet, Beckers Geständnis gehört jedenfalls nicht dazu. Zuvor hat Hentig seinem Anhang noch erklären wollen, warum er im dem SZ-

Artikel das Gegenteil nahegelegt, nämlich Becker als Opfer hingestellt hatte, und aber missverstanden worden sei.

Gerold Becker bittet auch nicht als Täter, der Motive hat oder Gründe nennt, um Entschuldigung, sondern tatsächlich als ehemaliger Mitarbeiter der Odenwaldschule mit Schwächen. Das deckt sich mit dem, was Hentig verlautbaren liess. Von sexueller Gewalt ist in dem Geständnis ebensowenig die Rede wie von Opfern und so von der Erkenntnis eigener Schuld. Diese Linie hat Hentig nahegelegt und auch damit begründet, dass Aufklärung niemandem helfe und den Schaden nur noch grösser mache.

Zwei Tage vor Beckers Geständnis konnte er schreiben: Die Wahrheit, dass an der Odenwaldschule Schüler sexuell missbraucht wurden, muss nicht in die Welt. Wer das mit „rigueur" verlangt, wie Tanjev Schultz, handelt „menschenfeindlich, wo nicht auch andere Möglichkeiten der Wiedergutmachung, der heilsamen Aussprache, der Versöhnung versucht worden sind, und wo diese ‚Wahrheit' nicht geprüft und erwiesen ist" (ebd., S. 12/13). Auch Gerold Becker wollte, dass die Opfer, nach der „heilsamen Aussprache", ihm verzeihen, was voraussetzt, dass fortgesetzter sexueller Missbrauch vergeben werden kann. Der Täter wäre dann der Beichtvater.

Auf die Seite der Opfer wollte Hentig sich nicht stellen und auch dafür war jedes Mittel recht. Ein Schlüsselsatz in seinem Brief an Tanjev Schultz lautet: In der Frage sexuellen Missbrauchs „muss in gleicher Distanz zur Not des Angeklagten wie des Klägers geurteilt werden" (ebd., S. 7). Es soll nicht vorab eine Unterscheidung von „Tätern" und „Opfern" geben, sondern nur eine von Klägern und Angeklagten, die eine Art gemeinsamer „Not" verbindet. Wer sich aus welchen Gründen auch immer auf die Seite der Opfer stellt, kann die Wahrheit nicht unabhängig prüfen und also nicht richtig urteilen, denn dazu würde man einen neutralen Richter brauchen.

Die Gerichtsmetapher stand nicht zufällig im Raum. Mit ihr wurde der von der Odenwaldschule gewählte Weg zur Aufklärung der Missbrauchsfälle bestritten, der nur für öffentliche Aufregung gesorgt habe und der Wahrheitsfindung nicht dienlich gewesen sei. Richtiger wäre es gewesen, schrieb Hentig im März 2010, wenn „vor elf Jahren (besser noch vor 35 Jahren, das heisst in unmittelbarer zeitlicher Nähe zu den Anlässen der Vorwürfe) ein ordentliches deutsches Gericht die Untersuchung übernommen" hätte, „Richter mit Erfahrung, mit Abstand zu den Personen, mit dem nötigen Verfahrensbewusstsein und ohne die heute alles beherrschenden Emotionen" (ebd., S. 7/8).

Damit wurde das Vorgehen der Schulleiterin Margarita Kaufmann angegriffen, die sich klar auf die Seite der Opfer gestellt hatte, sie ernst nahm und auch zu Wort kommen liess. Das brachte ihr den Zorn Hentigs ein; in seinen Augen war sie keine „Person mit der Befähigung zum Richteramt, die mit Geduld und Strenge prüft, was anliegt, bevor sie (ver)urteilt". Hentig, der bestens informiert war, scheute sich nicht, die Schulleitung wegen ihrer Politik der Offenheit anzuklagen: „Dass die Odenwaldschule die von ihr eingesammelten leidigen Vorwürfe immer sofort und ungefiltert an die Medien weitergibt, steigert die Hysterie und Vulgarität, mit der die Öffentlichkeit darauf reagiert – in Briefen, Blogs, Leitartikeln, Drohungen" (2010d, S. 10).

Auch hier ist die Wortwahl entlarvend. Die Odenwaldschule hat nicht Vorwürfe „eingesammelt", schon gar nicht solche, die die Bezeichnung „leidig", also „lästig" oder „unangenehm", verdient hätten. Das waren sie für Hentig und Becker vor dem Hintergrund einer insistierenden Öffentlichkeit, während die damalige Leitung der Odenwaldschule das tat, was ihre Vorgänger schon zwölf Jahre zuvor hätten tun müssen. Sie liess diejenigen zu Wort kommen, die sich bei ihr meldeten und über unvorstellbare Vorkommnisse berichteten, die Gerold Becker und zunehmend auch die anderen Täter schwer belasteten. Als die Zahl derer fast täglich anstieg, die sich bei ihr meldeten, hat die Leiterin der Odenwaldschule zwei unabhängige Juristinnen mit der Untersuchung des Falles beauftragt.

Was wollte Hentig erreichen? Der Metapher des Gerichtshofes fehlte wegen der Verjährung jede Grundlage, aber sie diente zur Diskreditierung der Aufklärungsanstrengungen, was in der Folge darauf hinauslief, die Politik der Vertuschung oder des öffentlichen Schweigens fortsetzen zu können, was Becker und ihm genutzt hätte. Aber nunmehr wurde erstmalig nachgefragt und erhielten die Opfer in der Öffentlichkeit eine Stimme. Wer das „hysterisch" oder „vulgär" nennt, meint primär nicht die Medien, sondern will die Zeugen treffen. Darauf lief die gesamte Strategie hinaus, die ja auch erfolgreich zu sein schien und an der auch nicht gerüttelt wurde, als die Dämme brachen.

Aber damit nicht genug: Der Wunsch nach einer „ordentlichen gerichtlichen Untersuchung", so heisst es weiter, wäre gleichbedeutend mit einem Verfahren gewesen, welches „auch zugelassen hätte, dass man allgemein verfügbare Verführungstheorien, zum Beispiel von Sigmund Freud, mitbedenkt, ohne als Feind der Opfer hingestellt zu werden" (2010c, S. 10). Doch „Verführungstheorien" gleich welcher Art machen aus den Opfern sexueller Gewalt kindliche Verführer und entlasten die Täter, allerdings nicht vor Gericht, sofern es genügend Beweise für die Taten gibt. Sigmund Freud würde bei der Urteilsfindung keine Rolle spielen, eine Gerichtsverhandlung ist kein Diskurs, der alles Mögliche „bedenken" kann.

Es ging bei Hentigs Gedankenspielen einfach nur nochmals um das Ablenken von der Täterschaft, die längst eindeutig belegt war. Doch Becker sollte kein Täter sein, sondern der Freund und grosse Pädagoge bleiben, den er in Griechenland erstmals erlebt haben will und später emphatisch gefeiert hat. Aber das war nur mit der Umkehr von Ursache und Wirkung möglich.

Zum Zweck der Ablenkung wurde das Opfer zum Verführer und dazu wurden die Psychoanalyse und die Traumatheorie bemüht, die auch bei Becker unverzichtbar gewesen sind.

Ein weiterer Schritt der Denunziation von H., dem „power-boy", betrifft die Familienzugehörigkeit. Wenn er wirklich so Schreckliches erlebt hat, dann hätte er ja auch die Familie wechseln können.

> „Musste er GB folgen? Musste er überhaupt in GBs Familie bleiben? An der OSO wurden die Schüler bei ihrer Aufnahme den existierenden Familien zugeteilt, konnten aber auch nach einem Jahr die Familie wechseln, was häufig und ohne Aufhebens geschah. Mehrfach ist in der vergangenen Woche Peter Conradi zitiert worden: ‚Wer hätte reden wollen, hätte reden können'" (ebd., S. 8).

Andreas Huckele hat tatsächlich nach einem Jahr an der OSO die Familie gewechselt, nicht zuletzt weil er in der ersten Familie ritualisierte Gewalt unter Schülern erlebt hatte, ohne dass sein Familienhaupt eingeschritten wäre (Dehmers 2011, S. 36). Der Lehrer war ein Jahr später nicht mehr an der Odenwaldschule, es ist möglich, dass er entlassen wurde, weil eine Lehrerin Zeugin war und gesehen hat, wie vor seinen Augen ein Schüler gequält wurde (ebd., S. 37).

Im Schuljahr 1981/1982 lebten acht Personen in Beckers Familie, nur zwei von ihnen waren ein Jahr später noch dabei. Becker hat im nächsten Jahr seine Familie nicht nur neu zusammengestellt, sondern auch verjüngt. Andreas Huckele schildert den Wechsel zu Becker so, dass ein Mitschüler und er nach einem Abendessen zu Becker gegangen seien und „schüchtern" ihr Anliegen vorgetragen hätten, die Familie wechseln zu wollen. Der Grund, zur Becker-Familie zu gehen, war ihr legendärer Ruf, es war bekannt, „dass da immer Party war, dass immer etwas los war, sozusagen off limits". Becker als Schulleiter wusste davon, dass die beiden Jungen, die vorher nicht zusammenlebten, sich eigentlich für eine Familie mit einem weiblichen Oberhaupt entschieden hatten. Kurz vor den Sommerferien aber fragten sie ihn und er „sagte sofort zu" (ebd., S. 47).

Attraktiv war für die Vierzehnjährigen neben dem Party-Mythos auch, dass sie im nächsten Schuljahr „eine reine Jungs-Familie" bilden würden (ebd.). Becker konnte davon ausgehen, dass Pubertierende von seiner Familie angezogen wurden und er muss Andreas Huckele schon bei der Zusage für sich gemustert und alles versucht haben, ihn für sich einzunehmen. Von diesem besonderen Jungen muss Hentig früh erfahren haben, anders hätte er den „power-boy" gar nicht beachtet und dreissig Jahre später nicht diese Bezeichnung gewählt. Die Namen der anderen Schüler finden, ausser in den Familienlisten, nirgendwo Erwähnung.

Der bereits erwähnte SPD-Politiker und Bundestagsabgeordnete Peter Conradi hat von 1947 und 1949 die Odenwaldschule besucht, dort aber kein Abitur gemacht. Er war langjähriges Mitglied des Trägervereins der Odenwaldschule und ist 1999, auf dem Höhepunkt der ersten Becker-Krise, als stellvertretender Vorsitzender in den Vorstand gewählt worden. Conradi blieb in diesem Amt bis 2004. Gegenüber den Stuttgarter Nachrichten hat er Ende März 2010 erklärt, dass sich der von Hentig zitierte Satz auf die Mitarbeiter der Schule und nicht, wie Hentig unterstellt, auf die Opfer bezogen habe (Stuttgarter Nachrichten vom 26.03.2010).

Gerold Becker, so sein Freund Hentig (2010c, S. 14), „hat seit 1985 viele segensreiche pädagogische Aufgaben erfüllt, um Beschäftigung und Auskommen musste er nicht besorgt sein". Das sei eine „Tatsache trotz des auf ihm liegenden Verdachts", der aber ja erst im November 1999 öffentlich wurde und den nach einer Weile niemand mehr vor Augen hatte. Dafür hat vor allem Hartmut von Hentig gesorgt. Auch das wird gerechtfertigt: Er habe 1998 „der Öffentlichkeit schon den Furor zugetraut, den sie heute zeigt". Also durfte es damals zu der „Raserei" erst gar nicht kommen. Die Medien verhielten sich wie gewünscht passiv und Becker wurde mit seinem Schweigen zur Sache auf Kurs gebracht, damit Hentig nicht selber gefährdet würde.

Zwölf Jahre später, in dem Brief an Tanjev Schultz, sagt Hentig, dass allein schon der „schwungvolle Umgang mit dem Wort ‚Missbrauch' für alles, was da in diesen Jahren geschehen sein kann", die Verständigung über die Vorkommnisse an der Odenwaldschule erschwere (ebd., S. 11). So wie man nicht von „Opfern" sprechen soll, so auch nicht von „Missbrauch", bevor nicht ein neutrales Gericht geurteilt hat, von dem jeder Leser seines Briefes gewusst haben muss, dass es nie einberufen werden würde. „Nicht durch das An-den-Tag-Kommen ist irgendetwas wahr, sondern durch Prüfung, durch Beglaubigung, durch Zeugen und möglichst durch das Geständnis des Angeklagten" (ebd.).

Aber das alles lag vor und sollte nur nicht wahr sein. Neu war gerade, dass die Geschehnisse mit geprüften und beglaubigten Zeugenaussagen an den Tag gekommen sind und so beachtet werden mussten, während es eine förmliche Anklage und so ein Geständnis vor Gericht nicht mehr geben konnte. Auch hier wird mit einer Möglichkeit gespielt, die zu keinem Zeitpunkt irgendwie realistisch gewesen ist. Das Spiel war vorbei, aber dann kann man auch fragen, wie verzweifelt jemand gewesen sein muss, der nach jedem Strohhalm greift und sich dann so etwas ausdenkt?

In dem Augenblick, wo er die Verführungstheorie in die Welt setzte, gab Hentig zu, von Beckers „Schwächen" gewusst zu haben, ohne ihn damit als pädophilen Täter kenntlich zu machen. Aber „Verführung" meint *sexuelle* Verführung und eine darauf bezogene „Schwäche". Es geht nicht bloss um freundliche Berührungen beim morgendlichen Wecken, nur dass Gerold Becker nicht der Täter gewesen sein soll, sondern verführt worden ist, und das in nur einem Fall, was Hentig zugeben musste, damit „H." als Täter aufgebaut werden konnte. Erst nach seinem Tod, als nichts mehr ging, wurde Gerold Becker auch für Hentig „Täter".

In dem Gespräch mit Tanjev Schultz berührt Hartmut von Hentig auch das Thema Sexualität. Er sagt erneut, von Beckers Taten keine Ahnung gehabt zu haben. Schultz fragt ihn daraufhin, ob Gerold Becker in Hentigs Augen denn gar nichts falsch gemacht habe. Der antwortet: „Wir beide wissen: in sexualibus kann man vor nichts sicher sein." Das hatte ähnlich am Tag zuvor auch Adolf Muschg festgehalten, doch mit dem peinlichen Erdenrest lässt nicht abtun, was Becker vorgeworfen wurde. Es ging um sexuelle Gewalt und nicht um Neigungen oder Schwächen.

Das zu sehen, war Hentig nicht bereit, jedenfalls nicht zu diesem Zeitpunkt. Stattdessen zieht er sich auf das zurück, was Nietzsche für die Freien Geister vorgesehen hatte, nämlich das *allzu Menschliche*. Er erzählt dem Journalisten, welchen Eindruck es auf ihn gemacht habe, als er „in jungen Jahren bei Goethe den Satz des Terenz (der seinerseits auf Meander zurückgeht) zum ersten Male gelesen habe: Homo sum – nihil humanum a me alienum puto / Ich bin ein Mensch – nichts Menschliches ist mir fremd" (Hentig 2010c, S. 4).[26]

„Alles verstehen können, alles für möglich halten – bei sich und auch bei seinem besten Freund", das sei „eine grosse Maxime", zu der er sich Tanjev Schultz gegenüber „ausdrücklich und nachdrücklich bekannt habe" (ebd.). Gleichzeitig sagt er, nichts gewusst und nicht einmal eine Ahnung gehabt zu haben von dem, „was GB zur Last gelegt wird" (ebd., S. 4/5). Nur nachträglich hält er „alles" für möglich, mithin auch sexuellen Missbrauch; doch was Becker getan hat, dürfte sich kaum mit dem Satz von Terenz erledigen lassen, zumal Hentig sich tatsächlich etwas vorgestellt haben will, nämlich „einen liebevollen und darum gelegentlich auch zärtlichen Umgang mit Schülern" (ebd., S. 11), also gerade nichts „in sexualibus".

Den Satz des Terenz hatte, wie erwähnt, auch Hellmut Becker bei der Verabschiedung von Gerold Becker gebraucht. Dem Schulleiter und grossen Pädagogen soll „nichts Menschliches fremd", denn, so heisst es weiter, „das ist das, was einen unmittelbar mit Gerold Becker verbindet, und zwar sowohl die, die von ihm hier in ihrer Schulexistenz geführt und angeleitet worden sind als auch die, die ihm beruflich und sachlich verbunden sind" (OSO-Hefte 1985, S. 153). Und was man bei seinem Weggang nur sagen könne, ist,

---

26 „Der Selbstquäler" – Heauton Timorumenos, V. Akt/Zeile 77. Das Theaterstück von Meander aus dem 4. Jahrhundert v. Chr. ist nicht überliefert.

dass er während seiner Tätigkeit an der Odenwaldschule „in hohem Umfange Freundschaft gestiftet" habe, darunter auch „Freundschaft mit Kindern" (ebd., S. 156).

Der Satz des Terenz lässt sich auch auf ein pädophiles Vorgehen beziehen, auch das ist „menschlich" und nicht „fremd". Vermutlich war das die Chiffre hinter der „Freundschaft mit Kindern", die als Verharmlosung und Ablenkung verstanden werden muss. Niemand sonst in der Schule wurde so als Freund der Kinder wahrgenommen und das wusste natürlich auch Becker. Er war für alle der besondere Pädagoge, als den ihn auch Hentig sehen wollte, und konnte deswegen nach Belieben Gewalt anwenden. Die Kinder waren die Tarnung des Schänders, anders kann man es kaum sagen.

Salman Ansari hat verschiedene Versuche unternommen, nach 1999 an die Öffentlichkeit zu gelangen und den Fall Becker wach zu halten.[27] So sandte er Antje Vollmer, Pastorin und damals Vizepräsidentin des Deutschen Bundestages, im Anschluss an die Rundfunksendung „Nacht des Vertrauens" einen persönlichen Brief und verwies darauf, dass sie mit einem Päderasten diskutiert habe. Sie liess den Brief von einer Mitarbeiterin bearbeiten. Es heisst in dem Antwortschreiben, dass Frau Vollmer die Person, also Becker, nicht näher kenne und die Vorwürfe in keiner Weise beurteilen könne. Eine Stellungnahme aus der Ferne erscheine „weder angebracht noch hilfreich" (zit. n. Zastrow 2010a).

Auch innerhalb der Odenwaldschule stiess jede Thematisierung des Falles Gerold Becker auf Widerstand. Als Ansari 2002 das von Gerold Becker mitherausgegebene „Körper"-Heft des Friedrich Verlages (Becker/Biermann/Bilstein/Klein/Liebau 2002) aus der Schule entfernen lassen wollte, weil er es angesichts der Taten Beckers für obszön hielt, warfen ihm seine Kollegen „Zensur" vor. Die Schule war seit mehreren Jahren davon unterrichtet, dass Becker unter Verdacht stand, Schüler sexuell missbraucht zu haben und er dazu schwieg, was aber keinen Aufklärungsbedarf nach sich zog, obwohl 1999 die Taten nicht bestritten werden konnten. Die Schule warb weiter für sich mit Hentigs Diktum, dass sie endlich die Schule sei, die Rousseau gefordert hatte.

Alle Versuche, Becker vor März 2010 zu packen, scheiterten. Allein mit dem Journalisten Jörg Schindler und der Frankfurter Rundschau ging das nicht. Vor Becker stand eine „irrsinnig kräftige Mafia", die die deutschen Medien und die pädagogische Öffentlichkeit hinter sich hatte. Für diejenigen, die die Entlarvung betrieben, war klar: „Becker ist ein Verbrecher", nur glaubte ihnen niemand. Die doch mehr als deutliche Darstellung des Täters

---

27 Zum Folgenden: Gespräch mit Salman Ansari vom 2. August 2012.

im November 1999 schien sich verflüchtigt zu haben. Der Päderast konnte weiterhin den Pädagogen spielen.

Becker brauchte sich nicht zurückzuziehen, sondern trat weiterhin als Pädagoge und so als öffentliche Person auf, die nicht in Frage gestellt wurde. Und das Internet musste er noch nicht fürchten. Das war im März 2010 völlig anders. Nicht zuletzt die massive Diskussion und die Schilderungen seiner Verbrechen in den neuen Medien führten dazu, Druck zu erzeugen und anders als zehn Jahre zuvor allen Ausflüchten zu widerstehen. Niemand konnte glauben, dass Gerold Becker das Opfer gewesen ist. Nur Hentig wollte das so hinstellen, ohne Becker nochmals retten zu können.

Erst jetzt wurden die richtigen Fragen gestellt und erst jetzt war es für viele möglich, den Glauben an Hentigs und Beckers Pädagogik zu verlieren. Sie war an ihre Personen gebunden und wurde nun zu einem peinlichen Bezug, der gemieden wurde. Die Anhänger wandten sich ab und der frühere Glanz ging über Nacht verloren. Mit dem Internet kann jederzeit an die medialen Diskussionen und Aussagen von 2010 erinnert werden, ein Vergessen wie nach 1999 ist nicht mehr möglich. Das hatte Folgen: In der Pädagogik wird Becker nicht mehr zitiert und Hentigs Bücher finden kaum noch Absatz.

9.3 Versuche des Gedenkens

Im Verteilerkreis des Briefes an Tanjev Schultz war offenkundig auch Antje Vollmer, damals Vorsitzende des Runden Tisches Heimerziehung der deutschen Bundesregierung. Der Brief datiert auf den 16. März, sie äusserte sich am 28. März 2010 in einem Interview mit dem Berliner Tagesspiegel zu dem Artikel in der Süddeutschen Zeitung. Hentig, sagt sie, werde dort zum „Sündenbock" gemacht, obwohl gegen ihn nichts vorliege. Der – nicht namentlich genannte – Journalist habe ihn ohne jeden Beistand in eine „Verhörsituation" gebracht, er bekam überhaupt nur deswegen „Zugang" zu dem 85-jährigen Hentig, „weil er als Verfechter der Reformpädagogik angekündigt war". Er konnte daher, muss man hinzufügen, als verlässlich gelten.

Doch statt die Erwartungen zu erfüllen, „nutzte er die Nähe zum Doyen der Reformpädagogik aus … und wird Zeuge seiner persönlichen Erschütterung". „Hartmut von Hentig konnte doch gar nicht anders, als sein eigenes Lebenswerk und auch seine Loyalität zu seinem Freund zu verteidigen." Sein Vertrauen wurde „ausgenutzt, um ihn zum Tontaubenschiessen freizugeben". Das war „journalistischer Missbrauch", was umso mehr gilt, als der „böse Satz" von der Verführung Gerold Beckers nie von Hentig „autorisiert" worden sei (Tagesspiegel vom 28. März 2010). Das konnte nur wissen, wer Hentigs Brief an Tanjev Schultz gelesen hat oder darüber informiert war.

Frau Vollmer fügte dann noch hinzu: Der Journalist wusste, dass Hentig nach dem veröffentlichten Satz von der Verführung Beckers in der Öffentlichkeit „keine Chance mehr hatte" und das sei „inhuman" (ebd.). In dem nicht abgeschickten Brief an Tanjev Schultz aber wird die „Hypothese" der Verführung ausführlich erläutert und keineswegs zurückgenommen. Genau damit sollte ja der Glaube an den Freund gerettet werden. Hentig wollte Schultz davon überzeugen und wusste also, was er ihm zu sagen hatte. Kaum jemand hat daher der Verteidigungslinie von Antje Vollmer folgen können und auch sie selbst ist nicht wieder darauf zurückgekommen.

Für Hentig stand am Ende Beckers Leid im Mittelpunkt, die Schwächung durch die Krankheit, aber auch die Demütigung durch die Medienkampagne in den letzten Monaten seines Lebens. In dem Brief an Tanjev Schultz hält er fest, dass ihm während des Gesprächs mit dem Journalisten Tränen in die Augen stiegen, einerseits weil ihm nicht geglaubt wurde und dann aber auch, weil er sich klar machte, „wie viel schlimmer es GB geht, den die oberflächlich unterrichtete Welt längst zum Missbrauchstäter verurteilt hat" (Hentig 2010c, S. 5) – der er nicht sein durfte.

Entsprechend war seine Verteidigungslinie. Natürlich habe er mit Becker über die „Anschuldigungen" gesprochen, aber nichts Gravierendes feststellen können. Hentig sah 1998 und in den folgenden Jahren für sich „keinen Anlass zu peinlichen Nachforschungen" (ebd.), die also andere unternehmen mussten. Hentig hat aber eine Verteidigungslinie aufgebaut, die Becker und ihn um jeden Preis schützen sollte. Er wusste von Beckers „Neigungen" und will aber keinen Verdacht geschöpft haben, was ihm niemand abgenommen hat.

Becker hat über die Anschuldigungen im inneren Kreis geredet und er hat vor der Entlarvung, besonders aber vor ihren Folgen, auch regelrecht Angst gehabt. Wer ihn schützen wollte, musste ihm glauben und Becker verstand sich meisterhaft im Abwiegeln und Ablenken. Hentig wusste von seinen Beziehungen zu Schülern und hat lediglich geleugnet, von sexueller Gewalt etwas gewusst zu haben. Aber auch Becker hat nicht zugestanden, dass seine „Annäherungsversuche" gewaltsam erfolgt seien, sondern nur so wahrgenommen wurden. Insofern war man sich einig und verfolgte dieselbe Linie.

Die „peinlichen Nachforschungen" mussten die Opfer durchführen und die Aufgabe war, sie in Schach zu halten, was lange erstaunlich gut gelungen ist. Einen von den Altschülern, die nachforschten, hat Hentig stellvertretend für Becker bekämpft, und auch dieser Tatbestand zeigt, wie ruchlos vorgegangen wurde. Die Mittel waren egal, solange eine Chance bestand, auf die alten Eliten Einfluss zu nehmen und die Anhänger hinter sich zu scharen. Aber die Dämme brachen und daran konnte weder Adolf Muschg noch Antje Vollmer etwas ändern. Als Gerold Becker starb, war er geächtet.

Beckers Tod wurde vor der Öffentlichkeit nicht verschwiegen, sondern bekannt gemacht. Zum Gedanken an den Verstorbenen erschien die bereits erwähnte Todesanzeige, die wohl von Hartmut von Hentig in Auftrag gegeben worden ist. Sie wurde am 12. Juli 2010 in der Frankfurter Allgemeinen Zeitung veröffentlicht.[28] Die Anzeige passte zu der Geschichte der beiden Pädagogen und legte erneut ihre Sicht auf die Welt offen, in der es bis zu diesem Zeitpunkt weder Täter noch Opfer gegeben hat. Die Anzeige sorgte nochmals für heftige Kritik und wurde als Provokation wahrgenommen.

Der Grund ist ein längeres Zitat von Goethe,[29] das dem Gedichtzyklus *Zahme Xenien* von 1815 (Ausgabe letzter Hand 1827) entnommen ist. Gerold Becker hat das Gedicht und den zitierten Vers persönlich ausgewählt, wie er überhaupt seinen Tod und die Strategien des Gedenkens noch selbst festgelegt hat. Er wollte auch am Ende die Kontrolle über seine Erscheinung nicht verlieren. Ob er mit den Reaktionen gerechnet und bewusst provoziert hat, ist dagegen nicht klar, aber Trotz und Hochmut, die seine Selbstsicht ausdrücken, sind unverkennbar.

Das passt zu den anderen Spuren, die er gelegt hat. Sie sollen auf ein Leben hinweisen, dem er die Form gegeben hat und das niemand antasten konnte. Seine Karriere führte ihn an die Spitze der Gesellschaft und zugleich an den äussersten Rand, wo er Kinder missbrauchen konnte. Für ihn war das eine Lebensform, die zusammenpasste, auch wenn alle anderen mit Abscheu reagierten. Es war die Selbstverwirklichung des Päderasten in der Rolle des grossen Pädagogen, der es auch noch schaffte, sich zum Opfer zu stilisieren. Er starb mit dem Bekenntnis zu sich selbst.

Die Todesanzeige löste wiederum Empörung aus und sorgte für das letzte grosse mediale Echo im Skandal um die Odenwaldschule. Danach war Hentigs Sturz nicht mehr aufzuhalten. Nun gab es definitiv keine Apologeten mehr, die für Hentig oder für Becker Partei ergriffen und beide erklärt oder verteidigt hätten. Der Versuch des Gedenkens an den Freund löste nur Unverständnis aus und war für Hentig gleichbedeutend mit dem Schlimmsten, was ihm passieren konnte, nämlich dem unwiderbringlichen Verlust der öffentlichen Anerkennung.

Das Zitat soll offenbar Hentigs und Beckers Situation nach Enthüllung des Missbrauchs und der Täterschaft Beckers spiegeln; aber wenn damit ein Zeichen gesetzt werden sollte, so konnte es angesichts der Tatbestände nur Empörung auslösen. Lesbar war das Zitat einzig als abgründiges Leugnen

---

28 Frankfurter Allgemeine Zeitung Nr. 158 vom 12. Juli 2010, S. 30. Bereits zuvor ist die Anzeige in der Süddeutschen Zeitung erschienen (SZ vom 10. Juli 2010, S. 20).
29 Auch Hentigs Dissertation ist ein Goethe-Zitat vorangestellt, das dem Vorwort zur ersten Ausgabe der Farbenlehre entnommen ist (Hentig 1953, S. 1).

oder uneinsichtiges Verdrängen, während es vermutlich heroisch gemeint war, als protestantische Widerständigkeit in einer Welt voller Teufel. Hentig (2010b) sprach im Vorfeld von einer „aufgeblähten pornografischen Berichterstattung". Eine solche Welt kann nicht Recht haben und schon gar nicht einem Freund gegenüber, was immer der getan haben mag.

Die Todesanzeige haben verschiedene Personen unterzeichnet. Die Reihenfolge ist bemerkenswert: Am unteren Ende der Unterschriften steht der Name Hartmut von Hentigs, darüber Susanne Brock, dann Ingo Becker, Manfred Becker und Familie sowie zuoberst Paul Becker und Familie. Es handelt sich um eine Auswahl, die offenbar bewusst getroffen worden ist. Nicht unterschrieben haben Christian Becker, der seinen Onkel Gerold zehn Jahre lang an der Odenwaldschule erlebt hat, und niemand aus dem engeren Freundeskreis.

Paul Becker ist der bereits erwähnte jüngere Bruder von Gerold und der letzte Überlebende der vier Geschwister.[30] Deswegen führt er die Reihe der Unterschriften an. Ingo und Manfred Becker sind die Adoptivsöhne der Schwester Johanna Becker, mit der Gerold, um es zu wiederholen, ein inniges Verhältnis hatte. Susanne Brock war Lehrerin in Göttingen[31] und hat am dortigen Theodor-Heuss-Gymnasium 1965 Abitur gemacht. Sie war die Lebensgefährtin von Konrad Becker, den sie 1967 nach dem Tod seines Vaters kennengelernt und mit dem sie bis zu seinem Tod zusammengelebt hat.

Für die Beerdigung von Gerold Becker existiert eine Liste mit Namen von Personen, die eingeladen werden sollten, von dem Verstorbenen persönlich Abschied zu nehmen. Zu ihnen gehörten auch Susanne Brock, Paul Becker und zwei seiner Töchter sowie die Neffen Manfred und Ingo Becker. Eine Beerdigung mit Trauerfeier im grösseren Kreis kam aber nicht zustande, auch weil die Medien die Todesanzeige sofort skandalisiert haben. Die Todesanzeige sollte wohl die noch vorhandenen familiären Bindungen des Verstorbenen spiegeln, aber dieser Eindruck entstand nicht, weil das Goethe-Zitat alles überlagert und den Blick gefesselt hat.

Von dort aus gelesen gibt die Anzeige Einblick in den Kult der Freundschaft unter Männern, die höher steht als Schuld, und sei diese noch so evident. Offenbar kann einem Freund, den man liebt, alles verziehen werden, wenn er nur der Freund bleibt. Die Treue ist ebenso fest wie unantastbar und das Wort gilt, nicht die Tat. Jedes Tun scheint entschuldbar, wenn nur der

---

30 Paul Becker war Lehrer an der Laborschule und wird im Vorwort von Hentigs Buch *Die Menschen stärken, die Sachen klären* erwähnt (Hentig 1985, S. 4). Hentig dankt ihm „für die Durchsicht und Ordnung des Manuskripts".
31 Die niedersächsische GEW-Zeitschrift gratuliert im Dezember 2010 „Susanne Brock (Göttingen)" zur vierzigjährigen Mitgliedschaft in der Gewerkschaft (Erziehung und Wissenschaft 2009, S. 7).

Eros der Freundschaft gegeben ist. Platon lieferte dafür die passende Philosophie, die ebenfalls nicht angetastet werden darf, wenn eine sehr illusionäre Identität, die von zugeschriebener Grösse lebt, erhalten bleiben soll.

Zitiert wird in der Anzeige folgender Vers aus den *Zahmen Xenien*:

„Die Feinde, sie bedrohen dich,
Das mehrt von Tag zu Tage sich;
Wie dir doch gar nicht graut!"
Das seh' ich alles unbewegt,
Sie zerren an der Schlangenhaut,
Die jüngst[32] ich abgelegt.
Und ist die nächste reif genug,
Ab streif' ich die sogleich
Und wandle neu belebt und jung
Im frischen Götterreich."
(Zahme Xenien, V; Goethe 1996, S. 323/324).

Man kann den Vers im Kontext der Todesanzeige so lesen: Das „Ich" ist Becker, das „du" Hentig. Die „Feinde", die Hentig bedrohen, waren auch seine Feinde. Es sind die, die Hentig zum ersten Male in seinem Leben gegen sich hatte, die deutschen Leitmedien, die ihm bis dahin immer offenstanden, die intellektuellen Eliten, die sich mit ihm schmückten, die ihm gegenüber meist unkritischen Erziehungswissenschaftler und seine zahllosen Anhänger, die ihm noch im Januar 2010[33] zugejubelt hatten und nun scharenweise von ihm abfielen. Es gibt für einen solchen Sturz in der Geschichte der Pädagogik kein Beispiel.

Das Gedicht ist ein letzter Hinweis auf Beckers Leben. Der Päderast sieht sich mit Goethe von den Häutungen seines Lebens her, was dem tatsächlichen Leben Gerold Beckers ziemlich nahekommt. An der Haut ist zuletzt gezerrt worden, aber er hatte sie längst abgelegt und die neu gewachsene hat er noch reifen lassen und dann auch abgestreift. Nun kann er den Feinden die lange Nase zeigen, der Eros bleibt ihm und die irdische Schlange ist überwunden. Ausser seinem Bild lässt er nichts zurück, keine Schuld und keine Scham, platonisch jung und neu belebt, wandelt er im Götterreich.

So strahlend soll er im Gedächtnis bleiben. Am 12. Juli 2010 konnte man an der Täterschaft Beckers keinen begründeten Zweifel mehr haben. In der Anzeige wird nahegelegt, dass Becker wie in einem Jungbrunnen auferstehen wird und sich selbst erlösen kann, ohne jegliches Gedenken an die Opfer, die

---

32 In der Anzeige steht „längst" statt „jüngst".
33 Hentigs Vortrag in Stuttgart vom 26. Januar 2010 vor dem baden-württembergischen Kultusminister Helmut Rau und 400 begeisterten Zuhörern (Hentig 2010, 2010a).

doch nicht länger zu leugnen waren. Am Ende wird eine Vorstellung von den Taten gegeben, die man nur höhnisch nennen kann. Man kann sie abstreifen wie eine alte Haut. Hentig hat offenbar nichts dabei gefunden und Beckers letzten Wunsch erfüllt. Es ist denkwürdig, dass ein Platoniker Nibelungentreue zeigt und dabei Goethe bemüht.

Hartmut von Hentigs bislang letztes Wort in dieser Sache stammt vom Juli 2011 und ist im November des gleichen Jahres öffentlich gemacht geworden, ohne von den Medien noch gross wahrgenommen zu werden. Die Meinungen waren gemacht und liessen sich umso weniger beeinflussen, je mehr über die Tragweite der Verbrechen bekannt geworden ist. Irgendwann musste das auch Hentig klar geworden sein oder wenigstens war er gehalten, sich öffentlich zu erklären und frühere Aussagen in bestimmten Punkten, nicht jedoch in der Hauptsache, zurückzunehmen.

Die kurze Stellungnahme Hentigs, überschrieben mit „Ein Erklärungsversuch", war ursprünglich erneut nur gedacht für den Freundeskreis, der ihn offenbar gedrängt hat, ein Zeichen zu setzen, nachdem er tief gestürzt war. Aber davon findet sich in der knappen Erklärung dieses wortmächtigen Rhetorikers kein Wort. Er hat genug damit zu tun, die eigenen Illusionen zu bewahren und das geht nur mit einem rettenden Ufer. In der Stellungnahme ist nunmehr von Opfern die Rede, der Tatbestand des Missbrauchs wird nicht mehr bestritten und der Täter wird erstmalig offen beim Namen genannt. Er heisst nun auch für Hentig „Gerold Becker", der nicht länger durch abenteuerliche Vermutungen entlastet wird.

Angesichts der massiven Zeugenaussagen blieb Anderes auch gar nicht übrig, die Realität musste endlich akzeptiert werden und somit eigentlich auch die Schuld des besten Freundes, ohne dass dieser sich noch äussern konnte. Aber Hentig spricht nicht deutlich von Beckers manifester Schuld, sondern von „Übergriffen", die ihm „anzulasten" seien. Stattdessen verweist er auf sich und seine eigene Leiderfahrung in dieser Angelegenheit, die er zuvor schon in einem Essay öffentlich gemacht hatte (Hentig 2011). Die Freundschaft selbst bleibt auch jetzt noch unangetastet und erneut wird versucht, die Opfer zum Verzeihen zu bewegen.

Die Stellungnahme umfasst drei einzelne Punkte, in denen sich Hentig zu seinem Freund Gerold Becker, der Kritik an der Reformpädagogik und zur Enttäuschung über ihn äussert. Der erste Punkt wird so abgefasst:

„Die Berichte von Betroffenen sind Zeugnisse/Dokumente schwerer Verletzungen und nicht entschuldbarer Übergriffe von Seiten Erwachsener. Sexueller Missbrauch von Kindern ist ein Verbrechen. Dass solche Übergriffe Gerold Becker anzulasten sind, trifft niemanden härter als seinen engsten Freund.

Als dieser bitte ich seine Opfer in Demut, sie mögen dem Toten die Verzeihung gewähren, um die er sie noch lebend gebeten hat. Ich tue es im Mitgefühl für die Kinder, die sie damals waren, und für die Kränkung, dass man ihnen als Erwachsenen nicht geglaubt hat. Was das bedeutet, habe ich im letzten Jahr gründlich gelernt. Eine Abkehr von dem toten Freund nützt niemand und ist von mir nicht zu erwarten."[34]

Aber das Bekenntnis zum Freund nützt auch niemandem, am wenigsten Hentig selbst. Die Taten werden dadurch nicht anders, die Traumata der Opfer werden nicht verschwinden und eine wirkliche Aufarbeitung wird damit auch nicht erreicht. Wenn es keine „Abkehr" geben soll, also das Eingeständnis, all die Jahre mit dem falschen Freund zusammen gelebt zu haben, dann bleibt nur Treue über den Tod hinaus. Und vielleicht soll man das ja als das letzte Opfer verstehen, das Hentig für den Freund erbracht hat.

An Hentigs Lebenserinnerungen ist auffällig, dass er nie etwas bereut hat oder in eine Lage kam, bereuen zu müssen. Die Erinnerungen sollen ein gelungenes und „bejahtes" Leben erfassen, das sich an platonischen Massstäben messen will. In diesem Leben kann es keinen falschen Freund geben, der so lange eng an seiner Seite gestanden hat, denn dann wäre das Leben am Ende selbst misslungen, und das darf nicht sein. Anders als in den meisten anderen Leben soll es in diesem keinen grossen Irrtum gegeben haben und nichts, was man abgrundtief bereuen müsste. Deswegen gibt es keine „Abkehr vom dem toten Freund", egal, was der getan hat. Er schützt die eigene Illusion.

Wie tief das geht, zeigt Hentigs Reaktion auf eine Frage, die ihm Tanjev Schultz gestellt hat, warum er in seinen Lebenserinnerungen mit keinem Wort auf die Vorwürfe gegen Becker und den Verdacht sexuellen Missbrauchs eingeht, von denen er nach eigenen Angaben seit dem offenen Brief im Sommer 1998 und tatsächlich wohl schon früher wusste. Eine entscheidende Krisensituation in seinem Leben, die ihn Monate und Jahre beschäftigt hat, bleibt unerwähnt oder wird verschwiegen, vermutlich weil er nicht damit gerechnet hat, dass irgendjemand darauf zurückkommen könnte.

Hentig schreibt an Tanjev Schultz abwiegelnd: „Sie sollten die von mir seit Erscheinen des Buches erstellte Liste der Ereignisse und Personen sehen, die mir in den über 1000 Seiten inzwischen fehlen, und dann urteilen, ob ich da jeweils etwas verdrängt habe." Doch dann heisst es unmissverständlich: „Richtig ist, dass ich keinen Grund sah, nach acht Jahren eine verglimmende Erinnerung wieder anzufachen, ausgerechnet in ‚Mein Leben'" (Hentig 2010c, S. 13). Dieses Leben, anders gesagt, sollte sauber bleiben und der Skandal schien ja abgewendet. Aber „verglimmende Erinnerung"?

---

34 http://forum-kritische-paedagogik.de/start/

Er hatte bei der mehrjährigen Niederschrift seiner Lebenserinnerungen, die zur Hälfte im Pfortenhäuschen auf der Wildenburg entstanden sind (Hentig 2009, S. 1010), vermutlich noch sehr genau vor Augen, mit welchem Aufwand wenige Jahre zuvor Schadensbegrenzung betrieben werden musste. Die Geschichte sollte einfach unerwähnt bleiben, was umso mehr nahelag, als niemand nachfragte und Gerold Becker und er weiterhin als tadellose Pädagogen auftreten konnten. Insofern spiegeln die Lebenserinnungen nur die Strategie in der Abwicklung der Vorwürfe, nämlich einfach nichts zu sagen.

Hätte Hentig 2007, als das zweibändige Buch gross angekündigt im Hanser-Verlag erschien und aufwändig vermarktet wurde, über die Geschehnisse zwischen 1997 und 2000 offen berichtet, wäre er heute glaubwürdiger, aber dann hätte er sein Leben anders fassen und das Buch darüber anders schreiben müssen. Weil er das nicht konnte, musste dieser Teil ausgeblendet und mit Schweigen bedacht werden. Gerold Beckers Leben war ja weiterhin mit seinem eigenen liiert, aber über die Vorwürfe gegen ihn und seine Reaktionen darauf erfährt der Leser seiner Lebenserinnerungen nichts. Und auch in den Rezensionen des Buches hat niemand auf den Fall seines Freundes hingewiesen, der aus der Welt zu sein schien und an den dann auch tatsächlich niemand mehr erinnert hat.

Gerold Becker wird in den Lebenserinnerungen eher selten erwähnt und erst am Ende gewürdigt, ohne dass man erfahren würde, was die Freundschaft ausgemacht hat. Auf der anderen Seite hat Hentig alles getan, seinen Freund Becker und somit sich zu schützen. Das Thema Verdacht auf sexuellen Missbrauch hätte er nur apologetisch und mit besonderer Wortwahl behandeln können, das wollte er sich offenbar nicht antun. Es hätte auch nicht in dieses Buch über ein intellektuelles Leben hineingepasst, wäre sofort aufgefallen und hätte Nachfragen ausgelöst, das schien vermeidbar zu sein, nachdem doch niemand mehr die Vorwürfe vor Augen hatte.

Man muss sich vorstellen, was es heisst, wenn die Opfer „in Demut" gebeten werden, dem Täter Gerold Becker zu verzeihen. Eines der Opfer war in Beckers OSO-Familie. Der Mann sagt heute von sich, er sei in der Odenwaldschule das Kind gewesen, „das immer auf den Boden" geschaut hat. Er habe versucht, „Strategien zum Schutz des eigenen Seins" zu entwickeln.

„Aber dann kommt es wieder zum Übergriff. Wieder ist es dem Kind nicht möglich, sich zu wehren, wieder ist es wie gelähmt, es wird erneut entwürdigt. Irgendwann entwirft das Kind keine Abwehrstrategie mehr. Es kann nicht mehr an sie glauben, es kann nicht mehr an sich glauben, es kann an überhaupt niemanden mehr glauben. Das Kind kann nicht mehr, nein, es will nicht mehr aufrecht gehen" (Max 2011).

Eine konkrete Vorstellung von den Opfern scheint Hentig nicht gehabt zu haben und auch das diskreditiert seine platonische Pädagogik, in deren Namen Becker immer gehandelt hat. Ein Pädokrimineller ist darin nicht vorgesehen, aber ein solcher hat sich unentwegt darauf berufen können. Hentigs apologetische Reaktionen im Frühjahr 2010 lassen erkennen, dass nicht einmal damit die Ideale dieser Pädagogik erschüttert werden konnten. Das wird auch in der Reaktion vom Juli 2011 deutlich, in der zwischen der Person Beckers und der eigenen Pädagogik kein Zusammenhang gesehen wird.

Aber dann ist sie tatsächlich nie etwas wert gewesen. Sie war ein mächtiges Sprachspiel, das sehr schnell zerfallen konnte, ohne verteidigt zu werden. Mit Becker verlor Hentig auch seine Anhänger oder wenigstens ihr öffentliches Bekenntnis zu ihm, auch wenn bei Gelegenheit immer noch auf seine Verdienste verwiesen wird,[35] wie das ja zuvor auch mit Gerold Becker versucht wurde. Aber das übersieht, wie tief gerade der theoretische Sturz gewesen ist.

Der „pädagogische Eros" ist nichts als eine Herrschaftsformel gewesen, gegen die sich die Kinder nicht wehren konnten. Die Menschen „stärken" kann man damit nicht und zur „Klärung" der Sache der Erziehung ist mit der Ideologie der Erziehungsgemeinschaft ebenfalls nichts gewonnen. Die „Polis" war auch ein Erfahrungsraum für Sexualtäter und die „Schule neu denken" erwies sich als pathetisches Konstrukt ohne wirklichen Praxiswert. Dafür wurde der Täter geschützt, solange bis es nicht mehr ging und eigentlich dann immer noch.

Das letzte Wort klärt nichts und ist Hentig wohl abgerungen worden, ohne irgendetwas für ihn zu verbessern. Vermutlich hat niemand daraufhin sein Urteil über ihn revidiert und die starre Haltung ist von vielen nur noch kopfschüttelnd zur Kenntnis genommen worden. Wenn aber die öffentliche Zuwendung entfällt, dann bleibt von dem Bild der Person nicht mehr viel übrig. Der plötzliche Verlust des Ruhms ist der eigentliche Tod gewesen, auch wenn das Leben weitergehen muss. Man fragt sich, was das für eine Beziehung gewesen ist, in der Hentig für Becker seinen eigenen Sturz riskiert hat.

Zur Beantwortung dieser Frage ist man auf die Anfänge in Göttingen verwiesen. Becker muss für Hentig so attraktiv und so erlösend gewesen sein, dass er ihn zu keinem Zeitpunkt der Beziehung fallenlassen konnte oder wollte. Das kann nicht einfach nur mit einem platonischen Verhältnis erklärt werden, Hentig muss Becker tatsächlich geliebt haben, sonst hätte er sich anders verhalten. Darauf verweisen auch die weiteren Versuche des Gedenkens nach der Todesanzeige: Gerold Becker sollte nicht einfach vergessen werden,

---

35 Süddeutsche Zeitung Nr. 225 vom 30. September 2015, S. 15.

vielmehr ging es darum, ein Andenken an ihn zu bewahren, ohne dabei seine Verbrechen mit einzubeziehen. Wie in der Todesanzeige: Er sollte der schöne Jüngling bleiben.

Der letzte Akt, die Beerdigung Gerold Beckers, fand bewusst unter Ausschluss der Öffentlichkeit in Berlin statt. Gemäss einer Quelle ist Becker kremiert worden, eine Erdbestattung hat es nicht gegeben. Für die ursprünglich vorgesehene Totenfeier existiert die bereits erwähnte Einladungsliste, die Becker ebenfalls noch selbst zusammengestellt hatte. Es sollte eine Versammlung seiner Verwandten und Freunde werden, die von ihm in Würde und unsichtbar für die Medien Abschied nehmen sollten. Bei denen, die ihm nahestanden, löste sein Tod Trauer aus, die nur der positiven Erinnerung an ihn gelten konnte. Ein gespaltenes Gedenken kann es nicht geben.

Die Beisetzung der Urne mit seiner Asche konnte aber nur im allerengsten Kreise durchgeführt werden. Der Termin ist mehrfach verschoben worden, weil Gefahr bestand, dass die Medien davon erfahren würden. Jedes erneute Aufsehen musste vermieden werden und Stellungnahmen sollte es nicht geben, die den Namen nur noch mehr in Mitleidenschaft gezogen hätten. Schliesslich nahmen an der Beisetzung neben Hartmut von Hentig nur wenige Vertraute teil. Das genaue Datum und der Ort wurden geheimgehalten, sie sind nur dem engsten Freudeskreis bekannt.

Alle Personen, die ursprünglich zum Abschied eingeladen werden sollten, waren Gerold Becker in besonderer Form verbunden und hätten sich durch die Enthüllungen am Ende seines Lebens nicht davon abhalten lassen, ihm so etwas wie die letzte Ehre zu erweisen. Dazu kam es dann nicht, aber es ist aufschlussreich, wen Becker dafür ausgewählt hat. Er muss eine Vorstellung davon gehabt haben, wer ihn nicht fallenlassen und an seinem Grab stehen würde, ohne ihn zu ächten. Auch in diesem Sinne starb er nicht allein, nachdem er seinen christlichen Glauben wohl längst verloren hatte.

Die ursprüngliche Liste umfasste 42 Personen, es handelt sich um einen vertrauten Kreis von verlässlichen Personen, die vermutlich alle wohl auch gekommen wären. Unter den Namen finden sich Freunde und Vertraute wie Enja Riegel, Adolf Muschg und Sten Nadolny ebenso wie Anne Frommann und Annemarie von der Groeben. Von den ehemaligen Lehrern der Odenwaldschule sollten Hartmut Alphei und Wolfgang Harder dabei sein. Auch eine Pfarrerin stand auf der Liste, vielleicht sollte sie die Predigt halten.

Das Spektrum derer, die von Gerold Becker persönlich Abschied nehmen sollten, spiegelt seinen Wirkungskreis und in Teilen auch seine Lebensgeschichte. Wie und in welcher Gestalt man ihn im Gedächtnis behalten sollte, war mit der Todesanzeige deutlich gesagt. Sie war seine letzte Geste, die von seinen Freunden sicher anders wahrgenommen wurde als von den deutschen Medien oder seinen Kritikern. Eine andere Äusserung, gar ein letztes Wort, gibt es von ihm nicht. Von seinem Leben hat er nur kryptische Spuren und

Hinweise hinterlassen, keine Erzählung, die dazu auch gar nicht gepasst hätte.

Das Spektrum reicht von einem früheren Geschäftsführer des Deutschen Evangelischen Kirchentages über eine ehemalige Chefredakteurin des Süddeutschen Rundfunks, eine irische Reformpädagogin, eine frühere Berliner Kultursenatorin, dem ehemaligen Leiter der Schule Birklehof, eine Professorin für Schulpädagogik, eine Vertreterin der Bildungsverwaltung, den ehemaligen Vorstandsvorsitzenden eines grossen deutschen Verlages bis hin zu adligen Freunden aus dem Umkreis von Hartmut von Hentig.

Fünf Personen auf der ursprünglichen Einladungsliste für die Beerdigung waren Altschülerinnen und Altschüler, die Gerold Becker als Leiter der Odenwaldschule erlebt haben. Vier davon waren Mitglied in seiner Familie gewesen, die fünfte Ehemalige war Bettina Kohl. Warum sie auf der Liste stand, ist nicht klar. Sie selbst sagt, dass sie offenbar durch einen Altschüler „da rein geraten" sei.[36] Vielleicht war es auch ein Wunsch von Becker, der die Liste noch selbst zusammengestellt hat, jedenfalls hat Bettina Kohl eine von Hentig unterschriebene Einladung zu der Feier erhalten, die dann aber wegen des Medieninteresses verschoben werden musste und am Ende nicht stattfand. Die auf der Liste verzeichneten Personen haben sich also nie in der ursprünglichen Form zum Gedenken an Gerold Becker versammeln können.

Bettina Kohl kam 1972 an die Odenwaldschule und lebte in ihrem ersten Jahr zusammen mit den Grundschülern im Pestalozzi-Haus. Danach wohnte sie in der Kahle-Familie. Auch im Schuljahr 1975/1976 war sie noch bei Jürgen Kahle, zusammen mit Schülern wie Jacob Bothe oder Hannes Hake; danach nicht mehr. Sie berichtet, dass sie morgens beim Wecken von Jürgen Kahle – mit ihren Worten – immer „begrabscht" worden sei. Sie war noch nicht in der Pubertät und wusste nicht genau, was er wollte, hat sich aber intuitiv gegen ihn gewehrt und ihn weggestossen.

Mit Beginn des Schuljahres 1975/1976 ging sie in die achte Klasse und Steffi[37] wurde ihre Zimmerkameradin. Steffi war ein Jahr älter als sie. Sie fand Kahles zudringliches Verhalten „nicht lustig" und hat sich kategorisch dagegen verwahrt. Weil Kahle aber mit den Belästigungen nicht aufhörte, griffen beide Mädchen zu einer sehr wirksamen Form des Protests. Sie traten in den Hungerstreik und weigerten sich, an den gemeinsamen Mahlzeiten der Familie von Kahle teilzunehmen.

Schulleiter Becker hat aufgrund des bedrohlichen Hungerstreiks die Mutter von Bettina Kohl angerufen. Was er genau gesagt hat, ist nicht ganz klar, auf jeden Fall kamen die beiden Mädchen gleich am nächsten Tag in eine

---

36 Zum Folgenden: Gespräch mit Bettina Kohl am 28. April 2014. Der Name ist ein Pseudonym.
37 Der Name ist ein Pseudonym.

andere Familie ins Humboldt-Haus. Sie wurden auf diese Weise vor Kahle geschützt. An der Aktion waren mehrere Personen beteiligt, aber es ist nicht sehr wahrscheinlich, dass es schulintern einen Konflikt mit Kahle gegeben hat. Becker hat das Problem auf seine Weise gelöst.

Bettina Kohl kam in die Kahle-Familie, weil Kahles Frau, die sie sehr mochte, sich dafür eingesetzt hatte. Kahle „sollte eigentlich keine Mädchen mehr aufnehmen, aus einschlägigen Gründen". Kahle war ein „Geschichtenerzähler", der sich hinter seinen Geschichten gut verstecken konnte, aber offenbar sehr wohl wusste, was er getan hat. Vor etwa 17 Jahren hat er sich bei Bettina Kohl gemeldet, beide verabredeten sich zum Essen und er wollte über den Vorfall mit ihr reden. Offenbar hatte er vor, sich herauszureden und das Geschehen zu verharmlosen, aber Frau Kohl wollte nicht darüber reden. Sie hat das als Kind nicht begriffen und ihn aber zurückgewiesen, weil sie sich belästigt fühlte.

Sie erinnert sich an eine Fahrt ins Elsass mit einer Gruppe in Kahles VW-Bus. Am Abend musste sie mit Kahle und der gesamten Gruppe im Bus übernachten. Es war sehr eng und Kahle fing wieder an, übergriffig zu werden. Die Schüler haben sich dann über ihn geworfen und ihn nackt ausgezogen, weil sie verhindern wollten, dass er sie weiterhin belästigte. Er hatte eine Erektion und sich offenbar „wahnsinnig geschämt".

Bei einem Vorfall sexueller Belästigung, der sichtbar zu werden drohte, musste rasch gehandelt werden, zumal wenn ein Hungerstreik im Raum stand. Becker gab dem Drängen einer Vertrauenslehrerin nach, die von dem Übergriff erfahren hatte, und sorgte für die Unterbringung in der anderen Familie. Seinen Kollegen Kahle zu belangen oder gar anzuzeigen, hielt er nicht für angebracht. Beide, wie gesagt, mochten sich nicht und gingen sich aus dem Weg, wann immer dies möglich war. Nunmehr regelte der Schulleiter den Fall, ohne den Täter auch nur zur Rede zu stellen. Das einzige Interesse war, den Ruf der Schule nicht zu beschädigen.

Im nächsten Schuljahr wurden die beiden Mädchen, die nunmehr die neunte Klasse besuchten, in eine neu gebildete Familie untergebracht, die zwei Lehrer leiteten, die seit dem 1. August 1976 an der Schule unterrichteten, also neu waren und von den Vorfällen nichts wussten. Sie gehörten zu denen, die nach dem Exodus der Opposition angeworben wurden. Ein System stand aber nicht dahinter, die beiden Mädchen wollten einfach in ihrem alten Zimmer bleiben und kamen so in die neue Familie. Steffie, die Zimmerkameradin, blieb nur ein Jahr in der neuen Familie, wechselte dann und ist nach der 10. Klasse abgegangen.

Die neue Familie im Humboldt-Haus bestand lediglich zwei Jahre, beide Lehrer verliessen die Odenwaldschule und Bettina Kohl hat sich erneut eine Familie suchen müssen, was auch danach noch der Fall war. Am Ende ihrer Schulzeit, in der 13. Klasse, leitete sie eine Kameradenfamilie. Bettina Kohl hat 1982 Abitur gemacht und so zehn Jahre in der Schule gelebt, die ihr Zuhause war. Entsprechend hat sie wie andere auch sehr gute Erinnerungen an ihre Schulzeit, was besonders für die engen Beziehungen zu den Mitschülern gilt.

Mitglied von Gerold Beckers Familie war sie nie, sie lebte auch nie im Herder-Haus, aber vielleicht dachte Becker, den sie vierzehn Tage vor seinem Tod noch besucht hat, sie sei im Blick auf seine pädagogischen Ansätze loyal und er habe ihr eine entspannte Schulzeit ermöglicht. Wie immer, sie hätte jedenfalls an der Beerdigung im auserwählten Kreis teilnehmen können.

Kaum jemand von denen, die auf der Einladungsliste standen, ausgenommen Hartmut von Hentig und Adolf Muschg, hat sich über ihn und seine Taten öffentlich geäussert. Offenbar war es möglich, Trauer zu empfinden, obwohl klar war, dass der tote Freund als Erwachsener sein Leben lang ein notorischer Kinderschänder gewesen ist. Es ist schwer vorstellbar, welches Bild von ihm man im Gedächtnis behalten will. Vielleicht galt das Mitgefühl aber auch primär Hartmut von Hentig, der mit 85 Jahren bewegt an der Urne seines Freundes gestanden haben muss.

Am 7. Januar 2011, als das Medieninteresse sich gelegt hatte, fand doch noch eine Trauerfeier statt, zu der Hartmut von Hentig im Oktober 2010 eingeladen hatte. Wer genau eingeladen wurde und ob dabei die vorhandene Liste eine Rolle gespielt hat, ist nicht bekannt. Nicht alle konnten teilnehmen, der genaue Kreis ist ebenfalls nicht bekannt. Hentig wollte gemäss der Einladung eine Rede halten, andere sollten angeregt werden, Gleiches zu tun. Man würde Musik von Heinrich Schütz hören, der als Beckers Lieblingskomponist bezeichnet wird. Die Stücke hat Becker für diesen Anlass noch selbst ausgewählt. Anschliessend sollte gemeinsam gegessen werden und der Abend würde dann mit Gesprächen ausklingen. Was sich bei dem Anlass genau ereignet hat, ist wiederum nicht bekannt.

Jedes Andenken an Gerold Becker muss mit dem Tatbestand des sexuellen Missbrauchs umgehen. Beckers Name ist aus der Öffentlichkeit verschwunden und wer heute an ihn denkt, kann kaum anders, als einen Verbrecher vor Augen zu haben. Die Daten seines Lebens als grossartiger Pädagoge sind entwertet und an den Orten dieses Lebens will kaum jemand mit ihm etwas zu tun haben. Aber eine persönliche Bindung kann nicht immer so einfach gelöscht und die Erinnerung umgeschrieben werden, man kann sich gegen die totale Entwertung einer Person wie Gerold Becker auch zur Wehr setzen. Am Ende steht für manche, die ihm nahestanden, der Freund, dem Unrecht geschehen ist oder dem Mitleid gebührt.

Und unter Freunden kann abseits der Medien auch ein Gedächtnis an den Toten gepflegt werden. Im Frühjahr 2013 hat Hartmut von Hentig die Hinterbliebenen und Freunde eingeladen, Gerold Beckers Grab zu besuchen. Das kann niemand, der ihn für nichts anderes als einen Verbrecher hält. Konrad

Taukert sagt heute über ihn: „Gerold Becker war kein Ungeheuer."[38] Wer ihm nahe war oder mit ihm vertraut gewesen ist, konnte und wollte sich von ihm oft nicht lossagen oder plädiert wenigstens für eine differenzierte Wahrnehmung.

Als im Sommer 1998 der offene Brief der beiden Altschüler die Odenwaldschule erreichte, gab es viele Lehrer, die nicht glauben wollten, was sie lasen. Burgunde Niemann, die Becker als Schulleiter noch erlebt hat, schrieb ihm einen Brief und fragte nach dem Wahrheitsgehalt der Aussagen der beiden Altschüler. Becker antwortete und teilte mit, er sei „nicht das Ungeheuer, von dem jetzt die Rede ist", „ganz und gar nicht".[39] Kein „Ungeheuer" zu sein, war also Beckers eigene Formel, die er ständig gebraucht und die Burgunde Niemann seinerzeit auch geglaubt hat.

Konrad Taukert schildert die Beziehung zu ihm so: Becker hat von Anfang an bewusst sexuellen Kontakt mit älteren Knaben gesucht und er hat sich stets die Selbstbewussten gesucht. Ihm gegenüber war Becker nie körperlich zwingend und gewaltsam. Erste Berührungen mit Becker gab es bereits im Schiller-Haus, als Taukert in der Kahle-Familie wohnte. Er ist mit dreizehn Jahren offenbar gezielt ausgesucht worden. Die Berührungen durch Becker morgens beim Wecken empfand er als „angenehm". Gleichwohl war das Vorgehen des Lehrers für ihn „befremdlich".

Als er Gerold Becker näher kennenlernte, wussten die Schüler noch nicht, dass er der designierte Leiter der Odenwaldschule war. Der mögliche Vorteil spielte also keine Rolle. Frustrierend war aber, dass man in der Beziehung zu Gerold Becker nicht der Einzige war. Weil niemand darüber geredet hat, was mit Gerold im Bett geschah, konnte man annehmen, es gab keine anderen und man selbst hatte das Gefühl, „der Prinz des grossen Lehrers zu sein". Die Illusion war: „Im Bett war nur ich mit Becker. Ich war der Einzige."

Gerold Becker suchte Sexualität, die nicht erlaubt war, der Hintergrund, so Konrad Taukert, war der Comment in der Gesellschaft, dass Sexualität mit Kindern überall vorkommt und man darüber nicht redet. Schweigen war generell angesagt. Seit Jahrhunderten sei das so, man denke an die dauernden pädophilen sexuellen Übergriffe von insbesondere katholischen Pfarrern auf der ganzen Welt seit Jahrhunderten. Jeder, der es wollte, konnte es wissen und niemand verhinderte es wirksam.

Gerold Becker war „in der Zärtlichkeit monströs". Er suchte Sexualität, die nicht erlaubt war, über die aber auch nicht geredet wurde. Bei den sexuellen Praktiken im Bett hat Becker Taukerts Einverständnis eingeholt oder

---

38 Zum Folgenden: Gespräch mit Konrad Taukert am 15. Oktober 2013.
39 *Und wir sind nicht die Einzigen* (2011), Min. 55.42ff.

vorausgesetzt. Der Junge verstand: „Ich muss das nicht dulden und mitmachen, was er da macht." Doch er war als Kind überfordert, hat nicht widersprochen und mitgemacht, aus Angst, Becker zu verlieren. „Ich habe ihn gemocht", sagt er heute.

Ambivalenzen aber blieben. Konrad Taukert erinnert sich, wie er einmal später am Abend, nach dem Blockhaus, der Schuldisco, von Becker an seiner Wohnungstür abgefangen wurde, eigentlich nicht wollte und doch zu ihm ging. Er war ein „netter Verbrecher". Gleichwohl sind die Taten unstrittig und sollen nicht verharmlost werden.

Im Nachhinein war es ernüchternd zu lernen, dass man nicht der Einzige war, zu dem Gerold Becker eine intime Beziehung aufzubauen versuchte. Später, nach der Internatszeit, sprachen einige der Beteiligten untereinander freier über diese Tatsache, dass Becker auch andere Knaben berührte, als nur einen selbst.

Gerold Beckers Zärtlichkeiten seien mit einem „klaren Unrechtsbewusstsein" einhergegangen. Von Abspalten kann eigentlich keine Rede sein. Die eine Seite wusste sehr wohl, was die andere getan hat. Konrad Taukert hat Gerold Becker auf dem Totenbett noch gesehen. Er war bis zum Skelett abgemagert, in sich zusammengesunken, schämte sich offenbar, aber enthielt sich eines Bekenntnisses und sagte: „Nein, das kann ich nicht."

Konrad Taukert hat nach seinem Abitur in späteren Jahren immer offen über seine Erfahrungen als Schüler und sein Verhältnis zu seinem Lehrer gesprochen. Seine Partnerinnen, seine Geschwister und Eltern wussten von den Annäherungen Gerold Beckers und der Beziehung zu ihm. Über sexuelle Einzelheiten allerdings hat Taukert grundsätzlich nicht detailliert gesprochen: Wenn diese Vorgänge thematisiert wurden, hat er regelmässig die Praktiken als „Petting" bezeichnet, was auch den Tatsachen entsprach und das Verlangen nach pornographischer und lüsterner Sensationsgier stets abblockte.

Für Konrad Taukert war Becker „ein ausgesprochen guter Schulleiter", bedauerlicherweise einer, der es sich erlaubt hat, auf Kosten Schutzbefohlener „seine sexuellen Bedürfnisse auszuleben". Eigentlich hätte er unbedingt Hilfe gebraucht. Taukert sagt heute, für ihn war die Odenwaldschule ein Glücksfall, trotz der Übergriffe Gerold Beckers. Gleichwohl ist seine eigene Sexualität von den Erfahrungen mit Becker beeinflusst worden. Sie haben „sein Innerstes" erreicht. Das aufzuarbeiten, bleibt ihm überlassen.[40]

Mit Gerold Becker war Hartmut von Hentig mehr als 45 Jahre lang eng verbunden. Im Blick darauf, dass man ihm nicht geglaubt hat, während dieser Zeit von dem Treiben Beckers nichts mitbekommen zu haben, setzt er sich

---

40 Gespräch mit Konrad Taukert am 15. Oktober 2013.

mit dessen Opfern gleich. Hentig geht ausserdem davon aus, dass man für unentschuldbare kriminelle Übergriffe um Verzeihung bitten kann und dass diese Bitte angenommen werden könnte. Damit soll geheilt werden, was sich nicht heilen lässt. Der tote Becker soll ruhen können, was mit den Opfern geschieht, liegt ausserhalb des Horizontes. Wie in der Totenanzeige geht es nur um ihn und Becker.

Er spricht vom „Mitgefühl für die Kinder", das es im Jahr zuvor von ihm nicht gegeben hat. Eine Erklärung dafür, warum es zu diesem Sinneswandel gekommen ist, fehlt. Auch werden frühere Äusserungen nicht zurückgenommen und ausdrücklich korrigiert. Hentig spricht nicht von den Irrtümern seiner Einschätzungen im Frühjahr 2010 oder gar vom schwersten Fehler seines Lebens. Der Grund ist, dass er nie einen Irrtum erkannt hat und nur nach einem Wege suchte, sein Andenken doch noch bewahren zu können. Wenn eine Abkehr vom Freund ausgeschlossen wird, bleibt nur die Bitte um Verzeihen, was ihn und nicht die Opfer entlastet hätte.

Seine abschliessende Erklärung vom Juli 2011 ist vermutlich im Umkreis des Jahrestages von Beckers Tod verfasst worden. Das Wort „Schuld" fällt nicht. Sexuelle Übergriffe werden Becker zur Last gelegt und es ist von dem „Verbrechen" sexueller Missbrauch die Rede, aber Becker wird nicht als Verbrecher bezeichnet. Die Übergriffe seien „nicht entschuldbar" und gleichwohl wird um Entschuldigung gebeten. Becker selbst hat nie gesagt, dass er für seine Taten die Verantwortung übernimmt, sondern er hat nur um Entschuldigung gebeten. Hentig wiederholt diese Bitte in seiner Erklärung und spricht ebenfalls nicht von Beckers persönlicher Verantwortung, wohl aber davon, dass Beckers Übergriffe niemanden „härter" treffen würden als den besten Freund. Es ist keine Rede davon, dass die Opfer diejenigen sind, die die Verbrechen Beckers am härtesten getroffen haben.

Niemand hat darauf noch reagiert. Und was sollte damit auch erreicht werden? Sein toter Freund bleibt als Kinderschänder im Gedächtnis, es mutet kühn an, sich anders an ihn erinnern zu wollen. Das Gedenken an den Verstorbenen wach zu halten, also ihn nicht zu vergessen, setzt eine Sicht voraus, die verdrängt oder nicht an sich herankommen lassen will, was die Opfer ertragen mussten. Jedes Verständnis für die Opfer müsste sich auf sie und ihre Geschichten einlassen, was mit Empathie für den Täter nicht verträglich sein kann. Das Ungeheuer bekam man zu Gesicht, wenn man von ihm angefallen wurde.

Hentig hat die Verantwortung verschoben, hin zu den Medien, die es gewagt hatten, ihn anzugreifen, während er sich am Ende selbst zu Fall bringen sollte. In dem Text „Hartmut von Hentig redet" heisst es: „Für den Kundigen – und dazu zähle ich mich in dieser Sache – haben die meisten mit der Causa Hentig befassten Journalisten ihre Glaubwürdigkeit verloren", weil und soweit sie die Glaubwürdigkeit anderer, also seine, zerstören und das sei „nicht hinnehmbar". Soll das heissen, dass man ihm unbesehen hätte glauben müssen? Er war einfach diese Art Behandlung nicht gewohnt und fragte sich nicht, wieweit er selbst es war, der seine Glaubwürdigkeit zerstört hat.

Einfach schweigen konnte er zunächst nicht. Aber was er dann sagte, widersprach allem, was er in seinem pädagogischen Ethos je gefordert hat. Es ging nur noch darum, die eigene Haut zu retten, das ihn tragende Netzwerk zu bewahren und der Entwertung seines Lebens vorzubeugen. Die Strategie war einfach, sie setzte auf die Kurzlebigkeit der Medien und des öffentlichen Interesses. Wem wie ihm dieses Unrecht „widerfahren ist, muss sich zurückziehen und kann nur, wenn er nicht zu alt ist, hoffen, dass das alles in vier oder fünf Jahren vergessen ist" (Hentig 2010d, S. 7).

Das war schon 1998/1999 die Strategie, Rückzug, Hoffen auf Vergessen, also Aussitzen des Skandals und Warten auf das Comeback nach dem Sturm, nicht Mitwirken an der Aufklärung, was Hentig in jedem anderen Zusammenhang sofort und unnachgiebig verlangt hätte. Und was genau sollte vergessen werden? Nur die mediale Aufregung oder auch Beckers Verbrechen? Es ging bei alledem nur um ihn. Hentig verlangte einfach Satisfaktion und Wiedergutmachung, weil er sich im Recht sah und alles andere nicht an sich herankommen liess. Er war der Rechthaber, als den er sich selbst bezeichnet hat.

Die Strategie des Aussitzens ging in verschiedener Hinsicht nicht ein zweites Mal auf. Das hat zunächst mit den Dimensionen des Falles zu tun, die sich nicht wie beim ersten Mal verharmlosen liessen. Alle Apologien scheiterten mangels Glaubwürdigkeit und die Aufmerksamkeit der Medien liess nicht nach. Die Frage, was sich hinter der Fassade der Odenwaldschule abgespielt hat, konnte nicht durch die Betonung der guten Absichten beruhigt werden. Und die Antworten verwiesen auf ein Täterfeld, das jegliche Form von Entlastung verbot.

Hentigs Erklärung wurde im November 2011 öffentlich, als die kritischen Aufarbeitungen des Skandals erschienen waren und sich das Bild des kriminellen „Kulturprogramms" verdichtete, gegen das sich Hentig so vehement gewehrt hatte. Mit der Erklärung sollte ein Zugeständnis signalisiert werden, ohne in der Hauptsache nachzugeben, Das aber bestätigte alle Vorbehalte, wenn es überhaupt noch zur Kenntnis genommen wurde. Ein Versuch, seinen Ruf wiederherzustellen, wurde nicht unternommen. Und der „Zauberberg" selbst überlebte nur genau fünf Jahre nach Beginn der Entlarvung des Täternetzwerkes.

Die Odenwaldschule ist mit dem Ende des Schuljahres 2014/2015 geschlossen worden. Die Schule hatte im Juni 2015 Insolvenz angemeldet, die trotz verschiedener Bemühungen und damit verbundener Proteste von Eltern und Schülern nicht abgewendet werden konnte. Die Schule war und blieb zahlungsunfähig, obwohl hektisch nach Investoren gesucht worden ist.

Die Rettungspläne überzeugten die zuständigen Behörden nicht. Auch eine Neugründung unter anderem Namen und mit neuer Trägerschaft kam nicht zustande.

Daraufhin wurden die Mitarbeiter entlassen und der Schulbetrieb nach 105 Jahren eingestellt. Für alle verbliebenen Schüler wurden Plätze in anderen Schulen meist im näheren Umkreis gefunden. Was aus dem Schulgelände in Zukunft wird, steht dahin. Auch ist nicht klar, wie an die Geschichte der Schule erinnert werden soll und was aus dem Schularchiv wird. Mit der Schliessung ist die historische Schuld nicht getilgt, der Makel bleibt, der Kampf der Erinnerungen auf der anderen Seite wird weitergehen. Der zentrale Ort dieser Geschichte aber ist nur noch als Ensemble von Häusern vorhanden.

Am 13. September 2015, einem Sonntag, fand im Bensheimer Naturschutzzentrum ein Treffen mit rund vierzig geladenen Gästen statt, das einem „Epilog auf die Odenwaldschule" gewidmet war, also einem Gedenken eigener Art. Unter den Gästen befanden sich zahlreiche Opfer, die der Einladung gefolgt waren und von denen einige nochmals ihre Stimme erheben konnten. Anwesend waren auch Margarita Kaufmann und Brigitte Tilmann, die massgeblich zur Aufklärung des Skandals beigetragen und die erneute Vertuschung verhindert haben. Ohne sie wäre die Strategie des Aussitzens womöglich aufgegangen.

Auch Adrian Koerfer hat an dem Epilog teilgenommen. Seit dem Film *Und wir sind nicht die Einzigen* ist er eines der öffentlichen Gesichter der Opfer, der sich immer wieder geäussert und den Prozess der Aufklärung vorangetrieben hat. Er berichtet über eine E-Mail, die ihn am Montag nach dem Treffen erreicht habe. Ihm und dem Opferverein Glasbrechen wird darin vorgeworfen, sich damit zu beweihräuchern, dass die Odenwaldschule geschlossen wird. In der Mail heisst es weiter: „Da möchte man liebsten den Finger in den Hals stecken" (Ein Abgesang 2015).

Leon Alexander vom Altschülerverein der Odenwaldschule bezeichnete in einer Mail an das Darmstädter Echo-Online den Epilog und so die Begegnung der Opfer als „Heuchelei" und „Treffen der OSO-Killer". Man „geile sich daran auf, eine Schule zerstört zu haben, die für viele Kinder der letzte Rettungsanker war". In seinen Augen sei das ein weiterer Missbrauch (ebd.).

Quellen und Literatur

Archive, Gespräche und Dokumentationen

Archiv der Christian-Albrecht-Universität Kiel.
Archiv der Deutschen Forschungsgemeinschaft Bonn.
Archiv der Evangelischen Kirche in Wien.
Archiv für Reformpädagogik Humboldt Universität Berlin
Der Spiegel online. Archiv.
Deutsche Dienststelle der nächsten Angehörigen von Gefallenen der ehemaligen deutschen Wehrmacht.
Die Zeit online. Print-Archiv.
Die Auserwählten. Ein Film von Christoph Röhl. Drehbuch von S. Leuker/B. Röskau. Neue deutsche Filmgesellschaft 2014.
Familienlisten der Odenwaldschule 1968 bis 1985. O.O. O.J. (Kopiertes Exemplar); weitere Familienlisten.
Geschlossene Gesellschaft: Der Missbrauch an der Odenwaldschule. Ein Film von L. Schmid/R. Schilling 2011. SWR 2011. DVD-R 16:9
Gesetz über die Schulpflicht im Deutschen Reich (Reichsschulpflichtgesetz) vom 6. Juli 1938 geändert durch Gesetz vom 16. Mai 1941 (RGBl. I. S.282).
Gespräch mit Salman Ansari in Heppenheim am 2. August 2012.
Gespräch mit Elfe Brandenburger in Berlin am 25. Juni 2012.
Gespräch mit Elfe Brandenburger in Berlin am 30. Juli 2012.
Gespräch mit Elfe Brandenburger in Uesslingen (CH) am 2. September 2013.
Gespräch mit Elfe Brandenburger in Berlin am 7. März 2014.
Gespräch mit Georg am 14. September 2012.
Gespräch mit Margarita Kaufmann in Zürich am 5. Januar 2012.
Gespräch mit Margarita Kaufmann in Bonn am 9. April 2913.
Gespräch mit Jan Kruse in Worms am 28. Februar 2014.
Gespräch mit Christoph Landwehr am 11. Juni 2013.
Gespräch mit Peter Lang in Hamburg am 20. Juli 2012.
Gespräch mit Thomas Mertineit in Uesslingen (CH) am 24. Juli 2014.
Gespräch mit Rotkäppchen am 25. Juni 2013.
Gespräch mit Gerhard Roese in Darmstadt am 7. Februar 2013.
Gespräch mit Bettina Kohl am 28. April 2014.
Gespräch mit Harald Sennstedt am 22. Juli 2013.
Gespräch mit Volkrat Stampa und Dieter Kohlschütter in Achim am 15. November 2014.
Gespräch mit Konrad Taukert in München am 15. Oktober 2013.
Gespräch mit Renate und Hans Thiersch in Tübingen am 1. Juli 2013.
Gespräch mit Michael Voormann in Albersweiler am 5. November 2012.
Weitere Gespräche mit verschiedenen Personen.

Haben und Sein. Ein Film von Nicolas Philibert. (2002)
Ventura Film good!movies. Indigo-Art. Nr. DV 928938.

Jürgen Oelkers: Agenda 1983/1986 und Persönliches Archiv.

Landesarchiv Nordrhein-Westfalen, Abteilung Rheinland.
Landeskirchliches Archiv Hannover.
Misalla's Blog. 2010.
http://misalla.wordpress.com/2010/03/05/die-odenwaldschule-%25Es
Niedersächsische Staats-und Universitätsbibliothek Göttingen, Abteilung für Handschriften und seltene Drucke. Nachlass Heinrich Roth.
Röhl, Chr.: OSO-Filmausschnitte für Herrn Prof. Oelkers vom 25.8.2012. Berlin 2012.
Schule auf dem Zauberberg: Die Odenwaldschule. SDG: 18.09.1985. Hessischer Rundfunk Archivservice.
Staatsarchiv Darmstadt.
Staats- und Universitätsarchiv Göttingen.
Stadtarchiv der Stadt Göttingen.
Stadtarchiv der Stadt Verden (Aller).
Stadtarchiv München.
Telefongespräch mit Wolfgang Bittner am 26. April 2012.
Telefongespräch mit Wolfgang Bittner am 12. August 2013.
Telefongespräch mit Andreas Huckele am 9. September 2013.
Telefongespräche mit Peter Lang am 26. Juni 2012 und nachfolgend.
Telefongespräch mit Uwe Lau am 5. Juli 2012.
Telefongespräch mit Volkrat Stampa am 29. Oktober 2014.
Und wir sind nicht die Einzigen. Ein Dokumentarfilm von Chr. Röhl. Berlin: Herbstfilm Produktion 2011.
Universitätsarchiv Göttingen.

Schriften von Gerold Becker

Becker, G.U.: Gottesdienst und kirchliche Erneuerung. In: Amt und Gemeinde 14. Jahrgang 13, Heft 5 (Mai 1963), S. 33–36.
Becker, G.U.: Pädagogik in Beton. In: Neue Sammlung Jg. 6, Nr. 2 (1966), S. 171–182.
Becker, G.U.: Bildungsmodell und Raumgestalt. Kritische Überlegungen eines Pädagogen, „damit Unruhe entsteht". In: Deutsche Bauzeitung Jg. 101. Heft 2 (Februar 1967), S. 95–102.
Becker, G.: Schulbau für eine neue Schule. In: Bauen und Wohnen Jg. 22 (1967a), S. 367–372.
Becker, G.U.: Die Gretchenfrage. In: Neue Sammlung Jg. 9, Heft 1 (Januar/Februar 1969), S. 23–43.
Becker, G.: Soziales Lernen als Problem der Schule: Zur Frage der Internatserziehung. In: W. Schäfer/W. Edelstein/G. Becker: Probleme der Schule im gesellschaftlichen Wandel: Das Beispiel Odenwaldschule. Frankfurt am Main: Suhrkamp Verlag 1971, S. 95–148.
Becker, G.: Neue stellen sich vor. In: OSO-Hefte 17. Jahrgang Heft 4/5 (Dezember 1971a), S. 223–233.
Becker, G.U.: Zwischenbilanz 1971 (Rede beim Altschülertreffen, 31.10.1971). Sonderdruck. O.O. 1971b.
Becker, G.: Mit Umsicht und Verantwortung. In: OSO-Hefte Neue Folge Heft 1 (1973/1974), S. 57–69.
Becker, G.: Grundsatzfragen oder: Wie verändert sich eine Schule? In: OSO-Hefte Neue Folge Heft 1 (1973/1974a), S. 2–8.

Becker, G.: Mit Umsicht und Verantwortung. In: Neue Sammlung 15. Jg., H. 1 (Januar/Februar 1975), S. 114-124.
Becker, G.: „Überschaubar, durchschaubar, verständlich". Thesen zum Zusammenhang von Grösse und Nützlichkeit von Schulsystemen. Erfahrungen an der Odenwaldschule. In: Überschaubare Schule. Freie Schule III. Hrsg. v. d. Arbeitsgemeinschaft Freier Schule. Stuttgart: Ernst Klett Verlag 1976, S. 84-92.
Becker, G. U.: Lernen lernen. In: H. J. Schultz (Hrsg.): Was der Mensch braucht. Anregungen für eine neue Kunst zu leben. Stuttgart/Berlin: Kreuz Verlag 1977, S. 206-215.
Becker, G.: Auf der Suche nach dem entschwundenen Land. In: Friedenspreis des deutschen Buchhandels 1978: Astrid Lindgren. Frankfurt: Börsenverein des deutschen Buchhandels 1978, S. 9-16.
http://www.boersenverein.de/sixcms/media.php/806_1978_lindgren.pdf
Becker, G.: Kameradenfamilien. In: OSO-Hefte Neue Folge Heft 4 (1978/1979), S. 72-78.
Becker, G.: Selbstverständnis, Bauen, Dank. In: OSO-Hefte Neue Folge Heft 4 (1978/1979a), S. 121-128.
Becker, G.: Die Odenwaldschule Ober-Hambach. Ein Versuch, Lernen und Leben als Einheit zu verwirklichen. In: Westermanns Pädagogische Beiträge 31. Jahrgang, Heft 2 (Februar 1979), S. 79-83.
Becker, G. U.: Die Odenwaldschule – Vom Landerziehungsheim zur differenzierten und integrierten Gesamtschule. In: L. Landwehr/M. Lang (Hrsg.): Alternative Formen schulischen Lernens. Referate zu einer IPN-Kolloquiumsreihe 1978. Kiel: Institut für die Pädagogik der Naturwissenschaften 1979a, S. 36-64.
Becker, G.: Miteinander reden – miteinander umgehen In: I. Lichtenstein-Rother: Zusammen lernen – Miteinander leben. Soziale Erziehung in der Schule. Mit Beiträgen von G. Becker u.a. Freiburg/Basel/Wien: Verlag Herder 1981, S. 101-115.
Becker, G.: „Leben lernen, statt immer nur gelebt zu werden". In: OSO-Hefte Neue Folge Nr. 6 (1981a), S. 39-44.
Becker, G.: Gern Lehrer sein? In: Radius 27. Jahrgang (1982), S. 22-26.
Becker, G.: Was ist geblieben? In: OSO-Nachrichten Heft 27 (September 1982a), S. 2-4.
Becker, G.: Schwierigkeiten und Chancen bei der Eingliederung körperlich und seelisch behinderter Kinder in einer normalen Internatsschule. In: Ch. G. Lipinski/H. Müller-Breckwold/G. Rudnitzki (Hrsg.): Behinderte Kinder im Heim. Heimunterbringung und soziale Integration behinderter Kinder und Jugendlicher. München/Basel: Reinhardt Verlag 1983, S. 103-108.
Becker, G. U.: Aus der Praxis des Beurteilens und Berichtens an der Odenwaldschule. In: H. Becker/H. v. Hentig (Hrsg.): Zensuren. Lüge – Notwendigkeit – Alternativen. Frankfurt am Main/Berlin/Wien: Klett-Cotta im Ullstein Taschenbuch 1983a, S. 75-95.
Becker, G.: Phänomene und Strukturen oder: Was Besuchern auffällt und was vielleicht dahinter steckt. In: OSO-Hefte Neue Folge Heft 7 (1983b), S. 88-90.
Becker, G.: Über die Dankbarkeit. In: OSO-Hefte Neue Folge Heft 7 (1983c), S. 148-153.
Becker, G.: Pädagogik – eine Expedition in die Antarktis. In: Westermanns Pädagogische Beiträge 36. Jg., H. 5 (1984), S. 214-219.
Becker, G.: „Anzuerkennen ist..." – Über die pädagogische Grundhaltung der Odenwaldschule. In: Westermanns Pädagogische Beiträge 36. Jg., H. 2 (1984a), S. 122-125.
Becker, G.: Über das Erwachsenwerden, oder: Das Märchen von den zwei Brüdern. In: OSO Hefte Neue Folge, Nr. 8 (1984b), S. 115-122.
Becker, G.: Walter Schäfer. In: OSO-Nachrichten Heft 31 (August 1984c), S. 3-7.
Becker, G.: Tages Arbeit, abends Gäste oder: Zeit und Zeiten, pädagogisch betrachtet. In: G. Becker/H. Becker/L. Huber (Hrsg.): Ordnung und Unordnung. Hartmut von Hentig zum 23. September 1985. Weinheim/Basel: Beltz Verlag 1985, S. 289-300.
Becker, G. (Hrsg.): 75 Jahre Odenwaldschule. Programmheft zum Jubiläum. Ober-Hambach: Odenwaldschule 1985a. (OSO-Hefte Neue Folge Nr. 9)

Becker, G.: Verantwortung. In: OSO-Hefte: Berichte aus der Odenwaldschule Neue Folge Heft 10 (1985b), S. 118-128.

Becker, G.: „Zeit haben – Zeit geben". In: OSO-Hefte: Berichte aus der Odenwaldschule Neue Folge Heft 10 (1985c), S. 165-172.

Becker, G.: Nur eine Notlösung? Über Internatserziehung heute. In: Erziehungswissenschaft /Erziehungspraxis Band 2, Heft 4 (1986), S. 36-38.

Becker, G.: Erfahrungen aus erster Hand – Erfahrungen aus zweiter Hand oder: Reformpädagogik für die Kinder des elektronischen Zeitalters? In: Westermanns Pädagogische Beiträge 38. Jg., H. 2 (1986a), S. 40-45.

Becker, G.: Vision einer kindergerechten Gesellschaft. In: Westermanns Pädagogische Beiträge 38. Jg., H. 6 (1986b), S. 40-43.

Becker, G.: In der Schule Verantwortung und Hilfsbereitschaft lernen. Gedanken zum 100. Geburtstag des Pädagogen Kurt Hahn. In: Frankfurter Rundschau Nr. 133 v. 12. Juni 1986c, S. 9.

Becker, G.: Die Odenwaldschule – Ein Vorläufer der Gesamtschule. In: H. Röhrs (Hrsg.): Die Schulen der Reformpädagogik heute. Handbuch reformpädagogischer Schulideen und Schulprojekte. Düsseldorf: Schwann Verlag 1986d, 87-100.

Becker, G.: Ansprache bei der Trauerfeier für KONRAD BECKER am 12.6.1986 in der Friedhofskapelle Geismar. Kopiertes Ms. O.O. 1986e.

Becker, G.: Das dritte R oder: Über die Gliederung der Zeit in der Schule. In: Westermanns Pädagogische Beiträge 38. Jg., H. 6 (Juni 1987), S. 18-19.

Becker, G.: Pädagogische und politische Erfahrungen mit Moralerziehung. In: Moralentwicklung und Moralerziehung. Tagung für Lehrerinnen und Lehrer aller Schularten und andere Interessierte vom 9. bis 11. Oktober 1987 in Bad Boll. Bad Boll: Evangelische Akademie 1988, S. 84-101. (= Protokolldienst 5/88).

Becker, G.: Brauchen wir eigentlich eine andere Schule? Vortrag zum Abschluss der Tagung „Praktisches Lernen" in Soest. In: Pädagogik 40. Jg., Heft 5 (Mai 1988a), S. 51-55.

Becker, G.: Täter eigener Taten. Zur Begründung beruflicher Bildung in der Sekundarstufe II. In: Pädagogik 40. Jg., Heft 7/8 (Juli/August 1988b), S. 65-67.

Becker, G. (Hrsg.): Was sollen Kinder in der Schule lernen? Erziehung heute für die Welt vor morgen. Eine Dokumentation der bildungspolitischen Foren der Hessischen SPD am 3. und 17. Febr. 1990 im Wiesbadener Landtag. O.O. O.J. (Wiesbaden 1990)

Becker, G.: Johanna Harder zum Gedenken. In: Neue Sammlung Jg. 30 (1990a), S. 505-508.

Becker, G.: Nähe und Distanz. Oder: Der pädagogische Bezug und das therapeutische Verhältnis. In: W.-D. Hasenclever (Hrsg.): Pädagogik und Psychoanalyse. Marienauer Symposion zum 100. Geburtstag Gertrud Bondys. Frankfurt am Main/Bern/New York/Paris: Peter Lang 1990b, S. 107-113. (= Erziehungskonzeptionen und Praxis, hrsg. v. G.-B. Reinert, Band 15)

Becker, G.: Pädagogik in Beton – 10 Thesen zur „Ökologie des Schulbaus". In: Schule als ökologischer Lernort. Fachtagung zum Ökologischen Schulbau 12. und 13. März 1990 in Berlin. Berlin: Pressestelle der Senatsverwaltung für Schule, Berufsbildung und Sport 1990c, S. 27-42.

Becker, G.: Probleme der Schulverfassung aus der Sicht einer Privatschule. In: H.-P. Füssel/A. Leschinsky (Hrsg): Reform der Schulverfassung. Wieviel Freiheit braucht die Schule? Wieviel Freiheit verträgt die Schule? Berlin: Max-Planck-Institut für Bildungsforschung 1991, S. 89-97.

Becker, G.: Renaissance der Reformpädagogik? In: Pädagogische Führung Band 2, Heft 4 (1991a), S. 152-156.

Becker, G.: Pädagogik in Beton. Zehn kommentierte Thesen zur „Ökologie des Schulbaus". In: PÄDextra Band 19, Heft 7/8 (1991b), S. 24-27.

Becker, G.: Aufwachsen und Erwachsenwerden. Pädagogische Überlegungen zur Veränderung der Lebensbedingungen von Kindern und Jugendlichen, Folgerungen für die „innere"

Schulreform. In: U. Steffens/T. Bargel (Hrsg.): Schulentwicklung im Umbruch. Analysen und Perspektiven für die zukünftige inhaltliche Gestaltung von Schule. Wiesbaden: Hessisches Landesinstitut für Bildungsplanung und Schulentwicklung 1992, S. 85–94. (= Beiträge aus dem Arbeitskreis „Qualität von Schule", Heft 6)

Becker, G.: Schule angesichts einer veränderten Kindheit. Der Zusammenhang von innerer Gestaltung von Schule und gesellschaftlichen und kulturellen Rahmenbedingungen. In: M. Schindehütte (Hrsg.): Schule in Hessen. Eigenverantwortung und Selbstverwaltung. Gestaltungsperspektiven für die kommenden Jahre. Hofgeismar: Evangelische Akademie 1992a, S. 50–76. (= Hofgeismarer Protokolle, Band 295)

Becker, G.: Gewalt in Schule und Alltag – Die Rolle des Lehrers. Wie kann er mit der Gewalt umgehen? In: Neue Sammlung Jg. 33 (1993), S. 315–333.

Becker, G.: Schulleitergeschichten. Der krumme Nagel. In: G. Becker/J. Zimmer (Hrsg.): Lust und Last der Aufklärung. Ein Buch zum 80. Geburtstag von Hellmut Becker. Weinheim/Basel: Beltz Verlag 1993a, S. 334–344.

Becker, G.: Gesamtschule und praktisches Lernen. In: Gesamtschule und innere Schulreform. Drei Grundsatzreferate. Bad Kreuznach: Pädagogisches Zentrum des Landes Rheinland-Pfalz 1993b, S. 25–47. (= Pädagogik zeitgemäss, Heft 13).

Becker, G.: Religionsunterricht – wie weiter? In: Der Evangelische Erzieher Band 45 (1993c), S. 154–169.

Becker, G.: Von alten und neuen goldenen Sonntagsworten. Was soll ein Schüler lernen, um reif zu werden. Überlegungen zur Studierfähigkeit. In: Frankfurter Rundschau Nr. 161 v. 14. Juli 1994, S. 6.

Becker, G.: Die Schule muss sich heute erst recht an ihren eigentlichen Aufgaben messen lassen. In: G. Becker/K.-H. Braun/W. Klafki: Selbstbewusste Kinder und humane Schule. Anregungen für eine bildungspolitische Grundsatzdiskussion. Herausgegeben von der Fraktion Bündnis 90/Grüne im Landtag von Sachsen-Anhalt. Magdeburg: s.l. 1994a, S. 79–99.

Becker, G.: Schule, Lehrer und Gewalt – Was tun? In: Polis: Analysen – Meinungen – Debatten. Eine Schriftenreihe der Hessischen Landeszentrale für politische Bildung. 1994b

Becker, G.: Vision einer kindergerechten Gesellschaft. In: H. J. Schultz (Hrsg.): Kinder haben? Eine Entscheidung für die Zukunft. München: Deutscher Taschenbuch Verlag 1994c, S. 14–25.

Becker, G.: Gemeinsame Entwicklung reformpädagogischer Schulprofile an Schulen in Hessen und Thüringen. In: Was können Schulen für die Schulentwicklung leisten? OECD/CERI-Seminar Einsiedeln (Schweiz). Bonn-Buschdorf: Köllen Verlag 1994d, S. 163–176.

Becker, G.: Erziehung im Ernstfall. Ein Versuch über Kindheit und Schule heute. In: Die Ganztagsschule 35. Jahrgang, Heft 2/3 (1995), S. 135–158.

Becker, G.: Die letzten fünf Jahre in Göttingen (1964–1969). In: A. Frommann/G. Becker (Hrsg.): Martin Bonhoeffer. Sozialpädagoge und Freund unter Zeitdruck. Mössingen-Talheim: Talheimer Verlag 1996, S. 27–42.

Becker, G.: Die Quadratur des Kreises? Oder: Zur „Professionalität" des Lehrers heute. In: H. Arndt/H. Müller-Holtz (Hrsg.): Schulerfahrungen – Lebenserfahrungen. Anspruch und Wirklichkeit von Bildung und Erziehung heute. Reformpädagogik heute. 2., unveränderte Auflage. Frankfurt am Main et al.: Peter Lang 1996a, S. 39–60. (= Erziehungskonzeptionen und Praxis, hrsg. v. G.-B. Reinert, Band 31)

Becker, G.: Versuchsschulen und Lehrerbildung, In: D. Hänsel/L. Huber (Hrsg.): Lehrerbildung neu denken und neu gestalten. Weinheim/Basel: Beltz Verlag 1996b, S. 73–90.

Becker, G.: Eine pädagogische Hausordnung. In: Die Grundschulzeitschrift Heft 1000 (1996c), S. 128.

Becker, G.: „Dafür sind wir nicht ausgebildet!" Oder: Zur „Professionalität" des Lehrers heute. In: Z. Schulverwaltung, Hannover Heft 2 (1997), S. 42–46.

Becker, G.: Was heisst denn hier „Schulprogramm"? Überlegungen zur Novellierung des hessischen Schulgesetzes. Hofgeismar: Evangelische Akademie Hofgeismar 1997a.

Becker, G.: Der lange Abschied von der grossen Illusion – über das ‚Lernen im Gleichschritt'. In: Praxis Schule 5-10 8. Jg., Heft 2 (April 1997b), S. 6-8.

Becker, G.: Was ist eine gute Lehrerin? Zur ‚Professionalität' des Lehrers heute. In: Friedrich Jahresheft 1998, S. 8-11.

Becker, G.: Unter welchen Bedingungen wachsen Kinder und Jugendliche heute auf? – Antworten der Reformpädagogik. In: W.D. Hasenclever (Hrsg.): Reformpädagogik heute: Wege der Erziehung zum ökologischen Humanismus. 2. Marienauer Symposion zum 100. Geburtstag vom Max Bondy. 2., durchgesehene Auflage. Frankfurt am Main: Peter Lang Verlag 1998a, S. 53-71. (= Erziehungskonzeptionen und Praxis, hrsg. v. G.-B. Reinert, Band 20)

Becker, G.: Festrede: Welche Bildung brauchen Kinder und Jugendliche heute? In: Jubiläumsschrift 25 Jahre IGMH. Hrsg. v. Schulverwaltungsamt der Stadt Mannheim. Mannheim: Schulverwaltungsamt 1999, S. 14-23. (= Schriftenreihe Schule – aber wie? Band 19)

Becker, G.: Die ‚neuen' Medien im Unterricht: Pädagogische Anmerkungen zu ihrer Verwendung, In: Computer+Unterricht 10. Jahrgang, Heft 37 (2000), S. 11-12.

Becker, G.: Olivgrüne Hefte. Lernbilanzen: eine alte, aber lebendige Tradition. In: G. Becker/ C.v. Ilsemann/M. Schratz (Hrsg.): Qualität entwickeln: evaluieren. Seelze: Friedrich Verlag 2001, S. 14-16.

Becker, G.: „Werte vermitteln"? Über eine wohlfeile Forderung und die Schwierigkeit, sie zu erfüllen. In: Zeitschrift für Erlebnispädagogik Band 22, Heft 1 (Januar 2002), S. 5-16.

Becker, G.: Einige skeptische Nachgedanken zu dem Gespräch mit Jürgen Baumert. In: Neue Sammlung 43. Jg., H. 2 (2003), S. 239-247.

Becker, G.: Lernen in Zusammenhängen. In: H.-G. Herrlitz/D. Weiland/K. Winkel (Hrsg.): Die Gesamtschule. Geschichte, internationale Vergleiche, pädagogische Konzepte und politische Perspektiven. Weinheim/München: Juventa Verlag 2003a, S. 229-239.

Becker, G.: Sein und Haben. Etre et Avoir. Oder: Kennzeichen einer „guten" Schule für die Fünf- bis Zwölfjährigen. In: Neue Sammlung 43. Jg., H. 1 (2003b), S. 113-118.

Becker, G.: Die Religionen in der Schule. In: Neue Sammlung 44. Jahrgang (2004), S. 387-391.

Becker, G.: Regisseur, Meisterdirigent, Dompteur? Die Sehnsucht nach „gleichen Lernvoraussetzungen" hat Gründe. In: Friedrich Jahresheft 2004a, S. 10-12.

Becker, G.: So Sehnsucht nach dem Kurfürstendamm. Erstes Fragment einer privaten Entmythologisierung. In: Neue Sammlung 45. Jg., H. 3 (Juli/August/September 2005), S. 315-336.

Becker, G.: Von Amerika Lernen? Erfahrungen mit Standards und zentralen Prüfungen in einigen Staaten der USA. In: G. Becker et al. (Hrsg.): Standards. Unterrichten zwischen Kompetenzen, zentralen Prüfungen und Vergleichsarbeiten. Seelze: Friedrich Verlag 2005, S. 70/71.

Becker, G.: Hundert Jahre Landerziehungsheime – Pädagogik von gestern oder Pädagogik für morgen? In: Th. Fischer (Hrsg.): Bewerten – Orientieren – Erleben. Pädagogische Räume, Reflexionen und Erfahrungen. 66 Wegbegleiter gratulieren Jörg W. Ziegenspeck zum 66. Geburtstag. Aachen: Shaker Verlag 2007, S. 541-558.

Becker, G.: Alles unter Kontrolle? Erfahrungen zur „intensiven Arbeitsatmosphäre". In: S. Arnz/G. Becker/R. Christiani/M. Wellenreuther/B. Wischer (Hrsg.): Erziehen – Klassen leiten. Friedrich Jahresheft XXVII (2009), S. 32-34.

Becker, G./Bonhoeffer, M.: Das Haus auf der Hufe. Ein Versuch offener Jugendfürsorge. In: Unsere Jugend 11. Jahrgang, Nr. 2 (Februar 1966), S. 49-59.

Becker, G./Erbe, H.W./Weidauer, K.: Die deutschen Landerziehungsheime. Allgemeines. In: Freie Schule. Gesellschaftliche Funktion des Freien Schulwesens in der Bundesrepublik Deutschland. Begründung und Darstellung. Mit einem Vorwort von G. Picht. Hrsg. v. d. Arbeitsgemeinschaft Freier Schulen. Stuttgart: Ernst Klett Verlag 1971, S. 147-153.

Becker, G./Becker, H./Huber, L. (Hrsg.): Ordnung und Unordnung. Hartmut von Hentig zum 23. September 1985. Weinheim/Basel: Beltz Verlag 1985.

Becker, G./Hentig, H. v./Zimmer, J.: Die Verantwortung der Christen für die Kinder und ihre Zukunft. Eine Erklärung. In: Neue Sammlung 27. Jg., H. 4 (1987), S. 495–500.
Becker, G./Vogel, J.P./Weidauer, K.: Die deutschen Landerziehungsheime. In: Arbeitsgemeinschaft Freier Schulen (Hrsg.): Handbuch Freie Schulen. Pädagogische Positionen, Träger, Schulformen und Schulen im Überblick. Reinbek bei Hamburg: Rowohlt Verlag 1993, S. 231–269.
Becker, G./Zimmer, J. (Hrsg.): Lust und Last der Aufklärung. Ein Buch zum 80. Geburtstag von Hellmut Becker. Weinheim/Basel: Beltz Verlag 1993.
Becker, G./Seydel, O. (Hrsg.): Neues Lernen. Die wechselseitigen Erwartungen von Schule und Wirtschaft. Frankfurt/New York: Campus Verlag 1993. (= HANIEL-Stiftung Schriftenreihe Band 4)
Becker, G./Braun, K.-H./Klafki, W.: Selbstbewusste Kinder und humane Schule. Anregungen für eine bildungspolitische Grundsatzdiskussion. Magdeburg: Fraktion Bündnis 90/Grüne im Landtag von Sachsen-Anhalt 1994.
Becker, G./Von Ilsemann, C.: Die Wut der LehrerInnen. Einstieg in den Ausstieg oder Impuls für Veränderung. In: Pädagogik Heft 7/8 (1996), S. 7–11.
Becker, G./Kunze, A./Riegel, A./Weber, H.: Die Helene-Lange-Schule Wiesbaden: Das andere Lernen. Entwurf und Wirklichkeit. Hamburg: Bergmann&Helbig Verlag 1997.
Becker, G./Bilstein, J./Liebau, E. (Hrsg.): Räume bilden. Studien zur pädagogischen Topologie und Topographie. Seelze-Velber: Kallmeyersche Verlagsbuchhandlung 1997.
Becker, G./Volkholz, S./Wicht, H. (Hrsg.): Bildung: Brücken in die Zukunft. Dokumentation einer Klausur über Bildungsfragen im Juni 1999. Berlin: Heinrich-Böll-Stiftung 1999.
Becker, G./Braun, K.-H./Klafki, W./Maskowiak, H.: Selbstbewusste Kinder – humane Schule. Pädagogische Alternativargumentation zur CDU-Initiative „Hände weg vom leistungsfähigen Schulsystem in Sachsen-Anhalt". 2. erw. Aufl. Magdeburg: GEW Sachsen-Anhalt 2000.
Becker, G./von Ilsemann, C./Schratz, M. (Hrsg.): Qualität entwickeln: evaluieren. Seelze: Friedrich Verlag 2001. (= Friedrich Jahresheft Bd. 19).
Becker, G./Biermann, Chr./Bilstein, J./Klein, G./Liebau, E. (Hrsg.): Körper. Schüler. Seelze: Friedrich Verlag 2002.
Becker, G./von der Groeben, A. (Hrsg.): Ordnung und Unordnung. Ein Buch für Hartmut von Hentig zu seinem 80. Geburtstag ausgewählt und neu geordnet. Weinheim/Basel: Beltz Verlag 2005.
Becker, G. et al. (Hrsg.): Standards. Unterrichten zwischen Kompetenzen, zentralen Prüfungen und Vergleichsarbeiten. Seelze: Friedrich Verlag 2005. (=Friedrich Jahresheft Band XXIII).
Braucht die Gesellschaft Jesus-Geschichten – Gehören Jesus-Geschichten zur Allgemeinbildung? ru-Gespräch mit Gerold Becker In: ru Ökumenische Zeitschrift für den Religionsunterricht 26. Jg. H. 1 (1996), S. 3–5.
Frommann, A./Becker, G. (Hrsg.): Martin Bonhoeffer. Sozialpädagoge und Freund unter Zeitdruck. Mössingen-Talheim: Talheimer Verlag 1996.

Weitere Quellen

Ahlring, I. (Hrsg.): Differenzieren und Individualisieren. Braunschweig: Westermann Schulbuchverlag 2002.
Alexander-von-Humboldt-Schule: Wie wir wurden was wir sind. O.J. http://www.hp.shuttle.de/hp/avh-viernheim.jubila/chronik.htm
Alpha Forum: Prof. Dr. Hartmut von Hentig Pädagoge im Gespräch mit Dr. Walter Flemmer. Ms. 2002. http://www.br.de/fersehen/ard-alpha/sendungen/alpha-forum/hartmut-von.hentig-gespraech100.html

Amendt, G.: Nur die Sau rauslassen? Zur Pädophilie-Diskussion. In: V. Sigusch (Hrsg.): Die sexuelle Frage. Hamburg: Konkret Literatur Verlag 1982, S. 141–167.
Ansari, S.: Statt Konzepten gab es Ideologie. Die Odenwaldschule unter der Leitung von Gerold Becker. O.O. 2010.
Arjouni, J.: Hausaufgaben. Roman. Zürich: Diogenes Verlag 2004.
Bachmann, I.: Anrufung des Grossen Bären. Gedichte. München/Zürich: Piper Verlag 2011.
Becker, A./Hentig, H.v. (Hrsg.): Geschichten mit Kindern zum sechzigsten Geburtstag von Gerold Becker. Velber: Friedrich Verlag 1996.
Becker, H.: Ein Beitrag zur Bewertung landwirtschaftlicher Liegenschaften. In: Landwirtschaftliche Jahrbücher Band LXX, Heft 1 (1929), S. 201–254.
Becker, H.: Osthilfesiedlungen in Pommern. In: Archiv für Innere Kolonisation Band 25 (November 1933), S. 548–554.
Becker, H.: Die verwaltete Schule. Gefahren und Möglichkeiten. In: Merkur 8. Jahrgang, Heft 12 (1954), S. 1155–1177.
Becker, H.: Bildung in der modernen Industriegesellschaft. In: Frankfurter Allgemeine Zeitung Nr. 62 v. 14. März 1957, S. 7.
Becker, H.: Die freie Schule in der modernen Gesellschaft. In: H. Becker/W. Eichler/G. Heckmann (Hrsg.): Erziehung und Politik. Minna Specht zu ihrem 80. Geburtstag. Frankfurt a. M.: Verlag öffentliches Leben 1960, S. 144–151.
Becker, H.: Waldorfschulen und Öffentlichkeit. In: Erziehungskunst Jahrgang XLV, Heft 5 (1981), S. 264–270.
Becker, H.: „Die art wie ihr bewahrt ist ganz verfall". Stefan George und die Bildung. In: Castrum Peregrini Band 184/185 (1985), S. 67–75.
Becker, H.: „Für ihn ist Schule Ordnung und Abenteuer zugleich". In: OSO-Hefte Neue Folge Heft 10 (1985a), S. 151–156.
Becker, H.: Rede zum 75jährigen Jubiläum. In: OSO-Hefte Neue Folge Heft 10 (1985b), S. 52–55.
Becker, H.: Begegnungen. In: Ein Buch der Freunde. Shephard Stone zum Achtzigsten. Berlin: Siedler 1988, S. 22–26.
Becker, J.: Einen Bruder haben. Manfred und Ingo. In: A. Becker/H.v.Hentig: Geschichten mit Kindern zum sechzigsten Geburtstag von Gerold Becker. Velber: Friedrich Verlag 1996. S. 59–66.
Benn, G.: Sämtliche Gedichte. Stuttgart: Klett-Cotta 1998.
Beume, E.: Zwei Monate an der OSO. In: OSO-Nachrichten Nr. 23 (März 1981), S. 2–3.
Bielefelder Universitätszeitung 31. Jahrgang Nr. 198 vom 30. Juni 1999.
Bittner, W.: Niemandsland. Roman. München: Allitera Verlag 2000.
Böll, H.: Zwischen Oikos und Ordo. In: G. Becker/H. Becker/L. Huber (Hrsg.): Ordnung und Unordnung. Hartmut von Hentig zum 23. September 1985. Weinheim/Basel: Beltz Verlag 1985, S. 11–17.
Böll, H.: Werke Kölner Ausgabe, Band 23: 1984–1985. Köln: Kiepenheuer&Witsch 2007.
Bollnow, O.F. (Hrsg.): Sprache und Erziehung. Bericht über die Arbeitstagung der Deutschen Gesellschaft für Erziehungswissenschaft vom 7. bis 10. April 1968 in Göttingen. Im Auftrag des Vorstands herausgegeben. Weinheim/Berlin/Basel: Verlag Julius Beltz 1968. (Zeitschrift für Pädagogik, 7. Beiheft)
Bonhoeffer, M.: Bericht von einem Heim der offenen Tür in Liverpool. In: Unsere Jugend 8. Jahrgang, Nr. 5 (Mai 1956), S. 228–231.
Bonhoeffer, M.: Das Haus auf der Hufe – Ein Göttinger Versuch. In: Neue Sammlung 5. Jg., H. 1 (1965), S. 64–84.
Bonhoeffer, M.: Forschungsaufgaben in der Heimerziehung. Überlegungen anlässlich einer Umfrage des Allgemeinen Fürsorgetages. In: Neue Sammlung 6. Jg., H. 2 (März/April 1966), S. 216–226.

Bonhoeffer, M./Widemann, P. (Hrsg.): Kinder in Ersatzfamilien. Stuttgart: Ernst Klett Verlag 1974.
Brandenburger, E.: „Unbehagen" war das alles dominierenden Gefühl. August 2011. Unveröff. Ms. Berlin 2011.
Brandenburger, E.: Das Verhältnis von Freunden des Täters zur Tat. Juli 2011. Unveröff. Ms. Berlin 2011a.
Brecht, B.: Liebesgedichte. Ausgew. v. W. Hecht. Frankfurt am Main/Leipzig: Insel Verlag 2002.
Bronfenbrenner, U.: Wie wirksam ist kompensatorische Erziehung? Vorw. v. H. v. Hentig; übers. v. G. U. Becker. Stuttgart: Klett Verlag 1974.
Bündische Akademie: Blaue Blume III – jetzt erst recht? Von Macht und Ohnmacht, Einmischen und Rückzug. Programm in Lüdersburg Himmelfahrt 1.- 4. Juni 2000. Lüdersburg: Bündische Akademie 2000.
Christian-Albrechts-Universität-Kiel: Personal-Verzeichnis Sommersemester 1930. Vorlesungs-Verzeichnis Wintersemester 1930/31. Kiel: Walter G. Mühlau Verlag 1930.
Christian-Albrechts-Universität-Kiel: Personal-Verzeichnis Sommersemester 1934. Vorlesungsverzeichnis Wintersemester 1934/35. Kiel: Walter G. Mühlau Verlag 1934.
Christian-Albrechts-Universität-Kiel: Personal- und Vorlesungsverzeichnis Wintersemester 1935/36. Kiel: Walter G. Mühlau Verlag 1935.
Cohn-Bendit, D.: Der grosse Basar. Gespräche mit Michel Lévy, Jean-Marc Salmon, Maren Sell. München: Trikont Verlag 1975.
Danneil, M.A.: Der Christ in der Nacht. Hamburg: s.n. 1770.
Daublebsky, B./Petry, Chr./Raschert, J.: Gesamtschulen und Landerziehungsheime. In: D. Goldschmidt/P.M. Roeder (Hrsg.): Alternative Schulen? Gestalt und Funktion nichtstaatlicher Schulen im Rahmen öffentlicher Bildungssysteme. Hellmut Becker zum 65. Geburtstag. Stuttgart: Klett-Cotta 1979, S. 241- 255.
Der Birklehof in der Nachkriegszeit 1946–1963. Eine Textsammlung. März 2004. http://www.birklehof.de/eip/media_62_61_1269869842.pdf
Der Fall Didi: Ein Pädosexueller in der taz. In: taz.blogs vom 19.2. 2011. http://blogs.taz.de/hausblog/2011/02/19/der-fall-didi-ein-paedosexueller-in-der-taz/
Deutsche Bauzeitung 101. Jahrgang (1967).
Deutscher Evangelischer Kirchentag Stuttgart 1969. Dokumente. Herausgegeben im Auftrag des Präsidiums des Deutschen Evangelischen Kirchentages. Stuttgart/Berlin: Kreuz-Verlag 1970.
Die Bundesrepublik Deutschland und die UNESCO. 25 Jahre Mitarbeit. Eine Dokumentation. Köln: Deutsche UNESCO-Kommission 1976.
Die Giftschonung Ausgabe 6 (September 1978).
„Die Schritte können klein sein, wenn die Gedanken gross sind." Gegen pädagogisches Wortgetöse und für alles, was den Menschen stärkt. Der Bielefelder Wissenschaftler im Gespräch mit Rainer Winkel, In: Die Zeit Nr. 39 v. 20. September 1985, S. 49–51.
Drescher, L.: Entschuldung der ostdeutschen Landwirtschaft. Im Auftrag der Bank für deutsche Industrie-Obligationen bearbeitet. Als Manuskript gedruckt. Berlin 1938. (Verwendetes Exemplar: Bibliothek der Hansestadt Hamburg B/857)
„… eine lebenswerte Zukunft für nachfolgende Generationen". Erwartungen an die Schule, Erwartungen an den Staat. Gespräch zwischen Richard von Weizsäcker und Hartmut von Hentig in Ober-Hambach am 15.6.1985 aus Anlass der Feier des 75. Geburtstages der Odenwaldschule (14.–16.6.1985). In: Neue Sammlung 26. Jg., H. 1 (Januar/Februar 1986), S. 3–16.
„Erwünscht und willkommen" oder „nur geduldet"? Über die Stellung nichtstaatlicher Schulen innerhalb des hessischen Schulwesens. Ausschnitt aus einer Diskussion mit Mitarbeitern und Schülern der Oberstufe bei einem Besuch des Hessischen Ministerpräsidenten, Holger Börner, am 1. Juli 1981 in der Odenwaldschule. In: OSO-Hefte Neue Folge Heft 6 (1981), S. 16–30.

Erziehung und Wissenschaft Nr. 12 vom 16. Dezember 2009.
Freie Schule. Gesellschaftliche Funktion des Freien Schulwesens in der Bundesrepublik Deutschland. Begründung und Darstellung. Mit einen Vorwort von G. Picht. Hrsg. v. d. Arbeitsgemeinschaft Freier Schulen. Stuttgart: Ernst Klett Verlag 1971.
Freie Schulen: „Für uns gibt es keine Versager" In: Der Spiegel Nr. 25 v. 18.6.1979, S. 42–59.
Freundschaft – Kameradschaft – Seilschaften. Bündische Akademie in Lüdersburg denkt zu Himmelfahrt über Werte nach. Unveröff. Ms. 2001. http://www.mmanuskriptt.de/resources/Akademie.pdf
Fried, A.: Die rettende Hölle. In: Frankfurter Allgemeine Zeitung vom 14. März 2010, S. 3.
Friedrichsen, G.: Kommt „Onkel Fajfr" wieder? In: Der Spiegel Nr. 49 v. 4.12.1995, S. 194–197.
75 Jahre Gesamtschule Winterhude. Mitteilung Nr. 26 der Schulleitung vom 30.09.2005. http://www.hh.schule.de/gsw/Schulleitung/Broschuere_Nr26.pdf
Gedächtnisprotokoll des offenen Gesprächs am 18.5.76 17.30 Uhr im Konferenzraum der Odenwaldschulen von Jutta Fensch. Ms. O.J.
Gesamtschule und innere Schulreform. 3 Grundsatzreferate. Bad Kreuznach: Pädagogisches Zentrum des Landes Rheinland-Pfalz 1993. (= Pädagogik zeitgemäss, Heft 13).
Goethe, J.W.: Gedichte. Hrsg. u. komm. v. E. Trunz. 16. durchges. Aufl. München: C.H. Beck 1996.
Goetheplatz Nr. 3 (Dezember 1999).
Goetheplatz Nr. 15 (Dezember 2007).
Goetheplatz Nr. 16 (Juli 2008).
Goetheplatz Nr. 17 (März 2009).
Goetheplatz Nr. 18 (Mai 2011).
Grabner, S./Röder, H. (Hrsg.): Emmi Bonhoeffer. Essay, Gespräch, Erinnerung. 3. Aufl. Berlin: Lukas Verlag 2006.
Guthmann, H./von Nagy, O./Preute, M.: In deutschen Heimen leiden elternlose Kinder. In: Quick Nr. 43 v. 18. Oktober 1967, S. 12–15.
Hagener, C.: Die Schule als gestaltete Lebenswelt des Kindes. Hamburg: Evert 1936.
Hamm-Brücher, H.: Unfähig zur Reform? Kritik und Initiativen zur Bildungspolitik. München: Piper Verlag 1972.
Harder, W.: PEP-Vorlage II/4a: Drei Jahre Aufbaukommission Laborschule/Oberstufen-Kolleg. Bielefeld, Oktober 1973. Ms. Bielefeld 1973. (Benutztes Exemplar Universität Kiel Qn1289)
Harder, W.: Curriculare Reformen an Versuchsschule und im Regelschulsystem. Dargestellt am Beispiel des Bielefelder Oberstufen-Kollegs und der neugestalteten gymnasialen Oberstufe in Nordrhein-Westfalen. Bielefeld: AJZ-Druck&Verlag GmbH 1983. (= AMBOS Arbeitsmaterialien aus dem Bielefelder Oberstufen-Kolleg, hrsg. v. P. Domogalski u.a., Band 17)
Harder, W.: Weltmeister im Festefeiern. Oder: Wie die Odenwaldschule sich am 11. Juli 1985 von Rosemarie Stein und Gerold Becker verabschiedet hat. In: OSO-Nachrichten Heft 33 (August 1985), S. 104–109.
Harder, W.: „Vor der Welt die Kinder, vor den Kindern die Welt vertreten". In: OSO-Hefte Neue Folge Nr. 10 (1985a), S. 157–164.
Harder, W.: Bericht an das Staatliche Schulamt für den Kreis Bergstrasse und den Odenwaldkreis vom 20.12.99. Ms. 1999. http://osodasjahr.files.wordpress.com/2011/02/harderoso_dienstliche_erklaerung-20-12-11-1.pdf
Harder, W.: Vor der Welt die Kinder, vor den Kindern die Welt vertreten. Zur Odenwaldschule und ihrer Pädagogik. Reden und Aufsätze in der Odenwaldschule, über die Odenwaldschule und aus der Odenwaldschule 1985–1999. Heppenheim: Odenwaldschule Ober-Hambach 1999a.

Härlin, B.: Kritisches zur Schülermitverwaltung. In: OSO-Hefte: Berichte aus der Odenwaldschule Neue Folge Heft 1 (1973/1974), S. 23–27.

Harthauser, W.: Der Massenmord an Homosexuellen im Dritten Reich. In: W.S. Schlegel (Hrsg.): Das grosse Tabu. Zeugnisse und Dokumente zum Problem der Homosexualität. München: Rütten und Loening 1967, S. 7–37.

Hasenclever, W.-D. (Hrsg.): Pädagogik und Psychoanalyse. Marienauer Symposion zum 100. Geburtstag Gertrud Bondys. Frankfurt am Main/Bern/New York/Paris: Peter Lang 1990. (= Erziehungskonzeptionen und Praxis, hrsg. v. G.-B. Reinert, Band 15)

Hausmann, G.: Didaktik als Dramaturgie des Unterrichts. Heidelberg: Quelle&Meyer 1959.

Heinrich Roths Schriften und Artikel aus der NS-Zeit. Dokumente 1933–1941. Frankfurt am Main: Fachbereich Erziehungswissenschaft Goethe-Universität 2015. (= Dokumentation ad fontes Band XIII).

Helwig, W.: Auf der Knabenfährte. Ein Erinnerungsbuch. Konstanz/Stuttgart: Asmus Verlag 1951.

Hentig, H. v.: Thokydides Sophos. Ph.D. University of Chicago, Department of Greek Language and Literature. Chicago, Illinois 1953. (Benutztes Exemplar: Bayerische Landesbibliothek München 2011.37714).

Hentig, H. v.: Der Lehrer. In: Der Birklehof Nr. 7 v. 30 September (1954), S. 21–23.

Hentig, H. v.: Die deutsche Pädagogik In: H.W. Richter (Hrsg.): Bestandsaufnahme. Eine deutsche Bilanz 1962. Sechsunddreissig Beiträge deutscher Wissenschaftler, Schriftsteller und Publizisten. München/Wien/Basel: Verlag Kurt Desch, S. 315–343.

Hentig, H. v.: Platonisches Lehren. Probleme der Didaktik dargestellt am Modell des altsprachlichen Unterrichts. Band I: Unter- und Mittelstufe. Stuttgart: Ernst Klett Verlag 1966.

Hentig, H. v.: Der Heilungswillen des Homosexuellen ist seine Krankheit. In: R. Italiaander (Hrsg.): Weder Krankheit noch Verbrechen. Plädoyer für eine Minderheit. Hamburg: Gala Verlag 1969, S. 260/261.

Hentig, H. v.: Spielraum und Ernstfall. Gesammelte Aufsätze zu einer Pädagogik der Selbstbestimmung. Stuttgart: Ernst Klett Verlag 1969a, S. 225–255.

Hentig, H. v.: Philosophie und Wissenschaft in der Pädagogik. In: H. v. Hentig: Spielraum und Ernstfall. Gesammelte Aufsätze zu einer Pädagogik der Selbstbestimmung. Stuttgart: Ernst Klett Verlag 1969b, S. 225–255.

Hentig, H. v.: Was ist eine humane Schule? Drei Vorträge. München/Wien: Carl Hanser Verlag 1976.

Hentig, H. v.: La chronique pas aussi scandaleuse des Herbst-Trimesters 1953. In: 50 Jahre Birklehof. Bilder und Texte – 1932 bis 1982. Titisee-Neustadt: Schule Birklehof 1982, S. 66/67.

Hentig, H. v.: Die Menschen stärken, die Sachen klären. Ein Plädoyer für die Wiederherstellung der Aufklärung. Stuttgart: Reclam Verlag 1985.

Hentig, H. v.: Calling for Attention: Nikolaus. In: Neue Sammlung 36. Jg., H.1 (Januar/Februar/März 1996), S. 177–187.

Hentig, H. v.: Martin Bonhoeffer – der Mensch. In: A. Frommann/G. Becker (Hrsg.): Martin Bonhoeffer. Sozialpädagoge und Freund unter Zeitdruck. Mössingen-Thalheim: Talheimer Verlag 1996a, S. 280–293.

Hentig, H. v.: Calling for Attention. *Nikolaus*. In: A. Becker/H. v. Hentig: Geschichten mit Kindern zum sechzigsten Geburtstag von Gerold Becker. Velber: Friedrich Verlag 1996b, S. 97–116.

Hentig, H. v.: Zum Geleit. In: H. Nohl: Einführung in die Philosophie. 9. Auflage. Frankfurt am Main: Klostermann 1998, S. 7–8.

Hentig, H. v.: Fahrten und Gefährten. Reiseberichte aus einem halben Jahrhundert 1936–1990. München/Wien: Carl Hanser Verlag 2000.

Hentig, H. v.: Ermutigende Erfahrungen, klare Gedanken. Die Demokratie bewahren. In: Bündische Akademie Lüdersburg (Hrsg.): Dokumentation der Jahrestagungen 1999/2000. Braunach: Deutscher Spurbuchverlag 2001.

Hentig, H. v.: Die Schule neu denken. Eine Übung in pädagogischer Vernunft. Weinheim: Beltz Verlag 2003.

Hentig, H. v.: Bewährung. Von der nützlichen Erfahrung, nützlich zu sein. Die Entschulung der Mittelstufe und ein einjähriger Dienst an der Gemeinschaft. Ein pädagogisches Manifest im Jahre 2005. München/Wien: Carl Hanser Verlag 2006.

Hentig, H. v.: Mein Leben – bedacht und bejaht. Kindheit und Jugend. Schule, Polis und Gartenhaus.Weinheim/Basel: Beltz Verlag 2009.

Hentig, H. v.: Das Ethos der Erziehung. Was ist in ihr elementar? Ms. 2010. http://www.magazin-auswege.de/data/2010/03/Hentig_Das_Ethos_der_Erziehung.pdf.

Hentig, H. v.: Die Elemente der Erziehung. In: Blätter für deutsche und internationale Politik 54. Jg., H. 5 (2010a), S. 85–98.

Hentig, H. v.: „Was habe ich damit zu tun?" In: Die Zeit Nr. 13 vom 25. März 2010b, S. 19.

Hentig H. v.: Brief an Herrn Dr. Tanjev Schulz v. 16. 03.2010. Vervielf. Kopie des Originals. Berlin 2010c.

Hentig, H. v.: Hartmut von Hentig redet. Vervielf. Ms. Berlin 2010d.

Hentig, H. v.: Ist Bildung nützlich? In: Akzente Jg. 58, Heft 1 (2011), S. 76–95.

Hessisches Amtsblatt. Amtlicher Teil Abl. 1/2. http://www.hessisches-amtblatt.de/download/pdf_2002/alle_user/01_2002.pdf

Historische Entwicklung der Landwirtschaftlichen Betriebslehre in Kiel. O.J. http://www.uni-kiel.de/betriebslehre/histo.html

Hölderlin, F.: Sämtliche Werke, hrsg. v. F. Beissner, Fünfter Band: Übersetzungen. Stuttgart: W. Kohlhammer 1952.

Hofmannsthal, H. v.: Gesammelte Werke in zehn Einzelbänden. Reden und Aufsätze I: 1891–1913. Hrsg. v. B. Schoeller. Frankfurt am Main: Fischer Taschenbuch Verlag 1979.

Hohmann, J.S. (Hrsg.): Pädophilie heute. Berichte, Meinungen und Interviews zur sexuellen Befreiung des Kindes. Mit Beiträgen von D. Döring u.a. Frankfurt am Main/Berlin: Foerster Verlag 1980.

„Ich sehe was, was Du nicht siehst" – von Wahrnehmung und fremden Welten. bündische akademie. Himmelfahrtstagung in Lüdersburg 20.–23. Mai 2004. http://www.tyrker.de/akademie/Prog2004.pdf

Identität und Verständigung. Standort und Perspektiven des Religionsunterrichts in der Pluralität. Eine Denkschrift der Evangelischen Kirche in Deutschland. Gütersloh: Gütersloher Verlagshaus 1994.

Jahrbuch 1968. München: Goethe-Institut 1969.

Jubiläumsschrift 25 Jahre IGMH. Mannheim: Schulverwaltungsamt der Stadt Mannheim 1999.

Kahle, J.: Von den Schwierigkeiten, ein Festival zu machen. Impressionen eines Organisators der Waldeckfestivals. Dreissig Jahre danach. In: Köpfchen Nr. 1 (März 1995), S. 4–9.

Kahle, J.: Brief an Herrn Uwe Lau Mouresi sur Velos/Piliou Griechenland. Anfang Januar 2000.

Kahle, J.: Brief An Uwe Lau vom 25. Februar 2000a.

Kahle, J.: Chanson, Folklore, International – Burg Waldeck 1964–1969. Von den Schwierigkeiten, ein Festival zu machen. In: Archiv der deutschen Jugendbewegung: Historische Jugendforschung. Jugendbewegung und Kulturrevolution um 1968. Schwalbach/Ts.: Wochenschau Verlag 2008, S. 102–113. (=Jahrbuch des Archivs der deutschen Jugendbewegung NF Band 4/2007)

Kaiser, E./Stratmann, K.: Bibliographie Heinrich Roth. In: Neue Sammlung 6. Jg., H. 1 (Januar/Februar 1966), S. 237–247.

Kerbs, D.: Zur Geschichte und Gestalt der deutschen Jungenschaften. In: Neue Sammlung 6. Jg., H. 1 (1966), S. 146–170.

Killy, W.: Was können die Oberschulen leisten? In: Die Zeit Nr. 10 v. 3. März 1961, S. 7.

Kinski, P.: Kindermund. Berlin: Insel Verlag 2013.

Kirchentag 1987: Die Verantwortung der Christen für die Kinder und die Zukunft. Eine Erklärung von Gerold Becker, Hartmut von Hentig, Jürgen Zimmer. In: Theorie und Praxis der Sozialpädagogik 95. Jg., Heft 5 (1987), S. 243–246.

Klingl, P.: Offener Brief an Glasbrechen e.v. mit der Bitte um Veröffentlichung. 12.11.2013. http://www.glasbrechen.de

Lehrergruppe Laborschule: Laborschule Bielefeld: Modell im Praxistest. Zehn Kollegen ziehen ihre Zwischenbilanz. Mit Graphiken und Fotos von K. Lambert. Reinbek bei Hamburg: Rowohlt Taschenbuch Verlag 1977.

Lenz, H.: Mehr Glück als Verstand. Erinnerungen. Norderstedt: Books on Demand 2002.

Lindgren, A.: Dankesrede „Niemals Gewalt!" In: Friedenspreis des deutschen Buchhandels 1978: Astrid Lindgren. Frankfurt: Börsenverein des deutschen Buchhandels 1978, S. 6–8. http://www.boersenverein.de/sixcms/media.php/806_1978_lindgren.pdf

Magazin KUNST 13. Jahrgang Nr. 50 (2. Quartal 1973).

Max: „Es hat mich mein Leben gekostet!" In: tageszeitung vom 4. März 2011.

Max: Angst, Liebe, Leben. Wozu der Missbrauch fähig ist. In: S. Andresen/W. Heitmeyer (Hrsg.): Zerstörerische Vorgänge. Missachtung und sexuelle Gewalt gegen Kinder und Jugendliche in Institutionen. Weinheim/Basel: Beltz Juventa 2012, S. 66–70.

Meier, R.: Schulportrait Odenwaldschule. In: betrifft:erziehung 17. Jg. (Juli 1984), S. 33–36.

Mehringer, A.: Pestalozzi als Fürsorgepädagoge. Ein Beitrag zur Geschichte der Fürsorge-Erziehung. Landau-Queichheim, Saarpfalz: Verlag St. Josef o.J. (1936)

Meinhof, U.: Heimkinder in der Bundesrepublik / Aufgehoben oder abgeschoben? In: Frankfurter Hefte Band 21, Nr. 9 (1966), S. 616–626.

Meinhof, U.: Bambule. Fürsorge – Sorge für wen? 5. Auflage. Berlin: Verlag Klaus Wagenbach 2009.

Müller, W./Schubert, F.: Die schöne Müllerin. Die Winterreise. Textausgabe. Nachw. v. R. Vollmann. Suttgart: Reclam 2012.

Muschg, A.: Nähe ist ein Lebensmittel, kein Missbrauch. In: Tagesspiegel vom 15. März 2010.

Muschg, A.: Die Grenzen zwischen Missbrauch und Zärtlichkeit sind subtil. Interview m. R. Bandle. In: Tagesanzeiger vom 16. März 2010a.

Muschg, A.: Im Erlebensfall. Versuche und Reden 2002 – 2013. München: C.H. Beck 2014.

Neue Sammlung 9. Jahrgang (1969).

Neue Sammlung 27. Jahrgang (1987).

Neue Sammlung 28. Jahrgang (1988).

Neue Sammlung 45. Jahrgang (2005).

Niedersächsisches Geschlechterbuch. Sechster Band. Glücksburg/Ostsee: Verlag von C.A. Starke 1957. (= Deutsches Geschlechterbuch, hrsg. v. E. Strutz/F.W. Euler, Band 122)

Niemann, B. (Hrsg.): „Altschüler-Erinnerungen auf 80 Jahren OSO" im Auftrag der Odenwaldschule zum 100jährigen Jubiläum 2010. Ober-Hambach: Odenwaldschule 2010.

Nohl, H.: Erziehergestalten. Göttingen: Vandenhoeck&Ruprecht 1958.

Nohl, H.: Die pädagogische Bewegung in Deutschland und ihre Theorie. 7. Auflage. Frankfurt am Main: Verlag G. Schulte-Bulmke 1970.

OSO-Hefte: Berichte aus der Odenwaldschule. 1. Jahrgang, Heft 1 (1955).

OSO-Hefte: Berichte aus der Odenwaldschule. 2. Jahrgang, Heft 3 (1956.

OSO-Hefte: Berichte aus der Odenwaldschule. 15. Jahrgang, Heft 3 (Oktober 1969).

OSO-Hefte: Berichte aus der Odenwaldschule. 16. Jahrgang, Heft 2 (Juli 1970).

OSO-Hefte: Berichte aus der Odenwaldschule. 17. Jahrgang, Heft 4/5 (Dezember 1971).

OSO-Hefte: Berichte aus der Odenwaldschule Neue Folge Heft 1 (1973/1974).

OSO-Hefte: Berichte aus der Odenwaldschule Neue Folge Heft 5 (1980).

OSO-Hefte: Berichte aus der Odenwaldschule Neue Folge Heft 8 (1984).

OSO-Hefte: Berichte aus der Odenwaldschule Neue Folge Heft 10 (1985).

OSO-Nachrichten Heft 1 (Juli 1973).

OSO-Nachrichten Heft 4 (Juli 1974).

OSO-Nachrichten Heft 6 (Februar 1975).
OSO-Nachrichten Heft 8 (Dezember 1975a).
OSO-Nachrichten Heft 9 (März 1976).
OSO-Nachrichten Heft 10 (Juli 1976a).
OSO-Nachrichten Heft 11 (Dezember 1976b).
OSO-Nachrichten Heft 19 (August 1979).
OSO-Nachrichten Heft 23 (März 1981).
OSO-Nachrichten Heft 29 (August 1983).
OSO-Nachrichten Heft 31 (August 1984).
OSO-Nachrichten Heft 33 (August 1985).
OSO-Nachrichten Heft 34 (Februar 1986).
OSO-Nachrichten Heft 64 (1999/2).
OSO-Nachrichten Heft 78 (2006).
Overbeckiana: Übersicht über den Franz-Overbeck-Nachlass der Universitätsbibliothek Basel. Teil 2: Der wissenschaftliche Nachlass Franz Overbecks. Bearb. v. M. Tetz. Basel: Helbing und Lichtenhahn 1962. (= Studien zur Geschichte der Wissenschaften in Basel, Band 13)
Pädagogik Heft 7/8 (1996).
Pfau, J.: „Freunde, keine Konkurrenten". In: OSO-Nachrichten Heft 23 (März 1981), S. 5–6.
Pindar: Siegeslieder. Griechisch-deutsche Ausgabe. Hrsg. u. übers. v. D. Bremer. München: Artemis&Winkler 1992.
Publik-Forum 18. Jahrgang (1989).
Rathert, C.: Rahmenentwurf für ein Curriculum Pädagogik am Oberstufen-Kolleg. Stuttgart: Ernst Klett Verlag 1975. (= Schulprojekte der Universität Bielefeld, Heft 11).
„Realistisch denken verlangt geistesgeschichtlichen Kontext". Prof. Dr. Heinrich Roth zum 100. Geburtstag. Katalog zur Ausstellung. Berlin: Bibliothek für Bildungshistorische Forschung 2006.
Riegel, E.: Schule von innen verändern. Ein Gymnasium wird integrierte Gesamtschule. In: Pädagogik 40. Jahrgang, Heft 7/8 (Juli/August 1988), S. 53–58.
Roese, G.: Der Zauberlehrling nach der Ballade von Goethe. In: OSO-Hefte Neue Folge Heft 6 (1981), S. 107–112.
Roese, G.: Dreissig Jahre im falschen Film. Unveröff. Ms. Darmstadt 2012.
Roos, P. (Hrsg.): Genus loci: Gespräche über Literatur und Tübingen. Tübingen: Verlag G. Narr 1986.
Roth, H.: Psychologie der Jugendgruppe. Aufbau, Sinn und Wert jugendlichen Gemeinschaftslebens. Berlin: Verlag Bernard&Graefe 1938.
Roth, H.: Der Lehrer und seine Wissenschaft. Erinnertes und Aktuelles. Ein Interview von Dagmar Friedrich zu seinem 70. Geburtstag. Hannover/Dortmund/Darmstadt/Berlin: Hermann Schroedel Verlag 1976.
Roth, H. (Hrsg.): Begabung und Lernen. Ergebnisse und Folgerungen neuer Forschungen. Stuttgart: Klett 1968. (= Gutachten und Studien der Bildungskommission des Deutschen Bildungsrates, Band 4)
Rüggeberg, J.: Rundschreiben vom 22.03.2010. http://www.altbuerger-hl.org/pdf/2010/hls-rundschreiben.pdf
Runder Tisch Bildung. Aus Unterschieden lernen – Lebenschancen eröffnen. Empfehlungen des Runden Tisches Bildung an die Freie Hansestadt Bremen. Bremen, am 7.10.2005. http://www2.bildung.bremen.de/sfb/behoerde/deputation/depu/g187_16_a2.pdf
Schäfer, W./ Edelstein, W./Becker, G.: Probleme der Schule im gesellschaftlichen Wandel: Das Beispiel Odenwaldschule. Frankfurt am Main: Suhrkamp Verlag 1971.
Schindehütte, M. (Hrsg.): Schule in Hessen. Eigenverantwortung und Selbstverwaltung. Gestaltungsperspektiven für die kommenden Jahre. Hofgeismar: Evangelische Akademie 1992. (= Hofgeismarer Protokolle, Band 295)

Schlaeger, H.: Links, wo der Fortschritt sitzt. Die Odenwaldschule in Oberhambach. Modellschulen in Deutschland (X). In: Die Zeit Nr. 50 vom 15. Dezember 1967, S. 22.

Schmidt, F./Gerhard, B. (Hrsg.): Die klare Luft gibt's heute umsonst ... Der Bund deutscher Jungenschaften. Heidenheim: Südmarkverlag 1986.

Schmitz, W.: Odenwaldschule. Private Oberschule für Jungen und Grundschule. In: G. Becker (Hrsg.): 75 Jahre Odenwaldschule. Programmheft zum Jubiläum. Ober-Hambach: Odenwaldschule 1985, S. 54–66.

Schostack, R.: Der steinige Acker der Erziehung. Drei Internate: St. Blasien, Salem und die Odenwaldschule. In: Frankfurter Allgemeine Zeitung Nr. 248 vom 25. Oktober 1975, Beilage Bilder und Zeiten.

Schriften des Bundes Deutscher Jungenschaften 28: Der Bund stellt sich vor. Bad Godesberg: Voggenreiter Verlag 1966.

Schule als ökologischer Lernort. Fachtagung zum Ökologischen Schulbau 12. und 13. März 1990 in Berlin. Berlin: Pressestelle der Senatsverwaltung für Schule, Berufsbildung und Sport 1990.

Schüler 2006. Lernen. Wie sich Kinder und Jugendliche Wissen und Fähigkeiten aneignen. Seelze: Friedrich Verlag 2006.

Schult, P./Stüben, O.: Für eine sexuelle Revolution – wider die linken Spiesser. Birkenfeld: Living Guerilla-Verlag 1980.

Schultz, H. J. (Hrsg.): Was der Mensch braucht. Anregungen für eine neue Kunst zu leben. Stuttgart/Berlin: Kreuz Verlag 1977.

Schultz, H. J. (Hrsg.): Kinder haben? Entscheidung für die Zukunft. Stuttgart: Kreuz Verlag 1986.

Schulz, B.: Praktikum an der Odenwaldschule. Der Versuch, Eindrücke auszudrücken. In: OSO-Hefte: Berichte aus der Odenwaldschule Neue Folge Heft 6 (1981), S. 63–65.

Schwertl, W.: Über Generationsgrenzen und deren Brüche oder letzte Bastionen des Anstands. Unveröff. Ms. Frankfurt 2010.

Skriver, A.: Schriftsteller auf der Anklagebank. Das höchste deutsche Gericht nimmt Stellung zu den Gotteslästerungs-Prozessen in jüngster Zeit. In: Die Zeit Nr. 30 vom 21.7.1961, S. 9.

Stange, H./Ubbenhorst, B.: Woher kommst Du? Kindergeschichten rund um den Globus. Ein Tigerentern Club Buch. Köln: vgs Verlagsgesellschaft 2001.

Stenografischer Bericht: 17. Sitzung des Kulturpolitischen Ausschusses des Hessischen Landtages vom 18. März 2010. http://www.landtag.hessen.de

Stenografischer Bericht: 19. Sitzung des Kulturpolitischen Ausschusses des Hessischen Landtages vom 19. Mai 2010a. http://www.landtag.hessen.de

SWR2 Forum vom 16.3.2010: Ideale und Wirklichkeit – Muss die Reformpädagogik neu bewertet werden? www.ibw.uni-heidelberg.de/^^gerstner.SWR2-Forum.pdf

Synode der Evangelischen Kirche in Deutschland: Aufwachsen in schwieriger Zeit – Kinder in Gemeinde und Gesellschaft. Im Auftr. des Rates der Evangelischen Kirche in Deutschland hrsg. v. Kirchenamt der EKD. Gütersloh: Gütersloher Verlagshaus 1995.

Tamke, G./Driever, R.: Göttinger Strassennamen. 3. neu überarbeitete, wesentlich erweiterte Ausgabe. Göttingen: Stadtarchiv 2012. (= Veröffentlichungen des Stadtarchivs Göttingen, Band 2) www.stadtarchiv.goettingen.de/strassennamen/tamke-driever goettinger strassennamen_01.pdf

The Hayssen Family Tree o.J., http://hayssen.us/index/html

Trapp, G.: Die Prosa Johannes Urzidils. Zum Verständnis eines literarischen Werdegangs vom Expressionismus zur Gegenwart. Bern: Verlag Herbert Lang&Cie. 1967.

Trapp, G.: La Coûme: Schule hinter den sieben Bergen. In: betrifft: erziehung 17. Jahrgang (1984), S. 43–45.

Trapp, G.: „Retrophotographien von Realitäten". Heimatbilder in den Erzählungen Johannes Urzidils. In: C. Bescansa/I. Nagelschmidt (Hrsg.): Heimat als Chance und Herausforderung. Repräsentationen der verlorenen Heimat. Berlin: Frank&Timme 2014, S. 177–186.

Treibhäuser der Zukunft. Wie in Deutschland Schulen gelingen. Eine Dokumentation von Reinhard Kahl. 2., überarb. Auflage. Weinheim/Basel: Beltz Verlag 2005.

Trumpff, C.A.: Fortners Schulspiel mit Musik. Uraufführung der „Undine" durch die Odenwaldschule nach Fouqué. In: Neue Zeitschrift für Musik 130. Jahrgang, Heft 9 (1969), S. 397.

Unsere Jugend Band 8 (1956).

Unsere Jugend Band 18 (1966).

Vahl, H.: Napola Schulpforta 1943-1945. Erinnerungen eines Schülers. Norderstedt: Libri Books on Demand 2000.

Vereinigung Deutscher Landerziehungsheime: Ganztagsschulen und mehr: Landerziehungsheime. Dokumentation der 3. Grossen Mitarbeitertagung vom 4.-6.11.2004 in Jena. Stuttgart: Vereinigung Deutscher Landerziehungsheime 2005.

400 Jahr Feier Domgymnasium Verden 15.-23. Juli 1978. Anekdoten u. Geschichten über unser Domgymnasium zu Verden zusammengestellt für alle Freunde und der Schule Verbundene. Verden o.J. (1978) (Benutzt Exemplar der Niedersächsischen Landesbibliothek Hannover Nr. P1980.2694).

Volbehr, F./Weyl, R.: Professoren und Dozenten der Christian-Albrechts-Universität zu Kiel 1665-1933. Nebst Angaben über die Lektoren, Sprachkursleiter, Lehrer der Künste und Universitäts-Bibliothekare sowie über die Rektoren 1665-1933. Kiel: Walter G. Mühlau 1934.

Volbehr, F./Weyl, R.: Professoren und Dozenten der Christian-Albrechts-Universität zu Kiel 1665-1954. Mit Angaben über die sonstigen Lehrkräfte und die Universitäts-Bibliothekare und einem Verzeichnis der Rektoren. Vierte Auflage bearb. v. R. Bülck; abgeschl. v. H.-J. Newiger. Kiel: Ferdinand Hirt 1956.

Weniger, E.: Über die gegenwärtigen Aufgaben und Möglichkeiten der Landerziehungsheime. In: Die Sammlung 5. Jahrgang, 4. Heft (April 1950), S. 230-241.

„Werde, der Du bist". Aus einer Sendung in NDR 3 am 23.6. 1985 von Wend Kässens. In: OSO-Hefte Neue Folge Heft 10 (1985), S. 75-88.

Werk-Chronik Nr. 11 (1966).

Wernstedt, R./John-Ohnesorg, M. (Hrsg.): Der Bildungsbegriff im Wandel. Verführung zum Lernen statt Zwang zum Büffeln. Dokumentation einer Konferenz des Netzwerks Bildung vom 05.-06. Juli 2007. Berlin: Friedrich Ebert Stiftung 2008.

Westermanns Pädagogische Beiträge 31. Jahrgang, Heft 2 (Februar 1979).

Westermanns Pädagogische Beiträge 36. Jahrgang (1984).

Wilhelmi, J.: Zeit haben und Zeit geben. Statt Perfektion das „Zwischenmenschliche": Leistung ja, aber nicht im 45-Minuten-Takt. In: Die Zeit Nr. 31 v. 26. Juli 1985, S. 26.

Wilhelmi J.: Schule: Protokoll eines Notstands: Bestandesaufnahme - Kritik - Perspektiven. Zürich/Köln: Orell Füssli 1992.

Willier, D.: Im Griff des Trainers. In: Die Zeit Nr. 40 vom 29. September 1995. http://www.zeit.de/1995/40/lm/Im_Griff_des_Trainers

Winkel R.: Wenn die Pädagogen versagen. In: Die Welt vom 3. Juli 2011.

Wyneken, G.: Kritik der Kindheit. Eine Apologie des „pädagogischen Eros". Hrsg. v. P. Moser/ M. Jürgens. M.e. Vorw. v. J. Oelkers. Bad Heilbrunn/Obb.: Klinkhardt Verlag 2015.

Darstellungen

80 Jahre Kulturamt Simmern: 1898–1978. Simmern: Kulturamt Trier 1978.
Andresen, S./Heitmeyer, W. (Hrsg.): Zerstörerische Vorgänge. Missachtung und sexuelle Gewalt gegen Kinder und Jugendliche in pädagogischen Institutionen. Weinheim/Basel: Beltz Verlag 2012.
Beckmann, J.: Wohin steuert die Kirche? Die evangelischen Landeskirchen zwischen Ekklesiologie und Ökonomie. Stuttgart: Kohlhammer 2007.
Bescansa, C./Nagelschmidt, I. (Hrsg.): Heimat als Chance und Herausforderung. Repräsentationen der verlorenen Heimat. Berlin: Frank&Timme 2014.
Bock, P.: Die Odenwaldschule bangt um ihren guten Ruf. In: Südhessische Post vom 18. November 1999, S. 9.
Bohrer, K.-H.: Granatsplitter. Erzählung einer Jugend. München: Carl Hanser Verlag 2012.
Borgerding, C.-A.: Domgymnasium zu Verden. Geschichte, Geschichten, Geschichtchen. Verden: Domgymnasium 2002.
Burgsmüller, C./Tilmann, B.: Abschlussbericht über die bisherigen Mitteilungen über sexuelle Ausbeutung von Schülern und Schülerinnen an der Odenwaldschule im Zeitraum 1960 bis 2010. Dezember 2010. Ms. Wiesbaden/Darmstadt. http://robertcaesar.files.wordpress.com/2010/11/odenwaldschule-abschlussbericht-17-Dezember-2010.pdf
Burgsmüller, C./Tilmann, B.: Aktualisierung des vorläufigen Abschlussberichts vom 17.12.2010 über sexuelle Ausbeutung von Schülern und Schülerinnen an der Odenwaldschule im Zeitraum 1960 bis 2010. März 2010. Dezember 2010. Ms. Wiesbaden/Darmstadt 2012. www.odenwaldschule.de/fileadmin/user_upload/service/verantwortung/aktualisierung_a_bericht_03_12.pdf
Curdes, G.: Die Abteilung Bauen an der hfg Ulm. Eine Reflexion zur Entwicklung, Lehre und Programmatik. Ulm: club off ulm 2001.
Dehmers, J.: Wie laut soll ich denn noch schreien? Die Odenwaldschule und der sexuelle Missbrauch. Reinbek bei Hamburg: Rowohlt Verlag 2011.
Dietel, G.: Der Nestor des Kollegiums. Dr. Heinrich Oldecop lehrte noch mit 80 an der Eichenschule. In: Rotenburger Rundschau vom 10.02.2013. http://www.rotenburger-rundschau.de/redaktion/aktuell/data_anzeigen.php?dataid=99369
Ditfurth, J.: Ulrike Meinhof. Die Biografie. Berlin: Ullstein Taschenbuch 2009.
Dohnanyi, J. v.: Missbrauchsskandal an der Odenwaldschule. Vertuscht, verdrängt, verlogen. In: Cicero Online vom 24. Februar 2011. http://www.cicero.de/salon/missbrauchsskandal-der-odenwaldschule-vertuscht-verdrängt-verlogen/41697
Ein Abgesang auf die Odenwaldschule: Die Missbrauchsopfer warten noch immer auf ihre Anerkennung. In: Echo Online Südhessen vom 18. September 2015. http://www.echo-online.de/lokales/suedhessen/ein-abgesang-auf-die-odenwaldschule-die-missbrauchsopfer-warten-noch-immer-auf-ihre-anerkennung_16162934.htm
Eppelsheim, Ph.: Dietrich Willier. „Kinder gehörten zu seinem Leben". In: Frankfurter Allgemeine Zeitung vom 23. Januar 2011. http://www.faz.net/aktuell/politik/inland/dietrich-willier-kinder-gehoerten-zu-seinem-leben-1577461-html
Erlenbach, H. D.: Missbrauchsopfer Roese: „Schule war ein rechtsfreier Raum". In: Echo online vom 9. März 2010.
Erlenbach, H. D.: Am Missbrauch zerbrochen. In: Echo online vom 20. November 2013.
Friedrich, N./Jähnichen, T. (Hrsg.): Gesellschaftspolitische Neuorientierungen des Protestantismus in der Nachkriegszeit. Münster et. al.: LIT Verlag 2002. (= Bochumer Forum zur Geschichte des sozialen Protestantismus, Band 3)
Füller, Chr.: Sündenfall. Wie die Reformschule ihre Ideale missbrauchte. Köln: DuMont Buchverlag 2011.

Füller, Chr.: Die Revolution missbraucht ihre Kinder. Sexuelle Gewalt in deutschen Protestbewegungen. München: Carl Hanser Verlag 2015.

Ganzenmüller, J.: Das belagerte Leningrad 1941-1944. Die Stadt in den Strategien von Angreifern und Verteidigern. 2. Aufl. Paderborn: Verlag Ferdinand Schöningh 2007. (= Krieg in der Geschichte, hrsg. v. S. Förster/B.R. Kroener/B. Wegner, Band 22)

Geiss, M.: Der Pädagogenstaat. Behördenkommunkation und Organisatonspraxis in der badischen Unterrichtsverwaltung, 1860-1912. Bielefeld: transcript Verlag 2014.

Gerndt, H.: Wissenschaft entsteht im Gespräch. Dreizehn volkskundliche Porträts. Münster/New York: Waxmann Verlag 2013.

Herrlitz, H,-G./Weiland, D./Winkel K. (Hrsg.): Die Gesamtschule. Geschichte, internationale Vergleiche, pädagogische Konzepte und politische Perspektiven. Weinheim/München: Juventa Verlag 2003.

Hofmann, M. (Hrsg.).: Alternativschulen – Alternativen zur Schule. Gespräche. Münster/Ulm: Verlag Klemm+Oelschläger 2015.

Jagow, B. v.: Ästhetik des Mystischen. Poetologie des Erinnerns im Werk von Ingeborg Bachmann. Köln: Böhlau Verlag 2003.

Jens, T.: Freiwild. Die Odenwaldschule – Ein Lehrstück von Opfern und Tätern. Gütersloh: Gütersloher Verlagshaus 2011.

Kahl, R.: Arko und Demo. Die Göttinger Schülerbewegung. In: D. Cohn-Bendit/R. Dammann (Hrsg.): 1968. Die Revolte. Frankfurt am Main: S. Fischer Verlag 2007, S. 47-76.

Kahlweit, C.: Scherze über das Unsagbare. Verleugnen und verdrängen, wegschauen und schönreden – warum der Missbrauch an der Odenwaldschule über viele Jahre hingenommen wurde. In: Süddeutsche Zeitung Nr. 84 v. 13. April 2010.

Keim, W. (Hrsg.): Kursunterricht – Begründungen, Modelle, Erfahrungen. Darmstadt: Wissenschaftliche Buchgesellschaft 1987.

Koerfer, A.: Erneut versagt die Schule. In: Frankfurter Rundschau vom 17. September 2011. http://www.fr-online.de/missbrauch/gastbeitrag-zur-odenwaldschule-erneut-versagt-die-schule,1477336,10862334.html

Koinzer, Th.: „Lehrfahrten für die Gesamtschule". Educational Borrowing, Transfer und Externalisierung auf die amerikanische Comprehensive School. In: Bildung und Erziehung Band 61, Heft 1 (2008), S. 11-29.

Koinzer, Th.: Auf der Suche nach der demokratischen Schule: Amerikafahrer, Kulturtransfer und Schulreform in der Bildungsreformära der Bundesrepublik Deutschland. Bad Heilbrunn/Obb.: Verlag Julius Klinkhardt 2011.

Kraul, M./Schlömerkemper, J. (Hrsg.): Bildungsforschung und Bildungsreform, Heinrich Roth revisited. Weinheim: Juventa Verlag 2007 (= Die Deutsche Schule, Beiheft 9)

Kühn, Chr./Spiel, H.: Was lernt die Schule? In: Die Presse v. 26. Juni 2009.

Labhart, D.: Das Landerziehungsheim Glarisegg. Eine Untersuchung der internen und externen Kommunikation. Lizentiatsarbeit Universität Zürich, Institut für Erziehungswissenschaft. Unveröff. Ms. Zürich 2014.

Lang, H.-J.: Deutsche Anglistik im Dritten Reich: Meine Studienzeit 1939/46. In: D. Kastovsky/G. Kaltenböck/S. Reichl (Eds.): Anglistentag 2001 Wien. Proceedings. Trier: Wissenschaftlicher Verlag Trier 2002, S. 233-241. (= Proceedings of the Conference of the German Association of University Teachers of English Vol. XXIII)

Mergen, Th.: Ein Kampf für das Recht der Musen. Leben und Werk von Karl Christian Müller alias Teut Ansolt (1900-1975). Göttingen: V&R unipress 2012.

Meyer-Ravenstein, V. (Hrsg.): Fünf Frauen. Jahrgänge 1924-1929. Wege ins Leben. 2. Aufl. Berlin: Edition Andreae 2007.

Minssen, F.: Amerikanische Anregungen für unsere politische Bildung? In: F. Minssen (Hrsg.): Politische Bildung als Aufgabe. Beiträge deutscher Amerika-Fahrer. M .e. Vorw. v. M. Rang. Frankfurt am Main/Stuttgart: Verlag Moritz Diesterweg, Ernst Klett Verlag 1966, S. 145-151.

Neumann, D.: Falsche Ansichten über das Lernen? Reformgrundsätze auf dem Prüfstand. In: Pädagogische Welt 50. Jahrgang, Heft 6 (Juni 1996), S. 274–281, 255.

Noack, P.: Freiheit muss erkämpft werden. Hildegard Hamm-Bücher: Profil einer Politikerin. München: Piper Verlag 1991.

Ratzki, A.: Die GGG von 1988 bis 1993. Unveröff. Ms. O.J.

http://www.ggg-bund.de

Relke, F.: Politische Bildung und Evangelische Kirche. Eine historisch angelegte Untersuchung zur Bildungsarbeit der Evangelischen Kirche von Kurhessen-Waldeck am Beispiel der Evangelischen Akademie Hofgeismar. Band 1. Kassel: Kassel University Press 2009.

Röhrs, H.: Geheeb, Paul. In: W. Kühlmann et.al. (Hrsg.): Killy Literaturlexikon: Autoren und Werke des deutschsprachigen Kulturraums. Band 4: Fri-Hap. Berlin/New York: Walter de Gruyter 2009, S. 130–131.

Roth, M.: Ein Rangierbahnhof der Moderne. Der Komponist Wolfgang Fortner und sein Schülerkreis 1931–1986: Erinnerungen, Dokumente, Hintergründe, Porträts. Freiburg i. Br./ Berlin/Wien: Rombach Verlag 2008.

Runge, R./Ueberschär, E. (Hrsg.): Fest des Glaubens – Forum der Welt: 60 Jahre Deutscher Evangelischer Kirchentag. Gütersloh: Gütersloher Verlagshaus 2009.

Rutschky, K.: Erregte Aufklärung. Kindesmissbrauch: Fakten&Fiktionen. Hamburg: Klein Verlag 1992.

Saft, U.: Krieg in der Heimat. Das bittere Ende zwischen Weser und Elbe. 5. überarb. Aufl. Walsrode: Militärbuchverlag Saft 1996.

Schindler, J.: Der Lack ist ab. In: Frankfurter Rundschau Nr. 268 vom 17. November 1999, S. 3.

Schindler, J.: Missbrauch und Vertuschung: Chronik des Skandals. Unveröff. Ms. 2010.

http://www.hasi.s.bw.schule.de/lehr/764.htm

Schindler, J.: Im Wald. Der Skandal an der Odenwaldschule. In: Frankfurter Rundschau Nr. 55 vom 6./7. März 2010a, S. 2–4, 13.

Schindler, J./Geyer, St.: Die Schutzmauer. In: Frankfurter Rundschau Nr. 614 vom 13. März 2010, S. 4/5.

Schmidt-Bachem, H.: Aus Papier. Eine Kultur- und Wirtschaftsgeschichte der Papier verarbeitenden Industrie in Deutschland. Berlin/Boston: Walter de Gruyter 2011.

Schmoll, H.: Die Herren vom Zauberberg. In: Frankfurter Allgemeie Zeitung vom 14. März 2010, S. 3.

Schmoll, H.: Führer der Verführten. Bildungsreformer der Nachkriegszeit. In: Frankfurter Allgemeine Zeitung vom 22. Juni 2010a, S. 8.

Schneider, H.: Die Waldeck. Lieder – Fahrten – Abenteuer. Die Geschichte der Burg Waldeck von 1911 bis heute. Hrsg. v. d. Arbeitsgemeinschaft Burg Waldeck e.V. Potsdam: Verlag für Berlin-Brandenburg 2005.

Schreier, P.: Schule als „Werkstätte der Menschlichkeit". EFTRE-Konferenz im September 1995 in Hamburg. In: R. Kirste/P. Schwarzenau/U. Tworuschka (Hrsg.): Wertewandel und religiöse Umbrüche. Balve: Zimmermann 1996, S. 503–507. (= Religionen im Gespräch, Band 4)

Seydel, O.: Pädagogische Überlegungen zum Thema Schulbau. Ms. Überlingen: Institut für Schulentwicklung 2009.

http://www.zukunftsraum.schule.de/pdf/information/schulgestaltung/Der_dritte_Lehrer.pdf

Siegenthaler, K./Vellacott, C.: Paul Geheeb – Held seiner ehemaligen Schüler und Schülerinnen? Inszenierung und Beschreibung anhand ausgewählter Briefkontakte mit seinen ehemaligen Schülern und Schülerinnen der Odenwaldschule. Masterarbeit Institut für Erziehungswissenschaft der Universität Zürich (Lehrstuhl Allgemeine Pädagogik). Unveröff. Ms. Zürich 2012.

Simon, J./Willeke, St.: Das Schweigen der Männer. In: Die Zeit Nr. 13 vom 25. März 2010, S. 17.

Singer, K./Frevert, U.: 100 Jahre Hellmut Becker (1913–2013) – Dokumentation der Ausstellung zu Leben und Werk im Max-Planck-Institut für Bildungsforschung. Online Publikation, Oktober 2014. https://www.mpib-berlin.mpg.de/sites/default/media/pdf/379/100 jahre-hellmut-becker,pdf

Spitz, R.M.: Die politische Geschichte der Hochschule für Gestaltung Ulm (1953–1968). Ein Beispiel für Kultur- und Bildungspolitik in der Bundesrepublik Deutschland. Diss. phil. Universität zu Köln 1997. http://kups.ub.uni-koeln.de/437/

Stampa, V.: Domgymnasium Verden – Anekdoten und Erinnerungsfragmente. Gesammelt bis April 2014. 2. Aufl. Bremen: NELCO MILDE 2014.

Stubenrauch, R.: Was ist die Freie Schule Frankfurt? Materialien aus mehr als dreissig Jahren Schulgeschichte. Frankfurt am Main: Verlag der Freien Schule Frankfurt 2001.

Tantzen, E.: 700 Jahre Chronik der Familie Tantzen 1300–2000. Herausgegeben vom Familienverband Hergen Tantzen. Oldenburg: Isensee Verlag 1997.

Thiersch, H.: Schwierige Balance. Über Grenzen, Gefühle und berufsbiografische Erfahrungen. Weinheim/München: Juventa Verlag 2009.

Thole, W. u.a. (Hrsg.): Sexualisierte Gewalt, Macht und Pädagogik. Opladen/Berlin/Toronto: Verlag Barbara Budrich 2012.

Thole, W.: Vom „Schock" zur Reflexion – Macht und Sexualität in pädagogischen Einrichtungen. Erziehungswissenschaftliche Reaktionen auf das erneue Bekanntwerden sexualisierter Gewaltpraxen durch PädagoInnen. In: K. Böllert/M. Wazalwik (Hrsg.): Sexualisierte Gewalt: Institutionelle und professionelle Herausforderungen. Wiesbaden: Springer-Verlag 2014, S. 151–168.

Trede, W.: Integrierte Erziehungshilfen, Spurensuche am Beispiel des „Hauses auf der Hufe" in Göttingen. In: Th. Gabriel/M. Winkler (Hrsg.): Heimerziehung. Kontexte und Perspektiven. München/Basel: Ernst Reinhardt Verlag 2003, S. 20–34.

Van Dijk, L.: Was Hartmut von Hentig damit zu tun hat. In: Der Tagesspiegel. v. 26.3.2010. www.tagesspiegel.de/meinung/was-hartmut-von-hentig-damit-zu-tun-hat/1726554.html.

Vom Turnerkreis zur modernen Schwerpunktfeuerwehr. 125 Jahre Freiwillige Feuerwehr Verden. Bremen: Verlag H.M. Hauschild 1994.

Von der Groeben, A.: Schule(n) in Schweden. In: Neue Sammlung Jg. 43, H. 2 (2003), S. 203–210.

Widmann, A.: Dietrich Willer: Natürlich die Bösen. In: Frankfurter Rundschau vom 23. Januar 2011. http://www.fr-online.de/missbrauch/dietrich-willier-natuerlich-die-boesen,1477336,6604826.html.

Willems, F.: Prym. Geschichte und Genealogie. Wiesbaden: Guido Pressler Verlag 1968.

Zastrow, V.: Hänseljagd an der Odenwaldschule. In: Frankfurter Allgemeine Zeitung v. 21.3.2010. http://www.faz.net/aktuell/politik/inland/sexueller-missbrauch-haeseljagd-an-der-odenwaldschule-1958039.html?printPagedArticle=t

Zastrow, V.: Eine unabhängige Autorität? In: Frankfurter Allgemeine Zeitung v. 5. 4. 2010a. http://www.net/aktuell/politik/inland/missbrauchsskandal-eine-unabhaengige-autoritaet-1964879.html

Zastrow, V./Eppelsheim, Ph.: Kinderpornos an der Odenwaldschule. In: Frankfurter Allgemeine Zeitung v. 2.5.2010. http://www.faz.net/aktuelle/politik/inland/missbrauch-kinderpornos-an-der-odenwaldschule-1984783.html

Jörg M. Fegert | Mechthild Wolff (Hrsg.)
Kompendium „Sexueller Missbrauch"
in Institutionen
2015, 746 Seiten, Hardcover
ISBN: 978-3-7799-3121-8

Nachweislich kommen Extremvarianten unprofessionellen Verhaltens von MitarbeiterInnen gegenüber Minderjährigen auch im Kontext von Institutionen vor, die sich eigentlich der Behandlung, Pflege, Betreuung und Erziehung widmen sollten.
In diesem Kompendium werden Materialien zusammengetragen, die Aspekte der Täter-Opfer-Dynamik analysieren, rechtliche Rahmenbedingungen sowie sozialpädagogische Handlungsformen zur Vermeidung von Fehlverhalten aufzeigen und Ressourcen bei der Umsetzung von Weiterbildungsmöglichkeiten benennen. Das Buch enthält zudem eine Sammlung berufsethischer Standards und Prinzipien für sozialpädagogische Arbeitsfelder sowie eine Zusammenfassung der aktuellen Diskussion zum Thema.

Das Buch gliedert sich in die folgenden Teile:
- Missbrauch in Institutionen im fachpolitischen und öffentlichen Diskurs
- Tatorte und Aspekte der Täter-Opfer-Institutionen-Dynamik
- Genderperspektiven
- Rechtliche Rahmenbedingungen
- Intervention und Garantenpflichten

Damian Miller | Jürgen Oelkers (Hrsg.)
Reformpädagogik nach der Odenwaldschule –
Wie weiter?
2014, 358 Seiten, broschiert
ISBN: 978-3-7799-2929-1

Zwischen 1965 und 1998 waren an der Odenwaldschule über 100 junge Menschen sexualisierter Gewalt ausgesetzt. Erst 2010 wurden die Missstände öffentlich wahrgenommen. Der Fingerzeig auf einzelne Täter genügt nicht. Es bedarf einer Analyse der personalen, organisationalen und ideellen Bedingungen. Eine Tagung an der Pädagogischen Hochschule Thurgau (CH) beschäftigte sich 2012 mit den Fragen: Gibt es pädagogische Denkfiguren, die diese Übergriffe legitimieren? Können wir diese und die Erziehungswirklichkeit getrennt betrachten? Wie können pädagogische Reformen konzipiert werden, ohne die Klassiker als alleinige Gewährsleute anzurufen und nicht in technokratische Geschäftigkeit zu verfallen? Die Wertschätzung eines Kindes braucht keinen „pädagogischen Eros". Der Sammelband unterbreitet verschiedene Perspektiven zur Analyse und entwickelt zuversichtlich stimmende Alternativen.

Das Buch gliedert sich in drei Teile:
Teil I: Aufarbeitung und Analyse
Teil II: Abschluss Teil I und Übergang zu – wie weiter?
Teil III: Wie weiter? Oder: Pädagogische Reformen ohne Reformpädagogik

www.beltz.de
Beltz Juventa · Werderstraße 10 · 69469 Weinheim